합격의 Law

2026년 변호사 시험대비

변호사시험
민사법
연도별 5개년 기출문제집

선택형

대한법률연구소

- 컴팩트한 해설과 핵심요약 정리로 효율성을 극대화
- 제·개정된 관계법령·최신판례를 반영하고 다수설·통설의 근거 제시
- 법학연구원과 실무자들의 검토·수정을 거친 신뢰성 있는 수험서

기문사
www.kimoonsa.co.kr

머리말 — 변호사시험을 준비하는 수험생에게

2012년부터 시행한 변호사시험은 그동안 전 과목에 걸쳐 중요한 내용을 두루 포괄한 것으로 보입니다. 그러므로 기출문제를 효율적으로 학습하여 자신만의 것으로 체득한다면 가장 이상적인 수험대비가 될 것입니다.

변호사시험은 특정 영역보다는 전 영역, 정형적인 시험 영역보다는 중요하면서도 다소 생소한 영역에서, 단답형의 문제보다는 사례형으로, 단순히 판례 결론을 묻기보다는 결론 도출과정을 묻는 문제들의 비중이 높아지는 경향을 보이고 있습니다.

이러한 상황에 대비하기 위하여 본서는 정확한 근거를 바탕으로 상세한 "문제해설"과 중요한 내용을 "핵심요약"으로 정리하여 수험의 효율성을 극대화하였습니다. 또한 정확성과 신뢰성을 위해 개정법령과 변경판례는 물론 정답변경이나 복수정답 내용들을 전부 반영하였습니다.

특히 핵심요약을 수록하여 시험 직전에 막판정리가 가능하도록 하였습니다.

본서의 문제와 해설을 통하여 시험을 준비한 후에 시험 직전에 압축된 핵심요약을 반복해서 익히며 해설을 연상한다면 본시험을 대비한 최적의 총정리서가 될 것입니다.

마지막으로 상세한 "문제해설"과 꼭 암기해야 할 "핵심요약"으로 구성한 본서를 효율적으로 활용하여 합격의 영광이 있기를 기원합니다.

대한법률연구소

차례

변호사시험 **민사법**(연도별 5개년 기출문제집)

문제해설

2025년	7
2024년	90
2023년	183
2022년	265
2021년	353

핵심요약

2025년	443
2024년	469
2023년	496
2022년	521
2021년	546

변호사시험

민사법
문제해설

연도별 5개년
기출문제집
(선택형)

2025년 변호사시험 민사법 문제해설

문 01

미성년자에 관한 설명 중 옳은 것을 모두 고른 것은? (다툼이 있는 경우 판례에 의함)

ㄱ. 「민법」 제921조에 따라 미성년자의 법정대리인으로 특별대리인을 선임하는 경우에 법원은 특별대리인이 처리할 법률행위를 특정하여 이를 심판 주문에 표시하는 것이 원칙이다.
ㄴ. 법정대리인이 미성년자에게 특정한 영업을 허락한 경우에 법정대리인은 그 허락을 취소할 수 없다.
ㄷ. 미성년자가 법률행위 당시 상대방에 대하여 자신을 단지 성년자라고만 말하였을 뿐 적극적으로 속임수를 사용하지는 않았다면 미성년자는 그 법률행위를 취소할 수 있다.
ㄹ. 미성년자의 법정대리인으로 미성년후견인을 두는 경우에 미성년자의 이익을 위하여 여러 명의 미성년후견인을 둘 수 있다.
ㅁ. 미성년자가 성폭력을 당한 경우에 이로 인한 손해배상청구권의 소멸시효는 그가 성년이 될 때까지 진행하지 않는다.

① ㄱ, ㄴ, ㅁ
② ㄱ, ㄷ, ㄹ
③ ㄱ, ㄷ, ㅁ
④ ㄴ, ㄷ, ㄹ
⑤ ㄴ, ㄹ, ㅁ

해설

ㄱ.(O) … 따라서 특별대리인선임신청서에는 선임되는 특별대리인이 처리할 법률행위를 특정하여 적시하여야 하고 법원도 그 선임 심판 시에 특별대리인이 처리할 법률행위를 특정하여 이를 심판의 주문에 표시하는 것이 원칙이며, 특별대리인에게 미성년자가 하여야 할 법률행위를 무엇이든지 처리할 수 있도록 포괄적으로 권한을 수여하는 심판을 할 수는 없다(대법원 1996. 4. 9. 선고 96다1139 판결).

ㄴ.(X) 민법 제8조 제2항

> 민법 제8조(영업의 허락) ① 미성년자가 법정대리인으로부터 허락을 얻은 특정한 영업에 관하여는 성년자와 동일한 행위능력이 있다.
> ② 법정대리인은 전항의 허락을 취소 또는 제한할 수 있다. 그러나 선의의 제삼자에게 대항하지 못한다.

ㄷ.(O) 민법 제17조에 이른바 "무능력자가 사술로써 능력자로 믿게 한 때"에 있어서의 사술을 쓴 것이라 함은 적극적으로 사기수단을 쓴 것을 말하는 것이고 단순히 자기가 능력자라 사언함은 사술을 쓴 것이라고 할 수 없다(대법원 1971. 12. 14. 선고 71다2045 판결).

ㄹ.(X) 민법 제930조 제1항

> 민법 제930조(후견인의 수와 자격) ① 미성년후견인의 수(數)는 한 명으로 한다.

ㅁ. (O) 민법 제766조 제3항

> 민법 제766조(손해배상청구권의 소멸시효) ③ 미성년자가 성폭력, 성추행, 성희롱, 그 밖의 성적(성적) 침해를 당한 경우에 이로 인한 손해배상청구권의 소멸시효는 그가 성년이 될 때까지는 진행되지 아니한다.

해답 ③

문 02 ★★

甲의 乙에 대한 5,000만 원의 대여금 채권은 소멸시효가 완성되었다. 이에 관한 설명 중 옳지 않은 것은? (각 지문은 독립적이며, 다툼이 있는 경우 판례에 의함)

① 乙이 소멸시효 완성 사실을 모르고 위 채무의 변제로 甲에게 5,000만 원을 지급한 경우, 乙은 甲에게 그 반환을 청구할 수 없다.
② 丙이 甲의 乙에 대한 위 채권을 담보하기 위해 소멸시효 완성 전에 자기 소유의 X 토지에 저당권을 설정해 준 경우, 丙은 위 채권의 소멸시효 완성을 주장할 수 있다.
③ 乙의 일반채권자 丙은 자기의 채권을 보전하기 위해 필요한 한도 내에서 乙을 대위하여 甲의 乙에 대한 위 채권의 소멸시효 완성을 주장할 수 있다.
④ 甲의 乙에 대한 위 채권이 소멸시효 완성 전에 이미 乙의 甲에 대한 채권과 상계할 수 있었던 경우, 甲은 위 채권을 乙의 채권과 상계할 수 있다.
⑤ 甲이 소멸시효 완성 후 乙을 상대로 채무이행의 소를 제기하였는데 乙이 사실심 변론 종결 시까지 소멸시효 완성 사실을 주장하지 않은 경우, 법원은 직권으로 소멸시효 완성을 고려하여야 한다.

해설

① (O) 소멸시효에 있어서 그 시효기간이 만료되면 권리는 당연히 소멸하지만 그 시효의 이익을 받는 자가 소송에서 소멸시효의 주장을 하지 아니하면 그 의사에 반하여 재판할 수 없고, 그 시효이익을 받는 자는 시효기간 만료로 인하여 소멸하는 권리의 의무자를 말한다(대법원 1991. 7. 26. 선고 91다5631 판결). ▶ 판례 입장인 절대적소멸설에 따를 때에도, 시효완성으로 채무가 소멸되었다는 사실을 모르고 변제하였을 경우 민법 제744조가 적용되어 반환을 청구할 수 없다.

> 민법 제744조(도의관념에 적합한 비채변제) 채무없는 자가 착오로 인하여 변제한 경우에 그 변제가 도의관념에 적합한 때에는 그 반환을 청구하지 못한다.

② (O) 타인의 채무를 담보하기 위하여 자기의 물건에 담보권을 설정한 물상보증인은 채권자에 대하여 물적 유한책임을 지고 있어 그 피담보채권의 소멸에 의하여 직접 이익을 받는 관계에 있으므로 소멸시효의 완성을 주장할 수 있고, 소멸시효 이익의 포기는 상대적 효과가 있을 뿐이어서 채무자가 시효이익을 포기하더라도 물상보증인에게는 효력이 없다(대법원 2018. 11. 9. 선고 2018다38782 판결).

③ (O) 소멸시효가 완성된 경우 이를 주장할 수 있는 사람은 시효로 인하여 채무가 소멸되는 결과 직접적인 이익을 받는 사람에 한정되므로, 채무자에 대한 일반 채권자는 자기의 채권을 보전하기 위하여 필요한 한도 내에서 채무자를 대위하여 소멸시효 주장을 할 수 있을 뿐 채권자의 지위에서 독자적으로 소멸시효의 주장을 할 수 없다(대법원 1997. 12. 26. 선고 97다22676 판결).

④ (O) 민법 제495조

> 민법 제495조(소멸시효완성된 채권에 의한 상계) 소멸시효가 완성된 채권이 그 완성 전에 상계할 수 있었던 것이면 그 채권자는 상계할 수 있다.

⑤ (X) 소멸시효에 있어서 그 시효기간이 만료되면 권리는 당연히 소멸하지만 그 시효의 이익을 받는 자가

소송에서 소멸시효의 주장을 하지 아니하면 그 의사에 반하여 재판할 수 없고, 그 시효이익을 받는 자는 시효기간 만료로 인하여 소멸하는 권리의 의무자를 말한다(대법원 1991. 7. 26. 선고 91다5631 판결).

해답 ⑤

문 03

★★

甲은 자기 소유의 X 토지를 적절한 가격에 매도할 것을 乙에게 위임하면서 그에 관한 대리권도 함께 수여하였다. 이에 관한 설명 중 옳은 것을 모두 고른 것은? (각 지문은 독립적이며, 다툼이 있는 경우 판례에 의함)

> ㄱ. 乙이 甲의 대리인으로서 X 토지에 관하여 丙과 매매계약을 체결한 후 중도금까지 받았다는 사정을 알고 있는 丁이 乙에게 적극적으로 매도를 요청하여 乙이 甲의 대리인으로서 丁에게 다시 X 토지를 매도하고 소유권이전등기까지 마쳐 주었다면, 甲이 이러한 사실을 몰랐다고 하더라도 甲과 丁 사이의 매매계약은 무효이다.
> ㄴ. 乙이 甲의 대리인으로서 X 토지에 관하여 丙과 매매계약을 체결하면서 丙에게 위법한 강박을 행하였다면, 丙은 甲이 이러한 사실을 알았거나 알 수 있었을 경우에 한하여 甲과의 매매계약을 취소할 수 있다.
> ㄷ. 乙이 甲의 대리인으로서 X 토지에 관하여 丙과 매매계약을 체결하였는데 丙이 약정한 날짜에 잔금을 지급하지 않은 경우, 乙이 丙에게 상당한 기간을 정하여 이행의 최고를 하였으나 그 기간 내에도 丙이 잔금을 지급하지 않았다면 乙은 위 매매계약을 해제할 수 있다.
> ㄹ. 乙이 甲의 대리인으로서 甲의 허락 없이 자기를 X 토지의 매수인으로 하는 계약을 체결하였다면, 그 계약은 특별한 사정이 없는 한 무효이다.

① ㄱ, ㄷ
② ㄱ, ㄹ
③ ㄴ, ㄷ
④ ㄱ, ㄴ, ㄹ
⑤ ㄴ, ㄷ, ㄹ

해설

ㄱ.(O) 대리인이 본인을 대리하여 매매계약을 체결함에 있어서 매매대상 토지에 관한 저간의 사정을 잘 알고 그 배임행위에 가담하였다면, 대리행위의 하자 유무는 대리인을 표준으로 판단하여야 하므로, 설사 본인이 미리 그러한 사정을 몰랐거나 반사회성을 야기한 것이 아니라고 할지라도 그로 인하여 매매계약이 가지는 사회질서에 반한다는 장애사유가 부정되는 것은 아니다(대법원 1998. 2. 27. 선고 97다45532 판결).

ㄴ.(X) 의사표시의 상대방이 아닌 자로서 기망행위를 하였으나 민법 제110조 제2항에서 정한 제3자에 해당되지 아니한다고 볼 수 있는 자란 그 의사표시에 관한 상대방의 대리인 등 상대방과 동일시할 수 있는 자만을 의미하고, 단순히 상대방의 피용자이거나 상대방이 사용자책임을 져야 할 관계에 있는 피용자에 지나지 않는 자는 상대방과 동일시할 수는 없어 이 규정에서 말하는 제3자에 해당한다(대법원 1998. 1. 23. 선고 96다41496 판결).

> 민법 제110조(사기, 강박에 의한 의사표시) ① 사기나 강박에 의한 의사표시는 취소할 수 있다.
> ② 상대방있는 의사표시에 관하여 제삼자가 사기나 강박을 행한 경우에는 상대방이 그 사실을 알았거나 알 수 있었을 경우에 한하여 그 의사표시를 취소할 수 있다.

ㄷ.(X) 어떠한 계약의 체결에 관한 대리권을 수여(授與)받은 대리인이 수권된 법률행위를 하게 되면 그것

으로 대리권의 원인된 법률관계(기초적 내부관계)는 원칙적으로 목적을 달성하여 종료되는 것이고, 법률행위에 의하여 수여(授與)된 대리권은 그 원인된 법률관계의 종료에 의하여 소멸하는 것이므로(민법 제128조), 그 계약을 대리하여 체결하였다 하여 곧바로 그 사람이 체결된 계약의 해제 등 일체의 처분권과 상대방의 의사를 수령할 권한까지 가지고 있다고 볼 수는 없다(대법원 2008. 1. 31. 선고 2007다74713 판결).

ㄹ. (O) 민법 제124조가 적용됨에 따라 원칙적으로 허용되지 않는 무권대리행위에 해당하고, 예외적으로 본인의 허락이 있는 경우에 한하여 효력이 인정될 수 있다(대법원 2024. 1. 4. 선고 2023다225580) 무권대리는 유동적 무효상태에 있는 것이다(송덕수, 기본민법 제4판 p.104).

> 민법 제124조(자기계약, 쌍방대리) 대리인은 본인의 허락이 없으면 본인을 위하여 자기와 법률행위를 하거나 동일한 법률행위에 관하여 당사자쌍방을 대리하지 못한다. 그러나 채무의 이행은 할 수 있다.

문 04 ★★

「민법」상 법인의 기관에 관한 설명 중 옳은 것은? (다툼이 있는 경우 판례에 의함)

① 이사가 사임의 의사표시를 하였더라도 법인의 승낙이 없으면 사임의 효력은 발생하지 않는다.
② 법인과 이사의 이익이 상반되는 사항에 관하여 이해관계인 또는 검사의 청구가 있는 경우, 법원은 임시이사를 선임하여야 한다.
③ 감사는 필요적 상설기관이므로 감사의 성명과 주소는 정관의 필요적 기재 사항이다.
④ 직무대행자는 주무관청의 허가를 얻어 법인의 통상사무에 속하지 아니한 행위를 할 수 있다.
⑤ 법인이 정관에서 이사의 해임 사유와 절차를 정하였고 그 해임 사유가 실제로 발생하였다면, 법인과 이사 사이의 신뢰관계가 더 이상 유지되기 어려울 정도에 이르지 않았더라도 법인은 정관에서 정한 절차에 따라 이사를 해임할 수 있다.

해설

① (X) 법인과 이사의 법률관계는 신뢰를 기초로 한 위임 유사의 관계이므로, 이사는 민법 제689조 제1항이 규정한 바에 따라 언제든지 사임할 수 있고, 법인의 이사를 사임하는 행위는 상대방 있는 단독행위이므로 그 의사표시가 상대방에게 도달함과 동시에 그 효력을 발생하고, 그 의사표시가 효력을 발생한 후에는 마음대로 이를 철회할 수 없음이 원칙이다(대법원 2008. 9. 25. 선고 2007다17109 판결).

② (X) 민법 제64조

> 민법 제63조(임시이사의 선임) 이사가 없거나 결원이 있는 경우에 이로 인하여 손해가 생길 염려 있는 때에는 법원은 이해관계인이나 검사의 청구에 의하여 임시이사를 선임하여야 한다.
> 민법 제64조(특별대리인의 선임) 법인과 이사의 이익이 상반하는 사항에 관하여는 이사는 대표권이 없다. 이 경우에는 전조의 규정에 의하여 특별대리인을 선임하여야 한다.

③ (X) 민법 제66조

> 민법 제66조(감사) 법인은 정관 또는 총회의 결의로 감사를 둘 수 있다.

④ (X) 민법 제60조의2

> 민법 제60조의2(직무대행자의 권한) ① 제52조의2의 직무대행자는 가처분명령에 다른 정함이 있는 경우 외에는 법인의 통상사무에 속하지 아니한 행위를 하지 못한다. 다만, 법원의 허가를 얻은 경우에는 그러하지 아니하다.

⑤ (O) 법인이 정관에서 이사의 해임사유와 절차를 정하였고 그 해임사유가 실제로 발생하였다면, 법인은 이를 이유로 정관에서 정한 절차에 따라 이사를 해임할 수 있다. 이때 정관에서 정한 해임사유가 발생하였다는 요건 외에 이로 인하여 법인과 이사 사이의 신뢰관계가 더 이상 유지되기 어려울 정도에 이르러야 한다는 요건이 추가로 충족되어야 법인이 비로소 이사를 해임할 수 있는 것은 아니다(대법원 2024. 1. 4. 선고 2023다263537 판결).

문 05

甲은 A에게 자신의 X 토지를 담보로 제공하고 2억 원을 대출받아 줄 것을 위임하면서 그에 관한 대리권도 함께 수여하였다. A는 甲으로부터 신분증과 인감도장 등을 받아 서류를 위조한 뒤 甲의 대리인이라 칭하며 X 토지를 乙에게 3억 원에 매도하는 매매계약을 乙과 체결하였다. 이에 관한 설명 중 옳은 것(○)과 옳지 않은 것(×)을 올바르게 조합한 것은? (각 지문은 독립적이며, 다툼이 있는 경우 판례에 의함)

> ㄱ. 매매계약 체결 당시 A에게 대리권이 없음을 알지 못한 乙이 甲의 추인이 있기 전에 甲에 대하여 계약을 철회하는 의사를 표시한 경우, 매매계약은 확정적으로 무효가 되어 甲은 A의 무권대리행위를 추인할 수 없다.
> ㄴ. 甲이 乙에게 매매대금을 4억 원으로 변경하여 추인의 의사표시를 한 경우, 乙과의 매매계약은 특별한 사정이 없는 한 매매대금을 4억 원으로 하는 계약으로서 효력이 있다.
> ㄷ. 乙이 A에게 대리권이 있다고 믿을 만한 정당한 사유가 인정되는 경우, 甲은 乙에 대하여 매매계약을 이행할 책임이 있다. 여기에서 정당한 사유가 있는지는 대리행위 당시뿐만 아니라 이후의 사정도 종합적으로 고려하여 판단하여야 한다.
> ㄹ. A가 「민법」 제135조 제1항에 따른 무권대리인의 책임을 지는 경우, A는 乙의 선택에 따라 乙에 대하여 매매계약을 이행할 책임 또는 손해를 배상할 책임이 있다.

① ㄱ(O), ㄴ(×), ㄷ(O), ㄹ(×)
② ㄱ(×), ㄴ(O), ㄷ(×), ㄹ(×)
③ ㄱ(×), ㄴ(×), ㄷ(O), ㄹ(×)
④ ㄱ(O), ㄴ(×), ㄷ(×), ㄹ(O)
⑤ ㄱ(O), ㄴ(O), ㄷ(O), ㄹ(O)

해설

ㄱ.(O) 민법 제134조는 "대리권 없는 자가 한 계약은 본인의 추인이 있을 때까지 상대방은 본인이나 그 대리인에 대하여 이를 철회할 수 있다. 그러나 계약 당시에 상대방이 대리권 없음을 안 때에는 그러하지 아니하다."고 규정하고 있다. 민법 제134조에서 정한 상대방의 철회권은, 무권대리행위가 본인의 추인에 따라 효력이 좌우되어 상대방이 불안정한 지위에 놓이게 됨을 고려하여 대리권이 없었음을 알지 못한 상대방을 보호하기 위하여 상대방에게 부여된 권리로서, 상대방이 유효한 철회를 하면 무권대리행위는 확정적으로 무효가 되어 그 후에는 본인이 무권대리행위를 추인할 수 없다(대법원 2017. 6. 29. 선고 2017다213838 판결).

ㄴ.(×) 무권대리행위의 추인은 무권대리인에 의하여 행하여진 불확정한 행위에 관하여 그 행위의 효과를 자기에게 직접 발생케 하는 것을 목적으로 하는 의사표시이며, 무권대리인 또는 상대방의 동의나 승낙을 요하지 않는 단독행위로서 추인은 의사표시의 전부에 대하여 행하여져야 하고, 그 일부에 대하여 추인을 하거나 그 내용을 변경하여 추인을 하였을 경우에는 상대방의 동의를 얻지 못하는 한 무효이다.

ㄷ.(X) 권한을 넘은 표현대리에 있어서 무권대리인에게 그 권한이 있다고 믿을 만한 정당한 이유가 있는가의 여부는 대리행위(매매계약) 당시를 기준으로 결정하여야 하고 매매계약 성립 이후의 사정은 고려할 것이 아니므로, 무권대리인이 매매계약 후 그 이행단계에서야 비로소 본인의 인감증명과 위임장을 상대방에게 교부한 사정만으로는 상대방이 무권대리인에게 그 권한이 있다고 믿을 만한 정당한 이유가 있었다고 단정할 수 없다(대법원 1981. 12. 8. 선고 81다322 판결).

ㄹ.(O) 민법 제135조 제1항

> 민법 제135조(상대방에 대한 무권대리인의 책임) ① 다른 자의 대리인으로서 계약을 맺은 자가 그 대리권을 증명하지 못하고 또 본인의 추인을 받지 못한 경우에는 그는 상대방의 선택에 따라 계약을 이행할 책임 또는 손해를 배상할 책임이 있다.

해답 ④

문 06 ★★

매도인 甲과 매수인 乙 사이에 甲 소유의 X 동산에 대해 소유권유보 약정이 있는 매매계약이 체결되었고, 이에 따라 甲이 乙에게 X 동산을 인도하였다. 이에 관한 설명 중 옳은 것을 모두 고른 것은? (각 지문은 독립적이며, 다툼이 있는 경우 판례에 의함)

> ㄱ. 乙이 甲에게 매매대금 전액을 지급하면 X 동산의 소유권은 별도의 의사표시 없이 곧바로 乙에게 이전된다.
> ㄴ. 매매대금의 절반이 지급된 상태에서 X 동산이 수급인 乙에 의해 도급인 丙이 소유한 Y 건물에 부합된 경우, 丙이 甲과 乙 사이의 소유권유보 약정 사실을 과실 없이 알지 못하였다면 甲은 丙에게 보상청구를 할 수 없다.
> ㄷ. 매매대금의 절반이 지급된 상태에서 乙이 이러한 사실을 알고 있는 丁에게 X 동산을 처분한 후, 甲이 乙의 무단 처분 사실을 알고 그 처분행위를 추인하면 丁은 甲이 추인한 때부터 X 동산의 소유권을 취득한다.

① ㄱ
② ㄱ, ㄴ
③ ㄱ, ㄷ
④ ㄴ, ㄷ
⑤ ㄱ, ㄴ, ㄷ

해설

ㄱ.(O), ㄷ.(X) 동산의 매매계약을 체결하면서, 매도인이 대금을 모두 지급받기 전에 목적물을 매수인에게 인도하지만 대금이 모두 지급될 때까지는 목적물의 소유권은 매도인에게 유보되며 대금이 모두 지급된 때에 그 소유권이 매수인에게 이전된다는 내용의 이른바 소유권유보의 특약을 한 경우, 목적물의 소유권을 이전한다는 당사자 사이의 물권적 합의는 매매계약을 체결하고 목적물을 인도한 때 이미 성립하지만 대금이 모두 지급되는 것을 정지조건으로 한다(대법원 1999. 9. 7. 선고 99다30534 판결). 권리자가 무권리자의 처분을 추인하면 무권대리에 대해 본인이 추인을 한 경우와 당사자들 사이의 이익상황이 유사하므로, 무권대리의 추인에 관한 민법 제130조, 제133조 등을 무권리자의 추인에 유추 적용할 수 있다. 따라서 무권리자의 처분이 계약으로 이루어진 경우에 권리자가 이를 추인하면 원칙적으로 계약의 효과가 계약을 체결했을 때에 소급하여 권리자에게 귀속된다고 보아야 한다(대법원 2017. 6. 8. 선고 2017다3499 판결). ▶ 매매대금의 절반이 지급된 상태에서 乙이 이러한 사실을 알고 있는 丁에게 X 동산을 처분한 경우 乙은 X동산의 무권리자의 처분행위이고 甲 乙의 무단 처분 사실을 알고 그 처분행위를 추인하면 丁은 매매계약을 체결했을 때에 소급하여 권리자에게 귀속된다.

민법 제147조(조건성취의 효과) ① 정지조건있는 법률행위는 조건이 성취한 때로부터 그 효력이 생긴다.

ㄴ.(O) 매도인에게 소유권이 유보된 자재가 제3자와 매수인과 사이에 이루어진 도급계약의 이행에 의하여 부합된 경우 보상청구를 거부할 법률상 원인이 있다고 할 수 없지만, 제3자가 도급계약에 의하여 제공된 자재의 소유권이 유보된 사실에 관하여 과실 없이 알지 못한 경우라면 선의취득의 경우와 마찬가지로 제3자가 그 자재의 귀속으로 인한 이익을 보유할 수 있는 법률상 원인이 있다고 봄이 상당하므로 매도인으로서는 그에 관한 보상청구를 할 수 없다고 할 것이다(대법원 2009. 9. 24. 선고 2009다15602 판결).

해답 ②

문 07

甲은 2023. 4. 1. 자기 소유의 X 토지에 관하여 乙과 매매계약을 체결하였다. 이 계약에서 甲과 乙은 2023. 8. 31. 매매대금 전액의 지급과 상환으로 X 토지의 인도 및 소유권이전등기절차를 이행하기로 약정하였다. 이에 관한 설명 중 옳지 않은 것을 모두 고른 것은? (각 지문은 독립적이며, 다툼이 있는 경우 판례에 의함)

ㄱ. 乙이 2023. 8. 31. 甲에게 매매대금을 지급하였는데 甲과 乙 사이의 매매계약이 무효인 경우, 乙의 甲에 대한 매매대금 상당의 부당이득반환청구권의 소멸시효는 특별한 사정이 없는 한 乙이 매매대금을 지급한 때부터 진행한다.

ㄴ. 乙이 2023. 8. 31.이 지나도록 매매대금을 지급하지 않았더라도 甲에 대해 동시이행의 항변권이 인정되는 한, 甲의 乙에 대한 매매대금 채권의 소멸시효는 진행하지 않는다.

ㄷ. 甲이 2023. 8. 31. 乙에게 X 토지를 인도하고 소유권이전등기를 마쳐 주었지만 乙은 매매대금을 지급하지 않았다. 이후 甲이 X 토지의 매매대금 채권을 보전하기 위하여 乙의 丙에 대한 채권에 대해 가압류를 신청하여 그 결정이 2023. 10. 1. 丙에게 송달되었지만 乙에게는 그 가압류 사실이 통지되지 않았다면 甲의 乙에 대한 매매대금 채권의 소멸시효는 중단되지 않는다.

ㄹ. 甲이 2023. 8. 31. 乙에게 X 토지를 인도하고 소유권이전등기를 마쳐 주었지만 乙은 매매대금을 지급하지 않았다. 이후 甲의 채권자 A가 甲을 대위하여 乙을 상대로 매매대금의 지급을 구하는 소를 제기하였더라도 甲의 乙에 대한 매매대금 채권의 소멸시효는 중단되지 않는다.

① ㄱ
② ㄴ, ㄷ
③ ㄷ, ㄹ
④ ㄴ, ㄷ, ㄹ
⑤ ㄱ, ㄴ, ㄷ, ㄹ

해설

ㄱ.(O) 매매계약의 무효를 원인으로 한 매매대금 상당의 부당이득반환청구권은 특별한 사정이 없는 한 매매대금을 지급한 때에 성립하고 그 성립과 동시에 권리를 행사할 수 있으므로 그때부터 소멸시효가 진행한다(대법원 2024. 6. 27. 선고 2023다302920 판결).

ㄴ.(X) 부동산에 대한 매매대금 채권이 소유권이전등기청구권과 동시이행의 관계에 있다고 할지라도 매도인은 매매대금의 지급기일 이후 언제라도 그 대금의 지급을 청구할 수 있는 것이며, 다만 매수인은 매도인으로부터 그 이전등기에 관한 이행의 제공을 받기까지 그 지급을 거절할 수 있는 데 지나지 아니하

므로 매매대금 청구권은 그 지급기일 이후 시효의 진행에 걸린다(대법원 1991. 3. 22. 선고 90다9797 판결).

ㄷ.(X) 채권자가 채무자의 제3채무자에 대한 채권을 압류 또는 가압류한 경우에 채무자에 대한 채권자의 채권에 관하여 시효중단의 효력이 생긴다고 할 것이나, 압류 또는 가압류된 채무자의 제3채무자에 대한 채권에 대하여는 민법 제168조 제2호 소정의 소멸시효 중단사유에 준하는 확정적인 시효중단의 효력이 생긴다고 할 수 없다. … 원고는 오세영의 임금 및 퇴직금채권 전부가 시효소멸하기 전에 위 압류 및 추심명령을 받아 집행법원을 통하여 제3채무자인 피고 회사에 송달하였고, 그로부터 6개월이 경과하기 전에 이 사건 추심의 소를 제기하였다고 할 것이므로 위 압류 및 추심명령이 피고 회사에 송달되기 전에 이미 소멸시효가 완성된 임금채권을 제외한 오세영의 임금 및 퇴직금채권에 대한 소멸시효의 진행은 적법하게 중단되었다고 할 것이다(대법원 2003. 5. 13. 선고 2003다16238 판결). 채권가압류는 가압류명령이 제3채무자에게 송달되어야 그 효력이 생긴다(민사집행법 제291조, 제227조 제3항).

ㄹ.(X) 채권자대위권 행사의 효과는 채무자에게 귀속되는 것이므로 채권자대위소송의 제기로 인한 소멸시효 중단의 효과 역시 채무자에게 생긴다(대법원 2011. 10. 13. 선고 2010다80930 판결).

문 08 ★★

甲은 丙 소유의 Y 토지에 X 건물을 신축하여 원시취득한 후 乙에게 X 건물을 미등기 무허가 상태로 매도하고 인도하였으며, X 건물에 대한 乙 명의의 소유권이전등기는 아직 마쳐지지 않았다. 이에 관한 설명 중 옳은 것을 모두 고른 것은? (각 지문은 독립적이며, 다툼이 있는 경우 판례에 의함)

> ㄱ. 乙이 甲에게 매매대금을 완납한 후 X 건물을 丁에게 매도하고 인도해 준 경우, 甲이 丁에게 물권적 반환청구권을 행사하면 丁은 자신의 고유한 점유·사용권을 甲에게 주장할 수 있다.
> ㄴ. 乙이 甲에게 매매대금을 완납한 경우, 乙에게는 X 건물에 대하여 소유권에 준하는 관습상의 물권 또는 사실상의 소유권이라는 법률상의 지위가 인정된다.
> ㄷ. 乙이 甲에게 매매대금을 완납하였고 乙이 丙에 대해 이미 변제기가 도래한 대여금 채권을 가지고 있는데, 甲에게 Y 토지에 대한 사용권이 없어서 丙이 甲에게 Y 토지의 차임 상당 부당이득반환청구를 한 경우, 甲은 乙의 부담부분에 한하여 乙의 위 채권을 자동채권으로 하여 상계할 수 있다.

① ㄱ
② ㄴ
③ ㄱ, ㄷ
④ ㄴ, ㄷ
⑤ ㄱ, ㄴ, ㄷ

해설

ㄱ.(O) 매수인이 아직 소유권이전등기를 경료받지 아니하였다 하여도 매매계약의 이행으로 그 매매목적물을 인도받은 때에는 매매계약의 효력으로서 이를 점유·사용할 권리가 생기게 된 것으로 보아야 하고, 또 매수인으로부터 위 매매목적물을 다시 매수한 자는 위와 같은 토지의 점유사용권을 취득한 것으로 봄이 상당하므로 매도인은 매수인으로부터 다시 위 매매목적물을 매수한 자에 대하여 매매목적물 소유권에 기한 물권적 청구권을 행사하거나 그 점유·사용을 법률상 원인이 없는 이익이라고 하여 부당이득반환청구를 할 수는 없다(대법원 2001. 12. 11. 선고 2001다45355 판결).

ㄴ.(X) 미등기 무허가건물의 양수인이라도 그 소유권이전등기를 경료하지 않는 한 그 건물의 소유권을 취

득할 수 없고, 소유권에 준하는 관습상의 물권이 있다고도 할 수 없으며, 현행법상 사실상의 소유권이라고 하는 포괄적인 권리 또는 법률상의 지위를 인정하기도 어렵다(대법원 2006. 10. 27. 선고 2006다49000 판결).

ㄷ.(X) 상계는 당사자 쌍방이 서로 같은 종류를 목적으로 한 채무를 부담한 경우에 서로 같은 종류의 급부를 현실로 이행하는 대신 어느 일방 당사자의 의사표시로 그 대등액에 관하여 채권과 채무를 동시에 소멸시키는 것이고, 이러한 상계제도의 취지는 서로 대립하는 두 당사자 사이의 채권·채무를 간이한 방법으로 원활하고 공평하게 처리하려는 데 있으므로, 수동채권으로 될 수 있는 채권은 상대방이 상계자에 대하여 가지는 채권이어야 하고, 상대방이 제3자에 대하여 가지는 채권과는 상계할 수 없다고 보아야 한다(대법원 2011. 4. 28. 선고 2010다101394 판결).

해답 ①

문 09

★★★

경정등기에 관한 설명 중 옳은 것(○)과 옳지 않은 것(×)을 올바르게 조합한 것은? (다툼이 있는 경우 판례에 의함)

> ㄱ. 등기명의인의 동일성이 인정되지 않는 위법한 경정등기가 마쳐졌으나 그것이 경정 후 명의인의 권리관계를 표상하는 결과에 이르러 그 경정등기가 실체관계에 부합하게 되었다면 그 경정등기는 유효하지만, 경정 전에 실제로 존재했던 경정 전 등기명의인의 권리가 소급적으로 소멸되지는 않는다.
> ㄴ. 등기명의인 경정의 부기등기가 등기명의인의 동일성을 해치는 방법으로 행하여져서 실제 소유관계를 표상하고 있지 않은 경우, 이러한 경정등기의 말소등기절차의 이행을 청구하려는 자는 자신이 부동산의 원래의 등기명의인에 해당하는 자로서 진실한 소유자라는 사실을 증명하여야 한다.
> ㄷ. 등기관이 기존 등기에 존재하는 착오를 발견한 경우 지체 없이 그 등기를 경정하여야 하는데, 이때 경정될 등기와 등기부상 양립할 수 없는 등기가 있는 경우에는 그 등기명의인의 승낙을 받아야 한다.
> ㄹ. 공유부동산에 관하여 단독 소유로 소유권보존등기가 마쳐진 경우, 진정한 권리자가 소유권보존등기의 일부 말소를 소로써 구하면 법원은 그 지분에 대해서만 말소를 명할 수 없으므로 경정등기를 명하여야 한다.

① ㄱ(○), ㄴ(○), ㄷ(○), ㄹ(×)
② ㄱ(○), ㄴ(○), ㄷ(×), ㄹ(×)
③ ㄱ(○), ㄴ(×), ㄷ(×), ㄹ(○)
④ ㄱ(×), ㄴ(○), ㄷ(×), ㄹ(○)
⑤ ㄱ(×), ㄴ(×), ㄷ(○), ㄹ(×)

해설

ㄱ.(○) 등기명의인의 경정등기는 명의인의 동일성이 인정되는 범위를 벗어나면 허용되지 아니한다. 그렇지만 등기명의인의 동일성 유무가 명백하지 아니하여 경정등기 신청이 받아들여진 결과 명의인의 동일성이 인정되지 않는 위법한 경정등기가 마쳐졌다 하더라도, 그것이 일단 마쳐져서 경정 후의 명의인의 권리관계를 표상하는 결과에 이르렀고 그 등기가 실체관계에도 부합하는 것이라면 등기는 유효하다. 이러한 경우에 경정등기의 효력은 소급하지 않고 경정 후 명의인의 권리취득을 공시할 뿐이므로, 경정 전의 등기 역시 원인무효의 등기가 아닌 이상 경정 전 당시의 등기명의인의 권리관계를 표상하는 등기

로서 유효하고, 경정 전에 실제로 존재하였던 경정 전 등기명의인의 권리관계가 소급적으로 소멸하거나 존재하지 않았던 것으로 되지도 아니한다(대법원 2015. 5. 21. 선고 2012다952 전원합의체판결).

ㄴ.(O) 등기명의인의 표시변경 또는 경정의 부기등기가 등기명의인의 동일성을 해치는 방법으로 행하여져서 부동산등기사항증명서상의 표시가 실지 소유관계를 표상하고 있는 것이 아니라면 진실한 소유자는 그 소유권의 내용인 침해배제청구권의 정당한 행사로써 그 표시상의 소유명의자를 상대로 그 소유권에 장애가 되는 부기등기인 표시변경 또는 경정등기의 말소등기절차의 이행을 청구할 수 있으므로, 이와 같이 부동산의 등기명의인의 표시변경 또는 경정등기의 말소등기절차의 이행을 청구하려는 자는 자신이 부동산의 원래의 등기명의인에 해당하는 자로서 진실한 소유자라는 사실을 증명하여야 한다(대법원 2021. 5. 7. 선고 2020다299214 판결).

ㄷ.(X) 부동산등기법 제32조 제2항은 등기관이 등기의 착오나 빠진 부분이 등기관의 잘못으로 인한 것임을 발견한 경우에는 지체 없이 그 등기를 직권으로 경정하여야 하고, 다만 등기상 이해관계 있는 제3자가 있는 경우에는 제3자의 승낙이 있어야 한다고 규정하고 있다. 여기서 '등기상 이해관계 있는 제3자'는 기존 등기에 존재하는 착오 또는 빠진 부분을 바로잡는 경정등기를 허용함으로써 손해를 입게 될 위험성이 있는 등기상의 권리자를 의미하는데, 경정될 등기와 등기부상 양립할 수 없는 등기가 된 경우에 등기내용은 단지 경정의 대상이 될 뿐이고, 등기명의자를 승낙청구의 상대방인 등기상 이해관계 있는 제3자로 보아 별도로 승낙까지 받아야 할 필요는 없다(대법원 2017. 1. 25.자 2016마5579 결정).

ㄹ.(X) 실체관계상 공유인 부동산에 관하여 단독소유로 소유권보존등기가 마쳐졌거나 단독소유인 부동산에 관하여 공유로 소유권보존등기가 마쳐진 경우에 소유권보존등기 중 진정한 권리자의 소유부분에 해당하는 일부 지분에 관한 등기명의인의 소유권보존등기는 무효이므로 이를 말소하고 그 부분에 관한 진정한 권리자의 소유권보존등기를 하여야 한다. 이 경우 진정한 권리자는 소유권보존등기의 일부말소를 소로써 구하고 법원은 그 지분에 한하여만 말소를 명할 수 있으나, 등기기술상 소유권보존등기의 일부말소는 허용되지 않으므로, 그 판결의 집행은 단독소유를 공유로 또는 공유를 단독소유로 하는 경정등기의 방식으로 이루어진다. 이와 같이 일부말소 의미의 경정등기는 등기절차 내에서만 허용될 뿐 소송절차에서는 일부말소를 구하는 외에 경정등기를 소로써 구하는 것은 허용될 수 없다(대법원 2017. 8. 18. 선고 2016다6309 판결).

해답 ②

문 10 ★★

「부동산 실권리자명의 등기에 관한 법률」이 적용되는 명의신탁에 관한 설명 중 옳은 것은? (다툼이 있는 경우 판례에 의함)

① 3자 간 등기명의신탁에서 명의수탁자가 명의신탁된 부동산을 임의처분하여 제3자가 그 소유권을 취득한 경우, 매도인의 소유권이전등기의무가 이행불능이 되어 발생하는 매도인과 명의신탁자 사이의 법률관계와 명의수탁자가 매도인의 소유권을 침해하여 발생하는 명의수탁자와 매도인 사이의 법률관계를 각각 구분하여 개별적으로 이해관계를 조정하면 부당이득반환 제도의 취지에 배치될 수 있다.

② 3자 간 등기명의신탁에서 명의신탁자가 매도인을 대위하지 않고 직접 명의수탁자를 상대로 부당이득반환을 원인으로 한 소유권이전등기를 청구한 경우, 이에 따라 마쳐진 명의신탁자 명의 소유권이전등기는 무효이다.

③ 계약명의신탁에서 매도인이 명의신탁약정에 대하여 알지 못했던 경우, 명의수탁자가 명의신탁자에 대한 매수자금 반환에 갈음하여 명의신탁된 부동산 자체를 양도하기로 합의하고 그에 기하여 명의신탁자가 지정하는 제3자 앞으로 소유권이전등기를 마쳐 주었다면 그 제3자 명의 소유권이전등기는 유효이다.

④ 계약명의신탁에서 매도인이 명의수탁자와 매매계약을 체결할 때는 명의신탁약정에 대하여 알지 못하였으나 명의수탁자 명의로 소유권이전등기를 마쳐 줄 때는 이를 알게 된 경우, 매도인과 명의수탁자 간 매매계약은 소급적으로 무효가 된다.
⑤ 계약명의신탁에서 매도인이 명의신탁약정에 대하여 알고 있었던 경우, 매도인과 명의수탁자가 체결한 매매계약은 원시적으로 무효이고 해당 부동산의 소유권은 매도인에게 그대로 남아 있게 되므로 특별한 사정이 없는 한 명의신탁자는 매도인에게 소유권이전등기를 청구할 수 있다.

해설

① (O) 3자 간 등기명의신탁에서 명의신탁자와 매도인 사이의 매매계약에 기한 소유권이전등기의무가 이행불능이 됨으로써 발생하는 계약해제나 손해배상의 법률관계, 매도인과 명의수탁자 사이에서 명의수탁자가 매도인의 소유권을 침해함으로써 발생하는 부당이득반환 또는 불법행위로 인한 손해배상의 법률관계를 각각 구분하여 개별적으로 이해관계를 조정하게 될 경우, 구체적 사정에 따라서는 부당이득반환청구권이나 손해배상청구권 등이 인정되지 않는 경우도 있고 과실상계 등의 사유로 인하여 제한적으로 인정되는 경우도 있을 수 있어서, 손해의 보전이 충분하지 못함과 동시에 예상치 못한 이익을 얻게 되는 결과가 발생하게 된다. 이러한 결과를 용인하는 것은 공평의 이념에 기초한 부당이득반환 제도의 취지에 배치된다(대법원 2021. 9. 9. 선고 2018다284233 전원합의체 판결).

② (X) 명의신탁자가 소유자로부터 부동산을 양도받으면서 명의수탁자와 사이에 명의신탁약정을 하여 소유자로부터 바로 명의수탁자 명의로 소유권이전등기를 하는 이른바 3자간 등기명의신탁에 있어서 … 같은 법은 매도인과 명의신탁자 사이의 매매계약의 효력을 부정하는 규정을 두고 있지 아니하여 유예기간 경과 후로도 매도인과 명의신탁자 사이의 매매계약은 여전히 유효하므로, 명의신탁자는 매도인에 대하여 매매계약에 기한 소유권이전등기를 청구할 수 있고, 그 소유권이전등기청구권을 보전하기 위하여 매도인을 대위하여 명의수탁자에게 무효인 그 명의 등기의 말소를 구할 수도 있으므로, 명의수탁자가 명의신탁자 앞으로 바로 경료해 준 소유권이전등기는 결국 실체관계에 부합하는 등기로서 유효하다(대법원 2004. 6. 25. 선고 2004다6764 판결).

③ (X) … 나아가 이러한 경우에 명의신탁자와 명의수탁자 및 제3자 사이의 새로운 명의신탁약정에 의하여 명의수탁자가 다시 명의신탁자가 지정하는 제3자 앞으로 소유권이전등기를 마쳐 주었다면, 제3자 명의의 소유권이전등기는 위 법률 제4조 제2항에 의하여 무효이므로, 제3자는 소유권이전등기에도 불구하고 그 부동산의 소유권을 취득하거나 그 매수대금 상당의 이익을 얻었다고 할 수 없다(대법원 2009. 9. 10. 선고 2006다73102 판결).

④ (X) 부동산 실권리자명의 등기에 관한 법률 제4조 제2항 단서는 부동산 거래의 상대방을 보호하기 위한 것으로 상대방이 명의신탁약정이 있다는 사실을 알지 못한 채 물권을 취득하기 위한 계약을 체결한 경우 그 계약과 그에 따른 등기를 유효라고 한 것이다. 명의신탁자와 명의수탁자가 계약명의신탁약정을 맺고 명의수탁자가 당사자가 되어 매도인과 부동산에 관한 매매계약을 체결하는 경우 그 계약과 등기의 효력은 매매계약을 체결할 당시 매도인의 인식을 기준으로 판단해야 하고, 매도인이 계약 체결 이후에 명의신탁약정 사실을 알게 되었다고 하더라도 위 계약과 등기의 효력에는 영향이 없다. 매도인이 계약 체결 이후 명의신탁약정 사실을 알게 되었다는 우연한 사정으로 인해서 위와 같이 유효하게 성립한 매매계약이 소급적으로 무효로 된다고 볼 근거가 없다(대법원 2018. 4. 10. 선고 2017다257715 판결).

⑤ (X) 명의신탁자와 명의수탁자가 명의신탁약정을 맺고 그에 따라 명의수탁자가 당사자가 되어 소유자와 부동산 매매계약을 체결하는 계약명의신탁에서, 부동산의 소유자가 명의신탁약정을 알면서 매매계약을 체결하고 명의수탁자 앞으로 부동산의 소유권이전등기를 마쳤다면 명의수탁자 명의의 소유권이전등기는 무효가 되고 부동산의 소유권은 소유자에게 그대로 남아 있게 되므로 소유자와 매매계약관계가

없는 명의신탁자는 소유자를 상대로 소유권이전등기청구를 할 수 없다(대법원 2023. 4. 27. 선고 2022다312265 판결)

해답 ①

문 11 ★★

甲은 乙에 대하여 1억 원의 금전채권을 가지고 있었는데, 乙은 자기의 유일한 재산인 X 부동산을 丙에게 매도하고 소유권이전등기까지 마쳐 주었다. 그 후 甲은 丙을 상대로 X 부동산 매매계약에 대한 사해행위취소 및 원상회복을 구하는 소를 제기하였다. 이에 관한 설명 중 옳은 것(○)과 옳지 않은 것(×)을 올바르게 조합한 것은? (각 지문은 독립적이며, 다툼이 있는 경우 판례에 의함)

> ㄱ. 甲의 丙에 대한 사해행위취소 및 원상회복청구 소송에서 승소판결이 확정된 후 乙에게 소유권이전등기 명의가 회복되기 전 甲의 乙에 대한 금전채권이 소멸한 경우, 丙은 청구이의의 소로써 위 확정판결의 집행력의 배제를 구할 수 없다.
>
> ㄴ. 甲이 丙에 대하여 사해행위취소 및 원상회복으로서 소유권이전등기 말소를 구하여 승소확정 판결을 받았는데, 어떠한 사유로 丙 명의의 소유권이전등기를 말소하는 것이 불가능하게 되었다면 甲은 다시 丙에 대하여 원상회복으로서 乙에게 직접 소유권이전등기 절차를 이행할 것을 청구할 수 있다.
>
> ㄷ. 甲의 丙에 대한 사해행위취소 및 원상회복청구 소송에서 승소판결이 확정되어 乙에게 소유권이전등기 명의가 회복된 후 乙이 다시 X 부동산을 丁에게 매도하여 소유권이전등기를 마쳐 준 경우, 乙이 X 부동산을 丙에게 매도한 후 乙에 대한 금전채권을 가지게 된 戊는 丁 명의의 소유권이전등기 말소를 청구할 수 있다.
>
> ㄹ. 丙의 일반채권자인 A가 丙 명의로 X 부동산에 관한 소유권이전등기가 마쳐진 것을 기화로 X 부동산을 압류하고 X 부동산에 관하여 진행된 경매절차에서 배당을 받았더라도, 이후 甲이 丙에 대하여 사해행위취소 및 원상회복으로서 가액배상의 확정판결을 받았다면 A는 가액배상액의 범위 내에서 甲에게 위 배당금을 부당이득으로 반환하여야 한다.

① ㄱ(○), ㄴ(×), ㄷ(×), ㄹ(×)
② ㄱ(×), ㄴ(×), ㄷ(○), ㄹ(×)
③ ㄱ(○), ㄴ(○), ㄷ(×), ㄹ(○)
④ ㄱ(×), ㄴ(×), ㄷ(×), ㄹ(×)
⑤ ㄱ(×), ㄴ(×), ㄷ(×), ㄹ(○)

해설

ㄱ.(×) 채권자취소권은 채무자의 사해행위를 채권자와 수익자 또는 전득자 사이에서 상대적으로 취소하고 채무자의 책임재산에서 일탈한 재산을 회복하여 채권자의 강제집행이 가능하도록 하는 것을 본질로 하는 권리이므로, 채권자취소권에 의하여 책임재산을 보전할 필요성이 없어지면 채권자취소권은 소멸한다. 따라서 채권자취소소송에서 피보전채권의 존재가 인정되어 사해행위 취소 및 원상회복을 명하는 판결이 확정되었다고 하더라도, 그에 기하여 재산이나 가액의 회복을 마치기 전에 피보전채권이 소멸하여 채권자가 더 이상 채무자의 책임재산에 대하여 강제집행을 할 수 없게 되었다면, 이는 위 판결의 집행력을 배제하는 적법한 청구이의 이유가 된다(대법원 2017. 10. 26. 선고 2015다224469 판결).

ㄴ.(×) 채권자가 일단 사해행위취소 및 원상회복으로서 수익자 명의 등기의 말소를 청구하여 승소판결이 확정되었다면, 어떠한 사유로 수익자 명의 등기를 말소하는 것이 불가능하게 되었다고 하더라도 다시

수익자를 상대로 원상회복청구권을 행사하여 가액배상을 청구하거나 원물반환으로서 채무자 앞으로 직접 소유권이전등기절차를 이행할 것을 청구할 수는 없으므로, 그러한 청구는 권리보호의 이익이 없어 허용되지 않는다(대법원 2018. 12. 28. 선고 2017다265815).

ㄷ.(X) 채권자취소권은 채무자가 채권자를 해함을 알면서 자기의 일반재산을 감소시키는 행위를 한 경우에 그 행위를 취소하여 채무자의 재산을 원상회복시킴으로써 모든 채권자를 위하여 채무자의 책임재산을 보전하는 권리이나, 사해행위 이후에 채권을 취득한 채권자는 채권의 취득 당시에 사해행위취소에 의하여 회복되는 재산을 채권자의 공동담보로 파악하지 아니한 자로서 민법 제407조에 정한 사해행위취소와 원상회복의 효력을 받는 채권자에 포함되지 아니한다(대법원 2009. 6. 23. 선고 2009다18502 판결).

ㄹ.(X) 사해행위취소란 채권의 보전을 위하여 일반 채권자들의 공동담보에 제공되고 있는 채무자의 재산이 그의 처분행위로 감소되는 경우, 채권자의 청구에 의해 이를 취소하고, 일탈된 재산을 채무자의 책임재산으로 환원시키는 제도로서, 사해행위의 취소와 원상회복은 모든 채권자의 이익을 위하여 효력이 있으므로(민법 제407조), 취소채권자가 자신이 회복해 온 재산에 대하여 우선권을 가지는 것은 아니라고 할 것이므로, 사해행위의 수익자 소유의 부동산에 대한 경매절차에서 취소채권자가 수익자에 대한 가액배상판결에 기하여 배당을 요구하여 배당을 받은 경우, 그 배당액은 배당요구를 한 취소채권자에게 그대로 귀속되는 것이 아니라 채무자의 책임재산으로 회복되는 것이며, 이에 대하여 채무자에 대한 채권자들은 채권만족에 관한 일반원칙에 따라 채권 내용을 실현할 수 있는 것이다(대법원 2005. 8. 25. 선고 2005다14595 판결).

해답 ④

문 12

분묘에 관한 설명 중 옳은 것을 모두 고른 것은? (「장사 등에 관한 법률」은 고려하지 말 것. 다툼이 있는 경우 판례에 의함) ★★

> ㄱ. 분묘의 수호·관리권자가 사망하여 그 직계비속들이 공동상속인이 되었고 이들 사이에 분묘의 수호·관리권 승계에 관한 협의가 없다면, 특별한 사정이 없는 한 그 직계비속들 중 최근친의 연장자가 이를 승계한다고 보는 것이 관습법의 내용에 부합한다.
> ㄴ. 토지 소유자의 승낙에 의해 분묘기지권이 성립하는 경우, 분묘기지권의 성립 당시 토지 소유자와 분묘의 수호·관리권자가 지료 지급의무의 존부나 범위 등에 관하여 약정을 하였더라도 그 약정의 효력은 그 분묘기지를 포함하는 토지에 관한 임의경매절차에서 이를 매수한 자에게는 미치지 않는다.
> ㄷ. 분묘기지권은 분묘를 수호하고 봉제사하는 목적을 달성하는 데 필요한 범위 내에서 타인 소유의 토지를 사용할 수 있고 제3자는 물론 토지 소유자의 방해도 배제할 수 있는 관습상의 물권이다.
> ㄹ. 분묘의 수호·관리권자가 타인의 토지에 그 토지 소유자의 승낙 없이 분묘를 무단으로 설치한 경우에도 분묘기지권을 시효로 취득할 수 있다.

① ㄱ, ㄷ ② ㄱ, ㄹ
③ ㄴ, ㄷ ④ ㄴ, ㄹ
⑤ ㄷ, ㄹ

해설

ㄱ.(X) 공동상속인들 사이에 협의가 이루어지지 않는 경우에는 제사주재자의 지위를 인정할 수 없는 특별한 사정이 있지 않는 한 피상속인의 직계비속 중 남녀, 적서를 불문하고 최근친의 연장자가 제사주재자로 우선한다고 보는 것이 가장 조리에 부합한다(대법원 2023. 5. 11. 선고 2018다248626 전원합의체 판결).

ㄴ.(X) 분묘의 기지인 토지가 분묘의 수호·관리권자 아닌 다른 사람의 소유인 경우에 그 토지 소유자가 분묘 수호·관리권자에 대하여 분묘의 설치를 승낙한 때에는 그 분묘의 기지에 관하여 분묘기지권을 설정한 것으로 보아야 한다. 이와 같이 승낙에 의하여 성립하는 분묘기지권의 경우 성립 당시 토지 소유자와 분묘의 수호·관리자가 지료 지급의무의 존부나 범위 등에 관하여 약정을 하였다면 그 약정의 효력은 분묘 기지의 승계인에 대하여도 미친다(대법원 2021. 9. 16. 선고 2017다271834(본소), 2017다271841(반소) 판결).

ㄷ.(O) 분묘기지권은 분묘를 수호하고 봉제사하는 목적을 달성하는 데 필요한 범위 내에서 타인 소유의 토지를 사용할 수 있고 토지 소유자나 제3자의 방해를 배제할 수 있는 관습상의 물권이다(대법원 2017. 1. 19. 선고 2013다17292 전원합의체 판결).

ㄹ.(O) 타인 소유의 토지에 소유자의 승낙 없이 분묘를 설치한 경우에도 20년간 평온·공연하게 그 분묘의 기지를 점유하면 지상권과 유사한 관습상의 물권인 분묘기지권을 시효로 취득하고, 이를 등기하지 않고도 제3자에게 대항할 수 있다(대법원 2017. 3. 30. 선고 2016다231358 판결).

해답 ⑤

문 13

계약인수에 관한 설명 중 옳은 것을 모두 고른 것은? (다툼이 있는 경우 판례에 의함) ★★

> ㄱ. 계약인수에서는 개별 채권양도에서 채무자 보호를 위하여 요구되는 대항요건은 별도로 요구되지 않고, 이러한 법리는 「상법」상 영업양도에 수반된 계약인수에 대해서도 마찬가지로 적용된다.
>
> ㄴ. 「표시·광고의 공정화에 관한 법률」상 허위·과장광고의 불법행위를 원인으로 하는 손해배상청구권을 가지고 있던 아파트 수분양자가 수분양자의 지위를 제3자에게 양도하면, 양수인은 특별한 사정이 없는 한 별도의 채권양도 절차 없이도 위 손해배상청구권을 행사할 수 있다.
>
> ㄷ. 매도인의 매수인에 대한 매매대금 채권이 압류된 이후 매도인의 지위를 이전하는 계약인수가 이루어진 경우, 매도인과 매수인 사이의 계약관계는 소멸하더라도 인수인은 위 압류에 의하여 권리가 제한된 상태의 매매대금 채권을 이전받게 된다.

① ㄱ
② ㄷ
③ ㄱ, ㄴ
④ ㄱ, ㄷ
⑤ ㄴ, ㄷ

해설

ㄱ.(O) … 이러한 계약인수가 이루어지면 계약관계에서 이미 발생한 채권·채무도 이를 인수 대상에서 배제하기로 하는 특약이 있는 등 특별한 사정이 없는 한 인수인에게 이전된다. 계약인수는 개별 채권·채무의 이전을 목적으로 하는 것이 아니라 다수의 채권·채무를 포함한 계약당사자로서의 지위의 포괄적

이전을 목적으로 하는 것으로서 계약당사자 3인의 관여에 의해 비로소 효력을 발생하는 반면, 개별 채권의 양도는 채권양도인과 양수인 2인만의 관여로 성립하고 효력을 발생하는 등 양자가 법적인 성질과 요건을 달리하므로, 채무자 보호를 위해 개별 채권양도에서 요구되는 대항요건은 계약인수에서는 별도로 요구되지 않는다. 그리고 이러한 법리는 상법상 영업양도에 수반된 계약인수에 대해서도 마찬가지로 적용된다(대법원 2020. 12. 10. 선고 2020다245958 판결).

ㄴ.(X) 구 표시·광고의 공정화에 관한 법률(2011. 9. 15. 법률 제11050호로 개정되기 전의 것, 이하 '표시광고법'이라 한다)상 허위·과장광고로 인한 손해배상청구권은 불법행위에 기한 손해배상청구권의 성격을 가지는데, 계약상 지위의 양도에 의하여 계약당사자로서의 지위가 제3자에게 이전되는 경우 계약상 지위를 전제로 한 권리관계만이 이전될 뿐 불법행위에 기한 손해배상청구권은 별도의 채권양도절차 없이 제3자에게 당연히 이전되는 것이 아니므로, 표시광고법상 허위·과장광고로 인한 손해배상청구권을 가지고 있던 아파트 수분양자가 수분양자의 지위를 제3자에게 양도하였다는 사정만으로 양수인이 당연히 위 손해배상청구권을 행사할 수 있다고 볼 수는 없다. 다만 허위·과장광고를 그대로 믿고 허위·과장광고로 높아진 가격에 수분양자 지위를 양수하는 등으로 양수인이 수분양자 지위를 양도받으면서 허위·과장광고로 인한 손해를 입었다는 등의 특별한 사정이 있는 경우에만 양수인이 손해배상청구권을 행사할 수 있다.(대법원 2015. 7. 23. 선고 2012다15336,15343,15350,15367,15374,15381,15398,15404 판결).

ㄷ.(O) 계약 당사자로서의 지위 승계를 목적으로 하는 계약인수의 경우에는 양도인이 계약관계에서 탈퇴하는 까닭에 양도인과 상대방 당사자 사이의 계약관계가 소멸하지만, 양도인이 계약관계에 기하여 가지던 권리의무가 동일성을 유지한 채 양수인에게 그대로 승계된다. 따라서 양도인의 제3채무자에 대한 채권이 압류된 후 채권의 발생원인인 계약의 당사자 지위를 이전하는 계약인수가 이루어진 경우 양수인은 압류에 의하여 권리가 제한된 상태의 채권을 이전받게 되므로, 제3채무자는 계약인수에 의하여 그와 양도인 사이의 계약관계가 소멸하였음을 내세워 압류채권자에 대항할 수 없다(대법원 2015. 5. 14. 선고 2012다41359 판결).

문 14

甲은 乙과 乙 소유 X 주택에 대한 공사도급계약을 체결하고 공사대금은 완공과 동시에 일괄 지급받기로 했다. 甲이 공사를 완성했는데도 乙은 공사대금을 지급하지 않은 채 X 주택의 인도를 청구하였고, 甲은 적법한 유치권을 행사하면서 X 주택에 거주하고 있다. X 주택의 부지인 Y 토지는 丁의 소유이다. 이에 관한 설명 중 옳은 것을 모두 고른 것은? (각 지문은 독립적이며, 다툼이 있는 경우 판례에 의함)

> ㄱ. 甲이 X 주택에 관하여 유익비를 지출한 경우, 甲은 X 주택의 가액 증가가 현존한 경우에 한해 乙의 선택에 따라 그 지출한 금액이나 증가액의 상환을 乙에게 청구할 수 있다.
> ㄴ. 甲은 丁에 대해 X 주택에 거주한 기간 동안 Y 토지의 사용·수익으로 인해 발생한 차임 상당 부당이득반환의무를 부담하지 않는다.
> ㄷ. 甲의 유치권에 의한 X 주택 경매절차에서 매각이 이루어진 경우, 乙의 채권자 B가 신청한 X 주택 경매절차에서 매각이 이루어진 경우와 마찬가지로 甲의 유치권은 소멸하지 않는다.
> ㄹ. 乙의 채권자 B가 신청한 경매절차에서 丙이 X 주택을 매수한 경우, 甲의 채권자 A가 '甲이 X 주택을 丙에게 인도해 줌과 동시에 丙으로부터 지급받을 채권'에 대하여 압류 및 추심명령을 신청하는 것은 허용된다.

① ㄱ
② ㄱ, ㄴ
③ ㄷ, ㄹ
④ ㄱ, ㄴ, ㄷ
⑤ ㄱ, ㄴ, ㄹ

> **해설**

ㄱ.(O) 민법 제203조 제2항

> 민법 제203조(점유자의 상환청구권) ② 점유자가 점유물을 개량하기 위하여 지출한 금액 기타 유익비에 관하여는 그 가액의 증가가 현존한 경우에 한하여 회복자의 선택에 좇아 그 지출금액이나 증가액의 상환을 청구할 수 있다.

ㄴ.(O) 건물소유자가 부지 부분에 관한 소유권을 상실하였다 하여도 건물소유자는 의연 토지소유자와 관계에서는 토지 위에 있는 건물의 소유자인 관계로 건물 부지의 불법점유자라 할 것이고, 따라서 건물부지 부분에 관한 차임 상당의 부당이득 전부에 관한 반환의무를 부담하게 된다(대법원 2012. 5. 10. 선고 2012다4633 판결). ▶ 甲은 X 주택에의 소유자가 아니므로 甲은 丁에 대해 Y 토지의 사용·수익으로 인해 발생한 차임 상당 부당이득반환의무를 부담하지 않는다.

ㄷ.(X) 유치권에 의한 경매절차가 정지된 상태에서 그 목적물에 대한 강제경매 또는 담보권 실행을 부동산에 관한 강제경매 또는 담보권 실행을 위한 경매절차에서의 매수인은 유치권자에게 그 유치권으로 담보하는 채권을 변제할 책임이 있고(민사집행법 제91조 제5항, 제268조), 유치권에 의한 경매절차는 목적물에 대하여 강제경매 또는 담보권 실행을 위한 경매절차가 개시된 경우에는 정지되도록 되어 있으므로(민사집행법 제274조 제2항), 유치권에 의한 경매절차가 정지된 상태에서 그 목적물에 대한 강제경매 또는 담보권 실행을 위한 경매절차가 진행되어 매각이 이루어졌다면, 유치권에 의한 경매절차가 소멸주의를 원칙으로 하여 진행된 경우와는 달리 그 유치권은 소멸하지 않는다고 봄이 상당하다(대법원 2011. 8. 18. 선고 2011다35593 판결). ▶ 유치권에 의한 경매절차는 소멸주의 원칙이므로 甲의 유치권에 의한 X 주택 경매절차에서 매각이 이루어진 경우 甲의 유치권은 소멸한다.

ㄹ.(X) 민사집행법 제268조에 의하여 담보권의 실행을 위한 경매절차에 준용되는 같은 법 제91조 제5항은 매수인은 유치권자에게 그 유치권으로 담보하는 채권을 변제할 책임이 있다고 규정하고 있다. 여기에서 '변제할 책임이 있다'는 의미는 부동산상의 부담을 승계한다는 취지로서 인적채무까지 인수한다는 취지는 아니므로, 유치권자는 경락인에 대하여 그 피담보채권의 변제가 있을 때까지 유치목적물인 부동산의 인도를 거절할 수 있을 뿐이고 그 피담보채권의 변제를 청구할 수는 없다. 甲 주식회사 소유의 부동산에 대한 임의경매절차에서 乙 법인이 위 부동산을 매수하였고, 丙 주식회사가 甲 회사로부터 지급받을 공사대금이 남아있다고 주장하면서 위 부동산에 대하여 유치권을 행사하였는데, 丙 회사의 채권자인 丁이 '丙 회사가 위 부동산을 乙 법인에 인도해줌과 동시에 乙 법인으로부터 지급받을 채권'에 대하여 채권압류 및 추심명령을 신청한 사안에서, 丙 회사의 위 권리가 피압류적격이 있다고 본 원심결정에 법리오해의 위법이 있다(대법원 2014. 12. 30.자 2014마1407 결정).

해답 ②

문 15 ★★

보증채무에 관한 설명 중 옳지 않은 것은? (다툼이 있는 경우 판례에 의함)

① 주채무자에 대한 확정판결에 의하여 「민법」 제163조 각 호의 단기소멸시효에 해당하는 주채무의 소멸시효기간이 10년으로 연장된 상태에서 주채무를 보증하였더라도, 특별한 사정이 없는 한 보증채무의 소멸시효기간은 이와 별개로 보증채무의 성질에 따라 결정된다.

② 다른 사람이 발행하는 약속어음에 명시적으로 어음보증을 하는 사람은 그 어음보증으로 인한 어음상의 채무만을 부담하는 것이 원칙이다.
③ 여러 공동불법행위자 중 1인의 신원보증인이 피보증인의 손해배상채무를 변제한 경우, 피보증인이 아닌 다른 공동불법행위자에 대하여는 그 부담부분에 한하여 구상권을 행사할 수 있다.
④ 계속적 채권관계에서 발생하는 주계약상의 불확정채무에 대하여 보증한 경우, 보증채무는 보증계약의 종료 시점과 관계 없이 주계약상의 채무가 확정된 때에 이와 함께 확정된다.
⑤ 주채권과 분리하여 보증채권만 양도하기로 하는 약정은 효력이 없다.

해설

① (O) 보증채무는 주채무와는 별개의 독립한 채무이므로 보증채무와 주채무의 소멸시효기간은 채무의 성질에 따라 각각 별개로 정해진다. 그리고 주채무자에 대한 확정판결에 의하여 민법 제163조 각 호의 단기소멸시효에 해당하는 주채무의 소멸시효기간이 10년으로 연장된 상태에서 주채무를 보증한 경우, 특별한 사정이 없는 한 보증채무에 대하여는 민법 제163조 각 호의 단기소멸시효가 적용될 여지가 없고, 성질에 따라 보증인에 대한 채권이 민사채권인 경우에는 10년, 상사채권인 경우에는 5년의 소멸시효기간이 적용된다(대법원 2014. 6. 12. 선고 2011다76105 판결).

② (O) 다른 사람이 발행하는 약속어음에 명시적으로 어음보증을 하는 사람은 그 어음보증으로 인한 어음상의 채무만을 부담하는 것이 원칙이고, 특별히 채권자에 대하여 자기가 그 약속어음 발행의 원인이 된 채무까지 보증하겠다는 뜻으로 어음보증을 한 경우에 한하여 그 원인채무에 대한 보증책임을 부담하게 된다(대법원 2005. 10. 13. 선고 2005다33176 판결).

③ (O) 어느 공동불법행위자를 위하여 보증인이 된 자가 피보증인의 손해배상채무를 변제한 경우 그 보증인은 피보증인이 아닌 다른 공동불법행위자에 대하여는 그 부담부분에 한하여 구상권 내지 부당이득반환청구권을 행사할 수 있다 할 것인바, 따라서 보증인이 보증한 공동불법행위자의 부담부분이 전부이고 다른 공동불법행위자의 부담부분이 없는 경우에는 보증인은 그 다른 공동불법행위자에 대하여 구상 내지 부당이득반환청구를 할 수 없다 할 것이고, 이는 신원보증의 경우라 하여 다르지 않다 할 것이다(대법원 1996. 2. 9. 선고 95다47176 판결).

④ (X) 계속적 채권관계에서 발생하는 주계약상의 불확정 채무에 대하여 보증한 경우의 보증채무는 통상적으로는 주계약상의 채무가 확정된 때에 이와 함께 확정되는 것이지만, 채권자와 주채무자와 사이에서는 주계약상의 거래기간이 연장되었으나 보증인과 사이에서 보증기간이 연장되지 아니함으로써 보증계약관계가 종료된 때에는, 보증계약 종료 시에 보증채무가 확정되므로 보증인은 그 당시의 주계약상의 채무에 대하여는 보증책임을 지나, 그 후의 채무에 대하여는 보증계약 종료 후의 채무이므로 보증책임을 지지 않는다고 보아야 한다(대법원 1999. 8. 24. 선고 99다26481 판결).

⑤ (O) 주채권과 보증인에 대한 채권의 귀속주체를 달리하는 것은, 주채무자의 항변권으로 채권자에게 대항할 수 있는 보증인의 권리가 침해되는 등 보증채무의 부종성에 반하고, 주채권을 가지지 않는 자에게 보증채권만을 인정할 실익도 없기 때문에 주채권과 분리하여 보증채권만을 양도하기로 하는 약정은 그 효력이 없다(대법원 2002. 9. 10. 선고 2002다21509 판결).

해답 ④

문 16

★★

부동산의 합유에 관한 설명 중 옳은 것은? (다툼이 있는 경우 판례에 의함)

① 합유등기가 마쳐진 부동산에 관하여 합유자 중 1인이 명의신탁 해지를 원인으로 한 소유권이전등기절차의 이행을 구하는 소송은 고유필수적 공동소송에 해당하지 않는다.

② 조합체가 매수한 부동산에 대해 조합원 중 특정인의 단독 명의로 소유권이전등기가 마쳐졌더라도 조합체가 해산되는 경우에는 그 부동산이 조합재산임을 전제로 청산이 이루어져야 한다.
③ 법원은 이혼하는 부부 중 일방이 제3자와 합유하고 있는 재산에 대해 직접 그 재산의 분할을 명할 수는 없으나, 그 재산에 대한 합유지분의 가액을 산정하여 재산분할의 대상으로 삼을 수 있다.
④ 조합체가 매수한 부동산에 대해 합유등기 대신 각 조합원 명의로 각 지분에 관한 공유등기가 마쳐진 경우, 그 부동산의 매수인이 조합체라는 사실을 매도인이 알지 못했더라도 그 부동산은 합유재산이 된다.
⑤ 조합원 중 자신이 소유한 부동산을 출자하기로 약정하고 그 부동산을 인도한 자는 그 부동산에 대한 합유등기가 마쳐지기 전까지는 조합체는 물론 제3자에 대해서도 그 부동산에 대한 소유물 반환청구권을 행사할 수 있다.

해설

① **(X)** 합유로 소유권이전등기가 된 부동산에 관하여 명의신탁 해지를 원인으로 한 소유권이전등기절차의 이행을 구하는 소송은 조합재산인 합유물의 처분에 관한 소송으로서 합유자 전원을 피고로 하여야 할 뿐 아니라 합유자 전원에 대하여 합일적으로 확정되어야 하는 고유필수적 공동소송에 해당하며, 그 명의신탁 해지를 구하는 당사자가 합유자 중의 1인이라는 사유만으로 달리 볼 것은 아니다(대법원 2015. 9. 10. 선고 2014다73794,73800 판결).

② **(X)** 조합원들이 공동사업을 위하여 매수한 부동산에 관하여 합유등기를 하지 않고 조합원 중 1인 명의로 소유권이전등기를 한 경우 조합체가 조합원에게 명의신탁한 것으로 보아야 한다. 조합체가 조합원에게 명의신탁한 부동산의 소유권은 위에서 본 법리에 따라 물권변동이 무효인 경우 매도인에게, 유효인 경우 명의수탁자에게 귀속된다. 이 경우 조합재산은 소유권이전등기청구권 또는 부당이득반환채권이고, 신탁부동산 자체는 조합재산이 될 수 없다. … 원고와 피고 2 등이 결성한 조합체가 이 사건 임야를 매수하여 피고 2 앞으로 이전등기를 마쳤으므로, 조합체가 피고 2에게 임야를 명의신탁한 것으로 보아야 한다. 이 경우 조합재산은 피고 2에 대한 매매대금에 해당하는 부당이득반환채권 등이고 신탁부동산인 이 사건 임야는 조합재산이 될 수 없다. 따라서 원고의 탈퇴 또는 해산으로 조합관계가 종료되었다고 해도 원고는 이 사건 임야가 조합재산임을 전제로 지분이전등기를 청구할 수 없다(대법원 2019. 6. 13. 선고 2017다246180 판결).

③ **(O)** 합유재산이라는 이유만으로 이를 재산분할의 대상에서 제외할 수는 없고, 다만 부부의 일방이 제3자와 합유하고 있는 재산 또는 그 지분은 이를 임의로 처분하지 못하므로, 직접 당해 재산의 분할을 명할 수는 없으나 그 지분의 가액을 산정하여 이를 분할의 대상으로 삼거나 다른 재산의 분할에 참작하는 방법으로 재산분할의 대상에 포함하여야 한다(대법원 2009. 11. 12. 선고 2009므2840,2857 판결).

④ **(X)**, ⑤ **(X)** 부동산의 소유자가 동업계약(조합계약)에 의하여 부동산의 소유권을 투자하기로 하였으나 아직 그의 소유로 등기가 되어 있고 조합원의 합유로 등기되어 있지 않다면, 그와 조합 사이에 채권적인 권리의무가 발생하여 그로 하여금 조합에 대하여 그 소유권을 이전할 의무 내지 그 사용을 인용할 의무가 있다고 할 수는 있지만, 그 동업계약을 이유로 조합계약 당사자 아닌 사람에 대한 관계에서 그 부동산이 조합원의 합유에 속한다고 할 근거는 없으므로, 조합원이 아닌 제3자에 대하여는 여전히 소유자로서 그 소유권을 행사할 수 있다. … 그 조합체가 합유등기를 하지 아니하고 그 대신 조합원들 명의로 각 지분에 관하여 공유등기를 하였다면, 이는 그 조합체가 조합원들에게 각 지분에 관하여 명의신탁한 것으로 보아야 한다. 다만 같은 법 제4조 제2항 단서의 규정상 이 사건 대지지분에 관한 물권을 취득하기 위한 계약에서 명의수탁자인 공동피고 1과 피고들이 그 일방 당사자가 되고, 그 타방 당사자로서 매도인인 주식회사 대화가 공동피고 1과 피고들로 구성된 동업 목적의 조합체와 공동피고 1 사이에 명의신탁 약정이 있다는 사실을 알지 못한 경우에 한하여 이 사건 대지지분에 관한 그 명의의 소유

권이전등기가 유효하다고 보게 될 것이다. … 원심은 이와 달리 그 판시와 같은 이유만을 들어 공동피고 1과 피고들 사이에 이 사건 매매계약을 체결할 당시 이 사건 대지지분은 어디까지나 공동피고 1의 단독소유이어서 그 지분을 포함한 이 사건 대지 전부가 공동피고 1과 피고들의 합유재산임을 전제로 한 피고들의 주장이 이유 없다고 하여 이를 배척하고, 이 사건 대지에 관한 원고들의 제2 예비적 청구를 인용하고 말았으니, 원심판결 중 이 부분에는 조합재산의 소유관계와 명의신탁 및 사해행위에 관한 법리를 오해하고, 채증법칙을 위배하거나 필요한 심리를 다하지 아니하여 사실을 오인한 위법이 있고, 이는 판결에 영향을 미쳤음이 분명하다(대법원 2002. 6. 14. 선고 2000다30622 판결).

해답 ③

문 17

★★★

甲은 乙에 대한 대출금 채권의 담보를 위하여 乙 소유 X 토지에 저당권과 아울러 지료 없는 지상권을 취득하면서 乙로 하여금 그 토지를 계속하여 점유·사용하게 하였다. 이에 관한 설명 중 옳지 않은 것은? (각 지문은 독립적이며, 다툼이 있는 경우 판례에 의함)

① 乙이 건물 신축이 가능한 나대지였던 X 토지에 옹벽을 설치하고 도로를 개설한 경우, 甲은 乙에게 X 토지에 대한 임료 상당 부당이득반환을 청구할 수 없다.
② 乙이 건물 신축이 가능한 나대지였던 X 토지에 옹벽을 설치하고 도로를 개설하여 이로 인해 X 토지의 교환가치가 하락한 경우, 甲은 乙에게 불법행위로 인한 손해배상을 청구할 수 있다.
③ 乙이 丙에게 X 토지에 대한 무상 사용을 승낙하고 이에 따라 丙이 X 토지에 단풍나무를 심은 경우, 이 단풍나무는 X 토지에 부합되지 않는다.
④ X 토지에 대한 甲 명의 저당권의 피담보채무가 소멸시효 완성으로 인해 소멸한 경우, X 토지에 대한 甲 명의 지상권도 이에 부종하여 소멸하므로 乙에게는 甲 명의 지상권의 피담보채무의 부존재에 대한 확인을 구할 이익이 인정된다.
⑤ X 토지에 甲 명의의 저당권과 지상권이 설정될 당시 X 토지에 乙 소유 Y 건물이 신축되어 있었던 경우, 甲의 위 저당권에 기한 임의경매 신청에 따라 X 토지가 경매되어 丁이 매각 대금을 완납하면 Y 건물을 위한 법정지상권이 성립한다.

해설

① (O), ② (O) 불법점유를 당한 부동산의 소유자 또는 용익권자로서는 불법점유자에 대하여 그로 인한 임료 상당 손해의 배상이나 부당이득의 반환을 구할 수 있을 것이나, 불법점유라는 사실이 발생한 바 없었다고 하더라도 부동산의 소유자 또는 용익권자에게 임료 상당 이익이나 기타 소득이 발생할 여지가 없는 특별한 사정이 있는 때에는 손해배상이나 부당이득반환을 청구할 수 없다. 금융기관이 대출금 채권의 담보를 위하여 토지에 저당권과 함께 지료 없는 지상권을 설정하면서 채무자 등의 사용·수익권을 배제하지 않은 경우, 위 지상권은 근저당목적물의 담보가치를 확보하는 데 목적이 있으므로, 그 위에 도로개설·옹벽축조 등의 행위를 한 무단점유자에 대하여 지상권 자체의 침해를 이유로 한 임료 상당 손해배상을 구할 수 없다 … 저당부동산에 대한 소유자 또는 제3자의 점유가 저당부동산의 본래의 용법에 따른 사용·수익의 범위를 초과하여 그 교환가치를 감소시키거나, 점유자에게 저당권의 실현을 방해하기 위하여 점유를 개시하였다는 점이 인정되는 등, 그 점유로 인하여 정상적인 점유가 있는 경우의 경락가격과 비교하여 그 가격이 하락하거나 경매절차가 진행되지 않는 등 저당권의 실현이 곤란하게 될 사정이 있는 경우에는 저당권의 침해가 인정될 수 있다고 할 것이다(대법원 2008. 1. 17. 선고 2006다586 판결). ▶ 담보지상권자 甲은 임료 상당 이익이나 기타 소득이 발생할 여지가 없으므로 甲은 乙에게 X 토지에 대한 임료 상당 부당이득반환을 청구할 수 없다. 그러나 甲은 乙에게 저당권의 침해를 이유로 손해배상을 청구할 수 있다.

> 민법 제741조(부당이득의 내용) 법률상 원인없이 타인의 재산 또는 노무로 인하여 이익을 얻고 이로 인하여 타인에게 손해를 가한 자는 그 이익을 반환하여야 한다.

③ (O) 금융기관이 대출금 채권의 담보를 위하여 토지에 저당권과 함께 지료 없는 지상권을 설정하면서 채무자 등의 사용·수익권을 배제하지 않은 경우, 지상권은 저당권이 실행될 때까지 제3자가 용익권을 취득하거나 목적 토지의 담보가치를 하락시키는 침해행위를 하는 것을 배제함으로써 저당 부동산의 담보가치를 확보하는 데에 목적이 있으므로, 토지소유자는 저당 부동산의 담보가치를 하락시킬 우려가 있는 등의 특별한 사정이 없는 한 토지를 사용·수익할 수 있다고 보아야 한다. 따라서 그러한 토지소유자로부터 토지를 사용·수익할 수 있는 권리를 취득하였다면 이러한 권리는 민법 제256조 단서가 정한 '권원'에 해당한다고 볼 수 있다(대법원 2018. 3. 15. 선고 2015다69907 판결).

> 민법 제256조(부동산에의 부합) 부동산의 소유자는 그 부동산에 부합한 물건의 소유권을 취득한다. 그러나 타인의 권원에 의하여 부속된 것은 그러하지 아니하다.

④ (X) 지상권은 용익물권으로서 담보물권이 아니므로 피담보채무라는 것이 존재할 수 없다. 근저당권 등 담보권 설정의 당사자들이 담보로 제공된 토지에 추후 용익권이 설정되거나 건물 또는 공작물이 축조·설치되는 등으로 토지의 담보가치가 줄어드는 것을 막기 위하여 담보권과 아울러 설정하는 지상권을 이른바 담보지상권이라고 하는데, 이는 당사자의 약정에 따라 담보권의 존속과 지상권의 존속이 서로 연계되어 있을 뿐이고, 이러한 경우에도 지상권의 피담보채무가 존재하는 것은 아니다. 따라서 지상권설정등기에 관한 피담보채무의 범위 확인을 구하는 청구는 원고의 권리 또는 법률상의 지위에 관한 청구라고 보기 어려우므로, 확인의 이익이 없어 부적법하다(대법원 2017. 10. 31. 선고 2015다65042 판결).

⑤ (O) 근저당권 등 담보권 설정의 당사자들이 그 목적이 된 토지 위에 차후 용익권이 설정되거나 건물 또는 공작물이 축조·설치되는 등으로써 그 목적물의 담보가치가 저감하는 것을 막는 것을 주요한 목적으로 하여 담보권과 아울러 지상권을 설정한 경우에 담보권이 소멸하면 등기된 지상권의 목적이나 존속기간과 관계없이 지상권도 그 목적을 잃어 함께 소멸한다고 할 것이다. 토지에 관하여 담보권이 설정될 당시 담보권자를 위하여 동시에 지상권이 설정되었다고 하더라도, 담보권 설정 당시 이미 토지소유자가 그 토지 상에 건물을 소유하고 있고 그 건물을 철거하기로 하는 등 특별한 사유가 없으며 담보권의 실행으로 그 지상권도 소멸하였다면 건물을 위한 법정지상권이 발생하지 않는다고 할 수 없다(대법원 2014. 7. 24. 선고 2012다97871,97888 판결).

해답 ④

문 18 ★★

주위토지통행권에 관한 설명 중 옳은 것을 모두 고른 것은? (다툼이 있는 경우 판례에 의함)

ㄱ. 포위된 토지의 소유자에게 공로에 통할 수 있는 자기의 공유토지가 있더라도 이 공유토지가 구분소유적 공유관계에 있고 공로에 접하는 공유 부분을 다른 공유자가 배타적으로 사용·수익하고 있으면, 포위된 토지의 소유자는 이 공유토지 이외의 인접 토지로서 제3자가 소유한 토지에 대한 통행권을 행사할 수 있다.

ㄴ. 甲이 소유한 토지의 일부가 乙에게 양도되었는데 乙이 양수한 부분이 공로에 통하지 못하는 포위된 토지인 경우, 乙이 甲의 통행 방해로 인해 부득이 인접한 Y 토지의 소유자 丙에게 사용료를 지급하고 Y 토지를 공로로 통하는 통로로 사용하였다면, 乙의 甲에 대한 무상의 주위토지통행권은 소멸한다.

ㄷ. 무상의 주위토지통행권이 발생하는 토지의 일부 양도라 함은 1필의 토지의 일부가 양도된 경우뿐만 아니라 일단(一團)으로 되어 있던 동일인이 소유한 여러 필지의 토지 중 일부가 양도된 경우도 포함된다.
ㄹ. 무상의 주위토지통행권에 관한 「민법」 제220조는 토지의 직접 분할자 또는 일부 양도의 당사자들 사이에서만 적용되고, 포위된 토지 또는 피통행지의 특정승계인에게는 적용되지 않는다.

① ㄱ, ㄴ
② ㄱ, ㄷ
③ ㄷ, ㄹ
④ ㄱ, ㄴ, ㄷ
⑤ ㄱ, ㄷ, ㄹ

해설

ㄱ.(X) 공로에 통할 수 있는 자기의 공유토지를 두고 공로에의 통로라 하여 남의 토지를 통행한다는 것은 민법 제219조, 제220조에 비추어 허용될 수 없다. 설령 위 공유토지가 구분소유적 공유관계에 있고 공로에 접하는 공유 부분을 다른 공유자가 배타적으로 사용, 수익하고 있다고 하더라도 마찬가지이다(대법원 2021. 9. 30. 선고 2021다245443(본소), 2021다245450(반소) 판결).

ㄴ.(X) 양도인이 포위된 토지의 소유자에 대하여 위 무상의 주위토지통행을 허용하지 아니함으로써 포위된 토지의 소유자가 할 수 없이 주위의 다른 토지의 소유자와 일정기간 동안 사용료를 지급하기로 하고 그 다른 토지의 일부를 공로로 통하는 통로로 사용하였다고 하더라도 포위된 토지의 소유자가 민법 제220조 소정의 무상의 주위토지통행권을 취득할 수 없게 된다고 할 수 없으므로, 원고(반소피고, 이하 원고라고만 함)가 소론과 같이 다른 토지의 일부를 이 사건 토지의 통로로 사용하였다고 하더라도 이 사건 주위토지에 대하여 무상의 주위토지통행권을 취득할 수 없다고 할 수 없는 것이다(대법원 1995. 2. 10. 선고 94다45869, 45876 판결).

ㄷ.(O) 동일인 소유의 토지의 일부가 양도되어 공로에 통하지 못하는 토지가 생긴 경우에 포위된 토지를 위한 주위 토지통행권은 일부 양도 전의 양도인 소유의 종전토지에 대하여만 생기고 다른 사람 소유의 토지에 대하여는 인정되지 아니하며, 또 무상의 주위토지통행권이 발생하는 토지의 일부 양도라 함은 1필의 토지의 일부가 양도된 경우뿐만 아니라 일단으로 되어있던 동일인 소유의 수필의 토지 중 일부가 양도된 경우도 포함된다 할 것이다(대법원 1993. 12. 14. 선고 93다22906 판결).

ㄹ.(O) 분할 또는 토지의 일부 양도로 인하여 공로에 통하지 못하는 토지가 생긴 경우의 무상주위통행권에 관한 민법 제220조의 규정은 직접 분할자 또는 일부 양도의 당사자 사이에만 적용되고 포위된 토지 또는 피통행지의 특정승계인에게는 적용되지 않는다(대법원 1990. 8. 28. 선고 90다카10091, 10107 판결).

해답 ③

문 19 ★★

불가분채권 · 채무관계에 관한 설명 중 옳은 것을 모두 고른 것은? (다툼이 있는 경우 판례에 의함)

ㄱ. 건물 공유자들의 그 건물 무단 점유자에 대한 차임 상당 부당이득반환청구권은 특별한 사정이 없는 한 성질상 불가분채권이다.
ㄴ. 금전채권의 불가분채권자들 중 1인을 집행채무자로 한 압류 및 전부명령이 이루어진 경우, 그 집행채무자인 불가분채권자의 채권은 전부채권자에게 이전되더라도 다른 불가분채권자는 그 불가분채권의 채무자에게 불가분채권 전부의 이행을 청구할 수 있다.

ㄷ. 타인 소유 대지 위에 권원 없이 세워진 건물의 소유자를 상속한 공동상속인들의 건물철거의무는 다른 공동상속인의 지분에 관하여도 철거의무를 부담하는 불가분채무이므로, 이 경우 공동상속인들을 상대로 한 건물철거소송은 필수적 공동소송이다.

① ㄴ
② ㄱ, ㄴ
③ ㄱ, ㄷ
④ ㄴ, ㄷ
⑤ ㄱ, ㄴ, ㄷ

해설

ㄱ.(X) 불가분채권이 되려면 그 성질이나 당사자의 의사표시에 의해 급부를 나눌 수 없어야 한다(민법 제409조). 공유물 무단 점유자에 대한 차임 상당 부당이득반환청구권은 특별한 사정이 없는 한 각 공유자에게 지분 비율만큼 귀속된다(대법원 2021. 12. 16. 선고 2021다257255 판결).

ㄴ.(O) 수인의 채권자에게 금전채권이 불가분적으로 귀속되는 경우에, 불가분채권자들 중 1인을 집행채무자로 한 압류 및 전부명령이 이루어지면 그 불가분채권자의 채권은 전부채권자에게 이전되지만, 그 압류 및 전부명령은 집행채무자가 아닌 다른 불가분채권자에게 효력이 없으므로, 다른 불가분채권자의 채권의 귀속에 변경이 생기는 것은 아니다. 따라서 다른 불가분채권자는 모든 채권자를 위하여 채무자에게 불가분채권 전부의 이행을 청구할 수 있고, 채무자는 모든 채권자를 위하여 다른 불가분채권자에게 전부를 이행할 수 있다. 이러한 법리는 불가분채권의 목적이 금전채권인 경우 그 일부에 대하여만 압류 및 전부명령이 이루어진 경우에도 마찬가지이다(대법원 2023. 3. 30. 선고 2021다264253 판결).

ㄷ.(X) 공동상속인들의 건물철거의무는 그 성질상 불가분채무라고 할 것이고 각자 그 지분의 한도 내에서 건물 전체에 대한 철거의무를 지는 것이다(대법원 1980. 6. 24. 선고 80다756 판결). … 그러나 공유물 철거청구 소송의 성질에 관하여 학계에서는 여러 가지 견해가 대립되어 있는 실정이라 할지라도 당원은 근래 여러 판결(66.3.15. 선고 65다2455 판결, 68.7.31. 선고 68다1102 판결 참조)로서 공유물의 반환 또는 철거에 관한 소송을 필요적 공동 소송이라고는 할 수 없으므로 그러한 청구는 공유자 각자에 대하여 그의 지분권 한도 내에서의 인도 또는 철거를 구하는 것으로 보고 그 당부에 관한 판단을 할 것이라는 견해를 명시하였던 것인 즉, 그 판례에 반하는 위 판결의 견해를 위법이라 않을 수 없어 그 판시내용을 논난하는 소론의 논지를 이유있다 하여 관여법관 전원의 일치된 의견으로 민사소송법 제406조, 제400조에 의하여 주문과 같이 판결한다(대법원 1969. 7. 22. 선고 69다609 판결).

해답 ①

문 20 ★★★

X 부동산의 소유자인 甲은 2010. 2. 1. 乙에게 X 부동산에 관하여 2010. 1. 20.자 매매예약을 원인으로 하는 소유권이전청구권 가등기를 마쳐 주었는데, 甲과 乙은 예약완결권의 행사기간에 대해서는 별도로 약정하지 않았다. 甲의 채권자 丙은 2011. 2. 1. X 부동산에 대하여 적법한 가압류등기를 마쳤다. 이에 관한 설명 중 옳지 않은 것은? (각 지문은 독립적이며, 다툼이 있는 경우 판례에 의함)

① 甲이 2024. 1. 10. 乙에게 X 부동산을 매도하고 甲, 乙 간 가등기 유용의 합의에 따라 2024. 2. 1. X 부동산에 대한 乙 명의 본등기를 마쳐 준 경우, 乙은 X 부동산의 소유권을 취득한다.

② 甲이 2024. 1. 10. 乙에게 X 부동산을 매도하고 甲, 乙 간 가등기 유용의 합의에 따라 2024. 2. 1. X 부동산에 대한 乙 명의 본등기를 마쳐 주어 丙 명의 가압류등기가 말소된 경우, 乙은 丙의 가압류등기의 회복등기 절차에 대해 승낙의 의사표시를 할 의무를 진다.

③ 甲이 2024. 2. 1. 丁과 X 부동산에 관한 매매예약을 체결하고 甲, 丁 간 가등기 유용의 합의에 따라 丁 명의로 가등기 이전의 부기등기를 마쳐 준 경우, 丁은 甲의 가등기 말소 청구에 대항할 수 있다.

④ 甲이 2024. 2. 1. 丁과 X 부동산에 관한 매매예약을 체결하고 甲, 丁 간 가등기 유용의 합의에 따라 丁 명의로 가등기 이전의 부기등기를 마쳐 준 경우, 丁은 丙에 대해 가등기의 유효를 주장할 수 없다.

⑤ 甲이 2024. 2. 1. 丁과 X 부동산에 관한 매매예약을 체결하고 甲, 丁 간 가등기 유용의 합의에 따라 丁 명의로 가등기 이전의 부기등기를 마쳐 준 경우, 丙이 甲을 대위하여 가등기의 말소를 청구하면 丁은 甲, 丁 간 가등기 유용의 합의로써 丙에게 대항할 수 없다.

해설

① (O), ② (O) 매수인은 매매목적물에 대하여 가압류집행이 되었다고 하여 매매에 따른 소유권이전등기가 불가능한 것도 아니므로, 이러한 경우 매수인으로서는 신의칙 등에 의해 대금지급채무의 이행을 거절할 수 있음은 별론으로 하고, 매매목적물이 가압류되었다는 사유만으로 매도인의 계약 위반을 이유로 매매계약을 해제할 수는 없다(대법원 1999. 6. 11. 선고 99다11045 판결).

말소된 등기의 회복등기절차의 이행을 구하는 소에서는 회복등기의무자에게만 피고적격이 있는바, 가등기가 이루어진 부동산에 관하여 제3취득자 앞으로 소유권이전등기가 마쳐진 후 그 가등기가 말소된 경우 그와 같이 말소된 가등기의 회복등기절차에서 회복등기의무자는 가등기가 말소될 당시의 소유자인 제3취득자이므로, 그 가등기의 회복등기청구는 회복등기의무자인 제3취득자를 상대로 하여야 한다(대법원 2009. 10. 15. 선고 2006다43903 판결).

③ (O), ④ (O) … 그 부동산의 소유자가 제3자와 사이에 새로운 매매계약을 체결하고 그에 기한 소유권이전등기청구권의 보전을 위하여 이미 효력이 상실된 가등기를 유용하기로 합의하고 실제로 그 가등기 이전의 부기등기를 마쳤다면, 그 가등기 이전의 부기등기를 마친 제3자로서는 언제든지 부동산의 소유자에 대하여 위 가등기 유용의 합의를 주장하여 가등기의 말소청구에 대항할 수 있고, 다만 그 가등기 이전의 부기등기 전에 등기부상 이해관계를 가지게 된 자에 대하여는 위 가등기 유용의 합의 사실을 들어 그 가등기의 유효를 주장할 수는 없다.(대법원 2009. 5. 28. 선고 2009다4787 판결). ▶ 丁은 부동산의 소유자 甲에 대하여 위 가등기 유용의 합의를 주장하여 가등기의 말소청구에 대항할 수 있고 가등기 이전의 부기등기 전에 등기부상 이해관계를 가지게 된 자인 丙에 대하여는 위 가등기 유용의 합의 사실을 들어 그 가등기의 유효를 주장할 수는 없다

⑤ (X) 채권자대위권은 채무자의 제3채무자에 대한 권리를 행사하는 것이므로, 제3채무자는 채무자에 대해 가지는 모든 항변사유로 채권자에게 대항할 수 있으나, 채권자는 채무자 자신이 주장할 수 있는 사유의 범위 내에서 주장할 수 있을 뿐 자기와 제3채무자 사이의 독자적인 사정에 기한 사유를 주장할 수는 없다(대법원 2009. 5. 28. 선고 2009다4787 판결).

해답 ⑤

문 21 ★★

도급인 甲과 수급인 乙은 2023. 2. 1. 건물신축공사에 관한 도급계약을 체결하면서 완공 즉시 공사대금을 지급하기로 하였고, 乙은 2023. 9. 1. 공사를 완료하였다. 이에 관한 설명 중 옳지 않은 것은? (각 지문은 독립적이며, 다툼이 있는 경우 판례에 의함)

① 도급계약에 따른 乙의 공사대금 채권과 甲의 하자보수보증금 채권이 동시이행의 관계에 있는 경우, 乙이 2023. 5. 1. 丙에게 乙의 甲에 대한 공사대금 채권을 양도하고 그 다음 날 甲에게 확정

일자 있는 증서에 의한 양도통지가 도달한 이후 甲의 하자보수보증금 채권이 발생하였더라도 甲은 이를 자동채권으로 하여 丙의 양수금 채권과 상계할 수 있다.
② 丙이 甲과 乙 사이에 공사대금 채권을 양도하지 않기로 약정한 사실을 알면서 乙의 甲에 대한 공사대금 채권에 대하여 압류 및 전부명령을 받아 그 명령이 확정된 경우, 그 압류 및 전부명령은 유효하다.
③ 丙이 乙의 甲에 대한 공사대금 채권에 대하여 2023. 4. 1. 압류 및 전부명령을 받고 그 다음 날 甲, 乙에게 위 압류 및 전부명령이 모두 송달되어 확정된 경우, 甲이 위 압류 및 전부명령을 송달받기 전에 乙에 대한 대여금 채권을 가지고 있었고 그 대여금 채권의 변제기가 2023. 8. 1.이라면 甲은 乙에 대한 대여금 채권을 자동채권으로 하여 丙의 전부금 채권과 상계할 수 있다.
④ 乙이 2023. 10. 1. 丙에게 甲에 대한 공사대금 채권을 양도하고 2023. 11. 1. 甲에게 확정일자 있는 증서에 의한 양도통지가 도달한 경우, 丙이 양수금 채권으로 甲의 丙에 대한 2023. 9. 1.이 변제기인 대여금 채권과 상계한다면 그 상계적상일은 2023. 11. 1.이다.
⑤ 乙이 2023. 4. 1. 丙에게 甲에 대한 공사대금 채권을 양도하고 그 다음 날 甲에게 확정일자 있는 증서에 의한 양도통지가 도달한 다음, 乙의 채권자 丁이 2023. 5. 1. 乙의 甲에 대한 공사대금 채권에 대하여 압류명령을 받은 경우, 그 후 乙의 다른 채권자인 戊가 제기한 사해행위취소소송에 의하여 위 채권양도가 취소되었다면 위 압류명령은 장래에 乙에게 원상회복될 공사대금 채권에 대한 것으로서 유효하다.

해설

① (O) 채권양도에 의하여 채권은 그 동일성을 유지하면서 양수인에게 이전되고, 채무자는 양도통지를 받은 때까지 양도인에 대하여 생긴 사유로써 양수인에게 대항할 수 있다(민법 제451조 제2항). 따라서 채무자의 채권양도인에 대한 자동채권이 발생하는 기초가 되는 원인이 양도 전에 이미 성립하여 존재하고 자동채권이 수동채권인 양도채권과 동시이행의 관계에 있는 경우에는, 양도통지가 채무자에게 도달하여 채권양도의 대항요건이 갖추어진 후에 자동채권이 발생하였다고 하더라도 채무자는 동시이행의 항변권을 주장할 수 있고, 따라서 그 채권에 의한 상계로 양수인에게 대항할 수 있다(대법원 2015. 4. 9. 선고 2014다80945 판결).

② (O) 당사자 사이에 양도금지의 특약이 있는 채권이라도 압류 및 전부명령에 따라 이전될 수 있고, 양도금지의 특약이 있는 사실에 관하여 압류채권자가 선의인가 악의인가는 전부명령의 효력에 영향이 없다(대법원 2002. 8. 27. 선고 2001다71699 판결).

③ (O) 그 압류명령이 송달되기 이전에 채무자에 대하여 상계적상에 있었던 반대채권을 가지고 있었다면 그 명령이 송달된 이후에도 상계로서 압류채권자에 대항할 수 있고, 이 경우에 채권압류통지 이전에 자동채권의 이행기가 도래한 이상 수동채권의 이행기가 도래하지 아니하였더라도 수동채권에 관한 기한의 이익을 포기하고 대등액에서 상계하므로써 압류채권자에 대항할 수 있다(대법원 1979. 6. 12. 선고 79다662 판결).

④ (O) 채권양수인이 양수채권을 자동채권으로 하여 그 채무자가 채권양수인에 대해 가지고 있던 기존 채권과 상계한 경우, 채권양수인은 채권양도의 대항요건이 갖추어진 때 비로소 자동채권을 행사할 수 있으므로 채권양도 전에 이미 양 채권의 변제기가 도래하였다고 하더라도 상계의 효력은 변제기로 소급하는 것이 아니라 채권양도의 대항요건이 갖추어진 시점으로 소급한다(대법원 2022. 6. 30. 선고 2022다200089 판결).

⑤ (X) 채권자가 사해행위의 취소와 함께 수익자 또는 전득자로부터 책임재산의 회복을 명하는 사해행위 취소의 판결을 받은 경우 그 취소의 효과는 채권자와 수익자 또는 전득자 사이에만 미치므로, 수익자 또는 전득자가 채권자에 대하여 사해행위의 취소로 인한 원상회복 의무를 부담하게 될 뿐, 채무자와 사

이에서 그 취소로 인한 법률관계가 형성되거나 취소의 효력이 소급하여 채무자의 책임재산으로 회복되는 것은 아니다. 따라서 채권압류명령 등 당시 피압류채권이 이미 제3자에 대한 대항요건을 갖추어 양도되어 그 명령이 효력이 없는 것이 되었다면, 그 후의 사해행위취소소송에서 위 채권양도계약이 취소되어 채권이 원채권자에게 복귀하였다고 하더라도 이미 무효로 된 채권압류명령 등이 다시 유효로 되는 것은 아니다(대법원 2022. 12. 1. 선고 2022다247521 판결).

해답 ⑤

문 22

손해배상액의 예정에 관한 설명 중 옳은 것(○)과 옳지 않은 것(×)을 올바르게 조합한 것은? (다툼이 있는 경우 판례에 의함)

> ㄱ. 금전채무의 불이행에 대하여 손해배상액을 예정한 경우, 감액 요건인 '부당성'은 계약의 목적과 내용, 손해배상액을 예정한 동기, 채무액에 대한 예정액의 비율, 예상 손해액의 크기, 당시의 거래관행 등뿐만 아니라, 통상적인 연체금리도 고려하여 판단하여야 한다.
> ㄴ. 손해배상 예정액의 감액 사유에 대한 사실인정이나 그 비율을 정하는 것은 원칙적으로 사실심의 전권에 속하는 사항이지만, 손해배상액의 예정이 없더라도 채무자가 당연히 지급의무를 부담하여 채권자가 받을 수 있던 금액보다 적은 금액으로 감액하는 것은 감액의 한계를 벗어나는 것이다.
> ㄷ. 도급계약에서 손해배상액의 예정으로서 지체상금을 계약 총액에 지체상금률을 곱하여 산출하기로 정한 경우, 지체상금의 과다 여부는 지체상금률 그 자체가 과다한지를 기준으로 판단한다.
> ㄹ. 수급인의 하자보수의무 불이행 시 도급인에게 귀속하는 것으로 약정된 하자보수보증금은 특별한 사정이 없는 한 손해배상액의 예정으로 볼 것이므로, 도급인은 수급인의 하자보수의무 불이행을 이유로 하자보수보증금의 몰취 외에 그 실손해액을 증명하여 수급인으로부터 그 초과액 상당의 손해배상을 받을 수는 없다.

① ㄱ(○), ㄴ(○), ㄷ(×), ㄹ(×)
② ㄱ(×), ㄴ(○), ㄷ(×), ㄹ(○)
③ ㄱ(○), ㄴ(×), ㄷ(○), ㄹ(○)
④ ㄱ(×), ㄴ(○), ㄷ(○), ㄹ(×)
⑤ ㄱ(○), ㄴ(○), ㄷ(×), ㄹ(○)

해설

ㄱ.(○) 손해배상 예정액을 감액하기 위한 요건인 '부당성'은 채권자와 채무자의 지위, 계약의 목적과 내용, 손해배상액을 예정한 동기, 채무액에 대한 예정액의 비율, 예상 손해액의 크기, 당시의 거래관행 등 모든 사정을 참작하여 일반 사회관념에 비추어 예정액의 지급이 경제적 약자의 지위에 있는 채무자에게 부당한 압박을 가하여 공정성을 잃는 결과를 초래하는 경우에 인정된다. 특히 금전채무의 불이행에 대하여 손해배상액을 예정한 경우에는 위에서 든 고려요소 이외에 통상적인 연체금리도 고려하여야 한다(대법원 2017. 7. 11. 선고 2016다52265 판결).

ㄴ.(○) 손해배상액 예정이 없더라도 채무자가 당연히 지급의무를 부담하여 채권자가 받을 수 있던 금액보다 적은 금액으로 감액하는 것은 손해배상액 예정에 관한 약정 자체를 전면 부인하는 것과 같은 결과가 되기 때문에 감액의 한계를 벗어나는 것이다(대법원 2023. 8. 18. 선고 2022다227619 판결).

ㄷ.(×) 도급계약에서 … 지체상금을 계약 총액에서 지체상금률을 곱하여 산출하기로 정한 경우, 민법 제398조 제2항에 의하면 손해배상액의 예정액이 부당히 과다한 경우에는 법원은 적당히 감액할 수 있다고

규정되어 있고 여기의 손해배상의 예정액이란 문언상 그 예정한 손해배상액의 총액을 의미한다고 해석되므로, 손해배상의 예정에 해당하는 지체상금의 과다 여부는 지체상금 총액을 기준으로 하여 판단하여야 한다(대법원 1996. 4. 26. 선고 95다11436 판결).

ㄹ.(X) 공사도급계약서 또는 그 계약내용에 편입된 약관에 수급인이 하자담보책임 기간 중 도급인으로부터 하자보수요구를 받고 이에 불응한 경우 하자보수보증금은 도급인에게 귀속한다는 조항이 있을 때 이 하자보수보증금은 특별한 사정이 없는 한 손해배상액의 예정으로 볼 것이고, 다만 하자보수보증금의 특성상 실손해가 하자보수보증금을 초과하는 경우에는 그 초과액의 손해배상을 구할 수 있다는 명시 규정이 없다고 하더라도 도급인은 수급인의 하자보수의무 불이행을 이유로 하자보수보증금의 몰취 외에 그 실손해액을 입증하여 수급인으로부터 그 초과액 상당의 손해배상을 받을 수도 있는 특수한 손해배상액의 예정으로 봄이 상당하다(대법원 2002. 7. 12. 선고 2000다17810 판결).

해답 ①

문 23 ★★

다음 각 사례에서 빈칸을 알맞게 채운 것은? (X, Y 토지의 시가 변동은 없고, 공동저당권 설정 시 책임분담에 관한 특별한 사정은 없음. 이자와 지연손해금, 집행비용은 고려하지 말 것. 각 지문은 독립적이며, 다툼이 있는 경우 판례에 의함)

> ㄱ. 채무자 甲 소유의 X 토지(시가 2,000만 원)와 Y 토지(시가 4,000만 원)에 관하여 丙 앞으로 피담보채권액 3,000만 원의 공동저당권이 설정되어 있는 상태에서, 甲이 Y 토지를 A에게 매도하여 A 명의의 소유권이전등기가 마쳐졌다. 甲의 일반채권자 乙(피보전채권액 1억 원)에 의해 Y 토지에 관한 매매계약이 사해행위로 취소되어 가액배상을 하는 경우, 가액배상액은 (가)이다.
>
> ㄴ. 채무자 甲 소유의 X 토지(시가 3,000만 원)와 Y 토지(시가 6,000만 원)에 관하여 丙 앞으로 피담보채권액 6,000만 원의 공동저당권이 설정되어 있는 상태에서, 甲이 X, Y 토지를 A에게 일괄매도하여 A 명의의 소유권이전등기가 마쳐졌다. 甲의 일반채권자 乙(피보전채권액 1억 원)에 의해 X, Y 토지에 관한 매매계약이 사해행위로 취소되어 가액배상을 하는 경우, 가액배상액은 (나)이다.
>
> ㄷ. 채무자 甲 소유의 X 토지(시가 5억 원)에는 丙의 피담보채권액 2억 원의 1순위 저당권과 丁의 피담보채권액 1억 원의 2순위 저당권이 각 설정되어 있고, 물상보증인 戊 소유의 Y 토지(시가 5억 원)에는 丁의 X 토지에 관한 피담보채권액 전부에 관하여 공동저당권이 설정되어 있는 상태에서, 甲이 X 토지를 A에게 매도하여 A 명의의 소유권이전등기가 마쳐졌다. 甲의 일반채권자 乙(피보전채권액 3억 원)에 의해 X 토지에 관한 매매계약이 사해행위로 취소되어 가액배상을 하는 경우, 가액배상액은 (다)이다.

	가	나	다
①	2,000만 원	3,000만 원	2억 원
②	2,000만 원	3,000만 원	2억 5,000만 원
③	2,000만 원	6,000만 원	2억 원
④	4,000만 원	6,000만 원	2억 5,000만 원
⑤	4,000만 원	6,000만 원	2억 원

해설

ㄱ. (2,000만 원) 채무자가 양도한 목적물에 담보권이 설정되어 있는 경우라면 그 목적물 중에서 일반채권자들의 공동담보에 제공되는 책임재산은 피담보채권액을 공제한 나머지 부분만이라 할 것이고 그 피담보채권액이 목적물의 가격을 초과하고 있는 때에는 당해 목적물의 양도는 사해행위에 해당한다고 할 수 없는데, 여기서 공동저당권이 설정되어 있는 수 개의 부동산 중 일부가 양도된 경우에 있어서의 그 피담보채권액은 특별한 사정이 없는 한 민법 제368조의 규정 취지에 비추어 공동저당권의 목적으로 된 각 부동산의 가액에 비례하여 공동저당권의 피담보채권액을 안분한 금액이라고 보아야 한다(대법원 2003. 11. 13. 선고 2003다39989 판결).

ㄴ. (3,000만 원) 공동저당권이 설정된 수개의 부동산 전부의 매매계약이 사해행위에 해당하고 사해행위의 목적 부동산 전부가 하나의 계약으로 동일인에게 일괄 양도된 경우에는 사해행위로 되는 매매계약이 공동저당 부동산의 일부를 목적으로 할 때처럼 부동산 가액에서 공제하여야 할 피담보채권액의 산정이 문제 되지 아니하므로 특별한 사정이 없는 한 취소에 따른 배상액의 산정은 목적 부동산 전체의 가액에서 공동저당권의 피담보채권 총액을 공제하는 방식으로 함이 취소채권자의 의사에도 부합하는 상당한 방법이고, 특별한 사정이 없는 한 목적물 전부를 사해행위로 취소하는 경우와 그중 일부를 개별적으로 취소하는 경우 사이에 취소에 따른 배상액 산정기준이 달라져야 할 이유가 없으므로 사해행위인 매매계약의 목적물 중 일부 목적물만을 사해행위로 취소하는 경우 일부 목적물의 사실심 변론종결 당시 가액에서 공제되어야 할 피담보채권액은 공동저당권의 피담보채권총액을 사실심 변론종결 당시를 기준으로 한 공동저당 목적물의 가액에 비례하여 안분한 금액이라고 보아야 한다(대법원 2014. 6. 26. 선고 2012다77891 판결).

ㄷ. (2억 원) … 그러나 수 개의 부동산 중 일부는 채무자의 소유이고 다른 일부는 물상보증인의 소유인 경우에는, 물상보증인이 민법 제481조, 제482조의 규정에 따른 변제자대위에 의하여 채무자 소유의 부동산에 대하여 저당권을 행사할 수 있는 지위에 있는 점 등을 고려할 때, 물상보증인이 채무자에 대하여 구상권을 행사할 수 없는 특별한 사정이 없는 한 채무자 소유의 부동산이 부담하는 피담보채권액은 채무자 소유 부동산의 가액을 한도로 한 공동저당권의 피담보채권액 전액이고, 물상보증인 소유의 부동산이 부담하는 피담보채권액은 공동저당권의 피담보채권액에서 채무자 소유의 부동산이 부담하는 피담보채권액을 제외한 나머지이다. 이러한 법리는 하나의 공유부동산 중 일부 지분이 채무자의 소유이고, 다른 일부 지분이 물상보증인의 소유인 경우에도 마찬가지로 적용된다(대법원 2016. 8. 18. 선고 2013다90402 판결).

문 24

채권의 목적에 관한 설명 중 옳지 않은 것은? (다툼이 있는 경우 판례에 의함)

① 의사가 환자에게 부담하는 진료채무는 특별한 사정이 없는 한 수단채무이다.
② 우리나라 통화를 외화채권에 변제충당할 때에는 특별한 사정이 없는 한 현실로 변제충당할 당시의 외국환시세에 의하여 환산하여야 한다.
③ 선택채권은 선택에 의하여 채권의 목적이 확정되므로 선택채권의 소멸시효는 선택권을 행사한 때부터 진행한다.
④ 금전채무에 관하여 이자 약정이 없는 경우에도 채무자의 이행지체로 인한 지연이자는 특별한 사정이 없는 한 법정이율에 의하여 청구할 수 있다.
⑤ 채권액이 외국통화로 지정된 금전채권인 외화채권을 채권자가 대용급부의 권리를 행사해 우리나라

통화로 환산하여 청구하는 경우, 법원이 채무자에게 이행을 명할 때에는 사실심 변론 종결 당시의 외국환시세에 의하여 환산하여야 한다.

> **해설**

① (O) 의사가 환자에 대하여 부담하는 진료채무는 환자의 치유라는 결과를 반드시 달성해야 하는 결과채무가 아니라, 치유를 위하여 선량한 관리자의 주의를 다하여 현재의 의학수준에 비추어 필요하고도 적절한 진료를 할 채무 즉 수단채무이므로, 진료의 결과가 만족스럽지 못하다고 하여 바로 진료채무의 불이행으로 추정할 수는 없다(대법원 2015. 10. 15. 선고 2015다21295 판결).

② (O) 채권액이 외국통화로 정해진 금전채권인 외화채권을 채무자가 우리나라 통화로 변제하는 경우에 그 환산시기는 이행기가 아니라 현실로 이행하는 때, 즉 현실이행시의 외국환시세에 의하여 환산한 우리나라 통화로 변제하여야 하고, 우리나라 통화를 외화채권에 변제충당할 때도 특별한 사정이 없는 한 현실로 변제충당할 당시의 외국환시세에 의하여 환산하여야 한다(대법원 2000. 6. 9. 선고 99다56512 판결).

③ (X) 매립사업자가 매립공사 준공등기 후 매립지 중 일부를 즉시 양도하기로 약정하였으나 그 선택권의 소재에 관하여 약정이 없었던 경우, 매립지에 대한 매립사업자 명의의 소유권보존등기가 경료되고 도시계획결정 및 지적고시가 이루어져 그 소유토지의 위치와 면적이 확정된 때로부터 매립사업자의 선택권 행사에 필요한 상당한 기간이 경과한 날로부터 양수인의 소유권이전등기청구권의 소멸시효가 진행된다(대법원 2000. 5. 12. 선고 98다23195 판결).

④ (O) 금전채무에 관하여 이자약정이 없어서 이자청구를 할 수 없는 경우에도 채무자의 이행지체로 인한 지연손해금은 법정이율에 의하여 청구할 수 있다(대법원 2009. 12. 24. 선고 2009다85342 판결).

⑤ (O) 채권액이 외국통화로 지정된 금전채권인 외화채권을 채무자가 우리나라 통화로 변제함에 있어서는 민법 제378조가 그 환산시기에 관하여 외화채권에 관한 같은 법 제376조, 제377조 제2항의 "변제기"라는 표현과는 다르게 "지급할 때"라고 규정한 취지에서 새겨 볼 때 그 환산시기는 이행기가 아니라 현실로 이행하는 때 즉 현실이행 시의 외국환시세에 의하여 환산한 우리나라 통화로 변제하여야 한다고 풀이함이 상당하므로 채권자가 위와 같은 외화채권을 대용급부의 권리를 행사하여 우리나라 통화로 환산하여 청구하는 경우에도 법원이 채무자에게 그 이행을 명함에 있어서는 채무자가 현실로 이행할 때에 가장 가까운 사실심 변론종결 당시의 외국환 시세를 우리나라 통화로 환산하는 기준시로 삼아야 한다(대법원 1991. 3. 12. 선고 90다2147 전원합의체판결).

문 25 ★★

乙이 甲으로부터 A 소유 X 건물을 매수하기 위하여 매매계약을 체결하였다. X 건물이 甲의 소유가 아니라는 점을 알지 못한 乙은 타인 권리의 매매를 이유로 甲에게 담보책임에 따른 손해배상을 청구하였다. 이에 관한 설명 중 옳은 것(O)과 옳지 않은 것(×)을 올바르게 조합한 것은? (각 지문은 독립적이며, 다툼이 있는 경우 판례에 의함)

ㄱ. 乙이 X 건물의 소유권이 甲에게 속하지 아니함을 알지 못한 것이 乙의 과실에 의한 경우, 법원은 甲이 배상할 손해액을 산정할 때 이를 참작하여야 한다.

ㄴ. 甲 또한 X 건물이 자기 소유가 아니고 A 소유임을 알지 못한 상태에서 위 매매계약을 체결하고, 甲이 계약을 위반하면 계약금의 배액을 乙에게 배상하고 乙이 위약할 때에는 계약금의 반환을 구할 수 없다는 내용의 약정을 하였다면, 그 위약금 약정은 타인 권리의 매매로 인한 담보책임까지 예상하여 손해배상액을 예정한 것이라고 볼 수 없다.

ㄷ. 甲이 X 건물의 소유권을 취득하여 乙에게 이전해야 할 의무가 甲의 귀책사유로 이행불능이 된 경우, 乙은 甲에 대하여 타인 권리의 매매로 인한 담보책임으로 손해배상을 청구할 수 있을 뿐만 아니라 일반적인 채무불이행으로서 계약을 해제하고 손해배상을 청구할 수 있다. 이때 위 담보책임으로 인한 손해배상의 범위는 이행불능 당시를 기준으로 한 이행이익 상당이다.

ㄹ. 甲이 乙에게 X 건물의 소유권을 이전할 수 없게 된 것이 오직 乙의 귀책사유에 의한 경우에도 甲은 타인 권리의 매매로 인한 담보책임을 부담한다.

① ㄱ(○), ㄴ(○), ㄷ(○), ㄹ(○)
② ㄱ(○), ㄴ(×), ㄷ(○), ㄹ(○)
③ ㄱ(○), ㄴ(×), ㄷ(○), ㄹ(×)
④ ㄱ(×), ㄴ(×), ㄷ(×), ㄹ(○)
⑤ ㄱ(○), ㄴ(○), ㄷ(○), ㄹ(×)

해설

ㄱ.(○) 타인의 물건 매매에 있어서, 매수인이 그 물건의 소유권이 매도인에게 속하지 아니함을 알지 못한 것이 매수인의 과실에 기인한 경우에는 매도인의 배상액을 산정함에 있어서 이를 참작하여야 한다(대법원 1971. 12. 21. 선고 71다218 판결).

ㄴ.(○) 매매 당사자가 모두 매매목적물이 타인의 소유인 사실을 모르고 계약을 체결한 경우 위약금의 약정은 타인의 권리매매에 있어서의 담보책임까지 예상하여 그 배상액을 예정한 것이라고 볼 수 없다(대법원 1977. 9. 13. 선고 76다1699 판결).

ㄷ.(○) 타인의 권리를 매매의 목적으로 한 경우에 있어서 그 권리를 취득하여 매수인에게 이전하여야 할 매도인의 의무가 매도인의 귀책사유로 인하여 이행불능이 되었다면 매수인이 매도인의 담보책임에 관한 민법 제570조 단서의 규정에 의해 손해배상을 청구할 수 없다 하더라도 채무불이행 일반의 규정(민법 제546조, 제390조)에 좇아서 계약을 해제하고 손해배상을 청구할 수 있다(대법원 1993. 11. 23. 선고 93다37328 판결). 타인의 권리를 매매한 자가 권리이전을 할 수 없게 된 때에는 매도인은 선의의 매수인에게 이행불능 당시를 표준으로 한 이행이익 상당을 배상하여야 한다(대법원 1979. 4. 24. 선고 77다2290 판결).

ㄹ.(×) 타인의 권리매매에 있어 매도인의 목적물을 매수인에게 이전할 수 없게 된 것이 오직 매수인의 귀책사유에 기인한 경우에는 매도인은 민법 제569조 하자담보책임을 지지 않는다(대법원 1979. 6. 26. 선고 79다564 판결).

문 26

채권자대위권에 관한 설명 중 옳은 것을 모두 고른 것은? (각 지문은 독립적이며, 다툼이 있는 경우 판례에 의함)

ㄱ. 甲이 미등기 건물을 매수하였으나 소유권이전등기를 하지 못한 경우, 甲은 위 건물의 소유권을 원시취득한 매도인 乙을 대위하여 불법점유자 丙을 상대로 직접 자신에게 위 건물을 인도할 것을 청구할 수 있다.

ㄴ. 甲이 乙에 대한 금전채권을 보전하기 위하여 乙의 丙에 대한 금전채권을 대위행사하면서 직접 자신에게 이행하도록 청구하여 승소판결이 확정된 경우, 乙의 丙에 대한 금전채권이 변제 등으로 소멸하기 전이라면 乙의 일반채권자인 丁은 乙의 丙에 대한 금전채권을 압류할 수 있다.

ㄷ. 乙이 丙에게 채권의 양도를 구할 수 있는 권리를 가지고 있고 甲이 乙의 丙에 대한 위 권리를 대위행사하는 경우, 甲은 丙에 대하여 직접 자신에게 채권양도 절차를 이행하도록 청구할 수 있다.

ㄹ. X 부동산의 최종 매수인 甲이 중간 매수인 乙에 대한 소유권이전등기청구권을 보전하기 위해 乙을 대위하여 매도인 丙을 상대로 X 부동산에 대한 처분금지가처분을 받았고 乙이 위 대위사실을 알게 된 경우, 이후 甲이 乙을 대위하여 丙을 상대로 소유권이전등기절차의 이행을 구하더라도, 丙은 乙에게 X 부동산에 관하여 소유권이전등기를 마쳐 준 사실로 甲에 대하여 대항할 수 없다.

① ㄱ, ㄴ
② ㄱ, ㄹ
③ ㄴ, ㄷ
④ ㄱ, ㄴ, ㄹ
⑤ ㄱ, ㄷ, ㄹ

해설

ㄱ.(O) 원고가 미등기 건물을 매수하였으나 소유권이전등기를 하지 못한 경우에는 위 건물의 소유권을 원시취득한 매도인을 대위하여 불법점유자에 대하여 명도청구를 할 수 있고 이때 원고는 불법점유자에 대하여 직접 자기에게 명도할 것을 청구할 수도 있다(대법원 1980. 7. 8. 선고 79다1928 판결).

ㄴ.(O) 채권자가 자기의 금전채권을 보전하기 위하여 채무자의 금전채권을 대위행사하는 경우 제3채무자로 하여금 채무자에게 지급의무를 이행하도록 청구할 수도 있지만, 직접 대위채권자 자신에게 이행하도록 청구할 수도 있다. 그런데 채권자대위소송에서 제3채무자로 하여금 직접 대위채권자에게 금전의 지급을 명하는 판결이 확정되더라도, 대위의 목적인 권리, 즉 채무자의 제3채무자에 대한 피대위채권이 판결의 집행채권으로서 존재하고 대위채권자는 채무자를 대위하여 피대위채권에 대한 변제를 수령하게 될 뿐 자신의 채권에 대한 변제로서 수령하게 되는 것이 아니므로, 피대위채권이 변제 등으로 소멸하기 전이라면 채무자의 다른 채권자는 이를 압류·가압류할 수 있다(대법원 2016. 8. 29. 선고 2015다236547 판결).

ㄷ.(X) … 채무자가 제3채무자에게 채권의 양도를 구할 수 있는 권리를 가지고 있고, 채권자가 채무자의 위 권리를 대위행사하는 경우에는 채권자의 직접 청구를 인정할 예외적인 사유가 없으므로, 원칙으로 돌아가 채권자는 제3채무자에 대하여 채무자에게 채권양도절차를 이행하도록 청구하여야 하고, 직접 자신에게 채권양도절차를 이행하도록 청구할 수 없다(대법원 2024. 3. 12. 선고 2023다301682 판결).

ㄹ.(X) 중간생략등기의 합의가 있었다 하더라도 이러한 합의는 중간등기를 생략하여도 당사자 사이에 이의가 없겠고 또 그 등기의 효력에 영향을 미치지 않겠다는 의미가 있을 뿐이지 그러한 합의가 있었다 하여 중간매수인의 소유권이전등기청구권이 소멸된다거나 첫 매도인의 그 매수인에 대한 소유권이전등기의무가 소멸하는 것은 아니라 할 것이다(대법원 1991. 12. 13. 선고 91다18316 판결). 채권자대위권은 채무자의 제3채무자에 대한 권리를 행사하는 것이므로, 제3채무자는 채무자에 대해 가지는 모든 항변사유로 채권자에게 대항할 수 있다(대법원 2009. 5. 28. 선고 2009다4787 판결). ▶제3채무자인 매도인 丙은 채무자인 중간 매수인 乙에 대해 가지는 모든 항변사유로 채권자인 최종 매수인 甲에게 대항할 수 있어 丙은 乙에게 X 부동산에 관하여 소유권이전등기를 마쳐 준 사실로 甲에 대하여 대항할 수 있다.

해답 ①

문 27

甲은 자기 소유의 X 토지에 Y 건물을 신축하기 위하여 乙과 공사대금을 2억 원으로 하는 Y 건물 공사도급계약을 체결하였다. 이에 관한 설명 중 옳지 않은 것은? (각 지문은 독립적이며, 다툼이 있는 경우 판례에 의함)

① 乙이 공사를 중단하여 약정된 공사 기한 내에 공사를 완공하는 것이 불가능하다는 것이 명백해진 경우, 甲은 공사 기한이 도래하기 전이라도 계약을 해제할 수 있지만, 그에 앞서 원칙적으로 乙에 대하여 공사 기한으로부터 상당한 기간 내에 완공할 것을 최고하여야 한다.

② 甲과 乙 사이의 도급계약이 乙의 채무불이행을 이유로 해제된 경우, 해제 당시 공사가 상당한 정도로 진척되어 이를 원상회복하는 것이 중대한 사회적·경제적 손실을 초래하고 완성된 부분이 甲에게 이익이 된다면 도급계약은 미완성 부분에 대하여만 실효된다.

③ 甲과 乙 사이의 도급계약에 지체상금 약정이 포함되어 있는 경우, 甲의 지체상금 채권과 乙의 공사대금 채권은 특별한 사정이 없는 한 동시이행관계에 있다.

④ 乙이 완성한 Y 건물에 하자가 있어 甲이 하자보수에 갈음하여 1억 원 상당의 손해배상청구권을 행사한 경우, 특별한 사정이 없는 한 甲의 공사대금 지급채무는 이행지체에 빠지지 않고, 甲이 하자보수에 갈음한 손해배상채권을 자동채권으로 하고 乙의 공사대금 채권 2억 원을 수동채권으로 하여 상계의 의사표시를 한 다음 날 공사대금 지급채무가 이행지체에 빠진다.

⑤ 乙이 완성한 Y 건물에 중대한 하자가 있고, 이로 인하여 Y 건물이 무너질 위험성이 있어 보수가 불가능하고 다시 건축할 수밖에 없다면, 특별한 사정이 없는 한 甲은 Y 건물을 철거하고 다시 건축하는 데 드는 비용 상당액을 하자로 인한 손해배상으로 청구할 수 있다.

해설

① (O) 공사도급계약에 있어서 수급인의 공사중단이나 공사지연으로 인하여 약정된 공사기한 내의 공사완공이 불가능하다는 것이 명백하여진 경우에는 도급인은 그 공사기한이 도래하기 전이라도 계약을 해제할 수 있지만, 그에 앞서 수급인에 대하여 위 공사기한으로부터 상당한 기간 내에 완공할 것을 최고하여야 하고, 다만 예외적으로 수급인이 미리 이행하지 아니할 의사를 표시한 때에는 위와 같은 최고 없이도 계약을 해제할 수 있다(대법원 1996. 10. 25. 선고 96다21393, 21409 판결).

② (O) 건축도급계약에 있어서 미완성부분이 있는 경우라도 공사가 상당한 정도로 진척되어 그 원상회복이 중대한 사회적, 경제적 손실을 초래하게 되고 완성된 부분이 도급인에게 이익이 되는 경우에, 수급인의 채무불이행을 이유로 도급인이 그 도급계약을 해제한 때는 그 미완성부분에 대하여서만 도급계약이 실효된다고 보아야 할 것이고, 따라서 이 경우 수급인은 해제한 때의 상태 그대로 그 건물을 도급인에게 인도하고 도급인은 그 건물의 완성도등을 참작하여 인도받은 건물에 상당한 보수를 지급하여야 할 의무가 있다(대법원 1986. 9. 9. 선고 85다카1751 판결).

③ (X) 공사도급계약상 도급인의 지체상금채권과 수급인의 공사대금채권은 특별한 사정이 없는 한 동시이행의 관계에 있다고 할 수 없다(대법원 2015. 8. 27. 선고 2013다81224, 81231 판결).

④ (O) 도급계약에 있어서 완성된 목적물 또는 완성전의 성취된 부분에 하자가 있는 경우에는 도급인은 수급인에게 하자의 보수를 청구할 수 있고 하자보수에 갈음하거나 하자보수와 함께 손해배상을 청구할 수 있으며 이들 청구권은 특별한 사정이 없는 한 수급인의 공사대금채권과 동시이행의 관계에 있는 것이므로 이와 같은 하자가 있어 도급인이 하자보수나 손해배상청구권을 보유하고 이를 행사하는 한에 있어서는 도급인의 공사비지급채무는 이행지체에 빠지지 아니하고, 도급인이 하자보수나 손해배상채권을 자동채권으로 하고 수급인의 공사잔대금 채권을 수동채권으로 하여 상계의 의사표시를 한 다음날 비로소 지체에 빠진다고 보아야 할 것이다(대법원 1989. 12. 12. 선고 88다카18788 판결).

⑤ (O) 도급계약에서 완성된 목적물에 하자가 있는 경우에 도급인은 수급인에게 그 하자의 보수나 하자의 보수에 갈음한 손해배상을 청구할 수 있다. 이때 하자가 중요한 경우에는 비록 보수에 과다한 비용이 필요하더라도 그 보수에 갈음하는 비용, 즉 실제로 보수에 필요한 비용이 모두 손해배상에 포함된다. 나아가 완성된 건물 기타 토지의 공작물(이하 '건물 등'이라 한다)에 중대한 하자가 있고 이로 인하여 건물 등이 무너질 위험성이 있어서 보수가 불가능하고 다시 건축할 수밖에 없는 경우에는, 특별한 사정이 없는 한 건물 등을 철거하고 다시 건축하는 데 드는 비용 상당액을 하자로 인한 손해배상으로 청구할 수 있다(대법원 2016. 8. 18. 선고 2014다31691, 31707 판결).

해답 ③

문 28 ★★

甲은 乙에게 자기 소유의 X 부동산을 매도하는 매매계약을 乙과 체결하였다. 이에 관한 설명 중 옳은 것은? (각 지문은 독립적이며, 다툼이 있는 경우 판례에 의함)

① 甲과 乙이 합의하여 계약을 해제한 경우라도 甲은 특별한 사정이 없는 한 乙의 채무불이행을 이유로 손해배상을 청구할 수 있다.
② 甲이 乙에게 X 부동산을 인도하고 소유권이전등기를 마쳐 주었지만 乙이 甲에게 잔금을 지급하지 못하던 중, 甲과 乙은 합의하여 계약을 해제하였다. 합의해제 후 乙이 丙에게 X 부동산을 매도하고 소유권이전등기까지 마쳐 주었다면, 丙은 합의해제 사실을 알았더라도 「민법」 제548조 제1항 단서의 제3자에 해당한다.
③ 乙의 채권자 丁이 乙의 甲에 대한 X 부동산의 소유권이전등기청구권을 가압류한 이후에도 甲은 乙의 채무불이행을 이유로 매매계약을 해제할 수 있지만, 계약이 해제되기 전에 丁이 가압류에 이어 위 소유권이전등기청구권을 압류한 경우에는 압류채권자로서 「민법」 제548조 제1항 단서의 제3자에 해당한다.
④ 甲이 X 부동산을 丙에게 매도하고 소유권이전등기를 마쳐 주자 乙은 甲의 소유권이전등기의무가 이행불능되었다는 이유로 甲에 대하여 계약의 해제와 함께 원상회복을 청구하였다. 만약 乙이 해제의 의사표시를 할 당시 이미 乙의 甲에 대한 소유권이전등기청구권의 소멸시효가 완성된 상태라면 위 이행불능 시점이 소유권이전등기청구권의 시효완성 전이라고 하더라도 乙의 해제권과 원상회복청구권은 원칙적으로 인정될 수 없다.
⑤ 乙이 매매대금을 지급한 후 甲의 귀책사유로 소유권이전등기의무가 이행불능되었고, 乙이 1주일 후 甲의 채무불이행을 이유로 계약을 해제한 경우, 그 계약의 해제로 인한 원상회복청구권의 소멸시효는 해제권 발생 시부터 진행한다.

해설

① (X) 계약이 합의에 따라 해제되거나 해지된 경우에는 상대방에게 손해배상을 하기로 특약하거나 손해배상청구를 유보하는 의사표시를 하는 등 다른 사정이 없는 한 채무불이행으로 인한 손해배상을 청구할 수 없다(대법원 2021. 5. 7. 선고 2017다220416 판결).
② (X) 계약의 합의해제에 있어서도 민법 제548조의 계약해제의 경우와 같이 이로써 제3자의 권리를 해할 수 없다. 계약해제 시 계약은 소급하여 소멸하게 되어 해약당사자는 각 원상회복의 의무를 부담하게 되나 이 경우 계약해제로 인한 원상회복등기 등이 이루어지기 이전에 해약당사자와 양립되지 아니하는 법률관계를 가지게 되었고 계약해제 사실을 몰랐던 제3자에 대하여는 계약해제를 주장할 수 없고, 이 경우 제3자가 악의라는 사실의 주장·입증책임은 계약해제를 주장하는 자에게 있다(대법원 2005. 6. 9. 선고 2005다6341 판결).

③ (X) 소유권이전등기청구권의 가압류나 압류가 행하여지면 제3채무자로서는 채무자에게 등기이전행위를 하여서는 아니되고, 그와 같은 행위로 채권자에게 대항할 수 없다 할 것이나, 가압류나 압류에 의하여 그 채권의 발생원인인 법률관계에 대한 채무자와 제3채무자의 처분까지도 구속되는 것은 아니므로 기본적 계약관계인 매매계약 자체를 해제할 수 있다. 민법 제548조 제1항 단서에서 말하는 제3자란 일반적으로 그 해제된 계약으로부터 생긴 법률효과를 기초로 하여 해제 전에 새로운 이해관계를 가졌을 뿐 아니라 등기, 인도 등으로 완전한 권리를 취득한 자를 말하므로 계약상의 채권을 양수한 자나 그 채권 자체를 압류 또는 전부한 채권자는 여기서 말하는 제3자에 해당하지 아니한다(대법원 2000. 4. 11. 선고 99다51685 판결).

④ (O) … 결국 채무불이행에 따른 해제의 의사표시 당시에 이미 채무불이행의 대상이 되는 본래 채권이 시효가 완성되어 소멸하였다면, 채무자가 소멸시효의 완성을 주장하는 것이 신의성실의 원칙에 반하여 허용될 수 없다는 등의 특별한 사정이 없는 한, 채권자는 채무불이행 시점이 본래 채권의 시효 완성 전인지 후인지를 불문하고 그 채무불이행을 이유로 한 해제권 및 이에 기한 원상회복청구권을 행사할 수 없다(대법원 2022. 9. 29. 선고 2019다204593 판결).

⑤ (X) … 계약의 해제로 인한 원상회복청구권의 소멸시효는 해제 시, 즉 원상회복청구권이 발생한 때부터 진행하므로, 이와 달리, 계약의 해제로 인한 원상회복청구권의 소멸시효가 해제권 발생 시로부터 진행함을 전제로 피고의 소멸시효 항변을 받아들인 원심의 판단에는 계약의 해제로 인한 원상회복청구권의 소멸시효의 기산점에 관한 법리를 오해하여 판결 결과에 영향을 미친 위법이 있다(대법원 2009. 12. 24. 선고 2009다63267 판결).

문 29

甲은 乙에 대한 3억 원의 대여금 채권을 담보하기 위하여, 乙 소유의 X 토지, 丙 소유의 Y 토지, 丁 소유의 Z 토지에 각각 저당권을 취득하였고 戊와는 보증계약을 체결하였다. 이에 관한 설명 중 옳은 것을 모두 고른 것은? (이자와 지연손해금, 집행비용은 고려하지 말 것. 각 지문은 독립적이며, 다툼이 있는 경우 판례에 의함)

> ㄱ. 丙이 乙의 채무를 면책적으로 인수한 경우, 丙은 특별한 사정이 없는 한 乙에 대하여 구상권을 가진다.
> ㄴ. A가 乙로부터 X 토지를 취득한 후에 戊가 甲에게 3억 원을 변제한 경우, 戊는 X 토지에 설정된 위 저당권에 관하여 대위의 부기등기를 하지 않더라도 A에 대하여 甲을 대위할 수 있다.
> ㄷ. 乙로부터 X 토지를 취득한 A가 X 토지에 설정된 위 저당권의 실행으로 소유권을 잃은 경우, A는 丙, 丁에 대하여 甲을 대위할 수 없다.
> ㄹ. 丙이 甲에게 3억 원을 변제한 후 Z 토지에 설정된 위 저당권에 관하여 대위의 부기등기를 하지 않고 있는 동안에 A가 丁으로부터 Z 토지를 취득한 경우, 丙은 Z 토지에 설정된 위 저당권에 관하여 대위의 부기등기를 하지 않더라도 A에 대하여 甲을 대위할 수 있다.

① ㄱ, ㄷ   ② ㄴ, ㄷ
③ ㄴ, ㄹ   ④ ㄱ, ㄴ, ㄹ
⑤ ㄴ, ㄷ, ㄹ

해설

ㄱ. (X) 타인의 채무를 담보하기 위하여 그 소유의 부동산에 저당권을 설정한 물상보증인이 타인의 채무를 변제하거나 저당권의 실행으로 저당물의 소유권을 잃은 때에는 채무자에 대하여 구상권을 취득한다(민법 제370조, 제341조). 그런데 구상권 취득의 요건인 '채무의 변제'라 함은 채무의 내용인 급부가 실현되고 이로써 채권이 그 목적을 달성하여 소멸하는 것을 의미하므로, 기존 채무가 동일성을 유지하면서 인수 당시의 상태로 종래의 채무자로부터 인수인에게 이전할 뿐 기존 채무를 소멸시키는 효력이 없는 면책적 채무인수는 설령 이로 인하여 기존 채무자가 채무를 면한다고 하더라도 이를 가리켜 채무가 변제된 경우에 해당한다고 할 수 없다. 따라서 채무인수의 대가로 기존 채무자가 물상보증인에게 어떤 급부를 하기로 약정하였다는 등의 사정이 없는 한 물상보증인이 기존 채무자의 채무를 면책적으로 인수하였다는 것만으로 물상보증인이 기존 채무자에 대하여 구상권 등의 권리를 가진다고 할 수 없다(대법원 2019. 2. 14. 선고 2017다274703 판결).

ㄴ. (O) … 따라서 보증인이 채무를 변제한 후 저당권 등의 등기에 관하여 대위의 부기등기를 하지 않고 있는 동안 제3취득자가 목적부동산에 대하여 권리를 취득한 경우 보증인은 제3취득자에 대하여 채권자를 대위할 수 없다. 그러나 제3취득자가 목적부동산에 대하여 권리를 취득한 후 채무를 변제한 보증인은 대위의 부기등기를 하지 않고도 대위할 수 있다고 보아야 한다. 보증인이 변제하기 전 목적부동산에 대하여 권리를 취득한 제3자는 등기부상 저당권 등의 존재를 알고 권리를 취득하였으므로 나중에 보증인이 대위하더라도 예측하지 못한 손해를 입을 염려가 없다(대법원 2020. 10. 15. 선고 2019다222041 판결).

ㄷ. (O) … 위와 같은 규정 내용을 종합하여 보면, 물상보증인이 채무를 변제하거나 담보권의 실행으로 소유권을 잃은 때에는 보증채무를 이행한 보증인과 마찬가지로 채무자로부터 담보부동산을 취득한 제3자에 대하여 구상권의 범위 내에서 출재한 전액에 관하여 채권자를 대위할 수 있는 반면, 채무자로부터 담보부동산을 취득한 제3자는 채무를 변제하거나 담보권의 실행으로 소유권을 잃더라도 물상보증인에 대하여 채권자를 대위할 수 없다고 보아야 한다(대법원 2014. 12. 18. 선고 2011다50233 전원합의체 판결).

ㄹ. (X) 타인의 채무를 변제하고 채권자를 대위하는 대위자 상호 간의 관계를 규정한 민법 제482조 제2항 제5호 단서에서 대위의 부기등기에 관한 제1호의 규정을 준용하도록 규정한 취지는 자기의 재산을 타인의 채무의 담보로 제공한 물상보증인이 수인일 때 그중 일부의 물상보증인이 채무의 변제로 다른 물상보증인에 대하여 채권자를 대위하게 될 경우에 미리 대위의 부기등기를 하여 두지 아니하면 채무를 변제한 뒤에 그 저당물을 취득한 제3취득자에 대하여 채권자를 대위할 수 없도록 하려는 것이라고 해석되므로 자신들 소유의 부동산을 채무자의 채무의 담보로 제공한 물상보증인들이 채무를 변제한 뒤 다른 물상보증인 소유부동산에 설정된 근저당권설정등기에 관하여 대위의 부기등기를 하여 두지 아니하고 있는 동안에 제3취득자가 위 부동산을 취득하였다면, 대위변제한 물상보증인들은 제3취득자에 대하여 채권자를 대위할 수 없다(대법원 1990. 11. 9. 선고 90다카10305 판결).

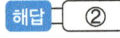

문 30 ★★

조합에 관한 설명 중 옳은 것은? (다툼이 있는 경우 판례에 의함)

① 조합계약의 체결 당사자는 「민법」이 정한 조합의 해산 사유와는 다른 사유를 추가할 수 있으나 청산에 관한 규정과 그 내용을 달리하는 특약은 효력이 없다.
② 「민법」상 조합의 성질을 가지는 공동수급체의 구성원 지위는 원칙적으로 회사의 분할합병으로 인한 포괄승계의 대상이 되지 않는다.

③ 조합 당사자 간 불화, 대립으로 신뢰관계가 파괴되어 조합업무의 원만한 운영을 기대할 수 없다는 사정만으로는 「민법」 제720조가 규정한 조합의 해산청구 사유인 '부득이한 사유'에 해당하지 않는다.
④ 조합이 존속기간을 정하고 있는 때에는 부득이한 사유가 있더라도 조합원은 조합의 불리한 시기에 탈퇴할 수 없다.
⑤ 조합에서 조합원이 탈퇴하는 경우, 탈퇴자와 잔존자 사이의 탈퇴로 인한 지분계산에 있어서는 조합 내부의 손익분배비율이 아니라 실제 출자한 자산가액비율에 의하여야 하는 것이 원칙이다.

해설

① (X) 민법의 조합의 해산사유와 청산에 관한 규정은 그와 내용을 달리하는 당사자의 특약까지 배제하는 강행규정이 아니므로 당사자가 민법의 조합의 해산사유와 청산에 관한 규정과 다른 내용의 특약을 한 경우, 그 특약은 유효하다(대법원 1985. 2. 26. 선고 84다카1921 판결).

② (O) … 한편 공동수급체는 기본적으로 민법상의 조합의 성질을 가지고, 공동수급체의 구성원 사이에서 구성원 지위를 제3자에게 양도할 수 있기로 약정하지 아니한 이상, 공동수급체의 구성원 지위는 상속이 되지 않고 다른 구성원들의 동의가 없으면 이전이 허용되지 않는 귀속상의 일신전속적인 권리의무에 해당하므로, 공동수급체의 구성원 지위는 원칙적으로 회사의 분할합병으로 인한 포괄승계의 대상이 되지 아니한다(대법원 2011. 8. 25. 선고 2010다44002 판결).

③ (X) 민법 제720조는 부득이한 사유가 있는 때에는 각 조합원은 조합의 해산을 청구할 수 있다고 규정하고 있는바, 조합의 해산청구는 조합이 소멸하기 위하여 그의 목적인 사업을 수행하기 위한 적극적인 활동을 중지하고, 조합재산을 정리하는 단계에 들어가는 것이고, 여기서 '부득이한 사유'라 함은 경제계의 사정변경에 따른 조합 재산상태의 악화나 영업부진 등으로 조합의 목적달성이 매우 곤란하다고 인정되는 객관적인 사정이 있거나 조합 당사자 간의 불화·대립으로 인하여 신뢰관계가 파괴됨으로써 조합업무의 원활한 운영을 기대할 수 없는 경우를 말한다(대법원 2007. 11. 15. 선고 2007다48370, 48387 판결).

④ (X) 민법 제716조 제2항

> 민법 제716조(임의탈퇴) ① 조합계약으로 조합의 존속기간을 정하지 아니하거나 조합원의 종신까지 존속할 것을 정한 때에는 각 조합원은 언제든지 탈퇴할 수 있다. 그러나 부득이한 사유없이 조합의 불리한 시기에 탈퇴하지 못한다.
> ② 조합의 존속기간을 정한 때에도 조합원은 부득이한 사유가 있으면 탈퇴할 수 있다.

⑤ (X) 조합에서 조합원이 탈퇴하는 경우, 탈퇴자와 잔존자 사이의 탈퇴로 인한 계산은 특별한 사정이 없는 한 민법 제719조 제1항, 제2항에 따라 '탈퇴 당시의 조합재산상태'를 기준으로 평가한 조합재산 중 탈퇴자의 지분에 해당하는 금액을 금전으로 반환하여야 하고, 조합원의 지분비율은 '조합 내부의 손익분배 비율'을 기준으로 계산하여야 하나, 당사자가 손익분배의 비율을 정하지 아니한 때에는 민법 제711조에 따라 각 조합원의 출자가액에 비례하여 이를 정하여야 한다(대법원 2008. 9. 25. 선고 2008다41529 판결).

문 31

甲은 건물을 소유할 목적으로 乙 소유 X 토지에 관하여 乙과 임대차계약을 체결한 후, X 토지에 Y 건물을 신축하였다. 임대차계약이 종료된 후 Y 건물에 대한 매수청구권의 행사에 관한 설명 중 옳지 않은 것을 모두 고른 것은? (각 지문은 독립적이며, 다툼이 있는 경우 판례에 의함)

ㄱ. X 토지에 관한 임대차계약이 종료되기 전에 甲이 Y 건물을 미등기 무허가 상태로 A에게 매도하였다면, A가 乙의 동의를 얻어 X 토지의 임차인이 되었다고 하더라도 특별한 사정이 없는 한 A는 乙을 상대로 Y 건물에 대한 매수청구권을 행사할 수 없다.
ㄴ. 설문과 달리 乙이 아닌, 乙로부터 X 토지의 관리를 위탁받은 B가 계약 당사자로서 甲과 임대차계약을 체결한 경우라고 하더라도, X 토지에 관한 임대차계약이 종료되기 전에 乙이 B로부터 임대인의 지위를 승계하였다면, 甲은 乙을 상대로 Y 건물에 대한 매수청구권을 행사할 수 있다.
ㄷ. 甲이 乙을 상대로 제1심에서 Y 건물에 대한 매수청구권을 행사하였다가 乙의 동의를 얻어 철회한 후 항소심에서 다시 이를 행사하더라도 이는 허용된다.
ㄹ. 甲의 乙을 상대로 한 매수청구 대상인 Y 건물의 매수 가격에 관하여 甲과 乙 사이에 의사 합치가 이루어지지 않았다면, 법원은 매수청구권 행사 당시 Y 건물 시가를 매매대금으로 하는 매매계약이 성립하였음을 인정할 수 있을 뿐, 인정된 시가를 임의로 증감하여 직권으로 매매대금을 정할 수 없다.

① ㄱ
② ㄱ, ㄷ
③ ㄱ, ㄹ
④ ㄴ, ㄷ
⑤ ㄴ, ㄷ, ㄹ

해설

ㄱ. (X) … 위와 같은 지상물매수청구청구권 제도의 목적, 미등기 매수인의 법적 지위 등에 비추어 볼 때, 종전 임차인으로부터 미등기 무허가건물을 매수하여 점유하고 있는 임차인은 특별한 사정이 없는 한 비록 소유자로서의 등기명의가 없어 소유권을 취득하지 못하였다 하더라도 임대인에 대하여 지상물매수청구권을 행사할 수 있는 지위에 있다(대법원 2013. 11. 28. 선고 2013다48364, 48371 판결).

ㄴ. (O) 임대인이 제3자에게 토지를 양도하는 등으로 토지 소유권이 이전된 경우에는 임대인의 지위가 승계되거나 임차인이 토지 소유자에게 임차권을 대항할 수 있다면 새로운 토지 소유자를 상대로 위 매수청구권을 행사할 수 있다. … 한편 토지 소유자가 아닌 제3자가 토지 임대행위를 한 경우에는 제3자가 토지 소유자를 적법하게 대리하거나 토지 소유자가 제3자의 무권대리행위를 추인하는 등으로 임대차계약의 효과가 토지 소유자에게 귀속되었다면 토지 소유자가 임대인으로서 지상물매수청구권의 상대방이 된다. 그러나 제3자가 임대차계약의 당사자로서 토지를 임대하였다면, 토지 소유자가 임대인의 지위를 승계하였다는 등의 특별한 사정이 없는 한 임대인이 아닌 토지 소유자가 직접 지상물매수청구권의 상대방이 될 수는 없다(대법원 2017. 4. 26. 선고 2014다72449(본소), 2014다72456(반소) 판결).

ㄷ. (O) 건물의 소유를 목적으로 한 토지 임대차가 종료한 경우에 임차인이 그 지상의 현존하는 건물에 대하여 가지는 매수청구권은 그 행사에 특정의 방식을 요하지 않는 것으로서 재판상으로 뿐만 아니라 재판 외에서도 행사할 수 있는 것이고 그 행사의 시기에 대하여도 제한이 없는 것이므로 임차인이 자신의 건물매수청구권을 제1심에서 행사하였다가 철회한 후 항소심에서 다시 행사하였다고 하여 그 매수청구권의 행사가 허용되지 아니할 이유는 없다(대법원 2002. 5. 31. 선고 2001다42080 판결).

ㄹ. (O) … 따라서 지상물매수청구의 대상이 된 건물의 매수가격에 관하여 당사자 사이에 의사합치가 이루어지지 않았다면, 법원은 위와 같은 여러 사정을 종합적으로 고려하여 인정된 매수청구권 행사 당시의 건물 시가를 매매대금으로 하는 매매계약이 성립하였음을 인정할 수 있을 뿐, 그와 같이 인정된 시가를 임의로 증감하여 직권으로 매매대금을 정할 수는 없다(대법원 2024. 4. 12. 선고 2023다309020(본소), 2023다309037(반소) 판결).

해답 ①

문 32

甲과 乙은 2021. 3. 5. 가정법원에서 협의이혼의사확인을 받아 같은 날 협의이혼신고를 하였다. 甲의 재산분할청구권에 관한 설명 중 옳은 것은? (각 지문은 독립적이며, 다툼이 있는 경우 판례에 의함)

① 甲과 乙이 각자 보유한 적극재산에서 소극재산을 공제하여 재산 상태를 따져 본 결과 乙이 그에게 귀속되어야 할 몫보다 더 적은 소극재산을 부담하는 경우, 甲이 2023. 1. 5. 乙을 상대로 제기한 소극재산의 분담에 관한 재산분할청구는 허용되지 않는다.
② 甲이 2023. 1. 5. 乙을 상대로 재판 외에서 재산분할청구를 하였더라도 이는 재산분할청구권의 제척기간을 준수한 것이다.
③ 甲이 협의이혼 시 재산분할청구권을 행사하지 않은 경우 甲의 채권자 丙은 甲의 협의이혼신고일부터 2년 내에 甲의 재산분할청구권을 대위행사할 수 있다.
④ 甲이 2023. 1. 5. 乙을 상대로 가정법원에 재산분할심판을 청구한 후, 그 심판청구를 취하하기 위해서는 乙의 동의가 필요하다.
⑤ 甲이 2023. 1. 5. 乙을 상대로 가정법원에 재산분할심판을 청구하면서 분할 대상 재산을 특정하지 않았다가 같은 해 5. 15.에서야 분할 대상 재산을 특정하였더라도 이는 재산분할청구권의 제척기간을 준수한 것이다.

해설

① (X) 이혼 당사자 각자가 보유한 적극재산에서 소극재산을 공제하는 등으로 재산상태를 따져 본 결과 재산분할 청구의 상대방이 그에게 귀속되어야 할 몫보다 더 많은 적극재산을 보유하고 있거나 소극재산의 부담이 더 적은 경우에는 적극재산을 분배하거나 소극재산을 분담하도록 하는 재산분할은 어느 것이나 가능하다고 보아야 하고, 후자의 경우라고 하여 당연히 재산분할 청구가 배척되어야 한다고 할 것은 아니다(대법원 2013. 6. 20. 선고 2010므4071,4088 전원합의체 판결).

② (X), ⑤ (O) 민법 제839조의2 제3항이 정하는 제척기간은 재판 외에서 권리를 행사하는 것으로 족한 기간이 아니라 그 기간 내에 재산분할심판 청구를 하여야 하는 출소기간이다. 따라서 이혼한 날부터 2년 내에 재산분할심판청구를 하였음에도 그 재판에서 특정한 증거신청을 하였는지에 따라 제척기간 준수 여부를 판단할 것은 아니다. 원심이 원용한 대법원 2018. 6. 22.자 2018스18 결정은 선행 재산분할재판이 확정된 후 선행 재산분할재판 당시 누락된 재산이 존재한다고 주장하면서 그 누락되었다는 특정 재산에 대하여 추가 재산분할을 청구한 사안으로서 이 사건과 사안이 달라 원용하기에 적절하지 않다. 이 사건에서 원고는 협의이혼일로부터 2년이 되는 날 재산분할을 구하는 청구서를 제출하였으므로 원고의 재산분할청구는 제척기간을 준수한 것이다. 그럼에도 원심이 원고의 재산분할청구 전부가 제척기간을 준수하지 못하였다고 판단한 것은 재산분할청구권의 제척기간에 관한 법리를 오해한 잘못이 있다. 이를 지적하는 상고이유 주장은 이유 있다.(대법원 2023. 12. 21. 선고 2023므11819 판결).

③ (X) 이혼으로 인한 재산분할청구권은 협의 또는 심판에 의하여 그 구체적 내용이 형성되기까지는 그 범위 및 내용이 불명확·불확정하기 때문에 구체적으로 권리가 발생하였다고 할 수 없으므로 이를 보전하기 위하여 채권자대위권을 행사할 수 없다(대법원 1999. 4. 9. 선고 98다58016 판결).

④ (X) 재산분할심판 사건은 마류 가사비송사건에 해당하고[가사소송법 제2조 제1항 제2호 (나)목 4)], 당사자의 심판청구에 의하여 절차가 개시되며 당사자가 청구를 취하하여 절차를 종료시킬 수 있다. 가사비송절차에 관하여 가사소송법에 특별한 규정이 없는 한 비송사건절차법 제1편의 규정을 준용하는데(가사소송법 제34조 본문), 가사소송법에 가사비송사건의 심판청구 취하에 있어서 상대방의 동의 필요 여부에 관하여 특별한 규정을 두고 있지 아니하고, 비송사건절차법은 '소취하에 대한 동의'에 관한 민

사소송법 제266조 제2항을 준용하지 않는다. 따라서 상대방이 있는 마류 가사비송사건인 재산분할심판 사건의 경우 심판청구 취하에 상대방의 동의를 필요로 하지 않고, 상대방이 취하에 부동의하였더라도 취하의 효력이 발생한다(대법원 2023. 11. 2. 선고 2023므12218 판결).

해답 ⑤

문 33 ★★★

A의 단독상속인 甲은 적법하게 한정승인 신고를 하여 수리심판을 받았다. 그 후 甲은 상속재산 X 부동산에 대하여 자신의 채권자인 乙에게 근저당권설정등기를 마쳐 주었다. 또한 위 근저당권설정등기가 경료된 이후 甲에 대한 대여금 채권을 가지고 있는 일반채권자 丙은 X 부동산에 대하여 가압류를 신청하여 가압류등기를 경료하였다. 한편 A의 일반채권자로는 丁이 있다. 이에 관한 설명 중 옳은 것을 모두 고른 것은? (각 지문은 독립적이며, 다툼이 있는 경우 판례에 의함)

> ㄱ. X 부동산에 대한 경매절차에서 배당이 이루어질 경우, 丁은 乙보다 선순위로 채권만족을 받을 수 있다.
> ㄴ. X 부동산에 대하여 「민법」 제1034조 제1항에 따른 배당변제가 이루어질 경우, 丁은 丙보다 선순위로 채권만족을 받을 수 있다.
> ㄷ. 甲의 근저당권 설정 행위는 「민법」 제1026조 제1호의 "상속인이 상속재산에 대한 처분행위를 한 때"에 해당하여 甲이 단순승인한 것으로 간주된다.

① ㄱ
② ㄴ
③ ㄷ
④ ㄱ, ㄴ
⑤ ㄴ, ㄷ

해설

ㄱ.(X) 공동근저당권의 채권최고액을 초과하는 피고의 나머지 채권(이하 이 나머지 채권을 이 사건 일반채권이라 한다)과 이 사건 배당절차에 참가한 원고의 위 가압류채권의 순위를 같은 것으로 보아 그들 채권액에 따라 안분비례하여 배당함이 상당하다(대법원 1998. 4. 10. 선고 97다28216 판결). ▶ 가압류에는 우선변제효가 없으므로 경매절차에서 가압류와 일반채권자들 사이에는 동순위 배당이 이루어진다.

ㄴ.(O) 민법 제1037조에 근거하여 민사집행법 제274조에 따라 행하여지는 상속재산에 대한 형식적 경매는 한정승인자가 상속재산을 한도로 상속채권자나 유증받은 자에 대하여 일괄하여 변제하기 위하여 청산을 목적으로 당해 재산을 현금화하는 절차이므로, 제도의 취지와 목적, 관련 민법 규정의 내용, 한정승인자와 상속채권자 등 관련자들의 이해관계 등을 고려할 때 일반채권자인 상속채권자로서는 민사집행법이 아닌 민법 제1034조, 제1035조, 제1036조 등의 규정에 따라 변제받아야 한다고 볼 것이고, 따라서 그 경매에서는 일반채권자의 배당요구가 허용되지 아니한다(대법원 2013. 9. 12. 선고 2012다33709 판결). 한정승인자로부터 상속재산에 관하여 저당권 등의 담보권을 취득한 사람과 상속채권자 사이의 우열관계는 민법상의 일반원칙에 따라야 하고, 상속채권자가 한정승인의 사유만으로 우선적 지위를 주장할 수는 없다고 할 것이다. 그리고 이러한 이치는 한정승인자가 그 저당권 등의 피담보채무를 상속개시 전부터 부담하고 있었다고 하여 달리 볼 것이 아니다(대법원 2010. 3. 18. 선고 2007다77781 전원합의체 판결). ▶ 민법 제1034조, 제1035조, 제1036조 등의 절차규정에 의한 일반채권자인 상속채권자, 일반채권자인 상속인의 채권자는 우열관계는 민법상의 일반원칙에 따라야 한다.

ㄷ.(X) 민법 제1026조 제1호는 상속인이 상속재산에 대한 처분행위를 한 때에는 단순승인을 한 것으로 본

다고 규정하고 있다. 그런데 상속의 한정승인이나 포기의 효력이 생긴 이후에는 더 이상 단순승인으로 간주할 여지가 없으므로, 이 규정은 한정승인이나 포기의 효력이 생기기 전에 상속재산을 처분한 경우에만 적용된다고 보아야 한다(대법원 2016. 12. 29. 선고 2013다73520 판결).

해답 ②

문 34

★★

甲은 유일한 재산으로 X 부동산을 남기고 사망하였는데, 그에게는 사별한 처와의 사이에 출생한 혼인 중의 자녀 乙이 있다. 乙은 X 부동산을 단독상속한 후, 이를 제3자인 丙에게 매도하고 소유권이전등기를 마쳐 주었다. 그 후 甲의 혼인 외의 출생자 A가 인지청구소송을 제기하여 승소확정판결을 받았다. 이에 관한 설명 중 옳지 않은 것을 모두 고른 것은? (각 지문은 독립적이며, 다툼이 있는 경우 판례에 의함)

> ㄱ. A는 甲의 사망 사실을 안 날로부터 2년 내에 검사를 상대로 인지청구의 소를 제기하여야 하는데, 그 제소기간의 기산점이 되는 '사망을 안 날'은 甲의 사망이라는 객관적 사실을 아는 것 외에도 甲과 A가 친생자 관계에 있다는 사실까지 알아야 하는 것을 의미한다.
> ㄴ. 丙은 X 부동산의 소유권을 확정적으로 취득하므로, A는 인지판결이 확정된 날로부터 3년 내에 乙을 상대로 X 부동산에 관한 자신의 상속분에 상당한 가액지급청구를 할 수 있을 뿐이다.
> ㄷ. 乙이 이미 처분한 X 부동산으로부터 발생한 과실(果實)을 취득한 것이 있다면 그 과실은 피인지자 A에 대한 관계에서 부당이득이 된다.

① ㄱ
② ㄴ
③ ㄱ, ㄷ
④ ㄴ, ㄷ
⑤ ㄱ, ㄴ, ㄷ

해설

ㄱ.(X) … 인지청구 등의 소에서 제소기간의 기산점이 되는 '사망을 안 날'은 사망이라는 객관적 사실을 아는 것을 의미하고, 사망자와 친생자관계에 있다는 사실까지 알아야 하는 것은 아니라고 해석함이 타당하다(대법원 2015. 2. 12. 선고 2014므4871 판결).

ㄴ.(O), ㄷ.(X) 인지 전에 공동상속인들에 의해 이미 분할되거나 처분된 상속재산은 이를 분할받은 공동상속인이나 공동상속인들의 처분행위에 의해 이를 양수한 자에게 그 소유권이 확정적으로 귀속되는 것이며, 그 후 그 상속재산으로부터 발생하는 과실은 상속개시 당시 존재하지 않았던 것이어서 이를 상속재산에 해당한다 할 수 없고, 상속재산의 소유권을 취득한 자(분할받은 공동상속인 또는 공동상속인들로부터 양수한 자)가 민법 제102조에 따라 그 과실을 수취할 권능도 보유한다고 할 것이며, 민법 제1014조도 '이미 분할 내지 처분된 상속재산' 중 피인지자의 상속분에 상당한 가액의 지급청구권만을 규정하고 있을 뿐 '이미 분할 내지 처분된 상속재산으로부터 발생한 과실'에 대해서는 별도의 규정을 두지 않고 있으므로, 결국 민법 제1014조에 의한 상속분상당가액지급청구에 있어 상속재산으로부터 발생한 과실은 그 가액산정 대상에 포함된다고 할 수 없다(대법원 2007. 7. 26. 선고 2006므2757,2764 판결).

문 35 ★★

甲은 교통사고로 사망하였고, 상속인으로는 자녀 乙과 丙이 있다. 甲은 사망 당시 유일한 재산으로 X 부동산을 소유하고 있었다. 이에 관한 설명 중 옳은 것을 모두 고른 것은? (각 지문은 독립적이며, 다툼이 있는 경우 판례에 의함)

> ㄱ. 乙이 X 부동산 전부에 관하여 丙과의 상속재산분할 협의 없이 임의로 상속을 원인으로 한 자기의 단독 명의 소유권이전등기를 마친 경우, 丙은 乙을 상대로 행사기간 내에 상속회복청구를 할 수 있다.
> ㄴ. X 부동산에 관하여 乙과 丙의 공동상속등기가 적법하게 마쳐졌으나 乙이 임의로 자기의 단독 명의로 소유권이전등기를 경료하자, 丙이 그 이전등기가 원인 없이 마쳐진 것이라는 이유로 乙을 상대로 등기말소를 청구하는 경우, 이러한 청구는 상속회복의 소에 해당한다.
> ㄷ. 乙이 丙의 X 부동산에 관한 상속권을 침해하자 丙이 乙을 상대로 제척기간 내에 상속회복의 소를 제기하여 소송계속 중, 乙이 X 부동산을 丁에게 양도하고 소유권이전등기를 마쳐 준 경우, 丙은 乙이 상속권을 침해한 날로부터 10년이 지난 후에도 丁을 상대로 상속회복청구를 할 수 있다.

① ㄱ
② ㄴ
③ ㄷ
④ ㄱ, ㄴ
⑤ ㄱ, ㄷ

해설

ㄱ.(O) 공동상속인 중 1인이 협의분할에 의한 상속을 원인으로 하여 상속부동산에 관한 소유권이전등기를 마친 경우에, 협의분할이 다른 공동상속인의 동의 없이 이루어진 것이어서 무효라는 이유로 다른 공동상속인이 위 등기의 말소를 청구하는 소는 상속회복청구의 소에 해당한다(대법원 2011. 3. 10. 선고 2007다17482 판결).

ㄴ.(X) … 일단 적법하게 공동상속등기가 마쳐진 부동산에 관하여 상속인 중 1인이 자기 단독명의로 소유권이전등기를 한 경우 다른 상속인들이 그 이전등기가 원인 없이 마쳐진 것이라 하여 말소를 구하는 소는 상속회복청구의 소에 해당하지 아니하여 민법 제999조 제2항이 정하는 소의 제기에 관한 제척기간이 적용되지 아니한다(대법원 2011. 9. 29. 선고 2009다78801 판결).

ㄷ.(X) 민법 제999조 제2항은 "상속회복청구권은 그 침해를 안 날부터 3년, 상속권의 침해행위가 있은 날부터 10년을 경과하면 소멸한다."고 규정하고 있는바, 여기서 그 제척기간의 기산점이 되는 '상속권의 침해행위가 있은 날'이라 함은 참칭상속인이 상속재산의 전부 또는 일부를 점유하거나 상속재산인 부동산에 관하여 소유권이전등기를 마치는 등의 방법에 의하여 진정한 상속인의 상속권을 침해하는 행위를 한 날을 의미한다. 또한, 제척기간의 준수 여부는 상속회복청구의 상대방별로 각각 판단하여야 할 것이어서, 진정한 상속인이 참칭상속인으로부터 상속재산에 관한 권리를 취득한 제3자를 상대로 제척기간 내에 상속회복청구의 소를 제기한 이상 그 제3자에 대하여는 민법 제999조에서 정하는 상속회복청구권의 기간이 준수되었으므로, 참칭상속인에 대하여 그 기간 내에 상속회복청구권을 행사한 일이 없다고 하더라도 그것이 진정한 상속인의 제3자에 대한 권리행사에 장애가 될 수는 없다(대법원 2009. 10. 15. 선고 2009다42321 판결). ▶丙이 乙을 상대로 제척기간 내에 상속회복의 소를 제기하였더라도 제척기간의 준수 여부는 상속회복청구의 상대방별로 각각 판단하므로 丙은 丁을 상대로 민법 제99조 제척기간 내에 상속회복의 소를 제기하여야만 丁을 상대로 상속회복청구를 할 수 있다. 그러므로 丙은 乙이 상속권을 침해한 날로부터 10년이 지난 후에도 丁을 상대로 상속회복청구를 할 수 있다라는 부분이 틀린 것이다.

민법 제999조(상속회복청구권) ① 상속권이 참칭상속권자로 인하여 침해된 때에는 상속권자 또는 그 법정대리인은 상속회복의 소를 제기할 수 있다.
② 제1항의 상속회복청구권은 그 침해를 안 날부터 3년, 상속권의 침해행위가 있은 날부터 10년을 경과하면 소멸된다.

해답 ①

문 36

甲은 乙로부터 주택을 매수한 후 잔금 5,000만 원을 지급하지 않은 상태에서 乙을 상대로 매매를 원인으로 한 소유권이전등기청구의 소를 제기하였다. 위 소송의 변론 종결 전 乙의 채권자 丙은 위 매매잔금채권에 대한 압류 및 추심명령을 받았고, 위 명령은 적법하게 甲에게 송달되었다. 그 후 위 소송에서 乙은 "잔금 5,000만 원을 지급받음과 동시에 소유권이전등기절차를 이행하겠다."라고 항변하는 한편 甲을 상대로 위 매매잔금의 지급을 구하는 반소를 제기하였다. 이에 관한 설명 중 옳지 않은 것을 모두 고른 것은? (각 지문은 독립적이며, 다툼이 있는 경우 판례에 의함)

> ㄱ. 위 채권압류 및 추심명령의 효력에 따라 乙은 甲에 대한 위 동시이행의 항변권을 상실한다.
> ㄴ. 위 소송계속 중 丙이 위 채권압류 및 추심명령 신청을 취하하고 다른 소송요건의 흠이 없더라도, 법원은 乙의 반소를 각하하여야 한다.
> ㄷ. 甲이 본소를 취하한 때에는 乙은 甲의 동의 없이 반소를 취하할 수 있다.
> ㄹ. 위 사안에서 乙의 반소가 본소 청구 인용을 조건으로 하는 예비적 반소라면, 본소청구와 반소청구를 모두 배척한 제1심판결에 대하여 甲만이 항소한 경우, 항소심법원이 심리한 결과 본소 청구를 인용할 때는 예비적 반소에 대하여도 판단하여야 한다.

① ㄱ, ㄴ
② ㄱ, ㄷ
③ ㄴ, ㄹ
④ ㄱ, ㄴ, ㄹ
⑤ ㄴ, ㄷ, ㄹ

해설

ㄱ.(X) 금전채권에 대한 압류 및 추심명령이 있는 경우, 이는 강제집행절차에서 추심채권자에게 채무자의 제3채무자에 대한 채권을 추심할 권능만을 부여하는 것이므로, 이로 인하여 채무자가 제3채무자에 대하여 가지는 채권이 추심채권자에게 이전되거나 귀속되는 것은 아니므로, 추심채무자로서는 제3채무자에 대하여 피압류채권에 기하여 그 동시이행을 구하는 항변권을 상실하지 않는다(대법원 2001. 3. 9. 선고 2000다73490 판결).

ㄴ.(X) 채권에 대한 압류 및 추심명령이 있으면 제3채무자에 대한 이행의 소는 추심채권자만이 제기할 수 있고 채무자는 피압류채권에 대한 이행소송을 제기할 당사자적격을 상실한다. 그러나 채권자는 현금화 절차가 끝나기 전까지 압류명령 신청을 취하할 수 있고, 이 경우 채권자의 추심권도 당연히 소멸하며, 추심금청구의 소를 제기하여 확정판결을 받은 경우라도 그 집행에 의한 변제를 받기 전에 압류명령의 신청을 취하하여 추심권이 소멸하면 추심권능과 소송수행권이 모두 채무자에게 복귀한다(대법원 2021. 5. 27. 선고 2021다204466 판결). ▶ 따라서 채권압류 및 추심명령 신청을 취하하고 다른 소송요건의 흠이 없으면 乙의 반소는 적법하다.

ㄷ. (O) 민사소송법 제271조

> 민사소송법 제271조(반소의 취하) 본소가 취하된 때에는 피고는 원고의 동의 없이 반소를 취하할 수 있다.

ㄹ. (O) 피고의 예비적 반소는 본소청구가 인용될 것을 조건으로 심판을 구하는 것으로서 제1심이 원고의 본소청구를 배척한 이상 피고의 예비적 반소는 제1심의 심판대상이 될 수 없는 것이고, 이와 같이 심판대상이 될 수 없는 소에 대하여 제1심이 판단하였다고 하더라도 그 효력이 없다고 할 것이므로, 피고가 제1심에서 각하된 반소에 대하여 항소를 하지 아니하였다는 사유만으로 이 사건 예비적 반소가 원심의 심판대상으로 될 수 없는 것은 아니라고 할 것이고, 따라서 원심으로서는 원고의 항소를 받아들여 원고의 본소청구를 인용한 이상 피고의 예비적 반소청구를 심판대상으로 삼아 이를 판단하였어야 한다(대법원 2006. 6. 29. 선고 2006다19061,19078 판결).

문 37

★★★

집합건물인 A 아파트의 구분소유자인 甲이 A 아파트의 공용 부분을 정당한 권원 없이 배타적으로 점유·사용하자, 다른 구분소유자인 乙이 甲을 상대로 해당 부분에 관하여 乙의 지분에 상응하는 차임 상당 부당이득반환청구의 소를 제기하였다. A 아파트에는 관리단 丙이 있다. 이에 관한 설명 중 옳지 않은 것은? (각 지문은 독립적이며, 다툼이 있는 경우 판례에 의함)

① 위 부당이득반환청구의 소를 乙이 단독으로 제기한 것은 적법하다.
② 乙이 위 소송에서 판결을 받고 그 판결이 확정되었다면, 특별한 사정이 없는 한 그 판결의 효력은 丙에 미친다.
③ 위 소송에 앞서 丙이 먼저 甲을 상대로 차임 상당 부당이득반환청구의 소를 제기하여 판결이 확정되었다면, 그 판결의 효력은 乙에게 미친다.
④ 위 소송 제1심에서 乙이 청구기각 판결을 받은 후 항소심에 이르러 소를 취하하였다면, 그 후 丙이 甲을 상대로 별소로 부당이득반환청구를 하는 것은 특별한 사정이 없는 한 재소금지 규정에 위반된다.
⑤ 丙으로부터 관리업무를 포괄적으로 위임받은 위탁관리회사는 특별한 사정이 없는 한 구분소유자 등을 상대로 관리비를 청구할 당사자적격이 있다.

해설

① (O), ② (O), ③ (O), ④ (X) 구분소유자 중 일부가 정당한 권원 없이 집합건물의 복도, 계단 등과 같은 공용부분을 배타적으로 점유·사용함으로써 이익을 얻고, 그로 인하여 다른 구분소유자들이 해당 공용부분을 사용할 수 없게 되었다면, 공용부분을 무단점유한 구분소유자는 특별한 사정이 없는 한 해당 공용부분을 점유·사용함으로써 얻은 이익을 부당이득으로 반환할 의무가 있다(대법원 2020. 5. 21. 선고 2017다220744 전원합의체 판결). 정당한 권원 없는 사람이 집합건물의 공용부분이나 대지를 점유·사용함으로써 이익을 얻고, 구분소유자들이 해당 부분을 사용할 수 없게 됨에 따라 부당이득의 반환을 구하는 법률관계는 구분소유자의 공유지분권에 기초한 것이어서 그에 대한 소송은 1차적으로 구분소유자가 각각 또는 전원의 이름으로 할 수 있다. 관리단이 집합건물의 공용부분이나 대지를 정당한 권원 없이 점유·사용하는 사람에 대하여 부당이득반환청구 소송을 하는 것은 구분소유자의 공유지분권을 구분소유자 공동이익을 위하여 행사하는 것으로 구분소유자가 각각 부당이득반환청구 소송을 하는 것과 다른 내용의 소송이라 할 수 없다. 관리단이 부당이득반환 소송을 제기하여 판결이 확정되었다면 그 효력은 구분소유자에게도 미치고(민사소송법 제218조 제3항), 특별한 사정이 없는 한 구분소유

자가 부당이득반환 소송을 제기하여 판결이 확정되었다면 그 부분에 관한 효력도 관리단에게 미친다고 보아야 한다. 다만 관리단의 이러한 소송은 구분소유자 공동이익을 위한 것으로 구분소유자가 자신의 공유지분권에 관한 사용수익 실현을 목적으로 하는 소송과 목적이 다르다. 구분소유자가 부당이득반환청구 소송을 제기하였다가 본안에 대한 종국판결이 있은 뒤에 소를 취하하였더라도 관리단이 부당이득반환청구의 소를 제기한 것은 특별한 사정이 없는 한 새로운 권리보호이익이 발생한 것으로 민사소송법 제267조 제2항의 재소금지 규정에 반하지 않는다고 볼 수 있다(대법원 2022. 6. 30. 선고 2021다239301 판결).

⑤ (O) … 이러한 점 등을 고려해 보면 관리단으로부터 집합건물의 관리업무를 위임받은 위탁관리회사는 특별한 사정이 없는 한 구분소유자 등을 상대로 자기 이름으로 소를 제기하여 관리비를 청구할 당사자적격이 있다(대법원 2016. 12. 15. 선고 2014다87885, 87892 판결).

문 38

공동소송에 관한 설명 중 옳지 않은 것은? (각 지문은 독립적이며, 다툼이 있는 경우 판례에 의함) ★★

① 甲 소유의 토지에 관하여 乙이 위법한 방법으로 소유권보존등기를 마쳤고 이에 터 잡아 丙이 소유권이전등기를 마친 경우, 甲이 乙과 丙을 상대로 소유권보존등기 및 소유권이전등기의 각 말소를 청구하는 소송은 통상공동소송에 해당한다.
② 공동상속인이 다른 공동상속인을 상대로 어떤 재산이 상속재산이라는 확인을 구하는 소송은 고유필수적 공동소송에 해당한다.
③ A 주식회사의 주주인 甲과 乙이 A 주식회사를 상대로 주주총회결의 부존재 또는 무효 확인을 구하는 소송은 필수적 공동소송에 해당한다.
④ 甲과 乙을 조합원으로 하는 동업체에서 토지를 매수한 경우, 그 매매계약에 기하여 소유권이전등기절차의 이행을 구하는 소송은 고유필수적 공동소송에 해당한다.
⑤ 주채무자 甲과 연대보증인 乙이 공동원고가 되어 채권자 丙을 상대로 각 차용금 채무 및 연대보증채무의 부존재 확인을 구하는 소를 제기하였는데 丙이 甲의 청구를 인낙하고 이를 조서에 기재한 경우, 법원은 위 청구인낙을 이유로 乙의 청구를 인용하여야 한다.

해설

① (O) 우리 민사소송법이 취하고 있는 변론주의 소송구조 등에 비추어 볼 때, 각 말소소송을 구하는 통상의 공동소송에 있어서 이른바 주장공통의 원칙은 적용되지 아니한다(대법원 1994. 5. 10. 선고 93다47196 판결). 순차 경료된 소유권이전등기의 각 말소 청구소송은 보통공동소송이므로 그중의 어느 한 등기명의자만을 상대로 말소를 구할 수 있고, 최종 등기명의자에 대하여 등기말소를 구할 수 있는지에 관계없이 중간의 등기명의자에 대하여 등기말소를 구할 소의 이익이 있다(대법원 1998. 9. 22. 선고 98다23393 판결).

② (O) 공동상속인이 다른 공동상속인을 상대로 어떤 재산이 상속재산임의 확인을 구하는 소는 이른바 고유필수적 공동소송이라고 할 것이고, 고유필수적 공동소송에서는 원고들 일부의 소 취하 또는 피고들 일부에 대한 소 취하는 특별한 사정이 없는 한 그 효력이 생기지 않는다(대법원 2007. 8. 24. 선고 2006다40980 판결).

③ (O) 주주총회결의의 부존재 또는 무효 확인을 구하는 소의 경우, 상법 제380조에 의해 준용되는 상법 제190조 본문에 따라 청구를 인용하는 판결은 제3자에 대하여도 효력이 있다. 이러한 소를 여러 사람이 공동으로 제기한 경우 당사자 1인이 받은 승소판결의 효력이 다른 공동소송인에게 미치므로 공동소

송인 사이에 소송법상 합일확정의 필요성이 인정되고, 상법상 회사관계소송에 관한 전속관할이나 병합심리 규정(상법 제186조, 제188조)도 당사자 간 합일확정을 전제로 하는 점 및 당사자의 의사와 소송경제 등을 함께 고려하면, 이는 민사소송법 제67조가 적용되는 필수적 공동소송에 해당한다(대법원 2021. 7. 22. 선고 2020다284977 전원합의체 판결).

④ (O) 동업약정에 따라 동업자 공동으로 토지를 매수하였다면 그 토지는 동업자들을 조합원으로 하는 동업체에서 토지를 매수한 것이므로 그 동업자들은 토지에 대한 소유권이전등기청구권을 준합유하는 관계에 있고, 합유재산에 관한 소는 이른바 고유필요적공동소송이라 할 것이므로 그 매매계약에 기하여 소유권이전등기의 이행을 구하는 소를 제기하려면 동업자들이 공동으로 하지 않으면 안된다(대법원 1994. 10. 25. 선고 93다54064 판결).

⑤ (X) … 소외인은 2003. 6. 10. 피고로부터 1,500만 원을 변제기 2003. 8. 10.로 정하여 차용하였고, 원고는 소외인의 위 차용금채무를 연대보증하였다. … 원고와 소외인은 2018. 8. 24. 피고를 상대로 위 차용금 채무 및 연대보증채무의 부존재확인을 구하는 이 사건 소를 제기하였다. 피고가 이 사건 제1심에서 주채무자 소외인의 채무부존재확인 청구를 인낙한 이상 소외인의 주채무가 소멸되었고 그에 따라 원고의 연대보증채무도 함께 소멸되었다는 이유로 원고의 청구를 인용하였다. 앞서 본 사실관계를 위 법리에 비추어 보면, 피고가 2019. 2. 21. 소외인의 청구를 인낙하였다고 하여 이로써 소외인의 피고에 대한 주채무가 소멸되었다고 볼 수 없다. 그럼에도 이와 달리 본 원심판단에는 청구인낙에 관한 법리를 오해하여 판결결과에 영향을 미친 잘못이 있다. 이를 지적하는 취지의 상고이유는 이유 있다(대법원 2022. 3. 31. 선고 2020다271919 판결). ▶丙이 甲의 청구를 인낙하고 이를 조서에 기재한 경우, 乙채무가 소멸되었다고 볼 수 없다(통산공동소송에서의 재판의 불동일). 연대보증인법원은 위 청구인낙을 이유로 乙의 청구를 인용하여야 한다. 부분은 틀린 것이다.

해답 ⑤

문 39 ★★

민사분쟁해결제도에 관한 설명 중 옳지 않은 것은? (다툼이 있는 경우 판례에 의함)

① 화해계약은 당사자가 상호 양보하여 당사자 간의 분쟁을 마칠 것을 약정함으로써 그 효력이 생기며, 당사자 일방이 양보한 권리가 소멸되고 상대방이 화해로 인하여 그 권리를 취득하는 효력이 있다.
② 당사자는 제소전화해를 위하여 대리인을 선임하는 권리를 상대방에게 위임할 수 없다.
③ 소액사건심판절차에서의 이행권고결정은 이의기간 내에 이의신청을 하지 않거나, 이의신청에 대한 각하결정이 확정되거나, 이의신청이 취하된 경우, 확정판결과 같은 효력을 가진다.
④ 법원, 수명법관 또는 수탁판사는 소송계속 중인 사건에 대하여 직권으로 당사자의 이익, 그 밖의 모든 사정을 참작하여 청구의 취지에 어긋나지 아니하는 범위 안에서 사건의 공평한 해결을 위한 화해권고결정을 할 수 있다.
⑤ 지급명령에 대하여 이의신청이 없거나, 이의신청을 취하하거나, 각하결정이 확정된 때에는 지급명령은 확정판결과 같은 효력이 있으므로 기판력과 집행력을 가진다.

해설

① (O) 화해계약은 당사자가 상호 양보하여 당사자 간의 분쟁을 종지할 것을 약정하는 것으로(민법 제731조), 당사자 일방이 양보한 권리가 소멸되고 상대방이 화해로 인하여 그 권리를 취득하는 효력이 있다(민법 제732조)(대법원 2021. 9. 9. 선고 2016다203933 판결).

민법 제731조(화해의 의의) 화해는 당사자가 상호양보하여 당사자 간의 분쟁을 종지할 것을 약정함으로써 그 효력이 생긴다.
민법 제732조(화해의 창설적효력) 화해계약은 당사자 일방이 양보한 권리가 소멸되고 상대방이 화해로 인하여 그 권리를 취득하는 효력이 있다.

② (O) 민사소송법 제385조

민사소송법 제385조(화해신청의 방식) ② 당사자는 제1항의 화해를 위하여 대리인을 선임하는 권리를 상대방에게 위임할 수 없다.

③ (O) 소액사건심판법 제5조의7 제1항 1,2,3호

소액사건심판법 제5조의7(이행권고결정의 효력) ① 이행권고결정은 다음 각호 가운데 어느 하나에 해당하면 확정판결과 같은 효력을 가진다.
1. 피고가 제5조의4제1항의 기간 내에 이의신청을 하지 아니한 때
2. 이의신청에 대한 각하결정이 확정된 때
3. 이의신청이 취하된 때

④ (O) 민사소송법 제225조 제1항

민사소송법 제225조(결정에 의한 화해권고) ① 법원·수명법관 또는 수탁판사는 소송에 계속 중인 사건에 대하여 직권으로 당사자의 이익, 그 밖의 모든 사정을 참작하여 청구의 취지에 어긋나지 아니하는 범위 안에서 사건의 공평한 해결을 위한 화해권고결정(和解勸告決定)을 할 수 있다.

⑤ (X) 지급명령에는 기판력이 인정되지 아니하므로 지급명령에 대한 집행력의 배제를 목적으로 제기된 청구이의의 소에서 지급명령 발령 전에 발생한 청구권의 일부 불성립이나 소멸 등의 사유로 청구이의가 일부 받아들여지는 경우에는, 지급명령 이전부터 청구이의의 사실심판결 선고 시까지 그 청구권에 관한 이행의무의 존부나 범위에 관하여 항쟁함이 상당한 경우에 해당한다고 할 것이어서 위 기간 범위 안에서는 소송촉진 등에 관한 특례법 제3조 제1항의 이율을 적용할 수 없다(대법원 2009. 7. 9. 선고 2006다73966 판결). ▶ 지급명령은 집행력은 있으나 기판력은 없으므로, 지급명령이 확정되었더라도 채무자는 청구이의의 소를 제기하여 다툴 수 있다(민사집행법 제58조 제3항).

해답 ⑤

문 40

甲 종중이 소유한 X 임야를 乙이 무단으로 점유·사용하고 있다. 이에 A는 甲 종중을 대표하여 乙을 상대로 차임 상당 부당이득반환청구의 소를 제기하였다. 이에 관한 설명 중 옳지 않은 것은? (각 지문은 독립적이며, 다툼이 있는 경우 판례에 의함) ★★

① A의 대표권 흠결을 이유로 소를 각하한 제1심판결에 대하여 A만이 항소한 경우, 항소심 법원이 심리한 결과 대표권 흠결이 치유되어 소는 적법하나 청구가 이유 없다고 판단하면 항소기각판결을 하여야 한다.
② 제1심에서 乙이 甲 종중에 대해 가지는 공사대금채권을 자동채권으로 한 상계항변을 제출하였다가 이에 관한 본안판단을 받은 후 항소심에서 상계항변을 철회하였다면, 그 후 乙이 위 공사대금 지급을 구하는 별소를 제기하는 것은 부적법하다.
③ 甲 종중이 위 소송에서 승소확정판결을 받았으나 그 확정판결에 의한 채권의 소멸시효기간의 경과가 임박하여 시효중단을 위해 다시 동일한 소(후소)를 제기하는 경우, 후소 법원으로서는 그 확정된 권리를 주장할 수 있는 모든 요건이 구비되어 있는지를 다시 심리할 수는 없다.

④ 甲 종중이 위 소송에서 승소확정판결을 받고 그 확정판결에 의한 채권의 소멸시효 중단을 위해 다시 동일한 소(후소)를 제기한 경우, 전소의 사실심 변론 종결 후에 발생한 변제 사실은 후소의 심리대상이 된다.
⑤ 甲 종중이 위 소송에서 승소확정판결을 받고 10년이 경과한 후 위 확정판결에 의한 채권의 소멸시효 중단을 위해 다시 동일한 소(후소)를 제기하더라도, 법원은 특별한 사정이 없는 한 후소를 곧바로 소의 이익이 없음을 이유로 각하해서는 안 된다.

해설

① **(O)** 원고가 소장에 피고의 대표자를 잘못 표시함으로써 적법한 대표자가 아닌 자 또는 그로부터 소송을 위임받은 변호사에 의하여 소송이 수행되어 왔더라도, 원고가 스스로 피고의 대표자를 정당한 대표권이 있는 자로 정정함으로써 그 흠결을 보정하였다면, 법원으로서는 원고의 보정에 따라 정당한 대표자에게 다시 소장의 부본을 송달하여야 하고, 소장 송달에 의하여 소송계속의 효과가 발생함에 따라 정당한 대표자가 종전의 소송행위를 추인하는지의 여부와는 관계없이 소송관계가 성립하게 되며, 이와 같은 대표권 흠결의 보정은 항소심에서도 가능하다. 이 사건 소를 모두 각하한 원심판결은 결론에 있어서 영향이 없거나 원심판결을 파기한다 하더라도 어차피 청구가 기각될 운명에 있어 원고만이 상고한 이 사건에 있어서 원고에게 더욱 불리한 재판을 할 수 없으므로 원심판결을 유지하기로 한다(대법원 1996. 10. 11. 선고 96다3852 판결). ▶A가 항소심에서 대표권 흠결의 보정하여 대표권 흠결이 치유되어 소는 적법하나 청구가 이유 없다고 판단하면 항소기각판결을 하여야 한다.

② **(X)** … 따라서 먼저 제기된 소송의 제1심에서 상계 항변을 제출하여 제1심판결로 본안에 관한 판단을 받았다가 항소심에서 상계 항변을 철회하였더라도 이는 소송상 방어방법의 철회에 불과하여 민사소송법 제267조 제2항의 재소금지 원칙이 적용되지 않으므로, 그 자동채권과 동일한 채권에 기한 소송을 별도로 제기할 수 있다(대법원 2022. 2. 17. 선고 2021다275741 판결).

③ **(O)**, ④ **(O)**, ⑤ **(O)** 승소판결이 확정된 후 그 채권의 소멸시효기간인 10년의 경과가 임박하지 않은 상태에서 굳이 다시 동일한 소를 제기하는 것은 확정판결의 기판력에 비추어 권리보호의 이익을 인정할 수 없으나, 그 기간의 경과가 임박한 경우에는 시효중단을 위한 필요성이 있으므로 후소를 제기할 소의 이익을 인정하는 것이다. 한편 시효중단을 위한 후소의 판결은 전소의 승소 확정판결의 내용에 저촉되어서는 아니 되므로, 후소 법원으로서는 그 확정된 권리를 주장할 수 있는 모든 요건이 구비되어 있는지에 관하여 다시 심리할 수 없으나 위 후소 판결의 기판력은 후소의 변론종결시를 기준으로 발생하므로, 전소의 변론 종결 후에 발생한 변제, 상계, 면제 등과 같은 채권소멸사유는 후소의 심리대상이 된다. … 이처럼 판결이 확정된 채권의 소멸시효기간의 경과가 임박하였는지 여부에 따라 시효중단을 위한 후소의 권리보호이익을 달리 보는 취지와 채권의 소멸시효 완성이 갖는 효과 등을 고려해 보면, 시효중단을 위한 후소를 심리하는 법원으로서는 전소 판결이 확정된 후 소멸시효가 중단된 적이 있어 그중단사유가 종료한 때로부터 새로이 진행된 소멸시효기간의 경과가 임박하지 않아 시효중단을 위한 재소(再訴)의 이익을 인정할 수 없다는 등의 특별한 사정이 없는 한, 후소가 전소 판결이 확정된 후 10년이 지나 제기되었다 하더라도 곧바로 소의 이익이 없다고 하여 소를 각하해서는 아니 되고, 채무자인 피고의 항변에 따라 원고의 채권이 소멸시효 완성으로 소멸하였는지에 관한 본안판단을 하여야 한다. (대법원 2019. 1. 17. 선고 2018다24349 판결).

해답 ②

문 41

기판력에 관한 설명 중 옳지 않은 것은? (다툼이 있는 경우 판례에 의함) ★★

① 甲의 乙에 대한 배당이의의 소에서 청구기각판결을 받은 甲이 그 판결이 확정된 후 乙에 대하여 위 판결에 의하여 확정된 배당액이 부당이득이라는 이유로 그 반환을 구하는 소를 제기한 경우, 후소 법원은 전소 확정판결의 판단과 다른 판단을 할 수 없다.

② 甲의 乙에 대한 가등기에 기한 본등기절차의 이행을 구하는 소에서 청구인용판결이 확정된 후 乙이 甲을 상대로 위 가등기만의 말소를 청구하는 것은 전소 확정판결의 기판력에 저촉되지 않는다.

③ X 토지의 매수인 甲이 매도인 A를 대위하여 乙을 상대로 X 토지에 관한 乙 명의의 소유권이전등기가 원인무효임을 이유로 그 말소등기절차의 이행을 구하는 소(전소)를 제기하여 청구인용판결이 확정되었는데, 그 소송의 사실심 변론 종결 후 乙로부터 X 토지를 매수하여 소유권이전등기를 마친 丙이 甲을 상대로 X 토지의 인도 및 차임 상당 부당이득반환청구의 소(후소)를 제기한 경우, 丙은 변론 종결 뒤의 승계인에 해당하여 전소 확정판결의 기판력이 후소에 미친다.

④ 甲이 부동산 소유자 乙을 상대로 소유권이전등기청구의 소를 제기하여 받은 승소확정판결에 기하여 소유권이전등기를 마친 경우, 乙에 대한 다른 소유권이전등기청구권자 丙이 乙을 대위하여 甲 명의의 소유권이전등기가 원인무효임을 내세워 그 등기의 말소를 구하는 것은 전소 확정판결의 기판력에 저촉된다.

⑤ 甲이 乙을 상대로 제기한 소유권이전등기청구의 소에서 청구인용판결이 확정되어 그에 따른 甲 명의의 소유권이전등기가 마쳐진 후 乙이 위 등기가 원인무효임을 주장하며 甲을 상대로 소유권 확인의 소를 제기하는 것은 전소 확정판결의 기판력에 저촉되지 않는다.

해설

① (O) 배당이의의 소에서 패소의 본안판결을 받은 당사자가 그 판결이 확정된 후 상대방에 대하여 위 본안판결에 의하여 확정된 배당액이 부당이득이라는 이유로 그 반환을 구하는 소송을 제기한 경우에는, 전소인 배당이의의 소의 본안판결에서 판단된 배당수령권의 존부가 부당이득반환청구권의 성립 여부를 판단하는 데에 있어서 선결문제가 된다고 할 것이므로, 당사자는 그 배당수령권의 존부에 관하여 위 배당이의의 소의 본안판결의 판단과 다른 주장을 할 수 없고, 법원도 이와 다른 판단을 할 수 없다(대법원 2000. 1. 21. 선고 99다3501 판결).

② (O) 확정판결의 기판력은 소송물로 주장된 법률관계의 존부에 관한 판단의 결론 자체에만 미치고 그 전제가 되는 법률관계의 존부에까지 미치는 것은 아니어서, 가등기에 기한 소유권이전등기절차의 이행을 명한 전소 판결의 기판력은 소송물인 소유권이전등기청구권의 존부에만 미치고 그 등기청구권의 원인이 되는 채권계약의 존부나 판결이유 중에 설시되었을 뿐인 가등기의 효력 유무에 관한 판단에는 미치지 아니하고, 따라서 만일 후소로써 위 가등기에 기한 소유권이전등기의 말소를 청구한다면 이는 1물1권주의의 원칙에 비추어 볼 때 전소에서 확정된 소유권이전등기청구권을 부인하고 그와 모순되는 정반대의 사항을 소송물로 삼은 경우에 해당하여 전소 판결의 기판력에 저촉된다고 할 것이지만, 이와 달리 위 가등기만의 말소를 청구하는 것은, 전소에서 판단의 전제가 되었을 뿐이고 그로써 아직 확정되지는 아니한 법률관계를 다투는 것에 불과하여 전소 판결의 기판력에 저촉된다고 볼 수 없다(대법원 1995. 3. 24. 선고 93다52488 판결).

③ (X) 甲 등이 乙을 상대로 건물 등에 관한 소유권이전등기의 말소등기절차 이행을 구하는 소를 제기하여 승소확정판결을 받았는데, 위 판결의 변론종결 후에 乙로부터 건물 등의 소유권을 이전받은 丙이 甲 등을 상대로 위 건물의 인도 및 차임 상당 부당이득의 반환을 구하는 소를 제기한 사안에서, 전소 판결에서 소송물로 주장된 법률관계는 건물 등에 관한 말소등기청구권의 존부이고 건물 등의 소유권의 존부는

전제가 되는 법률관계에 불과하여 전소 판결의 기판력이 미치지 아니하고, 전소인 말소등기청구권에 대한 판단이 건물인도 등 청구의 소의 선결문제가 되거나 건물인도청구권 등의 존부가 전소의 소송물인 말소등기청구권의 존부와 모순관계에 있다고 볼 수 없어 전소의 기판력이 건물인도 등 청구의 소에 미친다고 할 수 없으며, 이는 丙이 전소 판결의 변론종결 후에 乙로부터 건물을 매수하여 소유권이전등기를 마쳤더라도 마찬가지이므로, 丙이 변론종결 후의 승계인이어서 전소 확정판결의 기판력이 미쳐 건물 등의 소유권을 취득할 수 없다고 본 원심판결에 법리오해 등의 위법이 있다(대법원 2014. 10. 30. 선고 2013다53939 판결).

④ (O) 부동산의 소유자에 대하여 소유권이전등기를 청구할 지위에 있기는 하지만 아직 그 소유권이전등기를 경료하지 않은 상태에서, 제3자가 부동산의 소유자를 상대로 그 부동산에 관한 소유권이전등기절차 이행의 확정판결을 받아 소유권이전등기를 경료한 경우에는, 종전의 소유권이전등기청구권을 가지는 자는 그 확정판결이 당연무효이거나 재심의 소에 의하여 취소되지 않는 한, 부동산의 소유자에 대한 소유권이전등기청구권을 보전하기 위하여 부동산의 소유자를 대위하여 제3자 명의의 소유권이전등기가 원인무효임을 내세워 그 등기의 말소를 구하는 것은 확정판결의 기판력에 저촉되고, 나아가 그 제3자 명의의 소유권이전등기 이후에 그 등기를 바탕으로 하여 경료된 또 다른 소유권이전등기의 말소를 구하는 것도 역시 위 확정판결의 기판력에 저촉된다(대법원 1996. 6. 25. 선고 96다8666 판결).

⑤ (O) 〈참고 판례〉 확정판결의 기판력은 소송물로 주장된 법률관계의 존부에 관한 판단 그 자체에만 미치는 것이고, 전소와 후소가 그 소송물이 동일한 경우에 작용하는 것이다. 따라서, 부동산에 관한 소유권이전등기가 원인무효라는 이유로 그 등기의 말소를 명하는 판결이 확정되었다고 하더라도 그 확정판결의 기판력은 그 소송물이었던 말소등기청구권의 존부에만 미치는 것이므로, 그 소송에서 패소한 당사자도 전소에서 문제된 것과는 전혀 다른 청구원인에 기하여 상대방에 대하여 소유권이전등기청구를 할 수 있는 것이다(대법원 1995. 6. 13. 선고 93다43491 판결). ▶ 그러므로 甲이 乙을 상대로 제기한 소유권이전등기청구의 소에서 청구인용판결이 확정되어 그에 따른 甲 명의의 소유권이전등기가 마친 경우 그 기판력은 소유권이전등기청구의 존부에만 미치고 등기의 유·무효인지 여부에 미치지 않으므로 乙이 위 등기가 원인무효임을 주장하며 甲을 상대로 소유권 확인의 소를 제기하는 것은 기판력에 저촉되지 않는다.

해답 ③

문 42 ★★★

甲은 乙에게 1억 원을 대여하였는데, 甲의 채권자 丙과 丁은 위 대여금 채권에 관하여 각 채권압류 및 추심명령을 받았다. 위 각 채권압류 및 추심명령은 乙에게 적법하게 송달되었다. 이후 丙은 乙을 상대로 추심의 소(이하 '이 사건 소송'이라 한다)를 제기하였다. 이에 관한 설명 중 옳지 않은 것은? (각 지문은 독립적이며, 다툼이 있는 경우 판례에 의함)

① 丙이 이 사건 소송의 제1심에서 청구기각판결을 선고받은 후 항소하였다가 항소심에서 소를 취하하였는데, 그 후 丁이 乙을 상대로 추심의 소를 제기하면 丁의 소는 재소금지 규정에 위반된다.
② 이 사건 소송에서 丙과 乙 사이에 "丙은 乙로부터 8,000만 원을 지급받고 나머지 청구를 포기한다."라는 내용의 소송상 화해가 성립된 경우, 丁에게는 위 소송상 화해의 기판력이 미치지 않는다.
③ 이 사건 소송에서 乙은 丙의 甲에 대한 집행채권이 변제로 소멸하였다고 다툴 수 없다.
④ 만일 이 사건 소송계속이 발생하기 전에 甲이 乙에 대하여 대여금 청구의 소를 먼저 제기하여 소송계속 중이었더라도, 이 사건 소송은 중복소송에 해당하지 아니한다.
⑤ 乙은 이 사건 소송의 제1회 변론기일까지 법원에 丁이 공동소송인으로 丙 쪽에 참가하도록 명할 것을 신청할 수 있다.

해설

① (X) 갑 주식회사가 을 등에 대하여 가지는 정산금 채권에 대하여 갑 회사의 채권자 병이 채권압류 및 추심명령을 받아 을 등을 상대로 추심금 청구의 소를 제기하였다가 항소심에서 소를 취하하였는데, 그 후 갑 회사의 다른 채권자 정 등이 위 정산금 채권에 대하여 다시 채권압류 및 추심명령을 받아 을 등을 상대로 추심금 청구의 소를 제기한 사안에서, 병이 선행 추심소송에서 패소판결을 회피할 목적 등으로 종국판결 후 소를 취하하였다거나 정 등이 소송제도를 남용할 의도로 소를 제기하였다고 보기 어려운 사정 등을 감안할 때, 정 등은 선행 추심소송과 별도로 자신의 갑 회사에 대한 채권의 집행을 위하여 위 소를 제기한 것이므로 새로운 권리보호이익이 발생한 것으로 볼 수 있어 재소금지 규정에 반하지 않는다고 본 원심판결이 정당하다(대법원 2021. 5. 7. 선고 2018다259213 판결).

② (O), ⑤ (O) 확정된 화해권고결정에는 재판상 화해와 같은 효력이 있다(민사소송법 제231조). 위에서 본 추심금소송의 확정판결에 관한 법리는 추심채권자가 제3채무자를 상대로 제기한 추심금소송에서 화해권고결정이 확정된 경우에도 마찬가지로 적용된다. 따라서 어느 한 채권자가 제기한 추심금소송에서 화해권고결정이 확정되었더라도 화해권고결정의 기판력은 화해권고결정 확정일 전에 압류·추심명령을 받았던 다른 추심채권자에게 미치지 않는다. … 민사집행법 제249조 제3항, 제4항은 추심의 소에서 소를 제기당한 제3채무자는 집행력 있는 정본을 가진 채권자를 공동소송인으로 원고 쪽에 참가하도록 명할 것을 첫 변론기일까지 신청할 수 있고, 그러한 참가명령을 받은 채권자가 소송에 참가하지 않더라도 그 소에 대한 재판의 효력이 미친다고 정한다(대법원 2020. 10. 29. 선고 2016다35390 판결).

③ (O) 집행채권의 부존재나 소멸은 집행채무자가 청구에 관한 이의의 소에서 주장할 사유이고, 추심의 소에서 제3채무자인 피고가 이를 항변으로 주장하여 채무의 변제를 거절할 수 없다(대법원 2023. 5. 18. 선고 2020다8432 판결).

④ (O) 甲이 丙을 상대로 추심의 소를 제기한 경우와는 달리, 甲이 乙에 대하여 대여금 청구의 소를 먼저 제기하여 소송계속 중인 경우에는 채무자 乙의 당사자 적격이 유지되어 甲이 乙에 대하여 대여금 청구의 소와 丙이 乙을 상대로 추심의 소는 당사자와 소송물이 동일하지 않으므로 후소인 丙은 乙을 상대로 추심의 소는 중복소송에 해당하지 아니한다.

문 43

상소에 관한 설명 중 옳지 않은 것은? (다툼이 있는 경우 판례에 의함) ★★

① 손해배상청구소송에서 원고가 재산적 손해에 대하여는 전부 승소하고 정신적 손해에 대하여는 일부 패소한 후 자신의 패소 부분에 대하여 항소한 경우, 항소심 소송계속 중 정신적 손해는 물론이고 재산적 손해에 관하여도 청구를 확장할 수 있다.

② 피고의 상계항변을 받아들여 원고의 청구를 기각한 판결에 대하여 원고는 물론 전부 승소한 피고에게도 상소의 이익이 있다.

③ 병합된 수 개의 청구 전부에 대하여 불복한 항소심에서 그중 일부 청구에 대한 불복신청을 철회하였더라도, 항소 그 자체의 효력에는 아무런 영향이 없다.

④ 피항소인이 부대항소를 할 수 있는 범위는 항소인이 주된 항소로 불복한 범위에 한한다.

⑤ 건물인도청구소송에서 피고의 금전채권에 기한 동시이행 주장을 받아들인 상환이행판결에 대하여 원고만 항소한 경우, 항소심이 위 금전채권의 액수를 더 큰 금액으로 변경하여 상환이행판결을 선고하는 것은 특별한 사정이 없는 한 불이익변경금지 원칙에 반한다.

> **해설**

① (O) 상소는 자기에게 불이익한 재판에 대하여 유리하게 취소변경을 구하기 위하여 하는 것이므로 전부 승소한 판결에 대하여는 항소가 허용되지 않는 것이 원칙이나, 하나의 소송물에 관하여 형식상 전부 승소한 당사자의 상소이익의 부정은 절대적인 것이라고 할 수도 없는바, 원고가 재산상 손해(소극적 손해)에 대하여는 형식상 전부 승소하였으나 위자료에 대하여는 일부 패소하였고, 이에 대하여 원고가 원고 패소부분에 불복하는 형식으로 항소를 제기하여 사건 전부가 확정이 차단되고 소송물 전부가 항소심에 계속되게 된 경우에는, 더욱이 불법행위로 인한 손해배상에 있어 재산상 손해나 위자료는 단일한 원인에 근거한 것인데 편의상 이를 별개의 소송물로 분류하고 있는 것에 지나지 아니한 것이므로 이를 실질적으로 파악하여, 항소심에서 위자료는 물론이고 재산상 손해(소극적 손해)에 관하여도 청구의 확장을 허용하는 것이 상당하다(대법원 1994. 6. 28. 선고 94다3063 판결).

② (O) 상계항변을 받아들여 원고는 물론 전부 승소한 피고에게도 소구채권 자체의 부존재를 이유로 변경되어 승소하는 것이 피고에게 더 이익이 되기 때문에 상소의 이익이 있다(이시윤, 신민사소송법 제17판 p.890). 제1심판결이 원고가 청구한 채권의 발생을 인정한 후 피고가 한 상계항변을 받아들여 원고 청구의 전부 또는 일부를 기각하고 이에 대하여 원고만이 항소한 경우에 항소심이 제1심과는 다르게 원고가 청구한 채권의 발생이 인정되지 않는다는 이유로 원고의 청구를 기각하는 것은 항소심의 심판범위를 벗어나 항소인인 원고에게 불이익하게 제1심판결을 변경하는 것이어서 허용되지 않는다(대법원 2011. 10. 13. 선고 2011다51205 판결).

③ (O) 항소의 취하는 항소의 전부에 대하여 하여야 하고 항소의 일부 취하는 효력이 없으므로 병합된 수 개의 청구 전부에 대하여 불복한 항소에서 그중 일부 청구에 대한 불복신청을 철회하였더라도 그것은 단지 불복의 범위를 감축하여 심판의 대상을 변경하는 효과를 가져오는 것에 지나지 아니하고, 항소인이 항소심의 변론종결시까지 언제든지 서면 또는 구두진술에 의하여 불복의 범위를 다시 확장할 수 있는 이상 항소 자체의 효력에 아무런 영향이 없다(대법원 2017. 1. 12. 선고 2016다241249 판결).

④ (X) 부대항소란 피항소인의 항소권이 소멸하여 독립하여 항소를 할 수 없게 된 후에도 상대방이 제기한 항소의 존재를 전제로 이에 부대하여 원판결을 자기에게 유리하게 변경을 구하는 제도로서, 피항소인이 부대항소를 할 수 있는 범위는 항소인이 주된 항소에 의하여 불복을 제기한 범위에 의하여 제한을 받지 아니한다(대법원 1999. 11. 26. 선고 99므1596 판결).

⑤ (O) 불이익하게 변경된 것인지 여부는 기판력의 범위를 기준으로 하나, 일방 당사자의 금전채권에 기한 동시이행 주장을 받아들인 판결의 경우 반대 당사자는 그 금전채권에 관한 이행을 제공하지 아니하고는 자신의 채권을 집행할 수 없으므로, 동시이행 주장을 한 당사자만 항소하였음에도 항소심이 제1심판결에서 인정된 금전채권에 기한 동시이행 주장을 공제 또는 상계 주장으로 바꾸어 인정하면서 그 금전채권의 내용을 항소인에게 불리하게 변경하는 것은 특별한 사정이 없는 한 불이익변경금지 원칙에 반한다(대법원 2022. 8. 25. 선고 2022다211928 판결).

해답 ④

문 44 ★★

이혼 관련 소송절차에 관한 설명 중 옳지 않은 것은? (다툼이 있는 경우 판례에 의함)

① 재산분할청구 사건에서 법원은 당사자의 주장에 구애되지 아니하고 재산분할의 대상과 가액을 직권으로 조사·판단할 수 있다.
② 이혼소송의 소송계속 중 배우자 일방이 사망한 경우, 그 소송은 종료된다.
③ 법원은 원고가 주장하는 이혼원인 중 재판상 이혼사유에 관한 「민법」 제840조 제1호 내지 제5호 사유의 존부를 먼저 판단하여야 하고, 그것이 인정되지 않는 경우에 비로소 제6호의 '기타 혼인을 계속하기 어려운 중대한 사유'가 있는지를 판단할 수 있다.

④ 재판상 이혼의 경우에 당사자의 청구가 없더라도 법원은 직권으로 미성년자인 자녀에 대한 친권자 및 양육자를 정하여야 하고, 법원이 이혼판결을 선고하면서 미성년자인 자녀에 대한 친권자 및 양육자를 정하지 아니하였다면 재판의 누락이 있다.
⑤ 이혼 및 재산분할청구의 제1심 소송계속 중 원고가 파산선고를 받았더라도, 특별한 사정이 없는 한 파산관재인이 재산분할청구에 관한 절차를 수계할 수 없다.

해설

① (O) … 법원으로서는 당사자의 주장에 구애되지 아니하고 재산분할의 대상과 가액을 직권으로 조사·판단할 수 있다(대법원 2024. 5. 30. 선고 2024므10370 판결).

② (O) 재판상의 이혼청구권은 부부의 일신전속의 권리이므로 이혼소송 계속 중 배우자의 일방이 사망한 때에는 상속인이 그 절차를 수계할 수 없음은 물론이고, 또 그러한 경우에 검사가 이를 수계할 수 있는 특별한 규정도 없으므로 이혼소송은 종료된다(대법원 1994. 10. 28. 선고 94므246, 253 판결).

③ (X) 재판상 이혼사유에 관한 민법 제840조는 동조가 규정하고 있는 각 호 사유마다 각 별개의 독립된 이혼사유를 구성하는 것이고, 원고가 이혼청구를 구하면서 위 각 호 소정의 수개의 사유를 주장하는 경우 법원은 그중 어느 하나를 받아들여 원고의 청구를 인용할 수 있는 것이다. 이와 달리 법원은 각 이혼원인을 판단함에 있어 원고가 주장하는 이혼원인 중 제1호 내지 제5호 사유의 존부를 먼저 판단하고, 그것이 인정되지 않는 경우에 비로소 제6호의 원인을 최종적으로 판단할 수 있는 것이라는 주장은 독자적인 견해에 불과하고, 따라서 위와 같은 견해에 입각하여 원심이 민법 제840조 각 호의 지위에 관한 법리를 오해하였다는 상고이유의 주장은 받아들일 수 없다(대법원 2000. 9. 5. 선고 99므1886 판결).

④ (O) 이혼 과정에서 친권자 및 자녀의 양육책임에 관한 사항을 의무적으로 정하도록 한 민법 제837조 제1항, 제2항, 제4항 전문, 제843조, 제909조 제5항의 문언 내용 및 이혼 과정에서 자녀의 복리를 보장하기 위한 위 규정들의 취지와 아울러, 이혼 시 친권자 지정 및 양육에 관한 사항의 결정에 관한 민법 규정의 개정 경위와 변천 과정, 친권과 양육권의 관계 등을 종합하면, 재판상 이혼의 경우에 당사자의 청구가 없다 하더라도 법원은 직권으로 미성년자인 자녀에 대한 친권자 및 양육자를 정하여야 하며, 따라서 법원이 이혼 판결을 선고하면서 미성년자인 자녀에 대한 친권자 및 양육자를 정하지 아니하였다면 재판의 누락이 있다(대법원 2015. 6. 23. 선고 2013므2397 판결).

⑤ (O) 채무자 회생 및 파산에 관한 법률 제347조 제1항 제1문은 파산재단에 속하는 재산에 관하여 파산선고 당시 법원에 계속되어 있는 소송은 파산관재인 또는 상대방이 수계할 수 있다고 정하고 있다. 그러나 이혼으로 인한 재산분할청구권은 파산재단에 속하지 아니하여 파산관재인이나 상대방이 절차를 수계할 이유가 없으므로, 재산분할을 구하는 절차는 특별한 사정이 없는 한 위 규정에 따른 수계의 대상이 아니라고 보아야 한다(대법원 2023. 9. 21. 선고 2023므10861, 10878 판결).

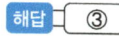

해답 ③

문 45

변제충당과 자백에 관한 설명 중 옳지 않은 것을 모두 고른 것은? (다툼이 있는 경우 판례에 의함) ★★

ㄱ. 당사자 사이의 합의로 「민법」 제479조에 따른 비용, 이자, 원본에 대한 변제충당의 순서와 달리 정할 수 없다.

ㄴ. 변제자(채무자)와 변제수령자(채권자)는 변제로 소멸할 채무에 관한 보증인 등 이해관계 있는 제3자의 이익을 해하지 않는 이상 이미 급부를 마친 뒤에도 기존의 충당방법을 배제하고 제공된 급부를 어느 채무에 어떤 방법으로 다시 충당할 것인가를 약정할 수 있다.

ㄷ. 법원에 제출되어 상대방에게 송달된 준비서면에 자백에 해당하는 내용이 기재되어 있다면, 그것이 변론기일이나 변론준비기일에서 진술 또는 진술간주되지 않더라도 재판상 자백이 성립한다.
ㄹ. 법정변제충당 순서의 기준이 되는 이행기나 변제이익에 관한 사항은 법률상 효과여서 그에 관한 진술이 비록 그 진술자에게 불리하더라도 이를 자백이라고 볼 수 없다.
ㅁ. 재판상 자백이 있으면 그것이 적법하게 취소되지 않는 한 법원도 이에 구속되므로, 법원이 자백 사실과 다른 판단을 할 수 없다.

① ㄱ, ㄷ
② ㄴ, ㄹ
③ ㄱ, ㄴ, ㅁ
④ ㄱ, ㄷ, ㄹ
⑤ ㄱ, ㄴ, ㄷ, ㄹ

해설

ㄱ. (X) 비용, 이자, 원본에 대한 변제충당에 있어서는 민법 제476조는 준용되지 아니하므로 당사자 사이에 특별한 합의가 없는 한 비용, 이자, 원본의 순서로 충당하여야 할 것이고 채무자는 물론 채권자라도 위 법정순서와 다르게 일방적으로 충당의 순서를 지정할 수는 없다(대법원 1981. 5. 26. 선고 80다3009 판결).

ㄴ. (O) 변제자(채무자)와 변제수령자(채권자)는 변제로 소멸한 채무에 관한 보증인 등 이해관계 있는 제3자의 이익을 해하지 않는 이상 이미 급부를 마친 뒤에도 기존의 충당방법을 배제하고 제공된 급부를 어느 채무에 어떤 방법으로 다시 충당할 것인가를 약정할 수 있다(대법원 2013. 9. 12. 선고 2012다118044,118051 판결).

ㄷ. (X), ㅁ. (O) 법원에 제출되어 상대방에게 송달된 준비서면 등에 자백에 해당하는 내용이 기재되어 있는 경우라도 그것이 변론기일이나 변론준비기일에서 진술 또는 진술간주되면 재판상 자백이 성립한다. 재판상의 자백이 있으면 그것이 적법하게 취소되지 않는 한 법원도 이에 구속되므로, 법원이 자백 사실과 다른 판단을 할 수 없다(대법원 2021. 7. 29. 선고 2018다276027 판결).

ㄹ. (X) 법정변제충당의 순서를 정함에 있어 기준이 되는 이행기나 변제이익에 관한 사항 등은 구체적 사실로서 자백의 대상이 될 수 있으나, 법정변제충당의 순서 자체는 법률 규정의 적용에 의하여 정하여지는 법률상의 효과여서 그에 관한 진술이 비록 그 진술자에게 불리하더라도 이를 자백이라고 볼 수는 없다(대법원 1998. 7. 10. 선고 98다6763 판결).

해답 ④

문 46 ★★

청구병합에 관한 설명 중 옳지 않은 것은? (다툼이 있는 경우 판례에 의함)

① 원고가 논리적으로 전혀 관계가 없어 순수하게 단순병합으로 구하여야 할 수 개의 청구를 선택적 또는 예비적으로 병합하여 청구하였는데, 제1심법원이 그중 하나의 청구에 대하여만 심리·판단하여 이를 인용하고 나머지 청구에 대한 심리·판단을 모두 생략하는 내용의 판결을 하여 피고만이 이에 대하여 항소한 경우, 위 수 개의 청구는 모두 항소심으로 이심된다.
② 원고가 실질적으로 선택적 병합 관계에 있는 두 청구에 관하여 주위적·예비적으로 순위를 붙여 청구하였고, 그에 대하여 제1심법원이 주위적 청구를 기각하고 예비적 청구만을 인용하는 판결을 선고하여 피고만이 항소한 경우, 항소심으로서는 두 청구 모두를 심판의 대상으로 삼아 판단하여야 한다.

③ 서로 양립할 수 없는 수 개의 청구가 주위적·예비적으로 병합된 경우, 주위적 청구를 먼저 판단하지 않고 예비적 청구만을 인용하거나, 주위적 청구만을 배척하고 예비적 청구에 대하여 판단하지 않는 것은 법률상 허용되지 아니한다.
④ 수 개의 청구를 단순병합한 소가 제기되었는데, 제1심법원이 그중 하나의 청구를 인용하고 나머지 청구는 기각하는 판결을 선고하였고, 이에 대하여 피고만이 위 인용된 청구에 대하여 항소한 경우, 위 수 개의 청구 모두가 항소심으로 이심되지만 피고가 불복한 청구만이 항소심의 심판 대상이 된다.
⑤ 원고가 서로 양립 가능한 수 개의 금전청구를 병합하면서 합리적 필요에 따라 심판의 순위를 붙여 청구한 경우, 법원이 심리한 결과 주위적 청구의 일부를 기각하고 예비적 청구취지보다 적은 금액만을 인용할 경우에는 석명을 통해 원고의 의사를 밝힌 다음 그에 따라 예비적 청구에 대해 나아가 판단할지를 정하여야 한다.

해설

① (X) 논리적으로 전혀 관계가 없어 순수하게 단순병합으로 구하여야 할 수개의 청구를 선택적 또는 예비적 청구로 병합하여 청구하는 것은 부적법하여 허용되지 않는다. 따라서 원고가 그와 같은 형태로 소를 제기한 경우 제1심법원이 본안에 관하여 심리·판단하기 위해서는 소송지휘권을 적절히 행사하여 이를 단순병합 청구로 보정하게 하는 등의 조치를 취하여야 하는바, 법원이 이러한 조치를 취함이 없이 본안판결을 하면서 그중 하나의 청구에 대하여만 심리·판단하여 이를 인용하고 나머지 청구에 대한 심리·판단을 모두 생략하는 내용의 판결을 하였다 하더라도 그로 인하여 청구의 병합 형태가 선택적 또는 예비적 병합 관계로 바뀔 수는 없으므로, 이러한 판결에 대하여 피고만이 항소한 경우 제1심법원이 심리·판단하여 인용한 청구만이 항소심으로 이심될 뿐, 나머지 심리·판단하지 않은 청구는 여전히 제1심에 남아 있게 된다(대법원 2008. 12. 11. 선고 2005다51495 판결).

② (O) 병합의 형태가 선택적 병합인지 예비적 병합인지는 당사자의 의사가 아닌 병합청구의 성질을 기준으로 판단하여야 하고, 항소심에서의 심판 범위도 그러한 병합청구의 성질을 기준으로 결정하여야 한다. 따라서 실질적으로 선택적 병합 관계에 있는 두 청구에 관하여 당사자가 주위적·예비적으로 순위를 붙여 청구하였고, 그에 대하여 제1심법원이 주위적 청구를 기각하고 예비적 청구만을 인용하는 판결을 선고하여 피고만이 항소를 제기한 경우에도, 항소심으로서는 두 청구 모두를 심판의 대상으로 삼아 판단하여야 한다(대법원 2014. 5. 29. 선고 2013다96868 판결).

③ (O) 예비적 병합의 경우에는 수개의 청구가 하나의 소송절차에 불가분적으로 결합되어 있기 때문에 주위적 청구를 먼저 판단하지 않고 예비적 청구만을 인용하거나 주위적 청구만을 배척하고 예비적 청구에 대하여 판단하지 않는 등의 일부판결은 예비적 병합의 성질에 반하는 것으로서 법률상 허용되지 아니하며, 그럼에도 불구하고 주위적 청구를 배척하면서 예비적 청구에 대하여 판단하지 아니하는 판결을 한 경우에는 그 판결에 대한 상소가 제기되면 판단이 누락된 예비적 청구 부분도 상소심으로 이심이 되고 그 부분이 재판의 탈루에 해당하여 원심에 계속 중이라고 볼 것이 아니다(대법원 2000. 11. 16. 선고 98다22253 전원합의체 판결).

④ (O) 단순병합에서 제1심법원이 그중 하나의 청구를 인용하고 나머지 청구는 기각하는 판결을 선고하였고, 이에 대하여 피고만이 위 인용된 청구에 대하여 항소한 경우 청구 모두가 항소심으로 이심되지만 피고가 불복한 청구만이 항소심의 심판 대상이 된다(이시윤, 신민사소송법 제17판 p893, 같은 취지 대법원 1996. 6. 28. 66다711 등).

⑤ (O) 주위적 청구원인과 예비적 청구원인이 양립 가능한 경우에도 당사자가 심판의 순위를 붙여 청구를 할 합리적인 필요성이 있는 경우에는 심판의 순위를 붙여 청구할 수 있다 할 것이고, 이러한 경우 주위적 청구가 전부 인용되지 않을 경우에는 주위적 청구에서 인용되지 아니한 수액 범위 내에서의 예비적

청구에 대해서도 판단하여 주기를 바라는 취지로 불가분적으로 결합시켜 제소할 수도 있는 것이므로, 주위적 청구가 일부만 인용되는 경우에 나아가서 예비적 청구를 심리할 것인지의 여부는 소송에서의 당사자의 의사 해석에 달린 문제라 할 것이어서, 법원이 주위적 청구원인에 기한 청구의 일부를 기각하고 예비적 청구취지보다 적은 금액만을 인용할 경우에는, 원고에게 주위적 청구가 전부 인용되지 않을 경우에는 주위적 청구에서 인용되지 아니한 수액 범위 내에서의 예비적 청구에 대해서도 판단하여 주기를 바라는 취지인지 여부를 석명하여 그 결과에 따라 예비적 청구에 대한 판단 여부를 정하여야 할 것이다(대법원 2002. 10. 25. 선고 2002다23598 판결).

해답 ①

문 47 ★★

甲은 乙을 상대로 임대차 종료에 따른 임대차보증금 1억 원의 반환을 구하는 소를 제기하였고, 乙은 제1심 변론에서 甲에 대한 1,000만 원의 차임채권을 자동채권으로 상계한다고 주장하였다. 이에 관한 설명 중 옳지 않은 것은? (각 지문은 독립적이며, 다툼이 있는 경우 판례에 의함)

① 乙이 임대차 존속 중 이미 소멸시효가 완성된 차임채권을 자동채권으로 삼아 임대차 종료 후에 상계하는 것은 특별한 사정이 없는 한 인정될 수 없지만, 임대차보증금에서 연체차임을 공제할 수는 있다.
② 乙의 상계항변은 수동채권의 존재 등 상계에 관한 법원의 실질적 판단이 이루어지는 경우에 비로소 실체법상 상계의 효과가 발생한다.
③ 乙은 위 소송의 제1심에서 상대방의 동의 없이 상계항변을 철회할 수 있다.
④ 위 소송계속 중 乙이 甲을 상대로 위 1,000만 원의 차임 지급을 구하는 별소를 제기하는 것은 부적법하다.
⑤ 만약 乙이 임대차 존속 중 이미 연체차임채권과 임대차보증금반환채권을 대등액의 범위에서 상계하였고, 그 사실을 위 소송에서 주장·증명한다면, 그 상계의 효력은 인정될 수 있다.

해설

① (O) 임대인이 이미 소멸시효가 완성된 차임채권을 자동채권으로 삼아 임대차보증금 반환채무와 상계하는 것은 민법 제495조에 의하더라도 인정될 수 없지만, 임대차 존속 중 차임이 연체되고 있음에도 임대차보증금에서 연체차임을 충당하지 않고 있었던 임대인의 신뢰와 차임연체 상태에서 임대차관계를 지속해 온 임차인의 묵시적 의사를 감안하면 연체차임은 민법 제495조의 유추적용에 의하여 임대차보증금에서 공제할 수는 있다(대법원 2016. 11. 25. 선고 2016다211309 판결).
② (O) 소송상 방어방법으로서의 상계항변은 통상 수동채권의 존재가 확정되는 것을 전제로 하여 행하여지는 일종의 예비적 항변으로서, 소송상 상계의 의사표시에 의해 확정적으로 그 효과가 발생하는 것이 아니라 당해 소송에서 수동채권의 존재 등 상계에 관한 법원의 실질적 판단이 이루어지는 경우에 비로소 실체법상 상계의 효과가 발생한다(대법원 2018. 8. 30. 선고 2016다46338, 46345 판결).
③ (O) 상대방이 본안에 관하여 준비서면을 제출하거나 변론준비기일에서 진술 또는 변론을 한 뒤에는 상대방의 동의를 받아야 효력을 가지는 소의 취하와 달리 소송상 방어방법으로서의 상계 항변은 그 수동채권의 존재가 확정되는 것을 전제로 하여 행하여지는 일종의 예비적 항변으로서 상대방의 동의 없이 이를 철회할 수 있고, 그 경우 법원은 처분권주의의 원칙상 이에 대하여 심판할 수 없다(대법원 2022. 2. 17. 선고 2021다275741 판결).
④ (X) 상계의 항변을 제출할 당시 이미 자동채권과 동일한 채권에 기한 소송을 별도로 제기하여 계속 중인 경우, 사실심의 담당재판부로서는 전소와 후소를 같은 기회에 심리·판단하기 위하여 이부, 이송 또

는 변론병합 등을 시도함으로써 기판력의 저촉·모순을 방지함과 아울러 소송경제를 도모함이 바람직하나 그렇다고 하여 특별한 사정이 없는 한 별소로 계속 중인 채권을 자동채권으로 하는 소송상 상계의 주장이 허용되지 않는다고 볼 수는 없다(대법원 2001. 4. 27. 선고 2000다4050 판결 등 참조). 마찬가지로 먼저 제기된 소송에서 상계 항변을 제출한 다음 그 소송계속 중에 자동채권과 동일한 채권에 기한 소송을 별도의 소나 반소로 제기하는 것도 가능하다(대법원 2022. 2. 17. 선고 2021다275741 판결).

⑤ (O) 원칙적으로 확정판결의 기판력은 주문에 포함된 것에 한하여 인정되지만, 이유에 포함된 것이라도 상계항변으로 주장된 자동채권에 관해서는 상계로써 대항한 액수에 한하여 기판력이 미친다(민사소송법 제216조). 그러나 여기서 말하는 상계는 민법 제492조 이하에 규정된 단독행위로서의 상계를 의미한다(대법원 2014. 4. 10. 선고 2013다54390 판결), 그리고 상계를 주장하면 그것이 받아들여지든 아니하든 상계하자고 대항한 액수에 대하여 기판력이 생긴다(민사소송법 제216조 제2항),(대법원 2013. 11. 14. 선고 2013다46023 판결). ▶ 상계항변은 예비적항변으로서 단독행이므로 乙이 연체차임채권과 임대차보증금반환채권을 대등액의 범위에서 상계하였고, 그 사실을 위 소송에서 주장·증명한다면, 다른 요건이 충족하는 한 그 상계의 효력은 인정된다.

> 민사소송법 제216조(기판력의 객관적 범위) ① 확정판결(確定判決)은 주문에 포함된 것에 한하여 기판력(旣判力)을 가진다.
> ② 상계를 주장한 청구가 성립되는지 아닌지의 판단은 상계하자고 대항한 액수에 한하여 기판력을 가진다.

문 48

재판상 청구로 인한 소멸시효 중단에 관한 설명 중 옳지 않은 것은? (다툼이 있는 경우 판례에 의함) ★★

① 근저당권설정등기청구의 소 제기는 그 피담보채권이 될 채권의 소멸시효를 중단시키는 효력이 있다.
② 원인채권의 지급을 확보하기 위한 방법으로 어음이 수수된 경우, 채권자가 어음채권에 기하여 재판상 청구를 하는 것은 원인채권의 소멸시효를 중단시키는 효력이 있다.
③ 원고가 채권자대위권에 기해 계약금반환을 청구하다가 그 계약금반환채권 자체를 양수하여 양수금 청구로 소를 교환적으로 변경한 경우, 당초의 채권자대위소송으로 인한 시효중단의 효력은 소멸한다.
④ 채권양도의 대항요건을 갖추기 전에 채권양도인이 채무자를 상대로 재판상 청구를 하였는데 그 소송 중에 채무자가 채권양도의 효력을 인정함으로써 청구가 기각되자, 채권양수인이 그로부터 6개월 내에 양수금청구의 소를 제기하였다면, 채권양도인의 위 재판상 청구로써 발생한 소멸시효 중단의 효과가 유지된다.
⑤ 원고가 소장에서 청구의 대상으로 삼은 하나의 채권 중 일부만을 청구하면서 소송의 진행경과에 따라 장차 청구금액을 확장할 뜻을 표시하였으나 소송이 종료될 때까지 실제로 청구금액을 확장하지 않은 경우, 그 소송이 종료된 때부터 6개월 내에 재판상 청구를 함으로써 나머지 부분에 대한 소멸시효를 중단시킬 수 있다.

해설

① (O) 원고의 근저당권설정등기청구권의 행사는 그 피담보채권이 될 금전채권의 실현을 목적으로 하는 것으로서, 근저당권설정등기청구의 소에는 그 피담보채권이 될 채권의 존재에 관한 주장이 당연히 포함되어 있는 것이고, 피고로서도 원고가 원심에 이르러 금전지급을 구하는 청구를 추가하기 전부터 피담보채권이 될 금전채권의 소멸을 항변으로 주장하여 그 채권의 존부에 관한 실질적 심리가 이루어져 그 존부가 확인된 이상, 그 피담보채권이 될 채권으로 주장되고 심리된 채권에 관하여는 근저당권설정등기청

구의 소의 제기에 의하여 피담보채권이 될 채권에 관한 권리의 행사가 있는 것으로 볼 수 있으므로, 근저당권설정등기청구의 소의 제기는 그 피담보채권의 재판상의 청구에 준하는 것으로서 피담보채권에 대한 소멸시효 중단의 효력을 생기게 한다고 봄이 상당하다(대법원 2004. 2. 13. 선고 2002다7213 판결).

② (O) 원인채권의 지급을 확보하기 위한 방법으로 어음이 수수된 경우, 이러한 어음은 경제적으로 동일한 급부를 위하여 원인채권의 지급수단으로 수수된 것으로서 그 어음채권의 행사는 원인채권을 실현하기 위한 것일 뿐만 아니라, 원인채권의 소멸시효는 어음금 청구소송에 있어서 채무자의 인적항변 사유에 해당하는 관계로 채권자가 어음채권의 소멸시효를 중단하여 두어도 채무자의 인적항변에 따라 그 권리를 실현할 수 없게 되는 불합리한 결과가 발생하게 되므로, 채권자가 원인채권에 기하여 청구를 한 것이 아니라 어음채권에 기하여 청구를 하는 반대의 경우에는 원인채권의 소멸시효를 중단시키는 효력이 있다고 봄이 상당하고, 이러한 법리는 채권자가 어음채권을 피보전권리로 하여 채무자의 재산을 가압류함으로써 그 권리를 행사한 경우에도 마찬가지로 적용된다(대법원 1999. 6. 11. 선고 99다16378 판결).

③ (X) 원고가 채권자대위권에 기해 청구를 하다가 당해 피대위채권 자체를 양수하여 양수금청구로 소를 변경한 사안에서, 이는 청구원인의 교환적 변경으로서 채권자대위권에 기한 구 청구는 취하된 것으로 보아야 하나, 그 채권자대위소송의 소송물은 채무자의 제3채무자에 대한 계약금반환청구권인데 위 양수금청구는 원고가 위 계약금반환청구권 자체를 양수하였다는 것이어서 양 청구는 동일한 소송물에 관한 권리의무의 특정승계가 있을 뿐 그 소송물은 동일한 점, 시효중단의 효력은 특정승계인에게도 미치는 점, 계속 중인 소송에 소송목적인 권리 또는 의무의 전부나 일부를 승계한 특정승계인이 소송참가하거나 소송인수한 경우에는 소송이 법원에 처음 계속된 때에 소급하여 시효중단의 효력이 생기는 점, 원고는 위 계약금반환채권을 채권자대위권에 기해 행사하다 다시 이를 양수받아 직접 행사한 것이어서 위 계약금반환채권과 관련하여 원고를 '권리 위에 잠자는 자'로 볼 수 없는 점 등에 비추어 볼 때, 당초의 채권자대위소송으로 인한 시효중단의 효력이 소멸하지 않는다(대법원 2010. 6. 24. 선고 2010다17284 판결).

④ (O) 채권양도 후 대항요건이 구비되기 전의 양도인은 채무자에 대한 관계에서는 여전히 채권자의 지위에 있으므로 채무자를 상대로 시효중단의 효력이 있는 재판상의 청구를 할 수 있고, 이 경우 양도인이 제기한 소송 중에 채무자가 채권양도의 효력을 인정하는 등의 사정으로 인하여 양도인의 청구가 기각됨으로써 민법 제170조 제1항에 의하여 시효중단의 효과가 소멸된다고 하더라도, 양도인의 청구가 당초부터 무권리자에 의한 청구로 되는 것은 아니므로, 양수인이 그로부터 6월 내에 채무자를 상대로 재판상의 청구 등을 하였다면, 민법 제169조 및 제170조 제2항에 의하여 양도인의 최초의 재판상의 청구로 인하여 시효가 중단된다(대법원 2009. 2. 12. 선고 2008두20109 판결).

⑤ (O) 소장에서 청구의 대상으로 삼은 채권 중 일부만을 청구하면서 소송의 진행경과에 따라 장차 청구금액을 확장할 뜻을 표시하였으나 당해 소송이 종료될 때까지 실제로 청구금액을 확장하지 않은 경우에는 소송의 경과에 비추어 볼 때 채권 전부에 관하여 판결을 구한 것으로 볼 수 없으므로, 나머지 부분에 대하여는 재판상 청구로 인한 시효중단의 효력이 발생하지 아니한다. 그러나 이와 같은 경우에도 소를 제기하면서 장차 청구금액을 확장할 뜻을 표시한 채권자로서는 장래에 나머지 부분을 청구할 의사를 가지고 있는 것이 일반적이라고 할 것이므로, 다른 특별한 사정이 없는 한 당해 소송이 계속 중인 동안에는 나머지 부분에 대하여 권리를 행사하겠다는 의사가 표명되어 최고에 의해 권리를 행사하고 있는 상태가 지속되고 있는 것으로 보아야 하고, 채권자는 당해 소송이 종료된 때부터 6월 내에 민법 제174조에서 정한 조치를 취함으로써 나머지 부분에 대한 소멸시효를 중단시킬 수 있다(대법원 2020. 2. 6. 선고 2019다223723 판결).

해답 ③

문 49

공유물분할청구의 소에 관한 설명 중 옳지 않은 것은? (다툼이 있는 경우 판례에 의함) ★★

① 공유물분할청구의 소에서 법원은 공유관계나 그 객체인 물건의 제반 상황을 종합 고려한 합리적인 방법으로 지분비율에 따른 분할을 명하여야 하고, 지분비율은 원칙적으로 지분에 따른 가액(교환가치)의 비율에 의하여야 하며, 목적물의 형상, 위치, 이용 상황이나 경제적 가치가 균등하지 아니할 때에는 원칙적으로 경제적 가치가 지분비율에 상응하도록 조정하여 분할을 명하여야 한다.
② 공유물분할청구의 소에서 공동소송인 중 1인에 소송요건의 흠이 있으면 전체 소송이 부적법하게 된다.
③ 현물분할이 가능하고 필요함에도 공유자 상호 간에 지분에 따른 가액에 상응하는 합리적인 현물분할방법이 없는 경우, 금전으로 경제적 가치의 과부족을 조정하게 하는 방법도 고려할 수 있다.
④ 공유물분할청구의 소송절차에서 공유자 사이에 공유토지에 관하여 현물분할하기로 하는 내용의 조정이 성립하였더라도, 공유자는 해당 토지의 분필절차를 마친 후 각 단독 소유로 하기로 한 부분에 관하여 다른 공유자의 공유지분을 이전받아 등기를 마쳐야 그 부분의 소유권을 취득하게 된다.
⑤ 공유자 중 공유지분권을 주장하지 아니하고 목적물의 특정 부분을 소유한다고 주장하는 자는 다른 공유지분권자에게 그 특정부분에 관하여 명의신탁 해지를 원인으로 한 지분이전등기절차의 이행을 구할 수는 없고, 다른 공유자 전원을 상대로 공유물분할청구를 하여야 한다.

해설

① (O) 공유물분할의 소에 있어서 … 법원은 분할대상 목적물의 형상이나 위치, 이용상황이나 경제적 가치가 균등하지 아니할 때에는 원칙적으로 경제적 가치가 지분비율에 상응하도록 조정하여 분할을 명하여야 하는 것이며, 또한 재판에 의한 공유물분할은 현물분할의 방법에 의함이 원칙이나, 현물분할이 불가능하거나 그것이 형식상 가능하다고 하더라도 그로 인하여 현저히 가격이 감손될 염려가 있을 때에는 공유물의 경매를 명하여 대금을 분할하는, 이른바 대금분할의 방법에 의하여야 하고, 여기서 '현물분할로 인하여 현저히 가격이 감손된다.'라고 함은 공유물 전체의 교환가치가 현물분할로 인하여 현저하게 감손될 경우뿐만 아니라 공유자들 중 한 사람이라도 현물분할에 의하여 단독으로 소유하게 될 부분의 가액이 공유물분할 전의 소유지분 가액보다 현저하게 감손될 경우도 포함된다(대법원 1999. 6. 11. 선고 99다6746 판결).
② (O) 공유물분할청구의 소는 분할을 청구하는 공유자가 원고가 되어 다른 공유자 전부를 공동피고로 하여야 하는 필수적 공동소송으로서 공유자 전원에 대하여 판결이 합일적으로 확정되어야 하므로, 공동소송인 중 1인에 소송요건의 흠이 있으면 전 소송이 부적법하게 된다(대법원 2012. 6. 14. 선고 2010다105310 판결).
③ (O) … 그러므로 토지를 분할하는 경우에는 원칙적으로는 공유자가 취득하는 토지의 면적이 공유지분의 비율과 같아야 할 것이나, 반드시 그래야만 하는 것은 아니고, 토지의 형상이나 위치, 이용 상황이나 경제적 가치가 균등하지 아니할 때에는 이와 같은 제반사정을 고려하여 경제적 가치가 지분비율에 상응되도록 분할하는 것도 허용되며, 일정한 요건이 갖추어진 경우에는 공유자 상호 간에 금전으로 경제적 가치의 과부족을 조정하게 하여 분할을 하는 것도 현물분할의 한 방법으로 허용되고, 여러 사람이 공유하는 물건을 현물 분할하는 경우에는 분할을 원하지 않는 나머지 공유자는 공유로 남는 방법도 허용된다(대법원 2023. 6. 29. 선고 2022다294107 판결).
④ (O) 공유물분할의 소송절차 또는 조정절차에서 공유자 사이에 공유토지에 관한 현물분할의 협의가 성립하여 그 합의사항을 조서에 기재함으로써 조정이 성립하였다고 하더라도, 그와 같은 사정만으로 재판에 의한 공유물분할의 경우와 마찬가지로 그 즉시 공유관계가 소멸하고 각 공유자에게 그 협의에 따

른 새로운 법률관계가 창설되는 것은 아니고, 공유자들이 협의한 바에 따라 토지의 분필절차를 마친 후 각 단독소유로 하기로 한 부분에 관하여 다른 공유자의 공유지분을 이전받아 등기를 마침으로써 비로소 그 부분에 대한 대세적 권리로서의 소유권을 취득하게 된다고 보아야 한다(대법원 2013. 11. 21. 선고 2011두1917 전원합의체 판결).

⑤ (X) 공유물분할청구는 공유자의 일방이 그 공유지분권에 터잡아서 하여야 하는 것이므로 공유지분권을 주장하지 아니하고 목적물의 특정부분을 소유한다고 주장하는 자는 그 부분에 대하여 신탁적으로 지분등기를 가지고 있는 자들을 상대로 하여 그 특정부분에 대한 명의신탁해지를 원인으로 한 지분이전등기절차의 이행만을 구하면 될 것이고 공유물분할 청구를 할 수 없다 할 것이다(대법원 1989. 9. 12. 선고 88다카10517 판결.

해답 ⑤

문 50 ★★★

A 주식회사는 B 주식회사의 모(母)회사이고 甲은 A 주식회사의 발행주식총수 중 10%를 보유하고 있다. 이에 관한 설명 중 옳은 것을 모두 고른 것은? (각 지문은 독립적이며, 다툼이 있는 경우 판례에 의함)

> ㄱ. 甲은 A 주식회사 및 B 주식회사에 대하여 각 그 이사의 책임을 추궁할 소의 제기를 청구할 수 있다.
> ㄴ. 甲이 대표소송에서 주장한 이사의 손해배상책임이 제소청구서에 적시된 것과 차이가 있더라도 제소청구서의 책임발생 원인사실을 기초로 하면서 법적 평가만 달리한 것이라면 그 대표소송은 적법하다.
> ㄷ. 甲이 B 주식회사 이사의 책임을 추궁할 소를 제기한 이후 甲이 보유한 주식 수의 일부가 감소하여 A 주식회사 발행주식총수의 100분의 1 미만이 되더라도 제소의 효력에는 영향이 없다.
> ㄹ. 甲이 A 주식회사 이사를 상대로 한 대표소송에서 승소확정판결을 받은 경우, 甲에게는 그 확정판결을 집행권원으로 하여 위 이사를 상대로 강제집행을 신청할 수 있는 집행채권자 적격이 있다.

① ㄱ, ㄴ
② ㄴ, ㄷ
③ ㄱ, ㄷ, ㄹ
④ ㄴ, ㄷ, ㄹ
⑤ ㄱ, ㄴ, ㄷ, ㄹ

해설

ㄱ.(O), ㄷ.(O) 상법 제403조 제3항, 5항 및 상법 제406조의2 제2항, 3항

> **상법 제403조(주주의 대표소송)** ① 발행주식의 총수의 100분의 1 이상에 해당하는 주식을 가진 주주는 회사에 대하여 이사의 책임을 추궁할 소의 제기를 청구할 수 있다.
> ② 제1항의 청구는 그 이유를 기재한 서면으로 하여야 한다.
> ③ 회사가 전항의 청구를 받은 날로부터 30일 내에 소를 제기하지 아니한 때에는 제1항의 주주는 즉시 회사를 위하여 소를 제기할 수 있다.
> ⑤ 제3항과 제4항의 소를 제기한 주주의 보유주식이 제소 후 발행주식총수의 100분의 1 미만으로 감소한 경우(發行株式을 보유하지 아니하게 된 경우를 제외한다)에도 제소의 효력에는 영향이 없다.

> **상법 제406조의2(다중대표소송)** ① 모회사 발행주식총수의 100분의 1 이상에 해당하는 주식을 가진 주주는 자회사에 대하여 자회사 이사의 책임을 추궁할 소의 제기를 청구할 수 있다.
> ② 제1항의 주주는 자회사가 제1항의 청구를 받은 날부터 30일 내에 소를 제기하지 아니한 때에는 즉시 자회사를 위하여 소를 제기할 수 있다.
> ③ 제1항 및 제2항의 소에 관하여는 제176조제3항·제4항, 제403조 제2항, 같은 조 제4항부터 제6항까지 및 제404조부터 제406조까지의 규정을 준용한다.

ㄴ. (O) 주주가 아예 상법 제403조 제2항에 따른 서면(이하 '제소청구서'라 한다)을 제출하지 않은 채 대표소송을 제기하거나 제소청구서를 제출하였더라도 대표소송에서 제소청구서에 기재된 책임발생 원인사실과 전혀 무관한 사실관계를 기초로 청구를 하였다면 그 대표소송은 상법 제403조 제4항의 사유가 있다는 등의 특별한 사정이 없는 한 부적법하다. 반면 주주가 대표소송에서 주장한 이사의 손해배상책임이 제소청구서에 적시된 것과 차이가 있더라도 제소청구서의 책임발생 원인사실을 기초로 하면서 법적 평가만을 달리한 것에 불과하다면 그 대표소송은 적법하다. 따라서 주주는 적법하게 제기된 대표소송 계속 중에 제소청구서의 책임발생 원인사실을 기초로 하면서 법적 평가만을 달리한 청구를 추가할 수도 있다(대법원 2021. 7. 15. 선고 2018다298744 판결).

ㄹ. (O) 주주대표소송의 주주와 같이 다른 사람을 위하여 원고가 된 사람이 받은 확정판결의 집행력은 확정판결의 당사자인 원고가 된 사람과 다른 사람 모두에게 미치므로, 주주대표소송의 주주는 집행채권자가 될 수 있다(대법원 2014. 2. 19. 자 2013마2316 결정).

문 51

주식회사 관계 소송에 관한 설명 중 옳지 않은 것은? (다툼이 있는 경우 판례에 의함) ★★

① 주식을 취득한 자는 특별한 사정이 없는 한 주식 취득 사실을 증명함으로써 회사에 대하여 단독으로 명의개서를 청구할 수 있으므로 회사를 상대로 주주권 확인을 구할 이익이 없다.
② 주식회사의 채권자는 회사가 제3자와 체결한 계약이 자신의 권리나 법적 지위를 구체적으로 침해하거나 이에 직접적으로 영향을 미치는 경우에는 그 계약의 무효 확인을 구할 수 있다.
③ 주식회사의 주주는 원칙적으로 회사가 제3자와 체결한 계약의 무효 확인을 구할 이익이 없으나, 회사가 영업의 전부 또는 중요한 일부를 양도하는 계약을 체결하는 경우에는 예외적으로 영업양도 계약의 무효 확인을 구할 수 있다.
④ 주주총회결의의 효력이 그 회사 아닌 제3자 사이의 소송에서 선결문제가 된 경우, 당사자는 언제든지 당해 소송에서 주주총회결의가 처음부터 무효 또는 부존재라고 주장할 수 있고, 반드시 먼저 회사를 상대로 제소해야 하는 것은 아니다.
⑤ 주주대표소송의 원고들 중 1인인 甲이 주식을 처분하여 주주의 지위를 상실하면, 다른 원고가 주주의 지위를 유지하더라도 특별한 사정이 없는 한 甲이 제기한 소 부분은 부적법하게 된다.

해설

① (O) 주식을 취득한 자는 특별한 사정이 없는 한 점유하고 있는 주권의 제시 등의 방법으로 자신이 주식을 취득한 사실을 증명함으로써 회사에 대하여 단독으로 그 명의개서를 청구할 수 있다. … 甲이 乙 주식회사를 상대로 자신이 주주명부상 주식의 소유자인데 위조된 주식매매계약서에 의해 타인 앞으로 명의개서가 되었다며 주주권 확인을 구한 사안에서, 甲이 乙 회사를 상대로 직접 자신이 주주임을 증명하여 명의개서절차의 이행을 구할 수 있으므로, 甲이 乙 회사를 상대로 주주권 확인을 구하는 것은 甲의

권리 또는 법률상 지위에 현존하는 불안·위험을 제거하는 유효·적절한 수단이 아니거나 분쟁의 종국적 해결방법이 아니어서 확인의 이익이 없다(대법원 2019. 5. 16. 선고 2016다240338 판결).

② (O) 주식회사의 채권자는 회사가 제3자와 체결한 계약이 자신의 권리나 법적 지위를 구체적으로 침해하거나 이에 직접적으로 영향을 미치는 경우에는 그 계약의 무효 확인을 구할 수 있으나, 그 계약으로 인하여 회사의 변제 자력이 감소되어 그 결과 채권의 전부나 일부가 만족될 수 없게 될 뿐인 때에는 채권자의 권리나 법적 지위가 그 계약에 의해 구체적으로 침해되거나 직접적으로 영향을 받는다고 볼 수 없으므로 직접 그 계약의 무효 확인을 구할 이익이 없다(대법원 2022. 6. 9. 선고 2018다228462, 228479 판결).

③ (X) 주식회사의 주주는 주식의 소유자로서 회사의 경영에 이해관계를 가지고 있기는 하지만, 직접 회사의 경영에 참여하지 못하고 주주총회의 결의를 통해서 이사를 해임하거나 일정한 요건에 따라 이사를 상대로 그 이사의 행위에 대하여 유지청구권을 행사하여 그 행위를 유지시키고 대표소송에 의하여 그 책임을 추궁하는 소를 제기하는 등 회사의 영업에 간접적으로 영향을 미칠 수 있을 뿐이다. 그러므로 주주가 회사의 재산관계에 대하여 법률상 이해관계를 가진다고 평가할 수 없고, 주주는 직접 제3자와의 거래관계에 개입하여 회사가 체결한 계약의 무효 확인을 구할 이익이 없다. 이러한 법리는 회사가 영업의 전부 또는 중요한 일부를 양도하는 계약을 체결하는 경우에도 마찬가지이다(대법원 2022. 6. 9. 선고 2018다228462, 2018다228479(병합) 판결).

④ (O) 주주총회결의의 효력이 그 회사 아닌 제3자 사이의 소송에 있어 선결문제로 된 경우에는 당사자는 언제든지 당해 소송에서 주주총회결의가 처음부터 무효 또는 불존재하다고 다투어 주장할 수 있는 것이고, 반드시 먼저 회사를 상대로 제소하여야만 하는 것은 아니며, 이와 같이 제3자간의 법률관계에 있어서는 상법 제380조, 제190조는 적용되지 아니한다(대법원 1992. 9. 22. 선고 91다5365 판결).

⑤ (O) … 이러한 규정들을 종합하여 보면, 여러 주주들이 함께 대표소송을 제기하기 위하여는 그들이 회사에 대하여 이사의 책임을 추궁할 소 제기를 청구할 때와 회사를 위하여 그 소를 제기할 때 보유주식을 합산하여 상법 또는 구 증권거래법이 정하는 주식보유요건을 갖추면 되고, 소 제기 후에는 보유주식의 수가 그 요건에 미달하게 되어도 무방하다고 할 것이다. 그러나 대표소송을 제기한 주주 중 일부가 주식을 처분하는 등의 사유로 주식을 전혀 보유하지 아니하게 되어 주주의 지위를 상실하면, 특별한 사정이 없는 한 그 주주는 원고적격을 상실하여 그가 제기한 부분의 소는 부적법하게 되고, 이는 함께 대표소송을 제기한 다른 원고들이 주주의 지위를 유지하고 있다고 하여 달리 볼 것은 아니다(대법원 2013. 9. 12. 선고 2011다57869 판결).

해답 ③

문 52 ★★

A 주식회사의 주주 甲, 乙, 丙은 A 주식회사를 상대로 위 회사의 임시주주총회결의 부존재 또는 무효 확인의 소를 제기하였다. 이에 관한 설명 중 옳지 않은 것은? (각 지문은 독립적이며, 다툼이 있는 경우 판례에 의함)

① 만약 丁이 丙의 명의를 빌려 A 주식회사의 주식을 인수하고 丙 명의로 주주명부 기재를 마친 것이라면, A 주식회사가 이러한 사실을 알았더라도 특별한 사정이 없는 한 丙은 주주총회에서 주주권을 행사할 수 있고 위 임시주주총회결의의 부존재 또는 무효 확인의 소를 제기할 수 있다.

② A 주식회사의 임시주주총회결의가 법령 및 정관상 요구되는 이사회 결의 및 소집 절차 없이 이루어졌다면, 설령 주주명부상 주주 전원이 참석하여 총회를 개최하는 데 동의하고 아무런 이의 없이 만장일치로 결의가 이루어졌더라도, 그 임시주주총회결의는 특별한 사정이 없는 한 부존재한다고 보아야 한다.

③ 위 소가 위 결의의 날부터 2개월 내에 제기되었다면, 동일한 하자를 원인으로 하여 위 결의의 날부터 2개월이 경과한 후 취소소송으로 소를 변경하거나 추가한 경우에도 취소소송의 제소기간을 준수하였다고 보아야 한다.
④ 제1심법원이 청구기각판결을 선고한 경우, 甲, 乙은 항소기간 내에 적법하게 항소하고 丙은 항소기간 내에 항소하지 않았더라도, 甲, 乙, 丙 전원에 대한 관계에서 판결의 확정이 차단되고 소송은 전체로서 항소심에 이심되며 항소심에서는 이들 전원에 대하여 심리·판단하여야 한다.
⑤ 위 소송에서 A 주식회사가 청구를 인낙하여 그 내용이 조서에 기재되더라도 그 인낙조서는 효력이 없다.

해설

① (O) 주식을 양수하였으나 아직 주주명부에 명의개서를 하지 아니하여 주주명부에는 양도인이 주주로 기재되어 있는 경우뿐만 아니라, 주식을 인수하거나 양수하려는 자가 타인의 명의를 빌려 회사의 주식을 인수하거나 양수하고 그 타인의 명의로 주주명부에의 기재까지 마치는 경우에도, 회사에 대한 관계에서는 주주명부상 주주만이 주주로서 의결권 등 주주권을 적법하게 행사할 수 있다. … 주주명부상 주주인 원고는 피고에 대한 관계에서 주주권을 행사할 권한을 가지므로 피고를 상대로 이 사건 주주총회결의의 무효확인 및 부존재확인 또는 취소의 소를 구할 자격이나 이익이 있다(대법원 2017. 3. 23. 선고 2015다248342 전원합의체 판결).

② (X) 주식회사의 임시주주총회가 법령 및 정관상 요구되는 이사회의 결의 및 소집절차 없이 이루어졌다 하더라도, 주주명부상의 주주 전원이 참석하여 총회를 개최하는 데 동의하고 아무런 이의 없이 만장일치로 결의가 이루어졌다면 그 결의는 특별한 사정이 없는 한 유효하다(대법원 2002. 12. 24. 선고 2000다69927 판결).

③ (O) 주주총회결의취소소송 제기기간 내에 그 결의 무효확인의 소를 제기하였다가 취소소송 제기기간 경과 후에 동일한 하자를 원인으로 한 취소소송으로 소를 변경하거나 추가한 경우, 취소소송의 제소기간을 준수한 것으로 보아야 한다(대법원 2007. 9. 6. 선고 2007다40000 판결). 주주총회결의 취소의 소는 상법 제376조에 따라 결의의 날로부터 2월 내에 제기하여야 할 것이나, 동일한 결의에 관하여 부존재확인의 소가 상법 제376조 소정의 제소기간 내에 제기되어 있다면, 동일한 하자를 원인으로 하여 결의의 날로부터 2월이 경과한 후 취소소송으로 소를 변경하거나 추가한 경우에도 부존재확인의 소 제기시에 제기된 것과 동일하게 취급하여 제소기간을 준수한 것으로 보아야 한다(대법원 2003. 7. 11. 선고 2001다45584 판결).

④ (O) 주주총회결의의 부존재 또는 무효 확인을 구하는 소의 경우, 상법 제380조에 의해 준용되는 상법 제190조 본문에 따라 청구를 인용하는 판결은 제3자에 대하여도 효력이 있다. 이러한 소를 여러 사람이 공동으로 제기한 경우 당사자 1인이 받은 승소판결의 효력이 다른 공동소송인에게 미치므로 공동소송인 사이에 소송법상 합일확정의 필요성이 인정되고, 상법상 회사관계소송에 관한 전속관할이나 병합심리 규정(상법 제186조, 제188조)도 당사자 간 합일확정을 전제로 하는 점 및 당사자의 의사와 소송경제 등을 함께 고려하면, 이는 민사소송법 제67조가 적용되는 필수적 공동소송에 해당한다(대법원 2021. 7. 22. 선고 2020다284977 전원합의체 판결). 민사소송법 제63조 제1항은 필요적 공동소송에 있어서 공동소송인 중 1인의 소송행위는 공동소송인 전원의 이익을 위하여서만 효력이 있다고 규정하고 있으므로 공동소송인 중 일부의 상소제기는 전원의 이익에 해당된다고 할 것이어서 다른 공동소송인에 대하여도 그 효력이 미칠 것이며, 사건은 필수적 공동소송인 전원에 대하여 확정이 차단되고 상소심에 이심된다고 할 것이다(대법원 1991. 12. 27. 선고 91다23486 판결).

⑤ (O) 주주총회결의의 부존재·무효를 확인하거나 결의를 취소하는 판결이 확정되면 당사자 이외의 제3자에게도 그 효력이 미쳐 제3자도 이를 다툴 수 없게 되므로, 주주총회결의의 하자를 다투는 소에 있어

서 청구의 인낙이나 그 결의의 부존재·무효를 확인하는 내용의 화해·조정은 할 수 없고, 가사 이러한 내용의 청구인낙 또는 화해·조정이 이루어졌다 하여도 그 인낙조서나 화해·조정조서는 효력이 없다(대법원 2004. 9. 24. 선고 2004다28047 판결).

해답 ②

문 53 ★★

주식회사의 대표이사 및 이사에 대한 해임청구 소송과 직무집행정지 및 직무대행자 선임 가처분에 관한 설명 중 옳지 않은 것은? (다툼이 있는 경우 판례에 의함)

① 이사해임의 소가 제기된 경우, 법원은 당사자의 신청으로 가처분에 의하여 그 이사의 직무집행을 정지할 수 있고 직무대행자를 선임할 수 있다. 다만 급박한 사정이 있는 때에는 본안소송의 제기 전에도 그 처분을 할 수 있다.
② 회사가 정기주주총회에서 영업의 전부 또는 중요한 일부의 양도에 관한 결의를 하고자 하는 경우, 대표이사의 직무대행자로 선임된 자가 위 정기주주총회를 적법하게 소집하기 위해서는 법원의 허가가 필요하다.
③ 법률 또는 정관에서 정한 이사 정원의 미달로 이사로서의 권리·의무를 행하고 있는 퇴임이사로 하여금 이사로서의 권리·의무를 가지게 하는 것이 불가능하거나 부적당한 경우, 퇴임이사를 상대로 그 직무집행의 정지를 구하는 가처분신청이 허용된다.
④ 법원의 직무집행정지 가처분결정에 의해 회사를 대표할 권한이 정지된 대표이사가 그 정지기간 중에 체결한 계약은 절대적으로 무효이고, 그 후 가처분신청의 취하에 의하여 보전집행이 취소되더라도 무효인 계약이 유효하게 되지 않는다.
⑤ 주식회사의 대표이사 甲과 이사 乙에 대한 각 직무집행 정지 및 직무대행자 선임 가처분결정이 발령되었다면, 설령 그 발령 전에 甲이 대표이사에서 퇴임하는 등기와 乙이 대표이사로 취임하는 등기가 마쳐졌더라도, 乙을 대표이사로 선임한 결의의 적법 여부에 관계없이 乙은 위 가처분결정의 효력발생일 이후에는 대표이사로서의 권한을 가지지 못한다.

해설

① (O), ② (O) 상법 제408조 제1항이 규정하는 회사의 '상무'라 함은 일반적으로 회사에서 일상 행해져야 하는 사무, 회사가 영업을 계속함에 있어서 통상 행하는 영업범위 내의 사무 또는 회사경영에 중요한 영향을 주지 않는 통상의 업무 등을 의미하고, 어느 행위가 구체적으로 이 상무에 속하는가 하는 것은 당해 회사의 기구, 업무의 종류·성질, 기타 제반 사정을 고려하여 객관적으로 판단되어야 할 것인바, 직무대행자가 정기주주총회를 소집함에 있어서도 그 안건에 이사회의 구성 자체를 변경하는 행위나 상법 제374조의 특별결의사항에 해당하는 행위 등 회사의 경영 및 지배에 영향을 미칠 수 있는 것이 포함되어 있다면 그 안건의 범위에서 정기총회의 소집이 상무에 속하지 않는다고 할 것이고, 직무대행자가 정기주주총회를 소집하는 행위가 상무에 속하지 아니함에도 법원의 허가 없이 이를 소집하여 결의한 때에는 소집절차상의 하자로 결의취소사유에 해당한다(대법원 2007. 6. 28. 선고 2006다62362 판결).

상법 제407조(직무집행정지, 직무대행자선임) ① 이사선임결의의 무효나 취소 또는 이사해임의 소가 제기된 경우에는 법원은 당사자의 신청에 의하여 가처분으로써 이사의 직무집행을 정지할 수 있고 또는 직무대행자를 선임할 수 있다. 급박한 사정이 있는 때에는 본안 소송의 제기전에도 그 처분을 할 수 있다.
상법 제408조(직무대행자의 권한) ① 전조의 직무대행자는 가처분명령에 다른 정함이 있는 경우 외에는 회사의 상무에 속하지 아니한 행위를 하지 못한다. 그러나 법원의 허가를 얻은 경우에는 그러하지 아니하다.

③ (X) 상법 제386조 제1항은 법률 또는 정관에 정한 이사의 원수를 결한 경우에는 임기의 만료 또는 사임으로 인하여 퇴임한 이사로 하여금 새로 선임된 이사가 취임할 때까지 이사의 권리의무를 행하도록 규정하고 있는바, 위 규정에 따라 이사의 권리의무를 행사하고 있는 퇴임이사로 하여금 이사로서의 권리의무를 가지게 하는 것이 불가능하거나 부적당한 경우 등 필요한 경우에는 상법 제386조 제2항에 정한 일시 이사의 직무를 행할 자의 선임을 법원에 청구할 수 있으므로, 이와는 별도로 상법 제386조 제1항에 정한 바에 따라 이사의 권리의무를 행하고 있는 퇴임이사를 상대로 해임사유의 존재나 임기만료·사임 등을 이유로 그 직무집행의 정지를 구하는 가처분신청은 허용되지 않는다(대법원 2009. 10. 29. 자 2009마1311 결정).

④ (O) 법원의 직무집행정지 가처분결정에 의해 회사를 대표할 권한이 정지된 대표이사가 그 정지기간 중에 체결한 계약은 절대적으로 무효이고, 그 후 가처분신청의 취하에 의하여 보전집행이 취소되었다 하더라도 집행의 효력은 장래를 향하여 소멸할 뿐 소급적으로 소멸하는 것은 아니라 할 것이므로, 가처분신청이 취하되었다 하여 무효인 계약이 유효하게 되지는 않는다(대법원 2008. 5. 29. 선고 2008다4537 판결).

⑤ (O) 주식회사 이사의 직무집행을 정지하고 직무대행자를 선임하는 가처분은 성질상 당사자 사이뿐만 아니라 제3자에 대한 관계에서도 효력이 미치므로 가처분에 반하여 이루어진 행위는 제3자에 대한 관계에서도 무효이므로 가처분에 의하여 선임된 이사직무대행자의 권한은 법원의 취소결정이 있기까지 유효하게 존속한다. 또한 등기할 사항인 직무집행정지 및 직무대행자선임 가처분은 상법 제37조 제1항에 의하여 이를 등기하지 아니하면 위 가처분으로 선의의 제3자에게 대항하지 못하지만 악의의 제3자에게는 대항할 수 있고, 주식회사의 대표이사 및 이사에 대한 직무집행을 정지하고 직무대행자를 선임하는 법원의 가처분결정은 그 결정 이전에 직무집행이 정지된 주식회사 대표이사의 퇴임등기와 직무집행이 정지된 이사가 대표이사로 취임하는 등기가 경료되었다고 할지라도 직무집행이 정지된 이사에 대하여는 여전히 효력이 있으므로 가처분결정에 의하여 선임된 대표이사 및 이사 직무대행자의 권한은 유효하게 존속하고, 반면에 가처분결정 이전에 직무집행이 정지된 이사가 대표이사로 선임되었다고 할지라도 그 선임결의의 적법 여부에 관계없이 대표이사로서의 권한을 가지지 못한다(대법원 2014. 3. 27. 선고 2013다39551 판결).

해답 ③

문 54

소멸시효에 관한 설명 중 옳지 않은 것은? (다툼이 있는 경우 판례에 의함)

① 상행위인 계약의 해제로 인한 원상회복청구권은 「상법」 제64조의 상사시효의 대상이 된다.
② 부부 중 한쪽이 다른 쪽에 대하여 가지는 권리는 혼인관계가 종료된 때부터 6개월 내에는 소멸시효가 완성되지 아니한다.
③ 보험계약자가 다수의 계약을 통하여 보험금을 부정 취득할 목적으로 보험계약을 체결하여 그것이 「민법」 제103조에 따라 선량한 풍속 기타 사회질서에 반하여 무효인 경우, 보험자의 보험금에 대한 부당이득반환청구권에는 「상법」 제64조를 유추적용하여 5년의 상사 소멸시효기간이 적용된다.
④ 배서인의 다른 배서인과 발행인에 대한 환어음상과 약속어음상의 청구권의 소멸시효는 그 자가 제소된 경우에는 전자에 대한 소송고지를 함으로 인하여 중단된다.
⑤ A 주식회사와 B 의료법인 사이에 체결한 부동산매매계약이, 매도인인 B 법인을 대표하여 그 매매계약을 체결한 대표자의 선임에 관한 이사회 결의의 부존재로 인하여 무효가 된 경우, 매수인 A 회사가 B 법인에게 이미 지급하였던 매매대금 상당액의 반환을 구하는 부당이득반환청구권에는 「상법」 제64조를 유추적용하여 5년의 상사 소멸시효기간이 적용된다.

> 해설

① (O) 상행위인 계약의 해제로 인한 원상회복청구권 또한 상법 제64조의 상사시효의 대상이 된다(대법원 2021. 9. 9. 선고 2020다299122 판결).

② (O) 민법 제180조 제2항

> 민법 제180조(재산관리자에 대한 제한능력자의 권리, 부부 사이의 권리와 시효정지) ① 재산을 관리하는 아버지, 어머니 또는 후견인에 대한 제한능력자의 권리는 그가 능력자가 되거나 후임 법정대리인이 취임한 때부터 6개월 내에는 소멸시효가 완성되지 아니한다.
> ② 부부 중 한쪽이 다른 쪽에 대하여 가지는 권리는 혼인관계가 종료된 때부터 6개월 내에는 소멸시효가 완성되지 아니한다.

③ (O) 보험계약자가 다수의 계약을 통하여 보험금을 부정 취득할 목적으로 보험계약을 체결하여 그것이 민법 제103조에 따라 선량한 풍속 기타 사회질서에 반하여 무효인 경우 보험자의 보험금에 대한 부당이득반환청구권은 상법 제64조를 유추적용하여 5년의 상사 소멸시효기간이 적용된다고 봄이 타당하다(대법원 2021. 7. 22. 선고 2019다277812 전원합의체 판결).

④ (O) 어음법 부칙 제80조 제1항

> 어음법 부칙 제80조(소송고지로 인한 시효중단) ① 배서인의 다른 배서인과 발행인에 대한 환어음상과 약속어음상의 청구권의 소멸시효는 그 자가 제소된 경우에는 전자에 대한 소송고지를 함으로 인하여 중단한다.

⑤ (X) 주식회사인 부동산 매수인이 의료법인인 매도인과의 부동산매매계약의 이행으로서 그 매매대금을 매도인에게 지급하였으나, 매도인 법인을 대표하여 위 매매계약을 체결한 대표자의 선임에 관한 이사회결의가 부존재하는 것으로 확정됨에 따라 위 매매계약이 무효로 되었음을 이유로 민법의 규정에 따라 매도인에게 이미 지급하였던 매매대금 상당액의 반환을 구하는 부당이득반환청구의 경우, 거기에 상거래 관계와 같은 정도로 신속하게 해결할 필요성이 있다고 볼 만한 합리적인 근거도 없으므로 위 부당이득반환청구권에는 상법 제64조가 적용되지 아니하고, 그 소멸시효기간은 민법 제162조 제1항에 따라 10년이다(대법원 2003. 4. 8. 선고 2002다64957,64964 판결).

문 55

주권을 발행한 비상장회사 주식의 담보에 관한 설명 중 옳지 않은 것은? (다툼이 있는 경우 판례에 의함)

① 질권자는 계속하여 주권을 점유하지 아니하면 그 질권으로써 제3자에게 대항하지 못한다.
② 채무자가 채무담보 목적으로 주식을 채권자에게 양도하여 채권자가 주주명부상 주주로 기재된 경우에는 그 양수인이 주주로서 주주권을 행사할 수 있고, 비록 피담보채무가 변제 등으로 소멸하더라도 회사는 주주명부상 주주인 양수인의 주주권 행사를 부인할 수 없다.
③ 전환주식의 전환이 있는 때에는 이로 인하여 종전의 주주가 받을 주식에 대하여도 종전의 주식을 목적으로 한 질권을 행사할 수 있다.
④ 주식의 질권설정에 필요한 요건인 주권의 점유를 이전하는 방법으로는 현실 인도 외에 간이인도도 허용되나, 반환청구권 양도는 허용되지 않는다.
⑤ 만일 채권담보의 목적으로 이루어진 주식양도 약정 당시에 회사의 성립 후 이미 6개월이 경과하였음에도 불구하고 주권이 발행되지 않은 상태에 있었다면, 그 약정은 바로 주식의 양도담보로서의 효력을 가진다.

해설

① (O) 상법 제338조 제2항

> 상법 제338조(주식의 입질) ① 주식을 질권의 목적으로 하는 때에는 주권을 질권자에게 교부하여야 한다.
> ② 질권자는 계속하여 주권을 점유하지 아니하면 그 질권으로써 제삼자에게 대항하지 못한다.

② (O) 채무자가 채무담보 목적으로 주식을 채권자에게 양도하여 채권자가 주주명부상 주주로 기재된 경우, 그 양수인이 주주로서 주주권을 행사할 수 있고 회사 역시 주주명부상 주주인 양수인의 주주권 행사를 부인할 수 없다. … 특별항고인은 신청인이 이 사건 주식의 양도담보권자인데 피담보채무가 변제로 소멸하여 더 이상 주주라고 할 수 없으므로 이 사건 임시주주총회 소집허가 신청이 권리남용에 해당한다고 주장한다. 신청외 1 등이 채무담보 목적으로 이 사건 주식을 신청인에게 양도한 것으로 보이기는 하지만, 이 사건 주식의 반환을 청구하는 등의 조치가 없는 이상 신청인이 여전히 주주이고 특별항고인이 주장하는 사정과 제출한 자료만으로 신청인이 주주가 아니라거나 이 사건 임시주주총회 소집허가 신청이 권리남용에 해당한다고 볼 수 없다(대법원 2020. 6. 11.자 2020마5263 결정).

③ (O) 상법 제339조

> 상법 제339조(질권의 물상대위) 주식의 소각, 병합, 분할 또는 전환이 있는 때에는 이로 인하여 종전의 주주가 받을 금전이나 주식에 대하여도 종전의 주식을 목적으로 한 질권을 행사할 수 있다.

④ (X) 상법 제338조 제1항의 교부는 현실적인 인도에 국한하지 않고 간이인도 또는 반환청구권의 양도도 허용된다(송옥렬, 상법강의 제14판 p.898)

> 상법 제338조(주식의 입질) ① 주식을 질권의 목적으로 하는 때에는 주권을 질권자에게 교부하여야 한다.

⑤ (O) 채권담보의 목적으로 이루어진 주식양도 약정 당시에 회사의 성립 후 이미 6개월이 경과하였음에도 불구하고 주권이 발행되지 않은 상태에 있었다면, 그 약정은 바로 주식의 양도담보로서의 효력을 갖는다(대법원 1995. 7. 28. 선고 93다61338 판결).

 해답 ④

문 56

법인의 이사에 관한 설명 중 옳은 것을 모두 고른 것은? (다툼이 있는 경우 판례에 의함) ★★

> ㄱ. 「민법」상 법인의 정관에 대표권의 제한에 관한 규정이 있으나 그 취지가 등기되어 있지 않다면 법인은 정관의 규정에 대하여 선의·악의에 관계없이 제3자에 대하여 대항할 수 없다.
> ㄴ. 「민법」상 법인의 상태가 임기만료된 이사에게 후임 이사 선임 시까지 업무수행권을 인정할 필요가 있는 경우에 해당하더라도, 그 임기만료된 이사에게 이사로서의 지위는 인정되지 아니한다.
> ㄷ. 「민법」제63조에 의하여 법원이 선임한 임시이사 및 「상법」제386조 제2항에 의하여 법원이 선임한 일시이사는 모두 법인의 통상사무에 속하지 아니한 행위를 하지 못한다.
> ㄹ. 주식회사의 퇴임이사는 새로 선임된 이사가 취임하거나 「상법」제386조 제2항에 따라 일시이사가 선임되어도, 별도의 주주총회 해임결의가 있어야 이사로서의 권리의무를 상실한다.
> ㅁ. 주식회사 이사의 임기가 최종 결산기의 말일과 당해 결산기에 관한 정기주주총회 사이에 만료되는 경우에는 정관으로 그 임기를 정기주주총회 종결일까지 연장할 수 있다.

① ㄱ, ㅁ
② ㄱ, ㄴ, ㄷ
③ ㄱ, ㄴ, ㅁ
④ ㄷ, ㄹ, ㅁ
⑤ ㄱ, ㄴ, ㄷ, ㅁ

> **해설**

ㄱ.(O) 법인의 정관에 법인 대표권의 제한에 관한 규정이 있으나 그와 같은 취지가 등기되어 있지 않다면 법인은 그와 같은 정관의 규정에 대하여 선의냐 악의냐 관계없이 제3자에 대하여 대항할 수 없다(대법원 1992. 2. 14. 선고 91다24564 판결).

ㄴ.(O) 법인의 상태가 임기만료된 이사에게 후임 이사 선임 시까지 업무수행권을 인정할 필요가 있는 경우에 해당한다 하더라도, 임기만료된 이사의 업무수행권은 급박한 사정을 해소하기 위하여 퇴임이사로 하여금 업무를 수행하게 할 필요가 있는지를 개별적·구체적으로 가려 인정할 수 있는 것이지 퇴임이사라는 사정만으로 당연히 또 포괄적으로 부여되는 지위는 아니므로, 그 임기만료된 이사에게 이사로서의 지위는 인정되지 아니한다(대법원 1996. 12. 10. 선고 96다37206 판결).

ㄷ.(X) 민법상의 법인에 대하여 민법 제63조에 의하여 법원이 선임한 임시이사는 원칙적으로 정식이사와 동일한 권한을 가진다(대법원 2013. 6. 13. 선고 2012다40332 판결). 임기가 연장된 이사는 물론이고 퇴임이사 일시이사는 모두 회사가 정상적으로 운영되게 하는 것이므로 그 권한은 원칙적으로 본래의 이사와 동일하다(송옥렬, 상법강의 제14판 p.1004).

ㄹ.(X) 임기만료로 퇴임한 이사라 하더라도 상법 제386조 제1항 등에 따라 새로 선임된 이사의 취임 시까지 이사로서의 권리의무를 가지게 될 수 있으나(이하 '퇴임이사'라고 한다), 그와 같은 경우에도 새로 선임된 이사가 취임하거나 상법 제386조 제2항에 따라 일시 이사의 직무를 행할 자가 선임되면 별도의 주주총회 해임결의 없이 이사로서의 권리의무를 상실하게 된다(대법원 2021. 8. 19. 선고 2020다285406 판결).

ㅁ.(O) 상법 제383조 제3항은 이사의 임기는 3년을 초과할 수 없도록 규정한 같은 조 제2항에 불구하고 정관으로 그 임기 중의 최종의 결산기에 관한 정기주주총회의 종결에 이르기까지 이를 연장할 수 있다고 규정하고 있는바 … 위 규정상의 '임기 중의 최종의 결산기에 관한 정기주주총회'라 함은 임기 중에 도래하는 최종의 결산기에 관한 정기주주총회를 말하고, 임기 만료 후 최초로 도래하는 결산기에 관한 정기주주총회 또는 최초로 소집되는 정기주주총회를 의미하는 것은 아니므로, 위 규정은 결국 이사의 임기가 최종 결산기의 말일과 당해 결산기에 관한 정기주주총회 사이에 만료되는 경우에 정관으로 그 임기를 정기주주총회 종결일까지 연장할 수 있도록 허용하는 규정이라고 보아야 한다(대법원 2010. 6. 24. 선고 2010다13541 판결).

문 57 ★★

甲은 위탁매매업자 乙에게 중고 자동차의 매도를 위탁하였다. 이에 관한 설명 중 옳지 않은 것은?

① 甲이 지정한 가격보다 100만 원이 낮은 가격에 중고 자동차를 매도한 경우, 乙이 그 차액을 부담하면 그 매매는 甲에게 효력이 있다.
② 乙이 丙에게 중고 자동차를 매도한 경우, 丙은 甲을 상대로 직접 위 자동차의 인도를 구할 수 있다.
③ 중고 자동차에 관하여 거래소의 시세가 있을 경우에 乙은 직접 매수인이 될 수 있고, 그 매수가는 乙이 甲에게 통지를 발송할 때의 거래소의 시세에 따른다.
④ 乙로부터 중고 자동차를 매수한 자가 乙에게 그 채무를 이행하지 않는 경우, 다른 약정이나 관습이 없는 한 乙은 甲에게 이를 이행할 책임이 있다.

⑤ 매도 위탁에 따라 乙이 甲으로부터 받은 중고 자동차는 甲과 乙의 채권자 간의 관계에서는 甲의 소유로 본다.

해설

① (O) 상법 제106조 제1항

> 상법 제106조(지정가액준수의무) ① 위탁자가 지정한 가액보다 염가로 매도하거나 고가로 매수한 경우에도 위탁매매인이 그 차액을 부담한 때에는 그 매매는 위탁자에 대하여 효력이 있다.

② (X) 위탁자는 매매계약의 당사자가 아니므로 거래상대방과 아무 법률관계가 형성되지 않으므로(송옥렬, 상법강의 제14판 p.165). 거래상대방 丙은 위탁자인 甲을 상대로 직접 위 자동차의 인도를 구할 수 없다.

> 상법 제102조(위탁매매인의 지위) 위탁매매인은 위탁자를 위한 매매로 인하여 상대방에 대하여 직접 권리를 취득하고 의무를 부담한다.

③ (O) 상법 제107조 제1항

> 상법 제107조(위탁매매인의 개입권) ① 위탁매매인이 거래소의 시세가 있는 물건 또는 유가증권의 매매를 위탁받은 경우에는 직접 그 매도인이나 매수인이 될 수 있다. 이 경우의 매매대가는 위탁매매인이 매매의 통지를 발송할 때의 거래소의 시세에 따른다.

④ (O) 상법 제105조

> 상법 제105조(위탁매매인의 이행담보책임) 위탁매매인은 위탁자를 위한 매매에 관하여 상대방이 채무를 이행하지 아니하는 경우에는 위탁자에 대하여 이를 이행할 책임이 있다. 그러나 다른 약정이나 관습이 있으면 그러하지 아니하다.

⑤ (O) 상법 제103조는 … 위탁자와 위탁매매인 사이 또는 위탁자와 위탁매매인의 채권자 사이의 관계에 있어서는 위탁매매인의 실제의 양도행위가 없더라도 위 물건 또는 채권을 위탁자의 재산으로 의제하는 것이다(대법원 2011. 7. 14. 선고 2011다31645 판결)

> 상법 제103조(위탁물의 귀속) 위탁매매인이 위탁자로부터 받은 물건 또는 유가증권이나 위탁매매로 인하여 취득한 물건, 유가증권 또는 채권은 위탁자와 위탁매매인 또는 위탁매매인의 채권자 간의 관계에서는 이를 위탁자의 소유 또는 채권으로 본다.

문 58

보험계약 체결 시 보험계약자 또는 피보험자가 부담하는 고지의무에 관한 설명 중 옳지 않은 것은? (다툼이 있는 경우 판례에 의함)

① 손해보험에서 중복보험을 체결한 사실은 고지의무의 대상이 되는 중요한 사항에 해당하지 않는다.
② 고지의무 위반을 이유로 한 보험자의 보험계약 해지권의 행사는 보험사고가 발생한 후에도 할 수 있다.
③ 고지의무를 위반한 경우에도 보험자가 고지의무 위반의 사실을 안 날부터 1개월이 경과하거나 계약성립일부터 3년이 경과한 때에는 보험계약을 해지할 수 없다.
④ 고지의무를 위반한 사실과 보험사고 발생 사이에 인과관계가 없음이 증명된 경우, 보험자는 고지의무 위반을 이유로 보험계약을 해지할 수 있으나 보험금을 지급할 책임은 있다.

⑤ 고지의무 위반이 사기에 해당하는 경우, 보험자는 「상법」 제651조에 따라 보험계약을 해지할 수는 있으나 「민법」 제110조에 따라 보험계약을 취소할 수는 없다.

> **해설**
>
> ① (O) … 중복보험을 체결한 사실은 상법 제651조의 고지의무의 대상이 되는 중요한 사항에 해당되지 아니한다(대법원 2003. 11. 13. 선고 2001다49623 판결).
>
> ② (O), ③ (O), ④ (O) 보험자는 보험사고의 전후를 불문하고 고지의무 위반을 이유로 보험계약을 해지할 수 있다(송옥렬, 상법강의 제14판 p.263). 보험자는 고지의무를 위반한 사실과 보험사고의 발생 사이의 인과관계를 불문하고 상법 제651조에 의하여 고지의무위반을 이유로 계약을 해지할 수 있다고 할 것이다. 그러나 보험금액청구권에 관해서는 보험사고 발생 후에 고지의무위반을 이유로 보험계약을 해지한 때에는 고지의무에 위반한 사실과 보험사고 발생 사이의 인과관계에 따라 보험금액 지급책임이 달라진다고 할 것이고, 그 범위 내에서 계약해지의 효력이 제한될 수 있다고 할 것이다(대법원 2010. 7. 22. 선고 2010다25353 판결).
>
> **상법 제651조(고지의무위반으로 인한 계약해지)** 보험계약당시에 보험계약자 또는 피보험자가 고의 또는 중대한 과실로 인하여 중요한 사항을 고지하지 아니하거나 부실의 고지를 한 때에는 보험자는 그 사실을 안 날로부터 1월 내에, 계약을 체결한 날로부터 3년 내에 한하여 계약을 해지할 수 있다. 그러나 보험자가 계약당시에 그 사실을 알았거나 중대한 과실로 인하여 알지 못한 때에는 그러하지 아니하다
>
> **상법 제655조(계약해지와 보험금청구권)** 보험사고가 발생한 후라도 보험자가 제650조, 제651조, 제652조 및 제653조에 따라 계약을 해지하였을 때에는 보험금을 지급할 책임이 없고 이미 지급한 보험금의 반환을 청구할 수 있다. 다만, 고지의무(告知義務)를 위반한 사실 또는 위험이 현저하게 변경되거나 증가된 사실이 보험사고 발생에 영향을 미치지 아니하였음이 증명된 경우에는 보험금을 지급할 책임이 있다.
>
> ⑤ (X) 보험계약을 체결하면서 중요한 사항에 관한 보험계약자의 고지의무 위반이 사기에 해당하는 경우에는 보험자는 상법의 규정에 의하여 계약을 해지할 수 있음은 물론 보험계약에서 정한 취소권 규정이나 민법의 일반원칙에 따라 보험계약을 취소할 수 있다. 따라서 보험금을 부정취득할 목적으로 다수의 보험계약이 체결된 경우에 민법 제103조 위반으로 인한 보험계약의 무효와 고지의무 위반을 이유로 한 보험계약의 해지나 취소는 그 요건이나 효과가 다르지만, 개별적인 사안에서 각각의 요건을 모두 충족한다면 위와 같은 구제수단이 병존적으로 인정되고, 이 경우 보험자는 보험계약의 무효, 해지 또는 취소를 선택적으로 주장할 수 있다(대법원 2017. 4. 7. 선고 2014다234827 판결).

해답 ⑤

문 59 ★★

상호 및 상호권에 관한 설명 중 옳지 않은 것은? (다툼이 있는 경우 판례에 의함)

① 甲이 상호를 먼저 등기한 후에 乙이 그와 동일 또는 유사한 상호를 동종영업의 상호로 등기하였다면, 甲은 자신이 선(先)등기자라는 이유를 들어 乙을 상대로 그 상호등기의 말소를 청구할 수 있다.
② 甲이 자신의 상호를 등기하지 않고 있는 동안에 乙이 부정한 목적으로 甲의 영업으로 오인할 수 있는 상호를 사용하여 甲이 손해를 받을 염려가 있는 경우, 甲은 乙에 대하여 乙이 등기한 상호의 말소를 청구할 수 있다.
③ 하나의 영업에 여러 상호를 사용하는 것은 원칙적으로 금지되지만, 반대로 한 상인이 수 개의 영업을 영위하면서 하나의 상호를 공통적으로 사용하는 것은 허용된다.
④ 회사의 경우 상호는 반드시 등기해야 하지만, 자연인의 경우 상호를 반드시 등기해야 하는 것은 아니다.
⑤ 상호는 영업과 함께 양도하여야 하나, 영업을 폐지한 경우에는 상호만 양도할 수 있다.

해설

① (X), ② (O) 상법 제23조는 동일, 유사상호에 적용하지만 제22조는 유사상호가 아니라 동일 상호에만 적용된다(송옥렬, 상법강의 제14판 p.56). 상법 제23조는 등기 또는 미등기 상호권자에게 상호폐지권의 형태로 규정하고 있다. 상호권자는 다른 사용자에 대해서 그 상호를 사용하지 말 것을 청구할 수 있으며, 심지어 다른 사용자가 이를 등기한 경우에도 그 상호등기의 말소를 청구할 수 있다(송옥렬, 상법강의 제14판 p.53). 상법 제22조의 규정 취지 및 상업등기법 제30조의 개정 경위 등에 비추어 볼 때, 2009. 5. 28. 법률 제9749호로 개정된 상업등기법 시행 후에는 상법 제22조에 의하여 선등기자가 후등기자를 상대로 등기의 말소를 소로써 청구할 수 있는 효력이 미치는 범위 역시 개정 상업등기법 제30조에 상응하도록 동일한 상호에 한정된다고 보아야 한다(대법원 2011. 12. 27. 선고 2010다20754 판결). 따라서 甲은 자신이 선(先)등기자가 아니라 선(先) 상호 사용자라는 이유를 들어 乙을 상대로 그 상호등기의 말소를 청구할 수 있다.

> 상법 제22조(상호등기의 효력) 타인이 등기한 상호는 동일한 특별시·광역시·시·군에서 동종영업의 상호로 등기하지 못한다.
>
> 상법 제23조(주체를 오인시킬 상호의 사용금지) ① 누구든지 부정한 목적으로 타인의 영업으로 오인할 수 있는 상호를 사용하지 못한다.
> ② 제1항의 규정에 위반하여 상호를 사용하는 자가 있는 경우에 이로 인하여 손해를 받을 염려가 있는 자 또는 상호를 등기한 자는 그 폐지를 청구할 수 있다.

③ (O) 제21조 제1항의 상호의 단일성은 둘 이상의 상호를 사용하게 되면 영업의 동일성에 대해서 혼동을 줄 수 있기 때문이다. 반대로 한 상인이 수 개의 영업을 영위하면서 하나의 상호를 공통적으로 사용하는 것은 허용된다(송옥렬, 상법강의 제14판 p.51).

> 상법 제21조(상호의 단일성) ① 동일한 영업에는 단일상호를 사용하여야 한다.

④ (O) 회사의 상호는 반드시 등기할 것이 요구되지만, 자연인의 경우에는 등기가 강제되지 않는다(송옥렬, 상법강의 제14판 p.51).

⑤ (O) 상호는 영업과 함께 하는 경우에만 양도할 수 있는 것이 원칙이다. 그러나 예외적으로 영업을 폐지하는 경우에는 이러한 일반의 신뢰를 해할 염려가 없기 때문에 상호만 분리하여 양도할 수 있다(송옥렬, 상법강의 제14판 p.60).

> 상법 제25조(상호의 양도) ① 상호는 영업을 폐지하거나 영업과 함께 하는 경우에 한하여 이를 양도할 수 있다.

해답 ①

문 60

어음의 선의취득에 관한 설명 중 옳지 않은 것은? (다툼이 있는 경우 판례에 의함) ★★

① 어음의 선의취득으로 인하여 치유되는 하자의 범위에는 양도인이 무권리자인 경우뿐만 아니라 양도행위에 대리권의 흠결이나 하자가 있는 경우도 포함된다.
② 어음채무자의 인적 항변사실에 관하여 어음의 선의취득자가 어음채무자를 해할 것을 알고 취득하더라도 인적 항변은 절단된다.
③ 어음을 선의취득한 자의 경우에도 공시최고절차에서 권리 신고를 하지 않은 채 그 어음에 대한 제권판결이 선고된 이상 불복의 소를 제기하여 취소판결을 받기 전에는 그 어음상 권리를 주장할 수 없다.

④ 어음을 지명채권 양도방법이나 전부명령에 의하여 취득한 경우에는 선의취득이 인정되지 않는다.
⑤ 선의취득자로부터 그 권리를 양수한 자는 설사 양도인이 그 이전에 무권리자로부터 취득하였다는 점에 관하여 악의라 할지라도 완전한 권리를 취득한다.

해설

① (O) 어음의 선의취득으로 인하여 치유되는 하자의 범위 즉, 양도인의 범위는 양도인이 무권리자인 경우 뿐만 아니라 대리권의 흠결이나 하자 등의 경우도 포함된다(대법원 1995. 2. 10. 선고 94다55217 판결).

② (X) 통설은 선의취득은 권리귀속에 대한 문제이고 인적항변은 채무의 부담에 대한 문제라는 관점에서 선의취득은 어음·수표항변의 절단과는 아무관계가 없다고 본다(송옥렬, 상법강의 제14판 p.640).

> 어음법 제17조(인적 항변의 절단) 환어음에 의하여 청구를 받은 자는 발행인 또는 종전의 소지인에 대한 인적 관계로 인한 항변(抗辯)으로써 소지인에게 대항하지 못한다. 그러나 소지인이 그 채무자를 해할 것을 알고 어음을 취득한 경우에는 그러하지 아니하다.

③ (O) 약속어음에 관한 제권판결의 효력은 그 판결 이후에 있어서 당해 어음을 무효로 하고 공시최고 신청인에게 어음을 소지함과 동일한 지위를 회복시키는 것에 그치는 것이고, 공시최고 신청인이 실질상의 권리자임을 확정하는 것은 아니나, 취득자가 소지하고 있는 약속어음은 제권판결의 소극적 효과로서 약속어음으로서의 효력이 상실되는 것이므로 약속어음의 소지인은 무효로 된 어음을 유효한 어음이라고 주장하여 어음금청구를 할 수는 없는 것이다. 따라서 이와 같은 견해에 터잡아 원고의 이 사건 약속어음금청구를 배척한 원심의 조처는 정당하고, 거기에 어음의 선의취득과 제권판결에 관한 법리를 오해한 위법이 있다고 할 수 없고, 원고가 공시최고전에 선의취득하여 소송을 제기하였다고 하여 달리 볼 것이 아니다(대법원 1993.11.09 선고 93다32934 판결).

④ (O) 선의취득은 유통을 보호하기 위해서 마련된 특칙으로 어음법에서 마련된 유통방법에 의하여 어음을 취득하는 경우에만 선의취득이 인정된다. 상속이나 합병 등 포괄승계에 의한 취득은 포함되지 아니하며 특정승계의 경우에도 지명채권 양도방법에 의하거나 전부명령 등으로 취득한 경우에는 어음의 선의취득이 인정되지 않는다(송옥렬, 상법강의 제14판 p.635).

⑤ (O) 선의취득자 이후 그 권리를 양수한 자는 선의취득자가 원시취득한 권리를 승계취득하는 것이므로, 설사 그 이전의 무권리에 대해서 악의라고 하더라도 완전한 권리를 취득한다. 이를 엄폐물의 법칙이라고 한다(송옥렬, 상법강의 제14판 p.640)

문 61 ★★

甲은 乙에게 1,000만 원의 범위에서 어음금액을 보충할 수 있는 보충권을 부여하고, 어음금액만을 기재하지 않은 채 약속어음을 발행·교부하였다. 이에 관한 설명 중 옳지 않은 것은? (다툼이 있는 경우 판례에 의함)

① 乙이 甲을 상대로 어음금액을 보충하지 않고 어음금청구의 소를 제기한 경우, 사실심 변론 종결 시까지 보충권을 행사하여야 한다.
② 乙이 어음금액을 2,000만 원으로 기재한 후 이를 중대한 과실 없이 믿은 丙에게 어음을 배서양도한 경우, 甲은 丙에게 기재된 문구대로 어음채무를 부담한다.
③ 乙이 어음금액을 보충하지 않은 채 甲에게 지급제시한 경우, 甲은 이행지체책임을 지지 않는다.
④ 乙로부터 만기가 도래하기 전에 배서양도를 받은 丙이 지급제시기간이 경과한 후 어음금액을 보충하였다면 乙의 배서는 기한 후 배서이다.

⑤ 乙이 어음금액을 보충하지 않은 채 어음을 분실한 경우에도 공시최고에 의한 제권판결을 받을 수 있다.

> **해설**
>
> ① (O) 약속어음의 소지인이 전소의 사실심 변론종결일까지 백지보충권을 행사하여 어음금의 지급을 청구할 수 있었음에도 위 변론종결일까지 백지 부분을 보충하지 않아 이를 이유로 패소판결을 받고 그 판결이 확정된 후에 백지보충권을 행사하여 어음이 완성된 것을 이유로 전소 피고를 상대로 다시 동일한 어음금을 청구하는 경우에는, 위 백지보충권 행사의 주장은 특별한 사정이 없는 한 전소판결의 기판력에 의하여 차단되어 허용되지 않는다고 할 것이다(대법원 2008. 11. 27. 선고 2008다59230 판결).
>
> ② (O) 어음의 위조라고 하는 것은 어음행위자의 명의를 조작하는 것을 말하는데 백지어음의 부당보충의 경우에는 그 보충으로 인하여 완성된 어음행위의 주체는 의연히 당초의 어음행위자 그대로이고 다만 합의된 내용과 상이한 기재가 이루어진 것에 불과한 것이어서 어음의 위조와 보충권의 남용은 그 개념이 서로 다르기 때문이며 논지지적의 본원 판결은 형사법적 측면에서 다룬 판결로서 그 판결이 어음의 백지부분인 금액란이 부당보충된 어음을 취득한 사람에 대하여 어음법의 측면에서도 어음의 위조의 법조에 따라서 가려져야 하고 어음법 제77조 제2항, 제10조의 백지어음취득에 관한 법조의 적용이 배제되는 것이라고 단정한 것은 아니라고 할 것이니 그 판결이 원판결의 결과에 방해되는 것이라고 볼 수는 없다. 논지는 이유없다(대법원 1978. 3. 14. 선고 77다2020 판결).
>
> > **어음법 제10조(백지어음)** 미완성으로 발행한 환어음에 미리 합의한 사항과 다른 내용을 보충한 경우에는 그 합의의 위반을 이유로 소지인에게 대항하지 못한다. 그러나 소지인이 악의 또는 중대한 과실로 인하여 환어음을 취득한 경우에는 그러하지 아니하다.
>
> ③ (O) … 백지어음을 백지의 보충없이 제시한 경우에는 채무자는 이행지체의 책임을 지지 않는다(대법원 1970. 3. 10. 선고 69다2184 판결).
>
> ④ (X) 전원합의체판결, 본판결로 65.8.31 65다1217 판결 변경 백지어음에 있어서 백지의 보충시와 어음행위 자체의 성립시기와는 엄격히 구별하여야 할 문제로서 백지의 보충없이는 어음상의 권리를 행사할 수 없으나 어음행위의 성립시기를 곧 백지의 보충시기로 의제할 수는 없는 것이며 그 성립시기는 그 어음행위 자체의 성립시기로 결정하여야 할 것이므로 백지어음에 만기 전에 한 배서는 만기 후에 백지가 보충된 때에도 기한후 배서로 볼 것이 아니다(대법원 1971. 8. 31. 선고 68다1176 전원합의체 판결).
>
> ⑤ (O) 백지어음을 도난·분실·멸실한 경우 백지어음을 도난·분실 또는 멸실한 경우에도 공시최고를 신청할 수 있다(대법원 1998. 9. 4. 선고 97다57573 판결).

문 62 ★★

A 주식회사는 자본금 10억 원 미만의 비상장회사로, 甲과 乙을 이사로 두고 있으나 감사는 두고 있지 않다. 甲은 A 회사의 대표이사로서 A 회사의 모든 주식을 소유하고 있다. 이에 관한 설명 중 옳지 않은 것은? (각 지문은 독립적이며, 다툼이 있는 경우 판례에 의함)

① A 회사의 유일한 영업재산을 丙에게 양도할 때 甲의 동의가 있다면 그 처분은 유효하다.
② 이사인 乙이 사임할 의사가 없음에도 甲의 신청에 의하여 乙이 사임하였다는 내용이 등기부에 기재된 경우, 이를 공정증서원본에 부실(不實)의 사실을 기재하게 한 것이라고 할 수는 없다.
③ 甲은 특별한 사정이 없는 한 단독으로 A 회사의 파산신청을 할 수 있다.
④ A 회사가 乙에 대하여 또는 乙이 A 회사에 대하여 소를 제기하는 경우에 A 회사, A 회사의 이사 또는 이해관계인은 법원에 A 회사를 대표할 자를 선임하여 줄 것을 신청하여야 한다.

⑤ A 회사가 주주총회를 소집하는 경우, 주주총회일의 10일 전에 甲에게 서면으로 통지를 발송하거나 甲의 동의를 받아 전자문서로 통지를 발송할 수 있다.

해설

① (O) 1인 주주이자 대표이사인 사람의 동의가 있으면 영업양도에 있어 상법이 요구되는 주주총회의 특별결의를 대신할 수 있다(대법원 1976. 5. 11. 선고 73다52).

② (X) 1인 주주의 의사는 주주총회와 이사회의 의사와 같으므로 주주총회나 이사회의 결의에 의해야 할 임원변경등기가 불법하게 되었더라도 1인 주주의 의사와 합치되는 이상 불실등기라고 볼 수는 없으나, 임원이 스스로 사임한 데에 따른 이사사임등기는 주주총회나 이사회의 결의 내지 1인 주주의 의사와는 무관하고 오로지 당해 임원의 의사에 기하는 것이므로 당해 이사의 의사에 기하지 않은 이사사임등기가 1인 주주의 의사에 합치된다고 하여 불실등기가 아니라고 할 수 없다(대법원 1981. 6. 9. 선고 80도 2641 판결).

③ (O) … 그러나 자본금 총액이 10억 원 미만으로 이사가 1명 또는 2명인 소규모 주식회사에서는 대표이사가 특별한 사정이 없는 한 이사회 결의를 거칠 필요 없이 파산신청을 할 수 있다. 소규모 주식회사는 각 이사(정관에 따라 대표이사를 정한 경우에는 그 대표이사를 말한다)가 회사를 대표하고 상법 제393조 제1항에 따른 이사회의 기능을 담당하기 때문이다. 주식회사의 대표이사가 파산을 신청하여 파산이 선고되었는데 채권자가 이사회 결의를 거치지 않아 파산신청이 부적법하다고 주장한 사안에서, 주식회사의 대표이사가 파산신청을 하려면 이사회 결의를 거쳐야 하지만 소규모 주식회사이므로 이사회 결의를 거치지 않고 파산을 신청한 것이 적법하다고 보아 재항고를 기각한 사례(대법원 2021. 8. 26.자 2020마5520 결정).

④ (O) 상법 제409조 제5항

> **상법 제409조(선임)** ① 감사는 주주총회에서 선임한다.
> ④ 제1항, 제296조제1항 및 제312조에도 불구하고 자본금의 총액이 10억 원 미만인 회사의 경우에는 감사를 선임하지 아니할 수 있다.
> ⑤ 제4항에 따라 감사를 선임하지 아니한 회사가 이사에 대하여 또는 이사가 그 회사에 대하여 소를 제기하는 경우에 회사, 이사 또는 이해관계인은 법원에 회사를 대표할 자를 선임하여 줄 것을 신청하여야 한다.

⑤ (O) 상법 제363조 제3항

> **상법 제363조(소집의 통지)** ① 주주총회를 소집할 때에는 주주총회일의 2주 전에 각 주주에게 서면으로 통지를 발송하거나 각 주주의 동의를 받아 전자문서로 통지를 발송하여야 한다. 다만, 그 통지가 주주명부상 주주의 주소에 계속 3년간 도달하지 아니한 경우에는 회사는 해당 주주에게 총회의 소집을 통지하지 아니할 수 있다.
> ③ 제1항에도 불구하고 자본금 총액이 10억 원 미만인 회사가 주주총회를 소집하는 경우에는 주주총회일의 10일 전에 각 주주에게 서면으로 통지를 발송하거나 각 주주의 동의를 받아 전자문서로 통지를 발송할 수 있다.

문 63 ★★

A 주식회사는 자본금 20억 원의 비상장회사로 정관에는 사채발행에 관한 별도의 규정을 두고 있지 않다. 이에 관한 설명 중 옳은 것은? (각 지문은 독립적이며, 다툼이 있는 경우 판례에 의함)

① A 회사가 법령 또는 정관에 위반하거나 현저하게 불공정한 방법에 의하여 전환사채를 발행함으로써 주주가 불이익을 받을 염려가 있는 경우, 그 주주는 A 회사에 대하여 그 전환사채발행의 유지(留止)를 청구할 수 있다.

② A 회사가 전환사채를 발행한 경우, 이후 전환권의 행사로 인한 신주발행에 대해서는 신주발행무효의 소로써 다툴 수 있으며, 그 제소기간은 전환사채의 발행일부터 기산한다.
③ 주주 또는 주주외의 자에게 신주인수권부사채를 발행하려는 경우, 신주인수권부사채의 총액, 신주인수권의 내용과 신주인수권을 행사할 수 있는 기간 등에 관한 내용은 정관에 규정이 없으므로 A 회사 주주총회의 특별결의로써 이를 정하여야 한다.
④ A 회사가 전환사채를 발행한 경우, 그 전환사채발행무효의 소 및 전환사채발행부존재확인의 소에 대하여는 신주발행무효의 소에 관한 「상법」 제429조를 유추적용하여 6개월의 제소기간의 제한이 적용된다.
⑤ A 회사가 신주인수권부사채를 발행한 때에는 이를 등기하여야 하며, 신주인수권부사채를 발행받은 자가 신주인수권을 행사한 경우에는 신주 납입기일의 다음 날부터 주주의 권리의무가 있다.

해설

① (O) 상법 제424조, 제516조

> **상법 제424조(유지청구권)** 회사가 법령 또는 정관에 위반하거나 현저하게 불공정한 방법에 의하여 주식을 발행함으로써 주주가 불이익을 받을 염려가 있는 경우에는 그 주주는 회사에 대하여 그 발행을 유지할 것을 청구할 수 있다.

> **상법 제516조(준용규정)** ① 제346조제4항, 제424조 및 제424조의2의 규정은 전환사채의 발행의 경우에 이를 준용한다.

② (X) …그러나 주주 아닌 회사들이 이 사건 전환사채를 인수한 후 그중 일부가 전환권을 행사하여 신주를 발행받은 이 사건에서, 원고들의 주장은 이 사건 전환사채 발행과 관련한 무효 사유에 대한 것일 뿐 이 사건 신주 발행과 관련한 고유한 무효 사유나 그에 준하는 무효 사유에 대한 것이 아니므로, 전환사채발행무효의 소로써 다투어야 하고 이 사건과 같은 신주발행무효의 소로써는 다툴 수 없다(대법원 2022. 11. 17. 선고 2021다205650 판결).

③ (X) 상법 제516조의2 제2항

> **상법 제516조의2(신주인수권부사채의 발행)** ① 회사는 신주인수권부사채를 발행할 수 있다.
> ② 제1항의 경우에 다음의 사항으로서 정관에 규정이 없는 것은 이사회가 이를 결정한다. 그러나 정관으로 주주총회에서 이를 결정하도록 정한 경우에는 그러하지 아니하다.
> 1. 신주인수권부사채의 총액
> 2. 각 신주인수권부사채에 부여된 신주인수권의 내용
> 3. 신주인수권을 행사할 수 있는 기간
> 4. 신주인수권만을 양도할 수 있는 것에 관한 사항

④ (X) 전환사채 발행의 경우에도 신주발행무효의 소에 관한 상법 제429조가 유추적용되므로 전환사채발행무효 확인의 소에 있어서도 상법 제429조 소정의 6월의 제소기간의 제한이 적용된다 할 것이나, 이와 달리 전환사채 발행의 실체가 없음에도 전환사채 발행의 등기가 되어 있는 외관이 존재하는 경우 이를 제거하기 위한 전환사채발행부존재 확인의 소에 있어서는 상법 제429조 소정의 6월의 제소기간의 제한이 적용되지 아니한다(대법원 2004. 8. 16. 선고 2003다9636 판결).

⑤ (X) 상법 제516조의10

> **상법 제516조의8(신주인수권부사채의 등기)** ① 회사가 신주인수권부사채를 발행한 때에는 다음의 사항을 등기하여야 한다.
> 1. 신주인수권부사채라는 뜻
> 2. 신주인수권의 행사로 인하여 발행할 주식의 발행가액의 총액

3. 각 신주인수권부사채의 금액
　　4. 각 신주인수권부사채의 납입금액
　상법 제516조의10(주주가 되는 시기) 제516조의9제1항에 따라 신주인수권을 행사한 자는 동항의 납입을 한 때에 주주가 된다.

문 64 ★★★

A 주식회사는 甲이 대표이사이자 발행주식총수의 과반수에 해당하는 주식을 가진 대주주로 있는 비상장회사이다. A 회사는 B 주식회사로부터 신주발행 방식으로 투자를 유치하면서 甲, A 회사, B 회사를 당사자로 하는 다음과 같은 내용의 투자계약을 체결하였다. 위 투자계약에 따라 A 회사는 「상법」에서 정한 절차에 따라 주주가 상환권 및 전환권을 가지는 상환전환우선주를 발행하였고, B 회사는 이를 인수하고 주금을 납입하였다. 이에 관한 설명 중 옳은 것을 모두 고른 것은? (다툼이 있는 경우 판례에 의함)

> 1. B 회사의 서면 동의 없이 A 회사의 회생절차가 개시되는 경우(회생절차 개시를 신청한 자가 누구인지 및 A 회사의 귀책사유 유무를 불문한다), A 회사는 B 회사에게 위약벌로 B 회사가 인수한 주식 1주당 취득가액과 그 금액에 대하여 발행일부터 상환일까지 연 10%의 이자를 지급한다.
> 2. A 회사는 이사회의 권한에 속하는 주요한 경영사항에 대하여 B 회사로부터 사전 동의를 받아야 하고, 이를 위반할 경우 B 회사에게 손해배상 명목으로 B 회사가 인수한 주식에 대한 조기상환청구권을 부여한다.
> 3. 甲은 A 회사가 1. 및 2.에서 B 회사에게 부담하는 채무를 연대하여 이행하며, 甲의 채무이행 방법으로 B 회사가 그 인수한 주식의 매수를 甲에 대하여 청구하면 해당 주식에 관하여 매매계약이 체결된다.

> ㄱ. 1.과 관련하여 A 회사와 B 회사가 체결한 부분은 특별한 사정이 없는 한 주주평등의 원칙을 위반하여 무효이고, 이는 A 회사의 다른 주주 전원이 그와 같은 차등적 취급에 동의하였다 하더라도 마찬가지이다.
> ㄴ. 1. 및 3.과 관련하여 甲과 B 회사가 체결한 부분에는 주주평등의 원칙이 직접 적용되고, 그 부분의 효력은 특별한 사정이 없는 한 A 회사와 B 회사가 체결한 부분과 결합하여 유효성을 판단하여야 한다.
> ㄷ. B 회사가 신주를 인수하면서 A 회사의 주요한 경영사항에 대한 사전동의권을 가지는 것으로 정한 2.는 「상법」에서 규정하는 이사회의 권한을 침해하는 것으로 위법하므로, 다른 특별한 사정이 있더라도 무효이다.
> ㄹ. 2.와 관련하여 B 회사가 A 회사의 주요한 경영사항에 대하여 사전동의권을 가지는 경우, 사전동의권이 주식 그 자체에 부여된 것은 아니므로 「상법」상 허용될 수 없는 특별한 종류의 주식이 발행된 것은 아니다.
> ㅁ. 3.과 관련하여 B 회사의 甲에 대한 주식매수청구권은 형성권에 해당하고, 그 행사기간은 「상법」 제64조를 유추적용하여 5년의 제척기간이 적용된다.

① ㄱ, ㄹ
② ㄴ, ㄹ
③ ㄱ, ㄹ, ㅁ
④ ㄴ, ㄷ, ㅁ
⑤ ㄱ, ㄴ, ㄷ, ㅁ

해설

ㄱ.(O) … 이 사건 투자계약의 일부인 이 사건 약정 중 원고들과 이 사건 회사가 체결한 부분은, "원고들의 서면동의 없는 회생절차의 개시신청이 있거나 그 절차가 개시되는 경우"에 금전지급채무가 발생한다고 정함으로써 이 사건 회사에 귀책사유가 있는지 여부와 무관하게 단지 경영성과가 부진하여 다른 신청권자의 신청에 의해 회생절차가 개시된 경우에도 회사로 하여금 원고들에게 주식인수대금과 소정의 가산금을 지급할 의무를 부담하게 하는 내용이다. 따라서 이 사건 약정은 실질적으로 회사가 원고들에게 투하자본의 회수를 절대적으로 보장함으로써 다른 주주들에게 인정되지 않는 우월한 권리를 부여하는 것이고, 배당가능이익이 없어도 회사의 재산으로 사실상 출자를 환급하여 주는 것이어서 자본충실의 원칙 등 상법이 허용하는 한도를 벗어난 것이기도 하므로, 설령 이 사건 회사의 다른 주주 전원이 그와 같은 차등적 취급에 동의하였다 하더라도 주주평등의 원칙에 위반하여 무효이다(대법원 2023. 7. 13. 선고 2022다224986 판결).

ㄴ.(X) 주주평등의 원칙은 주주와 회사의 법률관계에 적용되는 원칙이고, 주주가 회사와 계약을 체결할 때 회사의 다른 주주 내지 이사 개인이 함께 당사자로 참여한 경우 주주와 다른 주주 사이의 계약은 주주평등과 관련이 없으므로, 주주와 회사의 다른 주주 내지 이사 개인의 법률관계에는 주주평등의 원칙이 직접 적용되지 않는다. 주주는 회사와 계약을 체결하면서 사적자치의 원칙상 다른 주주 내지 이사 개인과도 회사와 관련한 계약을 체결할 수 있고, 그 계약의 효력은 특별한 사정이 없는 한 주주와 회사가 체결한 계약의 효력과는 별개로 보아야 한다. … 이 사건 투자계약 중 원고들과 피고가 체결한 부분에는 주주평등의 원칙이 직접 적용되지 않는다. 이 사건 투자계약의 일부인 이 사건 약정이 원고들과 이 사건 회사의 법률관계에서 주주평등의 원칙에 위반하여 무효라 하더라도, 특별한 사정이 없는 한 원고들과 피고가 체결한 계약 부분의 효력에는 영향이 없다(대법원 2023. 7. 13. 선고 2022다224986 판결).

ㄷ.(X) 회사가 자금조달을 위해 신주인수계약을 체결하면서 주주의 지위를 갖게 되는 자에게 회사의 의사결정에 대한 사전동의를 받기로 약정한 경우 그 약정은 회사가 일부 주주에게만 우월한 권리를 부여함으로써 주주들을 차등적으로 대우하는 것이지만, 주주가 납입하는 주식인수대금이 회사의 존속과 발전을 위해 반드시 필요한 자금이었고 투자유치를 위해 해당 주주에게 회사의 의사결정에 대한 동의권을 부여하는 것이 불가피하였으며 그와 같은 동의권을 부여하더라도 다른 주주가 실질적·직접적인 손해나 불이익을 입지 않고 오히려 일부 주주에게 회사의 경영활동에 대한 감시의 기회를 제공하여 다른 주주와 회사에 이익이 되는 등으로 차등적 취급을 정당화할 수 있는 특별한 사정이 있다면 이를 허용할 수 있다(대법원 2023. 7. 13. 선고 2022다224986 판결).

ㄹ.(O) 또한 원고가 피고 회사의 주요한 경영사항에 대하여 사전통지 내지 사전동의권 등을 갖더라도, 이는 이 사건 신주인수계약에 따른 채권적 권리에 불과하고 제3자가 원고의 주식을 양수받아도 특별한 사정이 없는 한 양수인에게 그와 같은 지위가 승계되지 않는다. 그리고 원고가 이 사건 신주인수계약에 따라 취득한 이 사건 주식은 상환전환우선주 형태로 본래 일정한 상환기간이 경과한 이후 배당가능이익이 존재해야만 비로소 상환권을 행사할 수 있고, 피고 회사의 경영사항에 대한 사전동의권 등이 원고가 보유한 주식 그 자체에 부여되었다고 볼 수도 없으므로, 원고가 보유한 주식이 상법상 허용될 수 없는 특별한 종류의 주식이라고 볼 수도 없다(대법원 2023. 7. 13. 선고 2022다224986 판결).

ㅁ.(O) 투자 관련 계약에서 당사자 일방이 상대방에게 자신이 보유한 주식의 매수를 청구하면 주식에 관한 매매계약이 체결되는 것으로 정한 경우 이러한 주식매수청구권은 일방의 의사표시에 따라 매매계약이라는 새로운 법률관계를 형성하는 권리로서 일종의 형성권에 해당한다. … 이러한 주식매수청구권은

상행위인 투자 관련 계약을 체결한 당사자가 달성하고자 하는 목적과 밀접한 관련이 있고, 그 행사로 성립하는 매매계약 또한 상행위에 해당하므로, 이때 주식매수청구권은 상사소멸시효에 관한 상법 제64조를 유추적용하여 5년의 제척기간이 지나면 소멸한다고 보아야 한다(대법원 2022. 7. 14. 선고 2019다271661 판결).

해답 ③

문 65 ★★★

건설업과 임대업을 영위하던 A 주식회사는 그 사업 부문 중 임대업 부문을 분리하여 B 주식회사를 신설하였다. A 회사는 건설업과 해운업을 영위하는 C 주식회사가 건설업 부문을 분할하려 하자 그 분할된 건설업 부문을 합병하였다. 또한 A 회사는 운수업을 영위하는 D 주식회사의 운수업 면허를 양수하려고 한다. E 주식회사는 A 회사 발행주식총수의 70%를 소유하고 있다. 이에 관한 설명 중 옳은 것은? (모든 회사는 비상장회사이고, 각 지문은 독립적이며, 다툼이 있는 경우 판례에 의함)

① A 회사의 채무 중 분할계획서에서 채무분담에 대하여 따로 정한 바가 없는 경우 A 회사와 B 회사는 그 채무에 대하여 연대하여 변제할 책임이 있으나, 분할 당시 그 변제기가 도래하지 아니한 채무는 연대책임이 배제되고 A 회사만 변제할 책임이 있다.
② C 회사의 채무 중 분할합병계약서에서 채무분담에 관하여 따로 정한 바가 없는 경우, C 회사의 채권자가 분할합병 이후 C 회사를 상대로 C 회사의 채무에 관한 소를 제기하여 확정판결을 받아 소멸시효기간이 연장되었다면 다른 채무자인 A 회사에도 그 연장의 효력이 미친다.
③ A 회사의 운수업 면허 양수가 A 회사의 영업에 중대한 영향을 미치지 않는 경우, 그 운수업 면허가 D 회사의 사업상 유일한 면허로 이를 양도하여 영업을 폐지하는 때에도 D 회사의 운수업 면허 양도는 D 회사 이사회의 승인으로 족하다.
④ D 회사가 청산하는 경우, 청산사무가 종결한 때에는 청산인은 지체 없이 결산보고서를 작성하고 이를 주주총회에 제출하여 특별결의에 의한 승인을 얻어야 한다.
⑤ A 회사는 분할합병의 대가로 C 회사의 주주에게 E 회사의 주식을 제공할 수 있고, 이를 위하여 A 회사는 E 회사의 주식을 취득할 수 있다.

해설

① (X) '분할 또는 분할합병으로 인하여 설립되는 회사 또는 존속하는 회사는 분할 또는 분할합병 전의 회사채무에 관하여 연대하여 변제할 책임이 있다.'고 규정하고 있다. 여기서 말하는 '분할 또는 분할합병 전의 회사채무'에는 분할 또는 분할합병의 효력발생 전에 발생하였으나 분할 또는 분할합병 당시 아직 변제기가 도래하지 아니한 채무뿐만 아니라, 회사 분할 또는 분할합병의 효력발생 전에 아직 발생하지는 아니하였으나 이미 그 성립의 기초가 되는 법률관계가 발생하여 있는 채무도 포함된다(대법원 2016. 7. 22. 선고 2014다223599 판결).

② (X) 부진정연대채무에서는 채무자 1인에 대한 이행청구 또는 채무자 1인이 행한 채무의 승인 등 소멸시효의 중단사유나 시효이익의 포기가 다른 채무자에게 효력을 미치지 않는다. 따라서 채권자가 분할 또는 분할합병이 이루어진 후에 분할회사를 상대로 분할 또는 분할합병 전의 분할회사 채무에 관한 소를 제기하여 분할회사에 대한 관계에서 시효가 중단되거나 확정판결을 받아 소멸시효 기간이 연장된다고 하더라도 그와 같은 소멸시효 중단이나 연장의 효과는 다른 채무자인 분할 또는 분할합병으로 인하여 설립되는 회사 또는 존속하는 회사에 효력이 미치지 않는다(대법원 2017. 5. 30. 선고 2016다34687 판결).

③ (X) 회사의 영업 그 자체가 아닌 영업용재산의 처분이라고 하더라도 그로 인하여 회사의 영업의 전부 또는 중요한 일부를 양도하거나 폐지하는 것과 같은 결과를 가져오는 경우에는 그 처분행위를 함에 있어서 상법 제374조 제1호 소정의 주주총회의 특별결의를 요하는 것이고, 다만 회사가 위와 같은 회사 존속의 기초가 되는 영업재산을 처분할 당시에 이미 영업을 폐지하거나 중단하고 있었던 경우에는 그 처분으로 인하여 비로소 영업의 전부 또는 일부가 폐지되거나 중단되기에 이른 것이라고 할 수 없으므로 주주총회의 특별결의를 요하지 않는다(대법원 1992. 8. 18. 선고 91다14369 판결).

④ (X) 주주총회 특별결의가 아닌 주주총회 보통결의에 의한 승인을 얻어야 한다.

> 상법 제540조 (청산의 종결) ① 청산사무가 종결한 때에는 청산인은 지체없이 결산보고서를 작성하고 이를 주주총회에 제출하여 승인을 얻어야 한다.

⑤ (O) 상법 제530조의6 제1항 제4호, 제4항

> 상법 제530조의6(분할합병계약서의 기재사항 및 분할합병대가가 모회사주식인 경우의 특칙) ① 분할회사의 일부가 다른 회사와 합병하여 그 다른 회사(이하 "분할합병의 상대방 회사"라 한다)가 존속하는 경우에는 분할합병계약서에 다음 각 호의 사항을 기재하여야 한다.
> 4. 분할승계회사가 분할회사의 주주에게 제3호에도 불구하고 그 대가의 전부 또는 일부로서 금전이나 그 밖의 재산을 제공하는 경우에는 그 내용 및 배정에 관한 사항
> ④ 제342조의2제1항에도 불구하고 제1항제4호에 따라 분할회사의 주주에게 제공하는 재산이 분할승계회사의 모회사 주식을 포함하는 경우에는 분할승계회사는 그 지급을 위하여 모회사 주식을 취득할 수 있다.

해답 ⑤

문 66

비상장회사인 A 주식회사의 주주총회 소집통지에 관한 설명 중 옳지 않은 것은? (다툼이 있는 경우 판례에 의함) ★★

① A 회사가 정한 주주총회의 회의일시가 그 소집통지된 시각에 주주의 참석을 기대하기 어려워 주주의 참석권을 침해하기에 이른 정도라면 주주총회의 소집절차가 현저히 불공정한 경우에 해당한다.
② A 회사의 정관에서 본점소재지를 '서울특별시'로 하면서 주주총회의 소집지에 관하여는 특별히 규정하지 않고 있다면, 서울특별시의 인접한 지(地)에서 주주총회를 개최하는 것에 소집지 위반의 하자는 없다.
③ 재무제표가 주주총회에서 승인된 이후 2년 내에 다른 결의가 없으면 A 회사는 부정행위가 아닌 한 이사와 감사의 책임을 해제한 것으로 보나, 이러한 책임 해제는 재무제표 등에 그 책임사유가 기재되어 정기총회에서 승인을 얻은 경우에 한정된다.
④ A 회사의 정관에서 주주총회 결의사항으로 '대표이사의 선임'을 규정하지 않은 경우 A 회사는 이를 주주총회의 목적사항으로 할 수 없다.
⑤ A 회사는 정관이 정한 경우에 한하여 주주가 총회에 출석하지 않고 전자적 방법으로 의결권을 행사하게 할 수 있다.

해설

① (O) 주주총회의 개회시각이 부득이한 사정으로 당초 소집통지된 시각보다 지연되는 경우에도 사회통념에 비추어 볼 때 정각에 출석한 주주들의 입장에서 변경된 개회시각까지 기다려 참석하는 것이 곤란하지 않을 정도라면 절차상의 하자가 되지 아니할 것이나, 그 정도를 넘어 개회시각을 사실상 부정확하게 만들고 소집통지된 시각에 출석한 주주들의 참석을 기대하기 어려워 그들의 참석권을 침해하기에 이르

렀다면 주주총회의 소집절차가 현저히 불공정하다고 하지 않을 수 없다(대법원 2003. 7. 11. 선고 2001다45584 판결).

② (O) 상법 제364조

> 상법 제364조(소집지) 총회는 정관에 다른 정함이 없으면 본점소재지 또는 이에 인접한 지에 소집하여야 한다.

③ (O) 상법 제450조에 따른 이사, 감사의 책임 해제는 재무제표 등에 그 책임사유가 기재되어 정기총회에서 승인을 얻은 경우에 한정되는 것이다(대법원 2007. 12. 13. 선고 2007다60080 판결).

> 상법 제450조(이사, 감사의 책임해제) 정기총회에서 전조제1항의 승인을 한 후 2년 내에 다른 결의가 없으면 회사는 이사와 감사의 책임을 해제한 것으로 본다. 그러나 이사 또는 감사의 부정행위에 대하여는 그러하지 아니하다.

④ (O) 소수주주가 상법 제366조에 따라 주주총회소집허가 신청을 하는 경우, 주주총회 결의사항이 아닌 것을 회의목적사항으로 할 수 없다. 주주총회는 상법 또는 정관이 정한 사항에 한하여 결의할 수 있고(상법 제361조), 대표이사는 정관에 특별한 정함이 없는 한 이사회 결의로 선임되므로(상법 제389조), 정관에서 주주총회 결의사항으로 '대표이사의 선임 및 해임'을 규정하지 않은 경우에는 이를 회의목적사항으로 삼아 상법 제366조에서 정한 주주총회소집허가 신청을 할 수 없다(대법원 2022. 4. 19.자 2022그501 결정).

⑤ (X) 상법 제368조의4 제1항

> 상법 제368조의4(전자적 방법에 의한 의결권의 행사) ① 회사는 이사회의 결의로 주주가 총회에 출석하지 아니하고 전자적 방법으로 의결권을 행사할 수 있음을 정할 수 있다.

해답 ⑤

문 67 ★★

甲은 A 주식회사 발행주식총수의 과반수에 해당하는 주식을 가진 대주주로서 A 회사의 대표이사인 乙에게 위법한 업무집행을 지시하였고, 이에 따라 乙은 A 회사의 업무를 집행하였다. 한편 A 회사의 미등기 이사인 丙은 "A 주식회사 사장 丙"이라는 명칭을 사용하여 A 회사의 업무를 집행하였다. 甲의 지시 또는 乙, 丙의 업무집행과 관련하여 A 회사에 손해가 발생한 경우, 이에 관한 설명 중 옳은 것은? (다툼이 있는 경우 판례에 의함)

① 甲이 자신의 이익이 아닌 A 회사의 이익을 위하여 乙에게 위법한 업무집행을 지시한 것이라면 甲은 「상법」 제401조의2에 따른 책임을 지지 않는다.
② 乙이 업무를 집행하면서 법령에 위반한 행위를 한 때에도 회사의 경영자로서 요구되는 합리적인 선택의 범위 안에서 판단하고 업무를 집행한 것이라면 경영판단의 원칙에 따라 면책된다.
③ 丙에 대한 「상법」 제401조의2에 따른 배상책임의 성립에는 丙이 A 회사에 대한 영향력을 가지고 있을 것을 요하지 않는다.
④ 丙이 「상법」 제401조의2에 따른 배상책임을 지는 경우 그 책임은 위임관계로 인한 책임이 아니므로 그에 따른 손해배상채권에는 「민법」 제766조 제1항의 단기소멸시효가 적용된다.
⑤ 丙이 「상법」 제401조의2에 따른 배상책임을 지는 경우, 乙은 설령 丙의 업무집행을 알고 이를 방치하였더라도 직접 업무집행을 한 것은 아니므로, A 회사에 대하여 丙과 연대하여 배상책임을 지지 않는다.

해설

① **(X)** 지배주주에게 업무집행지시자로서 상법 제401조의2에 따른 책임을 묻기 어렵다. 제401조의2에 따른 책임은 지배주주의 법적지배 이외의 사실상의 영향력 행사를 통제하려는 것이기 때문이다(송옥렬, 상법강의제14판 p.1108). ▶ 따라서 위법한 업무집행을 회사의 이익을 위하여 지시 하였는지 불문하고 지배주주이기 때문에 甲은 상법 제401조의2에 따른 책임을 지지 않는다.

② **(X)** 이사가 임무를 수행함에 있어서 법령을 위반한 행위를 한 때에는 그 행위 자체가 회사에 대하여 채무불이행에 해당하므로, 그로 인하여 회사에 손해가 발생한 이상 손해배상책임을 면할 수 없고, 위와 같은 법령을 위반한 행위에 대하여는 이사가 임무를 수행함에 있어서 선량한 관리자의 주의의무를 위반하여 임무해태로 인한 손해배상책임이 문제되는 경우에 고려될 수 있는 경영판단의 원칙은 적용될 여지가 없다(대법원 2006. 11. 9. 선고 2004다41651 판결).

③ **(O)** 상법 제399조·제401조·제403조의 적용에 있어 이사로 의제되는 자에 관하여, 상법 제401조의2 제1항 제1호는 '회사에 대한 자신의 영향력을 이용하여 이사에게 업무집행을 지시한 자', 제2호는 '이사의 이름으로 직접 업무를 집행한 자', 제3호는 '이사가 아니면서 명예회장·회장·사장부사장·전무·상무·이사 기타 업무를 집행할 권한이 있는 것으로 인정될 만한 명칭을 사용하여 회사의 업무를 집행한 자'라고 규정하고 있는바, 제1호 및 제2호는 회사에 대해 영향력을 가진 자를 전제로 하고 있으나, 제3호는 직명 자체에 업무집행권이 표상되어 있기 때문에 그에 더하여 회사에 대해 영향력을 가진 자일 것까지 요건으로 하고 있는 것은 아니다(대법원 2011. 6. 10. 선고 2011다6120 판결).

④ **(X)** … 이러한 법률 문언 내용과 입법 취지에 비추어 보면, 상법 제401조의2 제1항 각호에 해당하는 자는 회사의 이사는 아니지만 상법 제399조에서 정한 손해배상책임을 적용함에 있어 그가 관여한 업무에 관하여 법령준수의무를 비롯하여 이사와 같은 선관주의의무와 충실의무를 부담하고, 이를 게을리하였을 경우 회사에 대하여 그로 인한 손해배상책임을 지게 되는 것이다. 이와 같이 상법 제401조의2 제1항이 정한 손해배상책임은 상법에 의하여 이사로 의제되는 데 따른 책임이므로 그에 따른 손해배상채권에는 일반 불법행위책임의 단기소멸시효를 규정한 민법 제766조 제1항이 적용되지 않는다(대법원 2023. 10. 26. 선고 2020다236848 판결).

⑤ **(X)** 대표이사인 피고가 이 사건 담합행위를 구체적으로 알지 못하였고 임원들의 행위를 직접 지시하지 않았다는 이유만으로는 그 책임을 면할 수 없고, 위와 같이 피고가 대표이사로서 마땅히 기울였어야 할 감시의무를 지속적으로 게을리한 결과 회사에 손해가 발생하였다면 피고는 이에 대해 배상할 책임이 있다고 보아야 한다(대법원 2021. 11. 11. 선고 2017다222368 판결).

> **상법 제401조의2(업무집행지시자 등의 책임)** ① 다음 각 호의 어느 하나에 해당하는 자가 그 지시하거나 집행한 업무에 관하여 제399조, 제401조, 제403조 및 제406조의2를 적용하는 경우에는 그 자를 "이사"로 본다.
> 1. 회사에 대한 자신의 영향력을 이용하여 이사에게 업무집행을 지시한 자
> 2. 이사의 이름으로 직접 업무를 집행한 자
> 3. 이사가 아니면서 명예회장·회장·사장·부사장·전무·상무·이사 기타 회사의 업무를 집행할 권한이 있는 것으로 인정될 만한 명칭을 사용하여 회사의 업무를 집행한 자
> ② 제1항의 경우에 회사 또는 제3자에 대하여 손해를 배상할 책임이 있는 이사는 제1항에 규정된 자와 연대하여 그 책임을 진다.

해답 ③

문 68

A 주식회사는 甲이 대표이사로 등기된 비상장회사이다. 乙은 A 회사의 사장이나 이사가 아님에도 A 회사의 사장 명칭을 사용하여 A 회사와 丙 간의 매매계약을 체결하였다. 이에 관한 설명 중 옳지 않은 것은? (다툼이 있는 경우 판례에 의함)

① A 회사가 乙이 임의로 사장의 명칭을 사용하고 있는 것을 알면서도 아무런 조치를 취하지 아니한 채 그대로 방치하였다면 A 회사가 乙의 명칭 사용을 묵시적으로 승인한 경우에 해당한다.
② 이사의 자격이 없는 자에게 표현대표이사의 명칭을 사용하게 한 경우에도 「상법」 제395조가 유추적용되므로, A 회사는 丙에 대하여 표현대표이사의 법리에 따른 책임을 부담할 수 있다.
③ 丙과의 매매계약이 표현대표이사의 행위로 인정되는 경우에도, 만일 위 매매계약에 이사회 결의가 필요하고 계약의 상대방인 丙이 이사회 결의가 없었음을 알았다면 A 회사는 위 매매계약에 대한 책임을 면한다.
④ 乙이 A 회사 사장 명칭을 사용하여 丙에게 매매대금의 지급을 위하여 어음을 발행·교부한 경우, A 회사가 어음상 책임을 지는 선의의 제3자의 범위에는 乙로부터 직접 어음을 취득한 丙만 포함되고, 그로부터 어음을 다시 배서양도받은 제3취득자는 포함되지 않는다.
⑤ 만일 乙이 자신의 이름이 아닌 진정한 대표이사인 甲의 이름으로 행위하였다면, A 회사가 표현대표이사의 책임에서 벗어나기 위해서는 계약의 상대방인 丙의 악의 또는 중대한 과실을 입증하여야 하고, 이때 악의 또는 중대한 과실은 乙의 대표권이 아니라 甲을 대리하여 행위할 권한이 있는지에 관한 것이다.

해설

① (O) ② (O) 상법 제395조가 회사를 대표할 권한이 있는 것으로 인정될 만한 명칭을 사용한 이사의 행위에 대한 회사의 책임을 규정한 것이어서, 표현대표이사가 이사의 자격을 갖출 것을 요건으로 하고 있으나, 이 규정은 표시에 의한 금반언의 법리나 외관이론에 따라 대표이사로서의 외관을 신뢰한 제3자를 보호하기 위하여 그와 같은 외관의 존재에 대하여 귀책사유가 있는 회사로 하여금 선의의 제3자에 대하여 그들의 행위에 관한 책임을 지도록 하려는 것이므로, 회사가 이사의 자격이 없는 자에게 표현대표이사의 명칭을 사용하게 허용한 경우는 물론, 이사의 자격이 없는 사람이 임의로 표현대표이사의 명칭을 사용하고 있는 것을 회사가 알면서도 아무런 조치를 취하지 아니한 채 그대로 방치하여 소극적으로 묵인한 경우에도 위 규정이 유추적용되는 것으로 해석함이 상당하다(대법원 1998. 3. 27. 선고 97다34709 판결).

> 상법 제395조(표현대표이사의 행위와 회사의 책임) 사장, 부사장, 전무, 상무 기타 회사를 대표할 권한이 있는 것으로 인정될 만한 명칭을 사용한 이사의 행위에 대하여는 그 이사가 회사를 대표할 권한이 없는 경우에도 회사는 선의의 제3자에 대하여 그 책임을 진다

③ (O) 표현대표이사의 행위와 이사회의 결의를 거치지 아니한 대표이사의 행위는 모두 본래는 회사가 책임을 질 수 없는 행위들이지만 거래의 안전과 외관이론의 정신에 입각하여 그 행위를 신뢰한 제3자가 보호된다는 점에 공통되는 면이 있으나, 제3자의 신뢰의 대상이 전자에 있어서는 대표권의 존재인 반면, 후자에 있어서는 대표권의 범위이므로 제3자가 보호받기 위한 구체적인 요건이 반드시 서로 같다고 할 것은 아니고, 따라서 표현대표이사의 행위로 인정이 되는 경우라고 하더라도 만일 그 행위에 이사회의 결의가 필요하고 거래의 상대방인 제3자의 입장에서 이사회의 결의가 없었음을 알았거나 알 수 있었을 경우라면 회사로서는 그 행위에 대한 책임을 면한다(대법원 1998. 3. 27. 선고 97다34709 판결).

④ (X) 회사를 대표할 권한이 없는 표현대표이사가 다른 대표이사의 명칭을 사용하여 어음행위를 한 경

우, 회사가 책임을 지는 선의의 제3자의 범위에는 표현대표이사로부터 직접 어음을 취득한 상대방뿐만 아니라, 그로부터 어음을 다시 배서양도받은 제3취득자도 포함된다(대법원 2003. 9. 26. 선고 2002다65073 판결).

⑤ (O) 표견대표이사의 행위로 인한 주식회사의 책임에 대하여 정한 상법 제395조는 표견대표이사가 자신의 이름으로 행위한 경우는 물론이고 대표이사의 이름으로 행위한 경우에도 적용된다. 그리고 이 경우에 상대방의 악의 또는 중대한 과실은 표견대표이사의 대표권이 아니라 대표이사를 대리하여 행위를 할 권한이 있는지에 관한 것이다(대법원 2013. 7. 11. 선고 2013다16473 판결). … 제3자에의 악의·중과실에 대한 입증책임은 회사에게 있다(대법원 1971. 6. 29. 선고 71다946).

해답 ④

문 69

주식회사의 이사회에 관한 설명 중 옳은 것을 모두 고른 것은? (다툼이 있는 경우 판례에 의함) ★★

> ㄱ. 이사가 이사회에 출석하여 결의에 기권하였다고 의사록에 기재된 경우에 그 이사는 "이의를 한 기재가 의사록에 없는 자"라고 볼 수 없으므로, 「상법」제399조 제3항에 따라 이사회 결의에 찬성한 것으로 추정할 수 없다.
> ㄴ. 발행주식총수의 100분의 3 이상에 해당하는 주식을 가진 주주는 회의의 목적사항과 소집 이유를 적은 전자문서를 이사회에 제출하는 방법으로 임시주주총회의 소집을 청구할 수 있고, 이때 "전자문서"에 전자우편은 포함되나 휴대전화 문자 메시지·모바일 메시지는 포함되지 않는다.
> ㄷ. 주주는 영업시간 내에 이사회 의사록의 열람·등사를 청구할 수 있으나, 회사는 그 청구에 대하여 이유를 붙여 거절할 수 있고, 그 경우 주주는 민사소송의 방법으로 이사회 의사록의 열람·등사를 청구할 수 있다.
> ㄹ. 「상법」제398조의 자기거래의 경우 미리 이사회의 승인을 거쳐야 하기 때문에 사후에 그 거래행위에 대하여 이사회 승인을 받았다고 하더라도 특별한 사정이 없는 한 무효인 거래행위가 유효로 되는 것은 아니다.
> ㅁ. 「상법」제542조의9 제1항을 위반하여 이루어진 상장회사의 신용공여는 이사회의 승인 유무와 관계없이 금지되는 것이므로, 같은 조 제2항의 예외 사유에 해당하지 않는 한 이사회의 사전 승인이나 사후 추인이 있어도 유효로 될 수 없다.

① ㄱ, ㄹ, ㅁ
② ㄴ, ㄷ, ㄹ
③ ㄴ, ㄹ, ㅁ
④ ㄱ, ㄴ, ㄷ, ㅁ
⑤ ㄱ, ㄷ, ㄹ, ㅁ

해설

ㄱ. (O) … 그렇다면 이사가 이사회에 출석하여 결의에 기권하였다고 의사록에 기재된 경우에 그 이사는 "이의를 한 기재가 의사록에 없는 자"라고 볼 수 없으므로, 상법 제399조 제3항에 따라 이사회 결의에 찬성한 것으로 추정할 수 없고, 따라서 같은 조 제2항의 책임을 부담하지 않는다고 보아야 한다(대법원 2019. 5. 16. 선고 2016다260455 판결).

ㄴ. (X) 상법 제366조 제1항에서 정한 소수주주는 회의의 목적사항과 소집 이유를 적은 서면 또는 전자문서를 이사회에 제출하는 방법으로 임시주주총회의 소집을 청구할 수 있다(상법 제366조 제1항). 이때 '이

사회'는 원칙적으로 대표이사를 의미하고, 예외적으로 대표이사 없이 이사의 수가 1인 또는 2인인 소규모 회사의 경우에는 각 이사를 의미한다(상법 제383조 제6항). 한편 상법 제366조 제1항에서 정한 '전자문서'란 정보처리시스템에 의하여 전자적 형태로 작성·변환·송신·수신·저장된 정보를 의미하고, 이는 작성·변환·송신·수신·저장된 때의 형태 또는 그와 같이 재현될 수 있는 형태로 보존되어 있을 것을 전제로 그 내용을 열람할 수 있는 것이어야 하므로, 이와 같은 성질에 반하지 않는 한 전자우편은 물론 휴대전화 문자메시지·모바일 메시지 등까지 포함된다(대법원 2022. 12. 16. 자 2022그734 결정).

ㄷ. (X) 상법 제391조의3 제3항, 제4항에 의하면 주주는 영업시간 내에 이사회 의사록의 열람 또는 등사를 청구할 수 있으나, 회사는 그 청구에 대하여 이유를 붙여 거절할 수 있고, 그 경우 주주는 법원의 허가를 얻어 이사회 의사록을 열람 또는 등사할 수 있는바, 상법 제391조의3 제4항의 규정에 의한 이사회 의사록의 열람 등 허가사건은 비송사건절차법 제72조 제1항에 규정된 비송사건이므로 민사소송의 방법으로 이사회 회의록의 열람 및 등사를 청구하는 것은 허용되지 않는다(대법원 2013. 3. 28. 선고 2012다42604 판결).

ㄹ. (O) ··· 이러한 상법 제398조의 문언 내용을 입법 취지와 개정 연혁 등에 비추어 보면, 이사 등이 자기 또는 제3자의 계산으로 회사와 유효하게 거래를 하기 위하여는 미리 상법 제398조에서 정한 이사회 승인을 받아야 하므로 사전에 상법 제398조에서 정한 이사회 승인을 받지 않았다면 특별한 사정이 없는 한 그 거래는 무효라고 보아야 하고, 사후에 그 거래행위에 대하여 이사회 승인을 받았다고 하더라도 특별한 사정이 없는 한 무효인 거래행위가 유효로 되는 것은 아니다(대법원 2023. 6. 29. 선고 2021다291712 판결).

ㅁ. (O) 상법 제542조의9 제1항의 입법 목적과 내용, 위반행위에 대해 형사처벌이 이루어지는 점 등을 살펴보면, 위 조항은 강행규정에 해당하므로 위 조항에 위반하여 이루어진 신용공여는 허용될 수 없는 것으로서 사법상 무효이고, 누구나 그 무효를 주장할 수 있다. 그리고 위 조항의 문언상 상법 제542조의9 제1항을 위반하여 이루어진 신용공여는, 상법 제398조가 규율하는 이사의 자기거래와 달리, 이사회의 승인 유무와 관계없이 금지되는 것이므로, 이사회의 사전 승인이나 사후 추인이 있어도 유효로 될 수 없다(대법원 2021. 4. 29. 선고 2017다261943 판결).

해답 ①

문 70 ★★

「상법」상 회사에 관한 설명 중 옳지 않은 것은? (다툼이 있는 경우 판례에 의함)

① 합명회사는 업무집행사원의 업무집행권한을 다른 사원의 청구에 의하여 법원의 선고로써 그 권한을 상실시킬 수 있고, 총사원이 일치하여 업무집행사원을 해임함으로써 권한을 상실시킬 수도 있다.
② 청산인이 합명회사 영업의 전부를 양도함에는 총사원의 동의가 있어야 한다.
③ 유한회사는 출자의 인수에 있어서 광고 기타의 방법에 의하여 인수인을 공모하지 못한다.
④ 합자회사에서 업무집행권한의 상실을 선고받은 무한책임사원이 다시 업무집행권이나 대표권을 가지기 위해서는 정관이나 총사원의 동의로 그러한 권한을 새로 부여받아야 하는 것이 원칙이다.
⑤ 유한책임회사가 사원에 대하여 소를 제기하는 경우 유한책임회사를 대표할 사원이 없을 때에는 다른 사원 과반수의 결의로 대표할 사원을 선정하여야 한다.

해설

① (O) 상법상 합명회사의 사원 또는 업무집행사원의 업무집행권한을 상실시키는 방법으로는 다음의 두 가지를 상정할 수 있다. 첫째, 상법 제205조 제1항에 따라 다른 사원의 청구에 의하여 법원의 선고로써

권한을 상실시키는 방법이다. 둘째, 상법 제195조에 의하여 준용되는 민법 제708조에 따라 법원의 선고절차를 거치지 않고 총사원이 일치하여 업무집행사원을 해임함으로써 권한을 상실시키는 방법이다(대법원 2015. 5. 29. 선고 2014다51541 판결).

② (X) 상법 제257조

> 상법 제257조(영업의 양도) 청산인이 회사의 영업의 전부 또는 일부를 양도함에는 총사원 과반수의 결의가 있어야 한다.

③ (O) 상법 제589조 제2항

> 상법 제589조(출자인수의 방법) ② 유한회사는 광고 기타의 방법에 의하여 인수인을 공모하지 못한다.

④ (O) 합자회사에서 업무집행권한의 상실을 선고받은 무한책임사원이 다시 업무집행권이나 대표권을 갖기 위해서는 정관이나 총사원의 동의로 새로 그러한 권한을 부여받아야 한다(상법 제273조, 제269조, 제201조 제1항, 제207조)(대법원 2021. 7. 8. 선고 2018다225289 판결).

⑤ (O) 상법 제287조의21

> 상법 제287조의21(유한책임회사와 사원 간의 소) 유한책임회사가 사원(사원이 아닌 업무집행자를 포함한다. 이하 이 조에서 같다)에 대하여 또는 사원이 유한책임회사에 대하여 소를 제기하는 경우에 유한책임회사를 대표할 사원이 없을 때에는 다른 사원 과반수의 결의로 대표할 사원을 선정하여야 한다.

해답 ②

2024년 변호사시험 민사법 문제해설

문 01 ★★

소멸시효에 관한 설명 중 옳은 것은? (다툼이 있는 경우 판례에 의함)

① 채무불이행으로 인한 손해배상채권은 본래의 채권이 시효로 소멸하더라도 함께 소멸하지 않는다.
② 3년의 단기소멸시효가 적용되는 도급을 받은 자의 공사에 관한 채권은 공사대금채권만을 의미하고 그 공사에 부수되는 채권으로서 수급인의 저당권설정청구권은 도급을 받은 자의 공사에 관한 채권에 해당되지 않는다.
③ 후순위담보권자는 선순위담보권의 피담보채권의 소멸로 직접 이익을 받는 자이므로 선순위담보권의 피담보채권에 관한 소멸시효의 완성을 원용할 수 있다.
④ 물상보증인이 그 피담보채무의 부존재 또는 소멸을 이유로 제기한 저당권설정등기 말소등기절차이행청구소송에서, 채권자 겸 저당권자가 청구기각의 판결을 구하고 피담보채권의 존재를 주장하여 승소하더라도 채권자의 위 응소행위는 피담보채권에 대한 시효중단 사유인 '재판상 청구'에 해당하지 않는다.
⑤ 채권자가 채무자의 제3채무자에 대한 채권을 압류 또는 가압류한 경우, 채무자의 제3채무자에 대한 채권에 확정적 시효중단의 효력이 생긴다.

해설

① (X) … 그리고 채무불이행으로 인한 손해배상채권은 본래의 채권이 확장된 것이거나 본래의 채권의 내용이 변경된 것이므로 본래의 채권과 동일성을 가진다. 따라서 본래의 채권이 시효로 소멸한 때에는 손해배상채권도 함께 소멸한다(대법원 2018. 2. 28. 선고 2016다45779 판결).

② (X) 도급받은 공사의 공사대금채권은 민법 제163조 제3호에 따라 3년의 단기소멸시효가 적용되고, 공사에 부수되는 채권도 마찬가지인데, 민법 제666조에 따른 저당권설정청구권은 공사대금채권을 담보하기 위하여 저당권설정등기절차의 이행을 구하는 채권적 청구권으로서 공사에 부수되는 채권에 해당하므로 소멸시효기간 역시 3년이다(대법원 2016. 10. 27. 선고 2014다211978 판결).

③ (X) 소멸시효가 완성된 경우 이를 주장할 수 있는 사람은 시효로 채무가 소멸되는 결과 직접적인 이익을 받는 사람에 한정된다. 후순위 담보권자는 선순위 담보권의 피담보채권이 소멸하면 담보권의 순위가 상승하고 이에 따라 피담보채권에 대한 배당액이 증가할 수 있지만, 이러한 배당액 증가에 대한 기대는 담보권의 순위 상승에 따른 반사적 이익에 지나지 않는다. 후순위 담보권자는 선순위 담보권의 피담보채권 소멸로 직접 이익을 받는 자에 해당하지 않아 선순위 담보권의 피담보채권에 관한 소멸시효가 완성되었다고 주장할 수 없다고 보아야 한다(대법원 2021. 2. 5. 선고 2016다232597 판결).

④ (O) 타인의 채무를 담보하기 위하여 자기의 물건에 담보권을 설정한 물상보증인은 채권자에 대하여 물적 유한책임을 지고 있어 그 피담보채권의 소멸에 의하여 직접 이익을 받는 관계에 있으므로 소멸시효의 완성을 주장할 수 있는 것이지만, 채권자에 대하여는 아무런 채무도 부담하고 있지 아니하므로, 물상보증인이 그 피담보채무의 부존재 또는 소멸을 이유로 제기한 저당권설정등기 말소등기절차이행청구소송에서 채권자 겸 저당권자가 청구기각의 판결을 구하고 피담보채권의 존재를 주장하였다고 하더라도 이로써 직접 채무자에 대하여 재판상 청구를 한 것으로 볼 수는 없는 것이므로 피담보

채권의 소멸시효에 관하여 규정한 민법 제168조 제1호 소정의 '청구'에 해당하지 아니한다(대법원 2004. 1. 16. 선고 2003다30890 판결).

⑤ (X) 채권자가 채무자의 제3채무자에 대한 채권을 압류 또는 가압류한 경우에 채무자에 대한 채권자의 채권에 관하여 시효중단의 효력이 생긴다고 할 것이나, 압류 또는 가압류된 채무자의 제3채무자에 대한 채권에 대하여는 민법 제168조 제2호 소정의 소멸시효 중단사유에 준하는 확정적인 시효중단의 효력이 생긴다고 할 수 없다.

해답 ④

문 02

★★★

대부업을 하는 甲은 乙에게 아래 표와 같이 세 차례에 걸쳐 총 3억 원을 대여하였다.

대여일	원금	이자	원금 변제기
2018. 1. 1.	1억 원	월 1%(매월 말일 지급)	2018. 12. 31.
2019. 1. 1.	1억 원	월 1%(매월 말일 지급)	2019. 12. 31.
2020. 7. 1.	1억 원	월 1%(매월 말일 지급)	2021. 6. 30.

乙이 위 채무의 변제를 전혀 하지 않아 甲은 2024. 1. 12. 위 각 대여금의 원금 및 이에 대한 2023. 12. 31.까지의 이자 또는 지연손해금의 지급을 구하는 소를 제기하려고 한다. 乙이 소멸시효 항변을 할 것으로 예상되는 경우, 甲이 소송에서 최대로 인용받을 수 있는 청구 금액은 얼마인가? (발생 이자나 지연손해금에 대한 지연손해금은 청구하지 않고, 기간의 말일은 토요일 또는 공휴일이 아니라고 가정함. 다툼이 있는 경우 판례에 의함)

① 4억 7,400만 원
② 3억 200만 원
③ 2억 8,400만 원
④ 2억 7,200만 원
⑤ 1억 4,200만 원

해설

> **판례** … 대여금채권은 대부업을 영위하는 자의 상행위로 인하여 발생한 상사채권으로서 상법 제64조에 의한 5년의 상사소멸시효가 적용된다고 봄이 상당하다(대판 2015.02.12. 2014다68440). 당사자 쌍방에 대하여 모두 상행위가 되는 행위로 인한 채권뿐만 아니라 당사자 일방에 대하여만 상행위에 해당하는 행위로 인한 채권도 상법 제64조 소정의 5년의 소멸시효기간이 적용되는 상사채권에 해당하는 것이고, 그 상행위에는 상법 제46조 각 호에 해당하는 기본적 상행위뿐만 아니라, 상인이 영업을 위하여 하는 보조적 상행위도 포함된다(대판 2006.04.27. 2006다1381). 소멸시효는 객관적으로 권리가 발생하여 그 권리를 행사할 수 있는 때로부터 진행하고 그 권리를 행사할 수 없는 동안만은 진행하지 않는바, '권리를 행사할 수 없는' 경우라 함은 그 권리행사에 법률상의 장애사유, 예컨대 기간의 미도래나 조건불성취 등이 있는 경우를 말하는 것이고, 사실상 권리의 존재나 권리행사 가능성을 알지 못하였고 알지 못함에 과실이 없다고 하여도 이러한 사유는 법률상 장애사유에 해당하지 않는 것이다(대판 2010.09.09. 2008다15865).

부동산에 대한 매매대금 채권이 소유권이전등기청구권과 동시이행의 관계에 있다고 할지라도 매도인은 매매대금의 지급기일 이후 언제라도 그 대금의 지급을 청구할 수 있는 것이며, 다만 매수인은 매도인으로부터 그 이전등기에 관한 이행의 제공을 받기까지 그 지급을 거절할 수 있는 데 지나지 아니하므로 매매대금 청구권은 그 지급기일 이후 시효의 진행에 걸린다(대판 1991.03.22. 90다9797). 이자 또는 지연손해금은 주된 채권인 원본의 존재를 전제로 그에 대응하여 일정한 비율로 발생하는 종된 권리인데, 하나의 금전채권의 원금 중 일부가 변제된 후 나머지 원금에 대하여 소멸시효가 완성된 경우, 가분채권인 금전채권의 성질상 변제로 소멸한 원금 부분과 소멸시효 완성으로 소멸한 원금 부분을 구분하는 것이 가능하고, 이 경우 원금에 종속된 권리인 이자 또는 지연손해금 역시 변제로 소멸한 원금 부분에서 발생한 것과 시효완성으로 소멸된 원금 부분에서 발생한 것으로 구분하는 것이 가능하므로, 소멸시효 완성의 효력은 소멸시효가 완성된 원금 부분으로부터 그 완성 전에 발생한 이자 또는 지연손해금에는 미치나, 변제로 소멸한 원금 부분으로부터 그 변제 전에 발생한 이자 또는 지연손해금에는 미치지 않는다(대판 2008.03.14. 2006다2940). 민법 제397조 제1항은 본문에서 금전채무불이행의 손해배상액을 법정이율에 의할 것을 규정하고 그 단서에서 "그러나 법령의 제한에 위반하지 아니한 약정이율이 있으면 그 이율에 의한다"고 정한다. 이 단서규정은 약정이율이 법정이율 이상인 경우에만 적용되고, 약정이율이 법정이율보다 낮은 경우에는 그 본문으로 돌아가 법정이율에 의하여 지연손해금을 정할 것이다. 우선 금전채무에 관하여 아예 이자약정이 없어서 이자청구를 전혀 할 수 없는 경우에도 채무자의 이행지체로 인한 지연손해금은 법정이율에 의하여 청구할 수 있으므로, 이자를 조금이라도 청구할 수 있었던 경우에는 더욱이나 법정이율에 의한 지연손해금을 청구할 수 있다고 하여야 한다(대판 2009.12.24. 2009다85342). 금전채무의 이행지체로 인하여 발생하는 지연손해금은 그 성질이 손해배상금이지 이자가 아니고, 원본채권이 상행위로 인한 채권일 경우 마찬가지로 그 지연손해금도 상행위로 인한 채권으로서 5년의 소멸시효를 규정한 상법 제64조가 적용된다(대판 2007. 4. 12. 2006다14691).

▶ 사안에서 대여금채권은 대부업을 영위하는 甲의 상행위로 인하여 발생한 각각의 대여금 채권은 상사채권으로 5년의 상사소멸시효가 적용되고, 甲이 2024. 1. 12. 각 대여금의 원금 및 이에 대한 2023. 12. 31.까지의 이자 또는 지연손해금의 지급을 구하는 소를 제기하였으므로 원금 변제기가 2018. 1. 1. 대여금 채권은 상사소멸시효 완성으로 인해 소멸되고, 원금 변제기가 2019. 12. 31. 및 2021. 6. 30. 인 대여금(이하 2개의 대여금)채권은 상사소멸시효 중단으로 인하여 소멸시효가 완성되지 않는다. 한편, 2개의 대여금 모두 월1% 약정이율로서 상사법정이율 연 6분보다 높더라도 최고이자율은 연 20퍼센트 (이자제한법 제2조 제1항, 최고이자율에 관한 규정) 보다 높지 않으므로 월1% 약정이율은 유효하다. 또한 월 1%의 약정이자는 1년 이내의 기간으로 정한 금전채권이므로 3년간 행사하지 아니하면 민법 163조 1호에 의해 소멸시효가 완성되므로 소 제기일인 2024. 1. 12.로부터 역산하여 3년 내의 이자만 인용될 수 있다. 따라서 변제기가 2019. 12. 31. 인 채권의 이자는 모두 소멸시효가 완성되었고, 지연손해금은 원본채권과 동일하게 5년의 소멸시효가 적용되기 때문에 소멸시효가 완성되지 않아 2019. 12. 31.부터 2023. 12. 31.까지의 4800만원의 지연손해금이 인용될 수 있다. 변제기가 2021. 6. 30.인 채권의 2021. 1. 12. 이전의 이자는 소멸시효 완성으로 소멸하였고 2021. 1. 12.부터 2021. 6. 30.까지의 이자와 2021. 6. 30.부터 2023. 12. 31.까지의 3600만 원의 지연손해금이 인용될 수 있다. 결국 사안의 갑이 최대로 인용받을 수 있는 청구 금액은 2억 8400만 원이다.

해답 ③

문 03 ★★

甲과 乙은 부부로서 그들의 공동친권에 따르는 미성년 자녀 丙과 丁을 두고 있다. 이에 관한 설명 중 옳은 것은? (각 지문은 독립적이며, 다툼이 있는 경우 판례에 의함)

① 甲이 乙의 의사에 반함에도 불구하고 乙과의 공동명의로 丙을 대리하는 법률행위를 하였다면, 그 법률행위는 상대방의 선의 여부를 불문하고 효력이 없다.

② 丙이 甲과 乙의 동의 없이 신용카드회사 戊와 신용카드 이용계약을 체결하고 발급받은 카드를 이용하여 己로부터 구입한 물품의 대금을 戊가 지급한 이후에, 甲과 乙이 戊와의 신용카드 이용계약을 취소하였으나 己와의 매매계약은 취소하지 않고 구입한 물품을 丙이 모두 소비하였다면, 丙은 戊에게 부당이득반환의무를 부담하지 않는다.
③ 丙이 법률행위 당시 상대방에 대하여 자신을 단지 성년자라고 말하였을 뿐이고 적극적으로 속임수를 사용하지 않았다면, 丙은 위 법률행위를 취소할 수 있다.
④ 甲의 사망 후, 乙이 자신이 대표이사로 있는 주식회사의 채무담보를 위하여 乙과 丙의 공유재산에 대하여 특별대리인을 선임하지 않고 丙의 법정대리인의 자격으로 근저당권을 설정한 행위는 이해상반행위이므로 무효이다.
⑤ 甲의 사망 후, 乙이 丙과 丁의 법정대리인으로서 상속재산 전부를 丁의 단독소유로 하기로 협의분할 하더라도 이는 적법하다.

해설

① (X) 제920조의2 참조

> 제920조의2(공동친권자의 일방이 공동명의로 한 행위의 효력) 부모가 공동으로 친권을 행사하는 경우 부모의 일방이 공동명의로 자를 대리하거나 자의 법률행위에 동의한 때에는 다른 일방의 의사에 반하는 때에도 그 효력이 있다. 그러나 상대방이 악의인 때에는 그러하지 아니한다.

② (X) 미성년자가 신용카드발행인과 사이에 신용카드 이용계약을 체결하여 신용카드거래를 하다가 신용카드 이용계약을 취소하는 경우 미성년자는 그 행위로 인하여 받은 이익이 현존하는 한도에서 상환할 책임이 있는바, 신용카드 이용계약이 취소됨에도 불구하고 신용카드회원과 해당 가맹점 사이에 체결된 개별적인 매매계약은 특별한 사정이 없는 한 신용카드 이용계약취소와 무관하게 유효하게 존속한다 할 것이고, 신용카드발행인이 가맹점들에 대하여 그 신용카드사용대금을 지급한 것은 신용카드 이용계약과는 별개로 신용카드발행인과 가맹점 사이에 체결된 가맹점 계약에 따른 것으로서 유효하므로, 신용카드발행인의 가맹점에 대한 신용카드이용대금의 지급으로써 신용카드회원은 자신의 가맹점에 대한 매매대금 지급채무를 법률상 원인 없이 면제받는 이익을 얻었으며, 이러한 이익은 금전상의 이득으로서 특별한 사정이 없는 한 현존하는 것으로 추정된다(대법원 2005. 4. 15. 선고 2003다60297,60303,60310,60327 판결).

③ (O) 민법 제17조에 이른바 "무능력자가 사술로써 능력자로 믿게 한 때"에 있어서의 사술을 쓴 것이라 함은 적극적으로 사기수단을 쓴 것을 말하는 것이고 단순히 자기가 능력자라 사언함은 사술을 쓴 것이라고 할 수 없다(대법원 1971. 12. 14. 선고 71다2045 판결).

④ (X) 친권자인 모가 자신이 대표이사로 있는 주식회사의 채무 담보를 위하여 자신과 미성년인 자(자)의 공유재산에 대하여 자의 법정대리인 겸 본인의 자격으로 근저당권을 설정한 행위는, 친권자가 채무자 회사의 대표이사로서 그 주식의 66%를 소유하는 대주주이고 미성년인 자에게는 불이익만을 주는 것이라는 점을 감안하더라도, 그 행위의 객관적 성질상 채무자 회사의 채무를 담보하기 위한 것에 불과하므로 친권자와 그 자 사이에 이해의 대립이 생길 우려가 있는 이해상반행위라고 볼 수 없다(1996. 11. 22. 선고 96다10270 판결).

⑤ (X) 협의에 의한 상속재산의 분할은 공동상속인 전원의 동의가 있어야 유효하고 공동상속인 중 일부의 동의가 없거나 그 의사표시에 대리권의 흠결이 있다면 분할은 무효이며(대법원 1987. 3. 10. 선고 85므80 판결, 1995. 4. 7. 선고 93다54736 판결 등 참조), 상속재산에 대하여 그 소유의 범위를 정하는 내용의 공동상속재산 분할협의는 그 행위의 객관적 성질상 상속인 상호간의 이해의 대립이 생길 우려가 있는 민법 제921조 소정의 이해상반되는 행위에 해당하므로 공동상속인인 친권자와 미성년인 수인의

자 사이에 상속재산 분할협의를 하게 되는 경우에는 미성년자 각자마다 특별대리인을 선임하여 그 각 특별대리인이 각 미성년자인 자를 대리하여 상속재산분할의 협의를 하여야 하고, 만약 친권자가 수인의 미성년자의 법정대리인으로서 상속재산 분할협의를 한 것이라면 이는 민법 제921조에 위반된 것으로서 이러한 대리행위에 의하여 성립된 상속재산 분할협의는 적법한 추인이 없는 한 무효라고 할 것이다(대법원 2001. 6. 29. 선고 2001다28299 판결).

해답 ③

문 04 ★★

甲과 乙 2인은 인공지능 관련 사업을 동업하기로 하는 「민법」상 조합계약을 체결하였다. 개인적인 사정으로 인해 乙이 조합을 탈퇴하게 되었다. 이에 관한 설명 중 옳은 것을 모두 고른 것은? (다툼이 있는 경우 판례에 의함)

> ㄱ. 조합원의 임의 탈퇴는 조합계약에 관한 일종의 해지로서 다른 조합원에 대한 의사표시로써 하여야 하는데, 그 의사표시는 묵시적으로도 할 수 있다.
> ㄴ. 乙이 탈퇴함으로써 조합관계가 종료되고 그 결과 조합은 당연히 해산 또는 청산된다.
> ㄷ. 甲과 乙의 합유에 속한 조합재산은 乙의 탈퇴 후 甲의 단독소유에 속한다.
> ㄹ. 乙은 甲에 대해 탈퇴로 인한 조합재산의 계산을 요구할 수 있으며 그 계산은 乙의 탈퇴 당시의 조합재산 상태에 의하여야 한다.
> ㅁ. 乙의 지분을 계산할 때 지분을 계산하는 방법에 관해서 별도 약정이 있다는 등 특별한 사정이 없는 한 조합재산의 상태를 증명할 책임은 甲에게 있다.

① ㄱ, ㄴ
② ㄱ, ㄴ, ㄷ
③ ㄱ, ㄷ, ㄹ
④ ㄷ, ㄹ, ㅁ
⑤ ㄴ, ㄷ, ㄹ, ㅁ

해설

ㄱ.(O) 민법상 조합계약은 2인 이상이 상호 출자하여 공동으로 사업을 경영할 것을 약정하는 계약으로서, 특정한 사업을 공동 경영하는 약정에 한하여 이를 조합계약이라고 할 수 있다(민법 제703조 제1항). 그리고 조합원의 임의 탈퇴는 조합계약에 관한 일종의 해지로서 다른 조합원에 대한 의사표시로써 하여야 하나, 그 의사표시가 반드시 명시적이어야 하는 것은 아니고 묵시적으로도 할 수 있으며, 임의 탈퇴의 의사표시가 있는지 여부는 법률행위 해석의 일반 원칙에 따라 판단하여야 한다. 조합원의 임의 탈퇴가 적법하다면 조합원 사이에 특별한 약정이 없는 한 탈퇴한 조합원의 합유지분은 잔존 조합원에게 귀속된다(대법원 2017. 7. 18. 선고 2015다30206, 30213 판결).

ㄴ.(X), ㄷ.(O), ㄹ.(O) 2인 조합에서 조합원 1인이 탈퇴하면 조합관계는 종료되지만 특별한 사정이 없는 한 조합이 해산되지 아니하고, 조합원의 합유에 속하였던 재산은 남은 조합원의 단독소유에 속하게 되어 기존의 공동사업은 청산절차를 거치지 않고 잔존자가 계속 유지할 수 있다. 2인 조합에서 조합원 1인이 탈퇴하는 경우, 탈퇴자와 잔존자 사이에 탈퇴로 인한 계산을 함에 있어서는 특단의 사정이 없는 한 민법 제719조 제1항, 제2항의 규정에 따라 '탈퇴 당시의 조합재산상태'를 기준으로 평가한 조합재산 중 탈퇴자의 지분에 해당하는 금액을 금전으로 반환하여야 할 것이고, 이러한 계산은 사업의 계속을 전제로 하는 것이므로 조합재산의 가액은 단순한 매매가격이 아닌 '영업권의 가치를 포함하는 영업가격'에 의하여 평가하되, 당해 조합원의 지분비율은 조합청산의 경우에 실제

출자한 자산가액의 비율에 의하는 것과는 달리 '조합내부의 손익분배 비율'을 기준으로 계산하여야 하는 것이 원칙이다(대법원 2006. 3. 9. 선고 2004다49693,49709 판결).

ㅁ.(X) 탈퇴한 조합원은 탈퇴 당시의 조합재산을 계산한 결과 조합의 재산상태가 적자가 아닌 경우에 지분을 환급받을 수 있다. 따라서 탈퇴 조합원의 지분을 계산할 때 지분을 계산하는 방법에 관해서 별도 약정이 있다는 등 특별한 사정이 없는 한 지분의 환급을 주장하는 사람에게 조합재산의 상태를 증명할 책임이 있다(대법원 2021. 7. 29. 선고 2019다207851 판결).

해답 ③

문 05

乙은 甲으로부터 甲 소유의 X 토지를 매도하는 대리권한을 받아 丙과 X 토지에 대해 매매계약을 체결하였다. 이에 관한 설명 중 옳지 않은 것은? (각 지문은 독립적이며, 다툼이 있는 경우 판례에 의함) ★★

① 丙이 甲에게 채무의 이행을 청구하였으나 甲은 乙에게 대리권을 수여한 바가 없으므로 자신은 채무를 이행할 의무가 없다고 주장하는 경우, 乙에게 X 토지의 매도를 위한 대리권이 있다는 점은 丙이 증명하여야 한다.
② 乙이 매수인 丙으로부터 잔금을 수령하였다면, 특별한 사정이 없는 한 乙이 잔금을 甲에게 전달하지 않았더라도 丙의 잔금지급채무는 소멸한다.
③ 丙이 제3자 丁으로부터 기망을 당하여 乙과 매매계약을 체결한 경우, 乙이 丁의 기망사실을 안 때에 한하여 丙은 사기에 의한 의사표시를 이유로 매매계약을 취소할 수 있다.
④ 甲이 위 매매계약이 시가보다 현저히 낮은 가액에 체결되어 불공정 법률행위로서 무효라고 주장하는 경우, 이에 대하여 궁박 요건은 甲을 기준으로 판단하고, 경솔·무경험 요건은 乙을 기준으로 판단한다.
⑤ 甲이 乙에게 대리권을 수여한 후 甲에 대하여 성년후견이 개시되더라도 乙의 대리권은 소멸하지 않는다.

해설

① (O) 소론이 주장하는 원고 명의의 인감증명발급위임장과 인감증명은 대리권을 인정할 수 있는 하나의 자료에 지나지 아니하고 이 자료에 의하여 당연히 위 소외 1에게 원고를 대리하여 이 사건 어음을 발행하거나 이 어음에 대한 원심판시 공정증서 작성을 촉탁할 대리권이 인정되는 것은 아니며 대리권이 있다는 점에 대한 입증책임은 그 효과를 주장하는 피고에게 있다 할 것이므로 이와 같은 취지의 원심의 인정 판단은 정당하고 거기에 소론과 같은 입증책임의 분배에 관한 법리 또는 처분문서의 효력에 관한 법리를 오해한 위법이 있다고 할 수 없다(대법원 1994. 2. 22. 선고 93다42047 판결).

② (O) 부동산의 소유자로부터 매매계약을 체결할 대리권을 수여받은 대리인은 특별한 사정이 없는 한 그 매매계약에서 약정한 바에 따라 중도금이나 잔금을 수령할 권한도 있다고 보아야 한다(1994. 2. 8. 선고 93다39379 판결).

민법 제114조(대리행위의 효력) ① 대리인이 그 권한 내에서 본인을 위한 것임을 표시한 의사표시는 직접 본인에게 대하여 효력이 생긴다.

③ (X) 상대방 있는 의사표시에 관하여 제3자가 사기나 강박을 한 경우에는 상대방이 그 사실을 알았거나 알 수 있었을 경우에 한하여 그 의사표시를 취소할 수 있으나, 상대방의 대리인 등 상대방과 동일시

할 수 있는 자의 사기나 강박은 제3자의 사기·강박에 해당하지 아니한다(대법원 1999. 2. 23. 선고 98다60828,60835 판결).

> 제110조(사기, 강박에 의한 의사표시) ① 사기나 강박에 의한 의사표시는 취소할 수 있다.
> ② 상대방있는 의사표시에 관하여 제삼자가 사기나 강박을 행한 경우에는 상대방이 그 사실을 알았거나 알 수 있었을 경우에 한하여 그 의사표시를 취소할 수 있다.

④ (O) 대리인에 의하여 법률행위가 이루어진 경우 그 법률행위가 민법 제104조의 불공정한 법률행위에 해당하는지 여부를 판단함에 있어서 경솔과 무경험은 대리인을 기준으로 하여 판단하고, 궁박은 본인의 입장에서 판단하여야 한다(대법원 2002. 10. 22. 선고 2002다38927 판결).

⑤ (O) 제127조 참조

> 제127조(대리권의 소멸사유) 대리권은 다음 각 호의 어느 하나에 해당하는 사유가 있으면 소멸된다.
> 1. 본인의 사망
> 2. 대리인의 사망, 성년후견의 개시 또는 파산

문 06 ★★

점유취득시효에 관한 설명 중 옳은 것을 모두 고른 것은? (각 지문은 독립적이며, 다툼이 있는 경우 판례에 의함)

> ㄱ. X 토지가 乙과 丙의 구분소유적 공유관계에 있는 경우, 乙의 특정 구분소유 부분에 대하여 취득시효를 완성한 점유자 甲은 乙뿐만 아니라 乙의 특정 구분소유 부분과 무관한 丙에 대하여도 그 토지 부분에 관한 각각의 공유지분에 대하여 취득시효 완성을 원인으로 한 소유권이전등기절차의 이행을 청구할 수 있다.
> ㄴ. 부동산에 관하여 적법·유효한 등기를 하고 소유권을 취득한 사람이 자기 소유의 부동산을 점유하는 경우, 특별한 사정이 없는 한 그러한 점유는 취득시효의 기초가 되는 점유라고 할 수 없다.
> ㄷ. X 토지에 대하여 양도담보를 설정해 준 甲이 X 토지를 20년간 소유의 의사로 평온·공연하게 점유한 경우, 취득시효로 인한 소유권의 취득은 원시취득이므로 甲은 점유취득시효를 원인으로 하여 담보목적으로 경료된 소유권이전등기의 말소를 구할 수 있다.
> ㄹ. X 토지의 시효취득자 甲이 취득시효 완성으로 인한 소유권이전등기청구권을 丙에게 양도한 경우, 甲이 등기명의인 乙에게 그 양도사실을 통지하면 乙에 대한 대항력이 생긴다.

① ㄱ, ㄷ
② ㄴ, ㄹ
③ ㄱ, ㄴ, ㄷ
④ ㄱ, ㄴ, ㄹ
⑤ ㄴ, ㄷ, ㄹ

해설

ㄱ.(O) 여러 명이 각기 공유지분 비율에 따라 특정 부분을 독점적으로 소유하고 있는 토지 중 공유자 1인이 독점적으로 소유하고 있는 부분에 대하여 취득시효가 완성된 경우, 공유자 사이에 그와 같은 구분소유적 공유관계가 형성되어 있다 하더라도 이로써 제3자인 시효취득자에게 대항할 수는 없는 법리이므로, 그 토지 부분과 무관한 다른 공유자들도 그 토지 부분에 관한 각각의 공유지분에 대하

여 취득시효완성을 원인으로 한 소유권이전등기절차를 이행할 의무가 있다(대법원 1997. 6. 13. 선고 97다1730 판결).

ㄴ.(O) 부동산에 대한 취득시효 제도의 존재이유는 부동산을 점유하는 상태가 오랫동안 계속된 경우 권리자로서 외형을 지닌 사실 상태를 존중하여 이를 진실한 권리관계로 높여 보호함으로써 법질서의 안정을 도모하고, 장기간 지속된 사실 상태는 진실한 권리관계와 일치될 개연성이 높다는 사실을 고려하여 권리관계에 관한 분쟁이 생긴 경우 점유자의 증명곤란을 구제하려는 데에 있다. 부동산에 관하여 적법·유효한 등기를 하고 소유권을 취득한 사람이 자기 소유의 부동산을 점유하는 경우 특별한 사정이 없는 한 그러한 점유는 취득시효의 기초가 되는 점유라고 할 수 없다. 이러한 경우에는 사실 상태를 권리관계로 높여 보호할 필요가 없고, 부동산의 소유명의자는 부동산에 대한 소유권을 적법하게 보유하는 것으로 추정되어 소유권에 대한 증명의 곤란을 구제할 필요도 없기 때문이다. 그러나 소유권에 기초하여 부동산을 점유하는 사람이더라도 그 등기를 하고 있지 않아 자신의 소유권을 증명하기 어렵거나 소유권을 제3자에게 대항할 수 없는 등으로 점유의 사실 상태를 권리관계로 높여 보호하고 증명곤란을 구제할 필요가 있는 예외적인 경우에는, 자기 소유 부동산에 대한 점유도 취득시효를 인정하기 위해 기초가 되는 점유로 볼 수 있다(대법원 2022. 7. 28. 선고 2017다204629 판결).

ㄷ.(X) 부동산점유취득시효는 원시취득에 해당하므로 특별한 사정이 없는 한 원소유자의 소유권에 가하여진 각종 제한에 의하여 영향을 받지 아니하는 완전한 내용의 소유권을 취득하는 것이지만, 진정한 권리자가 아니었던 채무자 또는 물상보증인이 채무담보의 목적으로 채권자에게 부동산에 관하여 저당권설정등기를 경료해 준 후 그 부동산을 시효취득하는 경우에는, 채무자 또는 물상보증인은 피담보채권의 변제의무 내지 책임이 있는 사람으로서 이미 저당권의 존재를 용인하고 점유하여 온 것이므로, 저당목적물의 시효취득으로 저당권자의 권리는 소멸하지 않는다. 이러한 법리는 부동산 양도담보의 경우에도 마찬가지이므로, 양도담보권설정자가 양도담보부동산을 20년간 소유의 의사로 평온, 공연하게 점유하였다고 하더라도, 양도담보권자를 상대로 피담보채권의 시효소멸을 주장하면서 담보 목적으로 경료된 소유권이전등기의 말소를 구하는 것은 별론으로 하고, 점유취득시효를 원인으로 하여 담보 목적으로 경료된 소유권이전등기의 말소를 구할 수 없고, 이와 같은 효과가 있는 양도담보권설정자 명의로의 소유권이전등기를 구할 수도 없다(대법원 2015. 2. 26. 선고 2014다21649 판결).

ㄹ.(O) 부동산매매계약에서 매도인과 매수인은 서로 동시이행관계에 있는 일정한 의무를 부담하므로 이행 과정에 신뢰관계가 따른다. 특히 매도인으로서는 매매대금 지급을 위한 매수인의 자력, 신용 등 매수인이 누구인지에 따라 계약유지 여부를 달리 생각할 여지가 있다. 이러한 이유로 매매로 인한 소유권이전등기청구권의 양도는 특별한 사정이 없는 이상 양도가 제한되고 양도에 채무자의 승낙이나 동의를 요한다고 할 것이므로 통상의 채권양도와 달리 양도인의 채무자에 대한 통지만으로는 채무자에 대한 대항력이 생기지 않으며 반드시 채무자의 동의나 승낙을 받아야 대항력이 생긴다. 그러나 취득시효완성으로 인한 소유권이전등기청구권은 채권자와 채무자 사이에 아무런 계약관계나 신뢰관계가 없고, 그에 따라 채권자가 채무자에게 반대급부로 부담하여야 하는 의무도 없다. 따라서 취득시효완성으로 인한 소유권이전등기청구권의 양도의 경우에는 매매로 인한 소유권이전등기청구권에 관한 양도제한의 법리가 적용되지 않는다(대법원 2018. 7. 12. 선고 2015다36167 판결).

해답 ④

문 07

법률행위의 부관에 관한 설명 중 옳지 않은 것은? (다툼이 있는 경우 판례에 의함)

① 법률행위의 효력 발생 또는 소멸을 장래 불확실한 사실의 발생 여부에 의존케 하려는 의사가 있더라도, 외부에 표시되지 않으면 법률행위의 부관으로서의 조건이 될 수 없다.

② 어떠한 법률행위가 정지조건부 법률행위에 해당한다는 사실에 대한 증명책임은 그 법률행위로 인한 법률효과가 발생하지 않았다고 주장하는 자에게 있다.
③ '조건의 성취를 방해한 때'란 사회통념상 일방 당사자의 방해행위가 없었더라면 조건이 성취되었을 것으로 보이는 상황에서 방해행위로 인하여 조건이 성취되지 못한 경우로서, 이는 방해행위가 없었더라도 조건의 성취가능성이 현저히 낮은 경우까지 포함한다.
④ 해제조건부 증여로 인한 부동산소유권이전등기를 마친 후 해제조건이 성취되면 그 소유권은 증여자에게 복귀되고, 이 경우 조건성취 전에 수증자가 한 처분행위는 조건성취의 효과를 제한하는 한도 내에서는 무효라고 할 것이나, 그 조건이 등기되지 않았다면 그 처분행위로 인하여 권리를 취득한 제3자에게 위 무효를 주장할 수 없다.
⑤ 당사자가 불확정한 사실이 발생한 때를 이행기한으로 정한 경우에는 그 사실이 발생한 때는 물론 그 사실의 발생이 불가능하게 된 때에도 이행기한이 도래한 것으로 보아야 한다.

해설

① (O) 조건은 법률행위의 효력의 발생 또는 소멸을 장래의 불확실한 사실의 성부에 의존하게 하는 법률행위의 부관으로서 해당 법률행위를 구성하는 의사표시의 일체적인 내용을 이루는 것이므로, 의사표시의 일반원칙에 따라 조건을 붙이고자 하는 의사 즉 조건의사와 그 표시가 필요하며, 조건의사가 있더라도 그것이 외부에 표시되지 않으면 법률행위의 동기에 불과할 뿐이고 그것만으로는 법률행위의 부관으로서의 조건이 되지는 아니한다(대법원 2015. 10. 29. 선고 2015다219504 판결).

② (O) 어떠한 법률행위가 조건의 성취 시 법률행위의 효력이 발생하는 소위 정지조건부 법률행위에 해당한다는 사실은 그 법률행위로 인한 법률효과의 발생을 저지하는 사유로서 그 법률효과의 발생을 다투려는 자에게 주장입증책임이 있다(대법원 1993. 9. 28. 선고 93다20832 판결).

③ (X) 민법 제150조 제1항은 조건의 성취로 인하여 불이익을 받을 당사자가 신의성실에 반하여 조건의 성취를 방해한 때에는 상대방은 그 조건이 성취한 것으로 주장할 수 있다고 정함으로써, 조건이 성취되었더라면 원래 존재했어야 하는 상태를 일방 당사자의 부당한 개입으로부터 보호하기 위한 규정을 두고 있다. 이 조항은 권리의 행사와 의무의 이행은 신의에 좇아 성실히 하여야 한다는 법질서의 기본원리가 발현된 것으로서, 누구도 신의성실에 반하는 행태를 통해 이익을 얻어서는 안 된다는 사상을 포함하고 있다. 다만 일방 당사자의 신의성실에 반하는 방해행위 등이 있었다는 사정만으로 곧바로 민법 제150조 제1항에 의해 그 상대방이 발생할 것으로 희망했던 결과까지 의제된다고 볼 수는 없으므로, 여기서 말하는 '조건의 성취를 방해한 때'란 사회통념상 일방 당사자의 방해행위가 없었더라면 조건이 성취되었을 것으로 볼 수 있음에도 방해행위로 인하여 조건이 성취되지 못한 정도에 이르러야 하고, 방해행위가 없었더라도 조건의 성취가능성이 현저히 낮은 경우까지 포함되는 것은 아니다(대법원 2022. 12. 29. 선고 2022다266645 판결).

④ (O) 해제조건부증여로 인한 부동산소유권이전등기를 마쳤다 하더라도 그 해제조건이 성취되면 그 소유권은 증여자에게 복귀한다고 할 것이고, 이 경우 당사자간에 별단의 의사표시가 없는 한 그 조건성취의 효과는 소급하지 아니하나, 조건성취 전에 수증자가 한 처분행위는 조건성취의 효과를 제한하는 한도 내에서는 무효라고 할 것이고, 다만 그 조건이 등기되어 있지 않는 한 그 처분행위로 인하여 권리를 취득한 제3자에게 위 무효를 대항할 수 없다(대법원 1992. 5. 22. 선고 92다5584 판결).

⑤ (O) 당사자가 불확정한 사실이 발생한 때를 이행기한으로 정한 경우, 그 사실이 발생한 때는 물론 그 사실의 발생이 불가능하게 된 때에도 그 이행기한은 도래한 것으로 보아야 한다(대법원 2007. 5. 10. 선고 2005다67353 판결).

해답 ③

문 08

의사의 설명의무에 관한 설명 중 옳지 않은 것을 모두 고른 것은? (다툼이 있는 경우 판례에 의함) ★★

> ㄱ. 의사가 수술 등에 대한 환자의 승낙을 얻기 위한 설명의무는 그 의료행위에 따르는 후유증이나 부작용 등의 위험 발생 가능성이 희소하다는 사정만으로 면제될 수 없으며, 그 후유증이나 부작용이 당해 치료행위에 전형적으로 발생하는 위험이거나 회복할 수 없는 중대한 것인 경우에는 그 발생 가능성의 희소성에도 불구하고 설명의 대상이 된다.
> ㄴ. 의사의 설명의무 위반에 대한 증명책임은 특별한 사정이 없는 한 환자 측에 있다.
> ㄷ. 의사의 설명의무는 의료행위가 행해질 때까지 적절한 시간적 여유를 두고 이행되어야 한다.
> ㄹ. 환자가 미성년자로 의사결정능력이 있다 하더라도 자신의 신체에 위험을 가하는 의료행위에 관한 자기결정권까지 가진다고 보기는 어려우므로 원칙적으로 의사는 미성년자인 환자에 대해서는 의료행위에 관하여 설명할 의무를 부담하지 아니한다.

① ㄱ, ㄴ
② ㄱ, ㄷ
③ ㄴ, ㄷ
④ ㄴ, ㄹ
⑤ ㄷ, ㄹ

해설

ㄱ.(O), ㄴ.(X) 일반적으로 의사는 환자에게 수술 등 침습을 가하는 과정 및 그 후에 나쁜 결과 발생의 개연성이 있는 의료행위를 하는 경우 또는 사망 등의 중대한 결과 발생이 예측되는 의료행위를 하는 경우에 있어서 응급환자의 경우나 그 밖에 특단의 사정이 없는 한 진료계약상의 의무 내지 침습 등에 대한 승낙을 얻기 위한 전제로서 당해 환자나 그 법정대리인에게 질병의 증상, 치료방법의 내용 및 필요성, 발생이 예상되는 위험 등에 관하여 당시의 의료수준에 비추어 상당하다고 생각되는 사항을 설명하여 당해 환자가 그 필요성이나 위험성을 충분히 비교해 보고 그 의료행위를 받을 것인가의 여부를 선택할 수 있도록 할 의무가 있고, 의사의 <u>설명의무는 그 의료행위에 따르는 후유증이나 부작용 등의 위험 발생 가능성이 희소하다는 사정만으로 면제될 수 없으며, 그 후유증이나 부작용이 당해 치료행위에 전형적으로 발생하는 위험이거나 회복할 수 없는 중대한 것인 경우에는 그 발생가능성의 희소성에도 불구하고 설명의 대상이 된다.</u> 설명의무는 침습적인 의료행위로 나아가는 과정에서 의사에게 필수적으로 요구되는 절차상의 조치로서, 그 의무의 중대성에 비추어 의사로서는 적어도 환자에게 설명한 내용을 문서화하여 이를 보존할 직무수행상의 필요가 있다고 보일 뿐 아니라, 응급의료에 관한 법률 제9조, 같은 법 시행규칙 제3조 및 [서식] 1에 의하면, 통상적인 의료행위에 비해 오히려 긴급을 요하는 응급의료의 경우에도 의료행위의 필요성, 의료행위의 내용, 의료행위의 위험성 등을 설명하고 이를 문서화한 서면에 동의를 받을 법적 의무가 의료종사자에게 부과되어 있는 점, 의사가 그러한 문서에 의해 설명의무의 이행을 입증하기는 매우 용이한 반면 환자측에서 설명의무가 이행되지 않았음을 입증하기는 성질상 극히 어려운 점 등에 비추어, 특별한 사정이 없는 한 <u>의사측에 설명의무를 이행한 데 대한 증명책임이 있다고 해석하는 것이 손해의 공평·타당한 부담을 그 지도원리로 하는 손해배상제도의 이상 및 법체계의 통일적 해석의 요구에 부합한다</u>(대법원 2007. 5. 31. 선고 2005다5867 판결).

ㄷ.(O) … 이와 같은 의사의 <u>설명의무는 의료행위가 행해질 때까지 적절한 시간적 여유를 두고 이행되어야 한다.</u> 환자가 의료행위에 응할 것인지를 합리적으로 결정할 수 있기 위해서는 그 의료행위의 필요성과 위험성 등을 환자 스스로 숙고하고 필요하다면 가족 등 주변 사람과 상의하고 결정할 시간적 여유가 환자에게 주어져야 하기 때문이다. 의사가 환자에게 의사를 결정함에 충분한 시간을 주지 않고 의료

행위에 관한 설명을 한 다음 곧바로 의료행위로 나아간다면 이는 환자가 의료행위에 응할 것인지 선택할 기회를 침해한 것으로서 의사의 설명의무가 이행되었다고 볼 수 없다. 이때 적절한 시간적 여유를 두고 설명의무를 이행하였는지는 의료행위의 내용과 방법, 그 의료행위의 위험성과 긴급성의 정도, 의료행위 전 환자의 상태 등 여러 가지 사정을 종합하여 개별적·구체적으로 판단하여야 한다(대법원 2022. 1. 27. 선고 2021다265010 판결).

ㄹ. (X) … 이러한 의료법 및 관계 법령들의 취지에 비추어 보면, 환자가 미성년자라도 의사결정능력이 있는 이상 자신의 신체에 위험을 가하는 의료행위에 관한 자기결정권을 가질 수 있으므로 원칙적으로 의사는 미성년자인 환자에 대해서 의료행위에 관하여 설명할 의무를 부담한다(대법원 2023. 3. 9. 선고 2020다218925 판결).

해답 ④

문 09 ★★

흠 있는 의사표시에 관한 설명 중 옳은 것은? (각 지문은 독립적이며, 다툼이 있는 경우 판례에 의함)

① 비진의 의사표시에 있어서 진의란 표의자가 진정으로 마음속에서 바라는 사항을 뜻하는 것이므로, 표의자가 강박에 의하여 증여의 의사표시를 할 당시 재산을 강제로 뺏긴다는 것이 표의자의 본심으로 잠재되어 있었다면 위 증여의 의사표시는 증여라는 내심의 효과의사가 결여된 것으로서 비진의 의사표시에 해당한다.

② 재단법인의 설립을 위하여 서면에 의한 출연행위를 한 경우, 법인이 성립되고 출연된 재산이 기본재산인 경우에도 착오에 기한 의사표시라는 이유로 위 출연행위를 취소할 수 있다.

③ 부동산 매매계약에 있어 당사자인 甲과 乙이 모두 A 토지를 계약의 목적물로 삼았으나 그 목적물의 지번 등에 관하여 착오를 일으켜 계약서상 그 목적물을 B 토지로 표시하였다면, 규범적 해석에 따라 일단 B 토지에 관하여 매매계약이 성립된 것으로 보아야 하고, 다만 매도인 甲은 착오를 이유로 위 매매계약을 취소할 수 있다.

④ 甲이 乙에 대한 임대차보증금반환채권을 丙에게 양도한 후 丙의 채권자 丁이 위 임대차보증금반환채권에 대하여 채권압류 및 추심명령을 받았는데 그 임대차보증금반환채권 양도계약이 통정허위표시에 해당하여 무효인 경우, 丁은 위 임대차보증금반환채권에 관한 추심권을 취득한 자에 불과하므로 통정허위표시에 대한 丁의 선의 여부를 불문하고 乙은 丁에게 위 양도계약이 통정허위표시에 해당하여 무효라고 주장할 수 있다.

⑤ 반환소송을 당하게 된다면 아무런 보상도 받지 못한 채 부동산을 반환하여야 할 것으로 착각하고 이를 매도하는 매매계약을 체결한 경우 이는 동기의 착오에 불과하므로, 그 동기를 의사표시의 내용으로 삼기로 하는 합의가 있어야만 매도인은 착오를 이유로 위 매매계약을 취소할 수 있다.

해설

① (X) 비진의의사표시에 있어서의 진의란 특정한 내용의 의사표시를 하고자 하는 표의자의 생각을 말하는 것이지 표의자가 진정으로 마음속에서 바라는 사항을 뜻하는 것은 아니라고 할 것이므로, 비록 재산을 강제로 뺏긴다는 것이 표의자의 본심으로 잠재되어 있었다 하여도 표의자가 강박에 의하여서나마 증여를 하기로 하고 그에 따른 증여의 의사표시를 한 이상 증여의 내심의 효과의사가 결여된 것이라고 할 수는 없다(대법원 1993. 7. 16. 선고 92다41528, 92다41535(병합) 판결).

② (O) 재단법인에 대한 출연자와 법인과의 관계에 있어서 그 출연행위에 터잡아 법인이 성립되면 그로써 출연재산은 민법 제48조에 의하여 법인 성립 시에 법인에게 귀속되어 법인의 재산이 되는 것이

고, 출연재산이 부동산인 경우에 있어서도 위 양당사자 간의 관계에 있어서는 법인의 성립 외에 등기를 필요로 하는 것은 아니라 할지라도, 재단법인의 출연자가 착오를 원인으로 취소를 한 경우에는 출연자는 재단법인의 성립 여부나 출연된 재산의 기본재산인 여부와 관계없이 그 의사표시를 취소할 수 있다(대법원 1999. 7. 9. 선고 98다9045 판결).

③ (X) 부동산의 매매계약에 있어 쌍방 당사자가 모두 특정의 갑 토지를 계약의 목적물로 삼았으나 그 목적물의 지번 등에 관하여 착오를 일으켜 계약을 체결함에 있어서는 계약서상 그 목적물을 갑 토지와는 별개인 을 토지로 표시하였다 하여도, 갑 토지에 관하여 이를 매매의 목적물로 한다는 쌍방 당사자의 의사합치가 있은 이상 그 매매계약은 갑 토지에 관하여 성립한 것으로 보아야 하고 을 토지에 관하여 매매계약이 체결된 것으로 보아서는 안 될 것이며, 만일 을 토지에 관하여 그 매매계약을 원인으로 하여 매수인 명의로 소유권이전등기가 경료되었다면 이는 원인 없이 경료된 것으로서 무효이다(대법원 1996. 8. 20. 선고 96다19581,19598 판결).

④ (X) 상대방과 통정한 허위의 의사표시는 무효이고 누구든지 그 무효를 주장할 수 있는 것이 원칙이나, 허위표시의 당사자와 포괄승계인 이외의 자로서 허위표시에 의하여 외형상 형성된 법률관계를 토대로 실질적으로 새로운 법률상 이해관계를 맺은 선의의 제3자에 대하여는 허위표시의 당사자뿐만 아니라 그 누구도 허위표시의 무효를 대항하지 못하는 것인데, 허위표시를 선의의 제3자에게 대항하지 못하게 한 취지는 이를 기초로 하여 별개의 법률원인에 의하여 고유한 법률상의 이익을 갖는 법률관계에 들어간 자를 보호하기 위한 것으로서, 제3자의 범위는 권리관계에 기초하여 형식적으로만 파악할 것이 아니라 허위표시행위를 기초로 하여 새로운 법률상 이해관계를 맺었는지 여부에 따라 실질적으로 파악하여야 할 것이다(대법원 2000. 7. 6. 선고 99다51258 판결 참조). 따라서 임대차보증금반환채권이 양도된 후 그 양수인의 채권자가 임대차보증금반환채권에 대하여 채권압류 및 추심명령을 받았는데 그 임대차보증금반환채권 양도계약이 허위표시로서 무효인 경우 그 채권자는 그로 인해 외형상 형성된 법률관계를 기초로 실질적으로 새로운 법률상 이해관계를 맺은 제3자에 해당한다고 보아야 한다(대법원 2014. 4. 10. 선고 2013다59753 판결).

⑤ (X) 반환소송을 당하게 되면 아무런 보상도 받지 못한 채 부동산을 반환하여야 할 것으로 착각하여 이를 매도하는 매매계약을 체결하였다 하더라도 이는 동기의 착오에 불과하므로 그와 같은 동기를 매매계약의 내용으로 삼았다는 특별한 사정이 없는 한 이를 이유로 매매계약을 취소할 수 없다(대법원 1991. 11. 12. 선고 91다10732 판결). 동기의 착오가 법률행위의 내용의 중요 부분의 착오에 해당함을 이유로 표의자가 법률행위를 취소하려면 그 동기를 당해 의사표시의 내용으로 삼을 것을 상대방에게 표시하고 의사표시의 해석상 법률행위의 내용으로 되어 있다고 인정되면 충분하고 당사자들 사이에 별도로 그 동기를 의사표시의 내용으로 삼기로 하는 합의까지 이루어질 필요는 없지만, 그 법률행위의 내용의 착오는 보통 일반인이 표의자의 입장에 섰더라면 그와 같은 의사표시를 하지 아니하였으리라고 여겨질 정도로 그 착오가 중요한 부분에 관한 것이어야 한다(대법원 1997. 9. 30. 선고 97다26210 판결).

해답 ②

문 10

임차권등기명령에 관한 설명 중 옳은 것을 모두 고른 것은? (다툼이 있는 경우 판례에 의함) ★★

ㄱ. 임차권등기명령에 의하여 임차권등기를 한 임차인은 위 임차권등기가 첫 경매개시결정등기 전에 경료된 경우, 별도로 배당요구를 하지 않아도 배당받을 채권자에 속한다.

ㄴ. 「주택임대차보호법」상 임대인의 임대차보증금 반환의무는 임차인의 임차권등기 말소의무보다 먼저 이행되어야 할 의무이다.

ㄷ. 「주택임대차보호법」은 임차권등기명령의 신청에 대한 재판절차와 임차권등기명령의 집행 등에 관하여 「민사집행법」상 가압류에 관한 절차규정을 일부 준용하고 있으므로, 「주택임대차보호법」에서 정한 임차권등기명령에 따른 임차권등기에는 압류 또는 가압류, 가처분에 준하는 소멸시효 중단의 효력이 있다.

① ㄱ
② ㄴ
③ ㄱ, ㄴ
④ ㄱ, ㄷ
⑤ ㄱ, ㄴ, ㄷ

해설

ㄱ. (O) 임차권등기명령에 의하여 임차권등기를 한 임차인은 우선변제권을 가지며, 위 임차권등기는 임차인으로 하여금 기왕의 대항력이나 우선변제권을 유지하도록 해 주는 담보적 기능을 주목적으로 하고 있으므로, 위 임차권등기가 첫 경매개시결정등기 전에 등기된 경우, 배당받을 채권자의 범위에 관하여 규정하고 있는 민사집행법 제148조 제4호의 "저당권·전세권, 그 밖의 우선변제청구권으로서 첫 경매개시결정 등기 전에 등기되었고 매각으로 소멸하는 것을 가진 채권자"에 준하여, 그 임차인은 별도로 배당요구를 하지 않아도 당연히 배당받을 채권자에 속하는 것으로 보아야 한다(대법원 2005. 9. 15. 선고 2005다33039 판결).

ㄴ. (O) 주택임대차보호법 제3조의3 규정에 의한 임차권등기는 이미 임대차계약이 종료하였음에도 임대인이 그 보증금을 반환하지 않는 상태에서 경료되게 되므로, 이미 사실상 이행지체에 빠진 임대인의 임대차보증금의 반환의무와 그에 대응하는 임차인의 권리를 보전하기 위하여 새로이 경료하는 임차권등기에 대한 임차인의 말소의무를 동시이행관계에 있는 것으로 해석할 것은 아니고, 특히 위 임차권등기는 임차인으로 하여금 기왕의 대항력이나 우선변제권을 유지하도록 해 주는 담보적 기능만을 주목적으로 하는 점 등에 비추어 볼 때, 임대인의 임대차보증금의 반환의무가 임차인의 임차권등기 말소의무보다 먼저 이행되어야 할 의무이다(대법원 2005. 6. 9. 선고 2005다4529 판결).

ㄷ. (X) 주택임대차보호법 제3조의3에서 정한 임차권등기명령에 따른 임차권등기는 특정 목적물에 대한 구체적 집행행위나 보전처분의 실행을 내용으로 하는 압류 또는 가압류, 가처분과 달리 어디까지나 주택임차인이 주택임대차보호법에 따른 대항력이나 우선변제권을 취득하거나 이미 취득한 대항력이나 우선변제권을 유지하도록 해 주는 담보적 기능을 주목적으로 한다. 비록 주택임대차보호법이 임차권등기명령의 신청에 대한 재판절차와 임차권등기명령의 집행 등에 관하여 민사집행법상 가압류에 관한 절차규정을 일부 준용하고 있지만, 이는 일방 당사자의 신청에 따라 법원이 심리·결정한 다음 등기를 촉탁하는 일련의 절차가 서로 비슷한 데서 비롯된 것일 뿐 이를 이유로 임차권등기명령에 따른 임차권등기가 본래의 담보적 기능을 넘어서 채무자의 일반재산에 대한 강제집행을 보전하기 위한 처분의 성질을 가진다고 볼 수는 없다. 그렇다면 임차권등기명령에 따른 임차권등기에는 민법 제168조 제2호에서 정하는 소멸시효 중단사유인 압류 또는 가압류, 가처분에 준하는 효력이 있다고 볼 수 없다(대법원 2019. 5. 16. 선고 2017다226629 판결).

해답 ③

문 11 ★★

동시이행에 관한 설명 중 옳은 것은? (다툼이 있는 경우 판례에 의함)

① 도급계약에서 수급인이 도급계약에 따른 의무를 제대로 이행하지 못함으로 말미암아 도급인의 신

체 또는 재산에도 손해가 발생한 경우, 이러한 확대손해로 인한 수급인의 손해배상채무와 도급인의 공사대금채무는 동시이행관계에 있지 아니하다.
② 채무담보의 목적으로 경료된 채권자 명의의 소유권이전등기나 그 청구권보전 가등기의 말소의무는 피담보채무의 변제와 동시이행관계에 있다.
③ 근저당권 실행을 위한 경매가 무효로 되어 근저당권자인 채권자 甲이 채무자 丙을 대위하여 낙찰자 乙에 대한 소유권이전등기 말소청구권을 행사한 경우, 甲의 배당금 반환채무와 乙의 소유권이전등기 말소의무는 동시이행관계에 있다.
④ 하수급인에 대한 수급인의 공사대금채무를 인수한 도급인은 하수급인의 공사대금청구에 대하여 하수급인에 대한 수급인의 하자보수청구권에 기한 동시이행항변으로 대항할 수 있다.
⑤ 상가건물임대차에서 임차인의 임차목적물 반환의무와 임대인의 권리금 회수 방해로 인한 손해배상의무는 임대차계약의 종료라는 동일한 원인에 기하여 발생한 것일 뿐만 아니라 공평의 관점에서 보더라도 이행상의 견련관계를 인정할 수 있다.

해설

① (X) 수급인이 도급계약에 따른 의무를 제대로 이행하지 못함으로 말미암아 도급인의 신체 또는 재산에 손해가 발생한 경우 수급인에게 귀책사유가 없었다는 점을 스스로 입증하지 못하는 한 도급인에게 그 손해를 배상할 의무가 있다고 보아야 할 것이고, 원래 동시이행의 항변권은 공평의 관념과 신의칙에 입각하여 각 당사자가 부담하는 채무가 서로 대가적 의미를 가지고 관련되어 있을 때 그 이행과정에서의 견련관계를 인정하여 당사자 일방은 상대방이 채무를 이행하거나 이행의 제공을 하지 아니한 채 당사자 일방의 채무의 이행을 청구할 때에는 자기의 채무이행을 거절할 수 있도록 하는 제도인데, 이러한 제도의 취지로 볼 때 비록 당사자가 부담하는 각 채무가 쌍무계약관계에서 고유의 대가관계가 있는 채무는 아니라고 하더라도 구체적인 계약관계에서 각 당사자가 부담하는 채무에 관한 약정내용 등에 따라 그것이 대가적 의미가 있어 이행상의 견련관계를 인정하여야 할 사정이 있는 경우에는 동시이행의 항변권이 인정되어야 하는 점, 민법 제667조 제3항에 의하여 민법 제536조가 준용되는 결과 도급인이 수급인에 대하여 하자보수와 함께 청구할 수 있는 손해배상채권과 수급인의 공사대금채권은 서로 동시이행관계에 있는 점 등에 비추어 보면, 하자확대손해로 인한 수급인의 손해배상채무와 도급인의 공사대금채무도 동시이행관계에 있는 것으로 보아야 한다(대법원 2005. 11. 10. 선고 2004다37676 판결).

② (X) 채무담보의 목적으로 경료된 채권자 명의의 소유권이전등기나 그 청구권보전의 가등기의 말소를 구하려면 먼저 채무를 변제하여야 하고 피담보채무의 변제와 교환적으로 말소를 구할 수는 없다(대법원 1984. 9. 11. 선고 84다카781 판결).

③ (X) 근저당권 실행을 위한 경매가 무효로 되어 채권자(=근저당권자)가 채무자를 대위하여 낙찰자에 대한 소유권이전등기 말소청구권을 행사하는 경우, 낙찰자가 부담하는 소유권이전등기 말소의무는 채무자에 대한 것인 반면, 낙찰자의 배당금 반환청구권은 실제 배당금을 수령한 채권자(=근저당권자)에 대한 채권인바, 채권자(=근저당권자)가 낙찰자에 대하여 부담하는 배당금 반환채무와 낙찰자가 채무자에 대하여 부담하는 소유권이전등기 말소의무는 서로 이행의 상대방을 달리하는 것으로서, 채권자(=근저당권자)의 배당금 반환채무가 동시이행의 항변권이 부착된 채 채무자로부터 승계된 채무도 아니므로, 위 두 채무는 동시에 이행되어야 할 관계에 있지 아니하다(대법원 2006. 9. 22. 선고 2006다24049 판결).

④ (O) 도급계약에 있어서 완성된 목적물에 하자가 있는 때에는 도급인은 수급인에 대하여 하자의 보수를 청구할 수 있고 그 하자의 보수에 갈음하여 또는 보수와 함께 손해배상을 청구할 수 있는바, 이들 청구권은 수급인의 공사대금채권과 동시이행관계에 있으므로 수급인의 하수급인에 대한 하도급 공사대금채무를 인수한 도급인은 수급인이 하수급인과 사이의 하도급계약상 동시이행의 관계에 있는 수

급인의 하수급인에 대한 하자보수청구권 내지 하자에 갈음한 손해배상채권 등에 기한 동시이행의 항변으로써 하수급인에게 대항할 수 있다(대법원 2007. 10. 11. 선고 2007다31914 판결).

⑤ (X) 임차인의 임차목적물 반환의무는 임대차계약의 종료에 의하여 발생하나, 임대인의 권리금 회수 방해로 인한 손해배상의무는 상가건물 임대차보호법에서 정한 권리금 회수기회 보호의무 위반을 원인으로 하고 있으므로 양 채무는 동일한 법률요건이 아닌 별개의 원인에 기하여 발생한 것일 뿐 아니라 공평의 관점에서 보더라도 그 사이에 이행상 견련관계를 인정하기 어렵다(대법원 2019. 7. 10. 선고 2018다242727 판결).

해답 ④

문 12 ★★★

甲은 사실혼 배우자 乙과 사이에 甲이 인지한 성년인 자녀 丙을 두었고, 丙에게는 혼인 중 출생자인 자녀 丁이 있다. 甲은 오랜 지병으로 투병하다가 2022. 10. 1. 사망하였다. 사망 당시 甲에게는 A에 대한 대여금 채권과 X 부동산, B에 대한 물품대금 채무가 있었다. 이에 관한 설명 중 옳지 않은 것은? (각 지문은 독립적이며, 다툼이 있는 경우 판례에 의함)

① 乙이 甲의 투병생활 중 부부 사이에서 요구되는 제1차 부양의무를 넘어 특별한 부양에 이를 정도로 甲을 간호하였더라도 乙은 「민법」 제1008조의2 제1항에 따른 기여분을 주장할 수 없다.
② 丙이 2022. 10. 20. 상속포기 신고를 한 경우, 상속포기 신고 수리 심판을 고지받기 전에 丙이 A로부터 위 대여금 채권을 추심하여 변제받으면 단순승인으로 간주된다.
③ 丙이 2022. 10. 20. 상속포기 신고를 한 경우, 그때부터 상속포기 신고 수리 심판을 고지받기 전까지는 X 부동산에 대해 선량한 관리자의 주의로 관리할 의무를 진다.
④ B가 2022. 10. 12. 丙을 상대로 X 부동산에 관한 가압류결정을 받아 그 집행으로 같은 달 13. 가압류등기가 마쳐진 후 丙이 2022. 10. 24. 상속포기 신고 수리 심판을 고지받은 경우, B는 그 후 적법하게 진행된 X 부동산에 대한 경매절차에서 가압류채권자로서 배당을 받을 수 있다.
⑤ 만약 甲에게 오래전부터 별거 상태인 법률상 배우자 戊가 있었고 甲 사망 후 丙이 가정법원에 적법한 요건을 갖춘 상속포기 신고를 하였다면, 戊가 단독상속인이 된다.

해설

① (O) 제1008조의2 참조

> 제1008조의2(기여분) ① 공동상속인 중에 상당한 기간 동거·간호 그 밖의 방법으로 피상속인을 특별히 부양하거나 피상속인의 재산의 유지 또는 증가에 특별히 기여한 자가 있을 때에는 상속개시 당시의 피상속인의 재산가액에서 공동상속인의 협의로 정한 그 자의 기여분을 공제한 것을 상속재산으로 보고 제1009조 및 제1010조에 의하여 산정한 상속분에 기여분을 가산한 액으로써 그 자의 상속분으로 한다.

▶ 사실혼 배우자는 공동상속인이 아님이 명백하므로 기여분을 청구할 수 없다.

② (O) 민법 제1026조 제1호는 상속인이 상속재산에 대한 처분행위를 한 때에는 단순승인을 한 것으로 본다고 규정하고 있다. 그런데 상속의 한정승인이나 포기의 효력이 생긴 이후에는 더 이상 단순승인으로 간주할 여지가 없으므로, 이 규정은 한정승인이나 포기의 효력이 생기기 전에 상속재산을 처분한 경우에만 적용된다. 한편 상속의 한정승인이나 포기는 상속인의 의사표시만으로 효력이 발생하는 것이 아니라 가정법원에 신고를 하여 가정법원의 심판을 받아야 하며, 심판은 당사자가 이를 고지받음으로써 효력이 발생한다. 이는 한정승인이나 포기의 의사표시의 존재를 명확히 하여 상속으로 인한 법률관계가 획일적으로 처리되도록 함으로써, 상속재산에 이해관계를 가지는 공동상속인이나 차순위 상속인,

상속채권자, 상속재산의 처분 상대방 등 제3자의 신뢰를 보호하고 법적 안정성을 도모하고자 하는 것이다. 따라서 상속인이 가정법원에 상속포기의 신고를 하였더라도 이를 수리하는 가정법원의 심판이 고지되기 이전에 상속재산을 처분하였다면, 이는 상속포기의 효력 발생 전에 처분행위를 한 것이므로 민법 제1026조 제1호에 따라 상속의 단순승인을 한 것으로 보아야 한다(대법원 2016. 12. 29. 선고 2013다73520 판결).

③ (X), ④ (O) 상속인은 상속포기를 할 때까지는 그 고유재산에 대하는 것과 동일한 주의로 상속재산을 관리하여야 한다(민법 제1022조). 상속인이 상속을 포기할 때에는 민법 제1019조 제1항의 기간 내에 가정법원에 포기의 신고를 하여야 하고(민법 제1041조), 상속포기는 가정법원이 상속인의 포기신고를 수리하는 심판을 하여 이를 당사자에게 고지한 때에 효력이 발생하므로, 상속인은 가정법원의 상속포기신고 수리 심판을 고지받을 때까지 민법 제1022조에 따른 상속재산 관리의무를 부담한다. 이와 같이 상속인은 아직 상속 승인, 포기 등으로 상속관계가 확정되지 않은 동안에도 잠정적으로나마 피상속인의 재산을 당연 취득하고 상속재산을 관리할 의무가 있으므로, 상속채권자는 그 기간 동안 상속인을 상대로 상속재산에 관한 가압류결정을 받아 이를 집행할 수 있다. 그 후 상속인이 상속포기로 인하여 상속인의 지위를 소급하여 상실한다고 하더라도 이미 발생한 가압류의 효력에 영향을 미치지 않는다. 따라서 위 상속채권자는 종국적으로 상속인이 된 사람 또는 민법 제1053조에 따라 선임된 상속재산관리인을 채무자로 한 상속재산에 대한 경매절차에서 가압류채권자로서 적법하게 배당을 받을 수 있다(대법원 2021. 9. 15. 선고 2021다224446 판결).

> 제1022조(상속재산의 관리) 상속인은 그 고유재산에 대하는 것과 동일한 주의로 상속재산을 관리하여야 한다. 그러나 단순승인 또는 포기한 때에는 그러하지 아니하다.

⑤ (O) 피상속인의 배우자와 자녀 중 자녀 전부가 상속을 포기한 경우, 배우자가 단독상속인이 된다(대법원 2023. 3. 23.자 2020그42 전원합의체 결정).

문 13

甲과 乙은 각 1/2의 지분으로 X 건물을 공유하고 있다. X 건물은 丙 소유의 Y 토지 위에 건축되어 있다. 이에 관한 설명 중 옳지 않은 것은? (각 지문은 독립적이며, 다툼이 있는 경우 판례에 의함)

① 甲은 특별한 사정이 없는 한 자신의 지분 범위 내에서만 X 건물의 불법점유자에 대해서 손해배상이나 부당이득의 반환을 청구할 수 있다.
② 甲이 X 건물을 배타적으로 사용하더라도 乙은 甲에게 X 건물의 인도를 청구할 수 없다.
③ X 건물이 Y 토지 위에 무단으로 건축된 경우, 丙은 X 건물을 단독으로 점유하고 있는 甲을 상대로 甲의 지분 범위 내에서 X 건물의 철거를 청구할 수 있지만, X 건물에서 퇴거할 것을 청구할 수는 없다.
④ 甲과 乙이 X 건물을 일주일씩 교대로 사용하기로 하는 약정을 하였다면, 특별한 사정이 없는 한 그 약정은 乙의 지분을 양도받은 특정승계인 丁에게 승계된다.
⑤ 甲이 X 건물의 보수를 위하여 戊와 보수공사계약을 체결한 경우에 甲이 공사대금을 지급하지 않는다면 戊는 乙에게 지분 범위 내에서 공사대금을 부당이득으로 반환청구할 수 있다.

해설

① (O) … 반면 공유토지의 점유자에 대한 부당이득반환청구나 손해배상청구는 보존행위가 아니며 자신의 지분 범위 내에서만 청구 가능하다(대법원 1979. 1. 30. 선고 78다2088 판결).

② (O) 공유물의 소수지분권자인 피고가 다른 공유자와 협의하지 않고 공유물의 전부 또는 일부를 독점적으로 점유하는 경우 다른 소수지분권자인 원고가 피고를 상대로 공유물의 인도를 청구할 수는 없다고 보아야 한다(대법원 2020. 5. 21. 선고 2018다287522 전원합의체 판결).

③ (O) 건물 소유자가 건물의 소유를 통하여 타인 소유의 토지를 점유하고 있다고 하더라도 토지 소유자로서는 건물의 철거와 대지 부분의 인도를 청구할 수 있을 뿐, 자기 소유의 건물을 점유하고 있는 사람에 대하여 건물에서 퇴거할 것을 청구할 수 없다. 이러한 법리는 건물이 공유관계에 있는 경우에 건물의 공유자에 대해서도 마찬가지로 적용된다(대법원 2022. 6. 30. 선고 2021다276256 판결).

④ (O) 공유자 간의 공유물에 대한 사용수익·관리에 관한 특약은 공유자의 특정승계인에 대하여도 당연히 승계된다고 할 것이나, 민법 제265조는 "공유물의 관리에 관한 사항은 공유자의 지분의 과반수로써 결정한다."라고 규정하고 있으므로, 위와 같은 특약 후에 공유자에 변경이 있고 특약을 변경할 만한 사정이 있는 경우에는 공유자의 지분의 과반수의 결정으로 기존 특약을 변경할 수 있다(대법원 2005. 5. 12. 선고 2005다1827 판결).

⑤ (X) 유효한 도급계약에 기하여 수급인이 도급인으로부터 제3자 소유 물건의 점유를 이전받아 이를 수리한 결과 그 물건의 가치가 증가한 경우, 도급인이 그 물건을 간접점유하면서 궁극적으로 자신의 계산으로 비용지출과정을 관리한 것이므로, 도급인만이 소유자에 대한 관계에 있어서 민법 제203조에 의한 비용상환청구권을 행사할 수 있는 비용지출자라고 할 것이고, 수급인은 그러한 비용지출자에 해당하지 않는다고 보아야 할 것이다. 위와 같은 법리에 비추어 볼 때, 이 사건에서 위 소외 1로부터 이 사건 건물에 관한 공사를 도급받아 공사를 완료한 피고로서는 이 사건 건물의 공유자 중 1인인 원고에 대하여 직접 부당이득반환을 청구하거나 유익비상환을 청구할 수 없다고 보아야 할 것임에도 불구하고, 원심은 피고에게 원고에 대한 부당이득반환 내지 유익비상환청구권이 있다고 판단하였으니, 거기에는 부당이득반환청구 등에 관한 법리를 오해하여 판결 결과에 영향을 미친 잘못이 있다 할 것이고, 이러한 취지의 상고이유의 주장은 이유 있다(대법원 2002. 8. 23. 선고 99다66564,66571 판결).

해답 ⑤

문 14 ★★

甲은 2020. 2. 10. 乙과 乙 소유의 X 부동산에 관하여 매매계약을 체결하고 2020. 3. 10. 乙에게 매매대금 전액을 지급함과 동시에 소유권이전등기는 甲과 그의 친구 丙 사이의 명의신탁약정에 따라 乙로부터 바로 丙 앞으로 마쳤다. 이러한 사실관계를 바탕으로 한 설명 중 옳지 않은 것은? (각 지문은 독립적이며, 다툼이 있는 경우 판례에 의함)

① 甲과 丙 사이의 약정과 그로 인한 丙 명의의 소유권이전등기는 무효이지만 甲은 丙을 상대로 부당이득반환을 원인으로 하여 X 부동산의 소유권이전등기를 구할 수는 없다.

② 甲이 A와 사이에 X 부동산에 관하여 매매계약을 체결하고 이에 기하여 丙에서 A 앞으로 바로 마쳐 준 소유권이전등기는 특별한 사정이 없는 한 실체관계에 부합하는 등기로서 유효하다.

③ 丙에 대한 금전채권자 B가 자신의 금전채권을 피보전권리로 하여 X 부동산에 대하여 가압류를 신청하여 가압류등기가 마쳐진 경우 B의 가압류는 유효하다.

④ 丙이 임의로 甲과 丙 사이의 약정 사실을 알고 있는 C와 X 부동산에 관하여 매매계약을 체결하고 대금을 지급받음과 동시에 C에게 소유권이전등기를 마쳐 준 경우 丙은 甲에게 「민법」 제750조에 따른 손해배상책임을 질 수 있다.

⑤ 丙이 임의로 자신의 채권자 D를 위하여 X 부동산에 관하여 D 명의의 근저당권을 설정해 준 경우 丙은 근저당권의 피담보채무액 상당의 이익을 얻었고 그로 인하여 乙은 소유권을 침해당한 손실을 입었으므로, 丙은 乙에 대하여 부당이득반환의무를 부담한다.

해설

① (O), ⑤ (X) 3자간 등기명의신탁에서 명의수탁자의 임의처분 또는 강제수용이나 공공용지 협의취득 등(이러한 소유명의 이전의 원인관계를 통틀어 이하에서는 '명의수탁자의 처분행위 등'이라 한다)을 원인으로 제3자 명의로 소유권이전등기가 마쳐진 경우, 특별한 사정이 없는 한 제3자는 유효하게 소유권을 취득한다[부동산 실권리자명의 등기에 관한 법률(이하 '부동산실명법'이라 한다) 제4조 제3항]. 그 결과 매도인의 명의신탁자에 대한 소유권이전등기의무는 이행불능이 되어 명의신탁자로서는 부동산의 소유권을 이전받을 수 없게 되는 한편, 명의수탁자는 부동산의 처분대금이나 보상금 등을 취득하게 된다. 판례는, 명의수탁자가 그러한 처분대금이나 보상금 등의 이익을 명의신탁자에게 부당이득으로 반환할 의무를 부담한다고 보고 있다. 명의수탁자가 부동산에 관하여 제3자에게 근저당권을 설정하여 준 경우에도 부동산의 소유권이 제3자에게 이전된 경우와 마찬가지로 보아야 한다. 명의수탁자가 제3자에게 부동산에 관하여 근저당권을 설정하여 준 경우에 제3자는 부동산실명법 제4조 제3항에 따라 유효하게 근저당권을 취득한다. 이 경우 매도인의 부동산에 관한 소유권이전등기의무가 이행불능된 것은 아니므로, 명의신탁자는 여전히 매도인을 대위하여 명의수탁자의 부동산에 관한 진정명의회복을 원인으로 한 소유권이전등기 등을 통하여 매도인으로부터 소유권을 이전받을 수 있지만, 그 소유권은 명의수탁자가 설정한 근저당권이 유효하게 남아 있는 상태의 것이다. 명의수탁자는 제3자에게 근저당권을 설정하여 줌으로써 피담보채무액 상당의 이익을 얻었고, 명의신탁자는 매도인을 매개로 하더라도 피담보채무액만큼의 교환가치가 제한된 소유권만을 취득할 수밖에 없는 손해를 입은 한편, 매도인은 명의신탁자로부터 매매대금을 수령하여 매매계약의 목적을 달성하였으면서도 근저당권이 설정된 상태의 소유권을 이전하는 것에 대하여 손해배상책임을 부담하지 않으므로 실질적인 손실을 입지 않는다. 따라서 3자 간 등기명의신탁에서 명의수탁자가 부동산에 관하여 제3자에게 근저당권을 설정한 경우 명의수탁자는 근저당권의 피담보채무액 상당의 이익을 얻었고 그로 인하여 명의신탁자에게 그에 상응하는 손해를 입혔으므로, 명의수탁자는 명의신탁자에게 이를 부당이득으로 반환할 의무를 부담한다.(대법원 2021. 9. 9. 선고 2018다284233 전원합의체 판결).

> 부실법 제4조(명의신탁약정의 효력) ① 명의신탁약정은 무효로 한다.
> ② 명의신탁약정에 따른 등기로 이루어진 부동산에 관한 물권변동은 무효로 한다. 다만, 부동산에 관한 물권을 취득하기 위한 계약에서 명의수탁자가 어느 한쪽 당사자가 되고 상대방 당사자는 명의신탁약정이 있다는 사실을 알지 못한 경우에는 그러하지 아니하다.
> ③ 제1항 및 제2항의 무효는 제3자에게 대항하지 못한다.

② (O) 이른바 3자 간 등기명의신탁의 경우 명의신탁약정과 그에 기한 등기는 무효로 되고[부동산 실권리자명의 등기에 관한 법률(이하 '부동산실명법'이라 한다) 제4조 제1항, 제2항], 그 결과 명의신탁된 부동산은 매도인 소유로 복귀하므로 매도인은 명의수탁자에게 무효인 그 명의 등기의 말소를 구할 수 있게 된다. 한편 부동산실명법은 매도인과 명의신탁자 사이의 매매계약의 효력을 부정하는 규정을 두고 있지 아니하므로 매도인과 명의신탁자 사이의 매매계약은 여전히 유효하고, 명의신탁자는 매도인에 대하여 매매계약에 기한 소유권이전등기를 청구하거나 그 소유권이전등기청구권을 보전하기 위하여 매도인을 대위하여 명의수탁자에게 무효인 그 명의 등기의 말소를 구할 수 있다. 그러므로 이러한 지위에 있는 명의신탁자가 제3자와 사이에 부동산 처분에 관한 약정을 맺고 그 약정에 기하여 명의수탁자에서 제3자 앞으로 마쳐준 소유권이전등기는 다른 특별한 사정이 없는 한 실체관계에 부합하는 등기로서 유효하다고 보아야 한다(대법원 2022. 9. 29. 선고 2022다228933 판결).

③ (O) 부동산 실권리자명의 등기에 관한 법률(이하 '부동산실명법') 제4조 제3항에 의하면 명의신탁약정 및 이에 따른 등기로 이루어진 부동산에 관한 물권변동의 무효는 제3자에게 대항하지 못하는데, 여기서 '제3자'는 명의신탁약정의 당사자 및 포괄승계인 이외의 자로서 명의수탁자가 물권자임을 기초로 그와 사이에 직접 새로운 이해관계를 맺은 사람으로서 소유권이나 저당권 등 물권을 취득한 자

뿐만 아니라 압류 또는 가압류채권자도 포함하고 그의 선의·악의를 묻지 않는다(대법원 2013. 3. 14. 선고 2012다107068 판결).

④ (O) 3자 간 등기명의신탁에서 명의수탁자의 임의처분 등을 원인으로 제3자 앞으로 소유권이전등기가 된 경우, 특별한 사정이 없는 한 제3자는 유효하게 소유권을 취득한다(부동산실명법 제4조 제3항). 그 결과 매도인의 명의신탁자에 대한 소유권이전등기의무는 이행불능이 되어 명의신탁자로서는 부동산 소유권을 이전받을 수 없게 된다. 명의수탁자가 명의신탁자의 채권인 소유권이전등기청구권을 침해한다는 사정을 알면서도 명의신탁받은 부동산을 자기 마음대로 처분하였다면 이는 사회통념상 사회질서나 경제질서를 위반하는 위법한 행위로서 특별한 사정이 없는 한 제3자의 채권침해에 따른 불법행위책임이 성립한다(대법원 2022. 6. 9. 선고 2020다208997 판결).

 해답 ⑤

문 15 ★★

상속에 관한 설명 중 옳지 않은 것은? (다툼이 있는 경우 판례에 의함)

① 피대습인이 대습원인의 발생 이전에 피상속인으로부터 주택을 증여받은 경우 그 수익은 대습상속인의 특별수익으로 볼 수 있다.
② 상속결격된 자가 피상속인으로부터 상속결격사유가 발생한 이후에 증여를 받았다면 특별한 사정이 없는 한 그 수익은 상속결격으로 인한 대습상속인의 특별수익에 해당하지 않는다.
③ 공동상속인 중 법정상속분의 가액을 초과하는 특별수익을 받은 상속인은 상속재산의 분할 시에 그 초과분을 반환하여야 한다.
④ 공동상속인들 사이에 협의가 이루어지지 않는 경우 제사주재자의 지위를 인정할 수 없는 특별한 사정이 없는 한 피상속인의 직계비속 중 남녀, 적서를 불문하고 최근친의 연장자가 제사주재자가 된다.
⑤ 피상속인이 생전행위 또는 유언으로 자신의 유체·유골을 처분하거나 매장 장소를 지정한 경우 제사주재자는 피상속인의 그러한 의사에 무조건 구속되어야 하는 법률적 의무까지 부담한다고 볼 수는 없다.

해설

① (O) 민법 제1008조는 공동상속인 중에 피상속인으로부터 재산의 증여 또는 유증을 받은 특별수익자가 있는 경우에 공동상속인들 사이의 공평을 기하기 위하여 그 수증재산을 상속분의 선급으로 다루어 구체적인 상속분을 산정할 때 이를 참작하도록 하려는 데 그 취지가 있다. 피대습인이 생전에 피상속인으로부터 특별수익을 받은 경우 대습상속이 개시되었다고 하여 피대습인의 특별수익을 고려하지 않고 대습상속인의 구체적인 상속분을 산정한다면 대습상속인은 피대습인이 취득할 수 있었던 것 이상의 이익을 취득하게 된다. 이는 공동상속인들 사이의 공평을 해칠 뿐만 아니라 대습상속의 취지에도 반한다. 따라서 피대습인이 대습원인의 발생 이전에 피상속인으로부터 생전 증여로 특별수익을 받은 경우 그 생전 증여는 대습상속인의 특별수익으로 봄이 타당하다(대법원 2022. 3. 17. 선고 2020다267620 판결).

② (O) 민법 제1008조는 공동상속인 중 피상속인에게서 재산의 증여 또는 유증을 받은 특별수익자가 있는 경우 공동상속인들 사이의 공평을 기하기 위하여 수증재산을 상속분의 선급으로 다루어 구체적인 상속분을 산정할 때 이를 참작하도록 하려는 데 취지가 있는 것이므로, 상속결격사유가 발생한 이후에 결격된 자가 피상속인에게서 직접 증여를 받은 경우, 그 수익은 상속인의 지위에서 받은 것이 아니어서 원칙적으로 상속분의 선급으로 볼 수 없다. 따라서 결격된 자의 수익은 특별한 사정이 없는 한 특별수익에 해당하지 않는다(대법원 2015. 7. 17.자 2014스206,207 결정).

③ (X) 구체적 상속분을 산정함에 있어서는, 상속개시 당시를 기준으로 상속재산과 특별수익재산을 평가하여 이를 기초로 하여야 하고, 공동상속인 중 특별수익자가 있는 경우 구체적 상속분 가액의 산정을 위해서는, 피상속인이 상속개시 당시 가지고 있던 재산 가액에 생전 증여의 가액을 가산한 후, 이 가액에 각 공동상속인별로 법정상속분율을 곱하여 산출된 상속분의 가액으로부터 특별수익자의 수증재산인 증여 또는 유증의 가액을 공제하는 계산방법에 의한다. 이렇게 계산한 상속인별 구체적 상속분 가액을 전체 공동상속인들 구체적 상속분 가액 합계액으로 나누면 상속인별 구체적 상속분 비율, 즉 상속재산분할의 기준이 되는 구체적 상속분을 얻을 수 있다(대법원 2022. 6. 30.자 2017스98(본심판), 2017스99(반심판), 2017스100(반심판), 2017스101(병합) 결정).

④ (O) 공동상속인들 사이에 협의가 이루어지지 않는 경우에는 제사주재자의 지위를 인정할 수 없는 특별한 사정이 있지 않는 한 피상속인의 직계비속 중 남녀, 적서를 불문하고 최근친의 연장자가 제사주재자로 우선한다고 보는 것이 가장 조리에 부합한다(대법원 2023. 5. 11. 선고 2018다248626 전원합의체 판결).

⑤ (O) 피상속인이 생전행위 또는 유언으로 자신의 유체·유골을 처분하거나 매장장소를 지정한 경우에, 선량한 풍속 기타 사회질서에 반하지 않는 이상 그 의사는 존중되어야 하고 이는 제사주재자로서도 마찬가지이지만, 피상속인의 의사를 존중해야 하는 의무는 도의적인 것에 그치고, 제사주재자가 무조건 이에 구속되어야 하는 법률적 의무까지 부담한다고 볼 수는 없다(대법원 2008. 11. 20. 선고 2007다27670 전원합의체 판결).

해답 ③

문 16

★★

대상청구권에 관한 설명 중 옳은 것(O)과 옳지 않은 것(X)을 올바르게 조합한 것은? (다툼이 있는 경우 판례에 의함)

> ㄱ. 매매목적물의 수용으로 인하여 매도인의 소유권이전등기의무가 이행불능되었다면, 그로부터 상당한 기간이 지난 뒤에야 수용으로 인한 보상금청구의 방법과 절차가 마련되었더라도 대상청구권의 소멸시효는 이행불능 시부터 진행한다.
> ㄴ. 甲이 乙을 상대로 사해행위취소 및 원물반환으로 근저당권설정등기의 말소를 청구하여 승소판결이 확정되었는데, 그 후 해당 부동산이 경매에서 제3자에게 매각됨으로써 위 확정판결에 기한 乙의 근저당권설정등기 말소의무가 이행불능되었다. 이 경우 甲은 대상청구권을 행사하여 乙이 위 근저당권에 기하여 지급받은 배당금의 반환을 청구할 수 있다.
> ㄷ. 매매에 따른 소유권이전등기 전에 매매목적물이 수용된 경우 매수인이 매도인을 상대로 수용보상금청구권이 자신에게 속한다는 채권의 귀속에 관한 확인을 구하는 청구는, 하나의 채권에 관하여 2인 이상이 서로 채권자라고 주장하는 경우로 그 확인의 이익이 있다.

① ㄱ(O), ㄴ(O), ㄷ(O) ② ㄱ(O), ㄴ(O), ㄷ(X)
③ ㄱ(O), ㄴ(X), ㄷ(O) ④ ㄱ(X), ㄴ(O), ㄷ(O)
⑤ ㄱ(X), ㄴ(O), ㄷ(X)

해설

ㄱ. (X) 대상청구권은 특별한 사정이 없는 한 매매 목적물의 수용 또는 국유화로 인하여 매도인의 소유권이전등기의무가 이행불능되었을 때 매수인이 그 권리를 행사할 수 있다고 보아야 할 것이고 따라서 그 때부터 소멸시효가 진행하는 것이 원칙이라 할 것이나, 국유화가 된 사유의 특수성과 법규의

미비 등으로 그 보상금의 지급을 구할 수 있는 방법이나 절차가 없다가 상당한 기간이 지난 뒤에야 보상금청구의 방법과 절차가 마련된 경우라면, 대상청구권자로서는 그 보상금청구의 방법이 마련되기 전에는 대상청구권을 행사하는 것이 불가능하였던 것이고, 따라서 이러한 경우에는 보상금을 청구할 수 있는 방법이 마련된 시점부터 대상청구권에 대한 소멸시효가 진행하는 것으로 봄이 상당할 것인바, 이는 대상청구권자가 보상금을 청구할 길이 없는 상태에서 추상적인 대상청구권이 발생하였다는 사유만으로 소멸시효가 진행한다고 해석하는 것은 대상청구권자에게 너무 가혹하여 사회정의와 형평의 이념에 반할 뿐만 아니라 소멸시효제도의 존재이유에 부합된다고 볼 수 없기 때문이다(대법원 2002. 2. 8. 선고 99다23901 판결).

ㄴ. (O) 신용보증기금이 甲 주식회사를 상대로 제기한 사해행위취소소송에서 원물반환으로 근저당권설정등기의 말소를 구하여 승소판결이 확정되었는데, 그 후 해당 부동산이 관련 경매사건에서 담보권 실행을 위한 경매절차를 통하여 제3자에게 매각된 사안에서, 신용보증기금은 대상청구권의 행사로서 甲 회사가 말소될 근저당권설정등기에 기하여 지급받은 배당금의 반환을 청구할 수 있다(대법원 2012. 6. 28. 선고 2010다71431 판결).

ㄷ. (X) 소유권이전등기의무의 목적 부동산이 수용되어 그 소유권이전등기의무가 이행불능이 된 경우, 등기청구권자는 등기의무자에게 대상청구권의 행사로써 등기의무자가 지급받은 수용보상금의 반환을 구하거나 또는 등기의무자가 취득한 수용보상금청구권의 양도를 구할 수 있을 뿐 그 수용보상금청구권 자체가 등기청구권자에게 귀속되는 것은 아니다. 하나의 채권에 관하여 2인 이상이 서로 채권자라고 주장하는 경우에 어느 한쪽이 상대방에 대하여 그 채권이 자기에게 속한다는 채권의 귀속에 관한 확인을 구하는 청구는 그 확인의 이익이 있다. 등기청구권자라고 주장하는 자가 소유권이전등기의무의 목적 부동산이 수용되었음을 이유로 수용 당시의 소유명의자를 상대로 수용보상금청구권이 자기에게 속한다는 채권의 귀속에 관한 확인을 구하는 경우, 그 주장사실이 인정되더라도 수용보상금청구권 자체가 등기청구권자라고 주장하는 자에게 귀속되는 것은 아니므로 그 확인청구는 주장 자체로 이유 없음이 명백하여 허용될 수 없다(대법원 1996. 10. 29. 선고 95다56910 판결).

해답 ⑤

문 17 ★★★

甲은 2023. 2. 1. 乙에게 甲 소유 X 부동산을 1억 원에 매도하기로 하는 계약을 체결하고, 계약 당일 乙로부터 계약금 1천만 원을 수령하였다. 위 계약서상 중도금 3천만 원에 대한 지급기일은 2023. 5. 1.로, 잔금 6천만 원에 대한 지급기일은 2023. 8. 1.로 각 정해져 있으며, 다음과 같은 내용이 포함되어 있다.

> 제△△조(계약의 해제) ① 매수인이 약정한 날짜에 중도금을 지급하지 아니한 경우 계약은 자동적으로 해제된다. 이 경우 매수인은 지급한 계약금의 반환을 청구할 수 없다.
> ② 매도인의 고의 또는 과실로 매수인이 X 부동산의 소유권을 취득하지 못하게 되어 매수인이 계약을 해제할 경우, 매도인은 매수인으로부터 지급받은 금전에 대하여 그 수령일부터 계약을 해제한 때까지 연 10%의 이자를 가산하여 반환한다.

이에 관한 설명 중 옳은 것을 모두 고른 것은? (각 지문은 독립적이며, 다툼이 있는 경우 판례에 의함)

ㄱ. 乙이 2023. 5. 1.까지 甲에게 중도금을 지급하지 못하였다면 특별한 사정이 없는 한 별도의 최고나 해제의 의사표시 없이도 위 계약은 해제되고, 乙은 지급한 계약금의 반환을 청구할 수 없다.

ㄴ. 위 계약이 제△△조 제1항에 따라 해제되었다고 하더라도 甲과 乙이 계약이 여전히 유효함을 전제로 논의를 계속하면서 甲이 해제에 따른 법률효과를 주장하지 아니한 채 계약 내용에 따른 이행을 촉구하였다면 특별한 사정이 없는 한 甲과 乙 사이에서는 해제된 계약을 부활시키기로 하는 합의가 있었다고 봄이 상당하다.

ㄷ. 乙이 위 제△△조 제2항에 따라 위 계약을 해제하고 甲에게 지급한 금전의 반환 및 그 이자의 지급을 청구하였는데 甲이 그 이행을 지체한 경우, 특별한 사정이 없는 한 그에 따른 지연손해금은 연 10%의 비율로 계산하여야 한다.

ㄹ. 만일 甲과 乙이 위 계약서 조항과는 무관하게 계약을 해제하기로 합의하면서 그 합의해제로 인하여 반환할 금전에 가산할 이자에 관하여는 별도로 약정한 바가 없다면, 乙이 지급한 금전에 대하여는 그 지급일로부터 연 10%의 이율을 적용하여 반환하여야 한다.

① ㄱ, ㄴ
② ㄱ, ㄷ
③ ㄴ, ㄹ
④ ㄱ, ㄴ, ㄷ
⑤ ㄴ, ㄷ, ㄹ

해설

ㄱ.(O), ㄴ.(O) 매매계약에 있어 매수인이 중도금을 약정한 일자에 지급하지 아니하면 그 계약을 무효로 한다고 하는 특약이 있는 경우 매수인이 약정한 대로 중도금을 지급하지 아니하면 그 불이행 자체로써 계약은 그 일자에 자동적으로 해제된 것이라고 보아야 한다(대법원 1988. 12. 20. 선고 88다카132). 쌍무계약을 체결하면서 어느 기한까지 일방이 채무를 이행하지 아니하면 자동적으로 계약이 해제된다고 약정한 경우 어느 일방이 채무를 이행하지 아니하였다면 별도의 이행최고나 해제의 의사표시를 요하지 않고 그 불이행 자체로써 계약이 자동으로 해제된 것으로 보아야 한다. 그러나 당사자들이 계약이 여전히 유효함을 전제로 논의를 계속하면서 해제에 따른 법률효과를 주장하지 아니한 채 계약 내용에 따른 이행을 촉구하거나 온전한 채무의 이행을 받지 못한 상대방이 별다른 이의 없이 급부 중 일부를 수령하였다면, 특별한 사정이 없는 한 계약당사자들 사이에서는 자동해제 약정의 효력을 상실시키고 자동해제된 계약을 부활시키기로 하는 합의가 있었다고 봄이 상당하다. 이러한 경우 채무이행을 받지 못한 상대방은 새로운 이행의 최고 없이 바로 해제권을 행사할 수 없다(또한, 민법 제565조는 임의규정이므로 당사자간 특약(제△△조 제1항)에 따라 해석해야 한다(대법원 2019. 6. 27. 선고 2019다216817 판결).

ㄷ.(O), ㄹ.(X) 당사자 일방이 계약을 해제한 때에는 각 당사자는 상대방에 대하여 원상회복의무가 있고, 이 경우 반환할 금전에는 받은 날로부터 이자를 가산하여 지급하여야 한다. 여기서 가산되는 이자는 원상회복의 범위에 속하는 것으로서 일종의 부당이득반환의 성질을 가지는 것이고 반환의무의 이행지체로 인한 지연손해금이 아니다. 따라서 당사자 사이에 그 이자에 관하여 특별한 약정이 있으면 그 약정이율이 우선 적용되고 약정이율이 없으면 민사 또는 상사 법정이율이 적용된다. 반면 원상회복의무가 이행지체에 빠진 이후의 기간에 대해서는 부당이득반환의무로서의 이자가 아니라 반환채무에 대한 지연손해금이 발생하게 되므로 거기에는 지연손해금률이 적용되어야 한다. 그 지연손해금률에 관하여도 당사자 사이에 별도의 약정이 있으면 그에 따라야 할 것이고, 설사 그것이 법정이율보다 낮다 하더라도 마찬가지이다. 계약해제 시 반환할 금전에 가산할 이자에 관하여 당사자 사이에 약정이 있는 경우에는 특별한 사정이 없는 한 이행지체로 인한 지연손해금도 그 약정이율에 의하기로 하였다고 보는 것이 당사자의 의사에 부합한다. 다만 그 약정이율이 법정이율보다 낮은 경우에는 약정이율에 의하지 아니하고 법정이율에 의한 지연손해금을 청구할 수 있다고 봄이 타당하다. 계약해제로 인한 원상회복 시 반환할 금전에 받은 날로부터 가산할 이자의

지급의무를 면제하는 약정이 있는 때에도 그 금전반환의무가 이행지체 상태에 빠진 경우에는 법정이율에 의한 지연손해금을 청구할 수 있는 점과 비교해 볼 때 그렇게 보는 것이 논리와 형평의 원리에 맞기 때문이다(대법원 2013. 4. 26. 선고 2011다50509 판결). ▶ 사안의 경우 계약해제 시 반환할 금전에 가산할 이자에 관하여 당사자 사이에 약정이율은 이행지체로 인한 지연손해금도 그 약정이율(제△△조 제2항)에 의하기로 하였다고 보는 것이 타당하므로 법정이율 5% 보다 높든 낮든 무관하게 지연손해금은 연 10%의 비율로 계산하여야 한다. 반면, 약정이율(제△△조 제2항)이 없으면 법정이율인 5% 이율이 적용된다.

해답 ④

문 18 ★★

금전채권 및 이에 대한 지체책임에 관한 설명 중 옳은 것은? (다툼이 있는 경우 판례에 의함)

① 금전소비대차의 채권자가 고의 또는 과실로 「이자제한법」상의 최고이자율을 초과하는 이자를 받은 경우, 그 초과 부분이 원본에 충당됨으로써 원본이 전부 소멸하고도 남는 금액이 있으면, 특별한 사정이 없는 한 그 부분에 대해서는 채권자에게 불법행위책임이 발생한다.
② 금전채권의 일부에 대한 전부명령이 확정되면, 압류채무자에 대하여 그 채권에 대한 반대채권을 가진 제3채무자의 상계는 채권 총액에 대한 전부된 부분의 채권액과 전부되지 않은 부분의 채권액의 각 비율에 따라 행사되어야 한다.
③ 보증채무의 연체이율에 관하여 별도의 약정이 없는 한 보증채무에는 주채무에 대하여 약정된 연체이율이 적용된다.
④ 이행기가 불확정기한으로 되어 있는 경우에 기한이 도래한 때부터 채무자는 이행지체의 책임을 지게 된다.
⑤ 피보증인의 불법행위로 인하여 손해가 발생하게 되면, 신원보증인은 피보증인의 불법행위 시부터 신원보증채무에 대한 지체책임을 진다.

해설

① (O) 금전을 대여한 채권자가 고의 또는 과실로 이자제한법을 위반하여 최고이자율을 초과하는 이자를 받아 채무자에게 손해를 입힌 경우에는 특별한 사정이 없는 한 민법 제750조에 따라 불법행위가 성립한다고 보아야 한다. 최고이자율을 초과하여 지급된 이자는 이자제한법 제2조 제4항에 따라 원본에 충당되므로, 이와 같이 충당하여 원본이 소멸하고도 남아 있는 초과 지급액은 이자제한법 위반 행위로 인한 손해라고 볼 수 있다. 부당이득반환청구권과 불법행위로 인한 손해배상청구권은 서로 별개의 청구권으로서, 제한 초과이자에 대하여 부당이득반환청구권이 있다고 해서 그것만으로 불법행위의 성립이 방해되지 않는다(대법원 2021. 2. 25. 선고 2020다230239).

② (X) 가분적인 금전채권의 일부에 대한 전부명령이 확정되면 특별한 사정이 없는 한 전부명령이 제3채무자에 송달된 때에 소급하여 전부된 채권 부분과 전부되지 않은 채권 부분에 대하여 각기 독립한 분할채권이 성립하게 되므로, 그 채권에 대하여 압류채무자에 대한 반대채권으로 상계하고자 하는 제3채무자로서는 전부채권자 혹은 압류채무자 중 어느 누구도 상계의 상대방으로 지정하여 상계하거나 상계로 대항할 수 있고, 그러한 제3채무자의 상계 의사표시를 수령한 전부채권자는 압류채무자에 잔존한 채권 부분이 먼저 상계되어야 한다거나 각 분할채권액의 채권 총액에 대한 비율에 따라 상계되어야 한다는 이의를 할 수 없다(대법원 2010. 3. 25. 선고 2007다35152 판결).

③ (X) 보증채무는 주채무와는 별개의 채무이기 때문에 보증채무 자체의 이행지체로 인한 지연손해금은 보증한도액과는 별도로 부담하고 이 경우 보증채무의 연체이율에 관하여 특별한 약정이 없는 경우라면 그 거래행위의 성질에 따라 상법 또는 민법에서 정한 법정이율에 따라야 하며, 주채무에 관

하여 약정된 연체이율이 당연히 여기에 적용되는 것은 아니지만, 특별한 약정이 있다면 이에 따라야 한다(대법원 2000. 4. 11. 선고 99다12123 판결).

④ (X) 제387조 참조

> 제387조(이행기와 이행지체) ① 채무이행의 확정한 기한이 있는 경우에는 채무자는 기한이 도래한 때로부터 지체책임이 있다. 채무이행의 불확정한 기한이 있는 경우에는 채무자는 기한이 도래함을 안 때로부터 지체책임이 있다.

⑤ (X) 신원보증인의 채무는 피보증인의 불법행위로 인한 손해배상채무 그 자체가 아니고 신원보증계약에 기하여 발생한 채무로서 이행기의 정함이 없는 채무이므로 채권자로부터 이행청구를 받지 않으면 지체의 책임이 생기지 않는다(대법원 2009. 11. 26. 선고 2009다59671 판결).

해답 ①

문 19

甲은 자신의 X 토지에 Y 건물을 신축하기 위해 공사업자인 乙과 공사도급계약을 체결하였다. 甲은 乙이 丙으로부터 X 토지를 담보로 대출을 받아 그 공사 비용을 지출할 수 있도록 하기 위하여 X 토지에 관하여 근저당권자를 丙, 채무자를 乙로 하는 근저당권을 설정해 주었고, 乙은 丙으로부터 대출받은 돈을 공사대금으로 사용하였다. 공사 진행 도중 乙의 채권자인 丁은 乙의 甲에 대한 공사대금채권 중 일부에 대한 압류 및 전부명령을 받아 그대로 확정되었다. 이후 공사가 완료되었음에도 乙이 丙에 대한 대출금을 변제하지 못하자 甲은 乙을 대위하여 丙에게 대출금 및 연체이자를 변제하였다. 이에 관한 설명 중 옳은 것을 모두 고른 것은? (다툼이 있는 경우 판례에 의함)

> ㄱ. 전부명령이 甲에게 송달된 때에 소급하여 전부된 채권 부분과 전부되지 않은 채권 부분에 대하여 丁과 乙에게 분할채권이 성립하게 된다.
> ㄴ. 乙의 Y 건물 인도의무는 甲의 공사대금채무와 동시이행관계에 있으나, 乙의 X 토지에 대한 근저당권말소의무는 위 공사도급계약상 고유한 대가관계가 있는 의무가 아니므로 甲의 공사대금채무와 이행상 견련관계를 인정할 수 없다.
> ㄷ. 甲의 대위변제에 따른 乙의 구상금채무는 乙의 X 토지에 대한 근저당권말소의무의 변형물로서 그 대등액의 범위 내에서 甲의 공사대금채무와 동시이행관계에 있다.
> ㄹ. 丁의 전부금청구에 대하여 甲이 乙에 대한 구상금채권으로 상계항변을 하는 경우, 자동채권인 甲의 乙에 대한 구상금채권은 丁의 압류명령이 甲에게 송달된 후 발생한 것이므로 甲은 위 구상금채권에 의한 상계로 丁에게 대항할 수 없다.

① ㄱ, ㄴ
② ㄱ, ㄷ
③ ㄴ, ㄹ
④ ㄱ, ㄴ, ㄹ
⑤ ㄱ, ㄷ, ㄹ

해설

ㄱ.(O), ㄴ.(X), ㄷ.(O), ㄹ.(X) 금전채권에 대한 압류 및 전부명령이 있는 때에는 압류된 채권은 동일성을 유지한 채로 압류채무자로부터 압류채권자에게 이전되고, 제3채무자는 채권이 압류되기 전에 압류채무자에게 대항할 수 있는 사유로써 압류채권자에게 대항할 수 있는 것이므로, 제3채무자의 압류채무자에 대한 자동채권이 수동채권인 피압류채권과 동시이행의 관계에 있는 경우에는, 압류명령이

제3채무자에게 송달되어 압류의 효력이 생긴 후에 자동채권이 발생하였다고 하더라도 제3채무자는 동시이행의 항변권을 주장할 수 있다. 이 경우에 자동채권이 발생한 기초가 되는 원인은 수동채권이 압류되기 전에 이미 성립하여 존재하고 있었던 것이므로, 그 자동채권은 민법 제498조의 '지급을 금지하는 명령을 받은 제3채무자가 그 후에 취득한 채권'에 해당하지 않는다고 봄이 상당하고, 제3채무자는 그 자동채권에 의한 상계로 압류채권자에게 대항할 수 있다. 공사도급계약의 도급인이 자신 소유의 토지에 근저당권을 설정하여 수급인으로 하여금 공사에 필요한 자금을 대출받도록 한 사안에서, 수급인의 근저당권 말소의무는 도급인의 공사대금채무와 이행상 견련관계가 인정되어 서로 동시이행관계에 있고, 나아가 도급인이 대출금 등을 대위변제함으로써 수급인이 지게 된 구상금채무도 근저당권 말소의무의 변형물로서 도급인의 공사대금채무와 동시이행관계에 있다. 가분적인 금전채권의 일부에 대한 전부명령이 확정되면 특별한 사정이 없는 한 전부명령이 제3채무자에 송달된 때에 소급하여 전부된 채권 부분과 전부되지 않은 채권 부분에 대하여 각기 독립한 분할채권이 성립하게 되므로, 그 채권에 대하여 압류채무자에 대한 반대채권으로 상계하고자 하는 제3채무자로서는 전부채권자 혹은 압류채무자 중 어느 누구도 상계의 상대방으로 지정하여 상계하거나 상계로 대항할 수 있고, 그러한 제3채무자의 상계 의사표시를 수령한 전부채권자는 압류채무자에 잔존한 채권 부분이 먼저 상계되어야 한다거나 각 분할채권액의 채권 총액에 대한 비율에 따라 상계되어야 한다는 이의를 할 수 없다(대법원 2010. 3. 25. 선고 2007다35152 판결).

문 20 ★★★

甲은 2020. 8. 11. 乙과 대출계약을 체결하면서 乙에 대한 채권을 담보하기 위하여 乙 소유의 X 토지에 채권최고액 12억 원의 근저당권을 설정하였고, 丙과 丁이 乙의 부탁을 받아 甲과 연대보증계약을 체결하였다. 甲은 乙이 위 채무를 변제하지 않자 2023. 1. 23. X 토지에 관하여 위 근저당권에 기한 임의경매를 신청하였고, 경매신청 시 甲의 乙에 대한 채권액은 12억 원이었다. 경매절차 진행 중 丙은 4억 원, 丁은 2억 원을 각 甲에게 변제하였고, 그에 따라 甲으로부터 근저당권 일부의 이전등기를 받았다. 甲은 경매신청 후 2023. 5. 12. 乙에게 3억 원을 추가로 대여하였고, 경매절차에서 戊가 X 토지를 9억 원에 매수하여 2023. 8. 18. 그 대금을 완납하였다. 위 경매절차에서 甲, 丙, 丁에게 각 배당될 금액의 조합으로 옳은 것은? (이자와 지연손해금, 집행비용은 고려하지 않음. 다툼이 있는 경우 판례에 의함)

	甲	丙	丁
①	3억 원	4억 원	2억 원
②	4억 5,000만 원	3억 원	1억 5,000만 원
③	5억 4,000만 원	2억 4,000만 원	1억 2,000만 원
④	6억 원	2억 원	1억 원
⑤	9억 원	0원	0원

해설

근저당권자가 그 피담보채무의 불이행을 이유로 경매신청한 때에는 그 경매신청 시에 근저당권은 확정되는 것이며 근저당권이 확정되면 그 이후에 발생하는 원금채권은 그 근저당권에 의하여 담보되지 않는다(대판 1988.10. 11. 87다카545). 연대보증인이 자신의 출재로 채무자를 대신하여 주채무를 변제하면 채권자가 주채무자 및 다른 연대보증인에 갖고 있던 채권(원채권) 및 담보권이 연대보증인에게 법률상 당연히 이전된다(대판 1999.10.22. 98다2245). 변제할 정당한 이익이 있는 자가 채무자를 위하여 채권의 일부를 대위변제할 경우에 대위변제자는 변제한 가액의 범위 내에서 종래 채권자가 가지고 있던 채권 및 담보에 관한 권리를 취득하게 되고 따라서 채권자가 부동산에 대하여 저당권을 가지고 있는 경우에는 채권자는 대위변제자에게 일부 대위변제에 따른 저당권의 일부이전의 부기등기를 경료해 주어야 할 의무가 있다 할 것이나 이 경우에도 채권자는 일부 대위변제자에 대하여 우선변제권을 가지고 있다(대판 1988.09.27. 88다카1797). 민법 제480조, 제481조에 따라 채권자를 대위한 자는 자기의 권리에 의하여 구상할 수 있는 범위에서 채권과 그 담보에 관한 권리를 행사할 수 있다(민법 제482조 제1항). 보증인과 제3취득자 사이의 변제자대위에 관하여 민법 제482조 제2항 제1호는 "보증인은 미리 전세권이나 저당권의 등기에 그 대위를 부기하지 아니하면 전세물이나 저당물에 권리를 취득한 제3자에 대하여 채권자를 대위하지 못한다."라고 정하고 있다. 이 규정은 보증인의 변제로 저당권 등이 소멸한 것으로 믿고 목적부동산에 대하여 권리를 취득한 제3취득자를 예측하지 못한 손해로부터 보호하기 위한 것이다. 따라서 보증인이 채무를 변제한 후 저당권 등의 등기에 관하여 대위의 부기등기를 하지 않고 있는 동안 제3취득자가 목적부동산에 대하여 권리를 취득한 경우 보증인은 제3취득자에 대하여 채권자를 대위할 수 없다(대판 2020.10.15. 2019다222041).

> 민법 제425조(출재채무자의 구상권) ① 어느 연대채무자가 변제 기타 자기의 출재로 공동면책이 된 때에는 다른 연대채무자의 부담부분에 대하여 구상권을 행사할 수 있다.
> 민법 제481조(변제자의 법정대위) 변제할 정당한 이익이 있는 자는 변제로 당연히 채권자를 대위한다.
> 민법 제482조(변제자대위의 효과, 대위자간의 관계) ① 전2조의 규정에 의하여 채권자를 대위한 자는 자기의 권리에 의하여 구상할 수 있는 범위에서 채권 및 그 담보에 관한 권리를 행사할 수 있다.
> ② 전항의 권리행사는 다음 각호의 규정에 의하여야 한다.
> 1. 보증인은 미리 전세권이나 저당권의 등기에 그 대위를 부기하지 아니하면 전세물이나 저당물에 권리를 취득한 제삼자에 대하여 채권자를 대위하지 못한다.
> 2. 제삼취득자는 보증인에 대하여 채권자를 대위하지 못한다.
> 3. 제삼취득자 중의 1인은 각 부동산의 가액에 비례하여 다른 제삼취득자에 대하여 채권자를 대위한다.
> 4. 자기의 재산을 타인의 채무의 담보로 제공한 자가 수인인 경우에는 전호의 규정을 준용한다.
> 5. 자기의 재산을 타인의 채무의 담보로 제공한 자와 보증인간에는 그 인원수에 비례하여 채권자를 대위한다. 그러나 자기의 재산을 타인의 채무의 담보로 제공한 자가 수인인 때에는 보증인의 부담부분을 제외하고 그 잔액에 대하여 각 재산의 가액에 비례하여 대위한다. 이 경우에 그 재산이 부동산인 때에는 제1호의 규정을 준용한다.
> 민법 제483조(일부의 대위) ① 채권의 일부에 대하여 대위변제가 있는 때에는 대위자는 그 변제한 가액에 비례하여 채권자와 함께 그 권리를 행사한다.
> 민사집행법 제135조(소유권의 취득시기) 매수인은 매각대금을 다 낸 때에 매각의 목적인 권리를 취득한다.

▶ 사안에서 甲(=근저당권자)이 2023. 1. 23. X 토지에 관하여 위 근저당권에 기한 임의경매를 신청하여 근저당권의 피담보채권이 12억 원으로 확정되었으므로 이후 추가적으로 발생한 3억 원 대여금 채권은 그 근저당권에 의하여 담보되지 않는다. 또한 경매절차 진행 중 丙은 4억 원, 丁은 2억 원을 각 甲에게 변제하였고 戊(=제3취득자)의 대금완납 전 甲으로부터 근저당권 일부의 이전등기를 마쳤으므로, 丙, 丁(=연대보증인들)은 제3취득자인 경락인 戊에게 甲을 대위하여 저당권을 행사할 수 있다. 다만, 채권자 甲이 일부 대위변제자인 丙, 丁에 대하여 우선변제권을 가진다. 결국 매각대금 9억 원 중 甲에게 6억 원(12억 원-(4억 원 + 2억 원))이 우선적으로 배당되고, 연대보증인 사이에서는 대위변제 액수에 비례하여 丙에게 2억 원, 丁에게 1억 원이 각 배당된다.

해답 ④

문 21

★★

채권의 소멸에 관한 설명 중 옳은 것을 모두 고른 것은? (다툼이 있는 경우 판례에 의함)

> ㄱ. 임대인은 임대차 존속 중 차임채권의 소멸시효가 완성된 경우 이를 자동채권으로 삼아 임대차보증금 반환채무와 상계할 수 없으나, 「민법」 제495조의 유추적용에 의하여 그 연체차임을 임대차보증금에서 공제할 수는 있다.
> ㄴ. 근로자의 경제생활 안정을 해할 염려가 없는 등 특별한 사정이 있어 사용자가 초과 지급된 임금의 부당이득반환청구권으로 근로자의 임금채권과 상계할 수 있는 경우에도, 이러한 사용자의 상계는 임금채권의 2분의 1을 초과하는 부분에 관하여만 허용된다.
> ㄷ. 채권양수인이 양수채권을 자동채권으로 하여 채무자가 양수인에 대해 가지고 있던 기존 채권과 상계한 경우, 채권양도 전에 이미 양 채권의 변제기가 도래하였다고 하더라도 상계의 효력은 변제기가 아니라 채권양도의 대항요건이 갖추어진 시점으로 소급한다.
> ㄹ. 임대인이 임차인에 대해 갖고 있던 대여금채권의 소멸시효가 임대차 존속 중 완성되었다면 임대인은 위 채권을 자동채권으로 하여 임차인의 임대인에 대한 유익비상환채권과 상계할 수 없다.

① ㄱ, ㄹ
② ㄴ, ㄷ
③ ㄷ, ㄹ
④ ㄱ, ㄴ, ㄹ
⑤ ㄱ, ㄴ, ㄷ, ㄹ

해설

ㄱ.(O) … 한편 민법 제495조는 "소멸시효가 완성된 채권이 그 완성 전에 상계할 수 있었던 것이면 그 채권자는 상계할 수 있다."라고 규정하고 있다. 이는 당사자 쌍방의 채권이 상계적상에 있었던 경우에 당사자들은 채권·채무관계가 이미 정산되어 소멸하였다고 생각하는 것이 일반적이라는 점을 고려하여 당사자들의 신뢰를 보호하기 위한 것이다. 다만 이는 '자동채권의 소멸시효 완성 전에 양 채권이 상계적상에 이르렀을 것'을 요건으로 하는데, 임대인의 임대차보증금 반환채무는 임대차계약이 종료된 때에 비로소 이행기에 도달하므로, 임대차 존속 중 차임채권의 소멸시효가 완성된 경우에는 소멸시효 완성 전에 임대인이 임대차보증금 반환채무에 관한 기한의 이익을 실제로 포기하였다는 등의 특별한 사정이 없는 한 양 채권이 상계할 수 있는 상태에 있었다고 할 수 없다. 그러므로 그 이후에 임대인이 이미 소멸시효가 완성된 차임채권을 자동채권으로 삼아 임대차보증금 반환채무와 상계하는 것은 민법 제495조에 의하더라도 인정될 수 없지만, 임대차 존속 중 차임이 연체되고 있음에도 임대차보증금에서 연체차임을 충당하지 않고 있었던 임대인의 신뢰와 차임연체 상태에서 임대차관계를 지속해 온 임차인의 묵시적 의사를 감안하면 연체차임은 민법 제495조의 유추적용에 의하여 임대차보증금에서 공제할 수는 있다(대법원 2016. 11. 25. 선고 2016다211309 판결).

ㄴ.(O) 나아가 사용자가 상계의 금액과 방법을 미리 예고하는 등으로 근로자의 경제생활의 안정을 해할 염려가 없는 때에는 사용자는 위 초과 지급한 임금의 반환청구권을 자동채권으로 하여 근로자의 임금채권이나 퇴직금채권과 상계할 수 있다. 따라서 근로자가 일정 기간 동안의 미지급 법정수당을 청구하는 경우에 사용자가 같은 기간 동안 법정수당의 초과 지급 부분이 있음을 이유로 상계나 그 충당을 주장하는 것도 허용된다. 한편 민사집행법 제246조 제1항 제4호는 근로자인 채무자의 생활보장이라는 공익적, 사회 정책적 이유에서 '급료·연금·봉급·상여금·퇴직연금, 그 밖에 이와 비슷한 성질을 가진 급여채권의 2분의 1에 해당하는 금액(다만 그 금액이 국민기초생활보장법에 의한 최저생계비를 감안하여 대통령령이 정하는 금액에 미치지 못하는 경우 또는 표준적인 가구의 생계비를 감안하

여 대통령령이 정하는 금액을 초과하는 경우에는 각각 당해 대통령령이 정하는 금액)'을 압류금지채권으로 정하고 있고, 민법 제497조는 압류금지채권의 채무자는 상계로 채권자에게 대항하지 못한다고 정하고 있다. 따라서 사용자가 근로자에게 계산의 착오 등으로 위 초과 지급한 임금 상당 금원의 부당이득반환채권을 자동채권으로 하여 근로자의 임금채권을 상계하는 것은 임금채권의 2분의 1을 초과하는 부분에 해당하는 금액에 관하여만 허용된다고 봄이 상당하다(대법원 2014. 12. 11. 선고 2011다77290 판결).

ㄷ.(O) 민법 제493조 제2항은 "상계의 의사표시는 각 채무가 상계할 수 있는 때에 대등액에 관하여 소멸한 것으로 본다."라고 정하고 있으므로 상계의 효력은 상계적상 시로 소급하여 발생한다. 상계적상은 자동채권과 수동채권이 상호 대립하는 때에 비로소 생긴다. 채권양수인이 양수채권을 자동채권으로 하여 그 채무자가 채권양수인에 대해 가지고 있던 기존 채권과 상계한 경우, 채권양수인은 채권양도의 대항요건이 갖추어진 때 비로소 자동채권을 행사할 수 있으므로 채권양도 전에 이미 양 채권의 변제기가 도래하였다고 하더라도 상계의 효력은 변제기로 소급하는 것이 아니라 채권양도의 대항요건이 갖추어진 시점으로 소급한다(대법원 2022. 6. 30. 선고 2022다200089 판결).

ㄹ.(O) 민법 제626조 제2항은 임차인이 유익비를 지출한 경우에는 임대인은 임대차 종료 시에 그 가액의 증가가 현존한 때에 한하여 임차인의 지출한 금액이나 그 증가액을 상환하여야 한다고 규정하고 있으므로, 임차인의 유익비상환채권은 임대차계약이 종료한 때에 비로소 발생한다고 보아야 한다. 따라서 임대차 존속 중 임대인의 구상금채권의 소멸시효가 완성된 경우에는 위 구상금채권과 임차인의 유익비상환채권이 상계할 수 있는 상태에 있었다고 할 수 없으므로, 그 이후에 임대인이 이미 소멸시효가 완성된 구상금채권을 자동채권으로 삼아 임차인의 유익비상환채권과 상계하는 것은 민법 제495조에 의하더라도 인정될 수 없다(대법원 2021. 2. 10. 선고 2017다258787 판결).

해답 ⑤

문 22

다수당사자 채권관계에 대한 설명 중 옳은 것(O)과 옳지 않은 것(×)을 올바르게 조합한 것은? ★★
(이자와 지연손해금은 고려하지 않음. 다툼이 있는 경우 판례에 의함)

> ㄱ. 연대채무자 중 1인이 채무 일부를 면제받는 경우에 그 연대채무자가 지급해야 할 잔존 채무액이 부담부분을 초과하는 경우 다른 연대채무자는 채무 전액을 부담하여야 한다.
> ㄴ. 중첩적 채무인수에서 채무자와 인수인은 원칙적으로 부진정연대채무관계에 있다.
> ㄷ. 채권자가 연대채무자 중 1인의 소유 부동산에 대하여 경매신청을 하고 그로부터 6개월 내에 다른 연대채무자를 상대로 재판상 청구를 하였다면, 경매신청 시로부터 그 다른 연대채무자에 대한 채권의 소멸시효가 중단되고, 중단된 시효는 위 경매절차 종료 시로부터 새로 진행된다.
> ㄹ. 甲, 乙, 丙이 공동불법행위로 丁에게 900만 원의 손해를 입혔다. 내부적으로 甲에게는 과실이 없고 乙과 丙의 과실 비율은 균등하다. 甲이 900만 원 전액을 丁에게 배상하였다면 甲은 乙에 대하여 900만 원의 구상채무 이행을 청구할 수 있다.

① ㄱ(O), ㄴ(O), ㄷ(×), ㄹ(×) ② ㄱ(O), ㄴ(×), ㄷ(O), ㄹ(O)
③ ㄱ(O), ㄴ(×), ㄷ(×), ㄹ(O) ④ ㄱ(O), ㄴ(×), ㄷ(×), ㄹ(×)
⑤ ㄱ(×), ㄴ(O), ㄷ(O), ㄹ(×)

> 해설

ㄱ. (O) 민법 제419조는 "어느 연대채무자에 대한 채무면제는 그 채무자의 부담부분에 한하여 다른 연대채무자의 이익을 위하여 효력이 있다."라고 정하여 면제의 절대적 효력을 인정한다. 이는 당사자들 사이에 구상의 순환을 피하여 구상에 관한 법률관계를 간략히 하려는 데 취지가 있는바, 채권자가 연대채무자 중 1인에 대하여 채무를 일부 면제하는 경우에도 그와 같은 취지는 존중되어야 한다. 따라서 연대채무자 중 1인에 대한 채무의 일부 면제에 상대적 효력만 있다고 볼 특별한 사정이 없는 한 일부 면제의 경우에도 면제된 부담부분에 한하여 면제의 절대적 효력이 인정된다고 보아야 한다. 구체적으로 연대채무자 중 1인이 채무 일부를 면제받는 경우에 그 연대채무자가 지급해야 할 잔존 채무액이 부담부분을 초과하는 경우에는 그 연대채무자의 부담부분이 감소한 것은 아니므로 다른 연대채무자의 채무에도 영향을 주지 않아 다른 연대채무자는 채무 전액을 부담하여야 한다. 반대로 일부 면제에 의한 피면제자의 잔존 채무액이 부담부분보다 적은 경우에는 차액(부담부분 - 잔존 채무액)만큼 피면제자의 부담부분이 감소하였으므로, 차액의 범위에서 면제의 절대적 효력이 발생하여 다른 연대채무자의 채무도 차액만큼 감소한다(대법원 2019. 8. 14. 선고 2019다216435 판결).

ㄴ. (X) 중첩적 채무인수에서 인수인이 채무자의 부탁 없이 채권자와의 계약으로 채무를 인수하는 것은 매우 드문 일이므로 채무자와 인수인은 원칙적으로 주관적 공동관계가 있는 연대채무관계에 있고, 인수인이 채무자의 부탁을 받지 아니하여 주관적 공동관계가 없는 경우에는 부진정연대관계에 있는 것으로 보아야 한다(대법원 2014. 8. 20. 선고 2012다97420,97437 판결).

ㄷ. (X) 채권자가 연대채무자 1인의 소유 부동산에 대하여 경매신청을 한 경우, 이는 최고로서의 효력을 가지고 있고, 연대채무자에 대한 이행청구는 다른 연대채무자에게도 효력이 있으므로, 채권자가 6월 내에 다른 연대채무자를 상대로 재판상 청구를 하였다면 그 다른 연대채무자에 대한 채권의 소멸시효가 중단되지만, 이로 인하여 중단된 시효는 위 경매절차가 종료된 때가 아니라 재판이 확정된 때로부터 새로 진행된다(대법원 2001. 8. 21. 선고 2001다22840 판결).

ㄹ. (O) 공동불법행위자 중 1인에 대하여 구상의무를 부담하는 다른 공동불법행위자가 수인인 경우에는 특별한 사정이 없는 이상 그들의 구상권자에 대한 채무는 각자의 부담 부분에 따른 분할채무로 보는 것이 타당하지만, 구상권자인 공동불법행위자 측에 과실이 없는 경우, 즉 내부적인 부담 부분이 전혀 없는 경우에는 이와 달리 그에 대한 수인의 구상의무를 부진정연대관계로 보는 것이 타당하다(대법원 2012. 3. 15. 선고 2011다52727 판결). 부진정연대채무는 여러 채무자가 같은 내용의 채무에 대하여 각자 독립하여 채권자에게 전부 이행할 의무를 부담하는 다수당사자의 법률관계로서, 연대채무에 비해서 채권자의 지위가 강화되어 있다. 채권자는 채무자 중 누구에게든지 그 채무 범위 내에서 이행을 청구할 수 있고, 한 채무자에게 생긴 사유는 채권자의 채권 만족에 이른 것으로 볼 수 있는 변제 등과 같은 사유 외에는 다른 채무자에게 효력이 없다(대법원 2018. 4. 10. 선고 2016다252898 판결).

해답 ③

문 23 ★★

부양의무에 관한 설명 중 옳은 것을 모두 고른 것은? (다툼이 있는 경우 판례에 의함)

ㄱ. 부부 간의 부양의무는 부부공동생활의 유지를 가능하게 하는 것이므로 혼인이 사실상 파탄되어 부부가 별거하면서 서로 이혼소송을 제기하는 경우라면 특별한 사정이 없는 한 이혼이 확정되기 전이라도 부부 사이의 부양의무는 소멸하는 것으로 보아야 한다.

ㄴ. 부부 간의 부양의무 중 과거의 부양료에 관하여는 특별한 사정이 없는 한 부양을 받을 사람이 부양의무자에게 부양의무의 이행을 청구하였음에도 불구하고 부양의무자가 부양의무를 이행하지 아니함으로써 이행지체에 빠진 후의 것에 관해서만 그 지급을 청구할 수 있을 뿐이다.

ㄷ. 부부의 일방이 정당한 이유 없이 동거를 거부하였다면 상대방의 동거청구가 권리의 남용에 해당하는 등의 특별한 사정이 없는 한, 상대방에게 부양료의 지급을 청구할 수 없다.

ㄹ. 자녀를 홀로 양육한 부부의 일방이 상대방에 대하여 가지는 과거 양육비의 지급을 구할 권리는 당사자의 협의 또는 가정법원의 심판 등에 의하여 구체적인 지급청구권으로 성립하기 전에는 소멸시효가 진행하지 않는다.

① ㄱ, ㄴ
② ㄱ, ㄷ
③ ㄴ, ㄹ
④ ㄴ, ㄷ, ㄹ
⑤ ㄱ, ㄴ, ㄷ, ㄹ

해설

ㄱ.(X) 부부 간 부양의무는 혼인관계의 본질적 의무로서 부양받을 자의 생활을 부양의무자의 생활과 같은 정도로 보장하여 부부공동생활의 유지를 가능하게 하는 것이다. 따라서 혼인이 사실상 파탄되어 부부가 별거하면서 서로 이혼소송을 제기하는 경우라고 하더라도, 특별한 사정이 없는 한 이혼을 명한 판결의 확정 등으로 법률상 혼인관계가 완전히 해소될 때까지는 부부간 부양의무가 소멸하지 않는다고 보아야 한다(대법원 2023. 3. 24.자 2022스771 결정).

ㄴ.(O) 부부 간의 부양의무 중 과거의 부양료에 관하여는 특별한 사정이 없는 한 부양을 받을 사람이 부양의무자에게 부양의무의 이행을 청구하였음에도 불구하고 부양의무자가 부양의무를 이행하지 아니함으로써 이행지체에 빠진 후의 것에 관하여만 부양료의 지급을 청구할 수 있을 뿐이므로, 부양의무자인 부부의 일방에 대한 부양의무 이행청구에도 불구하고 배우자가 부양의무를 이행하지 아니함으로써 이행지체에 빠진 후의 것이거나, 그렇지 않은 경우에는 부양의무의 성질이나 형평의 관념상 이를 허용해야 할 특별한 사정이 있는 경우에 한하여 이행청구 이전의 과거 부양료를 지급하여야 한다(대법원 2012. 12. 27. 선고 2011다96932 판결).

ㄷ.(O) 부부는 서로 부양의무가 있음은 민법 974조에 명시되어 있고 처가 자활 능력이 없는 경우에는 남편이 처를 부양할 책임이 있다 할 것이나 처가 남편과의 동거 의무를 스스로 저버리고 별거하고 있는 경우에는 남편에게 부양료 청구를 할 수 없고 남편의 인도요구에 불응하여 처가 그 소생아를 양육하였고 또 장래에도 계속 양육할 의도인 생모는 그의 부양의무를 이행하는 것이니 그에게 자활 능력이 있건 없건 또는 과거의 것이든 장래의 것이든 소생자의 아버지에게 그 부양료를 청구할 수 없다(대법원 1976. 6. 22. 선고 75므17,18 판결).

ㄹ.(O) … 따라서 장래 양육비와 마찬가지로 과거 양육비에 관한 권리는 당사자의 협의나 가정법원의 심판으로 구체적인 내용과 범위가 정해지기 전에는 그 권리의 내용이 확정되지 아니하여 친족법상의 신분으로부터 독립하여 처분이 가능한 완전한 재산권이라고 보기 어렵고, 또 단순히 금전지급의무의 이행을 구하는 것이라기보다 미성년 자녀에 대한 친족법상 신분에 기한 양육의무의 이행을 구하는 권리의 성질을 주로 가지므로 그 권리의 성질상 소멸시효가 진행하지 않는다고 보아야 한다(대법원 2024. 7. 18.자 2018스724 전원합의체 결정).

해답 ④

문 24 ★★

甲과 乙은 甲 소유의 X 토지를 乙이 매수하는 계약을 체결하면서 매매대금은 X 토지의 인도 및 소유권이전등기의 경료와 동시에 지급하기로 약정하였다. 丙은 위 매매계약에 따른 乙의 甲에 대한 매매대금 지급채무를 연대보증하였다. 이에 관한 설명 중 옳지 않은 것을 모두 고른 것은? (각 지문은 독립적이며, 다툼이 있는 경우 판례에 의함)

ㄱ. 乙이 甲에게 매매대금 전액을 지급한 후에 소유권이전등기청구권을 丁에게 양도하고 乙이 이를 甲에게 통지하면 丁은 甲에 대하여 직접 소유권이전등기절차의 이행을 청구할 수 있다.

ㄴ. 甲은 丁에게 乙에 대한 매매대금채권을 양도하면서 위 계약 내용 및 X 토지에 관하여 아직 소유권이전등기를 마쳐 주지 아니한 사실을 설명하였고, 같은 날 乙은 채권양도에 대하여 이의 보류 없는 승낙을 하였다. 이후 丁이 乙에게 양수금의 지급을 청구할 경우 乙은 甲으로부터 소유권이전등기의무의 이행제공이 없었음을 이유로 丁의 청구를 거절할 수 없다.

ㄷ. 甲이 乙에 대한 매매대금채권을 丁에게 양도하고 확정일자 있는 증서에 의하여 乙에게 이를 통지하였더라도, 甲이 乙에 대한 채권을 다시 戊에게 양도한 후에 甲과 丁 사이의 채권양도계약을 합의해지하고 합의해지 사실을 丁이 乙에게 통지하였다면 특별한 사정이 없는 한 戊는 乙에 대한 매매대금채권을 취득한다.

ㄹ. 甲이 乙에 대한 매매대금채권을 丁에게 양도하고 이를 乙에게 통지하면 특별한 사정이 없는 한 乙에 대한 채권뿐만 아니라 丙에 대한 채권도 丁에게 함께 이전된다.

ㅁ. 甲과 乙은 매매계약상 채권의 양도를 하지 않기로 약정하였지만 甲은 그러한 약정을 알고 있던 丁에게 매매대금채권을 양도하고 이를 乙에게 통지하였고 이후 丁이 다시 甲과 乙 사이의 약정 사실을 알지 못하는 戊에게 매매대금채권을 양도하고 乙에게 이를 통지한 경우, 乙은 채권양도금지특약이 있었음을 이유로 戊에게 대항할 수 없다.

① ㄱ, ㄴ, ㄷ
② ㄴ, ㄷ, ㄹ
③ ㄴ, ㄹ, ㅁ
④ ㄱ, ㄴ, ㄷ, ㄹ
⑤ ㄱ, ㄷ, ㄹ, ㅁ

해설

ㄱ. (X) 부동산의 매매로 인한 소유권이전등기청구권은 물권의 이전을 목적으로 하는 매매의 효과로서 매도인이 부담하는 재산권이전의무의 한 내용을 이루는 것이고, 매도인이 물권행위의 성립요건을 갖추도록 의무를 부담하는 경우에 발생하는 채권적 청구권으로 그 이행과정에 신뢰관계가 따르므로, 소유권이전등기청구권을 매수인으로부터 양도받은 양수인은 매도인이 그 양도에 대하여 동의하지 않고 있다면 매도인에 대하여 채권양도를 원인으로 하여 소유권이전등기절차의 이행을 청구할 수 없고, 따라서 매매로 인한 소유권이전등기청구권은 특별한 사정이 없는 이상 그 권리의 성질상 양도가 제한되고 그 양도에 채무자의 승낙이나 동의를 요한다고 할 것이므로 통상의 채권양도와 달리 양도인의 채무자에 대한 통지만으로는 채무자에 대한 대항력이 생기지 않으며 반드시 채무자의 동의나 승낙을 받아야 대항력이 생긴다(대법원 2005. 3. 10. 선고 2004다67653,67660 판결).

ㄴ. (X) 보험금청구권은 보험자의 면책사유 없는 보험사고에 의하여 피보험자에게 손해가 발생한 경우에 비로소 권리로서 구체화되는 정지조건부권리이고, 그 조건부권리도 보험사고가 면책사유에 해당하는 경우에는 그에 의하여 조건불성취로 확정되어 소멸하는 것이라 할 것이므로, 위와 같은 보험금청구권의 양도 또는 질권설정에 대한 채무자의 승낙은 별도로 면책사유가 있으면 보험금을 지급하지 않

겠다는 취지를 명시하지 않아도 당연히 그것을 전제로 하고 있다고 보아야 하고, 그 양수인 또는 질권자도 그러한 사실을 알고 있었다고 보아야 할 것이며, 더구나 보험사고 발생 전의 보험금청구권 양도 또는 질권설정을 승낙함에 있어서 보험자가 위 항변사유가 상당한 정도로 발생할 가능성이 있음을 인식하였다는 등의 사정이 없는 한 존재하지도 아니하는 면책사유 항변을 보류하고 이의하여야 한다고 할 수는 없으므로, 보험자가 비록 위 보험금청구권 양도 승낙시나 질권설정 승낙시에 면책사유에 대한 이의를 보류하지 않았다 하더라도 보험계약상의 면책사유를 양수인 또는 질권자에게 주장할 수 있다(대법원 2002. 3. 29. 선고 2000다13887 판결). 매매계약에서 대가적 의미가 있는 매도인의 소유권이전의무와 매수인의 대금지급의무는 다른 약정이 없는 한 동시이행의 관계에 있으며, 또한 설령 어느 의무가 선이행의무라고 하더라도 이행기가 도과된 경우에는 이행기 도과에 불구하고 여전히 선이행하기로 약정하는 등의 특별한 사정이 없는 한 그 의무를 포함하여 매도인과 매수인 쌍방의 의무는 동시이행관계에 놓이게 된다(대판 2013.06.13. 2011다73472).

ㄷ.(X) 양도인이 지명채권을 제1양수인에게 1차로 양도한 다음 제1양수인이 그에 따라 확정일자 있는 증서에 의한 대항요건을 적법하게 갖추었다면 이로써 채권이 제1양수인에게 이전하고 양도인은 채권에 대한 처분권한을 상실하므로, 그 후 양도인이 동일한 채권을 제2양수인에게 양도하였더라도 제2양수인은 채권을 취득할 수 없다. 이 경우 양도인이 다른 채무를 담보하기 위하여 제1차 양도계약을 하였더라도 대외적으로 채권이 제1양수인에게 이전되어 제1양수인이 채권을 취득하게 되므로 그 후에 이루어진 제2차 양도계약에 따라 제2양수인이 채권을 취득하지 못하게 됨은 마찬가지이다. 또한 제2차 양도계약 후 양도인과 제1양수인이 제1차 양도계약을 합의해지한 다음 제1양수인이 그 사실을 채무자에게 통지함으로써 채권이 다시 양도인에게 귀속하게 되었더라도 특별한 사정이 없는 한 양도인이 처분권 없이 한 제2차 양도계약이 채권양도로서 유효하게 될 수는 없으므로, 그로 인하여 제2양수인이 당연히 채권을 취득하게 된다고 볼 수는 없다(대법원 2016. 7. 14. 선고 2015다46119 판결).

ㄹ.(O) 보증채무는 주채무에 대한 부종성 또는 수반성이 있어서 주채무자에 대한 채권이 이전되면 당사자 사이에 별도의 특약이 없는 한 보증인에 대한 채권도 함께 이전하고, 이 경우 채권양도의 대항요건도 주채권의 이전에 관하여 구비하면 족하고, 별도로 보증채권에 관하여 대항요건을 갖출 필요는 없다(대법원 2002. 9. 10. 선고 2002다21509 판결).

ㅁ.(O) 당사자의 의사표시에 의한 채권양도금지 특약은 제3자가 악의인 경우는 물론 제3자가 채권양도금지 특약을 알지 못한 데에 중대한 과실이 있는 경우에도 채권양도금지 특약으로써 대항할 수 있고, 제3자의 악의 내지 중과실은 채권양도금지 특약으로 양수인에게 대항하려는 자가 이를 주장·증명하여야 한다. 그리고 민법 제449조 제2항 단서는 채권양도금지 특약으로써 대항할 수 없는 자를 '선의의 제3자'라고만 규정하고 있어 채권자로부터 직접 양수한 자만을 가리키는 것으로 해석할 이유는 없으므로, 악의의 양수인으로부터 다시 선의로 양수한 전득자도 위 조항에서의 선의의 제3자에 해당한다. 또한 선의의 양수인을 보호하고자 하는 위 조항의 입법 취지에 비추어 볼 때, 이러한 선의의 양수인으로부터 다시 채권을 양수한 전득자는 선의·악의를 불문하고 채권을 유효하게 취득한다(대법원 2015. 4. 9. 선고 2012다118020 판결).

문 25

甲은 乙에 대하여 변제기가 도래한 2억 원의 대여금채권(A 채권)을 가지고 있고, 채무초과 상태인 乙은 丙에 대하여 변제기가 도래한 2억 원의 대여금채권(B 채권)을 가지고 있으며, 乙은 그 소유의 X 부동산을 丁에게 증여하였다. 이에 관한 설명 중 옳지 않은 것은? (각 지문은 독립적이며, 다툼이 있는 경우 판례에 의함)

① 甲은 A 채권을 보전하기 위해 乙을 대위하여 丙을 상대로 직접 자신에게 B 채권을 지급할 것을 구하는 소를 제기할 수 있으며, 그 판결 확정 후 甲의 채권자 戊가 이러한 甲의 丙에 대한 지급청구권에 대하여 압류 및 전부명령을 받았다면 그 압류명령 및 전부명령은 모두 무효이다.
② 甲이 乙을 상대로는 A 채권의 지급을 구하지 않은 채 A 채권을 피보전채권으로 하여 丙을 상대로 B 채권의 지급을 구하는 채권자대위소송을 제기한 경우, 丙은 A 채권이 변제로 소멸하였음을 주장하여 다툴 수 있으나 A 채권이 시효로 소멸하였음을 주장하여 甲에게 대항할 수는 없다.
③ 乙이 甲의 丙에 대한 채권자대위권행사 사실을 알게 된 후 채권자대위소송 계속 중 乙의 다른 채권자인 己의 신청에 의하여 B 채권에 대한 압류 및 전부명령이 이루어졌다면, B 채권에 대한 전부명령은 특별한 사정이 없는 한 무효이나 압류명령은 유효하므로 甲의 丙에 대한 위 채권자대위소송은 기각된다.
④ 甲이 사해행위취소소송에 따라 丁에 대하여 가액배상채권을 가지는 경우, 丁이 乙에 대한 채권을 가지고 있다는 이유로 甲에게 상계를 주장하여 총채권액 중 자기채권에 해당하는 안분액의 지급을 거절하는 것은 허용되지 않는다.
⑤ 甲이 A 채권을 피보전채권으로 하여 제척기간 내에 丁을 상대로 사해행위취소의 소를 제기하였다가 제척기간이 경과한 후에 피보전채권을 乙에 대한 부당이득반환채권으로 변경하였다면, 이는 소의 교환적 변경에 해당하지 않으므로 위 사해행위취소의 소는 적법하다.

해설

① (O), ③ (X) … 그리고 채권자대위소송에서 제3채무자로 하여금 직접 대위채권자에게 금전의 지급을 명하는 판결이 확정되었더라도 그 판결에 기초하여 금전을 지급받는 것 역시 대위채권자의 제3채무자에 대한 추심권능 내지 변제수령권능에 속하는 것이므로, 채권자대위소송에서 확정된 판결에 따라 대위채권자가 제3채무자로부터 지급받을 채권에 대한 압류명령 등도 무효라고 보아야 한다. … 자기의 금전채권을 보전하기 위하여 채무자의 금전채권을 대위행사하는 대위채권자는 제3채무자로 하여금 직접 대위채권자 자신에게 지급의무를 이행하도록 청구할 수 있고 제3채무자로부터 변제를 수령할 수도 있으나, 이로 인하여 채무자의 제3채무자에 대한 피대위채권이 대위채권자에게 이전되거나 귀속되는 것이 아니므로, 대위채권자의 제3채무자에 대한 추심권능 내지 변제수령권능은 자체로서 독립적으로 처분하여 환가할 수 있는 것이 아니어서 압류할 수 없는 성질의 것이고, 따라서 추심권능 내지 변제수령권능에 대한 압류명령 등은 무효이다. 그리고 채권자대위소송에서 제3채무자로 하여금 직접 대위채권자에게 금전의 지급을 명하는 판결이 확정되었더라도 판결에 기초하여 금전을 지급받는 것 역시 대위채권자의 제3채무자에 대한 추심권능 내지 변제수령권능에 속하므로, 채권자대위소송에서 확정된 판결에 따라 대위채권자가 제3채무자로부터 지급받을 채권에 대한 압류명령 등도 무효이다. …그러나 이와 관계없이, 이 사건 판결에 따라 소외 2가 원고로부터 금전을 지급받는 것은 대위채권자의 제3채무자에 대한 추심권능 내지 변제수령권능에 속하는 것이므로, 이 사건 판결에 따라 소외 2가 원고로부터 지급받을 채권을 피압류채권으로 한 이 사건 압류 및 전부명령은 무효이고, 그렇다면 이 사건 압류 및 전부명령에 기한 원고의 피고에 대한 채무는 존재하지 않는다고 할 것이다(대판 2016.08.29. 2015다236547). 채권자대위소송에 있어서 대위에 의하여 보전될 채권자의 채무자에 대한 권리가 인정되지 아니할 경우에는 채권자가 스스로 원고가 되어 채무자의 제3채무자에 대한 권리를 행사할 당사자적격이 없게 되므로, 그 대위소송은 부적법하여 각하할 수밖에 없다(대법원 1994. 11. 8. 선고 94다31549 판결)

② (O) … 채권자가 채권자대위소송을 제기한 경우, 제3채무자는 채무자가 채권자에 대하여 가지는 항변권이나 형성권 등과 같이 그 권리자에 의한 행사를 필요로 하는 사유를 들어 채권자의 채무자에 대한 권리가 인정되는지 여부를 다툴 수 없지만, 채권자의 채무자에 대한 권리의 발생원인이 된 법률행위

가 무효라거나 위 권리가 변제 등으로 소멸하였다는 등의 사실을 주장하여 채권자의 채무자에 대한 권리가 인정되는지 여부를 다투는 것은 가능하고, 이 경우 법원은 제3채무자의 위와 같은 주장을 고려하여 채권자의 채무자에 대한 권리가 인정되는지 여부에 관하여 직권으로 심리·판단하여야 한다(대법원 2015. 9. 10. 선고 2013다55300 판결). … 채권자가 채권자대위권을 행사하여 제3자에 대하여 하는 청구에 있어서, 제3채무자는 채무자가 채권자에 대하여 가지는 항변으로 대항할 수 없고, 채권의 소멸시효가 완성된 경우 이를 원용할 수 있는 자는 원칙적으로는 시효이익을 직접 받는 자 뿐이고, 채권자대위소송의 제3채무자는 이를 행사할 수 없다고 할 것이나, 채권자가 채무자에 대한 채권을 보전하기 위하여 제3채무자를 상대로 채무자의 제3채무자에 대한 채권에 기한 이행청구의 소를 제기하는 한편, 채무자를 상대로 피보전채권에 기한 이행청구의 소를 제기한 경우, 채무자가 그 소송절차에서 소멸시효를 원용하는 항변을 하였고, 그러한 사유가 현출된 채권자대위소송에서 심리를 한 결과, 실제로 피보전채권의 소멸시효가 적법하게 완성된 것으로 판단되면, 채권자는 더 이상 채무자를 대위할 권한이 없게 된다고 할 것이다(대법원 2008. 1. 31. 선고 2007다64471 판결).

④ (O) 채권자취소권은 채권의 공동담보인 채무자의 책임재산을 보전하기 위하여 채무자와 수익자 사이의 사해행위를 취소하고 채무자의 일반재산으로부터 일탈된 재산을 모든 채권자를 위하여 수익자 또는 전득자로부터 환원시키는 제도이므로, 수익자인 채권자로 하여금 안분액의 반환을 거절하도록 하는 것은 자신의 채권에 대하여 변제를 받은 수익자를 보호하고 다른 채권자의 이익을 무시하는 결과가 되어 제도의 취지에 반하게 되므로, 수익자가 채무자의 채권자인 경우 수익자가 가액배상을 할 때에 수익자 자신도 사해행위취소의 효력을 받는 채권자 중의 1인이라는 이유로 취소채권자에 대하여 총채권액 중 자기의 채권에 대한 안분액의 분배를 청구하거나, 수익자가 취소채권자의 원상회복에 대하여 총채권액 중 자기의 채권에 해당하는 안분액의 배당요구권으로써 원상회복청구와의 상계를 주장하여 그 안분액의 지급을 거절할 수는 없다(대법원 2001. 2. 27. 선고 2000다44348 판결).

⑤ (O) 채권자가 사해행위의 취소를 청구하면서 그 보전하고자 하는 채권을 추가하거나 교환하는 것은 그 사해행위취소권을 이유 있게 하는 공격방법에 관한 주장을 변경하는 것일 뿐이지 소송물 또는 청구 자체를 변경하는 것이 아니므로, 소의 변경이라 할 수 없다(대판 2003.05.27. 2001다13532). ▶ 원고는 1999. 8. 9. 원고가 소외 1과 1995. 9. 6.자로 체결한 소액대출 보증보험계약의 연대보증인인 소외 2에 대하여 가지는 구상금채권 5,089,753원을 사해행위취소의 피보전권리로 하여 소외 2와 그 처인 피고 사이에 체결된 판시 증여계약의 취소 및 판시 소유권이전등기의 말소를 구하는 소를 제기하였다가 원심에서 위 채권이 피고의 변제공탁으로 소멸하기에 이르자, 2000. 9. 5.자 준비서면으로써 원고가 소외 2와 1994. 8. 26. 체결한 소액대출 보증보험계약에 따라 소외 2에 대하여 가지는 구상금채권 18,013,680원도 사해행위취소의 피보전권리라고 주장하였는데, 원심은 이를 소의 교환적 변경에 해당한다고 보아 원고의 사해행위취소의 소가 사해행위가 있음을 안 날로부터 1년을 도과하여 제기된 것이어서 부적법하다고 판단하였다. 위 원심의 판단이 소의 변경에 관한 법리를 오해하여 판결 결과에 영향을 미친 위법을 저지른 데 해당한다는 사례.

해답 ③

문 26

甲은 자기 소유 X 건물에 乙 앞으로 전세권을 설정해 주었다. 이에 관한 설명 중 옳지 않은 것을 모두 고른 것은? (각 지문은 독립적이며, 다툼이 있는 경우 판례에 의함)

ㄱ. 乙이 자신의 채권자 丙을 위하여 전세권 위에 저당권을 설정해 준 후 甲이 乙에게 변제기를 정하지 않고 금전을 대여한 경우, 전세권의 존속기간 만료 후 丙이 물상대위에 의하여 乙의 전세금반환채권을 압류하였다면 甲은 대여금채권과 전세금반환채권의 상계로써 丙에게 대항할 수 있다.

ㄴ. 乙이 자신의 채권자 丙을 위하여 전세권 위에 저당권을 설정해 준 경우, 전세권의 존속기간 만료 후 乙의 일반채권자 丁이 전세금반환채권을 가압류한 다음, 丙이 물상대위에 의하여 乙의 전세금반환채권에 대하여 압류 및 전부명령을 받았다면 丙은 甲에 대하여 전세금의 지급을 구할 수 없다.

ㄷ. 乙의 전세권은 임대차계약에 따른 임대차보증금반환채권을 담보할 목적으로 설정되었다. 乙이 이러한 사정을 알고 있는 자신의 채권자 丙을 위하여 전세권 위에 저당권을 설정해 준 경우, 甲은 물상대위권을 행사하는 丙에 대하여 임대차계약에 따른 연체차임 공제 주장으로 대항할 수 있다.

ㄹ. 존속기간이 만료한 후 乙이 전세권과 함께 전세금반환채권을 양도하고 양수인 戊 앞으로 부기등기를 한 경우, 戊와 전세금반환채권의 압류·전부 채권자 사이의 우열은 부기등기시점과 압류시점의 선후에 따라 정해진다.

① ㄱ, ㄴ
② ㄱ, ㄹ
③ ㄴ, ㄹ
④ ㄱ, ㄴ, ㄷ
⑤ ㄱ, ㄴ, ㄹ

해설

ㄱ.(X) 전세권저당권자가 위와 같은 방법으로 전세금반환채권에 대하여 물상대위권을 행사한 경우, 종전 저당권의 효력은 물상대위의 목적이 된 전세금반환채권에 존속하여 저당권자가 전세금반환채권으로부터 다른 일반채권자보다 우선변제를 받을 권리가 있으므로, 설령 전세금반환채권이 압류된 때에 전세권설정자가 전세권자에 대하여 반대채권을 가지고 있고 반대채권과 전세금반환채권이 상계적상에 있다고 하더라도 그러한 사정만으로 전세권설정자가 전세권저당권자에게 상계로써 대항할 수는 없다(대법원 2014. 10. 27. 선고 2013다91672 판결).

ㄴ.(X) 저당권이 설정된 전세권의 존속기간이 만료된 경우에 저당권자는 민법 제370조, 제342조 및 민사집행법 제273조에 의하여 저당권의 목적물인 전세권에 갈음하여 존속하는 것으로 볼 수 있는 전세금반환채권에 대하여 압류 및 추심명령 또는 전부명령을 받는 등의 방법으로 권리를 행사하여 전세권설정자에 대해 전세금의 지급을 구할 수 있고, 저당목적물의 변형물인 금전 기타 물건에 대하여 일반 채권자가 물상대위권을 행사하려는 저당채권자보다 단순히 먼저 압류나 가압류의 집행을 함에 지나지 않은 경우에는 저당권자는 그 전은 물론 그 후에도 목적채권에 대하여 물상대위권을 행사하여 일반 채권자보다 우선변제를 받을 수가 있으며 위와 같이 전세권부 근저당권자가 우선권 있는 채권에 기하여 전부명령을 받은 경우에는 형식상 압류가 경합되었다 하더라도 그 전부명령은 유효하다(대법원 2008. 12. 24. 선고 2008다65396 판결).

ㄷ.(O) 임대인과 임차인이 위와 같이 임대차보증금반환채권을 담보할 목적으로 전세권을 설정하기 위해 전세권설정계약을 체결하였다면, 임대차보증금에서 연체차임 등을 공제하고 남은 돈을 전세금으로 하는 것이 임대인과 임차인의 합치된 의사라고 볼 수 있다. 그러나 전세권설정계약은 외관상으로는 그 내용에 차임지급 약정이 존재하지 않고 이에 따라 전세금에서 연체차임이 공제되지 않는 등 임대인과 임차인의 진의와 일치하지 않는 부분이 존재한다. 따라서 전세권설정계약은 위와 같이 임대차계약과 양립할 수 없는 범위에서 통정허위표시에 해당하여 무효라고 봄이 타당하다. 다만 전세권설정계약에 따라 형성된 법률관계에 기초하여 새로이 법률상 이해관계를 가지게 된 제3자에 대해서는 그 제3자가 그와 같은 사정을 알고 있었던 경우에만 무효를 주장할 수 있다(대법원 2021. 12. 30. 선고 2020다257999 판결). ▶ 임대차계약에 따른 임차보증금반환채권을 담보할 목적으로 전세권설정등기

를 마친 경우 임대차계약에 따른 연체차임 공제는 전세권설정계약과 양립할 수 없고 전세권설정자 甲은 악의의 제3자 丙에 대해서는 연체차임 공제 주장으로 대항할 수 있다.

ㄹ.(X) 전세기간 만료 이후 전세권양도계약 및 전세권이전의 부기등기가 이루어진 것만으로는 전세금반환채권의 양도에 관하여 확정일자 있는 통지나 승낙이 있었다고 볼 수 없어 이로써 제3자인 전세금반환채권의 압류·전부 채권자에게 대항할 수 없다(대법원 2005. 3. 25. 선고 2003다35659 판결).

해답 ⑤

문 27

甲은 2015. 2. 1. 乙에게 1억 원을 변제기 2016. 1. 31.로 정하여 대여하였는데, 乙은 위 대여금을 전혀 변제하지 않은 상태에서 2021. 4. 1. 유일한 재산인 시가 3억 원 상당의 X 토지를 丙에게 매도하고, 그 다음 날 소유권이전등기를 경료해 주었다. 甲은 2022. 2. 21. 丙을 피고로 하여 아래와 같은 청구취지로 소를 제기하였고, 1심 법원에서 아래 주문과 같은 판결을 선고하였다.

[청구취지]
1. 피고와 乙 사이에 X 토지에 관하여 2021. 4. 1. 체결된 매매계약을 취소한다.
2. 피고는 乙에게 제1항 기재 토지에 관하여 서울중앙지방법원 등기국 2021. 4. 2. 접수 제1234호로 마친 소유권이전등기의 말소등기절차를 이행하라.
3. 소송비용은 피고가 부담한다.
4. 제2항은 가집행할 수 있다.

[주문]
1. 피고와 乙 사이에 X 토지에 관하여 2021. 4. 1. 체결된 매매계약을 100,000,000원의 한도 내에서 취소한다.
2. 피고는 원고에게 100,000,000원을 지급하라.
3. 원고의 나머지 청구를 기각한다.
4. 소송비용은 피고가 부담한다.
5. 제2항은 가집행할 수 있다.

이에 관한 설명 중 옳은 것을 모두 고른 것은? (X 토지의 시가 변동은 없다고 가정하고, 이자와 지연손해금은 고려하지 않음. 각 지문은 독립적이며, 다툼이 있는 경우 판례에 의함)

ㄱ. 만약 X 토지에 관하여 2020. 3. 15.에 설정된 저당권(피담보채무액 1억 원)이 2021. 5. 1.에 소멸하였다면 법원이 청구취지 변경 없이 주문 제1, 2항과 같은 판결을 선고한 것은 타당하다.
ㄴ. 법원이 주문 제5항과 같이 가집행을 선고한 것은 타당하다.
ㄷ. 만약 甲이 주문 제2항과 같이 1억 원의 지급을 구하는 것으로 청구취지를 변경하면서 「소송촉진 등에 관한 특례법」에 따라 연 12%의 비율에 의한 지연손해금을 청구하였다면, 법원은 주문 제2항에서 연 12%의 비율에 의한 지연손해금을 명하는 것으로 선고할 수 있다.
ㄹ. 만약 甲이 은행이고 丙이 甲의 위 대여금채권에 대한 소멸시효 항변을 하였다면, 법원은 甲의 청구를 전부 기각하는 취지의 판결을 선고하였을 것이다.
ㅁ. 丙이 甲에 대하여 가지는 금전채권을 집행채권으로 하여 주문 제2항의 가액배상채권에 대하여 받은 압류 및 전부명령은 무효이다.

① ㄱ, ㄹ　　　　　　　　　　　② ㄱ, ㅁ
③ ㄴ, ㄷ　　　　　　　　　　　④ ㄱ, ㄷ, ㄹ
⑤ ㄴ, ㄹ, ㅁ

> **해설**

ㄱ.**(O)** 저당권이 설정되어 있는 부동산이 사해행위로 이전된 경우에 그 사해행위는 부동산의 가액에서 저당권의 피담보채권액을 공제한 잔액의 범위 내에서만 성립한다고 보아야 하므로, 사해행위 후 변제 등에 의하여 저당권설정등기가 말소된 경우 그 부동산의 가액에서 저당권의 피담보채무액을 공제한 잔액의 한도에서 사해행위를 취소하고 그 가액의 배상을 구할 수 있을 뿐이고, 특별한 사정이 없는 한 변제자가 누구인지에 따라 그 방법을 달리한다고 볼 수는 없는 것이며, 사해행위인 계약 전부의 취소와 부동산 자체의 반환을 구하는 청구취지 속에는 위와 같이 일부취소를 하여야 할 경우 그 일부취소와 가액배상을 구하는 취지도 포함되어 있다고 볼 수 있으므로 청구취지의 변경이 없더라도 바로 가액반환을 명할 수 있다(대법원 2001. 6. 12. 선고 99다20612 판결).

ㄴ.**(X)** 집행을 선고한 후 판결이 확정되기 전에 실효되면 제3자와 사이에 복잡한 법률관계를 낳게 할 염려가 있으므로, 민사소송법 제213조 제1항 단서에서 규정하고 있는 "가집행선고를 붙이지 않을 상당한 이유"에 해당하고, 가액배상의 의무는 형성판결인 사해행위 취소판결이 확정된 때에 비로소 발생하는 것이므로(대법원 2002. 3. 26. 선고 2001다72968 판결 참조), 취소판결이 확정되지 아니한 상태에서는 가액배상의 의무가 발생하였다고 할 수 없으므로, 성질상 가집행을 붙이는 것이 불가능하다(대법원 1998. 11. 13.선고 98므17202판결).

ㄷ.**(X)** 가액배상의무는 사해행위의 취소를 명하는 판결이 확정된 때에 비로소 발생하므로 그 판결이 확정된 다음날부터 이행지체 책임을 지게 되고, 따라서 소송촉진 등에 관한 특례법 소정의 이율은 적용되지 않고 민법 소정의 법정이율이 적용된다 할 것이므로(대법원 2002. 3. 26. 선고 2001다72968 판결 참조), 원심이 가액배상금에 대한 지연손해금으로서 이 판결확정일 다음날부터 완제일까지 민법 소정의 법정이율인 연 5%의 비율에 의한 지연손해금을 인용한 조치는 정당하고, 거기에 상고이유에서 주장하는 바와 같은 법리오해 등의 위법이 없다(대법원 2009. 1. 15. 선고 2007다61618 판결).

ㄹ.**(O)** 소멸시효를 원용할 수 있는 사람은 권리의 소멸에 의하여 직접 이익을 받는 자에 한정되는데, 사해행위취소소송의 상대방이 된 사해행위의 수익자는 사해행위가 취소되면 사해행위에 의하여 얻은 이익을 상실하게 되나, 사해행위취소권을 행사하는 채권자의 채권이 소멸되면 그와 같은 이익의 상실을 면할 수 있는 지위에 있으므로, 그 채권의 소멸에 의하여 직접 이익을 받는 자에 해당하는 것으로 보아야 한다. 따라서 원심이 사해행위의 수익자인 피고를 망인에 대한 일반 채권자와 동일하게 보아 피고가 독자적으로 망인의 보증채무가 소멸시효 완성으로 소멸되었다는 주장을 할 수 없다는 취지로 판단한 것은 잘못이라고 할 것이다(대법원 2007. 11. 29. 선고 2007다54849 판결). 또한 甲이 은행이라면 상인에 해당하고, 乙에 대한 대여금채권의 이행기가 2016. 1. 31. 이므로, 소멸시효는 5년의 상사시효기간을 적용하여 2021. 1. 31. 만료된다. 채권자 취소권은 채권자의 고유권이므로 피보전채권이 소멸시효완성이 되면 기각된다.

ㅁ.**(X)** 사해행위취소의 소에서 수익자가 원상회복으로서 채권자취소권을 행사하는 채권자에게 가액배상을 할 경우, 수익자 자신이 사해행위취소소송의 채무자에 대한 채권자라는 이유로 채무자에 대하여 가지는 자기의 채권과 상계하거나 채무자에게 가액배상금 명목의 돈을 지급하였다는 점을 들어 채권자취소권을 행사하는 채권자에 대해 이를 가액배상에서 공제할 것을 주장할 수 없다. 그러나 수익자가 채권자취소권을 행사하는 채권자에 대해 가지는 별개의 다른 채권을 집행하기 위하여 그에 대한 집행권원을 가지고 채권자의 수익자에 대한 가액배상채권을 압류하고 전부명령을 받는 것은 허용된다. 이는 수익자의 채무자에 대한 채권을 기초로 한 상계나 임의적인 공제와는 내용과 성질이 다르다.

또한 채권자가 채무자의 제3채무자에 대한 채권을 압류하는 경우 제3채무자가 채권자 자신인 경우에도 이를 압류하는 것이 금지되지 않으므로 단지 채권자와 제3채무자가 같다고 하여 채권압류 및 전부명령이 위법하다고 볼 수 없다(대법원 2017. 8. 21. 자 2017마499 결정).

해답 ①

문 28

甲이 乙에 대한 임대차보증금반환채권에 관하여 丙에 대한 금전채무의 담보를 위하여 丙과 질권설정계약을 체결하고 이 사실을 확정일자 있는 증서로 乙에게 통지하였다. 이에 관한 설명 중 옳은 것(○)과 옳지 않은 것(×)을 올바르게 조합한 것은? (각 지문은 독립적이며, 다툼이 있는 경우 판례에 의함)

> ㄱ. 甲이 저당권으로 담보되는 임대차보증금반환채권에 대하여 丙에게 질권을 설정한 경우, 질권의 부기등기에 채권의 지연손해금을 별도로 기재하지 않았다면, 이는 저당권부 질권의 피담보채권 범위에 포함되지 않는다.
> ㄴ. 乙이 丙의 동의 없이 甲에 대한 채권을 가지고 임대차보증금반환채권과 상계합의를 하여 소멸하게 한 경우라도 丙은 여전히 乙에게 직접 채무의 변제를 청구할 수 있다.
> ㄷ. 甲의 임대차보증금반환채권에 대하여 甲의 일반채권자 丁의 신청으로 압류 및 전부명령이 내려진 경우, 그 명령이 乙에게 송달된 날보다 먼저 丙이 확정일자 있는 증서로 대항요건을 갖추었다면, 乙은 丁에게 변제했음을 들어 丙에게 대항할 수 없다.
> ㄹ. 甲이 丙에게 질권을 설정해 준 후 甲의 임대차보증금반환채권을 담보하기 위하여 乙 소유 부동산에 저당권을 설정한 경우, 丙이 위 저당권설정등기에 질권의 부기등기를 하지 않았다면 질권의 효력이 저당권에 미치지 아니한다.

① ㄱ(○), ㄴ(○), ㄷ(×), ㄹ(×)
② ㄱ(○), ㄴ(×), ㄷ(○), ㄹ(×)
③ ㄱ(○), ㄴ(×), ㄷ(×), ㄹ(○)
④ ㄱ(×), ㄴ(○), ㄷ(○), ㄹ(○)
⑤ ㄱ(×), ㄴ(○), ㄷ(○), ㄹ(×)

해설

ㄱ.(×) 민법 제355조의 규정에 의하여 권리질권에 준용되는 민법 제334조 전문은 '질권은 원본, 이자, 위약금, 질권실행의 비용, 질물보존의 비용 및 채무불이행 또는 질물의 하자로 인한 손해배상의 채권을 담보한다.'고 정하고 있다. 부동산등기법 제76조 제1항은 등기관이 민법 제348조에 따라 저당권부 채권에 대한 질권의 등기를 할 때에는 부동산등기법 제48조에서 규정한 사항 외에 '채권액 또는 채권최고액, 채무자의 성명 또는 명칭과 주소 또는 사무소 소재지, 변제기와 이자의 약정이 있는 경우에는 그 내용'을 기록하여야 한다고 정하고 있어 채권의 지연손해금을 등기사항으로 정하고 있지 않다. 이러한 사정에 비추어 보면, 채권의 지연손해금을 별도로 등기부에 기재하지 않았더라도 근저당권부 질권의 피담보채권의 범위가 등기부에 기재된 약정이자에 한정된다고 볼 수 없다(대법원 2023. 1. 12. 선고 2020다296840 판결).

ㄴ.(○) 타인에 대한 채무의 담보로 제3채무자에 대한 채권에 대하여 권리질권을 설정한 경우 질권설정자는 질권자의 동의 없이 질권의 목적된 권리를 소멸하게 하거나 질권자의 이익을 해하는 변경을 할 수 없다(민법 제352조). 이는 질권자가 질권의 목적인 채권의 교환가치에 대하여 가지는 배타적 지배권능을 보호하기 위한 것이다. 따라서 질권설정자가 제3채무자에게 질권설정의 사실을 통지하거나 제3채무

자가 이를 승낙한 때에는 제3채무자가 질권자의 동의 없이 질권의 목적인 채무를 변제하더라도 이로써 질권자에게 대항할 수 없고, 질권자는 민법 제353조 제2항에 따라 여전히 제3채무자에 대하여 직접 채무의 변제를 청구할 수 있다. 제3채무자가 질권자의 동의 없이 질권설정자와 상계합의를 함으로써 질권의 목적인 채무를 소멸하게 한 경우에도 마찬가지로 질권자에게 대항할 수 없고, 질권자는 여전히 제3채무자에 대하여 직접 채무의 변제를 청구할 수 있다(대법원 2018. 12. 27. 선고 2016다265689 판결).

ㄷ.(O) 질권설정자가 민법 제349조 제1항에 따라 제3채무자에게 질권이 설정된 사실을 통지하거나 제3채무자가 이를 승낙한 때에는 제3채무자가 질권자의 동의 없이 질권의 목적인 채무를 변제하더라도 질권자에게 대항할 수 없고, 질권자는 여전히 제3채무자에게 직접 채무의 변제를 청구할 수 있다. 질권의 목적인 채권에 대하여 질권설정자의 일반채권자의 신청으로 압류·전부명령이 내려진 경우에도 그 명령이 송달된 날보다 먼저 질권자가 확정일자 있는 문서에 의해 민법 제349조 제1항에서 정한 대항요건을 갖추었다면, 전부채권자는 질권이 설정된 채권을 이전받을 뿐이고 제3채무자는 전부채권자에게 변제했음을 들어 질권자에게 대항할 수 없다(대법원 2022. 3. 31. 선고 2018다21326 판결).

ㄹ.(O) 민법 제348조는 저당권으로 담보한 채권을 질권의 목적으로 한 때에는 그 저당권설정등기에 질권의 부기등기를 하여야 그 효력이 저당권에 미친다고 정한다. 저당권에 의하여 담보된 채권에 질권을 설정하였을 때 저당권의 부종성으로 인하여 등기 없이 성립하는 권리질권이 당연히 저당권에도 효력이 미친다고 한다면, 공시의 원칙에 어긋나고 그 저당권에 의하여 담보된 채권을 양수하거나 압류한 사람, 저당부동산을 취득한 제3자 등에게 예측할 수 없는 질권의 부담을 줄 수 있어 거래의 안전을 해할 수 있다. 이에 따라 민법 제348조는 저당권설정등기에 질권의 부기등기를 한 때에만 질권의 효력이 저당권에 미치도록 한 것이다. 이는 민법 제186조에서 정하는 물권변동에 해당한다. 이러한 민법 제348조의 입법 취지에 비추어 보면, '담보가 없는 채권에 질권을 설정한 다음 그 채권을 담보하기 위해서 저당권을 설정한 경우'에도 '저당권으로 담보한 채권에 질권을 설정한 경우'와 달리 볼 이유가 없다. 또한 담보가 없는 채권에 질권을 설정한 다음 그 채권을 담보하기 위해 저당권을 설정한 경우에, 당사자 간 약정 등 특별한 사정이 있는 때에는 저당권이 질권의 목적이 되지 않을 수 있으므로, 질권의 효력이 저당권에 미치기 위해서는 질권의 부기등기를 하도록 함으로써 이를 공시할 필요가 있다. 따라서 담보가 없는 채권에 질권을 설정한 다음 그 채권을 담보하기 위해 저당권이 설정되었더라도, 민법 제348조가 유추적용되어 저당권설정등기에 질권의 부기등기를 하지 않으면 질권의 효력이 저당권에 미친다고 볼 수 없다(대법원 2020. 4. 29. 선고 2016다235411 판결).

해답 ④

문 29 ★★

X 토지에 대한 법정지상권에 관한 설명 중 옳은 것(O)과 옳지 않은 것(X)을 올바르게 조합한 것은? (각 지문은 독립적이며, 다툼이 있는 경우 판례에 의함)

ㄱ. 甲이 그 소유 X 토지에 관하여 乙 명의로 저당권을 설정한 후 乙의 동의를 얻어 X 토지에 Y 건물을 신축하였다. 저당권이 실행되어 丙이 X 토지의 소유권을 취득한 경우, 甲은 「민법」 제366조의 법정지상권을 취득한다.

ㄴ. 甲이 乙 소유 X 토지 위에 소유하고 있는 Y 건물을 甲의 채권자 丙이 가압류한 후 乙이 Y 건물의 소유권을 취득하였다. 위 가압류에 기한 본압류 및 강제경매절차가 진행되어 丁이 Y 건물의 소유권을 취득한 경우 丁은 관습상의 법정지상권을 취득한다.

ㄷ. 甲이 그 소유 X 토지에 관하여 乙의 채권을 담보하기 위하여 乙 명의로 가등기를 마쳐 준 다음 X 토지 위에 Y 건물을 신축하였다. 그 후 乙이 위 가등기에 기한 본등기를 마친 경우, 甲은 관습상의 법정지상권을 취득하지 못한다.
ㄹ. X 토지와 Y 건물을 甲과 乙이 각 2분의 1 지분씩 공유하던 중 甲이 Y 건물의 공유지분을 丙에게 증여한 경우, 丙은 관습상의 법정지상권을 취득한다.

① ㄱ(O), ㄴ(×), ㄷ(O), ㄹ(×)
② ㄱ(O), ㄴ(×), ㄷ(×), ㄹ(O)
③ ㄱ(×), ㄴ(O), ㄷ(O), ㄹ(×)
④ ㄱ(×), ㄴ(O), ㄷ(×), ㄹ(O)
⑤ ㄱ(×), ㄴ(×), ㄷ(O), ㄹ(×)

해설

ㄱ.(X) 토지에 관하여 저당권이 설정될 당시 그 지상에 토지소유자에 의한 건물의 건축이 개시되기 이전이었다면, 건물이 없는 토지에 관하여 저당권이 설정될 당시 근저당권자가 토지소유자에 의한 건물의 건축에 동의하였다고 하더라도 그러한 사정은 주관적 사항이고 공시할 수도 없는 것이어서 토지를 낙찰 받는 제3자로서는 알 수 없는 것이므로 그와 같은 사정을 들어 법정지상권의 성립을 인정한다면 토지 소유권을 취득하려는 제3자의 법적 안정성을 해하는 등 법률관계가 매우 불명확하게 되므로 법정지상권이 성립되지 않는다(대법 2003다26051 판결).

ㄴ.(X) 토지 또는 그 지상 건물의 소유권이 강제경매로 인하여 그 절차상의 매수인에게 이전되는 경우에는 그 매수인이 소유권을 취득하는 매각대금의 완납 시가 아니라 강제경매개시결정으로 압류의 효력이 발생하는 때를 기준으로 토지와 지상 건물이 동일인에게 속하였는지에 따라 관습상 법정지상권의 성립 여부를 가려야 하고, 강제경매의 목적이 된 토지 또는 그 지상 건물에 대하여 강제경매개시결정 이전에 가압류가 되어 있다가 그 가압류가 강제경매개시결정으로 인하여 본압류로 이행되어 경매절차가 진행된 경우에는 애초 가압류의 효력이 발생한 때를 기준으로 토지와 그 지상 건물이 동일인에 속하였는지에 따라 관습상 법정지상권의 성립 여부를 판단하여야 한다(대법원 2013. 4. 11. 선고 2009다62059 판결).

ㄷ.(O) 원래 채권을 담보하기 위하여 나대지상에 가등기가 경료되었고, 그 뒤 대지소유자가 그 지상에 건물을 신축하였는데, 그 후 그 가등기에 기한 본등기가 경료되어 대지와 건물의 소유자가 달라진 경우에 관습상 법정지상권을 인정하면 애초에 대지에 채권담보를 위하여 가등기를 경료한 사람의 이익을 크게 해하게 되기 때문에 특별한 사정이 없는 한 건물을 위한 관습상 법정지상권이 성립한다고 할 수 없다(대법원 1994. 11. 22. 선고 94다5458 판결).

ㄹ.(X) 토지 및 그 지상 건물 모두가 각 공유에 속한 경우 토지 및 건물공유자 중 1인이 그중 건물 지분만을 타에 증여하여 토지와 건물의 소유자가 달라진 경우에도 해당 토지 전부에 관하여 건물의 소유를 위한 관습법상 법정지상권이 성립된 것으로 보게 된다면, 이는 토지공유자의 1인으로 하여금 다른 공유자의 의사에 기하지 아니한 채 자신의 지분을 제외한 다른 공유자의 지분에 대하여서까지 지상권설정의 처분행위를 허용하는 셈이 되어 부당하다. 따라서 이 사건 토지 및 건물공유자 중 1인인 원고가 피고 1에게 위 건물의 공유지분을 이전함으로써 토지와 건물의 소유자가 달라졌다고 하여 위 피고에게 이 사건 토지에 관한 관습법상 법정지상권의 성립을 인정할 수 없다(대법원 2022. 8. 31. 선고 2018다218601 판결).

해답 ⑤

문 30 ★★

채권자취소권에 관한 설명 중 옳지 않은 것은? (각 지문은 독립적이며, 다툼이 있는 경우 판례에 의함)

① 사해행위로 부동산 소유권이 이전된 후 그 부동산에 관하여 제3자가 저당권이나 지상권 등의 권리를 취득한 경우 채권자는 수익자를 상대로 사해행위취소 및 채무자에 대한 소유권이전등기절차의 이행을 청구할 수 있다.

② 甲이 2023. 7.경 자신의 유일한 재산인 X 부동산을 배우자인 乙에게 명의신탁하였는데, 甲이 위 명의신탁약정의 해지를 전제로 X 부동산을 丙에게 매도하고, 甲, 乙, 丙 간의 합의하에 乙에게서 곧바로 丙 앞으로 소유권이전등기를 마쳐 준 경우, 甲과 丙 사이의 위 매매는 甲의 일반채권자들을 해하는 사해행위에 해당할 수 있다.

③ 채무자가 그 소유의 유일한 재산인 부동산에 관하여 매매예약에 따른 예약완결권의 제척기간 경과가 임박한 상태에서 제척기간을 연장하기 위하여 새로 매매예약을 하는 행위는 채권자취소권의 대상인 사해행위가 될 수 있다.

④ 사해행위가 있은 후 채권자가 취소원인이 있음을 알면서 피보전채권을 양도하고 양수인이 그 채권을 보전하기 위하여 채권자취소권을 행사하는 경우에는, 그 채권의 양도인이 취소원인을 안 날을 기준으로 제척기간 도과 여부를 판단하여야 한다.

⑤ 乙이 2023. 7.경 친구인 甲과 체결한 명의신탁약정에 따라 명의신탁 사실을 알지 못하는 X 부동산의 소유자 丙과 X 부동산에 대한 매매계약을 체결하고 乙 명의로 소유권이전등기가 경료된 후 채무초과 상태에 있는 甲이 실질적인 당사자가 되어 X 부동산을 제3자에게 매도하였다면, 甲의 매도행위는 甲의 일반채권자에 대한 사해행위가 된다.

> **해설**

① (O) 사해행위 후 그 목적물에 관하여 제3자가 저당권이나 지상권 등의 권리를 취득한 경우에는 수익자가 목적물을 저당권 등의 제한이 없는 상태로 회복하여 이전하여 줄 수 있다는 등의 특별한 사정이 없는 한 채권자는 수익자를 상대로 원물반환 대신 그 가액 상당의 배상을 구할 수도 있다고 할 것이나, 그렇다고 하여 채권자가 스스로 위험이나 불이익을 감수하면서 원물반환을 구하는 것까지 허용되지 아니하는 것으로 볼 것은 아니고, 그 경우 채권자는 원상회복 방법으로 가액배상 대신 수익자 명의의 등기의 말소를 구하거나 수익자를 상대로 채무자 앞으로 직접 소유권이전등기절차를 이행할 것을 구할 수 있다(대법원 2001. 2. 9. 선고 2000다57139 판결).

② (O) 부부 간의 명의신탁약정은 특별한 사정이 없는 한 유효하고(부동산 실권리자명의 등기에 관한 법률 제8조 참조), 이때 명의신탁자는 명의수탁자에 대하여 신탁해지를 하고 신탁관계의 종료 그것만을 이유로 하여 소유 명의의 이전등기절차의 이행을 청구할 수 있음은 물론, 신탁해지를 원인으로 하고 소유권에 기해서도 그와 같은 청구를 할 수 있는데, 이와 같이 명의신탁관계가 종료된 경우 신탁자의 수탁자에 대한 소유권이전등기청구권은 신탁자의 일반채권자들에게 공동담보로 제공되는 책임재산이 된다. 그런데 신탁자가 유효한 명의신탁약정을 해지함을 전제로 신탁된 부동산을 제3자에게 직접 처분하면서 수탁자 및 제3자와의 합의 아래 중간등기를 생략하고 수탁자에게서 곧바로 제3자 앞으로 소유권이전등기를 마쳐 준 경우 이로 인하여 신탁자의 책임재산인 수탁자에 대한 소유권이전등기청구권이 소멸하게 되므로, 이로써 신탁자의 소극재산이 적극재산을 초과하게 되거나 채무초과상태가 더 나빠지게 되고 신탁자도 그러한 사실을 인식하고 있었다면 이러한 신탁자의 법률행위는 신탁자의 일반채권자들을 해하는 행위로서 사해행위에 해당한다(대법원 2016. 7. 29. 선고 2015다56086 판결).

③ (O) … 채무자가 유일한 재산인 그 소유의 부동산에 관한 매매예약에 따른 예약완결권이 제척기간 경과가 임박하여 소멸할 예정인 상태에서 제척기간을 연장하기 위하여 새로 매매예약을 하는 행위는 채무자가 부담하지 않아도 될 채무를 새롭게 부담하게 되는 결과가 되므로 채권자취소권의 대상인 사해행위가 될 수 있다(대법원 2018. 11. 29. 선고 2017다247190 판결).

④ (O) … 사해행위가 있은 후 채권자가 취소원인을 알면서 피보전채권을 양도하고 양수인이 그 채권을 보전하기 위하여 채권자취소권을 행사하는 경우에는, 채권의 양도인이 취소원인을 안 날을 기준으로 제척기간 도과 여부를 판단하여야 한다(대법원 2018. 4. 10. 선고 2016다272311 판결).

⑤ (X) 부동산 실권리자명의 등기에 관한 법률 제4조 제1항, 제2항에 의하면 이른바 계약명의신탁약정에 따라 수탁자가 당사자가 되어 명의신탁약정이 있다는 사실을 알지 못하는 소유자와 사이에 부동산에 관한 매매계약을 체결한 후 그 매매계약에 따라 수탁자 명의로 소유권이전등기를 마친 경우에는 신탁자와 수탁자 사이의 명의신탁약정의 무효에도 불구하고 수탁자는 당해 부동산의 완전한 소유권을 취득하게 되고, 다만 수탁자는 신탁자에 대하여 매수대금 상당의 부당이득반환의무를 부담하게 된다. 또한 신탁자와 수탁자 사이에 신탁자의 지시에 따라 부동산의 소유 명의를 이전하기로 약정하였더라도 이는 명의신탁약정이 유효함을 전제로 명의신탁 부동산 자체의 반환을 구하는 범주에 속하는 것에 해당하여 역시 무효이다. 그리고 이와 같이 신탁자가 수탁자에 대하여 부당이득반환채권만을 가지는 경우에는 그 부동산은 신탁자의 일반채권자들의 공동담보에 제공되는 책임재산이라고 볼 수 없고, 신탁자가 위 부동산에 관하여 제3자와 매매계약을 체결하는 등 신탁자가 실질적인 당사자가 되어 처분행위를 하고 소유권이전등기를 마쳐주었다고 하더라도 그로써 신탁자의 책임재산에 감소를 초래한 것이라고 할 수 없으므로, 이를 들어 신탁자의 일반채권자들을 해하는 사해행위라고 할 수 없다(대법원 2013. 9. 12. 선고 2011다89903 판결).

문 31

친자관계에 관한 설명 중 옳지 않은 것은? (다툼이 있는 경우 판례에 의함) ★★

① 당사자 사이에 친생자관계가 없음을 확인한다는 내용이 포함되어 있는 조정이나 재판상 화해가 성립하더라도 이는 효력이 없다.

② 「민법」 제777조에서 정한 친족이라도 「민법」 제865조에서 정한 이해관계인에 해당하는 경우에만 친생자관계존부확인의 소의 원고적격이 인정된다.

③ 피상속인 甲(女)의 공동상속인 乙과 丙이 이미 상속재산을 분할 또는 처분한 이후에 丁이 甲의 자(子)임이 친생자관계존재확인판결의 확정으로 명백히 밝혀진 경우, 인지의 소급효 제한에 관한 「민법」 제860조 단서는 적용되지 아니하므로 乙과 丙이 한 분할 또는 처분의 효력을 丁이 부인할 수 없다.

④ 정상적으로 혼인생활을 하고 있는 부부 사이에서 인공수정 자녀가 출생하는 경우 인공수정으로 출생한 자녀는 남편의 자녀로 추정되고, 남편이 인공수정에 동의하였다가 나중에 이를 번복하고 친생부인의 소를 제기하는 것은 허용되지 않는다.

⑤ 성전환자의 기본권 보호와 미성년 자녀의 보호 및 복리와의 조화를 이룰 수 있도록 법익의 균형을 위한 여러 사정들을 고려하여 실질적으로 판단하지 아니한 채 단지 성전환자에게 미성년 자녀가 있다는 사정만을 이유로 성별 정정을 불허하여서는 아니 된다.

해설

① (O) 친생자관계의 존부확인과 같이 현행 가사소송법상의 가류 가사소송사건에 해당하는 청구는 성질

상 당사자가 임의로 처분할 수 없는 사항을 대상으로 하는 것으로서 이에 관하여 조정이나 재판상 화해가 성립되더라도 효력이 있을 수 없다(대법원 1999. 10. 8. 선고 98므1698 판결).

② (O) 이처럼 민법 제865조 제1항의 규정 형식과 문언 및 체계, 위 각 규정들이 정한 소송절차의 특성, 친생자관계존부확인의 소의 보충성 등을 고려하면, 친생자관계존부확인의 소를 제기할 수 있는 자는 민법 제865조 제1항에서 정한 제소권자로 한정된다고 봄이 타당하다. … 이와 달리 가사소송법이 적용되는 사안에 대해 민법 제777조에서 정한 친족은 특별한 사정이 없는 한 그와 같은 신분관계에 있다는 사실만으로 친생자관계존부확인의 소를 제기할 소송상 이익이 있다고 판단한 대법원 1998. 10. 20. 선고 97므1585 판결, 대법원 2004. 2. 12. 선고 2003므2503 판결을 비롯하여 그와 같은 취지의 판결은 이 판결의 견해에 배치되는 범위에서 이를 변경하기로 한다(대법원 2020. 6. 18. 선고 2015므8351 전원합의체 판결).

③ (X) … 그런데 혼인 외의 출생자와 생모 사이에는 생모의 인지나 출생신고를 기다리지 아니하고 자의 출생으로 당연히 법률상의 친자관계가 생기고, 가족관계등록부의 기재나 법원의 친생자관계존재확인 판결이 있어야만 이를 인정할 수 있는 것이 아니다. 따라서 인지를 요하지 아니하는 모자관계에는 인지의 소급효 제한에 관한 민법 제860조 단서가 적용 또는 유추적용되지 아니하며, 상속개시 후의 인지 또는 재판의 확정에 의하여 공동상속인이 된 자의 가액지급청구권을 규정한 민법 제1014조를 근거로 자가 모의 다른 공동상속인이 한 상속재산에 대한 분할 또는 처분의 효력을 부인하지 못한다고 볼 수도 없다. 이는 비록 다른 공동상속인이 이미 상속재산을 분할 또는 처분한 이후에 모자관계가 친생자관계존재확인판결의 확정 등으로 비로소 명백히 밝혀졌다 하더라도 마찬가지이다(대법원 2018. 6. 19. 선고 2018다1049 판결).

④ (O) 정상적으로 혼인생활을 하고 있는 부부 사이에서 인공수정 자녀가 출생하는 경우 남편은 동의의 방법으로 자녀의 임신과 출산에 참여하게 되는데, 이것이 친생추정 규정이 적용되는 근거라고 할 수 있다. 남편이 인공수정에 동의하였다가 나중에 이를 번복하고 친생부인의 소를 제기하는 것은 허용되지 않는다. 나아가 인공수정 동의와 관련된 현행법상 제도의 미비, 인공수정이 이루어지는 의료 현실, 민법 제852조에서 친생자임을 승인한 자의 친생부인을 제한하고 있는 취지 등에 비추어 이러한 동의가 명백히 밝혀지지 않았던 사정이 있다고 해서 곧바로 친자관계가 부정된다거나 친생부인의 소를 제기할 수 있다고 볼 것은 아니다(대법원 2019. 10. 23. 선고 2016므2510 전원합의체 판결).

⑤ (O) … 미성년 자녀를 둔 성전환자도 부모로서 자녀를 보호하고 교양하며(민법 제913조), 친권을 행사할 때에도 자녀의 복리를 우선해야 할 의무가 있으므로(민법 제912조), 미성년 자녀가 있는 성전환자의 성별정정 허가 여부를 판단할 때에는 성전환자의 기본권의 보호와 미성년 자녀의 보호 및 복리와의 조화를 이룰 수 있도록 법익의 균형을 위한 여러 사정들을 종합적으로 고려하여 실질적으로 판단하여야 한다. 따라서 위와 같은 사정들을 고려하여 실질적으로 판단하지 아니한 채 단지 성전환자에게 미성년 자녀가 있다는 사정만을 이유로 성별정정을 불허하여서는 아니 된다(대법원 2022. 11. 24.자 2020스616 전원합의체 결정).

해답 ③

문 32 ★★

가구 제조업을 하는 甲은 원자재 공급업자 乙로부터 1천만 원 상당의 목재를 납품받고 乙에게 아래와 같은 약속어음을 교부하였다. 이에 관한 설명 중 옳지 않은 것은? (다툼이 있는 경우 판례에 의함)

<앞면>

약속어음

甲 귀하

금 10,000,000원

위의 금액을 귀하 또는 귀하의 지시인에게 이 약속어음과 상환하여 지급하겠습니다.

지급기일   2023. 12. 5.   발행일 2023. 5. 1.
지급지   성남시 분당구 수내동 105   발행인 丙(종현소파) ㊞
지급장소   ㈜효창은행 수내동 지점

<뒷면>

앞면에 적은 금액을 乙 또는 그 지시인에게 지급하여 주십시오.
거절증서 작성을 면제함.
         2023. 6. 20.
         주소
         부산 사하구 하단1동 123
         성명
         甲(경진가구) ㊞

① 특별한 사정이 없는 한 甲은 乙에게 지급을 위하여 위 약속어음을 교부한 것으로 추정된다.
② 甲은 乙이 목재대금을 청구하면 원칙적으로 어음과 상환으로 지급하겠다는 동시이행항변을 할 수 있으나, 만약 어음상 권리가 시효완성으로 소멸하여 甲에게 이중지급의 위험이 없고 甲이 다른 어음상 채무자에 대하여 권리를 행사할 수도 없는 경우에는 동시이행항변권이 부인된다.
③ 乙은 위 어음채권을 우선 행사하고 그에 의하여 만족을 얻을 수 없는 때 비로소 甲을 상대로 목재대금채권을 행사할 수 있다.
④ 乙이 필요한 소멸시효 중단 조치를 취하지 아니함으로써 어음상 권리의 소멸시효가 완성된 경우, 어음을 반환받은 甲이 丙에 대한 자신의 원인채권을 행사하여 자기 채권의 만족을 얻을 수 있다면 乙에게 손해배상청구권을 행사할 수 없다.
⑤ 丙이 가구대금의 지급을 위하여 甲에게 위 어음을 발행하였는데 그 후 가구매매계약이 해제되었다면, 丙은 이를 이유로 乙의 어음금 청구에 대항할 수 있다.

해설

① (O), ③ (O), ④ (O) 기존 채무의 이행에 관하여 채무자가 채권자에게 어음을 교부할 때의 당사자의 의사는 기존 원인채무의 '지급에 갈음하여', 즉 기존 원인채무를 소멸시키고 새로운 어음채무만을 존속시키려고 하는 경우와, 기존 원인채무를 존속시키면서 그에 대한 지급방법으로서 이른바 '지급을 위하여' 교부하는 경우 및 단지 기존 채무의 지급 담보의 목적으로 이루어지는 이른바 '담보를 위하여' 교부하는 경우로 나누어 볼 수 있는데, 당사자 사이에 특별한 의사표시가 없으면 어음의 교부가 있다고 하더라도 이는 기존 원인채무는 여전히 존속하고 단지 그 '지급을 위하여' 또는 그 '담보를 위하여' 교부된 것으로 추정할 것이며, 따라서 특별한 사정이 없는 한 기존의 원인채무는 소멸하지 아니하고 어음상의 채무와 병존한다고 보아야 할 것이고, 이 경우 어음상의 주채무자가 원인관계상의 채무자와 동일하지 아니한 때에는 제3자인 어음상의 주채무자에 의한 지급이 예정되고 있으므로 이는 '지급을 위하여' 교부된 것으로 추정하여야 한다 … 어음이 '지급을 위하여' 교부된 경우에는 채권자는 어음채권과 원인채권 중 어음채권을 먼저 행사하여 만족을 얻을 것을 당사자가 예정하였다

고 할 것이므로 채권자로서는 어음채권을 우선 행사하고, 그에 의하여서는 만족을 얻을 수 없을 때 비로소 채무자에 대하여 기존의 원인채권을 행사할 수 있다고 하여야 하며, 나아가 이러한 목적으로 어음을 배서양도받은 채권자는 특별한 사정이 없는 한 채무자에 대하여 원인채권을 행사하기 위하여는 어음을 채무자에게 반환하여야 하므로, 채권자가 채무자에 대하여 자기의 원인채권을 행사하기 위한 전제로서 지급기일에 어음을 적법히 제시하여 소구권 보전절차를 취할 의무가 있다고 보는 것이 양자 사이의 형평에 맞는다 … 채권자가 위의 의무를 위반하여 지급기일에 적법한 지급제시를 하지 아니함으로써 소구권이 보전되지 아니하였더라도 약속어음의 주채무자인 발행인이 자력이 있는 한 어음을 반환받은 채무자가 발행인에 대한 어음채권이나 원인채권을 행사하여 자기 채권의 만족을 얻을 수 있기 때문에 아직 손해는 발생하지 아니하는 것이고, 지급기일 후에 어음발행인의 자력이 악화되어 무자력이 됨으로써 채권자에게 자신의 채무를 이행하여야 할 채무자가 어음을 반환받더라도 발행인에 대한 어음채권과 원인채권의 어느 것도 받을 수 없게 된 때에야 비로소 자신의 채권에 대하여 만족을 얻지 못하게 되는 손해를 입게 되는 것이고, 이러한 손해는 어음 주채무자인 발행인의 자력의 악화라는 특별 사정으로 인한 손해로서 소구권 보전의무를 불이행한 어음소지인이 그 채무불이행 당시인 어음의 지급기일에 장차 어음발행인의 자력이 악화될 것임을 알았거나 알 수 있었을 때에만 그 배상채권으로 상계할 수 있는 것이라고 할 것이다(대법원 1996. 11. 8. 선고 95다25060 판결).

② (O) 기존의 원인채권과 어음채권이 병존하는 경우에 채권자가 원인채권을 행사함에 있어서 채무자는 원칙적으로 어음과 상환으로 지급하겠다고 하는 항변으로 채권자에게 대항할 수 있다. 그러나 채무자가 어음의 반환이 없음을 이유로 원인채무의 변제를 거절할 수 있는 것은 채무자로 하여금 무조건적인 원인채무의 이행으로 인한 이중지급의 위험을 면하게 하려는 데 그 목적이 있고, 기존의 원인채권에 터잡은 이행청구권과 상대방의 어음반환청구권 사이에 민법 제536조에 정하는 쌍무계약상의 채권채무관계나 그와 유사한 대가관계가 있기 때문은 아니다. 따라서 어음상 권리가 시효완성으로 소멸하여 채무자에게 이중지급의 위험이 없고 채무자가 다른 어음상 채무자에 대하여 권리를 행사할 수도 없는 경우에는 채권자의 원인채권 행사에 대하여 채무자에게 어음상환의 동시이행항변을 인정할 필요가 없으므로 결국 채무자의 동시이행항변권은 부인된다(대법원 2010. 7. 29. 선고 2009다69692 판결).

⑤ (X) 어음행위에 착오·사기·강박·해제 항변은 어음행위 상대방에 대한 인적항변에 불과한 것이므로, 어음채무자는 소지인이 채무자를 해할 것을 알고 어음을 취득한 경우가 아닌 한, 소지인이 중대한 과실로 그러한 사실을 몰랐다고 하더라도 종전 소지인에 대한 인적항변으로써 소지인에게 대항할 수 없다(대법원 1997. 5. 16. 선고 96다49513 판결).

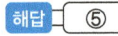

문 33 ★★★

乙은 甲에 대한 1억 원의 채무를 담보하기 위하여 乙 소유 X 토지(시가 1억 2천만 원)와 물상보증인 丙 소유 Y 토지(시가 8천만 원)에 공동저당권을 설정해 주었다. X 토지에 관하여 丁이 2번 저당권(피담보채권 1천만 원)을, Y 토지에 관하여 戊가 2번 저당권(피담보채권 4천만 원)을 취득하였다. 이에 관한 설명 중 옳은 것(O)과 옳지 않은 것(×)을 올바르게 조합한 것은? (이자와 지연손해금, 집행비용은 고려하지 말 것. 각 지문은 독립적이며, 다툼이 있는 경우 판례에 의함)

ㄱ. X 토지가 먼저 경매되어 매각대금(1억 원)으로 甲이 채권 전액을 배당받은 후 Y 토지가 경매되는 경우, Y 토지의 매각대금(8천만 원)에서 丁은 1천만 원을 변제받을 수 있다.

ㄴ. Y 토지가 먼저 경매되어 매각대금(8천만 원)이 전액 甲에게 배당된 경우, 乙은 丙에 대하여 가지고 있는 변제기가 도래한 5천만 원의 대여금채권을 丙이 乙에 대하여 취득한 구상금 채권과 상계함으로써 戊에게 대항할 수 있다.

ㄷ. 乙이 X 토지를 己에게 매각하고 소유권이전등기를 마친 후 乙의 일반채권자 A(채권액 1억 원)에 의하여 위 매매계약이 사해행위로 취소되어 가액배상을 하여야 하는 경우, X 토지와 Y 토지의 시가변동이 없다면 가액배상의 범위는 2천만 원이다.

① ㄱ(○), ㄴ(×), ㄷ(○)
② ㄱ(○), ㄴ(×), ㄷ(×)
③ ㄱ(×), ㄴ(○), ㄷ(○)
④ ㄱ(×), ㄴ(×), ㄷ(○)
⑤ ㄱ(×), ㄴ(×), ㄷ(×)

해설

ㄱ.(×) 공동근저당권자가 적극적으로 경매를 신청하였는지 아니면 제3자의 경매신청에 소극적으로 참가하였는지를 불문하고 공동근저당권의 목적 부동산 중 일부 부동산에 대한 경매절차에서 자신의 우선변제권을 행사하여 우선변제권 범위의 채권최고액에 해당하는 전액을 배당받은 경우에는 후에 이루어지는 공동근저당권의 다른 목적 부동산에 대한 경매절차를 통해서 중복하여 다시 배당받을 수는 없다고 봄이 상당하다(대판 2012.01.12. 2011다68012).

ㄴ.(×) 공동저당에 제공된 채무자 소유의 부동산과 물상보증인 소유의 부동산 가운데 물상보증인 소유의 부동산이 먼저 경매되어 매각대금에서 선순위공동저당권자가 변제를 받은 때에는 물상보증인은 채무자에 대하여 구상권을 취득함과 동시에 변제자대위에 의하여 채무자 소유의 부동산에 대한 선순위공동저당권을 대위취득한다. 물상보증인 소유의 부동산에 대한 후순위저당권자는 물상보증인이 대위취득한 채무자 소유의 부동산에 대한 선순위공동저당권에 대하여 물상대위를 할 수 있다. 이 경우에 채무자는 물상보증인에 대한 반대채권이 있더라도 특별한 사정이 없는 한 물상보증인의 구상금 채권과 상계함으로써 물상보증인 소유의 부동산에 대한 후순위저당권자에게 대항할 수 없다. 채무자는 선순위공동저당권자가 물상보증인 소유의 부동산에 대해 먼저 경매를 신청한 경우에 비로소 상계할 것을 기대할 수 있는데, 이처럼 우연한 사정에 의하여 좌우되는 상계에 대한 기대가 물상보증인 소유의 부동산에 대한 후순위저당권자가 가지는 법적 지위에 우선할 수 없다(대판 2017.04.26. 2014다221777,2014다221784).

ㄷ.(×) 사해행위취소의 소에서 채무자가 수익자에게 양도한 목적물에 근저당권이 설정되어 있는 경우라면 그 목적물 중에서 일반채권자들의 공동담보에 제공되는 책임재산은 최고액의 한도에서 피담보채권액을 공제한 나머지 부분만이고 그 피담보채권액이 목적물의 가액을 초과할 때는 해당 목적물의 양도는 사해행위에 해당한다고 할 수 없다. 수개의 부동산에 공동근저당권이 설정되어 있는 경우 책임재산을 산정할 때 각 부동산이 부담하는 피담보채권액은 특별한 사정이 없는 한 민법 제368조의 규정 취지에 비추어 공동근저당권의 목적으로 된 각 부동산의 가액에 비례하여 최고액의 한도에서 피담보채권액을 안분한 금액으로 봄이 타당하다. 그러나 그 수개의 부동산 중 일부는 채무자 소유이고 다른 일부는 물상보증인 소유인 경우에는, 물상보증인이 민법 제481조, 제482조의 규정에 따른 변제자대위에 의하여 채무자 소유의 부동산에 대하여 근저당권을 행사할 수 있는 지위에 있는 사정 등을 고려할 때, 그 물상보증인이 채무자에 대하여 구상권을 행사할 수 없는 특별한 사정이 없는 한 채무자 소유의 부동산에 관한 피담보채권액은 최고액의 한도에서 피담보채권액 전액으로 보아야 한다. 이러한 법리는 하나의 공유부동산 중 일부 지분이 채무자 소유이고, 다른 일부 지분이 물상보증인 소유인 경우에도 마찬가지로 적용된다(대판 2021.11.11. 2021다258777). ▶사안에서 일반채권자 A(채권액 1억 원)에 의하여 위 채무자 乙 소유의 부동산 X 토지(시가 1억 2천만 원)의 매매계약이 사해행위로

취소되어 가액배상을 하여야 하는 경우 공동담보에 제공되는 책임재산은 최고액의 한도에서 피담보채권액 전액(甲의 피담보채권액 1원 + 丁의 피담보채권액 1천만 원)을 공제한 나머지 부분만(1천만 원)이므로 채권자 취소채권자인 일반채권자 A의 가액배상의 범위는 1천만 원이다.

해답 ⑤

문 34 ★★

여관을 경영하고 있는 甲과 그 여관의 투숙객 乙의 법률관계에 관한 설명 중 옳은 것을 모두 고른 것은? (다툼이 있는 경우 판례에 의함)

> ㄱ. 甲이 乙과 체결하는 숙박계약은 객실에 관한 일종의 일시 사용을 위한 임대차계약에 해당한다.
> ㄴ. 甲과 乙 사이에 임치관계가 성립하기 위하여는 그들 사이에 甲이 자기의 지배영역 내에 목적물 보관의 채무를 부담하기로 하는 명시적 또는 묵시적 합의가 있어야 한다.
> ㄷ. 甲은 乙로부터 임치받지 아니한 경우에도 그 시설 내에 휴대한 물건이 자기 또는 그 사용인의 과실로 인하여 멸실 또는 훼손되었을 때에는 그 손해를 배상할 책임이 있다.
> ㄹ. 甲이 여관 부설주차장의 출입을 통제하거나 주차 사실을 확인하지 않고 단지 주차의 장소만을 제공하는 경우, 乙이 주차장에 주차한 뒤 여관에 차량 열쇠를 맡겨 차량의 보관을 위탁하였더라도 甲과 乙 사이에 임치의 합의를 인정할 수 없다.
> ㅁ. 여관의 화재로 인하여 乙이 사망한 경우, 乙의 배우자인 丙은 甲의 乙에 대한 숙박계약상 채무불이행을 이유로 甲에게 자신의 정신적 고통에 관한 위자료를 청구할 수 있다.

① ㄱ, ㅁ
② ㄱ, ㄴ, ㄷ
③ ㄱ, ㄴ, ㄹ
④ ㄷ, ㄹ, ㅁ
⑤ ㄱ, ㄴ, ㄷ, ㄹ

해설

ㄱ.(O) 숙박업자가 고객과 체결하는 숙박계약은 숙박업자가 고객에게 객실을 제공하여 이를 일시적으로 사용할 수 있도록 하고, 고객은 숙박업자에게 사용에 따른 대가를 지급하는 것을 내용으로 한다는 점에서 임대차계약과 유사하다. 대법원이 숙박계약을 '일종의 일시 사용을 위한 임대차계약'이라고 한 것은 이러한 유사성에 착안한 것이다. 그러나 숙박계약은 통상의 임대차계약과는 다른 여러 가지 요소들도 포함하고 있으므로, 숙박계약에 대한 임대차 관련 법리의 적용 여부와 범위는 이러한 숙박계약의 특수성을 고려하여 개별적으로 판단하여야 한다(대법원 2023. 11. 2. 선고 2023다244895).

ㄴ.(O) 상법 제152조 제1항의 규정에 의한 임치가 성립하려면 우선 공중접객업자와 객 사이에 공중접객업자가 자기의 지배령역 내에서 목적물 보관의 채무를 부담하기로 하는 명시적 또는 묵시적 합의가 있음을 필요로 한다(대법원 1992. 2. 11. 선고 91다21800 판결).

ㄷ.(O) 상법 제152조

> 상법 제152조(공중접객업자의 책임) ② 공중접객업자는 고객으로부터 임치받지 아니한 경우에도 그 시설 내에 휴대한 물건이 자기 또는 그 사용인의 과실로 인하여 멸실 또는 훼손되었을 때에는 그 손해를 배상할 책임이 있다.

ㄹ.(X) 여관 부설주차장에 시정장치가 된 출입문이 설치되어 있거나 출입을 통제하는 관리인이 배치되어 있거나 기타 여관측에서 그 주차장에의 출입과 주차사실을 통제하거나 확인할 수 있는 조치가 되어 있다면, 그러한 주차장에 여관 투숙객이 주차한 차량에 관하여는 명시적인 위탁의 의사표시가 없어도 여

관업자와 투숙객 사이에 임치의 합의가 있는 것으로 볼 수 있으나, 위와 같은 <u>주차장 출입과 주차사실을 통제하거나 확인하는 시설이나 조치가 되어 있지 않은 채 단지 주차의 장소만을 제공하는 데에 불과하여 그 주차장 출입과 주차사실을 여관측에서 통제하거나 확인하지 않고 있는 상황이라면, 부설주차장 관리자로서의 주의의무 위배 여부는 별론으로 하고 그러한 주차장에 주차한 것만으로 여관업자와 투숙객 사이에 임치의 합의가 있는 것으로 볼 수 없고, 투숙객이 여관측에 주차사실을 고지하거나 차량열쇠를 맡겨 차량의 보관을 위탁한 경우에만 임치의 성립을 인정할 수 있다</u>(대법원 1992. 2. 11. 선고 91다21800 판결).

ㅁ.(X) 숙박업자가 숙박계약상의 고객 보호의무를 다하지 못하여 투숙객이 사망한 경우, 숙박계약의 <u>당사자가 아닌 그 투숙객의 근친자가 그 사고로 인하여 정신적 고통을 받았다 하더라도 숙박업자의 그 망인에 대한 숙박계약상의 채무불이행을 이유로 위자료를 청구할 수는 없다</u>(대법원 2000. 11. 24. 선고 2000다38718,38725 판결).

문 35

甲은 A운송회사와 수하인을 乙로 하여 컴퓨터 10대를 서울에서 순천까지 운송하는 계약을 체결하였다(이 계약에는 운송인의 손해배상책임에 관한 면책약관은 없었고, 화물상환증은 발행되지 않았음). 이에 관한 설명 중 옳지 않은 것은? (다툼이 있는 경우 판례에 의함) ★★

① 운송 도중 컴퓨터 전부가 멸실되었다면 A회사는 자기 또는 사용인이 운송물의 멸실과 관련하여 주의를 게을리하지 아니하였음을 증명하여야 손해배상책임을 면할 수 있다.
② 운송 도중 컴퓨터 전부가 멸실되었다면 손해배상액은 A회사가 乙에게 인도할 날의 서울에서의 시가에 따른다.
③ 만약 A회사의 고의나 중과실로 인하여 컴퓨터가 전부 멸실되었다면 A회사는 모든 손해를 배상하여야 한다.
④ 만약 운송 도중 발생한 컴퓨터의 훼손이 즉시 발견할 수 있는 것이었는데 A회사나 그 사용인이 그 훼손에 대하여 악의인 경우, 乙이 유보 없이 컴퓨터 전부를 수령하고 운임 기타의 비용을 지급하더라도 A회사의 책임이 소멸하지 않는다.
⑤ 만약 甲의 청구에 의하여 A회사가 화물상환증을 발행하였고 그 화물상환증의 운송물란에 '컴퓨터 100대'라고 기재되어 있다면, 甲과 A회사 사이에는 컴퓨터 100대를 운송물로 하는 운송계약이 체결되고 컴퓨터 100대를 수령한 것으로 추정한다.

해설

① (O) 상법 제135조 참조

> 상법 제135조(손해배상책임) 운송인은 자기 또는 운송주선인이나 사용인, 그 밖에 운송을 위하여 사용한 자가 운송물의 수령, 인도, 보관 및 운송에 관하여 주의를 게을리하지 아니하였음을 증명하지 아니하면 운송물의 멸실, 훼손 또는 연착으로 인한 손해를 배상할 책임이 있다.

② (X), ③ (O) 상법 제137조 참조

> 상법 제137조(손해배상의 액) ① 운송물이 전부멸실 또는 연착된 경우의 손해배상액은 인도할 날의 <u>도착지의 가격</u>에 따른다.
> ③ <u>운송물의 멸실, 훼손 또는 연착이 운송인의 고의나 중대한 과실로 인한 때에는 운송인은 모든 손해를 배상하여야 한다.</u>

▶ 사안에서 도착지는 순천이므로 손해배상액은 순천에서의 시가에 따른다.

④ (O) 상법 제146조 참조

> 상법 제146조(운송인의 책임소멸) ① 운송인의 책임은 수하인 또는 화물상환증소지인이 유보없이 운송물을 수령하고 운임 기타의 비용을 지급한 때에는 소멸한다. 그러나 운송물에 즉시 발견할 수 없는 훼손 또는 일부 멸실이 있는 경우에 운송물을 수령한 날로부터 2주간 내에 운송인에게 그 통지를 발송한 때에는 그러하지 아니하다.
> ② 전항의 규정은 운송인 또는 그 사용인이 악의인 경우에는 적용하지 아니한다.

⑤ (O) 상법 제126조, 제128조, 제131조 참조

> 상법 제126조(화물명세서) ① 송하인은 운송인의 청구에 의하여 화물명세서를 교부하여야 한다.
> ② 화물명세서에는 다음의 사항을 기재하고 송하인이 기명날인 또는 서명하여야 한다.
> 1. 운송물의 종류, 중량 또는 용적, 포장의 종별, 개수와 기호
>
> 상법 제128조(화물상환증의 발행) ① 운송인은 송하인의 청구에 의하여 화물상환증을 교부하여야 한다.
> 1. 제126조 제2항 제1호 내지 제3호의 사항
> 2. 송하인의 성명 또는 상호, 영업소 또는 주소
> 3. 운임 기타 운송물에 관한 비용과 그 선급 또는 착급의 구별
> 4. 화물상환증의 작성지와 작성년월일
>
> 상법 제131조(화물상환증 기재의 효력) ① 제128조에 따라 화물상환증이 발행된 경우에는 운송인과 송하인 사이에 화물상환증에 적힌 대로 운송계약이 체결되고 운송물을 수령한 것으로 추정한다.
> ② 화물상환증에는 다음의 사항을 기재하고 운송인이 기명날인 또는 서명하여야 한다.

해답 ②

문 36 ★★

A주식회사는 B주식회사에 호텔에 관한 영업을 양도하는 계약을 체결하였다. B회사는 A회사의 채무를 인수하지 않았지만 A회사의 채무에 대하여 자신에게 책임이 없음을 등기하거나 A회사의 채권자에 대하여 그 뜻을 통지하지 않았다. B회사는 영업양수 이후 동일한 호텔 영업을 하면서 A회사가 사용하던 '△△제주'라는 영업소 명칭을 그대로 사용하였다. 이에 관한 설명 중 옳지 않은 것은? (다툼이 있는 경우 판례에 의함)

① 영업이 포괄적으로 양도되면 반대의 특약이 없는 한 A회사와 근로자 간의 근로관계도 원칙적으로 B회사에 포괄적으로 승계된다.
② B회사에 의하여 속용되는 명칭이 상호 자체가 아닌 옥호 또는 영업표지인 때에도 B회사는 특별한 사정이 없는 한 상법 제42조(상호를 속용한 양수인의 책임) 제1항의 유추적용에 의하여 그 채무를 부담한다.
③ A회사의 영업으로 인한 제3자의 채권에 대하여 B회사의 변제책임은 영업양도 후 2년이 경과하면 소멸한다.
④ 영업양도에도 불구하고 채무인수 사실이 없다는 것을 알고 있는 A회사 채권자에 대하여는 B회사의 책임이 발생하지 않고, 채권자가 악의라는 점에 대한 주장·증명책임은 B회사에 있다.
⑤ A회사의 채권자가 영업양도 무렵 채무인수 사실이 없음을 알지 못한 경우에는 특별한 사정이 없는 한 상법 제42조 제1항에 따른 B회사의 변제책임이 발생하고, 이후 채권자가 채무인수 사실이 없음을 알게 되었다고 하더라도 이미 발생한 B회사의 변제책임이 소멸하는 것은 아니다.

해설

① **(O)** 영업의 양도라 함은 일정한 영업목적에 의하여 조직화된 업체 즉 인적 물적 조직을 그 동일성은 유지하면서 일체로서 이전하는 것을 말하고 영업이 포괄적으로 양도되면 반대의 특약이 없는 한 양도인과 근로자 간의 근로관계도 원칙적으로 양수인에게 포괄적으로 승계된다(대법원 1994. 6. 28. 선고 93다33173 판결).

② **(O)**, ④ **(O)**, ⑤ **(O)** 상호를 속용하는 영업양수인의 책임을 정하고 있는 상법 제42조 제1항은, 일반적으로 영업상 채권자의 채무자에 대한 신용은 채무자의 영업재산에 의하여 실질적으로 담보되어 있는 것이 대부분인데도 실제 영업양도가 이루어지면서 채무인수가 제외된 경우에는 채권자의 채권이 영업재산과 분리되게 되어 채권자를 해치게 되는 일이 일어나므로 채권자에게 채권추구의 기회를 상실시키는 것과 같은 영업양도의 방법, 즉 채무를 인수하지 않았음에도 불구하고 상호를 속용함으로써 영업양도의 사실이 대외적으로 판명되기 어려운 방법 또는 영업양도에도 불구하고 채무인수가 이루어지지 않은 사실이 대외적으로 판명되기 어려운 방법 등이 채용된 경우에 양수인에게도 변제의 책임을 지우기 위하여 마련된 규정이다. 양수인에 의하여 속용되는 명칭이 상호 자체가 아닌 옥호 또는 영업표지인 때에도 그것이 영업주체를 나타내는 것으로 사용되는 경우에는 채권자가 영업주체의 교체나 채무인수 여부 등을 용이하게 알 수 없다는 점에서 일반적인 상호속용의 경우와 다를 바 없으므로, 양수인은 특별한 사정이 없는 한 상법 제42조 제1항의 유추적용에 의하여 그 채무를 부담한다. 상호를 속용하는 영업양수인의 책임은 어디까지나 채무인수가 없는 영업양도에 의하여 채권추구의 기회를 빼앗긴 채권자를 보호하기 위한 것이므로, 영업양도에도 불구하고 채무인수 사실이 없다는 것을 알고 있는 악의의 채권자에 대하여는 상법 제42조 제1항에 따른 책임이 발생하지 않고, 채권자가 악의라는 점에 대한 주장·증명책임은 그 책임을 면하려는 영업양수인에게 있다. 나아가 채권자 보호의 취지와 상법 제42조 제1항의 적용을 면하기 위하여 양수인의 책임 없음을 등기하거나 통지하는 경우에는 영업양도를 받은 후 지체 없이 하도록 규정한 상법 제42조 제2항의 취지를 종합하면, 채권자가 영업양도 당시 채무인수 사실이 없음을 알고 있었거나 그 무렵 알게 된 경우에는 영업양수인의 변제책임이 발생하지 않으나, 채권자가 영업양도 무렵 채무인수 사실이 없음을 알지 못한 경우에는 특별한 사정이 없는 한 상법 제42조 제1항에 따른 영업양수인의 변제책임이 발생하고, 이후 채권자가 채무인수 사실이 없음을 알게 되었다고 하더라도 이미 발생한 영업양수인의 변제책임이 소멸하는 것은 아니다(대법원 2022. 4. 28. 선고 2021다305659 판결).

③ **(X)** 상법 제45조 참조

> 상법 제45조(영업양도인의 책임의 존속기간) 영업양수인이 제42조제1항 또는 전조의 규정에 의하여 변제의 책임이 있는 경우에는 양도인의 제3자에 대한 채무는 영업양도 또는 광고 후 2년이 경과하면 소멸한다.

해답 ③

문 37

가등기담보에 관한 설명 중 옳지 않은 것은? (다툼이 있는 경우 판례에 의함)

① 「가등기담보 등에 관한 법률」(이하 '가등기담보법'이라고 한다)에 따라 담보가등기를 마친 부동산에 대하여 강제경매개시결정이 있는 경우, 그 경매신청이 청산금을 지급하기 전(청산금이 없는 경우에는 청산기간이 지나기 전)에 행하여졌다면 담보가등기권리자는 그 가등기에 따른 본등기를 청구할 수 없다.

② 가등기담보법에 따른 청산절차를 위반하여 담보가등기에 기한 본등기가 이루어진 경우, 담보목적 부동산에 관하여 진행된 경매절차에서 매수인이 본등기가 무효인 사실을 알지 못한 채 부동산을

매수하여 소유권을 취득하였다면, 채무자는 더 이상 채권자에 대하여 피담보채무액 전부를 변제하고 그 본등기의 말소를 청구할 수 없다.
③ 금전소비대차에 기한 차용금반환채무와 그 외의 원인으로 발생한 채무를 동시에 담보할 목적으로 가등기가 경료된 후 후자의 채무가 변제 기타의 사유로 소멸하고 금전소비대차에 기한 차용금반환채무만 남게 된 경우, 그 가등기담보에 가등기담보법이 적용되지 아니한다.
④ 가등기담보법에 따른 청산절차를 거치지 않고 마쳐진 본등기가 무효인 경우 채무자가 담보목적 부동산에 관하여 채권자와 임대차계약을 체결하고 채권자에게 차임을 지급하였다면, 위 차임은 특별한 사정이 없는 한 피담보채무의 변제에 충당된 것으로 보아야 한다.
⑤ 가등기담보권의 사적 실행에서 채권자가 청산금 지급 이전에 본등기와 담보목적물의 인도를 받을 수 있다거나 청산기간이나 동시이행관계를 인정하지 아니하는 방식의 담보권실행은 가등기담보법상 허용되지 아니한다.

해설

① (O) 가등기담보 등에 관한 법률 제14조 참조

> 가등기담보 등에 관한 법률 제14조(강제경매 등의 경우의 담보가등기) 담보가등기를 마친 부동산에 대하여 강제경매 등의 개시 결정이 있는 경우에 그 경매의 신청이 청산금을 지급하기 전에 행하여진 경우(청산금이 없는 경우에는 청산기간이 지나기 전)에는 담보가등기권리자는 그 가등기에 따른 본등기를 청구할 수 없다.

② (O) 가등기담보등에관한법률(이하 '가등기담보법'이라고 한다) 제3조, 제4조의 청산절차를 위반하여 이루어진 담보가등기에 기한 본등기가 무효라고 하더라도 선의의 제3자가 그 본등기에 터 잡아 소유권이전등기를 마치는 등으로 담보목적부동산의 소유권을 취득하면, 가등기담보법 제2조 제2호에서 정한 채무자 등(이하 '채무자 등'이라고 한다)은 더 이상 가등기담보법 제11조 본문에 따라 채권자를 상대로 그 본등기의 말소를 청구할 수 없게 된다(대법원 2021. 10. 28. 선고 2016다248325 판결).

③ (X) 가등기담보등에관한법률은 차용물의 반환에 관하여 다른 재산권을 이전할 것을 예약한 경우에 적용되므로 금전소비대차나 준소비대차에 기한 차용금반환채무 이외의 채무를 담보하기 위하여 경료된 가등기나 양도담보에는 위 법이 적용되지 아니하나, 금전소비대차나 준소비대차에 기한 차용금반환채무와 그 외의 원인으로 발생한 채무를 동시에 담보할 목적으로 경료된 가등기나 소유권이전등기라도 그 후 후자의 채무가 변제 기타의 사유로 소멸하고 금전소비대차나 준소비대차에 기한 차용금반환채무의 전부 또는 일부만이 남게 된 경우에는 그 가등기담보나 양도담보에 가등기담보등에관한법률이 적용된다(대법원 2004. 4. 27. 선고 2003다29968 판결).

④ (O) 가등기담보법 제4조는 채권자는 위 통지 당시 부동산의 가액에서 피담보채권의 가액을 공제한 청산금을 지급하여야 하고, 부동산에 관하여 이미 소유권이전등기를 마친 경우에는 청산기간이 지난 후 청산금을 채무자 등에게 지급한 때에 부동산의 소유권을 취득하고, 담보가등기를 마친 경우에는 청산기간이 지나야 그 가등기에 따른 본등기를 청구할 수 있으며, 이에 반하는 특약으로서 채무자 등에게 불리한 것은 효력이 없다고 규정하고 있다. 위 규정들은 강행법규에 해당하여 이를 위반하여 담보가등기에 기한 본등기가 이루어진 경우 본등기는 무효라고 할 것이고, 설령 그와 같은 본등기가 가등기권리자와 채무자 사이에 이루어진 특약에 의하여 이루어졌다고 할지라도 만일 특약이 채무자에게 불리한 것으로서 무효라고 한다면 본등기는 여전히 무효일 뿐, 이른바 약한 의미의 양도담보로서 담보의 목적 내에서는 유효하다고 할 것이 아니다. … 담보가등기에 기하여 마쳐진 본등기가 무효인 경우, 담보목적 부동산에 대한 소유권은 담보가등기 설정자인 채무자 등에게 있고 소유권의 권능 중 하나인 사

용수익권도 당연히 담보가등기 설정자가 보유한다. 따라서 채무자가 자신이 소유하는 담보목적 부동산에 관하여 채권자와 임대차계약을 체결하고 채권자에게 차임을 지급하거나 채무자가 자신과 임대차계약을 체결하고 있는 임차인으로 하여금 채권자에게 차임을 지급하도록 하여 채권자가 차임을 수령하였다면, 채권자와 채무자 사이에 위 차임을 피담보채무의 변제와는 무관한 별개의 것으로 취급하기로 약정하였거나 달리 차임이 피담보채무의 변제에 충당되었다고 보기 어려운 특별한 사정이 없는 한 위 차임은 피담보채무의 변제에 충당된 것으로 보아야 한다(대법원 2019. 6. 13. 선고 2018다300661 판결).

⑤ (O) 가등기담보등에관한법률이 제3조와 제4조에서 가등기담보권의 사적 실행방법으로 귀속정산의 원칙을 규정함과 동시에 제12조와 제13조에서 그 공적 실행방법으로 경매의 청구 및 우선변제청구권 등 처분정산을 별도로 규정하고 있는 점, 위 제4조가 제1항 내지 제3항에서 채권자의 청산금 지급의무, 청산기간 경과와 본등기청구, 청산금의 지급의무와 부동산의 소유권이전등기 및 인도 채무의 동시이행관계 등을 순차로 규정한 다음, 제4항에서 제1항 내지 제3항에 반하는 특약으로서 채무자 등에게 불리한 것은 그 효력이 없다(다만, 청산기간 경과 후에 행하여진 특약으로서 제3자의 권리를 해하지 아니하는 경우는 제외된다)고 규정하고 있는 점, 나아가 제11조는 채무자 등이 청산금 채권을 변제받을 때까지 그 채무액을 채권자에게 지급하고 그 채권담보의 목적으로 경료된 소유권이전등기의 말소를 청구할 수 있다고 규정하고 있는 점 등을 종합하여 보면, 가등기담보권의 사적 실행에 있어서 채권자가 청산금의 지급 이전에 본등기와 담보목적물의 인도를 받을 수 있다거나 청산기간이나 동시이행관계를 인정하지 아니하는 '처분정산'형의 담보권실행은 가등기담보등에관한법률상 허용되지 아니한다(대법원 2002. 4. 23. 선고 2001다81856 판결).

문 38

乙은 甲과의 계속적 물품 거래에 따른 채무를 담보하기 위하여 채무자 乙 소유 X 토지에 채권최고액 1억 원인 근저당권을 설정해 주었다. 乙의 친구 丙은 乙의 위 채무를 담보하기 위하여 丙 소유 Y 건물에 채권최고액 1억 원인 근저당권을 설정하였다. 그 후 X 토지에 관하여 丁이 2번 저당권(피담보채권 8,000만 원)을 취득하였다. 乙의 채무불이행으로 물품 거래가 종료된 후 甲의 신청에 따라 Y 건물이 먼저 경매되었고, 당시 甲의 물품대금채권은 1억 1,000만 원(원금 1억 원, 지연손해금 1,000만 원)이었으며, 매각대금 8,000만 원은 전액 甲에게 배당되었다(지연손해금 1,000만 원, 원금 7,000만 원에 충당됨). 그 후 甲의 신청에 따라 X 토지가 경매되었고, 당시 甲의 채권은 3,500만 원(원금 3,000만 원, 지연손해금 500만 원)이었으며, 매각대금은 7,500만 원이었다. 이에 관한 설명 중 옳은 것을 모두 고른 것은? (집행비용은 고려하지 않음. 각 지문은 독립적이며, 다툼이 있는 경우 판례에 의함)

ㄱ. X 토지와 Y 건물의 근저당권이 공동근저당권인 경우 甲은 X 토지의 경매대금에서 2,000만 원을 배당받을 수 있다.
ㄴ. X 토지와 Y 건물의 근저당권이 피담보채권을 누적적으로 담보하는 근저당권인 경우 甲은 X 토지의 경매대금에서 3,500만 원을 배당받을 수 있다.
ㄷ. X 토지와 Y 건물의 근저당권이 피담보채권을 누적적으로 담보하는 근저당권인 경우 丁은 X 토지의 경매대금에서 4,000만 원을 배당받을 수 있다.

① ㄴ　　　　　　　　　　　　　② ㄱ, ㄴ
③ ㄱ, ㄷ　　　　　　　　　　　④ ㄴ, ㄷ
⑤ ㄱ, ㄴ, ㄷ

해설

ㄱ.(O) … 그렇다면 공동근저당권이 설정된 목적 부동산에 대하여 이시배당이 이루어지는 경우에도 동시배당의 경우와 마찬가지로 공동근저당권자가 공동근저당권 목적 부동산의 각 환가대금으로부터 채권최고액만큼 반복하여 배당받을 수는 없다고 해석하는 것이 민법 제368조 제1항 및 제2항의 취지에 부합한다. 그러므로 공동근저당권자가 스스로 근저당권을 실행하거나 타인에 의하여 개시된 경매 등의 환가절차를 통하여 공동담보의 목적 부동산 중 일부에 대한 환가대금 등으로부터 다른 권리자에 우선하여 피담보채권의 일부에 대하여 배당받은 경우에, 그와 같이 우선변제받은 금액에 관하여는 공동담보의 나머지 목적 부동산에 대한 경매 등의 환가절차에서 다시 공동근저당권자로서 우선변제권을 행사할 수 없다고 보아야 하며, 공동담보의 나머지 목적 부동산에 대하여 공동근저당권자로서 행사할 수 있는 우선변제권의 범위는 피담보채권의 확정 여부와 상관없이 최초의 채권최고액에서 위와 같이 우선변제받은 금액을 공제한 나머지 채권최고액으로 제한된다고 해석함이 타당하다. 그리고 이러한 법리는 채권최고액을 넘는 피담보채권이 원금이 아니라 이자·지연손해금인 경우에도 마찬가지로 적용된다(대판 2017.12. 21. 2013다16992). ▶사안의 경우 甲이 X 토지의 경매대금에서 배당받을 수 있는 금액은 최초의 채권최고액(1억 원)에 우선변제받은 금액(8000만 원)을 공제한 나머지 2000만 원이다.

ㄴ.(O), ㄷ.(X) 당사자 사이에 하나의 기본계약에서 발생하는 동일한 채권을 담보하기 위하여 여러 개의 부동산에 근저당권을 설정하면서 각각의 근저당권 채권최고액을 합한 금액을 우선변제받기 위하여 공동근저당권의 형식이 아닌 개별 근저당권의 형식을 취한 경우, 이러한 근저당권은 민법 제368조가 적용되는 공동근저당권이 아니라 피담보채권을 누적적(累積的)으로 담보하는 근저당권에 해당한다. 이와 같은 누적적 근저당권은 공동근저당권과 달리 담보의 범위가 중첩되지 않으므로, 누적적 근저당권을 설정받은 채권자는 여러 개의 근저당권을 동시에 실행할 수도 있고, 여러 개의 근저당권 중 어느 것이라도 먼저 실행하여 그 채권최고액의 범위에서 피담보채권의 전부나 일부를 우선변제 받은 다음 피담보채권이 소멸할 때까지 나머지 근저당권을 실행하여 그 근저당권의 채권최고액 범위에서 반복하여 우선변제를 받을 수 있다. 민법 제481조, 제482조가 대위변제자로 하여금 채권자의 채권과 그 채권에 대한 담보권을 행사할 수 있도록 하는 이유는 대위변제자의 채무자에 대한 구상권의 만족을 실효성 있게 보장하기 위함이다. 물상보증인은 채무자의 자력이나 함께 담보로 제공된 채무자 소유 부동산의 담보력을 기대하고 자신의 부동산을 담보로 제공한다. 누적적 근저당권의 피담보채권액이 각각의 채권최고액을 합한 금액에 미달하는 경우 물상보증인은 변제자대위 등을 통해 채무자 소유의 부동산이 가장 우선적으로 책임을 부담할 것을 기대하고 담보를 제공한다(누적적 근저당권의 피담보채권액이 각각의 채권최고액을 합한 금액보다 큰 경우에는 채권자만이 모든 근저당권으로부터 만족을 받게 되므로 물상보증인의 변제자대위가 인정될 여지가 없다). 그 후에 채무자 소유 부동산에 후순위저당권이 설정되었다는 사정 때문에 물상보증인의 기대이익을 박탈할 수 없다. 반면 누적적 근저당권은 공동근저당권이 아니라 개별 근저당권의 형식으로 등기되므로 채무자 소유 부동산의 후순위저당권자는 해당 부동산의 교환가치에서 선순위근저당권의 채권최고액을 뺀 나머지 부분을 담보가치로 파악하고 저당권을 취득한다. 따라서 선순위근저당권의 채권최고액 범위에서 물상보증인에게 변제자대위를 허용하더라도 후순위저당권자의 보호가치 있는 신뢰를 침해한다고 볼 수 없다(대판 2020.04.09. 2014다51756, 2014다51763(병합)). … 그런데 보증인과 제3취득자 사이의 변제자대위에 관하여 민법 제482조 제2항 제1호는 "보증인은 미리 전세권이나 저당권의

등기에 그 대위를 부기하지 아니하면 전세물이나 저당물에 권리를 취득한 제3자에 대하여 채권자를 대위하지 못한다."라고 규정하고, 같은 항 제2호는 "제3취득자는 보증인에 대하여 채권자를 대위하지 못한다."라고 규정하고 있다. 한편 민법 제370조, 제341조에 의하면 물상보증인이 채무를 변제하거나 담보권의 실행으로 소유권을 잃은 때에는 '보증채무'에 관한 규정에 의하여 채무자에 대한 구상권을 가지고, 민법 제482조 제2항 제5호에 따르면 물상보증인과 보증인 상호 간에는 그 인원수에 비례하여 채권자를 대위하게 되어 있을 뿐 이들 사이의 우열은 인정하고 있지 아니하다. 위와 같은 규정 내용을 종합하여 보면, 물상보증인이 채무를 변제하거나 담보권의 실행으로 소유권을 잃은 때에는 보증채무를 이행한 보증인과 마찬가지로 채무자로부터 담보부동산을 취득한 제3자에 대하여 구상권의 범위 내에서 출재한 전액에 관하여 채권자를 대위할 수 있는 반면, 채무자로부터 담보부동산을 취득한 제3자는 채무를 변제하거나 담보권의 실행으로 소유권을 잃더라도 물상보증인에 대하여 채권자를 대위할 수 없다고 보아야 한다. 만일 물상보증인의 지위를 보증인과 다르게 보아서 물상보증인과 채무자로부터 담보부동산을 취득한 제3자 상호 간에는 각 부동산의 가액에 비례하여 채권자를 대위할 수 있다고 한다면, 본래 채무자에 대하여 출재한 전액에 관하여 대위할 수 있었던 물상보증인은 채무자가 담보부동산의 소유권을 제3자에게 이전하였다는 우연한 사정으로 이제는 각 부동산의 가액에 비례하여서만 대위하게 되는 반면, 당초 채무 전액에 대한 담보권의 부담을 각오하고 채무자로부터 담보부동산을 취득한 제3자는 그 범위에서 뜻하지 않은 이득을 얻게 되어 부당하다(대판 2014.12.18. 2011다50233(전합)).

> 민법 제341조(물상보증인의 구상권) 타인의 채무를 담보하기 위한 질권설정자가 그 채무를 변제하거나 질권의 실행으로 인하여 질물의 소유권을 잃은 때에는 보증채무에 관한 규정에 의하여 채무자에 대한 구상권이 있다.
> 민법 제370조(준용규정) 제214조, 제321조, 제333조, 제340조, 제341조 및 제342조의 규정은 저당권에 준용한다.

> 민법 제482조(변제자대위의 효과, 대위자간의 관계) ① 전2조의 규정에 의하여 채권자를 대위한 자는 자기의 권리에 의하여 구상할 수 있는 범위에서 채권 및 그 담보에 관한 권리를 행사할 수 있다.
> ② 전항의 권리행사는 다음 각호의 규정에 의하여야 한다.
> 1. 보증인은 미리 전세권이나 저당권의 등기에 그 대위를 부기하지 아니하면 전세물이나 저당물에 권리를 취득한 제삼자에 대하여 채권자를 대위하지 못한다.
> 5. 자기의 재산을 타인의 채무의 담보로 제공한 자와 보증인간에는 그 인원수에 비례하여 채권자를 대위한다. 그러나 자기의 재산을 타인의 채무의 담보로 제공한 자가 수인인 때에는 보증인의 부담부분을 제외하고 그 잔액에 대하여 각 재산의 가액에 비례하여 대위한다. 이 경우에 그 재산이 부동산인 때에는 제1호의 규정을 준용한다.

▶ 사안에서 ㄴ. (○) 누적적 근저당권인 경우 물상보증인 丙이 있음에도 불구하고, 피담보채권의 전부나 일부를 우선변제 받은 다음 피담보채권이 소멸할 때까지 나머지 근저당권을 실행하여 그 근저당권의 채권최고액 범위에서 반복하여 우선변제를 받을 수 있기 때문에 甲이 X 토지의 경매대금에서 배당받을 수 있는 금액은 3,500만 원이다. ㄷ. (X) 채무자 乙 소유 X 토지에 2번 후순위 저당권자인 丁이 설정되었다는 사정 때문에 물상보증인인 丙의 기대이익을 박탈할 수 없으므로, Y 건물이 먼저 경매되어 甲에게 배당된 매각대금 8,000만 원을 물상보증인 丙은 채무자인 乙에 대하여 구상할 수 있다. 설령, 경매에 의해 채무자 소유 X 토지를 경락받은 제3취득자인 경락인이 있더라도 물상보증인 丙은 채무자 乙로부터 X토지를 취득한 경락인에 대하여 구상권의 범위 내에서 출재한 전액에 관하여 채권자를 대위할 수 있다. 따라서 X 토지 7,500만 매각대금에서 甲에게 지급된 3,500만을 공제한 나머지 4,000만 원은 물상보증인인 丙의 채무자인 乙에 대한 구상권에 기한 구상금액으로서 丙에게 배당(설령, 경매에 의해 채무자 소유 X 토지를 경락받은 제3취득자인 경락인이 있더라도 마찬가지로)되어야 하며, 2번 후순위 저당권자인 丁의 배당금액은 없다.

해답 ②

문 39 ★★

유치권에 관한 설명 중 옳은 것을 모두 고른 것은? (다툼이 있는 경우 판례에 의함)

> ㄱ. 유치권자가 채권 전부의 변제를 받을 때까지 유치물 전부에 대하여 그 권리를 행사할 수 있다는 유치권의 불가분성은 그 목적물이 분할 가능하거나 수 개의 물건인 경우에도 적용된다.
> ㄴ. 하나의 채권을 피담보채권으로 하여 여러 필지의 토지에 유치권을 취득한 유치권자가 그중 일부 필지의 토지에 대하여 선량한 관리자의 주의의무를 위반한 경우, 특별한 사정이 없는 한 위반행위가 있었던 필지의 토지에 대하여만 유치권 소멸청구가 가능하다.
> ㄷ. 물건의 점유를 침탈당한 자가 본권인 유치권 소멸에 따른 손해배상청구권을 행사하는 경우 점유를 침탈당한 날부터 1년 내에 이를 행사하여야 한다.
> ㄹ. 근저당권이 설정된 채무자 소유의 부동산의 경매절차에서 유치권이 주장되지 아니하였고, 부동산이 매각되어 매수인에게 소유권이 이전됨으로써 근저당권이 소멸하였는데, 이후 자신이 압류 전부터 유치권이 있다고 주장하는 사람이 있는 경우, 채권자인 근저당권자는 유치권 부존재 확인을 구할 법률상 이익이 있다.
> ㅁ. 유치권 배제 특약이 있는 경우 다른 법정요건이 모두 충족되더라도 유치권은 발생하지 않으나, 유치물을 경매절차에서 매수한 자는 위 특약의 당사자가 아니므로 위 약정의 효력을 주장할 수 없다.

① ㄱ, ㄴ, ㄹ
② ㄱ, ㄴ, ㅁ
③ ㄱ, ㄷ, ㅁ
④ ㄴ, ㄷ, ㄹ
⑤ ㄷ, ㄹ, ㅁ

해설

ㄱ.(O), ㄴ.(O) 민법 제321조는 "유치권자는 채권 전부의 변제를 받을 때까지 유치물 전부에 대하여 그 권리를 행사할 수 있다."라고 정하므로, 유치물은 그 각 부분으로써 피담보채권의 전부를 담보하고, 이와 같은 유치권의 불가분성은 그 목적물이 분할 가능하거나 수 개의 물건인 경우에도 적용되며, 상법 제58조의 상사유치권에도 적용된다. … 민법 제324조는 '유치권자에게 유치물에 대한 선량한 관리자의 주의의무를 부여하고, 유치권자가 이를 위반하여 채무자의 승낙 없이 유치물을 사용, 대여, 담보 제공한 경우에 채무자는 유치권의 소멸을 청구할 수 있다.'고 정한다. 하나의 채권을 피담보채권으로 하여 여러 필지의 토지에 대하여 유치권을 취득한 유치권자가 그중 일부 필지의 토지에 대하여 선량한 관리자의 주의의무를 위반하였다면 특별한 사정이 없는 한 위반행위가 있었던 필지의 토지에 대하여만 유치권 소멸청구가 가능하다고 해석하는 것이 타당하다(대법원 2022. 6. 16. 선고 2018다301350 판결).

ㄷ.(X) 민법 제204조에 따르면, 점유자가 점유의 침탈을 당한 때에는 그 물건의 반환 및 손해의 배상을 청구할 수 있고(제1항), 위 청구권은 점유를 침탈당한 날부터 1년 내에 행사하여야 하며(제3항), 여기서 말하는 1년의 행사기간은 제척기간으로서 소를 제기하여야 하는 기간을 말한다. 그런데 민법 제204조 제3항은 본권 침해로 발생한 손해배상청구권의 행사에는 적용되지 않으므로 점유를 침탈당한 자가 본권인 유치권 소멸에 따른 손해배상청구권을 행사하는 때에는 민법 제204조 제3항이 적용되지 아니하고, 점유를 침탈당한 날부터 1년 내에 행사할 것을 요하지 않는다(대법원 2021. 8. 19. 선고 2021다213866 판결).

ㄹ.(O) 경매절차에서 유치권이 주장되지 아니한 경우에는, 담보목적물이 매각되어 그 소유권이 이전

됨으로써 근저당권이 소멸하였더라도 채권자는 유치권의 존재를 알지 못한 매수인으로부터 민법 제575조, 제578조 제1항, 제2항에 의한 담보책임을 추급당할 우려가 있고, 위와 같은 위험은 채권자의 법률상 지위를 불안정하게 하는 것이므로, 채권자인 근저당권자로서는 위 불안을 제거하기 위하여 유치권 부존재 확인을 구할 법률상 이익이 있다. 반면 채무자가 아닌 소유자는 위 각 규정에 의한 담보책임을 부담하지 아니하므로, 유치권의 부존재 확인을 구할 법률상 이익이 없다(대법원 2020. 1. 16. 선고 2019다247385 판결).

ㅁ.(X) 제한물권은 이해관계인의 이익을 부당하게 침해하지 않는 한 자유로이 포기할 수 있는 것이 원칙이다. 유치권은 채권자의 이익을 보호하기 위한 법정담보물권으로서, 당사자는 미리 유치권의 발생을 막는 특약을 할 수 있고 이러한 특약은 유효하다. 유치권 배제 특약이 있는 경우 다른 법정요건이 모두 충족되더라도 유치권은 발생하지 않는데, 특약에 따른 효력은 특약의 상대방뿐 아니라 그 밖의 사람도 주장할 수 있다(대법원 2018. 1. 24. 선고 2016다234043 판결).

해답 ①

문 40

甲은 아버지인 乙을 피보험자로 하여 A보험회사와 乙의 사망을 보험사고로 하는 보험계약을 체결하였다. 이에 관한 설명 중 옳은 것을 모두 고른 것은? ['서면'에는 상법 제731조 제1항(타인의 생명의 보험)에 규정된 전자문서가 포함되고, 다툼이 있는 경우 판례에 의함]

> ㄱ. 타인의 사망을 보험사고로 하는 보험계약에는 보험계약 체결 시에 그 타인의 서면에 의한 동의를 얻어야 한다는 상법 규정은 강행법규이다.
> ㄴ. 乙의 동의는 보험계약에 대하여 개별적으로 서면에 의하여 이루어져야 하고 포괄적, 묵시적 또는 추정적 동의만으로는 부족하다.
> ㄷ. 乙이 서면으로 동의의 의사표시를 하여야 하는 시점은 보험계약 체결 시까지이다.
> ㄹ. 乙의 서면 동의 없이 乙의 사망을 보험사고로 하는 보험계약을 체결한 甲이 스스로 무효를 주장하는 것은 특별한 사정이 없는 한 신의성실의 원칙 또는 금반언의 원칙에 위배되는 권리행사이다.
> ㅁ. 乙의 서면 동의가 없다면 보험계약은 무효가 되나, 乙이 추인한다면 보험계약이 유효로 될 수 있다.

① ㄱ, ㄷ
② ㄱ, ㄴ, ㄷ
③ ㄱ, ㄴ, ㄹ
④ ㄷ, ㄹ, ㅁ
⑤ ㄱ, ㄴ, ㄹ, ㅁ

해설

ㄱ.(O), ㄷ.(O), ㄹ.(X) 타인의 사망을 보험사고로 하는 보험계약에는 보험계약 체결 시에 그 타인의 서면에 의한 동의를 얻어야 한다는 상법 제731조 제1항의 규정은 강행법규로서 이에 위반하여 체결된 보험계약은 무효이다. 상법 제731조 제1항의 입법취지에는 도박보험의 위험성과 피보험자 살해의 위험성 외에도 피해자의 동의를 얻지 아니하고 타인의 사망을 이른바 사행계약상의 조건으로 삼는 데서 오는 공서양속의 침해의 위험성을 배제하기 위한 것도 들어있다고 해석되므로, 상법 제731조 제1항을 위반하여 피보험자의 서면 동의 없이 타인의 사망을 보험사고로 하는 보험계약을 체결한 자 스스로가 무효를 주장함이 신의성실의 원칙 또는 금반언의 원칙에 위배되는 권리 행사라는 이유로 이를 배척한다면, 그와 같은 입법취지를 완전히 몰각시키는 결과가 초래되므로 특단의 사정이 없는 한

그러한 주장이 신의성실 또는 금반언의 원칙에 반한다고 볼 수는 없다. 상법 제731조 제1항의 규정에 의하면 타인의 사망을 보험사고로 하는 보험계약에 있어서 피보험자가 서면으로 동의의 의사표시를 하여야 하는 시점은 보험계약체결시까지이다(대법원 1996. 11. 22. 선고 96다37084 판결).

ㄴ.(O), ㅁ.(X) 상법 제731조 제1항이 타인의 사망을 보험사고로 하는 보험계약의 체결시 그 타인의 서면동의를 얻도록 규정한 것은 동의의 시기와 방식을 명확히 함으로써 분쟁의 소지를 없애려는 데 취지가 있으므로, 피보험자인 타인의 동의는 각 보험계약에 대하여 개별적으로 서면에 의하여 이루어져야 하고 포괄적인 동의 또는 묵시적이거나 추정적 동의만으로는 부족하다. 상법 제731조 제1항에 의하면 타인의 생명보험에서 피보험자가 서면으로 동의의 의사표시를 하여야 하는 시점은 '보험계약 체결시까지'이고, 이는 강행규정으로서 이에 위반한 보험계약은 무효이므로, 타인의 생명보험계약 성립 당시 피보험자의 서면동의가 없다면 그 보험계약은 확정적으로 무효가 되고, 피보험자가 이미 무효가 된 보험계약을 추인하였다고 하더라도 그 보험계약이 유효로 될 수는 없다.(대법원 2006. 9. 22. 선고 2004다56677 판결).

해답 ②

문 41 ★★

甲은 아버지 乙이 소유한 제과점에 관하여 乙의 위임 없이 乙을 피보험자로 하여 A보험회사와 화재보험계약을 체결하였다. 해당 제과점에 과거 화재가 발생한 사실이 있음에도 甲은 보험계약 당시 화재 발생 사실 여부에 대한 청약서의 질문표상에 "화재 발생 사실 없음"이라고 기재하였고, A회사는 이를 믿은 것에 대하여 아무런 과실이 없었다. 이에 관한 설명 중 옳지 않은 것은? (다툼이 있는 경우 판례에 의함)

① 甲은 화재보험계약 체결 시에 자신이 乙의 위임을 받지 아니하였음을 A회사에 고지하여야 한다.
② 제과점에 화재가 발생한 사실이 있는지는 고지의무의 대상이 되는 중요한 사실로 추정된다.
③ 청약서의 질문표상에 기재된 질문사항이 아니더라도 당연히 고지의무의 대상에서 제외되는 것은 아니다.
④ 만약 화재보험계약 체결 후 제과점에 화재가 발생한 경우라 하더라도, 甲의 고지의무 위반과 화재 사이에 인과관계가 있는 경우에 한하여 A회사는 甲의 고지의무 위반을 이유로 화재보험계약을 해지할 수 있다.
⑤ 甲이 고의 또는 중과실로 인하여 화재 발생 사실이 없다고 기재한 경우 A회사는 그 사실을 안 날로부터 1개월 내에, 화재보험계약을 체결한 날로부터 3년 내에 한하여 계약을 해지할 수 있다.

해설

① (O) 상법 제639조 참조

> 상법 제639조(타인을 위한 보험) ① 보험계약자는 위임을 받거나 위임을 받지 아니하고 특정 또는 불특정의 타인을 위하여 보험계약을 체결할 수 있다. 그러나 손해보험계약의 경우에 그 타인의 위임이 없는 때에는 보험계약자는 이를 보험자에게 고지하여야 하고, 그 고지가 없는 때에는 타인이 그 보험계약이 체결된 사실을 알지 못하였다는 사유로 보험자에게 대항하지 못한다.

② (O) 상법 제651조의2 참조

> 상법 제651조의2(서면에 의한 질문의 효력) 보험자가 서면으로 질문한 사항은 중요한 사항으로 추정한다.

③ (O) … 혹은 최소한 앞서 본 바와 같은 소외인의 병력 내지 자각증세, 최종 검사 결과에 따른 의사의 암 재발 가능성 고지사실 등은 공제계약 청약서상의 질문사항에 포함되어 있지 않다고 하더라도 피

공제자의 생명위험 측정상 중요한 사실로서 공제계약의 특성상 공제계약자가 공제사업자에게 고지할 사항에 포함되는 것이라고 할 것임에도, 소외인이 이 사건 공제계약을 체결하면서 피고에게 이를 고지하지 아니한 것은 고지의무 위반에 해당한다고 보아야 할 것이다(대법원 1999. 11. 26. 선고 99다37474 판결).

④ (X) 상법 제651조는 고지의무 위반으로 인한 계약해지에 관한 일반적 규정으로 이에 의하면 고지의무에 위반한 사실과 보험사고 발생 사이에 인과관계를 요하지 않는 점, 상법 제655조는 고지의무 위반 등으로 계약을 해지한 때에 보험금액청구에 관한 규정이므로, 그 본문뿐만 아니라 단서도 보험금액청구권의 존부에 관한 규정으로 해석함이 상당한 점, 보험계약자 또는 피보험자가 보험계약 당시에 고의 또는 중대한 과실로 중요한 사항을 불고지·부실고지하면 이로써 고지의무 위반의 요건은 충족되는 반면, 고지의무에 위반한 사실과 보험사고 발생 사이의 인과관계는 '보험사고 발생 시'에 비로소 결정되는 것이므로, 보험자는 고지의무에 위반한 사실과 보험사고 발생 사이의 인과관계가 인정되지 않아 상법 제655조 단서에 의하여 보험금액 지급책임을 지게 되더라도 그것과 별개로 상법 제651조에 의하여 고지의무 위반을 이유로 계약을 해지할 수 있다고 해석함이 상당한 점, 고지의무에 위반한 사실과 보험사고 발생 사이의 인과관계가 인정되지 않는다고 하여 상법 제651조에 의한 계약해지를 허용하지 않는다면, 보험사고가 발생하기 전에는 상법 제651조에 따라 고지의무 위반을 이유로 계약을 해지할 수 있는 반면, 보험사고가 발생한 후에는 사후적으로 인과관계가 없음을 이유로 보험금액을 지급한 후에도 보험계약을 해지할 수 없고 인과관계가 인정되지 않는 한 계속하여 보험금액을 지급하여야 하는 불합리한 결과가 발생하는 점, 고지의무에 위반한 보험계약은 고지의무에 위반한 사실과 보험사고 발생 사이의 인과관계를 불문하고 보험자가 해지할 수 있다고 해석하는 것이 보험계약의 선의성 및 단체성에서 부합하는 점 등을 종합하여 보면, 보험자는 고지의무를 위반한 사실과 보험사고의 발생 사이의 인과관계를 불문하고 상법 제651조에 의하여 고지의무 위반을 이유로 계약을 해지할 수 있다. 그러나 보험금액청구권에 관해서는 보험사고 발생 후에 고지의무 위반을 이유로 보험계약을 해지한 때에는 고지의무에 위반한 사실과 보험사고 발생 사이의 인과관계에 따라 보험금액 지급책임이 달라지고, 그 범위 내에서 계약해지의 효력이 제한될 수 있다(대법원 2010. 7. 22. 선고 2010다25353 판결).

⑤ (O) 상법 제651조 참조

> 상법 제651조(고지의무위반으로 인한 계약해지) 보험계약당시에 보험계약자 또는 피보험자가 고의 또는 중대한 과실로 인하여 중요한 사항을 고지하지 아니하거나 부실의 고지를 한 때에는 보험자는 그 사실을 안 날로부터 1월내에, 계약을 체결한 날로부터 3년내에 한하여 계약을 해지할 수 있다. 그러나 보험자가 계약 당시에 그 사실을 알았거나 중대한 과실로 인하여 알지 못한 때에는 그러하지 아니하다.

해답 ④

문 42

★★★

비상장주식회사인 A회사의 이사는 甲, 乙, 丙이고, 감사는 丁이다. 甲은 A회사 발행주식총수의 60%의 주식을 취득하여 명의개서를 마친 대주주이고, 乙은 A회사의 대표이사이다. A회사의 정관은 이사 및 감사의 보수를 주주총회 결의로 정하도록 한 규정을 두고 있는데, 乙은 주주총회 결의 없이 甲의 지시에 따라 丙에게 특별성과급을 지급하였다. 이에 관한 설명 중 옳은 것을 모두 고른 것은? (다툼이 있는 경우 판례에 의함)

ㄱ. 丙에게 지급된 특별성과급은 이사의 직무수행에 대한 보상으로 지급되는 대가로서 이사의 보수에 포함된다.

ㄴ. 丙에게 지급된 특별성과급이 甲의 지시에 의하여 지급되었다 하더라도, 특별한 사정이 없는 한 특별성과급 지급에 관한 주주총회 결의가 있었던 것과 마찬가지라고 볼 수는 없다.
ㄷ. 만약 경영권 상실 등으로 퇴직을 앞둔 乙이 최대한 많은 퇴직금을 받기 위해 지나치게 과다하여 합리적 수준을 현저히 벗어나는 퇴직금 지급규정을 마련하고 지위를 이용한 영향력 행사로 소수주주의 반대에도 주주총회 결의가 성립되도록 하였더라도 그 결의는 유효하고, 乙은 그 퇴직금 지급규정을 근거로 퇴직금 지급청구권을 행사할 수 있다.
ㄹ. 만약 甲이 A회사 발행주식총수 전부를 취득하여 명의개서를 마친 후 특별성과급 규정에 대해 주주총회 결의가 있었던 것으로 주주총회의사록을 작성하였다면, 실제 주주총회를 개최한 사실이 없었더라도 특별한 사정이 없는 한 그 규정에 대하여 주주총회 결의가 있었던 것으로 볼 수 있다.
ㅁ. 감사의 보수는 정관의 규정으로만 정할 수 있고 주주총회 결의로는 정할 수 없으므로, A회사는 정관의 규정에도 불구하고 주주총회 결의에 의하여 丁에게 보수를 지급할 수 없다.

① ㄱ, ㄴ, ㄹ   ② ㄱ, ㄷ, ㄹ
③ ㄱ, ㄷ, ㅁ   ④ ㄴ, ㄷ, ㅁ
⑤ ㄴ, ㄹ, ㅁ

해설

ㄱ.(O), ㄴ.(O) 상법 제388조는 이사의 보수는 정관에 그 액을 정하지 아니한 때에는 주주총회의 결의로 이를 정한다고 규정한다. 이는 이사가 자신의 보수와 관련하여 개인적 이익을 도모하는 폐해를 방지하여 회사와 주주 및 회사채권자의 이익을 보호하기 위한 강행규정이다. 따라서 정관에서 이사의 보수에 관하여 주주총회의 결의로 정한다고 규정한 경우 그 금액·지급방법·지급시기 등에 관한 주주총회의 결의가 있었음을 인정할 증거가 없는 한 이사는 보수청구권을 행사할 수 없다. 이때 '이사의 보수'에는 월급, 상여금 등 명칭을 불문하고 이사의 직무수행에 대한 보상으로 지급되는 대가가 모두 포함되고, 회사가 성과급, 특별성과급 등의 명칭으로 경영성과에 따라 지급하는 금원이나 성과 달성을 위한 동기를 부여할 목적으로 지급하는 금원도 마찬가지이다. 갑 주식회사의 정관에 이사의 보수에 관하여 주주총회의 결의로 정하도록 규정하고 있는데, 갑 회사의 대표이사인 을이 주주총회의 결의 없이 갑 회사로부터 '특별성과급'이라는 명목으로 금원을 지급받은 사안에서, 을이 '특별성과급'이라는 명목으로 지급받은 금원은 직무수행에 대한 보상으로 지급된 보수에 해당하는데, 을이 특별성과급을 지급받을 때 주주총회의 결의 없이 갑 회사의 대주주의 의사결정만 있었다면, 주주총회를 개최하였더라도 결의가 이루어졌을 것이 예상된다는 사정만으로 결의가 있었던 것과 같게 볼 수 없고, 특별성과급 일부가 주주총회에서 정한 이사의 보수한도액 내에 있다는 사정만으로 그 부분의 지급을 유효하다고 볼 수도 없으므로, 을에게 지급된 특별성과급은 법률상 원인 없이 이루어진 부당이득에 해당한다(대법원 2020. 4. 9. 선고 2018다290436).

ㄷ.(X) 상법이 정관 또는 주주총회의 결의로 이사의 보수를 정하도록 한 것은 이사들의 고용계약과 관련하여 사익 도모의 폐해를 방지함으로써 회사와 주주 및 회사채권자의 이익을 보호하기 위한 것이므로, 비록 보수와 직무의 상관관계가 상법에 명시되어 있지 않더라도 이사가 회사에 대하여 제공하는 직무와 지급받는 보수 사이에는 합리적 비례관계가 유지되어야 하며, 회사의 채무 상황이나 영업실적에 비추어 합리적인 수준을 벗어나서 현저히 균형성을 잃을 정도로 과다하여서는 아니 된다. 따라서 회사에 대한 경영권 상실 등으로 퇴직을 앞둔 이사가 회사에서 최대한 많은 보수를 받기 위하여 그에 동조하는 다른 이사와 함께 이사의 직무내용, 회사의 재무상황이나 영업실적 등에 비추어 지나치게 과다하여 합리적 수준을 현저히 벗어나는 보수 지급 기준을 마련하고 지위를 이용하여 주주총회

에 영향력을 행사함으로써 소수주주의 반대에 불구하고 이에 관한 주주총회결의가 성립되도록 하였다면, 이는 회사를 위하여 직무를 충실하게 수행하여야 하는 상법 제382조의3에서 정한 의무를 위반하여 회사재산의 부당한 유출을 야기함으로써 회사와 주주의 이익을 침해하는 것으로서 회사에 대한 배임행위에 해당하므로, 주주총회결의를 거쳤다 하더라도 그러한 위법행위가 유효하다 할 수는 없다. 상법 제388조에 의하면 주식회사 이사의 보수는 정관에서 그 액을 정하지 아니한 때에는 주주총회의 결의로 이를 정하여야 하므로, 정관에서 이사의 보수 또는 퇴직금에 관하여 주주총회의 결의로 정한다고 되어 있는 경우에 그 금액·지급시기·지급방법 등에 관하여 주주총회의 결의가 있었음을 인정할 증거가 없다면, 이사는 보수나 퇴직금을 청구할 수 없다. 원심은, 이 사건 연봉인상계약에 따라 인상된 원고들의 연봉은 2010. 6. 29. 피고의 정기주주총회에서 결정된 이사의 보수총액(27억 원)의 한도 내이므로 그 연봉인상에 관하여 주주총회의 결의가 있었다는 원고들의 주장에 대하여, 위 정기주주총회에서 이사들의 2010년 보수를 전년도인 2009년 말과 동일하게 결정한 사실이 인정되므로 위 인상된 연봉에 관한 주주총회결의가 있다고 볼 수 없다는 취지로 판단하여, 이 사건 연봉인상계약에 따른 원고들의 보수청구를 배척하였다. 원심판결 이유를 위 법리 및 적법하게 채택된 증거들에 비추어 살펴보면, 위와 같은 원심의 판단에 상고이유 주장과 같이 상법상 주식회사의 이사의 보수 등에 관한 법리를 오해하거나 자유심증주의의 한계를 벗어나는 등의 사유로 판결에 영향을 미친 위법이 있다고 할 수 없다(대법원 2016. 1. 28. 선고 2014다11888 판결).

ㄹ.(O) 주식회사에 있어서 총 주식을 한 사람이 소유한 이른바 1인 회사의 경우 그 주주가 유일한 주주로서 주주총회에 출석하면 전원 총회로서 성립하고 그 주주의 의사대로 결의가 될 것임이 명백하므로 따로 총회소집절차가 필요 없으며, 실제로 총회를 개최한 사실이 없다 하더라도 그 1인 주주에 의하여 의결이 있었던 것으로 주주총회 의사록이 작성되었다면 특별한 사정이 없는 한 그 내용의 결의가 있었던 것으로 볼 수 있고, 이 점은 한 사람이 다른 사람의 명의를 빌려 주주로 등재하였으나 총 주식을 실질적으로 그 한 사람이 모두 소유한 경우에도 마찬가지라고 할 수 있으나, 이와 달리 주식의 소유가 실질적으로 분산되어 있는 경우에는 상법상의 원칙으로 돌아가 실제의 소집절차와 결의절차를 거치지 아니한 채 주주총회의 결의가 있었던 것처럼 주주총회 의사록을 허위로 작성한 것이라면 설사 1인이 총 주식의 대다수를 가지고 있고 그 지배주에 의하여 의결이 있었던 것으로 주주총회 의사록이 작성되어 있다 하더라도 도저히 그 결의가 존재한다고 볼 수 없을 정도로 중대한 하자가 있는 때에 해당하여 그 주주총회의 결의는 부존재하다고 보아야 한다(대법원 2007. 2. 22. 선고 2005다73020 판결).

ㅁ.(X) 상법 제388조, 제415조 참조

> 상법 제388조(이사의 보수) 이사의 보수는 정관에 그 액을 정하지 아니한 때에는 주주총회의 결의로 이를 정한다.
>
> 상법 제415조 (준용규정) 제382조제2항, 제382조의4, 제385조, 제386조, 제388조, 제400조, 제401조와 제403조 내지 제407조의 규정은 감사에 준용한다.

해답 ①

문 43 ★★

상법상 회사에 관한 설명 중 옳지 않은 것은? (다툼이 있는 경우 판례에 의함)

① 유한회사에서 사원총회의 결의로 특정 이사의 보수액을 구체적으로 정한 경우에도 그 후 사원총회에서 그 보수액을 감액하는 결의를 하면 특별한 사정이 없는 한 해당 이사의 보수는 그 결의에 따라 감액된다.

② 유한책임회사, 주식회사 또는 유한회사를 설립하고자 할 때에는 본점의 소재지를 관할하는 등기소에 상호의 가등기를 신청할 수 있다.
③ 합자회사에서 업무집행권한의 상실을 선고받은 무한책임사원이 다시 업무집행권이나 대표권을 갖기 위해서는 정관이나 총사원의 동의로 새로 그러한 권한을 부여받아야 한다.
④ 합명회사에 있어서 부실등기에 대한 고의·과실의 유무는 그 대표사원을 기준으로 판정하여야 한다.
⑤ 유한책임회사는 그 지분의 전부 또는 일부를 양수할 수 없고, 그 지분을 취득하는 경우에 그 지분은 취득한 때에 소멸한다.

해설

① (X) 유한회사에서 상법 제567조, 제388조에 따라 정관 또는 사원총회 결의로 특정 이사의 보수액을 구체적으로 정하였다면, 보수액은 임용계약의 내용이 되어 당사자인 회사와 이사 쌍방을 구속하므로, 이사가 보수의 변경에 대하여 명시적으로 동의하였거나, 적어도 직무의 내용에 따라 보수를 달리 지급하거나 무보수로 하는 보수체계에 관한 내부규정이나 관행이 존재함을 알면서 이사직에 취임한 경우와 같이 직무내용의 변동에 따른 보수의 변경을 감수한다는 묵시적 동의가 있었다고 볼 만한 특별한 사정이 없는 한, 유한회사가 이사의 보수를 일방적으로 감액하거나 박탈할 수 없다. 따라서 유한회사의 사원총회에서 임용계약의 내용으로 이미 편입된 이사의 보수를 감액하거나 박탈하는 결의를 하더라도, 이러한 사원총회 결의는 결의 자체의 효력과 관계없이 이사의 보수청구권에 아무런 영향을 미치지 못한다(대법원 2017. 3. 30. 선고 2016다21643 판결).

② (O) 상법 제22조의2 참조

> 상법 제22조의2(상호의 가등기) ① 유한책임회사, 주식회사 또는 유한회사를 설립하고자 할 때에는 본점의 소재지를 관할하는 등기소에 상호의 가등기를 신청할 수 있다.

③ (O) 합자회사에서 업무집행권한의 상실을 선고받은 무한책임사원이 다시 업무집행권이나 대표권을 갖기 위해서는 정관이나 총사원의 동의로 새로 그러한 권한을 부여받아야 한다(상법 제273조, 제269조, 제201조 제1항, 제207조)(대법원 2021. 7. 8. 선고 2018다225289 판결).

④ (O) 합명회사에 있어서는 불실등기를 한 사실이나 이를 방치한 사실에 대한 고의 또는 과실의 유무는 대표사원을 표준으로 결정할 것이다(대법원 1971. 2. 23. 선고 70다1361,1362 판결).

⑤ (O) 상법 제287조의9 참조

> 상법 제287조의9(유한책임회사에 의한 지분양수의 금지) ① 유한책임회사는 그 지분의 전부 또는 일부를 양수할 수 없다.
> ② 유한책임회사가 지분을 취득하는 경우에 그 지분은 취득한 때에 소멸한다.

문 44 ★★

甲은 乙의 자금 융통을 위하여 약속어음을 乙에게 발행하였고, 乙은 丙에 대한 대금채무의 변제를 위하여 丙에게 위 어음을 배서양도하였다. 이에 관한 설명 중 옳지 않은 것은? (다툼이 있는 경우 판례에 의함)

① 乙이 어음법상의 요건을 갖추어 甲에게 어음금을 청구할 경우, 甲은 융통어음 항변으로 대항할 수 있다.
② 丙이 어음법상의 요건을 갖추어 甲에게 어음금을 청구할 경우, 丙이 융통어음이라는 점을 알고 있었더라도 甲은 융통어음의 항변으로 대항할 수 없다.

③ 丙이 기한후배서에 의하여 어음을 취득하였더라도 甲은 융통어음의 항변으로 대항할 수 없다.
④ 만약 乙이 자금 융통의 목적을 달성한 다음 丙으로부터 어음을 회수하였으나 어음을 甲에게 반환하지 않고 자신의 배서를 말소한 다음 이를 다시 제3자인 丁에게 사용한 경우, 丁이 당해 어음이 융통어음이고 그것이 이미 사용되어 그 목적을 달성한 이후 다시 사용되는 것이라는 점에 관하여 과실 없이 알지 못하였더라도 甲은 위 융통어음 재도사용의 항변으로 丁에 대하여 대항할 수 있다.
⑤ 만약 乙이 丙에게 교부한 어음의 만기가 대금채무의 변제기보다 후의 일자인 때에는 특별한 사정이 없는 한 丙은 乙에게 기존채무의 지급을 유예하는 의사가 있었다고 보아야 한다.

해설

① (O), ② (O), ③ (O) 융통어음은 타인으로 하여금 어음에 의하여 제3자로부터 금융을 얻게 할 목적으로 수수되는 어음을 말한다. 융통어음의 발행자는 나, 피융통자로부터 그 어음을 양수한 제3자에 대하여는 선의이거나 악의이거나, 또한 그 취득이 기한 후 배서에 의한 것이라 하더라도 대가 없이 발행된 융통어음이라는 항변으로 대항할 수 없으나, 피융통자에 대하여는 어음상의 책임을 부담하지 아니한다(대법원 2012. 11. 15. 선고 2012다60015 판결).

④ (X) 어음의 양도 전에 배서를 하였다가 이를 말소한 채로 다시 어음을 양도한 자도 배서인으로서의 소구의무를 부담하는 것은 아니나 현재의 어음소지자의 전자로서의 권리를 양도한 어음상의 권리자였다는 점에는 변함이 없다 할 것이고, 현재의 어음소지인에게 어음을 양도한 자가 어음취득 당시 선의였기 때문에 그에게 대항할 수 없었던 사유에 대하여는 현재의 어음소지인이 비록 어음취득 당시 그 사유를 알고 있었다고 하여 그것으로써 현재의 어음소지인에게 대항할 수는 없다고 할 것이다(대법원 1995. 1. 20. 선고 94다50489 판결).

⑤ (O) … 채권자가 기존채무의 변제기보다 후의 일자가 만기로 된 어음을 교부받은 때에는 특별한 사정이 없는 한 기존채무의 지급을 유예하는 의사가 있었다고 보아야 할 것이다(대법원 2001. 7. 13. 선고 2000다57771 판결).

문 45 ★★

비상장주식회사인 A회사의 이사는 甲, 乙, 丙이고, 그중 甲은 대표이사이며, 乙, 丙은 사외이사이다. 주주명부상 A회사의 발행주식총수 중 丁은 0.8%의 주식을, 戊는 3%의 주식을 보유하고 있다. 甲은 자본금 감소를 위한 주식소각 과정에서 법령을 위반하였고, 이로 인하여 A회사에 손해가 발생하였다. 그 후 A회사의 이사회는 B회사와 합병하기 위하여 합병계약서를 작성하고 그 승인을 위한 주주총회를 소집하였다. 이에 주주 戊는 합병에 반대하여 주식매수청구권을 행사하고자 한다. 이에 관한 설명 중 옳지 않은 것은? (간이합병과 소규모합병은 고려하지 아니하고, 다툼이 있는 경우 판례에 의함)

① A회사는 자본금감소 무효의 판결이 확정되기 전이라도 甲을 상대로 그 손해의 배상을 청구할 수 있고, 甲은 그 청구를 받은 때부터 지체책임을 진다.
② A회사가 甲의 책임을 추궁하지 않는 경우 丁은 戊와 함께 A회사에 甲의 책임을 추궁할 소의 제기를 청구할 수 있다.
③ 乙과 丙은 甲의 주식소각 행위가 위법하다고 의심할 만한 사유가 있음에도 과실로 인하여 감시의무를 위반하여 이를 방치한 때에는 이로 말미암아 A회사가 입은 손해에 대하여 배상책임을 진다.

④ 戊가 주식매수를 청구하려면 합병계약서 승인을 위한 주주총회 전에 A회사에 대하여 서면으로 그 승인 결의에 반대하는 의사를 통지하여야 한다.
⑤ 戊가 주식매수청구권을 행사하여 A회사로부터 주식매수대금을 지급받은 경우에도 매수청구기간 종료일부터 2개월 이내이면 A회사를 상대로 회계장부열람권을 행사할 수 있다.

해설

① (O) 자본금 감소를 위한 주식소각 절차에 하자가 있다면, 주주 등은 자본금 감소로 인한 변경등기가 된 날부터 6개월 내에 소로써만 무효를 주장할 수 있다(상법 제445조). 그러나 이사가 주식소각 과정에서 법령을 위반하여 회사에 손해를 끼친 사실이 인정될 때에는 감자무효의 판결이 확정되었는지 여부와 관계없이 상법 제399조 제1항에 따라 회사에 대하여 손해배상책임을 부담한다(대법원 2021. 7. 15. 선고 2018다298744 판결).

② (O) 상법 제403조 제1항, 제2항, 제3항, 제5항과 구 증권거래법(2007. 8. 3. 법률 제8635호 자본시장과 금융투자업에 관한 법률 부칙 제2조로 폐지, 이하 '구 증권거래법'이라 한다) 제191조의13 제1항을 종합하여 보면, 여러 주주들이 함께 대표소송을 제기하기 위하여는 그들이 회사에 대하여 이사의 책임을 추궁할 소의 제기를 청구할 때와 회사를 위하여 그 소를 제기할 때 보유주식을 합산하여 상법 또는 구 증권거래법이 정하는 주식보유요건을 갖추면 되고, 소 제기 후에는 보유주식의 수가 그 요건에 미달하게 되어도 무방하다. 그러나 대표소송을 제기한 주주 중 일부가 주식을 처분하는 등의 사유로 주식을 전혀 보유하지 아니하게 되어 주주의 지위를 상실하면, 특별한 사정이 없는 한 그 주주는 원고적격을 상실하여 그가 제기한 부분의 소는 부적법하게 되고, 이는 함께 대표소송을 제기한 다른 원고들이 주주의 지위를 유지하고 있다고 하여 달리 볼 것은 아니다(대판 2013.09.12. 2011다57869).

> 상법 제403조(주주의 대표소송) ① 발행주식의 총수의 100분의 1 이상에 해당하는 주식을 가진 주주는 회사에 대하여 이사의 책임을 추궁할 소의 제기를 청구할 수 있다.
> ② 제1항의 청구는 그 이유를 기재한 서면으로 하여야 한다.
> ③ 회사가 전항의 청구를 받은 날로부터 30일 내에 소를 제기하지 아니한 때에는 제1항의 주주는 즉시 회사를 위하여 소를 제기할 수 있다.
> ⑤ 제3항과 제4항의 소를 제기한 주주의 보유주식이 제소 후 발행주식총수의 100분의 1 미만으로 감소한 경우(發行株式을 보유하지 아니하게 된 경우를 제외한다)에도 제소의 효력에는 영향이 없다.

③ (O) 이사가 고의 또는 과실로 법령 또는 정관에 위반한 행위를 하거나 그 임무를 게을리한 경우에는 그 이사는 회사에 대하여 연대하여 손해를 배상할 책임이 있다(상법 제399조 제1항). 주식회사의 이사는 담당업무는 물론 대표이사나 업무담당이사의 업무집행을 감시할 의무가 있으므로 스스로 법령을 준수해야 할 뿐 아니라 대표이사나 다른 업무담당이사도 법령을 준수하여 업무를 수행하도록 감시·감독하여야 할 의무를 부담한다. 이러한 감시·감독 의무는 사외이사 등 회사의 상무에 종사하지 않는 이사라고 하여 달리 볼 것이 아니다(대법원 2022. 5. 12. 선고 2021다279347 판결).

④ (O) 상법 제522조의3 참조.

> 상법 제522조의3(합병반대주주의 주식매수청구권) ① 제522조제1항의 규정에 의한 결의사항에 관하여 이사회의 결의가 있는 때에 그 결의에 반대하는 주주는 주주총회전에 회사에 대하여 서면으로 그 결의에 반대하는 의사를 통지한 경우에는 그 총회의 결의일부터 20일 이내에 주식의 종류와 수를 기재한 서면으로 회사에 대하여 자기가 소유하고 있는 주식의 매수를 청구할 수 있다.

⑤ (X) 갑 주식회사의 주주인 을이 갑 회사의 회계장부 및 서류의 열람·등사를 청구하는 소를 제기하였는데, 소송 계속 중 갑 회사가 병 주식회사에 공장용지와 공장 건물을 양도하는 과정에서 을이 반대주주의 주식매수청구권을 행사하였고, 주식매수가액의 협의가 이루어지지 않자 을이 법원에 주식매수가액 산정결정 신청을 하여 재판이 계속 중이고, 그 후 을이 갑 회사의 이사들을 상대로 주주대표소송을

제기하고, 갑 회사를 상대로 사해행위취소소송을 제기하여 각 소송이 계속 중인 사안에서, 을이 주식매수청구권을 행사한 후 주식에 대한 매매대금을 지급받지 아니한 이상 주주의 지위에 있고, 주식매수가액의 산정에 필요한 갑 회사의 회계장부 및 서류를 열람·등사할 필요가 있다고 본 원심의 판단이 정당하다(대판 2018.02.28. 2017다270916).

해답 ⑤

문 46 ★★

비상장주식회사인 A회사의 정관에는 "이사의 선임은 발행주식총수의 과반수에 해당하는 주식을 가진 주주의 출석과 출석주주 의결권의 과반수에 의한다."라는 정족수 규정을 두고 있지만 집중투표에 관하여는 달리 규정이 없다. A회사의 주주명부상 의결권 없는 주식을 제외한 발행주식총수의 5%의 주식을 가진 주주 甲은 A회사의 이사 乙, 丙의 임기가 만료되자 丁을 이사로 선임하고자 한다. 이에 관한 설명 중 옳지 않은 것은? (다툼이 있는 경우 판례에 의함)

① 甲은 '이사 선임안'을 주주총회의 의제로, '丁을 이사로 선임하는 안'을 주주총회의 의안으로 제안하기 위하여 이사에게 주주총회일 6주 전에 서면 또는 전자문서로 주주제안을 할 수 있다.
② A회사는 甲이 제안한 의안을 주주총회의 의안으로 한 경우 甲의 청구가 있는 때에는 주주총회에서 그 의안을 설명할 기회를 甲에게 주어야 한다.
③ 甲의 제안을 받은 이사는 그 제안이 법령을 위반하는 경우가 아니면 주주총회의 목적사항으로 하여야 하므로, 그 제안이 정관을 위반하는 경우라도 주주총회의 목적사항으로 하여야 한다.
④ A회사가 乙, 丙, 丁 중 2인을 이사로 선임하기 위한 주주총회를 소집한 경우 甲은 주주총회일의 7일 전까지 서면 또는 전자문서로 A회사에 대하여 집중투표의 방법으로 이사를 선임할 것을 청구할 수 있다.
⑤ A회사의 주주총회에서 집중투표의 방식으로 2인의 이사를 선임하는 경우에도 정관에 규정한 의사정족수는 충족되어야 한다.

해설

① (O), ② (O), ③ (X) 상법 제363조의2 참조

> 상법 제363조의2(주주제안권) ① 의결권 없는 주식을 제외한 발행주식총수의 100분의 3 이상에 해당하는 주식을 가진 주주는 이사에게 주주총회일(정기주주총회의 경우 직전 연도의 정기주주총회일에 해당하는 그 해의 해당일. 이하 이 조에서 같다)의 6주 전에 서면 또는 전자문서로 일정한 사항을 주주총회의 목적사항으로 할 것을 제안(이하 '주주제안'이라 한다)할 수 있다.
> ③ 이사는 제1항에 의한 주주제안이 있는 경우에는 이를 이사회에 보고하고, 이사회는 주주제안의 내용이 법령 또는 정관을 위반하는 경우와 그 밖에 대통령령으로 정하는 경우를 제외하고는 이를 주주총회의 목적사항으로 하여야 한다. 이 경우 주주제안을 한 자의 청구가 있는 때에는 주주총회에서 당해 의안을 설명할 기회를 주어야 한다.

④ (O) 제382조의2 참조

> 제382조의2(집중투표) ① 2인 이상의 이사의 선임을 목적으로 하는 총회의 소집이 있는 때에는 의결권없는 주식을 제외한 발행주식총수의 100분의 3 이상에 해당하는 주식을 가진 주주는 정관에서 달리 정하는 경우를 제외하고는 회사에 대하여 집중투표의 방법으로 이사를 선임할 것을 청구할 수 있다.
> ② 제1항의 청구는 주주총회일의 7일 전까지 서면 또는 전자문서로 하여야 한다.

⑤ (O) 상법 제368조 제1항은 주주총회의 보통결의 요건에 관하여 "총회의 결의는 이 법 또는 정관에 다

른 정함이 있는 경우를 제외하고는 출석한 주주의 의결권의 과반수와 발행주식총수의 4분의 1 이상의 수로써 하여야 한다."라고 규정하여 주주총회의 성립에 관한 의사정족수를 따로 정하고 있지는 않지만, 보통결의 요건을 정관에서 달리 정할 수 있음을 허용하고 있으므로, 정관에 의하여 의사정족수를 규정하는 것은 가능하다. 상법 제382조의2에 정한 집중투표란 2인 이상의 이사를 선임하는 경우에 각 주주가 1주마다 선임할 이사의 수와 동일한 수의 의결권을 가지고 이를 이사 후보자 1인 또는 수인에게 집중하여 투표하는 방법으로 행사함으로써 투표의 최다수를 얻은 자부터 순차적으로 이사에 선임되는 것으로서, 이 규정은 어디까지나 주주의 의결권 행사에 관련된 조항이다. 따라서 주식회사의 정관에서 이사의 선임을 발행주식총수의 과반수에 해당하는 주식을 가진 주주의 출석과 출석주주의 의결권의 과반수에 의한다고 규정하는 경우, 집중투표에 관한 위 상법조항이 정관에 규정된 의사정족수 규정을 배제한다고 볼 것은 아니므로, <u>이사의 선임을 집중투표의 방법으로 하는 경우에도 정관에 규정한 의사정족수는 충족되어야 한다</u>(대법원 2017. 1. 12. 선고 2016다217741 판결).

해답 ③

문 47 ★★

상법 제360조의24(지배주주의 매도청구권)에 따른 지배주주에 의한 소수주식의 취득에 관한 설명 중 옳은 것(○)과 옳지 않은 것(×)을 올바르게 조합한 것은? (다툼이 있는 경우 판례에 의함)

ㄱ. 지배주주는 회사의 경영상 목적을 달성하기 위하여 필요한 경우 미리 주주총회의 승인을 얻어 소수주주에게 그 보유하는 주식의 매도를 청구할 수 있다.
ㄴ. 소수주주의 주식은 지배주주의 매도청구가 주주총회에서 승인된 때 지배주주에게 이전된 것으로 본다.
ㄷ. 지배주주가 매도청구권을 행사할 때에는 소수주주가 보유하고 있는 주식 일부에 대하여도 권리를 행사할 수 있다.
ㄹ. 지배주주로부터 매도청구를 받은 소수주주는 매도청구를 받은 날부터 2개월 내에 지배주주에게 그 주식을 매도하여야 한다.
ㅁ. 모회사가 자회사의 지배주주에 해당하는지를 판단함에 있어 자회사의 자기주식은 발행주식총수에 포함되고 모회사가 보유한 자회사의 주식에 합산된다.

① ㄱ(○), ㄴ(○), ㄷ(○), ㄹ(○), ㅁ(×)
② ㄱ(○), ㄴ(○), ㄷ(×), ㄹ(×), ㅁ(×)
③ ㄱ(○), ㄴ(×), ㄷ(×), ㄹ(○), ㅁ(○)
④ ㄱ(○), ㄴ(×), ㄷ(×), ㄹ(×), ㅁ(○)
⑤ ㄱ(×), ㄴ(×), ㄷ(○), ㄹ(×), ㅁ(○)

해설

ㄱ.(○) 상법 제360조의24 참조

> 상법 제360조의24(지배주주의 매도청구권) ① 회사의 발행주식총수의 100분의 95 이상을 자기의 계산으로 보유하고 있는 주주(이하 이 관에서 "지배주주"라 한다)는 회사의 경영상 목적을 달성하기 위하여 필요한 경우에는 회사의 다른 주주(이하 이 관에서 "소수주주"라 한다)에게 그 보유하는 주식의 매도를 청구할 수 있다.
> ② 제1항의 보유주식의 수를 산정할 때에는 모회사와 자회사가 보유한 주식을 합산한다. 이 경우 회사가 아닌 주주가 발행주식총수의 100분의 50을 초과하는 주식을 가진 회사가 보유하는 주식도 그 주주가 보유하는 주식과 합산한다.
> ③ <u>제1항의 매도청구를 할 때에는 미리 주주총회의 승인을 받아야 한다.</u>

ㄴ.(X), ㄹ.(O) 상법 제360조의26 참조

> 상법 제360조의26(주식의 이전 등) ① 제360조의24와 제360조의25에 따라 주식을 취득하는 지배주주가 매매가액을 소수주주에게 지급한 때에 주식이 이전된 것으로 본다.
> ⑥ 제1항의 매도청구를 받은 소수주주는 매도청구를 받은 날부터 2개월 내에 지배주주에게 그 주식을 매도하여야 한다.

ㄷ.(X) 상법 제360조의24 제1항은 회사의 발행주식총수의 100분의 95 이상을 자기의 계산으로 보유하고 있는 주주(이하 '지배주주'라고 한다)는 회사의 경영상 목적을 달성하기 위하여 필요한 경우에는 회사의 다른 주주(이하 '소수주주'라고 한다)에게 그 보유하는 주식의 매도를 청구할 수 있다고 규정하고 있다. 이는 95% 이상의 주식을 보유한 지배주주가 소수주주에게 공정한 가격을 지급한다면, 일정한 요건 하에 발행주식 전부를 지배주주 1인의 소유로 할 수 있도록 함으로써 회사 경영의 효율성을 향상시키고자 한 제도이다. 이러한 입법 의도와 목적 등에 비추어 보면, 지배주주가 본 조항에 따라 매도청구권을 행사할 때에는 반드시 소수주주가 보유하고 있는 주식 전부에 대하여 권리를 행사하여야 한다(대법원 2020. 6. 11. 선고 2018다224699 판결).

ㅁ.(O) 자회사의 소수주주가 상법 제360조의25 제1항에 따라 모회사에게 주식매수청구를 한 경우에 모회사가 지배주주에 해당하는지 여부를 판단함에 있어, 상법 제360조의24 제1항은 회사의 발행주식총수를 기준으로 보유주식의 수의 비율을 산정하도록 규정할 뿐 발행주식총수의 범위에 제한을 두고 있지 않으므로 자회사의 자기주식은 발행주식총수에 포함되어야 한다. 또한 상법 제360조의24 제2항은 보유주식의 수를 산정할 때에는 모회사와 자회사가 보유한 주식을 합산하도록 규정할 뿐 자회사가 보유한 자기주식을 제외하도록 규정하고 있지 않으므로 자회사가 보유하고 있는 자기주식은 모회사의 보유주식에 합산되어야 한다.

문 48

비상장주식회사인 A회사는 정관에 "10억 원 이상의 보증채무를 부담하는 계약은 이사회 결의를 거쳐야 한다."라는 규정을 두고 있다. 甲은 A회사의 주주총회에서 이사로 선임된 후 이사회에서 대표이사로 선정되어 등기까지 마쳤다. 대표이사 甲은 B회사의 D회사에 대한 1억 원의 채무, C회사의 D회사에 대한 20억 원의 채무에 대하여 이사회 결의를 거치지 않고 A회사 명의로 D회사와 2건의 보증계약을 체결하였다. 그 후 A회사의 주주가 甲을 이사로 선임한 주주총회 결의의 취소를 구하는 소송을 제기하여 승소하였고, 그 판결은 확정되었다. 이에 관한 설명 중 옳지 않은 것은? (다툼이 있는 경우 판례에 의함)

① 甲을 이사로 선임한 주주총회 결의의 취소판결이 확정되기 전에 甲이 대표이사로서 한 행위는 대표권이 없는 자가 한 행위이다.
② 만약 D회사가 보증계약 체결 당시 甲에게 대표권이 없다는 것을 알았거나 중대한 과실로 알지 못하였다면, 상법 제395조(표현대표이사의 행위와 회사의 책임)에 의하여 B회사의 채무에 대한 보증계약에 따른 A회사의 책임을 물을 수 없다.
③ 만약 D회사가 과실 없이 甲이 A회사를 대표할 권한이 있었다고 믿었다면, 甲이 A회사의 영리 목적과 관계없이 B회사의 이익을 도모할 목적으로 보증계약을 체결한다는 것을 보증계약 체결 당시 D회사가 알았더라도 보증계약 체결이 대표권 범위 내의 행위라면 A회사는 1억 원의 보증채무를 부담한다.
④ A회사가 C회사의 채무에 대한 보증계약을 D회사와 체결할 당시 D회사가 A회사의 이사회 결의가 없었음을 중대한 과실로 알지 못하였다면 A회사는 20억 원의 보증채무를 부담하지 않는다.

⑤ 취소되는 주주총회 결의에 의하여 이사로 선임된 대표이사 甲이 마친 '이사 甲 선임 등기'는 상법 제39조의 부실등기에 해당한다.

해설

① (O), ⑤ (O) 이사 선임의 주주총회결의에 대한 취소판결이 확정된 경우 그 결의에 의하여 이사로 선임된 이사들에 의하여 구성된 이사회에서 선정된 대표이사는 소급하여 그 자격을 상실하고, 그 대표이사가 이사 선임의 주주총회결의에 대한 취소판결이 확정되기 전에 한 행위는 대표권이 없는 자가 한 행위로서 무효가 된다. … 그러나 이사 선임의 주주총회결의에 대한 취소판결이 확정되어 그 결의가 소급하여 무효가 된다고 하더라도 그 선임 결의가 취소되는 대표이사와 거래한 상대방은 상법 제39조의 적용 내지 유추적용에 의하여 보호될 수 있으며, 주식회사의 법인등기의 경우 회사는 대표자를 통하여 등기를 신청하지만 등기신청권자는 회사 자체이므로 취소되는 주주총회결의에 의하여 이사로 선임된 대표이사가 마친 이사 선임 등기는 상법 제39조의 부실등기에 해당된다(대법원 2004. 2. 27. 선고 2002다19797 판결).

② (O) 상법 제395조가 규정하는 표현대표이사의 행위로 인한 주식회사의 책임이 성립하기 위하여 법률행위의 상대방이 된 제3자의 선의 이외에 무과실까지도 필요로 하는 것은 아니지만, 그 규정의 취지는 회사의 대표이사가 아닌 이사가 외관상 회사의 대표권이 있는 것으로 인정될 만한 명칭을 사용하여 거래행위를 하고, 이러한 외관이 생겨난 데에 관하여 회사에 귀책사유가 있는 경우에 그 외관을 믿은 선의의 제3자를 보호함으로써 상거래의 신뢰와 안전을 도모하려는 데에 있다 할 것인바, 그와 같은 제3자의 신뢰는 보호할 만한 가치가 있는 정당한 것이어야 할 것이므로 설령 제3자가 회사의 대표이사가 아닌 이사가 그 거래행위를 함에 있어서 회사를 대표할 권한이 있다고 믿었다 할지라도 그와 같이 믿음에 있어서 중대한 과실이 있는 경우에는 회사는 그 제3자에 대하여는 책임을 지지 아니한다(대법원 1999. 11. 12. 선고 99다19797 판결).

③ (X) 대표이사의 대표권한 범위를 벗어난 행위라 하더라도 그것이 회사의 권리능력의 범위 내에 속한 행위이기만 하면 대표권의 제한을 알지 못하는 제3자가 그 행위를 회사의 대표행위라고 믿은 신뢰는 보호되어야 하고, 대표이사가 대표권의 범위 내에서 한 행위는 설사 대표이사가 회사의 영리목적과 관계없이 자기 또는 제3자의 이익을 도모할 목적으로 그 권한을 남용한 것이라 할지라도 일단 회사의 행위로서 유효하고, 다만 그 행위의 상대방이 대표이사의 진의를 알았거나 알 수 있었을 때에는 회사에 대하여 무효가 되는 것이며, 이는 민법상 법인의 대표자가 대표권한을 남용한 경우에도 마찬가지이다(대법원 2004. 3. 26. 선고 2003다34045 판결).

④ (O) 대표권이 제한된 경우에 대표이사는 그 범위에서만 대표권을 갖는다. 그러나 그러한 제한을 위반한 행위라고 하더라도 그것이 회사의 권리능력을 벗어난 것이 아니라면 대표권의 제한을 알지 못하는 제3자는 그 행위를 회사의 대표행위라고 믿는 것이 당연하고 이러한 신뢰는 보호되어야 한다. 일정한 대외적 거래행위에 관하여 이사회 결의를 거치도록 대표이사의 권한을 제한한 경우에도 이사회 결의는 회사의 내부적 의사결정절차에 불과하고, 특별한 사정이 없는 한 거래 상대방으로서는 회사의 대표자가 거래에 필요한 회사의 내부절차를 마쳤을 것으로 신뢰하였다고 보는 것이 경험칙에 부합한다. 따라서 회사 정관이나 이사회 규정 등에서 이사회 결의를 거치도록 대표이사의 대표권을 제한한 경우(이하 '내부적 제한'이라 한다)에도 선의의 제3자는 상법 제209조 제2항에 따라 보호된다. 거래행위의 상대방인 제3자가 상법 제209조 제2항에 따라 보호받기 위하여 선의 이외에 무과실까지 필요하지는 않지만, 중대한 과실이 있는 경우에는 제3자의 신뢰를 보호할 만한 가치가 없다고 보아 거래행위가 무효라고 해석함이 타당하다(대법원 2021. 2. 18. 선고 2015다45451 전원합의체 판결).

해답 ③

문 49

비상장주식회사의 이익배당에 관한 설명 중 옳지 않은 것은? (다툼이 있는 경우 판례에 의함) ★★

① 이익배당은 주주총회 결의로 정하나 상법 제449조의2(재무제표 등의 승인에 대한 특칙) 제1항에 따라 재무제표를 이사회가 승인하는 경우에는 이사회 결의로 정한다.
② 정관에서 회사에 배당의무를 부과하면서 배당금의 지급조건이나 배당금액을 산정하는 방식 등을 구체적으로 정하고 있어 그에 따라 개별 주주에게 배당할 금액이 일의적으로 산정되고, 대표이사나 이사회가 경영판단에 따라 배당금 지급 여부나 시기, 배당금액 등을 달리 정할 수 있도록 하는 규정이 없다면, 예외적으로 정관에서 정한 지급조건이 갖추어지는 때에 주주에게 구체적이고 확정적인 배당금지급청구권이 인정될 수 있다.
③ 회사는 주주총회 결의에 의하여 이익의 배당을 새로이 발행하는 주식으로써 할 수 있으나, 주식에 의한 배당은 이익배당총액의 2분의 1에 상당하는 금액을 초과하지 못한다.
④ 회사가 배당가능 이익의 한도 내에서 주주평등의 원칙을 위반하여 이익을 배당한 경우에 회사채권자는 배당한 이익을 회사에 반환할 것을 청구할 수 있다.
⑤ 연 1회의 결산기를 정한 회사는 영업년도 중 1회에 한하여 이사회 결의로 일정한 날을 정하여 그 날의 주주에 대하여 이익을 배당할 수 있음을 정관으로 정할 수 있다.

해설

① (O) 상법 제462조 참조

> 상법 제462조(이익의 배당) ② 이익배당은 주주총회의 결의로 정한다. 다만, 제449조의2제1항에 따라 재무제표를 이사회가 승인하는 경우에는 이사회의 결의로 정한다.

② (O) 주주의 이익배당청구권은 장차 이익배당을 받을 수 있다는 의미의 권리에 지나지 아니하여 이익잉여금처분계산서가 주주총회에서 승인됨으로써 이익배당이 확정될 때까지는 주주에게 구체적이고 확정적인 배당금지급청구권이 인정되지 아니한다. 다만 정관에서 회사에 배당의무를 부과하면서 배당금의 지급조건이나 배당금액을 산정하는 방식 등을 구체적으로 정하고 있어 그에 따라 개별 주주에게 배당할 금액이 일의적으로 산정되고, 대표이사나 이사회가 경영판단에 따라 배당금 지급 여부나 시기, 배당금액 등을 달리 정할 수 있도록 하는 규정이 없다면, 예외적으로 정관에서 정한 지급조건이 갖추어지는 때에 주주에게 구체적이고 확정적인 배당금지급청구권이 인정될 수 있다. 그리고 이러한 경우 회사는 주주총회에서 이익배당에 관한 결의를 하지 않았다거나 정관과 달리 이익배당을 거부하는 결의를 하였다는 사정을 들어 주주에게 이익배당금의 지급을 거절할 수 없다(대법원 2022. 8. 19. 선고 2020다263574 판결).

③ (O) 상법 제462조의2 참조

> 상법 제462조의2(주식배당) ① 회사는 주주총회의 결의에 의하여 이익의 배당을 새로이 발행하는 주식으로써 할 수 있다. 그러나 주식에 의한 배당은 이익배당총액의 2분의 1에 상당하는 금액을 초과하지 못한다.

④ (X) 상법 제462조 제3항의 채권자권리는 제1항의 위반인 경우에만 인정되는 것이므로 배당가능이익의 범위에서 이루어진 이상, 위법배당이라 할 지라도 채권자가 반환청구권을 가지지 않는다. 책임재산에 대한 침해가 없는 이상 채권자가 그 배당의 효력을 문제삼을 이익이 없기 때문이다(송옥렬, 상법강의 제11판 p.1221).

⑤ (O) 상법 제462조의3 참조

> 상법 제462조의3(중간배당) ① 연 1회의 결산기를 정한 회사는 영업년도중 1회에 한하여 이사회의 결의로 일정한 날을 정하여 그 날의 주주에 대하여 이익을 배당(이하 이 條에서 "中間配當"이라 한다)할 수 있음을 정관으로 정할 수 있다.

해답 ④

문 50 ★★

상장주식회사인 A회사는 이사 甲이 개인 자격으로 乙로부터 차용한 채무에 대하여 乙과 연대보증계약을 체결하였다. 해당 연대보증계약이 상법 제542조의9(주요주주 등 이해관계자와의 거래) 제1항에 의하여 금지된 신용공여인 경우, 이에 관한 설명 중 옳은 것은? (다툼이 있는 경우 판례에 의함)

① 해당 연대보증계약은 미리 이사회에서 해당 거래에 관한 중요 사실을 밝히고 이사회의 승인을 받으면 효력이 있다.
② 해당 연대보증계약을 체결한 자에 관한 형사처벌 조항은 상법에 규정되어 있지 않다.
③ 만약 A회사가 甲이 아닌 A회사의 감사의 채무에 대하여 이사회의 사전 승인을 거쳐 乙과 연대보증계약을 체결한 것이라면 A회사는 乙에게 그 연대보증계약의 무효를 주장할 수 없다.
④ 乙이 해당 연대보증계약이 상법상 금지된 신용공여임을 알지 못하였고 알지 못한 데에 중과실이 없다면 A회사는 乙에 대하여 해당 연대보증계약의 무효를 주장할 수 없다.
⑤ 乙이 해당 연대보증계약이 상법상 금지된 신용공여임을 알지 못한 데에 중과실이 있더라도 A회사의 이사회가 이 거래를 추인한다면 A회사는 乙에 대하여 해당 연대보증계약의 무효를 주장할 수 없다.

해설

① (X), ② (X), ③ (X), ④ (O), ⑤ (X) 상법 제542조의9 제1항의 입법 목적과 내용, 위반행위에 대해 형사처벌이 이루어지는 점 등을 살펴보면, 위 조항은 강행규정에 해당하므로 위 조항에 위반하여 이루어진 신용공여는 허용될 수 없는 것으로서 사법상 무효이고, 누구나 그 무효를 주장할 수 있다. 그리고 위 조항의 문언상 상법 제542조의9 제1항을 위반하여 이루어진 신용공여는, 상법 제398조가 규율하는 이사의 자기거래와 달리, 이사회의 승인 유무와 관계없이 금지되는 것이므로, 이사회의 사전 승인이나 사후 추인이 있어도 유효로 될 수 없다. 다만 상법 제542조의9는 제1항에서 신용공여를 원칙적으로 금지하면서도 제2항에서는 일부 신용공여를 허용하고 있는데, 회사의 외부에 있는 제3자로서는 구체적 사안에서 어떠한 신용공여가 금지대상인지 여부를 알거나 판단하기 어려운 경우가 생길 수 있다. 상장회사와의 상거래가 빈번한 거래현실을 감안하면 제3자로 하여금 상장회사와 거래를 할 때마다 일일이 상법 제542조의9 위반 여부를 조사·확인할 의무를 부담시키는 것은 상거래의 신속성이나 거래의 안전을 해친다. 따라서 상법 제542조의9 제1항을 위반한 신용공여라고 하더라도 제3자가 그에 대해 알지 못하였고 알지 못한 데에 중대한 과실이 없는 경우에는 그 제3자에 대하여는 무효를 주장할 수 없다고 보아야 한다(대판 2021.04.29. 2017다261943).

> 상법 542조의9(주요주주 등 이해관계자와의 거래) ① 상장회사는 다음 각 호의 어느 하나에 해당하는 자를 상대방으로 하거나 그를 위하여 신용공여(금전 등 경제적 가치가 있는 재산의 대여, 채무이행의 보증, 자금 지원적 성격의 증권 매입, 그 밖에 거래상의 신용위험이 따르는 직접적·간접적 거래로서 대통령령으로 정하는 거래를 말한다. 이하 이 조에서 같다)를 하여서는 아니 된다.

1. 주요주주 및 그의 특수관계인
2. 이사(제401조의2제1항 각 호의 어느 하나에 해당하는 자를 포함한다. 이하 이 조에서 같다) 및 집행임원
3. 감사

문 51

★★

A주식회사는 B주식회사를 완전자회사로 하기 위한 주식의 포괄적 교환을 하고자 한다. 이에 관한 설명 중 옳지 않은 것은? (다툼이 있는 경우 판례에 의함)

① A회사와 B회사가 주식교환계약서에 대한 주주총회 승인을 얻은 후 채권자 이의절차를 거치지 아니한 경우 양 회사의 채권자는 주식교환무효의 소를 제기할 수 있으며, 주식교환무효를 선고하는 확정판결은 대세효를 갖는다.
② B회사의 총주주의 동의가 있거나 B회사의 발행주식총수의 90% 이상을 A회사가 소유하고 있는 때에는 B회사의 주주총회의 승인을 이사회의 승인으로 갈음할 수 있다.
③ 주식교환으로 인하여 주식교환에 관련되는 각 회사의 주주의 부담이 가중되는 경우에는 그 주주 전원의 동의도 필요하다.
④ 만약 B회사의 주주가 B회사를 상대로 이사 선임에 관한 주주총회결의취소의 소를 제기한 후 소송의 계속 중에 주식교환이 완료되었다면, 그 소를 제기한 자는 원고적격을 상실한다.
⑤ 주식교환으로 B회사 주주에게 제공하는 재산이 A회사의 모회사 주식을 포함하는 경우에 A회사는 그 지급을 위하여 그 모회사의 주식을 취득할 수 있다.

해설

① (X) 상법 제190조, 제360조의14 참조

> 상법 제190조(판결의 효력) 설립무효의 판결 또는 설립취소의 판결은 제3자에 대하여도 그 효력이 있다. 그러나 판결확정전에 생긴 회사와 사원 및 제3자간의 권리의무에 영향을 미치지 아니한다.
> 상법 제360조의14(주식교환무효의 소) ① 주식교환의 무효는 각 회사의 주주·이사·감사·감사위원회의 위원 또는 청산인에 한하여 주식교환의 날부터 6월 내에 소만으로 이를 주장할 수 있다.
> ④ 제187조 내지 제189조, 제190조 본문, 제191조, 제192조, 제377조 및 제431조의 규정은 제1항의 소에, 제339조 및 제340조제3항의 규정은 제3항의 경우에 각각 이를 준용한다.

② (O) 상법 제360조의9 참조

> 상법 제360조의9(간이주식교환) ① 완전자회사가 되는 회사의 총주주의 동의가 있거나 그 회사의 발행주식 총수의 100분의 90 이상을 완전모회사가 되는 회사가 소유하고 있는 때에는 완전자회사가 되는 회사의 주주총회의 승인은 이를 이사회의 승인으로 갈음할 수 있다.

③ (O) 상법 제360조의3 참조

> 상법 제360조의3(주식교환계약서의 작성과 주주총회의 승인 및 주식교환대가가 모회사 주식인 경우의 특칙) ⑤ 주식교환으로 인하여 주식교환에 관련되는 각 회사의 주주의 부담이 가중되는 경우에는 제1항 및 제436조의 결의 외에 그 주주 전원의 동의가 있어야 한다.

④ (O) 주주총회결의 취소소송의 계속 중 원고가 주주의 지위를 상실하는 경우, 원고적격을 상실하고 원고가 자신의 의사에 반하여 주주의 지위를 상실한 경우에도 마찬가지이다(대법원 2016. 7. 22. 선고 2015다66397 판결). ▶ 갑 주식회사의 주주인 을 등이 주주총회결의 부존재 확인 및 취소를 구하는 소를

제기하였는데 소송 계속 중에 갑 회사와 병 주식회사의 주식 교환에 따라 병 회사가 갑 회사의 완전모회사가 되고 을 등은 병 회사의 주주가 된 사안에서, 을 등에게 주주총회결의 부존재 확인을 구할 이익이 없고, 결의취소의 소를 제기할 원고적격도 인정되지 않는다고 한 사례.

⑤ (O) 상법 제523조의2 참조

> **상법 제523조의2(합병대가가 모회사주식인 경우의 특칙)** ① 제342조의2에도 불구하고 제523조 제4호에 따라 소멸하는 회사의 주주에게 제공하는 재산이 존속하는 회사의 모회사주식을 포함하는 경우에는 존속하는 회사는 그 지급을 위하여 모회사주식을 취득할 수 있다.

해답 ①

문 52 ★★★

비상장주식회사인 A회사에서 甲이 대표이사이고 乙, 丙은 주주이다. A회사는 2021. 5. 1. 신주인수권만의 양도가 가능한 분리형 신주인수권부사채를 A회사의 경영 목적 달성과 상관없이 甲과 친분이 있는 丙에게만 발행하였다. 甲은 2023. 6. 1. 자신의 회사에 대한 영향력을 높이기 위하여 丙으로부터 신주인수권부사채에 부여된 신주인수권 전부를 양수하였고, 이날까지 신주인수권부사채 발행무효의 소가 제기된 바 없다. 그 후 甲은 신주인수권 전부를 일시에 행사하여 2023. 8. 1. 신주가 발행되었다. 이에 관한 설명 중 옳은 것은? (다툼이 있는 경우 판례에 의함)

① 각 신주인수권부사채에 부여된 신주인수권의 행사로 인하여 발행할 주식의 발행가액의 합계액은 각 신주인수권부사채의 금액을 초과할 수 있다.
② 乙은 신주인수권의 행사로 신주가 발행된 2023. 8. 1. 이전에는 언제든지 신주인수권부사채 발행의 무효를 주장할 수 있다.
③ 乙은 甲의 주도하에 이루어지는 신주인수권부사채 발행에 의한 불이익을 염려하여 2023. 9. 1. 신주발행유지청구의 소를 제기할 수 있다.
④ 乙은 2023. 10. 1. 신주인수권부사채 발행이 무효라거나 그를 전제로 하는 주장을 하여 신주발행무효의 소를 제기할 수 있다.
⑤ 乙은 2023. 12. 1. 신주인수권 행사나 그에 따른 신주 발행에 고유한 무효 사유에 준하여 신주발행무효의 소를 제기할 수 있다.

해설

① (X) 상법 제516조의2 참조

> **상법 제516조의2(신주인수권부사채의 발행)** ③ 각 신주인수권부사채에 부여된 신주인수권의 행사로 인하여 발행할 주식의 발행가액의 합계액은 각 신주인수권부사채의 금액을 초과할 수 없다.

② (X), ④ (X), ⑤ (O) 신주인수권부사채는 미리 확정된 가액으로 일정한 수의 신주 인수를 청구할 수 있는 신주인수권이 부여된 사채로서, 신주인수권부사채 발행의 경우에도 주식회사의 물적 기초와 기존 주주들의 이해관계에 영향을 미친다는 점에서 사실상 신주를 발행하는 것과 유사하므로, 신주발행무효의 소에 관한 상법 제429조가 유추적용된다. 신주인수권부사채 발행의 무효는 주주 등이 신주인수권부사채를 발행한 날로부터 6월 내 소만으로 주장할 수 있고, 6월의 출소기간이 지난 뒤에는 새로운 무효 사유를 추가하여 주장할 수 없다. 따라서 신주인수권부사채 발행일로부터 6월 내에 신주인수권부사채발행무효의 소가 제기되지 않거나 6월 내에 제기된 신주인수권부사채발행무효의 소가 적극적 당사자의 패소로 확정되었다면, 이후에는 더 이상 신주인수권부사채 발행의 무효를 주장할 수 없다. 다만 신주인수권부사채에 부여된 신주인수권의 행사나 그로 인한 신주 발행에 대해서는 상법

제429조를 유추적용하여 신주발행무효의 소로써 다툴 수 있다. 이때에는 특별한 사정이 없는 한 신주인수권 행사나 그에 따른 신주 발행에 고유한 무효 사유만 주장할 수 있고, 신주인수권부사채 발행이 무효라거나 그를 전제로 한 주장은 제기할 수 없다(대판 2022.10.27. 2021다201054).

상법 제429조(신주발행무효의 소) 신주발행의 무효는 주주·이사 또는 감사에 한하여 신주를 발행한 날로부터 6월 내에 소만으로 이를 주장할 수 있다.

③ **(X)** 신주발행유지 청구는 사전적 구제수단이므로 신주발행의 효력이 발생하기 전 청구해야 한다. 납입기일 다음날 신주발행효력이 발생한다는 점을 고려하면 결국 납입기일까지 신주발행유지청구의 소를 제기할 수 있다(송옥렬, 상법강의 제11판 p.1157). ▶ 사례에서 신주발행일(2023. 8. 1.) 이 후인 2023. 9. 1. 신주발행유지청구의 소를 제기할 수 없다.

해답 ⑤

문 53

아래 약정서에 따라 乙을 상대로 제기하는 소의 관할법원에 관한 설명 중 옳지 않은 것은? (다툼이 있는 경우 판례에 의함)

약정서

채권자   甲 (750101-1234567)
             서울 서초구 서초로 125, 305동 1301호
             (서초동, ○○아파트)
채무자   乙 (850201-2345678)
             서울 송파구 백제고분로 211, 203동 901호
             (삼전동, XX아파트)

甲과 乙은 다음과 같이 약정한다.

약정 사항

乙은 2023. 10. 30.까지 甲에게 100,000,000원을 지급한다.
乙은 2023. 10. 30.까지 甲에게 서울 강북구 오현로 145 대 300㎡에 관하여 2023. 10. 1. 증여를 원인으로 한 소유권이전등기절차를 이행한다.

2023. 10. 1.

甲 ㊞
乙 ㊞

---

① 甲은 약정 사항 제1항과 제2항의 이행을 구하는 소를 乙의 주소지 관할법원에 제기할 수 있다.
② 甲은 약정 사항 제1항만의 이행을 구하는 소를 甲의 주소지 관할법원에 제기할 수 있다.
③ 甲은 약정 사항 제2항만의 이행을 구하는 소를 甲의 주소지 관할법원에 제기할 수 있다.
④ 甲과 乙이 적법하게 관할합의를 한 이후 甲이 乙에 대하여 가지는 위 1억 원 채권을 丙에게 적법하게 양도하였다면, 丙이 그 양수금의 지급을 구하는 소를 제기할 경우 甲과 乙 사이의 관할합의에 구속된다.
⑤ 甲이 약정 사항 제1항의 이행을 구하는 소를 관할권이 없는 법원에 제기하더라도 乙이 관할권 없음을 주장하지 않고 본안에 관하여 변론한 때에는 그 법원에 관할권이 발생한다.

해설

① (O) 민사소송법 제2조 참조

> **민사소송법 제2조(보통재판적)** 소(訴)는 피고의 보통재판적(普通裁判籍)이 있는 곳의 법원이 관할한다.
> **민사소송법 제3조(사람의 보통재판적)** 사람의 보통재판적은 그의 주소에 따라 정한다. 다만, 대한민국에 주소가 없거나 주소를 알 수 없는 경우에는 거소에 따라 정하고, 거소가 일정하지 아니하거나 거소도 알 수 없으면 마지막 주소에 따라 정한다.

② (O) 약정 사항 제1항과 제2항의 이행을 구하는 소는 소송물이 다르고 단순병합 관계에 있으므로 약정 사항 제1항만의 이행을 구하는 소를 채권자 甲의 주소지관할법원에 제기할 수 있다(민사소송법 제8조).

③ (X) 부동산등기의 신청에 협조할 의무의 이행지는 성질상 등기지의 특별재판적에 관한 민사소송법 제19조에 규정된 '등기할 공무소 소재지'라고 할 것이므로, 원고가 사해행위취소의 소의 채권자라고 하더라도 사해행위취소에 따른 원상회복으로서의 소유권이전등기 말소등기의무의 이행지는 그 등기관서 소재지라고 볼 것이지, 원고의 주소지를 그 의무이행지로 볼 수는 없다(대법원 2002. 5. 10.자 2002마1156 결정).

④ (O) 관할의 합의는 소송법상의 행위로서 합의 당사자 및 그 일반승계인을 제외한 제3자에게 그 효력이 미치지 않는 것이 원칙이지만, 관할에 관한 당사자의 합의로 관할이 변경된다는 것을 실체법적으로 보면, 권리행사의 조건으로서 그 권리관계에 불가분적으로 부착된 실체적 이해의 변경이라 할 수 있으므로, 지명채권과 같이 그 권리관계의 내용을 당사자가 자유롭게 정할 수 있는 경우에는, 당해 권리관계의 특정승계인은 그와 같이 변경된 권리관계를 승계한 것이라고 할 것이어서, 관할합의의 효력은 특정승계인에게도 미친다(대법원 2006. 3. 2.자 2005마902 결정).

⑤ (O) 약정 사항 제1항의 이행을 구하는 소의 관할은 임의 관할로서 민사소송법 제30조에 의해 변론관할이 인정된다.

> **민사소송법 제30조(변론관할)** 피고가 제1심 법원에서 관할위반이라고 항변(抗辯)하지 아니하고 본안(本案)에 대하여 변론(辯論)하거나 변론준비기일(辯論準備期日)에서 진술하면 그 법원은 관할권을 가진다.

해답 ③

문 54 ★★★

소제기에 따른 시효중단의 효력에 관한 설명 중 옳은 것(O)과 옳지 않은 것(X)을 바르게 조합한 것은? (다툼이 있는 경우 판례에 의함)

> ㄱ. 甲이 乙에 대한 5,000만 원의 물품대금채권을 丙에게 양도한 후 대항요건이 구비되기 전에 乙을 상대로 제기한 물품대금청구소송에서 乙이 채권양도 효력을 인정하는 등의 사정으로 甲의 청구가 기각된 경우, 그로부터 6개월 내에 양수인 丙이 乙을 상대로 양수금청구의 소를 제기하였다면 甲의 소 제기 시에 소멸시효가 중단된다.
> ㄴ. 원고 甲이 乙의 사망 사실을 모르고 乙을 피고로 표시하여 제기한 대여금청구의 소에서 乙의 사망 사실을 간과한 청구인용판결이 확정되었다 하더라도 그 후 6개월 내에 다시 乙의 상속인 丙을 상대로 대여금청구의 소를 제기하였다면, 원고 甲의 피고 乙에 대한 소제기 시에 위 대여금채권의 소멸시효가 중단된다.

ㄷ. 소송목적인 권리를 양도한 원고가 법원의 소송인수 결정에 따라 피고의 승낙을 받아 소송에서 탈퇴한 후 인수참가인의 소송목적인 권리 양수의 효력이 부정되어 인수참가인에 대한 청구기각 또는 소각하 판결이 확정된 경우, 탈퇴한 원고가 위 판결 확정일부터 6개월 내에 다시 탈퇴 전과 같은 재판상 청구를 한 때에는 탈퇴 전에 원고가 제기한 재판상 청구로 인하여 발생한 시효중단의 효력은 그대로 유지된다.

ㄹ. 소장에서 청구의 대상으로 삼은 채권 중 일부만을 청구하면서 소송의 진행 경과에 따라 장차 청구금액을 확장할 뜻을 표시하였으나 당해 소송이 종료될 때까지 실제로 청구금액을 확장하지 않은 경우에 청구하지 않은 나머지 부분에 대하여는 재판상 청구로 인한 시효중단의 효력이 발생하지 않지만, 다른 특별한 사정이 없는 한 채권자는 당해 소송이 종료된 때부터 6개월 내에 재판상 청구를 함으로써 그 나머지 부분에 대한 소멸시효를 중단시킬 수 있다.

① ㄱ(O), ㄴ(O), ㄷ(O), ㄹ(O)
② ㄱ(O), ㄴ(O), ㄷ(×), ㄹ(O)
③ ㄱ(O), ㄴ(×), ㄷ(O), ㄹ(O)
④ ㄱ(O), ㄴ(×), ㄷ(O), ㄹ(×)
⑤ ㄱ(×), ㄴ(×), ㄷ(×), ㄹ(O)

해설

ㄱ.(O) 채권양도 후 대항요건이 구비되기 전의 양도인은 채무자에 대한 관계에서는 여전히 채권자의 지위에 있으므로 채무자를 상대로 시효중단의 효력이 있는 재판상의 청구를 할 수 있고, 이 경우 양도인이 제기한 소송 중에 채무자가 채권양도의 효력을 인정하는 등의 사정으로 인하여 양도인의 청구가 기각됨으로써 민법 제170조 제1항에 의하여 시효중단의 효과가 소멸된다고 하더라도, 양도인의 청구가 당초부터 무권리자에 의한 청구로 되는 것은 아니므로, 양수인이 그로부터 6월 내에 채무자를 상대로 재판상의 청구 등을 하였다면, 민법 제169조 및 제170조 제2항에 의하여 양도인의 최초의 재판상 청구로 인하여 시효가 중단된다(대법원 2009. 2. 12. 선고 2008두20109 판결).

ㄴ.(×) 그런데 이미 사망한 자를 피고로 하여 제기된 소는 부적법하여 이를 간과한 채 본안 판단에 나아간 판결은 당연무효로서 그 효력이 상속인에게 미치지 않고, 채권자의 이러한 제소는 권리자의 의무자에 대한 권리행사에 해당하지 않으므로, 상속인을 피고로 하는 당사자표시정정이 이루어진 경우와 같은 특별한 사정이 없는 한, 거기에는 애초부터 시효중단 효력이 없어 민법 제170조 제2항이 적용되지 않는다고 봄이 타당하고, 법원이 이를 간과하여 본안에 나아가 판결을 내린 경우에도 마찬가지라고 보아야 한다(대법원 2014. 2. 27. 선고 2013다94312 판결).

> 민법 제170조(재판상의 청구와 시효중단) ① 재판상의 청구는 소송의 각하, 기각 또는 취하의 경우에는 시효중단의 효력이 없다.
> ② 전항의 경우에 6월내에 재판상의 청구, 파산절차참가, 압류 또는 가압류, 가처분을 한 때에는 시효는 최초의 재판상청구로 인하여 중단된 것으로 본다.

ㄷ.(O) 소송목적인 권리를 양도한 원고는 법원이 소송인수 결정을 한 후 피고의 승낙을 받아 소송에서 탈퇴할 수 있는데(민사소송법 제82조 제3항, 제80조), 그 후 법원이 인수참가인의 청구의 당부에 관하여 심리한 결과 인수참가인의 청구를 기각하거나 소를 각하하는 판결을 선고하여 판결이 확정된 경우에는 원고가 제기한 최초의 재판상 청구로 인한 시효중단의 효력은 소멸한다. 다만 소송탈퇴는 소취하와는 성질이 다르며, 탈퇴 후 잔존하는 소송에서 내린 판결은 탈퇴자에 대하여도 효력이 미친다(민사소송법 제82조 제3항, 제80조 단서). 이에 비추어 보면 인수참가인의 소송목적 양수 효력이 부정되어 인수참가인에 대한 청구기각 또는 소각하 판결이 확정된 날부터 6개월 내에 탈퇴한 원고가 다시 탈퇴 전과 같은 재판상의 청구 등을 한 때에는, 탈퇴 전에 원고가 제기한 재판상의 청구로 인하여 발생한 시효중단의 효력은 그대로 유지된다(대법원 2017. 7. 18. 선고 2016다35789 판결).

ㄹ.(O) 소장에서 청구의 대상으로 삼은 채권 중 일부만을 청구하면서 소송의 진행경과에 따라 장차 청구금액을 확장할 뜻을 표시하였으나 당해 소송이 종료될 때까지 실제로 청구금액을 확장하지 않은 경우에는 소송의 경과에 비추어 볼 때 채권 전부에 관하여 판결을 구한 것으로 볼 수 없으므로, 나머지 부분에 대하여는 재판상 청구로 인한 시효중단의 효력이 발생하지 아니한다. 그러나 이와 같은 경우에도 소를 제기하면서 장차 청구금액을 확장할 뜻을 표시한 채권자로서는 장래에 나머지 부분을 청구할 의사를 가지고 있는 것이 일반적이라고 할 것이므로, 다른 특별한 사정이 없는 한 당해 소송이 계속 중인 동안에는 나머지 부분에 대하여 권리를 행사하겠다는 의사가 표명되어 최고에 의해 권리를 행사하고 있는 상태가 지속되고 있는 것으로 보아야 하고, 채권자는 당해 소송이 종료된 때부터 6월 내에 민법 제174조에서 정한 조치를 취함으로써 나머지 부분에 대한 소멸시효를 중단시킬 수 있다(대법원 2020. 2. 6. 선고 2019다223723 판결).

> **민법 제174조(최고와 시효중단)** 최고는 6월 내에 재판상의 청구, 파산절차참가, 화해를 위한 소환, 임의출석, 압류 또는 가압류, 가처분을 하지 아니하면 시효중단의 효력이 없다.

해답 ③

문 55 ★★

민사소송상 신의칙에 관한 설명 중 옳지 않은 것은? (다툼이 있는 경우 판례에 의함)

① 법원이 화해권고결정을 할 것인지는 당사자의 이익, 그 밖의 모든 사정을 참작하여 직권으로 행하는 것이지만, 청구권의 발생 자체는 명백함에도 신의칙 위반을 이유로 법원이 원고의 청구를 배척하는 판결을 하는 경우에 그 판결에 앞서 화해적 해결을 시도하지 않았다면 위법하다.
② 의료과오소송 계속 중 의사 측이 진료기록을 변조한 행위는, 그 변조이유에 대하여 상당하고도 합리적인 이유를 제시하지 못하는 한, 당사자 간의 공평의 원칙 또는 신의칙에 어긋나는 증명방해행위에 해당한다.
③ 제1심 법원이 제1차 변론준비기일에 부적법한 당사자표시정정신청을 받아들이고 피고가 이에 명시적으로 동의하여 제1심 및 항소심에서 본안판결이 선고된 경우, 그 후 피고가 위 표시정정신청이 부적법하다고 주장하는 것은 인정되지 아니한다.
④ 민사소송상 신의칙에 반하는 것은 강행규정에 위배되는 것이므로 당사자의 주장이 없더라도 법원은 직권으로 판단할 수 있다.
⑤ 원고가 소권(항소권을 포함한다)을 남용하여 청구가 이유 없음이 명백한 소를 반복적으로 제기한 것에 대하여 법원이 변론 없이 판결로 소를 각하하는 경우에는 재판장은 직권으로 피고에 대하여 공시송달을 명할 수 있다.

해설

① (X) 민사소송절차에서 법원이 화해를 권고하거나 화해권고결정을 할 것인지 여부는 당사자의 이익, 그 밖의 모든 사정을 참작하여 직권으로 행하는 것이므로, 청구권의 발생 자체는 명백하지만 신의칙에 의하여 이를 배척하는 경우에 판결에 앞서 화해적 해결을 시도하지 않았다고 하여 위법이라고 할 수 없다(대법원 2009. 12. 10. 선고 2008다78279 판결).
② (O) 의료분쟁에 있어서 의사측이 가지고 있는 진료기록 등의 기재가 사실인정이나 법적 판단을 함에 있어 중요한 역할을 차지하고 있는 점을 고려하여 볼 때, 의사측이 진료기록을 변조한 행위는, 그 변조이유에 대하여 상당하고도 합리적인 이유를 제시하지 못하는 한, 당사자간의 공평의 원칙 또는 신의칙에 어긋나는 입증방해행위에 해당한다 할 것이고, 법원으로서는 이를 하나의 자료로 하여

자유로운 심증에 따라 의사측에게 불리한 평가를 할 수 있다(대법원 1995. 3. 10. 선고 94다39567 판결).

③ (O) 제1심법원이 제1차 변론준비기일에서 부적법한 당사자표시정정신청을 받아들이고 피고도 이에 명시적으로 동의하여 제1심 제1차 변론기일부터 정정된 원고인 회사와 피고 사이에 본안에 관한 변론이 진행된 다음 제1심 및 원심에서 본안판결이 선고되었다면, 당사자표시정정신청이 부적법하다고 하여 그 후에 진행된 변론과 그에 터잡은 판결을 모두 부적법하거나 무효라고 하는 것은 소송절차의 안정을 해칠 뿐만 아니라 그 후에 새삼스럽게 이를 문제삼는 것은 소송경제나 신의칙 등에 비추어 허용될 수 없다(대법원 2008. 6. 12. 선고 2008다11276 판결).

④ (O) 신의성실의 원칙에 반하는 것 또는 권리남용은 강행규정에 위배되는 것이므로 당사자의 주장이 없더라도 법원은 직권으로 판단할 수 있다(대법원 1995. 12. 22. 선고 94다42129 판결).

⑤ (O) 민사소송법 제194조 참조

> 민사소송법 제194조(공시송달의 요건) ④ 원고가 소권(항소권을 포함한다)을 남용하여 청구가 이유 없음이 명백한 소를 반복적으로 제기한 것에 대하여 법원이 변론 없이 판결로 소를 각하하는 경우에는 재판장은 직권으로 피고에 대하여 공시송달을 명할 수 있다.

해답 ①

문 56

★★

소송요건에 관한 설명 중 옳지 않은 것은? (다툼이 있는 경우 판례에 의함)

① 근저당권설정등기의 말소등기절차의 이행을 구하는 소송 도중에 그 근저당권설정등기가 경매절차에서의 매각을 원인으로 하여 말소된 경우에는 더 이상 근저당권설정등기의 말소를 구할 법률상 이익이 없다.
② 확정판결에 의한 채권의 소멸시효기간 경과가 임박한 경우에 그 시효중단을 위한 재소는 소의 이익이 있고, 이 경우 후소 법원으로서는 그 확정된 권리를 주장할 수 있는 모든 요건이 구비되어 있는지에 관하여 다시 심리하여야 한다.
③ 원고가 피고에 대하여 손해배상채무의 부존재확인을 구할 이익이 있어 본소로 그 확인을 구하였다면, 피고가 그 후에 그 손해배상채무의 이행을 구하는 반소를 제기하였다 하더라도 그러한 사정만으로 본소청구에 대한 확인의 이익이 소멸하여 본소가 부적법하게 된다고 볼 수는 없다.
④ 특정한 권리나 법률관계에 관하여 분쟁이 있어도 제소하지 아니하기로 합의한 경우, 이에 위배되어 제기된 소는 권리보호의 이익이 없다.
⑤ 소각하 판결의 기판력은 그 판결에서 확정한 소송요건의 흠결에 관하여 미친다.

해설

① (O) 근저당권설정등기의 말소등기절차의 이행을 구하는 소송 도중에 그 근저당권설정등기가 경락을 원인으로 하여 말소된 경우에는 더 이상 근저당권설정등기의 말소를 구할 법률상 이익이 없다(대법원 2003. 1. 10. 선고 2002다57904 판결).

② (X) 확정된 승소판결에는 기판력이 있으므로 승소 확정판결을 받은 당사자가 전소의 상대방을 상대로 다시 승소 확정판결의 전소(前訴)와 동일한 청구의 소를 제기하는 경우, 특별한 사정이 없는 한 후소(後訴)는 권리보호의 이익이 없어 부적법하다. 하지만 예외적으로 확정판결에 의한 채권의 소멸시효기간인 10년의 경과가 임박한 경우에는 그 시효중단을 위한 소는 소의 이익이 있다. 이는 승소판결이 확정된 후 그 채권의 소멸시효기간인 10년의 경과가 임박하지 않은 상태에서 굳이 다시 동일한 소

를 제기하는 것은 확정판결의 기판력에 비추어 권리보호의 이익을 인정할 수 없으나, 그 기간의 경과가 임박한 경우에는 시효중단을 위한 필요성이 있으므로 후소를 제기할 소의 이익을 인정하는 것이다. 한편 시효중단을 위한 후소의 판결은 전소의 승소 확정판결의 내용에 저촉되어서는 아니 되므로, 후소 법원으로서는 그 확정된 권리를 주장할 수 있는 모든 요건이 구비되어 있는지에 관하여 다시 심리할 수 없으나, 위 후소 판결의 기판력은 후소의 변론종결 시를 기준으로 발생하므로, 전소의 변론종결 후에 발생한 변제, 상계, 면제 등과 같은 채권소멸사유는 후소의 심리대상이 된다. 따라서 채무자인 피고는 후소 절차에서 위와 같은 사유를 들어 항변할 수 있고 심리 결과 그 주장이 인정되면 법원은 원고의 청구를 기각하여야 한다. 이는 채권의 소멸사유 중 하나인 소멸시효 완성의 경우에도 마찬가지이다(대법원 2019. 1. 17. 선고 2018다24349 판결).

③ (O) 소송요건을 구비하여 적법하게 제기된 본소가 그 후에 상대방이 제기한 반소로 인하여 소송요건에 흠결이 생겨 다시 부적법하게 되는 것은 아니므로, 원고가 피고에 대하여 손해배상채무의 부존재확인을 구할 이익이 있어 본소로 그 확인을 구하였다면, 피고가 그 후에 그 손해배상채무의 이행을 구하는 반소를 제기하였다 하더라도 그러한 사정만으로 본소청구에 대한 확인의 이익이 소멸하여 본소가 부적법하게 된다고 볼 수는 없다(대법원 1999. 6. 8. 선고 99다17401,17418 판결).

④ (O) 특정한 권리나 법률관계에 관하여 분쟁이 있어도 제소하지 아니하기로 합의한 경우 이에 위반하여 제기한 소는 권리보호의 이익이 없다(대법원 1993. 5. 14. 선고 92다21760 판결).

⑤ (O) 소송판결의 기판력은 그 판결에서 확정한 소송요건의 흠결에 관하여 미치는 것이지만, 당사자가 그러한 소송요건의 흠결을 보완하여 다시 소를 제기한 경우에는 그 기판력의 제한을 받지 않는다(대법원 2003. 4. 8. 선고 2002다70181 판결).

문 57

송달에 관한 설명 중 옳지 않은 것은? (다툼이 있는 경우 판례에 의함)

① 당사자가 소송계속 중 수감된 경우에 법원이 판결정본을 교도소장 등에게 송달하지 않고서 당사자 주소 등에 재판장의 명령에 따라 공시송달의 방법으로 송달하였다면, 이는 공시송달의 요건을 갖추지 못한 하자가 있는 것으로서 무효이다.

② 공시송달의 방법으로 기일통지서를 송달받은 당사자가 답변서나 준비서면 등을 제출하지 않은 채 당해 변론기일에 출석하지 않은 경우에는 상대방의 주장사실을 자백한 것으로 간주되지 않는다.

③ 동일한 당사자를 위하여 수인의 소송대리인이 소송을 수행하는 경우에 법원은 판결정본을 수인의 소송대리인에게 각각 송달하여야 하지만, 이 경우 당사자에 대한 판결정본 송달의 효력은 소송대리인 중 1인에게 최초로 송달되었을 때 발생하고 항소기간 역시 소송대리인 중 1인에게 최초로 판결정본이 송달되었을 때부터 기산된다.

④ 우편송달은 본인에 대한 교부송달은 물론 보충송달이나 유치송달도 불가능한 경우이거나 당사자 등이 송달장소의 변경신고의무를 이행하지 아니하고 기록에 현출된 자료만으로 달리 송달장소를 알 수 없는 경우에 허용된다.

⑤ 본인과 그의 사무원, 피용자 또는 동거인으로서 사리를 분별할 지능이 있는 사람, 즉 수령대행인 사이에 당해 소송에 관하여 이해의 대립 내지 상반된 이해관계가 있는 경우 수령대행인이 본인을 대신하여 소송서류를 송달받는 것은 쌍방대리금지의 원칙에 반하므로 그 수령대행인에 대하여는 보충송달을 할 수 없다.

해설

① (X) 당사자가 소송 계속 중에 수감된 경우 법원이 판결정본을 민사소송법 제182조에 따라 교도소장 등에게 송달하지 않고 당사자 주소 등에 공시송달 방법으로 송달하였다면, 공시송달의 요건을 갖추지 못한 하자가 있다고 하더라도 재판장의 명령에 따라 공시송달을 한 이상 송달의 효력은 있다(대법원 2022. 1. 13. 선고 2019다220618 판결).

② (O) 민사소송법 제150조 참조

> 민사소송법 제150조(자백간주) ① 당사자가 변론에서 상대방이 주장하는 사실을 명백히 다투지 아니한 때에는 그 사실을 자백한 것으로 본다. 다만, 변론 전체의 취지로 보아 그 사실에 대하여 다툰 것으로 인정되는 경우에는 그러하지 아니하다.
> ③ 당사자가 변론기일에 출석하지 아니하는 경우에는 제1항의 규정을 준용한다. 다만, 공시송달의 방법으로 기일통지서를 송달받은 당사자가 출석하지 아니한 경우에는 그러하지 아니하다.

③ (O) 민사소송의 당사자는 민사소송법 제396조 제1항에 의하여 판결정본이 송달된 날부터 2주 이내에 항소를 제기하여야 한다. 한편 당사자에게 여러 소송대리인이 있는 때에는 민사소송법 제93조에 의하여 각자가 당사자를 대리하게 되므로, 여러 사람이 공동으로 대리권을 행사하는 경우 그 중 한 사람에게 송달을 하도록 한 민사소송법 제180조가 적용될 여지가 없어 법원으로서는 판결정본을 송달함에 있어 여러 소송대리인에게 각각 송달을 하여야 하지만, 그와 같은 경우에도 소송대리인 모두 당사자 본인을 위하여 소송서류를 송달받을 지위에 있으므로 당사자에 대한 판결정본 송달의 효력은 결국 소송대리인 중 1인에게 최초로 판결정본이 송달되었을 때 발생한다. 따라서 당사자에게 여러 소송대리인이 있는 경우 항소기간은 소송대리인 중 1인에게 최초로 판결정본이 송달되었을 때부터 기산된다(대법원 2011. 9. 29. 자 2011마1335 결정).

④ (O) '달리 송달할 장소를 알 수 없는 때에 한하여'함은, 기록에 현출되어 있는 자료만으로는 달리 송달할 장소를 알 수 없을 때에 한한다는 의미이지 상대방에게 주소보정을 명하거나 직권으로 주민등록표 등을 조사하였음에도 변경된 송달장소를 알 수 없을 때에 비로소 등기우편에 의한 발송송달을 할 수 있음을 뜻하는 것은 아니다(대법원 1997. 9. 26. 선고 97다23464 판결).

> 민사소송법 제185조(송달장소변경의 신고의무) ① 당사자·법정대리인 또는 소송대리인이 송달받을 장소를 바꿀 때에는 바로 그 취지를 법원에 신고하여야 한다.
> ② 제1항의 신고를 하지 아니한 사람에게 송달할 서류는 달리 송달할 장소를 알 수 없는 경우 종전에 송달받던 장소에 대법원규칙이 정하는 방법으로 발송할 수 있다.
> 민사소송법 제186조(보충송달·유치송달) ① 근무장소 외의 송달할 장소에서 송달받을 사람을 만나지 못한 때에는 그 사무원, 피용자(被用者) 또는 동거인으로서 사리를 분별할 지능이 있는 사람에게 서류를 교부할 수 있다.
> ② 근무장소에서 송달받을 사람을 만나지 못한 때에는 제183조제2항의 다른 사람 또는 그 법정대리인이나 피용자 그 밖의 종업원으로서 사리를 분별할 지능이 있는 사람이 서류의 수령을 거부하지 아니하면 그에게 서류를 교부할 수 있다.
> ③ 서류를 송달받을 사람 또는 제1항의 규정에 의하여 서류를 넘겨받을 사람이 정당한 사유 없이 송달받기를 거부하는 때에는 송달할 장소에 서류를 놓아둘 수 있다.
> 민사소송법 제187조(우편송달) 제186조의 규정에 따라 송달할 수 없는 때에는 법원사무관등은 서류를 등기우편 등 대법원규칙이 정하는 방법으로 발송할 수 있다.

⑤ (O) 보충송달제도는 본인 아닌 그의 사무원, 피용자 또는 동거인, 즉 수령대행인이 소송서류를 수령하여도 그의 지능과 객관적인 지위, 본인과의 관계 등에 비추어 사회통념상 본인에게 소송서류를 전달할 것이라는 합리적인 기대를 전제로 한다. 동일한 수령대행인이 이해가 대립하는 소송당사자 쌍방을 대신하여 소송서류를 동시에 수령하는 경우가 있을 수 있다. 이런 경우 수령대행인이 원고나 피고

중 한 명과도 이해관계의 상충 없이 중립적인 지위에 있기는 쉽지 않으므로 소송당사자 쌍방 모두에게 소송서류가 제대로 전달될 것이라고 합리적으로 기대하기 어렵다. 또한 이익충돌의 위험을 회피하여 본인의 이익을 보호하려는 데 취지가 있는 민법 제124조 본문에서의 쌍방대리금지 원칙에도 반한다. 따라서 소송당사자의 허락이 있다는 등의 특별한 사정이 없는 한, 동일한 수령대행인이 소송당사자 쌍방의 소송서류를 동시에 송달받을 수 없고, 그러한 보충송달은 무효라고 봄이 타당하다(대법원 2021. 3. 11. 선고 2020므11658 판결).

해답 ①

문 58 ★★

중복된 소제기의 금지에 관한 설명 중 옳지 않은 것은? (다툼이 있는 경우 판례에 의함)

① 동일한 교통사고 피해자 甲, 乙 중 甲이 그 가해자인 피보험자 丙을 대위하여 보험자 A회사를 상대로 제기한 자신의 손해 부분에 관한 보험금청구소송의 계속 중 乙이 위 丙을 대위하여 자신의 손해 부분에 관하여 위 A회사를 상대로 별도로 제기한 보험금청구의 소는 중복된 소제기에 해당하지 않는다.
② 채권자대위소송(전소)이 법원에 계속 중일 때 같은 채무자의 다른 채권자가 동일한 소송물에 대하여 채권자대위권에 기한 소(후소)를 제기하였다 하더라도 후소의 변론종결시까지 전소가 취하되거나 각하되면 후소는 중복된 소제기에 해당하지 않는다.
③ 채권자 甲에 의한 사해행위취소소송의 계속 중 다른 채권자 乙이 동일한 사해행위에 대하여 사해행위취소의 소를 제기한 경우에는 중복된 소제기에 해당하지 않는다.
④ 채권자가 채무인수자를 상대로 제기한 채무이행청구소송(전소)과 채무인수자가 채권자를 상대로 제기한 원래 채무자의 채권자에 대한 채무부존재확인소송(후소)은 그 청구취지와 청구원인이 서로 다르므로 전소의 소송계속 중 후소가 제기되더라도 중복된 소제기에 해당하지 않는다.
⑤ 중복된 소제기임에도 불구하고 이를 간과하여 진행된 소송절차에서 성립된 화해는 당연무효이다.

해설

① **(O)** 동일한 교통사고에 의한 피해자가 여러 명이고 그 중 한 사람이 피보험자를 대위하여 보험자를 상대로 자신의 손해부분에 관한 보험금청구를 하고 있는 경우, 다른 피해자가 피보험자를 대위하여 다른 피해자의 손해부분에 관하여 별도의 보험금청구를 하는 것은 중복제소에 해당한다고 할 수 없을 것이며, 이와 같은 경우 각 피해자마다 별개의 보험사고가 성립하고 그 보험금청구권의 소송물은 동일하다고 할 수 없다(대법원 1992. 5. 22. 선고 91다41187 판결).

② **(O)** 채권자대위소송이 이미 법원에 계속 중에 있을 때 같은 채무자의 다른 채권자가 동일한 소송물에 대하여 채권자대위권에 기한 소를 제기한 경우 시간적으로 나중에 계속하게 된 소송은 중복제소금지의 원칙에 위배되어 제기된 부적법한 소송이 된다(대법원 1990. 4. 27. 선고 88다카25274, 25281(참가) 판결). 민사소송법 제259조는 "법원에 계속되어 있는 사건에 대하여 당사자는 다시 소를 제기하지 못한다."라고 정하고 있다. 민사소송에서 중복제소금지는 소송요건에 관한 것으로서 사실심의 변론종결 시를 기준으로 판단하여야 하므로, 전소가 후소의 변론종결 시까지 취하·각하 등에 의하여 소송계속이 소멸되면 후소는 중복제소금지에 위반되지 않는다(대법원 2021. 5. 7. 선고 2018다259213 판결).

③ **(O)** 채권자취소권의 요건을 갖춘 각 채권자는 고유의 권리로서 채무자의 재산처분 행위를 취소하고 그 원상회복을 구할 수 있는 것이므로 각 채권자가 동시 또는 이시에 채권자취소 및 원상회복소송을 제기한 경우 이들 소송이 중복제소에 해당하는 것이 아니다(대법원 2003. 7. 11. 선고 2003다19558 판결).

④ (O) 채권자가 채무인수자를 상대로 제기한 채무이행청구소송(전소)과 채무인수자가 채권자를 상대로 제기한 원래 채무자의 채권자에 대한 채무부존재확인소송(후소)은 그 청구취지와 청구원인이 서로 다르므로 중복제소에 해당하지 않는다(대법원 2001. 7. 24. 선고 2001다22246 판결).

⑤ (X) 중복제소금지의 원칙에 위배되어 제기된 소에 대한 판결이나 그 소송절차에서 이루어진 화해라도 확정된 경우에는 당연무효라고 할 수는 없다(대법원 1995. 12. 5. 선고 94다59028 판결).

해답 ⑤

문 59 ★★

종중 등 법인 아닌 사단에 관한 설명 중 옳지 않은 것은? (다툼이 있는 경우 판례에 의함)

① 종중은 종족의 자연발생적 집단으로서 그 성립을 위하여 특정한 명칭의 사용 및 서면화된 종중규약이 있어야 하거나 종중의 대표자가 계속하여 선임되어 있는 등 조직을 갖추어야 하는 것은 아니다.

② 법인 아닌 사단의 구성원이자 대표자인 개인은 사원총회의 결의를 거치면 총유재산의 보존행위에 관한 소송에서 자신의 명의로 당사자가 될 수 있다.

③ 종중이 당사자인 사건에서 종중의 대표자에게 적법한 대표권이 있는지는 소송요건에 관한 것으로서 법원의 직권조사사항이므로 이미 제출된 자료들에 의하여 그 대표권의 적법성에 의심이 갈 만한 사정이 엿보인다면, 법원은 상대방이 이를 구체적으로 지적하여 다투지 않더라도 이에 관하여 조사할 의무가 있다.

④ 총유물의 관리 및 처분에 관하여 법인 아닌 사단의 정관이나 규약에 정한 바가 없음에도 불구하고 그 대표자가 사원 총회의 결의를 거치지 않은 채 행한 총유물의 처분행위는 무효이다.

⑤ 적법한 대표자 자격이 없는 종중의 대표자가 한 소송행위는 그 후에 대표자 자격을 적법하게 취득한 대표자가 그 소송행위를 추인하면 행위 시에 소급하여 효력을 갖게 되고, 이러한 추인은 상고심에서도 할 수 있다.

해설

① (O) 종중이라 함은 원래 공동선조의 후손 중 성년 이상의 남자를 종원으로 하여 구성되는 종족의 자연발생적 집단이므로 성립을 위하여 특별한 조직행위를 필요로 하는 것이 아니며 다만 그 목적인 공동선조의 분묘수호, 제사봉행, 종원 상호간의 친목을 규율하기 위하여 규약을 정하는 경우가 있고, 또 대외적인 행위를 할 때에는 대표자를 정할 필요가 있는 것에 지나지 아니하며 반드시 특정한 명칭의 사용 및 서면화된 종중규약이 있어야 하거나 종중의 대표자가 계속하여 선임되어 있는 등 조직을 갖추어야 하는 것은 아니라 할 것이다(대법원 1995. 11. 14. 선고 95다16103 판결).

② (X) 민법 제276조 제1항은 "총유물의 관리 및 처분은 사원총회의 결의에 의한다.", 같은 조 제2항은 "각 사원은 정관 기타의 규약에 좇아 총유물을 사용·수익할 수 있다."라고 규정하고 있을 뿐 공유나 합유의 경우처럼 보존행위는 그 구성원 각자가 할 수 있다는 민법 제265조 단서 또는 제272조 단서와 같은 규정을 두고 있지 아니한 바, 이는 법인 아닌 사단의 소유형태인 총유가 공유나 합유에 비하여 단체성이 강하고 구성원 개인들의 총유재산에 대한 지분권이 인정되지 아니하는 데에서 나온 당연한 귀결이라고 할 것이므로 총유재산에 관한 소송은 법인 아닌 사단이 그 명의로 사원총회의 결의를 거쳐 하거나 또는 그 구성원 전원이 당사자가 되어 필수적 공동소송의 형태로 할 수 있을 뿐 그 사단의 구성원은 설령 그가 사단의 대표자라거나 사원총회의 결의를 거쳤다 하더라도 그 소송의 당사자가 될 수 없고, 이러한 법리는 총유재산의 보존행위로서 소를 제기하는 경우에도 마찬가지라 할 것이다(대법원 2005. 9. 15. 선고 2004다44971 전원합의체 판결).

③ (O) 종중이 당사자인 사건에 있어서 그 종중의 대표자에게 적법한 대표권이 있는지 여부는 소송

요건에 관한 것으로서 법원의 직권조사사항이므로, 법원으로서는 그 판단의 기초자료인 사실과 증거를 직권으로 탐지할 의무까지는 없다 하더라도, 이미 제출된 자료들에 의하여 그 대표권의 적법성에 의심이 갈만한 사정이 엿보인다면 상대방이 이를 구체적으로 지적하여 다투지 않더라도 이에 관하여 심리, 조사할 의무가 있다(대법원 1991. 10. 11. 선고 91다21039 판결).

④ (O) 민법 제275조, 제276조 제1항은 총유물의 관리 및 처분에 관하여는 정관이나 규약에 정한 바가 있으면 그에 의하되 정관이나 규약에서 정한 바가 없으면 사원총회의 결의에 의하도록 규정하고 있으므로, 이러한 절차를 거치지 아니한 총유물의 관리·처분행위는 무효라 할 것이고, 이 법리는 민법 제278조에 의하여 소유권 이외의 재산권에 대하여 준용되고 있다. 그런데 위 법조에서 말하는 총유물의 관리 및 처분이라 함은 총유물 자체에 관한 이용·개량행위나 법률적·사실적 처분행위를 의미하므로 총유물 자체의 관리·처분이 따르지 아니하는 채무부담행위는 이를 총유물의 관리·처분행위라고 볼 수 없다(대법원 2014. 2. 13. 선고 2012다112299,112305 판결).

⑤ (O) 적법한 대표자 자격이 없는 비법인 사단의 대표자가 한 소송행위는 후에 대표자 자격을 적법하게 취득한 대표자가 그 소송행위를 추인하면 행위 시에 소급하여 효력을 갖게 되고, 이러한 추인은 상고심에서도 할 수 있다(대법원 1997. 3. 14. 선고 96다25227 판결).

문 60 ★★★

상계 및 상계항변에 관한 설명 중 옳지 않은 것은? (다툼이 있는 경우 판례에 의함)

① 주채무자가 사전에 수탁보증인에 대한 담보제공청구권의 항변권을 포기한 경우 수탁보증인은 사전구상권을 자동채권으로 하여 주채무자에 대한 채무와 상계할 수 있다.
② 피고가 상계항변으로 2개 이상의 반대채권을 주장하였는데 법원이 그 중 어느 하나의 반대채권만 인정하고 나머지 반대채권은 부존재한다는 이유로 그 부분의 상계항변을 배척한 경우, 반대채권의 부존재 판단에 대한 기판력의 범위는 상계를 마친 후의 수동채권의 잔액을 초과할 수 없다.
③ 불법행위 또는 채무불이행에 따른 채무자의 손해배상책임을 산정함에 있어서 손해부담의 공평을 기하기 위하여 채무자의 책임을 제한할 필요가 있는 경우, 채무자가 채권자에 대하여 가지는 반대채권으로 상계항변을 하는 때에는 책임제한을 한 후의 손해배상액과 상계하여야 한다.
④ 채권압류 및 전부명령이 제3채무자에게 송달되기 이전에 채무자에 대하여 상계적상에 있었던 반대채권을 가진 제3채무자는 그 명령이 송달된 이후 상계로써 전부채권자에게 대항할 수 있다.
⑤ 먼저 제기된 소송의 제1심에서 상계항변을 제출하여 제1심 판결로 본안에 대한 판단을 받았다가 항소심에서 상계항변을 철회한 피고는 재소금지원칙에 따라 그 자동채권과 동일한 채권에 기한 소를 별도로 제기하는 것이 허용되지 않는다.

해설

① (O) 항변권이 붙어 있는 채권을 자동채권으로 하여 다른 채무(수동채권)와의 상계를 허용한다면 상계자 일방의 의사표시에 의하여 상대방의 항변권 행사의 기회를 상실시키는 결과가 되므로 그러한 상계는 허용될 수 없고, 특히 수탁보증인이 주채무자에 대하여 가지는 민법 제442조의 사전구상권에는 민법 제443조의 담보제공청구권이 항변권으로 부착되어 있는 만큼 이를 자동채권으로 하는 상계는 허용될 수 없으며, 다만 민법 제443조는 임의규정으로서 주채무자가 사전에 담보제공청구권의 항변권을 포기한 경우에는 보증인은 사전구상권을 자동채권으로 하여 주채무자에 대한 채무와 상계할 수 있다(대법원 2004. 5. 28. 선고 2001다81245 판결).

② (O) 피고가 상계항변으로 2개 이상의 반대채권(또는 자동채권, 이하 '반대채권'이라고만 한다)을

주장하였는데 법원이 그중 어느 하나의 반대채권의 존재를 인정하여 수동채권의 일부와 대등액에서 상계하는 판단을 하고, 나머지 반대채권들은 모두 부존재한다고 판단하여 그 부분 상계항변은 배척한 경우에, 수동채권 중 위와 같이 상계로 소멸하는 것으로 판단된 부분은 피고가 주장하는 반대채권들 중 그 존재가 인정되지 않은 채권들에 관한 분쟁이나 그에 관한 법원의 판단과는 관련이 없어 기판력의 관점에서 동일하게 취급할 수 없으므로, 그와 같이 반대채권들이 부존재한다는 판단에 대하여 기판력이 발생하는 전체 범위는 위와 같이 상계를 마친 후의 수동채권의 잔액을 초과할 수 없다고 보아야 한다(대법원 2018. 8. 30. 선고 2016다46338, 46345 판결).

③ (O) 불법행위 또는 채무불이행에 따른 채무자의 손해배상액을 산정할 때에 손해부담의 공평을 기하기 위하여 채무자의 책임을 제한할 필요가 있고, 채무자가 채권자에 대하여 가지는 반대채권으로 상계항변을 하는 경우에는 책임제한을 한 후의 손해배상액과 상계하여야 한다(대법원 2015. 3. 20. 선고 2012다107662 판결).

④ (O) 채권압류 및 전부명령에 있어 제3채무자는 그 명령송달 이전에 채무자에 대하여 상계적상에 있었던 반대채권을 가지고 그 명령이 송달된 이후에 상계로서 전부채권자에게 대항할 수 있다(대법원 1980. 9. 9. 선고 80다939 판결).

⑤ (X) 민사소송법 제267조 제2항은 "본안에 대한 종국판결이 있은 뒤에 소를 취하한 사람은 같은 소를 제기하지 못한다."라고 정하고 있다. 이는 소취하로 그동안 판결에 들인 법원의 노력이 무용해지고 다시 동일한 분쟁을 문제 삼아 소송제도를 남용하는 부당한 사태를 방지할 목적에서 나온 제재적 취지의 규정이다. 그런데 상대방이 본안에 관하여 준비서면을 제출하거나 변론준비기일에서 진술 또는 변론을 한 뒤에는 상대방의 동의를 받아야 효력을 가지는 소의 취하와 달리 소송상 방어방법으로서의 상계 항변은 그 수동채권의 존재가 확정되는 것을 전제로 하여 행하여지는 일종의 예비적 항변으로서 상대방의 동의 없이 이를 철회할 수 있고, 그 경우 법원은 처분권주의 원칙상 이에 대하여 심판할 수 없다. 따라서 먼저 제기된 소송의 제1심에서 상계 항변을 제출하여 제1심판결로 본안에 관한 판단을 받았다가 항소심에서 상계 항변을 철회하였더라도 이는 소송상 방어방법의 철회에 불과하여 민사소송법 제267조 제2항의 재소금지 원칙이 적용되지 않으므로, 그 자동채권과 동일한 채권에 기한 소송을 별도로 제기할 수 있다(대법원 2022. 2. 17. 선고 2021다275741 판결).

해답 ⑤

문 61

★★

채권자취소권 및 사해행위취소소송에 관한 설명 중 옳은 것을 모두 고른 것은? (다툼이 있는 경우 판례에 의함)

> ㄱ. 사해성의 요건은 처분행위 당시는 물론 사해행위취소소송의 사실심 변론종결시에도 갖추고 있어야 한다.
> ㄴ. 채권자취소권의 행사에 있어서 제척기간의 도과에 관한 증명책임은 사해행위취소소송의 상대방에게 있다.
> ㄷ. 채권자가 채무자의 채권자취소권을 대위행사하는 경우, 제소기간을 준수하였는지는 위 채권자를 기준으로 하여 판단하여야 한다.
> ㄹ. 어느 한 채권자가 사해행위취소 및 원상회복청구를 하여 승소확정판결을 받아 그 판결에 기해 재산이나 가액의 회복을 마친 경우에 다른 채권자가 동일한 사해행위에 대해 청구한 사해행위취소 및 원상회복청구는 그와 중첩되는 범위 내에서 권리보호의 이익이 없게 된다.

① ㄱ, ㄴ
② ㄱ, ㄹ
③ ㄴ, ㄷ
④ ㄱ, ㄴ, ㄹ
⑤ ㄱ, ㄷ, ㄹ

> **해설**

ㄱ.(O) 사해성의 요건은 행위 당시는 물론 채권자가 취소권을 행사할 당시(사해행위취소소송의 사실심 변론종결 시)에도 갖추고 있어야 하므로, 처분행위 당시에는 채권자를 해하는 것이었더라도 그 후 채무자가 자력을 회복하거나 채무가 감소하여 취소권 행사시에 채권자를 해하지 않게 되었다면, 채권자취소권에 의하여 책임재산을 보전할 필요성이 없으므로 채권자취소권은 소멸한다(대법원 2009. 3. 26. 선고 2007다63102 판결).

ㄴ.(O) 채권자취소권의 행사에서 그 제척기간의 기산점인 '채권자가 취소원인을 안 날'은 채권자가 채권자취소권의 요건을 안 날, 즉 채무자가 채권자를 해함을 알면서 사해행위를 하였다는 사실을 알게 된 날을 말한다. 이때 채권자가 취소원인을 알았다고 하기 위해서는 단순히 채무자가 재산의 처분행위를 하였다는 사실을 아는 것만으로는 부족하며, 구체적인 사해행위의 존재를 알고 나아가 채무자에게 사해의 의사가 있었다는 사실까지 알 것을 요한다. 사해행위의 객관적 사실을 알았다고 하여 취소원인을 알았다고 추정할 수는 없고, 그 제척기간의 도과에 관한 증명책임은 사해행위취소소송의 상대방에게 있다(대법원 2023. 4. 13. 선고 2021다309231 판결).

ㄷ.(X) 민법 제404조 소정의 채권자대위권은 채권자가 자신의 채권을 보전하기 위하여 채무자의 권리를 자신의 이름으로 행사할 수 있는 권리라 할 것이므로, 채권자가 채무자의 채권자취소권을 대위행사하는 경우, 제소기간은 대위의 목적으로 되는 권리의 채권자인 채무자를 기준으로 하여 그 준수 여부를 가려야 할 것이고, 따라서 채권자취소권을 대위행사하는 채권자가 취소원인을 안 지 1년이 지났다 하더라도 채무자가 취소원인을 안 날로부터 1년, 법률행위가 있은 날로부터 5년 내라면 채권자취소의 소를 제기할 수 있다(대법원 2001. 12. 27. 선고 2000다73049 판결).

ㄹ.(O) 어느 한 채권자가 동일한 사해행위에 관하여 채권자취소 및 원상회복청구를 하여 승소판결을 받아 그 판결이 확정되었다는 것만으로 그 후에 제기된 다른 채권자의 동일한 청구가 권리보호의 이익이 없어지게 되는 것은 아니고, 그에 기하여 재산이나 가액의 회복을 마친 경우에 비로소 다른 채권자의 채권자취소 및 원상회복청구는 그와 중첩되는 범위 내에서 권리보호의 이익이 없게 된다(대법원 2003. 7. 11. 선고 2003다19558 판결).

해답 ④

문 62 ★★

판결의 편취에 관한 설명 중 옳지 않은 것은? (다툼이 있는 경우 판례에 의함)

① 원고가 피고의 주소를 허위로 기재함으로써 소장부본 및 원고승소 판결정본이 공시송달의 방법으로 송달된 경우, 피고는 항소기간 도과 후 추후보완 항소 또는 재심의 소를 제기하여 구제받을 수 있다.

② 원고가 피고의 주소를 허위로 기재함으로써 그 주소로 소장부본 및 무변론 원고승소 판결정본이 보내져 피고가 아닌 제3자가 수령하여 송달된 것으로 처리된 경우, 피고는 항소를 제기하여 구제받을 수 있다.

③ 편취된 확정판결에 기한 강제집행이 불법행위로 되는 것은 당사자의 절차적 기본권이 근본적으로 침해된 상태에서 판결이 선고되었거나 확정판결에 재심사유가 존재하는 등 확정판결의 효력을 존중하는 것이 정의에 반함이 명백하여 이를 묵과할 수 없는 경우로 한정하여야 한다.

④ 대여금 중 일부를 변제받고도 이를 속이고 대여금 전액에 대하여 소를 제기하여 승소 확정판결을 받은 후 강제집행에 의하여 판결금을 수령한 채권자에 대하여, 채무자는 재심절차 등을 거치지 아니하고도 그 일부 변제금 상당액이 법률상 원인 없는 이득에 해당한다는 이유로 부당이득반환을 구할 수 있다.
⑤ 편취된 확정판결에 기한 강제집행이 권리남용에 해당한다면, 그 판결의 피고(집행채무자)는 청구이의의 소로써 그 집행의 배제를 구할 수 있다.

해설

① (O) 당사자가 상대방의 주소 또는 거소를 알고 있었음에도 소재불명 또는 허위의 주소나 거소로 하여 소를 제기한 탓으로 공시송달의 방법에 의하여 판결(심판)정본이 송달된 때에는 민사소송법 제451조 제1항 제11호에 의하여 재심을 제기할 수 있음은 물론이나 또한 같은 법 제173조에 의한 소송행위 추완에 의하여도 상소를 제기할 수도 있다(대법원 2011. 12. 22. 선고 2011다73540 판결).

② (O) 원고가 피고의 주소를 허위로 기재하여 이 사건 소를 제기함으로써 그 허위주소로 소송서류가 송달되어 피고 아닌 원고가 그 서류를 받아 의제자백의 형식으로 원고승소의 이 사건 제1심판결이 선고되고 그 판결정본 역시 허위의 주소로 보내어져 송달된 것으로 처리되었다면, 이 사건 제1심판결정본은 피고에게 적법하게 송달되었다고 할 수 없으므로 그 판결에 대한 항소기간은 진행을 개시하지 아니한다 할 것이어서 그 판결은 형식적으로 확정되었다고 할 수 없고, 따라서 소송행위추완의 문제는 나올 수 없고, 피고는 이 사건 제1심 판결정본의 송달을 받지 않은 상태에 있다 할 것이므로 이 사건 항소는 제1심판결정본송달 전에 제기된 것으로서 적법하다 할 것이다(대법원 1994. 12. 22. 선고 94다45449 판결).

③ (O) 판결이 확정되면 기판력에 의하여 대상이 된 청구권의 존재가 확정되고 그 내용에 따라 집행력이 발생하는 것이므로, 그에 따른 집행이 불법행위를 구성하기 위하여는 소송당사자가 상대방의 권리를 해할 의사로 상대방의 소송 관여를 방해하거나 허위의 주장으로 법원을 기망하는 등 부정한 방법으로 실체의 권리관계와 다른 내용의 확정판결을 취득하여 집행을 하는 것과 같은 특별한 사정이 있어야 하고, 그와 같은 사정이 없이 확정판결의 내용이 단순히 실체적 권리관계에 배치되어 부당하고 또한 확정판결에 기한 집행 채권자가 이를 알고 있었다는 것만으로는 그 집행행위가 불법행위를 구성한다고 할 수 없는 바, 편취된 판결에 기한 강제집행이 불법행위로 되는 경우가 있다고 하더라도 당사자의 법적 안정성을 위해 확정판결에 기판력을 인정한 취지나 확정판결의 효력을 배제하기 위하여는 그 확정판결에 재심사유가 존재하는 경우에 재심의 소에 의하여 그 취소를 구하는 것이 원칙적인 방법인 점에 비추어 볼 때 불법행위의 성립을 쉽게 인정하여서는 아니되고, 확정판결에 기한 강제집행이 불법행위로 되는 것은 당사자의 절차적 기본권이 근본적으로 침해된 상태에서 판결이 선고되었거나 확정판결에 재심사유가 존재하는 등 확정판결의 효력을 존중하는 것이 정의에 반함이 명백하여 이를 묵과할 수 없는 경우로 한정하여야 한다(대법원 2001. 11. 13. 선고 99다32899 판결).

④ (X) 대여금 중 일부를 변제받고도 이를 속이고 대여금 전액에 대하여 소송을 제기하여 승소 확정판결을 받은 후 강제집행에 의하여 위 금원을 수령한 채권자에 대하여, 채무자가 그 일부 변제금 상당액은 법률상 원인 없는 이득으로서 반환되어야 한다고 주장하면서 부당이득반환 청구를 하는 경우, 그 변제주장은 대여금반환청구 소송의 확정판결 전의 사유로서 그 판결이 재심의 소 등으로 취소되지 아니하는 한 그 판결의 기판력에 저촉되어 이를 주장할 수 없으므로, 그 확정판결의 강제집행으로 교부받은 금원을 법률상 원인 없는 이득이라고 할 수 없다(대법원 1995. 6. 29. 선고 94다41430 판결).

⑤ (O) 확정판결에 의한 권리라 하더라도 신의에 좇아 성실히 행사되어야 하고 그 판결에 기한 집행

이 권리남용이 되는 경우에는 허용되지 않으므로 집행채무자는 청구이의의 소에 의하여 그 집행의 배제를 구할 수 있다(대법원 2001. 11. 13. 선고 99다32899 판결).

해답 ④

문 63

지명채권양도에 관한 설명 중 옳은 것을 모두 고른 것은? (다툼이 있는 경우 판례에 의함) ★★

> ㄱ. 확정일자 있는 증서에 의한 채권양도 통지와 채권가압류명령이 제3채무자에게 동시에 도달되었다면 제3채무자는 송달의 선후가 불명확한 경우에 준하여 채권자를 알 수 없다는 이유로 변제공탁을 할 수 있다.
> ㄴ. 채권양수인이 '양도되는 채권의 채무자'이고 채권양도 후 채권양도인의 채권자가 양도되는 채권에 관하여 신청한 가압류결정이 제3채무자인 채권양수인에게 송달되더라도 위 채권양도에 관한 확정일자 있는 증서에 의한 채권양도 통지나 승낙이 없었다면 위 가압류결정은 유효하다.
> ㄷ. 채권양수인이 소송계속 중의 승계인이라고 주장하며 참가신청을 한 경우, 채권자로서의 지위 승계가 소송계속 중에 이루어진 것인지는 채권양도의 대항요건이 갖추어진 때를 기준으로 판단한다.
> ㄹ. 원고가 채권자대위권에 기해 금전지급청구를 하다가 당해 피대위채권 자체를 양수하여 양수금청구로 소를 변경한 경우, 당초의 채권자대위소송으로 인한 시효중단의 효력은 소멸하지 않는다.

① ㄴ
② ㄱ, ㄷ
③ ㄷ, ㄹ
④ ㄱ, ㄴ, ㄹ
⑤ ㄱ, ㄷ, ㄹ

해설

ㄱ.(O) 채권양도의 통지와 가압류 또는 압류명령이 제3채무자에게 동시에 송달되었다고 인정되어 채무자가 채권양수인 및 추심명령이나 전부명령을 얻은 가압류 또는 압류채권자 중 한 사람이 제기한 급부소송에서 전액 패소한 이후에도 다른 채권자가 그 송달의 선후에 관하여 다시 문제를 제기하는 경우 기판력의 이론상 제3채무자는 이중지급의 위험이 있을 수 있으므로, 동시에 송달된 경우에도 제3채무자는 송달의 선후가 불명한 경우에 준하여 채권자를 알 수 없다는 이유로 변제공탁을 함으로써 법률관계의 불안으로부터 벗어날 수 있다(대법원 1994. 4. 26. 선고 93다24223 전원합의체 판결).

ㄴ.(X) 민법 제450조 제2항에서 정한 지명채권양도의 제3자에 대한 대항요건은 양도된 채권이 존속하는 동안에 그 채권에 관하여 양수인의 지위와 양립할 수 없는 법률상의 지위를 취득한 제3자가 있는 경우에 적용된다. 따라서 지명채권 양수인이 '양도되는 채권의 채무자'여서 양도된 채권이 민법 제507조 본문에 따라 혼동에 의하여 소멸한 경우에는 후에 채권에 관한 압류 또는 가압류결정이 제3채무자에게 송달되더라도 채권압류 또는 가압류결정은 존재하지 아니하는 채권에 대한 것으로서 무효이고, 압류 또는 가압류채권자는 민법 제450조 제2항에서 정한 제3자에 해당하지 아니한다(대법원 2022. 1. 13. 선고 2019다272855 판결).

ㄷ.(O) 채권을 양수하기는 하였으나 아직 양도인에 의한 통지 또는 채무자의 승낙이라는 대항요건을 갖추지 못하였다면 채권양수인은 채무자와 사이에 아무런 법률관계가 없어 채무자에 대하여 아무런 권리주장을 할 수 없고, 양도인이 채무자에게 채권양도통지를 하거나 채무자가 이를 승낙하여야 채무자에게 채권양수를 주장할 수 있다. 이에 따라 채권양수인이 소송계속 중의 승계인이라고 주장하며 참가신

청을 한 경우에, 채권자로서의 지위의 승계가 소송계속 중에 이루어진 것인지 여부는 채권양도의 합의가 이루어진 때가 아니라 대항요건이 갖추어진 때를 기준으로 판단하는 것과 마찬가지로, 채권양수인이 민사소송법 제218조 제1항에 따라 확정판결의 효력이 미치는 변론종결 후의 승계인에 해당하는지 여부 역시 채권양도의 합의가 이루어진 때가 아니라 대항요건이 갖추어진 때를 기준으로 판단하여야 한다(대법원 2020. 9. 3. 선고 2020다210747).

ㄹ.(O) 원고가 채권자대위권에 기해 청구를 하다가 당해 피대위채권 자체를 양수하여 양수금청구로 소를 변경한 사안에서, 이는 청구원인의 교환적 변경으로서 채권자대위권에 기한 구 청구는 취하된 것으로 보아야 하나, 그 채권자대위소송의 소송물은 채무자의 제3채무자에 대한 계약금반환청구권인데 위 양수금청구는 원고가 위 계약금반환청구권 자체를 양수하였다는 것이어서 양 청구는 동일한 소송물에 관한 권리의무의 특정승계가 있을 뿐 그 소송물은 동일한 점, 시효중단의 효력은 특정승계인에게도 미치는 점, 계속 중인 소송에 소송목적인 권리 또는 의무의 전부나 일부를 승계한 특정승계인이 소송참가하거나 소송인수한 경우에는 소송이 법원에 처음 계속된 때에 소급하여 시효중단의 효력이 생기는 점, 원고는 위 계약금반환채권을 채권자대위권에 기해 행사하다 다시 이를 양수받아 직접 행사한 것이어서 위 계약금반환채권과 관련하여 원고를 '권리 위에 잠자는 자'로 볼 수 없는 점 등에 비추어 볼 때, 당초의 채권자대위소송으로 인한 시효중단의 효력이 소멸하지 않는다(대법원 2010. 6. 24. 선고 2010다17284 판결).

문 64

고유필수적 공동소송에 해당하는 것을 모두 고른 것은? (다툼이 있는 경우 판례에 의함) ★★

> ㄱ. 甲, 乙, 丙의 합유로 소유권이전등기가 된 부동산에 관하여 甲, 乙, 丙을 상대로 명의신탁 해지를 원인으로 한 소유권이전등기절차의 이행을 구하는 소
> ㄴ. 토지 공유자 甲, 乙, 丙이 인접 토지의 소유자인 丁을 상대로 제기하는 경계의 확정을 구하는 소
> ㄷ. 동업자 甲, 乙이 동업 이외의 특정 목적을 위하여 각자가 분담하여 출연한 돈을 공동명의로 예치해 두고 그 목적을 달성하기 전에는 甲이나 乙 혼자서는 인출할 수 없도록 감시하려는 목적으로 공동명의로 예금을 개설한 경우, 甲과 乙이 은행을 상대로 하는 예금반환청구의 소
> ㄹ. 공동상속인 甲, 乙, 丙 중 甲과 乙이 원고가 되어 丙을 상대로 어떤 재산이 상속재산임의 확인을 구하는 소
> ㅁ. 공유물의 소유자인 甲, 乙, 丙을 피고로 공유물의 철거를 구하는 소

① ㄱ, ㄴ, ㄷ ② ㄱ, ㄴ, ㄹ
③ ㄱ, ㄷ, ㅁ ④ ㄴ, ㄷ, ㄹ
⑤ ㄱ, ㄴ, ㄹ, ㅁ

해설

ㄱ.(O) 합유로 소유권이전등기가 된 부동산에 관하여 명의신탁 해지를 원인으로 한 소유권이전등기절차의 이행을 구하는 소송은 조합재산인 합유물의 처분에 관한 소송으로서 합유자 전원을 피고로 하여야 할 뿐 아니라 합유자 전원에 대하여 합일적으로 확정되어야 하는 고유필수적 공동소송에 해당하며, 그 명의신탁 해지를 구하는 당사자가 합유자 중의 1인이라는 사유만으로 달리 볼 것은 아니다(대법원 2015. 9. 10. 선고 2014다73794,73800 판결).

ㄴ.(O) 토지의 경계는 토지소유권의 범위와 한계를 정하는 중요한 사항으로서, 그 경계와 관련되는 인접 토지의 소유자 전원 사이에서 합일적으로 확정될 필요가 있으므로, 인접하는 토지의 한편 또는 양편이 여러 사람의 공유에 속하는 경우에, 그 경계의 확정을 구하는 소송은, 관련된 공유자 전원이 공동하여서만 제소하고 상대방도 관련된 공유자 전원이 공동으로서만 제소될 것을 요건으로 하는 고유필요적 공동소송이라고 해석함이 상당하다(대법원 2001. 6. 26. 선고 2000다24207 판결).

ㄷ.(X) … 만일 동업자들이 동업자금을 공동명의로 예금한 경우라면 채권의 준합유관계에 있어 합유의 성질상 은행에 대한 예금반환청구가 필요적 공동소송에 해당한다고 볼 것이나, 공동명의 예금채권자들 중 1인이 전부를 출연하거나 또는 각자가 분담하여 출연한 돈을 동업 이외의 특정목적을 위하여 공동명의로 예치해 둠으로써 그 목적이 달성되기 전에는 공동명의 예금채권자가 자신의 예금에 대하여도 혼자서는 인출할 수 없도록 방지, 감시하고자 하는 목적으로 공동명의로 예금을 개설한 경우에는 그 예금에 관한 관리처분권까지 공동명의 예금채권자 전원에게 공동으로 귀속된다고 볼 수 없을 것이므로, 이러한 경우에는 은행에 대한 예금반환청구가 민사소송법상의 필요적 공동소송에 해당한다고 할 수 없다(대법원 1994. 4. 26. 선고 93다31825 판결).

ㄹ.(O) 공동상속인이 다른 공동상속인을 상대로 어떤 재산이 상속재산임의 확인을 구하는 소는 이른바 고유필수적 공동소송이라고 할 것이고, 고유필수적 공동소송에서는 원고들 일부의 소 취하 또는 피고들 일부에 대한 소 취하는 특별한 사정이 없는 한 그 효력이 생기지 않는다(대법원 2007. 8. 24. 선고 2006다40980 판결).

문 65 ★★

A회사의 주주총회에서 이사 丁을 선임한 것에 대하여 주주 甲, 乙은 A회사를 상대로 주주총회결의 무효확인의 소를 제기하였다. 이에 관한 설명 중 옳은 것을 모두 고른 것은? (다툼이 있는 경우 판례에 의함)

> ㄱ. 주주총회결의의 무효를 확인하는 판결이 확정되면 당사자 이외의 제3자에게도 그 효력이 미쳐 제3자도 이를 다툴 수 없게 되므로 A회사는 위 소송에서 청구인낙을 할 수 없음이 원칙이지만, 그럼에도 이러한 내용의 청구인낙이 이루어졌다면 대세적 효력과 법적 안정성 등의 요청으로 인하여 그 인낙조서의 효력은 제3자에게도 미친다.
> ㄴ. 주주 丙이 제1심 소송계속 중 적법하게 공동소송참가한 경우, 제1심 판결에 대한 원고 측의 항소기간은 甲, 乙, 丙에게 각각 판결정본이 송달된 때부터 개별적으로 진행되나 甲, 乙, 丙 모두에 대하여 항소기간이 만료될 때까지 판결이 확정되지 아니한다.
> ㄷ. 원고들이 패소한 제1심 판결에 대하여 甲만이 항소한 경우, 甲, 乙 모두에 대한 관계에서 판결의 확정이 차단되고 소송 전체가 항소심으로 이심되며 항소심의 심판범위가 된다.
> ㄹ. 위 소송에서 A회사를 대표할 자는 현재 대표이사로 등기되어 그 직무를 행하는 자이고, 그 대표이사가 위 무효확인청구의 대상이 된 결의에 의하여 선임된 이사인 경우에도 동일하다.

① ㄱ   ② ㄴ, ㄷ
③ ㄴ, ㄹ   ④ ㄱ, ㄷ, ㄹ
⑤ ㄴ, ㄷ, ㄹ

해설

ㄱ.(X) 주주총회결의의 부존재·무효를 확인하거나 결의를 취소하는 판결이 확정되면 당사자 이외의

제3자에게도 그 효력이 미쳐 제3자도 이를 다툴 수 없게 되므로, 주주총회결의의 하자를 다투는 소에 있어서 청구의 인낙이나 그 결의의 부존재·무효를 확인하는 내용의 화해·조정은 할 수 없고, 가사 이러한 내용의 청구인낙 또는 화해·조정이 이루어졌다 하여도 그 인낙조서나 화해·조정조서는 효력이 없다(대법원 2004. 9. 24. 선고 2004다28047 판결).

ㄴ.(O) 주주총회결의 무효확인의 소나 부존재확인의 소를 공동으로 제기한 경우, 필수적 공동소송이라 함이 대법원 전원합의체 판결의 태도이다(대법원 2021. 7. 22. 선고 2020다284977 전원합의체 판결). 따라서, 고유필수적 공동소송에서는 필수적 공동소송인 전원에 대하여 상소기간이 도과되어야 판결이 확정된다.

ㄷ.(O) 위 ㄴ.에서 본 바와 같이 사안은 필수적 공동소송이므로, 어느 1인만이 상소를 제기하면 전원에 대하여 판결확정이 차단되고, 전원에 대한 소송이 이심된다.

ㄹ.(O) 회사의 이사선임 결의가 무효 또는 부존재임을 주장하여 그 결의의 무효 또는 부존재확인을 구하는 소송에서 회사를 대표할 자는 현재 대표이사로 등기되어 그 직무를 행하는 자라고 할 것이고, 그 대표이사가 무효 또는 부존재확인청구의 대상이 된 결의에 의하여 선임된 이사라고 할지라도 그 소송에서 회사를 대표할 수 있는 자임에는 변함이 없다.(대판 1983. 3. 22. 82다카1810 (전합))

해답 ⑤

문 66

★★★

재판상 화해 및 조정에 관한 설명 중 옳지 않은 것은? (다툼이 있는 경우 판례에 의함)

① 제소전 화해조서에 확정판결의 당연무효 사유와 같은 사유가 없는 한 설령 그 내용이 강행법규에 위반된다 할지라도 그 화해조서를 무효라고 할 수는 없다.
② 화해조서에 "이 사건 화해는 이 사건 부동산의 실제 소유자의 이의제기가 있을 경우에는 무효로 한다."라는 실효조항을 둔 경우, 그 조건이 성취되면 화해의 효력은 소멸한다.
③ "재심대상판결 및 제1심 판결을 각 취소한다."라는 취지의 조정조항은 당연무효이다.
④ 수소법원의 공유물분할조정절차에서 공유자 사이에 공유토지에 관한 현물분할의 협의가 성립하여 그 합의 사항을 조서에 기재하면 그 즉시 공유관계가 소멸하고 각 공유자에게 그 협의에 따른 새로운 법률관계가 창설되는 효력이 발생한다.
⑤ 소송에서 다투어지는 법률관계의 존부에 관하여 동일한 당사자 사이의 전소에서 확정된 화해권고결정이 있었던 경우 당사자의 이에 반하는 주장은 인정되지 아니한다.

해설

① (O) 제소전 화해조서는 확정판결과 동일한 효력이 있어 당사자 사이에 기판력이 생기는 것이므로, 거기에 확정판결의 당연무효 사유와 같은 사유가 없는 한 설령 그 내용이 강행법규에 위반된다 할지라도 그것은 단지 제소전 화해에 하자가 있음에 지나지 아니하여 준재심절차에 의하여 구제받는 것은 별문제로 하고 그 화해조서를 무효라고 주장할 수는 없다(대법원 2002. 12. 6. 선고 2002다44014 판결).

② (O) 화해조서에 기재된 효력을 취소 변경하려면 재심의 소에 의하여서만 할 수 있는 것이나 화해조항 자체로서 실효조건을 정한 경우에도 그 조건성취로서 화해의 효력은 당연히 소멸된다 할 것이고 그 실효의 효력은 언제나 소송외에서도 주장할 수 있다(대법원 1965. 3. 2. 선고 64다1514 판결).

③ (O) 조정이나 재판상 화해의 대상인 권리관계는 사적 이익에 관한 것으로서, 당사자가 자유롭게 처분할 수 있는 것이어야 하므로, 성질상 당사자가 임의로 처분할 수 없는 사항을 대상으로 한 조정이나 재판상 화해는 허용될 수 없고, 설령 그에 관하여 조정이나 재판상 화해가 성립하였더라도 효력이 없어 당연무효이다(대법원 1999. 10. 8. 선고 98므1698 판결). ▶ 甲이 乙 주식회사에 마쳐 준 근저

당권설정등기의 말소를 구하는 소송을 제기하여 승소판결을 받고 이에 대한 乙 회사의 항소 및 상고(이하 '재심대상판결'이라 한다)가 모두 기각되어 제1심판결이 그대로 확정되었고, 이에 甲이 丙 신용협동조합에 근저당권 및 지상권 설정등기를 마쳐 주고 이어 乙 회사 명의의 근저당권설정등기 말소등기를 마쳤는데, 乙 회사가 甲을 상대로 위 판결에 대한 재심의 소를 제기하여 "1. 재심대상판결 및 제1심판결을 각 취소한다. 2. 甲은 이 사건 청구를 포기한다. 3. 甲은 乙 회사에 근저당설정등기의 회복등기절차를 이행한다."는 취지의 조정이 성립하였고, 이에 乙 회사가 丙 조합을 상대로 말소등기의 회복에 관하여 승낙을 구하는 소를 제기한 사안에서, '재심대상판결 및 제1심판결을 각 취소한다'는 조정조항은 법원의 형성재판 대상으로서 甲과 乙 회사가 자유롭게 처분할 수 있는 권리에 관한 것이 아니어서 당연무효이고, 확정된 재심대상판결과 제1심판결이 당연무효인 위 조정조항에 의하여 취소되었다고 할 수 없으며, 나머지 조정조항들에 의하여 판결들의 효력이 당연히 상실되는 것도 아니므로, 위 판결들에 기한 근저당권설정등기의 말소등기는 원인무효인 등기가 아니고 따라서 丙 조합은 근저당권설정등기의 말소회복에 승낙을 하여야 할 실체법상 의무를 부담하지 않음에도, 이와 달리 본 원심판결에 법리오해의 잘못이 있다고 한 사례.

④ (X) 공유물분할의 소송절차 또는 조정절차에서 공유자 사이에 공유토지에 관한 현물분할의 협의가 성립하여 그 합의사항을 조서에 기재함으로써 조정이 성립하였다고 하더라도, 그와 같은 사정만으로 재판에 의한 공유물분할의 경우와 마찬가지로 그 즉시 공유관계가 소멸하고 각 공유자에게 그 협의에 따른 새로운 법률관계가 창설되는 것은 아니고, 공유자들이 협의한 바에 따라 토지의 분필절차를 마친 후 각 단독소유로 하기로 한 부분에 관하여 다른 공유자의 공유지분을 이전받아 등기를 마침으로써 비로소 그 부분에 대한 대세적 권리로서의 소유권을 취득하게 된다고 보아야 한다 (대법원 2013. 11. 21. 선고 2011두1917 전원합의체 판결).

⑤ (O) 화해권고결정에 대하여 소정의 기간 내에 이의신청이 없으면 화해권고결정은 재판상 화해와 같은 효력을 가지며(민사소송법 제231조), 한편 재판상 화해는 확정판결과 동일한 효력이 있고 창설적 효력을 가지는 것이어서 화해가 이루어지면 종전의 법률관계를 바탕으로 한 권리·의무관계는 소멸함과 동시에 재판상 화해에 따른 새로운 법률관계가 유효하게 형성된다. 그리고 소송에서 다투어지고 있는 권리 또는 법률관계의 존부에 관하여 동일한 당사자 사이의 전소에서 확정된 화해권고결정이 있는 경우 당사자는 이에 반하는 주장을 할 수 없고 법원도 이에 저촉되는 판단을 할 수 없다(대법원 2014. 4. 10. 선고 2012다29557 판결).

 ④

문 67 ★★

「민사소송법」상 보조참가에 관한 설명 중 옳지 않은 것은? (다툼이 있는 경우 판례에 의함)

① 「민사소송법」상 보조참가신청에 대하여 수소법원은 당사자의 이의신청 유무를 불문하고 참가를 허가할 것인지 아닌지를 결정하여야 한다.
② 통상의 소에서는 피참가인이 공동소송적 보조참가인의 동의 없이 소를 취하하더라도 이는 유효하지만, 재심의 소에서는 피참가인이 재심의 소를 취하하더라도 공동소송적 보조참가인의 동의가 없는 한 효력이 없다.
③ 공동소송적 보조참가에서 피참가인의 소송행위 중 보조참가인에게 불이익이 되는 것은 효력이 없으므로 참가인이 상소를 할 경우에 피참가인이 상소취하나 상소포기를 할 수 없다.
④ 상고하지 않은 참가인이 피참가인의 상고이유서 제출기간 경과 후 서면을 제출하여 피참가인이 적법하게 제출한 상고이유서에서 주장하지 않은 내용을 주장한 경우, 이는 적법한 기간 내에 제출된 상고이유의 주장이라고 할 수 없다.
⑤ 제3자가 피고로부터 토지를 매수한 후 등기를 마치지 않고 있는 동안 피고 소유 명의의 부동산을 가압류한 원고가 피고를 상대로 대여금청구의 소를 제기한 경우, 위 제3자가 원고의 소구채권이 허위채권임에도 피고가 원고의 주장사실을 자백하여 원고를 승소시키려 한다는 것을 이유로 위 대여금청구소송에서 피고 측에 공동소송적 보조참가를 하는 것은 허용되지 않는다.

해설

① (X), ③ (O) … 한편 민사소송법상 보조참가신청에 대하여 당사자가 이의를 신청한 때에는 수소법원은 참가를 허가할 것인지 여부를 결정하여야 하지만, 당사자가 이의를 신청하지 아니한 채 변론하거나 변론준비기일에서 진술을 한 경우에는 이의를 신청할 권리를 잃게 되고(민사소송법 제73조 제1항, 제74조) 수소법원의 보조참가 허가 결정 없이도 계속 소송행위를 할 수 있다. … 민사소송법 제78조의 공동소송적 보조참가에는 필수적 공동소송에 관한 민사소송법 제67조 제1항, 즉 "소송목적이 공동소송인 모두에게 합일적으로 확정되어야 할 공동소송의 경우에 공동소송인 가운데 한 사람의 소송행위는 모두의 이익을 위하여서만 효력을 가진다."라고 한 규정이 준용되므로, 피참가인의 소송행위는 모두의 이익을 위하여서만 효력을 가지고, 공동소송적 보조참가인에게 불이익이 되는 것은 효력이 없으므로, 참가인이 상소를 할 경우에 피참가인이 상소취하나 상소포기를 할 수는 없다.(대법원 2017. 10. 12. 선고 2015두36836 판결).

② (O) 공동소송적 보조참가는 그 성질상 필수적 공동소송 중에서는 이른바 유사필수적 공동소송에 준한다 할 것인데, 유사필수적 공동소송에서는 원고들 중 일부가 소를 취하하는 경우에 다른 공동소송인의 동의를 받을 필요가 없다. 또한 소취하는 판결이 확정될 때까지 할 수 있고 취하된 부분에 대해서는 소가 처음부터 계속되지 아니한 것으로 간주되며(민사소송법 제267조), 본안에 관한 종국판결이 선고된 경우에도 그 판결 역시 처음부터 존재하지 아니한 것으로 간주되므로, 이는 재판의 효력과는 직접적인 관련이 없는 소송행위로서 공동소송적 보조참가인에게 불이익이 된다고 할 것도 아니다. 따라서 피참가인이 공동소송적 보조참가인의 동의 없이 소를 취하하였다 하더라도 이는 유효하다. 그리고 이러한 법리는 행정소송법 제16조에 의한 제3자 참가가 아니라 민사소송법의 준용에 의하여 보조참가를 한 경우에도 마찬가지로 적용된다(대법원 2013. 3. 28. 선고 2011두13729 판결). 재심의 소를 취하하는 것은 통상의 소를 취하하는 것과는 달리 확정된 종국판결에 대한 불복의 기회를 상실하게 하여 더 이상 확정판결의 효력을 배제할 수 없게 하는 행위이므로, 이는 재판의 효력과 직접적인 관련이 있는 소송행위로서 그 확정판결의 효력이 미치는 공동소송적 보조참가인에 대하여는 불리한 행위라고 할 것이다. 따라서 재심의 소에 공동소송적 보조참가인이 참가한 후에는 피참가인이 재심의 소를 취하하더라도 공동소송적 보조참가인의 동의가 없는 한 효력이 없다(대법원 2015. 10. 29. 선고 2014다13044 판결).

④ (O) … 이러한 법리는 상고이유의 주장에 대해서도 마찬가지여서, 상고하지 않은 참가인이 적법하게 제출된 피참가인의 상고이유서에서 주장되지 않은 내용을 피참가인의 상고이유서 제출기간이 지난 후 제출한 서면에서 주장하였더라도 이는 적법한 기간 내에 제출된 상고이유의 주장이라고 할 수 없다(대법원 2020. 10. 15. 선고 2019두40611 판결).

⑤ (O) 피고로부터 부동산을 매수한 참가인이 소유권이전등기를 미루고 있는 사이에 원고가 피고에 대한 채권이 있다 하여 당시 피고의 소유명의로 남아 있던 위 부동산에 대하여 가압류를 하고 본안소송을 제기하자 참가인이 피고보조참가를 한 사안에서, 원고가 승소하면 위 가압류에 기하여 위 부동산에 대한 강제집행에 나설 것이고 그렇게 되면 참가인은 그 후 소유권이전등기를 마친 위 부동산의 소유권을 상실하게 되는 손해를 입게 되며, 원고가 피고에게 구하는 채권이 허위채권으로 보여지는데도 피고가 원고의 주장사실을 자백하여 원고를 승소시키려 한다는 사유만으로는 참가인의 참가가 이른바 공동소송적 보조참가에 해당하여 참가인이 피참가인인 피고와 저촉되는 소송행위를 할 수 있는 지위에 있다고 할 수 없다(대법원 2001. 1. 19. 선고 2000다59333 판결).

해답 ①

문 68

선정당사자제도에 관한 설명 중 옳지 않은 것은? (다툼이 있는 경우 판례에 의함)   ★★

① 선정당사자의 선정행위 시 심급의 제한에 관한 약정 등이 없는 한 선정의 효력은 소송의 종료에 이르기까지 계속된다.
② 다수자 사이에 공동소송인이 될 관계에 있기는 하지만 주요한 공격방어방법을 공통으로 하는 것이 아니어서 공동의 이해관계가 없는 자가 선정당사자로 선정되었음에도 법원이 그러한 선정당사자 자격의 흠을 간과하여 그를 당사자로 한 판결이 확정된 경우, 이는 「민사소송법」상 재심사유에 해당한다.
③ 선정당사자는 선정자들로부터 소송수행을 위한 포괄적인 수권을 받은 당사자로서 특별한 약정이 없는 한 선정자들 모두를 위한 일체의 소송행위를 할 수 있다.
④ 선정당사자 본인에 대한 부분의 소가 취하되거나 판결이 확정되는 등으로 공동의 이해관계가 소멸하는 경우에 선정당사자는 그 자격을 당연히 상실한다.
⑤ 「민사소송법」에 따라 선정된 여러 당사자 가운데 죽거나 그 자격을 잃은 사람이 있는 경우에는 나머지 선정당사자가 모두를 위하여 소송행위를 한다.

해설

① (O) 공동의 이해관계가 있는 다수자가 당사자를 선정한 경우에는 선정된 당사자는 당해 소송의 종결에 이르기까지 총원을 위하여 소송을 수행할 수 있고, 상소와 같은 것도 역시 이러한 당사자로부터 제기되어야 하는 것이지만, 당사자 선정은 총원의 합의로써 장래를 향하여 이를 취소, 변경할 수 있는 만큼 당초부터 특히 어떠한 심급을 한정하여 당사자인 자격을 보유하게끔 할 목적으로 선정을 하는 것도 역시 허용된다고 할 것이나, 선정당사자의 선정행위 시 심급의 제한에 관한 약정 등이 없는 한 선정의 효력은 소송이 종료에 이르기까지 계속되는 것이다(대법원 2003. 11. 14. 선고 2003다34038 판결).

② (X) 다수자 사이에 공동소송인이 될 관계에 있기는 하지만 주요한 공격방어방법을 공통으로 하는 것이 아니어서 공동의 이해관계가 없는 자가 선정당사자로 선정되었음에도 법원이 그러한 선정당사자 자격의 흠을 간과하여 그를 당사자로 한 판결이 확정된 경우, 선정자가 스스로 당해 소송의 공동소송인 중 1인인 선정당사자에게 소송수행권을 수여하는 선정행위를 하였다면 그 선정자로서는 실질적인 소송행위를 할 기회 또는 적법하게 당해 소송에 관여할 기회를 박탈당한 것이 아니므로, 비록 그 선정당사자와의 사이에 공동의 이해관계가 없었다고 하더라도 그러한 사정은 민사소송법 제451조 제1항 제3호가 정하는 재심사유에 해당하지 않는 것으로 봄이 상당하고, 이러한 법리는 그 선정당사자에 대한 판결이 확정된 경우뿐만 아니라 그 선정당사자가 청구를 인낙하여 인낙조서가 확정된 경우에도 마찬가지라 할 것이다(대법원 2007. 7. 12. 선고 2005다10470 판결).

③ (O) 선정당사자는 선정자들로부터 소송수행을 위한 포괄적인 수권을 받은 것으로서 일체의 소송행위는 물론 소송수행에 필요한 사법상(私法上)의 행위도 할 수 있는 것이고 개개의 소송행위를 함에 있어서 선정자의 개별적인 동의가 필요한 것은 아니라 할 것이므로, 자신과 선정자들을 위한 공격이나 방어를 위하여 필요한 범위에서 특정한 법률관계에 실체법적 효과를 발생시키는 행위나 변제의 수령 등을 할 수 있다고 할 것이지만, 변호사인 소송대리인과 사이에 체결하는 보수약정은 소송위임에 필수적으로 수반되어야 하는 것은 아니므로 선정당사자가 그 자격에 기한 독자적인 권한으로 행할 수 있는 소송수행에 필요한 사법상의 행위라고 할 수 없다(대법원 2010. 5. 13. 선고 2009다105246 판결).

④ (O) 민사소송법 제53조의 선정당사자는 공동의 이해관계를 가진 여러 사람 중에서 선정되어야 하므로, 선정당사자 본인에 대한 부분의 소가 취하되거나 판결이 확정되는 등으로 공동의 이해관계가 소멸하는 경우에는 선정당사자는 선정당사자의 자격을 당연히 상실한다(대법원 2006. 9. 28. 선고 2006다28775 판결).

⑤ (O) 민사소송법 제54조 참조

> 민사소송법 제54조(선정당사자 일부의 자격상실) 제53조의 규정에 따라 선정된 여러 당사자 가운데 죽거나 그 자격을 잃은 사람이 있는 경우에는 다른 당사자가 모두를 위하여 소송행위를 한다.

해답 ②

문 69

주식회사의 이사 직무집행정지와 직무대행자선임 가처분에 관한 설명 중 옳은 것을 모두 고른 것은? (다툼이 있는 경우 판례에 의함)

ㄱ. 주식회사의 이사를 피신청인으로 하여 그 직무집행을 정지하고 직무대행자를 선임하는 가처분이 있는 경우 가처분결정은 이사의 직무집행을 정지시킬 뿐 이사의 지위나 자격을 박탈하는 것이 아니다.

ㄴ. 주식회사 이사의 직무집행을 정지하고 직무대행자를 선임하는 가처분은 성질상 당사자 사이뿐만 아니라 제3자에 대한 관계에도 효력이 미치므로 가처분에 반하여 이루어진 행위는 제3자에 대한 관계에서도 무효이다.

ㄷ. 주식회사 대표이사에 대한 직무집행정지 및 직무대행자선임을 결정한 가처분재판에 의하여 주식회사 대표이사의 직무대행자가 선임된 상태에서 피대행자의 후임자가 적법하게 소집된 총회의 결의에 따라 새로 선출되었다면 그 후임자는 적법하게 위 주식회사를 대표할 수 있다.

ㄹ. 주주총회결의의 효력에 관하여 다툼이 있는 주주총회에 의하여 선임된 이사가 이사직을 사임하고 다시 새로운 주주총회에서 이사로 선임된 경우 먼저 있었던 주주총회결의가 무효라는 것을 이유로 하는 그 이사에 대한 직무집행정지 가처분 신청은 허용될 수 없다.

① ㄷ
② ㄱ, ㄴ
③ ㄱ, ㄹ
④ ㄱ, ㄴ, ㄹ
⑤ ㄴ, ㄷ, ㄹ

해설

ㄱ.(O) 주식회사의 이사나 감사를 피신청인으로 하여 그 직무집행을 정지하고 직무대행자를 선임하는 가처분이 있는 경우 가처분결정은 이사 등의 직무집행을 정지시킬 뿐 이사 등의 지위나 자격을 박탈하는 것이 아니므로, 특별한 사정이 없는 한 가처분결정으로 인하여 이사 등의 임기가 당연히 정지되거나 가처분결정이 존속하는 기간만큼 연장된다고 할 수 없다. 나아가 위와 같은 가처분결정은 성질상 당사자 사이뿐만 아니라 제3자에 대해서도 효력이 미치지만, 이는 어디까지나 직무집행행위의 효력을 제한하는 것일 뿐이므로, 이사 등의 임기 진행에 영향을 주는 것은 아니다(대법원 2020. 8. 20. 선고 2018다249148 판결).

ㄴ.(O) 주식회사 이사의 직무집행을 정지하고 직무대행자를 선임하는 가처분은 성질상 당사자 사이뿐만 아니라 제3자에 대한 관계에서도 효력이 미치므로 가처분에 반하여 이루어진 행위는 제3자에 대한 관계에서도 무효이므로 가처분에 의하여 선임된 이사직무대행자의 권한은 법원의 취소결정이 있기까지 유효하게 존속한다(대법원 2014. 3. 27. 선고 2013다39551 판결).

ㄷ.(X) 대표이사의 직무집행정지 및 직무대행자선임의 가처분이 이루어진 이상, 그 후 대표이사가 해임되고 새로운 대표이사가 선임되었다 하더라도 가처분결정이 취소되지 아니하는 한 직무대행자의 권한은 유효하게 존속하는 반면 새로이 선임된 대표이사는 그 선임결의의 적법 여부에 관계없이 대표이사로서의 권한을 가지지 못한다(대법원 1992. 5. 12. 선고 92다5638 판결).

ㄹ. (O) 가처분결정 전에 이사가 사임하거나 주주총회결의로 해임하게 되면 피보전권리가 없으므로 법원은 가처분 신청을 각하하여야 한다. 이사가 사임하고 다시 동일인이 새로운 주주총회에서 이사로 선임된 경우 본안소송은 그 이전의 이사선임결의에 관한 것이므로 역시 피보전권리가 없다고 본다(송옥렬, 상법강의 제11판 p.998, 대판 1982.02.09. 80다2424 참조).

해답 ④

문 70 ★★

문서제출명령에 관한 설명 중 옳지 않은 것은? (다툼이 있는 경우 판례에 의함)

① 문서제출의 신청에 관한 결정에 대하여는 즉시항고를 할 수 없다.
② 제3자에 대하여 문서제출을 명하는 경우 법원은 제3자 또는 그가 지정하는 자를 심문하여야 한다.
③ 음성·영상자료에 해당하는 동영상 파일은 검증 목적물 제출 명령의 대상이 될 수 있지만 문서제출명령의 대상은 될 수 없다.
④ 당사자가 적법한 문서제출명령에 따르지 아니한 때에는 법원은 문서의 기재에 대한 상대방의 주장을 진실한 것으로 인정할 수 있다.
⑤ 법원은 문서제출명령의 대상이 되는지 판단하기 위하여 소지인에게 문서의 제시를 명할 수 있다.

해설

① (X) 민사소송법 제348조 참조

> 민사소송법 제348조(불복신청) 문서제출의 신청에 관한 결정에 대하여는 즉시항고를 할 수 있다.

② (O), ⑤ (O) 민사소송법 제347조 참조

> 민사소송법 제347조(제출신청의 허가여부에 대한 재판) ③ 제3자에 대하여 문서의 제출을 명하는 경우에는 제3자 또는 그가 지정하는 자를 심문하여야 한다.
> ④ 법원은 문서가 제344조에 해당하는지를 판단하기 위하여 필요하다고 인정하는 때에는 문서를 가지고 있는 사람에게 그 문서를 제시하도록 명할 수 있다. 이 경우 법원은 그 문서를 다른 사람이 보도록 하여서는 안된다.

③ (O) 민사소송법 제344조 제1항 제1호, 제374조를 신청 근거 규정으로 기재한 동영상 파일 등과 사진의 제출명령신청에 대하여, 동영상 파일은 검증의 방법으로 증거조사를 하여야 하므로 문서제출명령의 대상이 될 수는 없고, 사진의 경우에는 그 형태, 담겨진 내용 등을 종합하여 감정·서증·검증의 방법 중 가장 적절한 증거조사 방법을 택하여 이를 준용하여야 함에도, 제1심법원이 사진에 관한 구체적인 심리 없이 곧바로 문서제출명령을 하고 검증의 대상인 동영상 파일을 문서제출명령에 포함시킨 것이 정당하다고 판단한 원심의 조치에는 문서제출명령의 대상에 관한 법리를 오해한 잘못이 있다(대법원 2010. 7. 14.자 2009마2105 결정).

④ (O) 민사소송법 제349조 참조

> 민사소송법 제349조 (당사자가 문서를 제출하지 아니한 때의 효과) 당사자가 제347조제1항·제2항 및 제4항의 규정에 의한 명령에 따르지 아니한 때에는 법원은 문서의 기재에 대한 상대방의 주장을 진실한 것으로 인정할 수 있다.

해답 ①

2023년 변호사시험 민사법 문제해설

문 01 ★★

법률행위의 무효에 관한 설명 중 옳지 않은 것은? (다툼이 있는 경우 판례에 의함)

① 불공정한 법률행위에 해당하여 무효인 법률행위는 추인에 의하여 유효로 될 수 없다.
② 법인 아닌 사단의 총회에서 회의 소집 통지에 목적 사항으로 기재하지 않은 사항에 관하여 결의한 경우, 구성원 전원이 회의에 참석하여 해당 사항에 관하여 의결하였더라도 그 결의는 효력이 없다.
③ 증여계약과 같이 아무런 대가관계 없이 당사자 일방이 상대방에게 일방적인 급부를 하는 법률행위는 불공정한 법률행위의 해당 여부를 논의할 수 있는 성질의 것이 아니다.
④ 양도소득세의 일부를 회피할 목적으로 매매계약서에 실제로 거래한 가액을 매매대금으로 기재하지 아니하고 그보다 낮은 금액을 매매대금으로 기재하였더라도 그 매매계약을 사회질서에 반하는 법률행위로서 무효라고 할 수는 없다.
⑤ 「부동산 거래신고 등에 관한 법률」상 토지거래허가구역 내의 토지에 대하여 토지거래허가 없이 매매계약이 체결되어 유동적 무효 상태에 있던 중, 토지거래허가구역이 지정해제 되었다면 그 매매계약은 확정적으로 유효로 된다.

해설

① (O) 불공정한 법률행위로서 무효인 경우에는 추인에 의하여 무효인 법률행위가 유효로 될 수 없다(대법원 1994. 6. 24. 선고 94다10900 판결).

② (X) 입주자대표회의를 소집함에 있어 회의의 목적 사항을 기재하도록 하는 취지는 구성원이 결의를 할 사항이 사전에 무엇인가를 알아 회의 참석 여부나 결의사항에 대한 찬반의사를 미리 준비하게 하는 데 있으므로, 회의의 목적 사항은 구성원이 안건이 무엇인가를 알기에 족한 정도로 구체적으로 기재하여야 한다. 그리고 회의 소집 통지를 함에 있어 회의 목적 사항을 열거한 다음 '기타 사항'이라고 기재한 경우, 회의 소집 통지에는 회의의 목적 사항을 기재하도록 한 민법 제71조 등 법 규정의 입법 취지에 비추어 볼 때, '기타 사항'이란 회의의 기본적인 목적 사항과 관계가 되는 사항과 일상적인 운영을 위하여 필요한 사항에 국한된다고 보아야 한다. 만일 회의 소집 통지에 목적 사항으로 기재하지 않은 사항에 관하여 결의한 때에는 구성원 전원이 회의에 참석하여 그 사항에 관하여 의결한 경우가 아닌 한 그 결의는 무효라고 할 것이다(대법원 2013. 2. 14. 선고 2010다102403 판결).

③ (O) 민법 제104조가 규정하는 현저히 공정을 잃은 법률행위라 함은 자기의 급부에 비하여 현저하게 균형을 잃은 반대급부를 하게 하여 부당한 재산적 이익을 얻는 행위를 의미하는 것이므로, 증여계약과 같이 아무런 대가관계 없이 당사자 일방이 상대방에게 일방적인 급부를 하는 법률행위는 그 공정성 여부를 논의할 수 있는 성질의 법률행위가 아니다(대법원 2000. 2. 11. 선고 99다56833 판결).

④ (O) 소득세법령의 규정에 의하여 당해 자산의 양도 당시의 기준시가가 아닌 양도자와 양수자간에 실제로 거래한 가액을 양도가액으로 하는 경우, 양도소득세의 일부를 회피할 목적으로 매매계약서에 실제로 거래한 가액을 매매대금으로 기재하지 아니하고 그보다 낮은 금액을 매매대금으로 기재하였다 하여, 그것만으로 그 매매계약이 사회질서에 반하는 법률행위로서 무효로 된다고 할 수는 없다(대법원 2007. 6. 14. 선고 2007다3285 판결).

⑤ (O) … 허가구역 지정기간 중에 허가구역 안의 토지에 대하여 토지거래허가를 받지 아니하고 토지거래계약을 체결한 후 허가구역 지정해제 등이 된 때에는 그 토지거래계약이 허가구역 지정이 해제되기 전에 확정적으로 무효로 된 경우를 제외하고는, 더 이상 관할 행정청으로부터 토지거래허가를 받을 필요가 없이 확정적으로 유효로 되어 거래 당사자는 그 계약에 기하여 바로 토지의 소유권 등 권리의 이전 또는 설정에 관한 이행청구를 할 수 있고, 상대방도 반대급부의 청구를 할 수 있다고 보아야 할 것이지, 여전히 그 계약이 유동적 무효상태에 있다고 볼 것은 아니다(대법원 1999. 6. 17. 선고 98다40459 전원합의체 판결).

해답 ②

문 02

「민법」상 '선의' 보호에 관한 설명 중 옳은 것을 모두 고른 것은? (다툼이 있는 경우 판례에 의함)

ㄱ. 비법인사단의 대표자가 대표권 제한에 관한 정관 규정에 위반하여 체결한 계약은 그 상대방이 대표권 제한 사실을 알았거나 알 수 있었던 때가 아닌 한 유효하다.
ㄴ. 대리인이 상대방과 공모하여 대리권을 남용한 경우, 본인은 그에 따라 형성된 법률관계를 기초로 새로운 이해관계를 맺은 선의의 제3자에 대하여 무효를 주장할 수 없으며, 제3자의 악의는 무효를 주장하는 자가 주장·증명하여야 한다.
ㄷ. 임대차보증금반환채권의 양도계약이 통정허위표시로서 무효인 경우, 이를 알지 못한 채 임대차보증금반환채권에 대한 압류 및 추심명령을 받은 양수인의 채권자에 대해 양도인은 채권양도가 무효임을 주장할 수 없다.
ㄹ. 채권의 준점유자에 대한 변제가 유효하기 위한 요건인 변제자의 '선의'는 변제자가 준점유자에게 변제수령의 권한이 없음을 알지 못하는 것을 의미할 뿐 적극적으로 진정한 권리자라고 믿었음을 요하지 않는다.

① ㄱ, ㄴ
② ㄴ, ㄹ
③ ㄱ, ㄴ, ㄷ
④ ㄴ, ㄷ, ㄹ
⑤ ㄱ, ㄴ, ㄷ, ㄹ

해설

ㄱ.(O) 비법인사단의 경우에는 대표자의 대표권 제한에 관하여 등기할 방법이 없어 민법 제60조의 규정을 준용할 수 없고, 비법인사단의 대표자가 정관에서 사원총회의 결의를 거쳐야 하도록 규정한 대외적 거래행위에 관하여 이를 거치지 아니한 경우라도, 이와 같은 사원총회 결의사항은 비법인사단의 내부적 의사결정에 불과하다 할 것이므로, 그 거래 상대방이 그와 같은 대표권 제한 사실을 알았거나 알 수 있었을 경우가 아니라면 그 거래행위는 유효하다고 봄이 상당하고, 이 경우 거래의 상대방이 대표권 제한 사실을 알았거나 알 수 있었음은 이를 주장하는 비법인사단측이 주장·입증하여야 한다(대법원 2003. 7. 22. 선고 2002다64780 판결).

ㄴ.(O) 법정대리인인 친권자의 대리행위가 객관적으로 볼 때 미성년자 본인에게는 경제적인 손실만을 초래하는 반면, 친권자나 제3자에게는 경제적인 이익을 가져오는 행위이고 행위의 상대방이 이러한 사실을 알았거나 알 수 있었을 때에는 민법 제107조 제1항 단서의 규정을 유추적용하여 행위의 효과가 자(子)에게는 미치지 않는다고 해석함이 타당하나, 그에 따라 외형상 형성된 법률관계를 기초로 하여 새로운 법률상 이해관계를 맺은 선의의 제3자에 대하여는 같은 조 제2항의 규정을 유추적용하여 누구도

그와 같은 사정을 들어 대항할 수 없으며, 제3자가 악의라는 사실에 관한 주장·증명책임은 무효를 주장하는 자에게 있다(대법원 2018. 4. 26. 선고 2016다3201 판결).

ㄷ.(O) 상대방과 통정한 허위의 의사표시는 무효이고 누구든지 그 무효를 주장할 수 있는 것이 원칙이나, 허위표시의 당사자와 포괄승계인 이외의 자로서 허위표시에 의하여 외형상 형성된 법률관계를 토대로 실질적으로 새로운 법률상 이해관계를 맺은 선의의 제3자에 대하여는 허위표시의 당사자뿐만 아니라 그 누구도 허위표시의 무효를 대항하지 못하는 것인데 … 임대차보증금반환채권이 양도된 후 그 양수인의 채권자가 임대차보증금반환채권에 대하여 채권압류 및 추심명령을 받았는데 그 임대차보증금반환채권 양도계약이 허위표시로서 무효인 경우 그 채권자는 그로 인해 외형상 형성된 법률관계를 기초로 실질적으로 새로운 법률상 이해관계를 맺은 제3자에 해당한다고 보아야 한다(대법원 2014. 4. 10. 선고 2013다59753 판결).

ㄹ.(X) 채권의 준점유자에 대한 변제가 유효하기 위한 요건인 선의는 준점유자에게 변제수령의 권한이 없음을 알지 못하는 것뿐만 아니라 적극적으로 진정한 권리자라고 믿었음을 필요로 하고, 무과실은 그렇게 믿는 데에 과실이 없음을 뜻한다(대법원 2021. 1. 14. 선고 2018다286888 판결).

해답 ③

문 03

甲은 2022. 1. 10. X 토지를 乙에게 1억 원에 매도하는 계약을 체결하였는데, 乙은 계약 당일 계약금 1,000만 원을, 2022. 3. 10. 중도금 4,000만 원을 지급하기로 하고, 2022. 5. 10. 잔금 5,000만 원을 지급하면서 甲으로부터 소유권이전등기에 필요한 서류를 교부받기로 하였다. 이에 관한 설명 중 옳은 것은? (각 지문은 독립적이며, 다툼이 있는 경우 판례에 의함)

① 매매계약의 성립 당시 X 토지가 甲의 소유가 아니라면 매매계약은 무효이므로 甲은 乙에게 X 토지의 소유권을 이전해 주어야 할 의무를 지지 않는다.
② 甲이 2022. 2. 10. 丙에게 X 토지를 매도하고 소유권이전등기를 마쳐 주어 甲의 乙에 대한 소유권이전등기의무가 확정적으로 불능이 된 경우, 乙은 甲에 대한 손해배상청구권을 피보전채권으로 하여 甲과 丙의 매매계약을 사해행위로 취소할 수 있다.
③ 매매계약의 성립 후 X 토지가 1억 5천만 원에 수용된 경우, 乙은 1억 원 한도에서 甲에게 대상청구권을 행사하여 토지수용보상금의 지급을 구할 수 있다.
④ X 토지가 「부동산 거래신고 등에 관한 법률」상 토지거래허가구역 내에 있고 그 계약에 관해 토지거래허가를 받지 못한 경우, 乙이 2022. 3. 10.까지 중도금을 지급하지 아니하였더라도 甲은 채무불이행을 이유로 매매계약을 해제할 수 없다.
⑤ 계약체결 당일 乙이 계약금의 일부인 200만 원만 지급하고 이틀 후 나머지 800만 원을 지급하기로 하였다면, 2022. 1. 11. 甲은 수령한 금액의 배액인 400만 원을 지급하면서 계약을 해제할 수 있다.

해설

① (X) 특정한 매매의 목적물이 타인의 소유에 속하는 경우라 하더라도, 그 매매계약이 원시적 이행불능에 속하는 내용을 목적으로 하는 당연무효의 계약이라고 볼 수 없다(대법원 1993.09.10. 93다20283 판결).
② (X) 채권자취소권을 특정물에 대한 소유권이전등기청구권을 보전하기 위하여 행사하는 것은 허용되지 않으므로, 부동산의 제1양수인은 자신의 소유권이전등기청구권 보전을 위하여 양도인과 제3자 사이에

서 이루어진 이중양도행위에 대하여 채권자취소권을 행사할 수 없다(대법원 1999.04.27. 98다56690 판결).

③ (X) 매매의 목적물이 화재로 소실됨으로써 채무자인 매도인의 매매목적물에 대한 인도의무가 이행불능이 되었다면, 채권자인 매수인은 화재사고로 매도인이 지급받게 되는 화재보험금, 화재공제금에 대하여 대상청구권을 행사할 수 있다. … 매매의 목적물이 화재로 소실됨으로써 매도인이 지급받게 되는 화재보험금, 화재공제금에 대하여 매수인의 대상청구권이 인정되는 이상, 매수인은 특별한 사정이 없는 한 목적물에 대하여 지급되는 화재보험금, 화재공제금 전부에 대하여 대상청구권을 행사할 수 있고, 인도의무의 이행불능 당시 매수인이 지급하였거나 지급하기로 약정한 매매대금 상당액의 한도 내로 범위가 제한된다고 할 수 없다(대법원 2016.10.27. 2013다7769 판결).

④ (O) 토지거래허가를 전제로 하는 매매계약의 경우 토지거래허가를 받기 전에는, 그 계약 내용대로의 효력이 있을 수 없어 당사자는 그 계약 내용에 따른 어떠한 의무도 부담하지 아니하고 어떠한 이행청구도 할 수 없으므로 그 계약 내용에 따른 상대방의 채무불이행을 이유로 계약을 해제할 수 없다(대법원 2010. 2. 11. 선고 2008다88795,88801 판결).

⑤ (X) 매도인이 '계약금 일부만 지급된 경우 지급받은 금원의 배액을 상환하고 매매계약을 해제할 수 있다'고 주장한 사안에서, '실제 교부받은 계약금'의 배액만을 상환하여 매매계약을 해제할 수 있다면 이는 당사자가 일정한 금액을 계약금으로 정한 의사에 반하게 될 뿐 아니라, 교부받은 금원이 소액일 경우에는 사실상 계약을 자유로이 해제할 수 있어 계약의 구속력이 약화되는 결과가 되어 부당하기 때문에, 계약금 일부만 지급된 경우 수령자가 매매계약을 해제할 수 있다고 하더라도 해약금의 기준이 되는 금원은 '실제 교부받은 계약금'이 아니라 '약정 계약금'이라고 봄이 타당하므로, 매도인이 계약금의 일부로서 지급받은 금원의 배액을 상환하는 것으로는 매매계약을 해제할 수 없다(대법원 2015. 4. 23. 선고 2014다231378 판결).

문 04 ★★

사단법인 甲의 이사 乙은 甲을 대표하여 매수인 丙과 매매계약을 체결하였다. 이에 관한 설명 중 옳지 않은 것은? (각 지문은 독립적이며, 다툼이 있는 경우 판례에 의함)

① 매매계약이 乙의 적법한 대표권 범위 내에서 체결된 것이라면 매매계약의 불이행에 따른 채무불이행책임은 甲이 직접 부담한다.
② 매매계약이 乙의 적법한 대표권 범위 내에서 체결되었다고 하더라도 매매계약이 乙 자신만을 위한 것이고, 丙이 이러한 사실을 알았거나 알 수 있었던 경우가 아니라면 甲과 丙 사이의 매매계약은 유효하다.
③ 甲이 丙에 대하여 매매계약에 따른 채무불이행책임을 지는 경우, 甲의 고의·과실은 乙의 고의·과실 여부를 기준으로 결정한다.
④ 甲이 丙에 대하여 매매계약에 따른 채무불이행책임을 지는 경우, 乙에게 불법행위책임 등이 별도로 성립하지 않더라도 乙은 대표기관 개인으로서 丙에 대해 손해배상책임을 부담하여야 한다.
⑤ 丙이 매수하는 것에 관하여 乙의 이익과 甲의 이익이 상반되는 경우, 乙은 위 매매계약 체결에 대해 甲을 대표할 권한이 없다.

해설

① (O), ③ (O), ④ (X) 또한, 민법 제391조는 법정대리인 또는 이행보조자의 고의·과실을 채무자 자신의 고의·과실로 간주함으로써 채무불이행책임을 채무자 본인에게 귀속시키고 있는데, 법인의 경우도

법률행위에 관하여 대표기관의 고의·과실에 따른 채무불이행책임의 주체는 법인으로 한정된다. 따라서 법인의 적법한 대표권을 가진 자가 하는 법률행위는 성립상 효과뿐만 아니라 위반의 효과인 채무불이행책임까지 법인에 귀속될 뿐이고, 다른 법령에서 정하는 등의 특별한 사정이 없는 한 법인이 당사자인 법률행위에 관하여 대표기관 개인이 손해배상책임을 지려면 민법 제750조에 따른 불법행위책임 등이 별도로 성립하여야 한다(대법원 2019. 5. 30. 선고 2017다53265 판결).

② (O) … 대표이사의 행위가 대표권한의 범위 내의 행위라 하더라도 회사의 이익 때문이 아니고 자기 또는 제3자의 개인적인 이익을 도모할 목적으로 그 권한을 행사한 경우에 상대방이 대표이사의 진의를 알았거나 알 수 있었을 때에는 회사에 대하여 무효가 된다(대법원 1988.08.09. 86다카1858 판결).

⑤ (O) 민법 제64조 참조

> 민법 제64조(특별대리인의 선임) 법인과 이사의 이익이 상반하는 사항에 관하여는 이사는 대표권이 없다. 이 경우에는 전조의 규정에 의하여 특별대리인을 선임하여야 한다.

해답 ④

문 05

근저당권의 피담보채권의 확정시기에 관한 설명 중 옳은 것(O)과 옳지 않은 것(×)을 올바르게 조합한 것은? (다툼이 있는 경우 판례에 의함) ★★

> ㄱ. 근저당권이 설정된 뒤 채무자 또는 근저당권설정자에 대하여 회생절차개시결정이 내려진 경우, 근저당권의 피담보채무는 특별한 사정이 없는 한 회생절차개시결정 시점을 기준으로 확정된다.
> ㄴ. 근저당권자가 피담보채무의 불이행을 이유로 경매를 신청하면 경매신청 시에 피담보채권은 확정되며, 경매개시결정이 있은 후에 그 신청을 취하하더라도 채무확정의 효과는 번복되지 않는다.
> ㄷ. 후순위 근저당권자가 경매를 신청한 경우, 선순위 근저당권자의 피담보채권은 매수인이 매각대금을 지급한 때 확정된다.
> ㄹ. 공동근저당권자가 목적 부동산 중 일부 부동산에 대하여 제3자가 신청한 경매절차에 소극적으로 참가하여 우선배당을 받은 경우, 위 일부 부동산에 관한 근저당권의 피담보채권은 매수인이 매각대금을 지급한 때에 확정된다.
> ㅁ. 공동근저당권자가 목적 부동산 중 일부 부동산에 대하여 제3자가 신청한 경매절차에 소극적으로 참가하여 우선배당을 받은 경우, 나머지 목적 부동산에 관한 근저당권의 피담보채권도 매수인이 매각대금을 지급한 때에 확정된다.

① ㄱ(×), ㄴ(×), ㄷ(O), ㄹ(O), ㅁ(O)
② ㄱ(×), ㄴ(O), ㄷ(O), ㄹ(O), ㅁ(×)
③ ㄱ(O), ㄴ(×), ㄷ(×), ㄹ(×), ㅁ(O)
④ ㄱ(O), ㄴ(O), ㄷ(O), ㄹ(O), ㅁ(×)
⑤ ㄱ(O), ㄴ(O), ㄷ(O), ㄹ(O), ㅁ(O)

해설

ㄱ.(O) 근저당권이 설정된 뒤 채무자 또는 근저당권설정자에 대하여 회사정리절차개시결정이 내려진 경우, 그 근저당권의 피담보채무는 회사정리절차개시결정시점을 기준으로 확정되는 것으로 보아야 하므로, 그 이후 근저당권자가 정리회사 또는 정리회사의 관리인에게 그 사업의 경영을 위하여 추가로 금원을 융통하여 줌으로써 별도의 채권을 취득하였다 하더라도, 그 채권이 위 근저당권에 의하여 담보될 여지는 없다 할 것이다(대법원 2001. 6. 1. 선고 99다66649 판결).

ㄴ.(O) 근저당권자가 피담보채무의 불이행을 이유로 경매신청을 한 경우에는 경매신청 시에 근저당 채무액이 확정되고, 그 이후부터 근저당권은 부종성을 가지게 되어 보통의 저당권과 같은 취급을 받게 되는바, 위와 같이 경매신청을 하여 경매개시결정이 있은 후에 경매신청이 취하되었다고 하더라도 채무확정의 효과가 번복되는 것은 아니다(대법원 2002. 11. 26. 선고 2001다73022 판결).

ㄷ.(O) … 후순위 근저당권자가 경매를 신청한 경우 선순위 근저당권의 피담보채권은 그 근저당권이 소멸하는 시기, 즉 경락인이 경락대금을 완납한 때에 확정된다고 보아야 한다(대법원 1999. 9. 21. 선고 99다26085 판결).

ㄹ.(O), ㅁ.(X) 공동근저당권자가 목적 부동산 중 일부 부동산에 대하여 제3자가 신청한 경매절차에 소극적으로 참가하여 우선배당을 받은 경우, 해당 부동산에 관한 근저당권의 피담보채권은 그 근저당권이 소멸하는 시기, 즉 매수인이 매각대금을 지급한 때에 확정되지만, 나머지 목적 부동산에 관한 근저당권의 피담보채권은 기본거래가 종료하거나 채무자나 물상보증인에 대하여 파산이 선고되는 등의 다른 확정사유가 발생하지 아니하는 한 확정되지 아니한다(대법원 2017. 9. 21. 선고 2015다50637 판결).

해답 ④

문 06 ★★

甲은 X 토지를 丙에게 팔기 위해 乙에 대해 매매계약의 체결에 관한 대리권을 수여하였다. 이에 관한 설명 중 옳지 않은 것은? (각 지문은 독립적이며, 다툼이 있는 경우 판례에 의함)

① 丙이 乙과 매매계약을 체결한 후에 매매대금의 지급을 지체하더라도 乙은 이행지체를 이유로 매매계약을 해제할 수 없다.
② 乙이 매매계약을 체결하면서 甲을 위한 것임을 표시하지 않았지만 乙이 甲의 대리인으로서 계약을 체결하고 있다는 점을 丙이 알았다면 甲과 丙 사이에 매매계약이 유효하게 성립한다.
③ 丙이 乙에게 매매대금을 지급하였다면 비록 乙이 매매대금을 甲에게 전달하지 않았다고 하더라도 丙의 변제는 유효하다.
④ 복대리인 선임에 관한 甲의 승낙이 없는 경우에도 부득이한 사유가 있을 때에는 乙은 복대리인을 선임하여 그로 하여금 丙과 매매계약을 체결하도록 할 수 있다.
⑤ 甲이 乙에게 매매계약의 체결과 이행에 관하여 포괄적으로 대리권을 수여했다고 하더라도 乙은 매매대금의 지급기일을 연기해 줄 수 없다.

해설

① (O) 어떠한 계약의 체결에 관한 대리권을 수여(授與)받은 대리인이 수권된 법률행위를 하게 되면 그것으로 대리권의 원인된 법률관계(기초적 내부관계)는 원칙적으로 목적을 달성하여 종료되는 것이고, 법률행위에 의하여 수여(授與)된 대리권은 그 원인된 법률관계의 종료에 의하여 소멸하는 것이므로(민법 제128조), 그 계약을 대리하여 체결하였다 하여 곧바로 그 사람이 체결된 계약의 해제 등 일체의 처분권과 상대방의 의사를 수령할 권한까지 가지고 있다고 볼 수는 없다(대법원 2008. 1. 31. 선고 2007다74713 판결).

② (O) 민법 제114조, 제115조 참조

> 민법 제114조(대리행위의 효력) ① 대리인이 그 권한 내에서 본인을 위한 것임을 표시한 의사표시는 직접 본인에게 대하여 효력이 생긴다.
> ② 전항의 규정은 대리인에 대한 제삼자의 의사표시에 준용한다.

민법 제115조(본인을 위한 것임을 표시하지 아니한 행위) 대리인이 본인을 위한 것임을 표시하지 아니한 때에는 그 의사표시는 자기를 위한 것으로 본다. 그러나 상대방이 대리인으로서 한 것임을 알았거나 알 수 있었을 때에는 전조제1항의 규정을 준용한다.

③ (O) 계약이 적법한 대리인에 의하여 체결된 경우에 대리인은 다른 특별한 사정이 없는 한 본인을 위하여 계약상 급부를 변제로서 수령할 권한도 가진다. 그리고 대리인이 그 권한에 기하여 계약상 급부를 수령한 경우에, 그 법률효과는 계약 자체에서와 마찬가지로 직접 본인에게 귀속되고 대리인에게 돌아가지 아니한다(대법원 2011. 8. 18. 선고 2011다30871 판결).

민법 제114조(대리행위의 효력) ① 대리인이 그 권한 내에서 본인을 위한 것임을 표시한 의사표시는 직접 본인에 대하여 효력이 생긴다.

④ (O) 민법 제120조 참조

민법 제120조(임의대리인의 복임권) 대리권이 법률행위에 의하여 부여된 경우에는 대리인은 본인의 승낙이 있거나 부득이한 사유있는 때가 아니면 복대리인을 선임하지 못한다.

⑤ (X) 부동산의 소유자로부터 매매계약을 체결할 대리권을 수여받은 대리인은 특별한 다른 사정이 없는 한 그 매매계약에서 약정한 바에 따라 중도금이나 잔금을 수령할 수도 있다고 보아야 하고, 매매계약의 체결과 이행에 관하여 포괄적으로 대리권을 수여받은 대리인은 특별한 다른 사정이 없는 한 상대방에 대하여 약정된 매매대금지급기일을 연기하여 줄 권한도 가진다고 보아야 할 것이다(대법원 1992. 4. 14. 선고 91다43107 판결).

 해답 ⑤

문 07 ★★

甲은 乙로부터 금전을 차용하면서 乙에게 甲 소유인 X 토지에 저당권을 설정해 주었고, Y는 X 토지 위에 있는 건물이다. 이에 관한 설명 중 옳은 것을 모두 고른 것은? (각 지문은 독립적이며, 다툼이 있는 경우 판례에 의함)

> ㄱ. X 토지에 저당권이 설정된 당시 甲에 의하여 건축 중이던 Y 건물의 규모·종류가 외형상 예상할 수 있는 정도까지 건축이 진전되었고, 그 후 그 저당권의 실행을 위한 경매절차에서 매수인이 매각대금을 다 낼 때까지 독립된 부동산으로서 건물의 요건을 갖추었다면 Y 건물을 위한 법정지상권이 성립한다.
> ㄴ. 甲이 X 토지와 미등기인 Y 건물을 함께 매수하면서 X 토지에 관해서만 소유권이전등기를 넘겨받았는데, X 토지에 대하여 乙에게 저당권을 설정하고 그 저당권의 실행으로 X 토지가 丙의 소유가 되었다면, Y 건물을 위한 법정지상권이 성립한다.
> ㄷ. 乙의 저당권 실행에 따른 경매로 인하여 X 토지의 소유권이 丙에게 이전되고 그 후 甲이 자기 소유인 Y 건물을 丁에게 양도하면서 자신이 취득한 법정지상권을 양도한 경우, 丁이 지상권에 대한 등기를 하지 않았다고 하더라도 丙이 丁을 상대로 소유권에 기하여 Y 건물의 철거를 구할 수는 없다.

① ㄱ ② ㄱ, ㄴ
③ ㄱ, ㄷ ④ ㄴ, ㄷ
⑤ ㄱ, ㄴ, ㄷ

> **해설**

ㄱ. **(O)** 민법 제366조의 법정지상권은 저당권설정 당시 동일인의 소유에 속하던 토지와 건물이 경매로 인하여 양자의 소유자가 다르게 된 때에 건물의 소유자를 위하여 발생하는 것으로서, 토지에 관하여 저당권이 설정될 당시 토지 소유자에 의하여 그 지상에 건물이 건축 중이었던 경우 그것이 사회관념상 독립된 건물로 볼 수 있는 정도에 이르지 않았다 하더라도 건물의 규모, 종류가 외형상 예상할 수 있는 정도까지 건축이 진전되어 있었고, 그 후 경매절차에서 매수인이 매각대금을 다 낸 때까지 최소한의 기둥과 지붕 그리고 주벽이 이루어지는 등 독립된 부동산으로서 건물의 요건을 갖춘 경우에는 법정지상권이 성립한다(대법원 2011. 1. 13. 선고 2010다67159 판결).

ㄴ. **(X)** 민법 제366조의 법정지상권은 저당권 설정 당시에 동일인의 소유에 속하는 토지와 건물이 저당권의 실행에 의한 경매로 인하여 각기 다른 사람의 소유에 속하게 된 경우에 건물의 소유를 위하여 인정되는 것이므로, 미등기건물을 그 대지와 함께 매수한 사람이 그 대지에 관하여만 소유권이전등기를 넘겨받고 건물에 대하여는 그 등기를 이전 받지 못하고 있다가, 대지에 대하여 저당권을 설정하고 그 저당권의 실행으로 대지가 경매되어 다른 사람의 소유로 된 경우에는, 그 저당권의 설정 당시에 이미 대지와 건물이 각각 다른 사람의 소유에 속하고 있었으므로 법정지상권이 성립될 여지가 없다(대법원 2002. 6. 20. 선고 2002다9660 전원합의체 판결).

ㄷ. **(O)** … 법정지상권을 취득할 지위에 있는 피고에 대하여 원고가 이 사건 건물의 철거를 구하는 것은 지상권의 부담을 용인하고 지상권설정등기절차를 이행할 의무가 있는 자가 그 권리자를 상대로 한 것이어서 신의성실의 원칙상 허용될 수 없다고 할 것이다(대법원 1991.05.28. 91다6658 판결).

> **해답** ③

문 08 ★★

법률행위의 부관에 관한 설명 중 옳지 않은 것은? (다툼이 있는 경우 판례에 의함)

① 조건이 법률행위 당시에 이미 성취할 수 없는 것인 경우 그 조건이 해제조건이면 그 법률행위는 조건 없는 법률행위가 된다.
② 약혼예물의 수수는 혼인의 불성립을 해제조건으로 하는 증여와 유사한 성질을 가진다.
③ 부관이 붙은 법률행위에 있어서 부관에 표시된 사실이 발생하지 아니하면 채무를 이행하지 않아도 된다고 보는 것이 상당한 경우에는 해당 부관을 조건이 아니라 불확정기한으로 보아야 한다.
④ 기한이익 상실의 특약은 일반적으로 채권자를 위하여 두는 것인 점에 비추어 원칙적으로 형성권적 기한이익 상실의 특약으로 추정하는 것이 타당하다.
⑤ 매매계약 당시 매수인이 매도인에게 중도금을 그 약정일자에 지급하지 아니할 때에는 매매계약이 해제되는 것으로 합의한 경우, 매수인이 중도금을 그 약정일자에 지급하지 아니하였다면 매매계약은 그 일자에 자동적으로 해제된 것으로 보아야 한다.

> **해설**

① **(O)** 민법 제151조 참조

> 민법 제151조(불법조건, 기성조건) ③ 조건이 법률행위의 당시에 이미 성취할 수 없는 것인 경우에는 그 조건이 해제조건이면 조건없는 법률행위로 하고 정지조건이면 그 법률행위는 무효로 한다.

② **(O)** 약혼예물의 수수는 혼인 불성립을 해제조건으로 하는 증여와 유사한 성질의 것이므로, 시어머니가 며느리에게 교부한 약혼예물은 그 혼인이 성립되어 상당 기간 지속된 이상 며느리의 소유라고 본 조치는 정당하다(대법원 1994. 12. 27. 선고 94므895 판결).

③ (X) 부관이 붙은 법률행위에 있어서 부관에 표시된 사실이 발생하지 아니하면 채무를 이행하지 아니하여도 된다고 보는 것이 상당한 경우에는 조건으로 보아야 하고, 표시된 사실이 발생한 때에는 물론이고 반대로 발생하지 아니하는 것이 확정된 때에도 그 채무를 이행하여야 한다고 보는 것이 상당한 경우에는 표시된 사실의 발생 여부가 확정되는 것을 불확정기한으로 정한 것으로 보아야 한다(대법원 2003. 8. 19. 선고 2003다24215 판결).

④ (O) 기한이익 상실의 특약은 그 내용에 의하여 일정한 사유가 발생하면 채권자의 청구 등을 요함이 없이 당연히 기한의 이익이 상실되어 이행기가 도래하는 것으로 하는 정지조건부 기한이익 상실의 특약과 일정한 사유가 발생한 후 채권자의 통지나 청구 등 채권자의 의사행위를 기다려 비로소 이행기가 도래하는 것으로 하는 형성권적 기한이익 상실의 특약의 두 가지로 대별할 수 있고, 기한이익 상실의 특약이 위의 양자 중 어느 것에 해당하느냐는 당사자의 의사해석의 문제이지만 일반적으로 기한이익 상실의 특약이 채권자를 위하여 둔 것인 점에 비추어 명백히 정지조건부 기한이익 상실의 특약이라고 볼 만한 특별한 사정이 없는 이상 형성권적 기한이익 상실의 특약으로 추정하는 것이 타당하다(대법원 2002. 9. 4. 선고 2002다28340 판결).

⑤ (O) 매매계약에 있어 매수인이 중도금을 약정한 일자에 지급하지 아니하면 그 계약을 무효로 한다고 하는 특약이 있는 경우 매수인이 약정한 대로 중도금을 지급하지 아니하면 그 불이행 자체로써 계약은 그 일자에 자동적으로 해제된 것이라고 보아야 한다(대법원 1988. 12. 20. 선고 88다카132 판결).

 ③

문 09 ★★

甲 소유의 X 토지를 乙이 매수하였으나 아직 소유권이전등기를 마치지는 않았다. 이에 관한 설명 중 옳은 것을 모두 고른 것은? (각 지문은 독립적이며, 다툼이 있는 경우 판례에 의함)

> ㄱ. 乙이 甲과의 매매계약의 이행으로써 X 토지를 인도받았고, 이후 丙에게 다시 이를 매도하고 인도해주었더라도, 丙이 X 토지의 점유사용권을 취득한 것으로 볼 수 없다.
> ㄴ. 乙의 채권자인 丁이 乙의 소유권이전등기청구권을 가압류하였는데 乙이 甲을 상대로 X 토지에 관하여 소유권이전등기 청구의 소를 제기하였다면, 법원은 가압류의 해제를 조건으로 하지 아니하는 한 乙의 청구를 인용하여서는 안 된다.
> ㄷ. 乙이 X 토지를 인도받아 사용수익하고 있는 경우에는 乙의 甲에 대한 소유권이전등기청구권은 소멸시효에 걸리지 않는다.
> ㄹ. 乙이 X 토지를 인도받아 사용수익하다가 戊에게 이를 다시 매도하고 인도하였다면, 乙이 X 토지에 대한 점유를 상실한 때로부터 甲에 대한 소유권이전등기청구권의 소멸시효가 진행된다.

① ㄱ, ㄴ ② ㄱ, ㄷ
③ ㄴ, ㄷ ④ ㄱ, ㄴ, ㄹ
⑤ ㄴ, ㄷ, ㄹ

해설

ㄱ. (X) 토지의 매수인이 아직 소유권이전등기를 경료받지 아니하였다 하여도 매매계약의 이행으로 그 토지를 인도받은 때에는 매매계약의 효력으로서 이를 점유·사용할 권리가 생기게 된 것으로 보아야 하고, 또 매수인으로부터 위 토지를 다시 매수한 자는 위와 같은 토지의 점유·사용권을 취득한 것으로 봄이 상당하므로 매도인은 매수인으로부터 다시 위 토지를 매수한 자에 대하여 토지 소유권에 기한 물권적청구권을 행사할 수 없다(대법원 1998. 06. 26. 97다42823 판결).

ㄴ.(O) 소유권이전등기청구권에 대한 압류나 가압류는 채권에 대한 것이지 등기청구권의 목적물인 부동산에 대한 것이 아니고, 채무자와 제3채무자에게 그 결정을 송달하는 외에 현행법상 등기부에 이를 공시하는 방법이 없는 것으로서, 당해 채권자와 채무자 및 제3채무자 사이에만 효력이 있을 뿐 압류나 가압류와 관계가 없는 제3자에 대하여는 압류나 가압류의 처분금지적 효력을 주장할 수 없게 되므로, 소유권이전등기청구권의 압류나 가압류는 청구권의 목적물인 부동산 자체의 처분을 금지하는 대물적 효력은 없고, 또한 채권에 대한 가압류가 있더라도 이는 채무자가 제3채무자로부터 현실로 급부를 추심하는 것만을 금지하는 것이므로 채무자는 제3채무자를 상대로 그 이행을 구하는 소송을 제기할 수 있고 법원은 가압류가 되어 있음을 이유로 이를 배척할 수는 없는 것이지만, 소유권이전등기를 명하는 판결은 의사의 진술을 명하는 판결로서 이것이 확정되면 채무자는 일방적으로 이전등기를 신청할 수 있고 제3채무자는 이를 저지할 방법이 없게 되므로 위와 같이 볼 수는 없고 이와 같은 경우에는 가압류의 해제를 조건으로 하지 않는 한 법원은 이를 인용하여서는 안 되는 것이며, 가처분이 있는 경우도 이와 마찬가지로 그 가처분의 해제를 조건으로 하여야만 소유권이전등기절차의 이행을 명할 수 있다(대법원 1999. 2. 9. 선고 98다42615 판결).

ㄷ.(O), ㄹ.(X) 시효제도는 일정 기간 계속된 사회질서를 유지하고 시간의 경과로 인하여 곤란해지는 증거보전으로부터의 구제를 꾀하며 자기 권리를 행사하지 않고 소위 권리 위에 잠자는 자는 법적 보호에서 이를 제외하기 위하여 규정된 제도라 할 것인바, 부동산에 관하여 인도, 등기 등의 어느 한 쪽만에 대하여서라도 권리를 행사하는 자는 전체적으로 보아 그 부동산에 관하여 권리 위에 잠자는 자라고 할 수 없다 할 것이므로, 매수인이 목적 부동산을 인도받아 계속 점유하는 경우에는 그 소유권이전등기청구권의 소멸시효가 진행하지 않는다. 부동산의 매수인이 그 부동산을 인도받은 이상 이를 사용·수익하다가 그 부동산에 대한 보다 적극적인 권리 행사의 일환으로 다른 사람에게 그 부동산을 처분하고 그 점유를 승계하여 준 경우에도 그 이전등기청구권의 행사 여부에 관하여 그가 그 부동산을 스스로 계속 사용·수익만 하고 있는 경우와 특별히 다를 바 없으므로 위 두 어느 경우에나 이전등기청구권의 소멸시효는 진행되지 않는다고 보아야 한다(대법원 1999. 3. 18. 선고 98다32175 전원합의체 판결).

해답 ③

문 10 ★★★

甲은 乙로부터 금전을 빌리면서 2022. 4. 1. 甲 소유인 X 주택에 乙 명의로 근저당권을 설정해 주었다. 이후 甲은 2022. 6. 1. 丙과 X 주택을 개량하기 위해서 공사도급계약을 체결하였고, 丙은 2022. 7. 1. 위 공사를 마쳤다. 乙은 2022. 11. 1. 위 근저당권을 실행하였고, 그 경매절차에서 丁이 X 주택을 매수하였다. 이에 관한 설명 중 옳지 않은 것은? (각 지문은 독립적이며, 甲과 丙은 상인이 아니고, 다툼이 있는 경우 판례에 의함)

① 丙이 2022. 6. 1.부터 X 주택을 점유하고 있다가 2022. 7. 1. 위 공사대금채권을 피담보채권으로 하는 유치권을 취득하였다면 丙은 丁에게 유치권을 주장할 수 있다.
② 丙이 공사를 마쳤음에도 甲으로부터 공사대금을 지급받지 못한 상태에서 X 주택이 근저당권의 실행에 의해서 압류된 후에 甲이 丙에게 X 주택의 점유를 이전해 주어 丙이 유치권을 취득하였다면 丙은 丁에게 유치권을 주장할 수 없다.
③ 丁이 丙에게 X 주택의 인도를 청구하는 경우에 丙의 유치권 항변이 이유 있다면 법원은 '丙은 甲으로부터 유치권의 피담보채권액을 지급받음과 동시에 丁에게 X 주택을 인도할 것'을 명하여야 한다.
④ 丙이 丁에게 유치권 항변을 할 수 있는 경우에 丙이 스스로 X 주택에 거주하면서 이를 사용하더라도 특별한 사정이 없는 한 丁은 丙에게 유치권의 소멸을 청구할 수 없다.

⑤ 丙이 공사대금채권을 피담보채권으로 하여 丁에게 유치권을 행사할 수 있다면 丁은 丙에 대한 채권을 자동채권으로 하여 위 공사대금채권과 상계할 수 있다.

> **해설**

① (O), ② (O) 부동산 경매절차에서의 매수인은 민사집행법 제91조 제5항에 따라 유치권자에게 그 유치권으로 담보하는 채권을 변제할 책임이 있는 것이 원칙이나, 채무자 소유의 건물 등 부동산에 경매개시결정의 기입등기가 경료되어 압류의 효력이 발생한 후에 채무자가 위 부동산에 관한 공사대금 채권자에게 그 점유를 이전함으로써 그로 하여금 유치권을 취득하게 한 경우, 그와 같은 점유의 이전은 목적물의 교환가치를 감소시킬 우려가 있는 처분행위에 해당하여 민사집행법 제92조 제1항, 제83조 제4항에 따른 압류의 처분금지효에 저촉되므로 점유자로서는 위 유치권을 내세워 그 부동산에 관한 경매절차의 매수인에게 대항할 수 없다. 그러나 이러한 법리는 경매로 인한 압류의 효력이 발생하기 전에 유치권을 취득한 경우에는 적용되지 아니하고, 유치권 취득시기가 근저당권설정 후라거나 유치권 취득 전에 설정된 근저당권에 기하여 경매절차가 개시되었다고 하여 달리 볼 것은 아니다(대법원 2009. 1. 15. 선고 2008다70763 판결).

③ (O) 물건의 인도를 청구하는 소송에서 피고의 유치권 항변이 인용되는 경우에는 그 물건에 관하여 생긴 채권의 변제와 상환으로 그 물건의 인도를 명하여야 한다(대법원 1969. 11. 25. 선고 69다1592 판결).

④ (O) 민법 제324조에 의하면, 유치권자는 선량한 관리자의 주의로 유치물을 점유하여야 하고, 소유자의 승낙 없이 유치물을 보존에 필요한 범위를 넘어 사용하거나 대여 또는 담보제공을 할 수 없으며, 소유자는 유치권자가 위 의무를 위반한 때에는 유치권의 소멸을 청구할 수 있다고 할 것인바, 공사대금채권에 기하여 유치권을 행사하는 자가 스스로 유치물인 주택에 거주하며 사용하는 것은 특별한 사정이 없는 한 유치물인 주택의 보존에 도움이 되는 행위로서 유치물의 보존에 필요한 사용에 해당한다고 할 것이다. 그리고 유치권자가 유치물의 보존에 필요한 사용을 한 경우에도 특별한 사정이 없는 한 차임에 상당한 이득을 소유자에게 반환할 의무가 있다(대법원 2009. 9. 24. 선고 2009다40684 판결).

⑤ (X) 상계는 당사자 쌍방이 서로 같은 종류를 목적으로 한 채무를 부담한 경우에 서로 같은 종류의 급부를 현실로 이행하는 대신 어느 일방 당사자의 의사표시로 그 대등액에 관하여 채권과 채무를 동시에 소멸시키는 것이고, 이러한 상계제도의 취지는 서로 대립하는 두 당사자 사이의 채권·채무를 간이한 방법으로 원활하고 공평하게 처리하려는 데 있으므로, 수동채권으로 될 수 있는 채권은 상대방이 상계자에 대하여 가지는 채권이어야 하고, 상대방이 제3자에 대하여 가지는 채권과는 상계할 수 없다고 보아야 한다. 그렇지 않고 만약 상대방이 제3자에 대하여 가지는 채권을 수동채권으로 하여 상계할 수 있다고 한다면, 이는 상계의 당사자가 아닌 상대방과 제3자 사이의 채권채무관계에서 상대방이 제3자에게서 채무의 본지에 따른 현실급부를 받을 이익을 침해하게 될 뿐 아니라, 상대방의 채권자들 사이에서 상계자만 독점적인 만족을 얻게 되는 불합리한 결과를 초래하게 되므로, 상계의 담보적 기능과 관련하여 법적으로 보호받을 수 있는 당사자의 합리적 기대가 이러한 경우에까지 미친다고 볼 수는 없다(대법원 2011. 4. 28. 선고 2010다101394 판결). ▶ 유치권이 인정되는 아파트를 경락·취득한 자가 아파트 일부를 점유·사용하고 있는 유치권자에 대한 임료 상당의 부당이득금 반환채권을 자동채권으로 하고 유치권자의 종전 소유자에 대한 유익비상환채권을 수동채권으로 하여 상계의 의사표시를 한 사안에서, 상대방이 제3자에 대하여 가지는 채권을 수동채권으로 하여 상계할 수 없음에도, 그러한 상계가 허용됨을 전제로 위 상계의 의사표시로 부당이득금 반환채권과 유익비상환채권이 대등액의 범위 내에서 소멸하였다고 본 원심판결에 법리오해의 위법이 있다고 한 사례.

해답 ⑤

문 11 ★★

소멸시효의 기산점에 관한 설명 중 옳지 않은 것은? (다툼이 있는 경우 판례에 의함)

① 甲의 乙에 대한 대여금반환 청구소송에서 乙이 주장하는 소멸시효의 기산일과 본래의 소멸시효 기산일이 다른 경우, 법원은 본래의 소멸시효 기산일을 기준으로 소멸시효를 계산하여야 한다.
② 무권대리인 甲이 대리권을 증명하지 못하고 본인의 추인도 얻지 못한 경우, 그 상대방 乙이 甲에 대해 가지는 계약이행청구권이나 손해배상청구권의 소멸시효는 乙이 위 두 청구권 중 하나를 선택할 수 있을 때부터 진행한다.
③ 부작위를 목적으로 하는 채권의 소멸시효는 위반행위를 한 때로부터 진행한다.
④ 甲이 乙에 대해 상해를 입힌 시점부터 5년이 지난 후에 가해행위 당시 예상할 수 없었던 후유증이 乙에게 발생한 경우, 그 후유증에 대한 손해배상청구권의 소멸시효는 후유증이 판명된 때부터 진행된다.
⑤ 甲이 乙에 대해 부당이득반환채권을 가지는 경우, 甲에게 부당이득반환채권이 발생한 때부터 그 채권의 소멸시효가 진행된다.

해설

① **(X)** 소멸시효의 기산일은 채무의 소멸이라고 하는 법률효과 발생의 요건에 해당하는 소멸시효 기간 계산의 시발점으로서 소멸시효 항변의 법률요건을 구성하는 구체적인 사실에 해당하므로 이는 변론주의의 적용 대상이고, 따라서 본래의 소멸시효 기산일과 당사자가 주장하는 기산일이 서로 다른 경우에는 변론주의의 원칙상 법원은 당사자가 주장하는 기산일을 기준으로 소멸시효를 계산하여야 하는데, 이는 당사자가 본래의 기산일보다 뒤의 날짜를 기산일로 하여 주장하는 경우는 물론이고 특별한 사정이 없는 한 그 반대의 경우에 있어서도 마찬가지이다(대법원 1995. 8. 25. 선고 94다35886 판결).

② **(O)** 무권대리인이 대리권을 증명하지 못하고 본인의 추인도 얻지 못한 경우 상대방의 계약이행청구권이나 손해배상청구권의 소멸시효는 그 선택권을 행사할 수 있을 때부터 진행한다(대법원 1963. 8. 22. 선고 63다323 판결).

③ **(O)** 민법 제166조 참조

> **민법 제166조(소멸시효의 기산점)** ① 소멸시효는 권리를 행사할 수 있는 때로부터 진행한다.
> ② 부작위를 목적으로 하는 채권의 소멸시효는 위반행위를 한 때로부터 진행한다.

④ **(O)** 불법행위로 인한 손해배상청구권은 민법 제766조 제1항에 따라 피해자나 그 법정대리인이 그 손해와 가해자를 안 날부터 3년간 행사하지 않으면 소멸시효가 완성한다. 여기에서 손해를 안다는 것은 현실로 손해가 발생한 것을 안 경우뿐만 아니라 손해발생을 예견할 수 있을 때를 포함한다. 이때 그 손해의 정도나 액수를 구체적으로 알아야 하는 것은 아니므로, 일반적으로 상해의 피해자는 상해를 입었을 때 그 손해를 알았다고 보아야 할 것이지만, 그 후 후유증 등으로 불법행위 당시에는 전혀 예견할 수 없었던 새로운 손해가 발생하였다거나 예상외로 손해가 확대된 경우에는 그러한 사유가 판명된 때에 새로이 발생하거나 확대된 손해를 알았다고 보아야 한다. 이와 같이 새로이 발생하거나 확대된 손해 부분에 대해서는 그러한 사유가 판명된 때부터 민법 제766조 제1항에서 정한 소멸시효기간이 진행된다(대법원 2021. 7. 29. 선고 2016다11257 판결).

⑤ **(O)** 부당이득반환청구권은 법률상 원인 없이 타인의 재산 또는 노무로 인하여 이익을 얻고 이로 인하여 타인에게 손해를 가한 경우에 성립하며, 그 성립과 동시에 권리를 행사할 수 있으므로 청구권이 성립한 때부터 소멸시효가 진행한다(대법원 2017. 7. 18. 선고 2017다9039, 9046 판결).

해답 ①

문 12

甲은 자신이 소유한 X 주택을 乙에게 특정유증하면서 X 주택의 소유권을 乙에게 귀속시키라는 취지 이외의 의사표시를 하지 않았고, 甲의 사망으로 개시된 상속에서 丙이 단독 상속인으로서 단순승인을 하였다. 이에 관한 설명 중 옳은 것을 모두 고른 것은? (각 지문은 독립적이며, 다툼이 있는 경우 판례에 의함)

> ㄱ. 甲이 유언 전 X 주택에 대하여 A와 사용대차 계약을 체결한 경우, 乙은 유언의 효력 발생 후 A에게 X 주택의 인도 청구를 할 수 없으나 이에 대한 차임 상당 부당이득 반환은 청구할 수 있다.
> ㄴ. 甲의 사망 후 B가 丙으로부터 X 주택의 소유권을 취득하고 소유권이전등기를 마친 경우, 乙은 B를 상대로 말소등기를 구하거나 직접 진정명의의 회복을 원인으로 소유권이전등기를 구할 수 있다.
> ㄷ. 甲의 사망 후 丙이 X 주택으로부터 과실을 수취하기 위해 필요비를 지출한 경우, 丙은 그 과실의 가액을 초과하는 금액에 대해서는 乙에게 상환을 청구할 수 없다.

① ㄱ
② ㄴ
③ ㄷ
④ ㄱ, ㄴ
⑤ ㄴ, ㄷ

해설

ㄱ.(X) … 민법 제1085조는 "유증의 목적인 물건이나 권리가 유언자의 사망 당시에 제3자의 권리의 목적인 경우에는 수증자는 유증의무자에 대하여 그 제3자의 권리를 소멸시킬 것을 청구하지 못한다."라고 규정하고 있다. 이는 유언자가 다른 의사를 표시하지 않는 한 유증의 목적물을 유언의 효력발생 당시의 상태대로 수증자에게 주는 것이 유언자의 의사라는 점을 고려하여 수증자 역시 유증의 목적물을 유언의 효력발생 당시의 상태대로 취득하는 것이 원칙임을 확인한 것이다. 그러므로 유증의 목적물이 유언자의 사망 당시에 제3자의 권리의 목적인 경우에는 그와 같은 제3자의 권리는 특별한 사정이 없는 한 유증의 목적물이 수증자에게 귀속된 후에도 그대로 존속하는 것으로 보아야 한다(대법원 2018.07.26. 2017다289040 판결).

ㄴ.(X) 포괄적 유증을 받은 자는 민법 제187조에 의하여 법률상 당연히 유증받은 부동산의 소유권을 취득하게 되나, 특정유증을 받은 자는 유증의무자에게 유증을 이행할 것을 청구할 수 있는 채권을 취득할 뿐이므로, 특정유증을 받은 자는 유증받은 부동산의 소유권자가 아니어서 직접 진정한 등기명의의 회복을 원인으로 한 소유권이전등기를 구할 수 없다(대법원 2003. 5. 27. 선고 2000다73445 판결).

ㄷ.(O) 민법 제1080조 참조

> 민법 제1080조(과실수취비용의 상환청구권) 유증의무자가 유언자의 사망 후에 그 목적물의 과실을 수취하기 위하여 필요비를 지출한 때에는 그 과실의 가액의 한도에서 과실을 취득한 수증자에게 상환을 청구할 수 있다.

해답 ③

문 13 ★★

후견에 관한 설명 중 옳지 않은 것은? (다툼이 있는 경우 판례에 의함)

① 미성년후견인은 특정후견의 심판을 청구할 수 있다.
② 가정법원은, 한정후견 개시 심판을 할 때는 본인의 의사를 고려하여야 하고, 특정후견의 심판을 할 때는 본인의 의사에 반하지 않아야 한다.
③ 가정법원이 특정후견의 심판을 하는 경우에는 특정후견의 기간 또는 사무의 범위를 정하여야 한다.
④ 피한정후견인이 자신에게 필요한 신체침해 의료행위에 대해 동의할 수 없는 경우, 피한정후견인이 그 의료행위의 직접적인 결과로 사망할 위험이 없거나 상당한 장애를 입을 위험이 없으면 한정후견인이 대신하여 동의할 수 있다.
⑤ 가정법원이 친권자의 양육권만을 제한하여 친권자 대신 그 미성년 자녀를 양육하게 된 미성년후견인은 피후견인인 미성년 자녀를 대리하여 친권자에게 피후견인인 미성년 자녀의 부양청구권을 행사할 수 있다.

해설

① (O) 민법 제14조의2 참조

> 민법 제14조의2(특정후견의 심판) ① 가정법원은 질병, 장애, 노령, 그 밖의 사유로 인한 정신적 제약으로 일시적 후원 또는 특정한 사무에 관한 후원이 필요한 사람에 대하여 본인, 배우자, 4촌 이내의 친족, <u>미성년후견인</u>, 미성년후견감독인, 검사 또는 지방자치단체의 장의 <u>청구에 의하여</u> 특정후견의 심판을 한다.

② (O), ③ (O) 민법 제9조 참조

> 민법 제9조(성년후견개시의 심판) ② 가정법원은 성년후견개시의 심판을 할 때 <u>본인의 의사를 고려하여야 한다</u>.
>
> 민법 제12조(한정후견개시의 심판) ① 가정법원은 질병, 장애, 노령, 그 밖의 사유로 인한 정신적 제약으로 사무를 처리할 능력이 부족한 사람에 대하여 본인, 배우자, 4촌 이내의 친족, 미성년후견인, 미성년후견감독인, 성년후견인, 성년후견감독인, 특정후견인, 특정후견감독인, 검사 또는 지방자치단체의 장의 청구에 의하여 한정후견개시의 심판을 한다.
> ② 한정후견개시의 경우에 제9조제2항을 준용한다.
>
> 민법 제14조의2(특정후견의 심판) ① 가정법원은 질병, 장애, 노령, 그 밖의 사유로 인한 정신적 제약으로 일시적 후원 또는 특정한 사무에 관한 후원이 필요한 사람에 대하여 본인, 배우자, 4촌 이내의 친족, 미성년후견인, 미성년후견감독인, 검사 또는 지방자치단체의 장의 청구에 의하여 특정후견의 심판을 한다.
> ② 특정후견은 본인의 의사에 반하여 <u>할 수 없다.</u>
> ③ 특정후견의 심판을 하는 경우에는 <u>특정후견의 기간 또는 사무의 범위를 정하여야 한다.</u>

④ (O) 민법 제947조의2 참조

> 민법 제947조의2(피성년후견인의 신상결정 등) ③ <u>피성년후견인의 신체를 침해하는 의료행위에 대하여 피성년후견인이 동의할 수 없는 경우에는 성년후견인이 그를 대신하여 동의할 수 있다.</u>

⑤ (X) 민법 제924조의2에 따라 친권 중 양육권의 제한으로 미성년후견인이 선임된 경우 후견인이 피후견인인 미성년 자녀를 충분하게 보호·교양하기 위해서는 후견사무 수행에 필요한 비용, 즉 양육에 필요한 비용(이하 '양육비'라고 한다)의 원활한 확보가 필수적이다. 그런데 미성년후견인에게 민법 제837조의 유추적용으로 인한 양육비심판을 허용하지 않으면 현행 민법, 가사소송법상 미성년후견인이 비양육친에 대하여 미리 양육비를 청구할 수 있는 방법이 없어 피후견인인 미성년 자녀를 충분하게 보호·교양할 수 없게 되는 문제가 발생한다. 즉 미성년후견인이 자신의 재산으로 피후견인을 양육한 경우 후견

인은 미성년 자녀에 대하여 부양의무를 부담하는 비양육친을 상대로 민사상 부당이득반환청구권을 행사하여 그 지출비용(= 과거 양육비)의 상환을 구할 수 있다. 반면 장차 피후견인을 보호·교양하는 데 필요한 비용, 즉 장래 양육비의 경우 미성년후견인이 비양육친에게 직접 양육비를 청구할 수 없다고 본다면, 후견인은 피후견인인 미성년 자녀의 비양육친에 대한 부양청구권을 '대리'하여 그 지급을 구해야 한다. 그러나 위와 같이 민법 제924조의2에 따라 친권 중 양육권의 제한으로 선임된 미성년후견인은 원칙적으로 자녀의 양육에 관한 권한만을 가질 뿐 피후견인인 미성년 자녀의 재산적 법률행위에 관한 대리권이나 재산관리권은 갖지 않으므로(민법 제946조, 제924조의2, 제925조의3) 피후견인의 비양육친에 대한 위 부양청구권을 대리할 수 없고, 결과적으로 비양육친으로부터 장래 양육비를 확보할 수 없게 되는 중대한 문제가 발생한다(대법원 2021.05.27. 2019스621 판결).

문 14

다수당사자 채권관계에 관한 설명 중 옳은 것(○)과 옳지 않은 것(×)을 올바르게 조합한 것은? (각 지문은 독립적이며, 다툼이 있는 경우 판례에 의함)

★★★

> ㄱ. 甲, 乙, 丙이 공동의 불법행위로 丁에게 9,000만 원의 부진정연대채무를 부담하고 있고 과실비율은 균등하다. 이 경우 甲의 보증인 戊가 6,000만 원을 변제하였다면 戊는 乙과 丙에 대해 각 2,000만 원의 구상권을 취득한다.
> ㄴ. 주채무자인 甲의 부탁을 받은 乙은 채권자 丙에 대해 주채무금액 5,000만 원에 관한 보증을 하였다. 이후 주채무의 변제기한인 2022. 8. 31.이 도래하고 甲이 변제를 하지 않아 2022. 9. 30.자로 약정이자 1,000만 원, 지연손해금 50만 원이 발생하게 되면 2022. 9. 30. 乙은 甲에게 6,050만 원의 사전구상금액을 청구할 수 있다.
> ㄷ. 甲은 주채무자, 戊는 채권자인 상황에서 乙, 丙, 丁이 戊에 대해 주채무금액 9,000만 원에 관한 연대보증을 하였고 그 비율이 균등하다. 이 경우 丙이 3,000만 원을 변제한 후 丁이 6,000만 원을 변제하였다면 丁은 다른 연대보증인 중 乙에 대해서만 3,000만 원의 구상권을 취득한다.

① ㄱ(○), ㄴ(×), ㄷ(×) ② ㄱ(○), ㄴ(×), ㄷ(○)
③ ㄱ(×), ㄴ(○), ㄷ(○) ④ ㄱ(×), ㄴ(○), ㄷ(×)
⑤ ㄱ(×), ㄴ(×), ㄷ(○)

해설

ㄱ.(×) 부진정연대채무자 중 1인을 위하여 보증인이 된 자가 피보증인을 위하여 그 채무를 변제한 경우에는 그 보증인은 피보증인이 아닌 다른 부진정연대채무자들에 대하여는 그 부담 부분에 한하여 구상권을 행사할 수 있고, 공동불법행위자 중 1인의 손해배상채무가 시효로 소멸한 후에 다른 공동불법행위자 1인이 피해자에게 자기의 부담 부분을 넘는 손해를 배상하였을 경우에도, 그 공동불법행위자는 다른 공동불법행위자에게 구상권을 행사할 수 있다(대법원 2010. 12. 23. 선고 2010다52225 판결). ▶ 甲의 부담 부분은 3,000만 원이므로 보증인 戊는 乙과 丙에 대해 각 1,500만 원의 구상권을 취득한다.

ㄴ.(○) 수탁보증인이 민법 제442조에 의하여 주채무자에 대하여 미리 구상권을 행사하는 경우에 사전구상으로서 청구할 수 있는 범위는 주채무인 원금과 사전구상에 응할 때까지 이미 발생한 이자와 기한 후의 지연손해금, 피할 수 없는 비용 기타의 손해액이 포함될 뿐이고, 주채무인 원금에 대한 완제일까지의 지연손해금은 사전구상권의 범위에 포함될 수 없으며, 또한 사전구상권은 장래의 변제를 위하여 자

금의 제공을 청구하는 것이므로 수탁보증인이 아직 지출하지 아니한 금원에 대하여 지연손해금을 청구할 수도 없다(대법원 2004.07.09. 2003다46758 판결). ▶ 사전구상의 범위는 주채무인 원금 5,000만 원, 사전구상에 응할 때까지 이미 2022. 9. 30. 발생한 이자인 1,000만 원, 사전구상에 응할 때까지 이미 발생한 지연손해금인 50만 원, 합 6,050만 원을 청구할 수 있다.

ㄷ.(O) 수인의 보증인이 있는 경우에는 그 사이에 분별의 이익이 있는 것이 원칙이지만, 그 수인이 연대보증인일 때에는 각자가 별개의 법률행위로 보증인이 되었고 또한 보증인 상호간에 연대의 특약(보증연대)이 없더라도 채권자에 대하여는 분별의 이익을 갖지 못하고 각자의 채무의 전액을 변제하여야 하나, 연대보증인들 상호간의 내부관계에서는 주채무에 대하여 출재를 분담하는 일정한 금액을 의미하는 부담부분이 있고, 그 부담부분의 비율, 즉 분담비율에 관하여는 그들 사이에 특약이 있으면 당연히 그에 따르되 그 특약이 없는 한 각자 평등한 비율로 부담을 지게 된다. 그러므로 연대보증인 가운데 한 사람이 자기의 부담부분을 초과하여 변제하였을 때에는 다른 연대보증인에 대하여 구상을 할 수 있는데, 다만 다른 연대보증인 가운데 이미 자기의 부담부분을 변제한 사람에 대하여는 구상을 할 수 없으므로 그를 제외하고 아직 자기의 부담부분을 변제하지 아니한 사람에 대하여만 구상권을 행사하여야 한다(대법원 2009.06.25. 2007다70155 판결). ▶ 丙의 변제로 소멸한 3,000만 원을 공제한 나머지 6,000만 원의 채무를 나중에 다른 연대보증인인 丁이 변제하였다면, 丁은 자신의 부담부분인 3,000만 원을 공제한 나머지 3,000만 원을 乙에 대하여만 구상권을 취득한다.

해답 ③

문 15 ★★

부동산 점유취득시효에 관한 설명 중 옳지 않은 것은? (다툼이 있는 경우 판례에 의함)

① 취득시효의 대상이 미등기 부동산인 경우, 취득시효 기간이 완성되면 점유자는 등기 없이도 그 부동산의 소유권을 취득한다.
② 취득시효 완성으로 인한 소유권이전등기청구권의 양도에 대해서는 매매로 인한 소유권이전등기청구권에 관한 양도제한의 법리가 적용되지 않는다.
③ 점유자가 취득시효 완성 후에 점유를 상실한 경우 특별한 사정이 없는 한 점유를 상실한 때로부터 10년간 소유권이전등기청구권을 행사하지 않으면 그 소멸시효가 완성된다.
④ 취득시효 기간 완성 전에 부동산에 압류 또는 가압류가 이루어졌다고 하더라도 이로 인해 취득시효의 진행이 중단되지 않는다.
⑤ 양도담보권설정자가 부동산을 양도담보로 채권자에게 제공한 뒤 이를 20년간 소유의 의사로 평온·공연하게 점유하였다고 하더라도, 양도담보권자에게 점유취득시효의 완성을 이유로 담보 목적으로 경료된 소유권이전등기의 말소를 구할 수 없다.

해설

① (X) 민법 제245조 제1항에 따라 취득시효 완성으로 토지의 소유권을 취득하기 위하여는 그로 인하여 소유권을 상실하게 되는 시효 완성 당시의 소유자를 상대로 소유권이전등기청구를 하는 방법에 의하여야 하는 것이지, 제3자에 불과한 국가를 상대로 자기에게 소유권이 있음의 확인을 구할 이익은 없다. 또한 취득시효기간이 완성되었다고 하더라도 그것만으로 바로 소유권취득의 효력이 생기는 것이 아니라, 이를 원인으로 하여 소유권취득을 위한 등기청구권이 발생하는 것에 불과하고, 미등기 부동산의 경우라 하여 취득시효기간의 완성만으로 등기 없이도 점유자가 소유권을 취득한다고 볼 수 없다(대법원 2013. 9. 13. 선고 2012다5834 판결).

민법 제245조(점유로 인한 부동산소유권의 취득기간) ① 20년간 소유의 의사로 평온, 공연하게 부동산을 점유하는 자는 등기함으로써 그 소유권을 취득한다.

② (O) … 그러나 취득시효완성으로 인한 소유권이전등기청구권은 채권자와 채무자 사이에 아무런 계약관계나 신뢰관계가 없고, 그에 따라 채권자가 채무자에게 반대급부로 부담하여야 하는 의무도 없다. 따라서 취득시효완성으로 인한 소유권이전등기청구권의 양도의 경우에는 매매로 인한 소유권이전등기청구권에 관한 양도제한의 법리가 적용되지 않는다고 보아야 한다(대법원 2018. 7. 12. 선고 2015다36167 판결).

③ (O) 부동산에 대한 점유취득시효 완성을 원인으로 하는 소유권이전등기청구권은 채권적 청구권으로서, 취득시효가 완성된 점유자가 그 부동산에 대한 점유를 상실한 때로부터 10년간 이를 행사하지 아니하면 소멸시효가 완성한다(대법원 1995. 12. 5. 선고 95다24241 판결).

④ (O) 민법 제247조 제2항은 '소멸시효의 중단에 관한 규정은 점유로 인한 부동산소유권의 시효취득기간에 준용한다.'고 규정하고, 민법 제168조 제2호는 소멸시효 중단사유로 '압류 또는 가압류, 가처분'을 규정하고 있다. 점유로 인한 부동산소유권의 시효취득에 있어 취득시효의 중단사유는 종래의 점유상태의 계속을 파괴하는 것으로 인정될 수 있는 사유이어야 하는데, 민법 제168조 제2호에서 정하는 '압류 또는 가압류'는 금전채권의 강제집행을 위한 수단이거나 그 보전수단에 불과하여 취득시효기간의 완성 전에 부동산에 압류 또는 가압류 조치가 이루어졌다고 하더라도 이로써 종래의 점유상태의 계속이 파괴되었다고는 할 수 없으므로 이는 취득시효의 중단사유가 될 수 없다(대법원 2019. 4. 3. 선고 2018다296878 판결).

⑤ (O) … 이러한 법리는 부동산 양도담보의 경우에도 마찬가지이므로, 양도담보권설정자가 양도담보부동산을 20년간 소유의 의사로 평온, 공연하게 점유하였다고 하더라도, 양도담보권자를 상대로 피담보채권의 시효소멸을 주장하면서 담보 목적으로 경료된 소유권이전등기의 말소를 구하는 것은 별론으로 하고, 점유취득시효를 원인으로 하여 담보 목적으로 경료된 소유권이전등기의 말소를 구할 수 없고, 이와 같은 효과가 있는 양도담보권설정자 명의로의 소유권이전등기를 구할 수도 없다(대법원 2015. 2. 26. 선고 2014다21649 판결).

문 16

★★

공탁에 관한 설명 중 옳지 않은 것은? (다툼이 있는 경우 판례에 의함)

① 변제공탁의 요건 중 '변제자가 과실 없이 채권자를 알 수 없는 경우'라 함은 객관적으로 채권자 또는 변제수령권자가 존재하고 있으나 채무자가 선량한 관리자의 주의를 다하여도 채권자가 누구인지를 알 수 없는 경우를 말한다.
② 변제공탁의 목적인 채무는 현존하는 확정채무일 필요는 없으므로 장래의 채무나 불확정채무도 변제공탁의 목적이 될 수 있다.
③ 채권자의 태도로 보아 채무자가 설사 채무의 이행제공을 하였더라도 그 수령을 거절하였을 것이 명백한 경우에는 채무자는 이행의 제공을 하지 않고 바로 변제공탁할 수 있다.
④ 변제공탁이 적법한 경우에는 채권자가 공탁물 출급청구를 하였는지와 관계없이 공탁을 한 때에 변제의 효력이 발생한다.
⑤ 공탁물 출급청구권과 공탁물 회수청구권은 서로 독립한 별개의 청구권이므로 공탁물 출급청구권에 대한 압류는 공탁물 회수청구권에 대하여 영향을 미치지 않는다.

해설

① (O), ② (X) 변제공탁의 목적인 채무는 현존하는 확정채무여야 하지만, 그 의미는 장래의 채무나 불확정채무는 원칙적으로 변제공탁의 목적이 되지 못한다는 것일 뿐, 채무자에 대한 각 채권자의 채권이 동일한 채권이어야 한다는 의미는 아니다. … 민법 제487조 후단의 '변제자가 과실 없이 채권자를 알 수 없는 경우'라 함은 객관적으로 채권자 또는 변제수령권자가 존재하고 있으나 채무자가 선량한 관리자의 주의를 다하여도 채권자가 누구인지를 알 수 없는 경우를 말한다(대법원 2014. 12. 24. 선고 2014다207245, 207252 판결).

③ (O) 채권자의 태도로 보아 채무자가 설사 채무의 이행제공을 하였더라도 그 수령을 거절하였을 것이 명백한 경우에는 채무자는 이행의 제공을 하지 않고 바로 변제공탁할 수 있다(대법원 1994. 8. 26. 선고 93다42276 판결).

④ (O) 변제공탁이 적법한 경우에는 채권자가 공탁물 출급청구를 하였는지와 관계없이 공탁을 한 때에 변제의 효력이 발생하고, 그 후 공탁물 출급청구권에 대하여 가압류 집행이 되더라도 변제의 효력에 영향을 미치지 아니한다(대법원 2011. 12. 13. 선고 2011다11580 판결).

⑤ (O) … 한편 공탁물 출급청구권과 공탁물 회수청구권은 서로 독립한 별개의 청구권이므로 설령 공탁물 출급청구권에 대한 압류 등이 있었다고 하더라도 이는 공탁물 회수청구권에 대하여 아무런 영향을 미치지 않는다(대법원 2020. 5. 22.자 2018마5697 결정).

해답 ②

문 17 ★★

이행불능에 관한 설명 중 옳지 않은 것은? (다툼이 있는 경우 판례에 의함)

① 매매의 목적이 된 부동산에 관하여 이미 제3자의 처분금지가처분등기가 기입되었다 할지라도, 바로 계약의 이행이 불능으로 되는 것은 아니다.
② 채무불이행의 요건인 이행불능은 사회생활에 있어서의 경험법칙 또는 거래상의 관념에 비추어 볼 때 채권자가 채무자의 이행의 실현을 기대할 수 없는 경우를 말한다.
③ 증여의 대상인 권리가 계약 당시 타인에게 귀속되어 있다면 증여자의 계약에 따른 이행은 불능이라고 보아야 한다.
④ 매매 목적 부동산에 관하여 매도인이 이중으로 제3자와 매매계약을 체결하였다는 사실만 가지고는 선행 매매계약이 이행불능이라고 할 수 없다.
⑤ 임대차계약상 목적물을 사용·수익하게 할 임대인의 의무는 임대인이 소유권을 상실하였다는 이유만으로는 불능하게 된 것이라고 단정할 수 없다.

해설

① (O) 매매목적부동산에 관하여 이미 제3자의 처분금지가처분등기가 기입되었다 할지라도 이는 단지 그에 저촉되는 범위 내에서 가처분채권자에게 대항할 수 없는 효과가 있다는 것일 뿐 그것에 의하여 곧바로 부동산 위에 어떤 지배관계가 생겨서 채무자가 그 부동산을 임의로 타에 처분하는 행위 자체를 금지하는 것은 아니라 하겠으므로 가처분등기로 인하여 바로 계약이 이행불능으로 되는 것은 아니다(대법원 1993. 5. 27. 선고 92다20163 판결).

② (O), ④ (O) 매매목적물에 관하여 이중으로 제3자와 매매계약을 체결하였다는 사실만 가지고는 매매계약이 법률상 이행불능이라고 할 수 없다 할 것이고, 채무의 이행이 불능이라는 것은 단순히 절대적, 물리적으로 불능인 경우가 아니라, 사회생활에 있어서의 경험법칙 또는 거래상의 관념에 비추어 볼 때 채

권자가 채무자의 이행의 실현을 기대할 수 없는 경우를 말한다 할 것이므로, 원심이 피고가 이 사건 클럽을 소외 1에게 이중으로 매도한 점만을 들어 위 이중매도일에 이 사건 계약이 이행불능이 되었다고 판단한 것은 잘못이라 할 것이다(대법원 1996. 7. 26. 선고 96다14616 판결).

③ (X) 민법이 타인의 권리의 매매를 인정하고 있는 것처럼 타인의 권리의 증여도 가능하며, 이 경우 채무자는 권리를 취득하여 채권자에게 이전하여야 하고, 이 같은 사정은 계약 당시부터 예정되어 있으므로, 매매나 증여의 대상인 권리가 타인에게 귀속되어 있다는 이유만으로 채무자의 계약에 따른 이행이 불능이라고 할 수는 없다. 이러한 경우 채무 이행이 확정적으로 불능으로 되었는지는 계약의 체결에 이르게 된 경위와 경과, 채무자와 권리를 보유하고 있는 제3자와의 관계, 채무자가 권리를 취득하는 것이 불가능하다고 단정할 수 있는지 여부, 채무의 이행을 가로막는 법령상 제한의 유무, 채권자가 채무의 이행이 불투명한 상황에서 계약에서 벗어나고자 하는지 아니면 채무의 본래 내용대로의 이행을 구하고 있는지 여부 등의 여러 사정을 종합적으로 고려하여 신중히 판단하여야 한다(대법원 2016. 5. 12. 선고 2016다200729 판결).

⑤ (O) 계약의 이행불능 여부는 사회통념에 의하여 이를 판정하여야 할 것인바, 임대차계약상의 임대인의 의무는 목적물을 사용수익케 할 의무로서, 목적물에 대한 소유권 있음을 성립요건으로 하고 있지 아니하여 임대인이 소유권을 상실하였다는 이유만으로 그 의무가 불능하게 된 것이라고 단정할 수 없다(대법원 1994. 5. 10. 선고 93다37977 판결).

해답 ③

문 18 ★★★

2022. 6. 22. 甲은 채무초과 상태에서 그 소유의 유일한 재산인 X 부동산을 乙에게 매도하고, 2022. 8. 22. 소유권이전등기를 경료해 주었다. 甲의 채권자 丙은 사해행위취소의 소를 적법하게 제기하였다. 이에 관한 설명 중 옳은 것(O)과 옳지 않은 것(×)을 올바르게 조합한 것은? (각 지문은 독립적이며, 다툼이 있는 경우 판례에 의함)

> ㄱ. X 부동산에 관하여 채권자를 丁, 채무자를 甲, 채권최고액을 3억 9천만 원으로 하는 근저당권이 설정되어 있었던 경우, 매매 당시 X 부동산의 가액은 3억 원, 피담보채권액은 3억 4천만 원일 때 甲의 매매행위는 사해행위에 해당한다.
> ㄴ. X 부동산에 근저당권이 설정되어 있었던 상태에서 사해행위 후 채권 전액을 변제하여 근저당권설정등기가 말소된 경우, 丙은 가액의 배상을 구할 수 있을 뿐이고 그 가액산정은 사해행위 당시를 기준으로 하여야 한다.
> ㄷ. 丙이 乙을 상대로 사해행위취소의 소를 제기하여 乙로부터 원상회복으로 직접 가액배상을 받을 경우, 乙이 甲에 대한 반대채권이 있다면 이를 가지고 상계를 주장할 수 없다.

① ㄱ(×), ㄴ(×), ㄷ(O)   ② ㄱ(×), ㄴ(O), ㄷ(×)
③ ㄱ(×), ㄴ(O), ㄷ(O)   ④ ㄱ(O), ㄴ(×), ㄷ(×)
⑤ ㄱ(O), ㄴ(×), ㄷ(O)

해설

ㄱ.(×) … 사해행위취소의 소에서 채무자가 수익자에게 양도한 목적물에 저당권이 설정되어 있는 경우라면 그 목적물 중에서 일반채권자들의 공동담보에 제공되는 책임재산은 피담보채권액을 공제한 나머지 부분만이라고 할 것이고 그 피담보채권액이 목적물의 가액을 초과할 때는 당해 목적물의 양도는 사해행위에 해당한다고 할 수 없다(대법원 2013. 7. 18. 선고 2012다5643 전원합의체 판결).

ㄴ.(X) 부동산에 관한 법률행위가 사해행위에 해당하는 경우에는 원칙적으로 그 사해행위를 취소하고 소유권이전등기의 말소 등 부동산 자체의 회복을 명하는 것이 원칙이지만, 저당권이 설정되어 있는 부동산에 관하여 사해행위가 이루어진 경우에 그 사해행위는 부동산의 가액에서 저당권의 피담보채권액을 공제한 잔액의 범위 내에서만 성립한다고 보아야 하므로, 사해행위 후 변제 등에 의하여 저당권설정등기가 말소된 경우, 사해행위를 취소하여 그 부동산의 자체의 회복을 명하는 것은 당초 일반 채권자들의 공동담보로 되어 있지 아니하던 부분까지 회복을 명하는 것이 되어 공평에 반하는 결과가 되므로, 그 부동산의 가액에서 저당권의 피담보채무액을 공제한 잔액의 한도에서 사해행위를 취소하고 그 가액의 배상을 구할 수 있을 뿐이고, 그와 같은 가액 산정은 사실심변론 종결시를 기준으로 하여야 한다(대법원 1999.09.07. 98다41490 판결).

ㄷ.(O) 채권자취소권은 채권의 공동담보인 채무자의 책임재산을 보전하기 위하여 채무자와 수익자 사이의 사해행위를 취소하고 채무자의 일반재산으로부터 일탈된 재산을 모든 채권자를 위하여 수익자 또는 전득자로부터 환원시키는 제도로서, 수익자로 하여금 자기의 채무자에 대한 반대채권으로써 상계를 허용하는 것은 사해행위에 의하여 이익을 받은 수익자를 보호하고 다른 채권자의 이익을 무시하는 결과가 되어 위 제도의 취지에 반하므로, 수익자가 채권자취소에 따른 원상회복으로서 가액배상을 할 때에 채무자에 대한 채권자라는 이유로 채무자에 대하여 가지는 자기의 채권과의 상계를 주장할 수는 없다(대법원 2001. 6. 1. 선고 99다63183 판결).

문 19 ★★

나대지에 대하여 저당권이 설정된 후 그 토지 위에 건물이 축조되어 일괄경매되는 경우(「민법」 제365조)에 관한 설명 중 옳지 않은 것은? (각 지문은 독립적이며, 다툼이 있는 경우 판례에 의함)

① 저당권의 우선변제적 효력은 그 지상 건물에는 미치지 않고 저당권자가 우선변제를 받는 범위는 토지의 매각대금에 한정된다.
② 저당권자가 건물의 매각대금에서 배당을 받으려면 적법한 배당요구를 하였거나 그 밖에 달리 배당을 받을 수 있는 채권으로서 필요한 요건을 갖추고 있어야 한다.
③ 저당권설정자로부터 그 토지에 대한 용익권을 설정받은 자가 그 토지 위에 건물을 축조한 후 저당권설정자가 그 건물의 소유권을 취득하였다면 저당권자는 토지와 함께 그 건물에 대하여 경매를 청구할 수 있다.
④ 저당권설정자가 토지 위에 건물을 축조하고 그 건물을 제3자에게 매도하여 경매개시결정 당시 그 건물의 소유권이 제3자에게 귀속된 경우에도 그 건물에 대하여 일괄경매가 가능하다.
⑤ 만약 저당권자가 토지에 대하여만 경매를 신청한 경우, 저당권자는 그 토지에 관한 경매기일 공고시까지는 그 건물에 대하여 일괄경매의 추가신청을 할 수 있다.

해설

① (O) 민법 제365조 참조

> 민법 제365조(저당지상의 건물에 대한 경매청구권) 토지를 목적으로 저당권을 설정한 후 그 설정자가 그 토지에 건물을 축조한 때에는 저당권자는 토지와 함께 그 건물에 대하여도 경매를 청구할 수 있다. 그러나 그 건물의 경매대가에 대하여는 우선변제를 받을 권리가 없다.

② (O) 민법 제365조 본문이 토지를 목적으로 한 저당권을 설정한 후 저당권설정자가 그 토지에 건물을 축조한 때에는 저당권자가 토지와 건물에 대하여 일괄하여 경매를 청구할 수 있도록 규정한 취지는, 저

당권설정자로서는 저당권 설정 후에도 그 지상에 건물을 신축할 수 있는데 후에 저당권 실행으로 토지가 제3자에게 매각될 경우에 건물을 철거하여야 한다면 사회경제적으로 현저한 불이익이 생기게 되므로 이를 방지할 필요가 있고, 저당권자에게도 저당토지상 건물의 존재로 인하여 생기게 되는 경매의 어려움을 해소하여 저당권 실행을 쉽게 할 수 있도록 한 데 있으며, 같은 조 단서에 의하면 그때 저당권자에게는 건물의 매각대금에 대하여 우선변제를 받을 권리가 없도록 규정되어 있는 점에 비추어 보면, 위와 같은 경우 토지의 저당권자가 건물의 매각대금에서 배당을 받으려면 민사집행법 제268조, 제88조의 규정에 의한 적법한 배당요구를 하였거나 그 밖에 달리 배당을 받을 수 있는 채권으로서 필요한 요건을 갖추고 있어야 한다(대법원 2012.3.15. 선고, 2011다54587 판결).

③ (O) 민법 제365조가 토지를 목적으로 한 저당권을 설정한 후 그 저당권설정자가 그 토지에 건물을 축조한 때에는 저당권자가 토지와 건물을 일괄하여 경매를 청구할 수 있도록 규정한 취지는, 저당권은 담보물의 교환가치의 취득을 목적으로 할 뿐 담보물의 이용을 제한하지 아니하여 저당권설정자로서는 저당권설정 후에도 그 지상에 건물을 신축할 수 있는데, 후에 그 저당권의 실행으로 토지가 제3자에게 경락될 경우에 건물을 철거하여야 한다면 사회경제적으로 현저한 불이익이 생기게 되어 이를 방지할 필요가 있으므로 이러한 이해관계를 조절하고, 저당권자에게도 저당토지상의 건물의 존재로 인하여 생기게 되는 경매의 어려움을 해소하여 저당권의 실행을 쉽게 할 수 있도록 한 데에 있다는 점에 비추어 볼 때, 저당지상의 건물에 대한 일괄경매청구권은 저당권설정자가 건물을 축조한 경우뿐만 아니라 저당권설정자로부터 저당토지에 대한 용익권을 설정받은 자가 그 토지에 건물을 축조한 경우라도 그 후 저당권설정자가 그 건물의 소유권을 취득한 경우에는 저당권자는 토지와 함께 그 건물에 대하여 경매를 청구할 수 있다(대법원 2003. 4. 11. 선고 2003다3850 판결).

④ (X) … 민법 제365조에 기한 일괄경매청구권은 저당권설정자가 건물을 축조하여 소유하고 있는 경우에 한한다고 봄이 상당하다고 할 것이다. 원심이 이와 같은 취지에서 그 판시 각 토지에 관한 근저당권설정자인 엄성옥이 그 지상에 건물을 축조하여 소유권보존등기를 마침과 동시에 이를 제3자에게 매도함으로써 경매개시결정 당시 건물의 소유권이 엄성옥 아닌 제3자들에게 귀속된 사실이 인정되므로 위 건물에 대하여는 민법 제365조에 의한 일괄경매를 할 수 없다고 판단한 것은 옳고, 거기에 상고이유 주장과 같은 민법 제365조의 법리오해 등의 위법이 있다 할 수 없다(대법원 1999. 4. 20.자 99마146 결정).

⑤ (O) 민법 제365조에 기한 일괄경매청구권은 토지의 저당권자가 토지에 대하여 경매를 신청한 후에도 그 토지상의 건물에 대하여 토지에 관한 경매기일 공고 시까지는 일괄경매의 추가신청을 할 수 있고, 이 경우에 집행법원은 두 개의 경매사건을 병합하여 일괄경매절차를 진행함이 상당하다(대법원 2001. 6. 13.자 2001마1632 결정).

문 20

甲이 乙에 대한 차용금채무를 담보하기 위하여 자기 소유 X 토지에 乙 명의의 저당권을 설정해 주었다. 甲의 부탁을 받은 丙은 위 채무를 담보하기 위하여 乙과 연대보증계약을 체결하였다. 그 후 丁이 甲으로부터 X 토지를 매수하여 소유권이전등기를 마쳤다. 이에 관한 설명 중 옳지 않은 것은? (각 지문은 독립적이며, 다툼이 있는 경우 판례에 의함)

① 丙이 乙에게 甲의 차용금채무를 변제한 후 甲에게 구상금을 청구할 경우, 그 구상권의 범위에는 면책된 날 이후의 법정이자가 포함된다.

② 丁이 X 토지에 관한 필요비를 지출하였더라도, 丁은 X 토지에 관한 저당권의 실행에 따른 경매 매각대금에서 그 필요비를 우선상환 받을 수는 없다.

③ 丁은 X 토지에 관하여 저당권의 실행에 따른 경매절차의 경매인(競買人)이 될 수 있다.
④ 丁은 乙에게 변제기가 도래한 甲의 차용금채무를 변제하고 X 토지에 설정된 乙 명의의 저당권의 소멸을 청구할 수 있다.
⑤ 만약 甲이 戊의 차용금채무를 담보하기 위하여 X 토지에 乙 명의의 저당권을 설정해 주었는데 乙의 저당권 실행으로 丁이 X 토지에 대한 소유권을 잃었다면, 丁이 위 저당권의 피담보채무의 이행을 인수하였다는 등의 특별한 사정이 없는 한 丁은 戊에 대해 구상권을 행사할 수 있다.

해설

① (O) 민법 제425조, 제441조 참조

> 민법 제425조(출재채무자의 구상권) ① 어느 연대채무자가 변제 기타 자기의 출재로 공동면책이 된 때에는 다른 연대채무자의 부담부분에 대하여 구상권을 행사할 수 있다.
> ② 전항의 구상권은 면책된 날 이후의 법정이자 및 피할 수 없는 비용 기타 손해배상을 포함한다.
>
> 민법 제441조(수탁보증인의 구상권) ① 주채무자의 부탁으로 보증인이 된 자가 과실없이 변제 기타의 출재로 주채무를 소멸하게 한 때에는 주채무자에 대하여 구상권이 있다.
> ② 제425조제2항의 규정은 전항의 경우에 준용한다.

② (X) 민법 제203조, 제367조 참고

> 민법 제203조(점유자의 상환청구권) ① 점유자가 점유물을 반환할 때에는 회복자에 대하여 점유물을 보존하기 위하여 지출한 금액 기타 필요비의 상환을 청구할 수 있다. 그러나 점유자가 과실을 취득한 경우에는 통상의 필요비는 청구하지 못한다.
>
> 민법 제367조(제삼취득자의 비용상환청구권) 저당물의 제삼취득자가 그 부동산의 보존, 개량을 위하여 필요비 또는 유익비를 지출한 때에는 제203조제1항, 제2항의 규정에 의하여 저당물의 경매대가에서 우선상환을 받을 수 있다.

③ (O) 민법 제363조 참조

> 민법 제363조(저당권자의 경매청구권, 경매인) ① 저당권자는 그 채권의 변제를 받기 위하여 저당물의 경매를 청구할 수 있다.
> ② 저당물의 소유권을 취득한 제삼자도 경매인이 될 수 있다.

④ (O) 민법 제364조 참조

> 민법 제364조(제삼취득자의 변제) 저당부동산에 대하여 소유권, 지상권 또는 전세권을 취득한 제삼자는 저당권자에게 그 부동산으로 담보된 채권을 변제하고 저당권의 소멸을 청구할 수 있다.

⑤ (O) … 타인의 채무를 담보하기 위하여 저당권을 설정한 부동산의 소유자인 물상보증인으로부터 저당부동산의 소유권을 취득한 제3취득자는 저당권이 실행되면 저당부동산에 대한 소유권을 잃는다는 점에서 물상보증인과 유사한 지위에 있다. 따라서 물상보증의 목적물인 저당부동산의 제3취득자가 채무를 변제하거나 저당권의 실행으로 인하여 저당부동산의 소유권을 잃은 때에는 특별한 사정이 없는 한 물상보증인의 구상권에 관한 민법 제370조, 제341조의 규정을 유추적용하여, 물상보증인으로부터 저당부동산을 양수한 제3취득자는 보증채무에 관한 규정에 의하여 채무자에 대한 구상권이 있다(대법원 2014.12.24. 2012다49285 판결).

해답 ②

문 21

「상가건물 임대차보호법」의 적용 대상인 상가건물에 있어서 보증금액이 같은 법 제2조 제1항 단서의 대통령령으로 정하는 보증금액을 초과하는 임대차에 관한 설명 중 옳은 것을 모두 고른 것은? (다툼이 있는 경우 판례에 의함)

> ㄱ. 기간의 약정 없는 임대차의 경우, 임차인이 임대차 기간 동안 계약을 위반한 사실이 없어도 임차인의 계약갱신요구권이 인정되지 않는다.
> ㄴ. 임차인이 임차건물에 대하여 임대차보증금반환청구소송의 확정판결에 의해 경매를 신청하는 경우 반대의무의 이행이나 이행의 제공을 집행개시의 요건으로 하지 않는다.
> ㄷ. 임차인이 3기의 차임액에 달하는 차임을 연체했으나 임대인이 임대차계약을 해지하기 전에 임차인이 연체차임 전액을 지급한 경우, 임대인은 임차인이 임대차 기간 만료 5개월 전에 계약갱신 요구를 하더라도 이를 거절할 수 있다.
> ㄹ. 임대인이 임대차 기간 종료 시 특별한 사유를 제시하지 않은 채 임차인이 주선한 신규 임차인과의 임대차계약 체결을 거절한 후 임차건물을 양도한 경우, 임대인과 임차건물 양수인의 비영리 사용기간을 합쳐 1년 6개월 이상이 경과하면 임대인은 권리금 침해로 인한 손해배상책임이 없다.

① ㄱ, ㄷ
② ㄱ, ㄹ
③ ㄴ, ㄷ
④ ㄱ, ㄴ, ㄷ
⑤ ㄴ, ㄷ, ㄹ

해설

ㄱ.(O) 상가건물 임대차보호법(이하 '상가임대차법'이라고 한다)에서 기간을 정하지 않은 임대차는 그 기간을 1년으로 간주하지만(제9조 제1항), 대통령령으로 정한 보증금액을 초과하는 임대차는 위 규정이 적용되지 않으므로(제2조 제1항 단서), 원래의 상태 그대로 기간을 정하지 않은 것이 되어 민법의 적용을 받는다. 민법 제635조 제1항, 제2항 제1호에 따라 이러한 임대차는 임대인이 언제든지 해지를 통고할 수 있고 임차인이 통고를 받은 날로부터 6개월이 지남으로써 효력이 생기므로, 임대차기간이 정해져 있음을 전제로 기간 만료 6개월 전부터 1개월 전까지 사이에 행사하도록 규정된 임차인의 계약갱신요구권(상가임대차법 제10조 제1항)은 발생할 여지가 없다(대법원 2021. 12. 30. 선고 2021다233730 판결).

ㄴ.(X) 상가임대차보호법 제2조, 제5조, 민사집행법 제41조 참고

> 상가임대차보호법 제2조(적용범위) ① 이 법은 상가건물(제3조제1항에 따른 사업자등록의 대상이 되는 건물을 말한다)의 임대차(임대차 목적물의 주된 부분을 영업용으로 사용하는 경우를 포함한다)에 대하여 적용한다. 다만, 제14조의2에 따른 상가건물임대차위원회의 심의를 거쳐 대통령령으로 정하는 보증금액을 초과하는 임대차에 대하여는 그러하지 아니하다.
> 상가임대차보호법 제5조(보증금의 회수) ① 임차인이 임차건물에 대하여 보증금반환청구소송의 확정판결, 그 밖에 이에 준하는 집행권원에 의하여 경매를 신청하는 경우에는 「민사집행법」 제41조에도 불구하고 반대의무의 이행이나 이행의 제공을 집행개시의 요건으로 하지 아니한다.
> 민사집행법 제41조(집행개시의 요건) ① 반대의무의 이행과 동시에 집행할 수 있다는 것을 내용으로 하는 집행권원의 집행은 채권자가 반대의무의 이행 또는 이행의 제공을 하였다는 것을 증명하여야만 개시할 수 있다.

▶ 대통령령으로 정하는 보증금액을 초과하는 임대차인 경우에는 상가임대차보호법 제5조 제1항이 적용되지 않고 민사집행법 제41조 제1항이 적용되어 임대차보증금반환청구소송의 확정판결에 의해 경매를 신청하는 경우 반대의무의 이행이나 이행의 제공을 집행개시의 요건이 된다.

ㄷ.(O) 상가건물 임대차보호법(이하 '상가임대차법'이라고 한다) 제10조의8은 임대인이 차임연체를 이유로 계약을 해지할 수 있는 요건을 '차임연체액이 3기의 차임액에 달하는 때'라고 규정하였다. 반면 임대인이 임대차기간 만료를 앞두고 임차인의 계약갱신 요구를 거부할 수 있는 사유에 관해서는 '3기의 차임액에 해당하는 금액에 이르도록 차임을 연체한 사실이 있는 경우'라고 문언을 달리하여 규정하고 있다(상가임대차법 제10조 제1항 제1호). 그 취지는, 임대차계약 관계는 당사자 사이의 신뢰를 기초로 하므로, 종전 임대차기간에 차임을 3기분에 달하도록 연체한 사실이 있는 경우에까지 임차인의 일방적 의사에 의하여 계약관계가 연장되는 것을 허용하지 아니한다는 것이다(대법원 2021. 5. 13. 선고 2020다255429 판결).

ㄹ.(X) 상가건물 임대차보호법 제10조의4 제2항 제3호에서 정하는 '임대차 목적물인 상가건물을 1년 6개월 이상 영리목적으로 사용하지 아니한 경우'는 임대인이 임대차 종료 후 임대차 목적물인 상가건물을 1년 6개월 이상 영리목적으로 사용하지 아니하는 경우를 말하고, 위 조항에 따른 정당한 사유가 있다고 하기 위해서는 임대인이 임대차 종료 시 그러한 사유를 들어 임차인이 주선한 자와 신규 임대차계약 체결을 거절하고, 실제로도 1년 6개월 동안 상가건물을 영리목적으로 사용하지 않아야 한다. 이때 종전 소유자인 임대인이 임대차 종료 후 상가건물을 영리목적으로 사용하지 아니한 기간이 1년 6개월에 미치지 못하는 사이에 상가건물의 소유권이 변동되었더라도, 임대인이 상가건물을 영리목적으로 사용하지 않는 상태가 새로운 소유자의 소유기간에도 계속하여 그대로 유지될 것을 전제로 처분하고, 실제 새로운 소유자가 그 기간 중에 상가건물을 영리목적으로 사용하지 않으며, 임대인과 새로운 소유자의 비영리 사용기간을 합쳐서 1년 6개월 이상이 되는 경우라면, 임대인에게 임차인의 권리금을 가로챌 의도가 있었다고 보기 어려우므로, 그러한 임대인에 대하여는 위 조항에 의한 정당한 사유를 인정할 수 있다(대판 2022.01.14. 2021다272346). 구 상가건물 임대차보호법(2018. 10. 16. 법률 제15791호로 개정되기 전의 것, 이하 '구 상가임대차법'이라 한다) 제10조의4의 문언과 체계, 입법 목적과 연혁 등을 종합하면, 구 상가임대차법 제10조의4 제2항 제3호에서 정하는 '임대차 목적물인 상가건물을 1년 6개월 이상 영리목적으로 사용하지 아니한 경우'는 임대인이 임대차 종료 후 임대차 목적물인 상가건물을 1년 6개월 이상 영리목적으로 사용하지 아니하는 경우를 의미하고, 위 조항에 따른 정당한 사유가 있다고 보기 위해서는 임대인이 임대차 종료 시 그러한 사유를 들어 임차인이 주선한 자와 신규 임대차계약 체결을 거절하고, 실제로도 1년 6개월 동안 상가건물을 영리목적으로 사용하지 않아야 한다. 그렇지 않고 임대인이 다른 사유로 신규 임대차계약 체결을 거절한 후 사후적으로 1년 6개월 동안 상가건물을 영리목적으로 사용하지 않았다는 사정만으로는 위 조항에 따른 정당한 사유로 인정할 수 없다(대법원 2021.11.25. 2019다285257 판결).

해답 ①

문 22

중첩적(병존적) 채무인수에 관한 설명 중 옳은 것을 모두 고른 것은? (각 지문은 독립적이며, 다툼이 있는 경우 판례에 의함)

ㄱ. 甲이 乙에게 임대한 자기 소유 건물을 丙에게 매도하면서 乙의 승낙 없이 乙에 대한 임대차보증금반환채무를 丙이 인수하고 그 채무액만큼 매매대금에서 공제하기로 약정한 경우, 특별한 사정이 없는 한 그 약정은 중첩적 채무인수에 해당한다.

ㄴ. 甲이 乙에 대해 부담하는 채무를 乙과 丙의 합의에 따라 丙이 중첩적으로 인수하는 경우, 그 채무인수에 대하여 甲이 동의하지 않더라도 중첩적 채무인수의 효력에는 아무런 영향이 없다.

ㄷ. 乙이 甲 소유의 토지를 매수하면서, 甲과 乙 사이에 중도금 및 잔금을 乙이 甲의 채권자 丙에게 직접 지급하기로 하여 丙으로 하여금 그 채권을 취득하게 할 의사로 약정한 경우, 그 약정은 제3자를 위한 계약으로서 중첩적 채무인수에 해당한다.

① ㄴ
② ㄱ, ㄴ
③ ㄱ, ㄷ
④ ㄴ, ㄷ
⑤ ㄱ, ㄴ, ㄷ

해설

ㄱ.(X) 부동산의 매수인이 매매목적물에 관한 임대차보증금 반환채무 등을 인수하는 한편 그 채무액을 매매대금에서 공제하기로 약정한 경우, 그 인수는 특별한 사정이 없는 이상 매도인을 면책시키는 면책적 채무인수가 아니라 이행인수로 보아야 하고, 면책적 채무인수로 보기 위해서는 이에 대한 채권자 즉 임차인의 승낙이 있어야 한다(대법원 2015. 5. 29. 선고 2012다84370 판결).

ㄴ.(O) 제3자가 중첩적으로 채무를 인수한 경우에는 원채무자의 의사에 반한다 하여도 이를 무효라 할 수 없다(1962. 4. 4. 선고 4294민상1087 판결).

ㄷ.(O) 부동산을 매매하면서 매도인과 매수인 사이에 중도금 및 잔금은 매도인의 채권자에게 직접 지급하기로 약정한 경우, 그 약정은 매도인의 채권자로 하여금 매수인에 대하여 그 중도금 및 잔금에 대한 직접청구권을 행사할 권리를 취득케 하는 제3자를 위한 계약에 해당하고 동시에 매수인이 매도인의 그 제3자에 대한 채무를 인수하는 병존적 채무인수에도 해당한다(대법원 1997. 10. 24. 선고 97다28698 판결).

 해답 ④

문 23 ★★

계약의 해제에 관한 설명 중 옳은 것을 모두 고른 것은? (다툼이 있는 경우 판례에 의함)

ㄱ. 채권자가 채무불이행을 이유로 계약을 해제하는 경우 특별한 사정이 없는 한 해제된 계약의 내용에 포함된 손해배상액의 예정도 소급적으로 소멸한다.

ㄴ. 채권자가 채무의 내용인 급부 실현을 위해 필요한 협력행위를 하지 않아 계약 목적을 달성할 수 없는 경우, 채무자가 이를 이유로 계약을 해제하려면 채권자의 협력의무에 대한 약정이 있거나 신의칙상 채권자에게 협력의무가 있다고 인정될 만한 특별한 사정이 있어야 한다.

ㄷ. 원래의 계약에 있는 위약금에 관한 약정은 그것이 계약 내용이나 당사자의 의사표시 등에 비추어 합의해제에도 적용된다고 볼 만한 특별한 사정이 없는 한 합의해제의 경우에까지 적용되지는 않는다.

ㄹ. 계약이 합의에 따라 해제된 경우에는 상대방에게 손해배상을 하기로 특약하거나 손해배상청구를 유보하는 의사표시를 하는 등 다른 사정이 없는 한 채무불이행으로 인한 손해배상을 청구할 수 없다.

① ㄱ, ㄴ
② ㄴ, ㄷ
③ ㄷ, ㄹ
④ ㄱ, ㄴ, ㄹ
⑤ ㄴ, ㄷ, ㄹ

해설

ㄱ. (X) 민법 제398조 제1항, 제3항, 제551조의 문언·내용과 계약당사자의 일반적인 의사 등을 고려하면, 계약당사자가 채무불이행으로 인한 전보배상에 관하여 손해배상액을 예정한 경우에 채권자가 채무불이행을 이유로 계약을 해제하거나 해지하더라도 원칙적으로 손해배상액의 예정은 실효되지 않고, 전보배상에 관하여 특별한 사정이 없는 한 손해배상액의 예정에 따라 배상액을 정해야 한다. 다만 위와 같은 손해배상액의 예정이 계약의 유지를 전제로 정해진 약정이라는 등의 사정이 있는 경우에 채무불이행을 이유로 계약을 해제하거나 해지하면 손해배상액의 예정도 실효될 수 있다. 이때 손해배상액의 예정이 실효된다고 볼 특별한 사정이 있는지는 약정 내용, 약정이 이루어지게 된 동기와 경위, 당사자가 이로써 달성하려는 목적, 거래의 관행 등을 종합적으로 고려하여 당사자의 의사를 합리적으로 해석하여 판단해야 한다(대법원 2022. 4. 14. 선고 2019다292736(본소), 2019다292743(반소) 판결).

ㄴ. (O) 이와 같은 규정 내용과 체계에 비추어 보면, 채권자지체가 성립하는 경우 그 효과로서 원칙적으로 채권자에게 민법 규정에 따른 일정한 책임이 인정되는 것 외에, 채무자가 채권자에 대하여 일반적인 채무불이행책임과 마찬가지로 손해배상이나 계약 해제를 주장할 수는 없다. 그러나 계약 당사자가 명시적·묵시적으로 채권자에게 급부를 수령할 의무 또는 채무자의 급부 이행에 협력할 의무가 있다고 약정한 경우, 또는 구체적 사안에서 신의칙상 채권자에게 위와 같은 수령의무나 협력의무가 있다고 볼 특별한 사정이 있다고 인정되는 경우에는 그러한 의무 위반에 대한 책임이 발생할 수 있다. 그중 신의칙상 채권자에게 급부를 수령할 의무나 급부 이행에 협력할 의무가 있다고 볼 특별한 사정이 있는지는 추상적·일반적으로 판단할 것이 아니라 구체적 사안에서 계약의 목적과 내용, 급부의 성질, 거래 관행, 객관적·외부적으로 표명된 계약 당사자의 의사, 계약 체결의 경위와 이행 상황, 급부의 이행 과정에서 채권자의 수령이나 협력이 차지하는 비중 등을 종합적으로 고려해서 개별적으로 판단해야 한다. 이와 같이 채권자에게 계약상 의무로서 수령의무나 협력의무가 인정되는 경우, 그 수령의무나 협력의무가 이행되지 않으면 계약 목적을 달성할 수 없거나 채무자에게 계약의 유지를 더 이상 기대할 수 없다고 볼 수 있는 때에는 채무자는 수령의무나 협력의무 위반을 이유로 계약을 해제할 수 있다(대법원 2021. 10. 28. 선고 2019다293036 판결).

ㄷ. (O) 법률행위의 해석은 당사자가 그 표시행위에 부여한 의미를 명백하게 확정하는 것으로서, 당사자가 표시한 문언에서 그 의미가 명확하게 드러나지 않는 경우에는 문언의 내용, 법률행위가 이루어진 동기와 경위, 당사자가 법률행위로 달성하려는 목적과 진정한 의사, 거래의 관행 등을 종합적으로 고려하여 논리와 경험의 법칙, 그리고 사회일반의 상식과 거래의 통념에 따라 합리적으로 해석하여야 한다. 계약을 합의하여 해제하거나 해지하면서 상대방에게 손해배상을 하기로 하는 특약이나 손해배상청구를 유보하는 의사표시를 하였는지를 판단할 때에도 위와 같은 법률행위 해석에 관한 법리가 적용된다. 위와 같은 특약이나 의사표시가 있었는지는 합의해제·해지 당시를 기준으로 판단하여야 하는데, 원래의 계약에 있는 위약금이나 손해배상에 관한 약정은 그것이 계약 내용이나 당사자의 의사표시 등에 비추어 합의해제·해지의 경우에도 적용된다고 볼 만한 특별한 사정이 없는 한 합의해제·해지의 경우에까지 적용되지는 않는다(대법원 2021. 5. 7. 선고 2017다220416 판결).

ㄹ. (O) 계약이 합의에 따라 해제되거나 해지된 경우에는 상대방에게 손해배상을 하기로 특약하거나 손해배상청구를 유보하는 의사표시를 하는 등 다른 사정이 없는 한 채무불이행으로 인한 손해배상을 청구할 수 없다. 그와 같은 손해배상의 특약이 있었다거나 손해배상청구를 유보하였다는 점은 이를 주장하는 당사자가 증명할 책임이 있다(대법원 2021. 5. 7. 선고 2017다220416 판결).

해답 ⑤

문 24

등기의 추정력에 관한 설명 중 옳지 않은 것은? (다툼이 있는 경우 판례에 의함) ★★

① 사망자 명의로 신청하여 이루어진 소유권이전등기는 일단 원인무효의 등기라고 볼 것이어서 등기의 추정력을 인정할 여지가 없으므로, 등기의 유효를 주장하는 자가 현재의 실체관계와 부합함을 증명할 책임이 있다.
② 등기명의자가 전 소유자로부터 부동산을 취득함에 있어 등기부상 기재된 등기원인에 의하지 아니하고 다른 원인으로 적법하게 취득하였다고 하면서 등기원인행위의 태양이나 과정을 다소 다르게 주장한다고 하여 그 등기의 추정력이 깨어진다고 할 수는 없다.
③ 부동산에 관하여 소유권이전등기가 경료되어 있는 경우에는 그 등기명의자는 제3자에게 대하여서뿐만 아니라 그 전 소유자에 대하여서도 적법한 등기원인에 의하여 소유권을 취득한 것으로 추정된다.
④ 등기명의자 또는 제3자가 그에 앞선 등기명의인의 등기 관련 서류를 위조하여 소유권이전등기를 경료하였다는 점이 증명되었으면 특별한 사정이 없는 한 무효원인의 사실이 증명되었다고 보아야 한다.
⑤ 의용 민법과 의용 부동산등기법 적용 당시 행하여진 가등기뿐만 아니라 현행 「민법」과 현행 「부동산등기법」에 따라 이루어진 가등기에 관해서도 구체적인 등기원인이 존재하는 것으로 추정된다.

해설

① (O), ⑤ (X) 사망자 명의로 신청하여 이루어진 이전등기는 일단 원인무효의 등기라고 볼 것이어서 등기의 추정력을 인정할 여지가 없으므로, 등기의 유효를 주장하는 자가 현재의 실체관계와 부합함을 증명할 책임이 있다. 의용 민법과 의용 부동산등기법 적용 당시 행하여진 가등기의 구체적인 등기원인이 존재하는 것으로 추정할 수 없다. 가등기의 구체적인 등기원인의 추정력이 부정되는 것은 현행 민법과 부동산등기법에 따라 이루어진 가등기에 관해서도 마찬가지이다(대법원 2018. 11. 29. 선고 2018다200730 판결).

② (O), ③ (O) 부동산에 관하여 소유권이전등기가 마쳐져 있는 경우에는 그 등기 명의자는 제3자에 대하여서뿐 아니라 그 전 소유자에 대하여서도 적법한 등기원인에 의하여 소유권을 취득한 것으로 추정되므로 이를 다투는 측에서 그 무효사유를 주장·입증하여야 하고, 부동산 등기는 현재의 진실한 권리상태를 공시하면 그에 이른 과정이나 태양을 그대로 반영하지 아니하였어도 유효한 것으로서, 등기 명의자가 전 소유자로부터 부동산을 취득함에 있어 등기부상 기재된 등기원인에 의하지 아니하고 다른 원인으로 적법하게 취득하였다고 하면서 등기원인 행위의 태양이나 과정을 다소 다르게 주장한다고 하여 이러한 주장만 가지고 그 등기의 추정력이 깨어진다고 할 수는 없으므로, 이러한 경우에도 이를 다투는 측에서 등기 명의자의 소유권이전등기가 전 등기 명의인의 의사에 반하여 이루어진 것으로서 무효라는 주장·입증을 하여야 한다(대법원 1997. 6. 24. 선고 97다2993 판결).

④ (O) 소유권이전등기가 경료되어 있는 경우 등기명의자는 제3자에 대하여서뿐만 아니라 전소유자에 대하여서도 적법한 등기원인에 의하여 소유권을 취득한 것으로 추정되므로, 원고가 이를 부인하고 등기원인의 무효를 주장하여 소유권이전등기의 말소를 구하려면 무효원인이 되는 사실을 주장하고 증명할 책임이 있다. 그런데 등기명의자 또는 제3자가 그에 앞선 등기명의인의 등기 관련 서류를 위조하여 소유권이전등기를 경료하였다는 점이 증명되었으면 특별한 사정이 없는 한 무효원인의 사실이 증명되었다고 보아야 하고, 등기가 실체적 권리관계에 부합한다는 사실의 증명책임은 이를 주장하는 등기명의인에게 있다(대법원 2014. 3. 13. 선고 2009다105215 판결).

해답 ⑤

문 25 ★★★

집행력 있는 정본을 가진 채권자 甲이 적법하게 배당요구를 하여 배당절차에 참가한 경우에 관한 설명 중 옳은 것을 모두 고른 것은? (각 지문은 독립적이며, 다툼이 있는 경우 판례에 의함)

> ㄱ. 甲이 배당기일에 출석하여 배당표에 대한 실체상 이의를 신청하지 않은 경우 甲은 배당이의의 소를 제기할 원고적격이 없다.
> ㄴ. 경매절차의 진행으로 배당요구의 종기가 지나면 甲은 특정 금액의 배당금을 자신에게 귀속시킬 수 있는 구체적인 권리를 가진다.
> ㄷ. 甲이 자신이 배당받을 몫을 받지 못하고 그로 말미암아 권리 없는 다른 채권자 乙이 그 몫을 배당받은 경우, 甲은 배당이의의 소의 제소기간 경과 후에는 乙을 상대로 부당이득반환청구를 할 수 없다.
> ㄹ. 甲이 자신이 배당받을 몫을 받지 못하고 그로 말미암아 권리 없는 다른 채권자 乙이 그 몫을 배당받은 경우, 甲은 배당표 확정 후에는 乙을 상대로 부당이득반환청구를 할 수 없다.

① ㄴ
② ㄱ, ㄴ
③ ㄷ, ㄹ
④ ㄱ, ㄴ, ㄷ
⑤ ㄱ, ㄴ, ㄹ

해설

ㄱ.(O), ㄹ.(X) 집행력 있는 정본을 가진 채권자, 경매개시결정이 등기된 뒤에 가압류를 한 채권자, 민법·상법, 그 밖의 법률에 따라 우선변제청구권이 있는 채권자는 배당요구의 종기까지 배당요구를 한 경우에 한하여 비로소 배당을 받을 수 있다(민사집행법 제88조 제1항, 제148조 제2호). 배당이의의 소에서 원고적격이 있는 사람은 배당기일에 출석하여 배당표에 대한 실체상 이의를 신청한 채권자나 채무자에 한정된다. 채권자로서 배당기일에 출석하여 배당표에 대한 실체상 이의를 신청하려면 실체법상 집행채무자에 대한 채권자라는 것만으로 부족하고 배당요구의 종기까지 적법하게 배당요구를 했어야 한다. 적법하게 배당요구를 하지 않은 채권자는 배당기일에 출석하여 배당표에 대한 실체상 이의를 신청할 권한이 없으므로 배당기일에 출석하여 배당표에 대한 이의를 신청하였더라도 부적법한 이의신청에 불과하고, 배당이의의 소를 제기할 원고적격이 없다. … 배당받을 권리 있는 채권자가 자신이 배당받을 몫을 받지 못하고 그로 말미암아 권리 없는 다른 채권자가 그 몫을 배당받은 경우에는 배당이의 여부 또는 배당표의 확정 여부와 관계없이 배당받을 수 있었던 채권자가 배당금을 수령한 다른 채권자를 상대로 부당이득반환청구를 할 수 있다(대법원 2020. 10. 15. 선고 2017다216523 판결).

ㄴ.(O) … 그러나 채권자가 배당요구를 하여 배당절차에 참가하고 경매절차의 진행으로 배당요구의 종기가 지나면 특정 금액의 배당금을 자신에게 귀속시킬 수 있는 구체적인 권리를 가진다. 따라서 어느 채권자가 자신이 배당받을 수 있는 금액을 넘어 배당을 받거나 배당받을 지위에 있지 않음에도 다른 채권자에게 귀속되어야 할 배당금을 받아갔다면, 그는 다른 채권자의 손실로 인하여 법률상 원인 없이 이득을 얻은 것으로 보아야 한다(대법원 2019. 7. 18. 선고 2014다206983 전원합의체 판결).

ㄷ.(X) 배당받을 권리 있는 채권자가 자신이 배당받을 몫을 받지 못하고 그로 말미암아 권리 없는 다른 채권자가 그 몫을 배당받은 경우에는 배당이의 여부 또는 배당표의 확정 여부와 관계없이 배당받을 수 있었던 채권자가 배당금을 수령한 다른 채권자를 상대로 부당이득반환청구를 할 수 있다. 다만 집행력 있는 정본을 가진 채권자 등은 배당요구의 종기까지 배당요구를 한 경우에 한하여 비로소 배당을 받을 수 있고, 적법한 배당요구를 하지 않은 경우에는 매각대금으로부터 배당을 받을 수는 없다. 이러한 채권자가 적법한 배당요구를 하지 않아 배당에서 제외되는 것으로 배당표가 작성되어 배당이 실시되었다면,

그가 적법한 배당요구를 한 경우에 배당받을 수 있었던 금액에 해당하는 돈이 다른 채권자에게 배당되었다고 해서 법률상 원인이 없는 것이라고 할 수 없다(대법원 2020. 10. 15. 선고 2017다216523 판결).

해답 ②

문 26

甲 소유의 X 물건을 乙이 권원 없이 점유하고 있다. 이에 관한 설명 중 옳은 것은? (각 지문은 독립적이며, 다툼이 있는 경우 판례에 의함) ★★

① 乙이 선의의 점유자라도 본권에 관한 소에서 패소하면 그 소가 제기된 때, 즉 소장 부본이 乙에게 송달된 때로부터 乙을 악의의 점유자로 본다.
② X 물건이 선의의 점유자인 乙의 책임 있는 사유로 인하여 멸실되었다면 乙은 甲에게 그 손해의 전부를 배상하여야 한다.
③ 乙이 선의의 점유자라면 乙은 X 물건의 과실을 취득하고, 이와 같이 과실을 취득하였더라도 甲에게 X 물건을 반환할 때 통상의 필요비를 청구할 수 있다.
④ 乙이 X 물건을 개량하기 위해 지출한 유익비에 대해 그 가액의 증가가 현존하는 경우, 乙은 甲으로부터 X 물건의 반환을 청구받기 전에도 甲의 선택에 따라 그 지출금액이나 증가액의 상환을 청구할 수 있다.
⑤ 乙이 악의의 점유자라면 X 물건으로부터 수취한 과실을 甲에게 반환하여야 하지만, 이를 소비하였다면 그 과실의 대가를 보상할 필요는 없다.

해설

① (O) 선의의 점유자라도 본권에 관한 소에서 패소한 때에는 그 소가 제기된 때부터 악의의 점유자로 보며(민법 제197조 제2항), '소가 제기된 때'란 소송이 계속된 때, 즉 소장 부본이 피고에게 송달된 때를 말한다(대법원 2016. 12. 29. 선고 2016다242273 판결).
② (X) 민법 제202조 참조

> 민법 제202조(점유자의 회복자에 대한 책임) 점유물이 점유자의 책임있는 사유로 인하여 멸실 또는 훼손한 때에는 악의의 점유자는 그 손해의 전부를 배상하여야 하며 선의의 점유자는 이익이 현존하는 한도에서 배상하여야 한다. 소유의 의사가 없는 점유자는 선의인 경우에도 손해의 전부를 배상하여야 한다.

③ (X) 민법 제203조 참조

> 민법 제203조(점유자의 상환청구권) ① 점유자가 점유물을 반환할 때에는 회복자에 대하여 점유물을 보존하기 위하여 지출한 금액 기타 필요비의 상환을 청구할 수 있다. 그러나 점유자가 과실을 취득한 경우에는 통상의 필요비는 청구하지 못한다.

④ (X) 점유자가 점유물을 보존하거나 개량하기 위하여 지출한 필요비나 유익비에 관하여 민법 제203조 제1항, 제2항은 '점유자가 점유물을 반환할 때'에 상환을 청구할 수 있도록 규정하고 있으므로, 그 상환청구권은 점유자가 회복자에게서 점유물 반환을 청구받은 때에 비로소 이를 행사할 수 있는 상태가 되고 이행기가 도래한다(대법원 2011.12.13. 2009다5162 판결).
⑤ (X) 민법 제201조 참조

> 민법 제201조(점유자와 과실) ① 선의의 점유자는 점유물의 과실을 취득한다.
> ② 악의의 점유자는 수취한 과실을 반환하여야 하며 소비하였거나 과실로 인하여 훼손 또는 수취하지 못한 경우에는 그 과실의 대가를 보상하여야 한다.

해답 ①

문 27

★★

양자의 입양 전의 친족관계가 존속하는 입양에 관한 설명 중 옳은 것은? (다툼이 있는 경우 판례에 의함)

① 피성년후견인인 양부모(養父母)는 성년후견인의 동의를 얻어도 협의파양은 불가능하고 검사가 양부모(養父母)를 위해 재판상 파양을 청구할 수 있다.
② 조부모가 손자녀를 입양하여 부모·자녀 관계를 맺는 것은 입양의 의미와 본질에 부합하지 않으므로 허용될 수 없다.
③ 만 16세인 양자에게 양친자관계를 유지할 수 없는 중대한 사유가 발생하여 재판상 파양 사유가 충족되었으나 입양에 동의했던 친생부모가 모두 소재불명인 경우, 양자는 친생부모의 동의에 갈음하는 심판을 거쳐야만 재판상 파양을 청구할 수 있다.
④ 성년자가 양자가 되려는 경우 부모의 동의를 받아야 하지만, 부모가 정당한 이유 없이 동의를 거부하면 가정법원은 양부모(養父母)가 될 사람이나 양자가 될 사람의 청구에 따라 부모의 동의를 갈음하는 심판을 할 수 있고 이 경우 가정법원은 부모를 심문하여야 한다.
⑤ 부부가 공동으로 입양을 한 후 양부가 사망한 경우에 양모와 양자 사이의 양친자관계가 파양으로 해소되면 양자와 이미 사망한 양부 사이의 양친자관계도 해소된다.

해설

① **(X)** 민법 제902조 참조

> 민법 제902조(피성년후견인의 협의상 파양) 피성년후견인인 양부모는 성년후견인의 동의를 받아 파양을 협의할 수 있다.

② **(X)** 입양은 출생이 아니라 법에 정한 절차에 따라 원래는 부모·자녀가 아닌 사람 사이에 부모·자녀 관계를 형성하는 제도이다. 조부모와 손자녀 사이에는 이미 혈족관계가 존재하지만 부모·자녀 관계에 있는 것은 아니다. 민법은 입양의 요건으로 동의와 허가 등에 관하여 규정하고 있을 뿐이고 존속을 제외하고는 혈족의 입양을 금지하고 있지 않다(민법 제877조 참조). 따라서 조부모가 손자녀를 입양하여 부모·자녀 관계를 맺는 것이 입양의 의미와 본질에 부합하지 않거나 불가능하다고 볼 이유가 없다(대법원 2021. 12. 23.자 2018스5 전원합의체 결정).

③ **(X)** 민법 제906조 참조

> 민법 제906조(파양청구권자) ① 양자가 13세 미만인 경우에는 제869조제2항에 따른 승낙을 한 사람이 양자를 갈음하여 파양을 청구할 수 있다. 다만, 파양을 청구할 수 있는 사람이 없는 경우에는 제777조에 따른 양자의 친족이나 이해관계인이 가정법원의 허가를 받아 파양을 청구할 수 있다.
> ② 양자가 13세 이상의 미성년자인 경우에는 제870조제1항에 따른 동의를 한 부모의 동의를 받아 파양을 청구할 수 있다. 다만, 부모가 사망하거나 그 밖의 사유로 동의할 수 없는 경우에는 동의 없이 파양을 청구할 수 있다.

④ **(O)** 민법 제871조 참조

> 민법 제871조(성년자 입양에 대한 부모의 동의) ① 양자가 될 사람이 성년인 경우에는 부모의 동의를 받아야 한다. 다만, 부모의 소재를 알 수 없는 등의 사유로 동의를 받을 수 없는 경우에는 그러하지 아니하다.
> ② 가정법원은 부모가 정당한 이유 없이 동의를 거부하는 경우에 양부모가 될 사람이나 양자가 될 사람의 청구에 따라 부모의 동의를 갈음하는 심판을 할 수 있다. 이 경우 가정법원은 부모를 심문하여야 한다.

⑤ **(X)** … 그렇게 해석한다고 하더라도 양친 부부 중 일방이 사망하거나 또는 양친이 이혼한 때에는 부부의 공동파양의 원칙이 적용될 여지가 없다고 할 것이고, 따라서 양부가 사망한 때에는 양모는 단독으로

양자와 협의상 또는 재판상 파양을 할 수 있으되 이는 양부와 양자 사이의 양친자관계에 영향을 미칠 수 없는 것이고, 또 양모가 사망한 양부에 갈음하거나 또는 양부를 위하여 파양을 할 수는 없다고 할 것이며, 이는 친생자부존재확인을 구하는 청구에 있어서 입양의 효력은 있으나 재판상 파양 사유가 있어 양친자관계를 해소할 필요성이 있는 이른바 재판상 파양에 갈음하는 친생자관계부존재확인청구에 관하여도 마찬가지라고 할 것이다(대법원 2001.08.21. 99므2230 판결).

해답 ④

문 28

주위토지통행권에 관한 설명 중 옳은 것은? (다툼이 있는 경우 판례에 의함)

① 주위토지통행권의 범위는 현재 토지의 용법에 따른 이용과 장차의 이용 상황을 모두 고려하여 정해져야 한다.
② 공로(公路)에 통할 수 있는 자기의 공유토지를 두고 공로에의 통로라 하여 타인의 토지를 통행하는 것은 허용될 수 없고, 이는 위 공유토지가 구분소유적 공유관계에 있고 공로에 접하는 공유 부분을 다른 공유자가 배타적으로 사용·수익하고 있더라도 마찬가지이다.
③ 분할로 인하여 공로에 통하지 못하는 토지가 있는 때에는 그 토지소유자는 공로에 출입하기 위하여 다른 분할자의 토지를 통행할 수 있으나, 다른 분할자의 손해를 보상하여야 한다.
④ 주위토지통행권은 통행을 위한 지역권과 마찬가지로 통행로가 항상 특정한 장소로 고정된다.
⑤ 포위된 토지가 사정변경에 의하여 공로에 접하게 되어 주위토지통행권을 인정할 필요성이 없어지더라도 이미 성립된 주위토지통행권이 소멸하는 것은 아니다.

해설

① (X) 민법 제219조에 규정된 주위토지통행권은 공로와의 사이에 그 용도에 필요한 통로가 없는 토지의 이용이라는 공익목적을 위하여 피통행지 소유자의 손해를 무릅쓰고 특별히 인정되는 것이다. 따라서 주위토지통행권이 인정된다고 하더라도 그 통행로의 폭이나 위치, 통행방법 등은 피통행지의 소유자에게 손해가 가장 적게 되도록 하여야 하고, 이는 구체적 사안에서 쌍방 토지의 지형적·위치적 형상과 이용관계, 부근의 지리 상황, 상린지 이용자의 이해득실, 인접 토지 이용자의 이해관계 기타 관련 사정을 두루 살펴 사회통념에 따라 판단하여야 한다. 주위토지통행권의 범위는 현재의 토지의 용법에 따른 이용의 범위에서 인정되는 것이지 더 나아가 장차의 이용상황까지 미리 대비하여 통행로를 정할 것은 아니다(대법원 2017. 9. 12. 선고 2014다236304 판결).

② (O) 공로에 통할 수 있는 자기의 공유토지를 두고 공로에의 통로라 하여 남의 토지를 통행한다는 것은 민법 제219조, 제220조에 비추어 허용될 수 없다. 설령 위 공유토지가 구분소유적 공유관계에 있고 공로에 접하는 공유 부분을 다른 공유자가 배타적으로 사용, 수익하고 있다고 하더라도 마찬가지이다(대법원 2021. 9. 30. 선고 2021다245443(본소), 2021다245450(반소) 판결).

③ (X) 민법 제220조 참조

> **민법 제220조(분할, 일부양도와 주위통행권)** ① 분할로 인하여 공로에 통하지 못하는 토지가 있는 때에는 그 토지소유자는 공로에 출입하기 위하여 다른 분할자의 토지를 통행할 수 있다. 이 경우에는 보상의 의무가 없다.
> ② 전항의 규정은 토지소유자가 그 토지의 일부를 양도한 경우에 준용한다.

④ (X) 주위토지통행권은 통행을 위한 지역권과는 달리 통행로가 항상 특정한 장소로 고정되어 있는 것은 아니고, 주위토지의 현황이나 사용방법이 달라졌을 때에는 주위토지 통행권자는 주위토지 소유자를 위하여 보다 손해가 적은 다른 장소로 옮겨 통행할 수밖에 없는 경우도 있으므로, 일단 확정판결이나 화

해조서 등에 의하여 특정의 구체적 구역이 위 요건에 맞는 통행로로 인정되었더라도 그 이후 그 전제가 되는 포위된 토지나 주위토지 등의 현황이나 구체적 이용상황에 변동이 생긴 경우에는 민법 제219조의 입법 취지나 신의성실의 원칙 등에 비추어 구체적 상황에 맞게 통행로를 변경할 수 있는 것이고, 그 과정에서 포위된 토지와 주위토지의 각 소유자 간에 원만한 합의가 이루어지지 아니하는 경우 일방이 상대방에 대하여 기존의 확정판결이나 화해조서 등이 인정한 통행장소와 다른 곳을 통행로로 삼아 주위토지통행권의 확인이나 통행방해의 배제 · 예방 또는 통행 금지 등을 소로써 구하더라도 그 청구가 위 확정판결이나 화해조서 등의 기판력에 저촉된다고 볼 수 없다(대법원 2004. 5. 13. 선고 2004다10268 판결).

⑤ (X) 주위토지통행권은 법정의 요건을 충족하면 당연히 성립하고 요건이 없어지게 되면 당연히 소멸한다. 따라서 포위된 토지가 사정변경에 의하여 공로에 접하게 되거나 포위된 토지의 소유자가 주위의 토지를 취득함으로써 주위토지통행권을 인정할 필요성이 없어지게 된 경우에는 통행권은 소멸한다(대법원 2014. 12. 24. 선고 2013다11669 판결).

해답 ②

문 29 ★★

손해배상의 범위에 관한 설명 중 옳지 않은 것은? (다툼이 있는 경우 판례에 의함)

① 불법행위로 영업용 물건이 멸실된 경우, 휴업손해는 그에 대한 증명이 가능한 한 통상의 손해로서 불법행위자가 그 교환가치와는 별도로 배상하여야 한다.
② 채무불이행에 있어 특별한 사정으로 인한 손해는 당사자들의 개별적, 구체적 사정에 따른 손해를 말한다.
③ 수급인이 제공한 하자 있는 목적물을 도급인이 사용함에 따라 발생하는 도급인의 정신적 고통으로 인한 손해는 수급인이 그러한 사정을 알았을 경우 특별손해로서 도급인이 배상받을 수 있다.
④ 불법행위로 인하여 건물이 훼손되었으나 수리가 가능한 경우에는 그 수리비가 통상의 손해이므로, 수리비가 교환가치를 초과한다고 하더라도 수리비 전액이 손해배상액이 된다.
⑤ 매매계약의 이행불능으로 인한 전보배상책임의 범위는 이행불능 당시의 매매목적물의 시가에 의하여야 하고 그와 같은 시가 상당액이 곧 통상의 손해라 할 것이다.

해설

① (O) 불법행위로 영업용 물건이 멸실된 경우, 이를 대체할 다른 물건을 마련하기 위하여 필요한 합리적인 기간 동안 그 물건을 이용하여 영업을 계속하였더라면 얻을 수 있었던 이익, 즉 휴업손해는 그에 대한 증명이 가능한 한 통상의 손해로서 그 교환가치와는 별도로 배상하여야 하고, 이는 영업용 물건이 일부 손괴된 경우, 수리를 위하여 필요한 합리적인 기간 동안의 휴업손해와 마찬가지라고 보아야 할 것이다(대법원 2004. 3. 18. 선고 2001다82507 전원합의체 판결).

② (O) 민법 제393조 제1항은 "채무불이행으로 인한 손해배상은 통상의 손해를 그 한도로 한다"고 규정하고 있고, 제2항은 "특별한 사정으로 인한 손해는 채무자가 이를 알았거나 알 수 있었을 때에 한하여 배상의 책임이 있다"고 규정하고 있다. 제1항의 통상손해는 특별한 사정이 없는 한 그 종류의 채무불이행이 있으면 사회일반의 거래관념 또는 사회일반의 경험칙에 비추어 통상 발생하는 것으로 생각되는 범위의 손해를 말하고, 제2항의 특별한 사정으로 인한 손해는 당사자들의 개별적, 구체적 사정에 따른 손해를 말한다(대법원 2014. 2. 27. 선고 2013다66904 판결).

③ (O) 일반적으로 건물신축도급계약에 있어서 수급인이 신축한 건물에 하자가 있는 경우 이로 인하여 도급인이 받은 정신적 고통은 하자가 보수되거나 하자보수에 갈음한 손해배상이 이루어짐으로써 회복된

다고 보아야 할 것이므로 도급인이 하자의 보수나 손해배상만으로는 회복될 수 없는 정신적 고통을 입었다는 특별한 사정이 있고 수급인이 이와 같은 사정을 알거나 알 수 있었을 경우에 한하여 정신적 고통에 대한 위자료를 인정할 수 있다(대법원 1993. 11. 9. 선고 93다19115 판결).

④ (X) 불법행위로 인하여 건물이 훼손된 경우, 수리가 가능하면 그 수리비가 통상의 손해이며, 훼손 당시 그 건물이 이미 내용연수가 다 된 낡은 건물이어서 원상으로 회복시키는 데 소요되는 수리비가 건물의 교환가치를 초과하는 경우에는 형평의 원칙상 그 손해액은 그 건물의 교환가치 범위 내로 제한되어야 할 것이고, 또한 수리로 인하여 훼손 전보다 건물의 교환가치가 증가하는 경우에는 그 수리비에서 교환가치 증가분을 공제한 금액이 그 손해이다(대법원 1998. 9. 8. 선고 98다22048 판결).

⑤ (O) 매매계약의 이행불능으로 인한 전보배상책임의 범위는 이행불능 당시의 매매목적물의 시가에 의하여야 하고 그와 같은 시가 상당액이 곧 통상의 손해라 할 것이고, 그 후 시가의 등귀는 채무자가 알거나 알 수 있었을 경우에 한하여 이를 특별사정으로 인한 손해로 보아 그 배상을 청구할 수 있는 것이므로 이행불능 당시의 시가가 계약 당시의 그것보다 현저하게 앙등되었다 할지라도 그 가격을 이른바 특별사정으로 인한 손해라고 볼 수 없다(대법원 1993. 5. 27. 선고 92다20163 판결).

해답 ④

문 30

임차인 甲이 임대인 乙에 대한 임대차보증금반환채권을 丙에게 양도한 후 내용증명우편으로 乙에게 양도통지를 하였고, 그 통지가 乙에게 도달하였다. 이에 관한 설명 중 옳은 것은? (각 지문은 독립적이며, 다툼이 있는 경우 판례에 의함)

① 乙은 채권양도통지 도달 이후에는 甲의 연체차임을 임대차보증금반환채권에서 공제할 수 없다.
② 乙에게 채권양도통지 도달 이후 甲의 채권자 丁이 동일한 채권에 대해 압류를 하여 그 결정이 乙에게 송달된 경우, 丙은 압류의 부담이 있는 채권을 양수한다.
③ 乙에게 채권양도통지 도달 이후 丙의 채권자 戊가 丙의 양수금채권을 가압류한 경우, 丙은 양수금청구의 소를 제기할 수 없다.
④ 乙에게 채권양도통지가 도달되기 전에 甲의 채권자 己가 동일한 채권에 대해 가압류를 하여 그 결정이 먼저 송달된 경우, 丙에 대한 채권양도는 己가 甲에 대한 본안소송에서 승소하여 집행권원을 취득하더라도 유효하다.
⑤ 甲과 乙 사이에 임대차보증금반환채권 양도금지특약을 하였는데 丙이 그 특약을 알지 못한 것에 중대한 과실이 있는 경우, 乙은 丙에 대해 위 양도금지특약의 항변으로 대항할 수 있다.

해설

① (X) 부동산임대차에서 임차인이 임대인에게 지급하는 임대차보증금은 임대차관계가 종료되어 목적물을 반환하는 때까지 임대차관계에서 발생하는 임차인의 모든 채무를 담보하는 것으로서, 임대인이 임차인을 상대로 차임연체로 인한 임대차계약의 해지를 원인으로 임대차목적물인 부동산의 인도 및 연체차임의 지급을 구하는 소송비용은 임차인이 부담할 원상복구비용 및 차임지급의무 불이행으로 인한 것이어서 임대차관계에서 발생하는 임차인의 채무에 해당하므로 이를 반환할 임대차보증금에서 당연히 공제할 수 있고, 한편 임대인의 임대차보증금 반환의무는 임대차관계가 종료되는 경우에 임대차보증금 중에서 목적물을 반환받을 때까지 생긴 임차인의 모든 채무를 공제한 나머지 금액에 관하여서만 비로소 이행기에 도달하는 것이므로, 임차인이 다른 사람에게 임대차보증금 반환채권을 양도하고, 임대인에게 양도통지를 하였어도 임차인이 임대차목적물을 인도하기 전까지는 임대인이 위 소송비용을 임대차보증금에서 당연히 공제할 수 있다(대법원 2012. 9. 27. 선고 2012다49490 판결).

② (X) 채권이 이중으로 양도된 경우의 양수인 상호간의 우열은 통지 또는 승낙에 붙여진 확정일자의 선후에 의하여 결정할 것이 아니라, 채권양도에 대한 채무자의 인식, 즉 확정일자 있는 양도통지가 채무자에게 도달한 일시 또는 확정일자 있는 승낙의 일시의 선후에 의하여 결정하여야 할 것이고, 이러한 법리는 채권양수인과 동일 채권에 대하여 가압류명령을 집행한 자 사이의 우열을 결정하는 경우에 있어서도 마찬가지이므로, 확정일자 있는 채권양도 통지와 가압류결정 정본의 제3채무자(채권양도의 경우는 채무자)에 대한 도달의 선후에 의하여 그 우열을 결정하여야 한다(대법원 1994.04.26. 93다24223 전원합의체 판결). ▶ 丙에게의 채권양도가 내용증명우편으로 그 채무자 乙에게 통지되었고, 그 후 압류채권자 丁의 압류결정이 乙에게 송달되었다면 丙이 乙에 우선한다.

③ (X), ④ (X) 채권양도는 구 채권자인 양도인과 신 채권자인 양수인 사이에 채권을 그 동일성을 유지하면서 전자로부터 후자에게로 이전시킬 것을 목적으로 하는 계약을 말한다 할 것이고, 채권양도에 의하여 채권은 그 동일성을 잃지 않고 양도인으로부터 양수인에게 이전된다 할 것이며, 가압류된 채권도 이를 양도하는데 아무런 제한이 없다 할 것이나, 다만 가압류된 채권을 양수받은 양수인은 그러한 가압류에 의하여 권리가 제한된 상태의 채권을 양수받는다고 보아야 할 것이고, 이는 채권을 양도받았으나 확정일자 있는 양도통지나 승낙에 의한 대항요건을 갖추지 아니하는 사이에 양도된 채권이 가압류된 경우에도 동일하다. 일반적으로 채권에 대한 가압류가 있더라도 이는 채무자가 제3채무자로부터 현실로 급부를 추심하는 것만을 금지하는 것일 뿐 채무자는 제3채무자를 상대로 그 이행을 구하는 소송을 제기할 수 있고 법원은 가압류가 되어 있음을 이유로 이를 배척할 수는 없는 것이 원칙이다. 왜냐하면 채무자로서는 제3채무자에 대한 그의 채권이 가압류되어 있다 하더라도 채무명의를 취득할 필요가 있고 또는 시효를 중단할 필요도 있는 경우도 있을 것이며 또한 소송 계속 중에 가압류가 행하여진 경우에 이를 이유로 청구가 배척된다면 장차 가압류가 취소된 후 다시 소를 제기하여야 하는 불편함이 있는데 반하여 제3채무자로서는 이행을 명하는 판결이 있더라도 집행단계에서 이를 저지하면 될 것이기 때문이다. 채권가압류의 처분금지의 효력은 본안소송에서 가압류채권자가 승소하여 채무명의를 얻는 등으로 피보전권리의 존재가 확정되는 것을 조건으로 하여 발생하는 것이므로 채권가압류결정의 채권자가 본안소송에서 승소하는 등으로 채무명의를 취득하는 경우에는 가압류에 의하여 권리가 제한된 상태의 채권을 양수받는 양수인에 대한 채권양도는 무효가 된다(대법원 2002.04.26. 2001다59033 판결).

⑤ (O) 당사자의 의사표시에 의한 채권양도 금지는 제3자가 악의의 경우는 물론 제3자가 채권양도 금지를 알지 못한 데에 중대한 과실이 있는 경우 그 채권양도 금지로써 대항할 수 있다 할 것이나, 제3자의 악의 내지 중과실은 채권양도 금지의 특약으로 양수인에게 대항하려는 자가 이를 주장·입증하여야 한다(대법원 1999. 12. 28. 선고 99다8834 판결).

해답 ⑤

문 31 ★★

유류분에 관한 설명 중 옳지 않은 것은? (다툼이 있는 경우 판례에 의함)

① 공동상속인이 다른 공동상속인에게 무상으로 자신의 상속분을 양도하는 것은 특별한 사정이 없는 한 유류분에 관한 「민법」 제1008조의 증여에 해당하므로, 그 상속분은 양도인의 사망으로 인한 상속에서 유류분 산정을 위한 기초재산에 산입된다고 보아야 한다.

② 피상속인이 특정한 상속인에게 한 생전 증여에 그 상속인의 특별한 부양에 대한 대가의 의미가 포함되어 있으면 그 생전 증여는 특별수익에서 제외될 수 있으며, 이때 특별한 부양에 대한 대가의 의미가 포함되어 있는지는 당사자들의 의사보다는 사회통념에 따라 판단해야 한다.

③ 유류분권리자의 구체적 상속분보다 유류분권리자가 부담하는 상속채무가 더 많다면 그 초과분을 유류분액에 가산하여 유류분 부족액을 산정해야 한다.

④ 공동상속인 중 특별수익을 받은 유류분권리자의 유류분 부족액을 산정할 때에는 유류분액에서 특별수익액과 순상속분액을 공제해야 하고, 이때 공제할 순상속분액은 당해 유류분권리자의 법정상속분이 아니라 구체적 상속분에 기초하여 산정해야 한다.
⑤ 유류분 산정의 기초재산에 산입되는 증여에 해당하는지 여부는 피상속인의 재산처분행위가 실질적인 관점에서 피상속인의 재산을 감소시키는 무상처분에 해당하는지에 따라 판단해야 한다.

해설

① (O) 유류분에 관한 민법 제1118조에 따라 준용되는 민법 제1008조는 '특별수익자의 상속분'에 관하여 "공동상속인 중에 피상속인으로부터 재산의 증여 또는 유증을 받은 자가 있는 경우에 그 수증재산이 자기의 상속분에 달하지 못한 때에는 그 부족한 부분의 한도에서 상속분이 있다."라고 정하고 있다. 공동상속인 중에 피상속인으로부터 재산의 생전 증여로 민법 제1008조의 특별수익을 받은 사람이 있으면 민법 제1114조가 적용되지 않으므로, 그 증여가 상속개시 1년 이전의 것인지 여부 또는 당사자 쌍방이 유류분권리자에 손해를 가할 것을 알고서 하였는지 여부와 관계없이 증여를 받은 재산이 유류분 산정을 위한 기초재산에 포함된다. <u>공동상속인이 다른 공동상속인에게 무상으로 자신의 상속분을 양도하는 것은 특별한 사정이 없는 한 유류분에 관한 민법 제1008조의 증여에 해당하므로, 그 상속분은 양도인의 사망으로 인한 상속에서 유류분 산정을 위한 기초재산에 포함된다</u>(대법원 2021. 8. 19. 선고 2017다230338 판결).

② (X) ··· 따라서 피상속인으로부터 생전 증여를 받은 상속인이 피상속인을 특별히 부양하였거나 피상속인의 재산의 유지 또는 증가에 특별히 기여하였고, 피상속인의 생전 증여에 상속인의 위와 같은 특별한 부양 내지 기여에 대한 대가의 의미가 포함되어 있는 경우와 같이 상속인이 증여받은 재산을 상속분의 선급으로 취급한다면 오히려 공동상속인들 사이의 실질적인 형평을 해치는 결과가 초래되는 경우에는 그러한 한도 내에서 생전 증여를 특별수익에서 제외할 수 있다. 여기서 <u>피상속인이 한 생전 증여에 상속인의 특별한 부양 내지 기여에 대한 대가의 의미가 포함되어 있는지 여부는 당사자들의 의사에 따라 판단하되</u>, 당사자들의 의사가 명확하지 않은 경우에는 피상속인과 상속인 사이의 개인적 유대관계, 상속인의 특별한 부양 내지 기여의 구체적 내용과 정도, 생전 증여 목적물의 종류 및 가액과 상속재산에서 차지하는 비율, 생전 증여 당시의 피상속인과 상속인의 자산, 수입, 생활수준 등을 종합적으로 고려하여 형평의 이념에 맞도록 사회일반의 상식과 사회통념에 따라 판단하여야 한다(대법원 2022. 3. 17. 선고 2021다230083(본소), 2021다230090(반소) 판결).

③ (O) <u>유류분권리자의 구체적인 상속분보다 유류분권리자가 부담하는 상속채무가 더 많다면, 즉 순상속분액이 음수인 경우에는 그 초과분을 유류분액에 가산하여 유류분 부족액을 산정하여야 한다</u>. 이러한 경우에는 그 초과분을 유류분액에 가산해야 단순승인 상황에서 상속채무를 부담해야 하는 유류분권리자의 유류분액 만큼 확보해줄 수 있기 때문이다(대법원 2022. 8. 11. 선고 2020다247428 판결).

④ (O) ··· 이러한 유류분제도의 입법 취지와 민법 제1008조의 내용 등에 비추어 보면, <u>공동상속인 중 특별수익을 받은 유류분권리자의 유류분 부족액을 산정할 때에는 유류분액에서 특별수익액과 순상속분액을 공제하여야 하고, 이때 공제할 순상속분액은 당해 유류분권리자의 특별수익을 고려한 구체적인 상속분에 기초하여 산정하여야 한다</u>(대법원 2021. 8. 19. 선고 2017다235791 판결).

⑤ (O) ··· 이러한 유류분제도의 입법 목적과 민법 제1008조의 취지에 비추어 보면, <u>유류분 산정의 기초재산에 산입되는 증여에 해당하는지 여부를 판단할 때에는 피상속인의 재산처분행위의 법적 성질을 형식적·추상적으로 파악하는 데 그쳐서는 안 되고, 재산처분행위가 실질적인 관점에서 피상속인의 재산을 감소시키는 무상처분에 해당하는지 여부에 따라 판단하여야 한다</u>(대법원 2021. 7. 15. 선고 2016다210498 판결).

해답 ②

문 32

불법행위에 관한 설명 중 옳은 것은? (각 지문은 독립적이며, 다툼이 있는 경우 판례에 의함) ★★

① 甲이 위법하게 乙의 점유를 침탈하여 乙의 유치권이 소멸한 경우, 乙이 甲에게 불법행위로 인한 손해배상 청구를 하려면 점유를 침탈당한 날부터 1년 이내에 손해배상을 구하는 소를 제기해야 한다.
② 일반 공중의 통행에 공용된 도로의 소유자 아닌 甲이 乙의 통행을 방해하여 불법행위가 성립한 경우, 乙은 甲에게 손해배상 청구를 할 수 있으나 장래에 생길 방해를 예방하기 위하여 통행방해 행위 금지를 청구할 수는 없다.
③ 근로자의 불법행위로 인해 사용자의 근로자에 대한 손해배상채권이 발생한 상태에서 영업양도에 수반하는 근로계약의 인수가 이루어지고 위 근로자도 이에 대해 동의하더라도 불법행위로 인한 손해배상채권을 인수 대상에 포함하기로 하는 특약이 없는 한 이 채권은 영업양수인에게 이전되지 않는다.
④ 불법행위의 성립요건으로서 위법성은 문제가 되는 행위마다 개별적·상대적으로 판단하여야 하는 것은 아니고, 관련 행위 전체를 일체로 보아 판단하여 결정해야 한다.
⑤ 책임능력 있는 미성년 자녀가 제3자에게 불법행위 책임을 지게 된 경우, 그 부모 중 비양육자의 면접교섭권에 관한 규정은 제3자와의 관계에서 손해배상책임의 근거가 되는 감독의무를 부과하는 규정이라고 할 수 없다.

해설

① **(X)** 민법 제204조에 따르면, 점유자가 점유의 침탈을 당한 때에는 그 물건의 반환 및 손해의 배상을 청구할 수 있고(제1항), 위 청구권은 점유를 침탈당한 날부터 1년 내에 행사하여야 하며(제3항), 여기서 말하는 1년의 행사기간은 제척기간으로서 소를 제기하여야 하는 기간을 말한다. 그런데 민법 제204조 제3항은 본권 침해로 발생한 손해배상청구권의 행사에는 적용되지 않으므로 <u>점유를 침탈당한 자가 본권인 유치권 소멸에 따른 손해배상청구권을 행사하는 때에는 민법 제204조 제3항이 적용되지 아니하고, 점유를 침탈당한 날부터 1년 내에 행사할 것을 요하지 않는다</u>(대법원 2021. 8. 19. 선고 2021다213866 판결).

> **민법 제204조(점유의 회수)** ① 점유자가 점유의 침탈을 당한 때에는 그 물건의 반환 및 손해의 배상을 청구할 수 있다.
> ② 전항의 청구권은 침탈자의 특별승계인에 대하여는 행사하지 못한다. 그러나 승계인이 악의인 때에는 그러하지 아니하다.
> ③ <u>제1항의 청구권은 침탈을 당한 날로부터 1년내에 행사하여야 한다.</u>

② **(X)** 불특정 다수인인 일반 공중의 통행에 공용된 도로, 즉 공로(公路)를 통행하고자 하는 자는 그 도로에 관하여 다른 사람이 가지는 권리 등을 침해한다는 등의 특별한 사정이 없는 한, 일상생활상 필요한 범위 내에서 다른 사람들과 같은 방법으로 그 도로를 통행할 자유가 있다. 제3자가 특정인에 대하여만 그 도로의 통행을 방해함으로써 일상생활에 지장을 받게 하는 등의 방법으로 <u>특정인의 통행 자유를 침해하였다면 민법상 불법행위에 해당하고, 침해를 받은 자로서는 방해의 배제나 장래에 생길 방해를 예방하기 위하여 통행방해 행위의 금지를 소구할 수 있다</u>(대법원 2021. 10. 14. 선고 2021다242154 판결).

③ **(X)** … 이러한 계약인수가 이루어지면 그 계약관계에서 이미 발생한 채권·채무도 이를 인수 대상에서 배제하기로 하는 특약이 있는 등 특별한 사정이 없는 한 인수인에게 이전된다. 계약인수는 개별 채권·채무의 이전을 목적으로 하는 것이 아니라 다수의 채권·채무를 포함한 계약 당사자로서의 지위의 포괄적 이전을 목적으로 하는 것으로서 계약 당사자 3인의 관여에 의해 비로소 효력을 발생하는 반면, 개별 채권의 양도는 채권 양도인과 양수인 2인만의 관여로 성립하고 효력을 발생하는 등 양자가 그 법적

인 성질과 요건을 달리하므로, 채무자 보호를 위해 개별 채권양도에서 요구되는 대항요건은 계약인수에서는 별도로 요구되지 않는다. 그리고 이러한 법리는 상법상 영업양도에 수반된 계약인수에 대해서도 마찬가지로 적용된다(대법원 2020. 12. 10. 선고 2020다245958 판결). ▶ 이 사건 영업양도에 수반된 근로계약의 인수대상에 피고와의 근로계약이 포함되었고, 잔류 당사자인 피고가 이 사건 영업양도를 인식하고 비코트립에서 퇴사한 이후 원고와 종전 근로계약상 근로조건과 동일한 조건으로 근로계약을 체결하면서 근로계약기간을 종전 근로계약상 근로기간으로 소급하여 작성하는 방법으로 근로계약의 인수를 승낙하였으므로, 인수인인 원고에게 사용자지위가 이전될 뿐만 아니라 그 근로계약관계를 기초로 하여 이미 발생한 이 사건 손해배상채권도 이를 인수대상에서 배제하기로 하는 특약이 있는 등 특별한 사정이 없는 한 원고에게 이전되고, 개별 채권양도에 관한 대항요건을 별도로 갖출 필요는 없다. 또한, 이 사건 영업양도계약상 근로계약을 기초로 한 이 사건 손해배상채권을 인수대상에서 배제하기로 정한 바가 없고, 이 사건 영업양도 당시 존재하는 현금 및 현금성 자산을 양도 제외 대상으로 정하고 있을 뿐이며, 이 사건 손해배상채권을 이 사건 영업양도 당시 존재하는 현금 및 현금성 자산이라고 볼 수 없음은 명백하다.

④ (X) 불법행위의 성립요건으로서 위법성은 관련 행위 전체를 일체로 보아 판단하여 결정해야만 하는 것은 아니고, 문제가 되는 행위마다 개별적·상대적으로 판단하여야 한다. 소유권을 비롯한 절대권을 침해한 경우뿐만 아니라 법률상 보호할 가치가 있는 이익을 침해하는 경우에도 침해행위의 양태, 피침해이익의 성질과 그 정도에 비추어 그 위법성이 인정되면 불법행위가 성립할 수 있다(대법원 2021. 6. 30. 선고 2019다268061 판결).

⑤ (O) 미성년자가 책임능력이 있어 스스로 불법행위책임을 지는 경우에도 그 손해가 미성년자의 감독의무자의 의무 위반과 상당인과관계가 있으면 감독의무자는 민법 제750조에 따라 일반불법행위자로서 손해배상책임이 있다. 이 경우 그러한 감독의무 위반사실과 손해 발생과의 상당인과관계는 이를 주장하는 자가 증명하여야 한다. … 비양육친은 자녀와 상호 면접교섭할 수 있는 권리가 있지만(민법 제837조의2 제1항), 이러한 면접교섭 제도는 이혼 후에도 자녀가 부모와 친밀한 관계를 유지하여 정서적으로 안정되고 원만한 인격발달을 이룰 수 있도록 함으로써 자녀의 복리를 실현하는 것을 목적으로 하고, 제3자와의 관계에서 손해배상책임의 근거가 되는 감독의무를 부과하는 규정이라고 할 수 없다(대법원 2022. 4. 14. 선고 2020다240021 판결).

해답 ⑤

문 33 ★★

친생자관계에 관한 설명 중 옳은 것은? (다툼이 있는 경우 판례에 의함)

① 친생추정 규정에 따라 아내가 임신한 자녀를 남편의 자녀로 추정하는 것은 혼인 중 출생한 자녀가 남편의 자녀일 개연성이 높다는 점뿐만 아니라 실제로 그러한 관계를 기초로 실질적인 가족관계가 형성될 개연성이 높다는 점을 전제로 한다.
② 자녀와 그 모(母)의 법률혼 배우자 사이의 혈연의 부존재는 친생추정이 미치지 않게 하는 사유에 해당한다.
③ 정상적으로 혼인생활을 하고 있는 법률혼 부부 사이에 인공수정으로 자녀가 출생했는데 모(母)의 법률혼 배우자가 인공수정에 대해 동의했는지가 불명확한 경우 법적 부자관계는 친생자관계 부존재확인소송으로 해소될 수 있다.
④ 다른 사람들 사이의 친생자관계의 존부가 판결로 확정됨에 따라 부양에 관한 자신의 권리에 구체적인 영향을 받는 사람이라고 하더라도 친생자관계 존부확인의 소를 제기할 수 있는 이해관계인에 해당하지 않는다.
⑤ 혼인 외의 출생자의 생부가 사망한 후 인지청구의 소의 제소기간이 경과한 경우에도 생모는 혼인 외의 출생자를 상대로 혼인 외의 출생자와 사망한 생부 사이의 친생자관계 존재확인을 구하는 소를 제기할 수 있다.

해설

① (O), ② (X), ③ (X) ··· 친생추정 규정에 따라 아내가 임신한 자녀를 남편의 자녀로 추정하는 것은 혼인 중 출생한 자녀가 남편의 자녀일 개연성이 높다는 점뿐만 아니라 실제로 그러한 관계를 기초로 실질적인 가족관계가 형성될 개연성이 높다는 점을 전제로 한다. 그러나 혈연관계 없이 형성된 가족관계도 헌법과 민법이 보호하고자 하는 가족관계에 해당한다. 이와 같은 가족관계가 친생부인의 소의 제소기간이 지날 때까지 유지되는 등 오랜 기간이 지나 사회적으로도 성숙해지고 견고해졌다면 이러한 가족관계와 그에 대한 신뢰를 보호할 필요성이 더욱 커지므로 이를 누구든지 쉽게 번복할 수 있도록 해서는 안 된다. ··· 친생추정 규정의 문언과 체계, 민법이 혼인 중 출생한 자녀의 법적 지위에 관하여 친생추정 규정을 두고 있는 기본적인 입법 취지와 연혁, 헌법이 보장하고 있는 혼인과 가족제도, 사생활의 비밀과 자유, 부부와 자녀의 법적 지위와 관련된 이익의 구체적인 비교 형량 등을 종합하면, 혼인 중 아내가 임신하여 출산한 자녀가 남편과 혈연관계가 없다는 점이 밝혀졌더라도 친생추정이 미치지 않는다고 볼 수 없다. 정상적으로 혼인생활을 하고 있는 부부 사이에서 인공수정 자녀가 출생하는 경우 남편은 동의의 방법으로 자녀의 임신과 출산에 참여하게 되는데, 이것이 친생추정 규정이 적용되는 근거라고 할 수 있다. 남편이 인공수정에 동의하였다가 나중에 이를 번복하고 친생부인의 소를 제기하는 것은 허용되지 않는다. 나아가 인공수정 동의와 관련된 현행법상 제도의 미비, 인공수정이 이루어지는 의료 현실, 민법 제852조에서 친생자임을 승인한 자의 친생부인을 제한하고 있는 취지 등에 비추어 이러한 동의가 명백히 밝혀지지 않았던 사정이 있다고 해서 곧바로 친자관계가 부정된다거나 친생부인의 소를 제기할 수 있다고 볼 것은 아니다(대법원 2019. 10. 23. 선고 2016므2510 전원합의체 판결).

④ (X) 이해관계인은 이 사건 조항에 열거된 민법 제862조에 따라 다른 사유를 원인으로 하여 친생자관계존부확인의 소를 제기할 수 있다. 여기서 이해관계인은 다른 사람들 사이의 친생자관계가 존재하거나 존재하지 않는다는 내용의 판결이 확정됨으로써 일정한 권리를 얻거나 의무를 면하는 등 법률상 이해관계가 있는 제3자를 뜻한다. 따라서 다른 사람들 사이의 친생자관계존부가 판결로 확정됨에 따라 상속이나 부양 등에 관한 자신의 권리나 의무, 법적 지위에 구체적인 영향을 받게 되는 경우이어야 이해관계인으로서 친생자관계존부확인의 소를 제기할 수 있다(대법원 2020. 6. 18. 선고 2015므0000 전원합의체 판결).

⑤ (X) 혼인 외 출생자의 경우에 있어서 모자관계는 인지를 요하지 아니하고 법률상의 친자관계가 인정될 수 있지만, 부자관계는 부(父)의 인지에 의하여서만 발생하는 것이므로, 부(父)가 사망한 경우에는 그 사망을 안 날로부터 1년 이내에 검사를 상대로 인지청구의 소를 제기하여야 하고, 생모가 혼인외 출생자를 상대로 혼인외 출생자와 사망한 부(父) 사이의 친생자관계존재확인을 구하는 소는 허용될 수 없다(대법원 1997. 2. 14. 선고 96므738 판결).

문 34 ★★

채권관계에서의 보호의무에 관한 설명 중 옳은 것은? (다툼이 있는 경우 판례에 의함)

① 계약상 법률관계에서는 일방 당사자가 상대방 당사자에게 손실이 발생하지 아니하도록 상대방 당사자의 이익을 보호하거나 배려할 일반적인 의무를 부담하는 것이 원칙이다.
② 카지노사업자가 카지노 운영과 관련하여 공익상 포괄적인 영업 규제를 받고 있다면 특별한 사정이 없는 한 이를 근거로 카지노이용자의 이익을 위한 카지노사업자의 보호의무를 인정할 수 있다.
③ 병원에 환자가 입원하여 치료를 받는 경우, 병원은 입원환자의 휴대품 등의 도난을 방지함에 필요한 적절한 조치를 강구하여 줄 신의칙상의 보호의무가 있다.

④ 공중접객업인 숙박업을 경영하는 자가 투숙객과 체결하는 숙박계약에 있어서 통상의 임대차에서 더 나아가 고객의 안전까지 배려하여야 할 보호의무를 부담한다고 볼 수 없다.
⑤ 기획여행업자가 여행자와의 여행계약에서 부담하는 안전배려의무에, 그가 여행자에게 발생할 수 있는 위험을 예견할 수 있을 때에 여행자에게 그 뜻을 알려 여행자 스스로 그 위험을 수용할지 선택할 기회를 주어야 하는 조치까지 포함되는 것은 아니다.

해설

① (X), ② (X) 개인은 자신의 자유로운 선택과 결정에 따라 행위하고 그에 따른 결과를 다른 사람에게 귀속시키거나 전가하지 아니한 채 스스로 이를 감수하여야 한다는 '자기책임의 원칙'이 개인의 법률관계에 대하여 적용되고, 계약을 둘러싼 법률관계에서도 당사자는 자신의 자유로운 선택과 결정에 따라 계약을 체결한 결과 발생하게 되는 이익이나 손실을 스스로 감수하여야 할 뿐 일방 당사자가 상대방 당사자에게 손실이 발생하지 아니하도록 하는 등 상대방 당사자의 이익을 보호하거나 배려할 일반적인 의무는 부담하지 아니함이 원칙이다. 카지노업, 즉 '전문 영업장을 갖추고 주사위·트럼프·슬롯머신 등 특정한 기구 등을 이용하여 우연의 결과에 따라 특정인에게 재산상의 이익을 주고 다른 참가자에게 손실을 주는 행위 등을 하는 업'(관광진흥법 제3조 제1항 제5호)의 특수성을 고려하더라도, 폐광지역개발 지원에 관한 특별법(이하 '폐광지역지원법'이라 한다)에 따라 내국인의 출입이 가능한 카지노업을 허가받은 자(이하 '카지노사업자'라 한다)와 카지노이용자 사이의 카지노 이용을 둘러싼 법률관계에 대하여도 당연히 위와 같은 '자기책임의 원칙'이 적용된다 … 카지노사업자가 카지노 운영과 관련하여 공익상 포괄적인 영업 규제를 받고 있더라도 특별한 사정이 없는 한 이를 근거로 함부로 카지노이용자의 이익을 위한 카지노사업자의 보호의무 내지 배려의무를 인정할 것은 아니다. 카지노사업자로서는 정해진 게임 규칙을 지키고 게임 진행에 필요한 서비스를 제공하면서 관련 법령에 따라 카지노를 운영하기만 하면 될 뿐, 관련 법령에 분명한 근거가 없는 한 카지노사업자에게 자신과 게임의 승패를 겨루어 재산상 이익을 얻으려 애쓰는 카지노이용자의 이익을 자신의 이익보다 우선하거나 카지노이용자가 카지노 게임으로 지나친 재산상 손실을 입지 아니하도록 보호할 의무가 있다고 보기는 어렵다(대법원 2014. 8. 21. 선고 2010다92438 전원합의체 판결).

③ (O) 환자가 병원에 입원하여 치료를 받는 경우에 있어서, 병원은 진료뿐만 아니라 환자에 대한 숙식의 제공을 비롯하여 간호, 보호 등 입원에 따른 포괄적 채무를 지는 것인 만큼, 병원은 병실에의 출입자를 통제·감독하든가 그것이 불가능하다면 최소한 입원환자에게 휴대품을 안전하게 보관할 수 있는 시정장치가 있는 사물함을 제공하는 등으로 입원환자의 휴대품 등의 도난을 방지함에 필요한 적절한 조치를 강구하여 줄 신의칙상의 보호의무가 있다고 할 것이고, 이를 소홀히 하여 입원환자와는 아무런 관련이 없는 자가 입원환자의 병실에 무단출입하여 입원환자의 휴대품 등을 절취하였다면 병원은 그로 인한 손해배상책임을 면하지 못한다(대법원 2003. 4. 11. 선고 2002다63275 판결).

④ (X) 공중접객업인 숙박업을 경영하는 자가 투숙객과 체결하는 숙박계약은 숙박업자가 고객에게 숙박을 할 수 있는 객실을 제공하여 고객으로 하여금 이를 사용할 수 있도록 하고 고객으로부터 그 대가를 받는 일종의 일시 사용을 위한 임대차계약으로서 객실 및 관련 시설은 오로지 숙박업자의 지배 아래 놓여 있는 것이므로 숙박업자는 통상의 임대차와 같이 단순히 여관 등의 객실 및 관련 시설을 제공하여 고객으로 하여금 이를 사용·수익하게 할 의무를 부담하는 것에서 한 걸음 더 나아가 고객에게 위험이 없는 안전하고 편안한 객실 및 관련 시설을 제공함으로써 고객의 안전을 배려하여야 할 보호의무를 부담하며 이러한 의무는 숙박계약의 특수성을 고려하여 신의칙상 인정되는 부수적인 의무로서 숙박업자가 이를 위반하여 고객의 생명, 신체를 침해하여 투숙객에게 손해를 입힌 경우 불완전이행으로 인한 채무불이행책임을 부담하고, 이 경우 피해자로서는 구체적 보호의무의 존재와 그 위반 사실을 주장·입증하여야 하며 숙박업자로서는 통상의 채무불이행에 있어서와 마찬가지로 그 채무불이행에 관하여 자기에

게 과실이 없음을 주장·입증하지 못하는 한 그 책임을 면할 수는 없다고 할 것이고, 이와 같은 법리는 장기투숙의 경우에도 마찬가지이다(대법원 1997. 10. 10. 선고 96다47302 판결).

⑤ (✕) 기획여행업자는 통상 여행 일반은 물론 목적지의 자연적·사회적 조건에 관하여 전문적 지식을 가진 자로서 우월적 지위에서 행선지나 여행시설의 이용 등에 관한 계약 내용을 일방적으로 결정하는 반면, 여행자는 그 안전성을 신뢰하고 기획여행업자가 제시하는 조건에 따라 여행계약을 체결하는 것이 일반적이다. 이러한 점을 감안할 때 기획여행업자가 여행자와 여행계약을 체결할 경우에는 다음과 같은 내용의 안전배려의무를 부담한다고 봄이 타당하다. 기획여행업자는 여행자의 생명·신체·재산 등의 안전을 확보하기 위하여 여행목적지·여행일정·여행행정·여행서비스기관의 선택 등에 관하여 미리 충분히 조사·검토하여 전문업자로서의 합리적인 판단을 하여야 한다. 그에 따라 기획여행업자는 여행을 시작하기 전 또는 그 이후라도 여행자가 부딪칠지 모르는 위험을 예견할 수 있을 경우에는 여행자에게 그 뜻을 알려 여행자 스스로 그 위험을 수용할지를 선택할 기회를 주어야 하고, 그 여행계약 내용의 실시 도중에 그러한 위험 발생의 우려가 있을 때는 미리 그 위험을 제거할 수단을 마련하는 등의 합리적 조치를 하여야 한다(대법원 2017. 12. 13. 선고 2016다6293 판결).

해답 ③

문 35 ★★

「이자제한법」에 관한 설명 중 옳지 않은 것은? (다툼이 있는 경우 판례에 의함)

① 채권자와 공동으로, 고의 또는 과실로「이자제한법」을 위반하여 최고이자율을 초과하는 이자를 받아 채무자에게 손해를 입힌 자는「민법」제760조에 따라 손해를 배상할 책임이 있다.
② 선이자를 사전공제한 경우, 그 공제액이 채무자가 실제 수령한 금액을 원본으로 하여「이자제한법」에서 정한 최고이자율에 따라 계산한 금액을 초과하는 때에는 그 초과 부분은 원본에 충당한 것으로 본다.
③ 「이자제한법」의 최고이자율 제한에 관한 규정은 계약을 위반한 사람을 제재하고 계약의 이행을 간접적으로 강제하기 위하여 정한 위약벌의 경우에는 적용될 수 없다.
④ 이자에 대하여 다시 이자를 지급하기로 하는 복리약정은「이자제한법」에서 정한 최고이자율을 초과하는 부분에 해당하는 금액에 대하여는 무효로 한다.
⑤ 최고이자율을 초과하여 지급된 이자는「이자제한법」제2조 제4항에 따라 원본에 충당되고, 이와 같이 충당하여 원본이 소멸하고도 남아 있는 초과 지급액은 부당이득으로서 그 반환을 청구할 수 있을 뿐, 이를「이자제한법」위반 행위로 인한 손해라고 볼 수 없다.

해설

① (○), ⑤ (✕) 금전을 대여한 채권자가 고의 또는 과실로 이자제한법을 위반하여 최고이자율을 초과하는 이자를 받아 채무자에게 손해를 입힌 경우에는 특별한 사정이 없는 한 민법 제750조에 따라 불법행위가 성립한다고 보아야 한다. 최고이자율을 초과하여 지급된 이자는 이자제한법 제2조 제4항에 따라 원본에 충당되므로, 이와 같이 충당하여 원본이 소멸하고도 남아 있는 초과 지급액은 이자제한법 위반 행위로 인한 손해라고 볼 수 있다. 부당이득반환청구권과 불법행위로 인한 손해배상청구권은 서로 별개의 청구권으로서, 제한 초과이자에 대하여 부당이득반환청구권이 있다고 해서 그것만으로 불법행위의 성립이 방해되지 않는다(대법원 2021. 2. 25. 선고 2020다230239 판결).

② (○) 구 이자제한법(2011. 7. 25. 법률 제10925호로 개정되기 전의 것) 제2조 제1항, 제3항, 제4항, 제3조, 이자제한법 제2조 제1항의 최고이자율에 관한 규정에 따르면, 금전대차에 관한 계약상의 최고이자율은 연 30%이고, 계약상의 이자로서 위 최고이자율을 초과하는 부분은 무효이며, 채무자가 위 최고이

자율을 초과하는 이자를 임의로 지급한 경우에는 초과 지급된 이자 상당 금액은 원본에 충당되고, 선이자를 사전공제한 경우 그 공제액이 채무자가 실제 수령한 금액을 원본으로 하여 위 최고이자율에 따라 계산한 금액을 초과하는 때에는 그 초과 부분은 원본에 충당한 것으로 본다(대법원 2012. 10. 11. 선고 2012다55198 판결).

③ (O) … 한편 구 이자제한법(2014. 1. 14. 법률 제1227호로 일부 개정되기 전의 것, 이하 '이자제한법'이라 한다) 제2조 제1항은 "금전대차에 관한 계약상의 최고이자율은 연 30%를 초과하지 아니하는 범위 안에서 대통령령으로 정한다."라고 정하고 있고, 같은 조 제2항은 "제1항에 따른 최고이자율은 약정한 때의 이자율을 말한다."라고 규정하고 있으며, 같은 조 제3항은 "계약상의 이자로서 제1항에서 정한 최고이자율을 초과하는 부분은 무효로 한다."라고 규정하고 있으므로, 이자제한법의 최고이자율 제한에 관한 규정은 금전대차에 관한 계약상의 이자에 관하여 적용될 뿐, 계약을 위반한 사람을 제재하고 계약의 이행을 간접적으로 강제하기 위하여 정한 위약벌의 경우에는 적용될 수 없다(대법원 2017. 11. 29. 선고 2016다259769 판결).

④ (O) … 복리약정은 연 30퍼센트를 초과하는 부분에 한하여 무효라 할 것이고, 그러한 복리약정이 이자제한법 시행 전에 체결된 것인 때에는 이자제한법이 시행된 2007. 6. 30.부터 그 초과 부분은 무효로 된다고 할 것이다(대법원 2008.10.23. 2008다37742 판결).

해답 ⑤

문 36

★★

매매계약에 관한 설명 중 옳은 것을 모두 고른 것은? (다툼이 있는 경우 판례에 의함)

> ㄱ. 매수인에게 즉시 목적물의 검사와 하자통지를 할 의무를 지우고 있는 「상법」제69조의 규정은 매수인이 상인인 한 매도인이 상인인지 여부를 불문하고 적용된다.
> ㄴ. 매매목적물에 하자가 있는 경우, 매수인은 하자담보책임의 제척기간이 지났다고 하더라도 그러한 하자 있는 물건의 인도가 불완전이행에 해당하면 매도인에 대해 채무불이행에 따른 손해배상책임을 물을 수 있다.
> ㄷ. 상인간의 매매에서 매매의 목적물에 상인에게 통상 요구되는 객관적인 주의의무를 다하여도 즉시 발견할 수 없는 하자가 있는 경우에도 매수인은 6월 내에 그 하자를 발견하여 지체없이 이를 통지하지 아니하면 매수인은 과실의 유무를 불문하고 매도인에게 하자담보책임을 물을 수 없다.
> ㄹ. 경락인이 강제경매절차를 통하여 부동산을 매수하였으나 강제경매의 집행권원이 된 약속어음 공정증서가 위조된 것이어서 경매 부동산에 대한 소유권을 취득하지 못하게 된 경우, 경락인은 경매채권자에게 「민법」제578조 제2항에 의한 담보책임을 물을 수 있다.

① ㄱ, ㄴ
② ㄴ, ㄷ
③ ㄷ, ㄹ
④ ㄴ, ㄷ, ㄹ
⑤ ㄱ, ㄴ, ㄷ, ㄹ

해설

ㄱ.(X) 매수인에게 즉시 목적물의 검사와 하자통지를 할 의무를 지우고 있는 상법 제69조의 규정은 상인간의 매매에 적용되는 것이며 매수인이 상인인 한 매도인이 상인인지 여부를 불문하고 위 규정이 적용되어야 하는 것은 아니다(대법원 1993. 6. 11. 선고 93다7174,7181(반소) 판결).

ㄴ.(O) 상인 간의 매매에서 매수인이 목적물을 수령한 때에는 지체 없이 이를 검사하여 하자 또는 수량의 부족을 발견한 경우에는 즉시, 즉시 발견할 수 없는 하자가 있는 경우에는 6개월 내에 매수인이 매도인에게 그 통지를 발송하지 아니하면 그로 인한 계약해제, 대금감액 또는 손해배상을 청구하지 못하도록 규정하고 있는 상법 제69조 제1항은 민법상 매도인의 담보책임에 대한 특칙으로서, 채무불이행에 해당하는 이른바 불완전이행으로 인한 손해배상책임을 묻는 청구에는 적용되지 않는다(대법원 2015. 6. 24. 선고 2013다522 판결).

ㄷ.(O) 상법 제69조는 상거래의 신속한 처리와 매도인의 보호를 위한 규정인 점에 비추어 볼 때, 상인간의 매매에 있어서 매수인은 목적물을 수령한 때부터 지체 없이 이를 검사하여 하자 또는 수량의 부족을 발견한 경우에는 즉시 매도인에게 그 통지를 발송하여야만 그 하자로 인한 계약해제, 대금감액 또는 손해배상을 청구할 수 있고, 설령 매매의 목적물에 상인에게 통상 요구되는 객관적인 주의의무를 다하여도 즉시 발견할 수 없는 하자가 있는 경우에도 매수인은 6월 내에 그 하자를 발견하여 지체 없이 이를 통지하지 아니하면 매수인은 과실의 유무를 불문하고 매도인에게 하자담보책임을 물을 수 없다고 해석함이 상당하다(대법원 1999. 1. 29. 선고 98다1584 판결).

ㄹ.(X) 경락인이 강제경매절차를 통하여 부동산을 경락받아 대금을 납부하고 그 앞으로 소유권이전등기까지 마쳤으나, 그 후 위 강제집행의 채무명의가 된 약속어음공정증서가 위조된 것이어서 무효라는 이유로 그 소유권이전등기의 말소를 명하는 판결이 확정됨으로써 경매 부동산에 대한 소유권을 취득하지 못하게 된 경우 경락인은 경매 채권자에게 경매 대금 중 그가 배당받은 금액에 대하여 일반 부당이득의 법리에 따라 반환을 청구할 수 있을 뿐, 민법 제578조 제2항에 의한 담보책임을 물을 수는 없다(대법원 1991. 10. 11. 선고 91다21640 판결).

문 37 ★★

법인에 관한 설명 중 옳은 것을 모두 고른 것은?

> ㄱ. 「민법」상 사단법인과 재단법인의 정관의 변경은 주무관청의 허가를 얻지 못하면 그 효력이 없다.
> ㄴ. 「민법」상 법인은 이사를 두지 않아도 된다.
> ㄷ. 「민법」상 사단법인은 총 사원 4분의 3 이상의 동의가 없으면 해산을 결의하지 못하고, 정관에 다른 규정이 있더라도 마찬가지이다.
> ㄹ. 「민법」상 법인이 채무를 완제하지 못하게 된 때에는 이사는 지체없이 파산신청을 하여야 한다.
> ㅁ. 「상법」상 회사의 이사가 법령 또는 정관에 위반하여 회사의 존속을 허용할 수 없는 행위를 한 때 법원은 직권으로 회사의 해산을 명할 수 있다.
> ㅂ. 「민법」상 법인의 이사가 없거나 결원이 있는 경우에 이로 인하여 손해가 생길 염려가 있는 때에는 법원은 이해관계인이나 검사의 청구에 의하여 임시이사를 선임하여야 한다.

① ㄱ, ㄴ, ㄷ
② ㄱ, ㄹ, ㅁ
③ ㄴ, ㄹ, ㅂ
④ ㄱ, ㄹ, ㅁ, ㅂ
⑤ ㄴ, ㄷ, ㅁ, ㅂ

해설

ㄱ.(O) 민법 제42조, 제45조 포함

민법 제42조(사단법인의 정관의 변경) ① 사단법인의 정관은 총사원 3분의 2 이상의 동의가 있는 때에 한하여 이를 변경할 수 있다. 그러나 정수에 관하여 정관에 다른 규정이 있는 때에는 그 규정에 의한다.
② 정관의 변경은 주무관청의 허가를 얻지 아니하면 그 효력이 없다.
민법 제45조(재단법인의 정관변경) ③ 제42조 제2항의 규정은 전2항의 경우에 준용한다.

ㄴ.(X) 민법 제57조 참조

민법 제57조(이사) 법인은 이사를 두어야 한다.

ㄷ.(X) 민법 제78조 참고

민법 제78조(사단법인의 해산결의) 사단법인은 총사원 4분의 3 이상의 동의가 없으면 해산을 결의하지 못한다. 그러나 정관에 다른 규정이 있는 때에는 그 규정에 의한다.

ㄹ.(O) 민법 제79조 참조

민법 제79조(파산신청) 법인이 채무를 완제하지 못하게 된 때에는 이사는 지체없이 파산신청을 하여야 한다.

ㅁ.(O) 상법 제176조 참조

상법 제176조(회사의 해산명령) ① 법원은 다음의 사유가 있는 경우에는 이해관계인이나 검사의 청구에 의하여 또는 직권으로 회사의 해산을 명할 수 있다.
3. 이사 또는 회사의 업무를 집행하는 사원이 법령 또는 정관에 위반하여 회사의 존속을 허용할 수 없는 행위를 한 때

ㅂ.(O) 민법 제63조 참조

민법 제63조(임시이사의 선임) 이사가 없거나 결원이 있는 경우에 이로 인하여 손해가 생길 염려 있는 때에는 법원은 이해관계인이나 검사의 청구에 의하여 임시이사를 선임하여야 한다.

문 38

「상법」상 비상장회사인 A주식회사는 2021. 5. 3. 신주를 제3자 배정의 방식으로 발행하였는데, 그 중 甲이 신주 1,000주를 인수하여 취득하였다. 그 후 甲은 2022. 1. 11. 乙로부터 금 5천만원을 차용하면서 그 신주에 대하여 乙을 질권자로 한 질권을 설정하였다. 「상법」상 이에 관한 설명 중 옳지 않은 것은? (A회사가 주식을 전자등록하지 않았음을 전제하고, 각 지문은 독립적이며, 다툼이 있는 경우 판례에 의함)

① 주권이 2021. 12. 15. 발행되었다면 甲은 질권을 설정하기 위하여 그 주권을 乙에게 교부하여야 한다.
② 甲이 2021. 12. 15. 발행된 주권을 丙에게 보관시켰는데 丙이 다시 丁에게 그 주권을 보관시킨 경우, 甲이 2022. 1. 11. 乙을 질권자로 하여 질권을 설정하면서 반환청구권의 양도에 의하여 주권의 점유를 乙에게 이전하려면, 이때 대항요건으로서 丙의 승낙 또는 甲의 丙에 대한 통지 이외에도 丁의 승낙 또는 甲의 丁에 대한 통지까지 갖추어야 한다.
③ 2022. 1. 11. 질권을 설정할 당시까지 주권이 발행되지 않은 경우, 「민법」 제346조에 따른 권리질권설정의 일반원칙에 의하여 그 주식을 질권의 목적으로 할 수 있다.
④ 주권이 발행된 후 甲이 그 신주를 질권의 목적으로 한 경우에 甲의 청구에 따라 A회사가 乙의 성명과 주소를 주주명부에 덧붙여 쓰고 그 성명을 주권에 적은 경우에는 乙은 A회사로부터 이익배당을 받아 다른 채권자에 우선하여 자기채권의 변제에 충당할 수 있다.

⑤ 주권이 발행된 후 甲이 그 신주를 질권의 목적으로 한 경우에 甲의 청구에 따라 A회사가 乙의 성명과 주소를 주주명부에 덧붙여 쓰고 그 성명을 주권에 적은 경우, A회사가 주식을 소각함에 따라 甲이 질권을 설정한 위 신주의 소각으로 인하여 A회사로부터 받을 금전에 대하여 乙은 종전의 주식을 목적으로 한 질권을 행사할 수 있다.

해설

① (O), ② (X) 기명주식의 약식질에 관한 상법 제338조는 기명주식을 질권의 목적으로 하는 때에는 주권을 질권자에게 교부하여야 하고(제1항), 질권자는 계속하여 주권을 점유하지 아니하면 그 질권으로써 제3자에게 대항하지 못한다고(제2항) 규정하고 있다. 여기에서 주식의 질권설정에 필요한 요건인 주권의 점유를 이전하는 방법으로는 현실 인도(교부) 외에 간이인도나 반환청구권 양도도 허용되고, 주권을 제3자에게 보관시킨 경우 주권을 간접점유하고 있는 질권설정자가 반환청구권 양도에 의하여 주권의 점유를 이전하려면 질권자에게 자신의 점유매개자인 제3자에 대한 반환청구권을 양도하여야 하고, 이 경우 대항요건으로서 제3자의 승낙 또는 질권설정자의 제3자에 대한 통지를 갖추어야 한다. 그리고 이러한 법리는 제3자가 다시 타인에게 주권을 보관시킴으로써 점유매개관계가 중첩적으로 이루어진 경우에도 마찬가지로 적용되므로, 최상위 간접점유자인 질권설정자는 질권자에게 자신의 점유매개자인 제3자에 대한 반환청구권을 양도하고 대항요건으로서 제3자의 승낙 또는 제3자에 대한 통지를 갖추면 충분하며, 직접점유자인 타인의 승낙이나 그에 대한 질권설정자 또는 제3자의 통지까지 갖출 필요는 없다(대판 2012.08.23. 2012다34764). (대법원 2012. 8. 23. 선고 2012다34764 판결).

> 상법 제338조(주식의 입질) ① 주식을 질권의 목적으로 하는 때에는 주권을 질권자에게 교부하여야 한다.

③ (O) 주권발행 전의 주식에 대한 양도도 인정되고, 주권발행 전 주식의 담보제공을 금하는 법률규정도 없으므로 주권발행 전 주식에 대한 질권설정도 가능하다고 할 것이지만, 상법 제338조 제1항은 기명주식을 질권의 목적으로 하는 때에는 주권을 교부하여야 한다고 규정하고 있으나, 이는 주권이 발행된 기명주식의 경우에 해당하는 규정이라고 해석함이 상당하므로, 주권발행 전의 주식 입질에 관하여는 상법 제338조 제1항의 규정이 아니라 권리질권설정의 일반원칙인 민법 제346조로 돌아가 그 권리의 양도방법에 의하여 질권을 설정할 수 있다고 보아야 한다(대법원 2000. 8. 16.자 99그1 결정).

④ (O) 상법 제340조 참조

> 상법 제340조(주식의 등록질) ① 주식을 질권(質權)의 목적으로 한 경우에 회사가 질권설정자의 청구에 따라 그 성명과 주소를 주주명부에 덧붙여 쓰고 그 성명을 주권(株券)에 적은 경우에는 질권자는 회사로부터 이익배당, 잔여재산의 분배 또는 제339조에 따른 금전의 지급을 받아 다른 채권자에 우선하여 자기채권의 변제에 충당할 수 있다.

⑤ (O) 상법 제339조 참조

> 상법 제339조(질권의 물상대위) 주식의 소각, 병합, 분할 또는 전환이 있는 때에는 이로 인하여 종전의 주주가 받을 금전이나 주식에 대하여도 종전의 주식을 목적으로 한 질권을 행사할 수 있다.

해답 ②

문 39

「상법」상 회사와 관련한 소송에 관한 설명 중 옳은 것을 모두 고른 것은? (다툼이 있는 경우 판례에 의함)

> ㄱ. 합명회사는 물론 합자회사, 유한책임회사, 유한회사의 경우에도 설립에 관한 하자의 주장방법으로 설립취소의 소가 인정된다.
> ㄴ. 합명회사 설립취소의 소와 주주총회결의취소의 소의 경우 원인이 된 하자가 보완된 경우에만 법원은 회사의 제반 사정을 참작하여 청구를 기각할 수 있다.
> ㄷ. 감자무효의 소의 원인이 된 하자가 추후 보완될 수 없는 성질의 것으로서 자본감소 결의의 효력에는 아무런 영향을 미치지 않는 것인 경우에는 그 하자가 보완되지 아니하였다 하더라도 법원은 회사현황 등 제반 사정을 참작하여 자본감소를 무효로 하는 것이 부적당하다고 인정한 때에는 그 청구를 기각할 수 있다.
> ㄹ. 주식회사 설립무효의 소의 제소기간은 신주발행무효의 소의 제소기간과 주주총회결의취소의 소의 제소기간보다 짧다.

① ㄱ
② ㄷ
③ ㄱ, ㄴ
④ ㄱ, ㄷ
⑤ ㄱ, ㄷ, ㄹ

해설

ㄱ.(O) 인적회사나 유한회사는 설립취소의 소가 인정된다(송옥렬, 상법강의 제14판 p787).

ㄴ.(X) 상법 제530조의11 제1항 및 제240조는 분할합병무효의 소에 관하여 상법 제189조를 준용하고 있고 상법 제189조는 "설립무효의 소 또는 설립취소의 소가 그 심리 중에 원인이 된 하자가 보완되고 회사의 현황과 제반 사정을 참작하여 설립을 무효 또는 취소하는 것이 부적당하다고 인정한 때에는 법원은 그 청구를 기각할 수 있다"고 규정하고 있으므로, 법원이 분할합병무효의 소를 재량기각하기 위해서는 원칙적으로 그 소 제기 전이나 그 심리 중에 원인이 된 하자가 보완되어야 할 것이나, 그 하자가 추후 보완될 수 없는 성질의 것인 경우에는 그 하자가 보완되지 아니하였다고 하더라도 회사의 현황 등 제반 사정을 참작하여 분할합병무효의 소를 재량기각할 수 있다(대법원 2010. 7. 22. 선고 2008다37193 판결).

ㄷ.(O) 법원이 감자무효의 소를 재량 기각하기 위해서는 원칙적으로 그 소제기 전이나 그 심리 중에 원인이 된 하자가 보완되어야 한다고 할 수 있을 것이지만, 하자가 추후 보완될 수 없는 성질의 것으로서 자본감소 결의의 효력에는 아무런 영향을 미치지 않는 것인 경우 등에는 그 하자가 보완되지 아니하였다 하더라도 회사의 현황 등 제반 사정을 참작하여 자본감소를 무효로 하는 것이 부적당하다고 인정한 때에는 법원은 그 청구를 기각할 수 있다(대법원 2004.04.27. 2003다29616 판결).

ㄹ.(X) 상법 제328조, 제376조, 제429조 참조

> 상법 제328조(설립무효의 소) ① 회사설립의 무효는 주주·이사 또는 감사에 한하여 회사성립의 날로부터 2년내에 소만으로 이를 주장할 수 있다.
>
> 상법 제376조(결의취소의 소) ① 총회의 소집절차 또는 결의방법이 법령 또는 정관에 위반하거나 현저하게 불공정한 때 또는 그 결의의 내용이 정관에 위반한 때에는 주주·이사 또는 감사는 결의의 날로부터 2월 내에 결의취소의 소를 제기할 수 있다.
>
> 상법 제429조(신주발행무효의 소) 신주발행의 무효는 주주·이사 또는 감사에 한하여 신주를 발행한 날로부터 6월 내에 소만으로 이를 주장할 수 있다.

해답 ④

문 40

「상법」상 주식회사의 이사회 결의 및 대표이사에 관한 설명 중 옳은 것을 모두 고른 것은? (다툼이 있는 경우 판례에 의함)

> ㄱ. 「상법」 제395조에 의한 주식회사의 책임은 표현대표이사가 자신의 이름으로 행위한 경우는 물론이고 대표이사의 이름으로 행위한 경우에도 적용된다.
> ㄴ. 회사 정관이나 이사회 규정에서 이사회 결의를 거치도록 대표이사의 대표권을 제한하였으나 대표이사가 그 대표권 제한을 위반한 경우, 선의의 제3자는 「상법」 제209조 제2항에 따라 보호되는데(「상법」 제389조 제3항), 이 경우 거래행위의 상대방인 제3자가 「상법」 제209조 제2항에 따라 보호받기 위하여 선의 이외에 무과실까지 필요하지는 않지만, 중대한 과실이 있는 경우에는 제3자의 신뢰를 보호할 만한 가치가 없으므로 거래행위는 무효이다.
> ㄷ. 대표이사의 대표권을 제한하는 「상법」 제393조 제1항은 그 규정의 존재를 모르거나 제대로 이해하지 못한 사람에게도 일률적으로 적용되어야 하고, 법률의 부지나 법적 평가에 관한 착오를 이유로 그 적용을 피할 수는 없으므로, 주식회사의 대표이사가 「상법」 제393조 제1항에서 정한 '중요한 자산의 처분 및 양도, 대규모 재산의 차입 등의 행위'에 관하여 이사회의 결의를 거치지 않고 거래행위를 한 경우 그 상대방인 제3자가 보호받기 위해서는 선의 이외에 무과실까지 필요하다.
> ㄹ. 특별이해관계가 있는 이사는 이사회에서 의결권을 행사할 수는 없으나 의사정족수 산정의 기초가 되는 이사의 수에는 포함되고, 다만 결의성립에 필요한 출석이사에는 산입되지 않는다.
> ㅁ. 주식회사에서 공동대표이사가 선임된 경우 거래상대방이 그 주식회사에 대하여 하는 의사표시는 그 주식회사의 공동대표이사 전원에게 하여야만 그 효력이 있다.

① ㄱ, ㄴ
② ㄴ, ㄷ, ㅁ
③ ㄱ, ㄴ, ㄹ
④ ㄱ, ㄷ, ㄹ
⑤ ㄱ, ㄴ, ㄷ, ㄹ

해설

ㄱ.(O) 표현대표이사의 명칭을 사용하는 이사가 자기명의로 행위할 때 뿐 아니라 행위자 자신이 표현대표이사인 이상 다른 대표이사의 명칭을 사용하여 행위한 경우에도 상법 제395조가 적용된다(대법원 1979. 2. 13. 선고 77다2436 판결).

ㄴ.(O), ㄷ.(X) 대표권이 제한된 경우에 대표이사는 그 범위에서만 대표권을 갖는다. 그러나 그러한 제한을 위반한 행위라고 하더라도 그것이 회사의 권리능력을 벗어난 것이 아니라면 대표권의 제한을 알지 못하는 제3자는 그 행위를 회사의 대표행위라고 믿는 것이 당연하고 이러한 신뢰는 보호되어야 한다. 일정한 대외적 거래행위에 관하여 이사회 결의를 거치도록 대표이사의 권한을 제한한 경우에도 이사회 결의는 회사의 내부적 의사결정절차에 불과하고, 특별한 사정이 없는 한 거래 상대방으로서는 회사의 대표자가 거래에 필요한 회사의 내부절차를 마쳤을 것으로 신뢰하였다고 보는 것이 경험칙에 부합한다. 따라서 회사 정관이나 이사회 규정 등에서 이사회 결의를 거치도록 대표이사의 대표권을 제한한 경우(이하 '내부적 제한'이라 한다)에도 선의의 제3자는 상법 제209조 제2항에 따라 보호된다. 거래행위의 상대방인 제3자가 상법 제209조 제2항에 따라 보호받기 위하여 선의 이외에 무과실까지 필요하지는 않지만, 중대한 과실이 있는 경우에는 제3자의 신뢰를 보호할 만한 가치가 없다고 보아 거래행위가 무효라고 해석함이 타당하다. … 대표이사의 대표권을 제한하는 상법 제393조 제1항은 그 규정의 존재

를 모르거나 제대로 이해하지 못한 사람에게도 일률적으로 적용된다. 법률의 부지나 법적 평가에 관한 착오를 이유로 그 적용을 피할 수는 없으므로, 이 조항에 따른 제한은 내부적 제한과 달리 볼 수도 있다. 그러나 주식회사의 대표이사가 이 조항에 정한 '중요한 자산의 처분 및 양도, 대규모 재산의 차입 등의 행위'에 관하여 이사회의 결의를 거치지 않고 거래행위를 한 경우에도 거래행위의 효력에 관해서는 위에서 본 내부적 제한의 경우와 마찬가지로 보아야 한다(대법원 2021. 2. 18. 선고 2015다45451 전원합의체 판결).

ㄹ.(O) 특별이해관계가 있는 이사는 이사회에서 의결권을 행사할 수는 없으나 의사정족수 산정의 기초가 되는 이사의 수에는 포함되고 다만 결의성립에 필요한 출석이사에는 산입되지 아니하는 것이므로 회사의 3명의 이사 중 대표이사와 특별이해관계 있는 이사 등 2명이 출석하여 의결을 하였다면 이사 3명중 2명이 출석하여 과반수 출석의 요건을 구비하였고 특별이해관계 있는 이사가 행사한 의결권을 제외하더라도 결의에 참여할 수 있는 유일한 출석이사인 대표이사의 찬성으로 과반수의 찬성이 있는 것으로 되어 그 결의는 적법하다(대법원 1992. 4. 14. 선고 90다카22698 판결).

ㅁ.(X) 상법 제208조, 제389조 참조.

> 상법 제208조(공동대표) ① 회사는 정관 또는 총사원의 동의로 수인의 사원이 공동으로 회사를 대표할 것을 정할 수 있다.
> ② 전항의 경우에도 제삼자의 회사에 대한 의사표시는 공동대표의 권한있는 사원 1인에 대하여 이를 함으로써 그 효력이 생긴다.
> 상법 제389조(대표이사) ① 회사는 이사회의 결의로 회사를 대표할 이사를 선정하여야 한다. 그러나 정관으로 주주총회에서 이를 선정할 것을 정할 수 있다.
> ② 전항의 경우에는 수인의 대표이사가 공동으로 회사를 대표할 것을 정할 수 있다.
> ③ 제208조 제2항, 제209조, 제210조와 제386조의 규정은 대표이사에 준용한다.

해답 ③

문 41

甲주식회사와 乙주식회사는 모두 자본금 총액이 10억 원 이상인 「상법」상 비상장회사이다. 甲회사가 乙회사를 흡수합병하는 경우 존속회사가 되는 甲회사가 乙회사의 주주에게 발행하는 신주 및 이전하는 자기주식의 총수가 甲회사의 발행주식총수의 10% 이하라면, 「상법」상 이에 관한 설명 중 옳은 것을 모두 고른 것은? (이 합병은 간이합병이 아님을 전제하고, 다툼이 있는 경우 판례에 의함)

> ㄱ. 합병에 반대하는 乙회사의 주주가 「상법」 제522조의3에 규정된 반대주주의 주식매수청구권을 행사하면, 乙회사는 주식매수청구기간이 종료하는 날부터 2개월 이내에 그 주식을 매수하여야 한다.
> ㄴ. 乙회사의 의결권이 없는 우선주를 가진 주주는 합병에 반대하더라도 「상법」 제522조의3에 규정된 반대주주의 주식매수청구권을 행사할 수 없다.
> ㄷ. 乙회사의 합병계약서에 주주총회의 승인을 얻지 아니하고 합병한다는 뜻을 기재하면 乙회사 이사회의 합병승인으로 乙회사 주주총회의 승인에 갈음할 수 있다.
> ㄹ. 甲회사와 乙회사 모두 채권자보호절차를 거칠 필요가 없다.

① ㄱ
② ㄱ, ㄴ
③ ㄱ, ㄷ
④ ㄴ, ㄷ
⑤ ㄱ, ㄷ, ㄹ

> **해설**

ㄱ.(O), ㄴ.(X) 상법 제374조의2, 제530조 참조

> 상법 제374조의2(반대주주의 주식매수청구권) ① 제374조에 따른 결의사항에 반대하는 주주(의결권이 없거나 제한되는 주주를 포함한다. 이하 이 조에서 같다)는 주주총회 전에 회사에 대하여 서면으로 그 결의에 반대하는 의사를 통지한 경우에는 그 총회의 결의일부터 20일 이내에 주식의 종류와 수를 기재한 서면으로 회사에 대하여 자기가 소유하고 있는 주식의 매수를 청구할 수 있다.
> ② 제1항의 청구를 받으면 해당 회사는 같은 항의 매수 청구 기간(이하 이 조에서 "매수청구기간"이라 한다)이 종료하는 날부터 2개월 이내에 그 주식을 매수하여야 한다.
> 상법 제530조(준용규정) ② 제234조, 제235조, 제237조 내지 제240조, 제329조의2, 제374조 제2항, 제374조의2제2항 내지 제5항 및 제439조 제3항의 규정은 주식회사의 합병에 관하여 이를 준용한다.

ㄷ.(X) 상법 제522조, 제527조의3 참조

> 상법 제522조(합병계약서와 그 승인결의) ① 회사가 합병을 함에는 합병계약서를 작성하여 주주총회의 승인을 얻어야 한다.
> 상법 제527조의3(소규모합병) ① 합병 후 존속하는 회사가 합병으로 인하여 발행하는 신주 및 이전하는 자기주식의 총수가 그 회사의 발행주식총수의 100분의 10을 초과하지 아니하는 경우에는 그 존속하는 회사의 주주총회의 승인은 이를 이사회의 승인으로 갈음할 수 있다. 다만, 합병으로 인하여 소멸하는 회사의 주주에게 제공할 금전이나 그 밖의 재산을 정한 경우에 그 금액 및 그 밖의 재산의 가액이 존속하는 회사의 최종 대차대조표상으로 현존하는 순자산액의 100분의 5를 초과하는 경우에는 그러하지 아니하다.

ㄹ.(X) 흡수합병하는 경우 존속회사와 소멸회사 모두 채권자보호절차를 받아야 한다(송옥렬, 상법강의 제14판 p1259).

> 상법 제527조의5(채권자보호절차) ① 회사는 제522조의 주주총회의 승인결의가 있은 날부터 2주내에 채권자에 대하여 합병에 이의가 있으면 1월 이상의 기간 내에 이를 제출할 것을 공고하고 알고 있는 채권자에 대하여는 따로따로 이를 최고하여야 한다.
> ② 제1항의 규정을 적용함에 있어서 제527조의2 및 제527조의3의 경우에는 이사회의 승인결의를 주주총회의 승인결의로 본다.
> ③ 제232조제2항 및 제3항의 규정은 제1항 및 제2항의 경우에 이를 준용한다.

해답 ①

문 42 ★★

「상법」상 상호에 관한 설명 중 옳지 않은 것은? (다툼이 있는 경우 판례에 의함)

① 합명회사가 그 상호를 변경하고자 할 때에는 본점의 소재지를 관할하는 등기소에 상호의 가등기를 신청할 수 있다.
② 甲이 乙에게 건설업 면허를 대여하였다. 이 경우 면허를 대여받은 乙이 그 면허를 사용하여 대여자 甲의 명의로 하도급거래를 하였다면, 甲을 영업의 주체로 오인한 하수급인에 대하여 甲은 특별한 사정이 없는 한 「상법」 제24조의 명의대여자 책임을 부담한다.
③ 「상법」 제23조 제1항은 "누구든지 부정한 목적으로 타인의 영업으로 오인할 수 있는 상호를 사용하지 못한다."라고 규정하고 있는바, 타인의 영업으로 오인할 수 있는 상호는 그 타인의 영업과 동종영업에 사용되는 상호에 한정되지 않는다.
④ 타인이 등기한 상호를 동일한 특별시·광역시·시·군에서 동종영업의 상호로 등기한 경우 선등기자가 후등기자에게 「상법」 제22조에 의하여 그와 동일한 상호의 등기의 말소를 소로써 청구할 수 없다.

⑤ 「상법」 제25조 제1항은 "상호는 영업을 폐지하거나 영업과 함께 하는 경우에 한하여 이를 양도할 수 있다."라고 규정하고 있는바, 이때 영업의 폐지라 함은 정식으로 영업폐지에 필요한 행정절차를 밟아 폐업하는 경우에 한하지 아니하고 사실상 폐업한 경우도 이에 해당한다.

해설

① (O) 상법 제22조의2 참조

> 상법 제22조의2(상호의 가등기) ① 유한책임회사, 주식회사 또는 유한회사를 설립하고자 할 때에는 본점의 소재지를 관할하는 등기소에 상호의 가등기를 신청할 수 있다
> ② 회사는 상호나 목적, 또는 상호와 목적을 변경하고자 할 때에는 본점의 소재지를 관할하는 등기소에 상호의 가등기를 신청할 수 있다.

② (O) 상법 제24조는 명의를 대여한 자를 영업의 주체로 오인하고 거래한 상대방의 이익을 보호하기 위한 규정으로서 이에 따르면 명의대여자는 명의차용자가 영업거래를 수행하는 과정에서 부담하는 채무를 연대하여 변제할 책임이 있다. 그리고 건설업 면허를 대여한 자는 자기의 성명 또는 상호를 사용하여 건설업을 할 것을 허락하였다고 할 것인데, 건설업에서는 공정에 따라 하도급거래를 수반하는 것이 일반적이어서 특별한 사정이 없는 한 건설업 면허를 대여받은 자가 그 면허를 사용하여 면허를 대여한 자의 명의로 하도급거래를 하는 것도 허락하였다고 봄이 상당하므로, 면허를 대여한 자를 영업의 주체로 오인한 하수급인에 대하여도 명의대여자로서의 책임을 지고, 면허를 대여받은 자를 대리 또는 대행한 자가 면허를 대여한 자의 명의로 하도급거래를 한 경우에도 마찬가지이다(대법원 2008. 10. 23. 선고 2008다46555 판결).

③ (O) 상법 제23조 제1항은 누구든지 부정한 목적으로 타인의 영업으로 오인할 수 있는 상호를 사용하지 못한다고 규정하고 있는바, 타인의 영업으로 오인할 수 있는 상호는 그 타인의 영업과 동종 영업에 사용되는 상호만을 한정하는 것은 아니라고 할 것이나, 어떤 상호가 일반 수요자들로 하여금 영업주체를 오인·혼동시킬 염려가 있는 것인지를 판단함에 있어서는, 양 상호 전체를 비교 관찰하여 각 영업의 성질이나 내용, 영업방법, 수요자층 등에서 서로 밀접한 관련을 가지고 있는 경우로서 일반 수요자들이 양 업무의 주체가 서로 관련이 있는 것으로 생각하거나 또는 그 타인의 상호가 현저하게 널리 알려져 있어 일반 수요자들로부터 기업의 명성으로 인하여 절대적인 신뢰를 획득한 경우에 해당하는지 여부를 종합적으로 고려하여야 할 것이다(대법원 2002. 2. 26. 선고 2001다73879 판결).

④ (X) 상법 제22조는 "타인이 등기한 상호는 동일한 특별시·광역시·시·군에서 동종 영업의 상호로 등기하지 못한다."고 규정하고 있는바, 위 규정의 취지는 일정한 지역 범위 내에서 먼저 등기된 상호에 관한 일반 공중의 오인·혼동을 방지하여 이에 대한 신뢰를 보호함과 아울러, 상호를 먼저 등기한 자가 그 상호를 타인의 상호와 구별하고자 하는 이익을 보호하는 데 있고, 한편 비송사건절차법 제164조에서 "상호의 등기는 동일한 특별시·광역시·시 또는 군 내에서는 동일한 영업을 위하여 타인이 등기한 것과 확연히 구별할 수 있는 것이 아니면 이를 할 수 없다."고 규정하여 먼저 등기된 상호가 상호등기에 관한 절차에서 갖는 효력에 관한 규정을 마련하고 있으므로, 상법 제22조의 규정은 동일한 특별시·광역시·시 또는 군 내에서는 동일한 영업을 위하여 타인이 등기한 상호 또는 확연히 구별할 수 없는 상호의 등기를 금지하는 효력과 함께 그와 같은 상호가 등기된 경우에는 선등기자가 후등기자를 상대로 그와 같은 등기의 말소를 소로써 청구할 수 있는 효력도 인정한 규정이라고 봄이 상당하다(대법원 2004. 3. 26. 선고 2001다72081 판결).

⑤ (O) 상법 제25조 제1항은 상호는 영업을 폐지하거나 영업과 함께 하는 경우에 한하여 이를 양도할 수 있다고 규정하고 있어 영업과 분리하여 상호만을 양도할 수 있는 것은 영업의 폐지의 경우에 한하여 인정되는데 이는 양도인의 영업과 양수인의 영업과의 사이에 혼동을 일으키지 않고 또 폐업하는 상인이 상호를 재산적 가치물로서 처분할 수 있도록 하기 위한 것인 점에 비추어 위 법조항에 규정된 영업의

폐지라 함은 정식으로 영업폐지에 필요한 행정절차를 밟아 폐업하는 경우에 한하지 아니하고 사실상 폐업한 경우도 이에 해당한다(대법원 1988. 1. 19. 선고 87다카1295 판결).

해답 ④

문 43 ★★

기한 후 배서에 관한 설명 중 옳은 것을 모두 고른 것은? (다툼이 있는 경우 판례에 의함)

ㄱ. 백지식으로 배서가 된 약속어음의 소지인이 지급거절증서 작성기간이 경과되기 전에 배서일이 백지로 된 채 배서에 의하여 그 약속어음을 양도받은 것이라면, 지급거절증서 작성기간이 경과된 후에 배서일을 지급거절증서 작성기간 경과 전으로, 피배서인을 자신으로 각 보충을 하였다고 하더라도 기한후배서로 볼 수 없다.
ㄴ. 기한 후 배서는 보통의 배서와는 달리 지명채권양도의 효력밖에 없어 그것에 의하여 이전되는 권리는 배서인이 배서 당시 가지고 있던 범위의 권리라 할 것이므로 어음채무자는 그 배서 당시 이미 발생한 배서인에 대한 모든 항변사실을 피배서인에 대하여도 대항할 수 있다.
ㄷ. 만기 후 배서도 그것이 지급거절증서 작성 전 또는 지급거절증서 작성기간 경과 전에 이루어진 것이면 만기 전의 배서와 동일한 효력을 갖는다.
ㄹ. 융통어음의 발행인은 피융통자로부터 기한 후 배서에 의하여 그 어음을 양수한 제3자에 대하여 대가 없이 발행된 융통어음이라는 항변으로 대항할 수 있다.

① ㄱ, ㄴ
② ㄷ, ㄹ
③ ㄱ, ㄴ, ㄷ
④ ㄱ, ㄷ, ㄹ
⑤ ㄴ, ㄷ, ㄹ

해설

ㄱ.(O) 백지식으로 배서가 된 약속어음의 소지인이 지급거절증서작성기간이 경과되기 전에 배서일이 백지로 된 채 배서에 의하여 그 약속어음을 양도받은 것이라면, 지급거절증서작성기간이 경과된 후에 배서일을 지급거절증서작성기간 경과 전으로, 피배서인을 자신으로 각 보충을 하였다고 하더라도, 기한 후 배서로 볼 수는 없다(대법원 1994. 2. 8. 선고 93다54927 판결).

ㄴ.(O) 기한 후 배서는 보통의 배서와는 달리 지명채권양도의 효력밖에 없어 그것에 의하여 이전되는 권리는 배서인이 배서 당시 가지고 있던 범위의 권리라 할 것이므로 어음채무자는 그 배서 당시 이미 발생한 배서인에 대한 항변사실을 피배서인에 대하여도 대항할 수 있으나 그 배서 후 비로소 발생한 배서인에 대한 사유는 피배서인에 대하여 주장할 수 없다(대법원 1994. 1. 25. 선고 93다50543 판결).

ㄷ.(O) 어음법 제20조에 의하면 만기 후 배서도 그것이 지급거절증서 작성 전 또는 지급거절증서 작성기간 경과 전에 이루어진 것이면 만기 전의 배서와 동일한 효력을 가지고, 비록 만기에 지급제시된 어음에 교환필이라는 스탬프가 압날되고 피사취 또는 예금부족 등의 사유로 지급거절한다는 취지의 지급은행의 부전이 첨부되어 있는 등 지급거절의 사실이 어음면에 명백하게 되어 있다 하더라도 이를 가지고 적법한 지급거절증서가 작성되었다고는 할 수 없으므로, 그러한 어음에 한 배서도 그것이 지급거절증서 작성 전으로서 지급거절증서 작성기간 경과 전이기만 하면 이는 기한 후 배서가 아닌 만기후배서로서 만기 전의 배서와 동일한 효력이 있다(대법원 2000. 1. 28. 선고 99다44250 판결).

ㄹ.(X) 타인의 금융 또는 채무담보를 위하여 약속어음(이른바 융통어음)을 발행한 자는 피융통자에 대하여 어음상의 책임을 부담하지 아니하나, 그 어음을 양수한 제3자에 대하여는 선의이거나 악의이거나,

또한 그 취득이 기한 후 배서에 의한 것이었다 하더라도 대가없이 발행된 융통어음이었다는 항변으로 대항할 수 없다(대법원 1979. 10. 30. 선고 79다479 판결).

문 44

★★★

甲은 A주식회사 주주총회의 적법한 결의로 임기 2년의 이사로 선임되었고 甲이 이를 승낙하였으나 甲과 A회사 사이에 따로 이사임용계약이 체결되지는 않았다. A회사의 정관에 이사의 정원은 3명으로, 이사의 임기는 2년으로 규정되어 있고, 임기 연장에 관한 규정은 없다. 「상법」상 이에 관한 설명 중 옳지 않은 것은? (다툼이 있는 경우 판례에 의함)

① 甲과 A회사 사이에 이사임용계약이 체결되지 않았더라도 甲이 A회사의 이사 지위를 취득한다.
② A회사 정관에 이사의 보수에 관하여 주주총회의 결의로 정하도록 한 경우 주주총회결의 없이 甲이 A회사로부터 '특별성과급'이라는 명칭으로 경영성과에 따라 금원을 지급받은 경우, 甲이 지급받은 그 금원은 직무수행에 대한 보상으로 지급된 보수로서 법률상 원인없이 이루어진 부당이득에 해당한다.
③ 만약 A회사가 정당한 이유 없이 甲의 임기만료 이전에 甲을 해임한 때에는 甲은 회사에 대하여 해임으로 인한 손해의 배상을 청구할 수 있고, 이러한 경우 '정당한 이유'의 존부에 관한 증명책임은 손해배상을 청구하는 甲이 부담한다.
④ 甲을 포함하여 A회사의 이사가 3명만 선임되어 있고, 甲의 임기 2년이 경과하였으나 후임 이사가 선임되지 않아 이사의 원수를 결한 경우에는, 甲은 새로 선임된 이사가 취임할 때까지 이사의 권리의무가 있다.
⑤ 위 ④의 경우에 甲이 임기만료 후에도 계속 이사로서의 직무를 수행하는 경우, 甲은 「상법」제385조 제1항에서 해임대상으로 정하고 있는 '이사'에 포함된다.

해설

① (O) 이사·감사의 지위가 주주총회의 선임결의와 별도로 대표이사와 사이에 임용계약이 체결되어야만 비로소 인정된다고 보는 것은, 이사·감사의 선임을 주주총회의 전속적 권한으로 규정하여 주주들의 단체적 의사결정 사항으로 정한 상법의 취지에 배치된다. 또한 상법상 대표이사는 회사를 대표하며, 회사의 영업에 관한 재판상 또는 재판 외의 모든 행위를 할 권한이 있으나(제389조 제3항, 제209조 제1항), 이사·감사의 선임이 여기에 속하지 아니함은 법문상 분명하다. 그러므로 이사·감사의 지위는 주주총회의 선임결의가 있고 선임된 사람의 동의가 있으면 취득된다고 보는 것이 옳다(대법원 2017. 3. 23. 선고 2016다251215 전원합의체 판결).

② (O) 상법 제388조는 이사의 보수는 정관에 그 액을 정하지 아니한 때에는 주주총회의 결의로 이를 정한다고 규정한다. 이는 이사가 자신의 보수와 관련하여 개인적 이익을 도모하는 폐해를 방지하여 회사와 주주 및 회사채권자의 이익을 보호하기 위한 강행규정이다. 따라서 정관에서 이사의 보수에 관하여 주주총회의 결의로 정한다고 규정한 경우 그 금액·지급방법·지급시기 등에 관한 주주총회의 결의가 있었음을 인정할 증거가 없는 한 이사는 보수청구권을 행사할 수 없다. 이때 '이사의 보수'에는 월급, 상여금 등 명칭을 불문하고 이사의 직무수행에 대한 보상으로 지급되는 대가가 모두 포함되고, 회사가 성과급, 특별성과급 등의 명칭으로 경영성과에 따라 지급하는 금원이나 성과 달성을 위한 동기를 부여할 목적으로 지급하는 금원도 마찬가지이다(대법원 2020. 4. 9. 선고 2018다290436 판결). ▶ 甲 주식회사의 정관에 이사의 보수에 관하여 주주총회의 결의로 정하도록 규정하고 있는데, 甲 회사의 대표이사인 乙이 주주총회의 결의 없이 甲 회사로부터 '특별성과급'이라는 명목으로 금원을 지급받은 사안에서, 乙이 '특별성과급'이라

는 명목으로 지급받은 금원은 직무수행에 대한 보상으로 지급된 보수에 해당하는데, 乙이 특별성과급을 지급받을 때 주주총회의 결의 없이 甲 회사의 대주주의 의사결정만 있었다면, 주주총회를 개최하였더라도 결의가 이루어졌을 것이 예상된다는 사정만으로 결의가 있었던 것과 같게 볼 수 없고, 특별성과급 일부가 주주총회에서 정한 이사의 보수한도액 내에 있다는 사정만으로 그 부분의 지급을 유효하다고 볼 수도 없으므로, 乙에게 지급된 특별성과급은 법률상 원인 없이 이루어진 부당이득에 해당한다고 본 원심판단을 수긍한 사례.

③ (O) 주식회사 이사의 임기를 정한 경우에 주식회사가 정당한 이유 없이 임기만료 전에 이사를 해임한 때에는 그 이사는 회사에 대하여 해임으로 인한 손해의 배상을 청구할 수 있는데(상법 제385조 제1항 후문), 이러한 경우 '정당한 이유'의 존부에 관한 입증책임은 손해배상을 청구하는 이사가 부담한다(대법원 2006. 11. 23. 선고 2004다49570 판결).

④ (O) 상법 제386조 참조

> 상법 제386조(결원의 경우) ① 법률 또는 정관에 정한 이사의 원수를 결한 경우에는 임기의 만료 또는 사임으로 인하여 퇴임한 이사는 새로 선임된 이사가 취임할 때까지 이사의 권리의무가 있다.

⑤ (X) 한편 임기만료로 퇴임한 이사라 하더라도 상법 제386조 제1항 등에 따라 새로 선임된 이사의 취임 시까지 이사로서의 권리의무를 가지게 될 수 있으나(이하 '퇴임이사'라고 한다), 그와 같은 경우에도 새로 선임된 이사가 취임하거나 상법 제386조 제2항에 따라 일시 이사의 직무를 행할 자가 선임되면 별도의 주주총회 해임결의 없이 이사로서의 권리의무를 상실하게 된다. 이러한 상법 제385조 제1항의 입법 취지, 임기만료 후 이사로서의 권리의무를 행사하고 있는 퇴임이사의 지위 등을 종합하면, 상법 제385조 제1항에서 해임대상으로 정하고 있는 '이사'에는 '임기만료 후 이사로서의 권리의무를 행사하고 있는 퇴임이사'는 포함되지 않는다고 보아야 한다(대법원 2021. 08. 19. 2020다285406 판결).

문 45 ★★

백지어음에 관한 설명 중 옳지 않은 것은? (다툼이 있는 경우 판례에 의함)

① 백지어음이 아니라 불완전 어음으로서 무효라는 점에 관한 증명책임은 발행인에게 있다.
② 백지보충 전 어음으로 지급제시하면 상환청구권이 보전되지 않으며, 백지보충 전의 지급제시는 그 청구시점에 시효중단의 효력도 없다.
③ 수취인이 백지인 채로 발행된 어음은 인도에 의하여 어음법적으로 유효하게 양도될 수 있고, 어음이 전전양도된 후 그 어음을 인도받은 최종 소지인이 수취인으로서 자기를 보충하였다고 하더라도 그 소지인이 발행인을 해할 것을 알고 취득한 경우가 아니면 발행인으로부터 인적항변의 대항을 받지 아니한다.
④ 만기를 백지로 하여 발행된 약속어음의 백지보충권의 소멸시효기간은 백지보충권을 행사할 수 있는 때로부터 3년이다.
⑤ 백지어음에 미리 합의한 사항과 다른 내용을 보충한 경우에는 그 합의의 위반을 이유로 소지인에게 대항하지 못한다. 그러나 소지인이 악의 또는 중대한 과실로 인하여 어음을 취득한 경우에는 그러하지 아니하다.

해설

① (O) 백지약속어음의 경우 발행인이 수취인 또는 그 소지인으로 하여금 백지부분을 보충케 하려는 보충권을 줄 의사로서 발행하였는지의 여부에 관하여는 발행인에게 보충권을 줄 의사로 발행한 것이 아니라는 점, 즉 백지어음이 아니고 불완전어음으로서 무효라는 점에 관한 입증책임이 있다(대법원 2001. 4. 24. 선고 2001다6718 판결).

② (X) 만기는 기재되어 있으나 지급지, 지급을 받을 자 등과 같은 어음요건이 백지인 약속어음의 소지인이 그 백지 부분을 보충하지 않은 상태에서 어음금을 청구하는 것은 어음상의 청구권에 관하여 잠자는 자가 아님을 객관적으로 표명한 것이고 그 청구로써 어음상의 청구권에 관한 소멸시효는 중단된다(대법원 2010. 5. 20. 선고 2009다48312 전원합의체 판결).

③ (O) 수취인이 백지인 채로 발행된 어음은 인도에 의하여 어음법적으로 유효하게 양도될 수 있다. 수취인이 백지인 채로 발행된 어음이 인도에 의하여 양도된 경우 어음법 제17조가 적용되는 것이므로, 어음이 전전양도된 후 그 어음을 인도받은 최종 소지인이 수취인으로서 자기를 보충하였다고 하더라도 그 소지인이 발행인을 해할 것을 알고 취득한 경우가 아니면, 어음문면상의 기재와는 관계없이, 발행인으로부터 원인관계상의 항변 등 인적 항변의 대항을 받지 아니한다(대법원 1994. 11. 18. 선고 94다23098 판결).

④ (O) 만기를 백지로 한 약속어음을 발행한 경우, 그 보충권의 소멸시효는 다른 특별한 사정이 없는 한 그 어음발행의 원인관계에 비추어 어음상의 권리를 행사하는 것이 법률적으로 가능하게 된 때부터 진행하고, 백지약속어음의 보충권 행사에 의하여 생기는 채권은 어음금 채권이며 어음법 제77조 제1항 제8호, 제70조 제1항, 제78조 제1항에 의하면 약속어음의 발행인에 대한 어음금 채권은 만기의 날로부터 3년간 행사하지 아니하면 소멸시효가 완성되는 점 등을 고려하면, 만기를 백지로 하여 발행된 약속어음의 백지보충권의 소멸시효기간은 백지보충권을 행사할 수 있는 때로부터 3년으로 보아야 한다(대법원 2003. 5. 30. 선고 2003다16214 판결).

⑤ (O) 어음법 제10조 참조

> 어음법 제10조(백지어음) 미완성으로 발행한 환어음에 미리 합의한 사항과 다른 내용을 보충한 경우에는 그 합의의 위반을 이유로 소지인에게 대항하지 못한다. 그러나 소지인이 악의 또는 중대한 과실로 인하여 환어음을 취득한 경우에는 그러하지 아니하다.

문 46

★★

「상법」상 주식회사의 자기주식 등에 관한 설명으로 옳지 않은 것은? (다툼이 있는 경우 판례에 의함)

① 자기주식 취득가액의 총액을 배당가능이익의 범위 내로 제한하는 「상법」 제341조 제1항 단서는 자기주식 취득가액의 총액이 배당가능이익을 초과하여서는 안 된다는 것을 의미할 뿐만 아니라 은행으로부터 대출을 받아 그 차입금으로 자기주식을 취득하는 것이 허용되지 않는다는 것을 의미한다.
② 주식회사가 단주(端株)의 처리를 위하여 필요한 경우에는 자기주식을 취득하는 것이 허용된다.
③ 주식회사가 특정 주주와 사이에 특정한 금액으로 주식을 매수하기로 약정함으로써 사실상 매수청구를 할 수 있는 권리를 부여하여 주주가 그 권리를 행사하는 경우는, 특정 목적에 의한 자기주식 취득으로서 허용되는 경우 중 하나인 「상법」 제341조의2 제4호에서 정한 '주주가 주식매수청구권을 행사한 경우'에 해당하지 않는다.
④ 주식회사가 무상으로 자기주식을 취득하는 때와 같이 회사의 자본적 기초를 위태롭게 하거나 회사채권자와 주주의 이익을 해한다고 할 수가 없는 경우에는 예외적으로 자기주식의 취득을 허용할 수 있다.
⑤ 배당가능이익을 재원으로 하여 자기주식을 취득하려는 주식회사는 취득할 수 있는 주식의 종류와 수를 반드시 주주총회의 결의로만 정할 수 있는 것은 아니고, 이사회의 결의로 이익배당을 할 수 있다고 정관으로 정하고 있는 경우에는 이사회의 결의로써 주주총회의 결의를 갈음할 수 있다.

해설

① (X) 배당가능이익은 채권자의 책임재산과 회사의 존립을 위한 재산적 기초를 확보하기 위하여 직전 결산기상의 순자산액에서 자본금의 액, 법정준비금 등을 공제한 나머지로서 회사가 당기에 배당할 수 있는 한도를 의미하는 것이지 회사가 보유하고 있는 특정한 현금을 의미하는 것이 아니다. 또한 회사가 자기주식을 취득하는 경우 당기의 순자산이 그 취득가액의 총액만큼 감소하는 결과 배당가능이익도 같은 금액만큼 감소하게 되는데, 이는 회사가 자금을 차입하여 자기주식을 취득하더라도 마찬가지이다. 따라서 <u>상법 제341조 제1항 단서는 자기주식 취득가액의 총액이 배당가능이익을 초과하여서는 안 된다는 것을 의미할 뿐 차입금으로 자기주식을 취득하는 것이 허용되지 않는다는 것을 의미하지는 않는다</u>(대법원 2021. 7. 29. 선고 2017두63337 판결).

② (O) 상법 제341조의2 참조

> **상법 제341조의2(특정목적에 의한 자기주식의 취득)** <u>회사는 다음 각 호의 어느 하나에 해당하는 경우에는 제341조에도 불구하고 자기의 주식을 취득할 수 있다.</u>
> 1. 회사의 합병 또는 다른 회사의 영업전부의 양수로 인한 경우
> 2. 회사의 권리를 실행함에 있어 그 목적을 달성하기 위하여 필요한 경우
> 3. <u>단주(端株)의 처리를 위하여 필요한 경우</u>
> 4. 주주가 주식매수청구권을 행사한 경우

③ (O) … 따라서 개정 상법 제360조의5 제1항, 제374조의2 제1항, 제522조의3 제1항 등에 따라 주주가 주식매수청구권을 행사하는 경우에는 개정 상법 제341조의2 제4호에 따라 회사가 제한 없이 자기주식을 취득할 수 있으나, <u>회사가 특정 주주와 사이에 특정한 금액으로 주식을 매수하기로 약정함으로써 사실상 매수청구를 할 수 있는 권리를 부여하여 주주가 그 권리를 행사하는 경우는 개정 상법 제341조의2 제4호가 적용되지 않으므로, 개정 상법 제341조에서 정한 요건에서만 회사의 자기주식취득이 허용</u>된다(대법원 2021. 10. 28. 선고 2020다208058 판결).

④ (O) 회사는 원칙적으로 자기의 계산으로 자기의 주식을 취득하지 못하는 것이지만, <u>회사가 무상으로 자기주식을 취득하는 때와 같이 회사의 자본적 기초를 위태롭게 하거나 회사 채권자와 주주의 이익을 해한다고 할 수가 없는 경우에는 예외적으로 자기주식의 취득을 허용할 수 있다</u>(대법원 1996. 6. 25. 선고 96다12726 판결).

⑤ (O) 상법 제341조 참조

> **상법 제341조(자기주식의 취득)** ① 회사는 다음의 방법에 따라 자기의 명의와 계산으로 자기의 주식을 취득할 수 있다. 다만, 그 취득가액의 총액은 직전 결산기의 대차대조표상의 순자산액에서 제462조 제1항 각 호의 금액을 뺀 금액을 초과하지 못한다.
> 1. 거래소에서 시세(時勢)가 있는 주식의 경우에는 거래소에서 취득하는 방법
> 2. 제345조 제1항의 주식의 상환에 관한 종류주식의 경우 외에 각 주주가 가진 주식 수에 따라 균등한 조건으로 취득하는 것으로서 대통령령으로 정하는 방법
> ② 제1항에 따라 자기주식을 취득하려는 회사는 미리 주주총회의 결의로 다음 각 호의 사항을 결정하여야 한다. 다만, <u>이사회의 결의로 이익배당을 할 수 있다고 정관으로 정하고 있는 경우에는 이사회의 결의로써 주주총회의 결의를 갈음할 수 있다.</u>

해답 ①

문 47

「상법」상 자본금 총액이 10억원 이상인 주식회사의 이익배당에 관한 설명 중 옳은 것을 모두 고른 것은? (다툼이 있는 경우 판례에 의함)

> ㄱ. 이익배당에 관하여 내용이 다른 종류주식을 발행하는 경우, 정관에 이익배당에 관한 내용을 정하여야 한다.
> ㄴ. 연 1회의 결산기를 정한 회사는 영업연도 중 1회에 한하여 이사회의 결의로 일정한 날을 정하여 그 날의 주주에 대하여 이익을 배당할 수 있음을 정관으로 정할 수 있다.
> ㄷ. 회사가 배당가능한 이익이 없음에도 이익배당을 한 경우, 회사는 배당을 받은 주주에게 부당이득반환청구권을 행사할 수 있고, 그 반환청구권의 소멸시효기간은 5년이다.
> ㄹ. 주주총회의 결의로 이익배당을 정한 경우, 주주의 회사에 대한 이익배당금 지급청구권의 소멸시효기간은 10년이다.
> ㅁ. 회사는 정관으로 이익배당을 금전 외의 재산으로 할 수 있음을 정할 수 있다.

① ㄴ, ㅁ
② ㄷ, ㄹ
③ ㄱ, ㄴ, ㅁ
④ ㄱ, ㄴ, ㄷ, ㅁ
⑤ ㄱ, ㄴ, ㄹ, ㅁ

해설

ㄱ.(O) 상법 제344조의2 참조

> 상법 제344조의2(이익배당, 잔여재산분배에 관한 종류주식) ① 회사가 이익의 배당에 관하여 내용이 다른 종류주식을 발행하는 경우에는 정관에 그 종류주식의 주주에게 교부하는 배당재산의 종류, 배당재산의 가액의 결정방법, 이익을 배당하는 조건 등 이익배당에 관한 내용을 정하여야 한다.

ㄴ.(O) 상법 제462조의3 참조

> 상법 제462조의3(중간배당) ① 연 1회의 결산기를 정한 회사는 영업년도 중 1회에 한하여 이사회의 결의로 일정한 날을 정하여 그 날의 주주에 대하여 이익을 배당(이하 이 條에서 "中間配當"이라 한다)할 수 있음을 정관으로 정할 수 있다.

ㄷ.(X) … 만약 회사가 배당 가능한 이익이 없음에도 이익의 배당이나 중간배당을 하였다면 위 조항에 반하는 것으로 무효라 할 것이므로 회사는 배당을 받은 주주에게 부당이득반환청구권을 행사할 수 있다. 이익의 배당이나 중간배당은 회사가 획득한 이익을 내부적으로 주주에게 분배하는 행위로서 회사가 영업으로 또는 영업을 위하여 하는 상행위가 아니므로 배당금지급청구권은 상법 제64조가 적용되는 상행위로 인한 채권이라고 볼 수 없다. 이에 따라 위법배당에 따른 부당이득반환청구권 역시 근본적으로 상행위에 기초하여 발생한 것이라고 볼 수 없다. 특히 배당가능이익이 없는데도 이익의 배당이나 중간배당이 실시된 경우 회사나 채권자가 주주로부터 배당금을 회수하는 것은 회사의 자본충실을 도모하고 회사 채권자를 보호하는 데 필수적이므로, 회수를 위한 부당이득반환청구권 행사를 신속하게 확정할 필요성이 크다고 볼 수 없다. 따라서 위법배당에 따른 부당이득반환청구권은 민법 제162조 제1항이 적용되어 10년의 민사소멸시효에 걸린다고 보아야 한다(대법원 2021. 6. 24. 선고 2020다208621 판결).

ㄹ. (X) 상법 제464조의2 참조

> 상법 제464조의2(이익배당의 지급시기) ① 회사는 제464조에 따른 이익배당을 제462조제2항의 주주총회나 이사회의 결의 또는 제462조의3제1항의 결의를 한 날부터 1개월 내에 하여야 한다. 다만, 주주총회 또는 이사회에서 배당금의 지급시기를 따로 정한 경우에는 그러하지 아니하다.
> ② 제1항의 배당금의 지급청구권은 5년간 이를 행사하지 아니하면 소멸시효가 완성한다.

ㅁ. (O) 상법 제462조의4 참조

> 상법 제462조의4(현물배당) ① 회사는 정관으로 금전 외의 재산으로 배당을 할 수 있음을 정할 수 있다.

해답 ③

문 48 ★★

甲주식회사는 「상법」상 비상장회사이다. 건설업 및 유통업을 하는 甲회사는 유통업 부문을 분할하여 「상법」상 비상장회사인 乙회사를 설립하고 乙회사의 주식을 甲회사의 주주들에게 지급하는 회사분할을 진행하고자 한다. 「상법」상 이에 관한 설명 중 옳지 않은 것은? (다툼이 있는 경우 판례에 의함)

① 甲회사와 乙회사가 분할 전의 甲회사 채무에 관하여 甲회사의 채권자에게 연대하여 변제할 책임이 있는 경우, 이 채무에는 분할 전에 발생한 채무로서 그 변제기가 분할 당시에는 아직 도래하지 않은 채무도 포함된다.
② 甲회사와 乙회사가 분할 전의 甲회사 채무에 관하여 甲회사의 채권자에게 연대하여 변제할 책임이 있는 경우, 그 책임은 부진정연대책임으로서, 甲회사에 대한 소멸시효 중단의 효과는 乙회사에게 효력이 미치지 않는다.
③ 乙회사는 甲회사의 채무 중에서 분할계획서에 승계하기로 정한 채무에 대한 책임만을 부담하는 것으로 정할 수 있고, 이 경우 甲회사는 「상법」 제439조 제3항 및 제527조의5의 규정이 준용되어 채권자보호절차를 거쳐야 한다.
④ 甲회사의 분할계획서에 대한 주주총회의 승인결의에 관하여는 「상법」 제344조의3 제1항에 따라 의결권이 배제되는 주주도 의결권이 있다.
⑤ 분할에 반대하는 甲회사의 주주는 분할계획서의 승인을 위하여 개최되는 주주총회 전에 회사에 대하여 서면으로 그 결의에 반대하는 의사를 통지한 경우 「상법」 제522조의3의 규정이 준용되어 반대주주의 주식매수청구권을 행사할 수 있다.

해설

① (O) 상법 제530조의9 제1항에 따라 주식회사의 분할 또는 분할합병으로 인하여 설립되는 회사와 존속하는 회사가 회사 채권자에게 연대하여 변제할 책임이 있는 분할 또는 분할합병 전의 회사 채무에는, 회사 분할 또는 분할합병의 효력발생 전에 발생하였으나 분할 또는 분할합병 당시에는 아직 그 변제기가 도래하지 아니한 채무도 포함된다(대법원 2008. 2. 14. 선고 2007다73321 판결).

② (O) 구 상법(2015. 12. 1. 법률 제13523호로 개정되기 전의 것, 이하 '구 상법'이라 한다) 제530조의9 제1항은 "분할 또는 분할합병으로 인하여 설립되는 회사 또는 존속하는 회사(이하 '수혜회사'라 한다)는 분할 또는 분할합병 전의 회사채무에 관하여 연대하여 변제할 책임이 있다."라고 정하고 있다(2015. 12. 1. 개정된 상법 제530조의9 제1항은 "분할회사, 단순분할신설회사, 분할승계회사 또는 분할합병신설회사는 분할 또는 분할합병 전의 분할회사 채무에 관하여 연대하여 변제할 책임이 있다."라고 정하여, '분할회사'와 '분할합병신설회사' 등이 동일한 분할회사 채무에 관해 연대책임을 부담한다는 점을

명시하고 있다). 이는 회사분할로 채무자의 책임재산에 변동이 생겨 채권 회수에 불리한 영향을 받는 채권자를 보호하기 위하여 부과된 법정책임을 정한 것으로, 수혜회사와 분할 또는 분할합병 전의 회사는 분할 또는 분할합병 전의 회사채무에 대하여 부진정연대책임을 진다. … 부진정연대채무에서는 채무자 1인에 대한 이행청구 또는 채무자 1인이 행한 채무의 승인 등 소멸시효의 중단사유나 시효이익의 포기가 다른 채무자에게 효력을 미치지 않는다. 따라서 채권자가 분할 또는 분할합병이 이루어진 후에 분할회사를 상대로 분할 또는 분할합병 전의 분할회사 채무에 관한 소를 제기하여 분할회사에 대한 관계에서 시효가 중단되거나 확정판결을 받아 소멸시효 기간이 연장된다고 하더라도 그와 같은 소멸시효 중단이나 연장의 효과는 다른 채무자인 수혜회사에 효력이 미치지 않는다(대법원 2017. 5. 30. 선고 2016다34687 판결).

③ (O) 상법 제527조의5, 제530조의9 참조

> 상법 제527조의5(채권자보호절차) ① 회사는 제522조의 주주총회의 승인결의가 있는 날부터 2주내에 채권자에 대하여 합병에 이의가 있으면 1월 이상의 기간 내에 이를 제출할 것을 공고하고 알고 있는 채권자에 대하여는 따로따로 이를 최고하여야 한다.
> ② 제1항의 규정을 적용함에 있어서 제527조의2 및 제527조의3의 경우에는 이사회의 승인결의를 주주총회의 승인결의로 본다.
> ③ 제232조제2항 및 제3항의 규정은 제1항 및 제2항의 경우에 이를 준용한다.
>
> 상법 제530조의9(분할 및 분할합병 후의 회사의 책임) ① 분할회사, 단순분할신설회사, 분할승계회사 또는 분할합병신설회사는 분할 또는 분할합병 전의 분할회사 채무에 관하여 연대하여 변제할 책임이 있다.
> ② 제1항에도 불구하고 분할회사가 제530조의3제2항에 따른 결의로 분할에 의하여 회사를 설립하는 경우에는 단순분할신설회사는 분할회사의 채무 중에서 분할계획서에 승계하기로 정한 채무에 대한 책임만을 부담하는 것으로 정할 수 있다. 이 경우 분할회사가 분할 후에 존속하는 경우에는 단순분할신설회사가 부담하지 아니하는 채무에 대한 책임만을 부담한다.
> ④ 제2항의 경우에는 제439조제3항 및 제527조의5를 준용한다.

④ (O) 상법 제530조의3 참조

> 상법 제530조의3(분할계획서·분할합병계약서의 승인) ① 회사가 분할 또는 분할합병을 하는 때에는 분할계획서 또는 분할합병계약서를 작성하여 주주총회의 승인을 얻어야 한다.
> ② 제1항의 승인결의는 제434조의 규정에 의하여야 한다.
> ③ 제2항의 결의에 관하여는 제344조의3제1항에 따라 의결권이 배제되는 주주도 의결권이 있다.

⑤ (X) 반대주주의 매수청구권은 오직 분할합병에만 적용되므로(송옥렬, 상법강의 제14판 p1296), 단순분할의 경우에는 인정되지 않는다.

> 상법 제522조의3(합병반대주주의 주식매수청구권) ① 제522조 제1항에 따른 결의사항에 관하여 이사회의 결의가 있는 때에 그 결의에 반대하는 주주(의결권이 없거나 제한되는 주주를 포함한다. 이하 이 조에서 같다)는 주주총회 전에 회사에 대하여 서면으로 그 결의에 반대하는 의사를 통지한 경우에는 그 총회의 결의일부터 20일 이내에 주식의 종류와 수를 기재한 서면으로 회사에 대하여 자기가 소유하고 있는 주식의 매수를 청구할 수 있다
> ② 제527조의2 제2항의 공고 또는 통지를 한 날부터 2주 내에 회사에 대하여 서면으로 합병에 반대하는 의사를 통지한 주주는 그 기간이 경과한 날부터 20일 이내에 주식의 종류와 수를 기재한 서면으로 회사에 대하여 자기가 소유하고 있는 주식의 매수를 청구할 수 있다
>
> 상법 제530조의11(준용규정) ① 분할 또는 분할합병의 경우에는 제234조, 제237조부터 제240조까지, 제329조의2, 제440조부터 제443조까지, 제526조, 제527조, 제527조의6, 제528조 및 제529조를 준용한다. 다만, 제527조의 설립위원은 대표이사로 한다.
> ② 제374조 제2항, 제439조 제3항, 제522조의3, 제527조의2, 제527조의3 및 제527조의5의 규정은 분할합병의 경우에 이를 준용한다.

해답 ⑤

문 49

「상법」상 주식회사의 감사 및 감사위원회에 관한 설명 중 옳은 것은?

① 자본금 총액이 10억 원 미만인 주식회사는 반드시 감사를 선임하여야 하지만, 이사는 선임하지 아니할 수 있다.
② 비상장회사인 주식회사가 감사위원회를 설치하는 경우, 감사위원회의 위원의 해임에 관한 이사회 결의는 이사 총수 3분의 2 이상의 결의로 하여야 한다.
③ 상장회사가 감사를 선임할 때에는 의결권 없는 주식을 제외한 발행주식총수의 100분의 3(정관에서 더 낮은 주식 보유비율을 정할 수 있으며, 정관에서 더 낮은 주식 보유비율을 정한 경우에는 그 비율로 한다)을 초과하는 수의 주식을 가진 주주는 그 초과하는 주식에 관하여 의결권을 행사할 수 없으나, 감사를 해임할 때에는 그 초과하는 주식에 관하여도 의결권을 행사할 수 있다.
④ 최근 사업연도 말 현재의 자산총액이 2조 원 이상인 상장회사로서 감사위원회를 반드시 설치해야 하는 회사의 경우 감사위원회의 위원을 선임하거나 해임하는 권한은 이사회에 있다.
⑤ 비상장회사인 주식회사가 감사위원회를 설치하는 경우 3명 이상의 이사로 구성하되, 사외이사가 위원의 과반수 이상이어야 한다.

해설

① (X) 상법 제296조 참조

> 상법 제296조(발기설립의 경우의 임원선임) ① 전조의 규정에 의한 납입과 현물출자의 이행이 완료된 때에는 발기인은 지체없이 의결권의 과반수로 이사와 감사를 선임하여야 한다.
> 상법 제312조(임원의 선임) 창립총회에서는 이사와 감사를 선임하여야 한다.
> 상법 제409조(선임) ④ 제1항, 제296조제1항 및 제312조에도 불구하고 자본금의 총액이 10억 원 미만인 회사 의 경우에는 감사를 선임하지 아니할 수 있다.

② (O) 상법 제415조의2 참조

> 상법 제415조의2(감사위원회) ① 회사는 정관이 정한 바에 따라 감사에 갈음하여 제393조의2의 규정에 의한 위원회로서 감사위원회를 설치할 수 있다. 감사위원회를 설치한 경우에는 감사를 둘 수 없다.
> ② 감사위원회는 제393조의2 제3항에도 불구하고 3명 이상의 이사로 구성한다. 다만, 사외이사가 위원의 3분의2 이상이어야 한다.
> ③ 감사위원회의 위원의 해임에 관한 이사회의 결의는 이사 총수의 3분의 2 이상의 결의로 하여야 한다.

③ (X), ④ (X) 상법 제542조의12 참조

> 상법 제542조의12(감사위원회의 구성 등) ① 제542조의11 제1항의 상장회사의 경우 제393조의2에도 불구하고 감사위원회위원을 선임하거나 해임하는 권한은 주주총회에 있다.
> ④ 제1항에 따른 감사위원회위원을 선임 또는 해임할 때에는 상장회사의 의결권 없는 주식을 제외한 발행주식총수의 100분의 3(정관에서 더 낮은 주식 보유비율을 정할 수 있으며, 정관에서 더 낮은 주식 보유비율을 정한 경우에는 그 비율로 한다)을 초과하는 수의 주식을 가진 주주(최대주주인 경우에는 사외이사가 아닌 감사위원회위원을 선임 또는 해임할 때에 그의 특수관계인, 그 밖에 대통령령으로 정하는 자가 소유하는 주식을 합산한다)는 그 초과하는 주식에 관하여 의결권을 행사하지 못한다.

⑤ (X) 상법 제415조의2 참조

> 상법 제415조의2(감사위원회) ① 회사는 정관이 정한 바에 따라 감사에 갈음하여 제393조의2의 규정에 의한 위원회로서 감사위원회를 설치할 수 있다. 감사위원회를 설치한 경우에는 감사를 둘 수 없다.
> ② 감사위원회는 제393조의2 제3항에도 불구하고 3명 이상의 이사로 구성한다. 다만, 사외이사가 위원의 3분의 2 이상이어야 한다.

문 50

「상법」상 주주총회의 결의에 관한 설명 중 옳은 것을 모두 고른 것은? (다툼이 있는 경우 판례에 의함)

> ㄱ. 「상법」 제368조 제1항에 따라 주주총회의 보통결의요건을 정관에서 달리 정할 수 있으나 정관에서 주주총회 성립에 관한 의사정족수를 규정하는 것은 허용되지 않는다.
> ㄴ. 주식회사가 영업의 전부를 양도한 후 주주총회의 특별결의가 없었다는 이유를 들어 스스로 그 약정의 무효를 주장하더라도 주주 전원이 그와 같은 약정에 동의한 것으로 볼 수 있는 등 특별한 사정이 인정되지 않는다면 위와 같은 무효 주장이 신의성실 원칙에 반한다고 할 수는 없다.
> ㄷ. 회사가 이사회의 결의로 주주가 총회에 출석하지 아니하고 전자적 방법으로 의결권을 행사할 수 있음을 정한 경우에는 「상법」 제368조 제1항에도 불구하고 출석한 주주의 의결권의 과반수로써 감사의 선임을 결의할 수 있다.
> ㄹ. 주주는 정관이 정한 바에 따라 주주총회에 출석하지 아니하고 서면에 의하여 의결권을 행사할 수 있다.

① ㄴ, ㄷ
② ㄴ, ㄹ
③ ㄷ, ㄹ
④ ㄴ, ㄷ, ㄹ
⑤ ㄱ, ㄴ, ㄷ, ㄹ

해설

ㄱ. (X) 상법 제368조 제1항은 주주총회의 보통결의 요건에 관하여 "총회의 결의는 이 법 또는 정관에 다른 정함이 있는 경우를 제외하고는 출석한 주주의 의결권의 과반수와 발행주식총수의 4분의 1 이상의 수로써 하여야 한다."라고 규정하여 주주총회의 성립에 관한 의사정족수를 따로 정하고 있지는 않지만, 보통결의 요건을 정관에서 달리 정할 수 있음을 허용하고 있으므로, 정관에 의하여 의사정족수를 규정하는 것은 가능하다(대법원 2017. 1. 12. 선고 2016다217741 판결).

ㄴ. (O) 상법 제374조 제1항 제1호는 주식회사가 영업의 전부 또는 중요한 일부의 양도행위를 할 때에는 제434조에 따라 출석한 주주의 의결권의 3분의 2 이상의 수와 발행주식총수의 3분의 1 이상의 수로써 결의가 있어야 한다고 규정하고 있는데 이는 주식회사가 주주의 이익에 중대한 영향을 미치는 계약을 체결할 때에는 주주총회의 특별결의를 얻도록 하여 그 결정에 주주의 의사를 반영하도록 함으로써 주주의 이익을 보호하려는 강행법규이므로, 주식회사가 영업의 전부 또는 중요한 일부를 양도한 후 주주총회의 특별결의가 없었다는 이유를 들어 스스로 그 약정의 무효를 주장하더라도 주주 전원이 그와 같은 약정에 동의한 것으로 볼 수 있는 등 특별한 사정이 인정되지 않는다면 위와 같은 무효 주장이 신의성실 원칙에 반한다고 할 수는 없다.

ㄷ.(O) 상법 제368조의4, 제368조, 제409조 참조

> 상법 제368조의4(전자적 방법에 의한 의결권의 행사) ① 회사는 이사회의 결의로 주주가 총회에 출석하지 아니하고 전자적 방법으로 의결권을 행사할 수 있음을 정할 수 있다.
> 상법 제368조(총회의 결의방법과 의결권의 행사) ① 총회의 결의는 이 법 또는 정관에 다른 정함이 있는 경우를 제외하고는 출석한 주주의 의결권의 과반수와 발행주식총수의 4분의 1 이상의 수로써 하여야 한다.
> 상법 제409조(선임) ③ 회사가 제368조의4제1항에 따라 전자적 방법으로 의결권을 행사할 수 있도록 한 경우에는 제368조제1항에도 불구하고 출석한 주주의 의결권의 과반수로써 제1항에 따른 감사의 선임을 결의할 수 있다.

ㄹ.(O) 상법 제368조의3 참조

> 상법 제368조의3(서면에 의한 의결권의 행사) ① 주주는 정관이 정한 바에 따라 총회에 출석하지 아니하고 서면에 의하여 의결권을 행사할 수 있다.

해답 ④

문 51 ★★

「상법」상 손해보험에 관한 설명 중 옳은 것을 모두 고른 것은? (다툼이 있는 경우 판례에 의함)

> ㄱ. 당사자 간에 보험가액을 정하지 아니한 때에는 사고발생시의 가액을 보험가액으로 한다.
> ㄴ. 당사자 간에 보험가액을 정한 경우에도, 그 가액이 사고발생시의 가액을 현저하게 초과할 때에는 사고발생시의 가액을 보험가액으로 한다.
> ㄷ. 보험자가 보상할 손해액은 그 손해가 발생한 때와 곳의 가액에 의하여 산정하나, 당사자간에 다른 약정이 있는 때에는 그 신품가액에 의하여 손해액을 산정할 수 있다.
> ㄹ. 보험의 목적에 관하여 보험자가 부담할 손해가 생긴 경우에는 그 후 그 목적이 보험자가 부담하지 아니하는 보험사고의 발생으로 인하여 멸실된 때라면 보험자는 이미 생긴 손해를 보상할 책임을 면할 수 있다.

① ㄱ, ㄴ
② ㄱ, ㄷ
③ ㄱ, ㄴ, ㄷ
④ ㄴ, ㄷ, ㄹ
⑤ ㄱ, ㄴ, ㄷ, ㄹ

해설

ㄱ.(O) 상법 제671조 참조

> 상법 제671조(미평가보험) 당사자 간에 보험가액을 정하지 아니한 때에는 사고발생 시의 가액을 보험가액으로 한다.

ㄴ.(O) 상법 제670조 참조

> 상법 제670조(기평가보험) 당사자 간에 보험가액을 정한 때에는 그 가액은 사고발생 시의 가액으로 정한 것으로 추정한다. 그러나, 그 가액이 사고발생 시의 가액을 현저하게 초과할 때에는 사고발생 시의 가액을 보험가액으로 한다.

ㄷ.(O) 상법 제676조 참조

> 상법 제676조(손해액의 산정기준) ① 보험자가 보상할 손해액은 그 손해가 발생한 때와 곳의 가액에 의하여 산정한다. 그러나, 당사자 간에 다른 약정이 있는 때에는 그 신품가액에 의하여 손해액을 산정할 수 있다.

ㄹ.(X) 상법 제675조 참조

> 상법 제675조(사고발생 후의 목적멸실과 보상책임) 보험의 목적에 관하여 보험자가 부담할 손해가 생긴 경우에는 그 후 그 목적이 보험자가 부담하지 아니하는 보험사고의 발생으로 인하여 멸실된 때에도 보험자는 이미 생긴 손해를 보상할 책임을 면하지 못한다.

해답 ③

문 52

상사소멸시효에 관한 설명 중 옳지 않은 것은? (다툼이 있는 경우 판례에 의함)

① 주식회사가 지방자치단체와 체결한 기부채납 약정은 다른 사정이 없는 한 상인의 영업을 위하여 한 보조적 상행위에 해당하므로, 그러한 기부채납 약정에 근거한 채권에는 5년의 상사소멸시효기간이 적용된다.
② 5년의 상사소멸시효기간은 불법행위로 인한 손해배상채권에 적용되지 않는다.
③ 5년의 소멸시효기간이 적용되는 상사채권에는 기본적 상행위뿐만 아니라 상인이 영업을 위하여 하는 보조적 상행위로 인한 채권도 포함된다.
④ 5년의 상사소멸시효기간이 적용되는 채권은 상행위로 인하여 생긴 채무의 불이행에 기하여 성립한 손해배상채권도 포함한다.
⑤ 보험계약자가 다수의 계약을 통하여 보험금을 부정 취득할 목적으로 보험계약을 체결하여 그것이 「민법」제103조에 따라 선량한 풍속 기타 사회질서에 반하여 무효인 경우, 보험자의 보험금에 대한 부당이득반환청구권은 5년의 상사소멸시효기간이 적용되지 아니하고 10년의 민사소멸시효기간이 적용된다.

해설

① (O) … 당사자 쌍방에 대하여 모두 상행위가 되는 행위로 인한 채권뿐만 아니라 당사자 일방에 대하여만 상행위에 해당하는 행위로 인한 채권도 상법 제64조에 정해진 5년의 소멸시효기간이 적용되는 상사채권에 해당한다. 이 경우 상행위에는 상법 제46조 각호에 해당하는 기본적 상행위뿐만 아니라 상인이 영업을 위하여 하는 보조적 상행위(상법 제47조)도 포함되고, 상인이 영업을 위하여 하는 행위는 상행위로 보되 상인의 행위는 영업을 위하여 하는 것으로 추정된다. 따라서 기부자가 상인인 경우 지방자치단체와 그 기부자 사이에 체결된 기부채납 약정은 다른 사정이 없는 한 상인이 영업을 위하여 한 보조적 상행위에 해당하므로, 그러한 기부채납 약정에 근거한 채권에는 5년의 상사 소멸시효기간이 적용된다(대법원 2022. 4. 28. 선고 2019다272053 판결).

② (O) 상법 제812조에 의하여 준용되는 같은법 제121조 제1항, 제2항의 단기소멸시효의 규정은 운송인의 운송계약상의 채무불이행으로 인한 손해배상청구에만 적용되고 일반불법행위로 인한 손해배상청구에는 적용되지 아니하는 것이고 또한 상법 제64조의 일반상사시효 역시 상행위로 인한 채권에만 준용되고 상행위 아닌 불법행위로 인한 손해배상채권에는 적용되지 아니한다(대법원 1985. 5. 28. 선고 84다카966 판결).

③ (O), ④ (O) 당사자 쌍방에 대하여 모두 상행위가 되는 행위로 인한 채권뿐만 아니라 당사자 일방에 대하여만 상행위에 해당하는 행위로 인한 채권도 상법 제64조 소정의 5년의 소멸시효기간이 적용되는 상사채권에 해당하는 것이고, 그 상행위에는 상법 제46조 각 호에 해당하는 기본적 상행위뿐만 아니라, 상인이 영업을 위하여 하는 보조적 상행위도 포함된다. 상사시효가 적용되는 채권은 직접 상행위로 인하여 생긴 채권뿐만 아니라 상행위로 인하여 생긴 채무의 불이행에 기하여 성립한 손해배상채권도 포함한다(대법원 1997. 8. 26. 선고 97다9260 판결).

⑤ (X) 보험계약자가 다수의 계약을 통하여 보험금을 부정 취득할 목적으로 보험계약을 체결하여 그것이 민법 제103조에 따라 선량한 풍속 기타 사회질서에 반하여 무효인 경우 보험자의 보험금에 대한 부당이득반환청구권은 상법 제64조를 유추적용하여 5년의 상사 소멸시효기간이 적용된다고 봄이 타당하다 (대법원 2021. 7. 22. 선고 2019다277812 전원합의체 판결).

해답 ⑤

문 53 ★★
당사자표시정정에 관한 설명 중 옳지 않은 것은? (다툼이 있는 경우 판례에 의함)

① 소장에 표시된 피고의 당사자능력이 인정되지 않는 경우에도 소장 전체의 취지를 합리적으로 해석하여 인정되는 올바른 당사자능력자로 피고의 표시를 정정하는 것은 허용된다.
② 원고가 채무자의 1순위 상속인이 상속을 포기한 사실을 알지 못하여 그 1순위 상속인을 피고로 하여 소를 제기한 경우, 그 상속포기를 통해 비로소 상속인으로 된 자를 피고로 삼고자 하는 당사자표시정정 신청은 당사자의 동일성이 인정될 수 없어 부적법하다.
③ 당사자의 동일성이 인정되는 당사자표시정정은 항소심에서도 허용된다.
④ 사망한 자를 상대로 소를 제기한 경우, 상고심에서 그 상속인으로 당사자표시정정을 하는 것은 허용되지 않는다.
⑤ 당사자표시정정은 당사자로 표시된 자의 동일성이 인정되는 범위 안에서 그 표시만을 변경하는 경우에 한하여 허용되므로 종래의 당사자에 곁들여서 새로운 당사자를 추가하는 것은 허용되지 않는다.

해설

① (O) 소송에서 당사자가 누구인가는 당사자능력, 당사자적격 등에 관한 문제와 직결되는 중요한 사항이 므로, 사건을 심리·판결하는 법원으로서는 직권으로 소송당사자가 누구인가를 확정하여 심리를 진행하여야 하며, 이때 당사자가 누구인가는 소장에 기재된 표시 및 청구의 내용과 원인 사실 등 소장의 전 취지를 합리적으로 해석하여 확정하여야 한다. 따라서 소장에 표시된 피고에게 당사자능력이 인정되지 않는 경우에는 소장의 전취지를 합리적으로 해석한 결과 인정되는 올바른 당사자능력자로 표시를 정정하는 것이 허용된다(대법원 2011. 3. 10. 선고 2010다99040 판결).

② (X) 원고가 피고의 사망 사실을 모르고 사망자를 피고로 표시하여 소를 제기한 경우에, 청구의 내용과 원인사실, 당해 소송을 통하여 분쟁을 실질적으로 해결하려는 원고의 소제기 목적 내지는 사망 사실을 안 이후 원고의 피고표시정정신청 등 여러 사정을 종합하여 볼 때에, 실질적인 피고는 당사자능력이 없어 소송당사자가 될 수 없는 사망자가 아니라 처음부터 사망자의 상속자이고 다만 그 표시에 잘못이 있는 것에 지나지 않는다고 인정되면 사망자의 상속인으로 피고의 표시를 정정할 수 있다 할 것인바, 상속개시 이후 상속의 포기를 통한 상속채무의 순차적 승계 및 그에 따른 상속채무자 확정의 곤란성 등 상속제도의 특성에 비추어 위의 법리는 채권자가 채무자의 사망 이후 그 1순위 상속인의 상속포기 사실을 알지 못하고 1순위 상속인을 상대로 소를 제기한 경우에도 채권자가 의도한 실질적 피고의 동일성에 관한 위 전제요건이 충족되는 한 마찬가지로 적용이 된다(대법원 2009. 10. 15. 선고 2009다49964 판결).

③ (O) 당사자는 소장에 기재된 표시 및 청구의 내용과 원인사실을 합리적으로 해석하여 확정하여야 하고, 확정된 당사자와의 동일성이 인정되는 범위 내에서라면 항소심에서도 당사자의 표시정정을 허용하여야 한다(대법원 1996. 10. 11. 선고 96다3852 판결).

④ (O) 민사소송에서 소송당사자의 존재나 당사자능력은 소송요건에 해당하고, 이미 사망한 자를 상대로 한 소의 제기는 소송요건을 갖추지 않은 것으로서 부적법하며, 상고심에 이르러서는 당사자표시정정의 방법으로 그 흠결을 보정할 수 없다(대법원 2012.06.14. 2010다105310 판결).

⑤ (O) 당사자표시 정정은 당사자로 표시된 자의 동일성이 인정되는 범위 안에서 그 표시만을 변경하는 경우에 한하여 허용되는 것이므로 종래의 당사자에 곁들여서 새로운 당사자를 추가하는 것은 당사자표시 변경으로서 허용될 수 없고 이는 추가된 당사자에 대한 새로운 상소제기로 보아야 한다(대법원 1980. 7. 8. 선고 80다885 판결).

해답 ②

문 54

부대상소에 관한 설명 중 옳지 않은 것은? (다툼이 있는 경우 판례에 의함)

① 피항소인이 부대항소를 할 수 있는 범위는 항소인이 주된 항소에 의하여 불복한 범위에 의하여 제한된다.
② 제1심에서 원고가 전부 승소하여 피고만이 항소한 경우에 원고는 항소심에서도 청구취지를 확장할 수 있고 이는 부대항소를 한 것으로 의제된다.
③ 제1심에서 원고의 청구가 일부인용되자 패소부분에 대하여 원고만 항소를 제기하고, 피고는 항소나 부대항소를 제기하지 않았음에도 원고의 항소가 기각되자 피고가 상고한 경우 그 상고는 상고의 이익이 없다.
④ 항소심의 종국판결이 상고심에서 파기되어 사건이 다시 항소심에 환송된 경우 새로운 종국판결이 있기까지는 항소인은 피항소인이 부대항소를 제기하였는지 여부에 관계없이 항소를 취하할 수 있다.
⑤ 통상공동소송에서 공동당사자 일부만이 상고를 제기한 때에는 피상고인은 상고인인 공동소송인 이외의 다른 공동소송인을 상대방으로 하여 부대상고를 제기할 수 없다.

해설

① (X) 부대항소란 피항소인의 항소권이 소멸하여 독립하여 항소를 할 수 없게 된 후에도 상대방이 제기한 항소의 존재를 전제로 이에 부대하여 원판결을 자기에게 유리하게 변경을 구하는 제도로서, 피항소인이 부대항소를 할 수 있는 범위는 항소인이 주된 항소에 의하여 불복을 제기한 범위에 의하여 제한을 받지 아니한다(대법원 1999. 11. 26. 선고 99므1596 판결).
② (O) 제1심에서 원고가 전부 승소하여 피고만이 항소한 경우에 원고는 항소심에서도 청구취지를 확장할 수 있고 이는 부대항소를 한 것으로 의제된다(대법원 1992. 12. 8. 선고 91다43015 판결).
③ (O) 제1심에서 원고의 피고에 대한 청구가 일부인용되자 패소부분에 대하여 원고만 항소를 제기하고, 피고는 항소나 부대항소를 제기하지 않았다가 원고의 항소가 기각되자 피고가 상고한 경우 상고의 이익이 없어 부적법하다(대법원 1992. 12. 8. 선고 92다24431 판결).
④ (O) 항소는 항소심의 종국판결이 있기 전에 취하할 수 있는 것으로서(민사소송법 제363조 제1항), 일단 항소심의 종국판결이 있은 후라도 그 종국판결이 상고심에서 파기되어 사건이 다시 항소심에 환송된 경우에는 먼저 있은 종국판결은 그 효력을 잃고 그 종국판결이 없었던 것과 같은 상태로 돌아가게 되므로 새로운 종국판결이 있기까지는 항소인은 피항소인이 부대항소를 제기하였는지 여부에 관계 없이 항소를 취하할 수 있고, 그 때문에 피항소인이 부대항소의 이익을 잃게 되어도 이는 그 이익이 본래 상대방의 항소에 의존한 은혜적인 것으로 주된 항소의 취하에 따라 소멸되는 것이어서 어쩔 수 없다 할 것이므로, 이미 부대항소가 제기되어 있다 하더라도 주된 항소의 취하는 그대로 유효하다(대법원 1995. 3. 10. 선고 94다51543 판결).
⑤ (O) 통상의 공동소송에 있어 공동당사자 일부만이 상고를 제기한 때에는 피상고인은 상고인인 공동소송인 이외의 다른 공동소송인을 상대방으로 하거나 상대방으로 보태어 부대상고를 제기할 수 없다(대법원 2019. 10. 18. 선고 2019다14943 판결).

해답 ①

문 55

일부청구에 관한 설명 중 옳지 않은 것은? (다툼이 있는 경우 판례에 의함)

① 가분채권의 일부에 관한 이행의 소를 제기하면서 나머지를 유보하고 일부만을 청구한다는 취지를 명시하지 아니하면 그 확정판결의 기판력은 청구하고 남은 잔부청구에까지 미친다.

② 불법행위의 피해자가 손해의 일부만을 청구할 때에는, 그 손해의 범위를 잔부청구와 구별하여 그 심리의 범위를 특정할 수 있는 정도의 표시를 하여 전체손해의 일부로서 우선 청구하고 있는 것임을 밝히는 것으로 충분하다.

③ 신체의 훼손으로 인한 손해의 배상을 청구하면서 신체감정절차를 거친 후 그 결과에 따라 청구금액을 확장하겠다는 뜻을 소장에 명백히 표시하였더라도 그 소제기에 따른 시효중단의 효력은 소장에 기재된 일부청구액에만 미친다.

④ 일부청구임을 명시한 소송계속 중에 유보한 나머지 청구를 별도의 소로 제기하여도 중복된 소제기에 해당되지 않는다.

⑤ 일부청구에서 상대방이 자동채권으로 상계하는 경우에는 수동채권의 전액에서 상계를 하고, 그 잔액이 청구액을 초과하지 않는 경우에는 그 잔액을 인용하고, 그 잔액이 청구액을 초과할 경우에는 청구액을 인용하여야 한다.

해설

① (O) 가분채권의 일부에 대한 이행청구의 소를 제기하면서 나머지를 유보하고 일부만을 청구한다는 취지를 명시하지 아니한 이상 확정판결의 기판력은 청구하고 남은 잔부청구에까지 미치는 것이므로, 나머지 부분을 별도로 다시 청구할 수는 없다(대법원 2016. 7. 27. 선고 2013다96165 판결).

② (O) 불법행위의 피해자가 일부청구임을 명시하여 손해의 일부만을 청구하는 경우 그 명시방법으로는 반드시 전체 손해액을 특정하여 그 중 일부만을 청구하고 나머지 손해액에 대한 청구를 유보하는 취지임을 밝혀야 할 필요는 없고 일부청구하는 손해의 범위를 잔부청구와 구별하여 그 심리의 범위를 특정할 수있는 정도의 표시를 하여 전체 손해의 일부로서 우선 청구하고 있는 것임을 밝히는 것으로 족하다(대법원 1989. 6. 27. 선고 87다카2478 판결).

③ (X) 신체의 훼손으로 인한 손해의 배상을 청구하는 사건에서는 그 손해액을 확정하기 위하여 통상 법원의 신체감정을 필요로 하기 때문에, 앞으로 그러한 절차를 거친 후 그 결과에 따라 청구금액을 확장하겠다는 뜻을 소장에 객관적으로 명백히 표시한 경우에는, 그 소제기에 따른 시효중단의 효력은 소장에 기재된 일부 청구액뿐만 아니라 그 손해배상청구권 전부에 대하여 미친다(대법원 1992. 4. 10. 선고 91다43695 판결).

④ (O) 전 소송에서 불법행위를 원인으로 치료비청구를 하면서 일부만을 특정하여 청구하고 그 이외의 부분은 별도소송으로 청구하겠다는 취지를 명시적으로 유보한 때에는 그 전소송의 소송물은 그 청구한 일부의 치료비에 한정되는 것이고 전 소송에서 한 판결의 기판력은 유보한 나머지 부분의 치료비에까지는 미치지 아니한다 할 것이므로 전 소송의 계속 중에 동일한 불법행위를 원인으로 유보한 나머지 치료비청구를 별도소송으로 제기하였다 하더라도 중복제소에 해당하지 아니한다(대법원 1985. 4. 9. 선고 84다552 판결).

⑤ (O) 일부 청구에서 상대방이 자동채권으로 상계하는 경우에는 수동채권의 전액에서 상계를 하고 그 잔액이 청구액을 초과하지 않는 경우에는 그 잔액을 인용하고, 그 잔액이 청구액을 초과할 경우에는 청구액을 인용하여야 하며, 이러한 해석이 일부 청구를 하는 당사자의 통상적인 의사이다(대법원 2021. 5. 7. 선고 2018다275253 판결).

해답 ③

문 56

채권자취소권에 관한 설명 중 각 괄호 안에 들어갈 말을 올바르게 나열한 것은? (다툼이 있는 경우 판례에 의함)

> ㄱ. 채권자취소소송에서 수익자가 취소채권자에게 원상회복으로서 가액배상의무를 부담하는 경우, 수익자가 취소채권자에게 가지는 별개의 다른 채권에 대한 집행권원을 가지고 취소채권자의 수익자에 대한 가액배상채권을 압류하고 전부명령을 받는 것은 (A).
> ㄴ. 채권자취소소송을 제기한 채권자의 채권이 사해행위 이전에 성립되어 있으나 그 액수나 범위가 구체적으로 확정되지 않은 경우, 그 채권은 채권자취소권의 피보전채권이 될 수 (B).
> ㄷ. 채권자가 채권자취소권을 행사할 때에는 원칙적으로 자신의 채권액을 초과하여 취소권을 행사할 수 없고, 이때 채권자의 채권액에는 사해행위 이후 (C)까지 발생한 이자나 지연손해금이 포함된다.
> ㄹ. 주채무자 또는 제3자 소유의 부동산에 대하여 채권자 앞으로 근저당권이 설정되어 있고, 그 부동산의 가액 및 채권최고액이 당해 채무액을 초과하여 채권자에게 채무 전액에 대한 우선변제권이 확보되어 있는 경우, 주채무자의 연대보증인이 유일한 재산을 처분하는 법률행위를 하면 채권자에 대하여 사해행위가 (D).

	A	B	C	D
①	허용되지 않는다	있다	제1심판결 선고 시	성립하지 않는다
②	허용된다	없다	사실심 변론종결 시	성립한다
③	허용된다	있다	사실심 변론종결 시	성립한다
④	허용되지 않는다	없다	제1심판결 선고 시	성립하지 않는다
⑤	허용된다	있다	사실심 변론종결 시	성립하지 않는다

해설

A. (허용된다) 사해행위취소의 소에서 수익자가 원상회복으로서 채권자취소권을 행사하는 채권자에게 가액배상을 할 경우, 수익자 자신이 사해행위취소소송의 채무자에 대한 채권자라는 이유로 채무자에 대하여 가지는 자기의 채권과 상계하거나 채무자에게 가액배상금 명목의 돈을 지급하였다는 점을 들어 채권자취소권을 행사하는 채권자에 대해 이를 가액배상에서 공제할 것을 주장할 수 없다. 그러나 수익자가 채권자취소권을 행사하는 채권자에 대해 가지는 별개의 다른 채권을 집행하기 위하여 그에 대한 집행권원을 가지고 채권자의 수익자에 대한 가액배상채권을 압류하고 전부명령을 받는 것은 허용된다. 이는 수익자의 채무자에 대한 채권을 기초로 한 상계나 임의적인 공제와는 내용과 성질이 다르다. 또한 채권자가 채무자의 제3채무자에 대한 채권을 압류하는 경우 제3채무자가 채권자 자신인 경우에도 이를 압류하는 것이 금지되지 않으므로 단지 채권자와 제3채무자가 같다고 하여 채권압류 및 전부명령이 위법하다고 볼 수 없다(대법원 2017. 8. 21.자 2017마499 결정).

B. (있다) 채권자취소권 행사는 채무 이행을 구하는 것이 아니라 총채권자를 위하여 채무자의 자력 감소를 방지하고, 일탈된 채무자의 책임재산을 회수하여 채권의 실효성을 확보하는 데 목적이 있으므로, 피보전채권이 사해행위 이전에 성립되어 있는 이상 액수나 범위가 구체적으로 확정되지 않은 경우라고 하더라도 채권자취소권의 피보전채권이 된다(대법원 2018. 6. 28. 선고 2016다1045 판결).

C. (사실심 변론종결 시) 채권자가 채권자취소권을 행사할 때에는 원칙적으로 자신의 채권액을 초과하여 취소권을 행사할 수 없고, 이때 채권자의 채권액에는 사해행위 이후 사실심 변론종결 시까지 발생한 이자나 지연손해금이 포함된다(대법원 2003. 7. 11. 선고 2003다19572 판결).

D. (성립하지 않는다) 주채무자 또는 제3자 소유의 부동산에 대하여 채권자 앞으로 근저당권이 설정되어 있고, 그 부동산의 가액 및 채권최고액이 당해 채무액을 초과하여 채무 전액에 대하여 채권자에게 우선변제권이 확보되어 있다면, 그 범위 내에서는 채무자의 재산처분행위는 채권자를 해하지 아니하므로 연대보증인이 비록 유일한 재산을 처분하는 법률행위를 하더라도 채권자에 대하여 사해행위가 성립되지 않는다고 보아야 할 것이고, 당해 채무액이 그 부동산의 가액 및 채권최고액을 초과하는 경우에는 그 담보물로부터 우선변제받을 액을 공제한 나머지 채권액에 대하여만 채권자취소권이 인정된다고 할 것이며, 피보전채권의 존재와 그 범위는 채권자취소권 행사의 한 요건에 해당된다고 할 것이므로 이 경우 채권자취소권을 행사하는 채권자로서는 그 담보권의 존재에도 불구하고 자신이 주장하는 피보전채권이 그 우선변제권 범위 밖에 있다는 점을 주장·입증하여야 한다(대법원 2002. 11. 8. 선고 2002다41589 판결).

해답 ⑤

문 57 ★★

보조참가 등에 관한 설명 중 옳지 않은 것은? (다툼이 있는 경우 판례에 의함)

① 통상의 보조참가에서 참가인이 제기한 항소를 피참가인이 취하할 수 있다.
② 통상의 보조참가에서 소송계속 중 보조참가인이 사망하면 본소의 소송절차는 중단된다.
③ 재심의 소에 공동소송적 보조참가인이 참가한 후에는 피참가인이 재심의 소를 취하하더라도 공동소송적 보조참가인의 동의가 없는 한 효력이 없다.
④ 공동소송적 보조참가인은 참가할 때의 소송의 진행 정도에 따라 피참가인이 할 수 없는 행위를 할 수 없다.
⑤ 당사자가 통상의 보조참가신청에 대하여 이의를 신청하지 아니한 채 변론하거나 변론준비기일에서 진술을 한 경우에는 이의를 신청할 권리를 잃는다.

해설

① (O) 민사소송법 제76조 제2항은 참가인의 소송행위가 피참가인의 소송행위에 어긋나는 경우에는 참가인의 소송행위는 효력을 가지지 아니한다고 규정하고 있는데, 그 규정의 취지는 피참가인들의 소송행위와 보조참가인들의 소송행위가 서로 어긋나는 경우에는 피참가인의 의사가 우선하는 것을 뜻하므로 피참가인은 참가인의 행위에 어긋나는 행위를 할 수 있고, 따라서 보조참가인들이 제기한 항소를 포기 또는 취하할 수도 있다(대법원 2010. 10. 14. 선고 2010다38168 판결).

② (X) 보조참가인은 피참가인인 당사자의 승소를 위한 보조자일 뿐 자신이 당사자가 되는 것이 아니므로 소송 계속 중 보조참가인이 사망하더라도 본소의 소송절차는 중단되지 아니한다(대법원 1995. 8. 25. 선고 94다27373 판결).

③ (O) 재심의 소를 취하하는 것은 통상의 소를 취하하는 것과는 달리 확정된 종국판결에 대한 불복의 기회를 상실하게 하여 더 이상 확정판결의 효력을 배제할 수 없게 하는 행위이므로, 이는 재판의 효력과 직접적인 관련이 있는 소송행위로서 확정판결의 효력이 미치는 공동소송적 보조참가인에 대하여는 불리한 행위이다. 따라서 재심의 소에 공동소송적 보조참가인이 참가한 후에는 피참가인이 재심의 소를 취하하더라도 공동소송적 보조참가인의 동의가 없는 한 효력이 없다. 이는 재심의 소를 피참가인이 제기한 경우나 통상의 보조참가인이 제기한 경우에도 마찬가지이다. 특히 통상의 보조참가인이 재심의 소를 제기한 경우에는 피참가인이 통상의 보조참가인에 대한 관계에서 재심의 소를 취하할 권능이 있더라도 이를 통하여 공동소송적 보조참가인에게 불리한 영향을 미칠 수는 없으므로 피참가인의 재심의 소 취하로 재심의 소 제기가 무효로 된다거나 부적법하게 된다고 볼 것도 아니다(대법원 2015. 10. 29. 선고 2014다13044 판결).

④ (O) 통상의 보조참가인은 참가 당시의 소송상태를 전제로 피참가인을 보조하기 위하여 참가하는 것이므로 참가할 때의 소송 진행정도에 따라 피참가인이 할 수 없는 행위는 할 수 없다(민사소송법 제76조 제1항 단서 참조). 공동소송적 보조참가인도 원래 당사자가 아니라 보조참가인이므로 위와 같은 점에서는 통상의 보조참가인과 마찬가지이다(대법원 2018. 11. 29. 선고 2018므14210 판결).

⑤ (O) … 한편 민사소송법상 보조참가신청에 대하여 당사자가 이의를 신청한 때에는 수소법원은 참가를 허가할 것인지 여부를 결정하여야 하지만, 당사자가 이의를 신청하지 아니한 채 변론하거나 변론준비기일에서 진술을 한 경우에는 이의를 신청할 권리를 잃게 되고(민사소송법 제73조 제1항, 제74조) 수소법원의 보조참가 허가 결정 없이도 계속 소송행위를 할 수 있다(대법원 2017. 10. 12. 선고 2015두36836 판결).

문 58

청구의 병합에 관한 설명 중 옳지 않은 것은? (다툼이 있는 경우 판례에 의함) ★★

① 실질적으로 선택적 병합 관계에 있는 두 청구에 관하여 당사자가 주위적·예비적으로 순위를 붙여 청구하였고, 그에 대하여 제1심 법원이 주위적 청구를 기각하고 예비적 청구만을 인용하는 판결을 선고하여 피고만이 항소를 제기한 경우, 항소심 법원은 위 예비적 청구 부분만을 심판의 대상으로 하여야 한다.

② 논리적으로 전혀 관계없는 수개의 청구를 선택적 또는 예비적으로 병합하여 청구하였는데 법원이 어떠한 보정도 명하지 않고 본안판결을 하면서 그 중 하나의 청구에 대해서만 판단하여 인용하고 나머지 청구를 판단하지 아니하였다면, 피고의 항소에 따라 이심되는 청구는 제1심에서 심리·판단하여 인용된 청구에 국한된다.

③ 주위적 청구가 전부 인용되지 않을 경우에는 주위적 청구에서 인용되지 아니한 금액 범위 내에서의 예비적 청구에 대해서도 판단하여 주기를 바라는 취지로 성질상 선택적 관계에 있는 양 청구를 불가분적으로 결합하여 제소할 수 있다.

④ 채권자가 본래적 급부청구에 이를 대신할 전보배상을 부가하여 대상청구를 병합하여 소구한 경우, 이는 본래적 급부청구권이 현존함을 전제로 하여 이것이 판결확정 전에 이행불능되거나 또는 판결확정 후에 집행불능이 되는 경우에 대비하여 전보배상을 미리 청구하는 것이므로 양자의 병합은 현재의 급부청구와 장래의 급부청구의 단순병합에 속하는 것으로 허용된다.

⑤ 항소심 법원은 선택적으로 병합된 수개의 청구 중 제1심에서 심판되지 아니한 청구를 임의로 선택하여 심판할 수 있으며 심리 결과 그 청구가 이유 있다고 인정하는 경우, 그 결론이 제1심판결의 주문과 동일하여도 제1심판결을 취소한 다음 새로이 청구를 인용하는 주문을 선고하여야 한다.

해설

① (X) 병합의 형태가 선택적 병합인지 예비적 병합인지는 당사자의 의사가 아닌 병합청구의 성질을 기준으로 판단하여야 하고, 항소심에서의 심판 범위도 그러한 병합청구의 성질을 기준으로 결정하여야 한다. 따라서 실질적으로 선택적 병합 관계에 있는 두 청구에 관하여 당사자가 주위적·예비적으로 순위를 붙여 청구하였고, 그에 대하여 제1심법원이 주위적 청구를 기각하고 예비적 청구만을 인용하는 판결을 선고하여 피고만이 항소를 제기한 경우에도, 항소심으로서는 두 청구 모두를 심판의 대상으로 삼아 판단하여야 한다(대법원 2014. 5. 29. 선고 2013다96868 판결).

② (O) 논리적으로 전혀 관계가 없어 순수하게 단순병합으로 구하여야 할 수개의 청구를 선택적 또는 예비적 청구로 병합하여 청구하는 것은 부적법하여 허용되지 않는다. 따라서 원고가 그와 같은 형태로 소

를 제기한 경우 제1심법원이 본안에 관하여 심리·판단하기 위해서는 소송지휘권을 적절히 행사하여 이를 단순병합 청구로 보정하게 하는 등의 조치를 취하여야 하는바, 법원이 이러한 조치를 취함이 없이 본안판결을 하면서 그 중 하나의 청구에 대하여만 심리·판단하여 이를 인용하고 나머지 청구에 대한 심리·판단을 모두 생략하는 내용의 판결을 하였다 하더라도 그로 인하여 청구의 병합 형태가 선택적 또는 예비적 병합 관계로 바뀔 수는 없으므로, 이러한 판결에 대하여 피고만이 항소한 경우 제1심법원이 심리·판단하여 인용한 청구만이 항소심으로 이심될 뿐, 나머지 심리·판단하지 않은 청구는 여전히 제1심에 남아 있게 된다(대법원 2008. 12. 11. 선고 2005다51495 판결).

③ (O) 주위적 청구가 전부 인용되지 않을 경우에는 주위적 청구에서 인용되지 아니한 수액 범위 내에서의 예비적 청구에 대해서도 판단하여 주기를 바라는 취지로 불가분적으로 결합시켜 제소할 수도 있는 것이다(대법원 2002. 9. 4. 선고 98다17145 판결).

④ (O) 채권자가 본래적 급부청구인 부동산소유권 이전등기청구에다가 이에 대신할 전보배상(塡補賠償)을 부가하여 대상청구(代償請求)를 병합하여 소구(訴求)한 경우의 대상청구는 본래적 급부청구의 현존함을 전제로 하여 이것이 판결확정 전에 이행불능되거나 또는 판결확정 후에 집행불능이 되는 경우에 대비하여 전보배상을 미리 청구하는 경우로서 양자의 병합은 현재의 급부청구와 장래의 급부청구와의 단순병합에 속하는 것으로 허용되고(대법원 1975. 7. 22. 선고 75다450 판결).

⑤ (O) 수개의 청구가 제1심에서 처음부터 선택적으로 병합되고 그중 어느 한 개의 청구에 대한 인용판결이 선고되어 피고가 항소를 제기한 경우는 물론, 원고의 청구를 인용한 판결에 대하여 피고가 항소를 제기하여 항소심에 이심된 후 청구가 선택적으로 병합된 경우에 있어서도 항소심은 제1심에서 인용된 청구를 먼저 심리하여 판단할 필요는 없고, 선택적으로 병합된 수개의 청구 중 제1심에서 심판되지 아니한 청구를 임의로 선택하여 심판할 수 있다고 할 것이나, 심리한 결과 그 청구가 이유 있다고 인정되고 그 결론이 제1심판결의 주문과 동일한 경우에도 피고의 항소를 기각하여서는 안되며 제1심판결을 취소한 다음 새로이 청구를 인용하는 주문을 선고하여야 할 것이다(대법원 1992. 9. 14. 선고 92다7023 판결).

해답 ①

문 59 ★★

「민법」상 조합에 관한 설명 중 옳지 않은 것은? (다툼이 있는 경우 판례에 의함)

① 조합관계가 종료된 경우 당사자 사이에 별도의 약정이 없는 이상 청산절차를 밟는 것이 통례이나, 조합의 잔무로서 처리할 일이 없고 잔여재산의 분배만이 남아 있을 때에는 청산절차를 밟을 필요가 없다.
② 조합인 공동수급체의 구성원이 출자의무를 이행하지 않더라도 공동수급체는 원칙적으로 출자의무의 불이행을 이유로 이익분배 자체를 거부할 수 없고, 그 구성원에게 지급할 이익분배금에서 출자금이나 그 연체이자를 당연히 공제할 수도 없다.
③ 조합인 공동수급체가 경쟁입찰에 참가하였다가 다른 경쟁업체가 낙찰자로 선정되자 그 공동수급체의 구성원 중 1인이 합유재산의 보존행위를 근거로 제기한 낙찰자선정 무효확인의 소는 부적법하다.
④ 조합재산에 속하는 채권에 관한 소송은 합유물에 관한 소송으로서 특별한 사정이 없는 한 고유필수적 공동소송에 해당한다.
⑤ 조합 업무를 집행할 권한을 수여받은 업무집행조합원은 조합재산에 관하여 조합원으로부터 임의적 소송신탁을 받아 자기 이름으로 소송을 수행하는 것이 허용된다.

해설

① (O) 조합이 해산된 경우 당사자 사이에 별도의 약정이 없는 이상 청산절차를 밟는 것이 통례이나, 조합의

잔무로서 처리할 일이 없고, 다만 잔여재산의 분배만이 남아 있을 때에는 따로 청산절차를 밟을 필요가 없으며, 잔여재산은 조합원 사이에 별도의 특약이 없는 이상 각 조합원의 출자가액에 비례하여 분배하게 되어 있으므로, 비록 조합채무의 변제 사무가 완료되지 아니한 사정이 있더라도 그 채권자가 조합원인 경우에는 동업체 자산을 보유하는 자가 동업체 자산에서 채권자 조합원에 대한 조합채무를 공제하여 분배대상 잔여재산액을 산출한 다음, 다른 조합원들에게 잔여재산 중 각 조합원의 출자가액에 비례한 몫을 반환함과 아울러 채권자 조합원에게 조합채무를 이행함으로써 별도의 청산절차를 거침이 없이 간이한 방법으로 공평한 잔여재산의 분배가 가능하다고 할 것이다(대법원 2007. 11. 15. 선고 2007다48370, 48387 판결).

② (O) 당사자들이 공동이행방식의 공동수급체를 구성하여 도급인으로부터 공사를 수급받는 경우 공동수급체는 원칙적으로 민법상 조합에 해당한다. 건설공동수급체 구성원은 공동수급체에 출자의무를 지는 반면 공동수급체에 대한 이익분배청구권을 가지는데, 이익분배청구권과 출자의무는 별개의 권리·의무이다. 따라서 공동수급체의 구성원이 출자의무를 이행하지 않더라도, 공동수급체가 출자의무의 불이행을 이유로 이익분배 자체를 거부할 수도 없고, 그 구성원에게 지급할 이익분배금에서 출자금이나 그 연체이자를 당연히 공제할 수도 없다. 다만 구성원에 대한 공동수급체의 출자금 채권과 공동수급체에 대한 구성원의 이익분배청구권이 상계적상에 있으면 상계에 관한 민법 규정에 따라 두 채권을 대등액에서 상계할 수 있을 따름이다(대법원 2018. 1. 24. 선고 2015다69990 판결).

③ (X) 합유재산의 보존행위는 합유재산의 멸실·훼손을 방지하고 그 현상을 유지하기 위하여 하는 사실적·법률적 행위로서 이러한 합유재산의 보존행위를 각 합유자 단독으로 할 수 있도록 한 취지는 그 보존행위가 긴급을 요하는 경우가 많고 다른 합유자에게도 이익이 되는 것이 보통이기 때문이다. 민법상 조합인 공동수급체가 경쟁입찰에 참가하였다가 다른 경쟁업체가 낙찰자로 선정된 경우, 그 공동수급체의 구성원 중 1인이 그 낙찰자 선정이 무효임을 주장하며 무효확인의 소를 제기하는 것은 그 공동수급체가 경쟁입찰과 관련하여 갖는 법적 지위 내지 법률상 보호받는 이익이 침해될 우려가 있어 그 현상을 유지하기 위하여 하는 소송행위이므로 이는 합유재산의 보존행위에 해당한다(대법원 2013. 11. 28. 선고 2011다80449 판결).

④ (O) 민법상 조합계약은 2인 이상이 상호 출자하여 공동으로 사업을 경영할 것을 약정하는 계약으로서, 조합재산은 조합의 합유에 속하므로 조합재산에 속하는 채권에 관한 소송은 합유물에 관한 소송으로서 특별한 사정이 없는 한 조합원들이 공동으로 제기하여야 하는 고유필수적 공동소송에 해당한다(대법원 2012. 11. 29. 선고 2012다44471 판결).

⑤ (O) 임의적 소송신탁은 탈법적인 방법에 의한 것이 아닌 한 극히 제한적인 경우에 합리적인 필요가 있다고 인정될 수 있는 것인 바, 민법상의 조합에 있어서 조합규약이나 조합결의에 의하여 자기 이름으로 조합재산을 관리하고 대외적 업무를 집행할 권한을 수여받은 업무집행 조합원은 조합재산에 관한 소송에 관하여 조합원으로부터 임의적 소송신탁을 받아 자기 이름으로 소송을 수행하는 것이 허용된다고 할 것이다(대법원 1984. 2. 14. 선고 83다카1815 판결).

해답 ③

문 60 ★★

「상법」상 비상장회사의 주주대표소송에 관한 설명 중 옳은 것(O)과 옳지 않은 것(X)을 올바르게 조합한 것은? (다툼이 있는 경우 판례에 의함)

ㄱ. 주주가 주주대표소송을 제기하기 위하여는 주식회사에 대하여 이사의 책임을 추궁할 소의 제기를 청구할 때와 그 회사를 위하여 그 소를 제기할 때 「상법」 등이 정하는 주식보유요건을 갖추면 되고, 소제기 후에는 주주의 지위를 유지하는 한 보유주식의 수가 그 요건에 미달하게 되어도 무방하다.

ㄴ. 주주는 적법하게 제기된 주주대표소송 계속 중에「상법」제403조 제2항에 따른 이유를 기재한 서면의 책임발생 원인사실을 기초로 하면서 법적 평가만을 달리한 청구를 추가할 수도 있다.
ㄷ. 주주대표소송의 항소심절차에서 회사가 원고를 위하여 공동소송참가하는 것은 적법하다.
ㄹ. 주주대표소송의 원고 주주는 그 대표소송의 승소확정판결을 집행권원으로 하여 강제집행을 신청할 수 있으므로 집행채권자가 될 수 있다.

① ㄱ(O), ㄴ(O), ㄷ(×), ㄹ(O)
② ㄱ(O), ㄴ(×), ㄷ(O), ㄹ(×)
③ ㄱ(O), ㄴ(O), ㄷ(O), ㄹ(O)
④ ㄱ(×), ㄴ(×), ㄷ(O), ㄹ(×)
⑤ ㄱ(×), ㄴ(O), ㄷ(×), ㄹ(×)

해설

ㄱ.(O) … 이러한 규정들을 종합하여 보면, 주주가 대표소송을 제기하기 위하여는 회사에 대하여 이사의 책임을 추궁할 소의 제기를 청구할 때와 회사를 위하여 그 소를 제기할 때 상법 또는 금융회사의 지배구조에 관한 법률이 정하는 주식보유요건을 갖추면 되고, 소 제기 후에는 보유주식의 수가 그 요건에 미달하게 되어도 무방하다. 그러나 대표소송을 제기한 주주가 소송의 계속 중에 주식을 전혀 보유하지 아니하게 되어 주주의 지위를 상실하면, 특별한 사정이 없는 한 그 주주는 원고적격을 상실하여 그가 제기한 소는 부적법하게 되고, 이는 그 주주가 자신의 의사에 반하여 주주의 지위를 상실하였다 하여 달리 볼 것은 아니다(대법원 2019. 5. 10. 선고 2017다279326 판결).

ㄴ.(O) 주주가 아예 상법 제403조 제2항에 따른 서면(이하 '제소청구서'라 한다)을 제출하지 않은 채 대표소송을 제기하거나 제소청구서를 제출하였더라도 대표소송에서 제소청구서에 기재된 책임발생 원인사실과 전혀 무관한 사실관계를 기초로 청구를 하였다면 그 대표소송은 상법 제403조 제4항의 사유가 있다는 등의 특별한 사정이 없는 한 부적법하다. 반면 주주가 대표소송에서 주장한 이사의 손해배상책임이 제소청구서에 적시된 것과 차이가 있더라도 제소청구서의 책임발생 원인사실을 기초로 하면서 법적 평가만을 달리한 것에 불과하다면 그 대표소송은 적법하다. 따라서 주주는 적법하게 제기된 대표소송 계속 중에 제소청구서의 책임발생 원인사실을 기초로 하면서 법적 평가만을 달리한 청구를 추가할 수도 있다(대법원 2021. 7. 15. 선고 2018다298744 판결).

ㄷ.(O) 주주의 대표소송에 있어서 원고 주주가 원고로서 제대로 소송수행을 하지 못하거나 혹은 상대방이 된 이사와 결탁함으로써 회사의 권리보호에 미흡하여 회사의 이익이 침해될 염려가 있는 경우 그 판결의 효력을 받는 권리귀속주체인 회사가 이를 막거나 자신의 권리를 보호하기 위하여 소송수행권한을 가진 정당한 당사자로서 그 소송에 참가할 필요가 있으며, 회사가 대표소송에 당사자로서 참가하는 경우 소송경제가 도모될 뿐만 아니라 판결의 모순·저촉을 유발할 가능성도 없다는 사정과, 상법 제404조 제1항에서 특별히 참가에 관한 규정을 두어 주주의 대표소송의 특성을 살려 회사의 권익을 보호하려한 입법 취지를 함께 고려할 때, 상법 제404조 제1항에서 규정하고 있는 회사의 참가는 공동소송참가를 의미하는 것으로 해석함이 타당하고, 나아가 이러한 해석이 중복제소를 금지하고 있는 민사소송법 제234조에 반하는 것도 아니다. … 공동소송참가는 항소심에서도 할 수 있는 것이고, 항소심절차에서 공동소송참가가 이루어진 이후에 피참가소가 소송요건의 흠결로 각하된다고 할지라도 소송의 목적이 당사자 일방과 제3자에 대하여 합일적으로 확정될 경우에 한하여 인정되는 공동소송참가의 특성에 비추어 볼 때, 심급이익 박탈의 문제는 발생하지 않는다(대법원 2002. 3. 15. 선고 2000다9086 판결).

ㄹ.(O) 주주대표소송의 주주와 같이 다른 사람을 위하여 원고가 된 사람이 받은 확정판결의 집행력은 확정판결의 당사자인 원고가 된 사람과 다른 사람 모두에게 미치므로, 주주대표소송의 주주는 집행채권자가 될 수 있다(대법원 2014. 2. 19.자 2013마2316 결정).

해답 ③

문 61

공유관계 소송에 관한 설명 중 옳지 않은 것은? (다툼이 있는 경우 판례에 의함)

① 공유물의 소수지분권자인 피고가 다른 공유자와 협의하지 않고 공유물의 전부 또는 일부를 독점적으로 점유하는 경우, 다른 소수지분권자인 원고는 피고를 상대로 공유물의 인도를 청구할 수 없다.
② 공유물분할청구의 소는 분할을 청구하는 공유자가 원고가 되어 다른 공유자 전부를 공동피고로 하여야 하는 고유필수적 공동소송이다.
③ 타인 소유의 토지 위에 설치되어 있는 공유건물을 철거할 의무가 있는 공유자들을 상대로 그 건물의 철거를 구하는 소는 고유필수적 공동소송이다.
④ 공유자 중 1인은 공유물에 대한 보존행위로서 그 공유물에 경료된 원인무효의 등기에 관하여 각 공유자에게 해당 지분별로 진정명의회복을 원인으로 한 소유권이전등기를 이행할 것을 단독으로 청구할 수 있다.
⑤ 공유물분할의 소송절차에서 공유자 사이에 공유토지에 관한 현물분할 협의가 성립하여 그 합의사항을 조서에 기재함으로써 조정이 성립하였더라도 그 즉시 공유관계가 소멸하고 각 공유자에게 그 협의에 따른 새로운 법률관계가 창설되는 것은 아니다.

해설

① (O) 공유물의 소수지분권자인 피고가 다른 공유자와 협의하지 않고 공유물의 전부 또는 일부를 독점적으로 점유하는 경우 다른 소수지분권자인 원고가 피고를 상대로 공유물의 인도를 청구할 수는 없다고 보아야 한다(대법원 2020. 5. 21. 선고 2018다287522 전원합의체 판결).

② (O) 공유물분할청구의 소는 분할을 청구하는 공유자가 원고가 되어 다른 공유자 전부를 공동피고로 하여야 하는 고유필수적 공동소송이다(대법원 2014. 1. 29. 선고 2013다78556 판결).

③ (X) 타인 소유의 토지 위에 설치되어 있는 공작물을 철거할 의무가 있는 수인을 상대로 그 공작물의 철거를 청구하는 소송은 필요적공동소송이 아니다(대법원 1993. 2. 23. 선고 92다49218 판결).

④ (O) 부동산의 공유자 중 한 사람은 공유물에 대한 보존행위로서 그 공유물에 관한 원인무효의 등기 전부의 말소를 구할 수 있고, 진정명의회복을 원인으로 한 소유권이전등기청구권과 무효등기의 말소청구권은 어느 것이나 진정한 소유자의 등기명의를 회복하기 위한 것으로서 실질적으로 그 목적이 동일하고 두 청구권 모두 소유권에 기한 방해배제청구권으로서 그 법적 근거와 성질이 동일하므로, 공유자 중 한 사람은 공유물에 경료된 원인무효의 등기에 관하여 각 공유자에게 해당 지분별로 진정명의회복을 원인으로 한 소유권이전등기를 이행할 것을 단독으로 청구할 수 있다(대법원 2005. 9. 29. 선고 2003다40651 판결).

⑤ (O) 공유물분할의 소송절차 또는 조정절차에서 공유자 사이에 공유토지에 관한 현물분할의 협의가 성립하여 그 합의사항을 조서에 기재함으로써 조정이 성립하였다고 하더라도, 그와 같은 사정만으로 재판에 의한 공유물분할의 경우와 마찬가지로 그 즉시 공유관계가 소멸하고 각 공유자에게 그 협의에 따른 새로운 법률관계가 창설되는 것은 아니고, 공유자들이 협의한 바에 따라 토지의 분필절차를 마친 후 각 단독소유로 하기로 한 부분에 관하여 다른 공유자의 공유지분을 이전받아 등기를 마침으로써 비로소 그 부분에 대한 대세적 권리로서의 소유권을 취득하게 된다고 보아야 한다(대법원 2013. 11. 21. 선고 2011두1917 전원합의체 판결).

해답 ③

문 62

★★

서증에 관한 설명 중 옳지 않은 것은? (다툼이 있는 경우 판례에 의함)

① 한쪽 당사자가 위조서류라는 취지로 서류를 제출한 것이지 거기에 기재된 사상이나 내용을 증거로 하려는 것이 아니어서 서증으로 제출한 것이 아님이 분명함에도 상대방이 그 서류의 진정성립을 인정하면, 법원은 그 진정성립에 다툼이 없다고 판단하고 그 기재에 의하여 상대방의 주장사실을 인정할 수 있다.

② 처분문서는 그 진정성립이 인정되는 이상 반증이 없으면 그 기재내용대로 그 의사표시의 존재 및 내용을 인정하여야 하지만, 적절한 반증이 있으면 그 기재내용의 일부를 달리 인정할 수 있다.

③ 문서에 찍힌 인영이 그 명의인의 인장에 의하여 현출된 인영임이 인정되는 경우에는 특별한 사정이 없는 한 그 인영의 진정성립이 추정되고, 아울러 그 문서 전체의 진정성립까지 추정되는 것이므로, 문서가 위조된 것임을 주장하는 자는 적극적으로 위 인영이 명의인의 의사에 반하여 날인된 것임을 증명할 필요가 있다.

④ 당사자가 법원으로부터 문서제출명령을 받았음에도 그 명령에 따르지 아니한 때에는 그 문서들에 의하여 증명하려고 하는 상대방의 주장사실이 바로 증명되었다고 볼 수는 없으며, 그 주장사실의 인정 여부는 법원의 자유심증에 의한다.

⑤ 당사자가 부지로 다투는 서증에 관하여 증거를 제출한 자가 진정성립을 증명하지 않아도, 법원은 다른 증거에 의하지 아니하고 변론 전체의 취지를 참작하여 그 진정성립을 인정할 수 있다.

해설

① (X) 일방 당사자가 증거서류를 제출한 취지가 그 서류가 위조되었다는 사실을 입증하기 위한 것일 뿐, 거기에 기재된 사상이나 내용을 증거로 하려는 것이 아니어서 서증으로 제출한 것이 아님을 알 수 있는 데도 상대방이 그 서류의 진정성립을 인정하였다는 이유로 그 진정성립에 다툼이 없다고 판단하고 그 기재에 의하여 상대방 당사자의 주장사실을 인정한 원심판결에 당사자의 주장을 오인하고 증거 없이 사실을 인정한 위법이 있다(대법원 1992. 7. 10. 선고 92다12919 판결).

② (O) 처분문서는 그 성립이 인정되는 이상 반증이 없으면 그 기재내용 대로 그 의사표시의 존재 및 내용을 인정하여야 하지만, 적절한 반증이 있으면 그 기재내용의 일부를 달리 인정할 수도 있다(대법원 1983. 3. 22. 선고 80다1576 판결).

③ (O) 문서에 찍혀진 작성명의인의 인영이 그 인장에 의하여 현출된 인영임이 인정되는 경우에는 특단의 사정이 없는 한 그 인영의 성립 즉 그 작성명의인에 의하여 날인된 것으로 추정되고 일단 그것이 추정되면 민사소송법 제329조에 의하여 그 문서 전체의 진정성립이 추정되는 것이므로 그 문서가 작성명의인의 자격을 모용하여 작성한 것이라는 것은 그것을 주장하는 자가 적극적으로 입증하여야 하고 이 항변사실을 입증하는 증거의 증명력은 개연성만으로는 부족하다(대법원 1987. 12. 22. 선고 87다카707 판결).

④ (O) 당사자가 문서제출명령에 따르지 아니한 경우에는 법원은 상대방의 그 문서에 관한 주장 즉, 문서의 성질, 내용, 성립의 진정 등에 관한 주장을 진실한 것으로 인정하여야 한다는 것이지 그 문서에 의하여 입증하고자 하는 상대방의 주장사실까지 반드시 증명되었다고 인정하여야 한다는 취지가 아니며, 주장사실의 인정 여부는 법원의 자유심증에 의하는 것인바, 위 도급계약시 피고가 작성하여 원고에게 제출한 공사내역서에 대한 원심의 문서제출명령을 위반하였다 하더라도 그 효과는 피고 주장의 위 내역서가 진정하게 성립되었다는 것과 그 내역서상 위 석구조물공사에 있어서 원고가 석재를 공급한다는 사실이 기재된 것을 인정한다는 것이지 법원이 그 문서에 의하여 입증하고자 하는 피고의 주장사실까지 인정할 수는 없는 것이고 원심이 자유심증에 의하여 피고의 주장에 배치되는 원고 주장사실을 인정

한 이상 원심판결에 소론이 주장하는 판단유탈의 위법은 없다. 논지는 이유 없다(대법원 1993. 6. 25. 선고 93다15991 판결).
- ⑤ (O) 당사자가 부지로써 다툰 서증에 관하여 거증자가 특히 그 성립을 증명하지 아니한 경우라 할지라도 법원은 다른 증거에 의하지 않고 변론의 전취지를 참작하여 자유심증으로서 그 성립을 인정할 수 있다(대법원 1974. 7. 23. 선고 74다119 판결).

문 63

「상법」상 주주총회 및 사원총회에 관한 설명 중 옳지 않은 것은? (다툼이 있는 경우 판례에 의함)

① 회사의 총회가 적법한 소집권자에 의하여 소집되지 않았을 뿐 아니라 정당한 사원 아닌 자들이 모여서 개최한 집회에 불과하여 법률상 부존재로 볼 수밖에 없는 경우, 그 총회결의에 대하여 원고가 결의무효확인을 구하더라도 이는 부존재확인의 의미로 무효확인을 구하는 취지이므로 적법하다.
② 주주가 1인인 1인회사의 경우 주주총회 소집절차에 하자가 있거나 주주총회 의사록이 작성되지 않았더라도, 유일한 주주인 1인 주주의 의사가 주주총회결의 내용과 일치한다면 증거에 의하여 그러한 내용의 결의가 있었던 것으로 볼 수 있다.
③ 주주총회결의의 효력이 그 회사 아닌 제3자 사이의 소송에서 선결문제로 된 경우, 당사자는 먼저 회사를 상대로 제소할 필요 없이 그 소송에서 주주총회결의가 처음부터 무효 또는 부존재하다고 다툴 수 있다.
④ 여러 사람이 공동으로 제기하는 주주총회결의의 부존재 또는 무효의 확인을 구하는 소송은 통상공동소송에 해당한다.
⑤ 주주총회에서 여러 개의 안건이 상정되어 각기 결의가 행하여진 경우 위 결의에 대한 주주총회결의취소의 소의 제소기간 준수 여부는 각 안건에 대한 결의마다 별도로 판단되어야 한다.

해설

① (O) 회사의 총회결의에 대한 부존재확인청구나 무효확인청구는 모두 법률상 유효한 결의의 효과가 현재 존재하지 아니함을 확인받고자 하는 점에서 동일한 것이므로 예컨대, 사원총회가 적법한 소집권자에 의하여 소집되지 않았을 뿐 아니라 정당한 사원 아닌 자들이 모여서 개최한 집회에 불과하여 법률상 부존재로 볼 수 밖에 없는 총회결의에 대하여는 결의무효 확인을 청구하고 있다고 하여도 이는 부존재확인의 의미로 무효확인을 청구하는 취지라고 풀이함이 타당하므로 적법하다고 할 것이다(대법원 1983. 3. 22. 선고 82다카1810 전원합의체 판결).

② (O) 주식회사에 있어서 회사가 설립된 이후 총주식을 한 사람이 소유하게 된 이른바 1인회사의 경우에는 그 주주가 유일한 주주로서 주주총회에 출석하면 전원 총회로서 성립하고 그 주주의 의사대로 결의가 될 것임이 명백하므로 따로이 총회소집절차가 필요없고 실제로 총회를 개최한 사실이 없었다 하더라도 그 1인 주주에 의하여 의결이 있었던 것으로 주주총회 의사록이 작성되었다면 특별한 사정이 없는한 그 내용의 결의가 있었던 것으로 볼 수 있다(대법원 1976. 4. 13. 선고 74다1755 판결).

③ (O) … 그리고 원심이 주주총회의 결의의 효력이 그 회사 아닌 제3자 사이의 소송에 있어 선결문제로 된 경우에는 당사자는 언제든지 당해 소송에서 주주총회결의가 처음부터 무효 또는 부존재하다고 다투어 주장할 수 있는 것이고, 반드시 먼저 회사를 상대로 제소하여야만 하는 것은 아니며, 이와 같이 제3자간의 법률관계에 있어서는 상법 제380조, 제190조는 적용되지 아니한다 라고 판시하여 이에 관한 피고의 주장을 배척한 것도 정당하여 거기에 주주총회결의 무효 또는 부존재와 상법 제380조, 제190조에 관한 법리를 오해한 위법이 없다(대법원 1992. 9. 22. 선고 91다5365 판결).

④ (X) 주주총회결의의 부존재 또는 무효 확인을 구하는 소의 경우, 상법 제380조에 의해 준용되는 상법 제190조 본문에 따라 청구를 인용하는 판결은 제3자에 대하여도 효력이 있다. 이러한 소를 여러 사람이 공동으로 제기한 경우 당사자 1인이 받은 승소판결의 효력이 다른 공동소송인에게 미치므로 공동소송인 사이에 소송법상 합일확정의 필요성이 인정되고, 상법상 회사관계소송에 관한 전속관할이나 병합심리 규정(상법 제186조, 제188조)도 당사자 간 합일확정을 전제로 하는 점 및 당사자의 의사와 소송경제 등을 함께 고려하면, 이는 민사소송법 제67조가 적용되는 필수적 공동소송에 해당한다(대법원 2021. 7. 22. 선고 2020다284977 전원합의체 판결).

⑤ (O) 주주총회결의 취소의 소는 상법 제376조 제1항에 따라 그 결의의 날로부터 2개월 내에 제기하여야 하고, 이 기간이 지난 후에 제기된 소는 부적법하다. 그리고 주주총회에서 여러 개의 안건이 상정되어 각기 결의가 행하여진 경우 위 제소기간의 준수 여부는 각 안건에 대한 결의마다 별도로 판단되어야 한다(대법원 2010. 3. 11. 선고 2007다51505 판결).

해답 ④

문 64 ★★★

「상법」상 주식회사의 분할·합병 등에 관한 설명 중 옳은 것을 모두 고른 것은? (다툼이 있는 경우 판례에 의함)

ㄱ. 회사합병등기에 의하여 합병의 효력이 발생한 후에는 합병무효의 소를 제기하는 외에 합병결의무효확인청구만을 독립된 소로 구할 수 없다.
ㄴ. 분할되는 회사와 신설회사가 분할 전 회사의 채무에 대하여 연대책임을 지지 않는 경우에는 분할되는 회사가 알고 있는 채권자에게 개별적으로 이를 최고하여야 하고, 이러한 최고를 누락한 경우에는 원칙적으로 그 채권자에 대하여 신설회사와 분할되는 회사가 연대하여 변제할 책임이 있다.
ㄷ. 주주가 회사를 상대로 제기한 분할합병무효의 소에서 주주총회결의의 존부에 관하여 다툼이 있는 경우, 회사는 주주총회결의 자체가 있었다는 점은 물론 그 결의에 이를 부존재로 볼 만한 중대한 하자가 없었다는 점에 관해서도 증명책임을 부담한다.
ㄹ. 회사분할합병무효의 소의 원인이 된 하자가 추후 보완될 수 없는 성질의 것인 경우, 그 하자가 보완되지 아니하더라도 법원은 제반 사정을 참작하여 회사분할합병무효의 소를 재량기각 할 수 있다.

① ㄱ, ㄹ
② ㄴ, ㄷ
③ ㄷ, ㄹ
④ ㄱ, ㄴ, ㄷ
⑤ ㄱ, ㄴ, ㄹ

해설

ㄱ. (O) 회사합병에 있어서 합병등기에 의하여 합병의 효력이 발생한 후에는 합병무효의 소를 제기하는 외에 합병결의무효확인청구만을 독립된 소로서 구할 수 없다(대법원 1993. 5. 27. 선고 92누14908 판결).

ㄴ. (O) 분할되는 회사와 신설회사가 분할 전 회사의 채무에 대하여 연대책임을 지지 않는 경우에는 채무자의 책임재산에 변동이 생기게 되어 채권자의 이해관계에 중대한 영향을 미치므로 채권자의 보호를 위하여 분할되는 회사가 알고 있는 채권자에게 개별적으로 이를 최고하도록 규정하고 있고(상법 제530조의9 제4항, 제527조의5 제1항), 따라서 분할되는 회사와 신설회사의 채무관계가 분할채무관계로 바

뀌는 것은 분할되는 회사가 자신이 알고 있는 채권자에게 개별적인 최고절차를 제대로 거쳤을 것을 요건으로 한다고 보아야 하며, 만약 그러한 개별적인 최고를 누락한 경우에는 그 채권자에 대하여 분할채무관계의 효력이 발생할 수 없고 원칙으로 돌아가 신설회사와 분할되는 회사가 연대하여 변제할 책임을 지게 된다고 해석함이 상당하다(대법원 2006. 11. 23. 선고 2005두4731 판결).

ㄷ.(X) 주주가 회사를 상대로 제기한 분할합병무효의 소에서 당사자 사이에 분할합병계약을 승인한 주주총회결의 자체가 있었는지 및 그 결의에 이를 부존재로 볼 만한 중대한 하자가 있는지 등 주주총회결의의 존부에 관하여 다툼이 있는 경우 주주총회결의 자체가 있었다는 점에 관해서는 회사가 증명책임을 부담하고 그 결의에 이를 부존재로 볼 만한 중대한 하자가 있다는 점에 관해서는 주주가 증명책임을 부담하는 것이 타당하다(대법원 2010. 7. 22. 선고 2008다37193 판결).

ㄹ.(O) 상법 제530조의11 제1항 및 제240조는 분할합병무효의 소에 관하여 상법 제189조를 준용하고 있고 상법 제189조는 "설립무효의 소 또는 설립취소의 소가 그 심리 중에 원인이 된 하자가 보완되고 회사의 현황과 제반 사정을 참작하여 설립을 무효 또는 취소하는 것이 부적당하다고 인정한 때에는 법원은 그 청구를 기각할 수 있다"고 규정하고 있으므로, 법원이 분할합병무효의 소를 재량기각하기 위해서는 원칙적으로 그 소 제기 전이나 그 심리 중에 원인이 된 하자가 보완되어야 할 것이나, 그 하자가 추후 보완될 수 없는 성질의 것인 경우에는 그 하자가 보완되지 아니하였다고 하더라도 회사의 현황 등 제반 사정을 참작하여 분할합병무효의 소를 재량기각할 수 있다(대법원 2010. 7. 22. 선고 2008다37193 판결).

 해답 ⑤

문 65

★★

직무집행정지 및 직무대행자선임에 관한 설명 중 옳지 않은 것은? (다툼이 있는 경우 판례에 의함)

① 「민법」상 조합의 청산인에 대하여 법원에 해임을 청구할 권리가 조합원에게 인정되지 않으므로, 특별한 사정이 없는 한 그와 같은 해임청구권을 피보전권리로 하여 청산인에 대한 직무집행정지와 직무대행자선임을 구하는 가처분은 허용되지 않는다.
② 주식회사의 이사나 감사를 피신청인으로 하여 그 직무집행을 정지하고 직무대행자를 선임하는 가처분이 있는 경우 그 이사 등의 임기는 가처분결정으로 인하여 당연히 정지되고 그 가처분결정이 존속하는 기간만큼 연장된다.
③ 가처분재판에 의하여 비법인사단인 종중의 대표자의 직무대행자가 선임된 상태에서 적법하게 소집된 총회의 결의에 따라 피대행자의 후임자가 새로 선출되었더라도 위 가처분결정이 취소되지 않는 한 총회에서 선임된 위 후임자는 그 선임결의의 적법 여부에 관계없이 대표권을 가지지 못한다.
④ 이사의 직무집행정지를 위한 가처분에서 주식회사에는 피신청인의 적격이 없다.
⑤ 법원의 직무집행정지 가처분결정에 의하여 주식회사를 대표할 권한이 정지된 대표이사가 그 정지 기간 중에 체결한 계약은 절대적으로 무효이고, 그 후 무효인 계약이 가처분신청의 취하에 의하여 유효하게 되지는 않는다.

해설

① (O) … 민법상 조합의 청산인에 대하여 법원에 해임을 청구할 권리가 조합원에게 인정되지 않으므로, 특별한 사정이 없는 한 그와 같은 해임청구권을 피보전권리로 하여 청산인에 대한 직무집행정지와 직무대행자선임을 구하는 가처분은 허용되지 않는다(대법원 2020. 4. 24. 자 2019마6918 결정).

② (X) 주식회사의 이사나 감사를 피신청인으로 하여 그 직무집행을 정지하고 직무대행자를 선임하는 가처분이 있는 경우 가처분결정은 이사 등의 직무집행을 정지시킬 뿐 이사 등의 지위나 자격을 박탈하는 것이 아니므로, 특별한 사정이 없는 한 가처분결정으로 인하여 이사 등의 임기가 당연히 정지되거나 가

처분결정이 존속하는 기간만큼 연장된다고 할 수 없다. 나아가 위와 같은 가처분결정은 성질상 당사자 사이뿐만 아니라 제3자에 대해서도 효력이 미치지만, 이는 어디까지나 직무집행행위의 효력을 제한하는 것일 뿐이므로, 이사 등의 임기 진행에 영향을 주는 것은 아니다(대법원 2020. 8. 20. 선고 2018다249148 판결).

③ (O) 가처분재판에 의하여 법인 등 대표자의 직무대행자가 선임된 상태에서 피대행자의 후임자가 적법하게 소집된 총회의 결의에 따라 새로 선출되었다 해도 그 직무대행자의 권한은 위 총회의 결의에 의하여 당연히 소멸하는 것은 아니므로 사정변경 등을 이유로 가처분결정이 취소되지 않는 한 직무대행자만이 적법하게 위 법인 등을 대표할 수 있고, 총회에서 선임된 후임자는 그 선임결의의 적법 여부에 관계없이 대표권을 가지지 못한다(대법원 2010. 2. 11. 선고 2009다70395 판결).

④ (O) 민사소송법 제714조 제2항 소정의 임시의 지위를 정하기 위한 이사직무집행정지가처분에 있어서 피신청인이 될 수 있는 자는 그 성질상 당해 이사이고, 회사에게는 피신청인의 적격이 없다(대법원 1982. 2. 9. 선고 80다2424 판결).

⑤ (O) 법원의 직무집행정지 가처분결정에 의해 회사를 대표할 권한이 정지된 대표이사가 그 정지기간 중에 체결한 계약은 절대적으로 무효이고, 그 후 가처분신청의 취하에 의하여 보전집행이 취소되었다 하더라도 집행의 효력은 장래를 향하여 소멸할 뿐 소급적으로 소멸하는 것은 아니라 할 것이므로, 가처분신청이 취하되었다 하여 무효인 계약이 유효하게 되지는 않는다(대법원 2008. 5. 29. 선고 2008다4537 판결).

해답 ②

문 66 ★★

예비적 공동소송에 관한 설명으로 옳지 않은 것은? (다툼이 있는 경우 판례에 의함)

① 예비적 공동소송에서 법원은 모든 공동소송인에 관한 청구에 대하여 판결을 하여야 하고, 그중 일부 공동소송인에 대하여만 판결을 하거나, 남겨진 자를 위하여 추가판결을 하는 것은 허용되지 않는다.
② 예비적 공동소송에서 패소한 주위적 공동소송인과 예비적 공동소송인 중 어느 한 사람이 상소를 제기하면 다른 공동소송인에 관한 청구 부분도 확정이 차단되고, 상소심은 주위적·예비적 공동소송인들 및 그 상대방 당사자 사이의 결론의 합일확정의 필요성을 고려하여 그 심판의 범위를 판단하여야 한다.
③ 예비적 공동소송에서 공동소송인 중 일부가 소를 취하하거나 일부 공동소송인에 대한 소를 취하할 수 있고, 이 경우 소를 취하하지 않은 나머지 공동소송인에 관한 청구 부분도 심판대상이 되지 아니한다.
④ 예비적 공동소송에서 화해권고결정에 대하여 일부 공동소송인이 이의하지 않았다면, 원칙적으로 그 공동소송인에 대한 관계에서는 위 결정이 분리확정될 수 있다.
⑤ 아파트 입주자대표회의 구성원 개인을 피고로 삼아 제기한 동대표지위 부존재확인의 소에서 위 구성원 개인과 아파트 입주자대표회의 중에 누가 피고적격을 가지는지에 관한 법률적 평가에 따라 어느 한쪽에 대한 청구는 부적법하고 다른 쪽에 대한 청구만이 적법하게 될 수 있는 경우, 원고는 아파트 입주자대표회의를 예비적 피고로 추가할 수 있다.

해설

① (O) 주관적·예비적 공동소송은 동일한 법률관계에 관하여 모든 공동소송인이 서로 간의 다툼을 하나의 소송절차로 한꺼번에 모순 없이 해결하는 소송형태로서 모든 공동소송인에 대한 청구에 관하여 판

결을 하여야 하고(민사소송법 제70조 제2항), 그 중 일부 공동소송인에 대하여만 판결을 하거나, 남겨진 자를 위하여 추가판결을 하는 것은 허용되지 않는다(대법원 2021. 7. 8. 선고 2020다292756 판결).

② (O), ③ (X) 주관적·예비적 공동소송에서 주위적 공동소송인과 예비적 공동소송인 중 어느 한 사람이 상소를 제기하면 다른 공동소송인에 관한 청구 부분도 확정이 차단되고 상소심에 이심되어 심판대상이 되고, 이러한 경우 상소심의 심판대상은 주위적·예비적 공동소송인들 및 그 상대방 당사자 사이의 결론의 합일확정의 필요성을 고려하여 그 심판의 범위를 판단하여야 한다. 민사소송법은 주관적·예비적 공동소송에 대하여 필수적 공동소송에 관한 규정인 제67조 내지 제69조를 준용하도록 하면서도 소의 취하의 경우에는 예외를 인정하고 있다(제70조 제1항 단서). 따라서 공동소송인 중 일부가 소를 취하하거나 일부 공동소송인에 대한 소를 취하할 수 있고, 이 경우 소를 취하하지 않은 나머지 공동소송인에 관한 청구 부분은 여전히 심판의 대상이 된다(대법원 2011. 9. 29. 선고 2009다7076 판결).

④ (O) 민사소송법 제70조에서 정한 주관적·예비적 공동소송에서 화해권고결정에 대하여 일부 공동소송인이 이의하지 않았다면, 원칙적으로 그 공동소송인에 대한 관계에서는 위 결정이 확정될 수 있다. 다만 화해권고결정에서 분리 확정을 불허하고 있거나, 그렇지 않더라도 그 결정에서 정한 사항이 공동소송인들에게 공통되는 법률관계를 형성함을 전제로 하여 이해관계를 조절하는 경우 등과 같이 결정 사항의 취지에 비추어 볼 때 분리 확정을 허용할 경우 형평에 반하고 또한 이해관계가 상반된 공동소송인들 사이에서의 소송 진행 통일을 목적으로 하는 민사소송법 제70조 제1항 본문의 입법 취지에 반하는 결과가 초래되는 경우에는 분리 확정이 허용되지 않는다. 이는 주관적·예비적 공동소송에서 화해권고결정에 대하여 일부 공동소송인만이 이의신청을 한 후 그 공동소송인 전원이 분리 확정에 대하여는 이의가 없다는 취지로 진술하였더라도 마찬가지이다(대법원 2022. 4. 14. 선고 2020다224975 판결).

⑤ (O) … 앞서 본 법리에 비추어 보면, 이 사건 동대표 지위의 부존재 확인을 구하는 소송에서 입주자대표회의와 상대방 중 누가 피고적격을 가지는지에 따라 어느 일방에 대한 청구는 부적법하고 다른 일방에 대한 청구는 적법하게 될 수 있으므로 이들 각 청구는 법률상 양립할 수 없는 경우에 해당하여 앞에서 본 주관적·예비적 공동소송의 한 태양에 속하고, 따라서 민사소송법 제70조 제1항에 의하여 준용되는 같은 법 제68조의 규정에 따라 그 주관적·예비적 피고의 추가가 허용되는 것으로 보아야 할 것이다(대법원 2007. 6. 26.자 2007마515 결정).

문 67

취득시효에 관한 설명 중 옳지 않은 것은? (다툼이 있는 경우 판례에 의함) ★★

① 점유자가 취득시효를 주장하는 경우, 그 점유자에게 소유의 의사가 없었다는 점은 점유자의 취득시효의 성립을 부정하는 자에게 증명책임이 있다.
② 부동산 소유자가 취득시효가 완성된 사실을 알고 그 부동산을 제3자에게 처분하여 취득시효 완성을 원인으로 한 소유권이전등기의무를 이행불능에 빠뜨려 시효취득을 주장하는 자에게 손해를 입혔다면 이는 불법행위를 구성한다.
③ 부동산에 대한 점유취득시효 완성 후 이를 원인으로 한 소유권이전등기를 하지 않고 있는 사이에 그 부동산에 관하여 제3자 명의로 소유권이전등기가 경료된 경우, 당초의 점유자가 계속 점유하고 있고 소유자 변동 시점을 기산점으로 삼아도 다시 취득시효의 점유기간이 경과하였다면 점유자로서는 제3자 앞으로의 소유권 변동시를 새로운 점유취득시효의 기산점으로 삼아 2차의 취득시효의 완성을 주장할 수 있다.
④ 부동산에 대한 소유권확인 및 소유권보존등기 말소를 구하는 소(전소)의 기판력은 동일한 부동산에 대한 취득시효 완성을 원인으로 소유권이전등기를 구하는 소(후소)에 미치지 아니한다.

⑤ 부동산의 시효취득에 있어서 그 점유가 자주점유인지 여부를 가리는 기준이 되는 점유의 권원은 주요사실에 해당한다.

해설

① (O) 민법 제197조 제1항에 의하면, 물건의 점유자는 소유의 의사로 점유한 것으로 추정되므로, 점유자가 취득시효를 주장하는 경우 스스로 소유의 의사를 입증할 책임은 없고, 그 점유자의 점유가 소유의 의사가 없는 점유임을 주장하여 취득시효의 성립을 부정하는 자에게 그 입증책임이 있으며, 점유자의 점유가 소유의 의사 있는 자주점유인지 아니면 소유의 의사 없는 타주점유인지의 여부는 점유자의 내심의 의사에 의하여 결정되는 것이 아니라 점유 취득의 원인이 된 권원의 성질이나 점유와 관계가 있는 모든 사정에 의하여 외형적·객관적으로 결정되어야 하기 때문에 점유자가 성질상 소유의 의사가 없는 것으로 보이는 권원에 바탕을 두고 점유를 취득한 사실이 증명되었거나, 점유자가 타인의 소유권을 배제하여 자기의 소유물처럼 배타적 지배를 하려는 의사를 가지고 점유하는 것으로 볼 수 없는 객관적 사정, 즉 점유자가 진정한 소유자라면 통상 취하지 아니할 태도를 나타내거나 소유자라면 당연히 취했을 것으로 보이는 행동을 취하지 아니한 경우 등 외형적·객관적으로 보아 점유자가 타인의 소유권을 배척하고 점유할 의사를 갖고 있지 아니하였던 것이라고 볼 만한 사정이 증명된 경우에 한하여 그 추정은 깨어지는 것이다(대법원 2002. 2. 26. 선고 99다72743 판결).

② (O) 부동산에 관한 취득시효가 완성된 후 취득시효를 주장하거나 이로 인한 소유권이전등기청구를 하기 이전에는 등기명의인인 부동산 소유자로서는 특별한 사정이 없는 한 시효취득사실을 알 수 없는 것이므로 이를 제3자에게 처분하였다 하더라도 불법행위가 성립할 수 없다 할 것이나, 시효취득을 주장하는 권리자가 취득시효를 주장하면서 소유권이전등기청구소송을 제기하여 그에 관한 입증까지 마쳤다면 부동산 소유자로서는 시효취득사실을 알 수 있다 할 것이고 이러한 경우에 부동산 소유자가 부동산을 제3자에게 처분하여 소유권이전등기를 넘겨 줌으로써 취득시효완성을 원인으로 한 소유권이전등기의무가 이행불능에 빠짐으로써 시효취득을 주장하는 자가 손해를 입었다면 불법행위를 구성한다고 할 것이며, 부동산을 취득한 제3자가 부동산 소유자의 이와 같은 불법행위에 적극 가담하였다면 이는 사회질서에 반하는 행위로서 무효라 할 것이다(대법원 1993. 2. 9. 선고 92다47892 판결).

③ (O) 부동산에 대한 점유취득시효가 완성된 후 취득시효 완성을 원인으로 한 소유권이전등기를 하지 않고 있는 사이에 그 부동산에 관하여 제3자 명의의 소유권이전등기가 경료된 경우라 하더라도 당초의 점유자가 계속 점유하고 있고 소유자가 변동된 시점을 기산점으로 삼아도 다시 취득시효의 점유기간이 경과한 경우에는 점유자로서는 제3자 앞으로의 소유권 변동시를 새로운 점유취득시효의 기산점으로 삼아 2차의 취득시효의 완성을 주장할 수 있다(대법원 2009. 7. 16. 선고 2007다15172,15189 전원합의체 판결).

④ (O) 전소의 소송물은 부동산에 대한 소유권 확인과 소유권보존등기에 대한 말소등기청구권의 존부였던 것임에 반하여 후소는 비록 동일 부동산에 관한 것이기는 하지만 점유취득시효 완성을 원인으로 하는 소유권이전등기청구권의 존부에 관한 것인 경우, 위 전후의 양 소는 그 청구취지와 청구원인이 각기 상이하여 서로 모순·저촉된다고 할 수 없으므로 전소 판결의 기판력이 후소에 미친다고 할 수 없다(대법원 1997. 11. 14. 선고 97다32239 판결).

⑤ (X) 부동산의 취득시효에 있어서 점유의 시기나 권원 등은 모두 취득시효의 요건사실인 점유기간이나 자주점유를 추정하는 징표 즉 간접사실로서 법원은 당사자의 주장에 구애됨이 없이 소송자료에 의하여 인정되는 바에 따라 진정한 점유의 시기와 권원을 인정하여야 한다(대법원 1982. 6. 22. 선고 80다2671 판결).

해답 ⑤

문 68

★★★

소송승계에 관한 설명 중 옳지 않은 것은? (다툼이 있는 경우 판례에 의함)

① 소송계속 중에 소송목적인 권리를 양도한 원고는 법원이 소송인수결정을 한 후 피고의 승낙을 받아 소송에서 탈퇴하였는데, 그 후 법원이 인수참가인의 청구의 당부에 관하여 심리한 결과 인수참가인의 청구를 기각하거나 소를 각하하는 판결을 선고하여 그 판결이 확정된 경우에도 원고가 탈퇴 전에 제기한 재판상 청구로 인한 시효중단의 효력은 유지된다.
② 소송목적인 권리를 양도받은 권리승계인이라도 상고심에서는 승계참가신청을 할 수 없다.
③ 소송계속 중에 소송목적인 의무의 승계가 있다는 것을 이유로 하는 소송인수신청이 있는 경우, 법원은 그 신청의 이유로 주장하는 사실관계 자체에서 그 승계적격의 흠결이 명백하지 않는 한 결정으로 그 신청을 인용하여야 한다.
④ 소송계속 중에 제3자가 소송목적인 권리의 전부나 일부를 승계하였다고 주장하며 소송에 참가한 경우, 원고가 승계참가인의 승계 여부에 대하여 다투지 않으면서도 소송탈퇴, 소취하 등을 하지 않거나 이에 대하여 피고가 부동의하여 원고가 소송에 남아 있다면 승계로 인하여 중첩된 원고와 승계참가인의 청구 사이에는 필수적 공동소송에 관한 심판원칙이 적용된다.
⑤ 소송인수를 명하는 결정은 승계인의 적격을 인정하여 이를 당사자로서 취급하는 취지의 중간적 재판에 지나지 아니하는 것이기 때문에 이에 불복이 있으면 본안에 대한 종국판결과 함께 상소할 수 있을 뿐이고 승계인이 본안과 독립하여 위 결정에 대하여 불복할 수 없다.

해설

① **(X)** 소송목적인 권리를 양도한 원고는 법원이 소송인수 결정을 한 후 피고의 승낙을 받아 소송에서 탈퇴할 수 있는데(민사소송법 제82조 제3항, 제80조), 그 후 법원이 인수참가인의 청구의 당부에 관하여 심리한 결과 인수참가인의 청구를 기각하거나 소를 각하하는 판결을 선고하여 판결이 확정된 경우에는 원고가 제기한 최초의 재판상 청구로 인한 시효중단의 효력은 소멸한다. 다만 소송탈퇴는 소취하와는 성질이 다르며, 탈퇴 후 잔존하는 소송에서 내린 판결은 탈퇴자에 대하여도 효력이 미친다(민사소송법 제82조 제3항, 제80조 단서). 이에 비추어 보면 인수참가인의 소송목적 양수 효력이 부정되어 인수참가인에 대한 청구기각 또는 소각하 판결이 확정된 날부터 6개월 내에 탈퇴한 원고가 다시 탈퇴 전과 같은 재판상의 청구 등을 한 때에는, 탈퇴 전에 원고가 제기한 재판상의 청구로 인하여 발생한 시효중단의 효력은 그대로 유지된다(대법원 2017. 7. 18. 선고 2016다35789 판결).

② **(O)** 당사자표시변경은 원칙적으로 당사자로 표시된 자와 동일성이 인정되는 범위 내에서 그 표시만을 변경하는 경우에 허용되는 것이므로, 상표등록취소심판청구사건의 피심판청구인이 소송기록접수통지서가 그에게 송달된 이후에 상고인을 피심판청구인에서 등록상표에 관한 상표권을 이전받은 자로 변경하는 당사자표시변경신청은 원래 허용될 수 없는 것이고, 설사 피심판청구인의 승계인의 지위에 있는 양수인이 승계참가신청을 한 것으로 본다고 하더라도 이러한 승계참가는 법률심인 상고심에서는 허용되지 아니하는 것이므로 양수인에 의한 승계참가신청 역시 부적법하여 허용될 수 없다(대법원 1998. 12. 22. 선고 97후2934 판결).

③ **(O)** 소송 계속 중에 소송목적인 의무의 승계가 있다는 이유로 하는 소송인수신청이 있는 경우 신청의 이유로서 주장하는 사실관계 자체에서 그 승계적격의 흠결이 명백하지 않는 한 결정으로 그 신청을 인용하여야 하는 것이고, 그 승계인에 해당하는가의 여부는 피인수신청인에 대한 청구의 당부와 관련하여 판단할 사항으로 심리한 결과 승계사실이 인정되지 않으면 청구기각의 본안판결을 하면 되는 것이지 인수참가신청 자체가 부적법하게 되는 것은 아니다(대법원 2005. 10. 27. 선고 2003다66691 판결).

④ **(O)** 승계참가에 관한 민사소송법 규정과 2002년 민사소송법 개정에 따른 다른 다수당사자 소송제도와

의 정합성, 원고 승계참가인(이하 '승계참가인'이라 한다)과 피참가인인 원고의 중첩된 청구를 모순 없이 합일적으로 확정할 필요성 등을 종합적으로 고려하면, 소송이 법원에 계속되어 있는 동안에 제3자가 소송목적인 권리의 전부나 일부를 승계하였다고 주장하며 민사소송법 제81조에 따라 소송에 참가한 경우, 원고가 승계참가인의 승계 여부에 대해 다투지 않으면서도 소송탈퇴, 소 취하 등을 하지 않거나 이에 대하여 피고가 부동의하여 원고가 소송에 남아 있다면 승계로 인해 중첩된 원고와 승계참가인의 청구 사이에는 필수적 공동소송에 관한 민사소송법 제67조가 적용된다(대법원 2019. 10. 23. 선고 2012다46170 전원합의체 판결).

⑤ (O) 소송인수를 명하는 결정은 승계인의 적격을 인정하여 이를 당사자로서 취급하는 취지의 중간적 재판이므로 이에 불복이 있으면 본안에 대한 판결과 함께 상소할 수 있을 뿐이고, 승계인이 위 결정에 대하여 독립하여 불복할 수 없으므로, 고등법원의 위 결정에 대한 재항고는 부적법하다(대법원 1981. 10. 29.자 81마357 결정).

문 69 ★★

당사자적격에 관한 설명 중 옳지 않은 것은? (다툼이 있는 경우 판례에 의함)

① 채권에 대한 압류 및 추심명령이 있으면 제3채무자에 대한 이행의 소는 추심채권자만이 제기할 수 있고 채무자는 피압류채권에 관한 이행의 소를 제기할 당사자적격을 상실하나, 채무자의 이행소송 계속 중에 추심채권자가 압류 및 추심명령 신청의 취하 등에 따라 추심권능을 상실하게 되면 채무자는 당사자적격을 회복한다.

② 등기의무자가 아닌 자나 등기에 관한 이해관계가 있는 제3자가 아닌 자를 상대로 등기의 말소절차이행을 구하는 소는 당사자적격이 없는 자를 상대로 한 것이므로 부적법하다.

③ 집합건물의 관리단으로부터 관리업무를 포괄적으로 위임받은 위탁관리회사는 특별한 사정이 없는 한 구분소유자 등을 상대로 관리비를 청구할 당사자적격이 있다.

④ 채권자가 채권자대위권을 행사할 당시 이미 채무자가 그 권리를 재판상 행사하여 패소확정판결을 받았더라도 채권자는 채무자를 대위하여 위 채무자의 권리를 행사할 당사자적격이 있다.

⑤ 채권자가 채권자취소권을 행사하려면 사해행위로 인하여 이익을 받은 자나 전득한 자를 상대로 그 법률행위의 취소를 구하는 소를 제기하여야 하는 것이지 채무자를 상대로 소를 제기할 수는 없다.

해설

① (O) 채권에 대한 압류 및 추심명령이 있으면 제3채무자에 대한 이행의 소는 추심채권자만이 제기할 수 있고 채무자는 피압류채권에 대한 이행소송을 제기할 당사자적격을 상실한다. 그러나 채권자는 현금화 절차가 끝나기 전까지 압류명령 신청을 취하할 수 있고, 이 경우 채권자의 추심권도 당연히 소멸하며, 추심금청구의 소를 제기하여 확정판결을 받은 경우라도 그 집행에 의한 변제를 받기 전에 압류명령의 신청을 취하하여 추심권이 소멸하면 추심권능과 소송수행권이 모두 채무자에게 복귀한다. 이는 국가가 국세징수법에 의한 체납처분으로 채무자의 제3채무자에 대한 채권을 압류하였다가 압류를 해제한 경우에도 마찬가지이다. 이러한 사정은 직권조사사항으로서 사실심 변론종결 이후에 당사자적격 등 소송요건이 흠결되거나 그 흠결이 치유된 경우 상고심에서도 이를 참작하여야 한다(대법원 2021. 5. 27. 선고 2021다204466 판결).

② (O) 등기의무자, 즉 등기부상의 형식상 그 등기에 의하여 권리를 상실하거나 기타 불이익을 받을 자(등기명의인이거나 그 포괄승계인)가 아닌 자를 상대로 한 등기의 말소절차이행을 구하는 소는 당사자적격이 없는 자를 상대로 한 부적법한 소이다(대법원 2019. 5. 30. 선고 2015다47105 판결).

③ (O) 집합건물의 관리단이 관리비의 부과·징수를 포함한 관리업무를 위탁관리회사에 포괄적으로 위임한 경우에는, 통상적으로 관리비에 관한 재판상 청구를 할 수 있는 권한도 함께 수여한 것으로 볼 수 있다. 이 경우 위탁관리회사가 관리업무를 수행하는 과정에서 체납관리비를 추심하기 위하여 직접 자기 이름으로 관리비에 관한 재판상 청구를 하는 것은 임의적 소송신탁에 해당한다. 그러나 다수의 구분소유자가 집합건물의 관리에 관한 비용 등을 공동으로 부담하고 공용부분을 효율적으로 관리하기 위하여 구분소유자로 구성된 관리단이 전문 관리업체에 건물 관리업무를 위임하여 수행하도록 하는 것은 합리적인 이유와 필요가 있고, 그러한 관리방식이 일반적인 거래현실이며, 관리비의 징수는 업무수행에 당연히 수반되는 필수적인 요소이다. 또한 집합건물의 일종인 일정 규모 이상의 공동주택에 대해서는 주택관리업자에게 관리업무를 위임하고 주택관리업자가 관리비에 관한 재판상 청구를 하는 것이 법률의 규정에 의하여 인정되고 있다[구 주택법(2015. 8. 11. 법률 제13474호로 개정되기 전의 것) 제43조 제2항, 제5항, 제45조 제1항]. 이러한 점 등을 고려해 보면 <u>관리단으로부터 집합건물의 관리업무를 위임받은 위탁관리회사는 특별한 사정이 없는 한 구분소유자 등을 상대로 자기 이름으로 소를 제기하여 관리비를 청구할 당사자적격이 있다</u>(대법원 2016. 12. 15. 선고 2014다87885(본소), 2014다87892(반소) 판결).

④ (X) 채권자대위권은 채무자가 제3채무자에 대한 권리를 행사하지 아니하는 경우에 한하여 채권자가 자기의 채권을 보전하기 위하여 행사할 수 있는 것이기 때문에 <u>채권자가 대위권을 행사할 당시 이미 채무자가 그 권리를 재판상 행사하였을 때에는 설사 패소의 확정판결을 받았더라도 채권자는 채무자를 대위하여 채무자의 권리를 행사할 당사자적격이 없다</u>(대법원 1993. 3. 26. 선고 92다32876 판결).

⑤ (O) 채권자가 채권자취소권을 행사하려면 사해행위로 인하여 이익을 받은 자나 전득한 자를 상대로 그 법률행위의 취소를 청구하는 소송을 제기하여야 되는 것으로서 <u>채무자를 상대로 그 소송을 제기할 수는 없다</u>(대법원 2004. 8. 30. 선고 2004다21923 판결).

해답 ④

문 70 ★★

변론기일 및 변론준비기일 등에 관한 설명 중 옳지 않은 것은? (다툼이 있는 경우 판례에 의함)

① 변론기일에 한쪽 당사자가 불출석한 경우에 법원의 재량으로 출석한 당사자만으로 변론을 진행할 때에는 반드시 불출석한 당사자가 그때까지 제출한 소장·답변서, 그 밖의 준비서면에 적혀 있는 사항을 진술한 것으로 보아야 한다.
② 법원에 제출되어 상대방에게 송달된 답변서나 준비서면에 자백에 해당하는 내용이 기재되어 있는 경우에도 그것이 변론기일이나 변론준비기일에서 진술 또는 진술간주되어야 재판상 자백이 성립한다.
③ 양쪽 당사자가 2회에 걸쳐 변론기일에 출석하지 아니하거나 출석하더라도 변론을 하지 아니한 때에는 법원은 당사자의 기일지정신청에 의하여 기일을 지정하여야 할 것이나, 법원이 두 번째 불출석 기일에 직권으로 신기일을 지정한 때에는 당사자의 기일지정신청에 의한 기일지정이 있는 경우와 마찬가지로 보아야 한다.
④ 양쪽 당사자가 변론준비기일에 1회, 변론기일에 1회 불출석하면 변론준비기일의 불출석 효과는 변론기일에 승계된다.
⑤ 변론기일의 송달절차가 적법하지 아니한 이상 비록 그 송달이 유효하고 그 변론기일에 양쪽 당사자가 출석하지 아니하였더라도 그에 따른 양쪽 당사자 불출석의 효과는 발생하지 않는다.

해설

① (O) 민사소송법 제148조 제1항에 의하면, 변론기일에 한쪽 당사자가 불출석한 경우에 변론을 진행하느

나 기일을 연기하느냐는 법원의 재량에 속한다고 할 것이나, 출석한 당사자만으로 변론을 진행할 때에는 반드시 불출석한 당사자가 그때까지 제출한 소장·답변서, 그 밖의 준비서면에 적혀 있는 사항을 진술한 것으로 보아야 한다(대법원 2008. 5. 8. 선고 2008다2890 판결).

② (O) 민사소송법 제288조의 규정에 의하여 구속력을 갖는 자백은 재판상의 자백에 한하는 것이고, 재판상 자백이란 변론기일 또는 변론준비기일에서 당사자가 하는 상대방의 주장과 일치하는 자기에게 불리한 사실의 진술을 말하는 것으로서, 법원에 제출되어 상대방에게 송달된 답변서나 준비서면에 자백에 해당하는 내용이 기재되어 있는 경우라도 그것이 변론기일이나 변론준비기일에서 진술 또는 진술간주되어야 재판상 자백이 성립한다(대법원 2015. 2. 12. 선고 2014다229870 판결).

③ (O) 민사소송법 제241조 제2항의 규정에 의하면 당사자 쌍방이 2회에 걸쳐 변론기일에 출석하지 아니하거나 출석하더라도 변론을 하지 아니한 때에 법원이 변론종결도 하지 않고 신기일의 지정도 없이 당해 기일을 종료시킨 경우에는 소취하의 요건을 갖추게 된다 할 것이나, 법원이 두 번째 불출석의 기일에 직권으로 신기일을 지정한 때에는 당사자의 기일지정신청에 의한 기일지정이 있는 경우와 마찬가지로 보아야 한다(대법원 1994. 2. 22. 선고 93다56442 판결).

④ (X) 변론준비절차는 원칙적으로 변론기일에 앞서 주장과 증거를 정리하기 위하여 진행되는 변론 전 절차에 불과할 뿐이어서 변론준비기일을 변론기일의 일부라고 볼 수 없고 변론준비기일과 그 이후에 진행되는 변론기일이 일체성을 갖는다고 볼 수도 없는 점, 변론준비기일이 수소법원 아닌 재판장 등에 의하여 진행되며 변론기일과 달리 비공개로 진행될 수 있어서 직접주의와 공개주의가 후퇴하는 점, 변론준비기일에 있어서 양쪽 당사자의 불출석이 밝혀진 경우 재판장 등은 양쪽의 불출석으로 처리하여 새로운 변론준비기일을 지정하는 외에도 당사자 불출석을 이유로 변론준비절차를 종결할 수 있는 점, 나아가 양쪽 당사자 불출석으로 인한 취하간주제도는 적극적 당사자에게 불리한 제도로서 적극적 당사자의 소송유지의사 유무와 관계없이 일률적으로 법률적 효과가 발생한다는 점까지 고려할 때 변론준비기일에서 양쪽 당사자 불출석의 효과는 변론기일에 승계되지 않는다(대법원 2006. 10. 27. 선고 2004다69581 판결). ▶ 양쪽 당사자가 변론준비기일에 한 번, 변론기일에 두 번 불출석하였다고 하더라도 변론준비기일에서 불출석의 효과가 변론기일에 승계되지 아니하므로 소를 취하한 것으로 볼 수 없다고 한 사례.

⑤ (O) 당사자의 주소, 거소 기타 송달할 장소를 알 수 없는 경우가 아님이 명백함에도 재판장이 당사자에 대한 변론기일 소환장을 공시송달에 의할 것으로 명함으로써 당사자에 대한 변론기일 소환장이 공시송달된 경우, 그 당사자는 각 변론기일에 적법한 절차에 의한 송달을 받았다고 볼 수 없으므로, 위 공시송달의 효력이 있다 하더라도 각 변론기일에 그 당사자가 출석하지 아니하였다고 하여 쌍방 불출석의 효과가 발생한다고 볼 수 없다(대법원 1997. 7. 11. 선고 96므1380 판결).

해답 ④

2022년 변호사시험 민사법 문제해설

문 01 ★★

甲이 乙로부터 건물 소유를 목적으로 乙 소유 X 토지를 임차한 후, 丙에게 지상 건물 신축을 도급하면서 주된 건축자재는 丙이 제공하되 신축건물의 소유권은 甲에게 귀속하기로 약정하였다. 이에 관한 설명 중 옳지 않은 것을 모두 고른 것은? (다툼이 있는 경우 판례에 의함)

> ㄱ. 甲이 丙의 저당권설정청구권 행사에 따라 신축된 Y 건물에 공사대금채무를 담보하기 위한 저당권을 설정하는 행위는 특별한 사정이 없는 한 사해행위에 해당하지 않는다.
> ㄴ. 甲이 丙에게 선급금을 지급하였으나 도급계약의 해제 등 선급금 반환사유가 발생한 경우, 선급금이 기성고에 해당하는 공사대금에 충당되기 위해서는 원칙적으로 丙의 상계 의사표시가 있어야 한다.
> ㄷ. 甲이 신축된 Y 건물에 丁 명의의 저당권을 설정한 후 임대차계약이 만료되어 지상물매수청구권을 갖는 경우, 丁 명의의 저당권설정등기가 말소되지 않았다면 甲의 지상물매수청구권 행사에 대하여 乙은 그 등기가 말소될 때까지 피담보채무액에 상당한 대금의 지급을 거절할 수 있다.
> ㄹ. 甲이 임대차기간 중에 신축된 Y 건물을 丁에게 매각하여 소유권이전등기를 마쳐준 후 임대차계약이 만료된 경우, 甲은 乙을 상대로 Y 건물에 관한 지상물매수청구를 할 수 없다.

① ㄴ
② ㄱ, ㄷ
③ ㄴ, ㄷ
④ ㄴ, ㄹ
⑤ ㄱ, ㄷ, ㄹ

해설

ㄱ.(O) 민법 제666조는 "부동산공사의 수급인은 보수에 관한 채권을 담보하기 위하여 그 부동산을 목적으로 한 저당권의 설정을 청구할 수 있다."라고 규정하고 있는바, 이는 부동산공사에서 그 목적물이 보통 수급인의 자재와 노력으로 완성되는 점을 감안하여 그 목적물의 소유권이 원시적으로 도급인에게 귀속되는 경우 수급인에게 목적물에 대한 저당권설정청구권을 부여함으로써 수급인이 사실상 목적물로부터 공사대금을 우선적으로 변제받을 수 있도록 하는 데 그 취지가 있고, 이러한 수급인의 지위가 목적물에 대하여 유치권을 행사하는 지위보다 더 강화되는 것은 아니어서 도급인의 일반 채권자들에게 부당하게 불리해지는 것도 아닌 점 등에 비추어, <u>신축건물의 도급인이 민법 제666조가 정한 수급인의 저당권설정청구권의 행사에 따라 공사대금채무의 담보로 그 건물에 저당권을 설정하는 행위는 특별한 사정이 없는 한 사해행위에 해당하지 아니한다</u>(대법원 2018. 11. 29. 선고 2015다19827 판결).

ㄴ.(X) 공사도급계약에 따라 주고받는 선급금은 일반적으로 구체적인 기성고와 관련하여 지급되는 것이 아니라 전체 공사와 관련하여 지급되는 공사대금의 일부이다. <u>도급인이 선급금을 지급한 후 도급계약이 해제되거나 해지된 경우에는 특별한 사정이 없는 한 별도의 상계 의사표시 없이 그때까지 기성고에 해당하는 공사대금 중 미지급액은 당연히 선급금으로 충당되고 공사대금이 남아 있으면 도급인은 그 금액에 한하여 지급의무가 있다.</u> 거꾸로 선급금이 미지급 공사대금에 충당되고 남는다면 수급인이 남은 선급금을 반환할 의무가 있다(대법원 2017. 1. 12. 선고 2014다11574, 11581 판결).

ㄷ. (O) 건물의 소유를 목적으로 한 토지임대차계약의 기간이 만료함에 따라 지상건물 소유자가 임대인에 대하여 행사하는 민법 제643조 소정의 매수청구권은 매수청구의 대상이 되는 건물에 근저당권이 설정되어 있는 경우에도 인정된다. 이 경우에 그 건물의 매수가격은 건물 자체의 가격 외에 건물의 위치, 주변 토지의 여러 사정 등을 종합적으로 고려하여 매수청구권 행사 당시 건물이 현존하는 대로의 상태에서 평가된 시가 상당액을 의미하고, 여기에서 근저당권의 채권최고액이나 피담보채무액을 공제한 금액을 매수가격으로 정할 것은 아니다. 다만, 매수청구권을 행사한 지상건물 소유자가 위와 같은 근저당권을 말소하지 않는 경우 토지소유자는 민법 제588조에 의하여 위 근저당권의 말소등기가 될 때까지 그 채권최고액에 상당한 대금의 지급을 거절할 수 있다(대법원 2008. 5. 29. 선고 2007다4356 판결).

ㄹ. (O) 민법 제643조 소정의 지상물매수청구권은 지상물의 소유자에 한하여 행사할 수 있다고 보아야 할 것인바, 원심이 인정한 바와 같이 위 심상훈이 위 토지에 관한 임대차기간이 만료하기 전인 1990. 11. 26. 이미 위 토지 위에 건립된 이 사건 건물을 피고 성윤호에게 양도하였다면 위 심상훈은 위 건물에 대한 소유자가 아니어서 위 건물에 대한 매수청구권을 행사할 수 없다고 보아야 할 것이다. 따라서 원심이 저지른 위와 같은 위법은 판결에 영향을 미친 것이 되지 못하므로 원심의 위와 같은 판단에 판결에 영향을 미친 법리오해의 위법이 있다는 논지는 이유 없음에 귀착된다(대법원 1993. 7. 27. 선고 93다6386 판결).

해답 ①

문 02 ★★

비법인사단 A의 대표자 甲의 대표행위에 관한 설명 중 옳은 것은? (다툼이 있는 경우 판례에 의함)

① 甲이 자기의 업무를 乙에게 포괄적으로 위임하고 그에 따라 乙이 포괄적 수임인으로서 행한 대행행위는 A에 대하여 그 효력이 있다.
② A가 총유재산에 관한 권리를 행사하지 아니하고 있어 A의 채권자 乙이 채권자대위권에 기하여 A의 총유재산에 관한 권리를 대위행사하는 경우, 사원총회의 결의 등 A의 내부적인 의사결정절차를 거칠 필요가 없다.
③ 甲이 A 소유 부동산에 관하여 乙과 매매계약을 체결하는 행위가 외관상·객관적으로 직무에 관한 행위로 인정될 수 있더라도 甲 자신의 개인적 이익을 도모하기 위한 것이거나 혹은 법령에 위반된 것이라면, A의 불법행위책임 요건인 직무에 관한 행위에 해당하지 않는다.
④ A 소유 부동산에 관한 乙과의 매매계약으로 A가 乙에게 소유권이전의무를 부담하는 경우, 甲이 그러한 채무의 존재를 인식하고 있다는 뜻을 표시하는 소멸시효 중단사유로서의 승인은 총유물의 관리행위나 처분행위에 해당한다.
⑤ 甲이 乙의 丙에 대한 채무를 담보하기 위하여 丙과 보증계약을 체결하면서 사원총회의 결의를 거치지 아니하였다면, 그 보증계약은 A에게 효력이 없다.

해설

① (X) 비법인사단에 대하여는 사단법인에 관한 민법 규정 가운데 법인격을 전제로 하는 것을 제외하고는 이를 유추적용하여야 하는데, 민법 제62조에 비추어 보면 비법인사단의 대표자는 정관 또는 총회의 결의로 금지하지 아니한 사항에 한하여 타인으로 하여금 특정한 행위를 대리하게 할 수 있을 뿐 비법인사단의 제반 업무처리를 포괄적으로 위임할 수는 없으므로 비법인사단 대표자가 행한 타인에 대한 업무의 포괄적 위임과 그에 따른 포괄적 수임인의 대행행위는 민법 제62조를 위반한 것이어서 비법인사단에 대하여 그 효력이 미치지 않는다(대법원 2011. 4. 28. 선고 2008다15438 판결).

② (O) 비법인사단이 총유재산에 관한 소를 제기할 때에는 정관에 다른 정함이 있는 등의 특별한 사정이 없

는 한 사원총회의 결의를 거쳐야 하지만(대법원 2011. 7. 28. 선고 2010다97044 판결 등 참조), 이는 비법인사단의 대표자가 비법인사단 명의로 총유재산에 관한 소를 제기하는 경우에 비법인사단의 의사결정과 특별수권을 위하여 필요한 내부적인 절차이다. 채권자대위권은 채무자가 스스로 자기의 권리를 행사하지 아니하는 때에 채권자가 채무자에 대한 채권을 보전하기 위하여 채무자의 의사와는 상관없이 채무자의 권리를 대위하여 행사할 수 있는 권리로서 그 권리행사에 채무자의 동의를 필요로 하는 것은 아니므로, 비법인사단이 총유재산에 관한 권리를 행사하지 아니하고 있어 비법인사단의 채권자가 채권자대위권에 기하여 비법인사단의 총유재산에 관한 권리를 대위행사하는 경우에는 사원총회의 결의 등 비법인사단의 내부적인 의사결정절차를 거칠 필요가 없다(대법원 2014. 9. 25. 선고 2014다211336 판결).

③ (X) 비법인사단의 대표자가 직무에 관하여 타인에게 손해를 가한 경우 그 사단은 민법 제35조 제1항의 유추적용에 의하여 그 손해를 배상할 책임이 있고, 비법인사단의 대표자의 행위가 대표자 개인의 사리를 도모하기 위한 것이었거나 혹은 법령의 규정에 위배된 것이었다 하더라도 외관상, 객관적으로 직무에 관한 행위라고 인정할 수 있다면 민법 제35조 제1항의 직무에 관한 행위에 해당한다 할 것이나, 한편 그 대표자의 행위가 직무에 관한 행위에 해당하지 아니함을 피해자 자신이 알았거나 또는 중대한 과실로 인하여 알지 못한 경우에는 비법인사단에게 손해배상책임을 물을 수 없다. 여기서 중대한 과실이라 함은, 거래의 상대방이 조금만 주의를 기울였더라면 대표자의 행위가 그 직무권한 내에서 적법하게 행하여진 것이 아니라는 사정을 알 수 있었음에도 만연히 이를 직무권한 내의 행위라고 믿음으로써 일반인에게 요구되는 주의의무에 현저히 위반하는 것으로 거의 고의에 가까운 정도의 주의를 결여하고, 공평의 관점에서 상대방을 구태여 보호할 필요가 없다고 봄이 상당하다고 인정되는 상태를 말한다(대법원 2008. 1. 18. 선고 2005다34711 판결).

④ (X) 비법인사단이 총유물에 관한 매매계약을 체결하는 행위는 총유물 그 자체의 처분이 따르는 채무부담행위로서 총유물의 처분행위에 해당하나, 그 매매계약에 의하여 부담하고 있는 채무의 존재를 인식하고 있다는 뜻을 표시하는 데 불과한 소멸시효 중단사유로서의 승인은 총유물 그 자체의 관리·처분이 따르는 행위가 아니어서 총유물의 관리·처분행위라고 볼 수 없다(대법원 2009. 11. 26. 선고 2009다64383 판결).

⑤ (X) 민법 제275조, 제276조 제1항에서 말하는 총유물의 관리 및 처분이라 함은 총유물 그 자체에 관한 이용·개량행위나 법률적·사실적 처분행위를 의미하는 것이므로, 비법인사단이 타인 간의 금전채무를 보증하는 행위는 총유물 그 자체의 관리·처분이 따르지 아니하는 단순한 채무부담행위에 불과하여 이를 총유물의 관리·처분행위라고 볼 수는 없다. 따라서 비법인사단인 재건축조합의 조합장이 채무보증계약을 체결하면서 조합규약에서 정한 조합 임원회의 결의를 거치지 아니하였다거나 조합원총회 결의를 거치지 않았다고 하더라도 그것만으로 바로 그 보증계약이 무효라고 할 수는 없다. 다만, 이와 같은 경우에 조합 임원회의의 결의 등을 거치도록 한 조합규약은 조합장의 대표권을 제한하는 규정에 해당하는 것이므로, 거래 상대방이 그와 같은 대표권 제한 및 그 위반 사실을 알았거나 과실로 인하여 이를 알지 못한 때에는 그 거래행위가 무효로 된다고 봄이 상당하며, 이 경우 그 거래 상대방이 대표권 제한 및 그 위반 사실을 알았거나 알지 못한 데에 과실이 있다는 사정은 그 거래의 무효를 주장하는 측이 이를 주장·입증하여야 한다(대법원 2007. 4. 19. 선고 2004다60072,60089 전원합의체 판결).

해답 ②

문 03 ★★

「민법」상의 능력에 관한 설명 중 옳지 않은 것은? (다툼이 있는 경우 판례에 의함)

① 의사능력 없이 한 법률행위는 무효인데, 의사능력의 유무는 구체적인 법률행위와 관련하여 개별적으로 판단되어야 한다.
② 제한능력자인지 여부가 연령에 의하여 획일적으로 또는 법원의 심판에 의하여 정해지기 때문에,

행위능력제도의 근본적인 입법취지는 제한능력자의 보호보다 거래의 안전을 확보함에 있다고 보아야 한다.
③ 피성년후견인의 법률행위는 취소할 수 있지만, 일용품의 구입 등 일상생활에 필요하고 그 대가가 과도하지 아니한 법률행위는 성년후견인이 취소할 수 없다.
④ 임의후견인의 대리권 소멸은 등기하지 아니하면 선의의 제3자에게 대항할 수 없다.
⑤ 법인도 성년후견인이 될 수 있고, 미성년후견인은 한 명이어야 하지만 성년후견인은 여러 명일 수 있다.

해설

① (O) 의사능력이란 자신의 행위의 의미나 결과를 정상적인 인식력과 예기력을 바탕으로 합리적으로 판단할 수 있는 정신적 능력 내지는 지능을 말하는 것으로서, 의사능력의 유무는 구체적인 법률행위와 관련하여 개별적으로 판단되어야 할 것이다. 원고가 직접 금융기관을 방문하여 금 50,000,000원을 대출받고 금전소비대차약정서 및 근저당권설정계약서에 날인하였다고 할지라도, 원고가 어릴 때부터 지능지수가 낮아 정규교육을 받지 못한 채 가족의 도움으로 살아왔고, 위 계약일 2년 8개월 후 실시된 신체감정 결과 지능지수는 73, 사회연령은 6세 수준으로서 이름을 정확하게 쓰지 못하고 간단한 셈도 불가능하며, 원고의 본래 지능수준도 이와 크게 다르지 않을 것으로 추정된다는 감정결과가 나왔다면, 원고가 위 계약 당시 결코 적지 않은 금액을 대출 받고 이에 대하여 자신 소유의 부동산을 담보로 제공함으로써 만약 대출금을 변제하지 못할 때에는 근저당권의 실행으로 인하여 소유권을 상실할 수 있다는 일련의 법률적인 의미와 효과를 이해할 수 있는 의사능력을 갖추고 있었다고 볼 수 없고, 따라서 위 계약은 의사능력을 흠결한 상태에서 체결된 것으로서 무효라고 본 사례(대법원 2002. 10. 11. 선고 2001다10113).

② (X) 객관적·획일적 또는 법원의 심판에 의하여 정해지는 제도가 제한능력자 제도이다. 제한능력자 제도는 강행규정으로서 제한능력자를 충실하게 보호하기 위하여 그가 법률행위를 취소한 경우에 그 취소를 가지고 선의의 제3자에게도 대항할 수 있도록 한다(송덕수, 기본민법 제4판 p.52, p.53).

③ (O) 민법 제10조 참조

> 민법 제10조(피성년후견인의 행위와 취소) ① 피성년후견인의 법률행위는 취소할 수 있다.
> ② 제1항에도 불구하고 가정법원은 취소할 수 없는 피성년후견인의 법률행위의 범위를 정할 수 있다.
> ③ 가정법원은 본인, 배우자, 4촌 이내의 친족, 성년후견인, 성년후견감독인, 검사 또는 지방자치단체의 장의 청구에 의하여 제2항의 범위를 변경할 수 있다.
> ④ 제1항에도 불구하고 일용품의 구입 등 일상생활에 필요하고 그 대가가 과도하지 아니한 법률행위는 성년후견인이 취소할 수 없다.

④ (O) 민법 제959조의19 참조

> 민법 제959조의19(임의후견인의 대리권 소멸과 제3자와의 관계) 임의후견인의 대리권 소멸은 등기하지 아니하면 선의의 제3자에게 대항할 수 없다.

⑤ (O) 민법 제930조 참조

> 민법 제930조(후견인의 수와 자격) ① 미성년후견인의 수(數)는 한 명으로 한다.
> ② 성년후견인은 피성년후견인의 신상과 재산에 관한 모든 사정을 고려하여 여러 명을 둘 수 있다.
> ③ 법인도 성년후견인이 될 수 있다.

해답 ②

문 04

★★★

乙은 甲에 대하여 1억 원의 대여금채권을 가지고 있다. 甲은 자신의 유일한 재산인 X 토지에 대하여 채권자 丙 명의로 근저당권을 설정해 주었다. 乙은 甲에 대한 대여금채권을 피보전채권으로 하여 丙을 상대로 甲과 丙 사이에 체결된 근저당권설정계약을 취소하는 사해행위 취소의 소를 제기하였다. 이에 관한 설명 중 옳은 것을 모두 고른 것은? (다툼이 있는 경우 판례에 의함)

> ㄱ. 乙이 제척기간 내에 사해행위 취소의 소를 제기하였다면, 제척기간이 경과한 후에 피보전채권을 위 대여금채권에서 乙의 甲에 대한 부당이득금반환채권으로 변경할 수 있다.
> ㄴ. 丙이 근저당권을 실행하여 배당금을 수령하였다면, 乙은 사해행위 취소로 인한 원상회복청구를 함에 있어서 가액배상의 방법으로 丙을 상대로 하여 자신에게 배당금을 반환할 것을 구할 수 있다.
> ㄷ. 丙은 乙의 甲에 대한 대여금채권의 소멸시효 완성을 원용할 수 없다.
> ㄹ. 乙은 사해행위 당시 甲이 공동담보 부족에 의하여 일반채권자가 채권변제를 받기 어렵게 될 위험이 생긴다는 사실을 인식하였다는 사실만 증명하면 족하고, 특정채권자를 해한다는 甲의 인식까지 증명하여야 하는 것은 아니다.
> ㅁ. 처분행위 당시에는 채권자를 해하는 것이었더라도 그 후 甲이 자력을 회복하거나 채무가 감소하여 사해행위 취소소송의 사실심 변론종결 시에 채권자를 해하지 않게 되었다면, 甲의 당사자적격이 없으므로 법원은 사해행위 취소의 소를 각하하여야 한다.

① ㄱ, ㅁ
② ㄱ, ㄴ, ㄹ
③ ㄱ, ㄷ, ㄹ
④ ㄴ, ㄷ, ㅁ
⑤ ㄱ, ㄴ, ㄹ, ㅁ

해설

ㄱ. (O) 채권자가 사해행위의 취소를 청구하면서 그 보전하고자 하는 채권을 추가하거나 교환하는 것은 그 사해행위취소권을 이유 있게 하는 공격방법에 관한 주장을 변경하는 것일 뿐이지 소송물 또는 청구 자체를 변경하는 것이 아니므로, 소의 변경이라 할 수 없다. 원고는 1999. 8. 9. 원고가 소외 1과 1995. 9. 6.자로 체결한 소액대출 보증보험계약의 연대보증인인 소외 2에 대하여 가지는 구상금채권 5,089,753원을 사해행위취소의 피보전권리로 하여 소외 2와 그 처인 피고 사이에 체결된 판시 증여계약의 취소 및 판시 소유권이전등기의 말소를 구하는 소를 제기하였다가 원심에서 위 채권이 피고의 변제공탁으로 소멸하기에 이르자, 2000. 9. 5.자 준비서면으로써 원고가 소외 2와 1994. 8. 26. 체결한 소액대출 보증보험계약에 따라 소외 2에 대하여 가지는 구상금채권 18,013,680원도 사해행위취소의 피보전권리라고 주장하고 나왔는데, 원심은, 이는 소의 교환적 변경에 해당한다고 보고 교환적으로 변경된 사해행위취소의 소가 사해행위가 있음을 안 날로부터 1년을 도과하여 제기된 것이어서 부적법하다고 판단하였다. 원심의 이러한 판단은 앞에서 본 법리와 배치되는 것으로서 소의 변경에 관한 법리를 오해하여 판결 결과에 영향을 미친 위법을 저지른 데 해당한다(대법원 2003. 5. 27. 선고 2001다13532 판결).

ㄴ. (O) 근저당권설정계약을 사해행위로서 취소하는 경우 경매절차가 진행되어 타인이 소유권을 취득하고 근저당권설정등기가 말소되었다면 원물반환이 불가능하므로 가액배상의 방법으로 원상회복을 명할 것인바, 이미 배당이 종료되어 수익자가 배당금을 수령하였다면 수익자로 하여금 배당금을 반환하도록 명하여야 하고, 배당표가 확정되었으나 채권자의 배당금지급금지가처분으로 인하여 수익자가 배당금을 현실적으로 지급받지 못한 경우에는 배당금지급채권의 양도와 그 채권양도의 통지를 명할 것이나, 채권자가 배당기일에 출석하여 수익자의 배당 부분에 대하여 이의를 하였다면 그 채권자는 사해행위취소의 소

와 병합하여 원상회복으로서 배당이의의 소를 제기할 수 있다고 할 것이고, 다만 이 경우 법원으로서는 배당이의의 소를 제기한 당해 채권자 이외의 다른 채권자의 존재를 고려할 필요 없이 그 채권자의 채권이 만족을 받지 못한 한도에서만 근저당권설정계약을 취소하고 그 한도에서만 수익자의 배당액을 삭제하여 당해 채권자의 배당액으로 경정하여야 한다(대법원 2004. 1. 27. 선고 2003다6200 판결).

ㄷ.(X), ㅁ.(X) 소멸시효를 원용할 수 있는 사람은 권리의 소멸에 의하여 직접 이익을 받는 자에 한정되는 바, 사해행위취소소송의 상대방이 된 사해행위의 수익자는, 사해행위가 취소되면 사해행위에 의하여 얻은 이익을 상실하고 사해행위취소권을 행사하는 채권자의 채권이 소멸하면 그와 같은 이익의 상실을 면하는 지위에 있으므로, 그 채권의 소멸에 의하여 직접 이익을 받는 자에 해당하는 것으로 보아야 한다. 처분행위 당시에는 채권자를 해하는 것이었다고 하더라도 그 후 채무자가 자력을 회복하여 사해행위취소권을 행사하는 사실심의 변론종결 시에는 채권자를 해하지 않게 된 경우에는 책임재산 보전의 필요성이 없어지게 되어 채권자취소권이 소멸하는 것으로 보아야 할 것인바, 그러한 사정변경이 있다는 사실은 채권자취소소송의 상대방이 증명하여야 한다(대법원 2007. 11. 29. 선고 2007다54849 판결).

ㄹ.(O) 채권자취소권의 주관적 요건인 채무자가 채권자를 해함을 안다는 이른바 채무자의 악의, 즉 사해의사는 채무자의 재산처분 행위에 의하여 그 재산이 감소되어 채권의 공동담보에 부족이 생기거나 이미 부족 상태에 있는 공동담보가 한층 더 부족하게 됨으로써 채권자의 채권을 완전하게 만족시킬 수 없게 된다는 사실을 인식하는 것을 의미하고, 그러한 인식은 일반 채권자에 대한 관계에서 있으면 충분하고 특정의 채권자를 해한다는 인식이 있어야 하는 것은 아니다(대법원 1998. 5. 12. 선고 97다57320 판결).

문 05 ★★

「민법」상 매도인의 담보책임에 관한 설명 중 옳지 않은 것은? (다툼이 있는 경우 판례에 의함)

① 경매절차의 무효로 경매 부동산의 소유권을 취득하지 못한 매수인은 매매대금을 배당받은 경매 채권자 또는 채무자를 상대로 배당금 상당의 부당이득반환을 청구할 수 있고, 경매에 따른 담보책임을 물을 수도 있다.
② 건축을 목적으로 매매된 토지에 대하여 건축허가를 받을 수 없어 건축이 불가능하다는 법률적 제한은 매매목적물의 하자에 해당하고, 하자의 존부는 매매계약 성립시를 기준으로 판단하여야 한다.
③ 매도인의 담보책임을 기초로 한 손해배상채권의 제척기간이 지난 경우에도, 제척기간이 지나기 전 상대방의 채권과 상계할 수 있었다면, 매수인은 위 손해배상채권을 자동채권으로 하여 상대방의 채권과 상계할 수 있다.
④ 매도인의 하자담보책임과 채무불이행책임은 경합적으로 인정되므로, 매매목적물인 토지에 폐기물이 매립되어 있어서 매수인에게 폐기물을 처리하기 위한 비용 상당의 손해가 발생한다면, 매수인은 그 비용에 관하여 매도인에게 채무불이행으로 인한 손해배상을 청구할 수 있다.
⑤ 하자담보에 기한 손해배상청구권은 원칙적으로 10년의 소멸시효에 걸리고 매수인이 매매목적물을 인도받은 때부터 소멸시효가 진행한다.

해설

① (X) 경락인이 강제경매절차를 통하여 부동산을 경락받아 대금을 완납하고 그 앞으로 소유권이전등기까지 마쳤으나, 그 후 강제경매절차의 기초가 된 채무자 명의의 소유권이전등기가 원인무효의 등기이어서 경매 부동산에 대한 소유권을 취득하지 못하게 된 경우, 이와 같은 강제경매는 무효라고 할 것이므로 경락인은 경매 채권자에게 경매대금 중 그가 배당받은 금액에 대하여 일반 부당이득의 법리에 따라

반환을 청구할 수 있고, 민법 제578조 제1항, 제2항에 따른 경매의 채무자나 채권자의 담보책임은 인정될 여지가 없다(대법원 2004. 6. 24. 선고 2003다59259 판결).

② (O) 매매의 목적물이 거래통념상 기대되는 객관적 성질·성능을 결여하거나, 당사자가 예정 또는 보증한 성질을 결여한 경우에 매도인은 매수인에 대하여 그 하자로 인한 담보책임을 부담한다 할 것이고, 한편 건축을 목적으로 매매된 토지에 대하여 건축허가를 받을 수 없어 건축이 불가능한 경우, 위와 같은 법률적 제한 내지 장애 역시 매매목적물의 하자에 해당한다 할 것이나, 다만 위와 같은 하자의 존부는 매매계약 성립시를 기준으로 판단하여야 할 것이다(대법원 2000. 1. 18. 선고 98다18506 판결).

③ (O) 매도인의 담보책임을 기초로 한 매수인의 손해배상채권 또는 수급인의 담보책임을 기초로 한 도급인의 손해배상채권이 각각 상대방의 채권과 상계적상에 있는 경우에 당사자들은 채권·채무관계가 이미 정산되었거나 정산될 것으로 기대하는 것이 일반적이므로, 그 신뢰를 보호할 필요가 있다. 이러한 손해배상채권의 제척기간이 지난 경우에도 그 기간이 지나기 전에 상대방에 대한 채권·채무관계의 정산 소멸에 대한 신뢰를 보호할 필요성이 있다는 점은 소멸시효가 완성된 채권의 경우와 아무런 차이가 없다. 따라서 매도인이나 수급인의 담보책임을 기초로 한 손해배상채권의 제척기간이 지난 경우에도 제척기간이 지나기 전 상대방의 채권과 상계할 수 있었던 경우에는 매수인이나 도급인은 민법 제495조를 유추적용해서 위 손해배상채권을 자동채권으로 해서 상대방의 채권과 상계할 수 있다고 봄이 타당하다(대법원 2019. 3. 14. 선고 2018다255648 판결).

④ (O) 매매의 목적물에 하자가 있는 경우 매도인의 하자담보책임과 채무불이행책임은 별개의 권원에 의하여 경합적으로 인정된다. 이 경우 특별한 사정이 없는 한 하자를 보수하기 위한 비용은 매도인의 하자담보책임과 채무불이행책임에서 말하는 손해에 해당한다. 따라서 매매 목적물인 토지에 폐기물이 매립되어 있고 매수인이 폐기물을 처리하기 위해 비용이 발생한다면 매수인은 그 비용을 민법 제390조에 따라 채무불이행으로 인한 손해배상으로 청구할 수도 있고, 민법 제580조 제1항에 따라 하자담보책임으로 인한 손해배상으로 청구할 수도 있다(대법원 2021. 4. 8. 선고 2017다202050 판결).

⑤ (O) 매도인에 대한 하자담보에 기한 손해배상청구권에 대하여는 민법 제582조의 제척기간이 적용되고, 이는 법률관계의 조속한 안정을 도모하고자 하는 데에 취지가 있다. 그런데 하자담보에 기한 매수인의 손해배상청구권은 권리의 내용·성질 및 취지에 비추어 민법 제162조 제1항의 채권 소멸시효의 규정이 적용되고, 민법 제582조의 제척기간 규정으로 인하여 소멸시효 규정의 적용이 배제된다고 볼 수 없으며, 이때 다른 특별한 사정이 없는 한 무엇보다도 매수인이 매매 목적물을 인도받은 때부터 소멸시효가 진행한다고 해석함이 타당하다(대법원 2011. 10. 13. 선고 2011다10266 판결).

해답 ①

문 06 ★★

甲으로부터 대리권을 수여받지 않은 乙이 甲을 대리하여 甲 소유 X 토지를 丙에게 매도하였다. 이에 관한 설명 중 옳은 것을 모두 고른 것은? (乙의 표현대리는 성립하지 않음을 전제로 하고, 다툼이 있는 경우 판례에 의함)

> ㄱ. 乙이 甲으로 행세하는 丁의 기망에 속아 甲으로부터 대리권을 수여받은 것으로 과실 없이 오인한 상태에서 위 매매계약을 체결하였다면, 乙은 丙에 대하여 무권대리인으로서의 책임을 지지 않는다.
> ㄴ. 위 매매계약에서 甲의 채무불이행에 대비한 손해배상액이 예정된 경우, 甲의 추인 거절로 丙이 乙에게 매매계약의 이행을 구하였으나 乙이 이행하지 아니하여 乙이 丙에게 손해배상책임을 지더라도 매매계약 자체가 무효이므로 乙은 예정된 손해액을 지급할 의무가 없다.

ㄷ. 무권대리행위에 대한 甲의 추인은 명시적 또는 묵시적인 방법으로 할 수 있고, 乙과 丙뿐만 아니라 위 매매계약으로 인한 권리 또는 법률관계의 승계인을 상대로도 할 수 있다.
ㄹ. 丙이 위 매매계약을 철회하려면 乙이 무권대리인임을 계약 당시 알지 못하여야 하는데, 이에 대한 증명책임은 丙에게 있다.

① ㄷ
② ㄱ, ㄷ
③ ㄴ, ㄷ
④ ㄷ, ㄹ
⑤ ㄱ, ㄴ, ㄹ

해설

ㄱ.(X) 민법 제135조 제1항은 "타인의 대리인으로 계약을 한 자가 그 대리권을 증명하지 못하고 또 본인의 추인을 얻지 못한 때에는 상대방의 선택에 좇아 계약의 이행 또는 손해배상의 책임이 있다."고 규정하고 있다. 위 규정에 따른 무권대리인의 상대방에 대한 책임은 무과실책임으로서 대리권의 흠결에 관하여 대리인에게 과실 등의 귀책사유가 있어야만 인정되는 것이 아니고, 무권대리행위가 제3자의 기망이나 문서위조 등 위법행위로 야기되었다고 하더라도 책임은 부정되지 아니한다(대법원 2014. 2. 27. 선고 2013다213038 판결).

ㄴ.(X), ㄹ.(X) 무권대리인이 계약에서 정한 채무를 이행하지 않으면 상대방에게 채무불이행에 따른 손해를 배상할 책임을 진다. 위 계약에서 채무불이행에 대비하여 손해배상액의 예정에 관한 조항을 둔 때에는 특별한 사정이 없는 한 무권대리인은 조항에서 정한 바에 따라 산정한 손해액을 지급하여야 한다. 이 경우에도 손해배상액의 예정에 관한 민법 제398조가 적용됨은 물론이다. 민법 제135조 제2항은 '대리인으로서 계약을 맺은 자에게 대리권이 없다는 사실을 상대방이 알았거나 알 수 있었을 때에는 제1항을 적용하지 아니한다.'고 정하고 있다. 이는 무권대리인의 무과실책임에 관한 원칙 규정인 제1항에 대한 예외 규정이므로 상대방이 대리권이 없음을 알았다는 사실 또는 알 수 있었는데도 알지 못하였다는 사실에 관한 주장·증명책임은 무권대리인에게 있다(대법원 2018. 6. 28. 선고 2018다210775 판결).

ㄷ.(O) 무권대리행위의 추인에 특별한 방식이 요구되는 것이 아니므로 명시적인 방법만 아니라 묵시적인 방법으로도 할 수 있고, 그 추인은 무권대리인, 무권대리행위의 직접의 상대방 및 그 무권대리행위로 인한 권리 또는 법률 관계의 승계인에 대하여도 할 수 있다(대법원 1981. 4. 14. 선고 80다2314 판결).

해답 ①

문 07 ★★

소멸시효 중단에 관한 설명 중 옳은 것을 모두 고른 것은? (다툼이 있는 경우 판례에 의함)

ㄱ. 채권자가 주채무자의 재산에 대한 압류신청을 하여 압류결정을 받은 경우, 보증인에게 압류결정이 통지되지 않았다면 보증채권에 대한 시효중단의 효력은 생기지 않는다.
ㄴ. 이행인수인이 채권자에 대하여 채무자의 채무를 승인하더라도 다른 특별한 사정이 없는 한 채무자에 대하여 시효중단의 효력은 생기지 않는다.
ㄷ. 소멸시효 중단사유로서의 승인은 소멸시효의 진행이 개시되기 전 또는 그 이후에 가능할 뿐만 아니라, 장래의 채권을 미리 승인하여도 시효중단의 효력이 생긴다.
ㄹ. 「주택임대차보호법」에 기한 임차권등기명령에 따른 임차권등기에는 임대차보증금반환채권에 대한 소멸시효 중단사유인 압류 또는 가압류, 가처분에 준하는 시효중단의 효력이 없다.

① ㄴ   ② ㄱ, ㄷ
③ ㄴ, ㄹ   ④ ㄱ, ㄷ, ㄹ
⑤ ㄴ, ㄷ, ㄹ

> 해설

ㄱ.(✗) 민법 제169조는 '시효의 중단은 당사자 및 그 승계인 간에만 효력이 있다.'고 규정하고 있고, 한편 민법 제440조는 '주채무자에 대한 시효의 중단은 보증인에 대하여 그 효력이 있다.'라고 규정하고 있는 바, 민법 제440조는 민법 제169조의 예외 규정으로서 이는 채권자 보호 내지 채권담보의 확보를 위하여 주채무자에 대한 시효중단의 사유가 발생하였을 때는 그 보증인에 대한 별도의 중단조치가 이루어지지 아니하여도 동시에 시효중단의 효력이 생기도록 한 것이고, 그 시효중단사유가 압류, 가압류 및 가처분이라고 하더라도 이를 보증인에게 통지하여야 비로소 시효중단의 효력이 발생하는 것은 아니다(대법원 1986. 11. 25. 선고 86다카1569 판결).

ㄴ.(○) 이행인수는 채무자와 인수인 사이의 계약에 따라 인수인이 채권자에 대한 채무를 변제하기로 약정하는 것을 말한다. 이 경우 인수인은 채무자의 채무를 변제하는 등으로 면책시킬 의무를 부담하지만 채권자에 대한 관계에서 직접 이행의무를 부담하게 되는 것은 아니다. 한편 소멸시효 중단사유인 채무의 승인은 시효이익을 받을 당사자나 대리인만 할 수 있으므로 이행인수인이 채권자에 대하여 채무자의 채무를 승인하더라도 다른 특별한 사정이 없는 한 시효중단 사유가 되는 채무승인의 효력은 발생하지 않는다(대법원 2016. 10. 27. 선고 2015다239744 판결).

ㄷ.(✗) 소멸시효의 중단사유로서의 승인은 시효이익을 받을 당사자인 채무자가 그 권리의 존재를 인식하고 있다는 뜻을 표시함으로써 성립하는 것이므로 이는 소멸시효의 진행이 개시된 이후에만 가능하고 그 이전에 승인을 하더라도 시효가 중단되지는 않는다고 할 것이고, 또한 현존하지 아니하는 장래의 채권을 미리 승인하는 것은 채무자가 그 권리의 존재를 인식하고서 한 것이라고 볼 수 없어 허용되지 않는다고 할 것이다(대법원 2001. 11. 9. 선고 2001다52568 판결).

ㄹ.(○) 주택임대차보호법 제3조의3에서 정한 임차권등기명령에 따른 임차권등기는 특정 목적물에 대한 구체적 집행행위나 보전처분의 실행을 내용으로 하는 압류 또는 가압류, 가처분과 달리 어디까지나 주택임차인이 주택임대차보호법에 따른 대항력이나 우선변제권을 취득하거나 이미 취득한 대항력이나 우선변제권을 유지하도록 해 주는 담보적 기능을 주목적으로 한다. 비록 주택임대차보호법이 임차권등기명령의 신청에 대한 재판절차와 임차권등기명령의 집행 등에 관하여 민사집행법상 가압류에 관한 절차규정을 일부 준용하고 있지만, 이는 일방 당사자의 신청에 따라 법원이 심리·결정한 다음 등기를 촉탁하는 일련의 절차가 서로 비슷한 데서 비롯된 것일 뿐 이를 이유로 임차권등기명령에 따른 임차권등기가 본래의 담보적 기능을 넘어서 채무자의 일반재산에 대한 강제집행을 보전하기 위한 처분의 성질을 가진다고 볼 수는 없다. 그렇다면 임차권등기명령에 따른 임차권등기에는 민법 제168조 제2호에서 정하는 소멸시효 중단사유인 압류 또는 가압류, 가처분에 준하는 효력이 있다고 볼 수 없다(대법원 2019. 5. 16. 선고 2017다226629 판결).

> 해답 ③

문 08 ★★

근저당권에 관한 설명 중 옳지 않은 것은? (다툼이 있는 경우 판례에 의함)

① 근저당권 설정의 당사자들이 그 목적인 토지 위에 건물이 설치되어 토지의 담보가치가 감소하는 것을 막는 것을 주요한 목적으로 하여 채권자 앞으로 지상권을 아울러 설정한 경우, 피담보채권의 소멸로 근저당권이 소멸하면 지상권은 소멸한다.

② 선순위의 근저당권부 채권의 양수인이 근저당권 이전의 부기등기를 마쳤다면, 채권양도의 대항요건을 갖추지 아니하였더라도, 후순위 근저당권자에게 채권양도로 대항할 수 있다.

③ 근저당권자가 피담보채무의 불이행을 이유로 경매신청을 한 경우에는 경매신청 시에 피담보채무가 확정되나, 경매개시결정이 있은 후에 경매신청이 취하되면 채무확정의 효과가 번복된다.

④ 후순위 근저당권자가 경매를 신청한 경우, 선순위 근저당권의 피담보채무는 경매절차에서 매수인이 매각대금을 완납한 때에 확정된다.

⑤ 甲은 乙이 운영하는 도박장에서 도박을 하던 중 도박자금이 부족해지자 乙로부터 1억 원을 차용하면서 그 차용금 채무의 담보 목적으로 甲 소유 X 토지에 관하여 乙 앞으로 근저당권설정등기를 마쳐주었다. 이 경우, 甲은 乙을 상대로 위 등기의 말소를 청구할 수 있다.

해설

① (O) 근저당권 등 담보권 설정의 당사자들이 그 목적이 된 토지 위에 차후 용익권이 설정되거나 건물 또는 공작물이 축조·설치되는 등으로써 그 목적물의 담보가치가 저감하는 것을 막는 것을 주요한 목적으로 하여 채권자 앞으로 아울러 지상권을 설정하였다면, 그 피담보채권이 변제 등으로 만족을 얻어 소멸한 경우는 물론이고 시효소멸한 경우에도 그 지상권은 피담보채권에 부종하여 소멸한다(대법원 2011. 4. 14. 선고 2011다6342 판결).

② (O) 피담보채권을 저당권과 함께 양수한 자는 저당권이전의 부기등기를 마치고 저당권실행의 요건을 갖추고 있는 한 채권양도의 대항요건을 갖추고 있지 아니하더라도 경매신청을 할 수 있으며, 채무자는 경매절차의 이해관계인으로서 채권양도의 대항요건을 갖추지 못하였다는 사유를 들어 경매개시결정에 대한 이의나 즉시항고절차에서 다툴 수 있고, 이 경우는 신청채권자가 대항요건을 갖추었다는 사실을 증명하여야 할 것이나, 이러한 절차를 통하여 채권 및 근저당권의 양수인의 신청에 의하여 개시된 경매절차가 실효되지 아니한 이상 그 경매절차는 적법한 것이고, 또한 그 경매신청인은 양수채권의 변제를 받을 수도 있다. 채권양도의 대항요건의 흠결의 경우 채권을 주장할 수 없는 채무자 이외의 제3자는 양도된 채권 자체에 관하여 양수인의 지위와 양립할 수 없는 법률상 지위를 취득한 자에 한하므로, 선순위의 근저당권부채권을 양수한 채권자보다 후순위의 근저당권자는 채권양도의 대항요건을 갖추지 아니한 경우 대항할 수 없는 제3자에 포함되지 않는다(대법원 2005. 6. 23. 선고 2004다29279 판결).

③ (X) 근저당권자가 피담보채무의 불이행을 이유로 경매신청을 한 경우에는 경매신청 시에 근저당 채무액이 확정되고, 그 이후부터 근저당권은 부종성을 가지게 되어 보통의 저당권과 같은 취급을 받게 되는 바, 위와 같이 경매신청을 하여 경매개시결정이 있은 후에 경매신청이 취하되었다고 하더라도 채무확정의 효과가 번복되는 것은 아니다(대법원 2002. 11. 26. 선고 2001다73022 판결).

④ (O) 담보권 실행을 위한 경매절차가 개시되었음을 선순위 근저당권자가 안 때 이후의 어떤 시점에 선순위 근저당권의 피담보채무액이 증가하더라도 그와 같이 증가한 피담보채무액이 선순위 근저당권의 채권최고액 한도 안에 있다면 경매를 신청한 후순위 근저당권자가 예측하지 못한 손해를 입게 된다고 볼 수 없는 반면, 선순위 근저당권자는 자신이 경매신청을 하지 아니하였으면서도 경락으로 인하여 근저당권을 상실하게 되는 처지에 있으므로 거래의 안전을 해치지 아니하는 한도 안에서 선순위 근저당권자가 파악한 담보가치를 최대한 활용할 수 있도록 함이 타당하다는 관점에서 보면, 후순위 근저당권자가 경매를 신청한 경우 선순위 근저당권의 피담보채권은 그 근저당권이 소멸하는 시기, 즉 경락인이 경락대금을 완납한 때에 확정된다고 보아야 한다(대법원 1999. 9. 21. 선고 99다26085 판결).

⑤ (O) 도박자금으로 금원을 대여함으로 인하여 발생한 채권을 담보하기 위한 근저당권설정등기가 경료되었을 뿐인 경우와 같이 수령자가 그 이익을 향수하려면 경매신청을 하는 등 별도의 조치를 취하여야 하는 경우에는, 그 불법원인급여로 인한 이익이 종국적인 것이 아니므로 등기설정자는 무효인 근저당권설정등기의 말소를 구할 수 있다(대법원 1995. 8. 11. 선고 94다54108 판결).

해답 ③

문 09

甲은 자기 소유 X 토지를 乙에게 매도하였는데, 약정에 따라 계약금과 중도금만 지급받은 후 乙에게 소유권이전등기를 마쳐주었다. 그 후 甲은 乙의 매매잔대금 지급의무의 지체를 이유로 매매계약을 해제하였다. 이에 관한 설명 중 옳은 것을 모두 고른 것은? (다툼이 있는 경우 판례에 의함)

ㄱ. 乙이 甲을 상대로 이미 지급한 매매대금의 반환을 구하는 소를 제기한 경우, 乙의 과실(過失)이 있다면 甲이 반환해야 할 금액을 산정함에 있어서 법원은 乙의 과실에 대한 甲의 주장이 없더라도 직권으로 이를 참작하여야 한다.

ㄴ. 乙이 甲을 상대로 이미 지급한 매매대금의 반환을 구하는 소를 제기하여 甲의 패소판결이 확정된 경우, 甲은 소가 제기된 때부터 악의의 수익자가 되므로 그 때부터 매매대금에 이자를 붙여 반환하면 된다.

ㄷ. 甲의 매매대금반환의무와 乙의 소유권이전등기말소의무가 동시이행관계에 있는지 여부와 관계없이 甲은 이미 지급받은 매매대금에 이자를 더하여 반환해야 한다.

ㄹ. 乙이 X 토지에 관하여 소유권이전등기를 마친 후 위 매매계약의 해제 전에 丙이 乙과 매매예약을 체결하고 그에 따른 소유권이전등기청구권 보전을 위한 가등기를 마친 경우, 丙은 해제로 인한 원상회복으로부터 보호받는 제3자에 해당하지 않는다.

① ㄷ
② ㄱ, ㄷ
③ ㄴ, ㄹ
④ ㄷ, ㄹ
⑤ ㄱ, ㄴ, ㄷ

해설

ㄱ.(X) 과실상계는 본래 채무불이행 또는 불법행위로 인한 손해배상책임에 대하여 인정되는 것이고, 매매계약이 해제되어 소급적으로 효력을 잃은 결과 매매당사자에게 당해 계약에 기한 급부가 없었던 것과 동일한 재산상태를 회복시키기 위한 원상회복의무의 이행으로서 이미 지급한 매매대금 기타의 급부의 반환을 구하는 경우에는 적용되지 아니한다(대법원 2014. 3. 13. 선고 2013다34143 판결).

ㄴ.(X) 민법 제748조 제2항은 "악의의 수익자는 그 받은 이익에 이자를 붙여 반환하고 손해가 있으면 이를 배상하여야 한다."라고 규정하고 있고, 제749조 제1항은 "수익자가 이익을 받은 후 법률상 원인 없음을 안 때에는 그때부터 악의의 수익자로서 이익반환의 책임이 있다."라고 규정하고 있으며, 같은 조 제2항은 "선의의 수익자가 패소한 때에는 그 소를 제기한 때부터 악의의 수익자로 본다."라고 규정하고 있다. 여기서 '악의'란, 민법 제749조 제2항에서 악의로 의제되는 경우 등은 별론으로 하고, 자신의 이익 보유가 법률상 원인 없는 것임을 인식하는 것을 말하고, 그 이익의 보유를 법률상 원인이 없는 것이 되도록 하는 사정, 즉 부당이득반환의무의 발생요건에 해당하는 사실이 있음을 인식하는 것만으로는 부족하다(대법원 2018. 10. 25. 선고 2016다42800, 42817, 42824, 42831 판결).

ㄷ.(O) 당사자가 계약을 해제한 때에는 각 당사자는 상대방에 대하여 원상회복의 의무가 있고, 원상회복의무의 이행으로서 수령한 금전을 반환할 때에는 받은 날부터 법정이자를 가산하여 지급하여야 하므로(민법 제548조 제2항), 매매계약이 해제된 경우에도 매도인은 반환할 매매대금에 대하여 받은 날부터 민법이 정한 연 5%의 법정이율에 의한 이자를 가산하여 지급하여야 한다. 그리고 위와 같은 법정이자의 지급은 계약해제로 인한 원상회복의 범위에 속하므로 부당이득반환의 성질을 가지는 것이지 반환의무의 이행지체로 인한 손해배상이 아니므로, 매도인의 매매대금 반환의무와 매수인의 소유권이전등기

말소등기절차 이행의무가 동시이행의 관계에 있는지 여부와는 관계가 없다(대법원 2016. 8. 24. 선고 2016다17668 판결).

ㄹ.(X) 민법 제548조 제1항 단서에서 말하는 제3자는 일반적으로 해제된 계약으로부터 생긴 법률효과를 기초로 하여 해제 전에 새로운 이해관계를 가졌을 뿐만 아니라 등기, 인도 등으로 권리를 취득한 사람을 말하는 것인바, 매수인과 매매예약을 체결한 후 그에 기한 소유권이전청구권 보전을 위한 가등기를 마친 사람도 위 조항 단서에서 말하는 제3자에 포함된다(대법원 2014. 12. 11. 선고 2013다14569 판결).

해답 ①

문 10 ★★

유치권에 관한 설명 중 옳지 않은 것은? (다툼이 있는 경우 판례에 의함)

① 유치권의 행사는 피담보채권의 소멸시효의 진행에 영향을 미치지 않는다.
② 유치권에 기한 경매에서 유치권자는 일반채권자보다 우선하여 배당을 받는다.
③ 채무자 甲 소유의 부동산에 관하여 이미 저당권이 설정된 상태에서 乙의 유치권이 성립한 후 저당권에 기한 경매신청이 있는 경우, 乙은 경매절차의 매수인 丙에게도 대항할 수 있지만, 乙의 유치권이 상사유치권이라면 丙에게 대항할 수 없다.
④ 채무자 甲 소유의 건물에 강제경매개시결정의 기입등기가 마쳐져 압류의 효력이 발생한 후에 甲이 건물에 관한 공사대금 채권자 乙에게 건물의 점유를 이전한 경우, 乙은 유치권으로 경매절차의 매수인에게 대항할 수 없다.
⑤ 채무자 甲 소유의 건물에 관하여 증축공사를 도급받은 수급인 乙이 경매개시결정의 기입등기가 마쳐지기 전에 甲으로부터 건물의 점유를 이전받았고 위 기입등기가 마쳐져 압류의 효력이 발생한 후에 공사를 완공하여 공사대금채권을 취득한 경우, 乙은 유치권으로 경매절차의 매수인에게 대항할 수 없다.

해설

① (O) 민법 제326조 참조

> 민법 제326조(피담보채권의 소멸시효) 유치권의 행사는 채권의 소멸시효의 진행에 영향을 미치지 아니한다.

② (X) 민사집행법 제91조 제2항, 제3항, 제268조는 경매의 대부분을 차지하는 강제경매와 담보권 실행을 위한 경매에서 소멸주의를 원칙으로 하고 있을 뿐만 아니라 이를 전제로 하여 배당요구의 종기결정이나 채권신고의 최고, 배당요구, 배당절차 등에 관하여 상세히 규정하고 있는 점, 민법 제322조 제1항에 "유치권자는 채권의 변제를 받기 위하여 유치물을 경매할 수 있다."고 규정하고 있는데, 유치권에 의한 경매에도 채권자와 채무자의 존재를 전제로 하고 채권의 실현·만족을 위한 경매를 상정하고 있는 점, 반면에 인수주의를 취할 경우 필요하다고 보이는 목적부동산 위의 부담의 존부 및 내용을 조사·확정하는 절차에 대하여 아무런 규정이 없고 인수되는 부담의 범위를 제한하는 규정도 두지 않아, 유치권에 의한 경매를 인수주의를 원칙으로 진행하면 매수인의 법적 지위가 매우 불안정한 상태에 놓이게 되는 점, 인수되는 부담의 범위를 어떻게 설정하느냐에 따라 인수주의를 취하는 것이 오히려 유치권자에게 불리해질 수 있는 점 등을 함께 고려하면, 유치권에 의한 경매도 강제경매나 담보권 실행을 위한 경매와 마찬가지로 목적부동산 위의 부담을 소멸시키는 것을 법정매각조건으로 하여 실시되고 우선채권자뿐만 아니라 일반채권자의 배당요구도 허용되며, 유치권자는 일반채권자와 동일한 순위로 배당을 받을 수 있다고 보아야 한다. 다만 집행법원은 부동산 위의 이해관계를 살펴 위와 같은 법정매각조건과는 달

리 매각조건 변경결정을 통하여 목적부동산 위의 부담을 소멸시키지 않고 매수인으로 하여금 인수하도록 정할 수 있다(대법원 2011. 6. 15.자 2010마1059 결정).

③ (O) 상사유치권은 민사유치권과 달리 피담보채권이 '목적물에 관하여' 생긴 것일 필요는 없지만 유치권의 대상이 되는 물건은 '채무자 소유'일 것으로 제한되어 있다(상법 제58조, 민법 제320조 제1항 참조). 이와 같이 상사유치권의 대상이 되는 목적물을 '채무자 소유의 물건'에 한정하는 취지는, 상사유치권의 경우에는 목적물과 피담보채권 사이의 견련관계가 완화됨으로써 피담보채권이 목적물에 대한 공익비용적 성질을 가지지 않아도 되므로 피담보채권이 유치권자와 채무자 사이에 발생하는 모든 상사채권으로 무한정 확장될 수 있고, 그로 인하여 이미 제3자가 목적물에 관하여 확보한 권리를 침해할 우려가 있어 상사유치권의 성립범위 또는 상사유치권으로 대항할 수 있는 범위를 제한한 것으로 볼 수 있다. 즉 상사유치권이 채무자 소유의 물건에 대해서만 성립한다는 것은, 상사유치권은 성립 당시 채무자가 목적물에 대하여 보유하고 있는 담보가치만을 대상으로 하는 제한물권이라는 의미를 담고 있다 할 것이고, 따라서 유치권 성립 당시에 이미 목적물에 대하여 제3자가 권리자인 제한물권이 설정되어 있다면, 상사유치권은 그와 같이 제한된 채무자의 소유권에 기초하여 성립할 뿐이고, 기존의 제한물권이 확보하고 있는 담보가치를 사후적으로 침탈하지는 못한다고 보아야 한다. 그러므로 채무자 소유의 부동산에 관하여 이미 선행(先行)저당권이 설정되어 있는 상태에서 채권자의 상사유치권이 성립한 경우, 상사유치권자는 채무자 및 그 이후 채무자로부터 부동산을 양수하거나 제한물권을 설정받는 자에 대해서는 대항할 수 있지만, 선행저당권자 또는 선행저당권에 기한 임의경매절차에서 부동산을 취득한 매수인에 대한 관계에서는 상사유치권으로 대항할 수 없다(대법원 2013. 2. 28. 선고 2010다57350 판결).

④ (O) 부동산 경매절차에서의 매수인은 민사집행법 제91조 제5항에 따라 유치권자에게 그 유치권으로 담보하는 채권을 변제할 책임이 있는 것이 원칙이나, 채무자 소유의 건물 등 부동산에 경매개시결정의 기입등기가 경료되어 압류의 효력이 발생한 후에 채무자가 위 부동산에 관한 공사대금 채권자에게 그 점유를 이전함으로써 그로 하여금 유치권을 취득하게 한 경우, 그와 같은 점유의 이전은 목적물의 교환가치를 감소시킬 우려가 있는 처분행위에 해당하여 민사집행법 제92조 제1항, 제83조 제4항에 따른 압류의 처분금지효에 저촉되므로 점유자로서는 위 유치권을 내세워 그 부동산에 관한 경매절차의 매수인에게 대항할 수 없다. 그러나 이러한 법리는 경매로 인한 압류의 효력이 발생하기 전에 유치권을 취득한 경우에는 적용되지 아니하고, 유치권 취득시기가 근저당권설정 후라거나 유치권 취득 전에 설정된 근저당권에 기하여 경매절차가 개시되었다고 하여 달리 볼 것은 아니다(대법원 2009. 1. 15. 선고 2008다70763 판결).

⑤ (O) 유치권은 목적물에 관하여 생긴 채권이 변제기에 있는 경우에 비로소 성립하고(민법 제320조), 한편 채무자 소유의 부동산에 경매개시결정의 기입등기가 마쳐져 압류의 효력이 발생한 후에 유치권을 취득한 경우에는 그로써 부동산에 관한 경매절차의 매수인에게 대항할 수 없는데, 채무자 소유의 건물에 관하여 증·개축 등 공사를 도급받은 수급인이 경매개시결정의 기입등기가 마쳐지기 전에 채무자에게서 건물의 점유를 이전받았다 하더라도 경매개시결정의 기입등기가 마쳐져 압류의 효력이 발생한 후에 공사를 완공하여 공사대금채권을 취득함으로써 그때 비로소 유치권이 성립한 경우에는, 수급인은 유치권을 내세워 경매절차의 매수인에게 대항할 수 없다(대법원 2011. 10. 13. 선고 2011다55214 판결).

해답 ②

문 11

★★★

X 토지에 관한 설명 중 옳은 것(O)과 옳지 않은 것(×)을 올바르게 조합한 것은? (다툼이 있는 경우 판례에 의함)

> ㄱ. 甲이 그 소유인 X 토지에 관하여 乙 앞으로 근저당권을 설정해 준 후 丙에게 X 토지의 소유권을 양도한 경우, 근저당권의 피담보채무가 소멸하더라도 甲은 乙을 상대로 근저당권의 말소를 청구할 수 없다.
>
> ㄴ. 甲이 그 소유인 X 토지를 乙에게 매도하고 소유권이전등기를 마쳐 준 후 甲과 乙의 매매계약이 합의해제된 경우, 甲은 乙을 상대로 위 등기의 말소를 청구할 수 있는 물권적 청구권을 가지고, 이 청구권은 소멸시효의 대상이 되지 않는다.
>
> ㄷ. X 토지와 그 지상의 Y 건물의 소유자인 甲이 X 토지에 관하여 乙 앞으로 저당권을 설정해 준 다음, 丙에게 Y 건물의 소유권을 양도하였고, 그 후 위 저당권의 실행으로 인한 경매절차에서 丁이 X 토지의 소유권을 취득하였다. 이 경우, 丁은 丙을 상대로 Y 건물의 철거를 청구할 수 없다.
>
> ㄹ. 乙이 甲으로부터 X 토지를 매수하고 대금을 지급한 후 X 토지를 인도받았으나 소유권이전등기는 마치지 않은 상태에서 X 토지 위에 Y 건물을 건축하여 Y 건물의 소유권을 丙에게 이전한 경우, 丙이 X 토지에 대한 점유사용권을 취득한 것은 아니어서 甲은 丙에 대하여 Y 건물의 철거청구를 할 수 있다.

① ㄱ(×), ㄴ(×), ㄷ(×), ㄹ(O)
② ㄱ(×), ㄴ(O), ㄷ(O), ㄹ(×)
③ ㄱ(×), ㄴ(O), ㄷ(O), ㄹ(O)
④ ㄱ(O), ㄴ(×), ㄷ(×), ㄹ(O)
⑤ ㄱ(O), ㄴ(O), ㄷ(O), ㄹ(×)

해설

ㄱ.(×) 근저당권이 설정된 후에 그 부동산의 소유권이 제3자에게 이전된 경우에는 현재의 소유자가 자신의 소유권에 기하여 피담보채무의 소멸을 원인으로 그 근저당권설정등기의 말소를 청구할 수 있음은 물론이지만, 근저당권설정자인 종전의 소유자도 근저당권설정계약의 당사자로서 근저당권소멸에 따른 원상회복으로 근저당권자에게 근저당권설정등기의 말소를 구할 수 있는 계약상 권리가 있으므로 이러한 계약상 권리에 터잡아 근저당권자에게 피담보채무의 소멸을 이유로 하여 그 근저당권설정등기의 말소를 청구할 수 있다고 봄이 상당하고, 목적물의 소유권을 상실하였다는 이유만으로 그러한 권리를 행사할 수 없다고 볼 것은 아니다(대법원 1994. 1. 25. 선고 93다16338 판결).

ㄴ.(O) 매매계약이 합의해제된 경우에도 매수인에게 이전되었던 소유권은 당연히 매도인에게 복귀하는 것이므로 합의해제에 따른 매도인의 원상회복청구권은 소유권에 기한 물권적 청구권이라고 할 것이고 이는 소멸시효의 대상이 되지 아니한다(대법원 1982. 7. 27. 선고 80다2968 판결).

ㄷ.(O) 토지에 저당권을 설정할 당시 토지의 지상에 건물이 존재하고 있었고 그 양자가 동일 소유자에게 속하였다가 그 후 저당권의 실행으로 토지가 낙찰되기 전에 건물이 제3자에게 양도된 경우, 민법 제366조 소정의 법정지상권을 인정하는 법의 취지가 저당물의 경매로 인하여 토지와 그 지상 건물이 각 다른 사람의 소유에 속하게 된 경우에 건물이 철거되는 것과 같은 사회경제적 손실을 방지하려는 공익상 이유에 근거하는 점, 저당권자로서는 저당권설정 당시에 법정지상권의 부담을 예상하였을 것이고 또 저당권설정자는 저당권설정 당시의 담보가치가 저당권이 실행될 때에도 최소한 그대로 유지되어 있으면 될 것이므로 위와 같은 경우 법정지상권을 인정하더라도 저당권자 또는 저당권설정자에게는 불측의 손해가 생기지 않는 반면, 법정지상권을 인정하지 않는다면 건물을 양수한 제3자는 건물을 철거하여야

하는 손해를 입게 되는 점 등에 비추어 위와 같은 경우 건물을 양수한 제3자는 민법 제366조 소정의 법정지상권을 취득한다(대법원 1999. 11. 23. 선고 99다52602 판결).

ㄹ.(X) 토지의 매수인이 아직 소유권이전등기를 경료받지 아니하였다 하여도 매매계약의 이행으로 그 토지를 인도받은 때에는 매매계약의 효력으로서 이를 점유사용할 권리가 생기게 된 것으로 보아야 하고 또 매수인이 그 토지 위에 건축한 건물을 취득한 자는 그 토지에 대한 매수인의 위와 같은 점유사용권까지 아울러 취득한 것으로 봄이 상당하므로 매도인은 매매계약의 이행으로서 인도한 토지 위에 매수인이 건축한 건물을 취득한 자에 대하여 토지소유권에 기한 물권적청구권을 행사할 수 없다(대법원 1988. 4. 25. 선고 87다카1682 판결).

해답 ②

문 12

법률행위의 무효와 취소에 관한 설명 중 옳은 것은? (다툼이 있는 경우 판례에 의함)

① 근로자의 기망으로 체결된 근로계약이 사용자에 의해 적법하게 취소된 경우, 이미 제공된 근로자의 노무를 기초로 형성된 취소 이전의 법률관계는 소급적으로 그 효력을 잃는다.
② 매매계약이 약정된 매매대금의 과다로 말미암아 불공정한 법률행위로서 무효인 경우, 당사자 쌍방이 무효를 알았더라면 대금을 다른 액으로 정하여 매매계약에 합의하였을 것이라고 인정되는 때에는, 그 다른 대금액을 내용으로 하는 매매계약이 유효하게 성립할 수 있다.
③ 법률행위의 취소를 당연한 전제로 한 소송상의 이행청구를 하였더라도 그 속에 취소의 의사표시가 포함되어 있다고 볼 수는 없다.
④ 취소할 수 있는 법률행위가 이미 취소되었더라도, 취소할 수 있는 법률행위의 추인에 의하여 취소된 원래의 의사표시를 다시 확정적으로 유효하게 할 수 있다.
⑤ 乙이 甲으로부터 매수한 X 부동산이 丙을 거쳐 丁에게 양도되어 丁이 이를 점유하고 있는데, 甲과 乙 사이의 매매계약이 통정허위표시로서 무효인 경우, 丙이 악의라면 丁이 선의라도 甲은 丁을 상대로 X 부동산의 인도를 청구할 수 있다.

해설

① (X) 근로계약은 근로자가 사용자에게 근로를 제공하고 사용자는 이에 대하여 임금을 지급하는 것을 목적으로 체결된 계약으로서(근로기준법 제2조 제1항 제4호) 기본적으로 그 법적 성질이 사법상 계약이므로 계약 체결에 관한 당사자들의 의사표시에 무효 또는 취소의 사유가 있으면 상대방은 이를 이유로 근로계약의 무효 또는 취소를 주장하여 그에 따른 법률효과의 발생을 부정하거나 소멸시킬 수 있다. 다만 그와 같이 근로계약의 무효 또는 취소를 주장할 수 있다 하더라도 근로계약에 따라 그동안 행하여진 근로자의 노무 제공의 효과를 소급하여 부정하는 것은 타당하지 않으므로 이미 제공된 근로자의 노무를 기초로 형성된 취소 이전의 법률관계까지 효력을 잃는다고 보아서는 아니 되고, 취소의 의사표시 이후 장래에 관하여만 근로계약의 효력이 소멸된다고 보아야 한다(대법원 2017. 12. 22. 선고 2013다25194, 25200 판결).

② (O) 매매계약이 약정된 매매대금의 과다로 말미암아 민법 제104조에서 정하는 '불공정한 법률행위'에 해당하여 무효인 경우에도 무효행위의 전환에 관한 민법 제138조가 적용될 수 있다. 따라서 당사자 쌍방이 위와 같은 무효를 알았더라면 대금을 다른 액으로 정하여 매매계약에 합의하였을 것이라고 예외적으로 인정되는 경우에는, 그 대금액을 내용으로 하는 매매계약이 유효하게 성립한다(대법원 2010. 7. 15. 선고 2009다50308 판결).

③ (X) 법률행위의 취소는 상대방에 대한 의사표시로 하여야 하나 그 취소의 의사표시는 특별히 재판상 행하여짐이 요구되는 경우 이외에는 특정한 방식이 요구되는 것이 아니고, 취소의 의사가 상대방에 의

하여 인식될 수 있다면 어떠한 방법에 의하더라도 무방하다고 할 것이고, 법률행위의 취소를 당연한 전제로 한 소송상의 이행청구나 이를 전제로 한 이행거절 가운데는 취소의 의사표시가 포함되어 있다고 볼 수 있다(대법원 1993. 9. 14. 선고 93다13162 판결).

④ (X) 취소한 법률행위는 처음부터 무효인 것으로 간주되므로 취소할 수 있는 법률행위가 일단 취소된 이상 그 후에는 취소할 수 있는 법률행위의 추인에 의하여 이미 취소되어 무효인 것으로 간주된 당초의 의사표시를 다시 확정적으로 유효하게 할 수는 없고, 다만 무효인 법률행위의 추인의 요건과 효력으로서 추인할 수는 있으나, 무효행위의 추인은 그 무효 원인이 소멸한 후에 하여야 그 효력이 있고, 따라서 강박에 의한 의사표시임을 이유로 일단 유효하게 취소되어 당초의 의사표시가 무효로 된 후에 추인한 경우 그 추인이 효력을 가지기 위하여는 그 무효 원인이 소멸한 후일 것을 요한다고 할 것인데, 그 무효 원인이란 바로 위 의사표시의 취소사유라 할 것이므로 결국 무효 원인이 소멸한 후란 것은 당초의 의사표시의 성립 과정에 존재하였던 취소의 원인이 종료된 후, 즉 강박 상태에서 벗어난 후라고 보아야 한다(대법원 1997. 12. 12. 선고 95다38240 판결).

⑤ (X) 甲이 乙의 임차보증금반환채권을 담보하기 위하여 통정허위표시로 乙에게 전세권설정등기를 마친 후 丙이 이러한 사정을 알면서도 乙에 대한 채권을 담보하기 위하여 위 전세권에 대하여 전세권근저당권설정등기를 마쳤는데, 그 후 丁이 丙의 전세권근저당권부 채권을 가압류하고 압류명령을 받은 사안에서, 丁이 통정허위표시에 관하여 선의라면 비록 丙이 악의라 하더라도 허위표시자는 그에 대하여 전세권이 통정허위표시에 의한 것이라는 이유로 대항할 수 없음에도, 이와 달리 본 원심판결에 법리오해의 위법이 있다고 한 사례(대법원 2013. 2. 15. 선고 2012다49292 판결).

문 13 ★★

부동산 점유취득시효에 관한 설명 중 옳지 않은 것은? (다툼이 있는 경우 판례에 의함)

① 시효취득의 대상이 된 부동산이 취득시효 완성 전에 가압류되면 취득시효가 중단된다.
② X 토지에 관하여 취득시효가 완성되어 점유자 앞으로 소유권이전등기가 마쳐지면, 그 토지에 관하여 취득시효 완성 전에 체결되어 소유권이전등기청구권가등기에 의하여 보전된 매매예약상의 매수인의 지위는 소멸된다.
③ X 토지에 관하여 甲 명의의 무효인 소유권이전등기가 마쳐진 후 점유자 乙의 취득시효가 완성된 경우, 원칙적으로 乙은 甲을 상대로 시효취득을 원인으로 한 소유권이전등기청구를 할 수 없다.
④ X 토지의 소유자 甲이 점유자 乙의 취득시효가 완성된 사실을 알면서 그 토지를 丙에게 처분하여 소유권이전등기를 마쳐줌으로써 乙에 대한 소유권이전등기의무가 이행불능이 된 경우, 甲의 乙에 대한 불법행위가 성립한다.
⑤ 시효취득의 대상이 된 부동산에 관하여 취득시효가 완성된 후 점유자가 소유권이전등기를 마치기 전에 제3자가 원인무효의 소유권이전등기를 마친 경우, 점유자는 취득시효 완성 당시의 소유자를 대위하여 위 원인무효 등기의 말소를 구함과 아울러 위 소유자를 상대로 취득시효 완성을 원인으로 한 소유권이전등기를 구할 수 있다.

해설

① (X) 민법 제247조 제2항은 '소멸시효의 중단에 관한 규정은 점유로 인한 부동산소유권의 시효취득기간에 준용한다.'고 규정하고, 민법 제168조 제2호는 소멸시효 중단사유로 '압류 또는 가압류, 가처분'을 규정하고 있다. 점유로 인한 부동산소유권의 시효취득에 있어 취득시효의 중단사유는 종래의 점유상태의 계속을 파괴하는 것으로 인정될 수 있는 사유이어야 하는데, 민법 제168조 제2호에서 정하는 '압류

또는 가압류'는 금전채권의 강제집행을 위한 수단이거나 그 보전수단에 불과하여 **취득시효기간의 완성 전에 부동산에 압류 또는 가압류 조치가 이루어졌다고 하더라도 이로써 종래의 점유상태의 계속이 파괴되었다고는 할 수 없으므로 이는 취득시효의 중단사유가 될 수 없다**(대법원 2019. 4. 3. 선고 2018다296878 판결).

② (O) **부동산점유취득시효는 20년의 시효기간이 완성한 것만으로 점유자가 곧바로 소유권을 취득하는 것은 아니고 민법 제245조에 따라 점유자 명의로 등기를 함으로써 소유권을 취득하게 되며**, 이는 원시취득에 해당하므로 특별한 사정이 없는 한 원소유자의 소유권에 가하여진 각종 제한에 의하여 영향을 받지 아니하는 완전한 내용의 소유권을 취득하게 되고, 이와 같은 소유권취득의 반사적 효과로서 <u>그 부동산에 관하여 취득시효의 기간이 진행 중에 체결되어 소유권이전등기청구권가등기에 의하여 보전된 매매예약상의 매수인의 지위는 소멸된다고 할 것이지만, 시효기간이 완성되었다고 하더라도 점유자 앞으로 등기를 마치지 아니한 이상 전 소유권에 붙어 있는 위와 같은 부담은 소멸되지 아니한다</u>(대법원 2004. 9. 24. 선고 2004다31463 판결).

③ (O) 점유취득시효완성을 원인으로 한 소유권이전등기청구는 시효완성 당시의 소유자를 상대로 하여야 하므로 <u>시효완성 당시의 소유권보존등기 또는 이전등기가 무효라면 원칙적으로 그 등기명의인은 시효취득을 원인으로 한 소유권이전등기청구의 상대방이 될 수 없고, 이 경우 시효취득자는 소유자를 대위하여 위 무효등기의 말소를 구하고 다시 위 소유자를 상대로 취득시효완성을 이유로 한 소유권이전등기를 구하여야 한다</u>(대법원 2005. 5. 26. 선고 2002다43417 판결).

④ (O) <u>부동산 소유자가 취득시효가 완성된 사실을 알고 그 부동산을 제3자에게 처분하여 소유권이전등기를 넘겨줌으로써 취득시효 완성을 원인으로 한 소유권이전등기의무가 이행불능에 빠지게 되어 시효취득을 주장하는 자가 손해를 입었다면 불법행위를 구성한다고 할 것이고, 부동산을 취득한 제3자가 부동산 소유자의 이와 같은 불법행위에 적극 가담하였다면 이는 사회질서에 반하는 행위로서 무효라고 할 것이다</u>(대법원 2002. 3. 15. 선고 2001다77352,77369 판결).

⑤ (O) <u>취득시효가 완성된 후 점유자가 그 등기를 하기 전에 경료된 제3자 명의의 등기가 원인무효인 경우에는 점유자는 취득시효 완성 당시의 소유자를 대위하여 위 제3자 앞으로 경료된 원인무효인 등기의 말소를 구함과 아울러 위 소유자에게 취득시효 완성을 원인으로 한 소유권이전등기를 구할 수 있다</u>(대법원 1993. 9. 14. 선고 93다12268 판결).

문 14

점유에 관한 설명 중 옳은 것(○)과 옳지 않은 것(×)을 올바르게 조합한 것은? (다툼이 있는 경우 판례에 의함)

ㄱ. 직접점유자가 점유의 침탈을 당한 경우, 간접점유자는 그 물건을 직접점유자에게 반환할 것을 청구할 수 있고, 직접점유자가 그 물건의 반환을 받을 수 없는 때에는 자기에게 반환할 것을 청구할 수 있다.

ㄴ. 타인의 소유물을 권원 없이 점유한 악의수익자는 받은 이익에 이자를 붙여 반환해야 하고, 위 이자의 이행지체로 인한 지연손해금도 지급해야 한다.

ㄷ. 甲이 그 소유인 X 토지에 관하여 乙 앞으로 지상권을 설정해 준 후 丙이 X 토지를 불법으로 점유한 경우, 특별한 사정이 없는 한 甲은 丙을 상대로 X 토지의 인도를 청구할 수 있지만 X 토지 임료 상당의 손해배상을 청구할 수는 없다.

ㄹ. 甲의 점유가 타주점유인 경우, 특별한 사정이 없는 한 甲으로부터 상속에 의하여 점유를 승계한 乙의 점유는 타주점유이다.

① ㄱ(×), ㄴ(○), ㄷ(○), ㄹ(○)
② ㄱ(×), ㄴ(×), ㄷ(×), ㄹ(○)
③ ㄱ(○), ㄴ(×), ㄷ(○), ㄹ(×)
④ ㄱ(○), ㄴ(○), ㄷ(×), ㄹ(○)
⑤ ㄱ(○), ㄴ(○), ㄷ(○), ㄹ(○)

해설

ㄱ.(○) 민법 제207조 참조

> 민법 제207조(간접점유의 보호) ① 전3조의 청구권은 제194조의 규정에 의한 간접점유자도 이를 행사할 수 있다.
> ② 점유자가 점유의 침탈을 당한 경우에 간접점유자는 그 물건을 점유자에게 반환할 것을 청구할 수 있고 점유자가 그 물건의 반환을 받을 수 없거나 이를 원하지 아니하는 때에는 자기에게 반환할 것을 청구할 수 있다.

ㄴ.(○) 타인 소유물을 권원 없이 점유함으로써 얻은 사용이익을 반환하는 경우 민법은 선의 점유자를 보호하기 위하여 제201조 제1항을 두어 선의 점유자에게 과실수취권을 인정함에 대하여, 이러한 보호의 필요성이 없는 악의 점유자에 관하여는 민법 제201조 제2항을 두어 과실수취권이 인정되지 않는다는 취지를 규정하는 것으로 해석되는바, 따라서 악의 수익자가 반환하여야 할 범위는 민법 제748조 제2항에 따라 정하여지는 결과 그는 받은 이익에 이자를 붙여 반환하여야 하며, 위 이자의 이행지체로 인한 지연손해금도 지급하여야 한다(대법원 2003. 11. 14. 선고 2001다61869 판결).

ㄷ.(○) 지상권을 설정한 토지소유권자는 불법점유자에 대하여 물권적청구권을 행사할 수 있다. 지상권을 설정한 토지소유권자는 지상권이 존속하는 한 토지를 사용 수익할 수 없으므로 특별한 사정이 없는 한 불법점유자에게 손해배상을 청구할 수 없다(대법원 1974. 11. 12. 선고 74다1150 판결).

ㄹ.(○) 상속에 의하여 점유권을 취득한 경우에는 상속인이 새로운 권원에 의하여 자기 고유의 점유를 시작하지 않는 한 피상속인의 점유를 떠나 자기만의 점유를 주장할 수 없고, 또 선대의 점유가 타주점유인 경우 선대로부터 상속에 의하여 점유를 승계한 자의 점유도 그 성질 내지 태양을 달리하는 것이 아니어서 특별한 사정이 없는 한 그 점유가 자주점유로 될 수 없고, 그 점유가 자주점유가 되기 위하여는 점유자가 소유자에 대하여 소유의 의사가 있는 것을 표시하거나 새로운 권원에 의하여 다시 소유의 의사로써 점유를 시작하여야 한다(대법원 1997. 12. 12. 선고 97다40100 판결).

문 15 ★★

甲 소유의 X 동산을 乙이 점유하고 있다. 이에 관한 설명 중 옳은 것(○)과 옳지 않은 것(×)을 올바르게 조합한 것은? (다툼이 있는 경우 판례에 의함)

ㄱ. 乙이 X를 훔쳐서 점유하는 경우, 乙은 자신으로부터 X를 빼앗아 간 丙에 대하여 점유를 침탈당한 날부터 1년 내에 점유회수청구권을 행사할 수 있다.
ㄴ. 丙이 X를 빼앗아 갔더라도 乙이 적법하게 X의 점유를 회수하면 乙의 점유는 계속된 것으로 본다.

ㄷ. 乙이 선의의 점유자라도 甲이 제기한 소유권에 기한 인도청구의 소에서 패소하면 "그 소가 제기된 때"부터 악의의 점유자로 의제되는데, 여기서 "그 소가 제기된 때"는 甲의 소장이 법원에 접수된 때를 말한다.

ㄹ. 乙이 X를 丙에게 보관시킨 경우, 乙이 X를 丁에게 매각하여 丙에 대한 반환청구권을 丁에게 양도하고 채권양도의 대항요건을 갖추었다면, 丁은 X의 선의취득에 필요한 점유요건을 충족한다.

① ㄱ(×), ㄴ(×), ㄷ(○), ㄹ(○)　　② ㄱ(×), ㄴ(○), ㄷ(×), ㄹ(×)
③ ㄱ(○), ㄴ(○), ㄷ(×), ㄹ(○)　　④ ㄱ(○), ㄴ(○), ㄷ(×), ㄹ(×)
⑤ ㄱ(○), ㄴ(○), ㄷ(○), ㄹ(○)

해설

ㄱ.(○) 민법 제204조에 따르면, 점유자가 점유의 침탈을 당한 때에는 그 물건의 반환 및 손해의 배상을 청구할 수 있고(제1항), 위 청구권은 점유를 침탈당한 날부터 1년 내에 행사하여야 하며(제3항), 여기서 말하는 1년의 행사기간은 제척기간으로서 소를 제기하여야 하는 기간을 말한다(대법원 2021. 8. 19. 선고 2021다213866 판결).

ㄴ.(○) 민법 제192조 참조

> 민법 제192조(점유권의 취득과 소멸) ① 물건을 사실상 지배하는 자는 점유권이 있다.
> ② 점유자가 물건에 대한 사실상의 지배를 상실한 때에는 점유권이 소멸한다. 그러나 제204조의 규정에 의하여 점유를 회수한 때에는 그러하지 아니하다.

ㄷ.(×) 선의의 점유자는 점유물의 과실을 취득하고(민법 제201조 제1항), 악의의 점유자는 수취한 과실을 반환하여야 한다(민법 제201조 제2항). 점유자는 선의로 점유한 것으로 추정되고(민법 제197조 제1항), 권원 없는 점유였음이 밝혀졌다고 하여 바로 그동안의 점유에 대한 선의의 추정이 깨어졌다고 볼 것은 아니지만(대법원 2000. 3. 10. 선고 99다63350 판결 참조), 선의의 점유자라도 본권에 관한 소에서 패소한 때에는 그 소가 제기된 때부터 악의의 점유자로 보며(민법 제197조 제2항), '소가 제기된 때'란 소송이 계속된 때, 즉 소장 부본이 피고에게 송달된 때를 말한다(대법원 2016. 12. 29. 선고 2016다242273 판결).

ㄹ.(○) 양도인이 소유자로부터 보관을 위탁받은 동산을 제3자에게 보관시킨 경우에 양도인이 그 제3자에 대한 반환청구권을 양수인에게 양도하고 지명채권 양도의 대항요건을 갖추었을 때에는 동산의 선의취득에 필요한 점유의 취득 요건을 충족한다(대법원 1999. 1. 26. 선고 97다48906 판결).

해답 ③

문 16

법정지상권에 관한 설명 중 옳지 않은 것은? (다툼이 있는 경우 판례에 의함) ★★

① 토지 또는 그 지상 건물의 소유권이 강제경매로 인하여 매수인에게 이전되는 경우, 매각대금의 완납 시를 기준으로 토지와 지상건물이 동일인에게 속하였는지에 따라 관습상 법정지상권의 성립 여부를 가려야 한다.

② 건물의 소유를 위한 법정지상권을 취득한 사람으로부터 경매에 의하여 건물의 소유권을 이전받은 매수인은 특별한 사정이 없는 한 위 법정지상권을 취득한다.

③ 건물공유자 중 1인이 그 건물의 부지인 토지를 단독으로 소유하면서 그 토지에 관하여만 저당권을

설정하였다가 저당권의 실행에 의한 경매로 제3자가 토지의 소유권을 취득한 경우, 건물공유자들은 토지 전부에 관하여 법정지상권을 취득한다.
④ 미등기건물이 그 대지와 함께 매도되었는데 매수인에게 위 대지에 관하여만 소유권이전등기가 마쳐진 경우, 매도인에게 관습상 법정지상권이 인정되지 않는다.
⑤ 채권을 담보하기 위하여 나대지에 가등기가 경료된 다음 대지소유자가 그 지상에 건물을 신축하였는데, 그 후 위 가등기에 기한 본등기가 마쳐진 경우, 특별한 사정이 없는 한 위 건물을 위한 관습상 법정지상권이 성립하지 않는다.

해설

① (X) 토지 또는 그 지상 건물의 소유권이 강제경매로 인하여 그 절차상의 매수인에게 이전되는 경우에는 그 매수인이 소유권을 취득하는 매각대금의 완납 시가 아니라 강제경매개시결정으로 압류의 효력이 발생하는 때를 기준으로 토지와 지상 건물이 동일인에게 속하였는지에 따라 관습상 법정지상권의 성립 여부를 가려야 하고, 강제경매의 목적이 된 토지 또는 그 지상 건물에 대하여 강제경매개시결정 이전에 가압류가 되어 있다가 그 가압류가 강제경매개시결정으로 인하여 본압류로 이행되어 경매절차가 진행된 경우에는 애초 가압류의 효력이 발생한 때를 기준으로 토지와 그 지상 건물이 동일인에 속하였는지에 따라 관습상 법정지상권의 성립 여부를 판단하여야 한다(대법원 2013. 4. 11. 선고 2009다62059 판결).

② (O) 동일한 소유자에 속하는 대지와 그 지상건물이 매매 등에 의하여 각기 그 소유자가 달라지게 된 경우에는 특히 그 건물을 철거한다는 조건이 없는 한 건물소유자는 그 대지 위에 그 건물을 위한 관습법상의 법정지상권을 취득하는 것이고, 한편 건물 소유를 위하여 법정지상권을 취득한 사람으로부터 경매에 의하여 그 건물의 소유권을 이전받은 매수인은 매수 후 건물을 철거한다는 등의 매각조건하에서 경매되는 경우 등 특별한 사정이 없는 한 건물의 매수취득과 함께 위 지상권도 당연히 취득한다(대법원 2013. 9. 12. 선고 2013다43345 판결).

③ (O) 건물공유자의 1인이 그 건물의 부지인 토지를 단독으로 소유하면서 그 토지에 관하여만 저당권을 설정하였다가 위 저당권에 의한 경매로 인하여 토지의 소유자가 달라진 경우에도, 위 토지 소유자는 자기뿐만 아니라 다른 건물공유자들을 위하여도 위 토지의 이용을 인정하고 있었다고 할 것인 점, 저당권자로서도 저당권 설정 당시 법정지상권의 부담을 예상할 수 있었으므로 불측의 손해를 입는 것이 아닌 점, 건물의 철거로 인한 사회경제적 손실을 방지할 공익상의 필요성도 인정되는 점 등에 비추어 위 건물공유자들은 민법 제366조에 의하여 토지 전부에 관하여 건물의 존속을 위한 법정지상권을 취득한다고 보아야 한다(대법원 2011. 1. 13. 선고 2010다67159 판결).

④ (O) 원소유자로부터 대지와 건물이 한 사람에게 매도되었으나 대지에 관하여만 그 소유권이전등기가 경료되고 건물의 소유 명의가 매도인 명의로 남아 있게 되어 형식적으로 대지와 건물이 그 소유 명의자를 달리하게 된 경우에 있어서는, 그 대지의 점유·사용 문제는 매매계약 당사자 사이의 계약에 따라 해결할 수 있는 것이므로 양자 사이에 관습에 의한 법정지상권을 인정할 필요는 없다(대법원 1998. 4. 24. 선고 98다4798 판결).

⑤ (O) 원래 채권을 담보하기 위하여 나대지상에 가등기가 경료되었고, 그 뒤 대지소유자가 그 지상에 건물을 신축하였는데, 그 후 그 가등기에 기한 본등기가 경료되어 대지와 건물의 소유자가 달라진 경우에 관습상 법정지상권을 인정하면 애초에 대지에 채권담보를 위하여 가등기를 경료한 사람의 이익을 크게 해하게 되기 때문에 특별한 사정이 없는 한 건물을 위한 관습상 법정지상권이 성립한다고 할 수 없다(대법원 1994. 11. 22. 선고 94다5458 판결).

해답 ①

문 17

공유에 관한 설명 중 옳은 것을 모두 고른 것은? (다툼이 있는 경우 판례에 의함)

> ㄱ. 구분소유적 공유관계에 있는 토지의 특정부분을 구분소유하는 자는 그 부분에 대하여 신탁적으로 지분등기를 가지고 있는 자를 상대로 그 부분에 대한 명의신탁해지를 원인으로 한 지분이전등기절차의 이행을 구할 수 있으나, 그 토지 전체에 대한 공유물분할청구의 소를 제기할 수는 없다.
>
> ㄴ. 공유자 간의 공유물에 대한 사용·수익·관리에 관한 특약은 공유자의 특정승계인에 대하여도 당연히 승계되나, 공유지분권의 본질적 부분을 침해한다고 볼 수 있는 경우에는 특별한 사정이 없는 한 그러하지 아니하다.
>
> ㄷ. 구분소유적 공유관계에 있는 토지에 대하여 공유자 이외의 제3자에 의한 방해가 있는 경우, 공유자 중 1인은 자기의 구분소유 부분뿐 아니라 전체토지에 대하여 위 방해의 배제를 구할 수 있다.
>
> ㄹ. 토지의 과반수 지분의 공유자로부터 허락을 받아 토지 중 특정부분을 점유 및 사용하는 제3자는 소수지분권자에 대하여 부당이득반환의무를 부담한다.

① ㄱ, ㄷ
② ㄴ, ㄹ
③ ㄱ, ㄴ, ㄷ
④ ㄴ, ㄷ, ㄹ
⑤ ㄱ, ㄴ, ㄷ, ㄹ

해설

ㄱ.(O) 공유물분할청구는 공유자의 일방이 그 공유지분권에 터잡아서 하는 것이므로, 공유지분권을 주장하지 아니하고 목적물의 특정 부분을 소유한다고 주장하는 자는 그 부분에 대하여 신탁적으로 지분등기를 가지고 있는 자를 상대로 하여 그 특정 부분에 대한 명의신탁 해지를 원인으로 한 지분이전등기절차의 이행을 구하면 되고, 이에 갈음하여 공유물분할청구를 할 수는 없다(대법원 2011. 10. 13. 선고 2010다52362 판결).

ㄴ.(O) 공유물의 관리에 관한 사항은 공유자의 지분의 과반수로써 결정하고, 공유자 간의 공유물에 대한 사용수익·관리에 관한 특약은 공유자의 특정승계인에 대하여도 당연히 승계된다고 할 것이나, 공유물에 관한 특약이 지분권자로서의 사용수익권을 사실상 포기하는 등으로 공유지분권의 본질적 부분을 침해한다고 볼 수 있는 경우에는 특정승계인이 그러한 사실을 알고도 공유지분권을 취득하였다는 등의 특별한 사정이 없는 한 특정승계인에게 당연히 승계되는 것으로 볼 수는 없다(대법원 2009. 12. 10. 선고 2009다54294 판결).

ㄷ.(O) 1필지의 토지 중 일부를 특정하여 매수하고 다만 그 소유권이전등기는 그필지 전체에 관하여 공유지분권이전등기를 한 경우에는 그 특정부분 이외의 부분에 관한 등기는 상호 명의신탁을 하고 있는 것으로서, 그 지분권자는 내부관계에 있어서는 특정부분에 한하여 소유권을 취득하고 이를 배타적으로 사용, 수익할 수 있고, 다른 구분소유자의 방해행위에 대하여는 소유권에 터잡아 그 배제를 구할 수 있으나, 외부관계에 있어서는 1필지 전체에 관하여 공유관계가 성립되고 공유자로서의 권리만을 주장할 수 있는 것이므로, 제3자의 방해행위가 있는 경우에는 자기의 구분소유 부분뿐 아니라 전체토지에 대하여 공유물의 보존행위로서 그 배제를 구할 수 있다(대법원 1994. 2. 8. 선고 93다42986 판결).

ㄹ.(X) 과반수 지분의 공유자는 공유자와 사이에 미리 공유물의 관리방법에 관하여 협의가 없었다 하더라도 공유물의 관리에 관한 사항을 단독으로 결정할 수 있으므로 과반수 지분의 공유자는 그 공유물의 관리방법으로서 그 공유토지의 특정된 한 부분을 배타적으로 사용·수익할 수 있으나, 그로 말미암아 지분은 있

으되 그 특정 부분의 사용·수익을 전혀 하지 못하여 손해를 입고 있는 소수지분권자에 대하여 그 지분에 상응하는 임료 상당의 부당이득을 하고 있다 할 것이므로 이를 반환할 의무가 있다 할 것이나, 그 과반수지분의 공유자로부터 다시 그 특정 부분의 사용·수익을 허락받은 제3자의 점유는 다수지분권자의 공유물관리권에 터잡은 적법한 점유이므로 그 제3자는 소수지분권자에 대하여도 그 점유로 인하여 법률상 원인 없이 이득을 얻고 있다고는 볼 수 없다(대법원 2002. 5. 14. 선고 2002다9738 판결).

해답 ③

문 18 ★★

甲은 乙에 대한 2,000만 원의 채무를 담보하기 위하여 자신 소유 X 동산을 乙에게 양도하되 甲이 X를 계속 점유하기로 하였다. 이에 관한 설명 중 옳지 않은 것은? (다툼이 있는 경우 판례에 의함)

① 丙이 X를 무단으로 점유하는 경우에, 乙은 丙에 대하여 X의 인도를 구할 수 있다.
② 丙이 X를 무단으로 점유하는 경우에, 乙은 丙에 대하여 차임 상당의 손해배상을 구할 수는 없다.
③ 甲이 X를 위와 같이 乙에게 양도한 후, X를 각각의 목적물로 하여 다른 채권자 丙과 피담보채권액 1,000만 원의 양도담보설정계약을 체결하고, 다시 乙과 피담보채권액 1,000만 원의 양도담보설정계약을 추가로 체결하였는데, 각 설정계약에서 점유개정의 방법으로 X를 인도하였다. 이 경우, 乙의 양도담보권의 피담보채권액은 2,000만 원에서 3,000만 원으로 증액되고, 丙은 양도담보권을 취득하지 못한다.
④ X가 화재로 소실되어 甲이 보험회사에 대하여 보험금청구권을 가지는 경우에, 乙은 그 보험금청구권에 대하여 물상대위권을 행사할 수 있다.
⑤ 丙 소유의 Y 동산이 X에 부합되어 丙이 Y의 소유권을 상실한 경우에, 丙은 乙을 상대로 「민법」 제261조(첨부로 인한 구상권)에 따른 보상을 청구할 수 있을 뿐 甲을 상대로 보상을 청구할 수는 없다.

해설

① (O) 동산양도담보권자는 대외적으로 그 소유권을 행사할 수 있는 것이므로 제3자에게 바로 그 목적동산의 인도를 구할 수 있고 비록 그것이 현재와 장래에 발생하는 계속적인 거래관계를 담보한다 하여 제3자와의 관계에 있어서 그 결론을 달리할 것은 아니다(대법원 1986. 8. 19. 선고 86다카315 판결).

② (O) 양도담보권자는 담보권의 실행으로 제3자에 대하여도 담보물의 명도를 구할 수 있고 또한 명도를 거부하는 경우에는 담보권 실행이 방해된 것을 이유로 하는 손해배상청구를 할 수 있으나 그러한 경우에도 양도담보권자에게는 목적부동산에 대한 사용 수익권이 없으므로 차임 상당의 손해배상을 구할 수는 없다(대법원 1979. 10. 30. 선고 79다1545 판결).

③ (O) 금전채무를 담보하기 위하여 채무자가 그 소유의 동산을 채권자에게 양도하되 점유개정의 방법으로 인도하고 채무자가 이를 계속 점유하기로 한 경우에는, 특별한 사정이 없는 한 동산의 소유권은 신탁적으로 이전됨에 불과하여 채권자와 채무자 사이의 대내적 관계에서 채무자는 의연히 소유권을 보유하나 대외적인 관계에 있어서 채무자는 동산의 소유권을 이미 채권자에게 양도한 무권리자가 되는 것이어서 채무자가 다시 다른 채권자와 사이에 양도담보설정계약을 체결하고 점유개정의 방법으로 인도를 하더라도 현실의 인도가 아닌 점유개정으로는 선의취득이 인정되지 아니하므로 나중에 설정계약을 체결한 채권자는 양도담보권을 취득할 수 없다(대법원 2004. 12. 24. 선고 2004다45943 판결).

④ (O) 동산 양도담보권자는 양도담보 목적물이 소실되어 양도담보 설정자가 보험회사에 대하여 화재보험계약에 따른 보험금청구권을 취득한 경우 담보물 가치의 변형물인 화재보험금청구권에 대하여 양도담

보권에 기한 물상대위권을 행사할 수 있는데, 동산 양도담보권자가 물상대위권 행사로 양도담보 설정자의 화재보험금청구권에 대하여 압류 및 추심명령을 얻어 추심권을 행사하는 경우 특별한 사정이 없는 한 제3채무자인 보험회사는 양도담보 설정 후 취득한 양도담보 설정자에 대한 별개의 채권을 가지고 상계로써 양도담보권자에게 대항할 수 없다. 그리고 이는 보험금청구권과 본질이 동일한 공제금청구권에 대하여 물상대위권을 행사하는 경우에도 마찬가지이다(대법원 2014. 9. 25. 선고 2012다58609 판결).

⑤ (X) 부당이득반환청구에서 이득이란 실질적인 이익을 의미하는데, 동산에 대하여 양도담보를 설정하면서 양도담보권설정자가 양도담보권자에게 담보목적인 동산의 소유권을 이전하는 이유는 양도담보권자가 양도담보권을 실행할 때까지 스스로 담보물의 가치를 보존할 수 있게 함으로써 만약 채무자가 채무를 이행하지 않더라도 채권자인 양도담보권자가 양도받은 담보물을 환가하여 우선변제받는 데에 지장이 없도록 하기 위한 것이고, 동산양도담보권은 담보물의 교환가치 취득을 목적으로 하는 것이다. 이러한 양도담보권의 성격에 비추어 보면, 양도담보권의 목적인 주된 동산에 다른 동산이 부합되어 부합된 동산에 관한 권리자가 권리를 상실하는 손해를 입은 경우 주된 동산이 담보물로서 가치가 증가된 데 따른 실질적 이익은 주된 동산에 관한 양도담보권설정자에게 귀속되는 것이므로, 이 경우 부합으로 인하여 권리를 상실하는 자는 양도담보권설정자를 상대로 민법 제261조에 따라 보상을 청구할 수 있을 뿐 양도담보권자를 상대로 보상을 청구할 수는 없다(대법원 2016. 4. 28. 선고 2012다19659 판결).

해답 ⑤

문 19

★★

부당이득에 관한 설명 중 옳은 것을 모두 고른 것은? (다툼이 있는 경우 판례에 의함)

> ㄱ. 甲이 악의의 수익자로 인정되려면, 악의가 의제되는 경우 등을 제외하면, 자신의 이익 보유가 법률상 원인 없는 것임을 인식해야 하고, 부당이득반환의무의 발생요건에 해당하는 사실이 있음을 인식하는 것만으로는 부족하다.
> ㄴ. 甲이 乙로부터 위탁받아 보관 중이던 1,000만 원을 가지고 자신의 채권자인 丙에게 임의로 변제하여 이를 횡령한 경우, 丙이 甲의 횡령사실을 알았더라도 丙은 乙에 대하여 부당이득반환의무를 지지 않는다.
> ㄷ. 甲과 乙 사이에 건물 매매계약이 체결된 후 매도인 甲의 소유권이전등기의무가 쌍방 모두의 귀책사유 없이 불능이 된 경우, 매매계약 자체가 여전히 유효하므로 乙은 부당이득의 법리에 따라 이미 지급한 매매대금의 반환을 청구할 수 없다.
> ㄹ. 甲이 법률상 의무 없이 乙의 사무를 대신 관리하여 「민법」상 사무관리가 성립한 경우, 그 사무관리행위로 인하여 결과적으로 丙이 사실상 이익을 얻었다면 甲은 丙을 상대로 직접 부당이득반환을 청구할 수 있다.

① ㄱ
② ㄱ, ㄷ
③ ㄴ, ㄷ
④ ㄱ, ㄴ, ㄹ
⑤ ㄴ, ㄷ, ㄹ

해설

ㄱ. (O) 부당이득반환의무자가 악의의 수익자라는 점에 대하여는 이를 주장하는 측에서 입증책임을 지는 바, 여기서 '악의'라고 함은, 민법 제749조 제2항에서 악의로 의제되는 경우 등은 별론으로 하고, 자신의 이익 보유가 법률상 원인 없는 것임을 인식하는 것을 말하고, 그 이익의 보유를 법률상 원인이 없는

것이 되도록 하는 사정, 즉 부당이득반환의무의 발생요건에 해당하는 사실이 있음을 인식하는 것만으로는 부족하다(대법원 2012. 11. 15. 선고 2010다68237 판결).

ㄴ.(X) 부당이득제도는 이득자의 재산상 이득이 법률상 원인을 결여하는 경우에 공평·정의의 이념에 근거하여 이득자에게 그 반환의무를 부담시키는 것인바, 채무자가 피해자로부터 횡령한 금전을 그대로 채권자에 대한 채무변제에 사용하는 경우 피해자의 손실과 채권자의 이득 사이에 인과관계가 있음이 명백하고, 한편 채무자가 횡령한 금전으로 자신의 채권자에 대한 채무를 변제하는 경우 채권자가 그 변제를 수령함에 있어 악의 또는 중대한 과실이 있는 경우에는 채권자의 금전 취득은 피해자에 대한 관계에 있어서 법률상 원인을 결여한 것으로 봄이 타당하다(대법원 2011. 2. 10. 선고 2010다89708 판결).

ㄷ.(X) 쌍무계약에서 당사자 일방이 부담하는 채무가 채무자의 귀책사유로 이행할 수 없는 경우에는 채무불이행책임을 지지만, 당사자 쌍방의 귀책사유 없이 이행할 수 없는 경우에는 위험부담에 관한 민법 제537조가 적용되고 채권자의 귀책사유로 이행할 수 없는 경우 등에는 민법 제538조가 적용된다. 따라서 쌍무계약에서 당사자 쌍방의 귀책사유 없이 채무를 이행할 수 없게 된 경우 채무자는 민법 제537조에 따라 자신의 채무를 이행할 의무를 면함과 더불어 상대방의 이행도 청구하지 못한다. 쌍방 채무의 이행이 없었던 경우에는 계약상 의무의 이행을 청구하지 못하고 이미 이행한 급부는 법률상 원인 없는 급부가 되어 부당이득 법리에 따라 반환을 청구할 수 있다(대법원 2021. 5. 27. 선고 2017다254228 판결).

ㄹ.(X) 계약상 급부가 계약 상대방뿐 아니라 제3자에게 이익이 된 경우에 급부를 한 계약당사자는 계약 상대방에 대하여 계약상 반대급부를 청구할 수 있는 이외에 제3자에 대하여 직접 부당이득반환청구를 할 수는 없다고 보아야 하고, 이러한 법리는 급부가 사무관리에 의하여 이루어진 경우에도 마찬가지이다. 따라서 의무 없이 타인을 위하여 사무를 관리한 자는 타인에 대하여 민법상 사무관리 규정에 따라 비용상환 등을 청구할 수 있는 외에 사무관리에 의하여 결과적으로 사실상 이익을 얻은 다른 제3자에 대하여 직접 부당이득반환을 청구할 수는 없다(대법원 2013. 6. 27. 선고 2011다17106 판결).

해답 ①

문 20 ★★

甲은 乙과 乙 소유 X 건물에 관하여 전세권설정계약을 체결하고 그 등기를 마쳤다. 이에 관한 설명 중 옳지 않은 것은? (다툼이 있는 경우 판례에 의함)

① 전세금의 지급은 전세권 성립의 요소가 되는 것이지만, 그렇다고 하여 전세금의 지급이 반드시 현실로 수수되어야만 하는 것은 아니다.
② 甲은 전세권 존속 중이라도, 장래에 그 전세권이 소멸하여 전세금반환채권이 발생하는 것을 조건으로 그 장래의 조건부 채권을 양도할 수 있다.
③ 乙이 전세권 존속 중에 X 건물을 丙에게 양도한 경우 전세금반환의무는 丙이 부담한다.
④ 甲이 자신의 채권자 丙을 위하여 위 전세권에 관하여 전세권저당권설정등기를 마친 후 전세권의 존속기간이 만료된 경우, 丙은 전세금반환채권에 대하여 압류·추심명령 또는 압류·전부명령을 받거나 제3자가 그 채권에 대하여 실시한 강제집행절차에서 배당요구를 하였다면 전세금에서 우선변제를 받을 수 있다.
⑤ 甲의 전세권이 X 건물의 일부에 설정된 경우에, 전세권의 목적인 부분이 구조상 또는 이용상 독립성이 없어 독립한 소유권의 객체로 분할할 수 없고 따라서 그 부분만의 경매신청이 불가능하다면, 甲은 X 건물 전부에 대해서 경매신청을 할 수 있다.

해설

① (O) 전세권이 용익물권적 성격과 담보물권적 성격을 모두 갖추고 있고, 목적물의 인도는 전세권의 성립

요건이 아닌 점 등에 비추어 볼 때, 당사자가 주로 채권담보의 목적으로 전세권을 설정하였고, 그 설정과 동시에 목적물을 인도하지 않은 경우라 하더라도, 장차 전세권자가 목적물을 사용·수익하는 것을 완전히 배제하는 것이 아니라면 그 전세권의 효력을 부인할 수는 없다. 전세금의 지급은 전세권 성립의 요소가 되는 것이지만 그렇다고 하여 전세금의 지급이 반드시 현실적으로 수수되어야만 하는 것은 아니고 기존의 채권으로 전세금의 지급을 갈음할 수도 있다(대법원 2021. 12. 30. 선고 2020다257999 판결).

② (O) 전세권은 전세금을 지급하고 타인의 부동산을 그 용도에 따라 사용·수익하는 권리로서 전세금의 지급이 없으면 전세권은 성립하지 아니하는 등으로 전세금은 전세권과 분리될 수 없는 요소일 뿐 아니라, 전세권에 있어서는 그 설정행위에서 금지하지 아니하는 한 전세권자는 전세권 자체를 처분하여 전세금으로 지출한 자본을 회수할 수 있도록 되어 있으므로 전세권이 존속하는 동안은 전세권을 존속시키기로 하면서 전세금반환채권만을 전세권과 분리하여 확정적으로 양도하는 것은 허용되지 않는 것이며, 다만 전세권 존속 중에는 장래에 그 전세권이 소멸하는 경우에 전세금 반환채권이 발생하는 것을 조건으로 그 장래의 조건부 채권을 양도할 수 있을 뿐이라 할 것이다(대법원 2002. 8. 23. 선고 2001다69122 판결).

③ (O) 전세권이 성립한 후 목적물의 소유권이 이전되는 경우에 있어서 전세권 관계가 전세권자와 전세권설정자인 종전 소유자와 사이에 계속 존속되는 것인지 아니면 전세권자와 목적물의 소유권을 취득한 신 소유자와 사이에 동일한 내용으로 존속되는지에 관하여 민법에 명시적인 규정은 없으나, 전세목적물의 소유권이 이전된 경우 민법이 전세권 관계로부터 생기는 상환청구, 소멸청구, 갱신청구, 전세금증감청구, 원상회복, 매수청구 등의 법률관계의 당사자로 규정하고 있는 전세권설정자 또는 소유자는 모두 목적물의 소유권을 취득한 신 소유자로 새길 수밖에 없다고 할 것이므로, 전세권은 전세권자와 목적물의 소유권을 취득한 신 소유자 사이에서 계속 동일한 내용으로 존속하게 된다고 보아야 할 것이고, 따라서 목적물의 신 소유자는 구 소유자와 전세권자 사이에 성립한 전세권의 내용에 따른 권리의무의 직접적인 당사자가 되어 전세권이 소멸하는 때에 전세권자에 대하여 전세권설정자의 지위에서 전세금반환의무를 부담하게 되고, 구 소유자는 전세권설정자의 지위를 상실하여 전세금반환의무를 면하게 된다고 보아야 하고, 전세권이 전세금 채권을 담보하는 담보물권적 성질을 가지고 있다고 하여도 전세권은 전세금이 존재하지 않으면 독립하여 존재할 수 없는 용익물권으로서 전세금은 전세권과 분리될 수 없는 요소이므로 전세권 관계로 생기는 위와 같은 법률관계가 신 소유자에게 이전되었다고 보는 이상, 전세금 채권 관계만이 따로 분리되어 전 소유자와 사이에 남아 있다고 할 수는 없을 것이고, 당연히 신 소유자에게 이전되었다고 보는 것이 옳다(대법원 2000. 6. 9. 선고 99다15122 판결).

④ (O) 전세권을 목적으로 한 저당권이 설정된 경우, 전세권의 존속기간이 만료되면 전세권의 용익물권적 권능이 소멸하기 때문에 더 이상 전세권 자체에 대하여 저당권을 실행할 수 없게 되고, 저당권자는 저당권의 목적물인 전세권에 갈음하여 존속하는 것으로 볼 수 있는 전세금반환채권에 대하여 압류 및 추심명령 또는 전부명령을 받거나 제3자가 전세금반환채권에 대하여 실시한 강제집행절차에서 배당요구를 하는 등의 방법으로 물상대위권을 행사하여 전세금의 지급을 구하여야 한다(대법원 2021. 12. 30. 선고 2018다268538 판결).

⑤ (X) 건물의 일부에 대하여 전세권이 설정되어 있는 경우 그 전세권자는 민법 제303조 제1항, 제318조의 규정에 의하여 그 건물 전부에 대하여 후순위 권리자 기타 채권자보다 전세금의 우선변제를 받을 권리가 있고, 전세권설정자가 전세금의 반환을 지체한 때에는 전세권의 목적물의 경매를 청구할 수 있다 할 것이나, 전세권의 목적물이 아닌 나머지 건물부분에 대하여는 우선변제권은 별론으로 하고 경매신청권은 없다(대법원 1992. 3. 10.자 91마256, 91마257 결정).

해답 ⑤

문 21 ★★

손해배상에 관한 설명 중 옳은 것(○)과 옳지 않은 것(×)을 올바르게 조합한 것은? (다툼이 있는 경우 판례에 의함)

> ㄱ. 부동산의 등기청구권을 보전하기 위한 처분금지가처분이 부당하게 집행되어 위 가처분의 존재로 인하여 소유자가 부동산의 처분기회를 상실하였거나 그 대가를 제때 지급받지 못하는 불이익을 입었다고 하더라도, 그것이 당해 부동산을 보유하면서 얻는 점용이익을 초과하지 않는 한 손해가 발생하였다고 보기 어렵다.
> ㄴ. 쌍무계약에서 쌍방의 채무가 동시이행관계에 있는 경우, 일방의 채무의 이행기가 도래하더라도 상대방 채무의 이행제공이 있을 때까지는 그 채무를 이행하지 않아도 이행지체의 책임을 지지 않는 것이지만, 이와 같은 효과는 이행지체의 책임이 없다고 주장하는 자가 동시이행의 항변권을 행사하지 않는 경우에는 발생하지 아니한다.
> ㄷ. 계약 상대방의 채무불이행을 이유로 한 계약의 해지 또는 해제는 손해배상의 청구에 영향을 미치지 아니하지만, 다른 특별한 사정이 없는 한 그 손해배상책임 역시 채무불이행으로 인한 손해배상책임과 다를 것이 없으므로, 상대방에게 고의 또는 과실이 없을 때에는 배상책임을 지지 아니한다. 그러나 상대방의 채무불이행과 상관없이 일정한 사유가 발생하면 계약을 해지 또는 해제할 수 있도록 하는 약정해지·해제권을 유보한 경우에는 상대방에게 고의 또는 과실이 없더라도 그에 따른 손해배상책임을 진다.
> ㄹ. 일반육체노동을 하는 사람 또는 육체노동을 주로 생계활동으로 하는 사람은 특별한 사정이 없는 한 만 60세를 넘어 만 65세까지 가동할 수 있다고 보는 것이 경험칙에 합당하다.

① ㄱ(×), ㄴ(×), ㄷ(×), ㄹ(○)
② ㄱ(×), ㄴ(○), ㄷ(○), ㄹ(×)
③ ㄱ(○), ㄴ(○), ㄷ(×), ㄹ(○)
④ ㄱ(○), ㄴ(×), ㄷ(×), ㄹ(○)
⑤ ㄱ(○), ㄴ(×), ㄷ(○), ㄹ(×)

해설

ㄱ.(○) 부동산의 등기청구권을 보전하기 위한 처분금지가처분이 부당하게 집행되었다면, 이러한 처분금지가처분은 처분금지에 관하여 상대적 효력을 가지는 것으로서 그 집행 후에도 채무자는 당해 부동산에 대한 사용·수익을 계속하면서 여전히 이를 처분할 수 있으므로, 비록 위 가처분의 존재로 인하여 처분기회를 상실하였거나 그 대가를 제때 지급받지 못하는 불이익을 입었다고 하더라도 그것이 당해 부동산을 보유하면서 얻는 점용이익을 초과하지 않는 한 손해가 발생하였다고 보기 어렵고, 설사 점용이익을 초과하는 불이익을 입어 손해가 발생하였다고 하더라도 그 손해는 특별한 사정에 의하여 발생한 손해로서 가처분채권자가 그 사정을 알았거나 알 수 있었을 때에 한하여 배상책임을 진다(대법원 1998. 9. 22. 선고 98다21366 판결).

ㄴ.(×) 쌍무계약에서 쌍방의 채무가 동시이행관계에 있는 경우 일방의 채무의 이행기가 도래하더라도 상대방 채무의 이행제공이 있을 때까지는 그 채무를 이행하지 않아도 이행지체의 책임을 지지 않는 것이고, 이와 같은 효과는 이행지체의 책임이 없다고 주장하는 자가 반드시 동시이행의 항변권을 행사하여야만 발생하는 것은 아니다(대법원 1998. 3. 13. 선고 97다54604,54611 판결).

ㄷ.(×) 계약 상대방의 채무불이행을 이유로 한 계약의 해지 또는 해제는 손해배상의 청구에 영향을 미치지 아니하지만(민법 제551조), 다른 특별한 사정이 없는 한 그 손해배상책임 역시 채무불이행으로 인한 손해배상책임과 다를 것이 없으므로, 상대방에게 고의 또는 과실이 없을 때에는 배상책임을 지지 아니한다(민법 제390조). 이는 상대방의 채무불이행과 상관없이 일정한 사유가 발생하면 계약을 해지 또는

해제할 수 있도록 하는 약정해지·해제권을 유보한 경우에도 마찬가지이고 그것이 자기책임의 원칙에 부합한다(대법원 2016. 4. 15. 선고 2015다59115 판결).

ㄹ.(O) 대법원은 1989. 12. 26. 선고한 88다카16867 전원합의체 판결(이하 '종전 전원합의체판결'이라고 한다)에서 일반육체노동을 하는 사람 또는 육체노동을 주로 생계활동으로 하는 사람(이하 '육체노동'이라고 한다)의 가동연한을 경험칙상 만 55세라고 본 기존견해를 폐기하였다. 그 후부터 현재에 이르기까지 육체노동의 가동연한을 경험칙상만 60세로 보아야 한다는 견해를 유지하여 왔다. 그런데 우리나라의 사회적·경제적 구조와 생활여건이 급속하게 향상·발전하고 법제도가 정비·개선됨에 따라 종전 전원합의체 판결 당시 위 경험칙의 기초가 되었던 제반 사정들이 현저히 변하였기 때문에 위와 같은 견해는 더 이상 유지하기 어렵게 되었다. 이제는 특별한 사정이 없는 한 만 60세를 넘어 만 65세까지도 가동할 수 있다고 보는 것이 경험칙에 합당하다(대법원 2019. 4. 3. 선고 2018다291958 판결).

문 22

채권자대위권에 관한 설명 중 옳지 않은 것은? (다툼이 있는 경우 판례에 의함) ★★

① 甲이 채무자 乙을 대위하여 제3채무자 丙을 상대로 X 토지에 관하여 매매에 기한 소유권이전등기를 구하는 소를 제기하였다. 위 소송에서 피보전채권이 인정되지 않는다는 이유로 소각하 판결이 확정된 경우, 확정판결의 기판력은 甲이 乙을 상대로 피보전채권의 이행을 구하는 후소에 미치지 않는다.

② 甲이 채무자 乙을 대위하여 제3채무자 丙을 상대로 X 토지에 관하여 매매에 기한 소유권이전등기를 구하는 소를 제기하였다. 乙이 甲으로부터 채권자대위권 행사의 통지를 받은 뒤 乙과 丙의 매매계약이 합의해제되었다면, 丙은 위 매매계약의 해제로 甲의 대위권 행사에 대항할 수 없다.

③ 물권적 청구권도 채권자대위권의 피보전권리가 될 수 있다.

④ 乙 소유의 부동산을 시효취득한 A의 공동상속인 중 1인인 甲이 乙에 대한 소유권이전등기청구권을 피보전채권으로 하여 丙을 상대로 乙의 丙에 대한 소유권이전등기의 말소등기청구권을 대위행사하는 경우, 甲 자신의 지분 범위 내에서만 대위행사할 수 있고, 지분을 초과하는 부분에 관하여는 乙을 대위할 보전의 필요성이 없다.

⑤ 채무자의 공유지분이 다른 공유자들의 공유지분과 함께 근저당권을 공동으로 담보하고 있고, 근저당권의 피담보채권이 채무자의 공유지분 가치를 초과하여 채무자의 공유지분만을 경매하면 남을 가망이 없어 경매절차가 취소될 수밖에 없는 반면, 공유물분할의 방법으로 공유부동산 전부를 경매하면 각 공유지분의 경매대가에 비례해서 공동근저당권의 피담보채권을 분담하게 되어 채무자의 공유지분 경매대가에서 근저당권의 피담보채권 분담액을 변제하고 남을 가망이 있는 경우라면, 금전채권자는 채무자를 대위하여 부동산에 관한 공유물분할청구권을 행사할 수 있다.

해설

① (O) … 이때 채무자에게도 기판력이 미친다는 의미는 채권자대위소송의 소송물인 피대위채권의 존부에 관하여 채무자에게도 기판력이 인정된다는 것이고, 채권자대위소송의 소송요건인 피보전채권의 존부에 관하여 당해 소송의 당사자가 아닌 채무자에게 기판력이 인정된다는 것은 아니다. 따라서 채권자가 채권자대위권을 행사하는 방법으로 제3채무자를 상대로 소송을 제기하였다가 채무자를 대위할 피보전채권이 인정되지 않는다는 이유로 소각하 판결을 받아 확정된 경우 그 판결의 기판력이 채권자가 채무자를 상대로 피보전채권의 이행을 구하는 소송에 미치는 것은 아니다(대법원 2014. 1. 23. 선고 2011다108095 판결).

② (O) … 다만 형식적으로는 채무자의 채무불이행을 이유로 한 계약해제인 것처럼 보이지만 실질적으로는 채무자와 제3채무자 사이의 합의에 따라 계약을 해제한 것으로 볼 수 있거나, 채무자와 제3채무자가 단지 대위채권자에게 대항할 수 있도록 채무자의 채무불이행을 이유로 하는 계약해제인 것처럼 외관을 갖춘 것이라는 등의 특별한 사정이 있는 경우에는 채무자가 그 피대위채권을 처분한 것으로 보아 제3채무자는 그 계약해제로써 대위권을 행사하는 채권자에게 대항할 수 없다고 할 것이다(대법원 2012. 5. 17. 선고 2011다87235 전원합의체 판결).

③ (O) 채권자는 채무자에 대한 채권을 보전하기 위하여 채무자를 대위해서 채무자의 권리를 행사할 수 있는바, 채권자가 보전하려는 권리와 대위하여 행사하려는 채무자의 권리가 밀접하게 관련되어 있고 채권자가 채무자의 권리를 대위하여 행사하지 않으면 자기 채권의 완전한 만족을 얻을 수 없게 될 위험이 있어 채무자의 권리를 대위하여 행사하는 것이 자기 채권의 현실적 이행을 유효·적절하게 확보하기 위하여 필요한 경우에는 채권자대위권의 행사가 채무자의 자유로운 재산관리행위에 대한 부당한 간섭이 된다는 등의 특별한 사정이 없는 한 채권자는 채무자의 권리를 대위하여 행사할 수 있어야 하고, 피보전채권이 특정채권이라 하여 반드시 순차매도 또는 임대차에 있어 소유권이전등기청구권이나 인도청구권 등의 보전을 위한 경우에만 한하여 채권자대위권이 인정되는 것은 아니며, 물권적 청구권에 대하여도 채권자대위권에 관한 민법 제404조의 규정과 위와 같은 법리가 적용될 수 있다(대법원 2007. 5. 10. 선고 2006다82700 판결).

④ (O) 채무자 소유의 부동산을 시효취득한 채권자의 공동상속인이 채무자에 대한 소유권이전등기청구권을 피보전채권으로 하여 제3채무자를 상대로 채무자의 제3채무자에 대한 소유권이전등기의 말소등기청구권을 대위행사하는 경우, 공동상속인은 자신의 지분 범위 내에서만 채무자의 제3채무자에 대한 소유권이전등기의 말소등기청구권을 대위행사할 수 있고, 지분을 초과하는 부분에 관하여는 채무자를 대위할 보전의 필요성이 없다(대법원 2014. 10. 27. 선고 2013다25217 판결).

⑤ (X) 채권자가 자신의 금전채권을 보전하기 위하여 채무자를 대위하여 부동산에 관한 공유물분할청구권을 행사하는 것은, 책임재산의 보전과 직접적인 관련이 없어 채권의 현실적 이행을 유효·적절하게 확보하기 위하여 필요하다고 보기 어렵고 채무자의 자유로운 재산관리행위에 대한 부당한 간섭이 되므로 보전의 필요성을 인정할 수 없다. 또한 특정 분할 방법을 전제하고 있지 않은 공유물분할청구권의 성격 등에 비추어 볼 때 그 대위행사를 허용하면 여러 법적 문제들이 발생한다. 따라서 극히 예외적인 경우가 아니라면 금전채권자는 부동산에 관한 공유물분할청구권을 대위행사할 수 없다고 보아야 한다(대법원 2020. 5. 21. 선고 2018다879 전원합의체 판결).

해답 ⑤

문 23 ★★

사해행위 취소에 관한 설명 중 옳지 않은 것은? (다툼이 있는 경우 판례에 의함)

① 사해행위인 매매예약에 기하여 수익자 앞으로 가등기를 마친 후 전득자 앞으로 가등기 이전의 부기등기를 마치고 나아가 가등기에 기한 본등기까지 마친 경우, 수익자는 가등기 및 본등기에 대한 말소청구소송에서 피고적격은 없더라도 사해행위 취소의 상대방은 될 수 있다.

② 채무자가 제3자의 채무를 담보하기 위한 근저당권이 설정되어 있는 부동산을 양도한 경우, 근저당권의 피담보채권액과 채권최고액이 모두 부동산 가격을 초과하는 때에는 부동산의 양도가 사해행위에 해당하지 않는다.

③ 어느 채권자가 수익자를 상대로 사해행위 취소 및 원상회복으로 소유권이전등기의 말소를 명하는 판결을 받았으나 말소등기를 마치지 아니한 경우, 소송의 당사자가 아닌 다른 채권자는 위 판결에 기하여 채무자를 대위하여 말소등기를 신청할 수 있다.

④ 전득자의 악의 판단에서는 전득자가 전득행위 당시 채무자와 수익자 사이의 법률행위의 사해성을 인식하였는지만이 문제가 될 뿐이고, 수익자가 채무자와 수익자 사이 법률행위의 사해성을 인식하였는지는 원칙적으로 문제되지 않는다.
⑤ 채무초과 상태의 채무자가 수익자에게 자신의 책임재산을 이전해 주기 위하여, 수익자가 원고가 되어 채무자를 상대로 제기한 부동산 소유권이전등기 소송에서 자백간주 확정판결을 받아 수익자 앞으로 소유권이전등기를 마친 경우, 위 확정판결을 통해 마쳐진 소유권이전등기가 사해행위 취소로 인한 원상회복으로써 말소된다고 하더라도, 그것이 확정판결의 효력에 반하거나 모순되는 것이라고는 할 수 없다.

해설

① (O) 사해행위인 매매예약에 기하여 수익자 앞으로 가등기를 마친 후 전득자 앞으로 가등기 이전의 부기등기를 마치고 나아가 가등기에 기한 본등기까지 마쳤다 하더라도, 위 부기등기는 사해행위인 매매예약에 기초한 수익자의 권리의 이전을 나타내는 것으로서 부기등기에 의하여 수익자로서의 지위가 소멸하지는 아니하며, 채권자는 수익자를 상대로 사해행위인 매매예약의 취소를 청구할 수 있다. 그리고 설령 부기등기의 결과 가등기 및 본등기에 대한 말소청구소송에서 수익자의 피고적격이 부정되는 등의 사유로 인하여 수익자의 원물반환의무인 가등기말소의무의 이행이 불가능하게 된다 하더라도 달리 볼 수 없으며, 특별한 사정이 없는 한 수익자는 가등기 및 본등기에 의하여 발생된 채권자들의 공동담보 부족에 관하여 원상회복의무로서 가액을 배상할 의무를 진다.(대법원 2015. 5. 21. 선고 2012다952 전원합의체판결).

② (O) 채무자가 양도한 부동산에 제3자의 채무를 담보하기 위한 근저당권이 설정되어 있는 경우 그 부동산에서 일반 채권자들의 공동담보로 되는 책임재산은 채권최고액을 한도로 실제 부담하고 있는 피담보채권액을 뺀 나머지 부분이다. 따라서 근저당권의 피담보채권액과 채권최고액이 모두 부동산 가격을 초과하는 때에는 일반 채권자들의 공동담보로 되는 책임재산이 없으므로 부동산의 양도가 사해행위에 해당하지 않는다(대법원 2018. 4. 24. 선고 2017다287891 판결).

③ (X) 채무자가 사해행위 취소로 등기명의를 회복한 부동산을 제3자에게 처분하더라도 이는 무권리자의 처분에 불과하여 효력이 없으므로, 채무자로부터 제3자에게 마쳐진 소유권이전등기나 이에 기초하여 순차로 마쳐진 소유권이전등기 등은 모두 원인무효의 등기로서 말소되어야 한다. 이 경우 취소채권자나 민법 제407조에 따라 사해행위 취소와 원상회복의 효력을 받는 채권자는 채무자의 책임재산으로 취급되는 부동산에 대한 강제집행을 위하여 원인무효 등기의 명의인을 상대로 등기의 말소를 청구할 수 있다(대법원 2017. 3. 9. 선고 2015다217980 판결).

④ (O) 채권자가 사해행위 취소와 함께 수익자 또는 전득자로부터 책임재산의 회복을 구하는 사해행위취소의 소를 제기한 경우 취소의 효과는 채권자와 수익자 또는 전득자 사이의 관계에서만 생긴다. 그리고 채권자가 사해행위 취소로써 전득자를 상대로 채무자와 수익자 사이의 법률행위 취소를 구하는 경우, 전득자의 악의는 전득행위 당시 취소를 구하는 법률행위가 채권자를 해한다는 사실, 즉 사해행위의 객관적 요건을 구비하였다는 것에 대한 인식을 의미하므로, 전득자의 악의 판단에서는 전득자가 전득행위 당시 채무자와 수익자 사이의 법률행위 사해성을 인식하였는지만이 문제가 될 뿐이고, 수익자가 채무자와 수익자 사이 법률행위의 사해성을 인식하였는지는 원칙적으로 문제가 되지 않는다(대법원 2012. 8. 17. 선고 2010다87672 판결).

⑤ (O) 무자력상태의 채무자가 소송절차를 통해 수익자에게 자신의 책임재산을 이전하기로 하여, 수익자가 제기한 소송에서 자백하는 등의 방법으로 패소판결 또는 그와 같은 취지의 화해권고결정 등을 받아 확정시키고, 이에 따라 수익자 앞으로 책임재산에 대한 소유권이전등기 등이 마쳐졌다면, 이러한 일련의 행위의 실질적인 원인이 되는 채무자와 수익자 사이의 이전합의는 다른 일반채권자의 이익을 해하

는 사해행위가 될 수 있다. 채권자가 사해행위의 취소와 함께 수익자 또는 전득자로부터 책임재산의 회복을 명하는 사해행위취소의 판결을 받은 경우 수익자 또는 전득자가 채권자에 대하여 사해행위의 취소로 인한 원상회복 의무를 부담하게 될 뿐, 채권자와 채무자 사이에서 취소로 인한 법률관계가 형성되는 것은 아니다. 따라서 위와 같이 채무자와 수익자 사이의 소송절차에서 확정판결 등을 통해 마쳐진 소유권이전등기가 사해행위취소로 인한 원상회복으로써 말소된다고 하더라도, 그것이 확정판결 등의 효력에 반하거나 모순되는 것이라고는 할 수 없다(대법원 2017. 4. 7. 선고 2016다204783 판결).

해답 ③

문 24

★★

지연손해금에 관한 설명 중 옳은 것(○)과 옳지 않은 것(×)을 올바르게 조합한 것은? (다툼이 있는 경우 판례에 의함)

> ㄱ. 이행기의 정함이 없는 채권의 양수인이 채무자를 상대로 그 이행을 구하는 소를 제기하고 소송계속 중 채무자에 대한 채권양도통지가 이루어진 경우에는 특별한 사정이 없는 한 채무자는 소장부본 송달을 받은 다음날부터 이행지체의 책임을 진다.
> ㄴ. 불법행위로 인한 손해배상채무는 특별한 사정이 없는 한 채무 성립과 동시에 지연손해금이 발생한다.
> ㄷ. 금전채무에 관하여 이행지체에 대비한 지연손해금 비율을 따로 약정한 경우에 이는 손해배상액의 예정으로 추정되고, 그 액수가 부당히 과다한 때에는 법원이 적당히 감액할 수 있다.
> ㄹ. 승소판결이 확정된 후 동일한 당사자가 그 확정된 채권의 소멸시효 중단을 위하여 확정판결과 동일한 소송물에 기하여 신소를 제기하였는데「소송촉진 등에 관한 특례법」(이하 '소송촉진법' 이라 함)의 변경으로 소송촉진법에서 정한 지연손해금 이율이 달라진 경우, 후소에서 확정된 선행판결과 달리 변경된 소송촉진법상의 이율을 적용하여 선행판결과 다른 금액을 원고의 채권액으로 인정할 수 있다.

① ㄱ(○), ㄴ(×), ㄷ(×), ㄹ(○) ② ㄱ(○), ㄴ(○), ㄷ(○), ㄹ(×)
③ ㄱ(×), ㄴ(×), ㄷ(○), ㄹ(×) ④ ㄱ(×), ㄴ(○), ㄷ(○), ㄹ(○)
⑤ ㄱ(×), ㄴ(○), ㄷ(○), ㄹ(×)

해설

ㄱ.(×) 채무에 이행기의 정함이 없는 경우에는 채무자가 이행의 청구를 받은 다음 날부터 이행지체의 책임을 지는 것이나, 한편 지명채권이 양도된 경우 채무자에 대한 대항요건이 갖추어질 때까지 채권양수인은 채무자에게 대항할 수 없으므로, 이행기의 정함이 없는 채권을 양수한 채권양수인이 채무자를 상대로 그 이행을 구하는 소를 제기하고 소송 계속 중 채무자에 대한 채권양도통지가 이루어진 경우에는 특별한 사정이 없는 한 채무자는 채권양도통지가 도달된 다음 날부터 이행지체의 책임을 진다(대법원 2014. 4. 10. 선고 2012다29557 판결).

ㄴ.(○) 불법행위로 인한 손해배상채무는 특별한 사정이 없는 한 채무 성립과 동시에 지연손해금이 발생한다(대법원 2020. 1. 30. 선고 2018다204787 판결).

ㄷ.(○) 금전채무에 관하여 이행지체에 대비한 지연손해금 비율을 따로 약정한 경우에 이는 일종의 손해배상액의 예정으로서 민법 제398조 제2항에 의한 감액의 대상이 된다(대법원 2017. 5. 30. 선고 2016다275402 판결).

ㄹ. (X) 승소판결이 확정된 후 소송촉진 등에 관한 특례법(이하 '소송촉진법'이라고 한다)의 변경으로 소송촉진법에서 정한 지연손해금 이율이 달라졌다고 하더라도 그로 인하여 선행 승소확정판결의 효력이 달라지는 것은 아니고, **확정된 선행판결과 달리 변경된 소송촉진법상의 이율을 적용하여 선행판결과 다른 금액을 원고의 채권액으로 인정할 수 있는 것도 아니다**(대법원 2019. 8. 29. 선고 2019다215272 판결).

해답 ⑤

문 25

불법행위에 관한 설명 중 옳지 않은 것은? (다툼이 있는 경우 판례에 의함) ★★

① 사립고등학교 교사로 근무하던 피해자가 불법행위로 사망한 경우, 「사립학교법」과 「국가공무원법」의 관계규정을 위반하여 영리를 목적으로 한 업무에 종사하여 얻은 소득은 위법 소득에 해당하여 불법행위로 인한 일실수익의 기초로 삼을 수 없다.

② 乙이 甲 소유의 토지에 관한 등기관계서류를 위조하여 乙 앞으로 원인무효의 소유권이전등기를 마치고 다시 이를 丙에게 매도하여 丙 앞으로 소유권이전등기가 마쳐진 후, 甲이 丙을 상대로 말소등기청구소송을 제기하여 승소판결이 확정된 경우, 乙의 불법행위로 인하여 丙이 입은 손해는 무효인 소유권이전등기를 유효한 등기로 믿고 위 토지를 매수하기 위하여 乙에게 지급하였던 매매대금이다.

③ 금전을 대여한 채권자가 고의 또는 과실로 「이자제한법」을 위반하여 최고이자율을 초과하는 이자를 받아 채무자에게 손해를 입힌 경우, 특별한 사정이 없는 한 불법행위가 성립한다.

④ 불법행위로 훼손된 건물이 너무 낡아 수리를 통하여 원상으로 회복시키는데 소요되는 수리비가 건물의 교환가치를 초과하더라도 수리가 가능하다면, 가해자는 피해자에게 수리비 상당액을 배상해야 한다.

⑤ 공동불법행위자 중 1인에 대하여 구상의무를 부담하는 다른 공동불법행위자가 수인인 경우에는 특별한 사정이 없는 이상 그들의 구상권자에 대한 채무는 각자의 부담부분에 따른 분할채무로 보는 것이 타당하지만, 구상권자인 공동불법행위자 측에 과실이 없어서 내부적인 부담부분이 전혀 없다면 이와 달리 그에 대한 수인의 구상의무를 부진정연대관계로 보는 것이 타당하다.

해설

① (O) 사립고등학교 교사로 근무하고 있던 피해자가 사망 당시 유흥업소의 밴드원으로 전속출연하여 급료를 받고 있었다 하더라도 사립학교법과 국가공무원법의 관계규정에 의하면 사립학교 교원은 영리를 목적으로 한 업무에 종사하여서는 아니된다고 할 것이므로 피해자가 받은 위 급료는 위법소득에 해당하여 불법행위로 인한 일실수익의 기초로 삼을 수 없다(대법원 1992. 10. 27. 선고 92다34582 판결).

② (O) 타인 소유의 토지에 관하여 매도증서, 위임장 등 등기관계서류를 위조하여 원인무효의 소유권이전등기를 경료하고 다시 이를 다른 사람에게 매도하여 순차로 소유권이전등기가 경료된 후에 토지의 진정한 소유자가 최종 매수인을 상대로 말소등기청구소송을 제기하여 그 소유자 승소의 판결이 확정된 경우 위 불법행위로 인하여 최종 매수인이 입은 손해는 무효의 소유권이전등기를 유효한 등기로 믿고 위 토지를 매수하기 위하여 출연한 금액, 즉 매매대금으로서 이는 기존이익의 상실인 적극적 손해에 해당하고, 최종 매수인은 처음부터 위 토지의 소유권을 취득하지 못한 것이어서 위 말소등기를 명하는 판결의 확정으로 비로소 위 토지의 소유권을 상실한 것이 아니므로 위 토지의 소유권상실이 그 손해가 될 수는 없다(대법원 1992. 6. 23. 선고 91다33070 전원합의체 판결).

③ (O) 금전을 대여한 채권자가 고의 또는 과실로 이자제한법을 위반하여 최고이자율을 초과하는 이자를 받아 채무자에게 손해를 입힌 경우에는 특별한 사정이 없는 한 민법 제750조에 따라 불법행위가 성립

한다고 보아야 한다. 최고이자율을 초과하여 지급된 이자는 이자제한법 제2조 제4항에 따라 원본에 충당되므로, 이와 같이 충당하여 원본이 소멸하고도 남아 있는 초과 지급액은 이자제한법 위반 행위로 인한 손해라고 볼 수 있다. 부당이득반환청구권과 불법행위로 인한 손해배상청구권은 서로 별개의 청구권으로서, 제한 초과이자에 대하여 부당이득반환청구권이 있다고 해서 그것만으로 불법행위의 성립이 방해되지 않는다(대법원 2021. 2. 25. 선고 2020다230239 판결).

④ (X) 불법행위로 인하여 건물이 훼손되었을 때 그 수리가 불가능하다면 건물의 교환가치(시가)가 통상의 손해일 것이고, 수리가 가능한 경우에는 그 수리에 소요되는 비용 즉 수리비가 통상의 손해일 것이나 훼손당시 그 건물이 이미 내용연수가 다 된 낡은(노후한) 건물이어서 원상으로 회복시키는데 소요되는 수리비가 건물의 교환가치를 초과하는 경우에는 형평의 원칙상 그 손해액은 그 건물의 교환가치 범위내로 제한되어야 할 것이다(대법원 1987. 11. 24. 선고 87다카1926 판결).

⑤ (O) 공동불법행위자 중 1인에 대하여 구상의무를 부담하는 다른 공동불법행위자가 수인인 경우에는 특별한 사정이 없는 이상 그들의 구상권자에 대한 채무는 각자의 부담 부분에 따른 분할채무로 보는 것이 타당하지만, 구상권자인 공동불법행위자 측에 과실이 없는 경우, 즉 내부적인 부담 부분이 전혀 없는 경우에는 이와 달리 그에 대한 수인의 구상의무를 부진정연대관계로 보는 것이 타당하다(대법원 2012. 3. 15. 선고 2011다52727 판결).

문 26

甲이 착오에 빠진 乙과 甲 소유 X 토지에 관하여 매매계약을 체결하였다. 이에 관한 설명 중 옳은 것(O)과 옳지 않은 것(×)을 올바르게 조합한 것은? (다툼이 있는 경우 판례에 의함)

> ㄱ. 甲이 乙의 채무불이행을 이유로 매매계약을 해제하였다면 그 후 乙은 착오를 이유로 매매계약을 취소할 수 없다.
> ㄴ. X 토지에 하자가 있는 경우, 乙은 甲의 하자담보책임의 성립 여부와 관계없이 착오를 이유로 매매계약을 취소할 수 있다.
> ㄷ. X 토지의 현황과 경계에 관한 乙의 착오가 중요부분의 착오로 인정되기 위해서는, 乙이 계약 체결 전에 이를 알았다면 계약의 목적을 달성할 수 없음이 명백하여 계약을 체결하지 않았을 것으로 평가될 수 있어야 한다.
> ㄹ. 甲과 乙은 甲 소유 Y 토지를 매매목적물로 하는 의사를 가졌으나 甲과 乙 모두 지번에 착오를 일으켜 계약서에 매매목적물을 X 토지로 표시한 경우, X 토지에 관한 매매계약이 성립한 것으로 본다.

① ㄱ(O), ㄴ(O), ㄷ(O), ㄹ(O)
② ㄱ(O), ㄴ(O), ㄷ(×), ㄹ(O)
③ ㄱ(×), ㄴ(×), ㄷ(×), ㄹ(O)
④ ㄱ(×), ㄴ(O), ㄷ(O), ㄹ(×)
⑤ ㄱ(×), ㄴ(O), ㄷ(×), ㄹ(×)

해설

ㄱ.(X) 매도인이 매수인의 중도금 지급채무불이행을 이유로 매매계약을 적법하게 해제한 후라도 매수인으로서는 상대방이 한 계약해제의 효과로서 발생하는 손해배상책임을 지거나 매매계약에 따른 계약금의 반환을 받을 수 없는 불이익을 면하기 위하여 착오를 이유로 한 취소권을 행사하여 위 매매계약 전체를 무효로 돌리게 할 수 있다(대법원 1991. 8. 27. 선고 91다11308 판결).

ㄴ.(O) 민법 제109조 제1항에 의하면 법률행위 내용의 중요 부분에 착오가 있는 경우 착오에 중대한 과실이 없는 표의자는 법률행위를 취소할 수 있고, 민법 제580조 제1항, 제575조 제1항에 의하면 매매의 목적물에 하자가 있는 경우 하자가 있는 사실을 과실 없이 알지 못한 매수인은 매도인에 대하여 하자담보책임을 물어 계약을 해제하거나 손해배상을 청구할 수 있다. 착오로 인한 취소 제도와 매도인의 하자담보책임 제도는 취지가 서로 다르고, 요건과 효과도 구별된다. 따라서 매매계약 내용의 중요 부분에 착오가 있는 경우 매수인은 매도인의 하자담보책임이 성립하는지와 상관없이 착오를 이유로 매매계약을 취소할 수 있다(대법원 2018. 9. 13. 선고 2015다78703 판결).

ㄷ.(O) 의사표시는 법률행위 내용의 중요부분에 착오가 있는 때에는 취소할 수 있다. 법률행위 중요부분의 착오란 표의자가 그러한 착오가 없었더라면 그 의사표시를 하지 않았으리라고 생각될 정도로 중요한 것이어야 하고 보통 일반인도 표의자의 처지에 있었더라면 그러한 의사표시를 하지 않았으리라고 생각될 정도로 중요한 것이어야 한다. 가령 토지의 현황과 경계에 착오가 있어 계약을 체결하기 전에 이를 알았다면 계약의 목적을 달성할 수 없음이 명백하여 계약을 체결하지 않았을 것으로 평가할 수 있을 경우에 계약의 중요부분에 관한 착오가 인정된다(대법원 2020. 3. 26. 선고 2019다288232 판결).

ㄹ.(X) 부동산의 매매계약에 있어 쌍방당사자가 모두 특정의 갑 토지를 계약의 목적물로 삼았으나 그 목적물의 지번 등에 관하여 착오를 일으켜 계약을 체결함에 있어서는 계약서상 그 목적물을 갑 토지와는 별개인 을 토지로 표시하였다 하여도 갑 토지에 관하여 이를 매매의 목적물로 한다는 쌍방당사자의 의사합치가 있은 이상 위 매매계약은 갑 토지에 관하여 성립한 것으로 보아야 할 것이고 을 토지에 관하여 매매계약이 체결된 것으로 보아서는 안 될 것이며, 만일 을 토지에 관하여 위 매매계약을 원인으로 하여 매수인 명의로 소유권이전등기가 경료되었다면 이는 원인이 없이 경료된 것으로서 무효이다(대법원 1993. 10. 26. 선고 93다2629,2636(병합) 판결).

문 27

★★★

甲, 乙은 丙으로부터 농기계 1대를 10일 동안 사용하기로 하고 차임 1,000만 원에 공동으로 임차하였는데 甲, 乙 사이의 부담부분에 관하여 따로 정하지 아니하였다. 이에 관한 설명 중 옳지 않은 것은? (다툼이 있는 경우 판례에 의함)

① 甲, 乙의 丙에 대한 차임지급채무가 기한의 정함이 없는 경우, 丙이 甲에게 이행청구를 하여 甲의 채무의 이행기가 도래하면 乙의 채무 역시 이행기가 도래한다.
② 甲에게 위 임대차계약의 무효의 원인이 있는 경우, 乙은 여전히 丙에 대하여 1,000만 원의 차임지급채무를 부담한다.
③ 甲이 丙에 대한 700만 원의 반대채권을 가지고 丙의 甲에 대한 차임채권과 상계하였다면, 乙의 丙에 대한 채무는 300만 원으로 감축된다.
④ 甲이 丙에 대하여 700만 원의 반대채권을 가지고 丙의 甲에 대한 차임채권과 상계할 수 있음에도 상계를 하지 않는 경우, 乙은 500만 원의 범위 내에서 甲의 丙에 대한 반대채권을 가지고 丙의 甲에 대한 차임채권과 상계할 수 있다.
⑤ 甲이 丙에게 차임지급채무 1,000만 원 중 500만 원을 지급한 경우, 甲은 乙에 대하여 구상권을 행사할 수 없다.

해설

① (O) 민법 제416조 참조

> 민법 제416조(이행청구의 절대적 효력) 어느 연대채무자에 대한 이행청구는 다른 연대채무자에게도 효력이 있다.

② (O) 민법 제415조 참조

> 민법 제415조(채무자에 생긴 무효, 취소) 어느 연대채무자에 대한 법률행위의 무효나 취소의 원인은 다른 연대채무자의 채무에 영향을 미치지 아니한다.

③ (O), ④ (O) 민법 제418조, 제424조 참조

> 민법 제418조(상계의 절대적 효력) ① 어느 연대채무자가 채권자에 대하여 채권이 있는 경우에 그 채무자가 상계한 때에는 채권은 모든 연대채무자의 이익을 위하여 소멸한다.
> ② 상계할 채권이 있는 연대채무자가 상계하지 아니한 때에는 그 채무자의 부담부분에 한하여 다른 연대채무자가 상계할 수 있다.
> 민법 제424조(부담부분의 균등) 연대채무자의 부담부분은 균등한 것으로 추정한다.

⑤ (X) 민법 제425조 참조

> 민법 제425조(출재채무자의 구상권) ① 어느 연대채무자가 변제 기타 자기의 출재로 공동면책이 된 때에는 다른 연대채무자의 부담부분에 대하여 구상권을 행사할 수 있다.

문 28

★★

채권관계의 당사자 변경에 관한 설명 중 옳은 것을 모두 고른 것은? (다툼이 있는 경우 판례에 의함)

> ㄱ. 양도금지특약을 위반하여 채권을 제3자에게 양도한 경우에, 채권양수인이 양도금지특약이 있음을 알았거나 중대한 과실로 알지 못하였다면, 채권 이전의 효과가 생기지 아니한다.
> ㄴ. 「주택임대차보호법」이 정한 대항요건을 갖춘 임대차의 목적인 주택의 양수인은 임대차보증금반환채무를 면책적으로 인수하고, 양도인은 임대차관계에서 탈퇴하여 임차인에 대한 임대차보증금반환채무를 면한다.
> ㄷ. 병존적 채무인수에서 인수인이 채무자의 부탁 없이 채권자와의 계약으로 채무를 인수하는 것은 매우 드문 일이므로, 채무자와 인수인은 통상 주관적 공동관계가 있는 연대채무관계에 있고, 인수인이 채무자의 부탁을 받지 아니하여 주관적 공동관계가 없는 경우에는 부진정연대관계에 있는 것으로 보아야 한다.
> ㄹ. 채무자와 인수인의 합의에 의한 병존적 채무인수는 일종의 제3자를 위한 계약이라고 할 것이므로, 채권자의 수익의 의사표시는 계약의 효력발생요건이다.

① ㄱ
② ㄱ, ㄷ
③ ㄴ, ㄹ
④ ㄱ, ㄴ, ㄷ
⑤ ㄱ, ㄴ, ㄷ, ㄹ

해설

ㄱ.(O) 민법 제449조 제2항이 채권양도 금지의 특약은 선의의 제3자에게 대항할 수 없다고만 규정하고 있어서 그 문언상 제3자의 과실의 유무를 문제삼고 있지는 아니하지만, 제3자의 중대한 과실은 악의와 같이 취급되어야 하므로, 양도금지 특약의 존재를 알지 못하고 채권을 양수한 경우에 있어서 그 알지 못함에 중대한 과실이 있는 때에는 악의의 양수인과 같이 양도에 의한 채권을 취득할 수 없다고 해석하는 것이 상당하다(대법원 1996. 6. 28. 선고 96다18281 판결).

ㄴ.(O) 구 주택임대차보호법(2013. 8. 13. 법률 제12043호로 개정되기 전의 것, 이하 '구 주택임대차법'이라고 한다) 제3조 제3항은 같은 조 제1항이 정한 대항요건을 갖춘 임대차의 목적이 된 임대주택의 양수인은 임대인의 지위를 승계한 것으로 본다고 규정하고 있다. 이는 법률상의 당연승계 규정으로 보아야 하므로, 임대주택이 양도된 경우에 양수인은 주택의 소유권과 결합하여 임대인의 임대차계약상 권리·의무 일체를 그대로 승계한다. 그 결과 양수인이 임대차보증금반환채무를 면책적으로 인수하고, 양도인은 임대차관계에서 탈퇴하여 임차인에 대한 임대차보증금반환채무를 면하게 된다. 이는 임차인이 임대차보증금반환채권에 질권을 설정하고 임대인이 그 질권 설정을 승낙한 후에 임대주택이 양도된 경우에도 마찬가지라고 보아야 한다. 따라서 이 경우에도 임대인은 구 주택임대차법 제3조 제3항에 의해 임대차관계에서 탈퇴하고 임차인에 대한 임대차보증금반환채무를 면하게 된다(대법원 2018. 6. 19. 선고 2018다201610 판결).

ㄷ.(O) 병존적 채무인수에서 인수인이 채무자의 부탁 없이 채권자와의 계약으로 채무를 인수하는 것은 매우 드문 일이므로 채무자와 인수인은 통상 주관적 공동관계가 있는 연대채무관계에 있고, 인수인이 채무자의 부탁을 받지 아니하여 주관적 공동관계가 없는 경우에는 부진정연대관계에 있는 것으로 보아야 한다(대법원 2014. 8. 26. 선고 2013다49428,49435 판결).

ㄹ.(X) 채무자와 인수인의 합의에 의한 중첩적 채무인수는 일종의 제3자를 위한 계약이라고 할 것이므로, 채권자는 인수인에 대하여 채무이행을 청구하거나 기타 채권자로서의 권리를 행사하는 방법으로 수익의 의사표시를 함으로써 인수인에 대하여 직접 청구할 권리를 갖게 된다. 이러한 점에서 채무자에 대한 채권을 상실시키는 효과가 있는 면책적 채무인수의 경우 채권자의 승낙을 계약의 효력발생요건으로 보아야 하는 것과는 달리, 채무자와 인수인의 합의에 의한 중첩적 채무인수의 경우 채권자의 수익의 의사표시는 그 계약의 성립요건이나 효력발생요건이 아니라 채권자가 인수인에 대하여 채권을 취득하기 위한 요건이다(대법원 2013. 9. 13. 선고 2011다56033 판결).

해답 ④

문 29 ★★

채권양도에 관한 설명 중 옳지 않은 것은? (다툼이 있는 경우 판례에 의함)

① 점유취득시효 완성으로 인한 소유권이전등기청구권을 양도하는 경우, 채무자에 대한 대항력 취득을 위하여 양도인의 채무자에 대한 통지만으로는 부족하고, 양도에 대한 채무자의 승낙이나 동의를 요한다.

② 양도금지특약이 붙은 채권을 전부명령에 의하여 전부한 경우, 그 전부채권자와 그로부터 다시 그 채권을 양수한 자가 모두 그 특약의 존재를 알았거나 중대한 과실로 알지 못하였다고 하더라도 채무자는 위 특약을 근거로 삼아 채권양도의 무효를 주장할 수 없다.

③ 甲은 丙에 대한 채무의 담보명목으로 甲의 乙에 대한 대여금채권을 丙에게 양도하고 乙에게 확정일자 있는 증서로 양도통지를 하였다. 이후 甲이 동일한 채권을 丁에게 양도한 후 甲과 丙이 양도계약을 합의해지하고 丙이 그 사실을 乙에게 통지함으로써 채권이 다시 甲에게 귀속하게 되었더라도, 그로 인하여 丁이 당연히 채권을 취득한다고 할 수 없다.

④ 甲은 丙에 대한 채무의 담보명목으로 甲의 乙에 대한 대여금채권을 丙에게 양도하고 乙에게 확정일자 있는 증서로 양도통지를 하였다. 이후 甲의 丙에 대한 피담보채무가 변제로 소멸하였다 하더라도, 乙은 이를 이유로 丙의 양수금 청구를 거절할 수 없다.
⑤ 채권양도의 대항요건을 갖추지 못한 채권양수인이 채무자를 상대로 재판상의 청구를 하였다면, 이는 소멸시효의 중단사유인 재판상 청구에 해당한다.

해설

① (X) 부동산매매계약에서 매도인과 매수인은 서로 동시이행관계에 있는 일정한 의무를 부담하므로 이행 과정에 신뢰관계가 따른다. 특히 매도인으로서는 매매대금 지급을 위한 매수인의 자력, 신용 등 매수인이 누구인지에 따라 계약유지 여부를 달리 생각할 여지가 있다. 이러한 이유로 매매로 인한 소유권이전등기청구권의 양도는 특별한 사정이 없는 이상 양도가 제한되고 양도에 채무자의 승낙이나 동의를 요한다고 할 것이므로 통상의 채권양도와 달리 양도인의 채무자에 대한 통지만으로는 채무자에 대한 대항력이 생기지 않으며 반드시 채무자의 동의나 승낙을 받아야 대항력이 생긴다. 그러나 취득시효완성으로 인한 소유권이전등기청구권은 채권자와 채무자 사이에 아무런 계약관계나 신뢰관계가 없고, 그에 따라 채권자가 채무자에게 반대급부로 부담하여야 하는 의무도 없다. 따라서 취득시효완성으로 인한 소유권이전등기청구권의 양도의 경우에는 매매로 인한 소유권이전등기청구권에 관한 양도제한의 법리가 적용되지 않는다(대법원 2018. 7. 12. 선고 2015다36167 판결).

② (O) 당사자 사이에 양도금지의 특약이 있는 채권이더라도 전부명령에 의하여 전부되는 데에는 지장이 없고, 양도금지의 특약이 있는 사실에 관하여 집행채권자가 선의인가 악의인가는 전부명령의 효력에 영향을 미치지 못하는 것인바, 이와 같이 양도금지특약부 채권에 대한 전부명령이 유효한 이상, 그 전부채권자로부터 다시 그 채권을 양수한 자가 그 특약의 존재를 알았거나 중대한 과실로 알지 못하였다고 하더라도 채무자는 위 특약을 근거로 삼아 채권양도의 무효를 주장할 수 없다(대법원 2003. 12. 11. 선고 2001다3771 판결).

③ (O) 양도인이 지명채권을 제1양수인에게 1차로 양도한 다음 제1양수인이 그에 따라 확정일자 있는 증서에 의한 대항요건을 적법하게 갖추었다면 이로써 채권이 제1양수인에게 이전하고 양도인은 채권에 대한 처분권한을 상실하므로, 그 후 양도인이 동일한 채권을 제2양수인에게 양도하였더라도 제2양수인은 채권을 취득할 수 없다. 이 경우 양도인이 다른 채무를 담보하기 위하여 제1차 양도계약을 하였더라도 대외적으로 채권이 제1양수인에게 이전되어 제1양수인이 채권을 취득하게 되므로 그 후에 이루어진 제2차 양도계약에 따라 제2양수인이 채권을 취득하지 못하게 됨은 마찬가지이다. 또한 제2차 양도계약 후 양도인과 제1양수인이 제1차 양도계약을 합의해지한 다음 제1양수인이 그 사실을 채무자에게 통지함으로써 채권이 다시 양도인에게 귀속하게 되었더라도 특별한 사정이 없는 한 양도인이 처분권한 없이 한 제2차 양도계약이 채권양도로서 유효하게 될 수는 없으므로, 그로 인하여 제2양수인이 당연히 채권을 취득하게 된다고 볼 수는 없다(대법원 2016. 7. 14. 선고 2015다46119 판결).

④ (O) 채권양도가 다른 채무의 담보조로 이루어졌으며 또한 그 채무가 변제되었다고 하더라도, 이는 채권 양도인과 양수인 간의 문제일 뿐이고, 양도채권의 채무자는 채권 양도·양수인 간의 채무 소멸 여하에 관계없이 양도된 채무를 양수인에게 변제하여야 하는 것이므로, 설령 그 피담보채무가 변제로 소멸되었다고 하더라도 양도채권의 채무자로서는 이를 이유로 채권양수인의 양수금 청구를 거절할 수 없다(대법원 1999. 11. 26. 선고 99다23093 판결).

⑤ (O) 채권양도는 구 채권자인 양도인과 신 채권자인 양수인 사이에 채권을 그 동일성을 유지하면서 전자로부터 후자에게로 이전시킬 것을 목적으로 하는 계약을 말한다 할 것이고, 채권양도에 의하여 채권은 그 동일성을 잃지 않고 양도인으로부터 양수인에게 이전되며, 이러한 법리는 채권양도의 대항요건을 갖추지 못하였다고 하더라도 마찬가지인 점, 민법 제149조의 "조건의 성취가 미정한 권리의무는 일

반규정에 의하여 처분, 상속, 보존 또는 담보로 할 수 있다."는 규정은 대항요건을 갖추지 못하여 채무자에게 대항하지 못한다고 하더라도 채권양도에 의하여 채권을 이전받은 양수인의 경우에도 그대로 준용될 수 있는 점, 채무자를 상대로 재판상의 청구를 한 채권의 양수인을 '권리 위에 잠자는 자'라고 할 수 없는 점 등에 비추어 보면, 비록 <u>대항요건을 갖추지 못하여 채무자에게 대항하지 못한다고 하더라도 채권의 양수인이 채무자를 상대로 재판상의 청구를 하였다면 이는 소멸시효 중단사유인 재판상의 청구에 해당한다고 보아야 한다</u>(대법원 2005. 11. 10. 선고 2005다41818 판결).

해답 ①

문 30 ★★

상계에 관한 설명 중 옳지 않은 것은? (다툼이 있는 경우 판례에 의함)

① 甲은 乙에 대하여 1억 원의 대여금채권(변제기 2021. 5. 3.)을 가지고, 乙은 甲에 대하여 8,000만 원의 매매대금채권(변제기 2021. 9. 25.)을 가진다. 乙이 2021. 11. 5. 상계의 의사표시를 하여 같은 날 그 의사표시가 甲에게 도달하였다면, 2021. 9. 25.로 소급하여 두 채권은 대등액의 범위에서 소멸한 것으로 본다.

② 甲의 乙에 대한 대여금채권에 상계금지특약이 붙어 있더라도 甲으로부터 그 채권을 선의로 양수한 丙은 그 채권으로 乙의 丙에 대한 채권과 상계할 수 있다.

③ 甲의 乙에 대한 고의의 행위가 불법행위를 구성함과 동시에 채무불이행을 구성하는 경우, 甲이 위 채무불이행으로 인한 손해배상채권을 수동채권으로 하여 甲의 乙에 대한 대여금채권과 상계를 하는 것은 허용된다.

④ 부진정연대채무자 甲과 乙 중 甲이 자신의 채권자에 대한 반대채권으로 상계한 경우, 상계로 인한 채무소멸의 효력은 소멸한 채무 전액에 관하여 乙에게도 미친다.

⑤ 피고(乙)의 소송상 상계에 대하여 원고(甲)가 乙의 자동채권을 소멸시키기 위하여 다시 소송상 상계의 재항변을 하는 것은 특별한 사정이 없는 한 허용되지 아니한다.

해설

① (O) 상계의 의사표시가 있는 경우, 채무는 상계적상시에 소급하여 대등액에서 소멸한 것으로 보게 되므로, 상계에 의한 양 채권의 차액 계산 또는 상계충당은 상계적상의 시점을 기준으로 하게 된다(대법원 2011. 8. 25. 선고 2011다24814 판결).

② (O) 민법 제492조 참조

> 민법 제492조(상계의 요건) ① 쌍방이 서로 같은 종류를 목적으로 한 채무를 부담한 경우에 그 쌍방의 채무의 이행기가 도래한 때에는 각채무자는 대등액에 관하여 상계할 수 있다. 그러나 채무의 성질이 상계를 허용하지 아니할 때에는 그러하지 아니하다.
> ② 전항의 규정은 당사자가 다른 의사를 표시한 경우에는 적용하지 아니한다. 그러나 그 의사표시로써 <u>선의의 제삼자에게 대항하지 못한다</u>.

③ (X) 민법 제496조는 "채무가 고의의 불법행위로 인한 것인 때에는 그 채무자는 상계로 채권자에게 대항하지 못한다."라고 정하고 있다. 고의의 불법행위로 인한 손해배상채권에 대하여 상계를 허용한다면 고의로 불법행위를 한 사람까지도 상계권 행사로 현실적으로 손해배상을 지급할 필요가 없게 되어 보복적 불법행위를 유발하게 될 우려가 있다. 또 고의의 불법행위로 인한 피해자가 가해자의 상계권 행사로 현실의 변제를 받을 수 없는 결과가 됨은 사회적 정의관념에 맞지 않는다. 따라서 고의에 의한 불법행위의 발생을 방지함과 아울러 고의의 불법행위로 인한 피해자에게 현실의 변제를 받게 하려는 데 이 규정의 취지가 있다. 이 규정은 고의의 불법행위로 인한 손해배상채권을 수동채권으로 한 상계에 관한

것이고 고의의 채무불이행으로 인한 손해배상채권에는 적용되지 않는다. 다만 고의에 의한 행위가 불법행위를 구성함과 동시에 채무불이행을 구성하여 불법행위로 인한 손해배상채권과 채무불이행으로 인한 손해배상채권이 경합하는 경우에는 이 규정을 유추적용할 필요가 있다(대법원 2017. 2. 15. 선고 2014다19776, 19783 판결).

④ (O) 부진정연대채무자 중 1인이 자신의 채권자에 대한 반대채권으로 상계를 한 경우에도 채권은 변제, 대물변제, 또는 공탁이 행하여진 경우와 동일하게 현실적으로 만족을 얻어 그 목적을 달성하는 것이므로, 그 상계로 인한 채무소멸의 효력은 소멸한 채무 전액에 관하여 다른 부진정연대채무자에 대하여도 미친다고 보아야 한다. 이는 부진정연대채무자 중 1인이 채권자와 상계계약을 체결한 경우에도 마찬가지이다. 나아가 이러한 법리는 채권자가 상계 내지 상계계약이 이루어질 당시 다른 부진정연대채무자의 존재를 알았는지 여부에 의하여 좌우되지 아니한다(대법원 2010. 9. 16. 선고 2008다97218 전원합의체 판결).

⑤ (O) 이러한 피고의 소송상 상계항변에 대하여 원고가 다시 피고의 자동채권을 소멸시키기 위하여 소송상 상계의 재항변을 하는 경우, 법원이 원고의 소송상 상계의 재항변과 무관한 사유로 피고의 소송상 상계항변을 배척하는 경우에는 소송상 상계의 재항변을 판단할 필요가 없고, 피고의 소송상 상계항변이 이유 있다고 판단하는 경우에는 원고의 청구채권인 수동채권과 피고의 자동채권이 상계적상 당시에 대등액에서 소멸한 것으로 보게 될 것이므로 원고가 소송상 상계의 재항변으로써 상계할 대상인 피고의 자동채권이 그 범위에서 존재하지 아니하는 것이 되어 이때에도 역시 원고의 소송상 상계의 재항변에 관하여 판단할 필요가 없게 된다. 또한, 원고가 소송물인 청구채권 외에 피고에 대하여 다른 채권을 가지고 있다면 소의 추가적 변경에 의하여 그 채권을 당해 소송에서 청구하거나 별소를 제기할 수 있다. 그렇다면 원고의 소송상 상계의 재항변은 일반적으로 이를 허용할 이익이 없다. 따라서 피고의 소송상 상계항변에 대하여 원고가 소송상 상계의 재항변을 하는 것은 다른 특별한 사정이 없는 한 허용되지 않는다고 보는 것이 타당하다(대법원 2014. 6. 12. 선고 2013다95964 판결).

문 31

이혼에 관한 설명 중 옳지 않은 것은? (다툼이 있는 경우 판례에 의함)

① 유책배우자의 이혼청구는 원칙적으로 허용되지 않지만, 혼인생활의 파탄에 대한 유책성이 이혼청구를 배척해야 할 정도로 남아 있지 아니한 특별한 사정이 있는 경우에는 예외적으로 유책배우자의 이혼청구를 허용할 수 있다.

② 협의 또는 심판에 따라 구체화되지 않은 재산분할청구권은 그 범위 및 내용이 불명확·불확정하기 때문에 채무자의 책임재산에 해당하지 아니하고, 이를 포기하는 행위 또한 채권자취소권의 대상이 될 수 없다.

③ 법원은 이혼 후 자녀에 대한 양육권이 부모 중 어느 일방에, 친권이 다른 일방에 또는 부모에 공동으로 귀속되는 것으로 정할 수 있다.

④ 부부의 일방이 무단으로 가출하여 제3자와 사실혼관계를 맺은 경우에, 부정행위를 이혼사유로 하는 이혼청구에 대하여 법원은 당사자가 이혼사유로 주장하지 않은 악의의 유기를 들어 이혼을 인정할 수 있다.

⑤ 재산분할재판에서 분할대상인지 여부가 전혀 심리된 바 없는 재산이 재판확정 후 추가로 발견되면 이에 대하여 추가로 재산분할청구를 할 수 있으나, 추가 재산분할청구 역시 제척기간을 준수하여야 한다.

해설

① (O) 혼인생활의 파탄에 주된 책임이 있는 배우자는 원칙적으로 그 파탄을 사유로 하여 이혼을 청구할 수 없다. 다만 상대방 배우자도 혼인을 계속할 의사가 없어 일방의 의사에 의한 이혼 내지 축출이혼의 염려가 없는 경우는 물론, 나아가 이혼을 청구하는 배우자의 유책성을 상쇄할 정도로 상대방 배우자 및 자녀에 대한 보호와 배려가 이루어진 경우나 세월의 경과에 따라 혼인파탄 당시 현저하였던 유책배우자의 유책성과 상대방 배우자가 받은 정신적 고통이 점차 약화되어 쌍방의 책임의 경중을 엄밀히 따지는 것이 더 이상 무의미할 정도가 된 경우 등과 같이 혼인생활의 파탄에 대한 유책성이 그 이혼청구를 배척해야 할 정도로 남아 있지 아니한 특별한 사정이 있는 경우에는 예외적으로 유책배우자의 이혼청구를 허용할 수 있다(대법원 2015. 10. 29. 선고 2012므721 판결).

② (O) 이혼으로 인한 재산분할청구권은 이혼을 한 당사자의 일방이 다른 일방에 대하여 재산분할을 청구할 수 있는 권리로서 이혼이 성립한 때에 그 법적 효과로서 비로소 발생하는 것일 뿐만 아니라, 협의 또는 심판에 의하여 구체적 내용이 형성되기까지는 그 범위 및 내용이 불명확·불확정하기 때문에 구체적으로 권리가 발생하였다고 할 수 없으므로 협의 또는 심판에 의하여 구체화되지 않은 재산분할청구권은 채무자의 책임재산에 해당하지 아니하고, 이를 포기하는 행위 또한 채권자취소권의 대상이 될 수 없다(대법원 2013. 10. 11. 선고 2013다7936 판결).

③ (O) 민법 제837조, 제909조 제4항, 가사소송법 제2조 제1항 제2호 나목의 3) 및 5) 등이 부부의 이혼 후 그 자의 친권자와 그 양육에 관한 사항을 각기 다른 조항에서 규정하고 있는 점 등에 비추어 보면, 이혼 후 부모와 자녀의 관계에 있어서 친권과 양육권이 항상 같은 사람에게 돌아가야 하는 것은 아니며, 이혼 후 자에 대한 양육권이 부모 중 어느 일방에, 친권이 다른 일방 또는 부모에 공동으로 귀속되는 것으로 정하는 것은, 비록 신중한 판단이 필요하다고 하더라도, 일정한 기준을 충족하는 한 허용된다고 할 것이다(대법원 2012. 4. 13. 선고 2011므4719 판결).

④ (X) 민법 제840조의 각 이혼사유는 그 각 사유마다 독립된 이혼청구원인이 되므로 법원은 원고가 주장한 이혼사유에 관하여서만 심판하여야 한다(대법원 1963. 1. 31. 선고 62다812 판결).

> **민법 제840조(재판상 이혼원인)** 부부의 일방은 다음 각호의 사유가 있는 경우에는 법원에 이혼을 청구할 수 있다.
> 1. 배우자에 부정한 행위가 있었을 때
> 2. 배우자가 악의로 다른 일방을 유기한 때
> 3. 배우자 또는 그 직계존속으로부터 심히 부당한 대우를 받았을 때
> 4. 자기의 직계존속이 배우자로부터 심히 부당한 대우를 받았을 때
> 5. 배우자의 생사가 3년이상 분명하지 아니한 때
> 6. 기타 혼인을 계속하기 어려운 중대한 사유가 있을 때

⑤ (O) 민법 제839조의2 제3항, 제843조에 따르면 재산분할청구권은 협의상 또는 재판상 이혼한 날부터 2년이 지나면 소멸한다. 2년 제척기간 내에 재산의 일부에 대해서만 재산분할을 청구한 경우 청구 목적물로 하지 않은 나머지 재산에 대해서는 제척기간을 준수한 것으로 볼 수 없으므로, 재산분할청구 후 제척기간이 지나면 그때까지 청구 목적물로 하지 않은 재산에 대해서는 청구권이 소멸한다. 재산분할 재판에서 분할대상인지 여부가 전혀 심리된 바 없는 재산이 재판확정 후 추가로 발견된 경우에는 이에 대하여 추가로 재산분할청구를 할 수 있다. 다만 추가 재산분할청구 역시 이혼한 날부터 2년 이내라는 제척기간을 준수하여야 한다(대법원 2018. 6. 22. 자 2018스18 결정).

해답 ④

문 32 ★★

甲은 배우자 없이 자녀 乙, 丙, 丁만 있는 상태에서 자필로 아래와 같은 내용을 적은 유언장을 남기고 사망하였다. 이에 관한 설명 중 옳은 것은? (다툼이 있는 경우 판례에 의함)

유 언 장

　나는 환갑을 맞은 오늘 밤에 내 일생을 돌이켜 보며 많은 생각을 하였고, 평생동안 모은 재산과 사랑하는 나의 자녀들에게 남기고 싶은 말을 적어본다. 이는 아버지의 뜻이므로 반드시 지켜주기를 바란다.

　첫째, 너희들끼리 재산문제로 다루지 다투지 말며, 특히 절대 상속재산에 관하여 서로 소송을 제기하지 말고, 상속재산은 내가 죽은 후 5년 동안 절대 분할하지 말아라.

　둘째, 내가 남기는 전 재산의 2/3는 장남인 乙에게 주며, 나머지 재산은 丙과 丁이 공평하게 나누어라.

　장남인 乙에게 많은 재산을 남기는 것은 乙이 나의 생전에 나를 특별히 부양하였을 뿐만 아니라 나의 재산의 유지와 증가에 특별히 기여하였기 때문이므로 丙과 丁은 그리 알기를 바란다.

　나는 너희들이 나의 아들과 딸이었다는 것이 정말 감사하고 행복했다. 그리고 오늘 환갑이라고 잔치를 베풀어 주어서 정말 고마웠다.

乙, 丙, 丁의 아버지 '죽림거사' (무인)

---

① "다루지" 부분에 두 줄을 긋고 "다투지"로 변경한 것은, 명백한 오기의 수정이라 하더라도, 변경한 부분에 날인이 없으므로 유언은 무효이다.
② "전 재산의 2/3는 장남인 乙에게 주며, 나머지 재산은 丙과 丁이 공평하게 나누어라."하는 부분은 법정상속분을 변경하는 것이어서 허용되지 않는다.
③ 증인의 서명 또는 기명날인이 없으므로 유언은 무효이다.
④ 유언자의 본명이 기재되어 있지 않을 뿐만 아니라, 인장(印章) 대신 무인(拇印)이 찍혀있으므로 유언은 무효이다.
⑤ 유언자의 주소가 기재되지 않았으므로 유언은 무효이다.

해설

① (X) 자필증서에 의한 유언에 있어서 그 증서에 문자의 삽입, 삭제 또는 변경을 함에는 민법 제1066조 제2항의 규정에 따라 유언자가 이를 자서하고 날인하여야 하나, 자필증서 중 증서의 기재 자체에 의하더라도 명백한 오기를 정정한 것에 지나지 않는다면 설령 그 수정 방식이 위 법조항에 위배된다고 할지라도 유언자의 의사를 용이하게 확인할 수 있으므로 이러한 방식의 위배는 유언의 효력에 영향을 미치지 아니한다(대법원 1998. 6. 12. 선고 97다38510 판결).

② (X) 우리 민법은 유산처분의 방법으로 유증만을 인정할 뿐 유언상속은 인정하지 않는다. 상속으로는 법정상속만 있는 것이다. 그리하여 우리 법상 유언으로 상속인을 지정하지 못한다. 그리고 유언으로 법정상속인의 상속분을 변경하는 것도 허용되지 않는다. 다만, 유언자가 포괄적 유증을 함으로써 실질적으로 상속인의 지정이나 상속분의 변경과 같은 결과를 달성할 수는 있다(송덕수, 新민법강의 제10판, E-336).

③ (X) 민법 제1066조 참조

> 민법 제1066조(자필증서에 의한 유언) ① 자필증서에 의한 유언은 유언자가 그 전문과 연월일, 주소, 성명을 자서하고 날인하여야 한다.
> ② 전항의 증서에 문자의 삽입, 삭제 또는 변경을 함에는 유언자가 이를 자서하고 날인하여야 한다.

▶ 자필증서에 의한 유언에는 증인의 서명 또는 기명날인이 그 요건에 해당하지 아니하기에 증인의 서명 또는 기명날인이 없다 하여도 무효에 해당하지 아니한다.

④ (X) 민법 제1066조에서 규정하는 자필증서에 의한 유언은 유언자가 그 전문과 연월일, 주소 및 성명을 자서(自書)하는 것이 절대적 요건이므로 전자복사기를 이용하여 작성한 복사본은 이에 해당하지 아니하나, 주소를 쓴 자리가 반드시 유언 전문 및 성명이 기재된 지편이어야 하는 것은 아니고 유서의 일부로 볼 수 있는 이상 그 전문을 담은 봉투에 기재하더라도 무방하며, 날인은 인장 대신에 무인에 의한 경우에도 유효하다(대법원 1998. 6. 12. 선고 97다38510 판결).

⑤ (O) 민법 제1065조 내지 제1070조가 유언의 방식을 엄격하게 규정한 것은 유언자의 진의를 명확히 하고 그로 인한 법적 분쟁과 혼란을 예방하기 위한 것이므로, 법정된 요건과 방식에 어긋난 유언은 그것이 유언자의 진정한 의사에 합치하더라도 무효이다. 따라서 자필증서에 의한 유언은 민법 제1066조 제1항의 규정에 따라 유언자가 전문과 연월일, 주소, 성명을 모두 자서하고 날인하여야만 효력이 있고, 유언자가 주소를 자서하지 않았다면 이는 법정된 요건과 방식에 어긋난 유언으로서 효력을 부정하지 않을 수 없으며, 유언자의 특정에 지장이 없다고 하여 달리 볼 수 없다. 여기서 자서가 필요한 주소는 반드시 주민등록법에 의하여 등록된 곳일 필요는 없으나, 적어도 민법 제18조에서 정한 생활의 근거되는 곳으로서 다른 장소와 구별되는 정도의 표시를 갖추어야 한다(대법원 2014. 9. 26. 선고 2012다71688 판결).

해답 ⑤

문 33 ★★★

A는 배우자 B와의 사이에 자녀 C, D를 두었는데, 적극재산 없이 차용금 채무 6억 3,000만 원을 남긴 채 2020. 10. 17. 사망하였다. C에게는 자녀 E가, D에게는 자녀 F와 G가 있었는데, C와 D가 모두 상속을 적법하게 포기하였다. 이러한 경우에 A가 남긴 채무는 누구에게 얼마씩 귀속되는가? (다툼이 있는 경우 판례에 의함)

① B에게 6억 3,000만 원 전액이 귀속된다.
② B, E, F, G에게 6억 3,000만 원 전액이 불가분채무로 귀속된다.
③ B, E, F, G에게 각 1억 5,750만 원씩 분할되어 귀속된다.
④ B에게 2억 7,000만 원, E에게 1억 8,000만 원, F에게 9,000만 원, G에게 9,000만 원으로 분할되어 귀속된다.
⑤ B에게 2억 1,000만 원, E에게 1억 4,000만 원, F에게 1억 4,000만 원, G에게 1억 4,000만 원으로 분할되어 귀속된다.

해설

①(X), ②(X), ③(X), ④(X), ⑤(O) 상속을 포기한 자는 상속개시된 때부터 상속인이 아니었던 것과 같은 지위에 놓이게 되므로, 피상속인의 배우자와 자녀 중 자녀 전부가 상속을 포기한 경우에는 배우자와 피상속인의 손자녀 또는 직계존속이 공동으로 상속인이 되고, 피상속인의 손자녀와 직계존속이 존재하지 아니하면 배우자가 단독으로 상속인이 된다. 따라서 6억 3,000만 원의 분할채무 관계에서 B, E, F, G가 각 본위상속하게 되는데, B가 E, F, G에 비하여 5할 가산하여 상속채무를 부담하기 때문에,

B는 2억 1,000만 원(6억 3000만 원×3/9=2억 1,000만 원), E, F, G는 각(6억 3000만 원×2/9=1억 4,000만 원)

해답 ⑤

문 34 ★★★

甲은 2020. 5. 6. 乙로부터 2억 원을 이자 월 1.5%, 변제기 2021. 10. 5.로 정하여 차용하였다(이하 'A차용금'이라 함). 甲은 2019. 12. 6.에도 乙로부터 1억 5,000만 원을 이자 월 1%, 변제기 2020. 11. 5.로 정하여 차용하였는데(이하 'B차용금'이라 함), 당시 丙이 B차용금 채무를 연대보증하였다. 甲은 2020. 6. 5. 乙에게 B차용금에 대한 그 때까지의 이자 900만 원과 원금 중 5,000만 원의 변제 명목으로 5,900만 원을 지급하였고, 乙은 이에 동의하며 수령하였다. 甲은 2022. 1. 5. 乙에게 2억 원을 추가로 변제하였는데, 이 변제의 충당에 관한 당사자 사이의 합의나 지정은 없었다. 위 2억 원은 A차용금과 B차용금에 얼마씩 충당되는가? (모든 계약은 유효함을 전제로 하고, 다툼이 있는 경우 판례에 의함)

	A차용금	B차용금
①	1억 원	1억 원
②	8,100만 원	1억 1,900만 원
③	1억 7,200만 원	2,800만 원
④	1억 8,100만 원	1,900만 원
⑤	2억 원	0원

해설

① (X), ② (X), ③ (X), ④ (O), ⑤ (X) 甲의 乙에 대한 변제는 총 2억 5,900만 원으로 'A차용금'과 'B차용금'의 액수에 충당되기에 부족하기에, 변제충당의 법리에 따라 충당되는바, 비용, 이자, 원금의 순서로 충당되며, 이행기가 도래한 채무와 이행기가 도래하지 않은 채무가 있는 경우에는 이행기가 도래한 채무 모두가 이행기가 도래한 경우에는 변제이익이 채무자의 입장에서 큰 채무부터 충당된다. 사안에서 2020.6.5. 변제 시에 5,900만 원의 변제는 두 채무 모두에 대하여 변제기가 도래하지 아니하였고, 채무자의 지정에 의하여는 이자의 배제를 할 수 없으나, 채권자가 이에 대하여 동의하였기 때문에, B차용금에 5,900만 원이 충당된다. 또한, 2차 변제인 2억 원에 대하여는 지정이 없이 충당의 법리에 의하여 변제되어야 하는바, A와 B 차용금의 변제기는 모두 도래하였고, 변제이익은 A차용금이 月 1.5%로 B차용금에 비하여 높기 때문에 A와 B 차용금의 각 이자 이후 A차용금에 전액 충당되어야 하는 바, A차용금과 B차용금의 이자(A : 2억×20×0.015=6,000만 원, B : 1억×19×0.01=1,900만 원) 원금(A : 1억 2,100만 원, B : 0 원)이 되기에 2억 원은 A차용금에 1억 8,100만 원 충당되고, B차용금에 1,900만 원 충당된다.

해답 ④

문 35

부당이득반환청구권의 소멸시효에 관한 설명 중 옳은 것을 모두 고른 것은? (다툼이 있는 경우 판례에 의함) ★★

> ㄱ. 가맹업자인 甲주식회사가 가맹계약상 근거 없이 'Administration Fee'라는 항목으로 매장 매출액의 일정 비율에 해당하는 금액을 가맹상인 乙에게 청구하여 지급받은 것은 부당이득에 해당하므로, 이에 관하여 乙이 청구하는 부당이득반환청구권에는 5년의 상사소멸시효기간이 적용된다.
>
> ㄴ. 주식회사인 매수인이 의료법인인 매도인과의 부동산매매계약의 이행으로서 그 매매대금을 매도인에게 지급하였으나, 매도인 법인을 대표하여 위 매매계약을 체결한 대표자의 선임에 관한 이사회 결의가 부존재함이 확정됨에 따라 위 매매계약이 무효가 되고, 이에 따라 발생하는 매수인의 부당이득반환청구권에는 5년의 상사소멸시효기간이 적용된다.
>
> ㄷ. 甲은행으로부터 대출받으면서 근저당권설정비용을 부담한 채무자 乙이 그 비용 부담의 근거가 된 약관 조항의 무효로 인하여 행사할 수 있는 근저당권설정비용에 대한 부당이득반환청구권에는 5년의 상사소멸시효기간이 적용된다.
>
> ㄹ. 주식회사에 있어서 배당가능이익이 없는데도 이익배당이 이루어진 경우, 회사가 주주로부터 위법배당금을 회수하기 위하여 행사하는 부당이득반환청구권에는 10년의 민사소멸시효기간이 적용된다.
>
> ㅁ. 공공건설임대주택의 임대사업자인 甲공사와 분양계약을 체결한 乙이 일률적인 산정방식에 따라 정한 분양전환가격이 강행법규 위반으로 무효가 됨을 이유로 납부한 분양대금과 정당한 분양전환가격의 차액 상당을 청구하는 부당이득반환청구권에는 10년의 민사소멸시효기간이 적용된다.

① ㄱ, ㄴ, ㄹ
② ㄱ, ㄷ, ㄹ
③ ㄱ, ㄷ, ㅁ
④ ㄴ, ㄷ, ㄹ
⑤ ㄷ, ㄹ, ㅁ

해설

ㄱ.(O) … 상행위로부터 생긴 채권뿐 아니라 이에 준하는 채권에도 상법 제64조가 적용되거나 유추적용될 수 있다. 이 사건에서 원고들이 청구하는 부당이득반환채권은 원고들과 피고 모두에게 상행위가 되는 이 사건 각 가맹계약을 기초로 하여 발생한 것이다. 그뿐만 아니라, 피고가 정형화된 방식으로 가맹계약을 체결하고 가맹사업을 운영해 온 탓에 수백 명에 달하는 가맹점사업자들에게 원고들에게 부담하는 것과 같은 내용의 부당이득반환채무를 부담하는 점 등 원고들의 채권 발생 경위나 원인 등에 비추어 볼 때 그로 인한 거래관계를 신속하게 해결할 필요가 있다. 따라서 원고들의 위 부당이득반환채권은 상법 제64조에 따라 5년간 행사하지 않으면 소멸시효가 완성한다(대법원 2018. 6. 15. 선고 2017다248803, 248810 판결).

ㄴ.(X) 주식회사인 부동산 매수인이 의료법인인 매도인과의 부동산매매계약의 이행으로서 그 매매대금을 매도인에게 지급하였으나, 매도인 법인을 대표하여 위 매매계약을 체결한 대표자의 선임에 관한 이사회결의가 부존재하는 것으로 확정됨에 따라 위 매매계약이 무효로 되었음을 이유로 민법의 규정에 따라 매도인에게 이미 지급하였던 매매대금 상당액의 반환을 구하는 부당이득반환청구의 경우, 거기에 상거래 관계와 같은 정도로 신속하게 해결할 필요성이 있다고 볼 만한 합리적인 근거도 없으므로 위 부

당이득반환청구권에는 상법 제64조가 적용되지 아니하고, 그 소멸시효기간은 민법 제162조 제1항에 따라 10년이다(대법원 2003. 4. 8. 선고 2002다64957,64964 판결).

ㄷ. (O) 일방적 상행위로 인한 채권이 상법 제64조의 상사소멸시효가 적용되는 상사채권에 해당하고 상행위로 인한 채권뿐만 아니라 이에 준하는 채권도 상법 제64조가 적용 또는 유추적용된다.(대법원 2014. 7. 24. 선고 2013다214871 판결). ▶ 甲 은행으로부터 대출받으면서 근저당권설정비용 등을 부담한 채무자 乙 등이 그 비용 등 부담의 근거가 된 약관 조항이 구 약관의 규제에 관한 법률 제6조에 따라 무효라고 주장하면서 비용 등 상당액의 부당이득 반환을 구한 사안에서, 위 부당이득 반환채권은 상법 제64조가 적용되어 소멸시효가 5년이라고 한 사례.

ㄹ. (O) 이익의 배당이나 중간배당은 회사가 획득한 이익을 내부적으로 주주에게 분배하는 행위로서 회사가 영업으로 또는 영업을 위하여 하는 상행위가 아니므로 배당금지급청구권은 상법 제64조가 적용되는 상행위로 인한 채권이라고 볼 수 없다. 이에 따라 위법배당에 따른 부당이득반환청구권 역시 근본적으로 상행위에 기초하여 발생한 것이라고 볼 수 없다. 특히 배당가능이익이 없는데도 이익의 배당이나 중간배당이 실시된 경우 회사나 채권자가 주주로부터 배당금을 회수하는 것은 회사의 자본충실을 도모하고 회사 채권자를 보호하는 데 필수적이므로, 회수를 위한 부당이득반환청구권 행사를 신속하게 확정할 필요성이 크다고 볼 수 없다. 따라서 위법배당에 따른 부당이득반환청구권은 민법 제162조 제1항이 적용되어 10년의 민사소멸시효에 걸린다고 보아야 한다(대법원 2021. 6. 24. 선고 2020다208621 판결).

ㅁ. (X) 공공건설임대주택의 임대사업자인 甲 공사가 일률적인 산정방식에 따라 정한 분양전환가격으로 분양계약을 체결한 乙 등이 납부한 분양대금과 정당한 분양전환가격의 차액 상당의 부당이득반환을 구한 사안에서, 위 부당이득반환채권은 5년의 상사소멸시효가 적용된다(대법원 2015. 9. 15. 선고 2015다210811 판결).

문 36 ★★

甲과 乙은 부부이고, 丙은 그들의 미성년의 자녀이며, 丁은 甲의 어머니인데 甲, 乙과는 생계를 달리 하고 있다. 이에 관한 설명 중 옳지 않은 것은? (다툼이 있는 경우 판례에 의함)

① 丁이 자력 또는 근로에 의하여 생활을 유지할 수 있는 경우, 甲은 자기의 사회적 지위에 상응하는 생활을 유지하면서 생활에 여유가 있더라도 丁에 대한 부양의무가 없다.
② 甲이 사망하고 乙이 아직 재혼하지 않았다면 乙은 丁을 부양할 의무가 있다.
③ 乙이 혼인 중 무정자증을 가진 甲의 동의를 얻어 제3자의 정자를 제공받아 인공수정으로 丙을 임신하여 출산한 경우에, 그 후 甲과 乙이 이혼하더라도 丙은 甲의 친생자로 추정된다.
④ 甲과 乙이 이혼하고 乙 홀로 丙을 양육하였다면, 특별한 사정이 없는 한 丙에 대한 과거의 양육비를 甲이 분담함이 상당하다고 인정되는 때에는 乙은 甲을 상대로 이를 청구할 수 있다.
⑤ 甲이 의식불명으로 입원한 동안 丁이 입원비를 부담하였다면, 丁은 乙을 상대로 그 입원비의 상환을 구할 수 있다.

해설

① (O) 민법 제975 참조

민법 제975조(부양의무와 생활능력) 부양의 의무는 부양을 받을 자가 자기의 자력 또는 근로에 의하여 생활을 유지할 수 없는 경우에 한하여 이를 이행할 책임이 있다.

② (X) 민법 제775조 제2항에 의하면 부부의 일방이 사망한 경우에 혼인으로 인하여 발생한 그 직계혈족과 생존한 상대방 사이의 인척관계는 일단 그대로 유지되다가 상대방이 재혼한 때에 비로소 종료하게 되어

있으므로 부부의 일방이 사망하여도 그 부모 등 직계혈족과 생존한 상대방 사이의 친족관계는 그대로 유지되나, 그들 사이의 관계는 민법 제974조 제1호의 '직계혈족 및 그 배우자 간'에 해당한다고 볼 수 없다. 배우자관계는 혼인의 성립에 의하여 발생하여 당사자 일방의 사망, 혼인의 무효·취소, 이혼으로 인하여 소멸하는 것이므로, 그 부모의 직계혈족인 부부 일방이 사망함으로써 그와 생존한 상대방 사이의 배우자관계가 소멸하였기 때문이다. 따라서 부부 일방의 부모 등 그 직계혈족과 상대방 사이에서는, 직계혈족이 생존해 있다면 민법 제974조 제1호에 의하여 생계를 같이 하는지와 관계없이 부양의무가 인정되지만, 직계혈족이 사망하면 생존한 상대방이 재혼하지 않았더라도 민법 제974조 제3호에 의하여 생계를 같이 하는 경우에 한하여 부양의무가 인정된다(대법원 2013. 8. 30.자 2013스96 결정).

③ (O) 친생자와 관련된 민법 규정, 특히 민법 제844조 제1항(이하 '친생추정 규정'이라 한다)의 문언과 체계, 민법이 혼인 중 출생한 자녀의 법적 지위에 관하여 친생추정 규정을 두고 있는 기본적인 입법 취지와 연혁, 헌법이 보장하고 있는 혼인과 가족제도 등에 비추어 보면, 아내가 혼인 중 남편이 아닌 제3자의 정자를 제공받아 인공수정으로 자녀를 출산한 경우에도 친생추정 규정을 적용하여 인공수정으로 출생한 자녀가 남편의 자녀로 추정된다고 보는 것이 타당하다(대법원 2019. 10. 23. 선고 2016므2510 전원합의체 판결).

④ (O) 어떠한 사정으로 인하여 부모 중 어느 한 쪽만이 자녀를 양육하게 된 경우에, 그와 같은 일방에 의한 양육이 그 양육자의 일방적이고 이기적인 목적이나 동기에서 비롯한 것이라거나 자녀의 이익을 위하여 도움이 되지 아니하거나 그 양육비를 상대방에게 부담시키는 것이 오히려 형평에 어긋나게 되는 등 특별한 사정이 있는 경우를 제외하고는, 양육하는 일방은 상대방에 대하여 현재 및 장래에 있어서의 양육비 중 적정 금액의 분담을 청구할 수 있음은 물론이고, 부모의 자녀양육의무는 특별한 사정이 없는 한 자녀의 출생과 동시에 발생하는 것이므로 과거의 양육비에 대하여도 상대방이 분담함이 상당하다고 인정되는 경우에는 그 비용의 상환을 청구할 수 있다(대법원 1994. 5. 13.자 92스21 전원합의체 결정).

⑤ (O) 민법 제826조 제1항에 규정된 부부 간의 상호부양의무는 혼인관계의 본질적 의무로서 부양을 받을 자의 생활을 부양의무자의 생활과 같은 정도로 보장하여 부부공동생활의 유지를 가능하게 하는 것을 내용으로 하는 제1차 부양의무이고, 반면 부모가 성년의 자녀에 대하여 직계혈족으로서 민법 제974조 제1호, 제975조에 따라 부담하는 부양의무는 부양의무자가 자기의 사회적 지위에 상응하는 생활을 하면서 생활에 여유가 있음을 전제로 하여 부양을 받을 자가 그 자력 또는 근로에 의하여 생활을 유지할 수 없는 경우에 한하여 그의 생활을 지원하는 것을 내용으로 하는 제2차 부양의무이다. 이러한 제1차 부양의무와 제2차 부양의무는 의무이행의 정도뿐만 아니라 의무이행의 순위도 의미하는 것이므로, 제2차 부양의무자는 제1차 부양의무자보다 후순위로 부양의무를 부담한다. 따라서 제1차 부양의무자와 제2차 부양의무자가 동시에 존재하는 경우에 제1차 부양의무자는 특별한 사정이 없는 한 제2차 부양의무자에 우선하여 부양의무를 부담하므로, 제2차 부양의무자가 부양받을 자를 부양한 경우에는 그 소요된 비용을 제1차 부양의무자에 대하여 상환청구할 수 있다(대법원 2012. 12. 27. 선고 2011다96932 판결).

해답 ②

문 37 ★★★

A주식회사는 甲으로부터 5천만 원 상당의 가죽원단을 매수하고 그 대금 지급을 위하여 아래의 약속어음을 발행하였다. 당시 A회사와 甲은 어음의 기재와 상관없이 실제로는 5천만 원과 이에 대한 연 5%의 이자를 지급하기로 합의하였다. 이에 관한 설명 중 옳지 않은 것은? (다툼이 있는 경우 판례에 의함)

> # 어 음
>
> 甲 귀하
>
> 금 60,000,000원(금 육천만 원정) 및 이에 대한 연 5%의 이자
>
> 위의 금액을 귀하 또는 귀하의 지시인에게
> 이 약속어음과 상환하여 지급하겠습니다.
>
> • 지급기일 : 2021년 4월 28일　　　• 발행일 : 2020년 11월 30일
> • 지급지 : 수원시 영통구 원천동　　• 발행인 : 서울시 서초구 서초동
> • 지급장소 : 주식회사 우수은행 원천동 지점　　　법조빌딩 2층
> 　　　　　　　　　　　　　　　　A주식회사 대표이사 홍길동 (인)

① 위 어음은 「어음법」상 '약속어음'이라는 글자를 표시하여야 하는 요건을 갖추었다.
② 위 어음은 '서울시 서초구 서초동 법조빌딩 2층'을 발행지로 본다.
③ 위 어음의 어음금액은 금 6천만 원과 이에 대한 '2021년 4월 28일'부터 연 5%의 이자를 계산하여 결정된다.
④ 만일 甲이 위 어음을 지급제시하지 않고 2021. 4. 29. 乙에게 배서양도하였는데, 乙이 A회사와 甲 사이에 이루어진 위 지급합의에 대하여 과실 없이 이를 알지 못하였다면, A회사는 어음금 지급을 청구한 乙에게 甲과의 위 지급합의를 가지고 대항할 수 없다.
⑤ 만일 丙이 위 어음의 앞면에 단순하게 기명날인 또는 서명만 하였다면, 丙은 A회사를 위하여 위 어음을 보증한 것으로 본다.

해설

① (O) 어음법 제75조 참조

> 어음법 제75조(어음의 요건) 약속어음에는 다음 각 호의 사항을 적어야 한다.
> 1. 증권의 본문 중에 그 증권을 작성할 때 사용하는 국어로 약속어음임을 표시하는 글자
> 2. 조건 없이 일정한 금액을 지급할 것을 약속하는 뜻
> 3. 만기
> 4. 지급지
> 5. 지급받을 자 또는 지급받을 자를 지시할 자의 명칭
> 6. 발행일과 발행지
> 7. 발행인의 기명날인 또는 서명

② (O) 어음법 제76조 참조

> 어음법 제76조(어음 요건의 흠) 제75조 각 호의 사항을 적지 아니한 증권은 약속어음의 효력이 없다. 그러나 다음 각 호의 경우에는 그러하지 아니하다.
> 3. 발행지가 적혀 있지 아니한 경우 : 발행인의 명칭에 부기한 지(地)를 발행지로 본다.

③ (X) 어음법 제5조, 제77조 참조

> 어음법 제5조(이자의 약정) ① 일람출급 또는 일람 후 정기출급의 환어음에는 발행인이 어음금액에 이자가 붙는다는 약정 내용을 적을 수 있다. 그 밖의 환어음에는 이자의 약정을 적어도 이를 적지 아니한 것으로 본다.
> ② 이율은 어음에 적어야 한다. 이율이 적혀 있지 아니하면 이자를 약정한다는 내용이 적혀 있더라도 이자를 약정하지 아니한 것으로 본다.
> ③ 특정한 날짜가 적혀 있지 아니한 경우에는 어음을 발행한 날부터 이자를 계산한다.

> 어음법 제77조(환어음에 관한 규정의 준용) ② 약속어음에 관하여는 제3자방에서 또는 지급인의 주소지가 아닌 지(地)에서 지급할 환어음에 관한 제4조 및 제27조, 이자의 약정에 관한 제5조, 어음금액의 기재의 차이에 관한 제6조, 어음채무를 부담하게 할 수 없는 기명날인 또는 서명의 효과에 관한 제7조, 대리권한 없는 자 또는 대리권한을 초과한 자의 기명날인 또는 서명의 효과에 관한 제8조, 백지환어음에 관한 제10조를 준용한다.

④ (O) 만기 후 배서란 어음의 만기 후 지급거절증서작성 전 또는 지급거절증서 작성기간 경과 전에 이루어진 배서를 말한다. 어음법 제20조 제1항은 이러한 만기 후 배서에 대하여 만기 전에 이루어진 일반적인 배서와 동일한 효력을 부여하고 있다(송옥렬, 상법강의 제11판 p620). 따라서 사안의 乙이 A회사와 甲 사이에 이루어진 위 지급합의에 대하여 과실 없이 이를 알지 못하였다면 A회사는 어음금 지급을 청구한 乙에게 甲과의 위 지급합의를 가지고 대항할 수 없다.

> 어음법 제17조(인적 항변의 절단) 환어음에 의하여 청구를 받은 자는 발행인 또는 종전의 소지인에 대한 인적 관계로 인한 항변(抗辯)으로써 소지인에게 대항하지 못한다. 그러나 소지인이 그 채무자를 해할 것을 알고 어음을 취득한 경우에는 그러하지 아니하다.
> 어음법 제20조(기한 후 배서) ① 만기 후의 배서는 만기 전의 배서와 같은 효력이 있다. 그러나 지급거절증서가 작성된 후에 한 배서 또는 지급거절증서 작성기간이 지난 후에 한 배서는 지명채권 양도의 효력만 있다.
> 어음법 제77조(환어음에 관한 규정의 준용) ① 약속어음에 대하여는 약속어음의 성질에 상반되지 아니하는 한도에서 다음 각 호의 사항에 관한 환어음에 대한 규정을 준용한다.
> 1. 배서(제11조부터 제20조까지)

⑤ (O) 어음법 제31조 참조

> 어음법 제31조(보증의 방식) ① 보증의 표시는 환어음 또는 보충지에 하여야 한다.
> ② 보증을 할 때에는 "보증" 또는 이와 같은 뜻이 있는 문구를 표시하고 보증인이 기명날인하거나 서명하여야 한다.
> ③ 환어음의 앞면에 단순한 기명날인 또는 서명이 있는 경우에는 보증을 한 것으로 본다. 그러나 지급인 또는 발행인의 기명날인 또는 서명의 경우에는 그러하지 아니하다.
> ④ 보증에는 누구를 위하여 한 것임을 표시하여야 한다. 그 표시가 없는 경우에는 발행인을 위하여 보증한 것으로 본다.

해답  ③

문 38

「상법」상 부분적 포괄대리권을 가진 상업사용인에 관한 설명 중 옳지 않은 것은? (다툼이 있는 경우 판례에 의함) ★★

① 일반적으로 특정된 건설현장에서 공사의 시공과 관련된 업무만을 담당하는 건설회사의 현장소장은 특별한 사정이 없는 한 그 업무에 관한 부분적 포괄대리권만을 가지고 있다고 봄이 상당하다.
② 회사의 전산개발장비 구매와 관련된 실무를 총괄하는 부분적 포괄대리권을 가진 상업사용인은 회사로부터 별도의 수권이 없으면 특별한 사정이 없는 한 회사에 새로운 채무부담을 발생시키는 지급보증행위를 할 수 있는 권한이 없다.
③ 부분적 포괄대리권을 가진 상업사용인이 그 범위 내에서 한 행위는 설사 그 상업사용인이 영업주의 이익이나 의사에 반하여 자기 또는 제3자의 이익을 도모할 목적으로 그 권한을 남용한 것이라 할지라도 일단 영업주의 행위로서 유효하나, 그 행위의 상대방이 상업사용인의 진의를 알았거나 알 수 있었을 때에는 영업주에 대하여 무효가 된다.

④ 회사의 부분적 포괄대리권을 가진 상업사용인인 판매부장이 회사의 허락 없이 제3자의 계산으로 회사의 영업부류에 속한 거래를 하여 이득을 얻은 경우, 회사는 판매부장에 대하여 그 이득의 양도를 청구하였더라도 판매부장에게 이와 관련하여 손해의 배상을 청구할 수 있다.
⑤ 회사는 본점의 경리부장을 부분적 포괄대리권을 가진 상업사용인으로 선임하였다면, 그 선임에 관하여 본점소재지에서 등기하여야 한다.

해설

① (O) 건설업을 목적으로 하는 건설회사의 업무는 공사의 수주와 공사의 시공이라는 두 가지로 크게 나눌 수 있는데, 건설회사 현장소장은 일반적으로 특정된 건설현장에서 공사의 시공에 관련한 업무만을 담당하는 자이므로 특별한 사정이 없는 한 상법 제14조 소정의 본점 또는 지점의 영업주임 기타 유사한 명칭을 가진 사용인 즉 이른바 표현지배인이라고 할 수는 없고, 단지 상법 제15조 소정의 영업의 특정한 종류 또는 특정한 사항에 대한 위임을 받은 사용인으로서 그 업무에 관하여 부분적 포괄대리권을 가지고 있다고 봄이 상당하다(대법원 1994. 9. 30. 선고 94다20884 판결).

② (O) 전산개발장비 구매와 관련된 실무를 총괄하는 상업사용인의 지위에 있는 자가 회사에 새로운 채무부담을 발생시키는 지급보증행위를 하는 것은 부분적 포괄대리권을 가진 상업사용인의 권한에 속하지 아니한다(대법원 2006. 6. 15. 선고 2006다13117 판결).

③ (O) 부분적 포괄대리권을 가진 상업사용인이 그 범위 내에서 한 행위는 설사 상업사용인이 영업주 본인의 이익이나 의사에 반하여 자기 또는 제3자의 이익을 도모할 목적으로 그 권한을 남용한 것이라 할지라도 일단 영업주 본인의 행위로서 유효하나, 그 행위의 상대방이 상업사용인의 진의를 알았거나 알 수 있었을 때에는 민법 제107조 제1항 단서의 유추해석상 그 행위에 대하여 영업주 본인에 대하여 무효가 되고, 그 상대방이 상업사용인의 표시된 의사가 진의 아님을 알았거나 알 수 있었는가의 여부는 표의자인 상업사용인과 상대방 사이에 있었던 의사표시 형성 과정과 그 내용 및 그로 인하여 나타나는 효과 등을 객관적인 사정에 따라 합리적으로 판단하여야 한다(대법원 2008. 7. 10. 선고 2006다43767 판결).

④ (O) 상법 제17조 참조

> 상법 제17조(상업사용인의 의무) ① 상업사용인은 영업주의 허락없이 자기 또는 제삼자의 계산으로 영업주의 영업부류에 속한 거래를 하거나 회사의 무한책임사원, 이사 또는 다른 상인의 사용인이 되지 못한다.
> ② 상업사용인이 전항의 규정에 위반하여 거래를 한 경우에 그 거래가 자기의 계산으로 한 것인 때에는 영업주는 이를 영업주의 계산으로 한 것으로 볼 수 있고 제3자의 계산으로 한 것인 때에는 영업주는 사용인에 대하여 이로 인한 이득의 양도를 청구할 수 있다.
> ③ 전항의 규정은 영업주로부터 사용인에 대한 계약의 해지 또는 손해배상의 청구에 영향을 미치지 아니한다.
> ④ 제2항에 규정한 권리는 영업주가 그 거래를 안 날로부터 2주간을 경과하거나 그 거래가 있은 날로부터 1년을 경과하면 소멸한다.

⑤ (X) 부분적 포괄대리권을 가진 사용인의 선임과 종임은 등기사항이 아니므로 상업등기와 관련된 조항이 적용되지 않는다(송옥렬, 상법강의 제11판 p.40).

해답 ⑤

문 39 ★★

A주식회사는 최근 사업연도 말 자산총액이 3조 원인 상장회사이다. 「상법」상 A회사에 관한 설명 중 옳은 것을 모두 고른 것은? (다툼이 있는 경우 판례에 의함)

ㄱ. 감사위원회를 구성할 때 정관에 다른 정함이 없으면, 감사위원회위원 모두를 주주총회 결의로 다른 이사들과 분리하여 감사위원회위원이 되는 이사로 선임하여야 한다.
ㄴ. 주주총회의 목적사항으로 '집중투표 배제에 관한 정관 변경의 안'을 상정하려는 경우에는 그 밖의 사항의 정관 변경에 관한 의안과 별도로 상정하여 의결하여야 한다.
ㄷ. 정관에 "이사의 선임은 발행주식총수의 과반수에 해당하는 주식을 가진 주주의 출석과 그 출석주주의 의결권의 과반수에 의한다."라고 규정한 경우라도 2인의 이사를 집중투표의 방법으로 선임하는 때에는 집중투표에 관한 「상법」 규정이 우선하므로 정관에 규정한 의사정족수가 충족되어야 하는 것은 아니다.
ㄹ. 이사의 퇴직금 중간정산을 허용하는 정관 규정이나 주주총회 결의가 없는 경우, 이사회가 퇴직금 중간정산을 인정하는 임원퇴직급여규정을 제정하더라도 이사의 퇴직금 중간정산은 허용되지 않는다.

① ㄱ, ㄴ
② ㄱ, ㄹ
③ ㄴ, ㄷ
④ ㄴ, ㄹ
⑤ ㄷ, ㄹ

해설

ㄱ.(X) 상법 제415조의2, 제542조의11, 상법시행령 제37조 참조

> 상법 제415조의2(감사위원회) ② 감사위원회는 제393조의2 제3항에도 불구하고 3명 이상의 이사로 구성한다. 다만, 사외이사가 위원의 3분의 2 이상이어야 한다.
> 상법 제542조의11(감사위원회) ① 자산 규모 등을 고려하여 대통령령으로 정하는 상장회사는 감사위원회를 설치하여야 한다.
> ② 제1항의 상장회사의 감사위원회는 제415조의2 제2항의 요건 및 다음 각 호의 요건을 모두 갖추어야 한다.
> 상법시행령 제37조(감사위원회) ① 법 제542조의11 제1항에서 "대통령령으로 정하는 상장회사"란 최근 사업연도 말 현재의 자산총액이 2조 원 이상인 상장회사를 말한다. 다만, 다음 각 호의 어느 하나에 해당하는 상장회사는 제외한다.

ㄴ.(O) 상법 제542조의7, 상법 시행령 제33조 참조

> 상법 제542조의7(집중투표에 관한 특례) ② 자산 규모 등을 고려하여 대통령령으로 정하는 상장회사의 의결권 없는 주식을 제외한 발행주식총수의 100분의 1 이상에 해당하는 주식을 보유한 자는 제382조의2에 따라 집중투표의 방법으로 이사를 선임할 것을 청구할 수 있다.
>
> ④ 제2항의 상장회사가 주주총회의 목적사항으로 제3항에 따른 집중투표 배제에 관한 정관 변경에 관한 의안을 상정하려는 경우에는 그 밖의 사항의 정관 변경에 관한 의안과 별도로 상정하여 의결하여야 한다.
> 상법 시행령 제33조(집중투표에 관한 특례의 대상 회사) 법 제542조의7 제2항에서 "대통령령으로 정하는 상장회사"란 최근 사업연도 말 현재의 자산총액이 2조원 이상인 상장회사를 말한다.

ㄷ. (X) 상법 제382조의2, 상법 제542조의7, 상법 시행령 제33조 참조

> 상법 제382조의2(집중투표) ① 2인 이상의 이사의 선임을 목적으로 하는 총회의 소집이 있는 때에는 의결권없는 주식을 제외한 발행주식총수의 100분의 3 이상에 해당하는 주식을 가진 주주는 정관에서 달리 정하는 경우를 제외하고는 회사에 대하여 집중투표의 방법으로 이사를 선임할 것을 청구할 수 있다.
> 상법 제542조의7(집중투표에 관한 특례) ② 자산 규모 등을 고려하여 대통령령으로 정하는 상장회사의 의결권 없는 주식을 제외한 발행주식총수의 100분의 1 이상에 해당하는 주식을 보유한 자는 제382조의2에 따라 집중투표의 방법으로 이사를 선임할 것을 청구할 수 있다.

상법 시행령 제33조(집중투표에 관한 특례의 대상 회사) 법 제542조의7제2항에서 "대통령령으로 정하는 상장회사"란 최근 사업연도 말 현재의 자산총액이 2조원 이상인 상장회사를 말한다.

ㄹ. (O) 이사의 퇴직금은 상법 제388조에 규정된 보수에 포함되고, 퇴직금을 미리 정산하여 지급받는 형식을 취하는 퇴직금 중간정산금도 퇴직금과 성격이 동일하다. 다만 이사에 대한 퇴직금은 성격상 퇴직한 이사에 대해 재직 중 직무집행의 대가로 지급되는 보수의 일종이므로, 이사가 재직하는 한 이사에 대한 퇴직금 지급의무가 발생할 여지가 없고 이사가 퇴직하는 때에 비로소 지급의무가 생긴다. 그런데 퇴직금 중간정산금은 지급시기가 일반적으로 정해져 있는 정기적 보수 또는 퇴직금과 달리 권리자인 이사의 신청을 전제로 이사의 퇴직 전에 지급의무가 발생하게 되므로, 이사가 중간정산의 형태로 퇴직금을 지급받을 수 있는지 여부는 퇴직금의 지급시기와 지급방법에 관한 매우 중요한 요소이다. 따라서 정관 등에서 이사의 퇴직금에 관하여 주주총회의 결의로 정한다고 규정하면서 퇴직금의 액수에 관하여만 정하고 있다면, 퇴직금 중간정산에 관한 주주총회의 결의가 있었음을 인정할 증거가 없는 한 이사는 퇴직금 중간정산금 청구권을 행사할 수 없다. 원심은 판시와 같은 이유로, 상법 제388조의 규정 취지, 이사의 퇴직금 청구권의 성격과 그 발생 시기 등을 종합하여 보면, 정관이나 주주총회에서 달리 정하지 않는 이상, 이사의 퇴직금 중간정산청구는 허용되지 않는다고 보고, 원고가 피고에게 지급한 퇴직금 중간정산금 상당의 부당이득 반환청구를 인용하였다. 원심판결 이유를 앞에서 본 법리와 기록에 비추어 살펴보면, 원심의 판단에 상고이유와 같은 이사의 퇴직금 중간정산금의 법적 성질, 인정 여부, 지급방법 등에 관한 법리오해, 사실오인, 판단유탈 등의 위법이 없다(대법원 2019. 7. 4. 선고 2017다17436 판결).

해답 ④

문 40

「민법」상 조합과 「상법」상 익명조합·합자조합에 관한 설명 중 옳은 것을 모두 고른 것은? (다툼이 있는 경우 판례에 의함)

ㄱ. 2인으로 구성된 「민법」상 조합에서 조합원 1인이 자신의 불법행위로 인하여 조합에 대하여 손해배상책임을 지게 되고 그로 인하여 조합관계가 종료되어 조합재산의 분배라는 청산절차만이 남게 된 경우 다른 조합원은 조합에 손해를 가한 조합원을 상대로 불법행위에 따른 손해배상채권액 중 자신의 출자가액 비율에 의한 몫에 해당하는 돈을 청구하는 형식으로 조합관계의 종료로 인한 잔여재산의 분배를 청구할 수 있다.

ㄴ. 익명조합원이 자기의 성명을 영업자의 상호 중에 사용하게 하거나 자기의 상호를 영업자의 상호로 사용할 것을 허락한 때에는 그 사용 전에 발생한 영업자의 채무에 대하여도 영업자와 연대하여 변제할 책임이 있다.

ㄷ. 합자조합에서 둘 이상의 업무집행조합원이 있는 경우에 조합계약에 다른 정함이 없으면 그 각 업무집행조합원의 업무집행에 관한 행위에 대하여 다른 업무집행조합원의 이의가 있는 경우에는 그 행위를 중지하고 업무집행조합원 과반수의 결의에 따라야 한다.

ㄹ. 당사자의 일방이 상대방의 영업을 위하여 출자를 하는 경우라 할지라도 그 영업에서 이익이 난 여부를 따지지 않고 상대방이 정기적으로 일정한 금액을 지급하기로 약정한 경우는 가령 이익이라는 명칭을 사용하였다 하더라도 익명조합약정이라 할 수 없다.

ㅁ. 동업계약에 따라 조합을 구성한 후 공동으로 매수함으로써 조합재산이 된 부동산을 조합원의 합유로 등기하지 않고 조합원 중의 1인 명의로 소유권이전등기를 한 것은 조합체가 그 조합원에게 부동산을 명의신탁한 것으로서 이는 유효한 등기이다.

① ㄱ, ㄴ, ㄹ
② ㄱ, ㄴ, ㅁ
③ ㄱ, ㄷ, ㄹ
④ ㄴ, ㄷ, ㄹ
⑤ ㄷ, ㄹ, ㅁ

> **해설**

ㄱ. (O) 2인으로 구성된 조합의 조합원 중 1인이 불법행위 등으로 인하여 조합에 대하여 손해배상책임을 지게 되고 또한 그로 인하여 조합관계마저 그 목적 달성이 불가능하게 되어 종료됨으로써 조합재산의 분배라는 청산절차만이 남게 된 경우에 다른 조합원은 불법행위를 저지른 조합원을 상대로 그 불법행위에 따른 손해배상을 청구하는 형식으로 조합관계의 종료로 인한 잔여재산의 분배를 청구할 수 있다(대법원 2012. 6. 14. 선고 2011다109937 판결).

ㄴ. (X) 상법 제81조 참조

> 상법 제81조(성명, 상호의 사용허락으로 인한 책임) 익명조합원이 자기의 성명을 영업자의 상호중에 사용하게 하거나 자기의 상호를 영업자의 상호로 사용할 것을 허락한 때에는 그 사용이후의 채무에 대하여 영업자와 연대하여 변제할 책임이 있다.

ㄷ. (O) 상법 제86조의5 참조

> 상법 제86조의5(업무집행조합원) ① 업무집행조합원은 조합계약에 다른 규정이 없으면 각자가 합자조합의 업무를 집행하고 대리할 권리와 의무가 있다.
> ② 업무집행조합원은 선량한 관리자의 주의로써 제1항에 따른 업무를 집행하여야 한다.
> ③ 둘 이상의 업무집행조합원이 있는 경우에 조합계약에 다른 정함이 없으면 그 각 업무집행조합원의 업무집행에 관한 행위에 대하여 다른 업무집행조합원의 이의가 있는 경우에는 그 행위를 중지하고 업무집행조합원 과반수의 결의에 따라야 한다.

ㄹ. (O) 당사자의 일방이 상대방의 영업을 위하여 출자를 하는 경우라 할지라도 그 영업에서 이익이 난 여부를 따지지 않고 상대방이 정기적으로 일정한 금액을 지급하기로 약정한 경우는 가령 이익이라는 명칭을 사용하였다 하더라도 익명조합약정이라 할 수 없다(대법원 1962. 12. 27. 선고 62다660 판결).

ㅁ. (X) 수인이 부동산을 공동으로 매수한 경우, 매수인들 사이의 법률관계는 공유관계로서 단순한 공동매수인에 불과하여 매도인은 매수인 수인에게 그 지분에 대한 소유권이전등기의무를 부담하는 경우도 있을 수 있고, 그 수인을 조합원으로 하는 조합체에서 매수한 것으로서 매도인이 소유권 전부의 이전의무를 그 조합체에 대하여 부담하는 경우도 있을 수 있으나, 매수인들이 상호 출자하여 공동사업을 경영할 것을 목적으로 하는 조합이 조합재산으로서 부동산의 소유권을 취득하였다면 민법 제271조 제1항의 규정에 의하여 당연히 그 조합체의 합유물이 되고, 다만 그 조합체가 합유등기를 하지 아니하고 그 대신 조합원 1인의 명의로 소유권이전등기를 하였다면 이는 조합체가 그 조합원에게 명의신탁한 것으로 보아야 한다. 기록에 의하면, 피고 1이 그 처인 소외 1의 피고 3과 소외 2에 대한 차용금채무를 변제할 방편으로, 이 사건 부동산을 피고 3과 위 소외 2에게 매도하기로 하되, 그 매매대금에서 위 차용금 채무액을 공제하기로 한 사실, 피고 3과 위 소외 2는 피고 2와의 사이에 이 사건 부동산을 매수한 후 다른 사람에게 전매하여 그 이익금을 출자비율에 따라 분배하기로 하는 내용의 동업계약을 체결한 후, 피고 1과의 사이에 이 사건 부동산을 피고 2와 공동으로 매수하되 매수인을 피고 2 명의로 하기로 하는 내용의 매매계약을 체결하고, 피고 2 명의로 이 사건 부동산에 관한 소유권이전등기를 마친 사실을 알 수 있는바, 이와 같은 사실관계를 위의 법리에 비추어 살펴보면, 피고 2, 3과 위 소외 2가 위 동업계약에 따라 조합을 구성한 후 이 사건 부동산을 공동으로 매수함으로써 이 사건 부동산은 조합재산이 되었음에도, 이 사건 부동산을 조합원의 합유로 등기하지 않고 조합원 중의 1인에 불과한 피고 2 명의로 소유권이전등기를 한 것은 위 3인으로 구성된 조합체가 피고 2에게 이 사건 부동산을 명의신탁하였다고

봄이 상당하므로, 이는 부동산 실권리자명의 등기에 관한 법률에 위반되어 무효이다(대법원 2006. 4. 13. 선고 2003다25256 판결).

해답 ③

문 41 ★★

회사의 사원에 관한 설명 중 옳은 것은?

① 합명회사의 사원은 정관에 정한 퇴사사유가 발생한 경우에도 다른 사원 전원의 동의를 얻어야 퇴사할 수 있다.
② 유한회사의 사원은 그 지분의 전부 또는 일부를 양도할 수 있지만, 정관으로 지분의 양도를 제한할 수 있다.
③ 주식의 공유자는 각자의 공유지분권에 기하여 이익배당청구권을 각자 행사할 수 있다.
④ 유한책임회사의 업무집행자는 정관으로 정하되, 사원이 아닌 자나 법인을 업무집행자로 정할 수 없다.
⑤ 합자회사와 유한책임회사의 사원은 신용 또는 노무를 출자의 목적으로 할 수 있다.

해설

① (X) 상법 제218조 참조

> 상법 제218조(퇴사원인) 사원은 전조의 경우 외에 다음의 사유로 인하여 퇴사한다.
> 1. 정관에 정한 사유의 발생

② (O) 상법 제556조 참조

> 상법 제556조(지분의 양도) 사원은 그 지분의 전부 또는 일부를 양도하거나 상속할 수 있다. 다만, 정관으로 지분의 양도를 제한할 수 있다.

③ (X) 상법 제333조 참조

> 상법 제333조(주식의 공유) ② 주식이 수인의 공유에 속하는 때에는 공유자는 주주의 권리를 행사할 자 1인을 정하여야 한다.

④ (X) 상법 제287조의5 참조

> 상법 제287조의5(설립의 등기 등) ① 유한책임회사는 본점의 소재지에서 다음 각 호의 사항을 등기함으로써 성립한다.
> 4. 업무집행자의 성명, 주소 및 주민등록번호(법인인 경우에는 명칭, 주소 및 법인등록번호). 다만, 유한책임회사를 대표할 업무집행자를 정한 경우에는 그 외의 업무집행자의 주소는 제외한다.

⑤ (X) 상법 제272조, 제287조의4 참조

> 상법 제272조(유한책임사원의 출자) 유한책임사원은 신용 또는 노무를 출자의 목적으로 하지 못한다.
> 상법 제287조의4(설립 시의 출자의 이행) ① 사원은 신용이나 노무를 출자의 목적으로 하지 못한다.

해답 ②

문 42

발기인 甲, 乙, 丙은 A주식회사를 설립하면서 각각 발행주식총수의 100분의 10에 해당하는 주식을 인수한 후 주주를 모집하였다. 이에 상장회사인 B주식회사는 발행주식총수의 100분의 60에 해당하는 주식을, 丁과 戊는 각각 발행주식총수의 100분의 5에 해당하는 주식을 인수하여 A회사의 주주명부에 주주로 기재되었다. A회사의 설립등기는 2021. 12. 15. 이루어졌다. 이에 관한 설명 중 옳지 않은 것을 모두 고른 것은? (다툼이 있는 경우 판례에 의함)

> ㄱ. 丁은 2022. 1. 7. 착오로 주식을 인수하였음을 이유로 주식인수를 취소할 수 있고, 발기인들은 丁이 인수를 취소한 주식에 대하여 인수담보책임을 진다.
> ㄴ. 만일 설립과정에서 戊의 의사표시에 하자가 있었던 경우라면 A회사의 설립무효사유로 인정된다.
> ㄷ. A회사의 설립과정에서 甲이 일시적인 차입금으로 주금납입의 외형을 갖추어 설립절차를 마친 다음 바로 그 납입금을 인출하여 차입금을 변제하였더라도 주금납입의 효력은 인정된다.
> ㄹ. 乙이 설립에 관하여 그 임무를 해태하여 A회사에 대하여 손해배상책임을 지게 될 경우, B회사의 발행주식총수의 100분의 5에 해당하는 주식을 가진 주주는 A회사에 대하여 乙의 책임을 추궁할 소의 제기를 청구할 수 있다.

① ㄱ, ㄴ
② ㄱ, ㄷ
③ ㄴ, ㄷ
④ ㄴ, ㄹ
⑤ ㄷ, ㄹ

해설

ㄱ.(X) 상법 제172조, 제320조, 제321조 참조

> 상법 제172조(회사의 성립) 회사는 본점소재지에서 설립등기를 함으로써 성립한다.
> 상법 320조(주식인수의 무효 주장, 취소의 제한) ① 회사성립 후에는 주식을 인수한 자는 주식청약서의 요건의 흠결을 이유로 하여 그 인수의 무효를 주장하거나 사기, 강박 또는 착오를 이유로 하여 그 인수를 취소하지 못한다.
> 상법 321조(발기인의 인수, 납입담보책임) ① 회사설립 시에 발행한 주식으로서 회사성립후에 아직 인수되지 아니한 주식이 있거나 주식인수의 청약이 취소된 때에는 발기인이 이를 공동으로 인수한 것으로 본다.

ㄴ.(X) 상법 제328조의 설립무효의 소에서는 설립무효의 원인에 대해서 아무런 언급이 없으므로 해석에 의할 수밖에 없다. 회사설립의 하자에는 사원 개인의 주관적 하자와 전체 설립절차의 객관적 하자가 있는데, 특정 주식인수인의 무효·취소 사유는 당해 주식인수를 무효·취소로 하는 것에 그칠 뿐 회사설립 자체를 무효로 하지 못한다. 따라서 설립절차의 객관적인 하자만 설립무효의 원인이 된다(송옥렬, 상법강의 제14판 p787).

ㄷ.(O) 일시적인 차입금으로 주금납입의 외형을 갖추고 회사설립이나 증자후 곧바로 그 납입금을 인출하여 차입금을 변제하는 주금의 가장납입 소위 견금의 경우에도 금원의 이동에 따른 현실의 불입이 있는 것이고 설령 그것이 주금납입의 가장수단으로 이용된 것이라 할지라도 이는 납입을 하는 발기인, 이사들의 주관적 의도에 불과하고 이러한 내심적 사정은 회사의 설립이나 증자와 같은 집단적 절차의 일환을 이루는 주금납입의 효력을 좌우할 수 없다(대법원 1983. 5. 24. 선고 82누522 판결).

ㄹ. (O) 상법 제342조의2, 제406조의2 참조

> 상법 제342조의2(자회사에 의한 모회사주식의 취득) ① 다른 회사의 발행주식의 총수의 100분의 50을 초과하는 주식을 가진 회사(이하 "母會社"라 한다)의 주식은 다음의 경우를 제외하고는 그 다른 회사(이하 "子會社"라 한다)가 이를 취득할 수 없다.
>
> 상법 제406조의2(다중대표소송) ① 모회사 발행주식총수의 100분의 1 이상에 해당하는 주식을 가진 주주는 자회사에 대하여 자회사 이사의 책임을 추궁할 소의 제기를 청구할 수 있다.

해답 ①

문 43 ★★

어음의 배서에 관한 설명 중 옳지 않은 것은? (다툼이 있는 경우 판례에 의함)

① 최후의 배서가 피배서인을 백지로 한 채 이루어진 경우 배서의 연속을 증명한 어음의 점유자는 적법한 어음소지인으로 추정된다.
② 지급거절증서를 작성하여야 하는 어음의 경우 지급거절 사실이 어음면에 명백하게 나타나 있어 어음취득자가 이를 알 수 있어도 적법한 지급거절증서가 작성되지 않았다면, 지급거절증서 작성기간 내 이루어진 배서는 기한후배서가 아니다.
③ 공연한 추심위임배서는 어음상의 권리를 이전하기 위한 것이 아니기 때문에 배서금지어음에도 할 수 있다.
④ 종전에 발행인으로부터 인적항변의 대항을 받는 어음소지인은 제3자에게 배서양도한 후 환배서에 의하여 다시 어음을 취득하여도 발행인으로부터 여전히 인적항변의 대항을 받는다.
⑤ 배서인이 어음에 '지시금지'라는 글자를 기재하면 그 어음은 그때부터 배서금지어음이 되어 그 후로는 지명채권양도방식으로만 양도할 수 있다.

해설

① (O) 어음법 제16조 참조

> 어음법 제16조(배서의 자격 수여적 효력 및 어음의 선의취득) ① 환어음의 점유자가 배서의 연속에 의하여 그 권리를 증명할 때에는 그를 적법한 소지인으로 추정(推定)한다. 최후의 배서가 백지식인 경우에도 같다. 말소한 배서는 배서의 연속에 관하여는 배서를 하지 아니한 것으로 본다. 백지식 배서의 다음에 다른 배서가 있는 경우에는 그 배서를 한 자는 백지식 배서에 의하여 어음을 취득한 것으로 본다.

② (O) 어음법 제20조에 의하면 만기후배서도 그것이 지급거절증서 작성 전 또는 지급거절증서 작성기간 경과 전에 이루어진 것이면 만기 전의 배서와 동일한 효력을 가지고, 비록 만기에 지급제시된 어음에 교환필이라는 스탬프가 압날되고 피사취 또는 예금부족 등의 사유로 지급거절한다는 취지의 지급은행의 부전이 첨부되어 있는 등 지급거절의 사실이 어음면에 명백하게 되어 있다 하더라도 이를 가지고 적법한 지급거절증서가 작성되었다고는 할 수 없으므로, 그러한 어음에 한 배서도 그것이 지급거절증서 작성 전으로서 지급거절증서 작성기간 경과 전이기만 하면 이는 기한후 배서가 아닌 만기후배서로서 만기 전의 배서와 동일한 효력이 있다(대법원 2000. 1. 28. 선고 99다44250 판결).

③ (O) 공연한 추심위임배서는 어음상의 권리를 이전하기 위한 것이 아니기 때문에 배서금지어음·수표에도 할 수 있다(송옥렬, 상법강의 제14판 p626).

④ (O) 약속어음 발행인으로부터 인적항변의 대항을 받는 어음소지인은 당해 어음을 제3자에게 배서·양도한 후 환배서에 의하여 이를 다시 취득하여 소지하게 되었다고 할지라도 발행인으로부터 여전히 위 항변의 대항을 받는다고 할 것이고, 한편 기한후배서는 보통의 배서와는 달리 지명채권양도의 효력밖

에 없어 그것에 의하여 이전되는 권리는 배서인이 배서 당시 가지고 있던 범위의 권리라 할 것이므로 어음채무자는 그 배서 당시 이미 발생한 배서인에 대한 모든 항변사실을 피배서인에 대하여도 대항할 수 있다 할 것인데, 이러한 이치는 환배서인 기한후배서라도 마찬가지라고 할 것이다(대법원 2002. 4. 26. 선고 2000다42915 판결).

⑤ (X) 발행인이 어음에 지시금지라는 글자를 기재하면 배서금지어음이 되어 배서가 금지되어 지명채권의 양도 방식으로만, 그리고 그 효력으로써만 양도할 수 있다. 반면, 배서인이 지시금지라는 문언을 기재하면 이 후의 배서가 금지되는 것이 아니라 배서금지배서로서 배서인이 담보책임을 면하는 것에 불과하다(송옥렬, 상법강의 제14판 p.615).

> 상법 제11조(당연한 지시증권성) ② 발행인이 환어음에 "지시 금지"라는 글자 또는 이와 같은 뜻이 있는 문구를 적은 경우에는 그 어음은 지명채권의 양도 방식으로만, 그리고 그 효력으로써만 양도할 수 있다.
> 상법 제15조(배서의 담보적 효력) ② 배서인은 자기의 배서 이후에 새로 하는 배서를 금지할 수 있다. 이 경우 그 배서인은 어음의 그 후의 피배서인에 대하여 담보의 책임을 지지 아니한다.

해답 ⑤

문 44 ★★

주식의 소각·병합·분할에 관한 설명 중 옳은 것을 모두 고른 것은?

> ㄱ. 회사가 보유하는 자기주식을 소각하는 경우 자본금 감소에 관한 규정에 따라서만 소각하여야 한다.
> ㄴ. 주식분할의 경우 구주권을 회사에 제출할 수 없는 자가 있는 때에는 회사는 그 자의 청구에 의하여 3개월 이상의 기간을 정하고 이해관계인에게 그 주권에 대한 이의가 있으면 그 기간 내에 제출할 뜻을 공고하고 그 기간이 경과한 후에 신주권을 청구자에게 교부할 수 있다.
> ㄷ. 주식병합의 경우 회사는 1개월 이상의 기간을 정하여 그 뜻과 그 기간 내에 주권을 회사에 제출할 것을 공고하고 주주명부에 기재된 주주와 질권자에 대하여는 각별로 그 통지를 하여야 한다.
> ㄹ. 주식소각의 효력은 주주가 주권을 회사에 제출한 때에 생기지만, 채권자의 이의절차가 종료하지 아니한 때에는 그 종료한 때에 효력이 생긴다.

① ㄱ, ㄴ   ② ㄱ, ㄹ
③ ㄴ, ㄷ   ④ ㄴ, ㄹ
⑤ ㄷ, ㄹ

해설

ㄱ. (X) 상법 제343조 참조

> 상법 제343조(주식의 소각) ① 주식은 자본금 감소에 관한 규정에 따라서만 소각(消却)할 수 있다. 다만, 이사회의 결의에 의하여 회사가 보유하는 자기주식을 소각하는 경우에는 그러하지 아니하다.
> ② 자본금감소에 관한 규정에 따라 주식을 소각하는 경우에는 제440조 및 제441조를 준용한다.

ㄴ. (O) 상법 제329조의2, 제442조 참조

> 상법 제329조의2(주식의 분할) ③ 제440조부터 제443조까지의 규정은 제1항의 규정에 의한 주식분할의 경우에 이를 준용한다.

상법 제442조(신주권의 교부) ① 주식을 병합하는 경우에 구주권을 회사에 제출할 수 없는 자가 있는 때에는 회사는 그 자의 청구에 의하여 3월 이상의 기간을 정하고 이해관계인에 대하여 그 주권에 대한 이의가 있으면 그 기간 내에 제출할 뜻을 공고하고 그 기간이 경과한 후에 신주권을 청구자에게 교부할 수 있다.

ㄷ.(O) 상법 제440조 참조

상법 제440조(주식병합의 절차) 주식을 병합할 경우에는 회사는 1월 이상의 기간을 정하여 그 뜻과 그 기간 내에 주권을 회사에 제출할 것을 공고하고 주주명부에 기재된 주주와 질권자에 대하여는 각별로 그 통지를 하여야 한다.

ㄹ.(X) 주식의 강제소각의 경우에는 자본금감소절차 및 주권제출기간의 만료 시에 그 효력이 발생하지만, 주식감소절차의 하나로 이루어진 경우에는 채권자절차가 완료되지 않는 이상 주식소각의 효력은 발생하지 않는다(송옥렬, 상법강의 제14판 p907). 한편, 주식의 임의소각에 있어서는 상법 소정의 자본금감소절차 뿐만 아니라 주식실효절차까지 마친 때에 소각의 효력이 발생한다(아래 판례).

> **판례** … 주식의 강제소각의 경우와 달리, 회사가 특정 주식의 소각에 관하여 주주의 동의를 얻고 그 주식을 자기주식으로서 취득하여 소각하는 이른바 주식의 임의소각에 있어서는, 회사가 그 주식을 취득하고 상법 소정의 자본감소의 절차뿐만 아니라 상법 제342조가 정한 주식실효 절차까지 마친 때에 소각의 효력이 생기는 것이다(대법원 2008. 7. 10. 선고 2005다24981 판결).

해답 ③

문 45 ★★★

甲은 자신이 사망하면 乙이 사망보험금을 받기로 하는 생명보험계약을 체결하면서 보험기간은 보험계약 체결일부터 개시하는 것으로 정하였다. 甲은 보험계약 체결 즉시 최초의 보험료를 지급하였다. 甲은 보험수익자를 상속인으로 변경하여 보험자에게 통지하였고, 그 후 보험기간 중에 사망하였다. 甲이 사망할 당시 상속인은 丙과 丁이다. 이 보험계약과 관련한 설명 중 옳지 않은 것은? (다툼이 있는 경우 판례에 의함)

① 乙이 보험계약 체결 당시에 중요한 사항을 고의로 알리지 아니하였더라도 고지의무 위반이 되지 않는다.
② 甲이 보험수익자를 상속인으로 변경한 것이 유효하기 위해서는 보험자와 乙의 동의를 받았어야 한다.
③ 만일 甲이 보험계약을 사망 전에 해지하였다면 보험자는 보험수익자를 위하여 적립한 금액을 甲에게 지급하여야 한다.
④ 만일 丙이 보험기간 중에 고의로 甲을 사망하게 하였더라도 보험자는 丁에 대한 보험금 지급책임을 면하지 못한다.
⑤ 만일 丁이 자신에게 귀속된 보험금 청구권을 포기하더라도 그 포기한 부분이 당연히 공동상속인인 丙에게 귀속되지는 않는다.

해설

① (O) 인보험에 있어 보험수익자는 고지의무자에 포함되지 않는다. 어짜피 보험수익자는 고지할 사항에 대해서 별 정보가 없기 때문에 고지의무자로 할 이유가 없다(송옥렬, 상법강의 제14판 p258).
② (X) 보험계약자는 보험수익자를 변경할 권리가 있다(상법 제733조 제1항). 이러한 보험수익자 변경권은 형성권으로서 보험계약자가 보험자나 보험수익자의 동의를 받지 않고 자유로이 행사할 수 있고 그

행사에 의해 변경의 효력이 즉시 발생한다. 다만 보험계약자는 보험수익자를 변경한 후 보험자에 대하여 이를 통지하지 않으면 보험자에게 대항할 수 없다(상법 제734조 제1항). 이와 같은 보험수익자 변경권의 법적 성질과 상법 규정의 해석에 비추어 보면, 보험수익자 변경은 상대방 없는 단독행위라고 봄이 타당하므로, 보험수익자 변경의 의사표시가 객관적으로 확인되는 이상 그러한 의사표시가 보험자나 보험수익자에게 도달하지 않았다고 하더라도 보험수익자 변경의 효과는 발생한다(대법원 2020. 2. 27. 선고 2019다204869 판결).

③ (O) 상법 제649조, 제736조 참조

> 상법 제649조(사고발생전의 임의해지) ① 보험사고가 발생하기 전에는 보험계약자는 언제든지 계약의 전부 또는 일부를 해지할 수 있다. 그러나 제639조의 보험계약의 경우에는 보험계약자는 그 타인의 동의를 얻지 아니하거나 보험증권을 소지하지 아니하면 그 계약을 해지하지 못한다.
>
> 상법 제736조(보험적립금반환의무 등) ① 제649조, 제650조, 제651조 및 제652조 내지 제655조의 규정에 의하여 보험계약이 해지된 때, 제659조와 제660조의 규정에 의하여 보험금액의 지급책임이 면제된 때에는 보험자는 보험수익자를 위하여 적립한 금액을 보험계약자에게 지급하여야 한다. 그러나 다른 약정이 없으면 제659조제1항의 보험사고가 보험계약자에 의하여 생긴 경우에는 그러하지 아니하다.

④ (O) 상법 제732조의2 참조

> 상법 제732조의2(중과실로 인한 보험사고 등) ② 둘 이상의 보험수익자 중 일부가 고의로 피보험자를 사망하게 한 경우 보험자는 다른 보험수익자에 대한 보험금 지급 책임을 면하지 못한다.

⑤ (O) 보험계약자가 피보험자의 상속인을 보험수익자로 하여 맺은 생명보험계약이나 상해보험계약에서 피보험자의 상속인은 피보험자의 사망이라는 보험사고가 발생한 때에는 보험수익자의 지위에서 보험자에 대하여 보험금 지급을 청구할 수 있고, 이 권리는 보험계약의 효력으로 당연히 생기는 것으로서 상속재산이 아니라 상속인의 고유재산이다. 이때 보험수익자로 지정된 상속인 중 1인이 자신에게 귀속된 보험금청구권을 포기하더라도 그 포기한 부분이 당연히 다른 상속인에게 귀속되지는 아니한다. 이러한 법리는 단체보험에서 피보험자의 상속인이 보험수익자로 인정된 경우에도 동일하게 적용된다(대법원 2020. 2. 6. 선고 2017다215728 판결).

해답 ②

문 46 ★★

대리에 관한 설명 중 옳은 것은? (다툼이 있는 경우 판례에 의함)

① 표현대리가 성립하여 본인이 이행책임을 부담하는 경우, 상대방에게 과실이 있으면 과실상계의 법리가 적용된다.
② 「민법」상 조합에 있어서 조합원들의 대리인인 업무집행조합원이 조합을 위한 것임을 표시하지 않고 조합을 위하여 상행위를 한 경우, 상대방이 조합을 위한 행위임을 과실 없이 몰랐다면 그 행위는 다른 조합원들에게 효력이 미치지 않는다.
③ 부부 간의 일상의 가사에 관한 대리권은 법정대리권이므로 그 제한은 선의의 제3자에게도 대항할 수 있다.
④ 부분적 포괄대리권을 가진 상업사용인이 위임받은 특정 영업 또는 사항 이외의 거래행위를 한 경우, 그 행위의 상대방이 그 상업사용인에게 그 권한이 있다고 믿을 만한 정당한 이유가 있으면 영업주는 그 행위에 대하여 책임이 있다.
⑤ 주주의 대리인이 의결권 행사의 대리권을 증명하는 서면을 주주총회에 제출한다면 회사는 그 총회의 개최가 방해될 염려가 있는 등의 특별한 사정이 있어도 그 대리행사를 거절할 수 없다.

해설

① (X) 표현대리행위가 성립하는 경우에 본인은 표현대리행위에 기하여 전적인 책임을 져야 하는 것이고 상대방에게 과실이 있다고 하더라도 과실상계의 법리를 유추적용하여 본인의 책임을 감경할 수 없는 것이다(대법원 1994. 12. 22. 선고 94다24985 판결).

② (X) 민법 제114조 제1항은 "대리인이 그 권한 내에서 본인을 위한 것임을 표시한 의사표시는 직접 본인에게 대하여 효력이 생긴다"라고 규정하고 있으므로, 원칙적으로 대리행위는 본인을 위한 것임을 표시하여야 직접 본인에 대하여 효력이 생기는 것이고, 한편 민법상 조합의 경우 법인격이 없어 조합 자체가 본인이 될 수 없으므로, 이른바 조합대리에 있어서는 본인에 해당하는 모든 조합원을 위한 것임을 표시하여야 하나, 반드시 조합원 전원의 성명을 제시할 필요는 없고, 상대방이 알 수 있을 정도로 조합을 표시하는 것으로 충분하다. 그리고 상법 제48조는 "상행위의 대리인이 본인을 위한 것임을 표시하지 아니하여도 그 행위는 본인에 대하여 효력이 있다. 그러나 상대방이 본인을 위한 것임을 알지 못한 때에는 대리인에 대하여도 이행의 청구를 할 수 있다"고 규정하고 있으므로, 조합대리에 있어서도 그 법률행위가 조합에게 상행위가 되는 경우에는 조합을 위한 것임을 표시하지 않았다고 하더라도 그 법률행위의 효력은 본인인 조합원 전원에게 미친다(대법원 2009. 1. 30. 선고 2008다79340 판결).

③ (X) 민법 제827조 참조

> 민법 제827조(부부 간의 가사대리권) ① 부부는 일상의 가사에 관하여 서로 대리권이 있다.
> ② 전항의 대리권에 가한 제한은 선의의 제3자에게 대항하지 못한다.

④ (O) 부분적 포괄대리권을 가진 상업사용인이 특정된 영업이나 특정된 사항에 속하지 아니하는 행위를 한 경우, 영업주가 책임을 지기 위하여는 민법상의 표현대리의 법리에 의하여 그 상업사용인과 거래한 상대방이 그 상업사용인에게 그 권한이 있다고 믿을 만한 정당한 이유가 있어야 한다(대법원 2006. 6. 15. 선고 2006다13117 판결).

⑤ (X) 주주의 자유로운 의결권 행사를 보장하기 위하여 주주가 의결권의 행사를 대리인에게 위임하는 것이 보장되어야 한다고 하더라도 주주의 의결권 행사를 위한 대리인 선임이 무제한적으로 허용되는 것은 아니고, 그 의결권의 대리행사로 말미암아 주주총회의 개최가 부당하게 저해되거나 혹은 회사의 이익이 부당하게 침해될 염려가 있는 등의 특별한 사정이 있는 경우에는 회사는 이를 거절할 수 있다고 보아야 할 것이다(대법원 2001. 9. 7. 선고 2001도2917 판결).

해답 ④

문 47 ★★

비상장주식회사의 신주발행 및 신주인수권에 관한 설명 중 옳지 않은 것은? (다툼이 있는 경우 판례에 의함)

① 회사가 주주배정방식에 의하여 신주를 발행하려는데 주주가 인수를 포기하여 실권된 신주를 제3자에게 발행하기 위해서는 정관에 근거 규정이 있어야 한다.
② 회사가 신주를 발행함에 있어 경영상 목적을 달성하기 위하여 필요한 범위 안에서 정관이 정한 사유가 없는데도, 회사의 경영권 분쟁이 현실화된 상황에서 경영진의 경영권이나 지배권 방어라는 목적을 달성하기 위하여 제3자에게 신주를 배정하는 것은 주주의 신주인수권을 침해하는 것이다.
③ 회사가 정관이나 이사회 결의로 주주의 신주인수권 양도에 관한 사항을 결정하지 아니하였더라도 회사가 그와 같은 양도를 승낙한 경우 그 구체적 신주인수권의 양도는 회사에 대하여도 효력이 있다.
④ 신주인수권증서가 발행되지 아니한 주주의 구체적 신주인수권 양도의 제3자에 대한 대항요건은 지명채권의 양도와 마찬가지로 확정일자 있는 증서에 의한 양도통지 또는 회사의 승낙이다.
⑤ 현물출자자에게 발행하는 신주에 대하여는 일반주주의 신주인수권이 미치지 않는다.

해설

① (X) 신주 등의 발행에서 주주배정방식과 제3자배정방식을 구별하는 기준은 회사가 신주 등을 발행함에 있어서 주주들에게 그들의 지분비율에 따라 신주 등을 우선적으로 인수할 기회를 부여하였는지 여부에 따라 객관적으로 결정되어야 하고, 신주 등의 인수권을 부여받은 주주들이 실제로 인수권을 행사함으로써 신주 등을 배정받았는지 여부에 좌우되는 것은 아니다. 회사가 주주배정방식에 의하여 신주를 발행하려는데 주주가 인수를 포기하거나 청약을 하지 아니함으로써 그 인수권을 잃은 때에는(상법 제419조 제4항) 회사는 이사회의 결의에 의하여 그 인수가 없는 부분에 대하여 자유로이 이를 제3자에게 처분할 수 있고, 이 경우 그 실권된 신주를 제3자에게 발행하는 것에 관하여 정관에 반드시 근거 규정이 있어야 하는 것은 아니다(대법원 2012. 11. 15. 선고 2010다49380 판결).

② (O) 상법 제418조 제1항, 제2항의 규정은 주식회사가 신주를 발행하면서 주주 아닌 제3자에게 신주를 배정할 경우 기존 주주에게 보유 주식의 가치 하락이나 회사에 대한 지배권 상실 등 불이익을 끼칠 우려가 있다는 점을 감안하여, 신주를 발행할 경우 원칙적으로 기존 주주에게 이를 배정하고 제3자에 대한 신주배정은 정관이 정한 바에 따라서만 가능하도록 하면서, 그 사유도 신기술의 도입이나 재무구조 개선 등 기업 경영의 필요상 부득이한 예외적인 경우로 제한함으로써 기존 주주의 신주인수권에 대한 보호를 강화하고자 하는 데 그 취지가 있다. 따라서 주식회사가 신주를 발행함에 있어 신기술의 도입, 재무구조의 개선 등 회사의 경영상 목적을 달성하기 위하여 필요한 범위 안에서 정관이 정한 사유가 없는데도, 회사의 경영권 분쟁이 현실화된 상황에서 경영진의 경영권이나 지배권 방어라는 목적을 달성하기 위하여 제3자에게 신주를 배정하는 것은 상법 제418조 제2항을 위반하여 주주의 신주인수권을 침해하는 것이다(대법원 2009. 1. 30. 선고 2008다50776 판결).

③ (O), ④ (O) 상법 제416조 제5호에 의하면, 회사의 정관 또는 이사회의 결의로 주주가 가지는 신주인수권을 양도할 수 있는 것에 관한 사항을 결정하도록 되어있는바, 신주인수권의 양도성을 제한할 필요성은 주로 회사측의 신주발행사무의 편의를 위한 것에서 비롯된 것으로 볼 수 있고, 또 상법이 주권발행 전 주식의 양도는 회사에 대하여 효력이 없다고 엄격하게 규정한 것과는 달리 신주인수권의 양도에 대하여는 정관이나 이사회의 결의를 통하여 자유롭게 결정할 수 있도록 한 점에 비추어 보면, 회사가 정관이나 이사회의 결의로 신주인수권의 양도에 관한 사항을 결정하지 아니하였다 하여 신주인수권의 양도가 전혀 허용되지 아니하는 것은 아니고, 회사가 그와 같은 양도를 승낙한 경우에는 회사에 대하여도 그 효력이 있다. 주권발행 전의 주식의 양도는 지명채권 양도의 일반원칙에 따르고, 신주인수권증서가 발행되지 아니한 신주인수권의 양도 또한 주권발행 전의 주식양도에 준하여 지명채권 양도의 일반원칙에 따른다고 보아야 하므로, 주권발행 전의 주식양도나 신주인수권증서가 발행되지 아니한 신주인수권 양도의 제3자에 대한 대항요건으로는 지명채권의 양도와 마찬가지로 확정일자 있는 증서에 의한 양도통지 또는 회사의 승낙이라고 보는 것이 상당하고, 주주명부상의 명의개서는 주식 또는 신주인수권의 양수인들 상호 간의 대항요건이 아니라 적법한 양수인이 회사에 대한 관계에서 주주의 권리를 행사하기 위한 대항요건에 지나지 아니한다(대법원 1995. 5. 23. 선고 94다36421 판결).

⑤ (O) 주주의 신주인수권은 주주가 종래 가지고 있던 주식의 수에 비례하여 우선적으로 인수의 배정을 받을 수 있는 권리로서 주주의 자격에 기하여 법률상 당연히 인정되는 것이지만 현물출자자에 대하여 발행하는 신주에 대하여는 일반주주의 신주인수권이 미치지 않는다(대법원 1989. 3. 14. 선고 88누889 판결).

해답 ①

문 48 ★★

「상법」상 이익배당에 관한 설명 중 옳지 않은 것은?

① 주식회사에서 이익배당은 주주총회 결의로 정하지만, 재무제표의 승인에 대한 특칙에 따라 재무제표를 이사회가 승인하는 경우에는 이사회 결의로 정한다.
② 주식회사는 이사회 결의에 의하여 이익배당을 새로이 발행하는 주식으로써 할 수 있지만, 주식에 의한 배당은 이익배당총액의 2분의 1에 상당하는 금액을 초과하지 못한다.
③ 익명조합원의 출자가 손실로 인하여 감소된 때에는 당사자 간에 다른 약정이 없으면 그 손실을 전보한 후가 아니면 이익배당을 청구하지 못한다.
④ 유한회사에서 이익배당은 정관에 다른 정함이 있는 경우 외에는 각 사원의 출자좌수에 따라 하여야 한다.
⑤ 합자조합에서 유한책임조합원은 조합계약에서 정한 출자가액에서 이미 이행한 부분을 뺀 가액을 한도로 하여 조합채무를 변제할 책임이 있고, 이 경우 합자조합에 이익이 없음에도 불구하고 배당을 받은 금액은 변제책임을 정할 때에 변제책임의 한도액에 더한다.

해설

① (O) 상법 제462조, 제449조의2 참조

> 상법 제462조(이익의 배당) ② 이익배당은 주주총회의 결의로 정한다. 다만, 제449조의2제1항에 따라 재무제표를 이사회가 승인하는 경우에는 이사회의 결의로 정한다.
> 상법 제449조의2(재무제표 등의 승인에 대한 특칙) ① 제449조에도 불구하고 회사는 정관으로 정하는 바에 따라 제447조의 각 서류를 이사회의 결의로 승인할 수 있다. 다만, 이 경우에는 다음 각 호의 요건을 모두 충족하여야 한다.

② (X) 상법 제462조의2 참조

> 상법 제462조의2(주식배당) ① 회사는 주주총회의 결의에 의하여 이익의 배당을 새로이 발행하는 주식으로써 할 수 있다. 그러나 주식에 의한 배당은 이익배당총액의 2분의 1에 상당하는 금액을 초과하지 못한다.

③ (O) 상법 제82조 참조

> 상법 제82조(이익배당과 손실분담) ① 익명조합원의 출자가 손실로 인하여 감소된 때에는 그 손실을 전보한 후가 아니면 이익배당을 청구하지 못한다.
> ② 손실이 출자액을 초과한 경우에도 익명조합원은 이미 받은 이익의 반환 또는 증자할 의무가 없다.
> ③ 전2항의 규정은 당사자간에 다른 약정이 있으면 적용하지 아니한다.

④ (O) 상법 제580조 참조

> 상법 제580조(이익배당의 기준) 이익의 배당은 정관에 다른 정함이 있는 경우 외에는 각사원의 출자좌수에 따라 하여야 한다.

⑤ (O) 상법 제86조의6 참조

> 상법 제86조의6(유한책임조합원의 책임) ① 유한책임조합원은 조합계약에서 정한 출자가액에서 이미 이행한 부분을 뺀 가액을 한도로 하여 조합채무를 변제할 책임이 있다.
> ② 제1항의 경우 합자조합에 이익이 없음에도 불구하고 배당을 받은 금액은 변제책임을 정할 때에 변제책임의 한도액에 더한다.

해답 ②

문 49

「상법」상 주식회사 기관의 권한에 관한 설명 중 옳지 않은 것을 모두 고른 것은? (다툼이 있는 경우 판례에 의함)

> ㄱ. 주주총회는 「상법」 또는 정관에 정하는 사항 외에는 결의할 권한이 없다.
> ㄴ. 정관에서 이사회 결의를 거치도록 대표이사의 대표권을 제한한 경우 거래행위의 상대방인 제3자가 보호받기 위하여는 선의 이외에 무과실까지 필요하다.
> ㄷ. 주식매수선택권 부여에 관한 주주총회 결의는 회사의 의사결정 절차에 지나지 않고, 특정인에 대한 주식매수선택권의 구체적 내용은 일반적으로 회사가 체결하는 계약을 통해서 정해진다.
> ㄹ. 주주총회에서 이사로 선임된 자는 회사와 별도의 위임계약을 체결함으로써 이사의 지위를 취득한다.
> ㅁ. 주식회사의 중요한 자산의 처분이나 대규모 재산의 차입행위뿐만 아니라 이사회가 일반적·구체적으로 대표이사에게 위임하지 않은 업무로서 일상 업무에 속하지 아니한 중요한 업무는 이사회 결의를 거쳐야 한다.

① ㄱ, ㄴ
② ㄴ, ㄷ
③ ㄴ, ㄹ
④ ㄷ, ㄹ
⑤ ㄹ, ㅁ

해설

ㄱ.(O) 상법 제361조 참조

> 상법 제361조(총회의 권한) 주주총회는 본법 또는 정관에 정하는 사항에 한하여 결의할 수 있다.

ㄴ.(X) 일정한 대외적 거래행위에 관하여 이사회 결의를 거치도록 대표이사의 권한을 제한한 경우에도 이사회 결의는 회사의 내부적 의사결정절차에 불과하고, 특별한 사정이 없는 한 거래 상대방으로서는 회사의 대표자가 거래에 필요한 회사의 내부절차를 마쳤을 것으로 신뢰하였다고 보는 것이 경험칙에 부합한다. 따라서 회사 정관이나 이사회 규정 등에서 이사회 결의를 거치도록 대표이사의 대표권을 제한한 경우(이하 '내부적 제한'이라 한다)에도 선의의 제3자는 상법 제209조 제2항에 따라 보호된다. 거래행위의 상대방인 제3자가 상법 제209조 제2항에 따라 보호받기 위하여 선의 이외에 무과실까지 필요하지는 않지만, 중대한 과실이 있는 경우에는 제3자의 신뢰를 보호할 만한 가치가 없다고 보아 거래행위가 무효라고 해석함이 타당하다(대법원 2021. 2. 18. 선고 2015다45451 전원합의체 판결).

ㄷ.(O) … 주식매수선택권 부여에 관한 주주총회 결의는 회사의 의사결정절차에 지나지 않고, 특정인에 대한 주식매수선택권의 구체적 내용은 일반적으로 회사가 체결하는 계약을 통해서 정해진다. 주식매수선택권을 부여받은 자는 계약에서 주어진 조건에 따라 계약에서 정한 기간 내에 선택권을 행사할 수 있다(대법원 2018. 7. 26. 선고 2016다237714 판결).

ㄹ.(X) 이사·감사의 지위가 주주총회의 선임결의와 별도로 대표이사와 사이에 임용계약이 체결되어야만 비로소 인정된다고 보는 것은, 이사·감사의 선임을 주주총회의 전속적 권한으로 규정하여 주주들의 단체적 의사결정 사항으로 정한 상법의 취지에 배치된다. 또한 상법상 대표이사는 회사를 대표하며, 회사의 영업에 관한 재판상 또는 재판 외의 모든 행위를 할 권한이 있으나(제389조 제3항, 제209조 제1항), 이사·감사의 선임이 여기에 속하지 아니함은 법문상 분명하다. 그러므로 이사·감사의 지위는 주주총회의 선임결의가 있고 선임된 사람의 동의가 있으면 취득된다고 보는 것이 옳다(대법원 2017. 3. 23. 선고 2016다251215 전원합의체 판결).

ㅁ. **(O)** 상법 제393조 제1항은 주식회사의 중요한 자산의 처분 및 양도, 대규모 재산의 차입 등 회사의 업무집행은 이사회의 결의로 한다고 규정함으로써 주식회사의 이사회는 회사의 업무집행에 관한 의사결정 권한이 있음을 밝히고 있으므로, 주식회사의 중요한 자산의 처분이나 대규모 재산의 차입행위뿐만 아니라 이사회가 일반적·구체적으로 대표이사에게 위임하지 않은 업무로서 일상 업무에 속하지 아니한 중요한 업무에 대해서는 이사회의 결의를 거쳐야 한다(대법원 2019. 8. 14. 선고 2019다204463 판결).

해답 ③

문 50

★★

비상장회사인 A주식회사는 비상장회사인 B주식회사를 흡수합병하기 위하여 그 합병계약서를 승인하기 위한 주주총회를 개최하여 적법하게 결의하였다. 「상법」상 이에 관한 설명 중 옳은 것을 모두 고른 것은? (다툼이 있는 경우 판례에 의함)

> ㄱ. A회사는 주주총회의 합병승인결의가 있는 날로부터 2주 내에 채권자에 대하여 합병에 이의가 있으면 1개월 이상의 기간 내에 이를 제출할 것을 공고하고, 알고 있는 채권자에 대하여는 따로따로 이를 최고하여야 한다.
> ㄴ. A회사가 B회사의 주주에게 합병대가의 일부를 신주 대신에 금전으로 제공하는 경우라도 B회사의 최대주주가 보유한 B회사 주식에 대하여는 신주만을 배정하여야 한다.
> ㄷ. A회사와 B회사의 합병비율이 현저하게 불공정하다면 이는 합병무효의 사유가 될 수 있다.
> ㄹ. 만일 합병무효판결이 확정된다면 합병등기 후 판결 확정 전에 이루어진 A회사의 자산처분은 효력을 상실한다.

① ㄱ, ㄴ
② ㄱ, ㄷ
③ ㄱ, ㄹ
④ ㄴ, ㄷ
⑤ ㄷ, ㄹ

해설

ㄱ. **(O)** 상법 제522조, 상법 527조의5 참조

> 상법 제522조(합병계약서와 그 승인결의) ① 회사가 합병을 함에는 합병계약서를 작성하여 주주총회의 승인을 얻어야 한다.
> 상법 527조의5(채권자보호절차) ① 회사는 제522조의 주주총회의 승인결의가 있는 날부터 2주 내에 채권자에 대하여 합병에 이의가 있으면 1월 이상의 기간 내에 이를 제출할 것을 공고하고 알고 있는 채권자에 대하여는 따로따로 이를 최고하여야 한다.

ㄴ. **(X)** 상법 제527조의3 제1항 본문규정의 '합병으로 인하여 발행하는 신주'란 합병 당시에 실제로 발행하는 신주를 말하는 것으로 해석되므로, 존속회사가 그에 갈음하여 이미 보유하고 있던 자기 주식을 이전하는 경우 이를 '합병으로 인하여 발행하는 신주'에 해당한다고 볼 수는 없고, 이처럼 미리 취득하여 둔 자기 주식을 합병의 대가로 이전하는 것 자체가 합병절차상의 하자에 해당한다고 볼 수 없으며, 또한 존속회사가 보유하던 소멸회사의 주식에 대하여 반드시 신주를 배정하여야 한다고 볼 수도 없다(대법원 2004.12.09. 2003다69355 판결).

ㄷ. **(O)** 합병비율을 정하는 것은 합병계약의 가장 중요한 내용이고, 그 합병비율은 합병할 각 회사의 재산상태와 그에 따른 주식의 실제적 가치에 비추어 공정하게 정함이 원칙이며, 만일 그 비율이 합병할 각 회사의 일방에게 불리하게 정해진 경우에는 그 회사의 주주가 합병 전 회사의 재산에 대하여 가지고 있

던 지분비율을 합병 후에 유지할 수 없게 됨으로써 실질적으로 주식의 일부를 상실케 되는 결과를 초래하므로, 현저하게 불공정한 합병비율을 정한 합병계약은 사법관계를 지배하는 신의성실의 원칙이나 공평의 원칙 등에 비추어 무효이고, 따라서 합병비율이 현저하게 불공정한 경우 합병할 각 회사의 주주 등은 상법 제529조에 의하여 소로써 합병의 무효를 구할 수 있다(대법원 2008. 1. 10. 선고 2007다64136 판결).

ㄹ.(X) 상법 제190조, 제240조, 제530조 참조

> 상법 제190조(판결의 효력) 설립무효의 판결 또는 설립취소의 판결은 제3자에 대하여도 그 효력이 있다. 그러나 판결확정 전에 생긴 회사와 사원 및 제3자간의 권리의무에 영향을 미치지 아니한다.
> 상법 제240조(준용규정) 제186조 내지 제191조의 규정은 합병무효의 소에 준용한다.
> 상법 제530조(준용규정) ② 제234조, 제235조, 제237조 내지 제240조, 제329조의2, 제374조 제2항, 제374조의2 제2항 내지 제5항 및 제439조 제3항의 규정은 주식회사의 합병에 관하여 이를 준용한다.

해답 ②

문 51

비상장회사인 A주식회사의 주주총회 결의에 관한 정족수 및 의결권수의 계산에 관한 설명 중 옳지 않은 것을 모두 고른 것은?

> ㄱ. A회사가 비상장회사인 B주식회사 발행주식총수의 100분의 10에 해당하는 주식을 소유하고, B회사가 A회사 발행주식총수의 100분의 15에 해당하는 주식을 취득하면서 이 사실을 A회사에 지체 없이 통지한 경우, B회사가 소유한 A회사의 주식은 발행주식총수에 산입한다.
> ㄴ. A회사가 발행한 의결권이 없는 종류주식은 발행주식총수에는 산입하지만, 출석한 의결권수에는 산입하지 않는다.
> ㄷ. A회사가 비상장회사인 C주식회사를 흡수합병하여 C회사가 보유하고 있던 A회사 주식을 취득하게 된 경우, 그 A회사 주식은 발행주식총수에 산입한다.
> ㄹ. A회사의 주주인 甲을 이사로 선임하는 결의에 관하여 甲이 소유한 주식은 발행주식총수에는 산입하지만, 출석한 의결권수에는 산입하지 않는다.

① ㄱ, ㄴ ② ㄴ, ㄷ
③ ㄱ, ㄴ, ㄷ ④ ㄱ, ㄷ, ㄹ
⑤ ㄴ, ㄷ, ㄹ

해설

ㄱ.(O) 상법 제342조의3의 해석에 있어서도 통지의무 위반 시 주식의 의결권은 없어진다고 본다(송옥렬, 상법강의 제14판 p886). 그러므로 B회사가 A회사에게 지체없이 통지하면 B회사가 소유한 A회사의 주식은 의결권 있는 주식으로서 발행주식총수에 산입한다.

> 상법 제342조의3(다른 회사의 주식취득) 회사가 다른 회사의 발행주식총수의 10분의 1을 초과하여 취득한 때에는 그 다른 회사에 대하여 지체없이 이를 통지하여야 한다.
> 상법 제369조(의결권) ③ 회사, 모회사 및 자회사 또는 자회사가 다른 회사의 발행주식의 총수의 10분의 1을 초과하는 주식을 가지고 있는 경우 그 다른 회사가 가지고 있는 회사 또는 모회사의 주식은 의결권이 없다.

상법 제371조(정족수, 의결권수의 계산) ① 총회의 결의에 관하여는 제344조의3제1항과 제369조제2항 및 제3항의 의결권 없는 주식의 수는 발행주식총수에 산입하지 아니한다.

ㄴ.(X) 상법 제371조 참조

상법 제371조(정족수, 의결권수의 계산) ① 총회의 결의에 관하여는 제344조의3제1항과 제369조제2항 및 제3항의 의결권 없는 주식의 수는 발행주식총수에 산입하지 아니한다.

ㄷ.(X) 흡수합병에 의해 소멸회사 C가 보유하던 존속회사 A의 주식은 존속회사 A가 합병에 의해 승계하므로 자기 주식이 되므로(상법 제341조의2 제1호), 의결권이 없다(상법 제369조 제2항).

상법 제341조의2(특정목적에 의한 자기주식의 취득) 회사는 다음 각 호의 어느 하나에 해당하는 경우에는 제341조에도 불구하고 자기의 주식을 취득할 수 있다.
1. 회사의 합병 또는 다른 회사의 영업전부의 양수로 인한 경우
상법 제369조(의결권) ② 회사가 가진 자기주식은 의결권이 없다.

ㄹ.(X) 이사·감사 선임·해임 의결에서 그 당사자인 주주는 회사지배에 관한 이해관계인으로서 특별이해관계인이 아니다(송옥렬, 상법강의 제14판 p938). 따라서 甲이 소유한 주식은 발행주식총수에는 산입하지만, 출석한 의결권수에는 산입하지 않는다는 지문은 틀린 것이다.

상법 제368조(총회의 결의방법과 의결권의 행사) ③ 총회의 결의에 관하여 특별한 이해관계가 있는 자는 의결권을 행사하지 못한다.

문 52 ★★★

반소에 관한 설명 중 옳지 않은 것은? (다툼이 있는 경우 판례에 의함)

① 본권자가 허용되지 않는 자력구제로 점유를 회복하자 점유자가 점유 회수의 본소를 제기하였으며 이에 대하여 본권자가 소유권에 기한 인도를 구하는 예비적 반소를 제기하여 본소 청구와 예비적 반소 청구가 모두 인용되어 확정되었다면, 특별한 사정이 없는 한 점유자가 본소 확정판결에 의하여 집행문을 부여받아 강제집행으로 물건의 점유를 회복할 수 있고 본권자는 반소 확정판결에 의하여 집행문을 부여받아 위 본소 집행 후 비로소 강제집행으로 물건의 점유를 회복할 수 있다.
② 본소가 부적법하다 하여 각하됨으로써 종료된 경우 피고의 반소 취하는 원고의 동의 없이 효력이 발생한다.
③ 가지급물 반환신청의 성질은 본안판결의 취소 또는 변경을 조건으로 하는 예비적 반소에 해당한다.
④ 피고가 원고의 본소 청구가 인용될 것을 조건으로 예비적 반소를 제기하였는데, 제1심 법원이 소의 이익이 없음을 이유로 원고의 본소와 피고의 예비적 반소를 모두 각하하자, 이에 대하여 원고만이 본소 각하 부분에 대하여 항소한 경우, 항소심 법원이 원고의 항소를 받아들여 원고의 본소 청구를 인용하는 이상 피고의 예비적 반소 청구도 심판 대상으로 삼아 이를 판단하여야 한다.
⑤ 원고가 본소의 이혼청구에 병합하여 재산분할청구를 한 후 피고가 반소로 이혼청구를 한 경우, 원고가 반대의 의사를 표시하였다는 등의 특별한 사정이 없는 한 원고의 재산분할청구 중에는 본소의 이혼청구가 받아들여지지 않고 피고의 반소청구에 의하여 이혼이 명하여지는 경우에도 재산을 분할해 달라는 취지의 청구가 포함된 것으로 봄이 상당하다.

해설

① (O) 그리하여 이 사건과 같이 점유회수의 본소에 대하여 본권자가 소유권에 기한 인도를 구하는 반소를

제기하여 본소청구와 예비적 반소청구가 모두 인용되어 확정되면, 점유자가 본소 확정판결에 의하여 집행문을 부여받아 강제집행으로 물건의 점유를 회복할 수 있다. 본권자의 소유권에 기한 반소청구는 본소의 의무 실현을 정지조건으로 하므로, 본권자는 위 본소 집행 후 집행문을 부여받아 비로소 반소 확정판결에 따른 강제집행으로 물건의 점유를 회복할 수 있다(대법원 2021. 2. 4. 선고 2019다202795(본소), 2019다202801(반소) 판결).

② (X) 민사소송법 제244조의 규정은 원고가 반소의 제기를 유발한 본소는 스스로 취하해 놓고 그로 인하여 유발된 반소만의 유지를 상대방에게 강요한다는 것은 공평치 못하다는 이유에서 원고가 본소를 취하한 때에는 피고도 원고의 동의없이 반소를 취하할 수 있도록 한 규정이므로 본소가 원고의 의사와 관계없이 부적법하다 하여 각하됨으로써 종료된 경우에까지 유추적용 할 수 없고, 원고의 동의가 있어야만 반소취하의 효력이 발생한다 할 것이다(대법원 1984. 7. 10. 선고 84다카298 판결).

③ (O) 가집행선고부 판결에 기한 집행의 효력은 확정적인 것이 아니고 후일 본안판결 또는 가집행선고가 취소·변경될 것을 해제조건으로 하는 것이다. 즉 가집행선고에 의하여 집행을 하였다고 하더라도 후일 본안판결의 일부 또는 전부가 실효되면 이전의 가집행선고부 판결에 기하여는 집행을 할 수 없는 것으로 확정이 되는 것이다. 따라서 가집행선고에 기하여 이미 지급받은 것이 있다면 이는 법률상 원인이 없는 것이 되므로 부당이득으로서 반환하여야 한다. 위와 같은 가지급물 반환신청은 가집행에 의하여 집행을 당한 채무자가 별도의 소를 제기하는 비용, 시간 등을 절약하고 본안의 심리 절차를 이용하여 신청의 심리를 받을 수 있는 간이한 길을 터놓은 제도로서 그 성질은 본안판결의 취소·변경을 조건으로 하는 예비적 반소에 해당한다(대법원 2011. 8. 25. 선고 2011다25145 판결).

④ (O) 피고의 예비적 반소는 본소청구가 인용될 것을 조건으로 심판을 구하는 것으로서 제1심이 원고의 본소청구를 배척한 이상 피고의 예비적 반소는 제1심의 심판대상이 될 수 없는 것이고, 이와 같이 심판대상이 될 수 없는 소에 대하여 제1심이 판단하였다고 하더라도 그 효력이 없다고 할 것이므로, 피고가 제1심에서 각하된 반소에 대하여 항소를 하지 아니하였다는 사유만으로 이 사건 예비적 반소가 원심의 심판대상으로 될 수 없는 것은 아니라고 할 것이고, 따라서 원심으로서는 원고의 항소를 받아들여 원고의 본소청구를 인용한 이상 피고의 예비적 반소청구를 심판대상으로 삼아 이를 판단하였어야 한다(대법원 2006. 6. 29. 선고 2006다19061 판결).

⑤ (O) 원고가 본소의 이혼청구에 병합하여 재산분할청구를 제기한 후 피고가 반소로서 이혼청구를 한 경우, 원고가 반대의 의사를 표시하였다는 등의 특별한 사정이 없는 한, 원고의 재산분할청구 중에는 본소의 이혼청구가 받아들여지지 않고 피고의 반소청구에 의하여 이혼이 명하여지는 경우에도 재산을 분할해 달라는 취지의 청구가 포함된 것으로 봄이 상당하다고 할 것이므로(이때 원고의 재산분할청구는 피고의 반소청구에 대한 재반소로서의 실질을 가지게 된다), 이러한 경우 사실심으로서는 원고의 본소 이혼청구를 기각하고 피고의 반소청구를 받아들여 원·피고의 이혼을 명하게 되었다고 하더라도, 마땅히 원고의 재산분할청구에 대한 심리에 들어가 원·피고가 협력하여 이룩한 재산의 액수와 당사자 쌍방이 그 재산의 형성에 기여한 정도 등 일체의 사정을 참작하여 원고에게 재산분할을 할 액수와 방법을 정하여야 한다(대법원 2001. 6. 15. 선고 2001므626 판결).

해답 ②

문 53

甲은 乙로부터 3억 원을 빌리면서 그 차용금 채무를 담보하기 위하여 甲 소유의 A 토지에 관하여 채무자 甲, 근저당권자 乙, 채권최고액 3억 3천만 원인 근저당권설정계약을 乙과 체결하고, 이에 관한 근저당권설정등기를 마쳐 주었다. 다음 설명 중 옳은 것을 모두 고른 것은? (다툼이 있는 경우 판례에 의함)

ㄱ. 甲이 乙로부터 실제로 돈을 빌리지 않았으므로 위 근저당권설정등기는 무효의 등기라고 주장하면서 근저당권설정등기 말소등기절차의 이행을 구하는 소를 제기하였는데, 법원의 심리 결과 甲의 乙에 대한 차용금 채무 1억 원이 존재하는 것으로 밝혀지더라도 그 채무의 변제를 조건으로 위 등기의 말소를 명하는 판결을 할 수 없다.
ㄴ. 甲이 乙의 기망행위로 인해 근저당권설정계약을 체결하였다고 주장하면서 위 근저당권설정계약을 취소하고 그 말소등기를 구하는 소를 제기한 경우, 甲의 3억 원의 부당이득반환채무와 乙의 근저당권설정등기 말소의무는 동시이행관계에 있다고 할 수 없다.
ㄷ. 丙이 乙에 대한 5억 원의 채권에 관한 집행권원을 얻어 乙의 甲에 대한 대여금채권에 대해 압류 및 전부명령을 받아 丙 명의로 A 토지에 관한 근저당권이전의 부기등기를 마친 경우, 甲이 자신의 乙에 대한 차용금채무가 변제로 모두 소멸하였다고 주장하면서 乙을 상대로 제기한 위 근저당권설정등기 말소등기절차의 이행을 구하는 소는 적법하다.
ㄹ. 丙이 乙로부터 乙의 甲에 대한 대여금채권을 유효하게 양도받아 丙 명의로 A 토지에 관한 근저당권이전의 부기등기를 마친 경우, 甲이 자신의 乙에 대한 차용금채무가 변제로 모두 소멸하였다고 주장하면서 丙 명의 근저당권이전의 부기등기 말소등기절차의 이행을 구하는 소는 부적법하다.

① ㄹ
② ㄱ, ㄹ
③ ㄴ, ㄷ
④ ㄱ, ㄴ, ㄹ
⑤ ㄴ, ㄷ, ㄹ

해설

ㄱ.(O) 피담보채무가 발생하지 아니한 것을 전제로 한 근저당권설정등기의 말소등기절차이행청구 중에 피담보채무의 변제를 조건으로 장래의 이행을 청구하는 취지가 포함된 것으로는 보여지지 않는다(대법원 1991. 4. 23. 선고 91다6009 판결).

ㄴ.(X) 가. 갑이 지능이 박약한 을을 꾀어 돈을 빌려주어 유흥비로 쓰게 하고 실제준 돈의 두 배 가량을 채권최고액으로 하여 자기 처인 병 앞으로 근저당권을 설정한 사안에서, 근저당권설정계약은 독자적으로 존재하는 것이 아니라 금전소비대차계약과 결합하여 그 전체가 경제적, 사실적으로 일체로서 행하여진 것이고 더욱이 근저당권설정계약의 체결원인이 되었던 갑의 기망행위는 금전소비대차계약에도 미쳤으므로 갑의 기망을 이유로 한 을의 근저당권설정계약취소의 의사표시는 법률행위의 일부무효이론과 궤를 같이 하는 법률행위의 일부취소의 법리에 따라 소비대차계약을 포함한 전체에 대하여 취소의 효력이 있다고 한 사례. 나. "가"항의 경우 취소의 결과 발생한 병의 근저당권설정등기말소의무와 을의 부당이득반환의무는 동시이행관계에 있다고 본 사례(대법원 1994. 9. 9. 선고 93다31191 판결).

ㄷ.(X) 집행력 있는 집행권원에 기하여 채권압류 및 전부명령이 적법하게 이루어진 이상 피압류채권은 집행채권의 범위 내에서 당연히 집행채권자에게 이전한다 할 것이어서 그 집행채권이 이미 소멸하였거나 실제 채무액을 초과하더라도 그 채권압류 및 전부명령에는 아무런 영향이 없고, 제3채무자로서는 채무자에 대하여 부담하고 있는 채무액의 한도 내에서 집행채권자에게 변제하면 완전히 면책된다(대법원 2004. 5. 28. 선고 2004다6542 판결).

ㄹ.(O) 근저당권 이전의 부기등기는 기존의 주등기인 근저당권설정등기에 종속되어 주등기와 일체를 이루는 것이어서 피담보채무가 소멸된 경우 또는 근저당권설정등기가 당초 원인무효인 경우 주등기인 근저당권설정등기의 말소만구하면 되고 그 부기등기는 별도로 말소를 구하지 않더라도 주등기의 말소에 따라 직권으로 말소된다(대법원 1995. 5. 26. 선고 95다7550 판결).

해답 ②

문 54

★★★

비상장회사인 A주식회사가 발행한 주식은 모두 의결권 있는 주식으로, 이 중 甲은 100분의 2를, 乙은 100분의 98을 각각 자기의 계산으로 취득하여 보유하고 있는 주주명부상 주주이다. 한편 丙은 A회사에 대하여 1억 원의 금전채권을 가지고 있다. A회사에 대한 甲, 乙, 丙의 법적 지위에 관한 설명 중 옳지 않은 것은?

① 丙은 영업시간 내에 언제든지 A회사 주주명부의 열람 또는 등사를 청구할 수 있다.
② 甲은 A회사에 대하여 회계의 장부와 서류의 열람 또는 등사를 청구할 수 없다.
③ 丙은 영업시간 내에 A회사의 이사회 의사록의 열람 또는 등사를 청구할 수 있다.
④ A회사가 배당가능한 이익이 없음에도 甲과 乙에게 금전으로 배당한 경우, 丙은 甲과 乙을 상대로 그 배당받은 이익을 A회사에 반환할 것을 청구할 수 있다.
⑤ 甲이 해외 이주를 이유로 乙에게 자신이 보유하고 있는 주식의 매수를 청구하면, 乙은 甲이 매수를 청구한 날을 기준으로 2개월 내에 甲의 주식을 매수하여야 한다.

해설

① (O) 상법 제396조 참조

> 상법 제396조(정관 등의 비치, 공시의무) ① 이사는 회사의 정관, 주주총회의 의사록을 본점과 지점에, 주주명부, 사채원부를 본점에 비치하여야 한다. 이 경우 명의개서대리인을 둔 때에는 주주명부나 사채원부 또는 그 복본을 명의개서대리인의 영업소에 비치할 수 있다.
> ② 주주와 회사채권자는 영업시간 내에 언제든지 제1항의 서류의 열람 또는 등사를 청구할 수 있다.

② (O) 상법 제466조 참조

> 상법 제466조(주주의 회계장부열람권) ① 발행주식의 총수의 100분의 3 이상에 해당하는 주식을 가진 주주는 이유를 붙인 서면으로 회계의 장부와 서류의 열람 또는 등사를 청구할 수 있다.

③ (X) 상법 제391조의3 참조

> 상법 제391조의3(이사회의 의사록) ③ 주주는 영업시간 내에 이사회의사록의 열람 또는 등사를 청구할 수 있다.

④ (O) 상법 제462조 참조

> 상법 제462조(이익의 배당) ① 회사는 대차대조표의 순자산액으로부터 다음의 금액을 공제한 액을 한도로 하여 이익배당을 할 수 있다.
> ③ 제1항을 위반하여 이익을 배당한 경우에 회사채권자는 배당한 이익을 회사에 반환할 것을 청구할 수 있다.

⑤ (O) 상법 제360조의24, 제360조의25 참조

> 상법 제360조의24(지배주주의 매도청구권) ① 회사의 발행주식총수의 100분의 95 이상을 자기의 계산으로 보유하고 있는 주주(이하 이 관에서 "지배주주"라 한다)는 회사의 경영상 목적을 달성하기 위하여 필요한 경우에는 회사의 다른 주주(이하 이 관에서 "소수주주"라 한다)에게 그 보유하는 주식의 매도를 청구할 수 있다.
> 상법 제360조의25(소수주주의 매수청구권) ① 지배주주가 있는 회사의 소수주주는 언제든지 지배주주에게 그 보유주식의 매수를 청구할 수 있다.
> ② 제1항의 매수청구를 받은 지배주주는 매수를 청구한 날을 기준으로 2개월 내에 매수를 청구한 주주로부터 그 주식을 매수하여야 한다.

해답 ③

문 55

재판의 누락 및 판단 누락에 관한 설명 중 옳지 않은 것을 모두 고른 것은? (다툼이 있는 경우 판례에 의함) ★★

> ㄱ. 甲이 乙을 상대로 제기한 1억 원의 부당이득반환청구 소송에서 甲이 청구취지를 7,000만 원으로 감축한다고 진술하였는데 제1심 법원이 이 청구취지를 5,000만 원으로 감축한 것으로 보아 판결한 경우, 甲이 그가 감축한 금액을 제외한 나머지 2,000만 원의 청구 부분에 대하여 한 항소는 부적법하다.
>
> ㄴ. 甲이 乙을 상대로 소유권에 기하여 제기한 A 토지의 인도청구 소송에서 제1심 법원이 甲의 청구를 기각하자 甲은 항소심에서 임료 상당의 부당이득반환청구를 추가하였는데, 항소심 법원이 판결이유에서 甲의 A 토지 인도청구와 부당이득반환청구가 모두 이유 없다고 판단하면서도 "甲의 항소를 기각한다."라는 것만 판결주문에 표시한 경우, 甲이 부당이득반환청구 부분에 대하여 한 상고는 적법하다.
>
> ㄷ. 甲이 乙을 상대로 제1심 판결을 대상으로 제기한 재심소송 계속 중에 甲이 乙을 상대로 중간확인의 소를 제기하였는데, 법원이 재심사유가 인정되지 않는다는 이유로 甲의 재심청구를 기각하는 판결을 하면서 중간확인의 소에 대한 판단을 하지 아니한 경우, 甲이 위 중간확인의 소에 대하여 한 항소는 적법하다.
>
> ㄹ. 甲이 乙을 주위적 피고로, 丙을 예비적 피고로 하여 제기한 예비적 공동소송에서, 법원이 甲의 乙에 대한 청구를 인용하면서도 甲의 丙에 대한 청구에 대해서는 판단하지 않아 丙이 항소한 경우, 항소심 법원이 甲의 乙에 대한 청구를 인용하기 위해서는 제1심 판결을 취소하고 甲의 乙에 대한 청구를 인용하면서 甲의 丙에 대한 청구를 기각하는 판결을 하여야 한다.

① ㄷ
② ㄴ, ㄷ
③ ㄱ, ㄴ, ㄷ
④ ㄱ, ㄴ, ㄹ
⑤ ㄴ, ㄷ, ㄹ

해설

ㄱ.(O) 원고가 실제로 감축한다고 진술한 것보다 더 많은 부분을 감축한 것으로 보아 판결을 선고한 경우, 원고가 감축한 금액을 제외한 나머지 부분에 관한 청구에 관하여는 아무런 판결을 하지 아니한 셈이고, 이는 결국 재판의 탈루에 해당하여 이 부분 청구는 여전히 원심에 계속 중이라 할 것이므로, 원고로서는 원심법원에 그 부분에 관한 추가판결을 신청할 수 있음은 별론으로 하고, 그 부분에 관한 아무런 판결도 없는 상태에서 제기한 상고는 상고의 대상이 없어 부적법하다(대법원 1997. 10. 10. 선고 97다22843 판결).

ㄴ.(X) 항소심에 이르러 새로운 청구가 추가된 경우, 항소심은 추가된 청구에 대하여는 실질상 제1심으로서 재판하여야 하므로 제1심이 기존의 청구를 배척하면서 "원고의 청구를 기각한다."고 판결하였는데, 항소심이 기존의 청구와 항소심에서 추가된 청구를 모두 배척할 경우 단순히 "항소를 기각한다."는 주문 표시만 하면 되는 것은 아니고, 이와 함께 항소심에서 추가된 청구에 대하여 "원고의 청구를 기각한다."는 주문 표시를 하여야 한다. 판결에는 법원의 판단을 분명하게 하기 위하여 결론을 주문에 기재하도록 되어 있으므로 재판의 누락이 있는지 여부는 우선 주문의 기재에 의하여 판정하여야 하고, 판결이유에서 청구가 이유 없다고 설시하고 있더라도 주문에서 설시가 없으면 특별한 사정이 없는 한 재판의 누락이 있다고 보아야 한다. 재판의 누락이 있는 경우, 그 부분 소송은 아직 원심에 계속 중이

라고 보아야 할 것이어서 적법한 상고의 대상이 되지 아니하므로 그 부분에 대한 상고는 부적법하다(대법원 2004. 8. 30. 선고 2004다24083 판결).

ㄷ.(X) 재심의 소송절차에서 중간확인의 소를 제기하는 것은 재심청구가 인용될 것을 전제로 하여 재심대상소송의 본안청구에 대하여 선결관계에 있는 법률관계의 존부의 확인을 구하는 것이므로, 재심사유가 인정되지 않아서 재심청구를 기각하는 경우에는 중간확인의 소의 심판대상인 선결적 법률관계의 존부에 관하여 나아가 심리할 필요가 없으나, 한편 중간확인의 소는 단순한 공격방어방법이 아니라 독립된 소이므로 이에 대한 판단은 판결의 이유에 기재할 것이 아니라 종국판결의 주문에 기재하여야 할 것이므로 재심사유가 인정되지 않아서 재심청구를 기각하는 경우에는 중간확인의 소를 각하하고 이를 판결 주문에 기재하여야 한다. 판결에는 법원의 판단을 분명하게 하기 위하여 결론을 주문에 기재하도록 하고 있으므로 주문에 설시가 없으면 그에 대한 재판은 누락된 것으로 보아야 한다. 재판이 누락된 부분의 소송은 여전히 그 심급에 계속 중이어서 적법한 상소의 대상이 되지 아니하므로 그 부분에 대한 상소는 부적법하다(대법원 2008. 11. 27. 선고 2007다69834,69841 판결).

ㄹ.(O) 주관적·예비적 공동소송은 동일한 법률관계에 관하여 모든 공동소송인이 서로간의 다툼을 하나의 소송절차로 한꺼번에 모순 없이 해결하는 소송형태로서 모든 공동소송인에 대한 청구에 관하여 판결을 하여야 하고(민사소송법 제70조 제2항), 그 중 일부 공동소송인에 대하여만 판결을 하거나 남겨진 자를 위하여 추가판결을 하는 것은 허용되지 않는다. 그리고 주관적·예비적 공동소송에서 주위적 공동소송인과 예비적 공동소송인 중 어느 한 사람이 상소를 제기하면 다른 공동소송인에 관한 청구 부분도 확정이 차단되고 상소심에 이심되어 심판대상이 되고, 이러한 경우 상소심의 심판대상은 주위적·예비적 공동소송인들 및 상대방 당사자 간 결론의 합일확정 필요성을 고려하여 판단하여야 한다(대법원 2011. 2. 24. 선고 2009다43355 판결).

문 56 ★★

보조참가에 관한 설명 중 옳지 않은 것은? (다툼이 있는 경우 판례에 의함)

① 보조참가인이 피고를 보조하여 소송을 수행하였으나 피고가 소송에서 패소하여 그 판결이 확정된 경우에는 피고 보조참가인이 피고에게 패소판결이 부당하다고 주장할 수 없도록 하는 참가적 효력이 생긴다.
② 전소 확정판결의 참가적 효력은 전소 확정판결의 결론의 기초가 된 사실상 및 법률상의 판단으로서 보조참가인이 피참가인과 공동이익으로 주장하거나 다툴 수 있었던 사항에 한하여 미친다.
③ 보조참가인이 당해 소송에서 독립당사자참가를 하였다면 그와 동시에 보조참가는 종료된 것으로 보아야 한다.
④ 재심의 소에 공동소송적 보조참가인이 참가한 후에 피참가인이 재심의 소를 취하한 경우 공동소송적 보조참가인의 동의가 없어도 소 취하의 효력이 발생한다.
⑤ 참가적 효력은 피참가인의 상대방과 보조참가인 사이에서는 발생하지 아니한다.

해설

① (O) 보조참가인이 피참가인을 보조하여 공동으로 소송을 수행하였으나 피참가인이 소송에서 패소한 경우에는 형평의 원칙상 보조참가인이 피참가인에게 패소판결이 부당하다고 주장할 수 없도록 구속력을 미치게 하는 이른바 참가적 효력이 인정되지만, 전소 확정판결의 참가적 효력은 전소 확정판결의 결론의 기초가 된 사실상 및 법률상의 판단으로서 보조참가인이 피참가인과 공동이익으로 주장하거나 다툴 수 있었던 사항에 한하여 미치고, 전소 확정판결에 필수적인 요소가 아니어서 결론에 영향을 미칠 수

없는 부가적 또는 보충적인 판단이나 방론 등에까지 미치는 것은 아니다(대법원 1997. 9. 5. 선고 95다42133 판결).

② (O) 보조참가인이 피참가인을 보조하여 공동으로 소송을 수행하였으나 피참가인이 소송에서 패소한 경우에는 형평의 원칙상 보조참가인이 피참가인에게 패소판결이 부당하다고 주장할 수 없도록 구속력을 미치게 하는 이른바 참가적 효력이 인정되지만, 전소 확정판결의 참가적 효력은 전소 확정판결의 결론의 기초가 된 사실상 및 법률상의 판단으로서 보조참가인이 피참가인과 공동이익으로 주장하거나 다툴 수 있었던 사항에 한하여 미치고, 전소 확정판결에 필수적인 요소가 아니어서 결론에 영향을 미칠 수 없는 부가적 또는 보충적인 판단이나 방론 등에까지 미치는 것은 아니다(대법원 1997. 9. 5. 선고 95다42133 판결).

③ (O) 소송당사자인 독립당사자참가인은 그의 상대방 당사자인 원·피고의 어느 한 쪽을 위하여 보조참가를 할 수는 없는 것이므로 보조참가인이 독립당사자참가를 하였다면 그와 동시에 보조참가는 종료된 것으로 보아야 할 것이고, 따라서 보조참가인의 입장에서는 상고할 수 없다(대법원 1993. 4. 27. 선고 93다5727, 93다5734 판결).

④ (X) 재심의 소를 취하하는 것은 통상의 소를 취하하는 것과는 달리 확정된 종국판결에 대한 불복의 기회를 상실하게 하여 더 이상 확정판결의 효력을 배제할 수 없게 하는 행위이므로, 이는 재판의 효력과 직접적인 관련이 있는 소송행위로서 확정판결의 효력이 미치는 공동소송적 보조참가인에 대하여는 불리한 행위이다. 따라서 재심의 소에 공동소송적 보조참가인이 참가한 후에는 피참가인이 재심의 소를 취하하더라도 공동소송적 보조참가인의 동의가 없는 한 효력이 없다. 이는 재심의 소를 피참가인이 제기한 경우나 통상의 보조참가인이 제기한 경우에도 마찬가지이다. 특히 통상의 보조참가인이 재심의 소를 제기한 경우에는 피참가인이 통상의 보조참가인에 대한 관계에서 재심의 소를 취하할 권능이 있더라도 이를 통하여 공동소송적 보조참가인에게 불리한 영향을 미칠 수는 없으므로 피참가인의 재심의 소 취하로 재심의 소 제기가 무효로 된다거나 부적법하게 된다고 볼 것도 아니다(대법원 2015. 10. 29. 선고 2014다13044 판결).

⑤ (O) 본조에서 말하는 재판의 효력은 보조참가인과 피참가인 사이의 소위 참가적효력을 말하는 것일 뿐 피참가인과 그 소송상대방간의 판결의 기판력이 참가인과 피참가인의 상대방과의 사이에까지 확장한다는 취지가 아니다(대법원 1965. 4. 27. 선고 65다101 판결).

해답 ④

문 57 ★★

소송요건에 관한 설명 중 옳지 않은 것은? (다툼이 있는 경우 판례에 의함)

① 상고심 법원은 매매예약완결권이 제척기간 도과로 인하여 소멸되었다는 주장이 적법한 상고이유서 제출기간 경과 후에 상고인에 의하여 주장되었다 할지라도 이를 판단하여야 한다.
② 순차적으로 경료된 소유권이전등기의 전부 말소를 구하는 소송에서, 후순위등기의 말소등기청구가 기각되고 그 판결이 확정됨으로써 직접적으로는 그 전순위등기의 말소등기의 실행이 불가능해졌다면 그 전순위등기의 말소를 구할 소의 이익이 없다.
③ 채권담보의 목적으로 부동산에 관하여 가등기가 경료되었는데 채권자가 그 가등기의 피담보채무의 액수를 다투는 때에는, 채무자는 채권자에게 피담보채무의 변제를 조건으로 가등기를 말소할 것을 미리 청구할 필요가 있다.
④ 근저당권의 피담보채무에 관한 부존재확인의 소는 근저당권이 말소되면 확인의 이익이 없게 된다.
⑤ 「부동산 거래신고 등에 관한 법률」 제10조 제1항(구 「국토의 계획 및 이용에 관한 법률」 제117조 제1항) 소정의 토지거래계약에 관한 허가 구역 내의 토지에 대하여 매매계약이 체결되었는데 계약

을 체결한 당사자 중 일방이 허가신청절차에 협력하지 않는 경우, 그 상대방은 위 협력의무의 이행을 소로써 구할 이익이 있다.

> **해설**

① (O) 매매예약완결권의 제척기간이 도과하였는지 여부는 소위 직권조사 사항으로서 이에 대한 당사자의 주장이 없더라도 법원이 당연히 직권으로 조사하여 재판에 고려하여야 하므로, 상고법원은 매매예약완결권이 제척기간 도과로 인하여 소멸되었다는 주장이 적법한 상고이유서 제출기간 경과 후에 주장되었다 할지라도 이를 판단하여야 한다(대법원 2000. 10. 13. 선고 99다18725 판결).

② (X) 순차 경료된 소유권이전등기의 각 말소 청구소송은 보통공동소송이므로 그 중의 어느 한 등기명의자만을 상대로 말소를 구할 수 있고, 최종 등기명의자에 대하여 등기말소를 구할 수 있는지에 관계없이 중간의 등기명의자에 대하여 등기말소를 구할 소의 이익이 있다(대법원 1998. 9. 22. 선고 98다23393 판결).

③ (O) 채권담보의 목적으로 부동산에 관하여 가등기가 경료된 경우 채무자는 자신의 채무를 먼저 변제하여야만 비로소 그 가등기의 말소를 구할 수 있는 것이기는 하지만, 채권자가 그 가등기가 채무담보의 목적으로 된 것임을 다툰다든지 피담보채무의 액수를 다투기 때문에 장차 채무자가 채무를 변제하더라도 채권자가 그 가등기의 말소에 협력할 것으로 기대되지 않는 경우에는 피담보채무의 변제를 조건으로 가등기를 말소할 것을 미리 청구할 필요가 있다 할 것이다(대법원 1992. 7. 10. 선고 92다15376,92다15383 판결).

④ (O) 확인의 소에서 확인의 대상은 현재의 권리 또는 법률관계일 것을 요하므로 특별한 사정이 없는 한 과거의 권리 또는 법률관계의 존부확인은 인정되지 아니하는바, 근저당권의 피담보채무에 관한 부존재확인의 소는 근저당권이 말소되면 과거의 권리 또는 법률관계의 존부에 관한 것으로서 확인의 이익이 없게 된다(대법원 2013. 8. 23. 선고 2012다17585 판결).

⑤ (O) 국토이용관리법상의 규제구역 내의 '토지등의 거래계약' 허가에 관한 관계규정의 내용과 그 입법취지에 비추어 볼 때 … 규제지역 내의 토지에 대하여 거래계약이 체결된 경우에 계약을 체결한 당사자 사이에 있어서는 그 계약이 효력 있는 것으로 완성될 수 있도록 서로 협력할 의무가 있음이 당연하므로, 계약의 쌍방 당사자는 공동으로 관할 관청의 허가를 신청할 의무가 있고, 이러한 의무에 위배하여 허가신청절차에 협력하지 않는 당사자에 대하여 상대방은 협력의무의 이행을 소송으로써 구할 이익이 있다(대법원 1991. 12. 24. 선고 90다12243 전원합의체 판결).

해답 ②

문 58

유치권에 관한 설명 중 옳지 않은 것은? (다툼이 있는 경우 판례에 의함)

① 원고 소유의 점포를 피고가 점유하고 있는 경우, 원고가 피고를 상대로 위 점포의 인도를 구하는 것과는 별도로 동일한 피고를 상대로 위 점포에 대한 유치권의 부존재확인을 구하는 것도 확인의 이익이 있다.

② 체납처분에 의한 압류가 되어 있는 부동산이라고 하더라도 경매절차가 개시되어 경매개시결정등기가 되기 전에 그 부동산에 관하여 민사유치권을 취득한 유치권자는 경매절차의 매수인에게 유치권을 행사할 수 있다.

③ 부동산 경매절차에서 유치권이 주장되지 아니한 경우에는, 담보목적물이 매각되어 그 소유권이 이전됨으로써 근저당권이 소멸하였더라도 채권자인 근저당권자는 유치권을 주장하는 자를 상대로 유치권 부존재확인을 구할 법률상 이익이 있다.

④ 근저당권자는 부동산 경매절차에서 유치권 신고를 한 사람을 상대로 유치권 전부의 부존재확인뿐만 아니라 유치권을 내세워 대항할 수 있는 범위를 초과하는 부분에 해당하는 유치권 일부의 부존재확인도 구할 법률상 이익이 있다.
⑤ 부동산에 가압류등기가 경료되어 있을 뿐 현실적인 매각절차가 이루어지지 않고 있는 상황에서는 위 부동산에 대한 채무자의 점유가 제3자에게 이전됨으로 인하여 제3자가 위 부동산에 대하여 유치권을 취득하게 된다고 하더라도 이를 '가압류 채권자에게 대항할 수 없는 처분행위'로 볼 수는 없다.

해설

① (X) 확인의 소는 확인판결을 받는 것이 원고의 법적 지위에 대한 불안과 위험을 제거하는 데 가장 유효·적절한 수단인 경우에 인정되는바, 이 사건과 같이 원고 소유의 이 사건 점포를 피고가 점유하고 있는 경우에는 이 사건 점포의 인도를 구하는 것이 원고의 소유권에 대한 불안과 위험을 유효하고 적절하게 제거하는 직접적인 수단이 되므로 이와 별도로 피고를 상대로 이 사건 점포에 대한 유치권의 부존재확인을 구하는 것은 확인의 이익이 없어 부적법하다(대법원 2014. 4. 10. 선고 2010다84932 판결).

② (O) 부동산에 관한 민사집행절차에서는 경매개시결정과 함께 압류를 명하므로 압류가 행하여짐과 동시에 매각절차인 경매절차가 개시되는 반면, 국세징수법에 의한 체납처분절차에서는 그와 달리 체납처분에 의한 압류(이하 '체납처분압류'라고 한다)와 동시에 매각절차인 공매절차가 개시되는 것이 아닐 뿐만 아니라, 체납처분압류가 반드시 공매절차로 이어지는 것도 아니다. 또한 체납처분절차와 민사집행절차는 서로 별개의 절차로서 공매절차와 경매절차가 별도로 진행되는 것이므로, 부동산에 관하여 체납처분압류가 되어 있다고 하여 경매절차에서 이를 그 부동산에 관하여 경매개시결정에 따른 압류가 행하여진 경우와 마찬가지로 볼 수는 없다. 따라서 체납처분압류가 되어 있는 부동산이라고 하더라도 그러한 사정만으로 경매절차가 개시되어 경매개시결정등기가 되기 전에 부동산에 관하여 민사유치권을 취득한 유치권자가 경매절차의 매수인에게 유치권을 행사할 수 없다고 볼 것은 아니다(대법원 2014. 3. 20. 선고 2009다60336 전원합의체 판결).

③ (O) 경매절차에서 유치권이 주장되지 아니한 경우에는, 담보목적물이 매각되어 그 소유권이 이전됨으로써 근저당권이 소멸하였더라도 채권자는 유치권의 존재를 알지 못한 매수인으로부터 민법 제575조, 제578조 제1항, 제2항에 의한 담보책임을 추급당할 우려가 있고, 위와 같은 위험은 채권자의 법률상 지위를 불안정하게 하는 것이므로, 채권자인 근저당권자로서는 위 불안을 제거하기 위하여 유치권 부존재 확인을 구할 법률상 이익이 있다. 반면 채무자가 아닌 소유자는 위 각 규정에 의한 담보책임을 부담하지 아니하므로, 유치권의 부존재 확인을 구할 법률상 이익이 없다(대법원 2020. 1. 16. 선고 2019다247385 판결).

④ (O) 민사집행법 제268조에 의하여 담보권의 실행을 위한 경매절차에 준용되는 같은 법 제91조 제5항에 의하면 유치권자는 경락인에 대하여 피담보채권의 변제를 청구할 수는 없지만 자신의 피담보채권이 변제될 때까지 유치목적물인 부동산의 인도를 거절할 수 있어 경매절차의 입찰인들은 낙찰 후 유치권자로부터 경매목적물을 쉽게 인도받을 수 없다는 점을 고려하여 입찰하게 되고 그에 따라 경매목적 부동산이 그만큼 낮은 가격에 낙찰될 우려가 있다. 이와 같이 저가낙찰로 인해 경매를 신청한 근저당권자의 배당액이 줄어들거나 경매목적물 가액과 비교하여 거액의 유치권 신고로 매각 자체가 불가능하게 될 위험은 경매절차에서 근저당권자의 법률상 지위를 불안정하게 하는 것이므로 위 불안을 제거하는 근저당권자의 이익을 단순한 사실상·경제상의 이익이라고 볼 수는 없다. 따라서 근저당권자는 유치권 신고를 한 사람을 상대로 유치권 전부의 부존재뿐만 아니라 경매절차에서 유치권을 내세워 대항할 수 있는 범위를 초과하는 유치권의 부존재 확인을 구할 법률상 이익이 있고, 심리 결과 유치권 신고를 한 사람이 유치권의 피담보채권으로 주장하는 금액의 일부만이 경매절차에서 유치권으로 대항할 수 있는

것으로 인정되는 경우에는 법원은 특별한 사정이 없는 한 그 유치권 부분에 대하여 일부패소의 판결을 하여야 한다(대법원 2016. 3. 10. 선고 2013다99409 판결).

⑤ (O) 부동산에 가압류등기가 경료되면 채무자가 당해 부동산에 관한 처분행위를 하더라도 이로써 가압류채권자에게 대항할 수 없게 되는데, 여기서 처분행위란 당해 부동산을 양도하거나 이에 대해 용익물권, 담보물권 등을 설정하는 행위를 말하고 특별한 사정이 없는 한 점유의 이전과 같은 사실행위는 이에 해당하지 않는다. 다만 부동산에 경매개시결정의 기입등기가 경료되어 압류의 효력이 발생한 후에 채무자가 제3자에게 당해 부동산의 점유를 이전함으로써 그로 하여금 유치권을 취득하게 하는 경우 그와 같은 점유의 이전은 처분행위에 해당한다는 것이 당원의 판례이나 … 따라서 이와 달리 부동산에 가압류등기가 경료되어 있을 뿐 현실적인 매각절차가 이루어지지 않고 있는 상황하에서는 채무자의 점유이전으로 인하여 제3자가 유치권을 취득하게 된다고 하더라도 이를 처분행위로 볼 수는 없다(대법원 2011. 11. 24. 선고 2009다19246 판결).

문 59 ★★

기판력에 관한 설명 중 옳지 않은 것은? (다툼이 있는 경우 판례에 의함)

① 소유권이전등기말소청구 소송에서 청구기각의 판결을 선고받아 확정되었다면 그 기판력은 그 후 동일한 부동산에 관하여 동일한 당사자 간에 제기된 진정명의회복을 원인으로 한 소유권이전등기청구 소송에도 미친다.
② 채권자가 먼저 부당이득반환청구의 소를 제기하였다면 특별한 사정이 없는 한 손해 전부에 대하여 승소판결을 얻을 수 있었을 것임에도 손해배상청구의 소를 먼저 제기하는 바람에 과실상계 등의 법리에 따라 그 승소액이 당초 청구 금액의 일부로 제한된 판결이 확정된 경우, 위 손해배상청구의 소에서 일부 청구기각된 부분에 대한 부당이득반환청구는 인용될 수 있다.
③ A 부동산에 관한 피고 명의의 소유권이전등기가 원인무효라는 이유로 원고가 피고를 상대로 그 등기의 말소를 구하는 소를 제기하였다가 청구기각의 판결을 선고받아 확정된 경우, 원고로서는 그의 소유권을 부인하는 피고에 대하여 A 부동산이 원고의 소유라는 확인을 구할 법률상 이익이 없다.
④ 가등기에 기한 소유권이전등기절차의 이행을 명한 전소 확정판결의 기판력은 위 가등기만의 말소를 구하는 후소에 미치지 아니한다.
⑤ 기판력 있는 전소 판결과 저촉되는 후소 판결이 그대로 확정된 경우에도 재심의 소에 의하여 후소 판결이 취소될 때까지 전소 판결과 후소 판결은 저촉되는 상태 그대로 기판력을 갖는다.

해설

① (O) 진정한 등기명의의 회복을 위한 소유권이전등기청구는 이미 자기 앞으로 소유권을 표상하는 등기가 되어 있었거나 법률에 의하여 소유권을 취득한 자가 진정한 등기명의를 회복하기 위한 방법으로 현재의 등기명의인을 상대로 그 등기의 말소를 구하는 것에 갈음하여 허용되는 것인데, 말소등기에 갈음하여 허용되는 진정명의회복을 원인으로 한 소유권이전등기청구권과 무효등기의 말소청구권은 어느 것이나 진정한 소유자의 등기명의를 회복하기 위한 것으로서 실질적으로 그 목적이 동일하고, 두 청구권 모두 소유권에 기한 방해배제청구권으로서 그 법적 근거와 성질이 동일하므로, 비록 전자는 이전등기, 후자는 말소등기의 형식을 취하고 있다고 하더라도 그 소송물은 실질상 동일한 것으로 보아야 하고, 따라서 소유권이전등기말소청구소송에서 패소확정판결을 받았다면 그 기판력은 그 후 제기된 진정명의회복을 원인으로 한 소유권이전등기청구소송에도 미친다(대법원 2001. 9. 20. 선고 99다37894 전원합의체 판결).

② (O) 부당이득반환청구권과 불법행위로 인한 손해배상청구권은 서로 실체법상 별개의 청구권으로 존재하고 그 각 청구권에 기초하여 이행을 구하는 소는 소송법적으로도 소송물을 달리하므로, 채권자로서는 어느 하나의 청구권에 관한 소를 제기하여 승소 확정판결을 받았다고 하더라도 아직 채권의 만족을 얻지 못한 경우에는 다른 나머지 청구권에 관한 이행판결을 얻기 위하여 그에 관한 이행의 소를 제기할 수 있다. 그리고 채권자가 먼저 부당이득반환청구의 소를 제기하였을 경우 특별한 사정이 없는 한 손해 전부에 대하여 승소판결을 얻을 수 있었을 것임에도 우연히 손해배상청구의 소를 먼저 제기하는 바람에 과실상계 또는 공평의 원칙에 기한 책임제한 등의 법리에 따라 그 승소액이 제한되었다고 하여 그로써 제한된 금액에 대한 부당이득반환청구권의 행사가 허용되지 않는 것도 아니다(대법원 2013. 9. 13. 선고 2013다45457 판결).

③ (X) 확정판결의 기판력은 소송물로 주장된 법률관계의 존부에 관한 판단의 결론에만 미치고 그 전제가 되는 법률관계의 존부에까지 미치는 것은 아니므로, 계쟁 부동산에 관한 피고 명의의 소유권이전등기가 원인무효라는 이유로 원고가 피고를 상대로 그 등기의 말소를 구하는 소송을 제기하였다가 청구기각의 판결을 선고받아 확정되었다고 하더라도, 그 확정판결의 기판력은 소송물로 주장된 말소등기청구권이나 이전등기청구권의 존부에만 미치는 것이지 그 기본이 된 소유권 자체의 존부에는 미치지 아니하고, 따라서 원고가 비록 위 확정판결의 기판력으로 인하여 계쟁 부동산에 관한 등기부상의 소유 명의를 회복할 방법은 없게 되었다고 하더라도 그 소유권이 원고에게 없음이 확정된 것은 아닐 뿐만 아니라, 등기부상 소유자로 등기되어 있지 않다고 하여 소유권을 행사하는 것이 전혀 불가능한 것도 아닌 이상, 원고로서는 그의 소유권을 부인하는 피고에 대하여 계쟁 부동산이 원고의 소유라는 확인을 구할 법률상 이익이 있으며, 이러한 법률상의 이익이 있는 이상에는 특별한 사정이 없는 한 소유권확인 청구의 소제기 자체가 신의칙에 반하는 것이라고 단정할 수 없는 것이다(대법원 2002. 9. 24. 선고 2002다11847 판결).

④ (O) 확정판결의 기판력은 소송물로 주장된 법률관계의 존부에 관한 판단의 결론 자체에만 미치고 그 전제가 되는 법률관계의 존부에까지 미치는 것은 아니어서, 가등기에 기한 소유권이전등기절차의 이행을 명한 전소 판결의 기판력은 소송물인 소유권이전등기청구권의 존부에만 미치고 그 등기청구권의 원인이 되는 채권계약의 존부나 판결이유 중에 설시되었을 뿐인 가등기의 효력 유무에 관한 판단에는 미치지 아니하고, 따라서 만일 후소로써 위 가등기에 기한 소유권이전등기의 말소를 청구한다면 이는 1물1권주의의 원칙에 비추어 볼 때 전소에서 확정된 소유권이전등기청구권을 부인하고 그와 모순되는 정반대의 사항을 소송물로 삼은 경우에 해당하여 전소 판결의 기판력에 저촉된다고 할 것이지만, 이와 달리 위 가등기만의 말소를 청구하는 것은, 전소에서 판단의 전제가 되었을 뿐이고 그로써 아직 확정되지는 아니한 법률관계를 다투는 것에 불과하여 전소 판결의 기판력에 저촉된다고 볼 수 없다(대법원 1995. 3. 24. 선고 93다52488 판결).

⑤ (O) 기판력 있는 전소판결과 저촉되는 후소판결이 그대로 확정된 경우에도 전소판결의 기판력이 실효되는 것이 아니고 재심의 소에 의하여 후소판결이 취소될 때까지 전소판결과 후소판결은 저촉되는 상태 그대로 기판력을 갖는 것이고 또한 후소판결의 기판력이 전소판결의 기판력을 복멸시킬 수 있는 것도 아니어서, 기판력 있는 전소판결의 변론종결 후에 이와 저촉되는 후소판결이 확정되었다는 사정은 변론종결 후에 발생한 새로운 사유에 해당되지 않으므로, 그와 같은 사유를 들어 전소판결의 기판력이 미치는 자 사이에서 전소판결의 기판력이 미치지 않게 되었다고 할 수 없다(대법원 1997. 1. 24. 선고 96다32706 판결).

해답 ③

문 60

소멸시효에 관한 설명 중 옳지 않은 것은? (다툼이 있는 경우 판례에 의함)

① 채무자가 소멸시효 완성 후 채무를 일부 변제한 때에는 액수에 관하여 다툼이 없는 한 채무 전체를 묵시적으로 승인한 것으로 보아야 하고, 이 경우 시효 완성의 사실을 알고 소멸시효의 이익을 포기한 것으로 추정된다.
② 부진정연대채무에서 채무자 1인에 대한 재판상 청구 또는 채무자 1인이 행한 채무의 승인 등 소멸시효의 중단 사유나 시효이익의 포기는 다른 채무자에게 효력을 미친다.
③ 채권자가 전소로 이행청구를 하여 승소 확정판결을 받은 후 그 채권의 시효 중단을 위한 후소를 제기하는 경우, 후소로 재판상의 청구가 있다는 점에 대하여만 확인을 구하는 형태의 확인의 소도 허용된다.
④ 채권자가 채무자의 제3채무자에 대한 채권을 압류 또는 가압류한 경우, 압류 또는 가압류된 채무자의 제3채무자에 대한 채권에 대하여는 시효 중단의 효력이 생긴다고 할 수 없다.
⑤ 가압류에 의한 시효 중단은 경매절차에서 부동산이 매각되어 가압류등기가 말소되기 전에 배당절차가 진행되어 가압류채권자에 대한 배당표가 확정되는 등의 특별한 사정이 없는 한, 채권자가 가압류 집행에 의하여 권리행사를 계속하고 있다고 볼 수 있는 가압류등기가 말소된 때 중단사유가 종료되어, 그때부터 새로 소멸시효가 진행한다.

해설

① **(O)** 채무자가 소멸시효 완성 후 채무를 일부 변제한 때에는 액수에 관하여 다툼이 없는 한 채무 전체를 묵시적으로 승인한 것으로 보아야 하고, 이 경우 시효완성의 사실을 알고 이익을 포기한 것으로 추정되므로, 소멸시효가 완성된 채무를 피담보채무로 하는 근저당권이 실행되어 채무자 소유의 부동산이 경락되고 대금이 배당되어 채무의 일부 변제에 충당될 때까지 채무자가 아무런 이의를 제기하지 아니하였다면, 경매절차의 진행을 채무자가 알지 못하였다는 등 다른 특별한 사정이 없는 한, 채무자는 시효 완성의 사실을 알고 채무를 묵시적으로 승인하여 시효의 이익을 포기한 것으로 볼 수 있기는 하다. 그러나 소멸시효가 완성된 경우 채무자에 대한 일반채권자는 채권자의 지위에서 독자적으로 소멸시효의 주장을 할 수는 없지만 자기의 채권을 보전하기 위하여 필요한 한도 내에서 채무자를 대위하여 소멸시효 주장을 할 수 있으므로 채무자가 배당절차에서 이의를 제기하지 아니하였다고 하더라도 채무자의 다른 채권자가 이의를 제기하고 채무자를 대위하여 소멸시효 완성의 주장을 원용하였다면, 시효의 이익을 묵시적으로 포기한 것으로 볼 수 없다(대법원 2017. 7. 11. 선고 2014다32458 판결).
② **(X)** 상법 제24조에 의한 명의대여자와 명의차용자의 책임은 동일한 경제적 목적을 가진 채무로서 서로 중첩되는 부분에 관하여 일방의 채무가 변제 등으로 소멸하면 타방의 채무도 소멸하는 이른바 부진정연대의 관계에 있다. 이와 같은 부진정연대채무에서는 채무자 1인에 대한 이행청구 또는 채무자 1인이 행한 채무의 승인 등 소멸시효의 중단사유나 시효이익의 포기가 다른 채무자에게 효력을 미치지 아니한다(대법원 2011. 4. 14. 선고 2010다91886 판결).
③ **(O)** 시효중단을 위한 후소로서 이행소송 외에 전소 판결로 확정된 채권의 시효를 중단시키기 위한 재판상의 청구가 있다는 점에 대하여만 확인을 구하는 형태의 '새로운 방식의 확인소송'이 허용된다(대법원 2018. 10. 18. 선고 2015다232316 전원합의체 판결).
④ **(O)** 채권자가 채무자의 제3채무자에 대한 채권을 압류 또는 가압류한 경우에 채무자에 대한 채권자의 채권에 관하여 시효중단의 효력이 생긴다고 할 것이나, 압류 또는 가압류된 채무자의 제3채무자에 대한 채권에 대하여는 민법 제168조 제2호 소정의 소멸시효 중단사유에 준하는 확정적인 시효중단의 효력이 생긴다고 할 수 없다. 소멸시효 중단사유의 하나로서 민법 제174조가 규정하고 있는 최고는 채무

자에 대하여 채무이행을 구한다는 채권자의 의사통지(준법률행위)로서, 이에는 특별한 형식이 요구되지 아니할 뿐 아니라 행위 당시 당사자가 시효중단의 효과를 발생시킨다는 점을 알거나 의욕하지 않았다 하더라도 이로써 권리 행사의 주장을 하는 취지임이 명백하다면 최고에 해당하는 것으로 보아야 할 것이므로, 채권자가 확정판결에 기한 채권의 실현을 위하여 채무자의 제3채무자에 대한 채권에 관하여 압류 및 추심명령을 받아 그 결정이 제3채무자에게 송달이 되었다면 거기에 소멸시효 중단사유인 최고로서의 효력을 인정하여야 한다(대법원 2003. 5. 13. 선고 2003다16238 판결).

⑤ (O) 가압류는 강제집행을 보전하기 위한 것으로서 경매절차에서 부동산이 매각되면 그 부동산에 대한 집행보전의 목적을 다하여 효력을 잃고 말소되며, 가압류채권자에게는 집행법원이 그 지위에 상응하는 배당을 하고 배당액을 공탁함으로써 가압류채권자가 장차 채무자에 대하여 권리행사를 하여 집행권원을 얻었을 때 배당액을 지급받을 수 있도록 하면 족한 것이다. 따라서 이러한 경우 가압류에 의한 시효중단은 경매절차에서 부동산이 매각되어 가압류등기가 말소되기 전에 배당절차가 진행되어 가압류채권자에 대한 배당표가 확정되는 등의 특별한 사정이 없는 한, 채권자가 가압류집행에 의하여 권리행사를 계속하고 있다고 볼 수 있는 가압류등기가 말소된 때 그 중단사유가 종료되어, 그때부터 새로 소멸시효가 진행한다고 봄이 타당하다(매각대금 납부 후의 배당절차에서 가압류채권자의 채권에 대하여 배당이 이루어지고 배당액이 공탁되었다고 하여 가압류채권자가 그 공탁금에 대하여 채권자로서 권리행사를 계속하고 있다고 볼 수는 없으므로 그로 인하여 가압류에 의한 시효중단의 효력이 계속된다고 할 수 없다)(대법원 2013. 11. 14. 선고 2013다18622,18639 판결).

문 61 ★★

소송대리인에 관한 설명 중 옳은 것을 모두 고른 것은? (다툼이 있는 경우 판례에 의함)

> ㄱ. 소송계속 중 당사자가 사망하였어도 소송대리인이 있어 소송절차가 중단되지 아니하는 경우, 그 소송대리인은 상속인들 전원을 위하여 소송을 수행하게 되는 것이며 그 사건의 판결은 상속인들 전원에 대하여 효력이 있다.
> ㄴ. 당사자가 소송대리인에게 소송위임을 한 다음 소 제기 전에 사망하였음에도 소송대리인이 당사자의 사망 사실을 모르고 그 당사자를 원고로 표시하여 소를 제기하였다면, 이러한 소의 제기는 적법하고 시효 중단 등 소 제기의 효력은 상속인들에게 귀속된다.
> ㄷ. 소송대리권의 범위는 특별한 사정이 없는 한 해당 심급에 한정되므로, 상소 제기의 특별수권을 받지 않은 소송대리인의 소송대리권은 그 심급의 판결을 송달받은 때 소멸된다.
> ㄹ. 선정당사자가 변호사와 소송위임계약을 체결하면서 선정자로부터 별도의 수권을 받지 않고 변호사 보수에 관한 약정을 한 경우, 그 약정은 선정자의 추인이 없더라도 선정자에 대하여 효력이 있다.

① ㄱ, ㄴ ② ㄱ, ㄴ, ㄷ
③ ㄱ, ㄷ, ㄹ ④ ㄴ, ㄷ, ㄹ
⑤ ㄱ, ㄴ, ㄷ, ㄹ

해설

ㄱ. (O) 당사자가 사망하였으나 소송대리인이 있는 경우에는 소송절차가 중단되지 아니하고(민사소송법 제238조, 제233조 제1항), 소송대리인은 상속인들 전원을 위하여 소송을 수행하게 되며, 판결은 상속인들 전원에 대하여 효력이 있다. 이 경우 심급대리의 원칙상 판결정본이 소송대리인에게 송달되면 소

송절차가 중단되므로 항소는 소송수계절차를 밟은 다음에 제기하는 것이 원칙이다. 다만 제1심 소송대리인이 상소제기에 관한 특별수권이 있어 상소를 제기하였다면 상소제기 시부터 소송절차가 중단되므로 항소심에서 소송수계절차를 거치면 된다(대법원 2016. 4. 29. 선고 2014다210449 판결).

ㄴ.(O) 당사자가 사망하더라도 소송대리인의 소송대리권은 소멸하지 아니하므로(민사소송법 제95조 제1호), 당사자가 소송대리인에게 소송위임을 한 다음 소 제기 전에 사망하였는데 소송대리인이 당사자가 사망한 것을 모르고 당사자를 원고로 표시하여 소를 제기하였다면 소의 제기는 적법하고, 시효중단 등 소 제기의 효력은 상속인들에게 귀속된다. 이 경우 민사소송법 제233조 제1항이 유추적용되어 사망한 사람의 상속인들은 소송절차를 수계하여야 한다(대법원 2016. 4. 29. 선고 2014다210449 판결).

ㄷ.(O) 소송대리권의 범위는 특별한 사정이 없는 한 당해 심급에 한정되어, 소송대리인의 소송대리권의 범위는 수임한 소송사무가 종료하는 시기인 당해 심급의 판결을 송달받은 때까지라고 할 것이다(대법원 2000. 1. 31.자 99마6205 결정).

ㄹ.(X) 선정당사자는 선정자들로부터 소송수행을 위한 포괄적인 수권을 받은 것으로서 일체의 소송행위는 물론 소송수행에 필요한 사법상(私法上)의 행위도 할 수 있는 것이고 개개의 소송행위를 함에 있어서 선정자의 개별적인 동의가 필요한 것은 아니라 할 것이므로(대법원 2003. 5. 30. 선고 2001다10748 판결 참조), 자신과 선정자들을 위한 공격이나 방어를 위하여 필요한 범위에서 특정한 법률관계에 실체법적 효과를 발생시키는 행위나 변제의 수령 등을 할 수 있다고 할 것이지만, 변호사인 소송대리인과 사이에 체결하는 보수약정은 소송위임에 필수적으로 수반되어야 하는 것은 아니므로 선정당사자가 그 자격에 기한 독자적인 권한으로 행할 수 있는 소송수행에 필요한 사법상의 행위라고 할 수 없다. 따라서 선정당사자가 선정자로부터 별도의 수권 없이 변호사 보수에 관한 약정을 하였다면 선정자들이 이를 추인하는 등의 특별한 사정이 없는 한 선정자에 대하여 효력이 없다고 할 것이며, 뿐더러 그와 같은 보수약정을 하면서 향후 변호사 보수와 관련하여 다투지 않기로 부제소합의를 하거나 약정된 보수액이 과도함을 이유로 선정자들이 제기한 별도의 소송에서 소취하합의를 하더라도 이와 관련하여 선정자들로부터 별도로 위임받은 바가 없다면 선정자에 대하여 역시 그 효력을 주장할 수 없다(대법원 2010. 5. 13. 선고 2009다105246 판결).

문 62 ★★★

甲은 乙에게 3억 원을 대여하였다고 주장하면서 乙을 상대로 3억 원의 반환을 청구하는 소를 제기하였다. 변론 진행 중 乙은 차용 사실을 부정하는 한편 "설령 甲으로부터 3억 원을 차용하였더라도 甲에 대한 5억 원의 대여금 채권을 가지고 대등액에서 상계한다."라고 진술하였고, 이에 대하여 甲은 乙로부터 5억 원을 차용한 사실이 없다고 진술하였다. 이에 관한 설명 중 옳지 않은 것은? (다툼이 있는 경우 판례에 의함)

① 소송상 방어방법으로서의 상계항변은 수동채권의 존재가 확정되는 것을 전제로 행하여지는 일종의 예비적 항변이다.
② 위 소송 진행 중 열린 조정 기일에서 甲과 乙 사이에 "乙은 甲에게 2억 원을 지급한다. 甲은 나머지 청구를 포기한다."라는 내용의 조정이 성립하여 조서에 기재되더라도 위 상계항변의 사법상 효과는 발생하지 않는다.
③ 상계항변에 관한 판단에는 기판력이 발생하므로, 상계항변은 어떠한 경우에도 실기한 공격방어방법이 되지 않는다.
④ 법원이 甲의 乙에 대한 채권의 존재를 인정하면서 乙의 상계항변을 받아들여 甲의 청구를 기각하는 판결을 하였다면 甲과 乙은 이 판결에 대하여 모두 상소의 이익이 있다.

⑤ 乙이 상계항변으로 제출한 5억 원의 대여금 채권을 원인으로 甲에 대하여 이미 별소를 제기하여 소송계속 중이라고 하더라도 이러한 소송상 상계항변은 허용된다.

> **해설**
>
> ① (O), ② (O) 소송상 방어방법으로서의 상계항변은 수동채권의 존재가 확정되는 것을 전제로 하여 행하여지는 일종의 예비적 항변으로서 당사자가 소송상 상계항변으로 달성하려는 목적, 상호양해에 의한 자주적 분쟁해결수단인 조정의 성격 등에 비추어 볼 때, 당해 소송절차 진행 중 당사자 사이에 조정이 성립됨으로써 수동채권의 존재에 관한 법원의 실질적인 판단이 이루어지지 아니한 경우에는 그 소송절차에서 행하여진 소송상 상계항변의 사법상 효과도 발생하지 않는다고 봄이 타당하다(대법원 2013. 3. 28. 선고 2011다3329 판결).
>
> ③ (X) 환송 전 원심 소송절차에서 상계항변을 할 기회가 있었음에도 불구하고 환송 후 원심 소송절차에서 비로소 주장하는 상계항변은 실기한 공격방어방법에 해당한다(대법원 2005. 10. 7. 선고 2003다44387,44394 판결).
>
> ④ (O) 따라서 원고의 소구채권 자체가 인정되지 않는 경우 더 나아가 피고의 상계항변의 당부를 따져볼 필요도 없이 원고 청구가 배척될 것이므로, '원고의 소구채권 그 자체를 부정하여 원고의 청구를 기각한 판결'과 '소구채권의 존재를 인정하면서도 상계항변을 받아들인 결과 원고의 청구를 기각한 판결'은 민사소송법 제216조에 따라 기판력의 범위를 서로 달리하고, 후자의 판결에 대하여 피고는 상소의 이익이 있다(대법원 2018. 8. 30. 선고 2016다46338(본소), 2016다46345(반소) 판결). 원고의 경우 기각 판결을 선고 받았기 때문에, 형식적 불복설에 따라 당연히 항소의 이익이 存在(이시윤, 新민사소송법 제17판, p.890 참조)
>
> ⑤ (O) 상계의 항변을 제출할 당시 이미 자동채권과 동일한 채권에 기한 소송을 별도로 제기하여 계속 중인 경우, 사실심의 담당재판부로서는 전소와 후소를 같은 기회에 심리·판단하기 위하여 이부, 이송 또는 변론병합 등을 시도함으로써 기판력의 저촉·모순을 방지함과 아울러 소송경제를 도모함이 바람직하였다고 할 것이나, 그렇다고 하여 특별한 사정이 없는 한 별소로 계속 중인 채권을 자동채권으로 하는 소송상 상계의 주장이 허용되지 않는다고 볼 수는 없다(대법원 2001. 4. 27. 선고 2000다4050 판결).

해답 ③

문 63 ★★

乙이 丙에 대하여 가지는 A 부동산에 관한 소유권이전등기청구권이 甲에 의하여 가압류된 경우에 관한 설명 중 옳지 않은 것은? (다툼이 있는 경우 판례에 의함)

① 乙은 丙에 대하여 위 부동산에 관한 소유권이전등기절차의 이행을 구하는 소를 제기할 수 있고, 법원은 가압류가 되어 있음을 이유로 이를 배척할 수 없는 것이 원칙이다.
② 어떠한 경로로 丙으로부터 乙 명의로 위 부동산에 관한 소유권이전등기가 마쳐졌다면 甲은 부동산 자체를 가압류하거나 압류하면 되고 위 소유권이전등기의 말소를 구할 필요는 없다.
③ 乙이 丙을 상대로 위 부동산에 관한 소유권이전등기절차의 이행을 구하는 소를 제기한 경우, 丙이 위 가압류 사실을 주장하고 증명하였다면 법원은 가압류의 해제를 조건으로 하지 않는 한 소유권이전등기절차의 이행을 명할 수 없다.
④ 丙이 위 부동산에 관하여 丁에게 소유권이전등기를 해주었다면, 甲이 丁에 대하여 위 소유권이전등기가 가압류에 저촉되어 원인무효라고 주장하며 한 말소등기청구는 인용되어야 한다.
⑤ 乙이 위 부동산에 관한 소유권이전등기절차의 이행을 구하는 소를 제기하였으나, 丙이 이에 적극적으로 응소하지 않음으로써 가압류의 사실이 주장되지 않아 乙의 승소로 소유권이전등기가 된 후

결과적으로 그 부동산이 丁에게 소유권이전등기가 되어 甲에게 손해를 입혔다면, 丙은 甲에 대하여 불법행위에 기한 손해배상책임을 부담한다.

> **해설**

① (O), ③ (O) 소유권이전등기청구권에 대한 압류나 가압류는 채권에 대한 것이지 등기청구권의 목적물인 부동산에 대한 것이 아니고, 채무자와 제3채무자에게 그 결정을 송달하는 외에 현행법상 등기부에 이를 공시하는 방법이 없는 것으로서, 당해 채권자와 채무자 및 제3채무자 사이에만 효력이 있을 뿐 압류나 가압류와 관계가 없는 제3자에 대하여는 압류나 가압류의 처분금지적 효력을 주장할 수 없게 되므로, 소유권이전등기청구권의 압류나 가압류는 청구권의 목적물인 부동산 자체의 처분을 금지하는 대물적 효력은 없고, 또한 채권에 대한 가압류가 있더라도 이는 채무자가 제3채무자로부터 현실로 급부를 추심하는 것만을 금지하는 것이므로 채무자는 제3채무자를 상대로 그 이행을 구하는 소송을 제기할 수 있고 법원은 가압류가 되어 있음을 이유로 이를 배척할 수는 없는 것이지만, 소유권이전등기를 명하는 판결은 의사의 진술을 명하는 판결로서 이것이 확정되면 채무자는 일방적으로 이전등기를 신청할 수 있고 제3채무자는 이를 저지할 방법이 없게 되므로 위와 같이 볼 수는 없고 이와 같은 경우에는 가압류의 해제를 조건으로 하지 않는 한 법원은 이를 인용하여서는 안되는 것이며, 가처분이 있는 경우도 이와 마찬가지로 그 가처분의 해제를 조건으로 하여야만 소유권이전등기절차의 이행을 명할 수 있다(대법원 1999. 2. 9. 선고 98다42615 판결).

② (O) 부동산소유권이전등기청구권을 가압류하였다 하더라도, 어떠한 경로로 제3채무자로부터 채무자 명의로 소유권이전등기가 마쳐졌다면 채권자는 그 부동산 자체를 가압류하거나 압류하면 족하고 그 등기를 말소할 필요는 없으며, 만일 위와 같은 등기를 원인무효로 보고 말소한다면 가압류채권자는 이를 말소하고 다시 동일한 등기를 한다는 이상한 결과가 되고 만다(대법원 1998. 5. 29. 선고 96다11648 판결).

④ (X) 소유권이전등기청구권에 대한 압류나 가압류는 채권에 대한 것이지 등기청구권의 목적물인 부동산에 대한 것이 아니고, 채무자와 제3채무자에게 결정을 송달하는 외에 현행법상 등기부에 이를 공시하는 방법이 없는 것으로서 당해 채권자와 채무자 및 제3채무자 사이에만 효력을 가지며, 압류나 가압류와 관계가 없는 제3자에 대하여는 압류나 가압류의 처분금지적 효력을 주장할 수 없으므로 소유권이전등기청구권의 압류나 가압류는 청구권의 목적물인 부동산 자체의 처분을 금지하는 대물적 효력은 없다 할 것이고, 제3채무자나 채무자로부터 소유권이전등기를 넘겨받은 제3자에 대하여는 취득한 등기가 원인무효라고 주장하여 말소를 청구할 수 없다(대법원 1992. 11. 10. 선고 92다4680 전원합의체판결).

⑤ (O) 소유권이전등기청구권에 대한 가압류가 있으면 그 변제금지의 효력에 의하여 제3채무자는 채무자에게 임의로 이전등기를 이행하여서는 아니되는 것이나, 그와 같은 가압류는 채권에 대한 것이지 등기청구권의 목적물인 부동산에 대한 것이 아니고, 채무자와 제3채무자에게 결정을 송달하는 외에 현행법상 등기부에 이를 공시하는 방법이 없는 것으로서 당해 채권자와 채무자 및 제3채무자 사이에만 효력을 가지며, 제3자에 대하여는 가압류의 변제금지의 효력을 주장할 수 없으므로 소유권이전등기청구권의 가압류는 청구권의 목적물인 부동산 자체의 처분을 금지하는 대물적 효력은 없다 할 것이고, 제3채무자나 채무자로부터 이전등기를 경료한 제3자에 대하여는 취득한 등기가 원인무효라고 주장하여 말소를 청구할 수는 없는 것이므로, 제3채무자가 가압류결정을 무시하고 이전등기를 이행하고 채무자가 다시 제3자에게 이전등기를 경료하여 준 결과 채권자에게 손해를 입힌 때에는 불법행위를 구성하고 그에 따른 배상책임을 지게 된다고 할 것인데, 소유권이전등기를 명하는 판결은 의사의 진술을 명하는 판결로서 이것이 확정되면 채무자는 일방적으로 이전등기를 신청할 수 있고 제3채무자는 이를 저지할 방법이 없으므로, 소유권이전등기청구권이 가압류된 경우에는 변제금지의 효력이 미치고 있는 제3채무자로서는 일반채권이 가압류된 경우와는 달리 채무자 또는 그 채무자를 대위한 자로부터 제기된 소유권이

전등기 청구소송에 응소하여 그 소유권이전등기청구권이 가압류된 사실을 주장하고 자신이 송달받은 가압류결정을 제출하는 방법으로 입증하여야 할 의무가 있다고 할 것이고, 만일 제3채무자가 고의 또는 과실로 위 소유권이전등기 청구소송에 응소하지 아니한 결과 의제자백에 의한 판결이 선고되어 확정됨에 따라 채무자에게 소유권이전등기가 경료되고 다시 제3자에게 처분된 결과 채권자가 손해를 입었다면, 이러한 경우는 제3채무자가 채무자에게 임의로 소유권이전등기를 경료하여 준 것과 마찬가지로 불법행위를 구성한다고 보아야 한다(대법원 1999. 6. 11. 선고 98다22963 판결).

해답 ④

문 64 ★★

甲은 '乙이 丙의 甲에 대한 1억 원의 대여금 채무를 연대보증한다.'는 취지가 기재된 보증서를 증거로 제출하면서 乙에 대하여 위 1억 원의 보증금 지급을 구하는 소를 제기하였다. 이에 관한 설명 중 옳지 않은 것은? (다툼이 있는 경우 판례에 의함)

① 甲이 보증서의 원본을 제출하지 않고 사본을 제출한 경우에는 원본의 존재 및 진정성립에 관하여 다툼이 있고 사본을 원본의 대용으로 하는 것에 대하여 乙로부터 이의가 있다면 사본으로써 원본을 대신할 수 없다.
② 보증서에 乙의 날인만 되어 있고 내용이 백지로 된 문서를 교부받아 제3자가 후일 그 백지 부분을 보충한 것임이 밝혀지더라도 乙의 날인이 진정한 이상 그 문서의 진정성립이 추정된다.
③ 보증서에 날인된 인영이 乙의 인장에 의하여 현출된 것이라면 그 문서 전체의 진정성립이 추정되고, 그 문서가 乙의 의사에 반하여 작성된 것이라는 점은 이를 주장하는 자가 적극적으로 증명하여야 한다.
④ 보증서에 乙이 아닌 자가 날인한 것이 밝혀진 경우에는, 甲이 그 날인 행위가 乙로부터 위임받은 정당한 권원에 의한 것이라는 사실까지 증명할 책임을 부담한다.
⑤ 乙이 보증서상의 인영이 자신의 인감도장에 의한 인영과 동일하다고 진술한 후에 스스로 그 진술을 철회하기 위해서는 재판상 자백의 취소요건을 갖추어야 한다.

해설

① (O) 문서의 제출은 원본으로 하여야 하는 것이고, 원본이 아니고 단순한 사본만에 의한 증거의 제출은 정확성의 보증이 없어 원칙적으로 부적법하므로, 원본의 존재 및 원본의 성립의 진정에 관하여 다툼이 있고 사본을 원본의 대용으로 하는 것에 대하여 상대방으로부터 이의가 있는 경우에는 사본으로써 원본을 대신할 수 없으며, 반면에 사본을 원본으로서 제출하는 경우에는 그 사본이 독립한 서증이 되는 것이나 그 대신 이에 의하여 원본이 제출된 것으로 되지는 아니하고, 이 때에는 증거에 의하여 사본과 같은 원본이 존재하고 또 그 원본이 진정하게 성립하였음이 인정되지 않는 한 그와 같은 내용의 사본이 존재한다는 것 이상의 증거가치는 없다. 다만, 서증사본의 신청 당사자가 문서 원본을 분실하였다든가, 선의로 이를 훼손한 경우, 또는 문서제출명령에 응할 의무가 없는 제3자가 해당 문서의 원본을 소지하고 있는 경우, 원본이 방대한 양의 문서인 경우 등 원본 문서의 제출이 불가능하거나 비실제적인 상황에서는 원본의 제출이 요구되지 아니한다고 할 것이지만, 그와 같은 경우라면 해당 서증의 신청당사자가 원본 부제출에 대한 정당성이 되는 구체적 사유를 주장·입증하여야 할 것이다(대법원 2010. 2. 25. 선고 2009다96403 판결).

② (X) 문서에 날인된 작성명의인의 인영이 작성명의인의 인장에 의하여 현출된 인영임이 인정되는 경우에는 특단의 사정이 없는 한 그 인영의 진정성립 및 그 문서전체의 진정성립까지 추정되는 것이기는 하나, 이는 어디까지나 먼저 내용기재가 이루어진 뒤에 인영이 압날된 경우에만 허용되는 것이며, 작성명

의인의 날인만 되어 있고 그 내용이 백지로 된 문서를 교부받아 후일 그 백지부분을 작성명의자가 아닌 자가 보충한 문서의 경우에 있어서는 문서제출자는 그 기재내용이 작성명의인으로부터 위임받은 정당한 권원에 의한 것이라는 사실까지 입증할 책임이 있으며, 이와 같은 법리는 그 문서가 처분문서라고 하여 달라질 것은 아니다(대법원 1988. 4. 12. 선고 87다카576 판결).

③ (O) 문서에 찍혀진 작성 명의인의 인영이 그 인장에 의하여 현출된 인영임이 밝혀진 경우에는 그 문서가 작성 명의인의 자격을 모용하여 작성한 것이라는 것은 그것을 주장하는 자가 적극적으로 입증하여야 한다.는 것으로, 인영의 진정성립을 다투는 자는 반증을 들어 그 진정성립의 추정을 깨뜨릴 수 있는 사정 등을 적극적으로 입증하여야 한다는 취지이고, 재심대상 판결은 그와 같은 경우에 "반증을 들어 그 진정성립에 관하여 법원으로 하여금 의심을 품게 하면 진정성립의 추정은 깨어진다."는 원칙을 판시한 것으로, 두 개의 판결은 모두 대법원이 종전부터 취하고 있는 견해와 모순된다고 보기는 어렵다고 할 것이므로 상호 배치되는 판결이라고 할 수 없다(대법원 1997. 6. 13. 선고 96재다462 판결).

④ (O) 문서에 날인된 작성명의인의 인영이 그의 인장에 의하여 현출된 것이라면 특별한 사정이 없는 한 그 인영의 진정성립, 즉 날인행위가 작성명의인의 의사에 기한 것임이 사실상 추정되고, 일단 인영의 진정성립이 추정되면 구 민사소송법(2002. 1. 26. 법률 제6626호로 전문 개정되기 전의 것) 제329조에 의하여 그 문서 전체의 진정성립이 추정되나, 위와 같은 사실상 추정은 날인행위가 작성명의인 이외의 자에 의하여 이루어진 것임이 밝혀진 경우에는 깨어지는 것이므로, 문서제출자는 그 날인행위가 작성명의인으로부터 위임받은 정당한 권원에 의한 것이라는 사실까지 입증할 책임이 있다(대법원 2003. 4. 8. 선고 2002다69686 판결).

⑤ (O) 문서의 성립에 관한 자백은 보조사실에 관한 자백이기는 하나 그 취소에 관하여는 다른 간접사실에 관한 자백취소와는 달리 주요사실의 자백취소와 동일하게 처리하여야 할 것이므로 문서의 진정성립을 인정한 당사자는 자유롭게 이를 철회할 수 없다고 할 것이고, 이는 문서에 찍힌 인영의 진정함을 인정하였다가 나중에 이를 철회하는 경우에도 마찬가지이다(대법원 2001. 4. 24. 선고 2001다5654 판결).

해답 ②

문 65
★★
「상법」상 주식회사의 주주대표소송에 관한 설명 중 옳지 않은 것을 모두 고른 것은? (다툼이 있는 경우 판례에 의함)

> ㄱ. 주주대표소송의 목적이 되는 권리관계가 이사의 재직 중에 일어난 사유로 인한 것이라 할지라도 그 이사가 이미 이사의 자리를 떠났다면 회사가 그 이사를 상대로 하는 주주대표소송에 공동소송참가하는 경우, 특별한 사정이 없는 한 회사를 대표하는 자는 감사가 아닌 대표이사이다.
> ㄴ. 발행주식 총수의 100분의 1 이상에 해당하는 주식을 가진 주주가 회사에 회복할 수 없는 손해가 생길 염려가 없음에도 불구하고 회사에 대하여 이사의 책임을 추궁할 소의 제기를 청구하지 아니한 채 즉시 회사를 위하여 소를 제기하면, 그 소는 부적법한 것으로서 각하되어야 한다.
> ㄷ. 주주가 파산관재인에 대하여 이사에 대한 책임을 추궁할 것을 청구하였음에도 파산관재인이 이를 거부하여, 주주대표소송으로 이사의 책임을 추궁하는 소를 제기하면 그 소는 적법하다.
> ㄹ. 주주대표소송의 주주와 같이 다른 사람을 위하여 원고가 된 사람이 받은 확정판결의 집행력은 확정판결의 당사자인 원고가 된 사람과 그 다른 사람 모두에게 미치므로, 주주대표소송의 주주는 집행채권자가 될 수 있다.

① ㄱ ② ㄷ
③ ㄱ, ㄷ ④ ㄴ, ㄹ
⑤ ㄷ, ㄹ

> **해설**

ㄱ.(O) 전 이사들을 상대로 하는 주주대표소송에 회사가 참가하는 경우, 상법 제394조 제1항의 적용이 배제되어 회사를 대표하는 자는 감사가 아닌 대표이사이다(대법원 2002. 3. 15. 선고 2000다9086 판결).

ㄴ.(O) … 따라서 회사에 회복할 수 없는 손해가 생길 염려가 없음에도 불구하고 회사에 대하여 이사의 책임을 추궁할 소의 제기를 청구하지 아니한 채 발행주식 총수의 100분의 1 이상에 해당하는 주식을 가진 주주가 즉시 회사를 위하여 소를 제기하였다면 그 소송은 부적법한 것으로서 각하되어야 한다. 여기서 회복할 수 없는 손해가 생길 염려가 있는 경우라 함은 이사에 대한 손해배상청구권의 시효가 완성된다든지 이사가 도피하거나 재산을 처분하려는 때와 같이 이사에 대한 책임추궁이 불가능 또는 무익해질 염려가 있는 경우 등을 의미한다(대법원 2010. 4. 15. 선고 2009다98058 판결).

ㄷ.(X) 상법 제399조, 제414조에 따라 회사가 이사 또는 감사에 대하여 그들이 선량한 관리자의 주의의무를 다하지 못하였음을 이유로 손해배상책임을 구하는 소는 회사의 재산관계에 관한 소로서 회사에 대한 파산선고가 있으면 파산관재인이 당사자 적격을 가진다고 할 것이고(파산법 제152조), 파산절차에 있어서 회사의 재산을 관리·처분하는 권리는 파산관재인에게 속하며(파산법 제7조), 파산관재인은 법원의 감독하에 선량한 관리자의 주의로써 그 직무를 수행할 책무를 부담하고 그러한 주의를 해태한 경우에는 이해관계인에 대하여 책임을 부담하게 되기 때문에(파산법 제154조) 이사 또는 감사에 대한 책임을 추궁하는 소에 있어서도 이를 제기할 것인지의 여부는 파산관재인의 판단에 위임되어 있다고 해석하여야 할 것이고, 따라서 회사가 이사 또는 감사에 대한 책임추궁을 게을리 할 것을 예상하여 마련된 주주의 대표소송의 제도는 파산절차가 진행 중인 경우에는 그 적용이 없고, 주주가 파산관재인에 대하여 이사 또는 감사에 대한 책임을 추궁할 것을 청구하였는데 파산관재인이 이를 거부하였다고 하더라도 주주가 상법 제403조, 제415조에 근거하여 대표소송으로서 이사 또는 감사의 책임을 추궁하는 소를 제기할 수 없다고 보아야 할 것이며, 이러한 이치는 주주가 회사에 대하여 책임추궁의 소의 제기를 청구하였지만 회사가 소를 제기하지 않고 있는 사이에 회사에 대하여 파산선고가 있은 경우에도 마찬가지이다(대법원 2002. 7. 12. 선고 2001다2617 판결).

ㄹ.(O) 주주대표소송의 주주와 같이 다른 사람을 위하여 원고가 된 사람이 받은 확정판결의 집행력은 확정판결의 당사자인 원고가 된 사람과 다른 사람 모두에게 미치므로, 주주대표소송의 주주는 집행채권자가 될 수 있다(대법원 2014. 2. 19. 자 2013마2316 결정).

해답 ②

문 66 ★★

재판상 자백에 관한 설명 중 옳지 않은 것은? (다툼이 있는 경우 판례에 의함)

① 법정변제충당의 순서를 정하는 기준이 되는 이행기나 변제이익에 관한 사항은 물론 법정변제충당의 순서 자체에 관한 사항도 자백의 대상이 될 수 있다.
② 당사자 일방이 한 진술에 잘못된 계산이나 기타 표현상의 잘못이 있고, 그 잘못이 분명한 경우에는 상대방이 이를 원용하더라도 자백이 성립하지 않는다.
③ 당사자 일방이 자진하여 자기에게 불리한 사실상 진술을 한 후 그 상대방이 이를 원용함으로써 그 사실에 관한 당사자 쌍방의 주장이 일치하기 전에는 위 당사자 일방의 불리한 진술은 자백으로서의 효력이 생기지 않는다.

④ 종중이 당사자인 사건에서 그 종중의 대표자에게 적법한 대표권이 있는지 여부는 자백의 대상이 될 수 없다.
⑤ 甲이 乙을 상대로 제기한 A 토지에 관한 소유권이전등기말소청구 소송에서 乙이 A 토지의 소유권이전등기가 아무런 원인 없이 이루어졌다는 甲의 주장사실을 인정함으로써 자백이 성립된 후, 甲이 새로이 명의신탁 사실을 주장하며 명의신탁해지를 원인으로 한 소유권이전등기를 구하는 것으로 청구취지 및 청구원인을 교환적으로 변경함으로써 원래의 주장사실을 철회하였다면, 乙은 위 등기가 원인 없이 이루어진 것이 아니라는 주장을 할 수 있다.

해설

① (X) 법정변제충당의 순서를 정함에 있어 기준이 되는 이행기나 변제이익에 관한 사항 등은 구체적 사실로서 자백의 대상이 될 수 있으나, 법정변제충당의 순서 자체는 법률 규정의 적용에 의하여 정하여지는 법률상의 효과여서 그에 관한 진술이 비록 그 진술자에게 불리하더라도 이를 자백이라고 볼 수는 없다(대법원 1998. 7. 10. 선고 98다6763 판결).

② (O) 자백은 당사자가 자기에게 불이익한 사실을 인정하는 진술로서 상대방 당사자의 진술내용과 일치하거나 상대방 당사자가 이를 원용하는 경우에 성립하는 것이고, 상대방이 이를 원용하지 아니하여 당사자 쌍방의 주장이 일치된 바 없다면 이를 자백(선행자백)이라고 볼 수 없다. 그리고 당사자 일방이 한 진술에 잘못된 계산이나 기재, 기타 이와 비슷한 표현상의 잘못이 있고, 잘못이 분명한 경우에는 비록 상대방이 이를 원용하였다고 하더라도 당사자 쌍방의 주장이 일치한다고 할 수 없으므로 자백(선행자백)이 성립할 수 없다(대법원 2018. 8. 1. 선고 2018다229564 판결).

③ (O) 재판상 자백의 일종인 소위 선행자백은 당사자 일방이 자기에게 불리한 사실상의 진술을 자진하여 한 후 그 상대방이 이를 원용함으로써 그 사실에 관하여 당사자 쌍방의 주장이 일치함을 요하므로 그 일치가 있기 전에는 전자의 진술을 선행자백이라 할 수 없고 따라서 일단 자기에게 불리한 사실을 진술한 당사자도 그 후 그 상대방의 원용이 있기 전에는 그 자인한 진술을 철회하고 이와 모순되는 진술을 자유로이 할 수 있으며 이 경우 앞의 자인진술은 소송자료로부터 제거된다(대법원 1986. 7. 22. 선고 85다카944 판결).

④ (O) … 상고이유의 논하는 바는, 소외 2가 소외 5의 동의를 받지 아니하고 이 사건 총회를 소집한 사실에 대하여 재판상 자백이 성립하였다는 것이나, 종중이 당사자인 사건에 있어서 그 종중의 대표자에게 적법한 대표권이 있는지의 여부는 소송요건에 관한 것으로서 법원의 직권조사사항이고, 이러한 직권조사사항이 자백의 대상이 될 수가 없으므로 받아들일 수 없다(대법원 2002. 5. 14. 선고 2000다42908 판결).

⑤ (O) 피고가 제1심에서 대상 토지의 소유권 일부 이전등기가 아무런 원인 없이 이루어졌다는 원고의 주장사실을 인정함으로써 자백이 성립된 후, 소변경신청서에 의하여 그 등기가 원인 없이 이루어졌다는 기존의 주장사실에 배치되는 명의신탁 사실을 주장하면서 청구취지 및 청구원인을 명의신탁해지를 원인으로 하는 소유권이전등기를 구하는 것으로 교환적으로 변경함으로써 원래의 주장사실을 철회한 경우, 이미 성립되었던 피고의 자백도 그 대상이 없어짐으로써 소멸되었고, 나아가 그 후 그 피고가 위 자백내용과 배치되는 주장을 함으로써 그 진술을 묵시적으로 철회하였다고 보여지는 경우, 원고들이 이를 다시 원용할 수도 없게 되었고, 원고들이 원래의 원인무효 주장을 예비적 청구원인 사실로 다시 추가하였다 하여 자백의 효력이 되살아난다고 볼 수도 없다(대법원 1997. 4. 22. 선고 95다10204 판결).

해답 ①

문 67

법원의 관할 및 소송의 이송에 관한 설명 중 옳지 않은 것은? (다툼이 있는 경우 판례에 의함) ★★

① 지방법원 합의부가 지방법원 단독판사의 판결에 대한 항소사건을 제2심으로 심판하는 도중에 지방법원 합의부의 관할에 속하는 반소가 제기되더라도 이미 정하여진 항소심 관할에는 영향이 없다.
② 피고가 제1심 법원에서 관할위반의 항변을 하지 않은 채 본안에 관한 답변서를 제출하고서 변론기일 또는 변론준비기일에 불출석함으로써 그 답변서가 진술간주된 경우에도 변론관할은 생긴다.
③ 당사자가 임의관할에 관한 전속적 합의를 하더라도 다른 법원에 변론관할이 생길 수 있다.
④ 전속관할의 규정을 위반하더라도 이송결정이 확정되면 원칙적으로 기속력이 인정되지만, 심급관할 위반의 이송결정을 한 경우에는 그 기속력이 이송받은 상급심 법원에까지 미치지 아니한다.
⑤ 재심의 소가 재심제기의 기간 내에 제1심 법원에 제기되었으나 재심사유 등에 비추어 항소심 판결을 대상으로 한 것이라 인정되어 위 재심의 소를 항소심 법원에 이송한 경우, 재심제기의 기간 준수 여부는 제1심 법원에 제기된 때를 기준으로 하여야 한다.

해설

① (O) 지방법원 본원 합의부가 지방법원 단독판사의 판결에 대한 항소사건을 제2심(항소심)으로 심판하는 도중에 지방법원 합의부의 관할에 속하는 소송이 새로 추가되거나 그러한 소송으로 청구가 변경되었다고 하더라도, 심급관할은 제1심 법원의 존재에 의하여 결정되는 전속관할이어서 이미 정하여진 항소심의 관할에는 영향이 없는 것이므로, 추가되거나 변경된 청구에 대하여도 그대로 심판할 수 있다(대법원 1992. 5. 12. 선고 92다2066 판결).

② (X) 동법 제27조 소정의 응소관할이 생기려면 피고의 본안에 관한 변론이나 준비절차에서의 진술은 현실적인 것이어야 하므로 피고의 불출석에 의하여 답변서 등이 법률상 진술 간주되는 경우는 이에 포함되지 아니한다(대법원 1980. 9. 26. 자 80마403 결정).

③ (O) 합의관할은 전속적 합의관할의 경우에도 그 성질상 임의관할이며 법정의 전속관할(31조)로 바뀌는 것이 아니다. 따라서 원고가 합의를 무시한 채 다른 법정관할법원에 소를 제기하여도 피고가 이의 없이 본안변론하면 변론관할(30조)이 생기며, 전속적 합의의 법원이 재판하다가도 현저한 지연을 피한다는 공익상의 필요가 있을 때에는 다른 법정관할법원에 이송할 수 있다(35조의 재량이송)(이시윤, 新민사소송법 제17판, p.122).

④ (O) 이송결정의 기속력은 당사자에게 이송결정에 대한 불복방법으로 즉시항고가 마련되어 있는 점이나 이송의 반복에 의한 소송지연을 피하여야 할 공익적 요청은 전속관할을 위배하여 이송한 경우라고 하여도 예외일 수 없는 점에 비추어 볼 때, 당사자가 이송결정에 대하여 즉시항고를 하지 아니하여 확정된 이상 원칙적으로 전속관할의 규정을 위배하여 이송한 경우에도 미친다. 심급관할을 위배하여 이송한 경우에 이송결정의 기속력이 이송받은 상급심 법원에도 미친다고 한다면 당사자의 심급의 이익을 박탈하여 부당할 뿐만 아니라, 이송을 받은 법원이 법률심인 대법원인 경우에는 직권조사 사항을 제외하고는 새로운 소송자료의 수집과 사실확정이 불가능한 관계로 당사자의 사실에 관한 주장, 입증의 기회가 박탈되는 불합리가 생기므로, 심급관할을 위배한 이송결정의 기속력은 이송받은 상급심 법원에는 미치지 않는다고 보아야 하나, 한편 그 기속력이 이송받은 하급심 법원에도 미치지 않는다고 한다면 사건이 하급심과 상급심 법원 간에 반복하여 전전이송되는 불합리한 결과를 초래하게 될 가능성이 있어 이송결정의 기속력을 인정한 취지에 반하는 것일 뿐더러 민사소송의 심급의 구조상 상급심의 이송결정은 특별한 사정이 없는 한 하급심을 구속하게 되는바 이와 같은 법리에도 반하게 되므로, 심급관할을 위배한 이송결정의 기속력은 이송받은 하급심 법원에는 미친다고 보아야한다(대법원 1995. 5. 15.자 94마1059,1060 결정).

⑤ (O) 재심의 소가 재심제기기간 내에 제1심법원에 제기되었으나 재심사유 등에 비추어 항소심판결을 대

상으로 한 것이라 인정되어 위 소를 항소심법원에 이송한 경우에 있어서 재심제기기간의 준수 여부는 민사소송법 제36조 제1항의 규정에 비추어 제1심법원에 제기된 때를 기준으로 할 것이지 항소법원에 이송된 때를 기준으로 할 것은 아니다(대법원 1984. 2. 28. 선고 83다카1981 전원합의체 판결).

해답 ②

문 68

★★★

약속어음 및 약속어음금청구의 소에 관한 설명 중 옳은 것을 모두 고른 것은? (다툼이 있는 경우 판례에 의함)

> ㄱ. 만기는 기재되어 있으나 지급지, 지급을 받을 자와 같은 어음요건이 백지인 어음의 소지인이 그 백지 부분을 보충하지 않은 상태에서 어음금청구의 소를 제기하더라도 어음상의 청구권에 관한 소멸시효는 중단된다.
> ㄴ. 백지어음 소지인이 어음금청구의 소(전소)를 제기하여 사실심 변론종결시까지 백지 부분을 보충하지 않았다는 이유로 청구기각의 판결을 선고받아 그 판결이 확정된 후, 위 소지인이 그 백지 부분을 보충하여 완성된 어음에 기해서 다시 전소 피고에 대하여 제기한 어음금청구의 소(후소)는 특별한 사정이 없는 한 기판력에 저촉된다.
> ㄷ. 어음상에 지급지가 서울로 기재되어 있더라도 어음 소지인의 주소지가 부산이라면 부산지방법원에도 어음금청구의 소에 관한 토지관할권이 인정된다.
> ㄹ. 甲의 乙에 대한 대여금채권의 지급을 확보하기 위한 방법으로 乙이 甲에게 어음을 교부하였다면, 甲이 乙을 상대로 소멸시효가 완성되지 않은 어음채권에 기하여 어음금청구의 소를 제기한 경우는 대여금채권의 소멸시효를 중단시키는 효력이 있지만, 甲이 乙을 상대로 대여금채권에 기하여 대여금반환청구의 소를 제기한 것만으로는 어음채권의 소멸시효를 중단시키지 못한다.

① ㄷ
② ㄷ, ㄹ
③ ㄱ, ㄴ, ㄷ
④ ㄱ, ㄴ, ㄹ
⑤ ㄱ, ㄴ, ㄷ, ㄹ

해설

ㄱ.(O) 만기는 기재되어 있으나 지급지, 지급을 받을 자 등과 같은 어음요건이 백지인 약속어음의 소지인이 그 백지 부분을 보충하지 않은 상태에서 어음금을 청구하는 것은 어음상의 청구권에 관하여 잠자는 자가 아님을 객관적으로 표명한 것이고 그 청구로써 어음상의 청구권에 관한 소멸시효는 중단된다. 이 경우 백지에 대한 보충권은 그 행사에 의하여 어음상의 청구권을 완성시키는 것에 불과하여 그 보충권이 어음상의 청구권과 별개로 독립하여 시효에 의하여 소멸한다고 볼 것은 아니므로 어음상의 청구권이 시효중단에 의하여 소멸하지 않고 존속하고 있는 한 이를 행사할 수 있다(대법원 2010. 5. 20. 선고 2009다48312 전원합의체 판결).

ㄴ.(O) 약속어음의 소지인이 어음요건의 일부를 흠결한 이른바 백지어음에 기하여 어음금 청구소송(이하 '전소'라고 한다)을 제기하였다가 위 어음요건의 흠결을 이유로 청구기각의 판결을 받고 위 판결이 확정된 후 위 백지 부분을 보충하여 완성한 어음에 기하여 다시 전소의 피고에 대하여 어음금 청구소송(이하 '후소'라고 한다)을 제기한 경우에는, 원고가 전소에서 어음요건의 일부를 오해하거나 그 흠결을 알지 못했다고 하더라도, 전소와 후소는 동일한 권리 또는 법률관계의 존부를 목적으로 하는 것이어서 그 소송물은 동일한 것이라고 보아야 한다. 그리고 확정판결의 기판력은 동일한 당사자 사이의 소송에

있어서 변론종결 전에 당사자가 주장하였거나 주장할 수 있었던 모든 공격 및 방어방법에 미치는 것이므로, 약속어음의 소지인이 전소의 사실심 변론종결일까지 백지보충권을 행사하여 어음금의 지급을 청구할 수 있었음에도 위 변론종결일까지 백지 부분을 보충하지 않아 이를 이유로 패소판결을 받고 그 판결이 확정된 후에 백지보충권을 행사하여 어음이 완성된 것을 이유로 전소 피고를 상대로 다시 동일한 어음금을 청구하는 경우에는, 위 백지보충권 행사의 주장은 특별한 사정이 없는 한 전소판결의 기판력에 의하여 차단되어 허용되지 않는다(대법원 2008. 11. 27. 선고 2008다59230 판결).

ㄷ.(X) 약속어음은 그 어음에 표시된 지급지가 의무이행지이고, 그 의무이행을 구하는 소송의 토지관할권은 지급지를 관할하는 법원에 있고, 채권자의 주소지를 관할하는 법원에 있는 것이 아니다(대법원 1980. 7. 22.자 80마208 결정).

ㄹ.(O) … 살피건대, 이 사건과 같이 원인채권의 지급을 확보하기 위한 방법으로 어음이 수수된 경우에 원인채권과 어음채권은 별개로서 채권자는 그 선택에 따라 권리를 행사할 수 있고, 원인채권에 기하여 청구를 한 것만으로는 어음채권 그 자체를 행사한 것으로 볼 수 없어 어음채권의 소멸시효를 중단시키지 못하는 것이지만, 다른 한편, 이러한 어음은 경제적으로 동일한 급부를 위하여 원인채권의 지급수단으로 수수된 것으로서 그 어음채권의 행사는 원인채권을 실현하기 위한 것일 뿐만 아니라, 원인채권의 소멸시효는 어음금 청구소송에 있어서 채무자의 인적항변 사유에 해당하는 관계로 채권자가 어음채권의 소멸시효를 중단하여 두어도 채무자의 인적항변에 따라 그 권리를 실현할 수 없게 되는 불합리한 결과가 발생하게 되므로, 채권자가 어음채권에 기하여 청구를 하는 반대의 경우에는 원인채권의 소멸시효를 중단시키는 효력이 있다고 봄이 상당하고 이러한 법리는 채권자가 어음채권을 피보전권리로 하여 채무자의 재산을 가압류함으로써 그 권리를 행사한 경우에도 마찬가지로 적용된다고 할 것이다(대법원 1999. 6. 11. 선고 99다16378 판결).

해답 ④

문 69 ★★

주주총회결의의 효력을 다투는 소송에 관한 설명 중 옳지 않은 것은? (다툼이 있는 경우 판례에 의함)

① 주주총회결의 취소의 소는 그 결의의 날로부터 2개월 내에 제기하여야 하고, 주주총회에서 여러 개의 안건이 상정되어 각기 결의가 행하여진 경우 위 제소기간의 준수 여부는 각 안건에 대한 결의마다 별도로 판단되어야 한다.

② 가처분에 의하여 직무집행이 정지된 이사를 선임한 주주총회결의 취소 등의 본안소송에서 가처분채권자가 승소하여 판결이 확정된 경우, 그 가처분 결정은 직무집행정지 기간의 정함이 없는 경우에도 본안 승소판결의 확정과 동시에 효력을 상실하게 된다.

③ 주주총회결의 취소소송의 계속 중 그 회사의 이사나 감사가 아닌 원고가 주주로서의 지위를 상실하면 원고는 그 취소를 구할 당사자적격을 상실한다.

④ 주주 아닌 이사가 임기만료로 퇴임한 경우 자신의 후임 이사 취임 시까지 이사의 권리의무를 보유하는지와 관계없이 후임 이사선임 결의의 하자를 주장하여 주주총회결의 부존재 또는 무효확인을 구할 법률상 이익이 있다.

⑤ 정당한 소집권자에 의하여 소집된 주주총회의 결의라면, 설령 주주총회의 소집에 이사회의 결의가 없었고 그 소집통지가 서면에 의하지 아니한 구두 소집통지로서 법정 소집기간을 준수하지 아니하였으며 극히 일부의 주주에 대하여는 소집통지를 빠뜨렸다 하더라도, 그와 같은 주주총회 소집절차상의 하자는 주주총회결의의 단순한 취소사유에 불과하다.

해설

① (O) 주주총회결의 취소의 소는 상법 제376조 제1항에 따라 그 결의의 날로부터 2개월 내에 제기하여야 하고, 이 기간이 지난 후에 제기된 소는 부적법하다. 그리고 주주총회에서 여러 개의 안건이 상정되어 각기 결의가 행하여진 경우 위 제소기간의 준수 여부는 각 안건에 대한 결의마다 별도로 판단되어야 한다(대법원 2010. 3. 11. 선고 2007다51505 판결).

② (O) 가처분에 의해 직무집행이 정지된 당해이사 등을 선임한 주주총회 결의의 취소나 그 무효 또는 부존재확인을 구하는 본안소송에서 가처분채권자가 승소하여 그 판결이 확정된 때에는 가처분은 그 직무집행정지기간의 정함이 없는 경우에도 본안승소판결의 확정과 동시에 그 목적을 달성한 것이 되어 당연히 효력을 상실하게 된다(대법원 1989. 9. 12. 선고 87다카2691 판결).

③ (O) 주주총회결의 취소소송의 계속 중 원고가 주주로서의 지위를 상실하면 원고는 상법 제376조에 따라 그 취소를 구할 당사자적격을 상실하고, 이는 원고가 자신의 의사에 반하여 주주의 지위를 상실하였다 하여 달리 볼 것은 아니다(대법원 2016. 7. 22. 선고 2015다66397 판결).

④ (X) 주주총회결의에 의하여 해임당한 이사는 주주인 여부에 관계없이 당해 해임결의의 부존재 또는 무효확인을 구할 법률상 이익이 있고, 그 결의의 내용이 이사의 해임결의가 아니라 그 이사의 임기만료를 이유로 후임이사를 선임하는 결의라고 할지라도 상법 제386조에 의하여 후임이사 취임 시까지 이사의 권리의무를 보유하는 경우에는 그 퇴임이사는 후임이사선임 결의의 하자를 주장하여 그 부존재 또는 무효확인을 구할 법률상 이익이 있다고 할 것이다(대법원 1982. 12. 14. 선고 82다카957 판결).

⑤ (O) 정당한 소집권자에 의하여 소집된 주주총회의 결의라면 설령 주주총회의 소집에 이사회의 결의가 없었고 그 소집통지가 서면에 의하지 아니한 구두소집통지로서 법정소집기간을 준수하지 아니하였으며 극히 일부의 주주에 대하여는 소집통지를 빠뜨렸다 하더라도 그와 같은 주주총회 소집절차상의 하자는 주주총회결의의 단순한 취소사유에 불과하다 할 것이고, 취소할 수 있는 결의는 법정기간 내에 제기된 소에 의하여 취소되지 않는 한 유효하다. 또한 주주총회가 소집권자에 의하여 소집되어 개최된 이상 정족수에 미달한 결의가 이루어졌다고 하더라도 그와 같은 하자는 결의취소의 사유에 불과하고, 무효 또는 부존재한 결의라고 할 수 없다(대법원 2014. 11. 27. 선고 2011다41420 판결).

해답 ④

문 70 ★★

A 주식회사는 그 회사의 이사인 甲과 乙을 상대로 「상법」 제399조에 따른 이사의 회사에 대한 손해배상책임을 추궁하는 소를 제기하려고 한다. 이에 관한 설명 중 옳지 않은 것은? (다툼이 있는 경우 판례에 의함)

① 甲이 비상근 이사라고 하더라도 A 회사의 이사회에 참석하지도 않고 사후적으로 이사회의 결의를 추인하는 등 실질적으로 이사의 임무를 전혀 수행하지 않았다면 그 자체로서 임무해태가 된다.
② 甲의 A 회사에 대한 임무해태로 인한 손해배상책임은 위임관계로 인한 채무불이행책임이므로 그 채무는 10년의 소멸시효기간이 경과함으로써 소멸한다.
③ 甲의 임무위반행위가 A 회사의 이사회결의에 의한 것일 때, 乙이 그 이사회에 출석하여 결의에 기권하였다고 의사록에 기재되었다면 乙은 결의에 찬성한 것으로 추정된다.
④ 업무담당 이사인 甲은 이사회의 일원으로서 담당 업무는 물론 다른 이사인 乙의 업무집행을 전반적으로 감시할 의무가 있으므로 甲이 乙의 업무집행이 위법하다고 의심할 만한 사유가 있음에도 불구하고 이를 방치한 때에는 그로 말미암아 A 회사가 입은 손해에 대한 배상책임을 부담한다.
⑤ A 회사가 甲을 상대로 총 손해액 중 일부청구를 한 경우에 법원이 손해배상액을 제한할 때에는, 손해의 전액에서 책임감경사유나 책임제한비율을 적용하여 산정한 손해배상액이 일부청구액을 초

과하지 않을 경우에는 손해배상액을, 일부청구액을 초과할 경우에는 일부청구액을 인용함이 상당하다.

> **해설**

① (O) 주식회사의 이사는 이사회의 일원으로서 이사회에 상정된 의안에 대하여 찬부의 의사표시를 하는 데 그치지 않고, 담당업무는 물론 다른 업무담당 이사의 업무집행을 전반적으로 감시할 의무가 있고 이러한 의무는 비상근 이사라고 하여 면할 수 있는 것은 아니므로 주식회사의 이사가 이사회에 참석하지도 않고 사후적으로 이사회의 결의를 추인하는 등으로 실질적으로 이사의 임무를 전혀 수행하지 않은 이상 그 자체로서 임무해태가 된다고 할 것이다(대법원 2008. 12. 11. 선고 2005다51471 판결).

② (O) 주식회사의 이사 또는 감사의 회사에 대한 임무해태로 인한 손해배상책임은 일반불법행위 책임이 아니라 위임관계로 인한 채무불이행 책임이므로 그 소멸시효기간은 일반채무의 경우와 같이 10년이라고 보아야 한다(대법원 1985. 6. 25. 선고 84다카1954 판결).

③ (X) 상법 제399조 제1항은 "이사가 고의 또는 과실로 법령 또는 정관에 위반한 행위를 하거나 그 임무를 게을리한 경우에는 그 이사는 회사에 대하여 연대하여 손해를 배상할 책임이 있다."라고 규정하고, 같은 조 제2항은 "전항의 행위가 이사회의 결의에 의한 것인 때에는 그 결의에 찬성한 이사도 전항의 책임이 있다.", 같은 조 제3항은 "전항의 결의에 참가한 이사로서 이의를 한 기재가 의사록에 없는 자는 그 결의에 찬성한 것으로 추정한다."라고 규정하고 있다. 이와 같이 상법 제399조 제2항은 같은 조 제1항이 규정한 이사의 임무 위반행위가 이사회 결의에 의한 것일 때 결의에 찬성한 이사에 대하여도 손해배상책임을 지우고 있고, 상법 제399조 제3항은 같은 조 제2항을 전제로 하면서, 이사의 책임을 추궁하는 자로서는 어떤 이사가 이사회 결의에 찬성하였는지를 알기 어려워 증명이 곤란한 경우가 있음을 고려하여 증명책임을 이사에게 전가하는 규정이다. 그렇다면 이사가 이사회에 출석하여 결의에 기권하였다고 의사록에 기재된 경우에 그 이사는 "이의를 한 기재가 의사록에 없는 자"라고 볼 수 없으므로, 상법 제399조 제3항에 따라 이사회 결의에 찬성한 것으로 추정할 수 없고, 따라서 같은 조 제2항의 책임을 부담하지 않는다고 보아야 한다(대법원 2019. 5. 16. 선고 2016다260455 판결).

④ (O) 주식회사의 이사는 이사회의 일원으로서 이사회에 상정된 의안에 대하여 찬부의 의사표시를 하는 데에 그치지 않고, 담당업무는 물론 다른 업무담당이사의 업무집행을 전반적으로 감시할 의무가 있으므로, 주식회사의 이사가 다른 업무담당이사의 업무집행이 위법하다고 의심할 만한 사유가 있음에도 불구하고 이를 방치한 때에는 이로 말미암아 회사가 입은 손해에 대하여 배상책임을 면할 수 없다(대법원 2004. 12. 10. 선고 2002다60467,60474 판결).

⑤ (O) 이사가 법령 또는 정관에 위반한 행위를 하거나 그 임무를 해태함으로써 회사에 대하여 손해를 배상할 책임이 있어 그 손해배상의 범위를 정할 때에는 손해분담의 공평이라는 손해배상제도의 이념에 비추어 그 손해배상액을 제한할 수 있고, 원고가 손해배상청구액 중 일부청구를 하고 있는 경우에 손해배상액을 제한함에 있어서는 손해의 전액에서 책임감경사유나 책임제한비율을 적용하여 산정한 손해배상액이 일부청구액을 초과하지 않을 경우에는 손해배상액을, 일부청구액을 초과할 경우에는 일부청구액을 인용하여 줄 것을 구하는 것이 당사자의 통상적인 의사라고 보아야 할 것이다(대법원 2008. 12. 11. 선고 2006다5550 판결).

해답 ③

2021년 변호사시험 민사법 문제해설

문 01 ★★

채무의 보증에 관한 설명 중 옳은 것을 모두 고른 것은? (다툼이 있는 경우 판례에 의함)

> ㄱ. 「민법」제428조의2 제1항 전문은 "보증은 그 의사가 보증인의 기명날인 또는 서명이 있는 서면으로 표시되어야 효력이 발생한다."라고 규정하고 있는데, '보증인의 서명'은 원칙적으로 보증인이 직접 자신의 이름을 쓰는 것을 의미하므로 타인이 보증인의 이름을 대신 쓰는 것은 이에 해당하지 않지만, '보증인의 기명날인'은 타인이 이를 대행하는 방법으로 하여도 무방하다.
>
> ㄴ. 보증채무를 부담하는 내용의 지급보증서에서 보증금액을 정하여 두었다고 하더라도 보증채무는 주채무와는 별개의 채무이기 때문에 보증채무 자체의 이행지체로 인한 지연손해금은 지급보증의 한도액과는 별도로 부담하여야 한다.
>
> ㄷ. 보증계약 체결 후 채권자가 보증인의 승낙 없이 주채무자에 대하여 변제기를 연장하여 주었다면 보증인의 책임을 가중하는 것이라고 할 수 있으므로, 보증채무에 대하여는 그 효력이 미치지 않는다.
>
> ㄹ. 주채무에 대한 소멸시효가 완성되어 보증채무가 소멸된 상태에서 보증인이 보증채무를 이행하거나 승인한 경우, 주채무의 시효소멸에도 불구하고 보증채무를 이행하겠다는 의사를 표시한 경우 등과 같이 부종성을 부정하여야 할 다른 특별한 사정이 없는 한 보증인은 여전히 주채무의 시효소멸을 이유로 보증채무의 소멸을 주장할 수 있다.
>
> ㅁ. 채권자와 주채무자 사이의 확정판결에 의하여 주채무가 확정되어 그 소멸시효기간이 10년으로 연장되면, 그 보증채무 또한 보증채무 부종성의 원칙상 종전 소멸시효가 단기의 소멸시효에 해당하는 것이라도 그 적용이 배제되고 10년의 소멸시효기간이 적용된다.

① ㄱ, ㄴ, ㄹ
② ㄱ, ㄷ, ㄹ
③ ㄱ, ㄷ, ㅁ
④ ㄴ, ㄷ, ㅁ
⑤ ㄴ, ㄹ, ㅁ

해설

ㄱ.(O) 민법 제428조의2 제1항 전문은 "보증은 그 의사가 보증인의 기명날인 또는 서명이 있는 서면으로 표시되어야 효력이 발생한다."라고 규정하고 있는데, '보증인의 서명'은 원칙적으로 보증인이 직접 자신의 이름을 쓰는 것을 의미하므로 타인이 보증인의 이름을 대신 쓰는 것은 이에 해당하지 않지만, '보증인의 기명날인'은 타인이 이를 대행하는 방법으로 하여도 무방하다(대법원 2019. 3. 14. 선고 2018다282473 판결).

ㄴ.(O) 지급보증서에서 보증금액을 정하여 둔 것은 보증인이 보증책임을 지게 될 주채무에 관한 한도액을 정한 것으로서, 그 한도액에는 주채무자의 채권자에 대한 대출금 채무의 원금과 이자 및 지연손해금이 모두 포함되고 그 합계액이 그 한도액을 초과할 수 없지만, 보증채무는 주채무와는 별개의 채무이기 때문에 보증채무 자체의 이행지체로 인한 지연손해금은 지급보증의 한도액과는 별도로 부담하여야 한다(대법원 1998. 2. 27. 선고 97다1433 판결).

ㄷ.(X) 보증계약 체결 후 채권자가 보증인의 승낙 없이 주채무자에 대하여 변제기를 연장하여 준 경우, 그 것이 반드시 보증인의 책임을 가중하는 것이라고는 할 수 없으므로 원칙적으로 보증채무에 대하여도 그 효력이 미친다(대법원 1996. 2. 23. 선고 95다49141 판결).

ㄹ.(O) 보증채무에 대한 소멸시효가 중단되는 등의 사유로 완성되지 아니하였다고 하더라도 주채무에 대한 소멸시효가 완성된 경우에는 시효완성 사실로써 주채무가 당연히 소멸되므로 보증채무의 부종성에 따라 보증채무 역시 당연히 소멸된다. 그리고 주채무에 대한 소멸시효가 완성되어 보증채무가 소멸된 상태에서 보증인이 보증채무를 이행하거나 승인하였다고 하더라도, 주채무자가 아닌 보증인의 행위에 의하여 주채무에 대한 소멸시효 이익의 포기 효과가 발생된다고 할 수 없으며, 주채무의 시효소멸에도 불구하고 보증채무를 이행하겠다는 의사를 표시한 경우 등과 같이 부종성을 부정하여야 할 다른 특별한 사정이 없는 한 보증인은 여전히 주채무의 시효소멸을 이유로 보증채무의 소멸을 주장할 수 있다고 보아야 한다(대법원 2012. 7. 12. 선고 2010다51192 판결).

ㅁ.(X) 채권자와 주채무자 사이의 확정판결에 의하여 주채무가 확정되어 그 소멸시효기간이 10년으로 연장되었다 할지라도 그 보증채무까지 당연히 단기소멸시효의 적용이 배제되어 10년의 소멸시효기간이 적용되는 것은 아니고, 채권자와 연대보증인 사이에 있어서 연대보증채무의 소멸시효기간은 여전히 종전의 소멸시효기간에 따른다(대법원 2006. 8. 24. 선고 2004다26287,26294 판결).

해답 ①

문 02 ★★

「민법」상 조건과 기한에 관한 설명 중 옳지 않은 것은? (다툼이 있는 경우 판례에 의함)

① 당사자가 불확정한 사실이 발생한 때를 이행기한으로 정한 경우에는 그 사실이 발생한 때는 물론 그 사실의 발생이 불가능하게 된 때에도 이행기한이 도래한 것으로 보아야 한다.
② 도급계약의 당사자들이 보수의 지급시기에 관하여 "수급인이 공급한 목적물을 도급인이 검사하여 합격하면, 도급인은 수급인에게 보수를 지급한다."라고 정한 경우 '검사 합격'은 도급인의 일방적 의사에 의존하는 순수수의조건이다.
③ 조건은 법률행위에서 효과의사와 일체적인 내용을 이루는 의사표시 그 자체이고, 조건을 붙이고자 하는 의사는 법률행위의 내용으로 외부에 표시되어야 한다.
④ 유치권은 채권자의 이익을 보호하기 위한 법정담보물권으로서 당사자는 미리 유치권의 발생을 막는 특약을 할 수 있고, 그 특약에 조건을 붙일 수 있다.
⑤ 조건은 법률행위 효력의 발생 또는 소멸을 장래의 불확실한 사실의 성부에 의존하게 하는 법률행위의 부관이며, 장래의 사실이더라도 그것이 장래 반드시 실현되는 사실이면 실현되는 시기가 비록 확정되지 않더라도 이는 기한이다.

해설

① (O) 당사자가 불확정한 사실이 발생한 때를 이행기한으로 정한 경우, 그 사실이 발생한 때는 물론 그 사실의 발생이 불가능하게 된 때에도 그 이행기한은 도래한 것으로 보아야 한다(대법원 2007. 5. 10. 선고 2005다67353 판결).

② (X) 제작물공급계약의 당사자들이 보수의 지급시기에 관하여 "수급인이 공급한 목적물을 도급인이 검사하여 합격하면, 도급인은 수급인에게 그 보수를 지급한다"는 내용으로 한 약정은 도급인의 수급인에 대한 보수지급의무와 동시이행관계에 있는 수급인의 목적물 인도의무를 확인한 것에 불과하므로, 법률행위의 효력 발생을 장래의 불확실한 사실의 성부에 의존하게 하는 법률행위의 부관인 조건에 해당하지 아니할 뿐만 아니라, 조건에 해당한다 하더라도 검사에의 합격 여부는 도급인의 일방적인 의사에만

의존하지 않고 그 목적물이 계약내용대로 제작된 것인지 여부에 따라 객관적으로 결정되므로 순수수의 조건에 해당하지 않는다(대법원 2006. 10. 13. 선고 2004다21862 판결).

③ (O) 조건은 법률행위 효력의 발생 또는 소멸을 장래 불확실한 사실의 발생 여부에 따라 좌우되게 하는 법률행위의 부관이고, 법률행위에서 효과의사와 일체적인 내용을 이루는 의사표시 그 자체이다. 조건을 붙이고자 하는 의사는 법률행위의 내용으로 외부에 표시되어야 하고, 조건을 붙이고자 하는 의사가 있는지는 의사표시에 관한 법리에 따라 판단하여야 한다. 조건을 붙이고자 하는 의사가 외부에 표시되었다고 인정하려면, 법률행위가 이루어진 동기와 경위, 법률행위에 의하여 달성하려는 목적, 거래의 관행 등을 종합적으로 고려하여 법률행위 효력의 발생 또는 소멸을 장래의 불확실한 사실의 발생 여부에 따라 좌우되게 하려는 의사가 인정되어야 한다(대법원 2020. 7. 9. 선고 2020다202821 판결).

④ (O) 제한물권은 이해관계인의 이익을 부당하게 침해하지 않는 한 자유로이 포기할 수 있는 것이 원칙이다. 유치권은 채권자의 이익을 보호하기 위한 법정담보물권으로서, 당사자는 미리 유치권의 발생을 막는 특약을 할 수 있고 이러한 특약은 유효하다. 유치권 배제 특약이 있는 경우 다른 법정요건이 모두 충족되더라도 유치권은 발생하지 않는데, 특약에 따른 효력은 특약의 상대방뿐 아니라 그 밖의 사람도 주장할 수 있다(대법원 2018. 1. 24. 선고 2016다234043 판결).

⑤ (O) 조건은 법률행위 효력의 발생 또는 소멸을 장래의 불확실한 사실의 성부에 의존하게 하는 법률행위의 부관이다. 반면 장래의 사실이더라도 그것이 장래 반드시 실현되는 사실이면 실현되는 시기가 비록 확정되지 않더라도 이는 기한으로 보아야 한다(대법원 2018. 6. 28. 선고 2018다201702 판결).

 해답 ②

문 03 ★★

甲은 2019. 6. 1. A로부터 그 소유의 X부동산을 매수하고 매매대금을 모두 지급하였으며, 乙과 명의신탁약정을 체결하고 A에게 부탁하여 그 소유권이전등기를 乙에게로 이전하게 하였다. 이에 관한 설명 중 옳은 것은? (다툼이 있는 경우 판례에 의함)

① A는 소유권에 기한 방해배제청구권을 행사하여 乙 명의의 소유권이전등기의 말소를 구할 수 없다.
② 甲은 乙을 상대로 부당이득반환을 원인으로 하는 소유권이전등기를 구할 수 있다.
③ 乙이 丙에게 X부동산을 매도하고 소유권이전등기를 마쳐준 경우 丙은 그 소유권을 취득할 수 없다.
④ 만일 甲과 A가 매매계약을 체결하면서 계약서상 매수인 명의를 乙로 하였다면, 계약에 따른 법률효과를 甲에게 직접 귀속시킬 의도로 계약을 체결한 사정이 인정되더라도 이는 계약명의신탁에 해당한다.
⑤ 2020. 7. 10. X부동산에 관하여 경매를 원인으로 丁 명의로 이전등기가 마쳐져 乙이 그 매각대금 상당의 이익을 얻은 경우, 乙은 甲에 대하여 甲이 입은 손해의 범위 내에서 그 이익을 부당이득으로 반환할 의무가 있다.

해설

① (X) 부동산실권리자명의등기에관한법률 소정의 유예기간 경과에 의하여 기존 명의신탁 약정과 그에 의한 등기가 무효로 되면 명의신탁 부동산은 매도인 소유로 복귀하므로 매도인은 명의수탁자에게 무효인 명의수탁자 명의의 등기의 말소를 구할 수 있게 되고, 한편 같은 법은 매도인과 명의신탁자 사이의 매매계약의 효력을 부정하는 규정을 두고 있지 아니하여 위 유예기간 경과 후로도 매도인과 명의신탁자 사이의 매매계약은 여전히 유효하므로, 명의신탁자는 위 매매계약에 기한 매도인에 대한 소유권이전등기청구권을 보전하기 위하여 매도인을 대위하여 명의수탁자에게 무효인 명의수탁자 명의의 등기의 말소를 구할 수 있다(대법원 1999. 9. 17. 선고 99다21738 판결).

② (X) 이른바 3자 간 등기명의신탁의 경우 부동산 실권리자명의 등기에 관한 법률에서 정한 유예기간 경과에 의하여 그 명의신탁 약정과 그에 의한 등기가 무효로 되더라도 명의신탁자는 매도인에 대하여 매매계약에 기한 소유권이전등기청구권을 보유하고 있어 그 유예기간의 경과로 그 등기 명의를 보유하지 못하는 손해를 입었다고 볼 수 없다. 또한 명의신탁 부동산의 소유권이 매도인에게 복귀한 마당에 명의신탁자가 무효인 등기의 명의인인 명의수탁자를 상대로 그 이전등기를 구할 수도 없다. 결국 3자 간 등기명의신탁에 있어서 명의신탁자는 명의수탁자를 상대로 부당이득반환을 원인으로 한 소유권이전등기를 구할 수 없다(대법원 2008. 11. 27. 선고 2008다55290,55306 판결).

③ (X) 3자 간 등기명의신탁에서 명의수탁자의 임의처분 또는 강제수용이나 공공용지 협의취득 등(이러한 소유명의 이전의 원인관계를 통틀어 이하에서는 '명의수탁자의 처분행위 등'이라 한다)을 원인으로 제3자 명의로 소유권이전등기가 마쳐진 경우, 특별한 사정이 없는 한 제3자는 유효하게 소유권을 취득한다[부동산 실권리자명의 등기에 관한 법률(이하 '부동산실명법'이라 한다) 제4조 제3항]. 그 결과 매도인의 명의신탁자에 대한 소유권이전등기의무는 이행불능이 되어 명의신탁자로서는 부동산의 소유권을 이전받을 수 없게 되는 한편, 명의수탁자는 부동산의 처분대금이나 보상금 등을 취득하게 된다. 판례는, 명의수탁자가 그러한 처분대금이나 보상금 등의 이익을 명의신탁자에게 부당이득으로 반환할 의무를 부담한다고 보고 있다. 이러한 판례는 타당하므로 그대로 유지되어야 한다(대법원 2021. 9. 9. 선고 2018다284233 전원합의체 판결).

④ (X) 명의신탁약정이 3자 간 등기명의신탁인지 아니면 계약명의신탁인지의 구별은 계약당사자가 누구인가를 확정하는 문제로 귀결되는데, 계약명의자가 명의수탁자로 되어 있다 하더라도 계약당사자를 명의신탁자로 볼 수 있다면 이는 3자 간 등기명의신탁이 된다. 따라서 계약명의자인 명의수탁자가 아니라 명의신탁자에게 계약에 따른 법률효과를 직접 귀속시킬 의도로 계약을 체결한 사정이 인정된다면 명의신탁자가 계약당사자라고 할 것이므로, 이 경우의 명의신탁관계는 3자간 등기명의신탁으로 보아야 한다(대법원 2010. 10. 28. 선고 2010다52799 판결).

⑤ (O) … 이른바 3자간 등기명의신탁에서 부동산 실권리자명의 등기에 관한 법률에서 정한 유예기간이 경과한 후 명의수탁자가 신탁부동산을 임의로 처분하거나 강제수용이나 공공용지 협의취득 등을 원인으로 제3취득자 명의로 이전등기가 마쳐진 경우, 특별한 사정이 없는 한 제3취득자는 유효하게 소유권을 취득하게 되므로(같은 법 제4조 제3항), 그로 인하여 매도인의 명의신탁자에 대한 소유권이전등기의무는 이행불능으로 되고 그 결과 명의신탁자는 신탁부동산의 소유권을 이전받을 권리를 상실하는 손해를 입게 되는 반면, 명의수탁자는 신탁부동산의 처분대금이나 보상금을 취득하는 이익을 얻게 되므로, 명의수탁자는 명의신탁자에게 그 이익을 부당이득으로 반환할 의무가 있다(대법원 2011. 9. 8. 선고 2009다49193,49209 판결).

해답 ⑤

문 04 ★★

등기청구권의 소멸시효에 관한 설명 중 옳지 않은 것은? (다툼이 있는 경우 판례에 의함)

① 유류분권리자가 유류분반환청구권을 행사함으로써 발생하는 목적물의 이전등기청구권에 대하여는 「민법」 제1117조에서 정한 유류분반환청구권에 대한 소멸시효가 적용되지 않는다.

② 3자 간 등기명의신탁에 의한 등기가 「부동산 실권리자명의 등기에 관한 법률」에서 정한 유예기간의 경과로 무효로 된 경우, 목적 부동산을 인도받아 점유하고 있는 명의신탁자의 매도인에 대한 소유권이전등기청구권의 소멸시효는 진행되지 않는다.

③ 「부동산 실권리자명의 등기에 관한 법률」의 시행에 따라 그 권리를 상실하게 된 같은 법 시행 이전의 명의신탁자가 당해 부동산의 회복을 위해 명의수탁자에 대하여 가지는 소유권이전등기청구권은 법률의 규정에 의한 부당이득반환청구권으로서 소멸시효기간이 10년이다.

④ 점유취득시효완성으로 인한 소유권이전등기청구권은 시효완성자의 점유가 계속되는 한 시효로 소멸하지 않는다.
⑤ 취득시효가 완성된 점유자가 그 부동산에 대한 점유를 상실한 경우에도, 점유를 잃게 된 원인이 현 점유자에게 매도하였기 때문이고 그가 현 점유자에게 소유권이전등기의무를 지고 있다면, 취득시효완성을 원인으로 하는 소유권이전등기청구권의 소멸시효는 진행하지 않는다.

해설

① (O) 유류분반환청구권을 행사함으로써 발생하는 목적물의 이전등기청구권 등은 유류분반환청구권과는 다른 권리이므로, 그 이전등기청구권 등에 대하여는 민법 제1117조 소정의 유류분반환청구권에 대한 소멸시효가 적용될 여지가 없고, 그 권리의 성질과 내용 등에 따라 별도로 소멸시효의 적용 여부와 기간 등을 판단하여야 한다(대법원 2015. 11. 12. 선고 2011다55092,55108 판결).

② (O) 부동산의 매수인이 목적물을 인도받아 계속 점유하는 경우에는 매도인에 대한 소유권이전등기청구권은 소멸시효가 진행되지 않고, 이러한 법리는 3자 간 등기명의신탁에 의한 등기가 유효기간의 경과로 무효로 된 경우에도 마찬가지로 적용된다. 따라서 그 경우 목적 부동산을 인도받아 점유하고 있는 명의신탁자의 매도인에 대한 소유권이전등기청구권 역시 소멸시효가 진행되지 않는다(대법원 2013. 12. 12. 선고 2013다26647 판결).

③ (O) 부동산 실권리자명의 등기에 관한 법률 시행 전에 명의수탁자가 명의신탁 약정에 따라 부동산에 관한 소유명의를 취득한 경우 위 법률의 시행 후 같은 법 제11조의 유예기간이 경과하기 전까지 명의신탁자는 언제라도 명의신탁 약정을 해지하고 당해 부동산에 관한 소유권을 취득할 수 있었던 것으로, 실명화 등의 조치 없이 위 유예기간이 경과함으로써 같은 법 제12조 제1항, 제4조에 의해 명의신탁 약정은 무효로 되는 한편, 명의수탁자가 당해 부동산에 관한 완전한 소유권을 취득하게 된다 할 것인데, 같은 법 제3조 및 제4조가 명의신탁자에게 소유권이 귀속되는 것을 막는 취지의 규정은 아니므로 명의수탁자는 명의신탁자에게 자신이 취득한 당해 부동산을 부당이득으로 반환할 의무가 있다 할 것인바, 이와 같은 경위로 명의신탁자가 당해 부동산의 회복을 위해 명의수탁자에 대해 가지는 소유권이전등기청구권은 그 성질상 법률의 규정에 의한 부당이득반환청구권으로서 민법 제162조 제1항에 따라 10년의 기간이 경과함으로써 시효로 소멸한다(대법원 2009. 7. 9. 선고 2009다23313 판결).

④ (O), ⑤ (X) 토지에 대한 취득시효 완성으로 인한 소유권이전등기청구권은 그 토지에 대한 점유가 계속되는 한 시효로 소멸하지 아니하고, 그 후 점유를 상실하였다고 하더라도 이를 시효이익의 포기로 볼 수 있는 경우가 아닌 한 이미 취득한 소유권이전등기청구권은 바로 소멸되는 것은 아니나, 취득시효가 완성된 점유자가 점유를 상실한 경우 취득시효 완성으로 인한 소유권이전등기청구권의 소멸시효는 이와 별개의 문제로서, 그 점유자가 점유를 상실한 때부터 10년간 등기청구권을 행사하지 아니하면 소멸시효가 완성한다(대법원 1996. 3. 8. 선고 95다34866, 34873 판결).

해답 ⑤

문 05 ★★★

乙은 甲으로부터 X토지를 매수하여 인도받아 점유하기 시작하였고, 丙은 乙로부터 이를 매수하여 인도받아 2020. 9. 1. 현재까지 점유하고 있으며, 乙과 丙 모두 평온·공연하게 점유를 하였다. 한편, X토지에 관하여 A 명의의 소유권보존등기 후 B 명의로 매매를 원인으로 한 소유권이전등기가 마쳐졌다. 이에 관한 설명 중 옳은 것(O)과 옳지 않은 것(×)을 올바르게 조합한 것은? (단, 아래의 각 청구 시점은 2020. 9. 1.로 하고, 다툼이 있는 경우 판례에 의함)

ㄱ. 丙이 1986. 9. 16. 인도받았는데, B 명의 등기가 1998. 5. 18. 이루어진 후 C 명의로 단독상속을 원인으로 하는 이전등기가 2018. 5. 18. 이루어진 경우, 丙은 C에 대하여 취득시효완성을 이유로 이전등기를 청구할 수 있다.
ㄴ. 丙이 1986. 9. 16. 인도받았는데, B 명의 등기가 2008. 5. 18. 이루어진 경우, B 명의 등기가 원인무효 등기라면 丙은 A를 대위하여 B 앞으로 경료된 등기의 말소를 청구할 수 있다.
ㄷ. 丙이 1976. 9. 16. 인도받았는데, B 명의 등기가 1998. 5. 18. 이루어진 후 D 명의로 매매를 원인으로 하는 이전등기가 2016. 5. 18. 이루어진 경우, 丙은 D에 대하여 취득시효완성을 이유로 이전등기를 청구할 수 없다.
ㄹ. 乙이 1980. 9. 16., 丙이 2002. 9. 16. 각각 인도받았는데, B 명의 등기가 1998. 5. 18. 이루어진 경우, 丙은 자기의 점유와 乙의 점유를 아울러 주장할 수 있으므로, 乙을 대위할 필요 없이 B에 대하여 직접 취득시효완성을 원인으로 이전등기를 청구할 수 있다.

① ㄱ(O), ㄴ(O), ㄷ(O), ㄹ(×)
② ㄱ(O), ㄴ(O), ㄷ(×), ㄹ(O)
③ ㄱ(O), ㄴ(O), ㄷ(×), ㄹ(×)
④ ㄱ(×), ㄴ(O), ㄷ(×), ㄹ(×)
⑤ ㄱ(×), ㄴ(×), ㄷ(O), ㄹ(O)

해설

ㄱ.(O), ㄷ.(×) 취득시효기간이 경과하기 전에 등기부상의 소유명의자가 변경된다고 하더라도 그 사유만으로는 점유자의 종래의 사실상태의 계속을 파괴한 것이라고 볼 수 없어 취득시효를 중단할 사유가 되지 못하므로, 새로운 소유명의자는 취득시효 완성 당시 권리의무 변동의 당사자로서 취득시효 완성으로 인한 불이익을 받게 된다 할 것이어서 시효완성자는 그 소유명의자에게 시효취득을 주장할 수 있는바, 이러한 법리는 새로이 2차의 취득시효가 개시되어 그 취득시효기간이 경과하기 전에 등기부상의 소유명의자가 다시 변경된 경우에도 마찬가지로 적용된다고 봄이 상당하다. 부동산에 대한 점유취득시효가 완성된 후 취득시효 완성을 원인으로 한 소유권이전등기를 하지 않고 있는 사이에 그 부동산에 관하여 제3자 명의의 소유권이전등기가 경료된 경우라 하더라도 당초의 점유자가 계속 점유하고 있고 소유자가 변동된 시점을 기산점으로 삼아도 다시 취득시효의 점유기간이 경과한 경우에는 점유자로서는 제3자 앞으로의 소유권 변동시를 새로운 점유취득시효의 기산점으로 삼아 2차의 취득시효의 완성을 주장할 수 있다(대법원 2009. 7. 16. 선고 2007다15172,15189 전원합의체 판결).

민법 제245조(점유로 인한 부동산소유권의 취득기간) ① 20년간 소유의 의사로 평온, 공연하게 부동산을 점유하는 자는 등기함으로써 그 소유권을 취득한다.

ㄴ.(O) 취득시효 완성으로 인한 등기를 하기 전에 먼저 소유권이전등기를 경료하여 그 부동산소유권을 취득한 제3자에 대하여는 시효취득을 주장할 수 없지만 이는 어디까지나 그 제3자 명의의 등기가 적법, 유효함을 전제로 하는 것이므로 만일 위 제3자 명의의 등기가 원인무효의 등기라면 취득시효완성으로 인한 소유권이전등기청구권을 가진 자는 취득시효완성 당시의 소유자에 대하여 가지는 소유권이전등기청구권으로써 위 소유자를 대위하여 위 제3자 앞으로 경료된 원인무효인 등기의 말소를 구할 수 있다(대법원 1990. 11. 27. 선고 90다6651 판결).

ㄹ.(×) 전 점유자의 점유를 승계한 자는 그 점유 자체와 하자만을 승계하는 것이지 그 점유로 인한 법률효과까지 승계하는 것은 아니므로 부동산을 취득시효기간 만료 당시의 점유자로부터 양수하여 점유를 승계한 현 점유자는 자신의 전 점유자에 대한 소유권이전등기청구권을 보전하기 위하여 전 점유자의 소유자에 대한 소유권이전등기청구권을 대위행사할 수 있을 뿐, 전 점유자의 취득시효 완성의 효과를 주장하여 직접 자기에게 소유권이전등기를 청구할 권원은 없다(대법원 1995. 3. 28. 선고 93다47745 전원합의체 판결).

> 민법 제199조(점유의 승계의 주장과 그 효과) ① 점유자의 승계인은 자기의 점유만을 주장하거나 자기의 점유와 전 점유자의 점유를 아울러 주장할 수 있다.
> ② 전 점유자의 점유를 아울러 주장하는 경우에는 그 하자도 승계한다.

문 06 ★★

전세권에 관한 설명 중 옳지 않은 것은? (다툼이 있는 경우 판례에 의함)

① 甲이 통정허위표시에 해당하여 무효인 건물 전세권설정계약에 기한 전세권부 채권을 가압류한 경우, 가압류등기를 마칠 당시 전세권의 존속기간이 만료되었으나 전세권설정등기가 말소되지 않은 상태였고 전세권 갱신에 관한 등기가 불필요한 전세권 명의자가 건물을 여전히 점유·사용하고 있었다면, 甲은 위 허위표시를 기초로 새로이 법률상 이해관계를 가진 제3자에 해당한다.

② 전세기간 만료 후 전세권을 전세금반환채권과 함께 양도하면서 전세권 이전의 부기등기를 마쳤으나 확정일자 있는 증서에 의한 채권양도절차를 거치지 않은 경우, 채권양수인은 전세금반환채권의 압류·전부 채권자에게 대항할 수 없다.

③ 전세권이 존속기간의 만료로 종료된 경우 최선순위 전세권자의 채권자는 전세권이 설정된 부동산에 대한 경매절차에서 채권자대위권에 기하거나 전세금반환채권에 대하여 압류 및 추심명령을 받은 다음 추심권한에 기하여 자기 이름으로 전세권에 대한 배당요구를 할 수 있다.

④ 건물에 대하여 전세권을 설정하여 준 건물 소유자가 대지의 지상권자로서 지료 지급을 지체하여 대지 소유자의 지상권소멸청구에 의하여 지상권이 소멸하고 건물철거 및 대지인도를 명하는 판결이 확정된 경우, 대지 소유자는 건물 전세권자에게 건물에서의 퇴거를 청구할 수 없다.

⑤ 토지와 그 지상 건물을 함께 소유하던 甲이 乙에게 건물에 대하여 전세권을 설정해준 후 토지가 丙에게 경락되어 법정지상권을 취득한 상태에서 다시 건물을 丁에게 양도한 경우, 丁이 丙과 토지에 관한 임대차계약을 체결하였으나 그 임대차가 丁의 차임 연체를 이유로 적법하게 해지되더라도, 丙은 乙에게 건물에서의 퇴거를 청구할 수 없다.

해설

① (O) 실제로는 전세권설정계약을 체결하지 아니하였으면서도 임대차계약에 기한 임차보증금반환채권을 담보할 목적 또는 금융기관으로부터 자금을 융통할 목적으로 임차인과 임대인 사이의 합의에 따라 임차인 명의로 전세권설정등기를 경료한 경우, 위 전세권설정계약이 통정허위표시에 해당하여 무효라 하더라도 위 전세권설정계약에 의하여 형성된 법률관계에 기초하여 새로이 법률상 이해관계를 갖게 된 제3자에 대하여는 그 제3자가 그와 같은 사정을 알고 있었던 경우에만 그 무효를 주장할 수 있다. 그리고 통정한 허위표시에 의하여 외형상 형성된 법률관계로 생긴 채권을 가압류한 경우 그 가압류권자는 허위표시에 기초하여 새로이 법률상 이해관계를 가지게 된 제3자에 해당하므로, 그가 선의인 이상 위 통정허위표시의 무효를 그에 대하여 주장할 수 없다(민법 제108조 제2항).

② (O) 전세기간 만료 이후 전세권양도계약 및 전세권이전의 부기등기가 이루어진 것만으로는 전세금반환채권의 양도에 관하여 확정일자 있는 통지나 승낙이 있었다고 볼 수 없어 이로써 제3자인 전세금반환채권의 압류·전부 채권자에게 대항할 수 없다(대법원 2005. 3. 25. 선고 2003다35659 판결).

③ (O) … 그러나 전세권이 존속기간의 만료나 합의해지 등으로 종료하면 전세권의 용익물권적 권능은 소멸하고 단지 전세금반환채권을 담보하는 담보물권적 권능의 범위 내에서 전세금의 반환 시까지 전세권설정등기의 효력이 존속하므로, 전세권이 존속기간의 만료 등으로 종료한 경우라면 최선순위 전세권자

의 채권자는 전세권이 설정된 부동산에 대한 경매절차에서 채권자대위권에 기하거나 전세금반환채권에 대하여 압류 및 추심명령을 받은 다음 추심권한에 기하여 자기 이름으로 전세권에 대한 배당요구를 할 수 있다(대법원 2015. 11. 17. 선고 2014다10694 판결).

④ (X) 건물이 그 존립을 위한 토지사용권을 갖추지 못하여 토지의 소유자가 건물의 소유자에 대하여 당해 건물의 철거 및 그 대지의 인도를 청구할 수 있는 경우라도 건물소유자가 아닌 사람이 건물을 점유하고 있다면 토지소유자는 그 건물 점유를 제거하지 아니하는 한 위의 건물 철거 등을 실행할 수 없다. 따라서 그때 토지소유권은 위와 같은 점유에 의하여 그 원만한 실현을 방해당하고 있다고 할 것이므로, 토지소유자는 자신의 소유권에 기한 방해배제로서 건물점유자에 대하여 건물로부터의 퇴출을 청구할 수 있다(대법원 2010. 8. 19. 선고 2010다43801 판결).

> 민법 제304조(건물의 전세권, 지상권, 임차권에 대한 효력) ① 타인의 토지에 있는 건물에 전세권을 설정한 때에는 전세권의 효력은 그 건물의 소유를 목적으로 한 지상권 또는 임차권에 미친다.
> ② 전항의 경우에 전세권설정자는 전세권자의 동의없이 지상권 또는 임차권을 소멸하게 하는 행위를 하지 못한다.

⑤ (O) 토지와 건물을 함께 소유하던 토지·건물의 소유자가 건물에 대하여 전세권을 설정하여 주었는데 그 후 토지가 타인에게 경락되어 민법 제305조 제1항에 의한 법정지상권을 취득한 상태에서 다시 건물을 타인에게 양도한 경우, 그 건물을 양수하여 소유권을 취득한 자는 특별한 사정이 없는 한 법정지상권을 취득할 지위를 가지게 되고, 다른 한편으로는 전세권 관계도 이전받게 되는바, 민법 제304조 등에 비추어 건물 양수인이 토지 소유자와의 관계에서 전세권자의 동의 없이 법정지상권을 취득할 지위를 소멸시켰다고 하더라도, 그 건물 양수인은 물론 토지 소유자도 그 사유를 들어 전세권자에게 대항할 수 없다([대법원 2007. 8. 24. 선고 2006다14684 판결]).

문 07 ★★

저당권에 관한 설명 중 옳지 않은 것은? (다툼이 있는 경우 판례에 의함)

① 공동저당권의 목적물인 물상보증인 소유의 X토지, Y토지 중 먼저 경매된 X토지의 후순위 저당권자 乙이 Y토지에 공동저당의 대위등기를 하지 않고 있는 사이에 선순위 공동저당권자 甲이 Y토지에 관한 저당권등기를 말소한 경우, 乙은 그 후 Y토지에 관하여 소유권을 취득한 丙에 대하여 甲을 대위할 수 없다.

② 공동저당권의 목적물인 채무자 소유 부동산과 물상보증인 소유 부동산의 경매대가를 동시에 배당하는 경우, 물상보증인이 채무자를 위한 연대보증인의 지위를 겸하고 있더라도 채무자 소유 부동산의 경매대가에서 공동저당권자에게 우선적으로 배당을 하고, 부족분이 있는 경우에 한하여 물상보증인 소유 부동산의 경매대가에서 추가로 배당을 한다.

③ 공동저당권의 목적물인 채무자 소유 부동산과 물상보증인 소유 부동산 중 채무자 소유 부동산에 대하여 먼저 경매가 이루어져 경매대금에서 선순위 공동저당권자가 채권 전액을 변제받은 경우, 채무자 소유 부동산에 대한 후순위 저당권자는 물상보증인 소유 부동산에 대한 선순위 저당권에 대하여 물상대위를 할 수 있으므로, 물상보증인 소유 부동산에 대한 선순위 저당권설정등기에 대하여는 위 후순위 저당권자 앞으로 대위에 의한 부기등기가 경료되어야 한다.

④ 저당권으로 담보된 채권에 질권을 설정하는 경우, 질권자와 질권설정자가 피담보채권만을 질권의 목적으로 하고 저당권은 질권의 목적으로 하지 않는 것도 가능하고, 이는 저당권의 부종성에 반하지 않는다.

⑤ 저당권부 채권이 양도되는 경우 채권양수인이 채권양도로 채무자에게 대항하기 위해서는 채무자에

대한 채권양도의 통지나 채무자의 승낙이 있어야 하나, 저당권의 이전을 목적으로 하는 물권적 합의는 저당권을 양도·양수하는 당사자 사이에 있으면 족하다.

> **해설**

① (O) 공동저당의 목적부동산 중 먼저 경매된 부동산의 후순위저당권자가 다른 부동산에 공동저당의 대위등기를 하지 아니하고 있는 사이에 선순위저당권자 등에 의해 그 부동산에 관한 저당권등기가 말소된 경우, 그 상태에서 그 부동산에 관하여 소유권이나 저당권 등 새로 이해관계를 취득한 제3취득자에 대하여 후순위저당권자가 민법 제368조 제2항에 따른 대위를 주장할 수 없다(대법원 2015. 3. 20. 선고 2012다99341 판결).

② (O) 공동저당권이 설정되어 있는 수개의 부동산 중 일부는 채무자 소유이고 일부는 물상보증인 소유인 경우 각 부동산의 경매대가를 동시에 배당하는 때에는 민법 제368조 제1항은 적용되지 아니하고, 채무자 소유 부동산의 경매대가에서 공동저당권자에게 우선적으로 배당을 하고, 부족분이 있는 경우에 한하여 물상보증인 소유 부동산의 경매대가에서 추가로 배당을 하여야 한다. 그리고 이러한 이치는 물상보증인이 채무자를 위한 연대보증인의 지위를 겸하고 있는 경우에도 마찬가지이다(대법원 2016. 3. 10. 선고 2014다231965 판결).

③ (X) 민법 제368조에 의하면, 동일한 채권의 담보로 저당권이 설정된 수개의 부동산 중 일부의 경매대가를 먼저 배당하여 그 대가에서 채권전부의 변제를 받는 경우 그 경매한 부동산의 차순위저당권자는 같은 조 제1항이 정하는 금액의 한도에서 선순위자를 대위하여 저당권을 행사할 수 있다고 할 것이다. 그러나 공동저당의 목적인 채무자 소유의 부동산과 물상보증인 소유의 부동산 중 채무자 소유의 부동산에 대하여 먼저 경매가 이루어져 그 경매대금의 교부에 의하여 1번 공동저당권자가 변제를 받더라도, 채무자 소유의 부동산에 대한 후순위저당권자는 민법 제368조 제2항 후단에 의하여 1번 공동저당권자를 대위하여 물상보증인 소유의 부동산에 대하여 저당권을 행사할 수 없다(대법원 2008. 4. 10. 선고 2007다78234 판결).

④ (O) … 따라서 저당권으로 담보된 채권에 질권을 설정한 경우 원칙적으로는 저당권이 피담보채권과 함께 질권의 목적이 된다고 보는 것이 합리적이지만, 질권자와 질권설정자가 피담보채권만을 질권의 목적으로 하고 저당권은 질권의 목적으로 하지 않는 것도 가능하고 이는 저당권의 부종성에 반하지 않는다. 이는 저당권과 분리해서 피담보채권만을 양도한 경우 양도인이 채권을 상실하여 양도인 앞으로 된 저당권이 소멸하게 되는 것과 구별된다(대법원 2020. 4. 29. 선고 2016다235411 판결).

⑤ (O) 저당권은 피담보채권과 분리하여 양도하지 못하는 것이어서 저당권부 채권의 양도는 언제나 저당권의 양도와 채권양도가 결합되어 행해지므로 저당권부 채권의 양도는 민법 제186조의 부동산물권변동에 관한 규정과 민법 제449조 내지 제452조의 채권양도에 관한 규정에 의해 규율되므로 저당권의 양도에 있어서도 물권변동의 일반원칙에 따라 저당권을 이전할 것을 목적으로 하는 물권적 합의와 등기가 있어야 저당권이 이전된다고 할 것이나, 이때의 물권적 합의는 저당권의 양도·양수받는 당사자 사이에 있으면 족하고 그 외에 그 채무자나 물상보증인 사이에까지 있어야 하는 것은 아니라 할 것이고, 단지 채무자에게 채권양도의 통지나 이에 대한 채무자의 승낙이 있으면 채권양도를 가지고 채무자에게 대항할 수 있게 되는 것이다(대법원 2005. 6. 10. 선고 2002다15412,15429 판결).

> **해답** ③

문 08

통정허위표시에 관한 설명 중 옳은 것을 모두 고른 것은? (다툼이 있는 경우 판례에 의함)

ㄱ. 통정한 허위의 의사표시는 무효이나, 허위표시의 당사자와 포괄승계인 이외의 자로서 허위표시에 의하여 외형상 형성된 법률관계를 토대로 실질적으로 새로운 법률상 이해관계를 맺은 선의의 제3자에 대하여는 허위표시의 당사자뿐만 아니라 그 누구도 허위표시의 무효로 대항하지 못한다.

ㄴ. 임대차보증금반환채권이 양도된 후 양수인의 채권자가 임대차보증금반환채권에 대하여 채권압류 및 추심명령을 받았는데, 임대차보증금반환채권 양도계약이 통정허위표시로서 무효인 경우 양수인의 채권자는 채권의 추심권능만을 부여받은 자여서 통정허위표시에 관한 「민법」 제108조 제2항의 제3자에 해당하지 않는다.

ㄷ. 파산채무자가 통정한 허위의 의사표시를 통하여 가장채권을 보유하고 있다가 파산이 선고된 경우 그 가장채권도 일단 파산재단에 속하게 되고, 파산관재인은 파산채무자의 포괄승계인이어서 「민법」 제108조 제2항의 통정허위표시의 제3자에 해당하지 않는다.

ㄹ. 「민법」 제108조 제2항의 통정한 허위의 의사표시의 무효로 대항할 수 없는 제3자는 선의이면 족하고 무과실은 요건이 아니다.

① ㄱ, ㄴ
② ㄱ, ㄷ
③ ㄱ, ㄹ
④ ㄴ, ㄷ
⑤ ㄷ, ㄹ

해설

ㄱ.(O) 상대방과 통정한 허위의 의사표시는 무효이고 누구든지 그 무효를 주장할 수 있는 것이 원칙이나, 허위표시의 당사자 및 포괄승계인 이외의 자로서 허위표시에 의하여 외형상 형성된 법률관계를 토대로 실질적으로 새로운 법률상 이해관계를 맺은 선의의 제3자에 대하여는 허위표시의 당사자뿐만 아니라 그 누구도 허위표시의 무효를 대항하지 못하고, 따라서 선의의 제3자에 대한 관계에 있어서는 허위표시도 그 표시된 대로 효력이 있다(법원 1996. 4. 26. 선고 94다12074 판결).

ㄴ.(X) 임대차보증금반환채권이 양도된 후 양수인의 채권자가 임대차보증금반환채권에 대하여 채권압류 및 추심명령을 받았는데 임대차보증금반환채권 양도계약이 허위표시로서 무효인 경우 채권자는 그로 인해 외형상 형성된 법률관계를 기초로 실질적으로 새로운 법률상 이해관계를 맺은 제3자에 해당한다(대법원 2014. 4. 10. 선고 2013다59753 판결).

ㄷ.(X) 파산채무자가 파산선고 시에 가진 모든 재산은 파산재단을 구성하고, 그 파산재단을 관리 및 처분할 권리는 파산관재인에게 속하므로, 파산관재인은 파산채무자의 포괄승계인과 같은 지위를 가지게 되지만, 파산이 선고되면 파산채권자는 파산절차에 의하지 아니하고는 파산채권을 행사할 수 없고, 파산관재인이 파산채권자 전체의 공동의 이익을 위하여 선량한 관리자의 주의로써 그 직무를 행하므로, 파산관재인은 파산선고에 따라 파산채무자와 독립하여 그 재산에 관하여 이해관계를 가지게 된 제3자로서의 지위도 가지게 된다. 따라서 파산채무자가 상대방과 통정한 허위의 의사표시를 통하여 가장채권을 보유하고 있다가 파산이 선고된 경우 그 가장채권도 일단 파산재단에 속하게 되고, 파산선고에 따라 파산채무자와는 독립한 지위에서 파산채권자 전체의 공동의 이익을 위하여 직무를 행하게 된 파산관재인은 그 허위표시에 따라 외형상 형성된 법률관계를 토대로 실질적으로 새로운 법률상 이해관계를 가지게 된 민법 제108조 제2항의 제3자에 해당하고, 그 선의·악의도 파산관재인 개인의 선의·악의를 기준으로 할 수는 없고, 총파산채권자를 기준으로 하여 파산채권자 모두가 악의로 되지 않는 한 파산관재인은 선의의 제3자라고 할 수밖에 없다(대법원 2013. 4. 26. 선고 2013다1952 판결).

ㄹ.(O) 통정한 허위표시에 의하여 외형상 형성된 법률관계로 생긴 채권을 가압류한 경우, 그 가압류권자는 허위표시에 기초하여 새로운 법률상 이해관계를 가지게 되므로 민법 제108조 제2항의 제3자에 해당한다고 봄이 상당하고, 또한 민법 제108조 제2항의 제3자는 선의이면 족하고 무과실은 요건이 아니다(대법원 2004. 5. 28. 선고 2003다70041 판결).

문 09

종중에 관한 설명 중 옳지 않은 것은? (다툼이 있는 경우 판례에 의함)

① 고유 의미의 종중이란 공동선조의 분묘 수호와 제사, 종원 상호 간 친목 등을 목적으로 하는 자연발생적인 관습상 종족집단체로서 특별한 조직행위를 필요로 하는 것이 아니다.
② 종중 소유의 재산은 그 관리 및 처분에 관하여 먼저 종중 규약에 정하는 바가 있으면 이에 따라야 하고, 그 점에 관한 규약이 없으면 종중총회의 결의에 의하여야 하므로 종중 대표자에 의한 종중 재산의 처분이라고 하더라도 그러한 절차를 거치지 아니한 채 한 행위는 무효이다.
③ 종중 토지 매각대금의 분배는 정관 기타 규약에 달리 정함이 없는 한 종중총회의 결의에 의하여만 할 수 있고, 이러한 분배결의가 없으면 종원이 종중에 대하여 직접 분배청구를 할 수 없다.
④ 공동 선조의 자손인 성년 여자를 종중원으로 인정한 대법원 전원합의체 판결 이후에는 종중총회 개최를 위하여 남자 종중원들에게만 소집통지를 하고, 여자 종중원들에게 소집통지를 하지 않는 경우 그 종중총회에서의 결의는 효력이 없다.
⑤ 종중의 임원은 종중 재산의 관리·처분에 관한 사무를 처리함에 있어 종중 규약 또는 종중총회의 결의에 따라야 할 의무는 있으나 선량한 관리자로서의 주의를 다하여야 할 의무는 없다.

해설

① (O) 고유 의미의 종중(이하 '고유 종중'이라 한다)이란 공동선조의 분묘 수호와 제사, 종원 상호 간 친목 등을 목적으로 하는 자연발생적인 관습상 종족집단체로서 특별한 조직행위를 필요로 하는 것이 아니고, 공동선조의 후손은 그 의사와 관계없이 성년이 되면 당연히 그 구성원(종원)이 되는 것이며 그중 일부 종원을 임의로 그 종원에서 배제할 수 없다. 따라서 공동선조의 후손 중 특정 범위 내의 자들만으로 구성된 종중이란 있을 수 없으므로, 만일 공동선조의 후손 중 특정 범위 내의 종원만으로 조직체를 구성하여 활동하고 있다면 이는 본래의 의미의 종중으로는 볼 수 없고, 종중 유사의 권리능력 없는 사단(이하 '종중 유사단체'라 한다)이 될 수 있을 뿐이다(대법원 2019. 2. 14. 선고 2018다264628 판결).
② (O) 종중 소유의 재산은 종중원의 총유에 속하는 것이므로 그 관리 및 처분에 관하여 먼저 종중 규약에 정하는 바가 있으면 이에 따라야 하고, 그 점에 관한 종중 규약이 없으면 종중 총회의 결의에 의하여야 하므로 비록 종중 대표자에 의한 종중 재산의 처분이라고 하더라도 그러한 절차를 거치지 아니한 채 한 행위는 무효이다(대법원 2000. 10. 27. 선고 2000다22881 판결).
③ (O) 총유물인 종중 토지 매각대금의 분배는 정관 기타 규약에 달리 정함이 없는 한 종중총회의 결의에 의하여만 처분할 수 있고 이러한 분배결의가 없으면 종원이 종중에 대하여 직접 분배청구를 할 수 없다. 따라서 종중 토지 매각대금의 분배에 관한 종중총회의 결의가 무효인 경우, 종원은 그 결의의 무효확인 등을 소구하여 승소판결을 받은 후 새로운 종중총회에서 공정한 내용으로 다시 결의하도록 함으로써 그 권리를 구제받을 수 있을 뿐이고 새로운 종중총회의 결의도 거치지 아니한 채 종전 총회결의가 무효라는 사정만으로 곧바로 종중을 상대로 하여 스스로 공정하다고 주장하는 분배금의 지급을 구할 수는 없다(대법원 2010. 9. 9. 선고 2007다42310,42327 판결).
④ (O) 종중이란 공동선조의 분묘수호와 제사 및 종원 상호간의 친목 등을 목적으로 하여 구성되는 자연

발생적인 종족집단이므로, 종중의 이러한 목적과 본질에 비추어 볼 때 공동선조와 성과 본을 같이 하는 후손은 성별의 구별 없이 성년이 되면 당연히 그 구성원이 된다고 보는 것이 조리에 합당하다. … 종중의 족보에 종중원으로 등재된 성년 여성들에게 소집통지를 함이 없이 개최된 종중 임시총회에서의 결의는 모두 무효이다(대법원 2007. 9. 6. 선고 2007다34982 판결).

⑤ (X) 종중과 위임에 유사한 계약관계에 있는 종중의 임원은 종중재산의 관리·처분에 관한 사무를 처리함에 있어 종중규약 또는 종중총회의 결의에 따라야 함은 물론 선량한 관리자로서의 주의를 다하여야 할 의무가 있다(대법원 2017. 10. 26. 선고 2017다231249 판결).

해답 ⑤

문 10

법률행위의 무효에 관한 설명 중 옳은 것을 모두 고른 것은? (다툼이 있는 경우 판례에 의함) ★★

> ㄱ. 「농지법」에 따른 제한을 회피하고자 「부동산 실권리자명의 등기에 관한 법률」을 위반하여 무효인 명의신탁약정에 따라 명의신탁자가 명의수탁자에게 등기를 넘겨주는 행위는, 사회질서에 반하는 행위여서 「민법」 제746조 본문의 불법원인급여에 해당되어, 명의신탁자가 명의수탁자를 상대로 진정명의 회복을 원인으로 한 소유권이전등기를 구할 수 없다.
>
> ㄴ. 매매계약이 약정된 매매대금의 과다로 말미암아 「민법」 제104조에서 정하는 '불공정한 법률행위'에 해당하여 무효인 경우에도 무효행위의 전환에 관한 같은 법 제138조가 적용될 수 있어, 당사자 쌍방이 위와 같은 무효를 알았더라면 대금을 다른 액으로 정하여 매매계약에 합의하였을 것이라고 예외적으로 인정되는 경우에는, 그 대금액을 내용으로 하는 매매계약이 유효하게 성립한다.
>
> ㄷ. 무권리자가 타인의 권리를 처분한 경우에는 특별한 사정이 없는 한 권리가 이전되지 않지만 권리자가 무권리자의 처분을 추인하는 것은 허용되며, 그 경우 「민법」 제130조의 무권대리에 관한 규정 및 같은 법 제133조의 추인의 효력에 관한 규정을 유추 적용할 수 있다.
>
> ㄹ. 다른 자의 대리인으로서 계약을 맺은 자가 그 대리권을 증명하지 못하고 또 본인의 추인을 받지 못한 경우에는 계약이 무효이기 때문에 계약의 상대방은 그 대리인에게 계약을 이행할 책임을 물을 수 없다.

① ㄱ, ㄴ   ② ㄱ, ㄷ
③ ㄱ, ㄹ   ④ ㄴ, ㄷ
⑤ ㄴ, ㄷ, ㄹ

해설

ㄱ. (X) 부동산 실권리자명의 등기에 관한 법률(이하 '부동산실명법'이라 한다) 규정의 문언, 내용, 체계와 입법 목적 등을 종합하면, 부동산실명법을 위반하여 무효인 명의신탁약정에 따라 명의수탁자 명의로 등기를 하였다는 이유만으로 그것이 당연히 불법원인급여에 해당한다고 단정할 수는 없다. 이는 농지법에 따른 제한을 회피하고자 명의신탁을 한 경우에도 마찬가지이다(대법원 2019. 6. 20. 선고 2013다218156 전원합의체 판결).

ㄴ. (O) 매매계약이 약정된 매매대금의 과다로 말미암아 민법 제104조에서 정하는 '불공정한 법률행위'에 해당하여 무효인 경우에도 무효행위의 전환에 관한 민법 제138조가 적용될 수 있다. 따라서 당사자 쌍방이 위와 같은 무효를 알았더라면 대금을 다른 액으로 정하여 매매계약에 합의하였을 것이라고 예외

적으로 인정되는 경우에는, 그 대금액을 내용으로 하는 매매계약이 유효하게 성립한다. 이때 당사자의 의사는 매매계약이 무효임을 계약 당시에 알았다면 의욕하였을 가정적(假定的) 효과의사로서, 당사자 본인이 계약 체결시와 같은 구체적 사정 아래 있다고 상정하는 경우에 거래관행을 고려하여 신의성실의 원칙에 비추어 결단하였을 바를 의미한다. 이와 같이 여기서는 어디까지나 당해 사건의 제반 사정 아래서 각각의 당사자가 결단하였을 바가 탐구되어야 하는 것이므로, 계약 당시의 시가와 같은 객관적 지표는 그러한 가정적 의사의 인정에 있어서 하나의 참고자료로 삼을 수는 있을지언정 그것이 일응의 기준이 된다고도 쉽사리 말할 수 없다. 이와 같이 가정적 의사에 기한 계약의 성립 여부 및 그 내용을 발굴·구성하여 제시하게 되는 법원으로서는 그 '가정적 의사'를 함부로 추단하여 당사자가 의욕하지 아니하는 법률효과를 그에게 또는 그들에게 계약의 이름으로 불합리하게 강요하는 것이 되지 아니하도록 신중을 기하여야 한다(대법원 2010. 7. 15. 선고 2009다50308 판결).

ㄷ.(O) 법률행위에 따라 권리가 이전되려면 권리자 또는 처분권한이 있는 자의 처분행위가 있어야 한다. 무권리자가 타인의 권리를 처분한 경우에는 특별한 사정이 없는 한 권리가 이전되지 않는다. 그러나 이러한 경우에 권리자가 무권리자의 처분을 추인하는 것도 자신의 법률관계를 스스로의 의사에 따라 형성할 수 있다는 사적 자치의 원칙에 따라 허용된다. 이러한 추인은 무권리자의 처분이 있음을 알고 해야 하고, 명시적으로 또는 묵시적으로 할 수 있으며, 그 의사표시는 무권리자나 그 상대방 어느 쪽에 해도 무방하다. 권리자가 무권리자의 처분을 추인하면 무권대리에 대해 본인이 추인을 한 경우와 당사자들 사이의 이익상황이 유사하므로, 무권대리의 추인에 관한 민법 제130조, 제133조 등을 무권리자의 추인에 유추 적용할 수 있다. 따라서 무권리자의 처분이 계약으로 이루어진 경우에 권리자가 이를 추인하면 원칙적으로 계약의 효과가 계약을 체결했을 때에 소급하여 권리자에게 귀속된다고 보아야 한다(대법원 2017. 6. 8. 선고 2017다3499 판결).

ㄹ.(X) 다른 자의 대리인으로서 계약을 맺은 자가 그 대리권을 증명하지 못하고 또 본인의 추인을 받지 못한 경우에는 그는 상대방의 선택에 따라 계약을 이행할 책임 또는 손해를 배상할 책임이 있다(민법 제135조 제1항). 이때 상대방이 계약의 이행을 선택한 경우 무권대리인은 계약이 본인에게 효력이 발생하였더라면 본인이 상대방에게 부담하였을 것과 같은 내용의 채무를 이행할 책임이 있다. 무권대리인은 마치 자신이 계약의 당사자가 된 것처럼 계약에서 정한 채무를 이행할 책임을 지는 것이다. 무권대리인이 계약에서 정한 채무를 이행하지 않으면 상대방에게 채무불이행에 따른 손해를 배상할 책임을 진다(대법원 2018. 6. 28. 선고 2018다210775 판결).

문 11 ★★★

甲은 자신의 노후생활에 대비하여 자신의 재산관리에 관한 사무의 전부를 乙에게 위탁하고, 그 위탁사무에 관한 대리권을 乙에게 수여하는 것을 내용으로 하는 후견계약을 체결하였다. 이 후견계약에 관한 설명 중 옳은 것을 모두 고른 것은? (다툼이 있는 경우 판례에 의함)

> ㄱ. 후견계약은 서면에 의하여 체결하고 가정법원의 허가를 받아야 유효하게 성립한다.
> ㄴ. 乙의 처제와 장인이 乙과 생계를 같이 하는 경우 임의후견감독인이 될 수 없다.
> ㄷ. 甲과 乙의 후견계약은 가정법원이 임의후견감독인을 선임한 때부터 효력이 발생한다.
> ㄹ. 임의후견감독인 선임 전에는 甲과 乙이 언제든지 후견등기를 말소함으로써 후견계약의 의사표시를 철회할 수 있다.
> ㅁ. 가정법원이 임의후견감독인을 선임한 이후에는 甲 또는 乙은 정당한 사유가 있는 때에만 가정법원의 허가를 받아 후견계약을 종료할 수 있다.

① ㄱ, ㄴ, ㄹ ② ㄱ, ㄷ, ㄹ
③ ㄱ, ㄷ, ㅁ ④ ㄴ, ㄷ, ㅁ
⑤ ㄴ, ㄹ, ㅁ

해설

ㄱ.(X), ㄷ.(O) 민법 제959조의14 참조

> **민법 제959조의14(후견계약의 의의와 체결방법 등)** ① 후견계약은 질병, 장애, 노령, 그 밖의 사유로 인한 정신적 제약으로 사무를 처리할 능력이 부족한 상황에 있거나 부족하게 될 상황에 대비하여 자신의 재산관리 및 신상보호에 관한 사무의 전부 또는 일부를 다른 자에게 위탁하고 그 위탁사무에 관하여 대리권을 수여하는 것을 내용으로 한다.
> ② 후견계약은 공정증서로 체결하여야 한다.
> ③ 후견계약은 가정법원이 임의후견감독인을 선임한 때부터 효력이 발생한다.
> ④ 가정법원, 임의후견인, 임의후견감독인 등은 후견계약을 이행·운영할 때 본인의 의사를 최대한 존중하여야 한다.

ㄴ.(O) 민법 제959조의15, 제940조의5, 제779조 참조

> **민법 제959조의15(임의후견감독인의 선임)** ⑤ 임의후견감독인에 대하여는 제940조의5를 준용한다.
> **민법 제940조의5(후견감독인의 결격사유)** 제779조에 따른 후견인의 가족은 후견감독인이 될 수 없다.
> **민법 제779조(가족의 범위)** ① 다음의 자는 가족으로 한다.
> 1. 배우자, 직계혈족 및 형제자매
> 2. 직계혈족의 배우자, 배우자의 직계혈족 및 배우자의 형제자매
> ② 제1항제2호의 경우에는 생계를 같이 하는 경우에 한한다.

ㄹ.(X), ㅁ.(O) 민법 제959조의18 참조

> **민법 제959조의18(후견계약의 종료)** ① 임의후견감독인의 선임 전에는 본인 또는 임의후견인은 언제든지 공증인의 인증을 받은 서면으로 후견계약의 의사표시를 철회할 수 있다.
> ② 임의후견감독인의 선임 이후에는 본인 또는 임의후견인은 정당한 사유가 있는 때에만 가정법원의 허가를 받아 후견계약을 종료할 수 있다.

해답 ④

문 12 ★★

자신이 소유한 조선시대 유명화가의 고서화(古書畵)를 진품으로 알고 있던 甲은 乙에게 위 고서화를 1억 원에 매도하는 내용의 매매계약을 체결하면서, 당해 고서화가 위작인 경우 乙이 매매계약을 해제하고 매매대금을 반환받기로 하는 특약도 함께 체결하였다. 乙도 고서화를 진품으로 알고 甲에게 1억 원을 지급하고 고서화를 인도받았다. 이후 감정결과 고서화는 진품이 아닌 시가 50만 원 상당의 위작으로 판명되었다. 이에 관한 설명 중 옳은 것을 모두 고른 것은? (다툼이 있는 경우 판례에 의함)

> ㄱ. 착오로 인한 취소의 요건이 갖추어져 乙이 이를 이유로 매매계약을 취소한 후 부당이득반환 청구를 하는 경우, 甲은 고서화의 반환을 동시이행할 것을 항변할 수 있다.
> ㄴ. 착오로 인한 취소의 요건이 갖추어진 경우, 甲의 乙에 대한 하자담보책임이 성립하는지 여부와 관계없이 乙은 착오를 이유로 한 매매계약 취소를 할 수 있다.

ㄷ. 乙의 착오는 동기의 착오에 해당하여 착오를 이유로 한 매매계약 취소를 할 수 없다.
ㄹ. 乙은 자신의 중대한 과실로 착오에 빠진 경우 착오를 이유로 한 매매계약 취소를 할 수 없다.

① ㄱ, ㄹ
② ㄴ, ㄷ
③ ㄱ, ㄴ, ㄹ
④ ㄱ, ㄷ, ㄹ
⑤ ㄱ, ㄴ, ㄷ, ㄹ

해설

ㄱ.(O) 매매계약이 취소된 경우에 당사자 쌍방의 원상회복의무는 동시이행의 관계에 있다(대법원 2001. 7. 10. 선고 2001다3764 판결).

ㄴ.(O) 민법 제109조 제1항에 의하면 법률행위 내용의 중요 부분에 착오가 있는 경우 착오에 중대한 과실이 없는 표의자는 법률행위를 취소할 수 있고, 민법 제580조 제1항, 제575조 제1항에 의하면 매매의 목적물에 하자가 있는 경우 하자가 있는 사실을 과실 없이 알지 못한 매수인은 매도인에 대하여 하자담보책임을 물어 계약을 해제하거나 손해배상을 청구할 수 있다. 착오로 인한 취소 제도와 매도인의 하자담보책임 제도는 취지가 서로 다르고, 요건과 효과도 구별된다. 따라서 매매계약 내용의 중요 부분에 착오가 있는 경우 매수인은 매도인의 하자담보책임이 성립하는지와 상관없이 착오를 이유로 매매계약을 취소할 수 있다(대법원 2018. 9. 13. 선고 2015다78703 판결).

ㄷ.(X) 동기의 착오가 법률행위의 내용의 중요 부분의 착오에 해당함을 이유로 표의자가 법률행위를 취소하려면 그 동기를 당해 의사표시의 내용으로 삼을 것을 상대방에게 표시하고 의사표시의 해석상 법률행위의 내용으로 되어 있다고 인정되면 충분하고 당사자들 사이에 별도로 그 동기를 의사표시의 내용으로 삼기로 하는 합의까지 이루어질 필요는 없지만, 그 법률행위의 내용의 착오는 보통 일반인이 표의자의 입장에 섰더라면 그와 같은 의사표시를 하지 아니하였으리라고 여겨질 정도로 그 착오가 중요한 부분에 관한 것이어야 한다(대법원 1997. 9. 30. 선고 97다26210 판결).

ㄹ.(O) 민법 제109조 참조

> 민법 제109조(착오로 인한 의사표시) ① 의사표시는 법률행위의 내용의 중요부분에 착오가 있는 때에는 취소할 수 있다. 그러나 그 착오가 표의자의 중대한 과실로 인한 때에는 취소하지 못한다.
> ② 전항의 의사표시의 취소는 선의의 제삼자에게 대항하지 못한다.

해답 ③

문 13

선물용 시계 제조업자인 甲은 시계 도매업자인 乙에게 고급 여성 손목시계 200개를 1억 원에 매도하는 내용의 매매계약을 체결하였다. 甲은 위 매매계약 체결 당일 매매대금의 지급을 확보하기 위하여 乙로부터 액면금 1억 원의 약속어음을 발행받아 수령하였고, 乙은 추가로 丙에게 부탁하여 丙은 같은 날 위 매매대금채무를 연대보증하였다. 甲은 위 매매목적물을 모두 乙에게 인도하였으나 乙과 丙은 변제기가 지나도록 대금을 지급하지 않고 있다. 이에 관한 설명 중 옳은 것을 모두 고른 것은? (다툼이 있는 경우 판례에 의함)

ㄱ. 甲의 乙에 대한 매매대금채권의 소멸시효기간은 3년이다.
ㄴ. 甲이 乙에 대한 매매대금채권을 피보전채권으로 乙 소유의 건물에 대한 가압류를 신청하여 법원의 가압류결정을 받아 위 건물에 가압류등기가 되었다면 가압류에 의한 시효중단의 효력은 가압류신청을 한 때로 소급한다.

ㄷ. 甲이 乙을 상대로 매매대금청구의 소를 제기하면 위 약속어음채권의 소멸시효는 중단된다.
ㄹ. 甲이 乙에 대한 매매대금채권을 피보전채권으로 乙 소유의 토지에 대한 가압류를 신청하여 법원의 가압류결정을 받아 위 토지에 가압류등기가 되었다 하더라도 丙에게 그 사실을 통지하지 않은 경우에는 丙에게 시효중단의 효력이 발생하지 않는다.

① ㄱ, ㄴ
② ㄱ, ㄷ
③ ㄱ, ㄹ
④ ㄴ, ㄹ
⑤ ㄱ, ㄴ, ㄹ

해설

ㄱ. (O) 3년의 단기소멸시효가 적용되는 민법 제163조 제6호 소정의 '상인이 판매한 상품의 대가'란 상품의 매매로 인한 대금 그 자체의 채권만을 말하는 것으로서, 상품의 공급 자체와 등가성 있는 청구권에 한한다(대법원 1996. 1. 23. 선고 95다39854 판결).

> 민법 제163조(3년의 단기소멸시효) 다음 각호의 채권은 3년간 행사하지 아니하면 소멸시효가 완성한다.
> 6. 생산자 및 상인이 판매한 생산물 및 상품의 대가

ㄴ. (O) 민법 제168조 제2호에서 가압류를 시효중단사유로 정하고 있지만, 가압류로 인한 시효중단의 효력이 언제 발생하는지에 관해서는 명시적으로 규정되어 있지 않다. 민사소송법 제265조에 의하면, 시효중단사유 중 하나인 '재판상의 청구'(민법 제168조 제1호, 제170조)는 소를 제기한 때 시효중단의 효력이 발생한다. 이는 소장 송달 등으로 채무자가 소 제기 사실을 알기 전에 시효중단의 효력을 인정한 것이다. 가압류에 관해서도 위 민사소송법 규정을 유추적용하여 '재판상의 청구'와 유사하게 가압류를 신청한 때 시효중단의 효력이 생긴다고 보아야 한다. '가압류'는 법원의 가압류명령을 얻기 위한 재판절차와 가압류명령의 집행절차를 포함하는데, 가압류도 재판상의 청구와 마찬가지로 법원에 신청을 함으로써 이루어지고(민사집행법 제279조), 가압류명령에 따른 집행이나 가압류명령의 송달을 통해서 채무자에게 고지가 이루어지기 때문이다(대법원 2017. 4. 7. 선고 2016다35451 판결).

ㄷ. (X) 원인채권의 지급을 확보하기 위한 방법으로 어음이 수수된 경우에 원인채권과 어음채권은 별개로서 채권자는 그 선택에 따라 권리를 행사할 수 있고, 원인채권에 기하여 청구를 한 것만으로는 어음채권 그 자체를 행사한 것으로 볼 수 없어 어음채권의 소멸시효를 중단시키지 못한다(대법원 1999. 6. 11. 선고 99다16378 판결).

ㄹ. (X) 민법 제169조는 '시효의 중단은 당사자 및 그 승계인 간에만 효력이 있다.'고 규정하고 있고, 한편 민법 제440조는 '주채무자에 대한 시효의 중단은 보증인에 대하여 그 효력이 있다.'라고 규정하고 있는 바, 민법 제440조는 민법 제169조의 예외 규정으로서 이는 채권자 보호 내지 채권담보의 확보를 위하여 주채무자에 대한 시효중단의 사유가 발생하였을 때에는 그 보증인에 대한 별도의 중단조치가 이루어지지 아니하여도 동시에 시효중단의 효력이 생기도록 한 것이고, 그 시효중단사유가 압류, 가압류 및 가처분이라고 하더라도 이를 보증인에게 통지하여야 비로소 시효중단의 효력이 발생하는 것은 아니다(대법원 2005. 10. 27. 선고 2005다35554, 35561 판결).

해답 ①

문 14

시효의 중단에 관한 설명 중 옳은 것을 모두 고른 것은? (다툼이 있는 경우 판례에 의함)

> ㄱ. 소장에서 청구의 대상으로 삼은 금전채권 중 일부만을 청구하면서 소송의 진행경과에 따라 나머지 부분에 대하여 장차 청구금액을 확장할 뜻을 표시하였으나 당해 소송이 종료될 때까지 실제로 청구금액을 확장하지 않은 경우, 나머지 부분에 대하여는 재판상 청구로 인한 시효중단의 효력이 발생하지는 않지만 특별한 사정이 없는 한 소송이 계속 중인 동안에는 최고에 의한 권리행사가 지속되는 것으로 볼 수 있다.
> ㄴ. 점유로 인한 부동산소유권의 시효취득에 있어 취득시효기간의 완성 전에 부동산에 압류 또는 가압류 조치가 이루어졌다고 하더라도 이는 취득시효의 중단사유가 될 수 없다.
> ㄷ. 확정판결에 의한 채권의 소멸시효기간인 10년의 경과가 임박한 경우에 그 시효중단을 위한 소는 소의 이익이 있다.
> ㄹ. 어느 연대채무자가 채무를 승인함으로써 그에 대한 시효가 중단되면 그로 인하여 다른 연대채무자에게도 시효중단의 효력이 발생한다.

① ㄱ, ㄴ
② ㄴ, ㄷ
③ ㄷ, ㄹ
④ ㄱ, ㄴ, ㄷ
⑤ ㄴ, ㄷ, ㄹ

해설

ㄱ.(O) 소장에서 청구의 대상으로 삼은 채권 중 일부만을 청구하면서 소송의 진행경과에 따라 장차 청구금액을 확장할 뜻을 표시하였으나 당해 소송이 종료될 때까지 실제로 청구금액을 확장하지 않은 경우에는 소송의 경과에 비추어 볼 때 채권 전부에 관하여 판결을 구한 것으로 볼 수 없으므로, 나머지 부분에 대하여는 재판상 청구로 인한 시효중단의 효력이 발생하지 아니한다. 그러나 이와 같은 경우에도 소를 제기하면서 장차 청구금액을 확장할 뜻을 표시한 채권자로서는 장래에 나머지 부분을 청구할 의사를 가지고 있는 것이 일반적이라고 할 것이므로, 다른 특별한 사정이 없는 한 당해 소송이 계속 중인 동안에는 나머지 부분에 대하여 권리를 행사하겠다는 의사가 표명되어 최고에 의해 권리를 행사하고 있는 상태가 지속되고 있는 것으로 보아야 하고, 채권자는 당해 소송이 종료된 때부터 6월 내에 민법 제174조에서 정한 조치를 취함으로써 나머지 부분에 대한 소멸시효를 중단시킬 수 있다(대법원 2020. 2. 6. 선고 2019다223723 판결).

ㄴ.(O) 민법 제247조 제2항은 '소멸시효의 중단에 관한 규정은 점유로 인한 부동산소유권의 시효취득기간에 준용한다.'고 규정하고, 민법 제168조 제2호는 소멸시효 중단사유로 '압류 또는 가압류, 가처분'을 규정하고 있다. 점유로 인한 부동산소유권의 시효취득에 있어 취득시효의 중단사유는 종래의 점유상태의 계속을 파괴하는 것으로 인정될 수 있는 사유이어야 하는데, 민법 제168조 제2호에서 정하는 '압류 또는 가압류'는 금전채권의 강제집행을 위한 수단이거나 그 보전수단에 불과하여 취득시효기간의 완성 전에 부동산에 압류 또는 가압류 조치가 이루어졌다고 하더라도 이로써 종래의 점유상태의 계속이 파괴되었다고는 할 수 없으므로 이는 취득시효의 중단사유가 될 수 없다(대법원 2019. 4. 3. 선고 2018다296878 판결).

ㄷ.(O) 확정된 승소판결에는 기판력이 있으므로 승소 확정판결을 받은 당사자가 전소의 상대방을 상대로 다시 승소 확정판결의 전소(전소)와 동일한 청구의 소를 제기하는 경우, 특별한 사정이 없는 한 후소(후소)는 권리보호의 이익이 없어 부적법하다. 하지만 예외적으로 확정판결에 의한 채권의 소멸시효기간인 10년의 경과가 임박한 경우에는 그 시효중단을 위한 소는 소의 이익이 있다(대법원 2019. 1. 17. 선고 2018다24349 판결).

ㄹ.(X) … 그러나 민법 제416조는 어느 연대채무자에 대한 이행청구는 다른 연대채무자에게도 효력이 있다고 규정하고 있을 뿐이고 채무승인은 이행청구에는 해당하지 않기 때문에, 어느 연대채무자가 채무를 승인함으로써 그에 대한 시효가 중단되었더라도 그로 인하여 다른 연대채무자에게도 시효중단의 효력이 발생하는 것은 아니다(대법원 2018. 10. 25. 선고 2018다234177 판결).

해답 ④

문 15 ★★

공유에 관한 설명 중 옳지 않은 것은? (다툼이 있는 경우 판례에 의함)

① 甲과 乙이 각 1/2의 지분으로 공유하고 있는 X토지 중 일부를 甲이 배타적으로 점유하고 있는 경우, 乙은 甲에게 공유물의 보존행위로서 방해배제를 청구할 수 있다.
② X토지의 2/3 지분을 보유한 공유자 甲이 1/3 지분권자인 乙과 협의하지 않고 X토지를 丙에게 임대한 경우, 乙은 丙에게 임료의 1/3을 부당이득으로 반환할 것을 청구할 수 없다.
③ 甲은 乙과 함께 각 1/2의 지분으로 X토지를 공유하면서, 乙이 토지 전체를 단독으로 사용하기로 하되 乙로부터 일정 금액을 지급받기로 약정하였다면, 이러한 약정은 甲으로부터 그 지분권을 양도받은 특정승계인에게 당연히 승계된다.
④ 甲, 乙, 丙이 각 1/3 지분씩 공동상속한 X부동산에 관하여 甲이 부정한 방법으로 그 단독명의의 소유권이전등기를 마친 경우, 乙은 甲에 대하여 공유물의 보존행위로서 2/3 지분에 관한 소유권이전등기 말소등기절차의 이행을 구할 수 있다.
⑤ 乙과 함께 각 1/2 지분으로 X토지를 공유하는 甲이 乙에게 자신의 공유지분을 포기한다는 의사표시를 하였으나, 그에 따른 지분이전등기가 마쳐지기 전에 甲이 사망하여 상속인 丙이 단독상속하는 한편, 乙의 1/2 지분에 대한 강제경매절차가 진행되어 丁이 지분을 취득하였다면, 丁은 甲의 상속인 丙에게 甲의 종전 1/2 지분에 관한 지분이전등기절차의 이행을 구할 수 있다.

해설

① (O) 공유물의 소수지분권자가 다른 공유자와 협의 없이 공유물의 전부 또는 일부를 독점적으로 점유·사용하고 있는 경우, 다른 소수지분권자가 공유물의 보존행위로서 공유물의 인도를 청구할 수 없고 자신의 지분권에 기초하여 공유물에 대한 방해 상태를 제거하거나 공동 점유를 방해하는 행위의 금지 등을 청구할 수 있다(대법원 2020. 5. 21. 선고 2018다287522 전원합의체 판결).

② (O) 과반수 지분의 공유자는 공유자와 사이에 미리 공유물의 관리방법에 관하여 협의가 없었다 하더라도 공유물의 관리에 관한 사항을 단독으로 결정할 수 있으므로 과반수 지분의 공유자는 그 공유물의 관리방법으로서 그 공유토지의 특정된 한 부분을 배타적으로 사용·수익할 수 있으나, 그로 말미암아 지분은 있으되 그 특정 부분의 사용·수익을 전혀 하지 못하여 손해를 입고 있는 소수지분권자에 대하여 그 지분에 상응하는 임료 상당의 부당이득을 하고 있다 할 것이므로 이를 반환할 의무가 있다 할 것이나, 그 과반수 지분의 공유자로부터 다시 그 특정 부분의 사용·수익을 허락받은 제3자의 점유는 다수지분권자의 공유물관리권에 터잡은 적법한 점유이므로 그 제3자는 소수지분권자에 대하여도 그 점유로 인하여 법률상 원인 없이 이득을 얻고 있다고는 볼 수 없다(대법원 2002. 5. 14. 선고 2002다9738 판결).

③ (O) 공유자 간의 공유물에 대한 사용수익·관리에 관한 특약은 공유자의 특정승계인에 대하여도 당연히 승계된다고 할 것이나, 민법 제265조는 "공유물의 관리에 관한 사항은 공유자의 지분의 과반수로써 결정한다."라고 규정하고 있으므로, 위와 같은 특약 후에 공유자에 변경이 있고 특약을 변경할 만한 사정이 있는 경우에는 공유자의 지분의 과반수의 결정으로 기존 특약을 변경할 수 있다(대법원 2005. 5. 12. 선고 2005다1827 판결).

④ (O) 부동산의 공유자의 1인은 당해 부동산에 관하여 제3자 명의로 원인무효의 소유권이전등기가 경료되어 있는 경우 공유물에 관한 보존행위로서 제3자에 대하여 그 등기전부의 말소를 구할 수 있으므로 상속에 의하여 수인의 공유로 된 부동산에 관하여 그 공유자 중의 1인이 부정한 방법으로 공유물 전부에 관한 소유권이전등기를 그 단독명의로 경료함으로써 타의 공유자가 공유물에 대하여 갖는 권리를 방해한 경우에 있어서는 그 방해를 받고 있는 공유자 중의 1인은 공유물의 보존행위로서 위 단독명의로 등기를 경료하고 있는 공유자에 대하여 그 공유자의 공유지분을 제외한 나머지 공유지분 전부에 관하여 소유권이전등기말소등기절차의 이행을 구할 수 있다(대법원 1988. 2. 23. 선고 87다카961 판결).

⑤ (X) 민법 제267조는 "공유자가 그 지분을 포기하거나 상속인 없이 사망한 때에는 그 지분은 다른 공유자에게 각 지분의 비율로 귀속한다."라고 규정하고 있다. 여기서 공유지분의 포기는 법률행위로서 상대방 있는 단독행위에 해당하므로, 부동산 공유자의 공유지분 포기의 의사표시가 다른 공유자에게 도달하더라도 이로써 곧바로 공유지분 포기에 따른 물권변동의 효력이 발생하는 것은 아니고, 다른 공유자는 자신에게 귀속될 공유지분에 관하여 소유권이전등기청구권을 취득하며, 이후 민법 제186조에 의하여 등기를 하여야 공유지분 포기에 따른 물권변동의 효력이 발생한다. 그리고 부동산 공유자의 공유지분 포기에 따른 등기는 해당 지분에 관하여 다른 공유자 앞으로 소유권이전등기를 하는 형태가 되어야 한다(대법원 2016. 10. 27. 선고 2015다52978 판결).

해답 ⑤

※ 다음 사례에 관한 아래 각 문항(문 16~문 17)에 답하시오.

甲은 자기 소유의 X토지 위에 Y건물을 신축하기 위하여 건축업자 乙과 공사도급계약을 체결하였다. 이 도급계약에서 건물 소유권은 甲에게 귀속되는 것으로 하고, 공사대금은 건물 완공 시 지급하기로 하였다.

乙이 위 도급계약에 따라 Y건물의 신축공사를 시작하여 건물의 기둥, 벽체와 지붕공사를 완성한 후 甲은 공사대금 확보를 위하여 A로부터 2억 원을 차용하면서 X토지에 관하여 채권최고액을 2억 2,000만 원으로 하는 A 명의의 근저당권을 설정해주었다.

甲이 A에 대하여 차용금을 갚지 못하자 A는 X토지에 대하여 담보권 실행 경매를 신청하였고 이 경매절차에서 丙이 X토지를 매수하여 대금을 납입하고 소유권이전등기를 마쳤다.

乙은 Y건물을 완공한 후 점유하면서 甲에게 공사대금을 지급하고 Y건물을 인도받을 것을 통지하였지만 甲은 공사대금을 지급하지 못하고 있다.

문 16 ★★

다음 설명 중 옳은 것(○)과 옳지 않은 것(×)을 올바르게 조합한 것은? (다툼이 있는 경우 판례에 의함)

ㄱ. 甲과 A가 X토지에 관한 근저당권설정계약을 체결하면서 법정지상권의 성립을 배제하기로 하는 특약을 한 경우 甲은 丙에 대하여 법정지상권을 주장할 수 없다.

ㄴ. 甲이 법정지상권에 대하여 등기를 갖추지 않고 있던 중 丙이 丁에게 X토지를 매도하고 소유권이전등기를 마쳐준 경우 甲은 丁에 대하여 법정지상권을 주장할 수 없다.

ㄷ. Y건물에 대한 강제경매절차에서 戊가 Y건물을 매수하고 매각대금을 납입하여 소유권을 취득하면 특별한 사정이 없는 한 법정지상권도 함께 취득한다.

ㄹ. 법정지상권에 관한 지료가 결정되지 않은 경우 甲이 2년 이상 지료를 지급하지 않았더라도 丙은 지상권소멸청구를 할 수 없다.

① ㄱ(○), ㄴ(×), ㄷ(○), ㄹ(○)
② ㄱ(○), ㄴ(○), ㄷ(×), ㄹ(×)
③ ㄱ(×), ㄴ(○), ㄷ(○), ㄹ(×)
④ ㄱ(×), ㄴ(×), ㄷ(○), ㄹ(○)
⑤ ㄱ(×), ㄴ(×), ㄷ(×), ㄹ(○)

해설

ㄱ.(×) 민법 제366조는 가치권과 이용권의 조절을 위한 공익상의 이유로 지상권의 설정을 강제하는 것이므로 저당권설정 당사자 간의 특약으로 저당목적물인 토지에 대하여 법정지상권을 배제하는 약정을 하더라도 그 특약은 효력이 없다(대법원 1988. 10. 25. 선고 87다카1564 판결).

ㄴ.(×) 독립된 부동산으로서의 건물이라고 하기 위하여는 최소한의 기둥과 지붕 그리고 주벽이 이루어지면 된다(2003. 5. 30. 선고 2002다21592,21608 판결). 일반적으로 자기의 노력과 재료를 들여 건물을 건축한 사람은 그 건물의 소유권을 원시취득하는 것이고, 다만 도급계약에 있어서는 수급인이 자기의 노력과 재료를 들여 건물을 완성하더라도 도급인과 수급인 사이에 도급인 명의로 건축허가를 받아 소유권보존등기를 하기로 하는 등 완성된 건물의 소유권을 도급인에게 귀속시키기로 합의한 것으로 보여질 경우에는 그 건물의 소유권은 도급인에게 원시적으로 귀속된다(대법원 1992. 3. 27. 선고 91다34790 판결). 민법 366조는 저당물의 경매로 인하여 토지와 그 지상건물이 다른 소유자에 속한 경우에 토지소유자는 건물소유자에 대하여 지상권을 설정한 것으로 보는 것인 바 이 경우에 있어서 그 지상건물은 반드시 등기를 거친 것임을 필요로 하지 아니하며 또 그 건물은 건물로서의 요소를 갖추고 있는 이상 무허가 건물이고 건평 5평에 지나지 아니한다 하여도 법정지상권 성립에 아무런 장애도 될 수 없다 할 것이니 이와 반대의 견해를 전제로 하여 원판결을 비난하는 논지는 채용할 수 없다(대판 1964.09.22. 63아62). … 이 사건 대지와 건물은 위 근저당권설정 당시는 동일인인 소외 김순자의 소유에 속하였다가 그후 대지의 경매로 인하여 대지와 건물이 다른 소유자에게 속하게 된 것이니 위 건물의 소유자인 소외 김순자는 민법 제366조에 의하여 이 사건 대지에 대하여 건물의 소유를 목적으로 하는 법정지상권을 취득하였다 할 것이고, 법정지상권자는 물권으로서의 효력에 의하여 이를 취득할 당시의 대지소유자나 이로부터 소유권을 전득한 제삼자에 대하여도 등기없이 위 지상권을 주장할 수 있는 것이므로 소외 김순자는 위 대지의 전득자인 원고에 대하여 지상권설정등기청구권이 있다 할 것이며, 위 법정지상권을 양도받기로 한 피고 김말출은 채권자대위의 법리에 의하여 원고 및 소외 김순자에 대하여 차례로 지상권설정등기 및 이전등기절차의 이행을 구할 수 있다 할 것이다(대법원 1985. 4. 9. 선고 84다카1131,1132 전원합의체판결).

ㄷ.(○) 건물소유를 위하여 법정지상권을 취득한 자로부터 경매에 의하여 그 건물의 소유권을 이전받은 경락인은 경락 후 건물을 철거한다는 등의 매각조건하에서 경매되는 경우등 특별한 사정이 없는 한 건물의 경락취득과 함께 위 지상권도 당연히 취득한다(대법원 1985. 2. 26. 선고 84다카1578,1579 판결). 민사집행법 제135조(소유권의 취득시기) 매수인은 매각대금을 다 낸 때에 매각의 목적인 권리를 취득한다.

ㄹ.(○) 법정지상권의 경우 당사자 사이에 지료에 관한 협의가 있었다거나 법원에 의하여 지료가 결정되었다는 아무런 입증이 없다면, 법정지상권자가 지료를 지급하지 않았다고 하더라도 지료 지급을 지체한 것으로는 볼 수 없으므로 법정지상권자가 2년 이상의 지료를 지급하지 아니하였음을 이유로 하는 토지소유자의 지상권소멸청구는 이유가 없고, 지료액 또는 그 지급시기 등 지료에 관한 약정은 이를 등기하여야만 제3자에게 대항할 수 있는 것이고, 법원에 의한 지료의 결정은 당사자의 지료결정청구에 의하

여 형식적 형성소송인 지료결정판결로 이루어져야 제3자에게도 그 효력이 미친다(대법원 2001. 3. 13. 선고 99다17142 판결).

해답 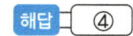 ④

문 17

다음 설명 중 옳지 않은 것은? (다툼이 있는 경우 판례에 의함) ★★

① 乙의 甲에 대한 공사대금채권은 Y건물에 관하여 생긴 채권으로 이미 그 변제기가 도래하였으므로 乙은 그 채권을 변제받을 때까지 Y건물을 유치할 권리가 있다.

② 乙이 Y건물을 점유하면서 유치권을 행사하던 중 제3자 B가 乙의 점유를 침탈하여 乙이 점유를 상실하면 유치권은 소멸하며, 乙이 점유회수의 소를 제기하여 점유를 회복할 수 있다는 사정만으로 乙의 유치권이 존속하는 것은 아니다.

③ 乙이 甲의 승낙 없이 Y건물을 C에게 임대하여 임차인 C가 점유하고 있는 상태에서, Y건물에 대하여 강제경매절차가 진행되어 Y건물이 매각된 경우, C는 임차권에 기한 점유로써 위 경매절차에서 매수인에게 대항할 수 없다.

④ 乙이 甲의 승낙을 받아 Y건물을 D에게 임대한 후 위 임대차가 D의 차임 연체를 이유로 적법하게 해지되었으나 D가 Y건물을 반환하지 않은 채 계속 점유하고 있는 경우, 乙의 유치권은 소멸한다.

⑤ 乙이 유치물의 보존에 필요한 사용을 한 경우에도 특별한 사정이 없는 한 그 차임 상당액을 甲에게 부당이득으로 반환할 의무가 있다.

해설

① (O) 주택건물의 신축공사를 한 수급인이 그 건물을 점유하고 있고 또 그 건물에 관하여 생긴 공사금 채권이 있다면, 수급인은 그 채권을 변제받을 때까지 건물을 유치할 권리가 있다고 할 것이고, 이러한 유치권은 수급인이 점유를 상실하거나 피담보채무가 변제되는 등 특단의 사정이 없는 한 소멸되지 않는다(대법원 1995. 9. 15. 선고 95다16202,95다16219 판결).

② (O) 甲 주식회사가 건물신축 공사대금 일부를 지급받지 못하자 건물을 점유하면서 유치권을 행사해 왔는데, 그 후 乙이 경매절차에서 건물 중 일부 상가를 매수하여 소유권이전등기를 마친 다음 甲 회사의 점유를 침탈하여 丙에게 임대한 사안에서, 乙의 점유침탈로 甲 회사가 점유를 상실한 이상 유치권은 소멸하고, 甲 회사가 점유회수의 소를 제기하여 승소판결을 받아 점유를 회복하면 점유를 상실하지 않았던 것으로 되어 유치권이 되살아나지만, 위와 같은 방법으로 점유를 회복하기 전에는 유치권이 되살아나는 것이 아님에도, 甲 회사가 상가에 대한 점유를 회복하였는지를 심리하지 아니한 채 점유회수의 소를 제기하여 점유를 회복할 수 있다는 사정만으로 甲 회사의 유치권이 소멸하지 않았다고 본 원심판결에 점유상실로 인한 유치권 소멸에 관한 법리오해의 위법이 있다(대법원 2012. 2. 9. 선고 2011다72189 판결).

③ (O) 유치권의 성립요건인 유치권자의 점유는 직접점유이든 간접점유이든 관계없지만, 유치권자는 채무자의 승낙이 없는 이상 그 목적물을 타에 임대할 수 있는 처분권한이 없으므로(민법 제324조 제2항 참조), 유치권자의 그러한 임대행위는 소유자의 처분권한을 침해하는 것으로서 소유자에게 그 임대의 효력을 주장할 수 없고, 따라서 소유자의 동의 없이 유치권자로부터 유치권의 목적물을 임차한 자의 점유는 구 민사소송법(2002. 1. 26. 법률 제6626호로 전문 개정되기 전의 것) 제647조 제1항 단서에서 규정하는 '경락인에게 대항할 수 있는 권원'에 기한 것이라고 볼 수 없다(대법원 2002. 11. 27.자 2002마3516 결정).

④ (X) 유치권의 성립요건인 유치권자의 점유는 직접점유이든 간접점유이든 관계없다. 간접점유를 인정하

기 위해서는 간접점유자와 직접점유를 하는 자 사이에 일정한 법률관계, 즉 점유매개관계가 필요한데, 간접점유에서 점유매개관계를 이루는 임대차계약 등이 해지 등의 사유로 종료되더라도 직접점유자가 목적물을 반환하기 전까지는 간접점유자의 직접점유자에 대한 반환청구권이 소멸하지 않는다. 따라서 점유매개관계를 이루는 임대차계약 등이 종료된 이후에도 직접점유자가 목적물을 점유한 채 이를 반환하지 않고 있는 경우에는, 간접점유자의 반환청구권이 소멸한 것이 아니므로 간접점유의 점유매개관계가 단절된다고 할 수 없다(대법원 2019. 8. 14. 선고 2019다205329 판결).

⑤ (O) 민법 제324조에 의하면, 유치권자는 선량한 관리자의 주의로 유치물을 점유하여야 하고, 소유자의 승낙 없이 유치물을 보존에 필요한 범위를 넘어 사용하거나 대여 또는 담보제공을 할 수 없으며, 소유자는 유치권자가 위 의무를 위반한 때에는 유치권의 소멸을 청구할 수 있다고 할 것인바, 공사대금채권에 기하여 유치권을 행사하는 자가 스스로 유치물인 주택에 거주하며 사용하는 것은 특별한 사정이 없는 한 유치물인 주택의 보존에 도움이 되는 행위로서 유치물의 보존에 필요한 사용에 해당한다고 할 것이다. 그리고 유치권자가 유치물의 보존에 필요한 사용을 한 경우에도 특별한 사정이 없는 한 차임에 상당한 이득을 소유자에게 반환할 의무가 있다(대법원 2009. 9. 24. 선고 2009다40684 판결).

해답 ④

문 18 ★★

부양에 관한 설명 중 옳지 않은 것은? (다툼이 있는 경우 판례에 의함)

① 친부(親父)가 사망한 후 계모와 함께 살고 있는 계자녀는 계모를 부양할 의무가 있다.
② 모(母)가 성년인 자(子)의 병원비를 지불한 경우, 모(母)는 자(子)의 배우자에 대하여 병원비의 상환을 청구할 수 있다.
③ 과거 부양료의 지급을 구하는 권리는 당사자의 협의 또는 가정법원의 심판 확정에 의하여 비로소 구체적이고 독립한 재산적 권리로 성립하므로, 그러한 부양료청구권의 침해를 이유로 채권자취소권을 행사하는 경우 제척기간은 부양료청구권이 구체적인 권리로 성립한 때부터 진행한다.
④ 처(妻)가 정당한 이유 없이 동거를 거부함으로써 자신의 협력의무를 스스로 저버리고 있다면, 부(夫)의 동거청구가 권리의 남용에 해당하는 등의 특별한 사정이 없는 한, 처(妻)는 부(夫)에게 부양료의 지급을 청구할 수 없다.
⑤ 재판상 이혼 시 친권자와 양육자로 지정된 처(妻)는 부(夫)에게 양육비를 청구할 수 있고, 이 경우 가정법원은 자녀의 양육비 중 처(妻)가 부담해야 할 양육비를 제외하고 부(夫)가 분담해야 할 적정 금액의 양육비만을 결정하여야 한다.

해설

① (O) 계모가 전처소생에게 부양료 지급을 청구하기 위하여는 계모가 전처소생의 친부와 부부공동생활을 하거나 적어도 그 친부가 생존해 있어야 하고, 친부가 사망한 경우에는 전처소생과 생계를 같이하는 경우에 한하여 그 전처소생에게 부양료 지급을 청구할 수 있다(서울가정법원 2007. 6. 29.자 2007브28 결정).

> 민법 제767조(친족의 정의) **배우자, 혈족 및 인척을 친족으로 한다.**
> 민법 제769조(인척의 계원) **혈족의 배우자, 배우자의 혈족, 배우자의 혈족의 배우자를 인척으로 한다.**
> 민법 제974조(부양의무) 다음 각호의 친족은 서로 부양의 의무가 있다.
> 1. 직계혈족 및 그 배우자 간
> 2. 삭제 〈1990. 1. 13.〉
> 3. 기타 친족 간(生計를 같이 하는 境遇에 限한다)

② (O) 민법 제826조 제1항에 규정된 부부 간 상호부양의무는 혼인관계의 본질적 의무로서 부양을 받을 자의 생활을 부양의무자의 생활과 같은 정도로 보장하여 부부공동생활의 유지를 가능하게 하는 것을 내용으로 하는 제1차 부양의무이고, 반면 부모가 성년의 자녀에 대하여 직계혈족으로서 민법 제974조 제1호, 제975조에 따라 부담하는 부양의무는 부양의무자가 자기의 사회적 지위에 상응하는 생활을 하면서 생활에 여유가 있음을 전제로 하여 부양을 받을 자가 자력 또는 근로에 의하여 생활을 유지할 수 없는 경우에 한하여 그의 생활을 지원하는 것을 내용으로 하는 제2차 부양의무이다. 이러한 제1차 부양의무와 제2차 부양의무는 의무이행의 정도뿐만 아니라 의무이행의 순위도 의미하는 것이므로, 제2차 부양의무자는 제1차 부양의무자보다 후순위로 부양의무를 부담한다. 따라서 제1차 부양의무자와 제2차 부양의무자가 동시에 존재하는 경우에 제1차 부양의무자는 특별한 사정이 없는 한 제2차 부양의무자에 우선하여 부양의무를 부담하므로, 제2차 부양의무자가 부양받을 자를 부양한 경우에는 소요된 비용을 제1차 부양의무자에 대하여 상환청구할 수 있다(대법원 2012. 12. 27. 선고 2011다96932 판결).

③ (X) 민법 제974조, 제975조에 의하여 부양의 의무 있는 사람이 여러 사람인 경우에 그 중 부양의무를 이행한 1인이 다른 부양의무자에 대하여 이미 지출한 과거 부양료의 지급을 구하는 권리는 당사자의 협의 또는 가정법원의 심판 확정에 의하여 비로소 구체적이고 독립한 재산적 권리로 성립하게 되지만, 그러한 부양료청구권의 침해를 이유로 채권자취소권을 행사하는 경우의 제척기간은 부양료청구권이 구체적인 권리로서 성립한 시기가 아니라 민법 제406조 제2항이 정한 '취소원인을 안 날' 또는 '법률행위가 있은 날'로부터 진행한다(대법원 2015. 1. 29. 선고 2013다79870 판결).

④ (O) 부부는 서로 부양의무가 있음은 민법 974조에 명시되어 있고 처가 자활 능력이 없는 경우에는 남편이 처를 부양할 책임이 있다 할 것이나 처가 남편과의 동거 의무를 스스로 저버리고 별거하고 있는 경우에는 남편에게 부양료 청구를 할 수 없고 남편의 인도요구에 불응하여 처가 그 소생아를 양육하였고 또 장래에도 계속 양육할 의도인 생모는 그의 부양의무를 이행하는 것이니 그에게 자활 능력이 있건 없건 또는 과거의 것이든 장래의 것이든 소생자의 아버지에게 그 부양료를 청구할 수 없다(대법원 1976. 6. 22. 선고 75므17,18 판결).

⑤ (O) 부모는 자녀를 공동으로 양육할 책임이 있고, 양육에 드는 비용도 원칙적으로 부모가 공동으로 부담하여야 한다. 그런데 어떠한 사정으로 인하여 부모 중 어느 한쪽만이 자녀를 양육하게 된 경우에는 양육하는 사람이 상대방에게 현재와 장래의 양육비 중 적정 금액의 분담을 청구할 수 있다. 재판상 이혼에 따른 자녀의 양육책임에 대하여 이혼 당사자 간에 양육자의 결정과 양육비용의 부담에 관한 사항에 대하여 협의가 이루어지지 않거나 협의할 수 없을 때에는 가정법원은 직권으로 또는 당사자의 청구에 따라 해당 사항을 정한다(민법 제837조, 제843조). 자녀의 양육에 관한 처분에 관한 심판은 부모 중 일방이 다른 일방을 상대방으로 하여 청구하여야 한다(가사소송규칙 제99조 제1항). 이러한 사항들을 종합하면, 재판상 이혼 시 친권자와 양육자로 지정된 부모의 일방은 상대방에게 양육비를 청구할 수 있고, 이 경우 가정법원으로서는 자녀의 양육비 중 양육자가 부담해야 할 양육비를 제외하고 상대방이 분담해야 할 적정 금액의 양육비만을 결정하는 것이 타당하다(대법원 2020. 5. 14. 선고 2019므15302 판결).

해답 ③

문 19 ★★

甲과 乙 사이의 법률관계에 기하여 甲이 丙에게 급부를 한 경우에 관한 설명 중 옳은 것을 모두 고른 것은? (다툼이 있는 경우 판례에 의함)

ㄱ. 甲이 乙에 대한 급부에 갈음하여 乙의 지시에 따라 乙의 채권자인 丙에게 급부를 한 경우, 甲과 乙 사이의 법률관계가 무효이더라도 甲은 丙에 대하여 부당이득반환청구를 할 수 없다.

ㄴ. 甲이 乙과 체결한 제3자를 위한 계약에 따라 수익자인 丙에게 급부를 한 경우, 그 계약이 해제되더라도 甲은 丙에 대하여 원상회복청구를 할 수 없다.
ㄷ. 甲이 乙을 위한 사무관리로서 丙에게 급부를 한 경우, 甲은 급부를 통해 이익을 얻은 丙에 대하여 직접 부당이득반환청구를 할 수 없다.
ㄹ. 乙이 甲에 대한 채권을 丙에게 양도하였고 그에 따라 甲이 丙에게 급부를 한 경우, 채권의 발생 원인이 된 甲과 乙 사이의 계약이 해제되더라도 甲은 丙에 대하여 원상회복청구를 할 수 없다.

① ㄱ, ㄴ
② ㄴ, ㄷ
③ ㄱ, ㄴ, ㄷ
④ ㄱ, ㄷ, ㄹ
⑤ ㄴ, ㄷ, ㄹ

해설

ㄱ.(O) 계약의 한쪽 당사자가 상대방의 지시 등으로 급부과정을 단축하여 상대방과 또 다른 계약관계를 맺고 있는 제3자에게 직접 급부를 하는 경우(이른바 삼각관계에서 급부가 이루어진 경우), 그 급부로써 급부를 한 계약당사자가 상대방에게 급부를 한 것일 뿐만 아니라 그 상대방이 제3자에게 급부를 한 것이다. 따라서 계약의 한쪽 당사자는 제3자를 상대로 법률상 원인 없이 급부를 수령하였다는 이유로 부당이득반환청구를 할 수 없다. 이러한 경우에 계약의 한쪽 당사자가 상대방에게 급부를 한 원인관계인 법률관계에 무효 등의 흠이 있거나 그 계약이 해제되었다는 이유로 제3자를 상대로 직접 부당이득반환청구를 할 수 있다고 보면, 자기 책임 아래 체결된 계약에 따른 위험부담을 제3자에게 전가하는 것이 되어 계약법의 원리에 반하는 결과를 초래할 뿐만 아니라 수익자인 제3자가 상대방에 대하여 가지는 항변권 등을 침해하게 되어 부당하다(대법원 2018. 7. 12. 선고 2018다204992 판결).

ㄴ.(O) 제3자를 위한 계약관계에서 낙약자와 요약자 사이의 법률관계(이른바 기본관계)를 이루는 계약이 무효이거나 해제된 경우 그 계약관계의 청산은 계약의 당사자인 낙약자와 요약자 사이에 이루어져야 하므로, 특별한 사정이 없는 한 낙약자가 이미 제3자에게 급부한 것이 있더라도 낙약자는 계약해제 등에 기한 원상회복 또는 부당이득을 원인으로 제3자를 상대로 그 반환을 구할 수 없다(대법원 2010. 8. 19. 선고 2010다31860,31877 판결).

ㄷ.(O) 계약상 급부가 계약 상대방뿐 아니라 제3자에게 이익이 된 경우에 급부를 한 계약당사자는 계약 상대방에 대하여 계약상 반대급부를 청구할 수 있는 이외에 제3자에 대하여 직접 부당이득반환청구를 할 수는 없다고 보아야 하고, 이러한 법리는 급부가 사무관리에 의하여 이루어진 경우에도 마찬가지이다. 따라서 의무 없이 타인을 위하여 사무를 관리한 자는 타인에 대하여 민법상 사무관리 규정에 따라 비용상환 등을 청구할 수 있는 외에 사무관리에 의하여 결과적으로 사실상 이익을 얻은 다른 제3자에 대하여 직접 부당이득반환을 청구할 수는 없다(대법원 2013. 6. 27. 선고 2011다17106 판결).

ㄹ.(X) 민법 제548조 제1항 단서에서 규정하고 있는 제3자란 일반적으로 계약이 해제되는 경우 그 해제된 계약으로부터 생긴 법률효과를 기초로 하여 해제 전에 새로운 이해관계를 가졌을 뿐 아니라 등기·인도 등으로 완전한 권리를 취득한 자를 말하고, 계약상의 채권을 양수한 자는 여기서 말하는 제3자에 해당하지 않는다고 할 것인바, 계약이 해제된 경우 계약해제 이전에 해제로 인하여 소멸되는 채권을 양수한 자는 계약해제의 효과에 반하여 자신의 권리를 주장할 수 없음은 물론이고, 나아가 특단의 사정이 없는 한 채무자로부터 이행받은 급부를 원상회복하여야 할 의무가 있다(대법원 2003. 1. 24. 선고 2000다22850 판결).

해답 ③

문 20

甲은 乙에게 1억 원을 대여하면서 위 대여금채권에 대한 채권양도금지 특약을 체결하였다. 이에 관한 설명 중 옳은 것을 모두 고른 것은? (다툼이 있는 경우 판례에 의함) ★★

> ㄱ. 甲이 乙에 대한 대여금채권을 丙에게 양도하여 丙이 乙을 상대로 양수금청구의 소를 제기한 경우, 乙이 丙에 대하여 채권양도금지 특약으로 대항하기 위해서는 丙이 채권양도금지 특약에 관하여 악의이거나, 악의가 아니라도 채권양도금지 특약에 관하여 알지 못한 데에 중대한 과실이 있음을 乙이 주장·증명하여야 한다.
>
> ㄴ. 甲이 乙에 대한 대여금채권을 丙에게 양도한 경우, 丙이 甲과 乙 사이의 채권양도금지 특약에 관하여 선의인 경우라도 丙으로부터 다시 위 대여금채권을 양수한 丁이 위 채권양도금지 특약에 관하여 악의라면 丁은 위 대여금채권을 유효하게 취득하지 못한다.
>
> ㄷ. 丙이 채권양도금지 특약의 체결사실을 알고 있었음에도 甲이 乙에 대한 대여금채권을 丙에게 양도하고 이후 乙이 위 채권양도를 추인하였다면, 채권양도계약은 계약을 체결한 날로 소급하여 효력이 발생한다.
>
> ㄹ. 丙이 甲의 乙에 대한 대여금채권에 관하여 전부명령을 받은 후 그 채권을 戊에게 양도한 경우, 戊가 채권양도금지 특약의 존재를 알았거나 중대한 과실로 알지 못하였다고 하더라도 乙은 위 채권양도금지 특약을 근거로 삼아 丙과 戊 사이의 채권양도의 무효를 주장할 수 없다.

① ㄹ
② ㄱ, ㄹ
③ ㄴ, ㄹ
④ ㄱ, ㄴ, ㄷ
⑤ ㄱ, ㄷ, ㄹ

해설

ㄱ.(O), ㄴ.(X) 당사자의 의사표시에 의한 채권양도금지 특약은 제3자가 악의인 경우는 물론 제3자가 채권양도금지 특약을 알지 못한 데에 중대한 과실이 있는 경우에도 채권양도금지 특약으로써 대항할 수 있고, 제3자의 악의 내지 중과실은 채권양도금지 특약으로 양수인에게 대항하려는 자가 이를 주장·증명하여야 한다. 그리고 민법 제449조 제2항 단서는 채권양도금지 특약으로써 대항할 수 없는 자를 '선의의 제3자'라고만 규정하고 있어 채권자로부터 직접 양수한 자만을 가리키는 것으로 해석할 이유는 없으므로, 악의의 양수인으로부터 다시 선의로 양수한 전득자도 위 조항에서의 선의의 제3자에 해당한다. 또한 선의의 양수인을 보호하고자 하는 위 조항의 입법 취지에 비추어 볼 때, 이러한 선의의 양수인으로부터 다시 채권을 양수한 전득자는 선의·악의를 불문하고 채권을 유효하게 취득한다.(대법원 2015. 4. 9. 선고 2012다118020 판결).

ㄷ.(X) 당사자의 양도금지의 의사표시로써 채권은 양도성을 상실하며 양도금지의 특약에 위반해서 채권을 제3자에게 양도한 경우에 악의 또는 중과실의 채권양수인에 대하여는 채권 이전의 효과가 생기지 아니하나, 악의 또는 중과실로 채권양수를 받은 후 채무자가 그 양도에 대하여 승낙을 한 때에는 채무자의 사후승낙에 의하여 무효인 채권양도행위가 추인되어 유효하게 되며 이 경우 다른 약정이 없는 한 소급효가 인정되지 않고 양도의 효과는 승낙시부터 발생한다. 이른바 집합채권의 양도가 양도금지특약을 위반하여 무효인 경우 채무자는 일부 개별 채권을 특정하여 추인하는 것이 가능하다(대법원 2009. 10. 29. 선고 2009다47685 판결).

ㄹ.(O) 당사자 사이에 양도금지의 특약이 있는 채권이더라도 전부명령에 의하여 전부되는 데에는 지장이 없고, 양도금지의 특약이 있는 사실에 관하여 집행채권자가 선의인가 악의인가는 전부명령의 효력에

영향을 미치지 못하는 것인바, 이와 같이 양도금지특약부 채권에 대한 전부명령이 유효한 이상, 그 전부채권자로부터 다시 그 채권을 양수한 자가 그 특약의 존재를 알았거나 중대한 과실로 알지 못하였다고 하더라도 채무자는 위 특약을 근거로 삼아 채권양도의 무효를 주장할 수 없다(대법원 2003. 12. 11. 선고 2001다3771 판결).

해답 ②

문 21 ★★

근저당권에 관한 설명 중 옳지 않은 것은? (다툼이 있는 경우 판례에 의함)

① 물상보증인이 근저당권의 피담보채무를 면책적으로 인수하여 근저당권 변경의 부기등기가 경료된 경우, 특별한 사정이 없는 한 그 근저당권은 그 후 물상보증인이 다른 원인으로 근저당권자에 대하여 부담하게 된 새로운 채무까지 담보하는 것은 아니다.
② 선순위의 근저당권부 채권을 양수한 자가 채권양도의 대항요건을 갖추지 않았으나 근저당권 이전의 부기등기를 마치고 근저당권 실행의 요건을 갖추어 신청한 경매절차에서 매각대금이 배당되는 경우, 후순위 근저당권자는 채권양도로 대항할 수 없는 제3자에 포함되지 않는다.
③ 근저당권의 피담보채권의 총액이 채권최고액을 초과하는 경우, 근저당권자와 채무자 겸 근저당권설정자와의 관계에 있어서는 채권 전액의 변제가 있을 때까지 근저당권의 효력이 채권최고액과는 관계없이 잔존채무에 미친다.
④ 공동근저당권자가 공동담보의 목적 부동산 일부에 대한 환가대금으로부터 피담보채권의 일부를 우선변제받은 경우, 나머지 목적 부동산에 대한 우선변제권의 범위는 피담보채권의 확정 여부와 상관없이 최초의 채권최고액에서 우선변제받은 금액을 공제한 나머지 채권최고액으로 제한된다.
⑤ 공동근저당의 목적 부동산 일부에 대한 경매가 실행되어 그 경매대가로 피담보채권 일부가 변제된 후 잔존 원본에 대한 지연이자가 다시 발생하였다면, 공동근저당권자가 공동근저당권 목적 부동산의 각 환가대금으로부터 배당받는 원본 및 지연이자의 합산액이 결과적으로 최초의 채권최고액을 초과하더라도, 그 지연이자에 대하여는 나머지 목적 부동산에 관한 경매절차에서 다시 우선변제권을 행사할 수 있다.

해설

① (O) 물상보증인이 근저당권의 채무자의 계약상의 지위를 인수한 것이 아니라 다만 그 채무만을 면책적으로 인수하고 이를 원인으로 하여 근저당권 변경의 부기등기가 경료된 경우, 특별한 사정이 없는 한 그 변경등기는 당초 채무자가 근저당권자에 대하여 부담하고 있던 것으로서 물상보증인이 인수한 채무만을 그 대상으로 하는 것이지, 그 후 채무를 인수한 물상보증인이 다른 원인으로 근저당권자에 대하여 부담하게 된 새로운 채무까지 담보하는 것으로 볼 수는 없다(대법원 1999. 9. 3. 선고 98다40657 판결).
② (O) 채권양도의 대항요건의 흠결의 경우 채권을 주장할 수 없는 채무자 이외의 제3자는 양도된 채권 자체에 관하여 양수인의 지위와 양립할 수 없는 법률상 지위를 취득한 자에 한하므로, 선순위의 근저당권부채권을 양수한 채권자보다 후순위의 근저당권자는 채권양도의 대항요건을 갖추지 아니한 경우 대항할 수 없는 제3자에 포함되지 않는다(대법원 2005. 6. 23. 선고 2004다29279 판결).
③ (O) 채무자의 채무액이 근저당 채권최고액을 초과하는 경우에 채무자 겸 근저당권설정자가 그 채무의 일부인 채권최고액과 지연손해금 및 집행비용 만을 변제하였다면 채권전액의 변제가 있을 때까지 근저당권의 효력은 잔존채무에 미치는 것이므로 위 채무일부의 변제로써 위 근저당권의 말소를 청구할 수 없다(대법원 1981. 11. 10. 선고 80다2712 판결).
④ (O), ⑤ (X) … 그러므로 공동근저당권자가 스스로 근저당권을 실행하거나 타인에 의하여 개시된 경매

등의 환가절차를 통하여 공동담보의 목적 부동산 중 일부에 대한 환가대금 등으로부터 다른 권리자에 우선하여 피담보채권의 일부에 대하여 배당받은 경우에, 그와 같이 우선변제받은 금액에 관하여는 공동담보의 나머지 목적 부동산에 대한 경매 등의 환가절차에서 다시 공동근저당권자로서 우선변제권을 행사할 수 없다고 보아야 하며, 공동담보의 나머지 목적 부동산에 대하여 공동근저당권자로서 행사할 수 있는 우선변제권의 범위는 피담보채권의 확정 여부와 상관없이 최초의 채권최고액에서 위와 같이 우선변제받은 금액을 공제한 나머지 채권최고액으로 제한된다고 해석함이 타당하다. 그리고 이러한 법리는 채권최고액을 넘는 피담보채권이 원금이 아니라 이자·지연손해금인 경우에도 마찬가지로 적용된다(대법원 2017. 12. 21. 선고 2013다16992 전원합의체 판결).

해답 ⑤

문 22

변제자대위에 관한 설명 중 옳은 것을 모두 고른 것은? (다툼이 있는 경우 판례에 의함) ★★

> ㄱ. 채무를 변제할 정당한 이익이 있는 자가 채무를 대위변제한 경우에 통상 채무자에 대하여 구상권을 가짐과 동시에 변제자의 법정대위에 관한 「민법」 제481조에 의하여 당연히 채권자를 대위하나, 위 구상권과 변제자대위권은 별개의 권리이므로, 대위변제자와 채무자 사이에 구상금에 관한 지연손해금 약정이 있더라도 이 약정은 변제자대위권을 행사하는 경우에는 적용될 수 없다.
> ㄴ. 변제할 정당한 이익이 있는 자가 채무자를 위하여 근저당권의 피담보채무의 일부를 대위변제한 경우에 대위변제자는 피담보채무의 일부 대위변제를 원인으로 한 근저당권 일부이전의 부기등기의 경료 여부와 관계없이 변제한 가액의 범위 내에서 종래 채권자가 가지고 있던 채권 및 담보에 관한 권리를 법률상 당연히 취득하게 되는 것이므로, 이러한 경우에 대위변제자는 위 채권자보다 우선하여 배당받는다.
> ㄷ. 채무자로부터 담보부동산을 취득한 제3자는 채무를 변제하거나 담보권의 실행으로 소유권을 잃게 되면 물상보증인에 대하여 채권자를 대위할 수 있다.
> ㄹ. 물상보증인이 채무를 변제하거나 저당권의 실행으로 저당물의 소유권을 잃었더라도 다른 사정에 의하여 채무자에 대하여 구상권이 없는 경우에는 채권자를 대위하여 채권자의 채권 및 담보에 관한 권리를 행사할 수 없다.
> ㅁ. 채무자 소유 부동산과 물상보증인 소유 부동산에 공동근저당권을 설정한 채권자가 채무자 소유 부동산에 대한 담보를 상실하게 하거나 감소하게 한 경우, 공동근저당권자는 물상보증인 소유 부동산에 관한 경매절차에서 물상보증인이 담보 상실 내지 감소로 인한 면책을 주장할 수 있는 한도에서, 물상보증인 소유 부동산의 후순위 근저당권자에 우선하여 배당받을 수 없다.

① ㄱ, ㄹ
② ㄴ, ㄷ
③ ㄱ, ㄹ, ㅁ
④ ㄱ, ㄴ, ㄹ, ㅁ
⑤ ㄱ, ㄷ, ㄹ, ㅁ

해설

ㄱ.(O) 채무를 변제할 이익이 있는 자가 채무를 대위변제한 경우에 통상 채무자에 대하여 구상권을 가짐과 동시에 민법 제481조에 의하여 당연히 채권자를 대위하나, 위 구상권과 변제자 대위권은 그 원본, 변제기, 이자, 지연손해금의 유무 등에 있어서 그 내용이 다른 별개의 권리이므로, 대위변제자와 채무

자 사이에 구상금에 관한 지연손해금 약정이 있더라도 이 약정은 구상금을 청구하는 경우에 적용될 뿐, 변제자대위권을 행사하는 경우에는 적용될 수 없다(대법원 2009. 2. 26. 선고 2005다32418 판결).

ㄴ.(X) 변제할 정당한 이익이 있는 자가 채무자를 위하여 근저당권의 피담보채무의 일부를 대위변제한 경우에 대위변제자는 피담보채무의 일부대위변제를 원인으로 한 근저당권 일부이전의 부기등기의 경료 여부와 관계없이 변제한 가액의 범위 내에서 종래 채권자가 가지고 있던 채권 및 담보에 관한 권리를 법률상 당연히 취득하게 되는 것이나 이 때에도 채권자는 대위변제자에 대하여 우선변제권을 가진다고 할 것인바, 이 경우에 채권자의 우선변제권은 피담보채권액을 한도로 특별한 사정이 없는 한 자기가 보유하고 있는 잔존 채권액 전액에 미친다고 할 것이고, 이러한 법리는 채권자와 후순위권리자 사이에서도 마찬가지라 할 것이므로 근저당권의 실행으로 인한 배당절차에서도 채권자는 특별한 사정이 없는 한 자기가 보유하고 있는 잔존 채권액 및 피담보채권액의 한도에서 후순위권리자에 우선해서 배당받을 수 있다(대법원 2004. 6. 25. 선고 2001다2426 판결).

ㄷ.(X) … 위와 같은 규정 내용을 종합하여 보면, 물상보증인이 채무를 변제하거나 담보권의 실행으로 소유권을 잃은 때에는 보증채무를 이행한 보증인과 마찬가지로 채무자로부터 담보부동산을 취득한 제3자에 대하여 구상권의 범위 내에서 출재한 전액에 관하여 채권자를 대위할 수 있는 반면, 채무자로부터 담보부동산을 취득한 제3자는 채무를 변제하거나 담보권의 실행으로 소유권을 잃더라도 물상보증인에 대하여 채권자를 대위할 수 없다고 보아야 한다(대법원 2014. 12. 18. 선고 2011다50233 전원합의체 판결).

ㄹ.(O) 변제자대위에 관한 민법 제481조, 제482조에 의하면 물상보증인은 자기의 권리에 의하여 구상할 수 있는 범위에서 채권 및 담보에 관한 권리를 행사할 수 있으므로, 물상보증인이 채무를 변제하거나 저당권의 실행으로 저당물의 소유권을 잃었더라도 다른 사정에 의하여 채무자에 대하여 구상권이 없는 경우에는 채권자를 대위하여 채권자의 채권 및 담보에 관한 권리를 행사할 수 없다(대법원 2015. 11. 27. 선고 2013다41097(본소), 2013다41103(반소) 판결).

ㅁ.(O) … 따라서 채무자 소유 부동산과 물상보증인 소유 부동산에 공동근저당권을 설정한 채권자가 공동담보 중 채무자 소유 부동산에 대한 담보 일부를 포기하거나 순위를 불리하게 변경하여 담보를 상실하게 하거나 감소하게 한 경우, 물상보증인은 그로 인하여 상환받을 수 없는 한도에서 책임을 면한다. 그리고 이 경우 공동근저당권자는 나머지 공동담보 목적물인 물상보증인 소유 부동산에 관한 경매절차에서, 물상보증인이 위와 같이 담보 상실 내지 감소로 인한 면책을 주장할 수 있는 한도에서는, 물상보증인 소유 부동산의 후순위 근저당권자에 우선하여 배당받을 수 없다(대법원 2018. 7. 11. 선고 2017다292756 판결).

해답 ③

문 23 ★★

이행지체에 관한 설명 중 옳은 것을 모두 고른 것은? (다툼이 있는 경우 판례에 의함)

ㄱ. 이행지체를 이유로 계약을 해제할 때 그 전제요건인 이행의 최고는 반드시 미리 일정기간을 명시하여 행해야 하며 이를 명시하지 아니한 최고는 부적법하다.

ㄴ. 신원보증인의 채무는 피보증인의 불법행위로 인한 손해배상채무 그 자체가 아니고 신원보증계약에 기하여 발생한 채무로서 이행기의 정함이 없는 채무이므로 채권자로부터 이행청구를 받지 않으면 지체의 책임이 생기지 않는다.

ㄷ. 금전채무에 관하여 이행지체에 대비한 지연손해금 비율을 따로 약정한 경우에 이를 손해배상액의 예정이라고 할 수는 없으므로 법원의 감액 대상이 되지 않는다.

ㄹ. 매매계약이 무효로 되는 때에는 매도인이 악의의 수익자인 경우 특별한 사정이 없는 한 매도인은 반환할 매매대금에 대하여 「민법」이 정한 연 5%의 법정이율에 의한 이자를 붙여 반환하여야 하는데, 위와 같은 법정이자의 지급의무는 반환의무의 이행지체로 인한 손해배상이므로, 매도인의 매매대금반환의무와 매수인의 소유권이전등기 말소등기절차 이행의무가 동시이행의 관계에 있는 경우에는 발생하지 않는다.

ㅁ. 이행기의 정함이 없는 채권을 양수한 채권양수인이 채무자를 상대로 그 이행을 구하는 소를 제기하고 소송계속 중 채무자에 대한 채권양도통지가 이루어진 경우에는 특별한 사정이 없는 한 채무자는 채권양도통지가 도달된 다음 날부터 이행지체의 책임을 진다.

① ㅁ
② ㄴ, ㅁ
③ ㄱ, ㄴ, ㅁ
④ ㄱ, ㄷ, ㄹ
⑤ ㄴ, ㄹ, ㅁ

해설

ㄱ. (X) 이행지체를 이유로 계약을 해제함에 있어서 그 전제요건인 이행최고는 미리 일정기간을 명시하여 최고하여야 하는 것이 아니고, 최고한 때로부터 상당한 기간이 경과하면 해제권이 발생한다(대법원 1979. 9. 25. 선고 79다1135 판결).

ㄴ. (O) 신원보증인의 채무는 피보증인의 불법행위로 인한 손해배상채무 그 자체가 아니고 신원보증계약에 기하여 발생한 채무로서 이행기의 정함이 없는 채무이므로 채권자로부터 이행청구를 받지 않으면 지체의 책임이 생기지 않는다(대법원 2009. 11. 26. 선고 2009다59671 판결).

ㄷ. (X) 금전채무에 관하여 이행지체에 대비한 지연손해금 비율을 따로 약정한 경우에 이는 일종의 손해배상액의 예정으로서 민법 제398조 제2항에 의한 감액의 대상이 된다(대법원 2017. 5. 30. 선고 2016다275402 판결).

ㄹ. (X) 계약무효의 경우 각 당사자가 상대방에 대하여 부담하는 반환의무는 성질상 부당이득반환의무로서 악의의 수익자는 그 받은 이익에 법정이자를 붙여 반환하여야 하므로(민법 제748조 제2항), 매매계약이 무효로 되는 때에는 매도인이 악의의 수익자인 경우 특별한 사정이 없는 한 매도인은 반환할 매매대금에 대하여 민법이 정한 연 5%의 법정이율에 의한 이자를 붙여 반환하여야 한다. 그리고 위와 같은 법정이자의 지급은 부당이득반환의 성질을 가지는 것이지 반환의무의 이행지체로 인한 손해배상이 아니므로, 매도인의 매매대금 반환의무와 매수인의 소유권이전등기 말소등기절차 이행의무가 동시이행의 관계에 있는지 여부와는 관계가 없다(대법원 2017. 3. 9. 선고 2016다47478 판결).

ㅁ. (O) 채무에 이행기의 정함이 없는 경우에는 채무자가 이행의 청구를 받은 다음 날부터 이행지체의 책임을 지는 것이나, 한편 지명채권이 양도된 경우 채무자에 대한 대항요건이 갖추어질 때까지 채권양수인은 채무자에게 대항할 수 없으므로, 이행기의 정함이 없는 채권을 양수한 채권양수인이 채무자를 상대로 그 이행을 구하는 소를 제기하고 소송 계속 중 채무자에 대한 채권양도통지가 이루어진 경우에는 특별한 사정이 없는 한 채무자는 채권양도통지가 도달된 다음 날부터 이행지체의 책임을 진다(대법원 2014. 4. 10. 선고 2012다29557 판결).

해답 ②

문 24

★★

변제충당에 관한 설명 중 옳지 않은 것은? (다툼이 있는 경우 판례에 의함)

① 「민법」 제477조의 법정변제충당의 순서에 따라 변제충당을 할 경우, 법정변제충당의 순서는 채무자의 변제제공 당시를 기준으로 정하여야 한다.
② 「민법」 제477조 제4호에 따른 안분비례에 의한 법정변제충당과는 달리, 그 법정변제충당에 의하여 부여되는 법률효과 이상으로 자신에게 유리한 변제충당의 지정 또는 변제충당의 합의가 있다거나 당해 채무가 법정변제충당에서 우선순위에 있으므로 당해 채무에 전액 변제충당 되었다고 주장하는 자는 그 사실을 주장·증명할 책임을 부담한다.
③ 비용, 이자, 원본에 대한 변제충당에서 당사자 사이에 특별한 합의가 없는 한 「민법」 제479조에 의하여 비용, 이자, 원본의 순서로 충당하여야 할 것이고, 채무자는 물론 채권자라고 할지라도 위 법정 순서와 다르게 일방적으로 충당의 순서를 지정할 수는 없지만, 당사자 사이에 묵시적인 합의가 있었다고 보이는 경우에는 법정충당의 순서와 달리 충당의 순서를 인정할 수 있다.
④ 담보권 실행을 위한 경매에서 배당된 배당금이 담보권자가 가지는 수개의 피담보채권 전부를 소멸시키기에 부족한 경우에는 「민법」 제477조 및 제479조의 규정에 의한 법정변제충당의 방법에 따라 충당하여야 하나, 채권자와 채무자 사이에 변제충당에 관한 합의가 있었다면 그 합의에 따른 변제충당은 허용된다.
⑤ 변제자가 주채무자인 경우 보증인이 있는 채무와 보증인이 없는 채무는 변제이익의 점에서 차이가 없고, 변제자가 채무자인 경우에도 물상보증인이 제공한 물적 담보가 있는 채무와 그러한 담보가 없는 채무는 변제이익의 점에서 차이가 없다.

해설

① (O) 변제충당에 관한 민법 제476조 내지 제479조는 임의규정이므로 변제자와 변제받는 자 사이에 위 규정과 다른 약정이 있다면 약정에 따라 변제충당의 효력이 발생하고, 위 규정과 다른 약정이 없는 경우에 변제의 제공이 채무 전부를 소멸하게 하지 못하는 때에는 민법 제476조의 지정변제충당에 따라 변제충당의 효력이 발생하고 보충적으로 민법 제477조의 법정변제충당의 순서에 따라 변제충당의 효력이 발생한다. 이때 민법 제477조의 법정변제충당의 순서는 채무자의 변제제공 당시를 기준으로 정하여야 한다(대법원 2015. 11. 26. 선고 2014다71712 판결).

② (O) 채무자가 동일한 채권자에 대하여 같은 종류를 목적으로 한 수 개의 채무를 부담한 경우에 변제의 제공에 있어서 당사자가 변제에 충당할 채무를 지정하지 아니한 때에는 민법 제477조의 규정에 따라 법정변제충당되는 것이고 특히 민법 제477조 제4호에 의하면 법정변제충당의 순위가 동일한 경우에는 각 채무액에 안분비례하여 각 채무의 변제에 충당되는 것이므로, <u>위 안분비례에 의한 법정변제충당과는 달리, 그 법정변제충당에 의하여 부여되는 법률효과 이상으로 자신에게 유리한 변제충당의 지정, 당사자 사이의 변제충당의 합의가 있다거나 또는 당해 채무가 법정변제충당에 있어 우선순위에 있어서 당해 채무에 전액 변제충당되었다고 주장하는 자는 그 사실을 주장·증명할 책임을 부담하고</u>, 이 경우 위 사실을 주장하는 자가 변제충당의 지정 또는 변제충당의 합의가 있었다거나 당해 채무가 법정변제충당에 있어 우선순위에 있어서 당해 채무에 전액 변제되었다는 점에 관하여 증명을 다하지 못하였다면 당연히 각 채무액에 안분비례하여 법정충당이 행하여지는 것이다(대법원 2021. 10. 28. 선고 2021다247937(본소), 2021다247951(반소), 2021다247968(반소) 판결).

③ (O) <u>비용, 이자, 원본에 대한 변제충당에 있어서는</u> 민법 제479조에 그 충당 순서가 법정되어 있고 지정변제충당에 관한 같은 법 제476조는 준용되지 않으므로 당사자 사이에 <u>특별한 합의가 없는 한 비용, 이자, 원본의 순서로 충당하여야 할 것이고,</u> 채무자는 물론 채권자라고 할지라도 위 법정 순서와 다르게

일방적으로 충당의 순서를 지정할 수는 없다고 할 것이지만, 당사자의 일방적인 지정에 대하여 상대방이 지체없이 이의를 제기하지 아니함으로써 묵시적인 합의가 되었다고 보여지는 경우에는 그 법정충당의 순서와는 달리 충당의 순서를 인정할 수 있는 것이다(대법원 2002. 5. 10. 선고 2002다12871,12888 판결).

④ (X) 담보권 실행을 위한 경매에서 배당된 배당금이 담보권자가 가지는 수개의 피담보채권 전부를 소멸시키기에 부족한 경우에는 민법 제476조에 의한 지정변제충당은 허용될 수 없고, 채권자와 채무자 사이에 변제충당에 관한 합의가 있었다고 하여 그 합의에 따른 변제충당도 허용될 수 없으며, 획일적으로 가장 공평타당한 충당방법인 민법 제477조 및 제479조의 규정에 의한 법정변제충당의 방법에 따라 충당하여야 하는 것이고, 이러한 법정변제충당은 이자 혹은 지연손해금과 원본 간에는 이자 혹은 지연손해금과 원본의 순으로 이루어지고, 원본 상호간에는 그 이행기의 도래 여부와 도래 시기, 그리고 이율의 고저와 같은 변제이익의 다과에 따라 순차적으로 이루어지나, 다만 그 이행기나 변제이익의 다과에 있어 아무런 차등이 없을 경우에는 각 원본 채무액에 비례하여 안분하게 되는 것이다(대법원 2000. 12. 8. 선고 2000다51339 판결).

⑤ (O) 변제자가 주채무자인 경우 보증인이 있는 채무와 보증인이 없는 채무 사이에 전자가 후자에 비하여 변제이익이 더 많다고 볼 근거는 전혀 없으므로 양자는 변제이익의 점에서 차이가 없다고 보아야 한다. 마찬가지로 변제자가 채무자인 경우 물상보증인이 제공한 물적 담보가 있는 채무와 그러한 담보가 없는 채무 사이에도 변제이익의 점에서 차이가 없다(대법원 2014. 4. 30. 선고 2013다8250 판결).

해답 ④

문 25

★★★

甲은 비법인사단인 乙과 공사계약을 체결한 후 공사를 완료하여 乙에 대한 공사대금채권을 가지고 있었으나, 乙은 丙에 대한 매매대금채권을 가지고 있는 외에는 달리 재산이 없었다. 이에 甲은 乙에 대한 자신의 위 공사대금채권을 보전하기 위하여 乙을 대위하여 丙에게 위 매매대금의 지급을 청구하는 소를 제기한 후 乙에게 채권자대위권 행사의 통지를 하였다. 이에 관한 설명 중 옳은 것을 모두 고른 것은? (다툼이 있는 경우 판례에 의함)

> ㄱ. 丙은 위 소송에서 甲이 乙에 대하여 가지는 공사대금채권의 소멸시효가 완성되었다는 항변으로 甲에게 대항할 수 없다.
> ㄴ. 丙은 위 소송에서 甲과 乙 사이의 공사계약이 무효라거나 공사대금채권이 변제되어 소멸하였다는 사실을 주장하여 다툴 수 있다.
> ㄷ. 甲이 위 소송 도중 乙로부터 丙에 대한 매매대금채권을 양수하여 양수금청구로 소를 교환적으로 변경한 경우에도 당초의 채권자대위소송으로 인한 소멸시효중단의 효과는 소멸하지 않는다.
> ㄹ. 甲이 위 채권자대위권에 기한 소를 제기할 당시 이미 乙이 丙을 상대로 위 매매대금의 지급을 구하는 소를 제기한 바가 있다면, 비록 乙의 소가 비법인사단인 乙의 사원총회 결의 없이 총유재산에 관하여 제기된 소라는 이유로 각하판결이 확정되었다고 하더라도 乙이 스스로 丙에 대한 권리를 행사한 것으로 볼 수 있으므로, 甲이 제기한 채권자대위권에 기한 소는 부적법하다.
> ㅁ. 乙이 채권자대위권 행사의 통지를 받은 후에 丙에 대한 채무를 불이행하여 丙이 乙과의 매매계약을 해제한 경우, 특별한 사정이 없는 한 丙은 매매계약의 해제로써 甲에게 대항할 수 있다.

① ㄱ, ㄴ, ㄷ ② ㄱ, ㄴ, ㅁ
③ ㄴ, ㄷ, ㅁ ④ ㄱ, ㄴ, ㄷ, ㅁ
⑤ ㄱ, ㄷ, ㄹ, ㅁ

해설

ㄱ. (O) 채권자가 채권자대위권을 행사하여 제3자에 대하여 하는 청구에 있어서, 제3채무자는 채무자가 채권자에 대하여 가지는 항변으로 대항할 수 없고, 채권의 소멸시효가 완성된 경우 이를 원용할 수 있는 자는 원칙적으로는 시효이익을 직접 받는 자뿐이고, 채권자대위소송의 제3채무자는 이를 행사할 수 없다고 할 것이나, 채권자가 채무자에 대한 채권을 보전하기 위하여 제3채무자를 상대로 채무자의 제3채무자에 대한 채권에 기한 이행청구의 소를 제기하는 한편, 채무자를 상대로 피보전채권에 기한 이행청구의 소를 제기한 경우, 채무자가 그 소송절차에서 소멸시효를 원용하는 항변을 하였고, 그러한 사유가 현출된 채권자대위소송에서 심리를 한 결과, 실제로 피보전채권의 소멸시효가 적법하게 완성된 것으로 판단되면, 채권자는 더 이상 채무자를 대위할 권한이 없게 된다고 할 것이다(대법원 2008. 1. 31. 선고 2007다64471 판결).

ㄴ. (O) 채권자가 채권자대위소송을 제기한 경우, 제3채무자는 채무자가 채권자에 대하여 가지는 항변권이나 형성권 등과 같이 권리자에 의한 행사를 필요로 하는 사유를 들어 채권자의 채무자에 대한 권리가 인정되는지 여부를 다툴 수 없지만, 채권자의 채무자에 대한 권리의 발생원인이 된 법률행위가 무효이거나 위 권리가 변제 등으로 소멸하였다는 등의 사실을 주장하여 채권자의 채무자에 대한 권리가 인정되는지 여부를 다투는 것은 가능하고, 이 경우 법원은 제3채무자의 주장을 고려하여 채권자의 채무자에 대한 권리가 인정되는지 여부에 관하여 직권으로 심리·판단하여야 한다(대법원 2015. 9. 10. 선고 2013다55300 판결).

ㄷ. (O) 원고가 채권자대위권에 기해 청구를 하다가 당해 피대위채권 자체를 양수하여 양수금청구로 소를 변경한 사안에서, 이는 청구원인의 교환적 변경으로서 채권자대위권에 기한 구 청구는 취하된 것으로 보아야 하나, 그 채권자대위소송의 소송물은 채무자의 제3채무자에 대한 계약금반환청구권인데 위 양수금청구는 원고가 위 계약금반환청구권 자체를 양수하였다는 것이어서 양 청구는 동일한 소송물에 관한 권리의무의 특정승계가 있을 뿐 그 소송물은 동일한 점, 시효중단의 효력은 특정승계인에게도 미치는 점, 계속 중인 소송에 소송목적인 권리 또는 의무의 전부나 일부를 승계한 특정승계인이 소송참가하거나 소송인수한 경우에는 소송이 법원에 처음 계속된 때에 소급하여 시효중단의 효력이 생기는 점, 원고는 위 계약금반환채권을 채권자대위권에 기해 행사하다 다시 이를 양수받아 직접 행사한 것이어서 위 계약금반환채권과 관련하여 원고를 '권리 위에 잠자는 자'로 볼 수 없는 점 등에 비추어 볼 때, 당초의 채권자대위소송으로 인한 시효중단의 효력이 소멸하지 않는다(대법원 2010. 6. 24. 선고 2010다17284 판결).

ㄹ. (X) 채권자대위권은 채무자가 스스로 제3채무자에 대한 권리를 행사하지 아니하는 경우에 한하여 채권자가 자기의 채권을 보전하기 위하여 행사할 수 있는 것이어서, 채권자가 대위권을 행사할 당시에 이미 채무자가 그 권리를 재판상 행사하였을 때에는 채권자는 채무자를 대위하여 채무자의 권리를 행사할 수 없다. 그런데 비법인사단이 사원총회의 결의 없이 제기한 소는 소제기에 관한 특별수권을 결하여 부적법하고, 그 경우 소제기에 관한 비법인사단의 의사결정이 있었다고 할 수 없다. 따라서 비법인사단인 채무자 명의로 제3채무자를 상대로 한 소가 제기되었으나 사원총회의 결의 없이 총유재산에 관한 소가 제기되었다는 이유로 각하판결을 받고 그 판결이 확정된 경우에는 채무자가 스스로 제3채무자에 대한 권리를 행사한 것으로 볼 수 없다(대법원 2018. 10. 25. 선고 2018다210539 판결).

ㅁ. (O) 민법 제405조 제2항은 '채무자가 채권자대위권행사의 통지를 받은 후에는 그 권리를 처분하여도 이로써 채권자에게 대항하지 못한다'고 규정하고 있다. 위 조항의 취지는 채권자가 채무자에게 대위권

행사사실을 통지하거나 채무자가 채권자의 대위권 행사사실을 안 후에 채무자에게 대위의 목적인 권리의 양도나 포기 등 처분행위를 허용할 경우 채권자에 의한 대위권행사를 방해하는 것이 되므로 이를 금지하는 데에 있다. 그런데 채무자의 채무불이행 사실 자체만으로는 권리변동의 효력이 발생하지 않아 이를 채무자가 제3채무자에 대하여 가지는 채권을 소멸시키는 적극적인 행위로 파악할 수 없는 점, 더구나 법정해제는 채무자의 객관적 채무불이행에 대한 제3채무자의 정당한 법적 대응인 점, 채권이 압류·가압류된 경우에도 압류 또는 가압류된 채권의 발생원인이 된 기본계약의 해제가 인정되는 것과 균형을 이룰 필요가 있는 점 등을 고려할 때 채무자가 자신의 채무불이행을 이유로 매매계약이 해제되도록 한 것을 두고 민법 제405조 제2항에서 말하는 '처분'에 해당한다고 할 수 없다. 따라서 채무자가 채권자대위권행사의 통지를 받은 후에 채무를 불이행함으로써 통지 전에 체결된 약정에 따라 매매계약이 자동적으로 해제되거나, 채권자대위권행사의 통지를 받은 후에 채무자의 채무불이행을 이유로 제3채무자가 매매계약을 해제한 경우 제3채무자는 계약해제로써 대위권을 행사하는 채권자에게 대항할 수 있다(대법원 2012. 5. 17. 선고 2011다87235 전원합의체 판결).

해답 ④

문 26

★★★

甲은 乙에 대하여 1억 원의 금전채권을 가지고 있었는데, 乙은 자기의 유일한 재산인 X부동산을 丙에게 매도하고 소유권이전등기까지 마쳐주었고, 그 후 X부동산에 관하여 A가 저당권을 취득하였다. 甲이 丙을 상대로 사해행위취소 및 원상회복을 구하는 소를 제기한 경우에 관한 설명 중 옳은 것(○)과 옳지 않은 것(×)을 올바르게 조합한 것은? (다툼이 있는 경우 판례에 의함)

ㄱ. 丙이 X부동산을 저당권의 제한이 없는 상태로 회복하여 乙에게 이전하여 줄 수 있다는 등의 특별한 사정이 없는 한, 甲은 丙을 상대로 원물반환 대신 가액 상당의 배상을 구할 수 있다.

ㄴ. 甲이 원상회복의 방법으로 가액배상 대신 丙을 상대로 丙 명의 소유권이전등기의 말소를 구하거나, 乙 앞으로 직접 소유권이전등기절차를 이행할 것을 구할 수는 없다.

ㄷ. 원물반환과 가액배상이 모두 가능한 경우, 법원은 甲의 선택에도 불구하고 직권으로 사해행위취소로 인한 원상회복을 원물반환과 가액배상 중 어느 하나로 확정할 수 있다.

ㄹ. 甲이 일단 사해행위취소 및 원상회복으로서 丙 명의 등기의 말소를 청구하여 승소판결이 확정되었다면, 어떠한 사유로 丙 명의 등기를 말소하는 것이 불가능하게 되었다고 하더라도 다시 丙을 상대로 원상회복청구권을 행사하여 가액배상을 청구하거나 원물반환으로서 乙 앞으로 직접 소유권이전등기절차를 이행할 것을 청구할 수는 없다.

① ㄱ(○), ㄴ(○), ㄷ(×), ㄹ(×)
② ㄱ(○), ㄴ(×), ㄷ(×), ㄹ(○)
③ ㄱ(○), ㄴ(×), ㄷ(○), ㄹ(×)
④ ㄱ(×), ㄴ(○), ㄷ(×), ㄹ(○)
⑤ ㄱ(×), ㄴ(×), ㄷ(○), ㄹ(○)

해설

ㄱ.(○), ㄴ.(×), ㄷ.(×), ㄹ.(○) 채권자의 사해행위취소 및 원상회복청구가 인정되면, 수익자는 원상회복으로서 사해행위의 목적물을 채무자에게 반환할 의무를 진다. 만일 원물반환이 불가능하거나 현저히 곤란한 경우에는 원상회복의무 이행으로서 사해행위 목적물의 가액 상당을 배상하여야 하는데, 여기서 원물반환이 불가능하거나 현저히 곤란한 경우는 원물반환이 단순히 절대적, 물리적으로 불가능한 경우가 아니라 사회생활상 경험법칙 또는 거래 관념에 비추어 채권자가 수익자나 전득자로부터 이행의 실현을 기대할 수 없는 경우를 말한다. 따라서 사해행위로 부동산 소유권이 이전된 후 그 부동산에 관하

여 제3자가 저당권이나 지상권 등의 권리를 취득한 경우에는 수익자가 부동산을 저당권 등의 제한이 없는 상태로 회복하여 채무자에게 이전하여 줄 수 있다는 등의 특별한 사정이 없는 한 채권자는 수익자를 상대로 원물반환 대신 가액 상당의 배상을 구할 수 있지만, 그렇다고 하여 채권자가 스스로 위험이나 불이익을 감수하면서 원물반환을 구하는 것까지 허용되지 않는 것은 아니다. 채권자는 원상회복 방법으로 가액배상 대신 수익자 명의 등기의 말소를 구하거나 수익자를 상대로 채무자 앞으로 직접 소유권이전등기절차를 이행할 것을 구할 수도 있다. 이 경우 원상회복청구권은 사실심 변론종결 당시 채권자의 선택에 따라 원물반환과 가액배상 중 어느 하나로 확정된다. 채권자가 일단 사해행위취소 및 원상회복으로서 수익자 명의 등기의 말소를 청구하여 승소판결이 확정되었다면, 어떠한 사유로 수익자 명의 등기를 말소하는 것이 불가능하게 되었다고 하더라도 다시 수익자를 상대로 원상회복청구권을 행사하여 가액배상을 청구하거나 원물반환으로서 채무자 앞으로 직접 소유권이전등기절차를 이행할 것을 청구할 수는 없으므로, 그러한 청구는 권리보호의 이익이 없어 허용되지 않는다(대법원 2018. 12. 28. 선고 2017다265815 판결).

문 27

★★

甲이 X주택을 乙에게 임대하였고, 乙은 X주택을 인도받고 전입신고를 하였다. 이에 관한 설명 중 옳지 않은 것은? (다툼이 있는 경우 판례에 의함)

① 甲이 X주택의 소유자가 아니더라도 적법한 임대권한을 가지고 있다면 乙은 「주택임대차보호법」에 따라 대항력을 취득한다.
② 乙이 자신의 명의로 전입신고를 하지 않고 X주택에 동거하는 배우자의 명의로 전입신고를 하였더라도 乙은 「주택임대차보호법」에 따라 대항력을 취득한다.
③ 乙이 甲의 동의를 얻어 X주택을 丙에게 전대하였고, 전대차계약을 체결한 당일 丙이 X주택을 인도받아 그 즉시 전입신고를 한 경우, 乙의 임차권의 대항력은 유지된다.
④ 甲이 丁으로부터 X주택을 매수하여 소유권이전등기를 마친 후에 乙에게 임대한 경우, 丁이 甲의 매매대금채무의 이행지체를 이유로 매매계약을 해제하더라도 乙은 丁에게 임차권을 주장할 수 있다.
⑤ 甲으로부터 X주택을 매수한 戊가 X주택에 대한 소유권이전등기를 마치고 임대인의 지위를 승계하였다면, 甲과 戊는 연대하여 乙에 대한 임대차보증금반환채무를 부담한다.

해설

① (○), ④ (○) 주택임대차보호법이 적용되는 임대차로서는 반드시 임차인과 주택의 소유자인 임대인 사이에 임대차계약이 체결된 경우에 한정된다고 할 수는 없고, 주택의 소유자는 아니지만 주택에 관하여 적법하게 임대차계약을 체결할 수 있는 권한(적법한 임대권한)을 가진 임대인과 사이에 임대차계약이 체결된 경우도 포함되고, 매매계약의 이행으로 매매목적물을 인도받은 매수인은 그 물건을 사용·수익할 수 있는 지위에서 그 물건을 타인에게 적법하게 임대할 수 있으며, 이러한 지위에 있는 매수인으로부터 매매계약이 해제되기 전에 매매목적물인 주택을 임차받아 주택의 인도와 주민등록을 마침으로써 주택임대차보호법 제3조 제1항에 의한 대항요건을 갖춘 임차인은 민법 제548조 제1항 단서의 규정에 따라 계약해제로 인하여 권리를 침해받지 않는 제3자에 해당하므로 임대인의 임대권원의 바탕이 되는 계약의 해제에도 불구하고 자신의 임차권을 새로운 소유자에게 대항할 수 있다(대법원 2008. 4. 10. 선고 2007다38908 판결).

② (○) 주택임대차보호법 제3조 제1항에서 규정하고 있는 주민등록이라는 대항요건은 임차인 본인뿐만 아니라 그 배우자나 자녀 등 가족의 주민등록을 포함한다(대법원 1996. 1. 26. 선고 95다30338 판결).

③ (O) 주택임차인이 임차주택을 직접 점유하여 거주하지 않고 그곳에 주민등록을 하지 아니한 경우라 하더라도, 임대인의 승낙을 받아 적법하게 임차주택을 전대하고 그 전차인이 주택을 인도받아 자신의 주민등록을 마친 때에는, 이로써 당해 주택이 임대차의 목적이 되어 있다는 사실이 충분히 공시될 수 있으므로, 임차인은 주택임대차보호법에 정한 대항요건을 적법하게 갖추었다고 볼 것이다(대법원 2007. 11. 29. 선고 2005다64255 판결).

⑤ (X) 주택임대차보호법(이하 '주택임대차법'이라고 한다) 제3조 제4항은 주택의 인도와 주민등록의 대항요건을 갖춘 임대차의 목적이 된 임차주택의 양수인은 임대인의 지위를 승계한 것으로 본다고 규정하고 있다. 이는 법률상 당연승계 규정으로 보아야 하므로, 임대주택이 양도된 경우에 그 양수인은 주택의 소유권과 결합하여 임대인의 임대차 계약상의 권리·의무 일체를 그대로 승계한다. 그 결과 양수인은 임대차보증금반환채무를 면책적으로 인수하고, 양도인은 임대차관계에서 탈퇴하여 임차인에 대한 임대차보증금 반환채무를 면하게 된다(대법원 2021. 11. 11. 선고 2021다251929 판결).

해답 ⑤

문 28 ★★★

甲은 2021. 1. 7. 본인 소유의 X토지를 乙에게 1억 원에 매도하는 매매계약을 체결하였는데, 계약금 1,000만 원 중 300만 원은 계약 당일 지급받았고, 나머지 계약금 700만 원은 2021. 1. 11., 중도금 2,000만 원은 2021. 3. 7. 각 지급받으며, 잔금 7,000만 원은 2021. 6. 7. 소유권이전등기에 필요한 서류를 乙에게 교부함과 동시에 지급받기로 약정하였다. 이에 관한 설명 중 옳은 것은? (다툼이 있는 경우 판례에 의함)

① 甲은 2021. 1. 8. 乙에게 계약해제의 의사표시를 함과 동시에 600만 원을 지급함으로써 매매계약을 해제할 수 있다.
② 乙이 약정기일에 매매대금을 전부 지급하였지만 甲으로부터 X토지를 인도받지 못한 경우, 乙은 X토지로부터 발생하는 과실을 수취할 권리를 가진다.
③ 甲의 잔금지급청구권과 乙의 소유권이전등기청구권이 동시이행의 관계에 있는 동안에는 잔금지급청구권의 소멸시효가 진행하지 않는다.
④ X토지에 관한 매매계약을 체결한 후 乙 앞으로 소유권이전등기를 마치기 전에 乙로부터 X토지를 다시 매수한 丙의 처분금지가처분신청으로 X토지에 관하여 가처분등기가 이루어진 상태에서 甲과 乙 사이의 매매계약이 해제된 경우, 가처분등기의 말소와 甲의 대금반환의무는 동시이행의 관계에 있다.
⑤ 乙이 소유권이전등기를 마치기 전에 매매계약의 이행으로 X토지를 인도받아 점유·사용하는 경우, 甲은 乙에 대하여 임료 상당의 부당이득반환을 청구할 수 있다.

해설

① (X) 매도인이 '계약금 일부만 지급된 경우 지급받은 금원의 배액을 상환하고 매매계약을 해제할 수 있다'고 주장한 사안에서, '실제 교부받은 계약금'의 배액만을 상환하여 매매계약을 해제할 수 있다면 이는 당사자가 일정한 금액을 계약금으로 정한 의사에 반하게 될 뿐 아니라, 교부받은 금원이 소액일 경우에는 사실상 계약을 자유로이 해제할 수 있어 계약의 구속력이 약화되는 결과가 되어 부당하기 때문에, 계약금 일부만 지급된 경우 수령자가 매매계약을 해제할 수 있다고 하더라도 해약금의 기준이 되는 금원은 '실제 교부받은 계약금'이 아니라 '약정 계약금'이라고 봄이 타당하므로, 매도인이 계약금의 일부로서 지급받은 금원의 배액을 상환하는 것으로는 매매계약을 해제할 수 없다(대법원 2015. 4. 23. 선고 2014다231378 판결).

② (O) 특별한 사정이 없는 한 매매계약이 있은 후에도 인도하지 아니한 목적물로부터 생긴 과실은 매도인에게 속하나, 매매목적물의 인도 전이라도 매수인이 매매대금을 완납한 때에는 그 이후의 과실수취권은 매수인에게 귀속된다(대법원 1993. 11. 9. 선고 93다28928 판결).

③ (X) 부동산에 대한 매매대금 채권이 소유권이전등기청구권과 동시이행의 관계에 있다고 할지라도 매도인은 매매대금의 지급기일 이후 언제라도 그 대금의 지급을 청구할 수 있는 것이며, 다만 매수인은 매도인으로부터 그 이전등기에 관한 이행의 제공을 받기까지 그 지급을 거절할 수 있는 데 지나지 아니하므로 매매대금 청구권은 그 지급기일 이후 시효의 진행에 걸린다(대법원 1991. 3. 22. 선고 90다9797 판결).

④ (X) 부동산에 관한 매매계약을 체결한 후 매수인 앞으로 소유권이전등기를 마치기 전에 매수인으로부터 그 부동산을 다시 매수한 제3자의 처분금지가처분신청으로 매매목적부동산에 관하여 가처분등기가 이루어진 상태에서 매도인과 매수인 사이의 매매계약이 해제된 경우, 매도인만이 가처분이의 등을 신청할 수 있을 뿐 매수인은 가처분의 당사자가 아니어서 가처분이의 등에 의하여 가처분등기를 말소할 수 있는 법률상의 지위에 있지 않고, 제3자가 한 가처분을 매도인의 매수인에 대한 소유권이전등기의무의 일부이행으로 평가할 수 없어 그 가처분등기를 말소하는 것이 매매계약 해제에 따른 매수인의 원상회복의무에 포함된다고 보기도 어려우므로, 위와 같은 가처분등기의 말소와 매도인의 대금반환의무는 동시이행의 관계에 있다고 할 수 없다(대법원 2009. 7. 9. 선고 2009다18526 판결).

⑤ (X) 토지의 매수인이 아직 소유권이전등기를 마치지 않았더라도 매매계약의 이행으로 토지를 인도받은 때에는 매매계약의 효력으로서 이를 점유·사용할 권리가 있으므로, 매도인이 매수인에 대하여 그 점유·사용을 법률상 원인이 없는 이익이라고 하여 부당이득반환청구를 할 수는 없다. 이러한 법리는 대물변제 약정 등에 의하여 매매와 같이 부동산의 소유권을 이전받게 되는 사람이 이미 부동산을 점유·사용하고 있는 경우에도 마찬가지로 적용된다(대법원 2016. 7. 7. 선고 2014다2662 판결).

해답 ②

문 29 ★★

불법행위에 관한 설명 중 옳지 않은 것은? (다툼이 있는 경우 판례에 의함)

① 미성년자에게 책임능력이 있어 스스로 불법행위책임을 지는 경우에도, 그 손해가 미성년자에 대한 감독의무자의 의무위반과 상당인과관계가 있으면 감독의무자는 「민법」 제750조에 의하여 일반불법행위자로서 손해배상의무를 진다.
② 유효한 고용관계는 없지만 사실상 어떤 사람이 다른 사람을 위하여 그 지휘·감독 아래 그 의사에 따라 사업을 집행하는 관계에 있을 때에도, 사용자책임이 성립하기 위한 사용자와 피용자의 관계가 인정될 수 있다.
③ 도급인이 수급인의 일의 진행 및 방법에 관하여 구체적으로 지휘·감독을 하는 경우에는, 수급인이 일의 진행을 위하여 고용한 제3자의 불법행위로 인한 손해에 대하여도 도급인이 「민법」 제756조에 의한 사용자책임을 부담한다.
④ 제3자의 행위 또는 피해자의 행위와 경합하여 피해자에게 손해가 발생한 경우, 공작물의 설치·보존상의 하자가 공동원인의 하나가 되는 이상 그 손해는 공작물의 설치·보존상의 하자에 의하여 발생한 것이라고 보아야 한다.
⑤ 실질적으로 부부공동생활이 파탄되어 회복할 수 없을 정도의 상태이지만 재판상 이혼이 청구되지 않았다면, 제3자가 부부의 일방과 부정행위를 한 경우 상대방 배우자에 대한 불법행위가 성립한다.

해설

① (O) 미성년자가 책임능력이 있어 그 스스로 불법행위책임을 지는 경우에도 그 손해가 당해 미성년자의 감독의무자의 의무위반과 상당인과관계가 있으면 감독의무자는 일반불법행위자로서 손해배상책임이 있고 이 경우에 그러한 감독의무위반사실 및 손해발생과의 상당인과관계의 존재는 이를 주장하는 자가 입증하여야 한다(대법원 1994. 2. 8. 선고 93다13605 판결).

② (O) 민법 제756조의 사용자와 피용자의 관계는 반드시 유효한 고용관계가 있는 경우에 한하는 것이 아니고, 사실상 어떤 사람이 다른 사람을 위하여 그 지휘·감독 아래 그 의사에 따라 사업을 집행하는 관계에 있을 때에도 그 두 사람 사이에 사용자, 피용자의 관계가 있다(대법원 1996. 10. 11. 선고 96다30182 판결).

③ (O) 도급계약에서 도급인은 도급 또는 지시에 관하여 중대한 과실이 없는 한 수급인이 그 일에 관하여 제3자에게 가한 손해를 배상할 책임을 부담하지 않는 것이 원칙이고, 다만 도급인이 수급인의 일의 진행 및 방법에 관하여 구체적인 지휘감독권을 유보하고 공사의 시행에 관하여 구체적으로 지휘감독을 한 경우에는 도급인과 수급인의 관계는 실질적으로 사용자와 피용자의 관계와 다를 바가 없으므로 수급인이나 수급인의 피용자의 불법행위로 인하여 제3자에게 가한 손해에 대하여 도급인은 민법 제756조 소정의 사용자책임을 면할 수 없는데, 여기서 지휘감독이란 실질적인 사용자관계가 인정될 수 있을 정도로 공사시행 방법과 공사진행에 관하여 구체적으로 공사의 운영 및 시행을 직접 지시·지도하고 감시·독려하는 것이어야 한다. 그리고 위와 같은 사용자 및 피용자 관계를 인정할 수 있는 기초가 되는 도급인의 수급인에 대한 지휘감독은 현장에서 구체적인 공사의 운영 및 시행을 직접 지시·지도하고 감시·독려함으로써 시공자체를 관리함을 말하며, 단순히 공사의 운영 및 시공의 정도가 설계도 또는 시방서대로 시행되고 있는가를 확인하여 공정을 감독하는 데에 불과한 이른바 감리는 여기에 해당하지 않는다고 할 것이므로 도급인이 수급인의 공사에 대하여 감리적인 감독을 함에 지나지 않을 때에는 양자의 관계를 사용자 및 피용자의 관계와 같이 볼 수 없다(대법원 2014. 2. 13. 선고 2013다78372 판결).

④ (O) 공작물의 설치 또는 보존상의 하자로 인한 사고라 함은 공작물의 설치 또는 보존상의 하자만이 손해발생의 원인이 되는 경우만을 말하는 것이 아니며, 다른 제3자의 행위 또는 피해자의 행위와 경합하여 손해가 발생하더라도 공작물의 설치 또는 보존상의 하자가 공동원인의 하나가 되는 이상 그 손해는 공작물의 설치 또는 보존상의 하자에 의하여 발생한 것이라고 보아야 한다(대법원 2010. 4. 29. 선고 2009다101343 판결).

⑤ (X) 민법 제840조는 '혼인을 계속하기 어려운 중대한 사유가 있을 때'를 이혼사유로 삼고 있으며, 부부 간의 애정과 신뢰가 바탕이 되어야 할 혼인의 본질에 해당하는 부부공동생활 관계가 회복할 수 없을 정도로 파탄되고 혼인생활의 계속을 강제하는 것이 일방 배우자에게 참을 수 없는 고통이 되는 경우에는 위 이혼사유에 해당할 수 있다. 이에 비추어 보면 부부가 장기간 별거하는 등의 사유로 실질적으로 부부공동생활이 파탄되어 실체가 더 이상 존재하지 아니하게 되고 객관적으로 회복할 수 없는 정도에 이른 경우에는 혼인의 본질에 해당하는 부부공동생활이 유지되고 있다고 볼 수 없다. 따라서 비록 부부가 아직 이혼하지 아니하였지만 이처럼 실질적으로 부부공동생활이 파탄되어 회복할 수 없을 정도의 상태에 이르렀다면, 제3자가 부부의 일방과 성적인 행위를 하더라도 이를 두고 부부공동생활을 침해하거나 유지를 방해하는 행위라고 할 수 없고 또한 그로 인하여 배우자의 부부공동생활에 관한 권리가 침해되는 손해가 생긴다고 할 수도 없으므로 불법행위가 성립한다고 보기 어렵다. 그리고 이러한 법률관계는 재판상 이혼청구가 계속 중에 있다거나 재판상 이혼이 청구되지 않은 상태라고 하여 달리 볼 것은 아니다(대법원 2014. 11. 20. 선고 2011므2997 전원합의체 판결).

해답 ⑤

문 30

甲은 乙로부터 乙 소유의 X토지를 9억 원에 매수하되, X토지의 임차인인 丙에 대하여 乙이 부담하고 있는 5억 원의 임대차보증금반환채무를 인수하고, 위 채무액을 매매대금에서 공제하기로 약정하였다. 이에 관한 설명 중 옳은 것을 모두 고른 것은? (다툼이 있는 경우 판례에 의함)

> ㄱ. 甲이 乙로부터 X토지에 관한 임대차보증금반환채무를 인수하는 한편 그 채무액을 매매대금에서 공제하기로 약정한 경우, 그 인수는 특별한 사정이 없는 이상 이행인수로 보아야 하고, 면책적 채무인수로 보기 위해서는 이에 대한 丙의 승낙이 있어야 한다.
> ㄴ. 임차인이 채무자인 임대인을 면책시키는 것은 그의 채권을 처분하는 행위이므로, 乙이 丙에 대한 임대차보증금반환채무를 면책받기 위해서는 반드시 丙의 명시적 의사표시에 의한 승낙을 받아야 한다.
> ㄷ. 甲이 乙로부터 丙에 대한 임대차보증금반환채무에 관하여 면책적 채무인수를 하고자 할 경우, 甲이나 乙은 상당한 기간을 정하여 丙에게 면책적 채무인수에 관한 승낙 여부의 확답을 최고할 수 있고, 丙이 그 기간 내에 확답을 발송하지 아니한 때에는 이를 거절한 것으로 본다.
> ㄹ. 면책적 채무인수를 하고자 하는 甲과 乙의 최고에 대한 승낙을 丙이 거절하여 甲과 乙이 매매계약을 해제하였더라도, 丙이 다시 이에 관하여 승낙하면 甲은 丙에 대하여 보증금반환채무를 부담한다.

① ㄱ, ㄷ   ② ㄱ, ㄹ
③ ㄱ, ㄴ, ㄷ   ④ ㄱ, ㄷ, ㄹ
⑤ ㄴ, ㄷ, ㄹ

해설

ㄱ.(O), ㄴ.(X), ㄷ.(O) 부동산의 매수인이 매매목적물에 관한 임대차보증금 반환채무 등을 인수하는 한편 그 채무액을 매매대금에서 공제하기로 약정한 경우, 그 인수는 특별한 사정이 없는 이상 매도인을 면책시키는 면책적 채무인수가 아니라 이행인수로 보아야 하고, 면책적 채무인수로 보기 위해서는 이에 대한 채권자 즉 임차인의 승낙이 있어야 한다. 채무자인 매도인이나 제3자인 매수인은 임차인에게 임대차보증금 반환채무에 대한 매도인의 면책에 관한 승낙 여부를 최고할 수 있으며, 임차인이 상당한 기간 내에 확답을 발송하지 아니한 경우에는 이를 거절한 것으로 본다(민법 제455조). 임대차보증금 반환채무의 면책적 인수에 대한 임차인의 승낙은 반드시 명시적 의사표시에 의하여야 하는 것은 아니고 묵시적 의사표시에 의하여서도 가능하다. 그러나 임차인이 채무자인 임대인을 면책시키는 것은 그의 채권을 처분하는 행위이므로, 만약 임대차보증금 반환채권의 회수가능성 등이 의문시되는 상황이라면 임차인의 어떠한 행위를 임대차보증금 반환채무의 면책적 인수에 대한 묵시적 승낙의 의사표시에 해당한다고 쉽게 단정하여서는 아니 된다.(대법원 2015. 5. 29. 선고 2012다84370 판결).

ㄹ.(X) 채권자의 승낙에 의하여 채무인수의 효력이 생기는 경우, 채권자가 승낙을 거절하면 그 이후에는 채권자가 다시 승낙하여도 채무인수로서의 효력이 생기지 않는다(대법원 1998. 11. 24. 선고 98다33765 판결).

해답 ①

문 31 ★★

유류분에 관한 설명 중 옳은 것은? (다툼이 있는 경우 판례에 의함)

① 유류분권리자가 유류분반환청구권을 행사하고 이로 인하여 생긴 목적물의 이전등기의무나 인도의무의 이행을 소로써 구할 때에는 그 대상과 범위를 특정해야 하지만, 법원은 유류분권리자가 특정한 대상과 범위를 넘어서 청구를 인용할 수 있다.

② 공동상속인이 피상속인으로부터 재산의 생전 증여에 의하여 특별수익을 한 경우, 그 증여가 상속개시 전 10년 내에 이루어진 경우에 한하여 유류분 산정을 위한 기초재산에 산입된다.

③ 유류분반환청구권의 행사에 따른 유류분반환채무는 그 이행기가 상속개시 시점이므로 유류분권리자의 반환청구가 있으면 상속개시일 다음 날부터 이행지체에 빠진다.

④ 유류분의 반환을 구하는 소가 제기된 경우, 반환의무자는 통상적으로 증여 또는 유증 대상 재산 그 자체를 반환하여야 하지만, 원물반환이 불가능한 때에는 상속개시 당시를 기준으로 산정한 가액 상당액을 반환하여야 한다.

⑤ 유류분반환청구권의 행사에 의하여 반환하여야 할 증여 또는 유증의 목적이 된 재산이 타인에게 양도된 경우, 그 양수인이 양수 당시 유류분권리자를 해함을 안 때에는 양수인에 대하여 그 재산의 반환을 청구할 수 있다.

해설

① (X), ③ (X) 유류분권리자가 반환의무자를 상대로 유류분반환청구권을 행사하고 이로 인하여 생긴 목적물의 이전등기의무나 인도의무 등의 이행을 소로써 구하는 경우에는 그 대상과 범위를 특정하여야 하고, 법원은 처분권주의의 원칙상 유류분권리자가 특정한 대상과 범위를 넘어서 청구를 인용할 수 없다. 유류분반환청구권의 행사로 인하여 생기는 원물반환의무 또는 가액반환의무는 이행기한의 정함이 없는 채무이므로, 반환의무자는 그 의무에 대한 이행청구를 받은 때에 비로소 지체책임을 진다(대법원 2013. 3. 14. 선고 2010다42624,42631 판결).

② (X) 공동상속인 중에 피상속인으로부터 재산의 생전 증여에 의하여 특별수익을 한 자가 있는 경우에는 민법 제1114조의 규정은 그 적용이 배제되고, 따라서 그 증여는 상속개시 1년 이전의 것인지 여부, 당사자 쌍방이 손해를 가할 것을 알고서 하였는지 여부에 관계없이 유류분 산정을 위한 기초재산에 산입된다(대법원 1996. 2. 9. 선고 95다17885 판결).

> **민법 제1114조(산입될 증여)** 증여는 상속개시전의 1년간에 행한 것에 한하여 제1113조의 규정에 의하여 그 가액을 산정한다. 당사자 쌍방이 유류분권리자에 손해를 가할 것을 알고 증여를 한 때에는 1년 전에 한 것도 같다.

④ (X) 유류분반환범위는 상속개시 당시 피상속인의 순재산과 문제된 증여재산을 합한 재산을 평가하여 그 재산액에 유류분청구자의 유류분비율을 곱하여 얻은 유류분액을 기준으로 하는 것인바, 이와 같이 유류분액을 산정함에 있어 반환의무자가 증여받은 재산의 시가는 상속개시 당시를 기준으로 산정하여야 하고, 당해 반환의무자에 대하여 반환하여야 할 재산의 범위를 확정한 다음 그 원물반환이 불가능하여 가액반환을 명하는 경우에는 그 가액은 사실심 변론종결 시를 기준으로 산정하여야 한다(대법원 2005. 6. 23. 선고 2004다51887 판결).

⑤ (O) 민법 제1115조 제1항은 "유류분권리자가 피상속인의 제1114조에 규정된 증여 및 유증으로 인하여 그 유류분에 부족이 생긴 때에는 부족한 한도에서 그 재산의 반환을 청구할 수 있다."라고 규정하고 있는바, 유류분반환청구권의 행사에 의하여 반환하여야 할 증여 또는 유증의 목적이 된 재산이 타인에게

양도된 경우, 그 양수인이 양도 당시 유류분권리자를 해함을 안 때에는 양수인에 대하여도 그 재산의 반환을 청구할 수 있다(대법원 2016. 1. 28. 선고 2013다75281 판결).

해답 ⑤

문 32 ★★

甲이 자신이 소유하는 X토지 위에 Y건물을 신축하기 위하여 乙과 건축도급계약을 체결하였다. 이에 관한 설명 중 옳은 것은? (다툼이 있는 경우 판례에 의함)

① 약정한 날짜에 Y건물이 완성되어 甲에게 인도되었으나 Y건물이 무너질 위험성이 있어 다시 건축할 수밖에 없다고 하더라도, 甲은 乙에게 Y건물을 철거하고 재건축하는 데 드는 비용 상당액을 하자로 인한 손해배상으로 청구할 수는 없다.

② 乙의 이행지체를 이유로 甲이 계약을 해제하겠다는 통지를 하였다면, 그 통지에 특별히 급부의 수령을 거부하는 취지가 포함되어 있지 않는 한 이로써 이행의 최고가 있는 것으로 볼 수 있으며, 그로부터 상당한 기간이 경과하도록 乙이 이행하지 않았다면 甲은 계약을 해제할 수 있다.

③ 乙이 공사를 완공하지 못한 채 건축도급계약이 해제되어 기성고에 따른 공사비를 乙에게 정산하여야 할 경우, 甲은 乙이 공사를 중단할 당시를 기준으로 乙이 실제로 지출한 비용을 지급하여야 한다.

④ 乙의 공사중단으로 인하여 약정된 공사기한 내의 공사완공이 불가능하다는 것이 명백하고 乙이 미리 이행하지 아니할 의사를 표시한 때에도, 甲은 乙에게 상당한 기간 내에 완공할 것을 최고하지 않고서는 계약을 해제할 수 없다.

⑤ 乙로부터 인도받는 Y건물에 하자가 있다면 甲은 이를 이유로 하자의 보수나 하자의 보수에 갈음하는 손해배상의 청구를 하지 않고 곧바로 보수 전부의 지급을 거절할 수 있다.

해설

① (X) 도급계약에서 완성된 목적물에 하자가 있는 경우에 도급인은 수급인에게 하자의 보수나 하자의 보수에 갈음한 손해배상을 청구할 수 있다. 이때 하자가 중요한 경우에는 비록 보수에 과다한 비용이 필요하더라도 보수에 갈음하는 비용, 즉 실제로 보수에 필요한 비용이 모두 손해배상에 포함된다. 나아가 완성된 건물 기타 토지의 공작물(이하 '건물 등'이라 한다)에 중대한 하자가 있고 이로 인하여 건물 등이 무너질 위험성이 있어서 보수가 불가능하고 다시 건축할 수밖에 없는 경우에는, 특별한 사정이 없는 한 건물 등을 철거하고 다시 건축하는 데 드는 비용 상당액을 하자로 인한 손해배상으로 청구할 수 있다(대법원 2016. 8. 18. 선고 2014다31691, 31707 판결).

② (O) … 채권자가 채무자의 급부불이행 사정을 들어 계약을 해제하겠다는 통지를 한 때에는 특별히 그 급부의 수령을 거부하는 취지가 포함되어 있지 아니하는 한 그로써 이행의 최고를 하였다고 볼 수 있으며, 그로부터 상당한 기간이 경과하도록 이행되지 아니하였다면 채권자는 계약을 해제할 수 있다. 다만 동시이행 관계에 있는 반대급부의무를 지고 있는 채권자는 채무자의 변제의 제공이 없음을 이유로 계약해제를 하기 위하여는 스스로의 채무의 변제제공을 하여야 한다(대법원 2022. 10. 27. 선고 2022다238053 판결).

③ (X) 수급인이 공사를 완성하지 못한 채 공사도급계약이 해제되어 기성고에 따른 공사비를 정산해야 할 경우에 특단의 사정이 없는 한 그 공사비는 약정총공사비에서 막바로 미시공부분의 완성에 실제로 소요될 공사비를 공제하여 산정할 것이 아니라 기성부분과 미시공부분에 실제로 소요되거나 소요될 공사비를 기초로 산출한 기성고비율을 약정공사비에 적용하여 산정하여야 한다(대법원 2017. 12. 28. 선고 2014다83890 판결).

④ (X) 공사도급계약에 있어서 수급인의 공사중단이나 공사지연으로 인하여 약정된 공사기한 내의 공사완공이 불가능하다는 것이 명백하여진 경우에는 도급인은 그 공사기한이 도래하기 전이라도 계약을 해제

할 수 있지만, 그에 앞서 수급인에 대하여 위 공사기한으로부터 상당한 기간 내에 완공할 것을 최고하여야 하고, 다만 예외적으로 수급인이 미리 이행하지 아니할 의사를 표시한 때에는 위와 같은 최고 없이도 계약을 해제할 수 있다(대법원 1996. 10. 25. 선고 96다21393,21409 판결).

⑤ (X) 도급인이 인도받은 목적물에 하자가 있는 것만을 이유로, 하자의 보수나 하자의 보수에 갈음하는 손해배상을 청구하지 아니하고 막바로 보수의 지급을 거절할 수는 없는 것인바, 도급인이 하자의 보수를 청구하려면 그 하자가 중요한 경우이거나, 중요하지 아니한 것이라고 하더라도 그 보수에 과다한 비용을 요하지 아니할 경우이어야 하고(같은 조 제1항 단서), 도급인이 하자의 보수에 갈음하여 손해배상을 청구하는 경우에는, 수급인이 그 손해배상청구에 관하여 채무이행을 제공할 때까지 그 손해배상의 액에 상응하는 보수의 액에 관하여만 자기의 채무이행을 거절할 수 있을 뿐, 그 나머지 액의 보수에 관하여는 지급을 거절할 수 없는 것이므로, 도급인이 완성된 목적물에 하자가 있는 것을 이유로 삼아 보수의 지급을 거절하기 위하여서는 먼저, 그 하자의 보수를 청구하는 것인지, 아니면 하자의 보수에 갈음하여 손해배상을 청구하는 것인지, 또는 하자의 보수와 함께 손해배상을 아울러 청구하는 것인지를 명료하게 하지 않으면 안된다고 보아야 할 것이다(대법원 1991. 12. 10. 선고 91다33056 판결).

해답 ②

문 33 ★★

예약에 관한 설명 중 옳지 않은 것은? (다툼이 있는 경우 판례에 의함)

① 공사도급계약의 도급인이 될 자가 수급인 선정을 위한 입찰절차를 거쳐 낙찰자를 결정한 경우, 입찰을 실시한 자와 낙찰자 사이에는 도급계약의 본계약 체결의무를 내용으로 하는 예약관계가 성립된다.
② 매매의 일방예약이 성립하려면 그 예약에 터 잡아 맺어질 본계약의 요소가 되는 매매목적물, 그 이전방법, 매매가액, 지급방법 등의 내용이 확정되어 있거나 적어도 확정할 수 있어야 한다.
③ 매매예약의 완결권은 일종의 형성권으로서 당사자 사이에 행사기간을 약정한 때에는 그 기간 내에, 약정이 없는 때에는 예약이 성립한 때부터 10년 내에 이를 행사하여야 하고, 그 기간이 지난 때에는 예약완결권은 제척기간의 경과로 소멸한다.
④ 예약완결권을 그 행사의 의사표시를 담은 소장 부본을 상대방에게 송달함으로써 재판상 행사하는 경우, 소장을 제척기간 내에 법원에 제출하면 예약완결권을 제척기간 내에 적법하게 행사한 것이 된다.
⑤ 매매예약완결권을 가진 자가 그 예약완결권을 제척기간 내에 행사하지 않은 경우에는 예약목적물인 부동산을 이미 인도받은 경우라도 예약완결권은 제척기간의 경과로 인하여 소멸한다.

해설

① (O) 공사도급계약의 도급인이 될 자가 수급인을 선정하기 위해 입찰절차를 거쳐 낙찰자를 결정한 경우 입찰을 실시한 자와 낙찰자 사이에는 도급계약의 본계약체결의무를 내용으로 하는 예약의 계약관계가 성립하고, 어느 일방이 정당한 이유 없이 본계약의 체결을 거절하는 경우 상대방은 예약채무불이행을 이유로 한 손해배상을 청구할 수 있다(대법원 2011. 11. 10. 선고 2011다41659 판결).

② (O) 매매의 예약은 당사자의 일방이 매매를 완결할 의사를 표시한 때에 매매의 효력이 생기는 것이므로 적어도 일방예약이 성립하려면 그 예약에 터잡아 맺어질 본계약의 요소가 되는 매매목적물, 이전방법, 매매가액 및 지급방법 등의 내용이 확정되어 있거나 확정할 수 있어야 한다(대법원 1993. 5. 27. 선고 93다4908,4915,4922 판결).

③ (O), ⑤ (O) 민법 제564조가 정하고 있는 매매의 일방예약에서 예약자의 상대방이 매매완결의 의사를 표시하여 매매의 효력을 생기게 하는 권리(이른바 예약완결권)는 일종의 형성권으로서 당사자 사이에 그 행사기간을 약정한 때에는 그 기간 내에, 그러한 약정이 없는 때에는 예약이 성립한 때부터 10년 내에 이를 행사하여야 하고 위 기간을 도과한 때에는 상대방이 예약목적물인 부동산을 인도받은 경우라도 예약완결권은 제척기간의 경과로 인하여 소멸된다(대법원 1992. 7. 28. 선고 91다44766, 44773(반소) 판결).

④ (X) 예약완결권은 재판상이든 재판외이든 그 기간 내에 행사하면 되는 것으로서, 예약완결권자가 예약완결권 행사의 의사표시를 담은 소장 부본을 상대방에게 송달함으로써 재판상 행사하는 경우에는 그 소장 부본이 상대방에게 도달한 때에 비로소 예약완결권 행사의 효력이 발생하여 예약완결권자와 상대방 사이에 매매의 효력이 생기므로, 예약완결권 행사의 의사표시가 담긴 소장 부본이 제척기간 내에 상대방에게 송달되어야만 예약완결권자가 제척기간 내에 적법하게 예약완결권을 행사하였다고 볼 수 있다(대법원 2019. 7. 25. 선고 2019다227817 판결).

문 34 ★★

상계에 관한 설명 중 옳지 않은 것은? (다툼이 있는 경우 판례에 의함)

① 매도인이나 수급인의 담보책임을 기초로 한 손해배상채권의 제척기간이 지난 경우에도 제척기간이 지나기 전 상대방의 채권과 상계할 수 있었다면 매수인이나 도급인은 위 손해배상채권을 자동채권으로 해서 상대방의 채권과 상계할 수 있다.
② 고의의 불법행위로 인한 손해배상채권의 채무자는 그 채권이 양도된 경우에 양수인에게도 상계로 대항할 수 없으나, 그 채권양도가 사해행위에 해당하는 경우 불법행위로 인한 손해배상채권의 채무자가 채권양도인에 대한 별도의 채권자 지위에서 채권양수인에게 채권자취소권을 행사하여 채권양도의 취소를 구함과 아울러 취소에 따른 원상회복 방법으로 직접 자신 앞으로 가액배상의 지급을 구하는 것은 허용된다.
③ 주채무자가 사전에 수탁보증인의 사전구상권에 부착되어 있는 담보제공청구권 등의 항변권을 포기한 경우, 수탁보증인은 사전구상권을 자동채권으로 하여 주채무자에 대한 채무와 상계할 수 있다.
④ 가정법원의 심판에 의하여 구체적인 청구권의 내용과 범위가 확정된 후의 양육비채권 중 이미 이행기에 도달한 후의 양육비채권은 권리자의 의사에 따라 상계의 자동채권으로 하는 것이 가능하다.
⑤ 가분적인 금전채권의 일부에 대한 전부명령이 확정되면 특별한 사정이 없는 한 전부된 채권 부분과 전부되지 않은 채권 부분에 대하여 각기 독립한 분할채권이 성립하게 되므로, 그 채권에 대하여 압류채무자에 대한 반대채권으로 상계하고자 하는 제3채무자로서는 각 분할채권액의 채권 총액에 대한 비율에 따라 상계하여야 한다.

해설

① (O) 매도인의 담보책임을 기초로 한 매수인의 손해배상채권 또는 수급인의 담보책임을 기초로 한 도급인의 손해배상채권이 각각 상대방의 채권과 상계적상에 있는 경우에 당사자들은 채권·채무관계가 이미 정산되었거나 정산될 것으로 기대하는 것이 일반적이므로, 그 신뢰를 보호할 필요가 있다. 이러한 손해배상채권의 제척기간이 지난 경우에도 그 기간이 지나기 전에 상대방에 대한 채권·채무관계의 정산 소멸에 대한 신뢰를 보호할 필요성이 있다는 점은 소멸시효가 완성된 채권의 경우와 아무런 차이가 없다. 따라서 매도인이나 수급인의 담보책임을 기초로 한 손해배상채권의 제척기간이 지난 경우에도 제척기간이 지나기 전 상대방의 채권과 상계할 수 있었던 경우에는 매수인이나 도급인은 민법 제495조

를 유추적용해서 위 손해배상채권을 자동채권으로 해서 상대방의 채권과 상계할 수 있다고 봄이 타당하다(대법원 2019. 3. 14. 선고 2018다255648 판결).

② (O) 고의의 불법행위로 인한 손해배상채권의 채무자는 그 채권을 수동채권으로 한 상계로 채권자에게 대항하지 못하고(민법 제496조), 그 결과 채권이 양도된 경우에 양수인에게도 상계로 대항할 수 없게 되나(민법 제451조 제2항 참조), 채권양도가 사해행위에 해당하는 경우 불법행위로 인한 손해배상채권의 채무자가 채권양도인에 대한 별도의 채권자 지위에서 채권양수인에게 채권자취소권을 행사하여 채권양도의 취소를 구함과 아울러 취소에 따른 원상회복 방법으로 직접 자신 앞으로 가액배상의 지급을 구하는 것 자체는 민법 제496조에 반하지 않으므로 허용된다(대법원 2011. 6. 10. 선고 2011다8980, 8997 판결).

③ (O) 항변권이 붙어 있는 채권을 자동채권으로 하여 다른 채무(수동채권)와의 상계를 허용한다면 상계자 일방의 의사표시에 의하여 상대방의 항변권 행사의 기회를 상실시키는 결과가 되므로 그러한 상계는 허용될 수 없고, 특히 수탁보증인이 주채무자에 대하여 가지는 민법 제442조의 사전구상권에는 민법 제443조의 담보제공청구권이 항변권으로 부착되어 있는 만큼 이를 자동채권으로 하는 상계는 허용될 수 없으며, 다만 민법 제443조는 임의규정으로서 주채무자가 사전에 담보제공청구권의 항변권을 포기한 경우에는 보증인은 사전구상권을 자동채권으로 하여 주채무자에 대한 채무와 상계할 수 있다(대법원 2004. 5. 28. 선고 2001다81245 판결).

④ (O) 이혼한 부부 사이에서 자(子)에 대한 양육비의 지급을 구할 권리는 당사자의 협의 또는 가정법원의 심판에 의하여 구체적인 청구권의 내용과 범위가 확정되기 전에는 '상대방에 대하여 양육비의 분담액을 구할 권리를 가진다'라는 추상적인 청구권에 불과하고 당사자의 협의나 가정법원이 당해 양육비의 범위 등을 재량적·형성적으로 정하는 심판에 의하여 비로소 구체적인 액수만큼의 지급청구권이 발생한다고 보아야 하므로, 당사자의 협의 또는 가정법원의 심판에 의하여 구체적인 청구권의 내용과 범위가 확정되기 전에는 그 내용이 극히 불확정하여 상계할 수 없지만, 가정법원의 심판에 의하여 구체적인 청구권의 내용과 범위가 확정된 후의 양육비채권 중 이미 이행기에 도달한 후의 양육비채권은 완전한 재산권(손해배상청구권)으로서 친족법상의 신분으로부터 독립하여 처분이 가능하고, 권리자의 의사에 따라 포기, 양도 또는 상계의 자동채권으로 하는 것도 가능하다(대법원 2006. 7. 4. 선고 2006므751 판결).

⑤ (X) 가분적인 금전채권의 일부에 대한 전부명령이 확정되면 특별한 사정이 없는 한 전부명령이 제3채무자에 송달된 때에 소급하여 전부된 채권 부분과 전부되지 않은 채권 부분에 대하여 각기 독립한 분할채권이 성립하게 되므로, 그 채권에 대하여 압류채무자에 대한 반대채권으로 상계하고자 하는 제3채무자로서는 전부채권자 혹은 압류채무자 중 어느 누구도 상계의 상대방으로 지정하여 상계하거나 상계로 대항할 수 있고, 그러한 제3채무자의 상계 의사표시를 수령한 전부채권자는 압류채무자에 잔존한 채권 부분이 먼저 상계되어야 한다거나 각 분할채권액의 채권 총액에 대한 비율에 따라 상계되어야 한다는 이의를 할 수 없다(대법원 2010. 3. 25. 선고 2007다35152 판결).

해답 ⑤

문 35 ★★

甲은 乙에 대하여 대여금채권을 가지고 있다. 그런데 乙이 사망하였고, 1순위 단독상속인인 丙은 상속포기기간 내에 적법하게 상속을 포기하였다. 이에 관한 설명 중 옳지 않은 것은? (다툼이 있는 경우 판례에 의함)

① 상속을 포기한 丙은 처음부터 상속인이 아니었던 것이 되는데, 상속포기가 丙의 채권자의 입장에서 그의 기대를 저버리는 측면이 있더라도 상속인의 재산을 현재의 상태보다 악화시키지 않으므로 사해행위취소의 대상이 되지 않는다.

② 만약 丙이 한정승인을 하고 상속재산에 대하여 상속을 원인으로 한 소유권이전등기를 마친 뒤 자신의 채권자인 丁에게 근저당권을 설정하여 준 경우, 甲은 상속재산에 관한 경매절차에서 丁에 대하여 우선적 지위를 주장할 수 있다.
③ 甲이 丙을 상대로 제기한 대여금청구소송에서 丙이 사실심 변론종결 시까지 상속을 포기한 사실을 주장하지 않아 甲의 승소판결이 선고되어 확정된 경우, 승소판결에 따른 집행절차에서 위 상속포기는 적법한 청구이의 사유가 되지 못한다.
④ 甲이 乙의 사망사실을 모르고 乙을 피고로 하여 대여금청구의 소를 제기하였다가 乙의 사망사실을 알고 피고의 표시를 丙으로 정정하였는데 丙의 상속포기사실을 그 후에 알게 된 경우, 甲은 피고의 표시를 2순위 단독상속인 戊로 다시 정정할 수 있다.
⑤ 만약 丙이 상속포기 신고를 하였으나 피상속인 乙의 제3자에 대한 손해배상채권을 추심하여 변제받은 이후 상속포기 신고를 수리하는 가정법원의 심판이 고지되었다면 그 상속포기는 무효이다.

해설

① (O) 상속의 포기는 비록 포기자의 재산에 영향을 미치는 바가 없지 아니하나(그러한 측면과 관련하여서는 '채무자 회생 및 파산에 관한 법률' 제386조도 참조) 상속인으로서의 지위 자체를 소멸하게 하는 행위로서 순전한 재산법적 행위와 같이 볼 것이 아니다. 오히려 상속의 포기는 1차적으로 피상속인 또는 후순위상속인을 포함하여 다른 상속인 등과의 인격적 관계를 전체적으로 판단하여 행하여지는 '인적 결단'으로서의 성질을 가진다. 그러한 행위에 대하여 비록 상속인인 채무자가 무자력상태에 있다고 하여서 그로 하여금 상속포기를 하지 못하게 하는 결과가 될 수 있는 채권자의 사해행위취소를 쉽사리 인정할 것이 아니다. 그리고 상속은 피상속인이 사망 당시에 가지던 모든 재산적 권리 및 의무·부담을 포함하는 총체재산이 한꺼번에 포괄적으로 승계되는 것으로서 다수의 관련자가 이해관계를 가지는데, 위와 같이 상속인으로서의 자격 자체를 좌우하는 상속포기의 의사표시에 사해행위에 해당하는 법률행위에 대하여 채권자 자신과 수익자 또는 전득자 사이에서만 상대적으로 그 효력이 없는 것으로 하는 채권자취소권의 적용이 있다고 하면, 상속을 둘러싼 법률관계는 그 법적 처리의 출발점이 되는 상속인 확정의 단계에서부터 복잡하게 얽히게 되는 것을 면할 수 없다. 또한 상속인의 채권자의 입장에서는 상속의 포기가 그의 기대를 저버리는 측면이 있다고 하더라도 채무자인 상속인의 재산을 현재의 상태보다 악화시키지 아니한다. 이러한 점들을 종합적으로 고려하여 보면, 상속의 포기는 민법 제406조 제1항에서 정하는 "재산권에 관한 법률행위"에 해당하지 아니하여 사해행위취소의 대상이 되지 못한다(대법원 2011. 6. 9. 선고 2011다29307 판결).

② (X) … 따라서 한정승인자로부터 상속재산에 관하여 저당권 등의 담보권을 취득한 사람과 상속채권자 사이의 우열관계는 민법상의 일반원칙에 따라야 하고, 상속채권자가 한정승인의 사유만으로 우선적 지위를 주장할 수는 없다. 그리고 이러한 이치는 한정승인자가 그 저당권 등의 피담보채무를 상속개시 전부터 부담하고 있었다고 하여 달리 볼 것이 아니다(대법원 2010. 3. 18. 선고 2007다77781 전원합의체 판결).

③ (O) 채무자가 한정승인을 하였으나 채권자가 제기한 소송의 사실심 변론종결시까지 이를 주장하지 아니하는 바람에 책임의 범위에 관하여 아무런 유보 없는 판결이 선고·확정된 경우라 하더라도 채무자가 그 후 위 한정승인 사실을 내세워 청구에 관한 이의의 소를 제기하는 것이 허용되는 것은, 한정승인에 의한 책임의 제한은 상속채무의 존재 및 범위의 확정과는 관계없이 다만 판결의 집행 대상을 상속재산의 한도로 한정함으로써 판결의 집행력을 제한할 뿐으로, 채권자가 피상속인의 금전채무를 상속한 상속인을 상대로 그 상속채무의 이행을 구하여 제기한 소송에서 채무자가 한정승인 사실을 주장하지 않으면 책임의 범위는 현실적인 심판대상으로 등장하지 아니하여 주문에서는 물론 이유에서도 판단되지 않는 관계로 그에 관하여는 기판력이 미치지 않기 때문이다. 위와 같은 기판력에 의한 실권효 제한

의 법리는 채무의 상속에 따른 책임의 제한 여부만이 문제되는 한정승인과 달리 상속에 의한 채무의 존재 자체가 문제되어 그에 관한 확정판결의 주문에 당연히 기판력이 미치게 되는 상속포기의 경우에는 적용될 수 없다(대법원 2009. 5. 28. 선고 2008다79876 판결).

④ (O) 원고가 피고의 사망 사실을 모르고 사망자를 피고로 표시하여 소를 제기한 경우에, 청구의 내용과 원인사실, 당해 소송을 통하여 분쟁을 실질적으로 해결하려는 원고의 소제기 목적 내지는 사망 사실을 안 이후 원고의 피고표시정정신청 등 여러 사정을 종합하여 볼 때에, 실질적인 피고는 당사자능력이 없어 소송당사자가 될 수 없는 사망자가 아니라 처음부터 사망자의 상속자이고 다만 그 표시에 잘못이 있는 것에 지나지 않는다고 인정되면 사망자의 상속인으로 피고의 표시를 정정할 수 있다 할 것인바, 상속개시 이후 상속의 포기를 통한 상속채무의 순차적 승계 및 그에 따른 상속채무자 확정의 곤란성 등 상속제도의 특성에 비추어 위의 법리는 채권자가 채무자의 사망 이후 그 1순위 상속인의 상속포기 사실을 알지 못하고 1순위 상속인을 상대로 소를 제기한 경우에도 채권자가 의도한 실질적 피고의 동일성에 관한 위 전제요건이 충족되는 한 마찬가지로 적용이 된다(대법원 2009. 10. 15. 선고 2009다49964 판결).

⑤ (O) 상속인이 피상속인의 甲에 대한 손해배상채권을 추심하여 변제받은 행위는 상속재산의 처분행위에 해당하고, 그것으로써 단순승인을 한 것으로 간주되었다고 할 것이므로, 그 이후에 한 상속포기는 효력이 없다(대법원 2010. 4. 29. 선고 2009다84936 판결).

해답 ②

문 36 ★★

유치권에 관한 설명 중 옳은 것을 모두 고른 것은? (다툼이 있는 경우 판례에 의함)

> ㄱ. 운송주선인은 운송물에 관하여 받을 보수, 운임, 기타 위탁자를 위한 체당금이나 선대금에 관하여서만 그 운송물을 유치할 수 있다.
> ㄴ. 채무자 소유의 부동산에 관하여 이미 선행저당권이 설정되어 있는 상태에서 채권자의 상사유치권이 성립한 경우, 상사유치권자는 채무자 및 그 이후 채무자로부터 부동산을 양수하거나 제한물권을 설정받는 자에 대해서는 대항할 수 있지만, 선행저당권자 또는 선행저당권에 기한 임의경매절차에서 부동산을 취득한 매수인에 대한 관계에서는 상사유치권으로 대항할 수 없다.
> ㄷ. 유치권 포기로 인한 유치권의 소멸은 유치권 포기의 의사표시의 상대방만 주장할 수 있다.
> ㄹ. 공사대금채권에 기하여 유치권을 행사하는 자가 스스로 유치물인 주택에 거주하며 사용하는 것은 특별한 사정이 없는 한 유치물의 보존에 필요한 사용이므로 채무자는 유치권 소멸을 청구할 수 없다.
> ㅁ. 대리상의 유치권은 유치권의 목적물과 피담보채권의 견련성이 요구되지 않지만, 목적물이 채무자의 소유일 것을 요한다.

① ㄱ, ㄴ ② ㄷ, ㄹ
③ ㄷ, ㅁ ④ ㄱ, ㄴ, ㄹ
⑤ ㄴ, ㄹ, ㅁ

해설

ㄱ. (O) 상법 제120조 참조

> **상법 제120조(유치권)** 운송주선인은 운송물에 관하여 받을 보수, 운임, 기타 위탁자를 위한 체당금이나 선대금에 관하여서만 그 운송물을 유치할 수 있다.

ㄴ.(O) 상사유치권은 민사유치권과 달리 피담보채권이 '목적물에 관하여' 생긴 것일 필요는 없지만 유치권의 대상이 되는 물건은 '채무자 소유'일 것으로 제한되어 있다(상법 제58조, 민법 제320조 제1항 참조). 이와 같이 상사유치권의 대상이 되는 목적물을 '채무자 소유의 물건'에 한정하는 취지는, 상사유치권의 경우에는 목적물과 피담보채권 사이의 견련관계가 완화됨으로써 피담보채권이 목적물에 대한 공익비용적 성질을 가지지 않아도 되므로 피담보채권이 유치권자와 채무자 사이에 발생하는 모든 상사채권으로 무한정 확장될 수 있고, 그로 인하여 이미 제3자가 목적물에 관하여 확보한 권리를 침해할 우려가 있어 상사유치권의 성립범위 또는 상사유치권으로 대항할 수 있는 범위를 제한한 것으로 볼 수 있다. 즉 상사유치권이 채무자 소유의 물건에 대해서만 성립한다는 것은, 상사유치권은 성립 당시 채무자가 목적물에 대하여 보유하고 있는 담보가치만을 대상으로 하는 제한물권이라는 의미를 담고 있다 할 것이고, 따라서 유치권 성립 당시에 이미 목적물에 대하여 제3자가 권리자인 제한물권이 설정되어 있다면, 상사유치권은 그와 같이 제한된 채무자의 소유권에 기초하여 성립할 뿐이고, 기존의 제한물권이 확보하고 있는 담보가치를 사후적으로 침탈하지는 못한다고 보아야 한다. 그러므로 채무자 소유의 부동산에 관하여 이미 선행(先行)저당권이 설정되어 있는 상태에서 채권자의 상사유치권이 성립한 경우, 상사유치권자는 채무자 및 그 이후 채무자로부터 부동산을 양수하거나 제한물권을 설정받는 자에 대해서는 대항할 수 있지만, 선행저당권자 또는 선행저당권에 기한 임의경매절차에서 부동산을 취득한 매수인에 대한 관계에서는 상사유치권으로 대항할 수 없다(대법원 2013. 2. 28. 선고 2010다57350 판결).

ㄷ.(X) 유치권은 법정담보물권이기는 하나 채권자의 이익보호를 위한 채권담보의 수단에 불과하므로 이를 포기하는 특약은 유효하고, 유치권을 사전에 포기한 경우 다른 법정요건이 모두 충족되더라도 유치권이 발생하지 않는 것과 마찬가지로 유치권을 사후에 포기한 경우 곧바로 유치권은 소멸한다. 그리고 유치권 포기로 인한 유치권의 소멸은 유치권 포기의 의사표시의 상대방뿐 아니라 그 이외의 사람도 주장할 수 있다(대법원 2016. 5. 12. 선고 2014다52087 판결).

ㄹ.(O) 민법 제324조에 의하면, 유치권자는 선량한 관리자의 주의로 유치물을 점유하여야 하고, 소유자의 승낙 없이 유치물을 보존에 필요한 범위를 넘어 사용하거나 대여 또는 담보제공을 할 수 없으며, 소유자는 유치권자가 위 의무를 위반한 때에는 유치권의 소멸을 청구할 수 있다고 할 것인바, 공사대금채권에 기하여 유치권을 행사하는 자가 스스로 유치물인 주택에 거주하며 사용하는 것은 특별한 사정이 없는 한 유치물인 주택의 보존에 도움이 되는 행위로서 유치물의 보존에 필요한 사용에 해당한다고 할 것이다. 그리고 유치권자가 유치물의 보존에 필요한 사용을 한 경우에도 특별한 사정이 없는 한 차임에 상당한 이득을 소유자에게 반환할 의무가 있다(대법원 2009. 9. 24. 선고 2009다40684 판결). … 이는 유치물인 주택의 보존에 도움이 되는 행위로서 유치물의 보존에 필요한 사용행위라고 봄이 상당하므로, 원고로서는 피고에게 유치권의 소멸을 청구할 수 없다고 할 것이다(대법원 2013. 4. 11. 선고 2011다107009 판결).

ㅁ.(X) 대리상의 유치권은 유치권의 목적물과 피담보채권의 견련성이 요구되지 않고, 목적물이 채무자의 소유일 것을 요하지도 않는다(송옥렬, 상법강의 제14판 p91).

해답 ④

문 37 ★★

회사의 설립에 관한 설명 중 옳지 않은 것은? (다툼이 있는 경우 판례에 의함)

① 주식회사 설립의 무효는 주주·이사 또는 감사에 한하여 회사성립의 날로부터 2년내에 소만으로 이를 주장할 수 있다.
② 주관적 하자를 원인으로 하는 설립취소의 소는 합명회사와 합자회사에만 인정되고, 객관적 하자를 원인으로 하는 설립무효의 소는 주식회사에만 인정된다.
③ 설립무효의 판결 또는 설립취소의 판결이 확정된 때에는 해산의 경우에 준하여 청산하여야 한다.

④ 주식회사 발기설립의 경우 이사와 감사는 취임 후 지체없이 회사의 설립에 관한 모든 사항이 법령 또는 정관의 규정에 위반되지 아니하는지의 여부를 조사하여 발기인에게 보고하여야 한다.
⑤ 주식회사의 설립과정에서 설립중의 회사는 정관이 작성되고 발기인이 적어도 1주 이상의 주식을 인수하였을 때 성립한다.

해설

① (O) 상법 제328조 참조

> 상법 제328조(설립무효의 소) ① 회사설립의 무효는 주주·이사 또는 감사에 한하여 회사성립의 날로부터 2년내에 소만으로 이를 주장할 수 있다.

② (X) 상법 제287조의6, 제184조, 제552조 참조. 인적회사인 합명회사, 합자회사뿐만 아니라 물적회사인 유한회사, 유한책임회사의 경우에도 주관적 하자를 원인으로 하는 설립취소의 소를 인정한다. 반면, 주식회사의 설립무효의 원인은 객관적 하자에만 국한된다(송옥열, 상법강의 제10판, p785).

> 상법 184조(설립무효, 취소의 소) ① 회사의 설립의 무효는 그 사원에 한하여, 설립의 취소는 그 취소권있는 자에 한하여 회사성립의 날로부터 2년 내에 소만으로 이를 주장할 수 있다.
> ② 민법 제140조의 규정은 전항의 설립의 취소에 준용한다.
> 상법 287조의6(준용규정) 유한책임회사의 설립의 무효와 취소에 관하여는 제184조부터 제194조까지의 규정을 준용한다. 이 경우 제184조 중 "사원"은 "사원 및 업무집행자"로 본다.
> 상법 제552조(설립무효, 취소의 소) ① 회사의 설립의 무효는 그 사원, 이사와 감사에 한하여 설립의 취소는 그 취소권있는 자에 한하여 회사설립의 날로부터 2년내에 소만으로 이를 주장할 수 있다.
> ② 제184조제2항과 제185조 내지 제193조의 규정은 전항의 소에 준용한다.
> 민법 제140조(법률행위의 취소권자) 취소할 수 있는 법률행위는 제한능력자, 착오로 인하거나 사기·강박에 의하여 의사표시를 한 자, 그의 대리인 또는 승계인만이 취소할 수 있다.

③ (O) 상법 제193조 참조

> 상법 제193조(설립무효, 취소판결의 효과) ① 설립무효의 판결 또는 설립취소의 판결이 확정된 때에는 해산의 경우에 준하여 청산하여야 한다.
> ② 전항의 경우에는 법원은 사원 기타의 이해관계인의 청구에 의하여 청산인을 선임할 수 있다.

④ (O) 상법 제298조 참조

> 상법 제298조(이사·감사의 조사·보고와 검사인의 선임청구) ① 이사와 감사는 취임후 지체없이 회사의 설립에 관한 모든 사항이 법령 또는 정관의 규정에 위반되지 아니하는지의 여부를 조사하여 발기인에게 보고하여야 한다.

⑤ (O) 설립 중의 회사는 정관이 작성되고 발기인이 적어도 1주 이상의 주식을 인수하였을 때 비로소 성립한다(대법원 1998. 5. 12. 선고 97다56020 판결).

 해답 ②

문 38

영업양도·양수에 관한 설명 중 옳지 않은 것은? (다툼이 있는 경우 판례에 의함) ★★

① 다른 기업의 사업 부문의 일부를 양수하는 계약을 체결하면서 그 물적 시설과 인적 조직을 함께 포괄승계받기로 약정한 경우 원칙적으로 양도인과 근로자 사이의 근로관계는 양수인에게 포괄적으로 승계되지만 계약 체결일 이전에 해당 영업 부문에서 근무하다가 해고되어 해고의 효력을 다투는 근로자와의 근로관계까지 승계되는 것은 아니다.

② 양수인이 양도인의 상호를 계속 사용하는 경우 양도인의 영업으로 인한 제3자의 채권에 대하여 양수인도 변제할 책임이 있으며, 이 채권은 영업양도 당시까지 발생한 것임을 요하지 아니하므로 영업양도 당시로 보아 가까운 장래에 발생될 것이 확실한 채권도 이에 포함된다.
③ 양수인이 양도인의 상호를 계속 사용하지 아니하는 경우에 양도인의 영업으로 인한 채무를 인수할 것을 광고한 때에는 양수인도 변제할 책임이 있다.
④ 영업을 출자하여 주식회사를 설립하고 그 상호를 계속 사용함으로써「상법」제42조(상호를 속용하는 양수인의 책임) 제1항의 규정이 유추적용되는 경우에는「상법」제45조(영업양도인의 책임의 존속기간)의 규정도 당연히 유추적용된다.
⑤ 양수인이 양도인의 상호를 계속 사용하는 경우 양도인의 영업으로 인한 채권에 대하여 채무자가 선의이며 중대한 과실 없이 양수인에게 변제한 때에는 그 효력이 있다.

해설

① (O) 다른 기업의 사업부문의 일부를 양수하는 계약을 체결하면서 그 물적 시설과 함께 그 사업부문에 근무하는 근로자들에 대한 권리의무도 함께 포괄승계받기로 약정한 경우에는 원칙적으로 해당 근로자와의 근로관계는 영업양수인에게 승계되는 것이지만 이때 승계되는 근로관계는 계약체결일 현재 실제로 그 영업부문에서 근무하고 있는 근로자와의 근로관계만을 의미하고 계약체결일 이전에 해당 영업부문에서 근무하다가 해고 또는 면직된 근로자로서 해고 및 면직처분의 효력을 다투는 근로자와의 근로관계까지 승계하는 것은 아니다(대법원 1993. 5. 25. 선고 91다41750 판결).

② (X) 상법 제42조 제1항은 영업양수인이 양도인의 상호를 계속 사용하는 경우 양도인의 영업으로 인한 제3자의 채권에 대하여 양수인도 변제할 책임이 있다고 규정함으로써 양도인이 여전히 주채무자로서 채무를 부담하면서 양수인도 함께 변제책임을 지도록 하고 있으나, 위 규정이 영업양수인이 양도인의 영업자금과 관련한 피보증인의 지위까지 승계하도록 한 것이라고 보기는 어렵고, 영업양수인이 위 규정에 따라 책임지는 제3자의 채권은 영업양도 당시 채무의 변제기가 도래할 필요까지는 없다고 하더라도 그 당시까지 발생한 것이어야 하고, 영업양도 당시로 보아 가까운 장래에 발생될 것이 확실한 채권도 양수인이 책임져야 한다고 볼 수 없다(대법원 2020. 2. 6. 선고 2019다270217 판결).

③ (O) 상법 제44조 참조

> 상법 제44조(채무인수를 광고한 양수인의 책임) 영업양수인이 양도인의 상호를 계속사용하지 아니하는 경우에 양도인의 영업으로 인한 채무를 인수할 것을 광고한 때에는 양수인도 변제할 책임이 있다.

④ (O) 상법 제42조 제1항은 영업양수인이 양도인의 상호를 계속 사용하는 경우에는 양도인의 영업으로 인한 제3자의 채권에 대하여 양수인도 변제할 책임이 있다고 규정하고 있는바, 영업을 출자하여 주식회사를 설립하고 그 상호를 계속 사용하는 경우에는 영업의 양도는 아니지만 출자의 목적이 된 영업의 개념이 동일하고 법률행위에 의한 영업의 이전이라는 점에서 영업의 양도와 유사하며 채권자의 입장에서 볼 때는 외형상의 양도와 출자를 구분하기 어려우므로 새로 설립된 법인은 상법 제42조 제1항의 규정의 유추적용에 의하여 출자자의 채무를 변제할 책임이 있고, 여기서 말하는 영업의 출자라 함은 일정한 영업목적에 의하여 조직화된 업체 즉 인적·물적 조직을 그 동일성을 유지하면서 일체로서 출자하는 것을 말한다(대법원 1996. 7. 9. 선고 96다13767 판결).

⑤ (O) 상법 제43조 참조

> 상법 제43조(영업양수인에 대한 변제) 전조제1항의 경우에 양도인의 영업으로 인한 채권에 대하여 채무자가 선의이며 중대한 과실없이 양수인에게 변제한 때에는 그 효력이 있다.

해답 ②

문 39

「상법」상 위탁매매업과 가맹업에 관한 설명 중 옳지 않은 것은? (다툼이 있는 경우 판례에 의함) ★★

① 가맹업자는 다른 약정이 없으면 가맹상의 영업지역 내에서 동일 또는 유사한 업종의 영업을 하거나, 동일 또는 유사한 업종의 가맹계약을 체결할 수 있다.
② 위탁매매인이 제3자에 대하여 부담하는 채무를 담보하기 위하여 그 채권자에게 위탁매매로 취득한 채권을 양도한 경우 위탁매매인은 위탁자에 대한 관계에서는 위탁자에 속하는 채권을 무권리자로서 양도한 것이므로 양수인이 그 채권을 선의취득하였다는 등의 특별한 사정이 없는 한 위탁자에 대하여 효력이 없다.
③ 위탁매매인이 거래소의 시세가 있는 물건 또는 유가증권의 매매를 위탁받은 경우에는 직접 그 매도인이나 매수인이 될 수 있다.
④ 가맹상은 가맹업자의 동의를 받아 그 영업을 양도할 수 있고, 가맹업자는 특별한 사유가 없으면 가맹상의 영업양도에 동의하여야 한다.
⑤ 어떠한 계약이 일반 매매계약인지 위탁매매계약인지는 계약의 명칭 또는 형식적인 문언을 떠나 그 실질을 중시하여 판단하여야 한다.

해설

① **(X)** 상법 제168조의7 참조

> 상법 제168조의7(가맹업자의 의무) ① 가맹업자는 가맹상의 영업을 위하여 필요한 지원을 하여야 한다.
> ② 가맹업자는 다른 약정이 없으면 가맹상의 영업지역 내에서 동일 또는 유사한 업종의 영업을 하거나, 동일 또는 유사한 업종의 가맹계약을 체결할 수 없다.

② **(O)** 위탁매매인이 그가 제3자에 대하여 부담하는 채무를 담보하기 위하여 그 채권자에게 위탁매매로 취득한 채권을 양도한 경우에 위탁매매인은 위탁자에 대한 관계에서는 위탁자에 속하는 채권을 무권리자로서 양도한 것이고, 따라서 그 채권양도는 무권리자의 처분 일반에서와 마찬가지로 양수인이 그 채권을 선의취득하였다는 등의 특별한 사정이 없는 한 위탁자에 대하여 효력이 없다. 이는 채권양수인이 양도의 목적이 된 채권의 귀속 등에 대하여 선의였다거나 그 진정한 귀속을 알지 못하였다는 점에 관하여 과실이 없다는 것만으로 달라지지 아니한다(대법원 2011. 7. 14. 선고 2011다31645 판결).

③ **(O)** 상법 제107조 참조

> 상법 제107조(위탁매매인의 개입권) ① 위탁매매인이 거래소의 시세가 있는 물건 또는 유가증권의 매매를 위탁받은 경우에는 직접 그 매도인이나 매수인이 될 수 있다. 이 경우의 매매대가는 위탁매매인이 매매의 통지를 발송할 때의 거래소의 시세에 따른다.

④ **(O)** 상법 제168조의9 참조

> 상법 제168조의9(가맹상의 영업양도) ① 가맹상은 가맹업자의 동의를 받아 그 영업을 양도할 수 있다.
> ② 가맹업자는 특별한 사유가 없으면 제1항의 영업양도에 동의하여야 한다.

⑤ **(O)** 위탁매매란 자기의 명의로 타인의 계산에 의하여 물품을 매수 또는 매도하고 보수를 받는 것으로서 명의와 계산의 분리를 본질로 한다. 그리고 어떠한 계약이 일반의 매매계약인지 위탁매매계약인지는 계약의 명칭 또는 형식적인 문언을 떠나 그 실질을 중시하여 판단하여야 한다. 이는 자기 명의로써, 그러나 타인의 계산으로 매매 아닌 행위를 영업으로 하는 이른바 준위탁매매(상법 제113조)에 있어서도 마찬가지이다(대법원 2011. 7. 14. 선고 2011다31645 판결).

해답 ①

문 40 ★★

채권·채무관계에 관한 설명 중 옳지 않은 것은? (다툼이 있는 경우 판례에 의함)

① 「민법」상 채무자가 수인인 경우에 특별한 의사표시가 없으면 각 채무자는 균등한 비율로 의무를 부담하고, 「상법」상 수인이 그 1인 또는 전원에게 상행위가 되는 행위로 인하여 채무를 부담한 때에는 연대하여 변제할 책임이 있다.
② 「상법」상 상행위의 대리인이 본인을 위한 것임을 표시하지 아니하여 상대방이 이를 알지 못한 경우에도 그 행위는 본인에 대하여 효력이 있고, 이 경우 상대방은 대리인에 대하여도 이행의 청구를 할 수 있다.
③ 「민법」상 보수없이 임치를 받은 자와 「상법」상 자신의 영업범위내에서 보수를 받지 아니하고 임치를 받은 상인은 임치물을 선량한 관리자의 주의로 보관하여야 한다.
④ 상인 간에서 금전소비대차가 있었음을 주장하면서 약정이자의 지급을 구하는 청구에는 약정 이자율이 인정되지 않더라도 「상법」에서 정한 법정이자의 지급을 구하는 취지가 포함되어 있다고 보아야 한다.
⑤ 「상법」 제54조(상사법정이율)의 상사법정이율은 상행위로 인한 채무나 이와 동일성을 가진 채무에 관하여 적용되는 것이고, 상행위가 아닌 불법행위로 인한 손해배상채무에는 적용되지 않는다.

해설

① (O) 민법 제408조, 상법 제57조 참조

> 민법 제408조(분할채권관계) 채권자나 채무자가 수인인 경우에 특별한 의사표시가 없으면 각 채권자 또는 각 채무자는 균등한 비율로 권리가 있고 의무를 부담한다.
> 상법 제57조(다수채무자 간 또는 채무자와 보증인의 연대) ① 수인이 그 1인 또는 전원에게 상행위가 되는 행위로 인하여 채무를 부담한 때에는 연대하여 변제할 책임이 있다.

② (O) 상법 제48조 참조

> 상법 제48조(대리의 방식) 상행위의 대리인이 본인을 위한 것임을 표시하지 아니하여도 그 행위는 본인에 대하여 효력이 있다. 그러나 상대방이 본인을 위한 것임을 알지 못한 때에는 대리인에 대하여도 이행의 청구를 할 수 있다.

③ (X) 상법 제695조, 제62조 참조

> 상법 제695조(무상수치인의 주의의무) 보수없이 임치를 받은 자는 임치물을 자기재산과 동일한 주의로 보관하여야 한다.
> 상법 제62조(임치를 받은 상인의 책임) 상인이 그 영업범위 내에서 물건의 임치를 받은 경우에는 보수를 받지 아니하는 때에도 선량한 관리자의 주의를 하여야 한다.

④ (O) 상인 간에서 금전소비대차가 있었음을 주장하면서 약정이자의 지급을 구하는 청구에는 약정 이자율이 인정되지 않더라도 상법 소정의 법정이자의 지급을 구하는 취지가 포함되어 있다고 보아야 한다(대법원 2007. 3. 15. 선고 2006다73072 판결).

⑤ (O) 상법 제54조의 상사법정이율은 상행위로 인한 채무나 이와 동일성을 가진 채무에 관하여 적용되는 것이고 상행위가 아닌 불법행위로 인한 손해배상채무에는 적용되지 아니한다(대법원 1985. 5. 28. 선고 84다카966 판결).

해답 ③

문 41 ★★★

주식의 포괄적 교환(이하 '주식교환'이라 한다), 주식의 포괄적 이전(이하 '주식이전'이라 한다) 및 지배주주에 의한 소수주식의 전부 취득에 관한 설명 중 옳지 않은 것을 모두 고른 것은?

> ㄱ. 주식교환의 무효는 각 회사의 주주·이사·감사·감사위원회의 위원 또는 청산인에 한하여 주식교환의 날부터 6월내에 서면으로 통지하여 이를 주장할 수 있다.
> ㄴ. 주식이전에 의하여 완전자회사가 되는 회사의 주주가 소유하는 그 회사의 주식은 주식이전에 의하여 설립하는 완전모회사에 이전하고, 그 완전자회사가 되는 회사의 주주는 그 완전모회사가 주식이전을 위하여 발행하는 주식의 배정을 받음으로써 그 완전모회사의 주주가 된다.
> ㄷ. 「상법」제360조의24(지배주주의 매도청구권)의 지배주주가 매도청구를 할 때에는 미리 주주총회의 승인을 받아야 한다.
> ㄹ. 「상법」제360조의24(지배주주의 매도청구권)의 지배주주의 보유주식의 수를 산정할 때에는 모회사와 자회사가 보유한 주식을 합산하지 아니한다.
> ㅁ. 「상법」제360조의24(지배주주의 매도청구권)의 지배주주의 매도청구를 받은 소수주주는 매도청구를 받은 날부터 2개월 내에 지배주주에게 그 주식을 매도하여야 한다.

① ㄱ, ㄴ
② ㄱ, ㄹ
③ ㄴ, ㅁ
④ ㄷ, ㄹ
⑤ ㄷ, ㅁ

해설

ㄱ.(X) 상법 제360조의14 참조

> 상법 제360조의14(주식교환무효의 소) ① 주식교환의 무효는 각 회사의 주주·이사·감사·감사위원회의 위원 또는 청산인에 한하여 주식교환의 날부터 6월 내에 소만으로 이를 주장할 수 있다.

ㄴ.(O) 상법 제360조의15 참조

> 상법 제360조의15(주식의 포괄적 이전에 의한 완전모회사의 설립) ② 주식이전에 의하여 완전자회사가 되는 회사의 주주가 소유하는 그 회사의 주식은 주식이전에 의하여 설립하는 완전모회사에 이전하고, 그 완전자회사가 되는 회사의 주주는 그 완전모회사가 주식이전을 위하여 발행하는 주식의 배정을 받음으로써 그 완전모회사의 주주가 된다.

ㄷ.(O), ㄹ.(X), ㅁ.(O) 상법 제360조의24 참조

> 상법 제360조의24(지배주주의 매도청구권) ① 회사의 발행주식총수의 100분의 95 이상을 자기의 계산으로 보유하고 있는 주주(이하 이 관에서 "지배주주"라 한다)는 회사의 경영상 목적을 달성하기 위하여 필요한 경우에는 회사의 다른 주주(이하 이 관에서 "소수주주"라 한다)에게 그 보유하는 주식의 매도를 청구할 수 있다.
> ② 제1항의 보유주식의 수를 산정할 때에는 모회사와 자회사가 보유한 주식을 합산한다. 이 경우 회사가 아닌 주주가 발행주식총수의 100분의 50을 초과하는 주식을 가진 회사가 보유하는 주식도 그 주주가 보유하는 주식과 합산한다.
> ③ 제1항의 매도청구를 할 때에는 미리 주주총회의 승인을 받아야 한다.
> ⑥ 제1항의 매도청구를 받은 소수주주는 매도청구를 받은 날부터 2개월 내에 지배주주에게 그 주식을 매도하여야 한다.

해답 ②

문 42

주주의 의결권에 관한 설명 중 옳지 않은 것을 모두 고른 것은? (다툼이 있는 경우 판례에 의함) ★★

> ㄱ. 주식에 대하여 질권이 설정된 경우 특별한 약정이 없는 한 의결권을 행사할 수 있는 자는 질권자이다.
> ㄴ. 의결권의 대리행사로 말미암아 주주총회의 개최가 부당하게 저해되거나 혹은 회사의 이익이 부당하게 침해될 염려가 있는 등의 특별한 사정이 있는 경우에는 회사가 이를 거절할 수 있다.
> ㄷ. 주주가 일정기간 주주권을 포기하고 타인에게 주주로서의 의결권 행사권한을 위임하기로 약정하였다면 그 주주는 주주로서의 의결권을 직접 행사할 수 없게 된다.
> ㄹ. 회사는 이사회의 결의로 주주가 총회에 출석하지 아니하고 전자적 방법으로 의결권을 행사할 수 있음을 정할 수 있다.
> ㅁ. 비상장주식회사의 감사 선임결의에 관한 주주총회에서 의결권 없는 주식을 제외한 발행주식총수의 100분의 3을 초과하는 주식은 출석한 주주의 의결권 수에는 산입되지 않지만 발행주식총수에는 산입된다.

① ㄱ, ㄴ, ㄹ
② ㄱ, ㄷ, ㄹ
③ ㄱ, ㄷ, ㅁ
④ ㄴ, ㄷ, ㅁ
⑤ ㄴ, ㄹ, ㅁ

해설

ㄱ.(X) 주식에 대해 질권이 설정되었다고 하더라도 질권설정계약 등에 따라 질권자가 담보제공자인 주주로부터 의결권을 위임받아 직접 의결권을 행사하기로 약정하는 등의 특별한 약정이 있는 경우를 제외하고 질권설정자인 주주는 여전히 주주로서의 지위를 가지고 의결권을 행사할 수 있다(대법원 2017. 8. 18. 선고 2015다5569 판결).

ㄴ.(O) 주주의 자유로운 의결권 행사를 보장하기 위하여 주주가 의결권의 행사를 대리인에게 위임하는 것이 보장되어야 한다고 하더라도 주주의 의결권 행사를 위한 대리인 선임이 무제한적으로 허용되는 것은 아니고, 그 의결권의 대리행사로 말미암아 주주총회의 개최가 부당하게 저해되거나 혹은 회사의 이익이 부당하게 침해될 염려가 있는 등의 특별한 사정이 있는 경우에는 회사는 이를 거절할 수 있다고 보아야 할 것이며, 주주가 자신이 가진 복수의 의결권을 불통일행사하기 위하여는 회일의 3일 전에 회사에 대하여 서면으로 그 뜻과 이유를 통지하여야 할 뿐만 아니라, 회사는 주주가 주식의 신탁을 인수하였거나 기타 타인을 위하여 주식을 가지고 있는 경우 외에는 주주의 의결권 불통일행사를 거부할 수 있는 것이므로, 주주가 위와 같은 요건을 갖추지 못한 채 의결권 불통일행사를 위하여 수인의 대리인을 선임하고자 하는 경우에는 회사는 역시 이를 거절할 수 있다(대법원 2001. 9. 7. 선고 2001도2917 판결).

ㄷ.(X) 주주가 일정기간 주주권을 포기하고 타인에게 주주로서의 의결권 행사권한을 위임하기로 약정한 사정만으로는 그 주주가 주주로서의 의결권을 직접 행사할 수 없게 되었다고 볼 수 없다(대법원 2002. 12. 24. 선고 2002다54691 판결).

ㄹ.(O) 상법 제368조의4 참조

> 상법 제368조의4(전자적 방법에 의한 의결권의 행사) ① 회사는 이사회의 결의로 주주가 총회에 출석하지 아니하고 전자적 방법으로 의결권을 행사할 수 있음을 정할 수 있다.

ㅁ.(X) 주주총회에서 감사를 선임하려면 우선 '출석한 주주의 의결권의 과반수'라는 의결정족수를 충족하여야 하고, 나아가 의결정족수가 '발행주식총수의 4분의 1 이상의 수'이어야 하는데, 상법 제371조는

제1항에서 '발행주식총수에 산입하지 않는 주식'에 대하여 정하면서 상법 제409조 제2항의 의결권 없는 주식(이하 '3% 초과 주식'이라 한다)은 이에 포함시키지 않고 있고, 제2항에서 '출석한 주주의 의결권 수에 산입하지 않는 주식'에 대하여 정하면서는 3% 초과 주식을 이에 포함시키고 있다. 그런데 만약 3% 초과 주식이 상법 제368조 제1항에서 말하는 '발행주식총수'에 산입된다고 보게 되면, 어느 한 주주가 발행주식총수의 78%를 초과하여 소유하는 경우와 같이 3% 초과 주식의 수가 발행주식총수의 75%를 넘는 경우에는 상법 제368조 제1항에서 말하는 '발행주식총수의 4분의 1 이상의 수'라는 요건을 충족시키는 것이 원천적으로 불가능하게 되는데, 이러한 결과는 감사를 주식회사의 필요적 상설기관으로 규정하고 있는 상법의 기본 입장과 모순된다. 따라서 감사의 선임에서 3% 초과 주식은 상법 제371조의 규정에도 불구하고 상법 제368조 제1항에서 말하는 '발행주식총수'에 산입되지 않는다. 그리고 이는 자본금 총액이 10억 원 미만이어서 감사를 반드시 선임하지 않아도 되는 주식회사라고 하여 달리 볼 것도 아니다(대법원 2016. 8. 17. 선고 2016다222996 판결).

문 43

甲이 「상법」상 비상장주식회사인 A회사 등을 상대로 소송을 할 경우 당사자적격이 인정되는 것을 모두 고른 것은? (각 지문은 독립적이며, 다툼이 있는 경우 판례에 의함)

> ㄱ. A회사의 발행주식총수의 100분의 3을 보유한 甲이 A회사에 대하여 회계장부의 열람 및 등사청구소송을 제기하였으나 소송계속 중 A회사가 신주를 발행하여 甲의 보유주식이 발행주식총수의 100분의 2로 감소한 경우
> ㄴ. 甲이 乙의 승낙 하에 乙 명의로 주식을 인수하여 주주명부에 등재한 후 A회사에 대하여 주주명부의 열람 및 등사청구소송을 제기한 경우
> ㄷ. A회사의 발행주식총수의 100분의 1을 보유한 甲이 A회사의 이사 丙에 대하여 대표소송을 제기하였으나 소송계속 중 보유주식의 일부를 양도하여 甲의 보유주식이 발행주식총수의 1,000분의 5로 감소한 경우
> ㄹ. A회사의 주주 甲이 주주총회결의 취소의 소를 제기하였으나 소송계속 중 A회사가 B주식회사와 주식의 포괄적 교환을 하였고 이에 따라 B회사가 A회사의 완전모회사가 된 경우
> ㅁ. A회사의 주주총회에 참석하여 의결권을 행사한 주주 甲이 다른 주주 丁에 대한 소집절차의 하자를 이유로 주주총회결의 취소의 소를 제기한 경우

① ㄱ, ㄴ ② ㄱ, ㄹ
③ ㄴ, ㅁ ④ ㄷ, ㄹ
⑤ ㄷ, ㅁ

해설

ㄱ.(인정 X) 발행주식의 총수의 100분의 3 이상에 해당하는 주식을 가진 주주는 상법 제466조 제1항에 따라 이유를 붙인 서면으로 회계의 장부와 서류의 열람 또는 등사를 청구할 수 있다. 열람과 등사에 시간이 소요되는 경우에는 열람·등사를 청구한 주주가 전 기간을 통해 발행주식 총수의 100분의 3 이상의 주식을 보유하여야 하고, 회계장부의 열람·등사를 재판상 청구하는 경우에는 소송이 계속되는 동안 위 주식 보유요건을 구비하여야 한다(대법원 2017. 11. 9. 선고 2015다252037 판결).

ㄴ.(인정 X) 타인의 승낙을 얻어 그 명의로 주식을 인수하기로 약정한 경우이다. 이 경우에는 계약 내용에 따라 명의자 또는 실제 출자자가 주식인수인이 될 수 있으나, 원칙적으로는 명의자를 주식인수인으로

보아야 한다. 명의자와 실제 출자자가 실제 출자자를 주식인수인으로 하기로 약정한 경우에도 실제 출자자를 주식인수인이라고 할 수는 없다. 실제 출자자를 주식인수인으로 하기로 한 사실을 주식인수계약의 상대방인 회사 등이 알고 이를 승낙하는 등 특별한 사정이 없다면, 그 상대방은 명의자를 주식인수계약의 당사자로 이해하였다고 보는 것이 합리적이기 때문이다(대판 2017. 12. 5. 선고 2016다265351). ▶ 원고들이 피고의 주주명부상 주주명의로 주식을 인수한 실질주주라고 주장하면서 피고를 상대로 회계장부 등의 열람·등사를 구한 사건에서, 원고들은 피고의 주주명부상 주주들의 승낙을 얻어 피고의 주식을 인수하였다거나 주식인수계약의 당사자로서 그에 따른 출자를 이행한 것이 아니므로 주주의 지위를 취득하였다고 볼 수 없고, 설령 원고들이 피고의 주주라는 지위를 취득한 것으로 보더라도 자신들의 명의로 명의개서를 마치지 않는 한 이를 부인하는 피고 주식회사에 대한 관계에서는 원칙적으로 주주권을 행사할 수 없다고 판단하여 상고를 기각한 사례.

ㄷ. (인정 O) 상법 제403조 참조

> **상법 제403조(주주의 대표소송)** ① 발행주식의 총수의 100분의 1 이상에 해당하는 주식을 가진 주주는 회사에 대하여 이사의 책임을 추궁할 소의 제기를 청구할 수 있다.
> ② 제1항의 청구는 그 이유를 기재한 서면으로 하여야 한다.
> ③ 회사가 전항의 청구를 받은 날로부터 30일내에 소를 제기하지 아니한 때에는 제1항의 주주는 즉시 회사를 위하여 소를 제기할 수 있다.
> ④ 제3항의 기간의 경과로 인하여 회사에 회복할 수 없는 손해가 생길 염려가 있는 경우에는 전항의 규정에 불구하고 제1항의 주주는 즉시 소를 제기할 수 있다.
> ⑤ 제3항과 제4항의 소를 제기한 주주의 보유주식이 제소 후 발행주식총수의 100분의 1 미만으로 감소한 경우(發行株式을 보유하지 아니하게 된 경우를 제외한다)에도 제소의 효력에는 영향이 없다.

ㄹ. (인정 X) 주주총회결의 취소소송의 계속 중 원고가 주주로서의 지위를 상실하면 원고는 상법 제376조에 따라 그 취소를 구할 당사자적격을 상실하고, 이는 원고가 자신의 의사에 반하여 주주의 지위를 상실하였다 하여 달리 볼 것은 아니다(대법원 2016. 7. 22. 선고 2015다66397 판결). ▶ 주주총회결의 당시부터 피고의 주주였으나, 이 사건 소송의 계속 중 피고와 하나금융지주가 이 사건 주식교환을 완료하여 하나금융지주가 피고의 100% 주주가 되고 원고들은 더 이상 피고의 주주가 아니게 되었으므로, 주주가 아닌 원고들은 상법 제376조에 따라 이 사건 주주총회결의의 취소의 소를 제기할 원고적격이 인정되지 않는다고 판단한 사례.

ㅁ. (인정 O) 주주는 다른 주주에 대한 소집절차의 하자를 이유로 주주총회결의 취소의 소를 제기할 수도 있다(대법원 2003. 7. 11. 선고 2001다45584 판결). ▶ 주주는 다른 주주에 대한 소집절차의 하자를 이유로 주주총회결의 취소의 소를 제기할 수도 있는 것이므로, 이와 달리 당초의 소집장소인 14층 회의실에 정식으로 출석하였거나 남아 있던 주주로서 그 참석권을 침해받은 주주만이 그와 같은 절차상의 하자를 이유로 결의 취소의 소를 제기할 수 있다는 전제하에 원고의 제소자격을 다투는 상고이유의 주장은 받아들일 수 없다고 한 사례.

문 44 ★★

주식회사의 이사회 결의에 관한 설명 중 옳은 것을 모두 고른 것은? (각 지문은 독립적이며, 다툼이 있는 경우 판례에 의함)

> ㄱ. 이사 甲이 이사회에 출석하여 결의에 기권하였다고 의사록에 기재된 경우에 甲은 「상법」 제399조(회사에 대한 책임) 제3항에 따라 이사회 결의에 찬성한 것으로 추정할 수 없다.
> ㄴ. 주식회사에서의 이사회의 역할 및 회생절차개시결정의 효과 등에 비추어 보면 주식회사의 회생절차개시신청은 대표이사의 업무권한인 일상 업무에 속하지 아니한 중요한 업무에 해당하여 이사회 결의가 필요하다.

ㄷ. 이사와 회사 사이의 거래라고 하더라도 양자 사이 이해충돌의 염려가 없고 회사에 불이익을 초래할 우려가 없는 때에는 이사회의 승인을 얻을 필요가 없다.
ㄹ. 이사는 이사 과반수의 출석과 출석 이사의 과반수의 찬성에 의한 이사회의 승인이 있으면 회사의 사업기회를 자기 또는 제3자의 이익을 위하여 이용할 수 있다.
ㅁ. 「상법」 제393조(이사회의 권한) 제1항에서 정한 주식회사의 중요한 자산의 처분에 해당하는 경우라도 이사회규정상 이사회 부의사항으로 정해져 있지 않으면 이사회의 결의를 거치지 않아도 된다.

① ㄱ, ㄴ, ㄷ
② ㄱ, ㄴ, ㄹ
③ ㄱ, ㄷ, ㅁ
④ ㄴ, ㄷ, ㄹ
⑤ ㄴ, ㄹ, ㅁ

해설

ㄱ.(O) 상법 제399조 제1항은 "이사가 고의 또는 과실로 법령 또는 정관에 위반한 행위를 하거나 그 임무를 게을리한 경우에는 그 이사는 회사에 대하여 연대하여 손해를 배상할 책임이 있다."라고 규정하고, 같은 조 제2항은 "전항의 행위가 이사회의 결의에 의한 것인 때에는 그 결의에 찬성한 이사도 전항의 책임이 있다.", 같은 조 제3항은 "전항의 결의에 참가한 이사로서 이의를 한 기재가 의사록에 없는 자는 그 결의에 찬성한 것으로 추정한다."라고 규정하고 있다. 이와 같이 상법 제399조 제2항은 같은 조 제1항이 규정한 이사의 임무 위반행위가 이사회 결의에 의한 것일 때 결의에 찬성한 이사에 대하여도 손해배상책임을 지우고 있고, 상법 제399조 제3항은 같은 조 제2항을 전제로 하면서, 이사의 책임을 추궁하는 자로서는 어떤 이사가 이사회 결의에 찬성하였는지를 알기 어려워 증명이 곤란한 경우가 있음을 고려하여 증명책임을 이사에게 전가하는 규정이다. 그렇다면 이사가 이사회에 출석하여 결의에 기권하였다고 의사록에 기재된 경우에 그 이사는 "이의를 한 기재가 의사록에 없는 자"라고 볼 수 없으므로, 상법 제399조 제3항에 따라 이사회 결의에 찬성한 것으로 추정할 수 없고, 따라서 같은 조 제2항의 책임을 부담하지 않는다고 보아야 한다(대법원 2019. 5. 16. 선고 2016다260455 판결).

ㄴ.(O) 주식회사는 회생절차를 통하여 채권자·주주 등 여러 이해관계인의 법률관계를 조정하여 채무자 또는 그 사업의 효율적인 회생을 도모할 수 있으나(채무자회생법 제1조), 회생절차 폐지의 결정이 확정된 경우 파산절차가 진행될 수 있는 등(채무자회생법 제6조 제1항) 회생절차 신청 여부에 관한 결정이 주식회사에 미치는 영향이 크다. 위와 같은 주식회사에서의 이사회의 역할 및 주식회사에 대한 회생절차개시결정의 효과 등에 비추어 보면 주식회사의 회생절차개시신청은 대표이사의 업무권한인 일상 업무에 속하지 아니한 중요한 업무에 해당하여 이사회 결의가 필요하다고 보아야 한다(대법원 2019. 8. 14. 선고 2019다204463 판결).

ㄷ.(O) 상법 제398조에서 이사와 회사 사이의 거래에 관하여 이사회의 승인을 얻도록 규정하고 있는 취지는, 이사가 그 지위를 이용하여 회사와 거래를 함으로써 자기 또는 제3자의 이익을 도모하고 회사 나아가 주주에게 불측의 손해를 입히는 것을 방지하고자 함에 있으므로, 회사와 이사 사이에 이해가 충돌될 염려가 있는 이사의 회사에 대한 금전대여행위는 상법 제398조 소정의 이사의 자기거래행위에 해당하여 이사회의 승인을 거쳐야 하고, 다만 이사가 회사에 대하여 담보 약정이나 이자 약정 없이 금전을 대여하는 행위와 같이 성질상 회사와 이사 사이의 이해충돌로 인하여 회사에 불이익이 생길 염려가 없는 경우에는 이사회의 승인을 거칠 필요가 없다(대법원 2010. 1. 14. 선고 2009다55808 판결).

ㄹ. (X) 상법 제397조의2 참조

> **상법 제397조의2(회사의 기회 및 자산의 유용 금지)** ① 이사는 이사회의 승인 없이 현재 또는 장래에 회사의 이익이 될 수 있는 다음 각 호의 어느 하나에 해당하는 회사의 사업기회를 자기 또는 제3자의 이익을 위하여 이용하여서는 아니 된다. 이 경우 이사회의 승인은 이사 3분의 2 이상의 수로써 하여야 한다.
> 1. 직무를 수행하는 과정에서 알게 되거나 회사의 정보를 이용한 사업기회
> 2. 회사가 수행하고 있거나 수행할 사업과 밀접한 관계가 있는 사업기회

ㅁ. (X) 상법 제393조 제1항은 주식회사의 중요한 자산의 처분 및 양도는 이사회의 결의로 한다고 규정하고 있는바, 여기서 말하는 중요한 자산의 처분에 해당하는가 아닌가는 당해 재산의 가액, 총자산에서 차지하는 비율, 회사의 규모, 회사의 영업 또는 재산의 상황, 경영상태, 자산의 보유목적, 회사의 일상적 업무와 관련성, 당해 회사에서의 종래의 취급 등에 비추어 대표이사의 결정에 맡기는 것이 상당한지 여부에 따라 판단하여야 할 것이고, 중요한 자산의 처분에 해당하는 경우에는 이사회가 그에 관하여 직접 결의하지 아니한 채 대표이사에게 그 처분에 관한 사항을 일임할 수 없는 것이므로 이사회규정상 이사회 부의사항으로 정해져 있지 아니하더라도 반드시 이사회의 결의를 거쳐야 한다(대법원 2005. 7. 28. 선고 2005다3649 판결).

문 45

A주식회사의 전환사채발행에 관한 설명 중 옳지 않은 것은? (각 지문은 독립적이며, 다툼이 있는 경우 판례에 의함)

① A회사의 주주 甲이 전환사채발행의 유지를 청구하는 경우 전환사채 발행의 효력이 생기기 전인 전환사채의 납입기일까지 하여야 한다.
② A회사의 주주 甲이 전환사채를 취득한 경우 甲은 그 전환사채에 질권을 설정할 수 있고 만일 甲이 그 전환으로 인하여 주식을 받는다면 질권자 乙은 그 주식에 대하여 질권을 행사할 수 있다.
③ A회사가 전환사채를 주주외의 자에게 발행하는 경우 정관에 그 발행할 수 있는 전환사채의 액, 전환의 조건, 전환으로 인하여 발행할 주식의 내용과 전환을 청구할 수 있는 기간에 관하여 규정이 있어야 할 뿐만 아니라 이에 대한 주주총회의 특별결의에 의한 승인이 있어야 한다.
④ 丙이 A회사의 전환사채를 인수하는 과정에서 그 납입을 가장하였더라도 「상법」 제628조(납입가장죄등) 제1항의 납입가장죄는 성립하지 아니한다.
⑤ A회사의 전환사채발행에 법령이나 정관의 중대한 위반이 있어 그것이 주식회사의 본질이나 회사법의 기본원칙에 반하는 경우로서 전환사채와 관련된 거래의 안전, 주주 기타 이해관계인의 이익 등을 고려하더라도 도저히 묵과할 수 없는 정도라고 평가되는 경우 A회사의 주주 丁은 소송으로 전환사채발행의 무효를 주장할 수 있는데, 이 경우에는 신주발행무효의 소의 규정이 유추적용된다.

해설

① (O) 전환사채발행유지 청구는 회사가 법령 또는 정관에 위반하거나 현저하게 불공정한 방법에 의하여 전환사채를 발행함으로써 주주가 불이익을 받을 염려가 있는 경우에 회사에 대하여 그 발행의 유지를 청구하는 것으로서(상법 제516조 제1항, 제424조), 전환사채 발행의 효력이 생기기 전, 즉 전환사채의 납입기일까지 이를 행사하여야 할 것이고, 한편 전환사채권자가 전환 청구를 하면 회사는 주식을 발행해 주어야 하는데, 전환권은 형성권이므로 전환을 청구한 때에 당연히 전환의 효력이 발생하여 전환사채권자는 그때부터 주주가 되고 사채권자로서의 지위를 상실하게 되므로(상법 제516조, 제350조) 그 이후에는 주식전환의 금지를 구할 법률상 이익이 없게 될 것이다(대법원 2004. 8. 16. 선고 2003다9636 판결).

② (O) 상법 제339조 참조

> 상법 제339조(질권의 물상대위) 주식의 소각, 병합, 분할 또는 전환이 있는 때에는 이로 인하여 종전의 주주가 받을 금전이나 주식에 대하여도 종전의 주식을 목적으로 한 질권을 행사할 수 있다.

③ (X) 상법 제513조 참조

> 상법 제513조(전환사채의 발행) ① 회사는 전환사채를 발행할 수 있다.
> ② 제1항의 경우에 다음의 사항으로서 정관에 규정이 없는 것은 이사회가 이를 결정한다. 그러나 정관으로 주주총회에서 이를 결정하기로 정한 경우에는 그러하지 아니하다.
> 1. 전환사채의 총액
> 2. 전환의 조건
> 3. 전환으로 인하여 발행할 주식의 내용
> 4. 전환을 청구할 수 있는 기간
> 5. 주주에게 전환사채의 인수권을 준다는 뜻과 인수권의 목적인 전환사채의 액
> 6. 주주 외의 자에게 전환사채를 발행하는 것과 이에 대하여 발행할 전환사채의 액
> ③ 주주 외의 자에 대하여 전환사채를 발행하는 경우에 그 발행할 수 있는 전환사채의 액, 전환의 조건, 전환으로 인하여 발행할 주식의 내용과 전환을 청구할 수 있는 기간에 관하여 정관에 규정이 없으면 제434조의 결의로써 이를 정하여야 한다. 이 경우 제418조제2항 단서의 규정을 준용한다.
>
> 상법 제434조(정관변경의 특별결의) 제433조제1항의 결의는 출석한 주주의 의결권의 3분의 2 이상의 수와 발행주식총수의 3분의 1 이상의 수로써 하여야 한다.

④ (O) 상법 제628조 제1항의 납입가장죄는 회사의 자본에 충실을 기하려는 상법의 취지를 해치는 행위를 처벌하려는 것인데, 전환사채는 발행 당시에는 사채의 성질을 갖는 것으로서 사채권자가 전환권을 행사한 때 비로소 주식으로 전환되어 회사의 자본을 구성하게 될 뿐만 아니라, 전환권은 사채권자에게 부여된 권리이지 의무는 아니어서 사채권자로서는 전환권을 행사하지 아니할 수도 있으므로, 전환사채의 인수 과정에서 그 납입을 가장하였다고 하더라도 상법 제628조 제1항의 납입가장죄는 성립하지 아니한다(대법원 2008. 5. 29. 선고 2007도5206 판결).

⑤ (O) … 따라서 법령이나 정관의 중대한 위반 또는 현저한 불공정이 있어 그것이 주식회사의 본질이나 회사법의 기본원칙에 반하거나 기존 주주들의 이익과 회사의 경영권 내지 지배권에 중대한 영향을 미치는 경우로서 전환사채와 관련된 거래의 안전, 주주 기타 이해관계인의 이익 등을 고려하더라도 도저히 묵과할 수 없는 정도라고 평가되는 경우에 한하여 전환사채의 발행 또는 그 전환권의 행사에 의한 주식의 발행을 무효로 할 수 있을 것이며, 그 무효원인을 회사의 경영권 분쟁이 현재 계속중이거나 임박해 있는 등 오직 지배권의 변경을 초래하거나 이를 저지할 목적으로 전환사채를 발행하였음이 객관적으로 명백한 경우에 한정할 것은 아니다(대법원 2004. 6. 25. 선고 2000다37326 판결).

해답 ③

문 46 ★★

주식회사의 합병에 관한 설명 중 옳지 않은 것은? (다툼이 있는 경우 판례에 의함)

① 소규모합병의 경우 존속하는 회사는 합병계약서를 작성한 날부터 2월내에 소멸하는 회사의 상호 및 본점의 소재지, 합병을 할 날, 주주총회의 승인을 얻지 아니하고 합병을 한다는 뜻을 공고하거나 주주에게 통지하여야 한다.
② 소규모합병의 경우 합병에 반대하는 존속하는 회사의 주주에게는 주식매수청구권이 인정되지 않는다.
③ 이사는 채권자보호절차의 경과, 합병을 한 날, 합병으로 인하여 소멸하는 회사로부터 승계한 재산의 가액과 채무액 기타 합병에 관한 사항을 기재한 서면을 합병을 한 날부터 6월간 본점에 비치하여야 한다.

④ 회사의 합병에 있어서 합병등기에 의하여 합병의 효력이 발생한 후에는 합병무효의 소를 제기하는 외에 합병결의무효확인청구만을 독립된 소로서 구할 수 없다.
⑤ 소규모합병의 경우 존속하는 회사의 합병계약서에는 주주총회의 승인을 얻지 아니하고 합병을 한다는 뜻을 기재하여야 한다.

해설

① (X), ② (O), ⑤ (O) 상법 제527조의3 참조

> 상법 제527조의3(소규모합병) ① 합병 후 존속하는 회사가 합병으로 인하여 발행하는 신주 및 이전하는 자기주식의 총수가 그 회사의 발행주식총수의 100분의 10을 초과하지 아니하는 경우에는 그 존속하는 회사의 주주총회의 승인은 이를 이사회의 승인으로 갈음할 수 있다. 다만, 합병으로 인하여 소멸하는 회사의 주주에게 제공할 금전이나 그 밖의 재산을 정한 경우에 그 금액 및 그 밖의 재산의 가액이 존속하는 회사의 최종 대차대조표상으로 현존하는 순자산액의 100분의 5를 초과하는 경우에는 그러하지 아니하다.
> ② 제1항의 경우에 존속하는 회사의 합병계약서에는 주주총회의 승인을 얻지 아니하고 합병을 한다는 뜻을 기재하여야 한다.
> ③ 제1항의 경우에 존속하는 회사는 합병계약서를 작성한 날부터 2주 내에 소멸하는 회사의 상호 및 본점의 소재지, 합병을 할 날, 주주총회의 승인을 얻지 아니하고 합병을 한다는 뜻을 공고하거나 주주에게 통지하여야 한다.
> ⑤ 제1항 본문의 경우에는 제522조의3의 규정은 이를 적용하지 아니한다.
>
> 상법 제522조의3(합병반대주주의 주식매수청구권) ① 제522조제1항에 따른 결의사항에 관하여 이사회의 결의가 있는 때에 그 결의에 반대하는 주주(의결권이 없거나 제한되는 주주를 포함한다. 이하 이 조에서 같다)는 주주총회 전에 회사에 대하여 서면으로 그 결의에 반대하는 의사를 통지한 경우에는 그 총회의 결의일부터 20일 이내에 주식의 종류와 수를 기재한 서면으로 회사에 대하여 자기가 소유하고 있는 주식의 매수를 청구할 수 있다.

③ (O) 상법 제527조의6 참조

> 상법 제527조의6(합병에 관한 서류의 사후공시) ① 이사는 제527조의5에 규정한 절차의 경과, 합병을 한 날, 합병으로 인하여 소멸하는 회사로부터 승계한 재산의 가액과 채무액 기타 합병에 관한 사항을 기재한 서면을 합병을 한 날부터 6월간 본점에 비치하여야 한다.

④ (O) 회사합병에 있어서 합병등기에 의하여 합병의 효력이 발생한 후에는 합병무효의 소를 제기하는 외에 합병결의무효확인청구만을 독립된 소로서 구할 수 없다(대법원 1993. 5. 27. 선고 92누14908 판결).

문 47

★★

원인채권과 어음채권의 관계에 관한 설명 중 옳지 않은 것은? (다툼이 있는 경우 판례에 의함)

① 기존 원인채무의 지급을 위하여 어음이 교부된 경우 채권자는 어음채권을 우선 행사해야 하고 그에 의하여 만족을 얻을 수 없는 때 비로소 채무자에 대하여 기존 원인채권을 행사할 수 있으며, 이러한 목적으로 어음을 배서양도받은 채권자는 특별한 사정이 없는 한 채무자에 대하여 원인채권을 행사하기 위하여는 어음을 채무자에게 반환하여야 하므로, 채권자는 자기의 원인채권을 행사하기 위한 전제로서 지급기일에 어음을 적법하게 제시하여 상환청구권 보전절차를 취할 의무가 있다.
② 기존 원인채무의 지급을 담보하기 위하여 어음이 발행되어 채권자가 그 어음을 유상 또는 무상으로 타인에게 배서양도하였다면 다른 특별한 사정이 없는 한 기존 채권의 채권자는 채무자에 대하여 기존 채무의 지급을 청구할 수 없다.

③ 기존 원인채무의 지급을 담보하기 위하여 어음이 교부된 경우 채권자가 어음채권의 소멸시효가 완성되기 전에 어음채권을 청구채권으로 하여 채무자의 재산을 압류함으로써 그 권리를 행사한 경우에는 그 원인채권의 소멸시효를 중단시키는 효력이 있다.

④ 기존 원인채무의 지급을 담보하기 위하여 어음이 발행되거나 배서된 경우 어음채권이 시효로 소멸되면 발행인 또는 배서인에 대하여 이득상환청구권이 발생한다.

⑤ 채권자가 기존채무의 변제기보다 후의 일자가 만기로 된 어음을 교부받은 때에는 특별한 사정이 없는 한 기존채무의 지급을 유예하는 의사가 있었다고 보아야 한다.

해설

① (O) 어음이 '지급을 위하여' 교부된 경우에는 채권자는 어음채권과 원인채권 중 어음채권을 먼저 행사하여 만족을 얻을 것을 당사자가 예정하였다고 할 것이므로 채권자로서는 어음채권을 우선 행사하고, 그에 의하여서는 만족을 얻을 수 없을 때 비로소 채무자에 대하여 기존의 원인채권을 행사할 수 있다고 하여야 하며, 나아가 이러한 목적으로 어음을 배서양도받은 채권자는 특별한 사정이 없는 한 채무자에 대하여 원인채권을 행사하기 위하여는 어음을 채무자에게 반환하여야 하므로, 채권자가 채무자에 대하여 자기의 원인채권을 행사하기 위한 전제로서 지급기일에 어음을 적법히 제시하여 소구권 보전절차를 취할 의무가 있다고 보는 것이 양자 사이의 형평에 맞는다(대법원 1996. 11. 8. 선고 95다25060 판결).

② (O) 약속어음이 기존채무의 지급확보를 위하여 또는 그 담보를 위하여 발행 또는 교부된 경우에 어음금의 지급이 없더라도 채권자가 그 어음을 유상 또는 무상으로 타인에게 배서양도한 경우에는 다른 특별한 사정이 없는 한 기존채권의 채권자는 채무자에 대하여 기존채권의 지급을 청구할 수 없으나, 이는 단지 채무자에게 이중지급의 위험이 있어 채무자가 기존채무의 이행을 거절할 수 있다는 취지에 불과할 뿐 기존채무가 소멸하였다는 취지는 아니므로, 기존채권의 채권자는 채무자에 대하여 기존채권의 지급을 청구할 수 없으나 채무자의 반대채무의 이행청구에 대하여 기존채무를 이행할 것을 동시이행의 항변으로 주장할 수는 있다(대법원 1996. 9. 24. 선고 96다23030 판결).

③ (O) 원인채권의 지급을 확보하기 위한 방법으로 어음이 수수된 경우, 이러한 어음은 경제적으로 동일한 급부를 위하여 원인채권의 지급수단으로 수수된 것으로서 그 어음채권의 행사는 원인채권을 실현하기 위한 것일 뿐만 아니라, 원인채권의 소멸시효는 어음금 청구소송에 있어서 채무자의 인적항변 사유에 해당하는 관계로 채권자가 어음채권의 소멸시효를 중단하여 두어도 채무자의 인적항변에 따라 그 권리를 실현할 수 없게 되는 불합리한 결과가 발생하게 되므로, 채권자가 원인채권에 기하여 청구를 한 것이 아니라 어음채권에 기하여 청구를 하는 반대의 경우에는 원인채권의 소멸시효를 중단시키는 효력이 있다고 봄이 상당하고, 이러한 법리는 채권자가 어음채권을 피보전권리로 하여 채무자의 재산을 가압류함으로써 그 권리를 행사한 경우에도 마찬가지로 적용된다(대법원 1999. 6. 11. 선고 99다16378 판결).

④ (X) 원인관계상의 채무를 담보하기 위하여 어음이 발행되거나 배서된 경우에는 어음채권이 시효로 소멸되었다고 하여도 발행인 또는 배서인에 대하여 이득상환청구권은 발생하지 않는다고 할 것인바, 이러한 이치는 그 원인관계상의 채권 또한 시효 등의 원인으로 소멸되고 그 시기가 어음채무의 소멸 시기 이전이든지 이후이든지 관계없이 마찬가지이다(대법원 2000. 5. 26. 선고 2000다10376 판결).

⑤ (O) 채무자가 채권자에게 기존 채무의 이행에 관하여 어음이나 수표를 교부하는 경우 당사자의 의사는 별도의 약정이 있는 때에는 그에 따르되, 약정이 없는 경우에는 구체적 사안에 따라 '지급을 위하여' 또는 '지급확보를 위하여' 교부된 것으로 추정함이 상당한바, 채무자가 채권자에게 교부한 어음이 이른바 '은행도 어음'으로서 당사자 사이에 이를 단순히 보관하는 데 그치지 아니하고 어음할인 등의 방법으로 타에 유통시킬 수도 있는 경우라면 '지급을 위하여' 교부된 것으로 추정함이 상당하고, 어음이 '지급을 위하여' 교부된 것으로 추정되는 경우에는 채권자는 어음채권과 원인채권 중 어음채권을 먼저 행사하

여 그로부터 만족을 얻을 것을 당사자가 예정하였다고 할 것이어서 채권자로서는 어음채권을 우선 행사하고 그에 의하여 만족을 얻을 수 없는 때 비로소 채무자에 대하여 기존의 원인채권을 행사할 수 있는 것이므로, 채권자가 기존채무의 변제기보다 후의 일자가 만기로 된 어음을 교부받은 때에는 특별한 사정이 없는 한 기존채무의 지급을 유예하는 의사가 있었다고 보아야 할 것이다(대법원 2001. 7. 13. 선고 2000다57771 판결).

해답 ④

문 48

★★★

「상법」상 비상장주식회사인 A회사의 정관은 "이사 선임은 발행주식총수의 과반수에 해당하는 주식을 가진 주주의 출석과 출석주주의 의결권의 과반수로 한다."라고 정하고 있다. A회사는 이사 2명의 선임을 유일한 안건으로 하는 임시주주총회의 소집통지서를 주주들에게 보냈는데, 소집통지서에는 이사 후보자 3명의 이력사항이 첨부되어 있었다. 집중투표의 방법으로 이사를 선임하는 경우에 관한 설명 중 옳지 않은 것은? (다툼이 있는 경우 판례에 의함)

① 의결권없는 주식을 제외한 발행주식총수의 100분의 3 이상에 해당하는 주식을 가진 주주는 정관에서 달리 정하는 경우를 제외하고는 A회사에 대하여 집중투표의 방법으로 이사를 선임할 것을 청구할 수 있다.
② A회사의 각 주주는 1주마다 3개의 의결권을 갖는다.
③ A회사가 집중투표의 방법으로 이사를 선임하는 경우에는 투표의 최다수를 얻은 자부터 순차적으로 2명이 이사에 선임되는 것으로 한다.
④ 이사의 선임을 집중투표의 방법으로 하는 경우에도 A회사의 정관에 규정한 의사정족수는 충족되어야 한다.
⑤ A회사의 위 임시주주총회에 출석하여 실제로 투표를 하지 아니한 채 기권한 주주는 의사정족수 산정 시 주주총회에 출석한 것으로 본다.

해설

① (O), ② (X), ③ (O) 상법 제382조의2 참조

> 상법 제382조의2(집중투표) ① 2인 이상의 이사의 선임을 목적으로 하는 총회의 소집이 있는 때에는 의결권 없는 주식을 제외한 발행주식총수의 100분의 3 이상에 해당하는 주식을 가진 주주는 정관에서 달리 정하는 경우를 제외하고는 회사에 대하여 집중투표의 방법으로 이사를 선임할 것을 청구할 수 있다.
> ③ 제1항의 청구가 있는 경우에 이사의 선임결의에 관하여 각 주주는 1주마다 선임할 이사의 수와 동일한 수의 의결권을 가지며, 그 의결권은 이사 후보자 1인 또는 수인에게 집중하여 투표하는 방법으로 행사할 수 있다.
> ④ 제3항의 규정에 의한 투표의 방법으로 이사를 선임하는 경우에는 투표의 최다수를 얻은 자부터 순차적으로 이사에 선임되는 것으로 한다.

④ (O), ⑤ (O) 상법 제368조 제1항은 주주총회의 보통결의 요건에 관하여 "총회의 결의는 이 법 또는 정관에 다른 정함이 있는 경우를 제외하고는 출석한 주주의 의결권의 과반수와 발행주식총수의 4분의 1 이상의 수로써 하여야 한다."라고 규정하여 주주총회의 성립에 관한 의사정족수를 따로 정하고 있지는 않지만, 보통결의 요건을 정관에서 달리 정할 수 있음을 허용하고 있으므로, 정관에 의하여 의사정족수를 규정하는 것은 가능하다. 상법 제382조의2에 정한 집중투표란 2인 이상의 이사를 선임하는 경우에 각 주주가 1주마다 선임할 이사의 수와 동일한 수의 의결권을 가지고 이를 이사 후보자 1인 또는 수인에게 집중하여 투표하는 방법으로 행사함으로써 투표의 최다수를 얻은 자부터 순차적으로 이사에 선임

되는 것으로서, 이 규정은 어디까지나 주주의 의결권 행사에 관련된 조항이다. 따라서 주식회사의 정관에서 이사의 선임을 발행주식총수의 과반수에 해당하는 주식을 가진 주주의 출석과 출석주주의 의결권의 과반수에 의한다고 규정하는 경우, 집중투표에 관한 위 상법조항이 정관에 규정된 의사정족수 규정을 배제한다고 볼 것은 아니므로, 이사의 선임을 집중투표의 방법으로 하는 경우에도 정관에 규정한 의사정족수는 충족되어야 한다. … 이러한 사실관계를 기록에 비추어 살펴보면, 이 사건 주주총회에서 집중투표의 방법으로 이사를 선임하는 결의를 할 당시 피고의 주주 전원이 출석하였다고 봄이 타당하므로 피고 정관 제22조에 규정된 의사정족수는 충족되었다. 그리고 이는 원고들을 비롯한 주주 6인이 이 사건 주주총회에 출석하여 실제로 투표를 하지 아니한 채 기권하였다고 하더라도 달리 볼 것이 아니다(대법원 2017. 1. 12. 선고 2016다217741 판결).

해답 ②

문 49

「상법」상 보험계약에 관한 설명 중 옳지 않은 것은? (다툼이 있는 경우 판례에 의함)

① 보험자가 보험약관의 교부·설명 의무를 위반한 경우 보험계약자는 보험계약이 성립한 날부터 3개월 이내에 그 계약을 취소할 수 있다.
② 보험대리상은 보험계약자로부터 보험료를 수령할 수 있는 권한이 있다.
③ 보험자가 서면으로 질문한 사항은 보험계약에 있어서 중요한 사항에 해당하는 것으로 추정되고 여기의 서면에는 보험청약서도 포함될 수 있으므로 보험청약서에 일정한 사항에 관하여 답변을 구하는 취지가 포함되어 있다면 그 사항은 고지의무의 대상이 되는 '중요한 사항'으로 추정된다.
④ 보험대리상이 아니면서 특정한 보험자를 위하여 계속적으로 보험계약의 체결을 중개하는 자는 보험계약자로부터 청약, 고지, 통지, 해지, 취소 등 보험계약에 관한 의사표시를 수령할 수 있는 권한이 있다.
⑤ 보험자가 보험약관의 교부·설명 의무를 위반하여 보험계약을 체결한 경우에는 보험계약자나 그 대리인이 그 약관에 규정된 고지의무를 위반하였다 하더라도 이를 이유로 보험계약을 해지할 수는 없다.

해설

① (O) 상법 제638조의3 참조

> 상법 제638조의3(보험약관의 교부·설명 의무) ① 보험자는 보험계약을 체결할 때에 보험계약자에게 보험약관을 교부하고 그 약관의 중요한 내용을 설명하여야 한다.
> ② 보험자가 제1항을 위반한 경우 보험계약자는 보험계약이 성립한 날부터 3개월 이내에 그 계약을 취소할 수 있다.

② (O), ④ (X) 상법 제646조의2 참조

> 상법 제646조의2(보험대리상 등의 권한) ① 보험대리상은 다음 각 호의 권한이 있다.
> 1. 보험계약자로부터 보험료를 수령할 수 있는 권한
> 2. 보험자가 작성한 보험증권을 보험계약자에게 교부할 수 있는 권한
> 3. 보험계약자로부터 청약, 고지, 통지, 해지, 취소 등 보험계약에 관한 의사표시를 수령할 수 있는 권한
> 4. 보험계약자에게 보험계약의 체결, 변경, 해지 등 보험계약에 관한 의사표시를 할 수 있는 권한
> ② 제1항에도 불구하고 보험자는 보험대리상의 제1항 각 호의 권한 중 일부를 제한할 수 있다. 다만, 보험자는 그러한 권한 제한을 이유로 선의의 보험계약자에게 대항하지 못한다.

③ 보험대리상이 아니면서 특정한 보험자를 위하여 계속적으로 보험계약의 체결을 중개하는 자는 제1항제1호(보험자가 작성한 영수증을 보험계약자에게 교부하는 경우만 해당한다) 및 제2호의 권한이 있다.
④ 피보험자나 보험수익자가 보험료를 지급하거나 보험계약에 관한 의사표시를 할 의무가 있는 경우에는 제1항부터 제3항까지의 규정을 그 피보험자나 보험수익자에게도 적용한다.

③ (O) 보험계약자나 피보험자가 보험계약 당시에 보험자에게 고지할 의무를 지는 상법 제651조에서 정한 '중요한 사항'이란 보험자가 보험사고의 발생과 그로 인한 책임부담의 개연율을 측정하여 보험계약의 체결 여부 또는 보험료나 특별한 면책조항의 부가와 같은 보험계약의 내용을 결정하기 위한 표준이 되는 사항으로서 객관적으로 보험자가 그 사실을 안다면 그 계약을 체결하지 아니하든가 또는 적어도 동일한 조건으로는 계약을 체결하지 아니하리라고 생각되는 사항을 말하고, 어떠한 사실이 이에 해당하는가는 보험의 종류에 따라 달라질 수밖에 없는 사실인정의 문제로서 보험의 기술에 비추어 객관적으로 관찰하여 판단되어야 하는 것이나, 보험자가 서면으로 질문한 사항은 보험계약에 있어서 중요한 사항에 해당하는 것으로 추정되고(상법 제651조의2), 여기의 서면에는 보험청약서도 포함될 수 있으므로, 보험청약서에 일정한 사항에 관하여 답변을 구하는 취지가 포함되어 있다면 그 사항은 상법 제651조에서 말하는 '중요한 사항'으로 추정된다(대법원 2004. 6. 11. 선고 2003다18494 판결).

⑤ (O) 보험자 및 보험계약의 체결 또는 모집에 종사하는 자는 보험계약의 체결에 있어서 보험계약자 또는 피보험자에게 보험약관에 기재되어 있는 보험상품의 내용, 보험료율의 체계 및 보험청약서상 기재사항의 변동사항 등 보험계약의 중요한 내용에 대하여 구체적이고 상세한 명시·설명의무를 지고 있으므로, 보험자가 이러한 보험약관의 명시·설명의무에 위반하여 보험계약을 체결한 때에는 그 약관의 내용을 보험계약의 내용으로 주장할 수 없고, 보험계약자나 그 대리인이 그 약관에 규정된 고지의무를 위반하였다 하더라도 이를 이유로 보험계약을 해지할 수 없다(대법원 1996. 4. 12. 선고 96다4893 판결).

해답 ④

문 50 ★★

종류주식에 관한 설명 중 옳지 않은 것은? (다툼이 있는 경우 판례에 의함)

① 회사가 의결권이 없는 종류주식이나 의결권이 제한되는 종류주식을 발행하는 경우 그 종류주식의 총수는 발행주식총수의 4분의 1을 초과하지 못한다.
② 회사가 상환주식을 발행한 경우 정관이나 상환주식인수계약 등에서 특별히 정한 바가 없으면 주주가 상환권을 행사한 이후에도 회사로부터 상환금을 지급받을 때까지는 주주의 지위에 있다.
③ 주주가 전환주식의 전환을 청구하는 경우에는 그 청구한 때로부터 2주가 경과한 때에 효력이 발생한다.
④ 회사는 이익의 배당, 잔여재산의 분배, 주주총회에서의 의결권의 행사, 상환 및 전환 등에 관하여 내용이 다른 종류의 주식을 발행하는 경우 정관으로 각 종류주식의 내용과 수를 정하여야 한다.
⑤ 상환주식을 상환하는 경우 회사의 자본금이 감소하지 않으므로 채권자보호절차를 거치지 아니하여도 된다.

해설

① (O) 상법 제344조의3 참조

> 상법 제344조의3(의결권의 배제·제한에 관한 종류주식) ① 회사가 의결권이 없는 종류주식이나 의결권이 제한되는 종류주식을 발행하는 경우에는 정관에 의결권을 행사할 수 없는 사항과, 의결권행사 또는 부활의 조건을 정한 경우에는 그 조건 등을 정하여야 한다.

② 제1항에 따른 종류주식의 총수는 발행주식총수의 4분의 1을 초과하지 못한다. 이 경우 의결권이 없거나 제한되는 종류주식이 발행주식총수의 4분의 1을 초과하여 발행된 경우에는 회사는 지체 없이 그 제한을 초과하지 아니하도록 하기 위하여 필요한 조치를 하여야 한다.

② (O) 회사는 정관으로 정하는 바에 따라 주주가 회사에 대하여 상환을 청구할 수 있는 종류주식을 발행할 수 있다. 이 경우 회사는 정관에 주주가 회사에 대하여 상환을 청구할 수 있다는 뜻, 상환가액, 상환청구기간, 상환의 방법을 정하여야 한다(상법 제345조 제3항). 주주가 상환권을 행사하면 회사는 주식 취득의 대가로 주주에게 상환금을 지급할 의무를 부담하고, 주주는 상환금을 지급받음과 동시에 회사에게 주식을 이전할 의무를 부담한다. 따라서 정관이나 상환주식인수계약 등에서 특별히 정한 바가 없으면 주주가 회사로부터 상환금을 지급받을 때까지는 상환권을 행사한 이후에도 여전히 주주의 지위에 있다(대법원 2020. 4. 9. 선고 2017다251564 판결).

③ (X) 상법 제350조 참조

상법 제350조(전환의 효력발생) ① 주식의 전환은 주주가 전환을 청구한 경우에는 그 청구한 때에, 회사가 전환을 한 경우에는 제346조제3항제2호의 기간이 끝난 때에 그 효력이 발생한다.

④ (O) 상법 제344조 참조

상법 제344조(종류주식) ① 회사는 이익의 배당, 잔여재산의 분배, 주주총회에서의 의결권의 행사, 상환 및 전환 등에 관하여 내용이 다른 종류의 주식(이하 "종류주식"이라 한다)을 발행할 수 있다.
② 제1항의 경우에는 정관으로 각 종류주식의 내용과 수를 정하여야 한다.
③ 회사가 종류주식을 발행하는 때에는 정관에 다른 정함이 없는 경우에도 주식의 종류에 따라 신주의 인수, 주식의 병합·분할·소각 또는 회사의 합병·분할로 인한 주식의 배정에 관하여 특수하게 정할 수 있다.
④ 종류주식 주주의 종류주주총회의 결의에 관하여는 제435조제2항을 준용한다.

⑤ (O) 상환주식을 상환하는 경우 회사의 자본금이 감소하지 않으므로 채권자보호절차를 거치지 아니하여도 된다(송옥렬 상법강의 제14판 p.806).

문 51

어음의 위조·변조에 관한 설명 중 옳지 않은 것은? (다툼이 있는 경우 판례에 의함)

① 환어음에 위조된 기명날인 또는 서명이 있는 경우에도 다른 기명날인 또는 서명을 한 자의 채무는 그 효력에 영향을 받지 아니한다.
② 피용자가 어음위조로 인한 불법행위에 관여한 경우에 그것이 사용자의 업무집행과 관련한 위법한 행위로 인하여 이루어졌으면 그 사용자는 「민법」 제756조(사용자의 배상책임)에 의한 손해배상책임을 지는 경우가 있고, 이 경우에 사용자가 지는 책임은 어음상의 책임이 아니라 「민법」상의 불법행위책임이다.
③ 어음에 어음채무자로 기재되어 있는 사람이 자신의 기명날인이 위조된 것이라고 주장하는 경우에는, 그 사람에 대하여 어음채무의 이행을 청구하는 어음의 소지인이 그 기명날인이 진정한 것임을 증명해야 한다.
④ 권한 없이 기명날인을 대행하는 방식에 의하여 약속어음을 위조한 경우에 피위조자가 이를 묵시적으로 추인하였다고 인정하려면 추인의 의사가 표시되었다고 볼 만한 사유가 있어야 한다.
⑤ 권한 없는 제3자가 발행 당시 약속어음에 기재된 지시금지의 문구를 고의로 가리기 위하여 수입인지를 지시금지의 문구 위에 첨부한 경우 이는 어음의 변조에 해당하지 않는다.

해설

① (O) 어음법 제7조 참조

> 어음법 제7조(어음채무의 독립성) 환어음에 다음 각 호의 어느 하나에 해당하는 기명날인 또는 서명이 있는 경우에도 다른 기명날인 또는 서명을 한 자의 채무는 그 효력에 영향을 받지 아니한다.
> 2. 위조된 기명날인 또는 서명

② (O) 어음이 위조된 경우에 피위조자는 민법상 표현대리에 관한 규정이 유추적용될 수 있다는 등의 특별한 경우를 제외하고는 원칙적으로 어음상의 책임을 지지 아니하나, 피용자가 어음위조로 인한 불법행위에 관여한 경우에 그것이 사용자의 업무집행과 관련한 위법한 행위로 인하여 이루어졌으면 그 사용자는 민법 제756조에 의한 손해배상책임을 지는 경우가 있고, 이 경우에 사용자가 지는 책임은 어음상의 책임이 아니라 민법상의 불법행위책임이므로 그 책임의 요건과 범위가 어음상의 그것과 일치하는 것이 아니다. 따라서 민법 제756조 소정의 사용자 책임을 논함에 있어서는 어음소지인이 어음법상 소구권을 가지고 있느냐는 등 어음법상의 권리 유무를 따질 필요가 없으므로, 어음소지인이 현실적으로 지급제시를 하여 지급거절을 당하였는지의 여부가 어음배서의 위조로 인한 손해배상책임을 묻기 위하여 필요한 요건이라고 할 수 없고, 어음소지인이 적법한 지급제시기간 내에 지급제시를 하지 아니하여 소구권 보전의 절차를 밟지 않았다고 하더라도 이는 어음소지인이 이미 발생한 위조자의 사용자에 대한 불법행위책임을 묻는 것에 장애가 되는 사유라고 할 수 없다(대법원 1994. 11. 8. 선고 93다21514 전원합의체 판결).

③ (O), ④ (O) 어음에 어음채무자로 기재되어 있는 사람이 자신의 기명날인이 위조된 것이라고 주장하는 경우에는 그 사람에 대하여 어음채무의 이행을 청구하는 어음의 소지인이 그 기명날인이 진정한 것임을 증명하지 않으면 안된다. 무권대리행위에 대한 추인은 무권대리행위로 인한 효과를 자기에게 귀속시키려는 의사표시이니만큼 무권대리행위에 대한 추인이 있었다고 하려면 그러한 의사가 표시되었다고 볼 만한 사유가 있어야 하고, 무권대리행위가 범죄가 되는 경우에 대하여 그 사실을 알고도 장기간 형사고소를 하지 아니하였다 하더라도 그 사실만으로 묵시적인 추인이 있었다고 할 수는 없는바, 권한 없이 기명날인을 대행하는 방식에 의하여 약속어음을 위조한 경우에 피위조자가 이를 묵시적으로 추인하였다고 인정하려면 추인의 의사가 표시되었다고 볼 만한 사유가 있어야 한다.(대법원 1993. 8. 24. 선고 93다4151 전원합의체 판결).

⑤ (X) 제3자가 고의로 인지를 약속어음에 기재된 지시금지의 문구위에 첨부한 경우에는 이는 어음의 기재 내용을 일부 변조한 것이므로, 어음발행인은 변조전의 문구에 따라서만 책임을 부담한다(대법원 1980. 3. 25. 선고 80다202 판결).

해답 ⑤

문 52 ★★

주식회사의 회계에 관한 설명 중 옳지 않은 것은?

① 이익준비금 및 자본준비금은 자본금의 결손 보전에 충당하는 경우 외에는 처분하지 못한다.
② 회사의 자본금은 액면주식을 무액면주식으로 전환하거나 무액면주식을 액면주식으로 전환함으로써 변경할 수 없다.
③ 준비금의 자본금 전입을 정관으로 주주총회에서 결정하기로 정한 경우에 주주는 주주총회의 결의가 있은 때로부터 그 자본금 전입에 따른 신주의 주주가 된다.
④ 주식에 의한 배당은 이익배당총액의 2분의 1에 상당하는 금액을 초과하지 못하며, 주식으로 배당을 받은 주주는 그 배당결의가 있는 주주총회가 종결한 때부터 신주의 주주가 된다.

⑤ 회사는 적립된 자본준비금 및 이익준비금의 총액이 자본금의 1.5배를 초과하는 경우에 이사회의 결의에 따라 그 초과한 금액 범위에서 자본준비금과 이익준비금을 감액할 수 있다.

해설

① (O) 상법 제460조 참조

> 상법 제460조(법정준비금의 사용) 제458조(이익준비금) 및 제459조(자본준비금)의 준비금은 자본금의 결손 보전에 충당하는 경우 외에는 처분하지 못한다.

② (O) 상법 제451조 참조

> 상법 제451조(자본금) ③ 회사의 자본금은 액면주식을 무액면주식으로 전환하거나 무액면주식을 액면주식으로 전환함으로써 변경할 수 없다.

③ (O) 상법 제461조 참조

> 상법 제461조(준비금의 자본금 전입) ① 회사는 이사회의 결의에 의하여 준비금의 전부 또는 일부를 자본금에 전입할 수 있다. 그러나 정관으로 주주총회에서 결정하기로 정한 경우에는 그러하지 아니하다.
> ② 제1항의 경우에는 주주에 대하여 그가 가진 주식의 수에 따라 주식을 발행하여야 한다. 이 경우 1주에 미달하는 단수에 대하여는 제443조제1항의 규정을 준용한다.
> ③ 제1항의 이사회의 결의가 있은 때에는 회사는 일정한 날을 정하여 그 날에 주주명부에 기재된 주주가 제2항의 신주의 주주가 된다는 뜻을 그 날의 2주간전에 공고하여야 한다. 그러나 그 날이 제354조제1항의 기간 중인 때에는 그 기간의 초일의 2주간전에 이를 공고하여야 한다.
> ④ 제1항 단서의 경우에 주주는 주주총회의 결의가 있은 때로부터 제2항의 신주의 주주가 된다.

④ (O) 상법 제462조의2 참조

> 상법 제462조의2(주식배당) ① 회사는 주주총회의 결의에 의하여 이익의 배당을 새로이 발행하는 주식으로써 할 수 있다. 그러나 주식에 의한 배당은 이익배당총액의 2분의 1에 상당하는 금액을 초과하지 못한다.
> ② 제1항의 배당은 주식의 권면액으로 하며, 회사가 종류주식을 발행한 때에는 각각 그와 같은 종류의 주식으로 할 수 있다.
> ③ 주식으로 배당할 이익의 금액 중 주식의 권면액에 미달하는 단수가 있는 때에는 그 부분에 대하여는 제443조제1항의 규정을 준용한다.
> ④ 주식으로 배당을 받은 주주는 제1항의 결의가 있는 주주총회가 종결한 때부터 신주의 주주가 된다.

⑤ (X) 상법 제461조의2 참조

> 상법 제461조의2(준비금의 감소) 회사는 적립된 자본준비금 및 이익준비금의 총액이 자본금의 1.5배를 초과하는 경우에 주주총회의 결의에 따라 그 초과한 금액 범위에서 자본준비금과 이익준비금을 감액할 수 있다.

문 53 ★★

기판력의 범위에 관한 설명 중 옳은 것을 모두 고른 것은? (다툼이 있는 경우 판례에 의함)

> ㄱ. 계약해제의 원인은 판결이 확정된 전소의 사실심 변론종결 전에 존재하였고 위 원인에 따른 계약해제의 의사표시는 전소의 변론종결 후에 이루어진 경우, 후소에서 계약해제에 따른 효과를 주장하는 것은 위 확정판결의 기판력에 저촉된다.

ㄴ. 채권자가 채무자를 상대로 제기한 소송에서 채무자가 사실심 변론종결 전에 채권자에 대하여 상계적상에 있는 채권을 가지고 있었음에도 상계의 의사표시를 하지 않아 채권자 승소판결이 확정된 경우, 그 후 채무자가 채권자에 대하여 상계의 의사표시를 한 사실은 위 확정판결에 대한 청구이의 사유에 해당한다.

ㄷ. 건물의 소유를 목적으로 하는 토지 임대차에서 임대인이 임차인을 상대로 토지인도 및 건물철거의 소를 제기하였는데 임차인이 임대인에 대하여 건물매수청구권을 행사할 수 있었음에도 행사하지 아니하여 건물철거를 명하는 내용의 판결이 확정된 경우, 임차인은 그 확정판결에 의하여 건물철거가 집행되지 않았다 하더라도 임대인에 대하여 건물매수청구권을 행사하여 별소로써 건물 매매대금의 지급을 청구할 수 없다.

ㄹ. 백지어음의 소지인이 어음금청구소송의 사실심 변론종결일까지 그 백지 부분을 보충하지 아니하여 소지인의 패소판결이 확정된 경우, 그 후 소지인이 그 백지 부분을 보충하여 위 소송의 피고를 상대로 다시 동일한 어음금청구의 소를 제기하는 것은 특별한 사정이 없는 한 위 확정판결의 기판력에 저촉된다.

ㅁ. 채권자가 상속인을 상대로 제기한 상속채무의 이행을 구하는 소에서 상속인이 위 소의 사실심 변론종결 전에 상속의 한정승인을 하였음에도 이를 주장하지 아니하여 상속인의 책임 범위에 대한 제한이 없는 판결이 선고되어 확정된 경우, 상속인이 위 한정승인을 하였다는 사실은 위 확정판결에 대한 청구이의 사유에 해당하지 않는다.

① ㄱ, ㄴ, ㄷ
② ㄱ, ㄴ, ㄹ
③ ㄱ, ㄷ, ㅁ
④ ㄴ, ㄹ, ㅁ
⑤ ㄷ, ㄹ, ㅁ

해설

ㄱ.(O) 기판력은 후소와 동일한 내용의 전소의 변론종결 전에 있어서 주장할 수 있었던 모든 공격 방어방법에 미치므로 해제사유가 전소의 변론종결 전에 존재하였다면 그 변론종결 후에 해제의 의사표시를 하였다고 하여도 이는 기판력에 저촉된다(대법원 1981. 7. 7. 선고 80다2751 판결).

ㄴ.(O) 당사자 쌍방의 채무가 서로 상계적상에 있다 하더라도 그 자체만으로 상계로 인한 채무소멸의 효력이 생기는 것은 아니고, 상계의 의사표시를 기다려 비로소 상계로 인한 채무소멸의 효력이 생기는 것이므로, 채무자가 채무명의인 확정판결의 변론종결 전에 상대방에 대하여 상계적상에 있는 채권을 가지고 있었다 하더라도 채무명의인 확정판결의 변론종결 후에 이르러 비로소 상계의 의사표시를 한 때에는 민사소송법 제505조 제2항이 규정하는 '이의원인이 변론종결 후에 생긴 때'에 해당하는 것으로서, 당사자가 채무명의인 확정판결의 변론종결 전에 자동채권의 존재를 알았는가 몰랐는가에 관계없이 적법한 청구이의 사유로 된다(대법원 1998. 11. 24. 선고 98다25344 판결).

ㄷ.(X) 건물의 소유를 목적으로 하는 토지 임대차에 있어서, 임대차가 종료함에 따라 토지의 임차인이 임대인에 대하여 건물매수청구권을 행사할 수 있음에도 불구하고 이를 행사하지 아니한 채, 토지의 임대인이 임차인에 대하여 제기한 토지인도 및 건물철거청구 소송에서 패소하여 그 패소판결이 확정되었다고 하더라도, 그 확정판결에 의하여 건물철거가 집행되지 아니한 이상 토지의 임차인으로서는 건물매수청구권을 행사하여 별소로써 임대인에 대하여 건물매매대금의 지급을 구할 수 있다(대법원 1995. 12. 26. 선고 95다42195 판결).

ㄹ.(O) 약속어음의 소지인이 어음요건의 일부를 흠결한 이른바 백지어음에 기하여 어음금 청구소송(이하 '전소'라고 한다)을 제기하였다가 위 어음요건의 흠결을 이유로 청구기각의 판결을 받고 위 판결이 확

정된 후 위 백지 부분을 보충하여 완성한 어음에 기하여 다시 전소의 피고에 대하여 어음금 청구소송(이하 '후소'라고 한다)을 제기한 경우에는, 원고가 전소에서 어음요건의 일부를 오해하거나 그 흠결을 알지 못했다고 하더라도, 전소와 후소는 동일한 권리 또는 법률관계의 존부를 목적으로 하는 것이어서 그 소송물은 동일한 것이라고 보아야 한다. 그리고 확정판결의 기판력은 동일한 당사자 사이의 소송에 있어서 변론종결 전에 당사자가 주장하였거나 주장할 수 있었던 모든 공격 및 방어방법에 미치는 것이므로, 약속어음의 소지인이 전소의 사실심 변론종결일까지 백지보충권을 행사하여 어음금의 지급을 청구할 수 있었음에도 위 변론종결일까지 백지 부분을 보충하지 않아 이를 이유로 패소판결을 받고 그 판결이 확정된 후에 백지보충권을 행사하여 어음이 완성된 것을 이유로 전소 피고를 상대로 다시 동일한 어음금을 청구하는 경우에는, 위 백지보충권 행사의 주장은 특별한 사정이 없는 한 전소판결의 기판력에 의하여 차단되어 허용되지 않는다(대법원 2008. 11. 27. 선고 2008다59230 판결).

ㅁ. (X) 채무자가 한정승인을 하였으나 채권자가 제기한 소송의 사실심 변론종결시까지 이를 주장하지 아니하는 바람에 책임의 범위에 관하여 아무런 유보 없는 판결이 선고·확정된 경우라 하더라도 채무자가 그 후 위 한정승인 사실을 내세워 청구에 관한 이의의 소를 제기하는 것이 허용되는 것은, 한정승인에 의한 책임의 제한은 상속채무의 존재 및 범위의 확정과는 관계없이 다만 판결의 집행 대상을 상속재산의 한도로 한정함으로써 판결의 집행력을 제한할 뿐으로, 채권자가 피상속인의 금전채무를 상속한 상속인을 상대로 그 상속채무의 이행을 구하여 제기한 소송에서 채무자가 한정승인 사실을 주장하지 않으면 책임의 범위는 현실적인 심판대상으로 등장하지 아니하여 주문에서는 물론 이유에서도 판단되지 않는 관계로 그에 관하여는 기판력이 미치지 않기 때문이다. 위와 같은 기판력에 의한 실권효 제한의 법리는 채무의 상속에 따른 책임의 제한 여부만이 문제되는 한정승인과 달리 상속에 의한 채무의 존재 자체가 문제되어 그에 관한 확정판결의 주문에 당연히 기판력이 미치게 되는 상속포기의 경우에는 적용될 수 없다(대법원 2009. 5. 28. 선고 2008다79876 판결).

해답 ②

문 54 ★★★

서울특별시 서초구(서울중앙지방법원 관할구역)에 사는 甲은 수원시에 사는 乙에게 甲 소유의 X토지(인천광역시 소재)를 대금 2억 원에 매도하였다. 그 후 甲은 乙을 상대로 X토지 매매계약상의 매매대금 2억 원과 소장송달 다음 날부터 다 갚는 날까지 연 12%의 비율에 의한 지연손해금을 청구하는 소를 제기하였다. 이에 관한 설명 중 옳지 않은 것을 모두 고른 것은? (다툼이 있는 경우 판례에 의함)

> ㄱ. 甲의 배우자 丙은 변호사 자격이 없더라도 위 소송에서 법원의 허가를 얻어 甲의 소송대리인이 될 수 있다.
> ㄴ. 甲이 제1심에서 전부 패소하여 제1심 판결에 대해 항소한 경우, 항소심의 관할법원은 고등법원이다.
> ㄷ. 甲이 서울중앙지방법원에 위 소를 제기한 후 소송계속 중 대전광역시로 주소를 이전한 경우, 서울중앙지방법원의 관할은 소멸한다.
> ㄹ. 甲이 서울동부지방법원에 위 소를 제기하였는데, 乙이 관할위반의 항변을 하지 아니하고 매매계약의 효력을 다투는 답변서를 제출하여 그것이 진술간주된 경우, 서울동부지방법원은 관할권을 가진다.

① ㄱ, ㄴ
② ㄷ, ㄹ
③ ㄱ, ㄴ, ㄷ
④ ㄴ, ㄷ, ㄹ
⑤ ㄱ, ㄴ, ㄷ, ㄹ

> **해설**

ㄱ. (X) 민사소송법 제27조, 민사소송규칙 제15조, 민사 및 가사소송의 사물관할에 관한 규칙 제2조 참조

> **민사소송법 제27조(청구를 병합한 경우의 소송목적의 값)** ① 하나의 소로 여러 개의 청구를 하는 경우에는 그 여러 청구의 값을 모두 합하여 소송목적의 값을 정한다.
> ② 과실(果實)·손해배상·위약금(違約金) 또는 비용의 청구가 소송의 부대목적(附帶目的)이 되는 경우에는 그 값은 소송목적의 값에 넣지 아니한다.
>
> **민사소송규칙 제15조(단독사건에서 소송대리의 허가)** ① 단독판사가 심리·재판하는 사건으로서 다음 각 호의 어느 하나에 해당하는 사건에서는 변호사가 아닌 사람도 법원의 허가를 받아 소송대리인이 될 수 있다.
> 2. 제1호 사건 외의 사건으로서 다음 각 목의 어느 하나에 해당하지 아니하는 사건
> 가. 소송목적의 값이 소제기 당시 또는 청구취지 확장(변론의 병합 포함) 당시 1억 원을 넘는 소송사건
>
> **민사 및 가사소송의 사물관할에 관한 규칙 제2조(지방법원 및 그 지원 합의부의 심판범위)** 지방법원 및 지방법원지원의 합의부는 소송목적의 값이 2억원을 초과하는 민사사건 및 민사소송등인지법 제2조제4항의 규정에 해당하는 민사사건을 제1심으로 심판한다. 다만, 다음 각호의 1에 해당하는 사건을 제외한다.
> 1. 수표금·약속어음금 청구사건
> 2. 은행·농업협동조합·수산업협동조합·축산업협동조합·산림조합·신용협동조합·신용보증기금·기술신용보증기금·지역신용보증재단·새마을금고·상호저축은행·종합금융회사·시설대여회사·보험회사·신탁회사·증권회사·신용카드회사·할부금융회사 또는 신기술사업금융회사가 원고인 대여금·구상금·보증금 청구사건
> 3. 자동차손해배상보장법에서 정한 자동차·원동기장치자전거·철도차량의 운행 및 근로자의 업무상재해로 인한 손해배상 청구사건과 이에 관한 채무부존재확인사건
> 4. 단독판사가 심판할 것으로 합의부가 결정한 사건

ㄴ. (X) 법원조직법 제32조 참조

> **법원조직법 제32조(합의부의 심판권)** ② 지방법원 본원 합의부 및 춘천지방법원 강릉지원 합의부는 지방법원단독판사의 판결·결정·명령에 대한 항소 또는 항고사건 중 제28조제2호에 해당하지 아니하는 사건을 제2심으로 심판한다. 다만, 제28조의4제2호에 따라 특허법원의 권한에 속하는 사건은 제외한다.

ㄷ. (X) 민사소송법 제8조, 제33조, 민법 제467조 참조

> **민사소송법 제8조(거소지 또는 의무이행지의 특별재판적)** 재산권에 관한 소를 제기하는 경우에는 거소지 또는 의무이행지의 법원에 제기할 수 있다.
>
> **민법 제467조(변제의 장소)** ① 채무의 성질 또는 당사자의 의사표시로 변제장소를 정하지 아니한 때에는 특정물의 인도는 채권성립당시에 그 물건이 있던 장소에서 하여야 한다.
> ② 전항의 경우에 특정물인도 이외의 채무변제는 채권자의 현주소에서 하여야 한다. 그러나 영업에 관한 채무의 변제는 채권자의 현영업소에서 하여야 한다.
>
> **민사소송법 제33조(관할의 표준이 되는 시기)** 법원의 관할은 소를 제기한 때를 표준으로 정한다.

ㄹ. (X) … 동법 제27조(현행 제30조) 소정의 응소관할이 생기려면 피고의 본안에 관한 변론이나 준비절차에서의 진술은 현실적인 것이어야 하므로 피고의 불출석에 의하여 답변서 등이 법률상 진술 간주되는 경우는 이에 포함되지 아니한다(대법원 1980. 9. 26.자 80마403 결정).

동법 제27조(현행 제30조) 소정의 응소관할이 생기려면 피고의 본안에 관한 변론이나 준비절차에서의 진술은 현실적인 것이어야 하므로 피고의 불출석에 의하여 답변서 등이 법률상 진술 간주되는 경우는 이에 포함되지 아니한다(대법원 1980. 9. 26.자 80마403 결정).

민사소송법 제30조(변론관할) 피고가 제1심 법원에서 관할위반이라고 항변(抗辯)하지 아니하고 본안(本案)에 대하여 변론(辯論)하거나 변론준비기일(辯論準備期日)에서 진술하면 그 법원은 관할권을 가진다.

해답 ⑤

문 55

소송상의 대리인에 관한 설명 중 옳은 것을 모두 고른 것은? (다툼이 있는 경우 판례에 의함) ★★

ㄱ. 대리권 있는 한정후견인이 소의 취하를 하기 위해서는 후견감독인으로부터 특별한 권한을 받아야 하지만, 후견감독인이 없는 경우에는 수소법원의 허가를 받아야 한다.
ㄴ. 의사무능력자를 위한 특별대리인이 재판상 화해를 하는 경우, 법원은 그 행위가 본인의 이익을 명백히 침해한다고 인정할 때에는 그 행위가 있는 날부터 14일 이내에 결정으로 이를 허가하지 아니할 수 있다.
ㄷ. 항소심 판결이 상고심에서 파기되고 사건이 항소심 법원으로 환송되더라도 환송 전 항소심에서의 소송대리인의 소송대리권은 부활하지 않는다.
ㄹ. 당사자에게 여러 소송대리인이 있는 경우, 항소기간은 소송대리인 중 1인에게 최초로 판결정본이 송달되었을 때부터 진행한다.

① ㄱ, ㄴ
② ㄱ, ㄷ
③ ㄱ, ㄹ
④ ㄴ, ㄷ
⑤ ㄴ, ㄹ

해설

ㄱ.(X) 민사소송법 제56조 참조

민사소송법 제56조(법정대리인의 소송행위에 관한 특별규정) ① 미성년후견인, 대리권 있는 성년후견인 또는 대리권 있는 한정후견인이 상대방의 소 또는 상소 제기에 관하여 소송행위를 하는 경우에는 그 후견감독인으로부터 특별한 권한을 받을 필요가 없다.
② 제1항의 법정대리인이 소의 취하, 화해, 청구의 포기·인낙(인낙) 또는 제80조에 따른 탈퇴를 하기 위해서는 후견감독인으로부터 특별한 권한을 받아야 한다. 다만, 후견감독인이 없는 경우에는 가정법원으로부터 특별한 권한을 받아야 한다.

ㄴ.(O) 민사소송법 제62조의2 참조

민사소송법 제62조의2(의사무능력자를 위한 특별대리인의 선임 등) ① 의사능력이 없는 사람을 상대로 소송행위를 하려고 하거나 의사능력이 없는 사람이 소송행위를 하는 데 필요한 경우 특별대리인의 선임 등에 관하여는 제62조를 준용한다. 다만, 특정후견인 또는 임의후견인도 특별대리인의 선임을 신청할 수 있다.
② 제1항의 특별대리인이 소의 취하, 화해, 청구의 포기·인낙 또는 제80조에 따른 탈퇴를 하는 경우 법원은 그 행위가 본인의 이익을 명백히 침해한다고 인정할 때에는 그 행위가 있는 날부터 14일 이내에 결정으로 이를 허가하지 아니할 수 있다. 이 결정에 대해서는 불복할 수 없다.

ㄷ.(X) 사건이 상고심에서 환송되어 다시 항소심에 계속하게 된 경우에는 상고전의 항소심에서의 소송대리인의 대리권은 그 사건이 항소심에 계속되면서 다시 부활하는 것이므로 환송받은 항소심에서 환송전

의 항소심에서의 소송대리인에게 한 송달은 소송당사자에게 한 송달과 마찬가지의 효력이 있다(대법원 1984. 6. 14. 선고 84다카744 판결).

ㄹ.(O) 민사소송의 당사자는 민사소송법 제396조 제1항에 의하여 판결정본이 송달된 날부터 2주 이내에 항소를 제기하여야 한다. 한편 당사자에게 여러 소송대리인이 있는 때에는 민사소송법 제93조에 의하여 각자가 당사자를 대리하게 되므로, 여러 사람이 공동으로 대리권을 행사하는 경우 그 중 한 사람에게 송달을 하도록 한 민사소송법 제180조가 적용될 여지가 없어 법원으로서는 판결정본을 송달함에 있어 여러 소송대리인에게 각각 송달을 하여야 하지만, 그와 같은 경우에도 소송대리인 모두 당사자 본인을 위하여 소송서류를 송달받을 지위에 있으므로 당사자에 대한 판결정본 송달의 효력은 결국 소송대리인 중 1인에게 최초로 판결정본이 송달되었을 때 발생한다. 따라서 <u>당사자에게 여러 소송대리인이 있는 경우 항소기간은 소송대리인 중 1인에게 최초로 판결정본이 송달되었을 때부터 기산된다</u>(대법원 2011. 9. 29.자 2011마1335 결정).

문 56

★★

당사자의 변론(준비)기일 불출석에 관한 설명 중 옳지 않은 것을 모두 고른 것은? (다툼이 있는 경우 판례에 의함)

> ㄱ. 소송대리인이 있는 경우에 변론기일 불출석에 따른 불이익을 당사자에게 귀속시키려면 그 당사자 본인과 소송대리인 모두가 변론기일에 출석하지 아니하여야 하고, 그 출석 여부는 변론조서의 기재에 의하여 증명되어야 한다.
> ㄴ. 변론준비기일은 변론이 효율적이고 집중적으로 실시될 수 있도록 당사자의 주장과 증거를 정리하기 위한 것으로서 그 이후에 진행되는 변론기일과 일체성이 있으므로, 변론준비기일에서의 양 쪽 당사자 불출석의 효과는 변론기일에 승계된다.
> ㄷ. 양 쪽 당사자가 변론기일에 2회 불출석한 때에는 1월 이내에 기일지정신청을 하지 않으면 소를 취하한 것으로 간주하는바, 위 기간은 불변기간이므로 당사자가 책임질 수 없는 사유로 말미암아 위 기간 내에 기일지정신청을 하지 못한 경우 그 당사자는 그 사유가 없어진 날부터 2주 이내에 그 신청을 보완할 수 있다.
> ㄹ. 「민사소송법」 제268조 제1항에 정한 '양 쪽 당사자가 변론기일에 출석하지 아니한 때'는 양 쪽 당사자가 적법한 절차에 의한 송달을 받고도 변론기일에 출석하지 않은 때를 말한다.

① ㄱ, ㄷ
② ㄱ, ㄹ
③ ㄴ, ㄷ
④ ㄴ, ㄹ
⑤ ㄷ, ㄹ

해설

ㄱ.(O) <u>소송대리인이 선임된 경우에 변론기일 불출석으로 인한 불이익을 그 당사자에게 귀속시키려면 그 당사자 본인과 소송대리인 모두가 변론기일에 출석하지 아니함을 요건으로 하고 그 출석여부는 변론조서의 기재에 의하여 증명하여야 한다.</u> 따라서 변론조서에 소송대리인 불출석이라고만 기재되어 있고 당사자 본인의 출석여부에 대하여 아무런 기재가 없다면, 당사자의 변론기일에의 불출석은 증명되지 아니한다(대법원 1982. 6. 8. 선고 81다817 판결).

ㄴ.(X) 변론준비절차는 원칙적으로 변론기일에 앞서 주장과 증거를 정리하기 위하여 진행되는 변론 전 절

차에 불과할 뿐이어서 변론준비기일을 변론기일의 일부라고 볼 수 없고 변론준비기일과 그 이후에 진행되는 변론기일이 일체성을 갖는다고 볼 수도 없는 점, 변론준비기일이 수소법원 아닌 재판장 등에 의하여 진행되며 변론기일과 달리 비공개로 진행될 수 있어서 직접주의와 공개주의가 후퇴하는 점, 변론준비기일에 있어서 양쪽 당사자의 불출석이 밝혀진 경우 재판장 등은 양쪽의 불출석으로 처리하여 새로운 변론준비기일을 지정하는 외에도 당사자 불출석을 이유로 변론준비절차를 종결할 수 있는 점, 나아가 양쪽 당사자 불출석으로 인한 취하간주제도는 적극적 당사자에게 불리한 제도로서 적극적 당사자의 소송유지의사 유무와 관계없이 일률적으로 법률적 효과가 발생한다는 점까지 고려할 때 변론준비기일에서 양쪽 당사자 불출석의 효과는 변론기일에 승계되지 않는다. 양쪽 당사자가 변론준비기일에 한 번, 변론기일에 두 번 불출석하였다고 하더라도 변론준비기일에서 불출석의 효과가 변론기일에 승계되지 아니하므로 소를 취하한 것으로 볼 수 없다(대법원 2006. 10. 27. 선고 2004다69581 판결).

ㄷ.(X) 민사소송법 제241조 제2항 및 제4항(현행법 제268조 제2항 및 제4항)에 의하여 소 또는 상소의 취하가 있는 것으로 보는 경우 같은 조 제2항 소정의 1월의 기일지정신청기간은 불변기간이 아니어서 그 추완이 허용되지 않는 점을 고려한다면, 같은 조 제1, 2항에서 '변론의 기일에 당사자 쌍방이 출석하지 아니한 때'란 당사자 쌍방이 적법한 절차에 의한 송달을 받고도 변론기일에 출석하지 않는 것을 가리키는 것이고, 변론기일의 송달절차가 적법하지 아니한 이상 비록 그 송달이 유효하고 그 변론기일에 당사자 쌍방이 출석하지 아니하였다고 하더라도 쌍방 불출석의 효과는 발생하지 않는다(대법원 1997. 7. 11. 선고 96므1380 판결).

ㄹ.(O) 민사소송법 제268조 참조

> 민사소송법 제268조(양 쪽 당사자가 출석하지 아니한 경우) ① 양 쪽 당사자가 변론기일에 출석하지 아니하거나 출석하였다 하더라도 변론하지 아니한 때에는 재판장은 다시 변론기일을 정하여 양 쪽 당사자에게 통지하여야 한다.
> ② 제1항의 새 변론기일 또는 그 뒤에 열린 변론기일에 양 쪽 당사자가 출석하지 아니하거나 출석하였다 하더라도 변론하지 아니한 때에는 1월 이내에 기일지정신청을 하지 아니하면 소를 취하한 것으로 본다.

문 57

처분권주의에 관한 설명 중 옳지 않은 것은? (다툼이 있는 경우 판례에 의함) ★★

① 원고가 매매를 원인으로 한 소유권이전등기청구를 하였는데, 법원이 양도담보약정을 원인으로 소유권이전등기를 명하는 판결을 하는 것은 처분권주의에 위배되지 않는다.
② 1억 원을 초과하는 채무는 존재하지 않는다는 채무부존재확인의 소에서 2억 원을 초과하는 채무는 존재하지 않는다는 판결을 하는 것은 처분권주의에 위배되지 않는다.
③ 부동산을 단독으로 상속하기로 분할협의하였다는 이유로 부동산 전부가 자기 소유임의 확인을 구하는 청구에는 지분에 대한 소유권의 확인을 구하는 취지가 포함되어 있다고 보아야 하므로, 지분이 인정되면 청구를 전부 기각할 것이 아니라 지분에 관하여 승소판결을 하여야 한다.
④ 「민법」 제840조 각 호가 규정한 이혼사유마다 재판상 이혼청구를 할 수 있으므로 법원은 원고가 주장한 이혼사유에 관하여만 심판해야 하며 원고가 주장하지 아니한 이혼사유에 의하여 이혼청구를 인용하여서는 안 된다.
⑤ 자동차사고를 당한 원고가 「민법」상 불법행위의 사용자책임에 따른 손해배상청구를 하였는데, 법원이 「자동차손해배상 보장법」상 자기를 위하여 자동차를 운행하는 자의 손해배상책임 규정을 적용하여 청구를 인용하는 것은 처분권주의에 위배되지 않는다.

해설

① (X) 원고가 매매를 원인으로 한 소유권이전등기를 청구한 데 대하여 원심이 양도담보약정을 원인으로 한 소유권이전등기를 명한 경우 원심판결에 처분권주의를 위반한 위법이 있고 그에 대한 원고의 상소의 이익이 인정된다(대법원 1992. 3. 27. 선고 91다40696 판결).

② (O) 원고가 상한을 표시하지 않고 일정액을 초과하는 채무의 부존재의 확인을 청구하는 사건에 있어서 일정액을 초과하는 채무의 존재가 인정되는 경우에는, 특단의 사정이 없는 한, 법원은 그 청구의 전부를 기각할 것이 아니라 존재하는 채무부분에 대하여 일부패소의 판결을 하여야 한다(대법원 1994. 1. 25. 선고 93다9422 판결).

③ (O) 부동산을 단독으로 상속하기로 분할협의하였다는 이유로 그 부동산 전부가 자기 소유임의 확인을 구하는 청구에는 그와 같은 사실이 인정되지 아니하는 경우 자신의 상속받은 지분에 대한 소유권의 확인을 구하는 취지가 포함되어 있다고 보아야 하므로, 이러한 경우 법원은 특단의 사정이 없는 한 그 청구의 전부를 기각할 것이 아니라 그 소유로 인정되는 지분에 관하여 일부 승소의 판결을 하여야 한다(대법원 1995. 9. 29. 선고 95다22849, 22856(참가) 판결).

④ (O) 이혼의 소는 원고가 주장하는 사유에 의한 재판상 이혼청구의 이유의 유무에 관한 판단을 구하는 것이며 민법 제840조 각 호가 규정한 이혼사유마다 재판상이혼청구를 할 수 있는 것이므로 법원은 원고가 주장한 이혼사유에 관하여만 심판하여야 하며 원고가 주장하지 아니한 이혼사유에 관하여는 심판을 할 필요가 없고 그 사유에 의하여 이혼을 명하여서는 안되는 것이다. 본소에서 원고가 이혼사유로 주장하는 사유는 그 주장과 같이 피고의 행방불명 악의의 유기 및 혼인을 계속하기 어려운 중대한 사유의 3개의 사유를 들고 있음은 본건 기록상 명백한바 원심은 그 인용의 증거에 의하여 판시와 같은 사실을 인정하여 원심의 그 인정사실은 원고의 주장사실과 상반된 사실이므로 원심은 원고주장의 이혼사유가 없음을 판시한 것이며 원심의 판시는 그것을 부연 설명한 것에 불과한 것이다 원심의 위 인정사실은 피고로서 이혼사유로 주장할 수 있으나 원고로서는 이혼사유로 주장할 수 없는 것이며 그 사유로 원고의 청구를 인용하지 아니하였다고 공격하는 논지는 위와 법률견해를 달리한 독자적인 법률견해일 뿐만 아니라 그밖에 논지는 원심이 적법하게 한 증거의 취사판단과 사실인정을 독자적인 견해로 비의하여 그 전제아래 원판결을 비의하는 것이므로 논지는 전부 이유 없다(대법원 1963. 1. 31. 선고 62다812 판결).

⑤ (O) 자동차손해배상보장법 제3조는 불법행위에 관한 민법 규정의 특별 규정이라고 할 것이므로 자동차사고로 인하여 손해를 입은 자가 자동차손해배상보장법에 의하여 손해배상을 주장하지 않았다고 하더라도 법원은 민법에 우선하여 자동차손해배상보장법을 적용하여야 한다(대법원 1997. 11. 28. 선고 95다29390 판결).

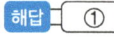

해답 ①

문 58

★★

회사소송에 관한 설명 중 옳지 않은 것을 모두 고른 것은? (다툼이 있는 경우 판례에 의함)

ㄱ. 자본금 감소의 무효는 주주·이사·감사·청산인·파산관재인 또는 자본금의 감소를 승인하지 아니한 채권자만이 자본금 감소로 인한 변경등기가 된 날부터 6개월 내에 소만으로 주장할 수 있다.

ㄴ. 주주총회에서 이루어진 여러 의안에 대한 결의 중 이사선임결의에 대하여 주주총회결의 취소의 소를 제기한 뒤에 위 총회에서 이루어진 감사선임결의에 대한 주주총회결의 취소의 소를 위 소에 추가적으로 병합한 경우, 병합된 주주총회결의 취소의 소의 제소기간 준수 여부는 이사선임결의에 대한 취소의 소 제기 시를 기준으로 판단한다.

ㄷ. 주주총회결의 취소의 소는 결의의 날로부터 2월 내에 제기하여야 할 것이나, 동일한 결의에 관하여 부존재확인의 소가 위 제소기간 내에 제기되어 있다면, 동일한 하자를 원인으로 하여 결의의 날로부터 2월이 경과한 후 취소의 소로 변경한 경우에도 제소기간을 준수한 것으로 본다.
ㄹ. 이사선임의 주주총회결의에 대한 취소판결이 확정된 경우 그 결의에 의하여 선임된 이사들로 구성된 이사회에서 선정된 대표이사가 이사선임의 주주총회결의에 대한 취소판결이 확정되기 전에 한 행위는 무효가 된다.
ㅁ. 이사가 그 지위에 기하여 주주총회결의 취소의 소를 제기하였다가 소송계속 중에 사망하였거나 사실심 변론종결 후에 사망하였다면, 그 소송절차는 이사의 사망으로 중단된다.

① ㄱ, ㄷ
② ㄱ, ㅁ
③ ㄴ, ㄹ
④ ㄴ, ㅁ
⑤ ㄷ, ㄹ

해설

ㄱ.(O) 상법 제445조 참조

> **상법 제445조(감자무효의 소)** 자본금 감소의 무효는 주주·이사·감사·청산인·파산관재인 또는 자본금의 감소를 승인하지 아니한 채권자만이 자본금 감소로 인한 변경등기가 된 날부터 6개월 내에 소(訴)만으로 주장할 수 있다.

ㄴ.(X) 주주총회결의 취소의 소는 상법 제376조 제1항에 따라 그 결의의 날로부터 2개월 내에 제기하여야 하고, 이 기간이 지난 후에 제기된 소는 부적법하다. 그리고 주주총회에서 여러 개의 안건이 상정되어 각기 결의가 행하여진 경우 위 제소기간의 준수 여부는 각 안건에 대한 결의마다 별도로 판단되어야 한다(대법원 2010. 3. 11. 선고 2007다51505 판결).

ㄷ.(O) 주주총회결의 취소의 소는 상법 제376조에 따라 결의의 날로부터 2월 내에 제기하여야 할 것이나, 동일한 결의에 관하여 부존재확인의 소가 상법 제376조 소정의 제소기간 내에 제기되어 있다면, 동일한 하자를 원인으로 하여 결의의 날로부터 2월이 경과한 후 취소소송으로 소를 변경하거나 추가한 경우에도 부존재확인의 소 제기시에 제기된 것과 동일하게 취급하여 제소기간을 준수한 것으로 보아야 한다(대법원 2003. 7. 11. 선고 2001다45584 판결).

ㄹ.(O) 이사 선임의 주주총회 결의에 대한 취소판결이 확정된 경우 그 결의에 의하여 이사로 선임된 이사들에 의하여 구성된 이사회에서 선정된 대표이사는 소급하여 그 자격을 상실하고, 그 대표이사가 이사 선임의 주주총회 결의에 대한 취소판결이 확정되기 전에 한 행위는 대표권이 없는 자가 한 행위로서 무효가 된다(대법원 2013. 2. 28. 선고 2012다74298 판결).

ㅁ.(X) 이사가 그 지위에 기하여 주주총회결의 취소의 소를 제기하였다가 소송 계속 중에 사망하였거나 사실심 변론종결 후에 사망하였다면, 그 소송은 이사의 사망으로 중단되지 않고 그대로 종료된다. 이사는 주식회사의 의사결정기관인 이사회의 구성원이고, 의사결정기관 구성원으로서의 지위는 일신전속적인 것이어서 상속의 대상이 되지 않기 때문이다(대법원 2019. 2. 14. 선고 2015다255258 판결).

해답 ④

문 59

★★

중복된 소 제기의 금지에 관한 설명 중 옳지 않은 것은? (다툼이 있는 경우 판례에 의함)

① 각 채권자가 동일한 사해행위에 관하여 동시 또는 이시에 그 취소 및 원상회복청구의 소를 제기한 경우, 이들 소에 관해서는 중복된 소 제기 금지의 원칙은 문제되지 않는다.
② 채권자대위소송이 이미 법원에 계속되어 있을 때 같은 채무자의 다른 채권자가 동일한 소송물에 대하여 채권자대위권에 기한 소를 제기한 경우, 채무자가 선행하는 대위소송의 존재를 안 경우에 한하여 나중에 계속된 소송은 중복된 소 제기 금지의 원칙에 위배된다.
③ 중복된 소 제기 금지의 원칙에 위배되어 제기된 소에 대한 확정판결 또는 그 소송절차에서 성립된 화해는 당연무효라고 할 수 없다.
④ 채무자가 제3채무자를 상대로 제기한 이행의 소(전소)가 법원에 계속되어 있는 중에 압류채권자가 제3채무자를 상대로 제기한 추심의 소는 전소와의 관계에서 중복된 소 제기에 해당하지 않는다.
⑤ 보전처분 신청이 중복신청에 해당하는지 여부는 후행 보전처분 신청의 심리종결 시를 기준으로 판단하여야 하고, 보전명령에 대한 이의신청이 제기된 경우에는 그 이의신청에 대한 심리종결 시가 기준이 된다.

해설

① (O) 채권자취소권의 요건을 갖춘 각 채권자는 고유의 권리로서 채무자의 재산처분 행위를 취소하고 그 원상회복을 구할 수 있는 것이므로 각 채권자가 동시 또는 이시에 채권자취소 및 원상회복소송을 제기한 경우 이들 소송이 중복제소에 해당하는 것이 아니다(대법원 2003. 7. 11. 선고 2003다19558 판결).

② (X) 채권자가 채무자를 대위하여 제3채무자를 상대로 제기한 채권자대위소송이 법원에 계속중 채무자와 제3채무자 사이에 채권자대위소송과 소송물을 같이하는 내용의 소송이 제기된 경우, 양 소송은 동일소송이므로 후소는 중복제소금지원칙에 위배되어 제기된 부적법한 소송이라 할 것이나, 이 경우 전소, 후소의 판별기준은 소송계속의 발생시기의 선후에 의할 것이다(대판 1992.05.22. 91다41187). ▶ 채권자대위소송이 경합될 때 판례는 대위소송의 기판력이 무조건 미친다는 전제하에 선 것이다(이시윤, 신민사소송법 제17판 p.299).

③ (O) 중복제소금지의 원칙에 위배되어 제기된 소에 대한 판결이나 그 소송절차에서 이루어진 화해라도 확정된 경우에는 당연무효라고 할 수는 없다(대법원 1995. 12. 5. 선고 94다59028 판결).

④ (O) 채무자가 제3채무자를 상대로 제기한 이행의 소가 법원에 계속되어 있는 경우에도 압류채권자는 제3채무자를 상대로 압류된 채권의 이행을 청구하는 추심의 소를 제기할 수 있고, 제3채무자를 상대로 압류채권자가 제기한 추심의 소는 채무자가 제기한 이행의 소에 대한 관계에서 민사소송법 제259조가 금지하는 중복된 소제기에 해당하지 않는다고 봄이 타당하다(대법원 2013. 12. 18. 선고 2013다202120 전원합의체 판결).

⑤ (O) 보전처분 신청에 관하여도 중복된 소제기에 관한 민사소송법 제259조의 규정이 준용되어 중복신청이 금지된다. 이 경우 보전처분 신청이 중복신청에 해당하는지 여부는 후행 보전처분 신청의 심리종결 시를 기준으로 판단하여야 하고, 보전명령에 대한 이의신청이 제기된 경우에는 이의소송의 심리종결 시가 기준이 된다(대법원 2018. 10. 4.자 2017마6308 결정).

해답 ②

문 60

필수적 공동소송에 관한 설명 중 옳지 않은 것은? (다툼이 있는 경우 판례에 의함)

① 고유필수적 공동소송인인 피고 甲, 乙, 丙 중 甲이 소송계속 중 사망하였으나 甲에게 소송대리인 A가 있어 소송절차 중단의 효과가 발생하지 아니하였다고 하더라도, 그 소송에 관한 판결이 A에게 송달되면 A에게 상소제기에 관한 특별한 권한이 없는 한 그 송달과 동시에 甲, 乙, 丙 전원에 대하여 중단 효과가 발생한다.
② 법인 아닌 사단이 총유재산에 관한 소를 제기하는 경우 사원총회의 결의를 거쳐 그 이름으로 하거나 그 구성원 전원이 당사자가 되어 필수적 공동소송의 형태로 할 수 있다.
③ 공유물분할청구의 소는 분할을 청구하는 공유자가 원고가 되어 다른 공유자 전원을 공동피고로 하여야 하는 고유필수적 공동소송이다.
④ 토지를 수인이 공유하는 경우 그 공유토지의 일부에 대하여 취득시효완성을 원인으로 공유자들을 상대로 그 시효완성 부분에 대한 소유권이전등기절차의 이행을 청구하는 소송은 필수적 공동소송이다.
⑤ 수인의 합유로 소유권이전등기가 마쳐진 부동산에 대하여 원고의 명의신탁해지로 인한 소유권이전등기청구소송은 고유필수적 공동소송에 해당한다.

해설

① (O) 고유필수적 공동소송에서는 공동소송인 가운데 한 사람에게 소송절차를 중단 또는 중지하여야 할 이유가 있는 경우 그 중단 또는 중지는 모두에게 효력이 미친다(민사소송법 제67조). 당사자가 사망하더라도 소송대리인의 소송대리권은 소멸하지 아니하며(민사소송법 제95조 제1호), 소송계속 중 당사자가 사망하였으나 소송대리인이 있는 경우에는 소송절차가 중단되지 아니한다(민사소송법 제238조, 제233조 제1항). 소송대리권의 범위는 특별한 사정이 없는 한 당해 심급에 한정되어, 소송대리인의 소송대리권의 범위는 수임한 소송사무가 종료하는 시기인 당해 심급의 판결을 송달받은 때까지라고 할 것이다(대판 2000.01.31. 99마6205). ▶ 지문에서 당해 심급의 판결이 송달된 때 사망한 갑의 소송대리인의 소송대리권이 소멸하였으므로 갑, 을, 병, 정 전원에 대하여 소송중단의 효과가 생긴다.

② (O) 민법 제276조 제1항은 "총유물의 관리 및 처분은 사원총회의 결의에 의한다.", 같은 조 제2항은 "각 사원은 정관 기타의 규약에 좇아 총유물을 사용·수익할 수 있다."라고 규정하고 있을 뿐 공유나 합유의 경우처럼 보존행위는 그 구성원 각자가 할 수 있다는 민법 제265조 단서 또는 제272조 단서와 같은 규정을 두고 있지 아니한바, 이는 법인 아닌 사단의 소유형태인 총유가 공유나 합유에 비하여 단체성이 강하고 구성원 개인들의 총유재산에 대한 지분권이 인정되지 아니하는 데에서 나온 당연한 귀결이라고 할 것이므로 총유재산에 관한 소송은 법인 아닌 사단이 그 명의로 사원총회의 결의를 거쳐 하거나 또는 그 구성원 전원이 당사자가 되어 필수적 공동소송의 형태로 할 수 있을 뿐 그 사단의 구성원은 설령 그가 사단의 대표자라거나 사원총회의 결의를 거쳤다 하더라도 그 소송의 당사자가 될 수 없고, 이러한 법리는 총유재산의 보존행위로서 소를 제기하는 경우에도 마찬가지라 할 것이다(대법원 2005. 9. 15. 선고 2004다44971 전원합의체 판결).

③ (O) 공유물분할청구의 소는 분할을 청구하는 공유자가 원고가 되어 다른 공유자 전부를 공동피고로 하여야 하는 고유필수적 공동소송이고, 공동소송인과 상대방 사이에 판결의 합일확정을 필요로 하는 고유필수적 공동소송에서는 공동소송인 중 일부가 제기한 상소는 다른 공동소송인에게도 효력이 미치므로 공동소송인 전원에 대한 관계에서 판결의 확정이 차단되고 소송은 전체로서 상소심에 이심된다. 따라서 공유물분할 판결은 공유자 전원에 대하여 상소기간이 만료되기 전에는 확정되지 않고, 일부 공유자에 대하여 상소기간이 만료되었다고 하더라도 그 공유자에 대한 판결 부분이 분리·확정되는 것은 아니다(대법원 2017. 9. 21. 선고 2017다233931 판결).

④ (X) 토지를 수인이 공유하는 경우에 공유자들의 소유권이 지분의 형식으로 공존하는 것뿐이고, 그 처분권이 공동에 속하는 것은 아니므로 공유토지의 일부에 대하여 취득시효완성을 원인으로 공유자들을 상대로 그 시효취득부분에 대한 소유권이전등기절차의 이행을 청구하는 소송은 필요적 공동소송이라고 할 수 없다(대법원 1994. 12. 27. 선고 93다32880,93다32897 판결).

⑤ (O) 합유로 소유권이전등기가 된 부동산에 관하여 명의신탁해지를 원인으로 한 소유권이전등기절차의 이행을 구하는 소송은 합유물에 관한 소송으로서 고유필요적 공동소송에 해당하여 합유자 전원을 피고로 하여야 할 뿐 아니라 합유자 전원에 대하여 합일적으로 확정되어야 하므로, 합유자 중 일부의 청구인낙이나 합유자 중 일부에 대한 소의 취하는 허용되지 않는다(대법원 1996. 12. 10. 선고 96다23238 판결).

해답 ④

문 61 ★★

A주식회사의 대표이사 甲이 그 직무에 관하여 부정행위 또는 법령에 위반한 중대한 사실이 있다는 이유로 甲을 해임하는 안건이 주주총회에 회부되어 부결되었다. 이에 甲의 해임을 구하는 소가 제기되고, 甲의 직무집행 정지 및 직무대행자 선임을 위한 가처분이 신청되었다. 이에 관한 설명 중 옳지 않은 것은? (다툼이 있는 경우 판례에 의함)

① 위 이사 해임의 소는 위 총회의 결의가 있는 날부터 1월 내에 법원에 제기하여야 한다.
② 위 가처분신청에서 피신청인이 될 수 있는 자는 그 성질상 당해 대표이사 甲이고, A주식회사는 피신청인이 될 수 없다.
③ 가처분명령에 의해 선임된 직무대행자는 그 명령에 다른 정함이 있거나 법원의 허가를 받은 경우 외에는 회사의 상무에 속하지 아니한 행위를 하지 못한다.
④ 선임된 직무대행자가 법원의 허가 없이 이사회 구성 자체를 변경하는 것을 안건으로 하여 주주총회를 소집하여 결의한 때에는 결의취소사유에 해당한다.
⑤ 위 가처분신청이 인용된 후 甲이 해임되고 새로운 대표이사가 선정된 경우 이 가처분명령의 취소 여부와 관계없이 새로 선정된 대표이사는 대표이사로서의 권한을 가진다.

해설

① (O) 상법 제385조 참조

> 상법 제385조(해임) ② 이사가 그 직무에 관하여 부정행위 또는 법령이나 정관에 위반한 중대한 사실이 있음에도 불구하고 주주총회에서 그 해임을 부결한 때에는 발행주식의 총수의 100분의 3 이상에 해당하는 주식을 가진 주주는 총회의 결의가 있은 날부터 1월내에 그 이사의 해임을 법원에 청구할 수 있다.

② (O) 민사소송법 제714조 제2항 소정의 임시의 지위를 정하기 위한 이사직무집행정지가처분에 있어서 피신청인이 될 수 있는 자는 그 성질상 당해 이사이고, 회사에게는 피신청인의 적격이 없다(대법원 1982. 2. 9. 선고 80다2424 판결).

③ (O) 상법 제408조 참조

> 상법 제408조 (직무대행자의 권한) ① 전조의 직무대행자는 가처분명령에 다른 정함이 있는 경우외에는 회사의 상무에 속하지 아니한 행위를 하지 못한다. 그러나 법원의 허가를 얻은 경우에는 그러하지 아니하다.

④ (O) 상법 제408조 제1항이 규정하는 회사의 '상무'라 함은 일반적으로 회사에서 일상 행해져야 하는 사무, 회사가 영업을 계속함에 있어서 통상 행하는 영업범위 내의 사무 또는 회사경영에 중요한 영향을 주지 않는 통상의 업무 등을 의미하고, 어느 행위가 구체적으로 이 상무에 속하는가 하는 것은 당해 회

사의 기구, 업무의 종류·성질, 기타 제반 사정을 고려하여 객관적으로 판단되어야 할 것인바, 직무대행자가 정기주주총회를 소집함에 있어서도 그 안건에 이사회의 구성 자체를 변경하는 행위나 상법 제374조의 특별결의사항에 해당하는 행위 등 회사의 경영 및 지배에 영향을 미칠 수 있는 것이 포함되어 있다면 그 안건의 범위에서 정기총회의 소집이 상무에 속하지 않는다고 할 것이고, 직무대행자가 정기주주총회를 소집하는 행위가 상무에 속하지 아니함에도 법원의 허가 없이 이를 소집하여 결의한 때에는 소집절차상의 하자로 결의취소사유에 해당한다(대법원 2007. 6. 28. 선고 2006다62362 판결).

⑤ (X) 대표이사의 직무집행정지 및 직무대행자선임의 가처분이 이루어진 이상, 그 후 대표이사가 해임되고 새로운 대표이사가 선임되었다 하더라도 가처분결정이 취소되지 아니하는 한 직무대행자의 권한은 유효하게 존속하는 반면 새로이 선임된 대표이사는 그 선임결의의 적법 여부에 관계없이 대표이사로서의 권한을 가지지 못한다(대법원 1992. 5. 12. 선고 92다5638 판결).

해답 ⑤

문 62 ★★

증거에 관한 설명 중 옳지 않은 것은? (다툼이 있는 경우 판례에 의함)

① 당사자신문에서 당사자가 정당한 사유 없이 출석하지 아니하거나 선서 또는 진술을 거부한 때에는 법원은 신문사항에 관한 상대방의 주장을 진실한 것으로 인정할 수 있다.
② 증인이나 당사자 본인에 대한 주신문에서는 원칙적으로 유도신문을 하여서는 안 되지만, 반대신문에서 필요한 때에는 유도신문을 할 수 있다.
③ 문서의 진정성립에 관한 자백의 취소는 주요사실에 관한 자백의 취소와 동일하게 처리되어야 하므로 문서의 진정성립을 인정한 당사자는 자유롭게 이를 철회할 수 없고, 이는 문서에 찍힌 인영의 진정함을 인정하였다가 나중에 이를 철회하는 경우에도 마찬가지이다.
④ 동일한 사실에 관하여 상반되는 수 개의 감정결과가 있을 때 법원이 그중 하나를 채용하여 사실을 인정하였다면 그것이 경험칙이나 논리법칙에 위배되지 않는 한 적법하지만, 어느 하나를 채용하고 그 나머지를 배척하는 이유를 판결서에 구체적으로 명시하지 않으면 위법하다.
⑤ 민사재판에서 이와 관련된 다른 민·형사사건 등의 확정판결에서 인정된 사실은 특별한 사정이 없는 한 유력한 증거자료가 되는 것이나, 당해 민사재판에서 제출된 다른 증거내용에 비추어 관련 민·형사사건의 확정판결에서의 사실판단을 그대로 채용하기 어렵다고 인정될 경우에는 이를 배척할 수 있다.

해설

① (O) 민사소송법 제367조, 제369조 참조

> 민사소송법 제367조(당사자신문) 법원은 직권으로 또는 당사자의 신청에 따라 당사자 본인을 신문할 수 있다. 이 경우 당사자에게 선서를 하게 하여야 한다.
> 민사소송법 제369조(출석·선서·진술의 의무) 당사자가 정당한 사유 없이 출석하지 아니하거나 선서 또는 진술을 거부한 때에는 법원은 신문사항에 관한 상대방의 주장을 진실한 것으로 인정할 수 있다.

② (O) 민사소송규칙 제91조, 제92조 참조

> 민사소송규칙 제91조(주신문) ② 주신문에서는 유도신문을 하여서는 아니된다. 다만, 다음 각호 가운데 어느 하나에 해당하는 경우에는 그러하지 아니하다.
> 민사소송규칙 제92조(반대신문) ① 반대신문은 주신문에 나타난 사항과 이에 관련된 사항에 관하여 한다.
> ② 반대신문에서 필요한 때에는 유도신문을 할 수 있다.

③ (O) 문서의 성립에 관한 자백은 보조사실에 관한 자백이기는 하나 그 취소에 관하여는 다른 간접사실에 관한 자백취소와는 달리 주요사실의 자백취소와 동일하게 처리하여야 할 것이므로 문서의 진정성립을 인정한 당사자는 자유롭게 이를 철회할 수 없다고 할 것이고, 이는 문서에 찍힌 인영의 진정함을 인정하였다가 나중에 이를 철회하는 경우에도 마찬가지이다(대법원 2001. 04. 24 선고 2001다5654 판결).

④ (X) 감정은 법원이 어떤 사항을 판단함에 있어 특별한 지식과 경험을 필요로 하는 경우 그 판단의 보조수단으로서 이를 이용하는데에 지나지 않으므로 동일한 사실에 관하여 상반되는 수개의 감정결과가 있을 때에 법원이 그 중 하나를 채용하여 사실을 인정하였다면 그것이 경험칙이나 논리법칙에 위배되지 않는 한 적법하고 어느 하나를 채용하고 그 나머지를 배척하는 이유를 구체적으로 명시할 필요가 없다(대법원 1989. 6. 27. 선고 88다카14076 판결).

⑤ (O) 민사재판에 있어서 이와 관련된 다른 민·형사사건 등의 확정판결에서 인정된 사실은 특별한 사정이 없는 한 유력한 증거자료가 되는 것이나, 당해 민사재판에서 제출된 다른 증거내용에 비추어 관련 민·형사사건의 확정판결에서의 사실판단을 그대로 채용하기 어렵다고 인정될 경우에는 이를 배척할 수 있고, 이 경우에 그 배척하는 구체적인 이유를 일일이 설시할 필요는 없다(대법원 1997. 3. 14. 선고 95다49370 판결).

문 63

★★★

판결의 확정에 관한 설명 중 옳지 않은 것은? (다툼이 있는 경우 판례에 의함)

① 구체적인 사건의 판결선고 전에 당사자 쌍방이 서면에 의하여 미리 상소하지 않기로 하는 합의가 유효하게 성립하였다면, 그 판결은 선고와 동시에 확정된다.
② 원고의 대여금청구와 매매대금청구를 모두 인용한 제1심 판결 중 일부에 대해서만 피고가 항소한 경우, 항소하지 않은 나머지 부분도 확정이 차단되고 항소심으로 이심은 되지만, 피고가 변론종결 시까지 항소취지를 확장하지 않는 한 그 나머지 부분은 항소심의 심판대상이 되지 않는다.
③ 항소가 부적법하다는 이유로 항소각하 판결이 선고되면 그 항소각하 판결이 확정된 시점에 제1심 판결이 확정된다.
④ 항소기간 경과 후에 항소취하가 있는 경우에는 항소기간 만료 시로 소급하여 제1심 판결이 확정되고, 항소기간 경과 전에 항소취하가 있는 경우에는 항소를 취하한 당사자라도 항소기간 내에 다시 항소할 수 있다.
⑤ 원고의 주위적 청구를 기각하면서 예비적 청구를 일부 인용한 항소심 판결에 대하여 피고만 상고하고 원고는 상고도 부대상고도 하지 않은 경우, 피고의 상고가 이유 있는 때에는 상고법원은 위 예비적 청구에 관한 피고 패소 부분만 파기하는 판결을 선고하여야 하고, 위 주위적 청구 부분은 위 상고법원 판결선고와 동시에 확정된다.

해설

① (O) 구체적인 사건의 소송 계속중 그 소송 당사자 쌍방이 판결 선고 전에 미리 상소하지 아니하기로 합의하였다면 그 판결은 선고와 동시에 확정되는 것이므로, 이러한 합의는 소송당사자에 대하여 상소권의 사전포기와 같은 중대한 소송법상의 효과가 발생하게 되는 것으로서 반드시 서면에 의하여야 할 것이며, 그 서면의 문언에 의하여 당사자 쌍방이 상소를 하지 아니한다는 취지가 명백하게 표현되어 있을 것을 요한다고 할 것이다(대법원 2007. 11. 29. 선고 2007다52317, 52324 판결).

② (O) 청구를 모두 기각한 제1심판결에 대하여 원고가 그 중 일부에 대하여만 항소를 제기한 경우, 항소되지 않았던 나머지 부분도 항소로 인하여 확정이 차단되고 항소심에 이심은 되나 원고가 그 변론종결

시까지 항소취지를 확장하지 아니하는 한 나머지 부분에 관하여는 원고가 불복한 바가 없어 항소심의 심판대상이 되지 아니하므로 항소심으로서는 원고의 청구 중 항소하지 아니한 부분을 다시 인용할 수는 없다(대법원 2001. 4. 27. 선고 99다30312 판결).

③ (X) … 판결은 상소를 제기할 수 있는 기간 또는 그 기간 이내에 적법한 상소제기가 있을 때에는 확정되지 아니하며(민사소송법 제498조), 부적법한 상소가 제기된 경우에는 그 부적법한 상소를 각하하는 재판이 확정되면 상소기간이 지난 때에 소급하여 확정된다(대법원 2014. 10. 15. 선고 2013다25781 판결).

④ (O) 항소의 취하가 있으면 소송은 처음부터 항소심에 계속되지 아니한 것으로 보게 되나(민사소송법 제393조 제2항, 제267조 제1항), 항소취하는 소의 취하나 항소권의 포기와 달리 제1심 종국판결이 유효하게 존재하므로, 항소기간 경과 후에 항소취하가 있는 경우에는 항소기간 만료 시로 소급하여 제1심판결이 확정되나, 항소기간 경과 전에 항소취하가 있는 경우에는 판결은 확정되지 아니하고 항소기간 내라면 항소인은 다시 항소의 제기가 가능하다(대법원 2016. 1. 14. 선고 2015므3455 판결).

⑤ (O) 원고의 주위적 청구를 기각하면서 예비적 청구를 일부 인용한 환송 전 항소심판결에 대하여 피고만이 상고하고 원고는 상고도 부대상고도 하지 않은 경우에, 주위적 청구에 대한 항소심판단의 적부는 상고심의 조사대상으로 되지 아니하고 환송 전 항소심판결의 예비적 청구 중 피고 패소 부분만이 상고심의 심판대상이 되는 것이므로, 피고의 상고에 이유가 있는 때에는 상고심은 환송 전 항소심판결 중 예비적 청구에 관한 피고 패소 부분만 파기하여야 하고, 파기환송의 대상이 되지 아니한 주위적 청구부분은 예비적 청구에 관한 파기환송판결의 선고와 동시에 확정되며 그 결과 환송 후 원심에서의 심판범위는 예비적 청구 중 피고 패소 부분에 한정된다(대법원 2001. 12. 24. 선고 2001다62213 판결).

해답 ③

문 64

사해행위취소소송에 관한 설명 중 옳지 않은 것은? (다툼이 있는 경우 판례에 의함)

① 사해행위의 수익자 소유의 부동산에 대한 경매절차에서 취소채권자가 수익자에 대한 가액배상판결에 기하여 받은 배당액은 배당요구를 한 취소채권자에게 그대로 귀속되는 것이 아니라 채무자의 책임재산으로 회복되는 것이다.
② 수익자가 채무자의 채권자인 경우 수익자가 가액배상을 할 때에 수익자 자신도 사해행위취소의 효력을 받는 채권자 중 1인이라는 이유로 취소채권자에 대하여 총채권액 중 자기의 채권에 대한 안분액의 분배를 청구할 수 있다.
③ 가액배상의무는 그 가액배상금의 지급을 명하는 판결이 확정된 때에 비로소 발생하므로 그 판결이 확정된 다음 날부터 이행지체의 책임이 있다.
④ 사해행위 취소판결에 의하여 수익자 또는 전득자가 사해행위의 취소로 인한 원상회복 또는 이에 갈음하는 가액배상을 하여야 할 의무를 부담한다고 하더라도, 이는 채권자에 대한 관계에서 생기는 법률효과에 불과하고 채무자에 대한 관계에서 그 취소로 인한 법률관계가 형성되는 것은 아니다.
⑤ 사해행위인 매매예약에 기하여 수익자 앞으로 가등기를 마친 후 전득자 앞으로 그 가등기 이전의 부기등기를 마치고 그 가등기에 기한 본등기까지 마친 경우라도 채권자는 수익자를 상대로 그 사해행위인 매매예약의 취소를 청구할 수 있다.

해설

① (O) … 따라서 사해행위의 수익자 소유의 부동산에 대한 경매절차에서 취소채권자가 수익자에 대한 가액배상판결에 기하여 배당을 요구하여 배당을 받은 경우, 그 배당액은 배당요구를 한 취소채권자에게 그대로 귀속되는 것이 아니라 채무자의 책임재산으로 회복이 되는 것이며, 이에 대하여 채무자에 대한

채권자들은 채권만족에 관한 일반원칙에 따라 채권 내용을 실현할 수 있는 것이다(대법원 2005. 8. 25. 선고 2005다14595 판결).

② (X) 채권자취소권은 채권의 공동담보인 채무자의 책임재산을 보전하기 위하여 채무자와 수익자 사이의 사해행위를 취소하고 채무자의 일반재산으로부터 일탈된 재산을 모든 채권자를 위하여 수익자 또는 전득자로부터 환원시키는 제도이므로, 수익자인 채권자로 하여금 안분액의 반환을 거절하도록 하는 것은 자신의 채권에 대하여 변제를 받은 수익자를 보호하고 다른 채권자의 이익을 무시하는 결과가 되어 제도의 취지에 반하게 되므로, 수익자가 채무자의 채권자인 경우 수익자가 가액배상을 할 때에 수익자 자신도 사해행위취소의 효력을 받는 채권자 중의 1인이라는 이유로 취소채권자에 대하여 총채권액 중 자기의 채권에 대한 안분액의 분배를 청구하거나, 수익자가 취소채권자의 원상회복에 대하여 총채권액 중 자기의 채권에 해당하는 안분액의 배당요구권으로써 원상회복청구와의 상계를 주장하여 그 안분액의 지급을 거절할 수는 없다 할 것이다(대법원 2003. 11. 28. 선고 2003다50061 판결).

③ (O) 가액배상의무는 사해행위의 취소를 명하는 판결이 확정된 때에 비로소 발생하므로 그 판결이 확정된 다음날부터 이행지체 책임을 지게 되고, 따라서 소송촉진 등에 관한 특례법 소정의 이율은 적용되지 않고 민법 소정의 법정이율이 적용된다 할 것이므로, 원심이 가액배상금에 대한 지연손해금으로서 이 판결확정일 다음날부터 완제일까지 민법 소정의 법정이율인 연 5%의 비율에 의한 지연손해금을 인용한 조치는 정당하고, 거기에 상고이유에서 주장하는 바와 같은 법리오해 등의 위법이 없다(대법원 2009. 1. 15. 선고 2007다61618 판결).

④ (O) 채권자가 사해행위의 취소와 함께 수익자 또는 전득자로부터 책임재산의 회복을 구하는 사해행위취소의 소를 제기한 경우 그 취소의 효과는 채권자와 수익자 또는 전득자 사이의 관계에서만 생기는 것이므로, 수익자 또는 전득자가 사해행위의 취소로 인한 원상회복 또는 이에 갈음하는 가액배상을 하여야 할 의무를 부담한다고 하더라도 이는 채권자에 대한 관계에서 생기는 법률효과에 불과하고 채무자와 사이에서 그 취소로 인한 법률관계가 형성되는 것은 아닐 뿐만 아니라, 이 경우 채권자의 주된 목적은 사해행위의 취소 그 자체보다는 일탈한 책임재산의 회복에 있는 것이므로, 사해행위취소의 소에 있어서의 의무이행지는 '취소의 대상인 법률행위의 의무이행지'가 아니라 '취소로 인하여 형성되는 법률관계에 있어서의 의무이행지'라고 보아야 한다(대법원 2002. 5. 10. 자 2002마1156 결정).

⑤ (O) 사해행위인 매매예약에 기하여 수익자 앞으로 가등기를 마친 후 전득자 앞으로 가등기 이전의 부기등기를 마치고 나아가 가등기에 기한 본등기까지 마쳤다 하더라도, 위 부기등기는 사해행위인 매매예약에 기초한 수익자의 권리의 이전을 나타내는 것으로서 부기등기에 의하여 수익자로서의 지위가 소멸하지는 아니하며, 채권자는 수익자를 상대로 사해행위인 매매예약의 취소를 청구할 수 있다. 그리고 설령 부기등기의 결과 가등기 및 본등기에 대한 말소청구소송에서 수익자의 피고적격이 부정되는 등의 사유로 인하여 수익자의 원물반환의무인 가등기말소의무의 이행이 불가능하게 된다 하더라도 달리 볼 수 없으며, 특별한 사정이 없는 한 수익자는 가등기 및 본등기에 의하여 발생된 채권자들의 공동담보 부족에 관하여 원상회복의무로서 가액을 배상할 의무를 진다(대법원 2015. 5. 21. 선고 2012다952 전원합의체판결).

해답 ②

문 65 ★★

채권자대위권에 관한 설명 중 옳지 않은 것은? (다툼이 있는 경우 판례에 의함)

① 가처분결정에 대한 본안제소명령의 신청권이나 제소기간의 도과에 의한 가처분의 취소신청권은 채권자대위권의 목적이 될 수 있다.

② 채무자와 제3채무자 사이에 있었던 소송의 재심대상판결에 대하여 재심의 소를 제기하는 것은 채권자대위권의 목적이 될 수 없다.

③ 채권자대위소송의 제기로 인한 피대위권리의 소멸시효중단 효과는 채무자에게 발생한다.
④ 채권자가 채권자대위권을 행사하여 제3채무자에 대하여 그 명의의 소유권보존등기나 소유권이전등기의 말소등기절차를 직접 자기에게 이행할 것을 청구하는 소송에서 제3채무자의 말소등기의무가 인정된다고 하더라도, 법원은 제3채무자에 대하여 채권자에게 직접 말소등기절차를 이행할 것을 명할 수 없다.
⑤ 채권자가 채무자를 상대로 하여 그 보전되는 청구권에 기한 이행청구의 소를 제기하여 승소판결을 선고받고 그 판결이 확정되면, 채권자가 제기한 대위소송의 피고인 제3채무자는 그 청구권의 존재를 다툴 수 없다.

해설

① (O) 민사소송법 제715조에 의하여 가처분절차에도 준용되는 같은 법 제705조 제1항에 따라 가압류·가처분결정에 대한 본안의 제소명령을 신청할 수 있는 권리나 같은 조 제2항에 따라 제소기간의 도과에 의한 가압류·가처분의 취소를 신청할 수 있는 권리는 가압류·가처분신청에 기한 소송을 수행하기 위한 소송절차상의 개개의 권리가 아니라, 제소기간의 도과에 의한 가압류·가처분의 취소신청권은 가압류·가처분신청에 기한 소송절차와는 별개의 독립된 소송절차를 개시하게 하는 권리이고, 본안제소명령의 신청권은 제소기간의 도과에 의한 가압류·가처분의 취소신청권을 행사하기 위한 전제요건으로 인정된 독립된 권리이므로, 본안제소명령의 신청권이나 제소기간의 도과에 의한 가압류·가처분의 취소신청권은 채권자대위권의 목적이 될 수 있는 권리라고 봄이 상당하다(대법원 1993. 12. 27.자 93마1655 결정).

② (O) 채권을 보전하기 위하여 대위행사가 필요한 경우는 실체법상 권리뿐만 아니라 소송법상 권리에 대하여서도 대위가 허용되나, 채무자와 제3채무자 사이의 소송이 계속된 이후의 소송수행과 관련한 개개의 소송상 행위는 그 권리의 행사를 소송당사자인 채무자의 의사에 맡기는 것이 타당하므로 채권자대위가 허용될 수 없다. 같은 취지에서 볼 때 상소의 제기와 마찬가지로 종전 재심대상판결에 대하여 불복하여 종전 소송절차의 재개, 속행 및 재심판을 구하는 재심의 소 제기는 채권자대위권의 목적이 될 수 없다(대법원 2012. 12. 27. 선고 2012다75239 판결).

③ (O) 채권자대위권 행사의 효과는 채무자에게 귀속되는 것이므로 채권자대위소송의 제기로 인한 소멸시효 중단의 효과 역시 채무자에게 생긴다(대법원 2011. 10. 13. 선고 2010다80930 판결).

④ (X) 채권자대위권을 행사함에 있어서 채권자가 제3채무자에 대하여 자기에게 직접 급부를 요구하여도 상관없는 것이고 자기에게 급부를 요구하여도 어차피 그 효과는 채무자에게 귀속되는 것이므로, 채권자대위권을 행사하여 채권자가 제3채무자에게 그 명의의 소유권보존등기나 소유권이전등기의 말소절차를 직접 자기에게 이행할 것을 청구하여 승소하였다고 하여도 그 효과는 원래의 소유인 채무자에게 귀속되는 것이니, 법원이 채권자대위권을 행사하는 채권자에게 직접 말소등기 절차를 이행할 것을 명하였다고 하여 무슨 위법이 있다고 할 수 없다(대법원 1996. 2. 9. 선고 95다27998 판결).

⑤ (O) 채권자대위권을 재판상 행사하는 경우에 있어서도 채권자인 원고는 그 채권의 존재사실 및 보전의 필요성, 기한의 도래 등을 입증하면 족한 것이지, 채권의 발생원인사실 또는 그 채권이 제3채무자인 피고에게 대항할 수 있는 채권이라는 사실까지 입증할 필요는 없으며, 따라서 채권자가 채무자를 상대로 하여 그 보전되는 청구권에 기한 이행청구의 소를 제기하여 승소판결이 확정되면 제3채무자는 그 청구권의 존재를 다툴 수 없다(대법원 2003. 4. 11. 선고 2003다1250 판결).

해답 ④

문 66

소송상 상계에 관한 설명 중 옳지 않은 것은? (다툼이 있는 경우 판례에 의함) ★★

① 제1심 법원이 원고가 청구한 채권의 발생을 인정한 후 피고의 상계항변을 받아들여 원고의 청구를 전부 기각하였는데 원고만 항소한 경우, 항소법원이 원고가 청구한 채권의 발생이 인정되지 않는다는 이유로 원고의 청구를 기각하는 것은 허용되지 않는다.

② 피고가 상계항변을 하면서 2개 이상의 반대채권을 주장하였는데 법원이 그중 어느 하나의 반대채권의 존재를 인정하여 소구채권의 일부와 대등액에서 상계하는 판단을 하고 나머지 반대채권들은 모두 부존재한다고 판단하여 그 부분 상계항변은 배척한 경우, 반대채권들이 부존재한다는 판단에 대하여 기판력이 발생하는 전체 범위는 위와 같이 상계를 마친 후의 소구채권의 잔액을 초과할 수 없다.

③ 피고의 상계항변을 인용한 제1심 판결에 대하여 피고만 항소한 경우, 항소법원이 피고의 상계항변을 판단함에 있어 제1심 법원이 자동채권으로 인정하였던 부분을 인정하지 아니하고 그 부분에 관하여 피고의 상계항변을 배척하는 것은 허용되지 않는다.

④ 원고의 상계 주장의 대상이 된 수동채권이 피고가 동시이행항변으로 행사한 채권일 경우, 그러한 상계 주장에 대한 판단에는 기판력이 발생하지 않는다.

⑤ 피고가 상계항변을 철회한다고 진술하였는데 법원이 그 상계항변의 자동채권이 성립하지 않는다고 판단하여 그 항변을 배척하면서 원고의 청구를 전부 인용하는 것은 처분권주의에 위배되지 않는다.

해설

① (O) 항소심은 당사자의 불복신청범위 내에서 제1심판결의 당부를 판단할 수 있을 뿐이므로, 설령 제1심판결이 부당하다고 인정되는 경우라 하더라도 그 판결을 불복당사자의 불이익으로 변경하는 것은 당사자가 신청한 불복의 한도를 넘어 제1심판결의 당부를 판단하는 것이 되어 허용될 수 없다. 따라서 제1심판결이 원고가 청구한 채권의 발생을 인정한 후 피고가 한 상계항변을 받아들여 원고 청구의 전부 또는 일부를 기각하고 이에 대하여 원고만이 항소한 경우에 항소심이 제1심과는 다르게 원고가 청구한 채권의 발생이 인정되지 않는다는 이유로 원고의 청구를 기각하는 것은 항소심의 심판범위를 벗어나 항소인인 원고에게 불이익하게 제1심판결을 변경하는 것이어서 허용되지 않는다(대법원 2011. 10. 13. 선고 2011다51205 판결).

② (O) 피고가 상계항변으로 2개 이상의 반대채권(또는 자동채권, 이하 '반대채권'이라고만 한다)을 주장하였는데 법원이 그 중 어느 하나의 반대채권의 존재를 인정하여 수동채권의 일부와 대등액에서 상계하는 판단을 하고, 나머지 반대채권들은 모두 부존재한다고 판단하여 그 부분 상계항변은 배척한 경우에, 수동채권 중 위와 같이 상계로 소멸하는 것으로 판단된 부분은 피고가 주장하는 반대채권들 중 그 존재가 인정되지 않은 채권들에 관한 분쟁이나 그에 관한 법원의 판단과는 관련이 없어 기판력의 관점에서 동일하게 취급할 수 없으므로, 그와 같이 반대채권들이 부존재한다는 판단에 대하여 기판력이 발생하는 전체 범위는 위와 같이 상계를 마친 후의 수동채권의 잔액을 초과할 수 없다고 보아야 한다(대법원 2018. 8. 30. 선고 2016다46338, 46345 판결).

③ (O) 피고의 상계항변을 인용한 제1심 판결에 대하여 피고만이 항소하고 원고는 항소를 제기하지 아니하였는데, 항소심이 피고의 상계항변을 판단함에 있어 제1심이 자동채권으로 인정하였던 부분을 인정하지 아니하고 그 부분에 관하여 피고의 상계항변을 배척하였다면, 그와 같이 항소심이 제1심과는 다르게 그 자동채권에 관하여 피고의 상계항변을 배척한 것은 항소인인 피고에게 불이익하게 제1심 판결을 변경한 것에 해당한다(대법원 1995. 9. 29. 선고 94다18911 판결).

④ (O) 상계 주장에 관한 판단에 기판력이 인정되는 경우는, 상계 주장의 대상이 된 수동채권이 소송물로

서 심판되는 소구채권이거나 그와 실질적으로 동일하다고 보이는 경우(가령 원고가 상계를 주장하면서 청구이의의 소송을 제기하는 경우 등)로서 상계를 주장한 반대채권과 그 수동채권을 기판력의 관점에서 동일하게 취급하여야 할 필요성이 인정되는 경우를 말한다고 봄이 상당하므로 만일 상계 주장의 대상이 된 수동채권이 동시이행항변에 행사된 채권일 경우에는 그러한 상계 주장에 대한 판단에는 기판력이 발생하지 않는다고 보아야 할 것인바, 위와 같이 해석하지 않을 경우 동시이행항변이 상대방의 상계의 재항변에 의하여 배척된 경우에 그 동시이행항변에 행사된 채권을 나중에 소송상 행사할 수 없게 되어 민사소송법 제216조가 예정하고 있는 것과 달리 동시이행항변에 행사된 채권의 존부나 범위에 관한 판결 이유 중의 판단에 기판력이 미치는 결과에 이르기 때문이다(대법원 2005. 7. 22. 선고 2004다17207 판결).

⑤ (X) 제1심법원에서 피고가 원고에 대한 불법행위 손해배상채권과 원고가 소로써 구하고 있는 채권을 상계한다고 주장하였다가 원심 제1변론기일에 피고 소송대리인이 그 상계 항변을 철회한다고 진술하였는데, 원심법원이 피고의 원고에 대한 손해배상채권은 성립하지 않는다고 판단하여 상계 항변을 배척한 사안에서, 상계 항변이 철회되었음에도 이에 관하여 판단한 것은 당사자가 주장하지 않은 사항에 관하여 심판한 것으로 처분권주의에 위배된다(대법원 2011. 7. 14. 선고 2011다23323 판결).

해답 ⑤

문 **67**

★★

금전채권에 대한 전부명령, 추심명령에 관한 설명 중 옳지 않은 것은? (다툼이 있는 경우 판례에 의함)

① 당사자 사이에 양도금지의 특약이 있는 채권이라도 압류 및 전부명령에 따라 이전될 수 있으나, 양도금지의 특약이 있는 사실에 관하여 압류채권자가 악의인 경우에는 그렇지 않다.
② 채권자대위소송이 제기되고 대위채권자가 채무자에게 대위권 행사사실을 통지하거나 채무자가 이를 알게 된 이후에는, 피대위채권에 대한 전부명령은 우선권 있는 채권에 기초한 것이라는 등의 특별한 사정이 없는 한 무효이다.
③ 전부명령이 확정되면 그 명령이 제3채무자에게 송달된 때에 소급하여 압류된 채권이 집행채권의 범위 안에서 당연히 압류채권자에게 이전되고 동시에 집행채권 소멸의 효력이 발생한다.
④ 금전채권에 대한 압류 및 추심명령이 있는 경우, 채무자는 제3채무자에 대하여 가지는 피압류채권에 기한 동시이행 항변권을 상실하지 않는다.
⑤ 임대차보증금이 수수된 임대차계약에서 임대인의 차임채권에 관하여 압류 및 추심명령이 있었다 하더라도, 당해 임대차계약이 종료되어 목적물이 반환될 때에는 그때까지 추심되지 아니한 채 잔존하는 차임채권 상당액도 임대차보증금에서 공제된다.

해설

① (X) 당사자 사이에 양도금지의 특약이 있는 채권이라도 압류 및 전부명령에 의하여 이전할 수 있고, 양도금지의 특약이 있는 사실에 관하여 압류채권자가 선의인가 악의인가는 전부명령의 효력에 영향을 미치지 못한다(대법원 1976. 10. 29. 선고 76다1623 판결).
② (O) 채권자대위소송이 제기되고 대위채권자가 채무자에게 대위권 행사사실을 통지하거나 채무자가 이를 알게 되면 민법 제405조 제2항에 따라 채무자는 피대위채권을 양도하거나 포기하는 등 채권자의 대위권 행사를 방해하는 처분행위를 할 수 없게 되고 이러한 효력은 제3채무자에게도 그대로 미치는데, 그럼에도 그 이후 대위채권자와 평등한 지위를 가지는 채무자의 다른 채권자가 피대위채권에 대하여 전부명령을 받는 것도 가능하다고 하면, 채권자대위소송의 제기가 채권자의 적법한 권리행사방법 중

하나이고 채무자에게 속한 채권을 추심한다는 점에서 추심소송과 공통점도 있음에도 그것이 무익한 절차에 불과하게 될 뿐만 아니라, 대위채권자가 압류·가압류나 배당요구의 방법을 통하여 채권배당절차에 참여할 기회조차 가지지 못하게 한 채 전부명령을 받은 채권자가 대위채권자를 배제하고 전속적인 만족을 얻는 결과가 되어, 채권자대위권의 실질적 효과를 확보하고자 하는 민법 제405조 제2항의 취지에 반하게 된다. 따라서 채권자대위소송이 제기되고 대위채권자가 채무자에게 대위권 행사사실을 통지하거나 채무자가 이를 알게 된 이후에는 민사집행법 제229조 제5항이 유추적용되어 피대위채권에 대한 전부명령은, 우선권 있는 채권에 기초한 것이라는 등의 특별한 사정이 없는 한, 무효이다(대법원 2016. 8. 29. 선고 2015다236547 판결).

③ (O) 전부명령이 확정되면 피압류채권은 전부명령이 제3채무자에게 송달된 때에 소급하여 집행채권의 범위 안에서 당연히 전부채권자에게 이전하고 동시에 집행채권 소멸의 효력이 발생하는 것이며, 이 점은 피압류채권이 그 존부 및 범위를 불확실하게 하는 요소를 내포하고 있는 장래의 채권인 경우에도 마찬가지라고 할 것이다(대법원 2004. 9. 23. 선고 2004다29354 판결).

④ (O) 금전채권에 대한 압류 및 추심명령이 있는 경우, 이는 강제집행절차에서 추심채권자에게 채무자의 제3채무자에 대한 채권을 추심할 권능만을 부여하는 것이므로, 이로 인하여 채무자가 제3채무자에 대하여 가지는 채권이 추심채권자에게 이전되거나 귀속되는 것은 아니므로, 추심채권자로서는 제3채무자에 대하여 피압류채권에 기하여 그 동시이행을 구하는 항변권을 상실하지 않는다(대법원 2001. 3. 9. 선고 2000다73490 판결).

⑤ (O) 부동산 임대차에 있어서 수수된 보증금은 차임채무, 목적물의 멸실·훼손 등으로 인한 손해배상채무 등 임대차에 따른 임차인의 모든 채무를 담보하는 것으로서 그 피담보채무 상당액은 임대차관계의 종료 후 목적물이 반환될 때에 특별한 사정이 없는 한 별도의 의사표시 없이 보증금에서 당연히 공제되는 것이므로, 임대보증금이 수수된 임대차계약에서 차임채권에 관하여 압류 및 추심명령이 있었다 하더라도, 당해 임대차계약이 종료되어 목적물이 반환될 때에는 그 때까지 추심되지 아니한 채 잔존하는 차임채권 상당액도 임대보증금에서 당연히 공제된다(대법원 2004. 12. 23. 선고 2004다56554 판결).

해답 ①

문 68 ★★

'주주권에 관한 확인의 소'와 '명의개서에 관한 소'에 관한 설명 중 옳지 않은 것은? (다툼이 있는 경우 판례에 의함)

① 주권이 발행되어 있는 주식을 양수한 자는 주권을 제시하여 양수사실을 증명함으로써 회사에 대해 단독으로 명의개서를 청구할 수 있다.
② 무효인 주식 매매계약에 따라 매수인에게 명의개서절차가 이행되었더라도, 매도인은 특별한 사정이 없는 한 매수인의 협력을 받을 필요 없이 단독으로 그 매매계약이 무효임을 증명함으로써 회사에 대해 명의개서를 청구할 수 있다.
③ 주주가 자신이 주주명부상 주식의 소유자인데 위조된 주식매매계약서에 의해 타인 앞으로 명의개서가 되었다고 주장하면서, 주식회사를 상대로 주주권 확인을 구하는 것은 주주의 권리 또는 법률상 지위에 현존하는 불안·위험을 제거하는 유효·적절한 수단이고 분쟁의 종국적 해결방법이므로 확인의 이익이 인정된다.
④ 주권발행 전 주식의 양도가 회사 성립 후 6월이 경과한 후에 이루어진 때에는, 그 주식양수인은 특별한 사정이 없는 한 양도인의 협력을 받을 필요 없이 단독으로 자신이 주식을 양수한 사실을 증명함으로써 회사에 대하여 그 명의개서를 청구할 수 있다.
⑤ 주권발행 전 주식에 관하여 주주명의를 신탁한 사람이 수탁자에 대하여 명의신탁계약을 해지하면

그 주식에 대한 주주의 권리는 해지의 의사표시만으로 명의신탁자에게 복귀하는 것이고, 이러한 경우 주주명부에 등재된 형식상 주주명의인이 실질적인 주주의 주주권을 다투는 경우에 실질적인 주주가 주주명부상 주주명의인을 상대로 주주권의 확인을 구할 이익이 있다.

> **해설**

① (O) 주권의 점유자는 적법한 소지인으로 추정되므로(상법 제336조 제2항), 주권을 점유하는 자는 반증이 없는 한 그 권리자로 인정되고 이를 다투는 자는 반대사실을 입증하여야 한다. 주권이 발행되어 있는 주식을 양도할 때에는 주권을 교부하여야 하고(상법 제336조 제1항), <u>주권이 발행되어 있는 주식을 양수한 자는 주권을 제시하여 양수사실을 증명함으로써 회사에 대해 단독으로 명의개서를 청구할 수 있다</u>(대법원 2019. 8. 14. 선고 2017다231980 판결).

② (O) … 한편 <u>만약 무효인 매매계약에 따라 매수인에게 상법 제337조 제1항에 규정된 명의개서절차가 이행되었더라도, 매도인은 특별한 사정이 없는 한 매수인의 협력을 받을 필요 없이 단독으로 매매계약이 무효임을 증명함으로써 회사에 대해 명의개서를 청구할 수 있다</u>(대법원 2018. 10. 25. 선고 2016다42800, 42817, 42824, 42831 판결).

③ (X) 주식을 취득한 자는 특별한 사정이 없는 한 점유하고 있는 주권의 제시 등의 방법으로 자신이 주식을 취득한 사실을 증명함으로써 회사에 대하여 단독으로 그 명의개서를 청구할 수 있다. 甲이 乙 주식회사를 상대로 자신이 주주명부상 주식의 소유자인데 위조된 주식매매계약서에 의해 타인 앞으로 명의개서가 되었다며 <u>주주권 확인을 구한 사안에서, 甲이 乙 회사를 상대로 직접 자신이 주주임을 증명하여 명의개서절차의 이행을 구할 수 있으므로, 甲이 乙 회사를 상대로 주주권 확인을 구하는 것은 甲의 권리 또는 법률상 지위에 현존하는 불안·위험을 제거하는 유효·적절한 수단이 아니거나 분쟁의 종국적 해결방법이 아니어서 확인의 이익이 없다</u>(대법원 2019. 5. 16. 선고 2016다240338 판결).

④ (O) <u>주권발행 전 주식의 양도가 회사 성립 후 6월이 경과한 후에 이루어진 때에는</u> 당사자의 의사표시만으로 회사에 대하여 효력이 있으므로, <u>그 주식양수인은 특별한 사정이 없는 한 양도인의 협력을 받을 필요 없이 단독으로 자신이 주식을 양수한 사실을 증명함으로써 회사에 대하여 그 명의개서를 청구할 수 있다</u>(대법원 2016. 3. 24. 선고 2015다71795 판결).

⑤ (O) <u>주권발행 전 주식에 관하여 주주명의를 신탁한 사람이 수탁자에 대하여 명의신탁계약을 해지하면 그 주식에 대한 주주의 권리는 해지의 의사표시만으로 명의신탁자에게 복귀하는 것이고, 이러한 경우 주주명부에 등재된 형식상 주주명의인이 실질적인 주주의 주주권을 다투는 경우에 실질적인 주주가 주주명부상 주주명의인을 상대로 주주권의 확인을 구할 이익이 있다.</u> 이는 실질적인 주주의 채권자가 자신의 채권을 보전하기 위하여 실질적인 주주를 대위하여 명의신탁계약을 해지하고 주주명의인을 상대로 주주권의 확인을 구하는 경우에도 마찬가지이고, 그 주식을 발행한 회사를 상대로 명의개서절차의 이행을 구할 수 있다거나 명의신탁자와 명의수탁자 사이에 직접적인 분쟁이 없다고 하여 달리 볼 것은 아니다(대법원 2013. 2. 14. 선고 2011다109708 판결).

문 69 ★★

주주대표소송에 관한 설명 중 옳지 않은 것은? (다툼이 있는 경우 판례에 의함)

① 주주대표소송의 원고인 주주는 그 소송에 관한 승소확정판결의 집행채권자가 될 수 있다.
② 퇴임한 이사들을 상대로 하는 주주대표소송에 회사가 참가하는 경우 회사를 대표하는 자는 대표이사가 아닌 감사이다.
③ 파산절차가 진행 중인 회사의 주주가 회사의 이사 또는 감사를 상대로 손해배상책임을 구하는 대

표소송을 제기한 경우 법원은 당사자적격이 없는 자에 의하여 제기된 것으로 보아 소각하 판결을 하여야 한다.
④ 주주의 대표소송과 관련하여 「상법」 제404조 제1항에서 규정하고 있는 회사의 소송참가는 공동소송참가를 의미하는 것이고, 이는 중복된 소 제기 금지의 원칙에 위배되지 않는다.
⑤ 대표소송을 제기한 주주들 중 일부가 주식을 처분하는 등의 사유로 주식을 전혀 보유하지 아니하게 되어 주주의 지위를 상실하면, 특별한 사정이 없는 한 그 주주는 원고적격을 상실하여 그가 제기한 부분의 소는 부적법하게 되고, 이는 함께 대표소송을 제기한 다른 원고들이 주주의 지위를 유지하고 있다고 하여 달리 볼 것은 아니다.

해설

① (O) 주주대표소송의 주주와 같이 다른 사람을 위하여 원고가 된 사람이 받은 확정판결의 집행력은 확정판결의 당사자인 원고가 된 사람과 다른 사람 모두에게 미치므로, 주주대표소송의 주주는 집행채권자가 될 수 있다(대법원 2014. 2. 19.자 2013마2316 결정).

② (X) 전 이사들을 상대로 하는 주주대표소송에 회사가 참가하는 경우, 상법 제394조 제1항의 적용이 배제되어 회사를 대표하는 자는 감사가 아닌 대표이사이다(대법원 2002. 3. 15. 선고 2000다9086 판결).

③ (O) 상법 제399조, 제414조에 따라 회사가 이사 또는 감사에 대하여 그들이 선량한 관리자의 주의의무를 다하지 못하였음을 이유로 손해배상책임을 구하는 소는 회사의 재산관계에 관한 소로서 회사에 대한 파산선고가 있으면 파산관재인이 당사자 적격을 가진다고 할 것이고(파산법 제152조), 파산절차에 있어서 회사의 재산을 관리·처분하는 권리는 파산관재인에게 속하며(파산법 제7조), 파산관재인은 법원의 감독하에 선량한 관리자의 주의로써 그 직무를 수행할 책무를 부담하고 그러한 주의를 해태한 경우에는 이해관계인에 대하여 책임을 부담하게 되기 때문에(파산법 제154조) 이사 또는 감사에 대한 책임을 추궁하는 소에 있어서도 이를 제기할 것인지의 여부는 파산관재인의 판단에 위임되어 있다고 해석하여야 할 것이고, 따라서 회사가 이사 또는 감사에 대한 책임추궁을 게을리 할 것을 예상하여 마련된 주주의 대표소송의 제도는 파산절차가 진행 중인 경우에는 그 적용이 없고, 주주가 파산관재인에 대하여 이사 또는 감사에 대한 책임을 추궁할 것을 청구하였는데 파산관재인이 이를 거부하였다고 하더라도 주주가 상법 제403조, 제415조에 근거하여 대표소송으로서 이사 또는 감사의 책임을 추궁하는 소를 제기할 수 없다고 보아야 할 것이며, 이러한 이치는 주주가 회사에 대하여 책임추궁의 소의 제기를 청구하였지만 회사가 소를 제기하지 않고 있는 사이에 회사에 대하여 파산선고가 있은 경우에도 마찬가지이다(대법원 2002. 7. 12. 선고 2001다2617 판결).

④ (O) 주주의 대표소송에 있어서 원고 주주가 원고로서 제대로 소송수행을 하지 못하거나 혹은 상대방이 된 이사와 결탁함으로써 회사의 권리보호에 미흡하여 회사의 이익이 침해될 염려가 있는 경우 그 판결의 효력을 받는 권리귀속주체인 회사가 이를 막거나 자신의 권리를 보호하기 위하여 소송수행권한을 가진 정당한 당사자로서 그 소송에 참가할 필요가 있으며, 회사가 대표소송에 당사자로서 참가하는 경우 소송경제가 도모될 뿐만 아니라 판결의 모순·저촉을 유발할 가능성도 없다는 사정과, 상법 제404조 제1항에서 특별히 참가에 관한 규정을 두어 주주의 대표소송의 특성을 살려 회사의 권익을 보호하려는 입법 취지를 함께 고려할 때, 상법 제404조 제1항에서 규정하고 있는 회사의 참가는 공동소송참가를 의미하는 것으로 해석함이 타당하고, 나아가 이러한 해석이 중복제소를 금지하고 있는 민사소송법 제234조에 반하는 것도 아니다(대법원 2002. 3. 15. 선고 2000다9086 판결).

⑤ (O) 상법 제403조 제1항, 제2항, 제3항, 제5항과 구 증권거래법(2007. 8. 3. 법률 제8635호 자본시장과 금융투자업에 관한 법률 부칙 제2조로 폐지, 이하 '구 증권거래법'이라 한다) 제191조의13 제1항을 종합하여 보면, 여러 주주들이 함께 대표소송을 제기하기 위하여는 그들이 회사에 대하여 이사의 책임을 추궁할 소의 제기를 청구할 때와 회사를 위하여 그 소를 제기할 때 보유주식을 합산하여 상법 또는

구 증권거래법이 정하는 주식보유요건을 갖추면 되고, 소 제기 후에는 보유주식의 수가 그 요건에 미달하게 되어도 무방하다. 그러나 <u>대표소송을 제기한 주주 중 일부가 주식을 처분하는 등의 사유로 주식을 전혀 보유하지 아니하게 되어 주주의 지위를 상실하면, 특별한 사정이 없는 한 그 주주는 원고적격을 상실하여 그가 제기한 부분의 소는 부적법하게 되고, 이는 함께 대표소송을 제기한 다른 원고들이 주주의 지위를 유지하고 있다고 하여 달리 볼 것은 아니다</u>(대법원 2013. 9. 12. 선고 2011다57869 판결).

해답 ②

문 70 ★★★

소송승계에 관한 설명 중 옳지 않은 것은? (다툼이 있는 경우 판례에 의함)

① 소송인수가 있은 후 탈퇴한 원고가, 소송인수인의 소송목적 승계의 효력이 부정되어 소송인수인에 대한 청구기각 판결이 확정된 날부터 6월 내에 다시 탈퇴 전과 같은 재판상의 청구를 한 때에는, 탈퇴 전에 원고가 제기한 재판상의 청구로 인하여 발생한 시효중단의 효력은 그대로 유지된다.
② 甲의 乙에 대한 매매를 원인으로 한 X토지에 관한 소유권이전등기청구의 소송계속 중 그 소송목적이 된 X토지에 관한 乙의 이전등기의무를 승계함이 없이 단순히 X토지에 관한 소유권이전등기가 乙로부터 제3자 丙 앞으로 경료되었다고 하더라도, 丙을 상대로 위 경료된 丙 명의 소유권이전등기의 말소를 구하기 위한 소송의 인수는 허용되지 않는다.
③ 제1심 법원이 승계참가인의 참가신청과 피참가인의 소송탈퇴가 적법함을 전제로 승계참가인과 상대방 사이의 소송에 대해서만 판결을 하였는데 항소심에서 승계참가인의 참가신청이 부적법하다고 밝혀진 경우, 항소법원은 탈퇴한 피참가인의 청구에 관하여 심리·판단할 수 없다.
④ 당사자가 사망하였으나 그를 위한 소송대리인이 있어 소송절차가 중단되지 않는 경우, 상속인으로 당사자의 표시를 정정하지 아니한 채 망인을 그대로 당사자로 표시하여 판결하였더라도 그 판결의 효력은 망인의 소송상 지위를 당연승계한 상속인들 모두에게 미친다.
⑤ 원고가 제3자인 원고 승계참가인의 승계 여부에 대해 다투지 않으면서도 소송탈퇴, 소 취하 등을 하지 않거나 이에 대하여 피고의 승낙, 동의를 받지 못하여 원고가 소송에 남아 있다면, 승계로 인해 청구가 중첩된 원고와 승계참가인은 통상공동소송인의 관계에 있다.

해설

① (O) 소송목적인 권리를 양도한 원고는 법원이 소송인수 결정을 한 후 피고의 승낙을 받아 소송에서 탈퇴할 수 있는데(민사소송법 제82조 제3항, 제80조), 그 후 법원이 인수참가인의 청구의 당부에 관하여 심리한 결과 인수참가인의 청구를 기각하거나 소를 각하하는 판결을 선고하여 판결이 확정된 경우에는 원고가 제기한 최초의 재판상 청구로 인한 시효중단의 효력은 소멸한다. 다만 소송탈퇴는 소취하와는 성질이 다르며, 탈퇴 후 잔존하는 소송에서 내린 판결은 탈퇴자에 대하여도 효력이 미친다(민사소송법 제82조 제3항, 제80조 단서). 이에 비추어 보면 <u>인수참가인의 소송목적 양수 효력이 부정되어 인수참가인에 대한 청구기각 또는 소각하 판결이 확정된 날부터 6개월 내에 탈퇴한 원고가 다시 탈퇴 전과 같은 재판상의 청구 등을 한 때에는, 탈퇴 전에 원고가 제기한 재판상의 청구로 인하여 발생한 시효중단의 효력은 그대로 유지된다</u>(대법원 2017. 7. 18. 선고 2016다35789 판결).
② (O) <u>부동산소유권이전등기 청구소송계속 중 그 소송목적이 된 부동산에 대한 이전등기이행채무 자체를 승계함이 없이 단순히 같은 부동산에 대한 소유권이전등기(또는 근저당설정등기)가 제3자 앞으로 경료되었다 하여도</u> 이는 민사소송법 제75조 제1항 소정의 "그 소송의 목적이 된 채무를 승계한 때"에 해당한다고 할 수 없으므로 <u>위 제3자에 대하여 등기말소를 구하기 위한 소송의 인수는 허용되지 않는다</u>(대법원 1983. 3. 22.자 80마283 결정).

③ (O) … 한편 소송 계속 중에 승계참가인에게 소송목적인 권리나 의무를 양도한 피참가인은 상대방의 승낙을 받아 소송에서 탈퇴할 수 있고, 탈퇴한 당사자에 대하여도 판결의 효력이 미치는바(민사소송법 제80조), 이러한 소송의 탈퇴는 승계참가가 적법한 경우에만 허용되는 것이므로, 승계참가가 부적법한 경우에는 피참가인의 소송 탈퇴는 허용되지 않고 피참가인과 상대방 사이의 소송관계가 유효하게 존속한다. 따라서 승계참가인의 참가신청이 부적법함에도 불구하고 법원이 이를 간과하여 승계참가인의 참가신청과 피참가인의 소송 탈퇴가 적법함을 전제로 승계참가인과 상대방 사이의 소송에 대해서만 판결을 하였는데 상소심에서 승계참가인의 참가신청이 부적법하다고 밝혀진 경우, 피참가인과 상대방 사이의 소송은 여전히 탈퇴 당시의 심급에 계속되어 있으므로 상소심법원은 탈퇴한 피참가인의 청구에 관하여 심리·판단할 수 없다(대법원 2012. 4. 26. 선고 2011다85789 판결).

④ (O) 민사소송법 제95조 제1호, 제238조에 따라 소송대리인이 있는 경우에는 당사자가 사망하더라도 소송절차가 중단되지 않고 소송대리인의 소송대리권도 소멸하지 아니하는바, 이때 망인의 소송대리인은 당사자 지위의 당연승계로 인하여 상속인으로부터 새로이 수권을 받을 필요 없이 법률상 당연히 상속인의 소송대리인으로 취급되어 상속인들 모두를 위하여 소송을 수행하게 되는 것이고, 당사자가 사망하였으나 그를 위한 소송대리인이 있어 소송절차가 중단되지 않는 경우에 비록 상속인으로 당사자의 표시를 정정하지 아니한 채 망인을 그대로 당사자로 표시하여 판결하였다고 하더라도 그 판결의 효력은 망인의 소송상 지위를 당연승계한 상속인들 모두에게 미치는 것이므로, 망인의 공동상속인 중 소송수계절차를 밟은 일부만을 당사자로 표시한 판결 역시 수계하지 아니한 나머지 공동상속인들에게도 그 효력이 미친다(대법원 2010. 12. 23. 선고 2007다22859 판결).

⑤ (X) 승계참가에 관한 민사소송법 규정과 2002년 민사소송법 개정에 따른 다른 다수당사자 소송제도와의 정합성, 원고 승계참가인(이하 '승계참가인'이라 한다)과 피참가인인 원고의 중첩된 청구를 모순 없이 합일적으로 확정할 필요성 등을 종합적으로 고려하면, 소송이 법원에 계속되어 있는 동안에 제3자가 소송목적인 권리의 전부나 일부를 승계하였다고 주장하며 민사소송법 제81조에 따라 소송에 참가한 경우, 원고가 승계참가인의 승계 여부에 대해 다투지 않으면서도 소송탈퇴, 소 취하 등을 하지 않거나 이에 대하여 피고가 부동의하여 원고가 소송에 남아 있다면 승계로 인해 중첩된 원고와 승계참가인의 청구 사이에는 필수적 공동소송에 관한 민사소송법 제67조가 적용된다(대법원 2019. 10. 23. 선고 2012다46170 전원합의체 판결).

해답 ⑤

변호사시험

민사법
핵심요약

연도별 5개년
기출문제집
(선택형)

2025년 변호사시험 민사법 핵심요약

핵심포인트 문 01 미성년자 ★★

- 「민법」제921조에 따라 미성년자의 법정대리인으로 특별대리인을 선임하는 경우에 법원은 특별대리인이 처리할 법률행위를 특정하여 이를 심판 주문에 표시하는 것이 원칙임
- 법정대리인이 미성년자에게 특정한 영업을 허락한 경우 ⇨ 법정대리인은 전항의 허락을 취소 또는 제한 可
- 미성년자가 법률행위 당시 상대방에 대하여 자신을 단지 성년자라고만 말한 경우 ⇨ 미성년자는 그 법률행위를 취소 可
- 미성년후견인의 수는 한 명으로 함
- 미성년자가 성폭력, 성추행, 성희롱, 그 밖의 성적(性的) 침해를 당한 경우 이로 인한 손해배상청구권의 소멸시효는 그가 성년이 될 때까지는 진행되지 아니함

핵심포인트 문 02 소멸시효 ★★

- 절대적소멸설에 따를 때 시효완성으로 채무가 소멸되었다는 사실을 모르고 변제하였을 경우 민법 제744조가 적용되어 반환 청구 不可
- 타인의 채무를 담보하기 위하여 자기의 물건에 담보권을 설정한 물상보증인은 피담보채권의 소멸에 의하여 직접 이익을 받는 관계에 있으므로 소멸시효의 완성 주장 可
- 채무자에 대한 일반 채권자는 자기의 채권을 보전하기 위하여 필요한 한도 내에서 채무자를 대위하여 소멸시효 주장 可
- 소멸시효가 완성된 채권이 그 완성전에 상계할 수 있었던 것이면 그 채권자는 상계 可
- 시효의 이익을 받는 자가 소송에서 소멸시효의 주장을 하지 아니하면 그 의사에 반하여 재판할 수 없음

핵심포인트 문 03 대리 ★★

- 본인을 대리하여 매매계약을 체결함에 있어 대리인이 상대방의 배임행위에 가담한 경우 본인이 이러한 사실을 몰랐다고 하더라도 본인과 상대방 사이의 매매계약은 무효임
- 의사표시의 상대방이 아닌 자로서 기망행위를 하였으나 민법 제110조 제2항에서 정한 제3자에 해당되지 아니한다고 볼 수 있는 자 ⇨ 그 의사표시에 관한 상대방의 대리인 등 상대방과 동일시할 수 있는 자만을 의미함

- 계약의 체결에 관한 대리권을 수여받은 대리인의 권한에 계약해제권한은 없음
- 자기대리금지를 위반한 경우 무권대리 행위로서 유동적 무효

핵심포인트 문 04 민법상 법인의 기관 ★★

- 법인의 이사를 사임하는 행위는 그 의사표시가 상대방에게 도달함과 동시에 그 효력 발생(∵ 상대방 있는 단독행위)
- 법인과 이사의 이익이 상반되는 사항에 관하여 이해관계인 또는 검사의 청구가 있는 경우 법원은 특별대리인를 선임하여야 함
- 법인의 감사는 임의기관
- 직무대행자는 법원의 허가를 얻어 법인의 통상사무에 속하지 아니한 행위를 할 수 있음
- 법인이 정관에서 이사의 해임사유와 절차를 정하였고 그 해임사유가 실제로 발생하였다면 다른 요건이 추가로 충족 필요없이 법인은 이를 이유로 정관에서 정한 절차에 따라 이사 해임 可

핵심포인트 문 05 무권대리 추인과 책임·권한을 넘은 표현대리 ★★

- 본인이 추인이 있기 전에 본인에 대하여 계약을 철회하는 의사를 표시한 경우 매매계약은 확정적으로 무효가 되어 본인은 무권대리행위를 추인 不可
- 무권대리행위의 추인은 그 일부에 대하여 추인을 하거나 그 내용을 변경하여 추인을 하였을 경우에는 상대방의 동의를 얻지 못하는 한 무효임(∵ 무권대리인 또는 상대방의 동의나 승낙을 요하지 않는 단독행위로서 추인은 의사표시의 전부에 대하여 행하여져야 함)
- 권한을 넘은 표현대리에 있어서 무권대리인에게 그 권한이 있다고 믿을 만한 정당한 이유가 있는가의 여부 ⇨ 대리행위(매매계약) 당시를 기준으로 결정 (그 이후의 사정은 고려 안함)
- 「민법」 제135조 제1항에 따른 무권대리인의 책임을 지는 경우 ⇨ 상대방의 선택에 따라 계약을 이행할 책임 또는 손해를 배상할 책임 有

핵심포인트 문 06 소유권유보부 매매 ★★

- 동산 소유권유보부 매매는 매수인이 매매대금 전액을 지급하면 별도의 의사표시 없이 곧바로 매수인에게 이전함
- 매도인에게 소유권이 유보된 자재가 제3자와 매수인과 사이에 이루어진 도급계약의 이행에 의하여 부합하고 제3자가 도급계약에 의하여 제공된 자재의 소유권이 유보된 사실에 관하여 과실 없이 알지 못한 경우 ⇨ 매도인으로서는 3자에 관한 보상청구할 수 없음

- 권리자가 무권리자의 처분을 추인하면 원칙적으로 계약의 효과가 계약을 체결했을 때에 소급하여 권리자에게 귀속함

핵심포인트 문 07 소멸시효 ★★

- 매매계약의 무효를 원인으로 한 매매대금 상당의 부당이득반환청구권은 매매대금을 지급한 때에 성립하고 그때부터 소멸시효가 진행 ○
- 부동산에 대한 매매대금 채권이 소유권이전등기청구권과 동시이행의 관계에 있다고 할지라도 매매대금 청구권은 그 지급기일 이후 시효의 진행 ○
- 채권자가 채무자의 제3채무자에 대한 채권을 압류 또는 가압류한 경우에 채무자에 대한 채권자의 채권이 시효소멸하기 전에 제3채무자에게 송달되는 경우 시효중단의 효력 발생 ○
- 채권자대위소송의 제기로 인한 소멸시효 중단의 효과는 채무자에게 생김 ○

핵심포인트 문 08 미등기 매수인의 양수인·상계 ★★

- 매도인은 매수인으로부터 다시 위 매매목적물을 매수한 자에 대해 매매목적물 소유권에 기한 물권적 청구권 행사 不可(∵ 미등기 매수인으로부터 매목적물을 매수한 자는 토지의 점유사용권 취득)
- 미등기 무허가건물의 양수인 : 소유권에 준하는 관습상의 물권이나 사실상의 소유권이라는 법률상의 지위 인정 ×
- 수동채권으로 될 수 있는 채권은 상대방이 상계자에 대하여 가지는 채권이어야 함

핵심포인트 문 09 경정등기 ★★★

- 등기명의인의 동일성 유무가 불명하여 경정등기 신청이 받아들여진 결과 명의인의 동일성이 인정되지 않는 위법한 경정등기 ⇨ 경정 후의 등기가 실체관계에도 부합하는 것이라면 등기는 유효
- 부동산등기사항증명서상의 표시가 실지 소유관계를 표상하고 있는 것이 아닌 등기명의인의 표시변경 또는 경정의 부기등기의 말소등기절차의 이행을 청구하려는 자는 부동산의 원래의 등기명의인에 해당하는 자로서 진실한 소유자라는 사실을 증명하여야 함
- 등기관이 기존 등기에 존재하는 착오를 발견한 경우 지체 없이 그 등기를 경정함에 있어서 경정될 등기와 등기부상 양립할 수 없는 등기가 있는 경우에는 그 등기명의인의 승낙을 받을 필요 없음
- 실체관계상 공유인 부동산에 관하여 단독소유로 소유권보존등기가 마쳐진 경우 진정한 권리자는 소유권보존등기의 일부말소를 소로써 구하고 법원은 그 지분에 한하여만 말소를 명할 수 있음

| 핵심 포인트 | 문 10 | 부실법이 적용되는 명의신탁 | ★★ |

- 3자 간 등기명의신탁
  - 명의신탁자와 매도인 사이의 매매계약에 기한 소유권이전등기의무가 이행불능이 됨으로써 발생하는 계약해제나 손해배상의 법률관계, 매도인과 명의수탁자 사이에서 명의수탁자가 매도인의 소유권을 침해함으로써 발생하는 부당이득반환 또는 불법행위로 인한 손해배상의 법률관계를 각각 구분하여 개별적으로 이해관계를 조정은 부당이득반환 제도의 취지에 배치
  - 명의수탁자가 명의신탁자 앞으로 바로 경료해 준 소유권이전등기는 결국 실체관계에 부합하는 등기로서 유효임
- 계약명의신탁
  - 명의신탁자와 명의수탁자 및 제3자 사이의 새로운 명의신탁약정에 의하여 명의수탁자가 다시 명의신탁자가 지정하는 제3자 앞으로 소유권이전등기를 마쳐 주었다면, 제3자 명의의 소유권이전등기는 위 법률 제4조 제2항에 의하여 무효
  - 계약과 등기의 효력은 매매계약을 체결할 당시 매도인의 인식을 기준으로 판단 ○ (vs. 매도인이 계약 체결 후에 명의신탁약정 사실을 알게 되었어도 위 계약과 등기의 효력에는 영향 없음)
  - 부동산의 소유자가 명의신탁약정을 알면서 매매계약을 체결하고 명의수탁자 앞으로 부동산의 소유권이전등기마치더라도 부동산의 소유권은 매도인에게 그대로 남아 있게 되므로 특별한 사정이 없는 한 명의신탁자는 매도인에게 소유권이전등기를 청구 不可

| 핵심 포인트 | 문 11 | 사해행위취소 및 원상회복청구 소송 | ★★ |

- 채권자취소소송에서 피보전채권의 존재가 인정되어 사해행위 취소 및 원상회복을 명하는 판결이 확정 후 재산이나 가액의 회복을 마치기 전에 피보전채권이 소멸된 경우 ⇨ 집행력을 배제하는 적법한 청구이의 이유가 됨 ○
- 채권자가 일단 사해행위취소 및 원상회복으로서 수익자 명의 등기의 말소를 청구하여 승소판결이 확정 후 수익자 명의 등기를 말소하는 것이 불가능하게 된 경우 ⇨ 다시 수익자를 상대로 가액배상을 청구하거나 원물반환으로서 채무자 앞으로 직접 소유권이전등기절차를 이행 청구는 不可
- 사해행위 이후에 채권을 취득한 채권자는 민법 제407조에 정한 사해행위취소와 원상회복의 효력을 받는 채권자에 포함 ×
- 사해행위의 수익자 소유의 부동산에 대한 경매절차에서 취소채권자가 수익자에 대한 가액배상판결에 기하여 배당을 요구하여 배당을 받은 경우 ⇨ 채무자에 대한 채권자들은 채권만족에 관한 일반원칙에 따라 채권 내용을 실현(∵ 배당금은 채무자의 책임재산으로 회복)

문 12. 분묘 ★★

- 공동상속인들 사이에 협의가 이루어지지 않는 경우에는 직계비속 중 남녀, 적서를 불문하고 최근친의 연장자가 제사주재자로 우선한다고 보는 것이 가장 조리에 부합
- 분묘기지권의 성립 당시 토지 소유자와 분묘의 수호·관리권자가 지료 지급의무의 존부나 범위 등에 관하여 약정효력은 분묘 기지의 승계인에 대하여도 미침
- 분묘기지권은 분묘를 수호하고 봉제사하는 목적을 달성하는 데 필요한 범위 내에서 타인 소유의 토지를 사용할 수 있고 제3자는 물론 토지 소유자의 방해도 배제할 수 있는 관습상의 물권임
- 분묘의 수호·관리권자가 타인의 토지에 그 토지 소유자의 승낙 없이 분묘를 무단으로 설치한 경우 분묘기지권을 시효로 취득 可

문 13. 계약인수 ★★

- 계약인수·영업양도에 수반된 계약인수에서는 채무자 보호를 위해 개별 채권양도에서 요구되는 대항요건 요구 안됨
- 「표시·광고의 공정화에 관한 법률」상 허위·과장광고의 불법행위를 원인으로 하는 손해배상청구권을 가지고 있던 아파트 수분양자가 수분양자의 지위를 제3자에게 양도한 경우 ⇨ 양수인은 특별한 사정이 없는 한 별도의 채권양도 절차 없이도 위 손해배상청구권을 행사 不可
- 매도인의 매수인에 대한 매매대금 채권이 압류된 이후 매도인의 지위를 이전하는 계약인수가 이루어진 경우 인수인은 위 압류에 의하여 권리가 제한된 상태의 매매대금 채권을 이전받게 됨

문 14. 유치권·압류 및 추심명령 등 ★★

- 점유자가 점유물을 개량하기 위하여 지출한 금액 기타 유익비에 관하여는 그 가액의 증가가 현존한 경우에 한하여 회복자의 선택에 좇아 그 지출금액이나 증가액의 상환을 청구할 수 있음
- 부지 부분에 관한 소유권을 상실하는 경우 건물소유자가 토지소유자에게 건물 부지 부분에 관한 차임 상당의 부당이득 전부에 관한 반환의무 부담 ○
- 유치권에 의한 경매절차에서 매각이 이루어진 경우 유치권은 소멸(∵ 유치권에 의한 경매절차는 소멸주의 원칙)
- 채무자의 채권자가 신청한 경매절차에서 경락인이 목적물을 매수한 경우 ⇨ 채무자의 채권자가 '채무자는 목적물을 경락인에게 인도해 줌과 동시에 경락인으로부터 지급받을 채권'에 대하여 압류 및 추심명령 신청 허용 ×

문 15 보증채무 ★★

- 주채무자에 대한 확정판결에 의하여 「민법」 제163조 각 호의 단기소멸시효에 해당하는 주채무의 소멸시효기간이 10년으로 연장된 상태에서 주채무를 보증한 경우 ⇨ 보증채무의 소멸시효기간은 이와 별개로 보증채무의 성질에 따라 결정 ○
- 다른 사람이 발행하는 약속어음에 명시적으로 어음보증을 하는 사람은 그 어음보증으로 인한 어음상의 채무만을 부담하는 것이 원칙임
- 여러 공동불법행위자 중 1인의 신원보증인이 피보증인의 손해배상채무를 변제한 경우 피보증인이 아닌 다른 공동불법행위자에 대하여는 그 부담부분에 한하여 구상권을 행사 可
- 계속적 채권관계에서 발생하는 주계약상의 불확정 채무에 대하여 보증하고 채권자와 주채무자와 사이에서는 주계약상의 거래기간이 연장된 경우 ⇨ 보증기간이 연장되지 아니함으로써 보증계약관계가 종료된 때에는 보증계약 종료 시에 보증채무가 확정 ○
- 주채권과 분리하여 보증채권만을 양도하기로 하는 약정은 효력 없음

문 16 부동산의 합유 ★★

- 합유등기가 마쳐진 부동산에 관하여 합유자 중 1인이 명의신탁 해지를 원인으로 한 소유권이전등기절차의 이행을 구하는 소송은 고유필수적 공동소송임 ○
- 조합원들이 공동사업을 위하여 매수한 부동산에 관하여 합유등기를 하지 않고 조합원 중 1인 명의로 소유권이전등기를 한 경우 ⇨ 조합재산임을 전제로 청산 ✕ (∵ 조합체가 조합원에게 명의신탁한 것으로 조합재산이 아님)
- 부부 중 일방이 제3자와 합유하고 있는 재산 ⇨ 직접 그 재산의 분할을 명할 수는 없고 그 재산에 대한 합유지분의 가액을 산정하여 재산분할의 대상으로 삼을 수 있음
- 조합체가 매수한 부동산에 대해 합유등기 대신 각 조합원 명의로 각 지분에 관한 공유등기가 마쳐진 경우
  - 조합체가 조합원들에게 각 지분에 관하여 명의신탁한 것임 ○
  - 매수인이 조합체라는 사실을 알지 못했다면 매수인 명의의 소유권이전등기는 유효함 ○
- 조합원 중 자신이 소유한 부동산을 출자하기로 약정하고 그 부동산을 인도한 자는 그 부동산에 대한 합유등기가 마쳐지기 전까지 그 부동산에 대한 소유물 반환청구권 행사 ⇨ 조합체에 대해서 可 / 제3자에 대해서는 不可

문 17 담보지상권 ★★★

- 담보지상권 설정자가 건물 신축이 가능한 근저당목적물인 나대지에 옹벽을 설치하고 도로를 개설한 경우 담보지상권자의 조치

- 지상권 자체의 침해를 이유로 한 임료 상당 부당이득 청구 不可
- 근저당목적의 교환가치가 하락한 경우 저당권의 침해를 이유로 손해배상을 청구 可
● 담보지상권 설정자인 토지소유자로부터 토지를 사용·수익할 수 있는 권리를 취득하였다면 이러한 권리는 민법 제256조 단서가 정한 '권원'에 해당함
● 지상권설정등기에 관한 피담보채무의 범위 확인을 구하는 청구는 확인의 이익이 없어 부적법(∵ 담보지상권은 피담보채무가 부존재함)
● 담보저당권권 설정 당시 이미 토지소유자가 그 토지 상에 건물을 소유하고 있고 담보권의 실행으로 그 지상권도 소멸한 경우 ⇨ 건물을 위한 법정지상권 성립 ○

문 18 주위토지통행권 ★★

● 구분소유적 공유관계에 있고 공로에 접하는 공유 부분을 다른 공유자가 배타적으로 사용, 수익하고 있는 경우 ⇨ 제3자가 소유한 토지에 대한 통행권 행사 不可(∵ 공로에 통할 수 있는 자기의 공유토지를 두고 공로에의 통로라 하여 남의 토지를 통행한다는 것은 허용 ×)
● 할 수 없이 주위의 다른 토지의 소유자와 일정기간 동안 사용료를 지급하기로 하고 다른 토지의 일부를 공로로 통하는 통로로 사용한 포위된 토지의 소유자는 여전히 무상의 주위토지통행권 취득 可
● 무상의 주위토지통행권이 발생하는 토지의 일부 양도 ⇨ 1필의 토지의 일부가 양도된 경우 & 일단으로 되어있던 동일인 소유의 수필의 토지 중 일부가 양도된 경우
● 분할 또는 토지의 일부 양도로 인하여 공로에 통하지 못하는 토지가 생긴 경우의 무상주위통행권에 관한 민법 제220조의 규정은 직접 분할자 또는 일부 양도의 당사자 사이에만 적용 ○

문 19 불가분채권·채무관계 ★★

● 공유물 무단 점유자에 대한 차임 상당 부당이득반환청구권은 특별한 사정이 없는 한 각 공유자에게 지분 비율만큼 귀속 ○
● 불가분채권의 목적이 금전채권인 경우 그 일부에 대하여만 압류 및 전부명령이 이루어진 경우 ⇨ 그 집행채무자인 불가분채권자의 채권은 전부채권자에게 이전되더라도 다른 불가분채권자는 그 불가분채권의 채무자에게 불가분채권 전부의 이행 청구 可
● 타인 소유 대지 위에 권원 없이 세워진 건물의 소유자를 상속한 공동상속인들의 건물철거의무는 다른 공동상속인의 지분에 관하여도 철거의무를 부담하는 불가분채무 ○
● 공동상속인들을 상대로 한 건물철거소송은 필요적 공동 소송 ×(∵ 공유자 각자에 대하여 그의 지분권 한도 내에서의 인도 또는 철거를 구하는 것)

핵심포인트 문 20 가압류등기 ★★★

- 매매목적물에 대해 가압류집행이 된 경우 매수인은 매매에 따른 소유권이전등기 시 소유권 취득
- 가압류등기의 회복등기 절차에 대해 승낙의 의사표시를 할 의무자 ⇨ 가등기가 말소될 당시의 소유자 ○
- 부동산의 소유자가 제3자와 사이에 새로운 매매예약을 체결하고 그에 기한 소유권이전등기청구권의 보전을 위하여 이미 효력이 상실된 가등기를 유용하기로 합의하고 실제로 그 가등기 이전의 부기등기를 마친 경우 부동산의 소유자가 가등기의 말소청구를 한 경우
  - 가등기 이전의 부기등기를 마친 제3자는 가등기의 말소청구하는 부동산의 소유자에게 가등기 유용의 합의를 주장하여 가등기의 말소청구에 대항 可
  - 가등기 이전의 부기등기를 마친 제3자는 가등기 이전의 부기등기 전에 등기부상 이해관계를 가지게 된 자에 대하여는 위 가등기 유용의 합의 사실을 들어 그 가등기의 유효 주장 不可
- 채권자대위권에서의 제3채무자는 채무자에 대해 가지는 모든 항변사유로 채권자에게 대항 可

핵심포인트 문 21 채권양도·압류·전부명령·상계 ★★

- 채무자의 채권양도인에 대한 자동채권이 발생하는 기초가 되는 원인이 양도 전에 이미 성립하여 존재하고 자동채권이 수동채권인 양도채권과 동시이행의 관계에 있는 경우 ⇨ 양도통지가 채무자에게 도달하여 채권양도의 대항요건이 갖추어진 후에 발생된 자동채권에 의한 상계로 양수인에게 대항 可
- 양도금지의 특약이 있는 사실에 관하여 악의인 압류채권자의 전부명령은 유효함 ○
- 압류명령이 송달되기 이전에 채무자에 대하여 상계적상에 있었던 반대채권을 가지고 있었고 채권압류통지 이전에 자동채권의 이행기가 도래한 경우 ⇨ 수동채권에 관한 기한의 이익을 포기하고 대등액에서 상계하므로써 압류채권자에 대항 可
- 채권양수인이 양수채권을 자동채권으로 하여 그 채무자가 채권양수인에 대해 가지고 있던 기존 채권과 상계한 경우 상계의 효력시기 ⇨ 채권양도의 대항요건이 갖추어진 때 ○
- 채권압류명령 등 당시 피압류채권이 이미 제3자에 대한 대항요건을 갖추어 양도되어 그 명령이 무효 후의 사해행위취소소송에서 위 채권양도계약이 취소되어 채권이 원채권자에게 복귀한 경우 ⇨ 채권압류명령이 유효가 되는 것은 아님

핵심포인트 문 22 손해배상액의 예정 ★★

- 금전채무의 불이행에 대하여 손해배상액을 예정한 경우 통상적인 연체금리도 고려하여 판단하여야 함 ○
- 손해배상액 예정이 없더라도 채무자가 당연히 지급의무를 부담하여 채권자가 받을 수 있던 금액보다 적은 금액으로 감액하는 것은 감액의 한계를 벗어난 것임

- 도급계약에서 손해배상액의 예정으로서 지체상금을 계약 총액에 지체상금률을 곱하여 산출하기로 정한 경우 지체상금의 과다 여부는 지체상금 총액을 기준으로 하여 판단하여야 함
- 하자보수보증금은 도급인은 수급인의 하자보수의무 불이행을 이유로 하자보수보증금의 몰취 외에 그 실손해액을 입증하여 수급인으로부터 그 초과액 상당의 손해배상을 받을 수도 있는 특수한 손해배상액의 예정임 ○

핵심포인트 문 23 사해행위로 인한 가액배상 ★★

- 공동저당권이 설정되어 있는 수 개의 부동산 중 일부가 양도된 경우에 있어서의 그 피담보채권액 ⇨ 공동저당권의 목적으로 된 각 부동산의 가액에 비례하여 공동저당권의 피담보채권액을 안분한 금액
- 공동저당권이 설정된 수개의 부동산 전부의 매매계약이 사해행위에 해당하고 목적물 전부를 사해행위로 취소하는 경우 그 피담보채권액 ⇨ 공동저당권의 피담보채권총액을 사실심 변론종결 당시를 기준으로 한 공동저당 목적물의 가액에 비례하여 안분한 금액
- 수 개의 부동산 중 일부는 채무자의 소유이고 다른 일부는 물상보증인의 소유인 경우
  - 채무자 소유의 부동산이 부담하는 피담보채권액 ⇨ 채무자 소유 부동산의 가액을 한도로 한 공동저당권의 피담보채권액 전액
  - 물상보증인 소유의 부동산이 부담하는 피담보채권액 ⇨ 공동저당권의 피담보채권액에서 채무자 소유의 부동산이 부담하는 피담보채권액을 제외한 나머지

핵심포인트 문 24 채권의 목적 ★★

- 의사가 환자에 대하여 부담하는 진료채무는 수단채무임 ○
- 우리나라 통화를 외화채권에 변제충당할 때에는 특별한 사정이 없는 한 현실로 변제충당할 당시의 외국환시세에 의하여 환산하여야 함 ○
- 선택채권의 소멸시효의 기산점은 선택권 행사에 필요한 상당한 기간이 경과한 날부터 임
- 금전채무에 관하여 이자 약정이 없는 경우 채무자의 이행지체로 인한 지연이자는 법정이율에 의하여 청구 可
- 채권액이 외국통화로 지정된 금전채권인 외화채권을 채권자가 대용급부의 권리를 행사해 우리나라 통화로 환산하여 청구하는 경우 사실심 변론 종결 당시의 외국환시세에 의하여 환산해야 함

핵심포인트 문 25 타인 권리의 매매의 담보책임 등 ★★

- 타인의 물건 매매에서 매수인이 그 물건의 소유권이 매도인에게 속하지 아니함을 알지 못한 것이 매수인의 과실이 있는 경우 매도인의 배상액을 산정함에 있어서 이를 참작해야 함

- 매매 당사자가 모두 매매목적물이 타인의 소유인 사실을 모르고 계약을 체결한 경우 위약금의 약정 ⇨ 타인 권리의 매매로 인한 담보책임까지 예상하여 손해배상액을 예정한 것 ×
- 타인의 권리를 매매한 자가 권리이전을 할 수 없게 된 때 귀책 매도인을 상대로
  - 담보책임으로 이행불능 당시를 기준으로 한 이행이익 상당의 손해배상을 청구 可
  - 일반적인 채무불이행으로서 계약을 해제하고 손해배상을 청구 可
- 타인의 권리매매에 있어 매도인의 목적물을 매수인에게 이전할 수 없게 된 것이 오직 매수인의 귀책사유에 기인한 경우 매도인은 민법 제569조 하자담보책임 부담 ×

핵심포인트 문 26 채권자대위권

- 소유권이전등기를 하지 못한 미등기 건물매수인은 위 건물의 소유권을 원시취득한 매도인을 대위하여 불법점유자에 대하여 직접 자기에게 명도할 것을 청구 可
- 채권자대위소송에서 제3채무자로 하여금 직접 대위채권자에게 금전의 지급을 명하는 판결 확정되고 피대위채권이 변제 등으로 소멸하기 전인 경우 ⇨ 채무자의 다른 채권자는 이를 압류·가압 可
- 채무자가 제3채무자에게 채권의 양도를 구할 수 있는 권리를 가지고 있고, 채권자가 채무자의 위 권리를 대위행사하는 경우 ⇨ 채권자는 제3채무자에 대하여 직접 자신에게 채권양도절차 이행청구 不可
- 중간생략등기의 합의가 있더라도 중간매수인의 소유권이전등기청구권이 소멸된다거나 첫 매도인의 그 매수인에 대한 소유권이전등기의무가 소멸 ×
- 채권자대위권에서 제3채무자는 채무자에 대해 가지는 모든 항변사유로 채권자에게 대항 可

핵심포인트 문 27 공사도급계약 ★★

- 공사도급계약에 있어서 수급인의 공사중단이나 공사지연으로 인하여 약정된 공사기한 내의 공사완공이 불가능하다는 것이 명백하여진 경우 ⇨ 도급인은 그 공사기한이 도래하기 전이라도 상당한 기간 내에 완공할 것을 최고하고 계약을 해제 可
- 도급계약이 수급인의 채무불이행을 이유로 해제된 경우 해제 당시 공사가 상당한 정도로 진척되어 이를 원상회복하는 것이 중대한 사회적·경제적 손실을 초래하고 완성된 부분이 도급인에게 이익이 되는 경우 ⇨ 도급계약은 미완성 부분에 대하여만 실효
- 지체상금 채권과 공사대금 채권은 특별한 사정이 없는 한 동시이행관계가 아님
- 도급인이 하자보수나 손해배상청구권을 보유·행사하는 한 공사비지급채무는 이행지체되지 않고 수동채권으로 하여 상계의 의사표시를 한 다음날 비로소 지체에 빠짐
- 완성된 건물 기타 토지의 공작물(이하 '건물 등'이라 한다)에 중대한 하자가 있고 이로 인하여 건물 등이 무너질 위험성이 있어서 보수가 불가능하고 다시 건축할 수밖에 없는 경우 ⇨ 건물 등을 철거하고 다시 건축하는 데 드는 비용 상당액을 하자로 인한 손해배상으로 청구 可

핵심포인트 문 28 해제 ★★

- 합의해제 시 채무불이행을 이유로 손해배상을 청구 불가
- 「민법」 제548조 제1항 단서의 제3자인지 여부
  - 계약해제로 인한 원상회복등기 등이 이루어지기 이전에 해약당사자와 양립되지 아니하는 법률관계를 가지고 계약해제 사실을 몰랐던 제3자 ○
  - 계약이 해제되기 전에 소유권이전등기청구권을 압류한 압류채권자 ×
- 채무불이행에 따른 해제의 의사표시 당시에 이미 채무불이행의 대상이 되는 본래 채권이 시효가 완성되어 소멸된 경우 ⇨ 채권자는 채무불이행 시점이 본래 채권의 시효 완성 전인지 후인지를 불문하고 채무불이행을 이유로 한 해제권, 원상회복청구권 행사 불가
- 채무불이행 이유로 계약을 해제한 경우 계약의 해제로 인한 원상회복청구권의 소멸시효의 기산점 ⇨ 원상회복청구권이 발생한때인 해제시 ○

핵심포인트 문 29 면책적인수 · 변제자대위 ★★★

- 기존 채무자 채무를 면책적으로 인수한 것만으로 물상보증인이 기존 채무자에 대해 구상권 없음
- 제3취득자가 목적부동산에 대하여 권리를 취득한 후 채무를 변제한 보증인은 대위의 부기등기하지 않고도 대위 가
- 채무자의 담보부동산 제3자취득자는 채무를 변제하거나 담보권의 실행으로 소유권을 잃더라도 물상보증인에 대하여 채권자 대위할 수 없음
- 자신부동산 담보제공 물상보증인은 채무를 변제한 뒤 다른 물상보증인 소유부동산에 설정된 근저당권설정등기에 관하여 대위의 부기등기 않는 동안 부동산을 취득한 제3취득자에 대하여 채권자를 대위 불가

핵심포인트 문 30 조합 ★★

- 민법의 조합의 해산사유와 청산에 관한 규정과 다른 내용의 특약은 유효임 ○
- 공동수급체의 구성원 지위는 원칙적으로 회사의 분할합병으로 인한 포괄승계의 대상 ×
- 「민법」 제720조가 규정한 조합의 해산청구 사유인 '부득이한 사유' ⇨ 조합 당사자 간 불화, 대립으로 신뢰관계가 파괴되어 조합업무의 원만한 운영을 기대할 수 없다는 경우를 의미함
- 조합의 존속기간을 정한 때에도 조합원은 부득이한 사유가 있으면 탈퇴 가
- 조합에서 조합원이 탈퇴하는 경우, 탈퇴자와 잔존자 사이의 탈퇴로 인한 지분은 조합 내부의 손익분배비율 기준으로 계산하여야 함

핵심포인트 문 31 건물매수청구권 ★★

- 종전 임차인으로부터 미등기 무허가건물을 매수하여 점유하고 있는 임차인은 임대인에 대하여 지상물매수청구권을 행사할 수 있음
- 임대차계약의 당사자로서 토지를 임대하였으나 임대차계약이 종료되기 전에 임대인의 지위를 승계한 3자를 상대로 임차인은 매수청구권을 행사 可
- 임차인이 자신의 건물매수청구권을 제1심에서 행사하였다가 철회한 후 항소심에서 다시 그 매수청구권 행사 허용됨 ○
- 지상물매수청구의 대상이 된 건물의 매수가격에 관하여 당사자 사이에 의사합치가 없는 경우 ⇨ 건물 시가를 매매대금으로 하는 매매계약 성립 ○(vs. 시가를 임의로 증감하여 직권으로 매매대금을 정할 수 없음)

핵심포인트 문 32 재산분할청구권 ★★

- 재산분할 청구의 상대방의 소극재산의 부담이 더 적은 경우 소극재산을 분담하도록 하는 재산분할도 可
- 재산분할청구권의 제척기간
  · 그 기간 내에 재산분할심판 청구를 하여야 하는 출소기간임 ○
  · 이혼한 날부터 2년 내에 재산분할심판청구를 하였다면 그 재판에서 특정한 증거신청을 하였는지 불문 재산분할청구권의 제척기간을 준수한 것임 ○
- 이혼으로 인한 재산분할청구권을 보전하기 위하여 채권자대위권 행사 不可
- 재산분할심판청구 취하에 상대방의 동의 필요 ×(∵ 재산분할심판 사건은 마류 가사비송사건에 해당함)

핵심포인트 문 33 경매절차 · 가압류 · 단순승인간주 ★★★

- 경매절차에서 가압류와 일반채권자들 사이에는 동순위 배당(∵ 가압류에는 우선변제 효과 없음)
- 민법 제1034조, 제1035조, 제1036조 등의 절차규정 ⇨ 일반채권자인 상속채권자, 일반채권자인 상속인의 채권자는 우열관계는 민법상의 일반원칙에 따라야 함 ○
- 단순승인간주 규정(민법 제1026조 제1호)은 한정승인이나 포기의 효력이 생기기 전에 상속재산을 처분한 경우에만 적용 ○

핵심포인트 문 34 인지청구소송 관련 ★★

- 인지청구 등의 소에서 제소기간의 기산점 : '사망을 안 날'은 사망이라는 객관적 사실을 아는 것을 의미함 ○ (사망자와 친생자관계에 있다는 사실까지 알아야 하는 것 ×)

- 인지 전에 공동상속인들에 의해 이미 분할되거나 처분된 상속재산 ⇨ 분할받은 공동상속인이나 공동상속인들의 처분행위에 의해 이를 양수한 자에게 그 소유권이 확정적으로 귀속 ○
- 피인지자의 상속분에 상당한 가액의 지급청구권(민법 제1014조)의 범위 : 상속재산으로부터 발생한 과실은 포함 ×

핵심포인트 문 35 상속회복청구 ★★

- 상속회복청구의 소인지 여부
  - 협의분할이 다른 공동상속인의 동의 없이 이루어진 것이어서 무효라는 이유로 다른 공동상속인이 위 등기의 말소를 청구하는 소 ○
  - 적법하게 공동상속등기가 마쳐진 부동산에 관해 상속인 중 1인이 자기 단독명의로 소유권이전등기 한 경우 다른 상속인이 그 이전등기가 원인 없이 마쳐진 것이라 하여 말소를 구하는 소 ×
- 상속회복청구의 척기간의 준수 여부는 상속회복청구의 상대방별로 각각 판단 ○

핵심포인트 문 36 반소 ★★

- 제3채무자에 대하여 피압류채권에 의하여 추심채무자의 동시이행항변권 상실 ×
- 채권자가 현금화절차가 끝나기 전까지 압류명령 신청 취하하는 경우 ⇨ 채권자의 추심권도 당연히 소멸하고 추심권능과 소송수행권이 모두 채무자에게 복귀함 ○
- 본소가 취하된 때에는 피고는 원고의 동의 없이 반소를 취하 可
- 예비적 반소인 경우 본소청구와 반소청구를 모두 배척한 제1심판결에 대하여 甲만이 항소한 경우 ⇨ 항소심법원이 심리한 결과 본소 청구를 인용할 때는 예비적 반소에 대하여도 판단해야 함 ○

핵심포인트 문 37 집합건물에서의 부당이득 · 소송담당 · 당사자적격 · 재소금지 ★★★

- 구분소유자 중 일부가 정당한 권원 없이 집합건물의 공용부분을 배타적으로 점유 · 사용
  - 집합건물 관리단 부당이득반환청구의 소를 단독으로 제기한 것은 적법
  - 관리단이 부당이득반환 소송을 제기하여 판결이 확정 시 그 효력은 구분소유자에게 미침
  - 구분소유자가 부당이득반환 소송을 제기하여 판결이 확정되었다면 그 부분에 관한 효력도 관리단에게 미침
  - 구분소유자가 부당이득반환청구 소송제기가 본안에 대한 종국판결이 있은 뒤에 소를 취하하고 관리단이 부당이득반환청구의 소를 제기한 것은 한 것으로 재소금지 규정에 위반 ×(∵ 새로운 권리보호이익 발생)
- 관리단으로부터 집합건물의 관리업무를 위임받은 위탁관리회사는 특별한 사정이 없는 한 구분소유자 등을 상대로 관리비를 청구할 당사자적격 有

문 38 공동소송

- 통상공동소송
  - 순차 경료된 소유권이전등기의 각 말소 청구소송
- 고유필수적 공동소송
  - 공동상속인이 다른 공동상속인을 상대로 어떤 재산이 상속재산임의 확인을 구하는 소
  - 주주총회결의의 부존재 또는 무효 확인을 구하는 소
  - 조합원으로 하는 동업체에서 토지를 매수한 경우 그 매매계약에 기하여 소유권이전등기절차의 이행을 구하는 소송
- 주채무자와 연대보증인이 공동원고로 채권자를 상대로 각 차용금 채무 및 연대보증채무의 부존재 확인을 구하는 소를 제기한 경우 ⇨ 채권자가 주채무자 청구를 인낙하고 이를 조서에 기재한 경우 이를 이유로 연대보증인 乙의 청구 인용할 필요 없음

문 39 민사분쟁해결제도

- 화해계약은 당사자가 상호 양보하여 당사자 간의 분쟁을 마칠 것을 약정함으로써 그 효력(당사자 일방이 양보한 권리가 소멸되고 상대방이 화해로 인하여 그 권리를 취득) 발생
- 당사자는 화해를 위하여 대리인을 선임하는 권리를 상대방에게 위임할 수 없음
- 소액사건심판절차에서의 이행권고결정은 ① 이의기간 내에 이의신청을 하지 않거나, ② 이의신청에 대한 각하결정이 확정되거나, ③ 이의신청이 취하된 경우 확정판결과 같은 효력 가짐
- 법원·수명법관 또는 수탁판사는 소송에 계속 중인 사건에 대하여 직권으로 당사자의 이익, 그 밖의 모든 사정을 참작하여 청구의 취지에 어긋나지 아니하는 범위 안에서 사건의 공평한 해결을 위한 화해권고결정할 수 있음
- 지급명령에 대하여 ① 이의신청이 없거나, ② 이의신청을 취하하거나, ③ 각하결정이 확정된 때에는 지급명령은 확정판결(지급명령은 집행력은 있으나 기판력은 없음)과 같은 효력 가짐

문 40 소멸시효 중단을 위한 소제기 등

- 원고(ex, 종중대표자)의 대표권 흠결을 이유로 소를 각하한 제1심판결에 대해 원고만이 항소한 경우 ⇨ 항소심 법원이 심리한 결과 대표권 흠결이 치유되어 소는 적법하나 청구가 이유 없다고 판단하면 항소기각 판결하여야 함 ○
- 제1심에서 계항변을 제출하였다가 이에 관한 본안판단을 받은 후 항소심에서 상계항변을 철회한 경우 ⇨ 그 자동채권과 동일한 채권에 기한 별소제기는 재소금지 원칙이 적용 ×(∵ 상계 항변(소송상 방어방법)철회에 불과)
- 승소판결이 확정된 후 확정판결에 의한 채권의 소멸시효 중단을 위해 다시 동일한 소(후소) 제기
  - 후소 법원은 그 확정된 권리 주장할 수 있는 모든 요건이 구비되어 있는지 다시 심리할 수 없음

- 전소의 사실심 변론 종결 후에 발생한 변제, 상계, 면제 등과 같은 채권소멸사유는 후소의 심리대상임 ○
- 승소확정판결을 받고 10년이 경과한 후 후소를 제기한 경우 ⇨ 법원은 특별한 사정이 없는 한 후소를 곧바로 소의 이익이 없음을 이유로 각하해서는 안 됨

문 41 기판력 ★★

- 기판력에 저촉 ○
  - 배당이의의 소 판결이 확정된 후 확정된 배당액이 부당이득이라는 이유로 그 반환 소 제기
  - 소유권이전등기절차 이행의 확정판결을 받아 소유권이전등기를 경료한 후 소유권이전등기가 원인무효임을 내세워 그 등기의 말소를 구하는 소 제기
- 기판력에 저촉 ×
  - 가등기에 기한 본등기 이행 구하는 소에서 청구인용판결 확정된 후 가등기만의 말소의 소 제기
  - 소유권이전등기가 원인무효임을 이유로 그 말소등기절차의 이행을 구하는 소를 제기하여 청구인용판결이 확정 후 소송의 사실심 변론 종결 후 승계인 전소 소송목적물에 대한 인도 및 차임 상당 부당이득반환청구의 소 제기
  - 소유권이전등기절차 이행의 확정판결을 받아 소유권이전등기를 경료한 후 등기가 원인무효임을 주장하며 소유권 확인의 소 제기

문 42 기판력 · 추심의소 · 중복소송 · 추심의 소에서의 채무자 참가신청 ★★★

- 채권자가 추심금 청구의 소를 제기하였다가 항소심에서 소를 취하한 후 다른 채권자 추심금 청구의 소를 제기는 재소금지 규정에 반하지 않음(∵ 새로운 권리보호이익이 발생)
- 채권자가 제기한 추심금소송에서의 화해권고결정의 기판력은 화해권고결정 확정일 전에 압류·추심명령을 받았던 다른 추심채권자에게 미치지 않음
- 피고의 집행채권의 부존재나 소멸 항변 ⇨ 추심의 소에서는 불가/청구 이의소에서는 可
- 채무자자가 제3채무자 상대로 제기한 대여금 청구의 소송 계속 중 채권자의 채무자를 상대로 제기한 추심의 소는 중복소송에 해당 ×(∵ 당사자와 소송물이 동일하지 않음)
- 추심의 소에서 소를 제기당한 제3채무자는 집행력 있는 정본을 가진 채권자를 공동소송인으로 원고 쪽에 참가하도록 명할 것을 첫 변론기일까지 신청 可

문 43 상소 ★★

- 원고가 1심에서 재산상 손해에 대해 전부 승소 위자료에 대해 일부 패소 후 위자료부분에 불복 항소 제기하여 소송물 전부가 항소심에 계속되게 된 경우 ⇨ 위자료는 물론이고 재산상 손해(소극적 손해)에 관하여도 청구의 확장을 허용 ○

- 피고 상계항변 받아들여 원고 청구 기각한 판결에 대하여 전부 승소한 원고는 물론 피고에게도 상소의 이익 有(∵ 소구채권 자체의 부존재를 이유로 변경되어 승소하는 것이 피고에게 더 이익 ○)
- 병합된 수 개의 청구 전부에 대하여 불복 항소심에서 그중 일부 청구 불복신청을 철회한 경우 항소 그 자체의 효력에는 영향 없음(∵ 단지 불복의 범위를 감축하여 심판의 대상을 변경하는 효과)
- 피항소인의 부대항소를 할 수 있는 범위 ⇨ 항소인이 주된 항소에 의하여 불복을 제기한 범위에 의하여 제한을 받지 않음
- 동시이행 주장을 한 당사자만 항소하였음에도 항소심이 제1심판결에서 인정된 금전채권에 기한 동시이행 주장을 공제 또는 상계 주장으로 바꾸어 인정한 경우 불이익변경금지 원칙에 반함

핵심포인트 문 44 이혼 관련 소송절차

- 재산분할청구 사건에서 법원은 당사자의 주장에 구애되지 아니하고 재산분할의 대상과 가액을 직권으로 조사·판단할 수 있음
- 이혼소송의 소송계속 중 배우자 일방이 사망한 경우 그 소송은 종료(∵ 재판상의 이혼청구권은 부부의 일신전속의 권리)
- 재판상 이혼사유 중 어느 하나를 받아들여 원고의 청구를 인용 可(제1호 내지 제5호 사유의 존부 먼저 판단하고, 그것이 인정되지 않는 경우 제6호의 원인을 최종적으로 판단하는 것은 아님)
- 법원이 이혼 판결을 선고하면서 미성년자인 자녀에 대한 친권자 및 양육자를 정하지 아니하였다면 재판의 누락임
- 이혼 및 재산분할청구의 제1심 소송계속 중 원고가 파산선고 받은 경우 파산관재인이 재산분할청구에 관한 절차를 수계할 수 없음

핵심포인트 문 45 변제충당과 자백

- 비용, 이자, 원본의 충당 순서는 당사자의 합의로 달리 정할 수 있음
- 변제자(채무자)와 변제수령자(채권자)는 이미 급부를 마친 뒤에도 기존의 충당방법을 배제하고 제공된 급부를 어느 채무에 어떤 방법으로 다시 충당할 것인가를 약정할 수 있음(변제로 소멸한 채무에 관한 보증인 등 이해관계 있는 제3자의 이익을 해하지 않는 한)
- 법원에 제출되어 상대방에게 송달된 준비서면 등에 자백에 해당하는 내용이 기재되어 있는 경우라도 그것이 변론기일이나 변론준비기일에서 진술 또는 진술간주되어야 재판상 자백 성립
- 법정변제충당 순서의 기준이 되는 이행기나 변제이익에 관한 사항은 구체적 사실로서 자백의 대상임 ○
- 재판상 자백이 있으면 법원이 자백 사실과 다른 판단을 할 수 없음(∵ 법원도 재판상 자백에 구속)

문 46 청구병합 ★★

- 원고가 논리적으로 전혀 관계가 없어 순수하게 단순병합을 선택적 또는 예비적으로 병합하여 청구에 대해 제1심법원이 그중 하나의 청구에 대하여만 심리·판단하여 이를 인용하고 나머지 청구에 대한 심리·판단을 모두 생략하는 내용의 판결을 하여 피고만이 이에 대하여 항소한 경우 ⇨ 제1심법원이 심리·판단하여 인용한 청구만이 항소심으로 이심 ○
- 실질적으로 선택적 병합 관계에 있는 두 청구에 관하여 주위적·예비적으로 순위를 붙여 청구하고 제1심법원이 주위적 청구를 기각하고 예비적 청구만을 인용하는 판결을 선고하여 피고만이 항소한 경우 ⇨ 항소심은 두 청구 모두를 심판의 대상으로 삼아 판단 ○
- 예비적 병합의 경우 주위적 청구를 먼저 판단하지 않고 예비적 청구만을 인용하거나 주위적 청구만을 배척하고 예비적 청구에 대하여 판단하지 않는 것은 허용 ✕
- 단순병합에서 1심법원이 그중 하나의 청구를 인용하고 나머지 청구는 기각하는 판결 선고 피고만이 위 인용된 청구에 대하여 항소한 경우 ⇨ 청구 모두가 항소심으로 이심, 피고가 불복한 청구만이 항소심의 심판 대상임 ○
- 서로 양립 가능한 수 개의 금전청구를 병합하면서 합리적 필요에 따라 심판의 순위를 붙여 청구에 대해 법원이 심리한 결과 주위적 청구의 일부를 기각하고 예비적 청구 취지보다 적은 금액만을 인용할 경우 ⇨ 석명을 통해 원고 의사를 밝힌 다음 그에 따라 예비적 청구에 대해 판단할지 정하여야 함

문 47 상계 ★★

- 임대차 종료 후 임대차 존속 중 이미 소멸시효가 완성된 차임채권을 자동채권으로 삼아 임대차보증금에서 연체차임을 공제는 可(상계는 不可)
- 상계항변은 수동채권 존재 등 상계에 관한 법원의 실질적 판단이 이루어지는 경우에 비로소 실체법상 상계 효과 발생함 ○
- 상대방의 동의 없이 상계 항변 철회할 수 있음(∵ 상계 항변은 일종의 예비적 항변임)
- 상계의 항변을 제출할 당시 이미 자동채권과 동일한 채권에 기한 별소 제기는 중복소송 ✕
- 상계하였고 그 사실을 위 소송에서 주장·증명한다면 그 상계의 효력은 인정 可(∵ 민사소송법 제216조 제2항의 상계는 민법 제492조 이하에 규정된 단독행위임)

문 48 재판상 청구로 인한 소멸시효 중단 ★★

- 근저당권설정등기청구의 소 제기는 그 피담보채권이 될 채권의 소멸시효를 중단시키는 효력 有
- 원인채권의 지급을 확보하기 위한 방법으로 어음이 수수된 경우, 채권자가 어음채권에 기하여 재판상 청구를 하는 것은 원인채권의 소멸시효를 중단시키는 효력 有

- 채권자대위권에 기해 계약금반환을 청구하다가 그 계약금반환채권 자체 양수하여 양수금 청구로 소를 교환적 변경한 경우 ⇨ 당초의 채권자대위소송으로 인한 시효중단의 효력은 소멸되지 않음
- 채권양도의 대항요건을 갖추기 전에 채권양도인이 채무자를 상대로 재판상 청구를 하였는데 그 소송 중에 채무자가 채권양도의 효력을 인정함으로써 청구가 기각된 후 채권양수인이 그로부터 6개월 내에 양수금청구의 소를 제기한 경우 ⇨ 채권양도인의 재판상 청구로써 발생한 소멸시효 중단의 효과는 유지됨 ○
- 소장의 채권 중 일부만을 청구하면서 소송의 진행경과에 따라 장차 청구금액을 확장할 뜻을 표시하였으나 당해 소송이 종료될 때까지 실제로 청구금액을 확장하지 않은 경우 ⇨ 채권자는 당해 소송이 종료된 때부터 6월 내에 민법 제174조에서 정한 조치를 취함으로써 나머지 부분에 대한 소멸시효 중단 可

핵심포인트 문 49 공유물분할청구의 소 ★★

- 공유물분할의 소에 있어 법원은 분할대상 목적물의 형상, 위치, 이용상황이나 경제적 가치가 균등하지 아니할 때
  - 원칙적으로 경제적 가치가 지분비율에 상응하도록 조정하여 분할을 명하여야 함
  - 일정한 요건이 갖추어진 경우에는 공유자 상호 간에 금전으로 경제적 가치의 과부족을 조정하게 하여 분할을 하는 것도 현물분할의 한 방법으로 허용 ○
- 공유물분할청구의 소에서 공동소송인 중 1인에 소송요건의 흠이 있으면 전체 소송이 부적법(∵ 공유물분할청구의 소는 필수적 공동소송임)
- 공유물분할청구 소송절차에서 공유자 사이에 공유토지에 관하여 현물분할하기로 하는 내용의 조정 성립된 경우 ⇨ 해당 토지의 분필절차 마친 후 각 단독 소유로 하기로 한 부분에 관해 다른 공유자의 공유지분을 이전받아 등기 마쳐야 그 부분의 소유권 취득함
- 공유자 중 공유지분권을 주장하지 아니하고 목적물의 특정 부분을 소유한다고 주장하는 자는 그 특정부분에 대한 명의신탁해지를 원인으로 한 지분이전등기절차의 이행 可

핵심포인트 문 50 대표소송 ★★★

- 모회사 발행주식총수의 100분의 1 이상에 해당하는 주식을 가진 주주는 모 주식회사 및 자주식회사에 대하여 각 그 이사의 책임 추궁할 소의 제기를 청구可
- 주주가 대표소송에서 주장한 이사의 손해배상책임이 제소청구서에 적시된 것과 차이가 있어도 제소청구서의 책임발생 원인사실 기초로 하면서 법적 평가만 달리한 경우 ⇨ 그 대표소송은 적법 ○
- 모회사 주주가 자주식회사 이사의 책임을 추궁할 소를 제기한 이후 보유한 주식 수의 일부가 감소하여 모 주식회사 발행주식총수의 100분의 1 미만이 되더라도 제소의 효력에 영향 없음
- 대표소송에서 승소확정판결을 받은 경우 주주대표소송의 주주는 집행채권자가 될 수 있음

문 51. 주식회사 관계 소송 ★★

- 주식을 취득한 자는 회사를 상대로 주주권 확인을 구할 이익 없음(∵ 주식 취득 사실을 증명함으로써 회사에 대하여 단독으로 명의개서 청구 可)
- 주식회사의 채권자는 회사가 제3자와 체결한 계약이 자신의 권리나 법적 지위를 구체적으로 침해하거나 이에 직접적으로 영향을 미치는 경우 그 계약의 무효 확인을 구할 수 있음 ○
- 회사가 제3자와 체결한 계약의 무효 확인을 구할 이익이 없으나, 회사가 영업의 전부 또는 중요한 일부를 양도하는 계약을 체결하는 경우 ⇨ 주식회사의 주주는 영업양도계약의 무효 확인을 구할 수 없음(∵ 주식회사의 주주는 직접 회사의 경영에 참여하지 못함)
- 주주총회결의의 효력이 그 회사 아닌 제3자 사이의 소송에서 선결문제가 된 경우 ⇨ 당사자는 언제든지 당해 소송에서 주주총회결의가 처음부터 무효 또는 부존재라고 주장 可
- 주주대표소송의 원고들 중 1인인 甲이 주식을 처분하여 주주의 지위 상실하고 다른 원고가 주주의 지위를 유지하는 경우 ⇨ 원고들 중 1인 제기한 소 부분은 부적법

문 52. 임시주주총회결의 부존재 또는 무효 확인의 소 ★★

- 주주명부상 주주만이 주주총회결의의 무효확인 및 부존재확인 또는 취소의 소를 구할 자격이나 이익 있음
- 법령 및 정관상 요구되는 이사회의 결의 및 소집절차 없이 이루어진 주식회사의 임시주주총회 ⇨ 주주명부상의 주주 전원이 참석하여 총회를 개최하는 데 동의하고 아무런 이의 없이 만장일치로 결의 있으면 유효
- 주주총회결의취소소송 제기기간 내에 그 결의 무효확인·부존재확인의 소를 제기하였다가 취소소송 제기기간 경과 후에 동일한 하자를 원인으로 한 취소소송으로 소를 변경하거나 추가한 경우 ⇨ 취소소송의 제소기간을 준수한 것임
- 제1심법원이 주주총회 부존재 또는 무효 확인의 소청구기각판결을 선고한 후에 주주일부 상소제기하는 경우 ⇨ 다른 주주 대하여도 그 효력 有, 주주전원에 대하여 확정이 차단되고 상소심에 이심 항소심에서는 이들 전원에 대하여 심리·판단해야 함(∵ 주주총회결의의 부존재·무효 확인을 구하는 소는 필요적 공동소송임)
- 주주총회 부존재 또는 무효 확인의 소송에서 피고인 주식회사가 청구를 인낙하여 그 내용이 조서에 기재되더라도 그 인낙조서는 효력 없음

문 53. 대표이사 및 이사에 대한 해임청구 소송과 직무집행정지 및 직무대행자 선임 가처분 ★★

- 이사해임의 소가 제기된 경우 ⇨ 법원은 당사자의 신청으로 가처분에 의하여 그 이사의 직무집행 정지할 수 있고 직무대행자 선임 可(다만, 급박한 사정이 있는 때에는 본안소송의 제기 전에도 그 처분할 수 있음)
- 직무대행자는 가처분명령에 다른 정함이 있는 경우나 법원의 허가를 얻은 경우에는 회사의 상무에 속하지 아니한 행위(ex. 영업의 전부 또는 중요한 일부의 양도에 관한 경의를 위한 정기주주총회소집)도 할 수 있음

- 퇴임이사로 하여금 이사로서의 권리·의무를 가지게 하는 것이 불가능하거나 부적당한 경우 퇴임이사를 상대로 그 직무집행의 정지를 구하는 가처분신청이 허용 ×
- 법원의 직무집행정지 가처분결정에 의해 회사를 대표할 권한이 정지된 대표이사가 그 정지기간 중에 체결한 계약 ⇨ 절대적으로 무효임(그 후 가처분신청의 취하에 의하여 보전집행이 취소되더라도 무효)
- 주식회사 대표이사 및 이사에 대한 직무집행 정지하고 직무대행자 선임하는 법원의 가처분결정은 그 결정 이전에 직무집행이 정지된 주식회사 대표이사의 퇴임등기와 직무집행이 정지된 이사가 대표이사로 취임하는 등기가 된 경우 ⇨ 가처분결정 이전에 직무집행이 정지된 이사가 대표이사로 선임되었다고 할지라도 그 선임결의의 적법 여부에 관계없이 대표이사 권한 없음

핵심포인트 문 54 소멸시효 ★★

- 「상법」 제64조 적용(유추적용)되어 5년 상사시효의 대상 ○
  - 상행위인 계약의 해제로 인한 원상회복청구권
  - 보험계약자가 다수의 계약을 통하여 보험금을 부정 취득할 목적으로 보험계약을 체결하여 「민법」 제103조에 따라 선량한 풍속 기타 사회질서에 반하여 무효인 경우 보험자의 보험금에 대한 부당이득반환청구권
- 「상법」 제64조 적용(유추적용)되어 5년 상사시효의 대상 ×
  - 주식회사인 부동산 매수인이 의료법인인 매도인과의 부동산매매계약의 이행으로서 그 매매대금을 매도인에게 지급하였으나 매매계약이 무효로 되었음을 이유로 민법의 규정에 따라 매도인에게 이미 지급하였던 매매대금 상당액의 반환을 구하는 부당이득반환청구
- 부부 중 한쪽이 다른 쪽에 대하여 가지는 권리는 혼인관계가 종료된 때부터 6개월 내에는 소멸시효가 완성되지 아니함
- 배서인의 다른 배서인과 발행인에 대한 환어음상과 약속어음상의 청구권의 소멸시효는 그 자가 제소된 경우에는 전자에 대한 소송고지를 함으로 인하여 중단함 ○

핵심포인트 문 55 주권을 발행한 비상장회사 주식의 담보 ★★

- 질권자는 계속하여 주권을 점유하지 아니하면 그 질권으로써 제3자에게 대항 불가
- 채무자가 채무담보 목적 주식을 채권자에게 양도하여 채권자가 주주명부상 주주로 기재된 경우
  - 양수인이 주주로서 주주권 행사할 수 있음
  - 회사는 피담보채무가 변제 소멸하더라도 주주명부상 주주인 양수인 주주권 행사 부인할 수 없음
- 전환주식의 전환이 있는 때 이로 인하여 종전의 주주가 받을 주식에 대하여도 종전의 주식을 목적으로 한 질권을 행사할 수 있음
- 주식의 질권설정에 필요한 요건인 주권의 점유를 이전하는 방법 ⇨ 현실 인도 외에 간이인도, 반환청구권 양도도 허용 ○
- 채권담보의 목적 주식양도 약정 당시에 회사의 성립 후 이미 6개월이 경과하였음에도 불구하고 주권이 발행되지 않은 상태인 경우 ⇨ 그 약정은 바로 주식의 양도담보로서의 효력 가짐 ○

핵심포인트 문 56 법인의 이사 ★★

- 「민법」상 법인의 정관에 대표권의 제한에 관한 규정에 등기되지 않은 경우 법인은 정관의 규정에 대하여 선의냐 악의냐에 관계없이 제3자에 대해 대항할 수 없음
- 「민법」상 법인의 상태가 임기만료된 이사에게 후임 이사 선임 시까지 업무수행권을 인정할 필요가 있는 경우에도 임기만료된 이사에게 이사로서의 지위는 인정 ×
- 민법상의 법인에 대하여 민법 제63조에 의하여 법원이 선임한 임시이사는 원칙적으로 정식이사와 동일한 권한 가짐
- 새로 선임된 이사가 취임하거나 상법 제386조 제2항에 따라 일시 이사의 직무를 행할 자가 선임되면 임기만료로 퇴임한 이사는 별도 주주총회 해임결의 없이 이사로서의 권리의무 상실함
- 상법 제383조 제3항 규정은 이사 임기가 최종 결산기의 말일과 당해 결산기에 관한 정기주주총회 사이에 만료되는 경우에 정관으로 그 임기를 정기주주총회 종결일까지 연장할 수 있도록 허용하는 규정임

핵심포인트 문 57 위탁매매 ★★

- 위탁자가 지정한 가액보다 염가로 매도하거나 고가로 매수한 경우 ⇨ 위탁매매인이 그 차액을 부담한 때에는 그 매매는 위탁자에 대하여 효력 有
- 위탁매매인(위탁자×)은 위탁자를 위한 매매로 인하여 상대방에 대하여 직접 권리를 취득하고 의무를 부담함
- 거래소의 시세가 있을 경우 위탁매매인은 직접 매수인이 될 수 있고 그 매수가는 위탁매매인이 위탁자에게 통지를 발송할 때의 거래소의 시세에 따름
- 위탁매매인은 위탁자를 위한 매매에 관하여 상대방이 채무를 이행하지 아니하는 경우 다른 약정이나 관습이 없는 한 위탁자에 대하여 이행할 책임 有
- 위탁매매인이 위탁자로부터 받은 물건 또는 유가증권이나 위탁매매로 인하여 취득한 물건, 유가증권 또는 채권은 위탁자와 위탁매매인 또는 위탁매매인의 채권자간의 관계에서는 이를 위탁자의 소유 또는 채권으로 봄

핵심포인트 문 58 고지의무 ★★

- 중복보험을 체결한 사실은 상법 제651조의 고지의무의 대상이 되는 중요한 사항 ×
- 고지의무 위반을 이유로 한 보험자의 보험계약 해지권의 행사는 보험사고가 발생한 후에도 할 수 있음
- 고지의무를 위반한 경우에도 보험자가 고지의무 위반의 사실을 안 날부터 1개월이 경과하거나 계약성립일부터 3년이 경과한 때에는 보험계약 해지 不可
- 고지의무를 위반한 사실과 보험사고 발생 사이에 인과관계가 없음이 증명된 경우 ⇨ 보험자는 고지의무 위반을 이유로 보험계약 해지 可, 보험금을 지급할 책임 有

- 고지의무 위반이 사기에 해당하는 경우 ⇨ 보험자는 「상법」 제651조에 따라 보험계약을 해지 可 & 「민법」 제110조에 따라 보험계약을 취소 可

핵심포인트 문 59 상호 및 상호권 ★★

- 제22조(상호등기의 효력)는 유사상호가 아니라 동일 상호에만 적용 ○
- 상법 제23조의 상호폐지
  - 선상호 사용자라는 이유를 들어 다른 사용자가 이를 등기한 경우에도 그 상호등기 말소 청구 可
  - 선상호 사용자가 미등기 동안 후사용 사용인이 부정한 목적으로 선상호 사용자의 영업으로 오인할 수 있는 상호를 사용하여 선상호 사용자가 손해를 받을 염려가 있는 경우 ⇨ 선상호 사용자는 후사용 사용인에게 상호 말소 청구 可
- 하나의 영업에 여러 상호를 사용하는 것은 원칙적으로 금지/한 상인이 수 개의 영업을 영위하면서 하나의 상호를 공통적으로 사용하는 것은 허용 ○
- 회사의 경우 상호는 반드시 등기해야 함/자연인의 경우 상호를 반드시 등기해야 하는 것은 아님
- 상호는 영업과 함께 양도하여야 함/영업을 폐지한 경우에는 상호만 양도할 수 있음

핵심포인트 문 60 어음의 선의취득 ★★

- 어음의 선의취득으로 인하여 치유되는 하자의 범위에는 양도인이 무권리자인 경우뿐만 아니라 양도행위에 대리권의 흠결이나 하자가 있는 경우도 포함
- 선의취득은 어음·수표항변의 절단과는 아무관계가 없음(∵ 선의취득은 권리귀속에 대한 문제이고 인적항변은 채무의 부담에 대한 문제임)
- 어음을 선의취득한 자의 경우공시최고절차에서 권리 신고를 하지 않은 채 그 어음에 대한 제권판결이 선고된 이상 불복의 소를 제기하여 취소판결을 받기 전에는 그 어음상 권리 주장 不可
- 어음을 지명채권 양도방법이나 전부명령에 의하여 취득한 경우에는 선의취득은 인정 ×(∵ 어음법에서 마련된 유통방법에 의하여 어음을 취득하는 경우에만 선의취득이 인정)
- 선의취득자 이후 그 권리를 양수한 자는그 이전의 무권리에 대해서 악의라고 하더라도 완전한 권리 취득함 ○(엄폐물의 법칙)

핵심포인트 문 61 어음액 백지어음 ★★

- 어음금액을 보충하지 않고 어음금청구의 소를 제기한 경우 사실심 변론 종결 시까지 보충권을 행사하여야 함 ○

- 어음 채무자는 어음의 백지부분인 금액란이 부당보충된 어음을 중대한 과실 없이 배서양도 받은 취득자에게 기재된 문구대로 어음채무를 부담함 ○(∵ 어음의 백지부분인 금액란이 부당보충된 어음을 취득한 사람에 대하여도 어음법 제10조의 백지어음취득에 관한 법조 적용 ○)
- 백지어음을 백지의 보충없이 제시한 경우에는 채무자는 이행지체의 책임을 지지 않음
- 배서인으로부터 만기가 도래하기 전에 배서양도를 받은 자가 지급제시기간이 경과한 후 어음금액을 보충한 경우 ⇨ 배서인의 배서는 기한 후 배서 ×(∵ 백지어음에 있어서 백지의 보충 시와 어음행위 자체의 성립시기와는 엄격히 구별해야 함)
- 백지어음을 도난·분실 또는 멸실한 경우에도 공시최고를 신청 可

핵심포인트 문 62 1인 회사·소규모 주식회사 ★★

- 1인 회사
  - 영업양도에 있어 상법상 주주총회의 특별결의를 대신 1인 주주이자 대표이사의 동의로 可
  - 이사의 의사에 기하지 않은 이사사임등기는 1인 주주의 의사에 합치된 경우라도 불실등기임
- 자본금 총액이 10억 원 미만 소규모 주식회사
  - 이사회 결의를 거치지 않고 파산 신청한 것은 적법함 ○
  - 감사를 선임하지 아니할 수 있음
  - 감사를 선임하지 아니한 회사가 이사에 대하여 또는 이사가 그 회사에 대하여 소를 제기하는 경우에 회사, 이사 또는 이해관계인은 법원에 회사를 대표할 자를 선임하여 줄 것을 신청해야 함
  - 주주총회일의 10일 전에 각 주주에게 서면으로 통지를 발송하거나 각 주주의 동의를 받아 전자문서로 통지를 발송할 수 있음

핵심포인트 문 63 전환사채·신주인수권부사채 ★★

- 회사가 법령 또는 정관에 위반하거나 현저하게 불공정한 방법에 의하여 전환사채를 발행함으로써 주주가 불이익을 받을 염려가 있는 경우 그 주주는 회사에 대하여 전환사채발행의 유지 청구 可
- 주주 아닌 회사들이 전환권을 행사하여 신주를 발행받은 경우 이를 다투는 방법 ⇨ 전환사채발행무효의 소 ○(신주발행무효의 소 ×)
- 신주인수권부사채를 발행하려는 경우, 신주인수권부사채의 총액, 신주인수권의 내용과 신주인수권을 행사할 수 있는 기간 등에 관한 내용은 정관에 규정이 없는 경우 ⇨ 이사회가 이를 결정 ○
- 「상법」제429조를 유추적용하여 6개월의 제소기간 제한 ⇨ 전환사채발행무효의 소에는 적용 ○ vs. 전환사채발행부존재확인의 소 적용 ×
- 신주인수권부사채를 발행받은 자는 이를 등기하여야 하고/신주인수권을 행사한 경우에 납입을 한 때부터 주주의 권리의무 있음

> **핵심 포인트** **문 64** 주식회사의 투자 유치를 위한 신주발행 ★★★

- 주주와 회사가 "서면동의 없는 회생절차의 개시신청이 있거나 그 절차가 개시되는 경우"에 금전지급채무가 발생한다고 정한 경우 무효(설령회사의 다른 주주 전원이 그와 같은 차등적 취급에 동의하였다 하더라도 주주평등의 원칙에 위반하여 무효임)
- 주주가 주주 내지 이사 개인과 회사와 관련한 계약을 체결한 부분 ⇨ 주주평등의 원칙이 직접 적용 ×, 회사 간에 체결한 부분과 결합하여 유효성을 판단 ×(∵ 주주가 주주 내지 이사 개인과 회사와 관련한 계약을 체결한 부분은 주주가 회사와 계약을 체결한 부분의 효력과는 별개임)
- 회사가 자금조달을 위해 신주인수계약을 체결하면서 주주의 지위를 갖게 되는 자에게 회사의 의사결정에 대한 사전동의를 받기로 약정 ⇨ 다른 주주와 회사에 이익이 되는 등으로 차등적 취급을 정당화할 수 있는 특별한 사정이 있다면 이를 허용 ○(이사회의 권한을 침해 소지는 있더라도)
- 다른 회사가 당해 회사의 주요한 경영사항에 대해 사전동의권을 가지는 경우 ⇨ 사전동의권이 주식 그 자체에 부여된 것은 아니므로 「상법」상 허용될 수 없는 특별한 종류의 주식이 발행된 것은 아님
- 투자 관련 계약에서 당사자 일방이 상대방에게 자신이 보유한 주식의 매수를 청구하면 주식에 관한 매매계약이 체결되는 것으로 정한 경우 이러한 주식매수청구권 ⇨ 형성권이고 「상법」 제64조를 유추적용하여 5년의 제척기간이 적용 ○

> **핵심 포인트** **문 65** 분할합병

- 분할 또는 분할합병으로 인하여 설립되는 회사 또는 존속하는 회사는 분할 또는 분할합병 전의 회사채무(변제기가 도래하지 아니한 채무도 포함)에 관하여 연대하여 변제할 책임 有
- 채권자가 분할 또는 분할합병이 이루어진 후에 분할회사를 상대로 분할 또는 분할합병 전의 분할회사 채무에 관한 소를 제기한 경우 ⇨ 분할회사에 대한 관계에서 시효 중단 ○/분할 또는 분할합병으로 인하여 설립되는 회사 또는 존속하는 회사에는 시효 중단 ×(∵ 부진정연대채무)
- 회사의 영업 그 자체가 아닌 영업용재산의 처분으로 인하여 회사의 영업의 전부 또는 중요한 일부를 양도하거나 폐지하는 것과 같은 결과를 가져오는 경우 ⇨ 상법 제374조 제1호 소정의 주주총회의 특별결의를 요함
- 청산사무가 종결한 때 ⇨ 청산인은 지체없이 결산보고서를 작성하고 이를 주주총회에 제출하여 승인을 얻어야 함
- 분할회사의 주주에게 제공하는 재산이 분할승계회사의 모회사 주식을 포함하는 경우 ⇨ 분할승계회사는 그 지급을 위하여 모회사 주식을 취득할 수 있음

문 66. 비상장 주식회사의 주주총회 소집통지 ★★

- 회사가 정한 주주총회 회의일시가 그 소집통지된 시각에 주주의 참석을 기대하기 어려워 주주의 참석권 침해하기에 이른 정도인 경우 ⇨ 주주총회의 소집절차가 현저히 불공정한 경우에 해당 ○
- 총회는 정관에 다른 정함이 없으면 본점소재지 또는 이에 인접한 지에 소집하여야 함
- 상법 제450조에 따른 이사, 감사의 책임 해제는 정기총회에서 승인을 얻은 경우에 한정됨 ○
- 정관에서 주주총회 결의사항으로 '대표이사의 선임 및 해임'을 규정하지 않은 경우에는 이를 회의목적사항으로 삼아 상법 제366조에서 정한 주주총회소집허가 신청 불가
- 회사는 이사회의 결의로 주주가 총회에 출석하지 아니하고 전자적 방법으로 의결권을 행사할 수 있음을 정할 수 있음

문 67. 업무집행지시자 등의 책임 ★★

- 지배주주는 업무집행지시자로서 업무집행지시자 등의 책임 없음(∵ 제401조의2에 따른 책임은 지배주주의 법적지배 이외의 사실상의 영향력 행사를 통제하려는 것임)
- 이사가 임무를 수행함에 있어서 법령을 위반한 행위를 한 때에는 경영판단의 원칙 적용 ×
- 표현대표이사에 대한 업무집행지시자 등의 책임성립에는 영향력을 가지고 있을 것 불요함(∵ 직명 자체에 업무집행권이 표상되어 있음)
- 업무집행지시자 등의 책임으로 인한 배상책임을 지는 경우 「민법」제766조 제1항의 단기소멸시효 적용 ×(∵ 상법 제401조의2 제1항이 정한 손해배상책임은 상법에 의하여 이사로 의제되는 데 따른 책임임)
- 대표이사로서 마땅히 기울였어야 할 감시의무를 지속적으로 게을리한 결과 회사에 손해가 발생한 경우 회사에 대하여 업무집행지시자 등과 연대하여 배상책임 有(대표이사가 담합행위를 구체적으로 알지 못하였고 행위를 직접 지시하지 않았다는 이유만으로는 책임을 면할 수 없음)

문 68. 표현대표이사 ★★

- 표현대표이사의 행위로 인한 회사 책임(상법 제395조)
  - 이사의 자격이 없는 사람이 임의로 표현대표이사의 명칭을 사용하고 있는 것을 회사가 알면서도 아무런 조치를 취하지 아니한 채 그대로 방치하여 소극적으로 묵인한 경우에도 유추적용 ○
  - 표현대표이사가 다른 대표이사의 명칭을 사용하여 어음행위를 한 경우 회사가 책임을 지는 선의의 제3자의 범위 ⇨ 표현대표이사로부터 직접 어음을 취득한 상대방, 그로부터 어음을 다시 배서양도받은 제3취득자도 포함됨 ○
  - 표현대표이사가 자신 이름으로 행위한 경우는 물론 대표이사의 이름으로 행위한 경우에도 적용
  - 상대방의 악의 또는 중대한 과실은 대표이사를 대리하여 행위를 할 권한이 있는지에 관한 것이고 상대방에의 악의·중과실에 대한 입증책임은 회사에게 있음

- 표현대표이사의 행위로 인정이 되는 경우에도 이사회 결의가 필요하고 계약의 상대방인이 이사회 결의가 없었음을 알았다면 회사는 위 매매계약에 대한 책임 면함(∵ 표현대표이사의 행위와 이사회의 결의를 거치지 아니한 대표이사의 행위는 다름)

핵심포인트 문 69 주식회사의 이사회 ★★

- 이사가 이사회에 출석하여 결의에 기권하였다고 의사록에 기재된 경우 ⇨ 「상법」 제399조 제3항에 따라 이사회 결의에 찬성한 것으로 추정할 수 없음(∵ 이의를 한 기재가 의사록에 없는 자로 볼 수 없음)
- 발행주식총수의 100분의 3 이상에 해당하는 주식을 가진 주주는 회의의 목적사항과 소집 이유를 적은 전자문서(전자우편은 물론 휴대전화 문자메시지 · 모바일 메시지 등까지 포함)를 이사회에 제출하는 방법으로 임시주주총회의 소집을 청구 可
- 주주가 영업시간 내에 이사회 의사록의 열람 또는 등사를 청구(주주는 민사소송의 방법으로 이사회 의사록의 열람 · 등사를 청구는 허용 ×)하였으나 회사가 그 청구에 대하여 이유를 붙여 거절할 수 있음
- 「상법」 제398조의 자기거래의 경우 사후에 그 거래행위에 대하여 이사회 승인을 받았다고 하더라도 특별한 사정이 없는 한 무효임
- 상법 제542조의9 제1항을 위반하여 이루어진 신용공여는 이사회의 사전 승인이나 사후 추인이 있어도 무효(∵ 이사회의 승인 유무와 관계없이 금지되는 것임)

핵심포인트 문 70 상법상 회사 ★★

- 합명회사는 업무집행사원의 업무집행권한을 다른 사원의 청구에 의해 법원의 선고로써 그 권한을 상실시킬 수 있고 총사원이 일치하여 업무집행사원을 해임함으로써 권한을 상실시킬 수도 있음
- 청산인이 합명회사의 영업의 전부 또는 일부를 양도함에는 총사원 과반수의 결의가 있어야 함
- 청산인이 합명회사 영업의 전부를 양도함에는 총사원의 동의가 있어야 함
- 유한회사는 광고 기타의 방법에 의하여 인수인을 공모하지 못함
- 합자회사에서 업무집행권한의 상실을 선고받은 무한책임사원이 다시 업무집행권이나 대표권을 갖기 위해서는 정관이나 총사원의 동의로 새로 그러한 권한을 부여받아야 함
- 유한책임회사가 사원에 대하여 소를 제기하는 경우 유한책임회사를 대표할 사원이 없을 때에는 다른 사원 과반수의 결의로 대표할 사원을 선정하여야 함

2024년 변호사시험 민사법 핵심요약

핵심포인트 문 01 소멸시효 ★★

- 본래의 채권이 시효로 소멸한 때에는 손해배상채권도 함께 소멸 ○
- 민법 제666조에 따른 저당권설정청구권 소멸시효기간은 3년(∵ 공사대금채권을 담보하기 위하여 저당권설정등기절차의 이행을 구하는 채권적 청구권)
- 후순위 담보권자는 선순위 담보권의 피담보채권에 관한 소멸시효 원용권자 아님
- 물상보증인이 그 피담보채무의 부존재 또는 소멸을 이유로 제기한 저당권설정등기 말소등기절차이행청구소송에서 채권자 겸 저당권자가 청구기각의 판결을 구하고 피담보채권의 존재를 주장 시 담보채권의 소멸시효에 관하여 규정한 민법 제168조 제1호 소정의 청구에 해당 ×
- 채권자가 채무자의 제3채무자에 대한 채권을 압류 또는 가압류한 경우 압류 또는 가압류된 채무자의 제3채무자에 대한 채권에 확정적인 시효중단의 효력 없음

핵심포인트 문 02 대여금의 원금 및 이자 또는 지연손해금의 지급을 구하는 소 ★★★

- 5년의 상사소멸시효 적용 ○
  - 대부업을 영위하는 자의 대여금채권
  - 쌍방상행위 · 일방상행위 · 기본적상행위 · 보조적 상행위
- 확정기한부채권 확정기간 도래시부터 소멸시효 진행 ○
- 소멸시효 완성의 효력은 소멸시효가 완성된 원금 부분으로부터 그 완성 전에 발생한 이자 또는 지연손해금에 미침
- 상사 약정이율은 이자제한법의 최고이자율 연 20퍼센트 한도 내에서 상사법정이율 보다 높게 정할 수 있음
- 소멸시효의 중단 시점 ⇨ 재판상 청구는 소를 제기한 때 ○
- 이자, 부양료, 급료, 사용료 기타 1년 이내의 기간으로 정한 금전 또는 물건의 지급을 목적으로 한 채권 ⇨ 3년간 행사하지 않으면 소멸시효 완성 ○
- 이자 원본채권이 상행위로 인한 채권일 경우 ⇨ 지연손해금 채권도 5년의 소멸시효 ○

문 03 종합문제 ★★

- 공동친권자의 일방이 공동명의로 자를 대리하거나 자의 법률행위에 동의한 때 다른 일방의 의사에 반하는 때에도 그 효력 有 단, 대방이 악의인 때에는 그러하지 아니함
- 미성년자가 신용카드발행인과 사이에 신용카드 이용계약을 체결하여 신용카드거래를 하다가 신용카드 이용계약을 취소하는 경우 ⇨ 미성년자인 카드회원은 매매대금 지급채무를 법률상 원인 없이 면제받는 금전상 이익 얻고 특별한 사정이 없는 한 현존하는 것으로 추정
- 민법 제17조 무능력자가 사술로써 능력자로 믿게 한 때에 있어서의 사술이란 적극적으로 사기수단을 쓴 것을 의미함 ○ (단순히 자기가 능력자라 사언은 ×)
- 친권자인 모가 자신이 대표이사로 있는 주식회사의 채무 담보를 위하여 자신과 미성년인 자(子)의 공유재산에 대하여 자의 법정대리인 겸 본인의 자격으로 근저당권을 설정한 행위는 이해상반행위 ×
- 친권자가 수인의 미성년자의 법정대리인으로서 상속재산 분할협의 ⇨ 민법 제921조에 위반되어 적법한 추인이 없는 한 무효

문 04 민법상 조합계약 ★★

- 조합원의 임의 탈퇴는 조합계약에 관한 일종의 해지로서 다른 조합원에 대한 의사표시로써 하여야 하는데, 그 의사표시는 묵시적으로도 할 수 있음
- 2인 조합에서 조합원 1인이 탈퇴하는 경우
  - 조합관계 종료 ×
  - 조합원의 합유에 속하였던 재산은 남은 조합원의 단독소유에 속하게 됨
  - 탈퇴자와 잔존자 사이에 탈퇴로 인한 계산을 함에 있어서는 탈퇴 당시의 조합재산상태를 기준으로 평가한 조합재산 중 탈퇴자의 지분에 해당하는 금액을 금전으로 반환해야 함
- 탈퇴 조합원의 지분을 계산할 때 지분을 계산하는 방법에 관해서 별도 약정이 있다는 등 특별한 사정이 없는 한 지분의 환급을 주장하는 사람에게 조합재산의 상태 증명책임 有

문 05 대리 ★★

- 대리권이 있다는 점에 대한 입증책임은 그 효과를 주장하는 자에게 있음
- 매도인의 대리인이 매수인으로부터 잔금을 수령하였다면 특별한 사정이 없는 한 잔금을 매도인에게 전달하지 않았더라도 매수인의 잔금지급채무는 소멸 ○
- 상대방의 대리인 등 상대방과 동일시할 수 있는 자의 사기나 강박은 제3자의 사기·강박에 해당 ×
- 대리에 의한 법률행위가 민법 제104조의 불공정한 법률행위에 해당 여부 ⇨ 경솔과 무경험은 대리인을 기준으로, 궁박은 본인의 입장에서 판단
- 본인에 대하여 성년후견이 개시되더라도 대리권은 소멸 ×

문 06. 점유취득시효 ★★

- 구분소유적 공유관계에서 공유자 1인이 독점적으로 소유하고 있는 부분에 대하여 취득시효가 완성된 경우 그 토지 부분과 무관한 다른 공유자들도 각각의 공유지분에 대하여 취득시효완성을 원인으로 한 소유권이전등기의무 있음
- 부동산에 관하여 적법·유효한 등기를 하고 소유권을 취득한 사람이 자기 소유의 부동산 점유는 취득시효의 기초가 되는 점유 아님
- 양도담보권설정자가 양도담보부동산을 20년간 소유의 의사로 평온, 공연하게 점유점유취득시효를 원인으로 하여 담보 목적으로 경료된 소유권이전등기의 말소 구할 수 없음
- 취득시효완성으로 인한 소유권이전등기청구권의 양도의 경우에는 매매로 인한 소유권이전등기청구권에 관한 양도제한의 법리 적용 ×

문 07. 법률행위의 부관 ★★

- 조건의사가 있더라도 그것이 외부에 표시되지 않으면 법률행위의 부관으로서의 조건이 되지 않음
- 정지조건부 법률행위에 해당한다는 사실은 그 법률행위로 인한 법률효과의 발생을 저지하는 사유로서 그 법률효과의 발생을 다투려는 자에게 주장입증 책임 有
- 민법 제150조 제1항의 조건의 성취를 방해한 때란 사회통념상 일방 당사자의 방해행위가 없었더라면 조건이 성취되었을 것으로 볼 수 있음에도 방해행위로 인하여 조건이 성취되지 못한 정도에 이르러야 함
- 해제조건부 증여로 인한 부동산소유권이전등기를 마친 후 해제조건 성취된 때
  - 소유권은 증여자에게 복귀되고, 이 경우 조건성취 전에 수증자가 한 처분행위는 조건성취의 효과를 제한하는 한도 내에서는 무효
  - 조건이 등기되지 않았다면 그 처분행위로 인하여 권리를 취득한 제3자에게 위 무효 주장 불가능
- 당사자가 불확정한 사실이 발생한 때를 이행기한으로 정한 경우 ⇨ 그 사실이 발생한 때는 물론 그 사실의 발생이 불가능하게 된 때에도 이행기한 도래한 것 ○

문 08. 의사의 설명의무 ★★

- 의사가 수술 등에 대한 환자의 승낙을 얻기 위한 설명의무
  - 의료행위에 따르는 후유증이나 부작용 등의 위험 발생 가능성이 희소하다는 사정만으로 면제 ×
  - 후유증이나 부작용이 당해 치료행위에 전형적으로 발생하는 위험이고 회복할 수 없는 중대한 것인 경우에는 그 발생 가능성의 희소성에도 불구 설명의 대상 ○
- 의사 측에 설명의무를 이행한 데 대한 증명책임 有
- 설명의무는 의료행위가 행해질 때까지 적절한 시간적 여유를 두고 이행되어야 함
- 원칙적으로 의사는 미성년자인 환자에 대해서 의료행위에 관하여 설명할 의무 有

문 09 흠 있는 의사표시 ★★

- 재산을 강제로 뺏긴다는 것이 표의자의 본심으로 잠재되어 있었다 하여도 표의자가 강박에 의하여서나마 증여를 하기로 하고 그에 따른 증여의 의사표시를 한 이상 증여의 내심의 효과의사 결여 ×(∵ 비진의의사표시에 있어서의 진의란 특정한 내용의 의사표시를 하고자 하는 표의자의 생각을 말하는 것)
- 재단법인의 설립을 위하여 서면에 의한 기본재산을 출연행위를 한 경우 착오 이유로 출연행위 취소 可
- 매매계약으로 甲 토지를 계약의 목적물로 삼았으나 착오로 乙 토지로 표시한 경우 ⇨ 오표시 무효에 따라 甲 토지에 대하여 매매계약이 성립하고 착오 이유로 매매계약 취소 불가능
- 임대차보증금반환채권이 양도된 후 그 양수인의 채권자가 임대차보증금반환채권에 대하여 채권압류 및 추심명령을 받았는데 그 임대차보증금반환채권 양도계약이 허위표시로서 무효인 경우 그 채권자가 선의라면 보호받는 제3자 ○
- 동기의 착오(반환소송을 당하게 되면 아무런 보상도 받지 못한 채 부동산을 반환하여야 할 것으로 착각하여 이를 매도하는 매매계약 체결한 것)가 법률행위의 내용의 중요 부분의 착오에 해당함을 이유로 표의자가 법률행위를 취소하려면 그 동기를 당해 의사표시의 내용으로 삼을 것을 상대방에게 표시하고 의사표시의 해석상 법률행위의 내용으로 되어 있다고 인정되면 충분 ○

문 10 임차권등기명령 ★★

- 임차권등기명령에 의하여 임차권등기를 한 임차인은 위 임차권등기가 첫 경매개시결정등기 전에 경료된 경우 별도로 배당요구를 하지 않아도 배당받을 채권자 ○
- 주택임대차보호법상 임대인의 임대차보증금 반환의무는 임차인의 임차권등기 말소의무보다 먼저 이행되어야 할 의무 有
- 주택임대차보호법에서 정한 임차권등기명령에 따른 임차권등기에는 압류 또는 가압류, 가처분에 준하는 소멸시효 중단의 효력 없음

문 11 동시이행 ★★

- 동시이행 인정 ○
  - 수급인이 도급계약에 따른 의무를 제대로 이행하지 못함으로 말미암아 도급인의 신체 또는 재산에 대한 확대손해와 도급인의 공사대금채무
  - 하수급인의 공사대금청구에 대한 하수급인에 대한 수급인의 공사대금채무를 인수한 도급인이 수급인의 하자보수청구권에 기한 동시이행항변으로 대항한 경우
- 동시이행 인정 ×
  - 채무담보의 목적으로 경료된 채권자 명의의 소유권이전등기나 그 청구권보전 가등기의 말소의무와 피담보채무의 변제

- 근저당권 실행을 위한 경매가 무효로 되어 근저당권자인 채권자가 채무자를 대위하여 낙찰자에 대한 소유권이전등기 말소청구권을 행사한 경우 채권자의 배당금 반환채무와 낙찰자의 소유권이전등기 말소의무
- 상가건물임대차에서 임차인의 임차목적물 반환의무와 임대인의 권리금 회수 방해로 인한 손해배상의무

핵심포인트 문 12 기여분·단순승인 간주·상속재산 관리의무·상속채권자·상속포기 ★★★

- 사실혼 배우자는 공동상속인이 아니므로 기여분 청구 불가능
- 상속인이 가정법원에 상속포기의 신고를 하였더라도 이를 수리하는 가정법원의 심판이 고지되기 이전에 상속재산을 처분한 경우 민법 제1026조 제1호에 따라 상속의 단순승인 간주 ○
- 상속인은 가정법원의 상속포기 신고 수리심판 고지받을 때까지 구체적 상속재산 관리의무(민법제1022조) 부담함
- 상속채권자는 그 기간 동안 상속인을 상대로 상속재산에 관한 가압류결정을 받아 상속재산에 대한 경매절차에서 가압류채권자로서 적법하게 배당 가능
- 피상속인의 배우자와 자녀 중 자녀 전부가 상속을 포기한 경우, 배우자가 단독상속인이 됨

핵심포인트 문 13 공유 ★★

- 공유토지의 점유자에 대한 부당이득반환청구나 손해배상청구는 자신의 지분 범위 내에서만 청구 가능(보존행위가 아님)
- 전부 또는 일부를 독점적 점유하는 공유물의 소수지분권자인 피고로 상대로 다른 소수지분권자인 원고는 공유물 인도 청구 불가능
- 건물 소유를 통하여 타인 소유 토지를 점유하고 있는 경우 토지 소유자는 건물의 철거와 대지 부분의 인도를 청구 가능, 건물에서 퇴거할 것을 청구 불가능, 이러한 법리는 건물이 공유관계에 있는 경우에 건물의 공유자에게도 적용 ○
- 공유자 간의 공유물에 대한 사용수익·관리에 관한 특약은 공유자의 특정승계인에 대해 당연히 승계 ○
- 건물의 보수를 위하여 수급인과 보수공사계약을 체결한 경우에 계약자인 도급인이 이 공사대금을 지급하지 않는다면 수급인은 다른 건물공유자에게 지분 범위 내에서 공사대금을 부당이득으로 반환청구 不可

핵심포인트 문 14 3자간 명의신탁 ★★

- 명의신탁자와 명의수탁자 간 신탁약정 무효, 신탁자는 수탁자 상대로 부동산 소유권 이잔 등기 청구 不可

- 명의신탁자가 제3자와 사이에 부동산 처분에 관한 약정을 맺고 그 약정에 기하여 명의수탁자에서 제3자 앞으로 마쳐준 소유권이전등기는 다른 특별한 사정이 없는 한 실체관계에 부합하는 등기로서 유효
- 명의수탁자에 대한 금전채권자가 금전채권을 피보전권리로 하여 명의신탁 부동산에 대하여 가압류를 신청하여 가압류등기가 마쳐진 경우 가압류는 유효함
- 명의수탁자가 명의신탁자의 채권인 소유권이전등기청구권을 침해한다는 사정을 알면서도 명의신탁받은 부동산을 자기 마음대로 처분하였다면 제3자의 채권침해에 따른 불법행위책임 성립
- 명의수탁자가 부동산에 관하여 제3자에게 근저당권을 설정한 경우 명의수탁자는 명의신탁자에게 피담보채무액 상당의 이익을 부당이득으로 반환할 의무 부담

문 15 상속 ★★

- 피대습인이 대습원인의 발생 이전에 피상속인으로부터 생전 증여로 특별수익을 받은 경우 그 생전 증여는 대습상속인의 특별수익에 해당 ○
- 상속결격사유가 발생한 이후에 결격된 자가 피상속인에게서 직접 증여를 받은 경우 특별수익에 해당 ×
- 공동상속인 중 법정상속분의 가액을 초과 특별수익을 받은 상속인은 상속시에 그 초과분 반환해야 함 ○
- 공동상속인들 사이에 협의가 이루어지지 않는 경우 직계비속 중 남녀, 적서를 불문하고 최근친의 연장자가 제사주재자임
- 피상속인이 생전행위 또는 유언으로 자신의 유체·유골을 처분하거나 매장 장소를 지정한 경우 제사주재자는 피상속인의 그러한 의사에 무조건 구속되어야 하는 법률적 의무 부담 ×

문 16 대상청구권 ★★

- 법규의 미비 등으로 그 보상금의 지급을 구할 수 있는 방법이나 절차가 없다가 상당한 기간이 지난 뒤에야 보상금청구의 방법과 절차가 마련된 경우 보상금을 청구할 수 있는 방법이 마련된 시점부터 대상청구권에 대한 소멸시효가 진행 ○
- 신용보증기금이 주식회사를 상대로 제기한 사해행위취소소송에서 원물반환으로 근저당권설정등기의 말소를 구하여 승소판결이 확정, 그 후 해당 부동산이 관련 경매사건에서 담보권 실행을 위한 경매절차를 통하여 제3자에게 매각된 경우 신용보증기금은 대상청구권의 행사로서 회사가 말소될 근저당권설정등기에 기하여 지급받은 배당금의 반환 청구 가능 ○
- 매매에 따른 소유권이전등기 전에 매매목적물 수용된 경우 매수인이 매도인을 상대로 수용보상금청구권이 자신에게 속한다는 채권의 귀속에 관한 확인을 구하는 청구는 주장 자체로 이유 없음이 명백하여 허용 ×

핵 심 포인트 | 문 17 | 해제 ★★★

- 매매계약에서 매수인이 중도금을 약정한 일자에 지급하지 아니하면 그 계약을 무효로 한다고 하는 특약이 있는 경우 매수인이 약정한 대로 중도금을 지급하지 아니하면 그 불이행 자체로써 계약은 그 일자에 자동적으로 해제 ○
- 당사자들이 계약이 여전히 유효함을 전제로 논의를 계속하면서 해제에 따른 법률효과를 주장하지 아니한 채 계약 내용에 따른 이행을 촉구하거나 온전한 채무의 이행을 받지 못한 상대방이 별다른 이의 없이 급부 중 일부를 수령시 약을 부활시키기로 하는 합의 존재 ○
- 계약해제 시 반환할 금전에 가산할 이자에 관하여 당사자 사이에 약정이 있는 경우에는 특별한 사정이 없는 한 이행지체로 인한 지연손해금도 그 약정이율 의함
- 계약을 해제하기로 합의하면서 그 합의해제로 인하여 반환할 금전에 가산할 이자에 관하여 별도로 약정한 바가 없다면 민사 또는 상사 법정이율 적용 ○

핵 심 포인트 | 문 18 | 금전채권 및 이에 대한 지체책임 ★★

- 금전소비대차의 채권자가 고의 또는 과실로 이자제한법상의 최고이자율을 초과하는 이자를 받은 경우 그 초과 부분이 원본에 충당됨으로써 원본이 전부 소멸하고도 남는 금액이 있으면 그 부분에 대해서는 채권자에게 불법행위책임 부담
- 가분적인 금전채권의 일부에 대한 전부명령이 확정되면 전부된 채권 부분과 전부되지 않은 채권 부분에 대하여 각기 독립한 분할채권 ⇨ 제3채무자는 전부채권자 혹은 압류채무자 중 어느 누구도 상계의 상대방으로 지정하여 상계 가능
- 보증채무의 연체이율에 관하여 그 거래행위의 성질에 따라 상법 또는 민법 법정이율에 따라야 함
- 채무이행의 불확정한 기한이 있는 경우에는 채무자는 기한이 도래함을 안 때로부터 지체책임 ○
- 신원보증인의 채무는 이행기의 정함이 없는 채무이므로 채권자로부터 이행청구 받을 때부터 지체책임 ○

핵 심 포인트 | 문 19 | 분할채권·동시이행 ★★

- 가분적인 금전채권의 일부에 대한 전부명령이 확정되면 전부명령이 제3채무자에 송달된 때에 소급하여 전부된 채권 부분과 전부되지 않은 채권 부분에 대해 각기 독립한 분할채권 성립 ○
- 공사도급계약의 도급인이 자신 소유의 토지에 근저당권 설정하여 수급인으로 하여금 공사에 필요한 자금을 대출받도록 한 경우 수급인의 근저당권 말소의무는 도급인의 공사대금채무와 동시이행관계 ○
- 도급인이 대출금 등을 대위변제함으로써 수급인이 지게 된 구상금채무는 근저당권 말소의무의 변형물로서 도급인의 공사대금채무와 동시이행관계 ○

- 제3채무자의 압류채무자에 대한 자동채권이 수동채권인 피압류채권과 동시이행의 관계에 있는 경우 압류명령이 제3채무자에게 송달되어 압류의 효력이 생긴 후에 자동채권이 발생하더라도 제3채무자는 동시이행의 항변권 주장 가능 ○

문 20 경매절차에서 배당 ★★★

- 근저당권자가 그 피담보채무의 불이행 이유로 경매신청한 때 그 경매신청 시에 근저당권 확정 그 이후에 발생하는 원금채권은 그 근저당권에 의하여 담보 ×
- 연대보증인이 자신의 출재로 채무자를 대신하여 주채무를 변제하면 채권자가 주채무자 및 다른 연대보증인에 갖고 있던 채권(원채권) 및 담보권이 연대보증인에게 법률상 당연 이전 ○
- 채권자가 부동산에 대하여 저당권을 가지고 있는 경우 일부 대위변제 시에 채권자는 일부 대위변제자에 대하여 우선변제권 有
- 보증인이 채무를 변제한 후 저당권 등의 등기에 관하여 대위의 부기등기를 하지 않고 있는 동안 제3취득자가 목적부동산에 대하여 권리를 취득한 경우 보증인은 제3취득자에 대하여 채권자 대위 불가능

문 21 채권의 소멸 ★★

- 임대인은 임대차 존속 중 차임채권의 소멸시효가 완성된 경우 이를 자동채권으로 삼아 임대차보증금 반환채무와 상계할 수 없으나, 민법 제495조의 유추적용에 의하여 그 연체차임을 임대차보증금에서 공제 가능
- 사용자가 초과 지급된 임금의 부당이득반환청구권으로 근로자의 임금채권과 상계할 수 있는 경우 임금채권의 2분의 1을 초과하는 부분에 관하여만 허용 ○
- 채권양수인이 양수채권을 자동채권으로 하여 채무자가 양수인에 대해 가지고 있던 기존 채권과 상계 효력은 채권양도의 대항요건이 갖추어진 시점으로 소급 ○
- 임대인이 임차인에 대해 갖고 있던 대여금채권의 소멸시효가 임대차 존속 중 완성되었다면 임대인은 위 채권을 자동채권으로 하여 임차인의 임대인에 대한 유익비상환채권과 상계 불가능

문 22 다수당사자 채권관계 ★★

- 연대채무자 중 1인이 채무 일부를 면제받는 경우 그 연대채무자가 지급해야 할 잔존 채무액이 부담부분 초과하는 경우 다른 연대채무자는 채무 전액을 부담
- 중첩적 채무인수에서 채무자와 인수인은 원칙적으로 진정연대채무관계 ○

- 채권자가 연대채무자 중 1인의 소유 부동산에 대하여 경매신청, 그로부터 6개월 내에 다른 연대채무자를 상대로 재판상 청구 시
  - 경매신청 시로부터 그 다른 연대채무자에 대한 채권의 소멸시효가 중단
  - 재판확정시때부터 중단된 시효는 새로 진행
- 구상권자인 공동불법행위자 측에 과실이 없는 경우 수인의 구상의무를 부진정연대관계이므로 채권자는 채무자 중 누구에게든지 채무 범위 내에서 이행 청구 가능

문 23 부양의무

- 혼인이 사실상 파탄되어 부부가 별거하면서 서로 이혼소송 제기하는 경우 이혼을 명한 판결의 확정으로 법률상 혼인관계가 완전히 해소될 때까지는 부부간 부양의무 有
- 부부간의 부양의무 중 과거의 부양료는 부양의무의 이행을 청구, 부양의무자가 부양의무 불이행으로 이행지체에 빠진 후의 것에 관하여만 부양료의 지급 청구 가능
- 처가 남편과의 동거 의무를 스스로 저버리고 별거하고 있는 경우 남편에게 부양료 청구 불가능
- 자녀를 홀로 양육한 부부의 일방이 상대방에 대하여 가지는 과거 양육비의 지급을 구할 권리는 당사자의 협의 또는 가정법원의 심판 등에 의해 구체적인 지급청구권으로 성립하기 전에는 소멸시효 진행 ×

문 24 채권양도

- 매매로 인한 소유권이전등기청구권은 양도인의 채무자에 대한 통지만으로는 채무자에 대한 대항력 없음
- 매매계약에서 대가적 의미가 있는 매도인의 소유권이전의무와 매수인의 대금지급의무는 명시하지 않아도 당연히 그것을 전제로 하고 양도 승낙 시나 질권설정 승낙 시에 면책사유에 대한 이의를 보류하지 않았다 하더라도 동시이행의 관계 주장 가능 ○
- 제2차 양도계약 후 양도인과 제1양수인이 제1차 양도계약을 합의해지한 다음 제1양수인이 그 사실 채무자에게 통지함으로써 채권이 다시 양도인에게 귀속하게 되었더라도 제2양수인이 당연히 채권 취득 ×
- 주채무자에 대한 채권이 이전되면 보증인에 대한 채권도 함께 이전하고, 이 경우 채권양도의 대항요건도 주채권의 이전에 관하여 구비하면 족함
- 악의의 양수인으로부터 다시 선의로 양수한 전득자도 민법 제449조 제2항 단서는 채권양도금지 특약으로써 대항할 수 없는 자인 선의의 제3자임 ○

문 25 채권자대위 소송·채권자취소 소송 ★★

- 채권자대위소송에서 확정된 판결에 따라 대위채권자가 제3채무자로부터 지급받을 채권에 대한 압류명령 무효(∵ 채권자대위소송에서 대위채권자에게 금전의 지급을 명하는 판결이 확정되었더라도 그 판결에 기초하여 금전을 지급받는 것은 추심권능 내지 변제수령권능)
- 채권자대위소송에서 제3채무자는 채권자의 채무자에 대한 권리가 무효, 변제소멸 주장 가능하나 소멸시효가 완성을 이유로 주장 불가능
- 채권자대위소송에서 피본전권리 흠결 시 권리자격이 없어 부적법 각하
- 사해행위취소소송에 따라 가액배상을 하는 경우 수익자가 채무자에 대한 채권을 가지고 있다는 이유로 취소채권자에게 상계 주장 불가능
- 사해행위취소의 소를 제기하였다가 제척기간이 경과한 후에 피보전채권 변경하였다면 사해행위취소의 소는 적법(∵ 소의 교환적 변경에 해당 ×)

문 26 전세권 ★★★

- 전세권저당권자가 전세금반환채권에 대하여 물상대위권을 행사한 경우 전세금반환채권이 압류된 때에 전세권설정자가 전세권자에 반대채권과 전세금반환채권이 상계적상에 있다고 하더라도 전세권저당권자에게 상계로써 대항 불가능
- 단순히 먼저 전세금반환채권에 대하여 압류나 가압류의 집행을 함에 지나지 않은 일반 채권자보다 물상대위권을 행사하려는 저당채권자가 우선변제 받을 수가 있음
- 임대차계약에 따른 임차보증금반환채권을 담보할 목적으로 전세권설정등기를 마친 경우 전세권설정자는 악의의 전세권 저당권자에 대해서는 연체차임 공제 주장으로 대항 가능 ○
- 전세기간 만료 이후 전세권양도계약 및 전세권이전의 부기등기가 이루어진 것만으로는 전세금반환채권의 압류·전부 채권자에게 대항 불가능(∵ 부기등기는 확정일자 있는 통지나 승낙이 아님)

문 27 채권자취소권 ★★

- 사해행위인 계약 전부의 취소와 부동산 자체의 반환을 구하는 청구취지 속에는 그 일부취소와 가액배상 구하는 취지도 포함되므로 청구취지의 변경이 없더라도 바로 가액반환 명할 수 있음(∵ 취소판결이 확정되지 아니한 상태에서 가액배상의 의무 불발생)
- 가액배상의무는 사해행위의 취소를 명하는 판결확정된 때 발생
  - 사해행위의 취소 결이 확정된 다음날부터 이행지체 책임을 지게 됨
  - 사해행위의 취소 결이 확정 전에는 성질상 가집행을 붙이는 것이 불가능하고 소송촉진 등에 관한 특례법 소정의 이율이 아닌 민법 법정이율 적용

- 사해행위의 수익자는 채권자취소 피보전채권 소멸시효 원용 가능 ○
- 수익자가 채권자취소권을 행사하는 채권자에 대해 가지는 별개의 다른 채권을 집행하기 위하여 그에 대한 집행권원을 가지고 채권자의 수익자에 대한 가액배상채권을 압류하고 전부명령을 받는 것은 허용

문 28 임대차보증금반환채권에 관한 질권설정계약 ★★

- 저당권부 채권에 대한 질권의 등기를 할 때에 채권의 지연손해금을 기재하지 않았더라도 근저당권부 질권의 피담보채권의 범위가 등기부에 기재된 약정이자에 한정 ×
- 제3채무자가 질권자의 동의 없이 질권설정자와 상계합의를 함으로써 질권의 목적인 채무를 소멸하게 한 경우 질권자에게 대항할 수 없고 질권자는 제3채무자에 대해 직접 채무의 변제 청구 가능 ○
- 질권의 목적인 채권에 대해 질권설정자의 일반채권자의 신청으로 압류·전부명령 송달된 날보다 먼저 질권자가 확정일자 대항요건을 갖추었다면 제3채무자는 전부채권자에게 변제 이유로 질권자에게 대항 불가
- 담보가 없는 채권에 질권을 설정한 다음 그 채권을 담보하기 위해 저당권이 설정한 경우 저당권설정등기에 질권의 부기등기를 하지 않으면 질권의 효력이 저당권에 미치지 않음

문 29 법정지상권 ★★

- 법정지상권·관습법상 법정지상권 취득이 부정된 경우
  - 토지에 관하여 저당권이 설정될 당시 그 지상에 토지소유자에 의한 건물의 건축이 개시되기 이전 건물 없는 토지에 관하여 저당권이 설정될 당시 근저당권자가 토지소유자에 의한 건물의 건축에 동의한 경우
  - 강제경매의 목적이 된 토지 또는 그 지상 건물에 대해 강제경매개시결정 이전에 가압류가 되어 있다가 그 가압류가 강제경매개시결정으로 인해 본압류로 이행되어 경매절차가 진행된 경우 가압류의 효력이 발생 당시 토지와 그 지상 건물이 동일인 소유가 아닌 경우
  - 담보하기 위하여 나대지상에 가등기가 경료되었고 그 뒤 대지소유자가 그 지상에 건물을 신축하였는데, 그 후 그 가등기에 기한 본등기가 경료되어 대지와 건물의 소유자가 달라진 경우
  - 토지 및 건물공유자 중 1인인 원고가 피고 1에게 위 건물의 공유지분을 이전함으로써 토지와 건물의 소유자가 달라진 경우

문 30 채권자취소권 ★★

- 사해행위로 부동산 소유권이 이전된 후 그 부동산에 관하여 제3자가 저당권이나 지상권 등의 권리를 취득한 경우 채권자는 수익자를 상대로 사해행위취소 및 채무자에 대한 소유권이전등기절차의 이행 청구 가능 ○

- 사해행위에 해당 ○
  - 부부 간의 명의신탁에서 신탁자가 유효한 명의신탁약정을 해지함을 전제로 신탁된 부동산을 제3자에게 직접 처분하면서 수탁자 및 제3자와의 합의 아래 수탁자에서 제3자 앞으로 소유권이전등기한 행위(∵ 신탁자의 일반채권자들을 해하는 행위)
  - 채무자가 유일한 재산인 그 소유 부동산 매매예약에 따른 예약완결권이 제척기간 경과가 임박하여 소멸할 예정상태에서 제척기간을 연장하기 위해 새로 매매예약을 하는 행위
- 사해행위가 있은 후 채권자가 취소원인을 알면서 피보전채권을 양도하고 양수인이 그 채권을 보전하기 위해 채권자취소권 행사하는 경우 제척기간 도과 여부 판단 시기 ⇨ 채권의 양도인이 취소원인을 안 날을 기준 ○
- 계약명의신탁약정에 따라 수탁자가 당사자가 되어 명의신탁약정이 있다는 사실을 알지 못하는 소유자와 사이에 부동산 소유권이전등기를 마친 후 신탁자가 제3자에게 소유권이전등기한 경우 ⇨ 신탁자의 일반채권자들을 해하는 사해행위 ×

핵심포인트 문 31 친자관계 ★★

- 친생자관계의 존부확인을 대상으로 하는 조정이나 재판상 화해는 무효(∵ 친생자관계의 존부확인은 성질상 당사자가 임의로 처분할 수 없는 사항)
- 친생자관계존부확인의 소를 제기할 수 있는 자는 민법 제865조 제1항에서 정한 제소권자로 한정 ○
- 공동상속인이 이미 상속재산 분할 또는 처분한 이후에 모자관계가 친생자관계존재확인판결 확정된 경우 인지를 요하지 아니하는 모자관계는 인지의 소급효 제한에 관한 민법 제860조 단서 적용 또는 유추적용 안 됨
- 정상적으로 혼인생활을 하고 있는 부부 사이에서 인공수정 자녀가 출생하는 경우
  - 인공수정으로 출생한 자녀는 남편의 자녀로 추정 ○
  - 남편이 인공수정에 동의하였다가 나중에 이를 번복하고 친생부인의 소 제기 허용 ×
- 성전환자에게 미성년 자녀가 있다는 사정만을 이유로 성별 정정을 불허하여서는 아니 됨

핵심포인트 문 32 약속어음 ★★

- 어음이 지급을 위하여 교부된 경우
  - 채무자가 어음 교부 시 어음상의 주채무자가 원인관계상의 채무자와 동일하지 아니한 때에는 지급을 위하여 교부된 것으로 추정 ○
  - 채권자는 어음채권을 우선 행사하고 만족을 얻을 수 없을 때 채무자에 대해 기존의 원인채권 행사 가능
- 원인채권을 청구하면 원칙적으로 어음과 상환으로 지급하겠다는 동시이행항변을 할 수 있으나 어음상 권리가 시효완성으로 소멸하여 甲에게 이중지급의 위험이 없고 甲이 다른 어음상 채무자에 대하여 권리를 행사할 수도 없는 경우에는 동시이행항변권이 부인
- 채권자가 위의 의무를 위반하여 지급기일에 적법한 지급제시를 하지 아니함으로써 소구권이 보전되지 아니하였더라도 어음을 반환받은 어음채무자는 어음채권자에게 손해배상청구권 행사 불가능

- 어음행위에 착오·사기·강박·해제 항변은 어음행위 상대방에 대한 인적항변에 불과함

핵심포인트 문 33 공동저당권 ★★★

- 공동근저당권의 목적 부동산 중 일부 부동산에 대한 경매절차에서 자신의 우선변제권을 행사하여 우선변제권 범위의 채권최고액에 해당하는 전액을 배당받은 공동근저당권자는 후에 이루어지는 공동근저당권의 다른 목적 부동산에 대한 경매절차를 통해서 중복하여 다시 배당받을 수 없음
- 공동저당에 제공된 채무자 소유 부동산과 물상보증인 소유의 부동산 가운데 물상보증인 소유 부동산이 먼저 경매되어 매각대금에서 선순위공동저당권자가 변제를 받은 때 채무자는 물상보증인에 대한 반대채권이 있어도 물상보증인의 구상금 채권과 하여 물상보증인 소유의 부동산에 대한 후순위저당권자에게 대항 불가능
- 사해행위취소의 소에서 수개의 부동산 중 일부는 채무자 소유이고 다른 일부는 물상보증인 소유인 경우 책임재산은 채무자 소유의 부동산에 관한 피담보채권액은 최고액의 한도에서 피담보채권액 전액임

핵심포인트 문 34 일시 사용을 위한 임대차계약 ★★

- 숙박계약은 일종의 일시 사용을 위한 임대차계약임
- 상법 제152조 제1항의 규정에 의한 임치가 성립하려면 공중접객업자와 객 사이에 공중접객업자가 자기의 지배령역 내에서 목적물 보관의 채무를 부담하기로 하는 명시적 또는 묵시적 합의 要
- 공중접객업자는 고객으로부터 임치받지 아니한 경우 그 시설 내에 휴대한 물건이 자기 또는 그 사용인의 과실로 인하여 멸실 또는 훼손되었을 때에는 그 손해를 배상할 책임 있음
- 여관 부설주차장의 출입을 통제하거나 주차 사실을 확인하지 않고 단지 주차의 장소만을 제공하는 경우 투숙객이 여관측에 주차사실을 고지하거나 차량열쇠를 맡겨 차량의 보관을 위탁한 경우에 임치의 성립 인정
- 숙박업자가 숙박계약상의 고객 보호의무을 다하지 못하여 투숙객이 사망한 경우 근친자는 숙박업자의 그 망인에 대한 숙박계약상의 채무불이행을 이유로 위자료 청구 불가능

핵심포인트 문 35 운송계약 ★★

- 운송인은 자기 또는 운송주선인이나 사용인, 그 밖에 운송을 위하여 사용한 자가 운송물의 수령, 인도, 보관 및 운송에 관하여 주의를 게을리하지 아니하였음을 증명하지 아니하면 운송물의 멸실, 훼손 또는 연착으로 인한 손해 배상 책임 有
- 운송물이 전부멸실 또는 연착된 경우의 손해배상액은 인도할 날의 도착지의 가격에 따름

- 운송물의 멸실, 훼손 또는 연착이 운송인의 고의나 중대한 과실로 인한 때 운송인은 모든 손해 배상해야 함
- 운송인의 책임은 운송인 또는 그 사용인이 악의인 경우에는 수하인 또는 화물상환증소지인이 유보없이 운송물을 수령하고 운임 기타의 비용을 지급한 때에도 소멸 ×
- 화물상환증이 발행된 경우에는 운송인과 송하인 사이에 화물상환증에 적힌 대로 운송계약이 체결되고 운송물을 수령한 것으로 추정 ○

핵심포인트 문 36 영업양도

- 영업이 포괄적으로 양도되면 반대의 특약이 없는 한 양도인과 근로자 간의 근로관계도 원칙적으로 양수인에게 포괄적으로 승계 ○
- 속용되는 명칭이 상호 자체가 아닌 옥호 또는 영업표지인 때에도 상법 제42조(상호를 속용한 양수인의 책임) 제1항의 유추적용에 의하여 그 채무부담 ○
- 영업양도인의 책임의 존속기간 ⇨ 상호를 속용하는 양수인의 책임 또는 채무인수를 광고한 양수인의 책임에 의한 양도인의 제3자에 대한 채무는 영업양도 또는 광고후 2년이 경과하면 소멸 ○
- 채무인수 사실이 없다는 것을 알고 있는 악의의 채권자 상법 제42조 제1항에 따른 책임 발생 ×, 채권자가 악의라는 점에 대한 주장·증명책임은 그 책임을 면하려는 영업양수인에게 有
- 채권자가 영업양도 무렵 채무인수 사실이 없음을 알지 못한 경우
  - 상법 제42조 제1항에 따른 영업양수인의 변제책임이 발생 ○
  - 이후 채권자가 채무인수 사실이 없음을 알게 되었다고 하더라도 이미 발생한 영업양수인의 변제책임이 소멸 ×

핵심포인트 문 37 가등기담보

- 가등기담보법에 따라 담보가등기를 마친 부동산에 대하여 강제경매개시결정이 있는 경우 그 경매신청이 청산금을 지급하기 전(청산금이 없는 경우에는 청산기간이 지나기 전)에 행하여졌다면 담보가등기권리자는 그 가등기에 따른 본등기 청구 불가능
- 가등기담보법에 따른 청산절차를 위반하여 담보가등기에 기한 본등기가 이루어진 경우 담보목적 부동산에 관하여 진행된 경매절차에서 매수인이 본등기가 무효인 사실을 알지 못한 채 부동산을 매수하여 소유권을 취득 시 채무자는 더 이상 채권자에 대하여 피담보채무액 전부를 변제하고 그 본등기의 말소 청구 불가능
- 금전소비대차에 기한 차용금반환채무와 그 외의 원인으로 발생한 채무를 동시에 담보할 목적으로 가등기가 경료된 후 변제 기타의 사유로 소멸하고 금전소비대차에 기한 차용금반환채무만 남게 된 경우 가등기담보에 가등기담보법 적용 ○
- 가등기담보법에 따른 청산절차를 거치지 않고 마쳐진 본등기가 무효인 경우 채무자가 담보목적 부동산에 관하여 채권자와 임대차계약을 체결하고 채권자에게 차임을 지급하였다면, 위 차임은 특별한 사정이 없는 한 피담보채무의 변제에 충당한 것임 ○

- 가등기담보권의 사적 실행에서 채권자가 청산금 지급 이전에 본등기와 담보목적물의 인도를 받을 수 있다거나 청산기간이나 동시이행관계를 인정하지 아니하는 방식의 담보권실행은 가등기담보법상 허용 ×

핵심포인트 문 38 누적적 근저당권

- 공동근저당권자가 다른 권리자에 우선하여 피담보채권의 일부에 대하여 배당받은 경우 나머지 목적 부동산에 대하여 공동근저당권자로서 행사할 수 있는 우선변제권의 범위는 피담보채권의 확정 여부와 상관없이 최초의 채권최고액에서 위와 같이 우선변제받은 금액을 공제한 나머지 채권최고액으로 제한 ○
- 누적적 근저당권자는 여러 개의 근저당권 중 전부나 일부를 우선변제 받은 다음 피담보채권이 소멸할 때까지 나머지 근저당권을 실행하여 그 근저당권의 채권최고액 범위에서 반복하여 우선변제 받을 수 있음
- 선순위근저당권의 채권최고액 범위에서 물상보증인에게 변제자대위를 허용하더라도 후순위저당권자의 보호가치 있는 신뢰 침해 ×

핵심포인트 문 39 유치권

- 유치권의 불가분성은 그 목적물이 분할 가능하거나 수 개의 물건인 경우에도 적용 ○
- 하나의 채권을 피담보채권으로 하여 여러 필지의 토지에 유치권을 취득한 유치권자가 그중 일부 필지의 토지에 대하여 선량한 관리자의 주의의무를 위반한 경우 위반행위가 있었던 필지의 토지에 대하여만 유치권 소멸청구가 가능
- 점유를 침탈당한 자가 본권인 유치권 소멸에 따른 손해배상청구권을 행사하는 때에는 유를 침탈당한 날부터 1년 내에 행사 不要
- 경매절차에서 유치권이 주장되지 아니한 경우 채권자인 근저당권자로서는 유치권 부존재 확인을 구할 법률상 이익 有
- 유치권 배제 특약 효력은 특약의 상대방뿐 아니라 그 밖의 사람도 주장 가능

핵심포인트 문 40 사망을 보험사고로 하는 보험계약

- 타인의 사망을 보험사고로 하는 보험계약에는 보험계약 체결 시에 그 타인의 서면에 의한 동의를 얻어야 한다는 상법 규정은 강행법규임
- 상법 제731조 제1항을 위반하여 피보험자의 서면 동의 없이 타인의 사망을 보험사고로 하는 보험계약을 체결한 자 스스로가 무효를 주장함은 의성실의 원칙 또는 금반언의 원칙에 위배 ×

- 타인의 사망을 보험사고로 하는 보험계약의 체결시 그 타인의 서면동의(상법 제731조 제1항)
  - 타인의 동의는 각 보험계약에 대하여 개별적으로 서면에 의하여 이루어져야 하고 포괄적인 동의 또는 묵시적이거나 추정적 동의만으로는 부족함
  - 서면으로 동의의 의사표시를 하여야 하는 시점은 보험계약 체결 시까지 ○
  - 타인의 생명보험계약 성립 당시 피보험자의 서면동의가 없다면 그 보험계약은 확정적으로 무효 피보험자가 이미 무효가 된 보험계약을 추인하더라도 그 보험계약 유효 ×

핵심포인트 문 41 화재보험·고지의무 ★★

- 손해보험계약의 경우에 그 타인의 위임이 없는 때에는 보험계약자는 이를 보험자에게 고지해야 함
- 보험자가 서면으로 질문한 사항은 중요한 사항으로 추정 ○
- 청약서의 질문표상에 기재된 질문사항이 아니더라도 당연히 고지의무의 대상에서 제외되는 것 ×
- 보험자는 고지의무를 위반한 사실과 보험사고의 발생 사이의 인과관계를 불문하고 상법 제651조에 의하여 고지의무 위반 이유로 계약 해지 가능 ○
- 보험계약당시에 보험계약자 고의 또는 중대한 과실로 인해 중요한 사항을 고지하지 아니하거나 부실의 고지한 때 ⇨ 보험자는 그 사실을 안 날로부터 1월 내에, 계약 체결한 날로부터 3년 내에 한하여 계약 해지 가능

핵심포인트 문 42 이사의 보수 등 ★★★

- 특별성과급 등의 명칭으로 경영성과에 따라 지급하는 금원이나 성과 달성을 위한 동기를 부여할 목적으로 지급하는 금원은 이사의 보수에 포함됨
- 특별성과급이 대주주의 지시에 의하여 지급되었다 하더라도 특별성과급 지급에 관한 주주총회 결의가 있었던 것과 마찬가지 ×
- 회사에 대한 경영권 상실 등으로 퇴직을 앞둔 이사가 최대한 많은 퇴직금을 받기 위해 지나치게 과다하여 합리적 수준을 현저히 벗어나는 퇴직금 지급규정을 마련하고 지위를 이용한 영향력 행사로 소수주주의 반대에도 주주총회 결의가 성립되도록 한 경우 그 결의는 무효이고 무효인 퇴직금 지급규정을 근거로 퇴직금 지급청구권 행사 불가능
- 발행주식총수 전부를 취득하여 명의개서를 마친 후 특별성과급 규정에 대해 주주총회 결의가 있었던 것으로 주주총회의사록을 작성하였다면 실제 주주총회를 개최한 사실이 없었더라도 특별한 사정이 없는 한 그 규정에 대하여 주주총회 결의가 있었던 것으로 볼 수 있음
- 감사의 보수는 정관에 그 액을 정하지 아니한 때에는 주주총회의 결의로 이를 정함

핵심포인트 문 43 상법상 회사 ★★

- 유한회사에서 사원총회의 결의로 특정 이사의 보수액을 구체적으로 정한 경우 그 후 사원총회에서 그 보수액을 감액하는 결의를 하여도 이사의 보수청구권에 아무런 영향 없음
- 유한책임회사, 주식회사, 유한회사를 설립하고자 할 때 본점의 소재지를 관할하는 등기소에 상호의 가등기 신청 가능 ○
- 합자회사에서 업무집행권한의 상실을 선고받은 무한책임사원이 다시 업무집행권이나 대표권을 갖기 위해서는 정관이나 총사원의 동의로 새로 그러한 권한을 부여받아야 함
- 합명회사에 있어서 부실등기에 대한 고의·과실의 유무 판정은 그 대표사원 기준 ○
- 유한책임회사는 그 지분의 전부 또는 일부를 양수할 수 없고 그 지분을 취득하는 경우에 그 지분은 취득한 때에 소멸

핵심포인트 문 44 융통어음 ★★

- 융통어음의 발행자
  - 피융통자에 대하여는 어음상의 책임 부담 아니함
  - 피융통자로부터 그 어음을 양수한 제3자에 대하여는 선의이거나 악의이거나, 또한 그 취득이 기한 후 배서에 의한 것이라 하더라도 대가 없이 발행된 융통어음이라는 항변으로 대항 불가능
- 현재의 어음소지인에게 어음을 양도한 자가 어음취득 당시 선의였기 때문에 그에게 대항할 수 없었던 사유에 대하여 현재의 어음소지인이 비록 어음취득 당시 그 사유를 알고 있었다고 하여 그것으로써 현재의 어음소지인에게 대항 불가능
- 채권자가 기존채무의 변제기보다 후의 일자가 만기로 된 어음을 교부받은 때에는 기존채무의 지급유예하는 의사가 있었다고 보아야 함

핵심포인트 문 45 이사의 회사에 대해 손해배상책임·대표소송·감시의무·주주의 주식매수청구권 ★★

- 이사가 주식소각 과정에서 법령을 위반하여 회사에 손해를 끼친 사실이 인정될 때 감자무효의 판결이 확정 불문 상법 제399조 제1항에 따라 회사에 대해 손해배상책임 부담 ○
- 여러 주주들이 함께 대표소송을 제기하기 위하여는 보유주식을 합산하여 상법 주식보유요건을 갖추면 됨
- 사외이사도 법령을 준수하여 업무를 수행하도록 감시·감독하여야 할 의무 부담 ○
- 주주가 주식매수를 청구하려면 합병계약서 승인을 위한 주주총회 전에 회사에 대해 서면으로 그 승인 결의에 반대하는 의사 통지하여야 함
- 주주가 주식매수청구권을 행사하여 회사로부터 주식매수대금을 지급받은 경우 매수청구기간 종료일부터 2개월 이내라도 회사를 상대로 회계장부열람권 행사 불가능

| 핵심포인트 | 문 46 | 집중투표 등 | ★★ |

- 의결권 없는 주식을 제외한 발행주식총수의 100분의 3 이상에 해당하는 주식을 가진 주주는 이사에게 주주총회일의 6주 전에 서면 또는 전자문서로 주주제안 할 수 있음
- 이사는 주주제안이 있는 경우 주제안을 한 자의 청구가 있는 때에는 주주총회에서 당해 의안을 설명할 기회를 주어야 함
- 주주제안이 있는 경우 그 내용이 법령 또는 정관을 위반하는 경우에는 주주총회의 목적사항으로 하지 않음
- 2인 이상의 이사의 선임을 목적으로 하는 총회의 소집이 있는 때에는 의결권없는 주식을 제외한 발행주식총수의 100분의 3 이상에 해당하는 주식을 가진 주주는 정관에서 달리 정하는 경우를 제외하고는 회사에 대하여 집중투표의 방법으로 이사를 선임할 것을 주주총회일의 7일 전까지 서면 또는 전자문서로 청구 가능
- 주주총회에서 집중투표의 방식으로 2인의 이사를 선임하는 경우에도 정관에 규정한 의사정족수는 충족되어야 함

| 핵심포인트 | 문 47 | 상법 제360조의24(지배주주의 매도청구권)에 따른 지배주주에 의한 소수주식의 취득 | ★★ |

- 지배주주는 회사의 경영상 목적을 달성하기 위하여 필요한 경우 미리 주주총회의 승인을 얻어 소수주주에게 그 보유하는 주식의 매도 청구 가능
- 소수주주의 주식은 주식을 취득하는 지배주주가 매매가액을 소수주주에게 지급한 때에 주식이 이전 ○
- 지배주주가 매도청구권을 행사할 때에는 소수주주가 보유하고 있는 주식 전부에 대해 권리 행사하여야 함
- 지배주주의 매도청구를 받은 소수주주는 매도청구를 받은 날부터 2개월 내에 지배주주에게 그 주식을 매도하여야 함
- 모회사가 자회사의 지배주주에 해당하는지를 판단함에 있어 자회사의 자기주식은 발행주식총수에 포함되고 모회사가 보유한 자회사의 주식에 합산

| 핵심포인트 | 문 48 | 대표이사·부실등기 | ★★ |

- 이사선임한 주주총회 결의 취소판결이 확정되기 전 대표이사로서 한 행위는 대표권이 없는 자가 한 행위
- 취소되는 주주총회 결의에 의하여 이사로 선임된 대표이사가 마친 이사 甲 선임 등기는 상법 제39조의 부실등기에 해당 ○
- 제3자가 회사의 대표이사가 아닌 이사가 그 거래행위에서회사를 대표할 권한이 있다고 믿었다 할지라도 그와 같이 믿음에 있어서 중대한 과실이 있는 경우에는 표현대표이사의 행위로 인한 주식회사의 책임 없음
- 대표권 남용 시 대방이 대표이사의 진의를 알았거나 알 수 있었을 때에는 회사에 대하여 무효
- 회사 정관이나 이사회 규정 등에서 이사회 결의를 거치도록 대표이사의 대표권을 제한한 경우 상대방 중대한 과실인 경우거래행위는 무효

문 49. 비상장주식회사의 이익배당 ★★

- 이익배당은 주주총회 결의로 정하나 재무제표를 이사회가 승인하는 경우에는 이사회 결의로 정함
- 정관에서 회사에 배당의무를 부과하면서 대표이사나 이사회가 경영판단에 따라 배당금 지급 여부나 시기, 배당금액 등을 달리 정할 수 있도록 하는 규정이 없다면 예외적으로 정관에서 정한 지급조건이 갖추어지는 때에 주주에게 구체적이고 확정적인 배당금지급청구권 인정 ○
- 회사는 주주총회 결의에 의하여 이익의 배당을 새로이 발행하는 주식으로써 할 수 있으나 주식에 의한 배당은 이익배당총액의 2분의 1에 상당하는 금액을 초과하지 못함
- 배당가능이익의 범위에서 이루어진 이상 위법배당이라도 채권자의 상법 제462조 제3항의 반환청구권 없음
- 연1회의 결산기를 정한 회사는 영업연도 중 1회에 한하여 이사회의 결의로 중간배당할 수 있음을 정관으로 정할 수 있음

문 50. 상법 제542조의9(주요주주 등 이해관계자와의 거래) 제1항에 의하여 금지된 신용공여 ★★

- 상법 제542조의9 제1항을 위반한 신용공여
  - 이사회의 사전 승인, 사후 추인이 있어도 유효로 될 수 없음
  - 상법 제542조의9 제1항을 위반한 신용공여에 대해 상법에 형사처벌규정 있음
  - 상법 제542조의9 제1항을 위반한 신용공여라고 하더라도 제3자가 그에 대해 알지 못하였고 알지 못한 데에 중대한 과실이 없는 경우에는 그 제3자에 대하여는 무효 주장불가능
- 감사의 채무에 대해 상법 제542조의9 제1항을 위반한 신용공여 근거로 회사는 무효 주장 가능

문 51. 주식의 포괄적 교환 ★★

- 주식교환무효의 소의 원고는 주주·이사·감사·감사위원회의 위원 또는 청산인에 한함
- 완전자회사가 되는 회사의 총주주의 동의가 있거나 그 회사의 발행주식총수의 100분의90 이상을 완전모회사가 되는 회사가 소유하고 있는 때에 완전자회사가 되는 회사의 주주총회의 승인은 이사회의 승인으로 갈음 가능
- 주식교환으로 인하여 주식교환에 관련되는 각 회사의 주주의 부담이 가중되는 경우에는 그 주주 전원의 동의도 필요 ○
- 주주가 회사를 상대 이사 선임에 관한 주주총회결의취소의 소를 제기한 후 소송의 계속 중에 주식교환이 완료되면 그 소를 제기한 자는 원고적격 상실
- 소멸하는 회사의 주주에게 제공하는 재산이 존속하는 회사의 모회사주식을 포함하는 경우에는 존속하는 회사는 그 지급을 위하여 모회사주식 취득 가능 ○

문 52. 신주인수권부사채 · 신주발행유지청구 · 신주발행무효의 소 ★★★

- 각 신주인수권부사채에 부여된 신주인수권의 행사로 인하여 발행할 주식의 발행가액의 합계액은 각 신주인수권부사채의 금액을 초과할 수 없음
- 6월 내에 제기된 신주인수권부사채발행무효의 소라도 적극적 당사자의 패소로 확정되었다면, 이후에는 더 이상 신주인수권부사채 발행의 무효 주장 불가능
- 납입기일까지 신주발행유지청구의 소를 제기 가능
- 신주발행무효의 소로써 신주인수권부사채 발행이 무효라거나 그를 전제로 한 주장 불가능
- 신주인수권부사채에 부여된 신주인수권의 행사나 그로 인한 신주 발행에 대해서는 상법 제429조를 유추적용하여 신주발행무효의 소로써 다툴 수 있음

문 53. 관할 ★★

- 소는 피고의 보통재판적(피고의 주소지)이 있는 곳의 법원이 관할 ○
- 수개 사건이 소송물이 다르고 단순병합 관계에 있는 경우 그 중 하나만을 주소지관할법원에 제기 가능
- 부동산등기의 신청에 협조할 의무의 이행지는 성질상 등기지의 특별재판적에 관한 민사소송법 제19조에 규정된 등기할 공무소 소재지임 ○
- 지명채권에 관한 관할합의의 효력은 특정승계인에게도 미침 ○
- 피고가 제1심 법원에서 관할위반이라고 항변하지 아니하고 본안에 대하여 변론하거나 변론준비기일에서 진술하면 그 법원은 관할권 가짐

문 54. 소제기에 따른 시효중단의 효력 ★★★

- 채권을 양도한 후 대항요건이 구비되기 전에 채무자 상대로 제기한 소송에서 채권양도 효력을 인정하는 등의 사정으로 청구가 기각된 경우 그로부터 6개월 내에 양수인이 채무자를 상대로 채권청구의 소를 제기하였다면 채권양도인의 소 제기 시에 소멸시효가 중단 ○
- 사자상대 소를 간과한 청구인용판결이 확정되었다 하더라도 그로부터 6개월 내에 양수인이 채무자를 상대로 채권청구의 소를 제기하였다면 채권양도인의 소 제기 시에 소멸시효가 중단 ○(민법 제170조 제2항이 적용되지 않음)
- 소송목적인 권리를 양도한 원고가 법원의 소송인수 결정에 따라 피고의 승낙을 받아 소송에서 탈퇴한 후 인수참가인의 소송목적인 권리 양수의 효력이 부정되어 인수참가인에 대한 청구기각 또는 소각하 판결이 확정된 경우 탈퇴한 원고가 위 판결 확정일부터 6개월 내에 다시 탈퇴 전과 같은 재판상 청구를 한 때에는 탈퇴 전에 원고가 제기한 재판상 청구로 인하여 발생한 시효중단의 효력은 그대로 유지 ○

- 소장에서 청구의 대상으로 삼은 채권 중 일부만을 청구하면서 소송의 진행 경과에 따라 장차 청구금액을 확장할 뜻을 표시하였으나 당해 소송이 종료될 때까지 실제로 청구금액을 확장하지 않은 경우에 청구하지 않은 나머지 부분에 대하여 채권자는 당해 소송이 종료된 때부터 6개월 내에 재판상 청구를 함으로써 그 나머지 부분에 대한 소멸시효 중단시킬 수 있음

핵심포인트 문 55 민사소송상 신의칙 ★★

- 청구권의 발생 자체는 명백하지만 신의칙에 의하여 이를 배척하는 경우에 판결에 앞서 화해적 해결을 시도하지 않았다고 하여 위법 ×
- 의료과오소송 계속 중 의사 측이 진료기록을 변조한 행위 ⇨ 그 변조이유에 대하여 상당하고도 합리적인 이유를 제시하지 못하는 한 당사자 간의 공평의 원칙 또는 신의칙에 어긋나는 증명방해행위에 해당 ○
- 제1심 법원이 제1차 변론준비기일에 부적법한 당사자표시정정신청을 받아들이고 피고가 이에 명시적으로 동의하여 제1심 및 항소심에서 본안판결이 선고된 경우, 그 후 피고가 위 표시정정신청이 부적법하다고 주장하는 것은 인정되지 않음
- 민사소송상 신의칙에 반하는 것은 강행규정에 위배되는 것이므로 당사자의 주장이 없더라도 법원은 직권으로 판단 가능 ○
- 원고가 소권(항소권을 포함)을 남용하여 청구가 이유 없음이 명백한 소를 반복적으로 제기한 것에 대하여 법원이 변론 없이 판결로 소를 각하하는 경우 재판장은 직권으로 피고에 대하여 공시송달을 명할 수 있음

핵심포인트 문 56 소송요건 ★★

- 근저당권설정등기의 말소등기절차의 이행을 구하는 소송 도중 그 근저당권설정등기가 경매절차에서의 매각을 원인으로 하여 말소된 경우 더 이상 근저당권설정등기의 말소를 구할 법률상 이익 없음
- 확정판결에 의한 채권의 소멸시효기간인 10년의 경과가 임박한 경우 그 시효중단을 위한 소는 소이익 있고 후소 법원은 그 확정된 권리를 주장할 수 있는 모든 요건이 구비되어 있는지에 관해 다시 심리할 수 없음
- 원고가 손해배상채무의 부존재확인을 구할 이익이 있어 본소로 그 확인 구한 후, 피고가 그 손해배상채무의 이행을 구하는 반소를 제기한 경우 본소청구에 대한 확인의 이익이 소멸하여 본소가 부적법 ×
- 부제소합의에 위반한 소제기는 권리보호의 이익 없음
- 소송판결의 기판력은 그 판결에서 확정한 소송요건의 흠결에 관하여 미침 ○

문 57 송달 ★★

- 당사자가 소송계속 중 수감된 경우에 법원이 판결정본을 교도소장 등에게 송달하지 않고서 당사자 주소 등에 재판장의 명령에 따라 공시송달의 방법으로 송달 ⇨ 공시송달의 요건을 갖추지 못한 하자가 있다고 하더라도 재판장의 명령에 따라 공시송달을 한 이상 송달의 효력 있음
- 공시송달의 방법으로 기일통지서를 송달받은 당사자가 답변서나 준비서면 등을 제출하지 않은 채 당해 변론기일에 출석하지 않은 경우에는 자백간주 ×
- 동일한 당사자를 위하여 수인의 소송대리인이 소송을 수행하는 경우
  - 법원은 판결정본을 수인의 소송대리인에게 각각 송달하여야 함
  - 당사자에 대한 판결정본 송달의 효력은 소송대리인 중 1인에게 최초로 송달되었을 때 발생
  - 항소기간도 소송대리인 중 1인에게 최초로 판결정본이 송달되었을 때부터 기산
- 우편송달은 본인에 대한 교부송달, 보충송달이나 유치송달도 불가능한 경우이거나 당사자 등이 송달장소의 변경신고의무를 이행하지 아니하고 기록에 현출된 자료만으로 달리 송달장소를 알 수 없는 경우에 허용 ○
- 수령대행인 사이에 당해 소송에 관해 상반된 이해관계가 있는 경우 수령대행인이 본인을 대신하여 소송서류를 송달받는 것은 쌍방대리금지의 원칙에 반하므로 그 수령대행인에 대하여는 보충송달을 할 수 없음

문 58 중복된 소제기의 금지 ★★

- 중복된 소제기에 해당하지 아니한 경우
  - 동일한 교통사고에 의한 피해자가 여러 명이고 그중 한 사람이 피보험자를 대위하여 보험자를 상대로 자신의 손해부분에 관한 보험금청구를 하고 있는 경우 다른 피해자가 피보험자를 대위하여 다른 피해자의 손해부분에 관해 별도의 보험금 청구하는 경우
  - 채권자대위소송이 법원에 계속 중일 때 같은 채무자의 다른 채권자가 동일한 소송물에 대하여 채권자대위권에 기한 소를 제기하였다 하더라도 후소의 변론종결 시까지 전소가 취하되거나 각하된 경우
  - 채권자에 의한 사해행위취소소송의 계속 중 다른 채권자가 동일한 사해행위에 대하여 사해행위취소의 소를 제기한 경우
  - 채권자가 채무인수자를 상대로 제기한 채무이행청구소송 계속 중 채무인수자가 채권자를 상대로 제기한 원래 채무자의 채권자에 대한 채무부존재확인의 소를 제기한 경우
- 중복된 소제기임에도 불구하고 이를 간과하여 진행된 소송절차에서 성립된 화해는 당연무효 ×

문 59 종중 등 법인 아닌 사단 ★★

- 종중은 종족의 자연발생적 집단으로서 그 성립을 위하여 특정한 명칭의 사용 및 서면화된 종중규약이 있어야 하거나 종중의 대표자가 계속하여 선임되어 있는 등 조직을 갖추어야 하는 것은 아님

- 법인 아닌 사단의 구성원이자 대표자인 개인은 사원총회의 결의를 거치더라도 총유재산의 보존행위에 관한 소송에서 자신의 명의로 당사자 될 수 없음
- 종중이 당사자인 사건에서 종중의 대표자에게 적법한 대표권 존부는 소송요건에 관한 것으로서 법원의 직권조사사항 ⇨ 이미 제출된 자료들에 의하여 그 대표권의 적법성에 의심이 갈 만한 사정이 엿보인다면, 법원은 상대방이 이를 구체적으로 지적하여 다투지 않더라도 이에 관하여 조사 의무 有
- 총유물의 관리 및 처분에 관하여 법인 아닌 사단의 정관이나 규약에 정한 바가 없음에도 불구하고 그 대표자가 사원 총회의 결의를 거치지 않은 채 행한 총유물의 처분행위는 무효임
- 적법한 대표자 자격이 없는 종중의 대표자가 한 소송행위
  - 그 후에 대표자 자격을 적법하게 취득한 대표자가 그 소송행위를 추인하면 행위 시에 소급하여 효력 有,
  - 추인은 상고심에서도 할 수 있음

문 60 상계 및 상계항변 ★★★

- 주채무자가 사전에 수탁보증인에 대한 담보제공청구권의 항변권을 포기한 경우 수탁보증인은 사전구상권을 자동채권으로 하여 주채무자에 대한 채무와 상계 가능
- 피고가 상계항변으로 2개 이상의 반대채권을 주장하였는데 법원이 그 중 어느 하나의 반대채권만 인정하고 나머지 반대채권은 부존재한다는 이유로 그 부분의 상계항변을 배척한 경우 ⇨ 반대채권의 부존재 판단에 대한 기판력의 범위는 상계를 마친 후의 수동채권의 잔액을 초과할 수 없음
- 불법행위 또는 채무불이행에 따른 채무자의 손해배상책임을 산정함에 채무자의 책임을 제한할 필요가 있는 경우 채무자가 채권자에 대하여 가지는 반대채권으로 상계항변을 하는 때에는 책임제한을 한 후의 손해배상액과 상계해야 함
- 채권압류 및 전부명령이 제3채무자에게 송달되기 이전에 채무자에 대하여 상계적상에 있었던 반대채권을 가진 제3채무자는 그 명령이 송달된 이후 상계로써 전부채권자에게 대항 가능 ○
- 먼저 제기된 소송의 제1심에서 상계항변을 제출하여 제1심 판결로 본안에 대한 판단을 받았다가 항소심에서 상계항변을 철회한 피고는 그 자동채권과 동일한 채권에 기한 소를 별도로 제기하는 것은 허용 ○(∵ 재소금지원칙에 위반 아님)

문 61 채권자취소권 및 사해행위취소소송 ★★

- 사해성의 요건은 처분행위 당시는 물론 사해행위취소소송의 사실심 변론종결 시에도 갖추고 있어야 함
- 채권자취소권의 행사에 있어서 제척기간의 도과에 관한 증명책임은 사해행위취소소송의 상대방에게 有
- 채권자가 채무자의 채권자취소권을 대위행사하는 경우, 제소기간을 준수 여부는 채권자인 채무자를 기준 ○
- 어느 한 채권자가 사해행위취소 및 원상회복청구를 하여 승소확정판결을 받아 그 판결에 기해 재산이나 가액의 회복을 마친 경우에 다른 채권자가 동일한 사해행위에 대해 청구한 사해행위취소 및 원상회복청구는 그와 중첩되는 범위 내에서 권리보호의 이익 없음

문 62 판결의 편취 ★★

- 원고가 피고의 주소를 허위로 기재함으로써 소장부본 및 원고승소 판결정본이 공시송달의 방법으로 송달된 경우 피고는 항소기간 도과 후 추후보완 항소 또는 재심의 소를 제기하여 구제 가능
- 원고가 피고의 주소를 허위로 기재함으로써 그 주소로 소장부본 및 무변론 원고승소 판결정본이 보내져 피고가 아닌 제3자가 수령하여 송달된 것으로 처리된 경우, 피고는 항소를 제기하여 구제 가능
- 편취된 확정판결에 기한 강제집행이 불법행위로 되는 것은 당사자의 절차적 기본권이 근본적으로 침해된 상태에서 판결이 선고되었거나 확정판결에 재심사유가 존재하는 등 확정판결의 효력을 존중하는 것이 정의에 반함이 명백하여 이를 묵과할 수 없는 경우로 한정
- 대여금 중 일부를 변제받고도 이를 속이고 대여금 전액에 대하여 소를 제기하여 승소 확정판결을 받은 후 강제집행에 의하여 판결금을 수령한 채권자에 대하여, 채무자는 재심절차 등을 거치지 아니하고도 그 일부 변제금 상당액이 법률상 원인 없는 이득에 해당한다는 이유로 부당이득반환 청구 불가능
- 편취된 확정판결에 기한 강제집행이 권리남용에 해당한다면, 그 판결의 피고(집행채무자)는 청구이의의 소로써 그 집행의 배제를 구할 수 있음

문 63 지명채권양도 ★★

- 확정일자 있는 증서에 의한 채권양도 통지와 채권가압류명령이 제3채무자에게 동시에 도달되었다면 제3채무자는 송달의 선후가 불명확한 경우에 준하여 채권자를 알 수 없다는 이유로 변제공탁 가능 ○
- 지명채권 양수인이 양도되는 채권의 채무자여서 양도된 채권이 민법 제507조 본문에 따라 혼동에 의하여 소멸한 경우 후에 채권에 관한 압류 또는 가압류결정이 제3채무자에게 송달되더라도 채권압류 또는 가압류결정은 존재하지 아니하는 채권에 대한 것으로서 무효이고, 압류 또는 가압류채권자는 민법 제450조 제2항에서 정한 제3자에 해당 ×
- 채권양수인이 소송계속 중의 승계인이라고 주장하며 참가신청을 한 경우 채권자로서의 지위 승계가 소송계속 중에 이루어진 것인지는 채권양도의 대항요건이 갖추어진 때를 기준 ○
- 원고가 채권자대위권에 기해 금전지급청구를 하다가 당해 피대위채권 자체를 양수하여 양수금청구로 소를 변경한 경우 당초의 채권자대위소송으로 인한 시효중단의 효력 존속 ○

문 64 고유필수적 공동소송 ★★

- 고유필수적 공동소송에 해당 ○
  - 합유로 소유권이전등기가 된 부동산에 관하여 합유자들을 상대로 명의신탁 해지를 원인으로 한 소유권이전등기절차의 이행을 구하는 소
  - 토지 공유자들이 인접 토지의 소유자를 상대로 제기하는 경계의 확정을 구하는 소
  - 공동상속인간 어떤 재산이 상속재산임의 확인을 구하는 소

- 고유필수적 공동소송에 해당 ×
  - 동업자들이 동업 이외의 특정 목적을 위해 각자가 분담하여 출연한 돈을 공동명의로 예치해 두고 그 목적을 달성하기 전에는 동업자 혼자서는 인출할 수 없도록 감시 목적으로 공동명의로 예금을 개설한 경우

문 65 주주총회결의 무효확인의 소 ★★

- 주주총회결의의 하자를 다투는 소에 있어서 청구의 인낙이나 그 결의의 부존재·무효를 확인하는 내용의 화해·조정·청구인 낙은 무효, 이 경우 대세효도 없음
- 주주총회결의 무효확인의 소는 필수적 공동소송 ○
  - 필수적 공동소송인 전원에 대하여 상소기간이 도과되어야 판결 확정
  - 어느 1인만이 상소를 제기하면 전원에 대하여 판결확정이 차단되고, 전원에 대한 소송 이심
- 회사의 이사선임 결의가 무효 또는 부존재임을 주장하여 그 결의의 무효 또는 부존재확인을 구하는 소송에서 회사를 대표할 자는 현재 대표이사로 등기되어 그 직무를 행하는 자 ○, 그 대표이사가 위 무효확인청구의 대상이 된 결의에 의하여 선임된 이사인 경우에도 동일

문 66 재판상 화해 및 조정 ★★★

- 제소 전 화해조서에 확정판결의 당연무효 사유와 같은 사유가 없는 한 설령 그 내용이 강행법규에 위반된다 할지라도 그 화해조서는 무효 ×
- 화해조서에 실효조항을 둔 경우, 그 조건이 성취되면 화해의 효력은 소멸
- 재심대상판결 및 제1심 판결을 각 취소한다라는 취지의 조정조항은 당연무효
- 수소법원의 공유물분할조정절차에서 공유자 사이에 공유토지에 관한 현물분할의 협의가 성립하여 그 합의사항을 조서에 기재하더라도 그 협의에 따른 새로운 법률관계 창설 ×
- 소송에서 다투어지는 법률관계의 존부에 관하여 동일한 당사자 사이의 전소에서 확정된 화해권고결정이 있었던 경우 당사자의 이에 반하는 주장은 인정 안됨

문 67 민사소송법상 보조참가 ★★

- 민사소송법상 보조참가신청에 대해 당사자가 이의를 신청하지 아니한 채 변론하거나 변론준비기일에서 진술을 한 경우 보조참가 허가 결정 없이도 계속 소송행위를 할 수 있음
- 통상의 소에서 피참가인이 공동소송적 보조참가인의 동의 없이 소를 취하하면 유효
- 재심의 소에서 피참가인이 재심의 소를 취하하더라도 공동소송적 보조참가인의 동의가 없는 한 효력 없음

- 공동소송적 보조참가에서 참가인이 상소를 할 경우에 피참가인이 상소취하나 상소포기할 수 없음
- 상고하지 않은 참가인이 피참가인의 상고이유서 제출기간 경과 후 서면을 제출하여 피참가인이 적법하게 제출한 상고이유서에서 주장하지 않은 내용을 주장한 것은 적법한 기간 내에 제출된 상고이유의 주장 ×
- 제3자가 피고로부터 토지를 매수한 후 등기를 마치지 않고 있는 동안 피고 소유 명의의 부동산을 가압류한 원고가 피고를 상대로 대여금청구의 소를 제기한 경우, 위 제3자가 원고의 소구채권이 허위채권임에도 피고가 원고의 주장사실을 자백하여 원고를 승소시키려 한다는 것을 이유로 위 대여금청구소송에서 피고 측에 공동소송적 보조참가 허용 ×

문 68 선정당사자제도 ★★

- 선정당사자의 선정행위 시 심급의 제한에 관한 약정 없는 한 선정의 효력은 소송의 종료까지 계속 ○
- 공동의 이해관계가 없는 자가 선정당사자로 선정되었음에도 법원이 그러한 선정당사자 자격의 흠을 간과하여 그를 당사자로 한 판결이 확정된 경우 재심사유에 해당 ×
- 선정당사자는 선정자들로부터 소송수행을 위한 포괄적인 수권을 받은 당사자로서 선정자들 모두를 위한 일체의 소송행위를 할 수 있음
- 선정당사자 본인에 대한 부분의 소가 취하되거나 판결이 확정되어 공동의 이해관계가 소멸하는 경우 선정당사자는 그 자격 당연 상실 ○
- 「민사소송법」에 따라 선정된 여러 당사자 가운데 죽거나 그 자격을 잃은 사람이 있는 경우에는 나머지 선정당사자가 모두를 위하여 소송행위 함

문 69 주식회사의 이사 직무집행정지와 직무대행자선임 가처분 ★★

- 주식회사 이사를 피신청인으로 하여 그 직무집행을 정지하고 직무대행자를 선임하는 가처분이 있는 경우 가처분결정은 이사의 직무집행을 정지시킬 뿐 이사의 지위나 자격 박탈 아님
- 주식회사 이사의 직무집행을 정지하고 직무대행자를 선임하는 가처분에 반하여 이루어진 행위는 제3자에 대한 관계에서도 무효임
- 주식회사 대표이사에 대한 직무집행정지 및 직무대행자선임을 결정한 가처분재판에 의하여 주식회사 대표이사의 직무대행자가 선임된 상태에서 피대행자의 후임자가 적법하게 소집된 총회의 결의에 따라 새로 선출되었어도 그 후임자는 적법하게 위 주식회사를 대표할 수 없음
- 주주총회결의의 효력에 관하여 다툼이 있는 주주총회에 의하여 선임된 이사가 이사직을 사임하고 다시 새로운 주주총회에서 이사로 선임된 경우 먼저 있었던 주주총회결의가 무효라는 것을 이유로 하는 그 이사에 대한 직무집행정지 가처분 신청은 허용 ×

문 70 문서제출명령 ★★

- 문서제출의 신청에 관한 결정에 대하여 즉시항고를 할 수 있음
- 제3자에 대하여 문서제출을 명하는 경우 법원은 제3자 또는 그가 지정하는 자를 심문하여야 함
- 음성·영상자료에 해당하는 동영상 파일은 검증 목적물 제출 명령의 대상이 될 수 있지만 문서제출명령의 대상은 될 수 없음
- 당사자가 적법한 문서제출명령에 따르지 아니한 때에는 법원은 문서의 기재에 대한 상대방의 주장을 진실한 것으로 인정할 수 있음
- 법원은 문서제출명령의 대상이 되는지 판단하기 위하여 소지인에게 문서의 제시를 명할 수 있음

2023년 변호사시험 민사법 핵심요약

핵심포인트 문 01 법률행위의 무효 ★★

- 불공정한 법률행위에 해당하여 무효인 법률행위는 추인에 의하여 유효로 될 수 없음
- 법인 아닌 사단의 총회에서 회의 소집 통지에 목적 사항으로 기재하지 않은 사항에 관하여 결의한 경우라도 구성원 전원이 회의에 참석하여 해당 사항에 관하여 의결한 경우 그 결의는 유효임 ○
- 증여계약과 같이 아무런 대가관계 없이 당사자 일방이 상대방에게 일방적인 급부를 하는 법률행위는 성질상 불공정한 법률행위에 해당 ✕
- 양도소득세의 일부를 회피할 목적으로 매매계약서에 실제로 거래한 가액을 매매대금으로 기재하지 아니하고 그보다 낮은 금액을 매매대금으로 기재하였더라도 그 매매계약은 사회질서에 반하는 법률행위 ✕
- 토지거래허가 없이 매매계약이 체결되어 유동적 무효 상태에 있던 중, 토지거래허가구역이 지정해제되었다면 그 매매계약은 확정적으로 유효 ○

핵심포인트 문 02 민법상 '선의' 보호 ★★

- 비법인사단의 대표자가 대표권 제한에 관한 정관 규정에 위반하여 체결한 계약은 그 상대방이 대표권 제한 사실을 알았거나 알 수 있었던 때가 아닌 한 유효 ○
- 대리인이 상대방과 공모하여 대리권을 남용한 경우
  - 본인은 그에 따라 형성된 법률관계를 기초로 새로운 이해관계 맺은 선의의 제3자에 대해 무효 주장 不可
  - 제3자의 악의는 무효를 주장하는 자가 주장·증명하여야 함
- 임대차보증금반환채권의 양도계약이 통정허위표시로서 무효인 경우 이를 알지 못한 채 임대차보증금반환채권에 대한 압류 및 추심명령을 받은 양수인의 채권자에 대해 양도인은 채권양도가 무효 주장 不可
- 채권의 준점유자에 대한 변제가 유효하기 위한 요건인 변제자의 '선의'는 적극적으로 진정한 권리자라고 믿었음을 要

핵심포인트 문 03 매매·채권자취소권·대상청구권·해제 ★★★

- 특정한 매매의 목적물이 타인의 소유에 속하는 경우라 하더라도 그 매매계약은 유효 ○
- 부동산의 제1양수인은 자신의 소유권이전등기청구권 보전을 위해 양도인과 제3자 사이에서 이루어진 이중양도행위에 대해 채권자취소권 행사 不可

- 매매의 목적물 수용 시 그 수용금 전부에 대하여 대상청구권을 행사 가능 ○
- 토지거래허가를 받기 전에는 계약 내용에 따른 상대방의 채무불이행을 이유로 계약을 해제 불가능
- 계약금 일부만 지급된 경우 수령자가 약정 계약금 지급하고 매매계약 해제 가능 ○

문 04 법인 ★★

- 매매계약이 이사의 적법한 대표권 범위 내에서 체결된 것이라면 매매계약의 불이행에 따른 채무불이행책임은 법인이 직접 부담함
- 대표권 남용은 민법 제107조 비진의의사표시 유추적용 ○
- 매매계약에 따른 채무불이행책임 시 법인의 고의·과실은 이사의 고의·과실 여부 기준으로 결정함 ○
- 법인이 당사자인 법률행위에 관하여 대표기관 개인이 손해배상책임을 지려면 민법 제750조에 따른 불법행위책임 별도로 성립 要
- 법인과 이사의 이익이 상반하는 사항에 관하여는 이사는 대표권 없음

문 05 근저당권의 피담보채권의 확정시기 ★★

- 근저당권이 설정된 뒤 채무자 또는 근저당권설정자에 대하여 회생절차개시결정이 내려진 경우 근저당권의 피담보채무는 회생절차개시결정 시점을 기준으로 확정 ○
- 근저당권자가 피담보채무의 불이행을 이유로 경매를 신청하면 경매신청 시에 피담보채권은 확정되며, 경매개시결정이 있은 후에 그 신청을 취하하더라도 채무확정의 효과는 번복 ✕
- 후순위 근저당권자가 경매를 신청한 경우 선순위 근저당권자의 피담보채권은 매수인이 매각대금을 지급한 때 확정 ○
- 공동근저당권자가 목적 부동산 중 일부 부동산에 대해 제3자가 신청한 경매절차에 소극적으로 참가하여 우선배당을 받은 경우
  - 일부 부동산에 관한 근저당권의 피담보채권은 매수인이 매각대금을 지급한 때 확정 ○
  - 나머지 목적 부동산에 관한 근저당권의 피담보채권은 기본거래가 종료하거나 채무자나 물상보증인에 대하여 파산이 선고되는 등의 다른 확정사유가 발생하지 아니하는 한 확정 ✕

문 06 매매계약의 체결에 관한 대리권 ★★

- 계약의 체결에 관한 대리권을 수여받은 대리인
  - 계약 해제권한 없음

- 계약상 급부를 변제로서 수령할 권한 있음(급부를 수령한 경우에 그 법률효과는 계약 자체에서와 마찬가지로 직접 본인에게 귀속됨)
- 현명하지 않은 대리행위라도 대리인으로서 계약을 체결하고 있다는 점을 상대방이 알았다면 본인과 상대방 사이에 매매계약이 유효하게 성립 ○
- 복대리인 선임에 관한 본인의 승낙이 없는 경우에도 부득이한 사유가 있을 때에는 대리인은 복대리인을 선임 가능 ○
- 매매계약의 체결과 이행에 관하여 포괄적으로 대리권을 수여받은 대리인은 매매대금의 지급기일을 연기해 줄 수 있음

핵심포인트 문 07 법정지상권 ★★

- 토지에 관하여 저당권이 설정될 당시 건물의 규모, 종류가 외형상 예상할 수 있는 정도까지 건축이 진전되어 있었고, 그 후 경매절차에서 매수인이 매각대금을 다 낸 때까지 독립된 부동산으로서 건물의 요건을 갖춘 경우 법정지상권 성립 ○
- 건물을 그 대지와 함께 매수한 사람이 그 대지에 관하여만 소유권이전등기를 넘겨받고 건물에 대하여는 그 등기를 이전 받지 못하고 있다가, 대지에 대하여 저당권을 설정하고 그 저당권의 실행으로 대지가 경매되어 다른 사람의 소유로 된 경우 법정지상권 성립 ✕
- 법정지상권을 취득할 지위에 있는 자에 대해 건물의 철거를 구하는 것은 신의칙에 반하여 허용 ✕

핵심포인트 문 08 법률행위의 부관 ★★

- 조건이 법률행위의 당시에 이미 성취할 수 없는 것인 경우에는 그 조건이 해제조건이면 조건없는 법률행위
- 약혼예물의 수수는 혼인의 불성립을 해제조건으로 하는 증여와 유사한 성질 가짐 ○
- 부관이 붙은 법률행위에 있어서 부관에 표시된 사실이 발생하지 아니하면 채무를 이행하지 않아도 된다고 보는 것이 상당한 경우 해당 부관은 조건임 ○
- 기한이익 상실의 특약은 원칙적으로 형성권적 기한이익 상실의 특약으로 추정 ○
- 매매계약에 있어 매수인이 중도금을 약정한 일자에 지급하지 아니하면 그 계약을 무효로 한다고 하는 특약인 경우 매수인이 약정한 대로 중도금을 지급하지 아니하면 자동적으로 해제됨

핵심포인트 문 09 미등기매수인 · 소유권이전등기 청구의 소 · 소멸시효 ★★

- 매수인으로부터 토지를 다시 매수한 자는 토지의 점유 · 사용권을 취득한 것임 ○

- 매수인의 채권자가 매수인의 소유권이전등기청구권 가압류한 경우 가압류의 해제를 조건으로 하지 아니하는 한 매수인의 소유권이전등기 청구의 소를 인용하여서는 안 됨
- 이전등기청구권의 소멸시효는 진행 ×
  - 매수인이 목적 부동산을 인도받아 계속 점유하는 경우
  - 매수인이 목적 부동산에 대한 보다 적극적인 권리 행사의 일환으로 다른 사람에게 그 부동산을 처분하고 그 점유를 승계하여 준 경우

핵심포인트 문 10 유치권 관련 문제 ★★★

- 경락인에게 유치권으로 대항 가부
  - 압류의 효력이 발생하기 전에 유치권을 취득한 경우 대항 가능 ○
  - 채무자 소유의 건물 등 부동산에 경매개시결정의 기입등기가 경료되어 압류의 효력이 발생한 후에 채무자가 위 부동산에 관한 공사대금 채권자에게 그 점유를 이전함으로써 그로 하여금 유치권을 취득하게 한 경우 대항 가능 ×
- 물건의 인도를 청구하는 소송에서 피고의 유치권 항변이 인용되는 경우에는 상환판결 ○
- 공사대금채권에 기하여 유치권을 행사하는 자가 스스로 유치물인 주택에 거주하며 사용 시 경매절차에서 경락인은 유치권의 소멸 청구 가능 ×
- 수동채권으로 될 수 있는 채권은 상대방이 상계자에 대하여 가지는 채권이어야 함

핵심포인트 문 11 소멸시효의 기산점 ★★

- 본래의 소멸시효 기산일과 당사자가 주장하는 기산일이 서로 다른 경우에는 변론주의의 원칙상 당사자가 주장하는 기산일 기준 ○
- 무권대리인이 대리권을 증명하지 못하고 본인의 추인도 얻지 못한 경우 그 선택권 행사할 수 있을 때 ○
- 부작위를 목적으로 하는 채권의 소멸시효는 위반행위를 한 때로부터 ○
- 상해 등 후유증에 대한 손해배상청구권의 소멸시효는 후유증이 판명된 때부터 ○
- 부당이득반환채권을 가지는 경우 부당이득반환채권이 발생한 때 ○

핵심포인트 문 12 특정유증 ★★

- 유증의 목적물이 유언자의 사망 당시에 제3자의 권리의 목적인 경우 제3자의 권리는 유증의 목적물이 수증자에게 귀속된 후에도 그대로 존속 ○

- 특정유증을 받은 자는 직접 진정한 등기명의의 회복을 원인으로 한 소유권이전등기청구 불가능
- 유증의무자가 유언자의 사망후에 그 목적물의 과실을 수취하기 위하여 필요비를 지출한 때에는 그 과실의 가액의 한도에서 과실을 취득한 수증자에게 상환 청구 가능 ○

문 13 후견 ★★

- 미성년후견인은 특정후견의 심판 청구 가능 ○
- 가정법원은 한정후견 개시 심판을 할 때는 본인의 의사를 고려하여야 함,
- 특정후견의 심판을 할 때 본인의 의사에 반하지 않아야 하고 특정후견의 기간 또는 사무의 범위 정해야 함
- 피한정후견인이 자신에게 필요한 신체침해 의료행위에 대해 동의할 수 없는 경우 피한정후견인이 그 의료행위의 직접적인 결과로 사망할 위험이 없거나 상당한 장애를 입을 위험이 없으면 한정후견인이 대신하여 동의 가능 ○
- 가정법원이 친권자의 양육권만을 제한하여 친권자 대신 그 미성년 자녀를 양육하게 된 미성년후견인은 피후견인인 미성년 자녀를 대리하여 친권자에게 피후견인인 미성년 자녀의 부양청구권 행사 불가능

문 14 다수당사자 채권관계 ★★★

- 부진정연대채무자 중 1인을 위하여 보증인이 된 자가 피보증인을 위하여 그 채무를 변제한 경우 그 보증인은 피보증인이 아닌 다른 부진정연대채무자들에 대해서는 그 부담 부분에 한하여 구상권 행사 가능 ○
- 수탁보증인 사전구상으로서 청구할 수 있는 범위는 주채무인 원금과 사전구상에 응할 때까지 이미 발생한 이자와 기한 후의 지연손해금, 피할 수 없는 비용 기타의 손해액이 포함될 뿐임
- 연대보증인 가운데 한 사람이 자기의 부담부분을 초과하여 변제하였을 때 아직 자기의 부담부분을 변제하지 아니한 사람에 대하여만 구상권 행사 가능 ○

문 15 부동산 점유취득시효 ★★

- 미등기 부동산의 경우 취득시효기간의 완성만으로 등기 없이도 점유자가 소유권 취득 ×
- 양도제한의 법리가 적용 여부
  - 취득시효 완성으로 인한 소유권이전등기청구권의 양도할 때 ×
  - 매매로 인한 소유권이전등기청구권에 관한 양도할 때 ○
- 점유자가 취득시효 완성 후에 점유를 상실한 경우 점유를 상실한 때로부터 10년간 소유권이전등기청구권 행사하지 않으면 그 소멸시효 완성

- 취득시효 기간 완성 전에 부동산에 압류 또는 가압류 이루어진 경우 취득시효의 진행 중단 ×
- 점유 취득시효 완성한 양도담보권설정자라도 양도담보권자에게 점유취득시효의 완성을 이유로 담보 목적으로 경료된 소유권이전등기의 말소 불가능

문 16 공탁 ★★

- 변제공탁의 요건 중 변제자가 과실 없이 채권자를 알 수 없는 경우라 함은 채권자 또는 변제수령권자가 존재하고 있으나 채무자가 선량한 관리자의 주의를 다해도 채권자가 누구인지를 알 수 없는 경우 말함
- 변제공탁의 목적인 채무는 장래의 채무나 불확정채무도 변제공탁 목적이 될 수 있음
- 채권자의 태도로 보아 채무자가 설사 채무의 이행제공을 하였더라도 그 수령을 거절하였을 것이 명백한 경우 채무자는 이행의 제공을 하지 않고 바로 변제공탁 가능 ○
- 적법한 변제공탁인 경우 채권자가 공탁물 출급청구를 하였는지와 무관 공탁을 한 때에 변제 효력 발생 ○
- 공탁물 출급청구권에 대한 압류는 공탁물 회수청구권에 대하여 영향을 미치지 않음(∵ 공탁물 출급청구권과 공탁물 회수청구권은 서로 독립한 별개의 청구권)

문 17 이행불능 ★★

- 채무불이행의 요건인 이행불능은 사회생활에 있어서의 경험법칙 또는 거래상의 관념에 비추어 볼 때 채권자가 채무자의 이행의 실현을 기대할 수 없는 경우를 말함
- 이행불능이 아닌 경우
  - 매매의 목적이 된 부동산에 관하여 이미 제3자의 처분금지가처분등기가 기입된 경우
  - 증여의 대상인 권리가 계약 당시 타인에게 귀속되어 있는 경우
  - 매매 목적 부동산에 관하여 매도인이 이중으로 제3자와 매매계약을 체결하였다는 사실만 있는 경우
  - 소유권 상실한 임대인의 임대차계약상 목적물을 사용·수익하게 할 의무

문 18 사해행위취소의 소 ★★★

- 채무자가 수익자에게 양도한 목적물에 저당권이 설정되어 있는 경우 피담보채권액이 목적물의 가액을 초과할 때는 당해 목적물의 양도는 사해행위에 해당 ×
- 저당권이 설정되어 있는 부동산에 관하여 사해행위 후 변제 등에 의하여 저당권설정등기가 말소된 경우 그 부동산의 가액에서 저당권의 피담보채무액을 공제한 잔액의 한도에서 사해행위를 취소하고 그 사실심 변론 종결 시를 기준으로 가액의 배상을 구할 수 있을 뿐임 ○

- 수익자가 채권자취소에 따른 원상회복으로서 가액배상을 할 때 채무자에 대한 채권자라는 이유로 채무자에 대하여 가지는 자기의 채권과의 상계 주장 불가능

핵심포인트 문 19 민법 제365조의 일괄경매 ★★

- 저당권자가 우선변제를 받는 범위는 토지의 매각대금에 한정 ○
- 저당권자가 건물의 매각대금에서 배당을 받으려면 적법한 배당요구를 하였거나 그 밖에 달리 배당을 받을 수 있는 채권으로서 필요한 요건 갖춰야 함 ○
- 저당권설정자로부터 그 토지에 대한 용익권을 설정받은 자가 그 토지 위에 건물을 축조한 후 저당권설정자가 그 건물의 소유권을 취득하였다면 저당권자는 토지와 함께 그 건물에 대해 경매 청구 가능 ○
- 저당권설정자가 토지 위에 건물을 축조하고 그 건물을 제3자에게 매도하여 경매개시결정 당시 그 건물의 소유권이 제3자에게 귀속된 경우에도 그 건물에 대하여 일괄경매 불가능
- 저당권자가 토지에 대하여만 경매를 신청한 경우 저당권자는 그 토지에 관한 경매기일 공고 시까지는 그 건물에 대하여 일괄경매의 추가신청 가능

핵심포인트 문 20 수탁보증인의 구상권·저당물의 제삼취득자 ★★

- 수탁보증인의 구상권 범위에는 면책된 날 이후의 법정이자 및 피할 수 없는 비용 기타 손해배상 포함 ○
- 저당물의 제삼취득자
  - 부동산의 보존, 개량을 위하여 필요비 또는 유익비를 지출한 때 저당물의 경매대가에서 우선상환 받을 수 있음
  - 저당권의 실행에 따른 경매절차의 경매인이 될 수 있음
  - 저당권자에게 그 부동산으로 담보된 채권을 변제하고 저당권의 소멸 청구 가능
  - 저당부동산의 소유권을 잃은 때에는 보증채무에 관한 규정에 의하여 채무자에 대한 구상권 있음

핵심포인트 문 21 보증금액이 상가건물 임대차보호법 제2조 제1항 단서의 대통령령으로 정하는 보증금액을 초과하는 임대차 ★★★

- 기간의 약정 없는 임대차의 경우 임차인이 임대차 기간 동안 계약을 위반한 사실이 없어도 임차인의 계약갱신요구권 인정 ×
- 상가건물에 있어서 보증금액이 같은 법 제2조 제1항 단서의 대통령령으로 정하는 보증금액을 초과하는 임대차인 경우 임차인이 임차건물에 대하여 임대차보증금반환청구소송의 확정판결에 의해 경매를 신청하는 경우 반대의무의 이행이나 이행의 제공을 집행개시의 요건임

- 종전 임대차기간에 차임을 3기분에 달하도록 연체한 사실이 있는 경우 임차인이 계약갱신 요구를 하더라도 이를 거절 가능 ○
- 임대인이 임대차 기간 종료 시 특별한 사유를 제시하지 않은 채 임차인이 주선한 신규 임차인과의 임대차계약 체결을 거절한 후 임차건물을 양도한 경우 임대인과 임차건물 양수인의 비영리 사용기간을 합쳐 1년 6개월 이상이 경과한 경우 임대인은 권리금 침해로 인한 손해배상 책임 有

핵심포인트 문 22 중첩적(병존적) 채무인수

- 부동산의 매수인이 매매목적물에 관한 임대차보증금 반환채무 등을 인수하는 한편 그 채무액을 매매대금에서 공제하기로 약정한 경우 특별한 사정이 없는 이상 이행인수임 ○
- 원채무자의 의사에 반한다 하여도 3자가 중첩적으로 채무 인수 가능 ○
- 부동산을 매매하면서 매도인과 매수인 사이에 중도금 및 잔금은 매도인의 채권자에게 직접 지급하기로 약정한 경우 제3자를 위한 계약으로서 중첩적 채무인수에 해당 ○

핵심포인트 문 23 계약의 해제

- 채권자가 채무불이행 이유로 계약을 해제하거나 해지하더라도 원칙적 손해배상액의 예정은 실효되지 않음
- 채권자가 채무의 내용인 급부 실현을 위해 필요한 협력행위를 하지 않아 계약 목적을 달성할 수 없는 경우 채무자가 이를 이유로 계약을 해제하려면 채권자의 협력의무에 대한 약정이 있거나 신의칙상 채권자에게 협력의무가 있다고 인정될 만한 특별한 사정이 있어야 함
- 원래의 계약에 있는 위약금에 관한 약정은 특별한 사정이 없는 한 합의해제의 경우에까지 적용 ×
- 계약이 합의에 따라 해제된 경우 다른 사정이 없는 한 채무불이행으로 인한 손해배상을 청구 불가능

핵심포인트 문 24 등기의 추정력

- 사망자 명의로 신청하여 이루어진 소유권이전등기
  - 원인무효의 등기라고 볼 것이어서 등기의 추정력을 인정할 여지 없음
  - 등기의 유효를 주장하는 자가 현재의 실체관계와 부합함을 증명할 책임 有
- 등기명의자가 등기부상 기재된 등기원인에 의하지 아니하고 다른 원인으로 적법하게 취득하였다고 하면서 등기원인행위의 태양이나 과정을 다소 다르게 주장한다고 하여 그 등기의 추정력 깨진다고 할 수 없음
- 부동산에 관하여 소유권이전등기가 경료되어 있는 경우에는 그 등기명의자는 제3자에 대하여서뿐만 아니라 그 전 소유자에 대하여서도 적법한 등기원인에 의하여 소유권을 취득한 것으로 추정 ○

- 등기명의자 또는 제3자가 그에 앞선 등기명의인의 등기 관련 서류를 위조하여 소유권이전등기를 경료하였다는 점이 증명되었으면 특별한 사정이 없는 한 무효원인의 사실 증명 ○
- 의용 민법과 의용 부동산등기법 적용 당시 뿐만 아니라 현행 민법과 현행 부동산등기법에 따라 이루어진 가등기에 관해서도 구체적인 등기원인이 존재하는 것으로 추정 ×

핵심포인트 문 25 집행력 있는 정본을 가진 채권자(甲)의 배당절차 참가 ★★★

- 배당기일에 출석하여 배당표에 대한 실체상 이의를 신청하지 않은 경우 甲은 배당이의의 소를 제기할 원고적격 없음
- 경매절차의 진행으로 배당요구 종기가 지나면 甲은 특정 금액의 배당금을 자신에게 귀속시킬 수 있는 구체적인 권리 가짐
- 배당받을 권리 있는 채권자가 자신이 배당받을 몫을 받지 못하고 그로 말미암아 권리 없는 다른 채권자가 그 몫을 배당받은 경우 배당이의 여부 또는 배당표의 확정 여부와 관계없이 배당받을 수 있었던 채권자가 배당금을 수령한 다른 채권자 상대로 부당이득반환청구 가능 ○
- 甲이 자신이 배당받을 몫을 받지 못하고 그로 말미암아 권리 없는 다른 채권자 乙이 그 몫을 배당받은 경우 甲은 배당표 확정 후에는 다른 채권자 상대로 부당이득반환청구 가능

핵심포인트 문 26 점유 관련 ★★

- 선의의 점유자
  - 본권에 관한 소에서 패소하면 그 소가 제기된 때 즉 소장 부본이 송달된 때로부터 악의의 점유자로 봄
  - 점유자의 책임 있는 사유로 인하여 멸실 또는 훼손한 때에는 이익이 현존하는 한도에서 배상하여야 함
  - 과실 수취권 有
  - 점유물을 반환할 때에는 회복자에 대하여 필요비의 상환을 청구할 수 있으나 통상의 필요비를 청구 不可
- 점유물 반환을 청구받은 때에 비로소 점유자가 점유물을 보존하거나 개량하기 위하여 지출한 필요비나 유익비에 관하여 청구 가능 ○
- 악의의 점유자는 수취한 과실을 반환하여야 하며 소비하였거나 과실로 인하여 훼손 또는 수취하지 못한 경우에는 그 과실의 대가 보상해야 함

핵심포인트 문 27 양자의 입양 전의 친족관계가 존속하는 입양 ★★

- 피성년후견인인 양부모는 성년후견인의 동의를 받아 파양을 협의할 수 있음

- 조부모가 손자녀를 입양하여 부모·자녀 관계를 맺는 것도 허용 ○
- 양자가 13세 이상의 미성년자인 경우 양자는 모가 사망하거나 그 밖의 사유로 동의할 수 없는 경우에는 동의 없이 파양 청구 가능 ○
- 성년자가 양자가 되려는 경우
  - 부모의 동의를 받아야 함
  - 양부모가 될 사람이나 양자가 될 사람의 청구에 따라 부모의 동의를 갈음하는 심판을 할 수 있고 이 경우 가정법원은 부모를 심문하여야 함
- 부부가 공동으로 입양을 한 후 양부가 사망한 경우에 양모와 양자 사이의 양친자관계가 파양으로 해소되더라도 양자와 이미 사망한 양부 사이의 양친자관계는 해소 ✕

핵심포인트 문 28 주위토지통행권

- 주위토지통행권의 범위 정함에 고려할 사항은 현재 토지의 용법에 따른 이용 상황이고 장차의 이용 상황은 아님
- 공로에 통할 수 있는 자기의 공유토지(구분소유적 공유관계에 있고 공로에 접하는 공유 부분을 다른 공유자가 배타적으로 사용·수익하고 있더라도 마찬가지)를 두고 공로에의 통로라 하여 타인 토지 통행은 허용 ✕
- 분할로 인하여 공로에 통하지 못하는 토지가 있는 때 그 토지소유자는 공로에 출입하기 위하여 다른 분할자의 토지 통행 가능하고 이 경우에는 보상의 의무 없음
- 주위토지통행권은 통행을 위한 지역권과는 달리 통행로가 항상 특정한 장소로 고정 ✕
- 포위된 토지가 사정변경에 의하여 공로에 접하게 되어 주위토지통행권을 인정할 필요성이 없어지면 이미 성립된 주위토지통행권 소멸함

핵심포인트 문 29 손해배상의 범위

- 불법행위로 영업용 물건이 멸실된 경우 휴업손해는 통상의 손해로서 불법행위자가 그 교환가치와는 별도로 배상 要
- 채무불이행에 있어 특별한 사정으로 인한 손해는 당사자들의 개별적, 구체적 사정에 따른 손해임 ○
- 수급인이 제공한 하자 있는 목적물을 도급인이 사용함에 따라 발생하는 도급인의 정신적 고통으로 인한 손해는 특별손해임 ○
- 불법행위로 인하여 건물이 훼손된 경우 수리가 가능하면 그 수리비가 통상의 손해임 ○
  - 수리비가 건물의 교환가치를 초과하는 경우 그 손해액은 그 건물의 교환가치 범위 내로 제한됨
  - 수리로 인하여 훼손 전보다 건물의 교환가치가 증가하는 경우에는 그 수리비에서 교환가치 증가분을 공제한 금액이 그 손해임
- 매매계약의 이행불능으로 인한 전보배상책임의 범위는 통상손해인 이행불능 당시의 매매목적물의 시가에 의함

문 30 임대차보증금반환채권 양도

- 임대인은 채권양도통지 도달 이후에는 임차인의 연체차임을 임대차보증금반환채권에서 공제 가능 ○
- 채권양수인과 동일 채권에 대하여 가압류명령을 집행한 자 사이의 우열은 확정일자 있는 양도통지가 채무자에게 도달한 일시 또는 확정일자 있는 승낙의 일시의 선후에 의하여 결정 ○
- 채권에 대한 가압류가 있더라도 채무자는 제3채무자를 상대로 그 이행을 구하는 소송 제기 가능 ○
- 채권가압류결정의 채권자가 본안소송에서 승소하는 등으로 채무명의를 취득하는 경우에는 가압류에 의하여 권리가 제한된 상태의 채권을 양수받는 양수인에 대한 채권양도는 무효임
- 채권양도 금지는 제3자가 채권양도 금지를 알지 못한 데에 중대한 과실이 있는 경우 그 채권양도 금지로써 대항 가능 ○

문 31 유류분

- 공동상속인이 다른 공동상속인에게 무상으로 자신의 상속분을 양도는 유류분에 관한 민법 제1008조의 증여에 해당하므로 그 상속분은 양도인의 사망으로 인한 상속에서 유류분 산정을 위한 기초재산에 산입 ○
- 피상속인이 특정한 상속인에게 한 생전 증여에 그 상속인의 특별한 부양에 대한 대가의 의미가 포함되어 있으면 그 생전 증여는 특별수익에서 제외 가능, 이때 특별한 부양에 대한 대가의 의미가 포함여부는 일차적으로 당사자들의 의사에 따라 판단 ○
- 유류분권리자의 구체적 상속분보다 유류분권리자가 부담하는 상속채무가 더 많다면 그 초과분을 유류분액에 가산하여 유류분 부족액 산정 ○
- 공동상속인 중 특별수익을 받은 유류분권리자의 유류분 부족액을 산정할 때에는 유류분액에서 특별수익액과 구체적 상속분에 기초하여 산정된 순상속분액 공제 ○
- 유류분 산정의 기초재산에 산입되는 증여에 해당하는지 여부는 피상속인의 재산처분행위가 실질적인 관점에서 피상속인의 재산을 감소시키는 무상처분에 해당하는지 따라 판단 ○

문 32 불법행위

- 점유를 침탈당한 자가 본권인 유치권 소멸에 따른 손해배상청구권을 행사하는 때 점유를 침탈당한 날부터 1년 내에 행사할 것을 요하지 않음
- 제3자가 특정인의 도로 통행 자유 침해한 경우 불법행위 청구 및 통행방해 행위의 금지를 소구 가능 ○
- 근로자의 불법행위로 인해 사용자의 근로자에 대한 손해배상채권이 발생한 상태에서 영업양도에 수반하는 근로계약의 인수가 이루어지고 위 근로자도 이에 대해 동의한 경우 불법행위로 인한 손해배상채권도 영업양수인에게 이전될 여지 有
- 불법행위의 성립요건으로서 위법성은 문제가 되는 행위마다 개별적·상대적으로 판단 ○

- 책임능력 있는 미성년 자녀가 제3자에게 불법행위 책임을 지게 된 경우 그 부모 중 비양육자의 면접교섭권에 관한 규정은 제3자와의 관계에서 손해배상책임의 근거가 되는 감독의무 부과하는 규정 아님

핵심포인트 문 33 친생자관계 ★★

- 친생추정 규정에 따라 아내가 임신한 자녀를 남편의 자녀로 추정하는 것은 혼인 중 출생한 자녀가 남편의 자녀일 개연성이 높다는 점뿐만 아니라 실제로 그러한 관계를 기초로 실질적인 가족관계가 형성될 개연성이 높다는 점을 전제한 것임 ○
- 자녀와 그 모의 법률혼 배우자 사이의 혈연의 부존재는 친생추정이 미치지 않게 하는 사유에 해당 ×
- 정상적 혼인생활을 하고 있는 법률혼 부부 사이에 인공수정으로 자녀가 출생했는데 모의 법률혼 배우자가 인공수정에 대해 동의했는지가 불명확한 경우 법적 부자관계는 친생자관계 부존재확인소송으로 해소 不可
- 다른 사람들 사이의 친생자관계의 존부가 판결로 확정됨에 따라 부양에 관한 자신의 권리에 구체적인 영향을 받는 사람은 친생자관계 존부확인의 소를 제기할 수 있는 이해관계인에 해당 ○
- 혼인 외의 출생자의 생부가 사망한 후 인지청구의 소의 제소기간이 경과한 경우 생모는 혼인 외의 출생자와 사망한 생부 사이의 친생자관계 존재확인을 구하는 소 제기 不可

핵심포인트 문 34 채권관계에서의 보호의무 ★★

- 채권관계에서의 보호의무 인정 ×
  - 계약상 법률관계에서는 원칙적 일방 당사자가 상대방 당사자에게 손실이 발생하지 아니하도록 상대방 당사자의 이익을 보호하거나 배려할 일반적인 의무
  - 카지노사업자가 카지노 운영과 관련 공익상 포괄적인 영업 규제받는 근거로 카지노이용자의 이익을 위한 카지노사업자의 보호의무
  - 공중접객업인 숙박업을 경영하는 자의 투숙객과 체결하는 숙박계약에 있어서 가 고객의 안전 배려 의무
- 채권관계에서의 보호의무 인정 ○
  - 병원에 환자가 입원하여 치료 시 병원은 입원환자의 휴대품 등의 도난 방지함에 필요한 적절한 조치 의무
  - 기획여행업자 그가 여행자에게 발생할 수 있는 위험을 예견할 수 있을 때에 여행자에게 그 뜻을 알려 여행자 스스로 그 위험을 수용할지 선택할 기회를 주어야 하는 안전배려 의무

핵심포인트 문 35 이자제한법 ★★

- 이자제한법에서 정한 최고이자율을 초과하는 이자
  - 채권자와 공동으로 고의 또는 과실로 이자제한법 위반하여 최고이자율을 초과하는 이자를 받아 채무자에게 손해를 입힌 자는 민법 제760조에 따라 손해 배상할 책임 有

- 원본에 충당되고 이자제한법 위반 행위로 인한 손해에 해당 ○
● 선이자를 사전공제한 경우 그 공제액이 채무자가 실제 수령한 금액을 원본으로 하여 이자제한법에서 정한 최고이자율에 따라 계산한 금액을 초과하는 때 그 초과 부분은 원본에 충당한 것으로 봄
● 이자제한법의 최고이자율 제한에 관한 규정은 위약벌의 경우에는 적용될 수 없음
● 복리약정은 이자제한법에서 정한 최고이자율을 초과하는 부분에 해당하는 금액에 대해서 무효임

문 36 매매계약 ★★

● 매수인의 목적물의 검사와 하자통지의무 (상법 제69조의 규정)
  - 상인간의 매매에 적용 ○
  - 제척기간이 지났다고 하더라도 불완전이행에 해당시 매도인에게 채무불이행 손해배상책임 추궁 가능 ○
  - 발견할 수 없는 하자가 있는 경우에도 매수인은 6월 내에 그 하자를 발견하여 지체 없이 이를 통지하지 아니하면 매수인은 과실의 유무를 불문하고 매도인에게 하자담보책임 추궁 不可
● 강제집행의 채무명의가 된 약속어음공정증서가 위조된 것이어서 무효인 경매절차에서 소유권이전등기 마친 경락인은 민법 제578조 제2항에 의한 담보책임 추궁 불가능

문 37 법인 ★★

● 민법상 사단법과 재단법인의 정관의 변경은 주무관청의 허가를 얻지 아니하면 그 효력 없음
● 민법상 법인은 이사를 두어야 함
● 민법상 사단법인은 총 사원 4분의 3 이상의 동의가 없으면 해산을 결의하지 못하고, 정관에 다른 규정이 있으면 그에 의함
● 민법상 법인이 채무를 완제하지 못하게 된 때에는 이사는 지체없이 파산신청하여야 함
● 상법상 회사의 이사가 법령 또는 정관에 위반하여 회사의 존속을 허용할 수 없는 행위를 한 때 법원은 직권으로 회사의 해산 명할 수 있음
● 민법상 법인의 이사가 없거나 결원이 있는 경우에 이로 인하여 손해가 생길 염려 있는 때 법원은 이해관계인이나 검사의 청구에 의하여 임시이사 선임 要

문 38 주식질권 ★★★

● 주식을 질권의 목적으로 하는 때에는 주권을 질권자에게 교부하여야 함
● 주권을 제3자에게 보관시킨 경우 주권 간접점유하고 있는 질권설정자가 반환청구권 양도에 의하여 주권 점유 이전

- 질권자에게 자신의 점유매개자인 제3자에 대한 반환청구권 양도해야 함
- 직접점유자인 타인의 승낙이나 그에 대한 질권설정자 또는 제3자의 통지까지 갖출 필요 ✕
● 주식질권에서 질권설정자의 청구에 따라 그 성명과 주소를 주주명부에 덧붙여 쓰고 그 성명을 주권에 적은 경우
  - 질권자는 회사로부터 이익배당 받아 다른 채권자에 우선하여 자기채권의 변제에 충당 가능 ○
  - 주식소각으로 인하여 종전의 주주가 받을 금전이나 주식에 대해 종전의 주식 목적으로 한 질권 행사 可

핵심포인트 문 39 상법상 회사와 관련한 소송

● 합명회사, 합자회사, 유한책임회사, 유한회사의 경우에도 설립에 관한 하자의 주장방법으로 설립취소의 소가 인정됨 ○
● 합명회사 설립취소의 소와 주주총회결의취소의 소의 경우 그 하자가 추후 보완될 수 없는 성질의 것인 경우에 그 하자가 보완되지 않더라도 회사의 현황 등 제반 사정을 참작하여 분할합병무효의 소를 재량기각 可
● 그 하자가 보완되지 아니하였다 하더라도 회사의 현황 등 제반 사정을 참작하여 자본감소를 무효로 하는 것이 부적당하다고 인정한 때 법원은 감자무효 소를 재량 기각 可
● 주식회사 설립무효의 소의 제소기간 : 회사성립의 날로부터 2년 내 / 신주발행무효의 소의 제소기간 : 신주를 발행한 날로부터 6월 내 / 주주총회결의취소의 소의 제소기간 : 결의의 날로부터 2월 내

핵심포인트 문 40 상법상 주식회사의 이사회 결의 및 대표이사

● 상법 제395조에 의한 주식회사의 책임은 표현대표이사가 자신의 이름으로 행위한 경우는 물론이고 대표이사의 이름으로 행위한 경우에도 적용 ○
● 제3자가 중대한 과실이 있는 경우에는 거래행위가 무효
  - 거래행위에 관하여 이사회 결의를 거치도록 대표이사의 권한을 제한한 경우
  - 중요한 자산의 처분 및 양도, 대규모 재산의 차입 등의 행위에 관하여 이사회의 결의를 거치도록 한 경우
● 특별이해관계가 있는 이사는 이사회에서 의결권을 행사 不可, 의사정족수 산정의 기초가 되는 이사의 수에 포함, 결의성립에 필요한 출석이사 산입 ✕
● 주식회사에서 공동대표이사가 선임된 경우 3자의 회사에 대한 의사표시는 공동대표의 권한있는 사원 1인에 대하여 이를 함으로써 효력 생김

핵심포인트 문 41 흡수합병 ★★★

● 합병에 반대하는 회사의 주주가 반대주주의 주식매수청구권
  - 주식매수청구권을 행사하면 회사는 주식매수청구기간이 종료하는 날부터 2개월 이내에 그 주식 매수 要

- 회사의 의결권이 없는 우선주를 가진 주주도 반대주주의 주식매수청구권 행사 可
- 소규모합병인 경우에는 존속하는 회사의 주주총회의 승인은 이를 이사회의 승인으로 갈음 可
- 흡수합병하는 경우 존속회사와 소멸회사 모두 채권자보호절차를 받아야 함

문 42 상법상 상호 ★★

- 합명회사가 그 상호를 변경하고자 할 때 본점의 소재지를 관할하는 등기소에 상호의 가등기 신청 가능 ○
- 면허를 대여받은 자를 대리 또는 대행한 자가 면허를 대여한 자의 명의로 하도급거래 한 경우 면허를 대여한 자는 명의대여자 책임 부담함 ○
- 상법 제23조 제1항 상 타인의 영업으로 오인할 수 있는 상호는 그 타인의 영업과 동종 영업에 사용되는 상호만을 한정 ×
- 상법 제22조의 규정은 선등기자가 후등기자를 상대로 그와 같은 등기의 말소를 소로써 청구할 수 있는 효력도 인정한 규정임 ○
- 상법 제25조 제1항 상 영업의 폐지라 함은 정식으로 영업폐지에 필요한 행정절차를 밟아 폐업하는 경우뿐만 아니라 사실상 폐업한 경우도 포함 ○

문 43 기한후배서 ★★

- 백지식으로 배서가 된 약속어음의 소지인이 지급거절증서 작성기간이 경과되기 전에 배서일이 백지로 된 채 배서에 의하여 그 약속어음을 양도받은 것이라면 지급거절증서 작성기간이 경과된 후에 배서일을 지급거절증서 작성기간 경과 전으로 피배서인을 자신으로 각 보충을 하였다고 하더라도 기한후배서 ×
- 기한후배서 어음채무자는 배서 당시 이미 발생한 배서인에 대한 모든 항변사실을 피배서인에 대해 대항 可
- 만기후배서도 그것이 지급거절증서 작성 전 또는 지급거절증서 작성기간 경과 전에 이루어진 것이면 만기 전의 배서와 동일한 효력 가짐 ○
- 융통어음의 발행인은 피융통자로부터 기한후배서에 의하여 그 어음을 양수한 제3자에 대하여 융통어음이라는 항변으로 대항 不可

문 44 이사 ★★★

- 이사·감사 지위는 주주총회의 선임결의가 있고 선임된 사람의 동의 있으면 취득 ○ (임용계약이 체결 不要)
- 정관에 이사의 보수에 관하여 주주총회의 결의로 정하도록 한 경우 주주총회결의 없이 회사로부터 특별성과급이라는 명칭으로 경영성과에 따라 금원을 지급받은 경우 그 금원은 직무수행에 대한 보상으로 지급된 보수로서 법률상 원인없이 이루어진 부당이득에 해당 ○

- 이사가 회사에 대해 해임으로 인한 손해배상 청구 시 정당한 이유의 존부에 관한 입증책임은 이사가 부담 ○
- 법률 또는 정관에 정한 이사의 원수를 결한 경우에는 임기의 만료로 퇴임한 이사는 새로 선임된 이사가 취임할 때까지 이사의 권리의무 有
- 상법 제385조 제1항에서 해임대상으로 정하고 있는 이사에는 임기만료 후 이사로서의 권리의무를 행사하고 있는 퇴임이사는 포함 ×

문 45 백지어음 ★★

- 백지어음이 아니라 불완전 어음으로서 무효라는 점에 관한 증명책임은 발행인에게 있음
- 백지보충 전의 지급제시는 그 청구시점에 시효중단 ○
- 수취인이 백지인 채로 발행된 어음은 인도에 의하여 어음법적으로 유효하게 양도될 수 있고, 어음이 전전 양도된 후 그 어음을 인도받은 최종 소지인이 수취인으로서 자기를 보충하였다고 하더라도 그 소지인이 발행인을 해할 것을 알고 취득한 경우가 아니면 발행인으로부터 인적항변의 대항 받지 않음
- 만기백지 약속어음의 백지보충권의 소멸시효기간은 백지보충권을 행사할 수 있는 때로부터 3년임 ○
- 백지어음에 미리 합의한 사항과 다른 내용을 보충한 경우에는 그 합의의 위반을 이유로 악의 또는 중대한 과실이 아닌 소지인에게 대항하지 못함

문 46 상법상 주식회사의 자기주식 등 ★★

- 상법 제341조 제1항 단서는 자기주식 취득가액의 총액이 배당가능이익을 초과하여서는 안 된다는 것을 의미임 ○, 차입금으로 자기주식을 취득하는 것이 허용되지 않는다는 것을 의미 ×
- 주식회사가 단주의 처리를 위하여 필요한 경우에는 자기주식을 취득하는 것은 허용 ○
- 주식회사가 특정 주주와 사이에 특정한 금액으로 주식을 매수하기로 약정함으로써 사실상 매수청구를 할 수 있는 권리를 부여하여 주주가 그 권리를 행사하는 경우는 자기주식 취득으로서 허용되는 상법 제341조의2 제4호에서 정한 주주가 주식매수청구권을 행사한 경우에 해당 ×
- 주식회사가 무상으로 자기주식을 취득하는 때와 같이 회사의 자본적 기초를 위태롭게 하거나 회사 채권자와 주주의 이익을 해한다고 할 수가 없는 경우 예외적 자기주식의 취득 허용 ○
- 배당가능이익을 재원으로 하여 자기주식을 취득하려는 주식회사는 취득할 수 있는 주식의 종류와 수는 주주총회의 결의 또는 이사회의 결의로 이익배당을 할 수 있다고 정관으로 정하고 있는 경우에는 이사회의 결의로써 정함

핵심포인트 문 47 상법상 자본금 총액이 10억원 이상인 주식회사의 이익배당 ★★

- 이익배당에 관하여 내용이 다른 종류주식을 발행하는 경우, 정관에 이익배당에 관한 내용 정해야 함 ○
- 연 1회의 결산기를 정한 회사는 영업연도 중 1회에 한하여 이사회의 결의로 일정한 날을 정하여 그 날의 주주에 대하여 이익을 배당할 수 있음을 정관으로 정할 수 있음
- 회사가 배당가능한 이익이 없음에도 이익배당을 한 경우 회사는 배당을 받은 주주에게 부당이득반환청구권(소멸시효기간은 10년)을 행사 가능 ○
- 주주총회의 결의로 이익배당을 정한 경우 주주의 회사에 대한 이익배당금 지급청구권 소멸시효기간은 5년
- 회사는 정관으로 이익배당을 금전 외의 재산으로 할 수 있음을 정할 수 있음

핵심포인트 문 48 분할 ★★

- 주식회사의 분할 또는 분할합병으로 인하여 설립되는 회사와 존속하는 회사가 회사 채권자에게 연대하여 변제할 책임이 있는 분할 또는 분할합병 전의 회사 채무에는 분할 또는 분할합병 당시에는 아직 그 변제기 도래하지 아니한 채무도 포함 ○
- 분할 전의 회사 채무에 관하여 분할회사의 채권자에게 연대하여 변제할 책임이 있는 경우 그 책임은 부진정연대책임으로서, 분할회사에 대한 소멸시효 중단의 효과는 수혜회사에게 효력 없음
- 단순분할신설회사는 분할회사의 채무 중에서 분할계획서에 승계하기로 정한 채무에 대한 책임만을 부담하는 것으로 정할 수 있고 이 경우 분할회사는 채권자보호절차를 거쳐야 함 ○
- 분할 회사의 분할계획서에 대한 주주총회의 승인결의에 관하여는 「상법」 제344조의3 제1항에 따라 의결권이 배제되는 주주도 의결권 有
- 반대주주의 매수청구권은 오직 분할합병에만 인정되고 단순분할의 경우에는 인정되지 않음

핵심포인트 문 49 상법상 주식회사의 감사 및 감사위원회 ★★

- 자본금 총액이 10억 원 미만인 주식회사는 이사·감사를 선임하지 아니할 수 있음
- 비상장회사인 주식회사가 감사위원회를 설치하는 경우 감사위원회의 위원의 해임에 관한 이사회 결의는 이사 총수 3분의 2 이상의 결의로 함
- 감사를 해임할 때에는 발행주식총수의 100분의 3을 초과하는 수의 주식을 가진 주주는 그 초과하는 주식에 관하여 의결권 행사 不可
- 최근 사업연도 말 현재의 자산총액이 2조 원 이상인 상장회사로서 감사위원회를 반드시 설치해야 하는 회사의 경우 감사위원회의 위원을 선임하거나 해임하는 권한은 주주총회에 있음
- 비상장회사인 주식회사가 감사위원회를 설치하는 경우 3명 이상의 이사로 구성하되, 사외이사가 위원의 3분의2 이상이어야 함

문 50 상법상 주주총회의 결의 ★★

- 정관에서 주주총회 성립에 관한 의사정족수를 규정하는 것도 허용 ○
- 주식회사가 영업의 전부를 양도한 후 주주총회의 특별결의가 없었다는 이유를 들어 스스로 그 약정의 무효를 주장하더라도 신의성실 원칙에 반하는 것 아님
- 회사가 이사회의 결의로 주주가전자적 방법으로 의결권을 행사할 수 있음을 정한 경우에는 상법 제368조 제1항에도 불구하고 출석한 주주의 의결권의 과반수로써 감사의 선임 결의 可
- 주주는 정관이 정한 바에 따라 주주총회에 출석하지 아니하고 서면에 의하여 의결권을 행사 가능 ○

문 51 상법상 손해보험 ★★

- 당사자 간에 보험가액을 정하지 아니한 때에는 사고발생시의 가액을 보험가액으로 함 ○
- 당사자간에 보험가액을 정한 경우에도 그 가액이 사고발생시의 가액을 현저하게 초과할 때에는 사고발생시의 가액을 보험가액으로 함 ○
- 보험자가 보상할 손해액은 그 손해가 발생한 때와 곳의 가액에 의하여 산정하나 당사자간에 다른 약정이 있는 때에는 그 신품가액에 의하여 손해액을 산정할 수 있음
- 보험의 목적에 관하여 보험자가 부담할 손해가 생긴 경우 그 후 그 목적이 보험자가 부담하지 아니하는 보험사고의 발생으로 인하여 멸실된 때에도 보험자는 이미 생긴 손해 보상할 책임을 면하지 못함

문 52 상사소멸시효 ★★

- 5년의 상사소멸시효기간 적용 ○
  - 주식회사가 지방자치단체와 체결한 기부채납 약정
  - 기본적 상행위, 상인이 영업을 위하여 하는 보조적 상행위로 인한 채권
  - 상행위로 인하여 생긴 채무의 불이행에 기하여 성립한 손해배상채권
  - 보험계약자가 다수의 계약을 통하여 보험금을 부정 취득할 목적으로 보험계약을 체결하여 민법 제103조에 따라 선량한 풍속 기타 사회질서에 반하여 무효인 경우 보험자의 보험금에 대한 부당이득반환청구권
- 5년의 상사소멸시효기간 적용 ×
  - 불법행위로 인한 손해배상채권

문 53 당사자표시정정 ★★

- 당사자표시정정 허용 ○
  - 소장에 표시된 피고의 당사자능력이 인정되지 않는 경우에도 소장 전체의 취지를 합리적으로 해석하여 인정되는 올바른 당사능력자로 피고의 표시를 정정하는 것
  - 채무자의 1순위 상속인이 상속을 포기한 사실을 알지 못하여 그 1순위 상속인을 피고로 하여 소를 제기한 경우 그 상속포기를 통해 비로소 상속인으로 된 자를 피고로 삼고자 하는 당사자표시정정 신청
  - 항소심에서 당사자의 동일성이 인정되는 당사자표시정정
- 당사자표시정정 허용 ×
  - 사망한 자를 상대로 소를 제기한 경우 상고심에서 그 상속인으로 당사자표시정정을 하는 것
  - 종래의 당사자에 곁들여서 새로운 당사자를 추가하는 것

문 54 부대상소 ★★

- 피항소인이 부대항소를 할 수 있는 범위는 항소인이 주된 항소에 의하여 불복한 범위에 의하여 제한 ×
- 제1심에서 원고가 전부 승소하여 피고만이 항소한 경우에 원고는 항소심에서도 청구취지를 확장할 수 있고 이는 부대항소를 한 것으로 의제됨 ○
- 제1심에서 원고의 청구가 일부인용되자 패소부분에 대하여 원고만 항소를 제기하고 피고는 항소나 부대항소를 제기하지 않았음에도 원고의 항소가 기각되자 피고가 상고한 경우 상고의 이익 없음
- 항소심의 종국판결이 상고심에서 파기되어 사건이 다시 항소심에 환송된 경우 새로운 종국판결이 있기까지는 항소인은 피항소인이 부대항소를 제기하였는지 여부에 관계없이 항소 취하 可
- 통상공동소송에서 공동당사자 일부만이 상고를 제기한 때에는 피상고인은 상고인인 공동소송인 이외의 다른 공동소송인을 상대방으로 하여 부대상고 제기 不可

문 55 일부청구 ★★

- 가분채권의 일부에 관한 이행의 소를 제기하면서 나머지를 유보하고 일부만을 청구한다는 취지를 명시하지 아니하면 그 확정판결의 기판력은 청구하고 남은 잔부청구에까지 미침 ○
- 불법행위의 피해자가 손해의 일부만을 청구할 때 그 손해의 범위를 잔부청구와 구별하여 그 심리의 범위를 특정할 수 있는 정도의 표시하여 전체 손해의 일부로서 우선 청구하고 있는 것임을 밝히는 것으로 충분 ○
- 신체의 훼손으로 인한 손해 배상 청구 시 청구금액을 확장하겠다는 뜻을 소장에 객관적으로 명백히 표시한 경우에는 소제기에 따른 시효중단의 효력은 그 손해배상청구권 전부에 대하여 미침 ○
- 일부청구임을 명시한 소송계속 중에 유보한 나머지 청구를 별도의 소로 제기해도 중복된 소제기에 해당 ×
- 일부청구에서 상대방이 자동채권으로 상계하는 경우 수동채권의 전액에서 상계 하고 그결과
  - 그 잔액이 청구액을 초과하지 않는 경우에는 그 잔액을 인용
  - 그 잔액이 청구액을 초과할 경우에는 청구액을 인용

문 56 채권자취소권

- 채권자취소소송에서 수익자가 취소채권자에게 원상회복으로서 가액배상의무를 부담하는 경우 수익자가 취소채권자에게 가지는 별개의 다른 채권에 대한 집행권원을 가지고 취소채권자의 수익자에 대한 가액배상채권을 압류하고 전부명령 可
- 채권자취소소송을 제기한 채권자의 채권이 사해행위 이전에 성립되어 있으나 그 액수나 범위가 구체적으로 확정되지 않은 채권은 채권자취소권의 피보전채권 될 수 있음
- 채권자가 채권자취소권을 행사할 때 원칙적 자신의 채권액을 초과하여 취소권을 행사할 수 없고 이때 채권자의 채권액에는 사해행위 이후 사실심 변론종결 시까지 발생한 이자나 지연손해금이 포함 ○
- 주채무자 또는 제3자 소유의 부동산에 대하여 채권자 앞으로 근저당권이 설정되어 있고, 그 부동산의 가액 및 채권최고액이 당해 채무액을 초과하여 채권자에게 채무 전액에 대한 우선변제권이 확보되어 있는 경우 주채무자의 연대보증인이 유일한 재산을 처분하는 법률행위를 하면 채권자에 대하여 사해행위 ✕

문 57 보조참가 등

- 통상의 보조참가에서 참가인이 제기한 항소를 피참가인은 취하 가능 ○
- 통상의 보조참가에서 소송계속 중 보조참가인이 사망하여도 본소의 소송절차는 중단 ✕
- 재심의 소에 공동소송적 보조참가인이 참가한 후에는 피참가인이 재심의 소를 취하하더라도 공동소송적 보조참가인의 동의가 없는 한 효력 없음
- 공동소송적 보조참가인은 참가할 때의 소송의 진행 정도에 따라 피참가인이 할 수 없는 행위를 할 수 없음
- 당사자가 통상의 보조참가신청에 대하여 이의를 신청하지 아니한 채 변론하거나 변론준비기일에서 진술을 한 경우에는 이의를 신청할 권리 상실함

문 58 청구의 병합

- 선택적 병합 관계에 있는 두 청구에 관하여 당사자가 주위적·예비적으로 순위를 붙여 청구하였고 그에 대하여 제1심법원이 주위적 청구를 기각, 예비적 청구만을 인용하는 판결을 선고하여 피고만이 항소 제기한 경우 항소심으로서는 두 청구 모두가 심판의 대상 ○
- 논리적으로 전혀 관계없는 수개의 청구를 선택적 또는 예비적으로 병합하여 청구하였는데 법원이 어떠한 보정도 명하지 않고 본안판결을 하면서 그 중 하나의 청구에 대해서만 판단하여 인용하고 나머지 청구를 판단하지 아니하였다면 피고의 항소에 따라 이심되는 청구는 제1심에서 심리·판단하여 인용된 청구에 국한 ○
- 주위적 청구가 전부 인용되지 않을 경우에는 주위적 청구에서 인용되지 아니한 금액 범위 내에서의 예비적 청구에 대해서도 판단하여 주기를 바라는 취지로 성질상 선택적 관계에 있는 양 청구를 불가분적으로 결합하여 제소 가능 ○

- 채권자가 본래적 급부청구에 이를 대신할 전보배상을 부가하여 대상청구를 병합하여 소구한 경우 현재의 급부청구와 장래의 급부청구의 단순병합에 속하는 것으로 허용 ○
- 항소심 법원은 선택적으로 병합된 수개의 청구 중 제1심에서 심판되지 아니한 청구를 임의로 선택하여 심판할 수 있으며 심리 결과 그 청구가 이유 있다고 인정하는 경우 그 결론이 제1심판결의 주문과 동일하여도 제1심판결을 취소한 다음 새로이 청구를 인용하는 주문 선고함 ○

문 59. 민법상 조합 ★★

- 조합의 잔무로서 처리할 일이 없고 잔여재산의 분배만이 남아 있을 때에는 청산절차 不要
- 조합인 공동수급체의 구성원이 출자의무를 이행하지 않더라도 공동수급체
  - 출자의무의 불이행을 이유로 이익분배 자체를 거부 不可,
  - 구성원에게 지급할 이익분배금에서 출자금이나 그 연체이자를 당연히 공제 不可
- 조합인 공동수급체가 경쟁입찰에 참가하였다가 다른 경쟁업체가 낙찰자로 선정되자 그 공동수급체의 구성원 중 1인이 합유재산의 보존행위 근거로 제기한 낙찰자선정 무효확인의 소는 적법함 ○
- 조합재산에 속하는 채권에 관한 소송은 합유물에 관한 소송으로서 고유필수적 공동소송에 해당 ○
- 조합 업무를 집행할 권한을 수여받은 업무집행조합원은 조합재산에 관하여 조합원으로부터 임의적 소송신탁을 받아 자기 이름으로 소송을 수행하는 것은 허용 ○

문 60. 상법상 비상장회사의 주주대표소송 ★★

- 주주가 대표소송을 제기하기 위하여는 회사에 대하여 이사의 책임을 추궁할 소의 제기를 청구할 때 주식보유요건을 갖추면 되고, 소 제기 후에는 보유주식의 수가 그 요건에 미달하게 되어도 무방함
- 주주는 적법하게 제기된 주주대표소송 계속 중에 「상법」제403조 제2항에 따른 이유를 기재한 서면의 책임발생 원인사실을 기초로 하면서 법적 평가만을 달리한 청구 추가 可
- 주주대표소송의 항소심절차에서 회사가 원고를 위하여 공동소송참가하는 것은 적법 ○
- 주주대표소송의 원고 주주는 그 대표소송의 승소확정판결을 집행권원으로 하여 강제집행을 신청할 수 있으므로 집행채권자 될 수 있음

문 61. 공유관계 소송 ★★

- 공유물의 소수지분권자인 피고가 무단으로 공유물의 전부 또는 일부를 독점적으로 점유하는 경우 다른 소수지분권자인 원고는 피고를 상대로 공유물의 인도 청구 不可

- 고유필수적 공동소송인지 여부
  - 분할 청구하는 공유자가 원고가 되어 다른 공유자 전부를 공동피고로 해야 하는 공유물분할청구의 소 ○
  - 타인소유 토지 위에 설치된 공유건물 철거할 의무가 있는 공유자들을 상대로 그 건물의 철거 구하는 소 ×
- 공유자 중 1인은 공유물에 대한 보존행위로서 그 공유물에 경료된 원인무효의 등기에 관하여 각 공유자에게 해당 지분별로 진정명의회복을 원인으로 한 소유권이전등기를 이행할 것을 단독 청구 可
- 공유물분할의 소송절차에서 공유자 사이에 공유토지에 관한 현물분할 협의가 성립하여 그 합의사항을 조서에 기재함으로써 조정 성립하였더라도 새로운 법률관계가 창설되는 것 ×

핵심포인트 문 62 서증

- 서증으로 제출한 것이 아님이 분명함에도 상대방이 그 서류의 진정성립을 인정하면 법원은 그 진정성립에 다툼이 없다고 판단하고 그 기재에 의하여 상대방의 주장사실 인정하는 것은 불가능
- 처분문서는 그 진정성립이 인정되는 이상 반증이 없으면 그 기재내용대로 그 의사표시의 존재 및 내용을 인정하여야 하지만 적절한 반증이 있으면 그 기재내용의 일부 달리 인정 可
- 문서에 찍힌 인영이 그 명의인의 인장에 의하여 현출된 인영임이 인정되는 경우 인영의 진정성립 추정되고 문서 전체의 진정성립까지 추정되는 것이므로 문서가 위조된 것임을 주장하는 자는 적극적으로 위 인영이 명의인의 의사에 반하여 날인된 것임을 증명 필요 있음
- 당사자가 법원으로부터 문서제출명령 받았음에도 그 명령에 따르지 아니한 때 문서들에 의하여 증명하려고 하는 상대방의 주장사실이 바로 증명 ×, 주장사실의 인정 여부는 법원의 자유심증에 의함
- 법원은 다른 증거에 의하지 아니하고 변론 전체의 취지를 참작하여 그 진정성립 인정 可

핵심포인트 문 63 상법상 주주총회 및 사원총회

- 회사 총회가 적법한 소집권자에 의하여 소집되지 않았을 뿐 아니라 정당한 사원 아닌 자들이 모여서 개최한 집회에 불과하여 법률상 부존재로 볼 수밖에 없는 경우 그 총회결의에 대해 원고가 결의무효확인을 구하더라도 이는 부존재확인의 의미로 무효확인을 구하는 취지로 적법함 ○
- 1인회사의 경우 주주총회 소집절차에 하자가 있거나 주주총회 의사록이 작성되지 않았더라도 유일한 주주인 1인 주주의 의사가 주주총회결의 내용과 일치한다면 증거에 의하여 그러한 내용의 결의가 있었던 것으로 볼 수 있음
- 주주총회결의의 효력이 그 회사 아닌 제3자 사이의 소송에서 선결문제로 된 경우 당사자는 먼저 회사를 상대로 제소할 필요 없이 그 소송에서 주주총회결의가 처음부터 무효 또는 부존재하다고 다툴 수 있음
- 여러 사람이 공동으로 제기하는 주주총회결의의 부존재 또는 무효의 확인을 구하는 소송은 필수적 공동소송에 해당 ○
- 주주총회에서 여러 개의 안건이 상정되어 각기 결의가 행하여진 경우 위 결의에 대한 주주총회결의취소의 소의 제소기간 준수 여부는 각 안건에 대한 결의마다 별도로 판단 ○

핵심포인트 문 64 상법상 주식회사의 분할·합병 등 ★★★

- 회사합병등기에 의하여 합병의 효력이 발생한 후에는 합병무효의 소를 제기하는 외에 합병결의무효확인청구만을 독립된 소로 구할 수 없음
- 분할되는 회사와 신설회사가 분할 전 회사의 채무에 대하여 연대책임을 지지 않는 경우에는 분할되는 회사가 알고 있는 채권자에게 개별적으로 이를 최고 要, 이러한 최고를 누락한 경우에는 원칙적으로 그 채권자에 대하여 신설회사와 분할되는 회사가 연대하여 변제할 책임 ○
- 주주가 회사를 상대로 제기한 분할합병무효의 소에서 그 결의에 이를 부존재로 볼 만한 중대한 하자가 있는지 등 주주총회결의의 존부에 관하여 다툼이 있는 경우
  - 주주총회결의 자체가 있었다는 점에 관한 증명책임은 회사가 부담
  - 결의에 이를 부존재로 볼 만한 중대한 하자가 있다는 점에 관한 증명책임은 주주가 부담
- 회사분할합병무효의 소의 원인이 된 하자가 추후 보완될 수 없는 성질의 것인 경우, 그 하자가 보완되지 아니하더라도 법원은 제반 사정을 참작하여 회사분할합병무효의 소를 재량기각 可

핵심포인트 문 65 직무집행정지 및 직무대행자선임 ★★

- 조합원의 민법상 조합의 청산인에 대하여 해임 청구할 권리를 피보전권리로 하여 청산인에 대한 직무집행정지와 직무대행자선임을 구하는 가처분은 허용 ×
- 주식회사의 이사나 감사를 피신청인으로 하여 그 직무집행을 정지하고 직무대행자를 선임하는 가처분이 있는 경우 이사 등의 직무집행을 정지시킬 뿐 그 가처분결정이 존속하는 기간만큼 연장되는 것 아님
- 가처분재판에 의해 비법인사단인 종중의 대표자의 직무대행자가 선임된 상태에서 적법하게 소집된 총회의 결의에 따라 피대행자의 후임자가 새로 선출되었더라도 위 가처분결정이 취소되지 않는 한 총회에서 선임된 위 후임자는 그 선임결의의 적법 여부에 관계없이 대표권 없음
- 이사의 직무집행정지를 위한 가처분에서 피신청인의 적격 ⇨ 이사 ○, 주식회사 ×
- 법원의 직무집행정지 가처분결정에 의하여 주식회사를 대표할 권한이 정지된 대표이사가 그 정지기간 중에 체결한 계약은 절대적으로 무효임(그 후 무효인 계약이 가처분신청의 취하에 의하여 유효하게 되지 않음)

핵심포인트 문 66 예비적 공동소송 ★★

- 예비적 공동소송에서
  - 법원은 모든 공동소송인에 관한 청구에 대하여 판결을 하여야 하고, 그 중 일부 공동소송인에 대하여만 판결을 하거나, 남겨진 자를 위하여 추가판결을 하는 것은 허용 ×
  - 패소한 주위적 공동소송인과 예비적 공동소송인 중 어느 한 사람이 상소를 제기하면 다른 공동소송인에 관한 청구 부분도 확정이 차단되고 상소심은 합일확정의 필요성을 고려하여 그 심판의 범위를 판단 要
  - 공동소송인 중 일부가 소를 취하하거나 일부 공동소송인에 대한 소를 취하할 수 있고, 이 경우 소를 취하하지 않은 나머지 공동소송인에 관한 청구 부분은 여전히 심판의 대상이 됨 ○

- 화해권고결정에 대하여 일부 공동소송인이 이의하지 않았다면, 원칙적으로 그 공동소송인에 대한 관계에서는 위 결정이 분리확정될 수 있음
● 아파트 입주자대표회의 구성원 개인을 피고로 삼아 제기한 동대표지위 부존재확인의 소에서 원고는 아파트 입주자대표회의를 예비적 피고로 추가 가능 ○(∵ 위 구성원 개인과 아파트 입주자대표회의 중에 누가 피고적격을 가지는지에 관한 법률적 평가에 따라 어느 한쪽에 대한 청구는 부적법하고 다른 쪽에 대한 청구만이 적법하게 될 수 있는 경우임)

핵심포인트 문 67 취득시효

● 점유자가 취득시효를 주장하는 경우, 그 점유자에게 소유의 의사가 없었다는 점은 점유자의 취득시효의 성립을 부정하는 자에게 증명책임 有
● 부동산 소유자가 취득시효가 완성된 사실을 알고 그 부동산을 제3자에게 처분하여 취득시효 완성을 원인으로 한 소유권이전등기의무를 이행불능에 빠뜨려 시효취득을 주장하는 자에게 손해를 입혔다면 이는 불법행위를 구성함 ○
● 부동산에 대한 점유취득시효 완성 후 이를 원인으로 한 소유권이전등기를 하지 않고 있는 사이에 그 부동산에 관하여 제3자 명의로 소유권이전등기가 경료된 경우 당초의 점유자가 계속 점유하고 있고 소유자 변동 시점을 기산점으로 삼아도 다시 취득시효의 점유기간이 경과하였다면 점유자로서는 제3자 앞으로의 소유권 변동시를 새로운 점유취득시효의 기산점으로 삼아 2차의 취득시효의 완성 주장 可
● 부동산에 대한 소유권확인 및 소유권보존등기 말소를 구하는 소(전소)의 기판력은 동일한 부동산에 대한 취득시효 완성을 원인으로 소유권이전등기를 구하는 소(후소)에 미치지 않음
● 부동산의 시효취득에 있어서 그 점유가 자주점유인지 여부를 가리는 기준이 되는 점유의 권원은 간접사실에 해당 ○

핵심포인트 문 68 소송승계

● 소송계속 중에 소송목적인 권리를 양도한 원고는 법원이 소송인수결정을 한 후 피고의 승낙을 받아 소송에서 탈퇴하였는데 그 후 법원이 인수참가인의 청구의 당부에 관하여 심리한 결과 인수참가인의 청구를 기각하거나 소를 각하하는 판결을 선고하여 그 판결이 확정된 경우 시효중단의 효력은 소멸함
● 상고심에서는 승계참가신청을 할 수 없음
● 소송계속 중 소송목적인 의무의 승계가 있다는 것을 이유로 하는 소송인수신청이 있는 경우 법원은 그 신청의 이유로 주장하는 사실관계 자체에서 그 승계적격의 흠결이 명백하지 않는 한 결정으로 그 신청 인용 要
● 소송계속 중에 제3자가 소송목적인 권리의 전부나 일부를 승계하였다고 주장하며 소송에 참가한 경우 원고가 소송에 남아 있다면 승계로 인하여 중첩된 원고와 승계참가인의 청구 사이에는 필수적 공동소송에 관한 심판원칙 적용 ○

- 소송인수를 명하는 결정은 승계인의 적격을 인정하여 이를 당사자로서 취급하는 취지의 중간적 재판에 지나지 아니하는 것이기 때문에 이에 불복이 있으면 본안에 대한 종국판결과 함께 상소할 수 있을 뿐임 ○ (승계인이 본안과 독립하여 위 결정에 대하여 불복 불가)

문 69 당사자적격 ★★

- 채권에 대한 압류 및 추심명령이 있으면
  - 제3채무자에 대한 이행의 소는 추심채권자만이 제기 可
  - 채무자는 피압류채권에 관한 이행의 소를 제기할 당사자적격을 상실, 채무자의 이행소송 계속 중에 추심채권자가 압류 및 추심명령 신청의 취하 등에 따라 추심권능을 상실하게 되면 채무자는 당사자적격 회복
- 당사자적격 인정 ×
  - 등기의 말소절차이행을 구하는 소의 피고로 등기의무자가 아닌 자나 등기에 관한 이해관계가 있는 제3자가 아닌 자를 삼는 경우
  - 채권자가 채권자대위권을 행사할 당시 이미 채무자가 그 권리를 재판상 행사하여 패소확정판결을 받았던 경우 채무자를 대위하여 위 채무자의 권리를 행사하는 채권자
  - 채권자가 채권자취소권의 피고로서 채무자
- 당사자적격 인정 ○
  - 구분소유자 등을 상대로 관리비를 청구 원고로서 집합건물의 관리단으로부터 관리업무를 포괄적으로 위임받은 위탁관리회사
  - 채권자가 채권자취소권의 피고로서 수익자나 전득자

문 70 변론기일 및 변론준비기일 ★★

- 변론기일에 한쪽 당사자가 불출석한 경우에 법원의 재량으로 출석한 당사자만으로 변론을 진행할 때에는 반드시 불출석한 당사자는 진술간주로 보아야 함 ○
- 법원에 제출되어 상대방에게 송달된 답변서나 준비서면에 자백에 해당하는 내용이 기재되어 있는 경우에도 그것이 변론기일이나 변론준비기일에서 진술 또는 진술간주되어야 재판상 자백 성립 ○
- 양쪽 당사자가 2회에 걸쳐 변론기일에 출석하지 아니하거나 출석하더라도 변론을 하지 아니한 때에는 법원은 당사자의 기일지정신청에 의하여 기일을 지정하여야 함(두 번째 불출석 기일에 직권으로 신기일을 지정한 때에도 마찬가지임)
- 변론준비기일에서 양쪽 당사자 불출석의 효과는 변론기일에 승계되지 않음
- 변론기일의 송달절차가 적법하지 아니한 이상 비록 그 송달이 유효하고 그 변론기일에 양쪽 당사자가 출석하지 아니하였더라도 그에 따른 양쪽 당사자 불출석의 효과는 발생 ×

2022년 변호사시험 민사법 핵심요약

문 01 도급·지상물매수청구권

- 민법 제666조가 정한 수급인의 저당권설정청구권의 행사에 따라 공사대금채무의 담보로 그 건물에 저당권을 설정하는 행위는 사해행위에 해당 ×
- 도급인이 선급금을 지급한 후 도급계약이 해제되거나 해지된 경우 별도의 상계 의사표시 없이 그때까지 기성고에 해당하는 공사대금 중 미지급액은 당연히 선급금으로 충당 ○
- 매수청구권을 행사한 지상건물 소유자가 위와 같은 근저당권을 말소하지 않는 경우 토지소유자는 민법 제588조에 의하여 위 근저당권의 말소등기가 될 때까지 그 채권최고액에 상당한 대금의 지급 거절 可
- 민법 제643조 소정의 지상물매수청구권은 지상물의 소유자에 한하여 행사 可

문 02 비법인사단의 대표자의 대표행위

- 비법인사단 대표자가 행한 타인에 대한 업무의 포괄적 위임과 그에 따른 포괄적 수임인의 대행행위는 민법 제62조를 위반한 것이어서 비법인사단에 대하여 그 효력 없음
- 비법인사단이 총유재산에 관한 권리를 행사하지 아니하고 있어 비법인사단의 채권자가 채권자대위권에 기하여 비법인사단의 총유재산에 관한 권리를 대위행사하는 경우 사원총회의 결의 등 비법인사단의 내부적인 의사결정절차 거칠 필요 ×
- 비법인사단의 대표자의 행위가 대표자 개인의 사리를 도모, 법령의 규정에 위배된 것이었다 하더라도 외관상, 객관적으로 직무에 관한 행위라고 인정할 수 있다면 민법 제35조 제1항의 직무에 관한 행위에 해당 ○
- 총유물 그 자체의 관리·처분이 따르는 행위 ×
  • 소멸시효 중단사유로서의 승인
  • 비법인사단인 재건축조합의 조합장이 채무보증계약 체결

문 03 민법상의 능력

- 의사능력 없이 한 법률행위는 무효, 의사능력의 유무는 구체적인 법률행위와 관련하여 개별적으로 판단 ○
- 행위능력제도의 근본적인 입법취지는 거래의 안전을 확보보다 제한능력자의 보호함에 있음
- 피성년후견인의 법률행위는 취소 可, 일용품의 구입 등 일상생활에 필요하고 그 대가가 과도하지 아니한 법률행위는 성년후견인이 취소 不可

- 임의후견인의 대리권 소멸은 등기하지 아니하면 선의의 제3자에게 대항 불가
- 법인도 성년후견인 될 수 있음, 미성년후견인은 한 명이어야 함, 성년후견인은 여러 명일 수 있음

문 04 사해행위 취소의 소 ★★★

- 채권자가 사해행위의 취소를 청구하면서 그 보전하고자 하는 채권을 추가하거나 교환하는 것은 공격방법에 관한 주장 변경하는 것으로 제척기간 후에도 가
- 근저당권을 실행하여 배당금을 수령하였다면 채권자는 사해행위 취소로 인한 원상회복청구를 함에 있어서 가액배상의 방법으로 수익자를 상대로 하여 자신에게 배당금 반환 청구 가
- 사해행위취소소송의 상대방이 된 사해행위의 수익자는 피보전 채권 소멸시효 완성 원용 가
- 채권자취소권 요건인 채무자의 채무자의 재산처분 행위에 의해 그 재산이 감소되어 채권의 공동담보에 부족이 생기거나 이미 부족 상태에 있는 공동담보가 한층 더 부족하게 됨으로써 채권자의 채권을 완전하게 만족시킬 수 없게 된다는 사실 인식을 의미함

문 05 민법상 매도인의 담보책임 ★★

- 강제경매가 무효인 경우 경락인은 경매 채권자에게 부당이득반환 청구 가, 경매의 채무자나 채권자의 담보책임은 인정 ×
- 건축을 목적 매매된 토지에 대하여 건축허가 받을 수 없어 건축 불가능한 경우 매목적물의 하자에 해당, 하자의 존부는 매매계약 성립시를 기준으로 판단
- 매도인이나 수급인의 담보책임을 기초로 한 손해배상채권의 제척기간이 지난 경우에도 제척기간이 지나기 전 상대방의 채권과 상계할 수 있었던 경우 민법 제495조를 유추적용해서 위 손해배상채권을 자동채권으로 해서 상대방의 채권과 상계 가
- 매매 목적물인 토지에 폐기물 매립되어 있고 매수인이 폐기물을 처리하기 위해 비용 발생 시 민법 제390조 채무불이행으로 인한 손해배상, 민법 제580조 제1항 하자담보책임으로 인한 손해배상 경합적으로 인정 ○
- 하자담보에 기한 매수인의 손해배상청구권은 소멸시효 규정 적용 ○, 기산점은 매수인이 매매 목적물 인도받은 때부터임 ○

문 06 무권대리행위 ★★

- 무권대리인의 상대방에 대한 책임
  - 무과실책임으로 무권대리행위가 제3자의 기망이나 문서위조 등 위법행위로 야기된 경우라도 책임 有

- 채무불이행에 대비하여 손해배상액의 예정에 관한 조항을 둔 때 무권대리인은 조항에서 정한 바에 따라 산정한 손해액 지급해야 함
- 상대방이 대리권이 없음을 알았다는 사실 또는 알 수 있었는데도 알지 못하였다는 사실에 관한 주장·증명책임은 무권대리인에게 있음
● 무권대리행위에 대한 본인의 추인은 명시적 또는 묵시적인 방법으로 무권대리인, 무권대리행위의 직접의 상대방, 그 무권대리행위로 인한 권리 또는 법률 관계의 승계인에 대하여도 할 수 있음

문 07 소멸시효 중단 ★★

● 시효중단 효력 ○
- 채권자가 주채무자의 재산에 대한 압류신청을 하여 압류결정을 받은 경우 보증인에게 압류결정이 통지되지 않아도 보증채권에 대한 시효중단
● 시효중단 효력 ×
- 이행인수인이 채권자에 대하여 채무자의 채무를 승인한 경우 채무자에 대한 시효중단
- 장래의 채권을 미리 승인한 시효중단
- 주택임대차보호법에 기한 임차권등기명령에 따른 임차권등기 시에 임대차보증금반환채권에 대한 소멸시효 중단

문 08 근저당권 ★★

● 담보지상권은 피담보채권의 소멸로 근저당권이 소멸하면 지상권은 소멸 ○
● 선순위의 근저당권부채권을 양수한 채권자보다 후순위의 근저당권자는 채권양도의 대항요건을 갖추지 아니한 경우 대항할 수 없는 제3자에 포함 ×
● 근저당권자가 피담보채무의 불이행을 이유로 경매신청을 한 경우에는 경매신청 시에 피담보채무가 확정, 경매개시결정이 있은 후에 경매신청이 취하여도 채무확정의 효과 번복 ×
● 후순위 근저당권자가 경매를 신청한 경우 선순위 근저당권의 피담보채무는 경매절차에서 매수인이 매각대금을 완납한 때에 확정 ○
● 불법원인급여 원인 근저당권설정등기 경료 시 등기설정자는 무효인 근저당권설정등기 말소 청구 可

문 09 과실상계·수익자·원상회복의무·보호되는 제삼자(민법 § 548① 단서) ★★

● 과실상계는 원상회복의무의 이행으로서 지급한 매매대금 기타의 급부 반환을 구하는 경우에는 적용 ×
● 선의의 수익자가 패소한 때에는 그 소를 제기한 때부터 악의의 수익자로 봄

- 원상회복의무의 이행으로서 수령한 금전을 반환할 때에는 동시이행의 관계에 있는지 여부와는 관계가 없이 받은 날부터 법정이자를 가산하여 지급 ○
- 매수인과 매매예약을 체결한 후 그에 기한 소유권이전청구권 보전을 위한 가등기를 마친 자는 민법 제548조 제1항 단서에서 말하는 제3자에 해당 ○

문 10 매매계약 해제 ★★

- 유치권의 행사는 채권의 소멸시효의 진행에 영향을 미치지 아니함
- 유치권자는 일반채권자와 동일한 순위로 배당을 받을 수 있음
- 채무자 소유의 부동산에 관하여 이미 선행저당권이 설정되어 있는 경우 채권자의 상사유치권 성립한 경우 선행저당권에 기한 임의경매절차에서 부동산 취득한 매수인에 대한 관계에서는 상사유치권으로 대항 불가
- 채무자 소유의 건물 등 부동산에 경매개시결정의 기입등기가 경료되어 압류의 효력이 발생한 후에 채무자가 위 부동산에 관한 공사대금 채권자에게 그 점유 이전하여 유치권을 취득하게 한 경우 유치권을 내세워 그 부동산에 관한 경매절차의 매수인에게 대항 불가
- 채무자 소유 건물에 관하여 증·개축 등 공사를 도급받은 수급인이 경매개시결정의 기입등기가 마쳐지기 전에 채무자에게서 건물의 점유를 이전받아도 경매개시결정의 기입등기가 마쳐져 압류의 효력 발생한 후에 공사를 완공하여 공사대금채권을 취득한 경우 수급인은 유치권을 내세워 경매절차의 매수인에게 대항 불가

문 11 근저당권설정등기 말소·소멸시효·법정지상권·점유사용권 ★★★

- 근저당권이 설정된 후에 그 부동산의 소유권이 제3자에게 이전된 경우 근저당권설정자인 종전의 소유자도 근저당권설정등기 말소 청구 可
- 매매계약 합의해제된 경우 매도인 원상회복청구권은 소유권에 기한 물권적 청구권으로서 소멸시효 대상 ×
- 토지 저당권을 설정할 당시 토지의 지상에 건물 존재. 그 양자가 동일 소유자에게 속하였다가 그 후 저당권의 실행으로 토지가 낙찰되기 전 건물이 제3자에게 양도된 경우 건물 양수한 제3자는 민법 제366조 법정지상권 취득함 ○
- 매도인은 매매계약의 이행으로서 인도한 토지 위에 매수인이 건축한 건물을 취득한 자에 대해 토지소유권에 기한 물권적청구권 행사 불가(∵ 토지 위에 건축한 건물을 취득한 자는 그 토지에 대한 매수인의 점유사용권까지 아울러 취득함)

핵심포인트 문 12 　법률행위의 무효와 취소　★★

- 근로계약 무효 또는 취소한 경우 취소의 의사표시 이후 장래에 관하여만 근로계약의 효력 소멸 ○
- 민법 제104조 불공정한 법률행위에 해당해 무효인 경우에 무효행위의 전환 민법 제138조 적용 可
- 법률행위 취소 전제로 한 소송상의 이행청구나 이를 전제로 한 이행거절 가운데 취소의 의사표시 포함됨 ○
- 취소할 수 있는 법률행위가 일단 취소된 이상 당초의 의사표시를 다시 확정적으로 유효하게 할 수 없음
- 통정허위표시 무효인 경우 제3자가 악의라도 전득자가 선의라면 통정허위표시로서 무효로서 대항 不可

핵심포인트 문 13 　부동산 점유취득시효　★★

- 시효취득의 대상이 된 부동산이 취득시효 완성 전에 가압류되더라도 취득시효 중단 ×
- 취득시효가 완성되어 점유자 앞으로 소유권이전등기 마쳐지면 득시효의 기간이 진행 중에 체결되어 소유권이전등기청구권가등기에 의하여 보전된 매매예약상의 매수인의 지위는 소멸함
- 시효완성 당시의 소유권보존등기 또는 이전등기가 무효인 등기명의인은 시효취득을 원인으로 한 소유권이전등기청구의 상대방 ×
- 부동산 소유자가 취득시효가 완성된 사실을 알고 그 부동산을 제3자에게 처분하여 소유권이전등기하여서 취득시효 완성을 원인으로 한 소유권이전등기의무가 이행불능에 빠지게 되어 시효취득을 주장하는 자가 손해 입었다면 불법행위 구성함 ○
- 취득시효가 완성된 후 점유자가 그 등기를 하기 전에 경료된 제3자 명의의 등기가 원인무효인 경우 점유자는 취득시효 완성 당시의 소유자를 대위하여 제3자 앞으로 경료된 원인무효인 등기의 말소를 구함과 아울러 소유자에게 취득시효 완성을 원인으로 한 소유권이전등기 청구 可

핵심포인트 문 14 　점유　★★

- 직접점유자가 점유의 침탈을 당한 경우 간접점유자는 그 물건을 직접점유자에게 반환할 것을 청구할 수 있고 직접점유자가 그 물건의 반환을 받을 수 없는 때에는 자기에게 반환할 것 청구 可
- 타인의 소유물을 권원 없이 점유한 악의수익자는 받은 이익에 이자를 붙여 반환해야 하고 위 이자의 이행지체로 인한 지연손해금도 지급해야 함 ○
- 지상권을 설정한 토지소유권자는 불법점유자에 대하여 물권적청구권 행사 可, 손해배상 청구 不可
- 선대의 점유가 타주점유인 경우 선대로부터 상속에 의하여 점유를 승계한 자의 점유도 타주점유임 ○

핵심포인트 문 15 동산점유 ★★

- 점유자가 점유의 침탈당한 때에는 점유를 침탈당한 날부터 1년 내에 점유회수청구권 행사 可
- 점유자가 물건에 대한 사실상의 지배를 상실한 때에는 점유권이 소멸하지만 민법 제204조의 규정에 의하여 점유를 회수한 때에는 그러하지 아니함
- 선의의 점유자라도 본권에 관한 소에서 패소한 때에는 그 소가 제기된 때(소장 부본이 피고에게 송달된 때를 의미함)부터 악의의 점유자로 봄
- 양도인이 소유자로부터 보관을 위탁받은 동산을 제3자에게 보관시킨 경우 양도인이 그 제3자에 대한 반환청구권을 양수인에게 양도하고 지명채권 양도의 대항요건을 갖추었을 때 동산의 선의취득에 필요한 점유의 취득 요건 충족 ○

핵심포인트 문 16 법정지상권 ★★

- 토지 또는 그 지상 건물의 소유권이 강제경매로 인하여 그 절차상의 매수인에게 이전되는 경우 관습상 법정지상권의 성립 여부 기준은 압류 효력 발생 시 ○, 가압류가 되어 있다가 그 가압류가 강제경매개시결정으로 인하여 본압류로 이행되어 경매절차가 진행된 경우에는 애초 가압류의 효력이 발생 시 ○
- 건물의 소유를 위한 법정지상권을 취득한 사람으로부터 경매에 의하여 건물의 소유권을 이전받은 매수인은 법정지상권 취득함 ○
- 건물공유자 중 1인이 그 건물의 부지인 토지를 단독으로 소유하면서 그 토지에 관하여만 저당권을 설정하였다가 저당권의 실행에 의한 경매로 제3자가 토지의 소유권을 취득한 경우 건물공유자들은 토지 전부에 관하여 법정지상권 취득 ○
- 미등기건물이 그 대지와 함께 매도되었는데 매수인에게 위 대지에 관하여만 소유권이전등기가 마쳐진 경우 매도인에게 관습상 법정지상권 인정 ×
- 채권을 담보하기 위하여 나대지에 가등기가 경료된 다음 대지소유자가 그 지상에 건물을 신축하였는데 그 후 위 가등기에 기한 본등기가 마쳐진 경우 관습상 법정지상권 성립 ×

핵심포인트 문 17 공유 ★★

- 구분소유적 공유관계에 있는 토지의 특정부분을 구분소유하는 자는 명의신탁해지를 원인으로 한 지분이전등기절차 이행 청구 可, 토지 전체에 대한 공유물분할청구의 소 제기 不可
- 공유자 간의 공유물에 대한 사용·수익·관리에 관한 특약은 공유자의 특정승계인에 대하여 당연 승계 ○, 공유지분권의 본질적 부분을 침해한다고 볼 수 있는 경우에는 승계 ×
- 구분소유적 공유관계에 있는 토지에 대하여 공유자 이외의 제3자에 의한 방해가 있는 경우 공유자 중 1인은 자기의 전체토지에 대하여 위 방해의 배제를 구할 수 있음

- 토지의 과반수 지분의 공유자로부터 허락을 받아 토지 중 특정부분을 점유 및 사용하는 제3자는 소수지분 권자에 대하여 부당이득반환의무 없음

핵심포인트 문 18 양도담보·동산의 선의취득·첨부로 인한 구상권(§261)

- 3자가 양도담보의 목적물을 무단으로 점유하는 경우에 양도담보권자의 조치
  - 양도담보의 목적물 인도 청구 可
  - 차임 상당의 손해배상 청구 可
- 동산의 선의취득에 필요한 점유는 현실인도 ○, 점유개정에 의한 점유취득 ×
- 양도담보권도 일종의 담보물권이므로 물상대위 인정 ○
- 부합으로 인하여 권리를 상실하는 자의 민법 제261조에 따른 보상 청구 상대방은 양도담보권설정자이고 양도담보권자가 아님

핵심포인트 문 19 부당이득

- 악의의 수익자에서 악의의 의미는 자신의 이익 보유가 법률상 원인 없는 것임을 인식하는 것 ○
- 채무자가 횡령한 금전으로 자신의 채권자에 대한 채무 변제하는 경우 변제를 수령함에 있어 악의 또는 중대한 과실이 있는 경우에는 채권자의 금전 취득은 부당이득임 ○
- 쌍무계약에서 당사자 일방이 부담하는 채무가 채무자의 귀책사유로 이행할 수 없는 경우 이미 이행한 급부는 부당이득 법리에 따라 반환 청구 可
- 의무 없이 타인을 위하여 사무를 관리한 자는 타인에 대하여 민법상 사무관리 규정에 따라 비용상환 可, 다른 제3자에 대하여 직접 부당이득반환 청구 不可

핵심포인트 문 20 전세권

- 전세금의 지급은 전세권 성립 요소임 ○, 반드시 현실적으로 수수되어야만 하는 것은 아니고 기존의 채권으로 전세금 지급 갈음 可
- 전세권 존속 중 장래에 그 전세권이 소멸하는 경우 전세금 반환채권이 발생하는 것을 조건으로 그 장래의 조건부 채권 양도 可
- 전세권이 성립한 후 목적물의 소유권이 이전되는 경우 전세금반환의무는 소유권 양수인만이 부담 ○

- 전세권에 관하여 전세권저당권설정등기를 마친 후 전세권의 존속기간이 만료된 경우 전세권저당권자는 전세금반환채권에 대하여 압류·추심명령 또는 압류·전부명령을 받거나 제3자가 그 채권에 대하여 실시한 강제집행절차에서 배당요구하면 전세금에서 우선변제 받을 수 있음
- 전세권이 건물의 일부에 설정된 경우 나머지 건물부분에 대하여는 경매신청권 없음

문 21 손해배상

- 부동산 등기청구권을 보전하기 위한 처분금지가처분 존재로 인해 처분기회를 상실하였거나 그 대가를 제때 지급받지 못하는 불이익을 입은 경우 당해 부동산을 보유, 얻는 점용이익을 초과하지 않는 한 손해 발생 ×
- 쌍무계약에서 쌍방의 채무 동시이행관계인 경우 이행지체 존재효임 ○
- 약정해지·해제권을 유보한 경우 상대방에게 고의 또는 과실이 없을 때 배상책임 없음
- 경험칙상 육체노동을 주로 생계활동으로 하는 사람은 만 65세까지도 가동할 수 있음

문 22 채권자대위권

- 채권자가 채권자대위권 소송에서 피보전채권이 인정되지 않는다는 이유로 소각하 판결을 받아 확정된 경우 기판력은 채권자가 채무자를 상대로 피보전채권의 이행을 구하는 소송에 미치지 않음
- 채권자대위권 행사의 통지를 받은 뒤 제3채무자는 계약해제로써 대위권을 행사하는 채권자에게 대항 불가
- 물권적 청구권도 채권자대위권의 피보전권리가 될 수 있음
- 채무자 소유의 부동산을 시효취득한 채권자의 공동상속인이 채무자에 대한 소유권이전등기청구권을 피보전채권으로 하여 제3채무자를 상대로 채무자의 제3채무자에 대한 소유권이전등기의 말소등기청구권 대위 행사하는 경우 공동상속인은 자신의 지분 범위 내에서만 행사 可
- 금전채권자는 부동산에 관한 공유물분할청구권을 대위행사할 수 없음

문 23 사해행위 취소

- 사해행위인 매매예약에 기하여 수익자 앞으로 가등기를 마친 후 전득자 앞으로 가등기 이전의 부기등기를 마치고 나아가 가등기에 기한 본등기까지 마친 경우 수익자는
  - 가등기 및 본등기에 대한 말소청구소송에서 피고적격 없음
  - 사해행위 취소의 상대방은 될 수 있음
- 근저당권의 피담보채권액과 채권최고액이 모두 부동산 가격을 초과하는 때 부동산의 양도가 사해행위에 해당채무자가 제3자의 채무를 담보하기 위한 근저당권이 설정되어 있는 부동산 양도 시 사해행위에 해당 ×

- 어느 채권자가 수익자를 상대로 사해행위 취소 및 원상회복으로 소유권이전등기의 말소를 명하는 판결을 받았으나 말소등기를 마치지 아니한 경우, 소송의 당사자가 아닌 다른 채권자는 민법 제407조에 따라 채무자를 대위하여 말소등기 신청 可
- 전득자의 악의 판단에서는 전득자가 전득행위 당시 채무자와 수익자 사이의 법률행위의 사해성을 인식하였는지만이 문제임 ○

문 24 지연손해금 ★★

- 이행기의 정함 없는 채권 양수한 채권양수인이 채무자 상대로 그 이행 구하는 소를 제기하고 소송 계속 중 채무자에 대한 채권양도통지 이루어지면 채무자는 채권양도통지가 도달된 다음 날부터 이행지체 책임짐 ○
- 불법행위로 인한 손해배상채무는 특별한 사정이 없는 한 채무 성립과 동시에 지연손해금 발생 ○
- 금전채무에 관하여 이행지체에 대비한 지연손해금 비율을 따로 약정한 경우에 일종의 손해배상액의 예정으로서 민법 제398조 제2항에 의한 감액의 대상임 ○
- 승소판결 확정된 후 소송촉진법 변경으로 소송촉진법에서 정한 지연손해금 이율이 달라진 경우 선행판결과 다른 금액을 원고의 채권액으로 인정할 수 없음

문 25 불법행위 ★★

- 사립학교법과 국가공무원법의 관계규정을 위반하여 영리를 목적으로 한 업무에 종사하여 얻은 위법소득은 불법행위로 인한 일실수익의 기초로 삼을 수 없음
- 타인 소유의 토지에 관하여 등기관계서류를 위조하여 원인무효의 소유권이전등기 후 진정 소유자의 말소등기청구소송 승소의 판결이 확정된 경우 불법행위로 인하여 최종 매수인이 입은 손해는 매매대금임 ○
- 금전을 대여한 채권자가 고의 또는 과실로 이자제한법을 위반하여 최고이자율을 초과하는 이자를 받아 채무자에게 손해를 입힌 경우 민법 제750조에 따라 불법행위 성립함 ○
- 불법행위로 인하여 건물이 훼손되었을 때 원상으로 회복시키는데 소요되는 수리비가 건물의 교환가치를 초과하는 경우 그 손해액은 그 건물의 교환가치 범위 내로 제한됨 ○
- 공동불법행위자 중 1인에 대하여 구상의무를 부담하는 다른 공동불법행위자가 수인인 경우 그들의 구상권자에 대한 채무
  - 원칙적 각자의 부담부분에 따른 분할채무
- 부담부분이 전혀 없다면 부진정연대관계

문 26. 착오·오표시 무해의 원칙 ★★

- 채무불이행을 이유로 매매계약을 해제 후 착오를 이유로 매매계약 취소 可
- 하자담보책임의 성립 여부와 관계없이 착오를 이유로 매매계약 취소 可
- 토지의 현황과 경계에 착오가 있어 계약을 체결하기 전 이를 알았다면 계약의 목적을 달성할 수 없음이 명백하여 계약을 체결하지 않았을 것으로 평가할 수 있을 경우에 계약의 중요부분에 관한 착오 인정
- 계약서상 표시와 무관 쌍방 당사자의 의사합치가 있은 목적물로 계약성립 ○(오표시 무해의 원칙)

문 27. 연대채무 ★★★

- 어느 연대채무자에 대한 이행청구는 다른 연대채무자에게도 효력 有
- 어느 연대채무자에 대한 법률행위의 무효나 취소의 원인은 다른 연대채무자 채무에 영향을 미치지 아니함
- 어느 연대채무자가 채권자에 대하여 채권이 있는 경우에 그 채무자가 상계한 때에는 채권은 모든 연대채무자의 이익을 위하여 소멸함
- 상계할 채권이 있는 연대채무자가 상계하지 아니한 때에는 그 채무자의 부담부분에 한하여 다른 연대채무자가 상계 가능
- 어느 연대채무자가 변제 기타 자기의 출재로 공동면책이 된 때에는 다른 연대채무자의 부담부분에 대하여 구상권 행사 可

문 28. 채권관계의 당사자 변경 ★★

- 양도금지특약을 위반하여 채권을 제3자에게 양도한 경우 채권양수인이 양도금지특약이 있음을 알았거나 중대한 과실로 알지 못하였다면 채권 이전의 효과 없음
- 주택임대차보호법이 정한 대항요건을 갖춘 임대차의 목적인 주택의 양수인은 임대차보증금반환채무를 면책적 인수함 ○
- 병존적 채무인수에서 채무자와 인수인은 통상 주관적 공동관계가 있는 연대채무관계 ○, 인수인이 채무자의 부탁을 받지 아니하여 주관적 공동관계가 없는 경우에는 부진정연대관계 ○
- 채무자와 인수인의 합의에 의한 중첩적 채무인수는 일종의 제3자를 위한 계약으로 채권자의 수익의 의사표시는 채권을 취득하기 위한 요건임 ○

문 29 채권양도

- 취득시효완성으로 인한 소유권이전등기청구권의 양도의 경우 양도제한의 법리 적용 ×
- 양도금지의 특약이 있는 사실에 관하여 집행채권자가 선의인가 악의 불문하고 전부명령의 효력 有
- 제2차 양도계약 후 양도인과 제1양수인이 제1차 양도계약을 합의해지한 다음 제1양수인이 그 사실을 채무자에게 통지한 경우라도 제2차 양수인이 당연히 채권 취득 ×
- 채권양도가 다른 채무의 담보조로 이루어진 후 그 채무가 변제된 경우 양도채권의 채무자는 이를 이유로 채권양수인의 양수금 청구 거절 不可
- 대항요건을 갖추지 못한 양수인이 채무자를 상대로 재판상의 청구를 하였다면 이는 소멸시효 중단 ○

문 30 상계

- 상계의 의사표시가 있는 경우 채무는 상계적상시에 소급하여 대등액에서 소멸함 ○
- 상계금지특약이 붙어 있더라도 그 채권을 선의로 양수자는 그 채권으로 상계할 수 있음
- 고의의 행위가 불법행위를 구성함과 동시에 채무불이행을 구성하는 경우 채무불이행으로 인한 손해배상채권을 수동채권으로 하여 대여금채권과 상계 허용 ×
- 부진정연대채무자 중 1인이 자신의 채권자에 대한 반대채권으로 상계를 한 경우계로 인한 채무소멸의 효력은 소멸한 채무 전액에 관하여 다른 부진정연대채무자에 대하여도 미침 ○
- 피고의 소송상 상계항변에 대하여 원고가 소송상 상계의 재항변을 하는 것은 허용 ×

문 31 이혼

- 혼인생활의 파탄에 주된 책임이 있는 배우자는 원칙적 이혼 청구 不可, 예외적 유책성이 그 이혼청구를 배척해야 할 정도로 남아 있지 아니한 경우 허용 ○
- 협의 또는 심판에 따라 구체화되지 않은 재산분할청구권 포기하는 행위는 채권자취소권의 대상 ×
- 이혼 후 자에 대한 양육권이 부모 중 어느 일방에, 친권이 다른 일방에 또는 부모에 공동으로 귀속되는 것으로 정하는 것은 허용 ○
- 민법 제840조의 각 이혼사유는 그 각 사유마다 독립된 이혼청구원인이 되므로 법원은 원고가 주장한 이혼사유에 관하여서만 심판 要
- 재산분할재판에서 분할대상인지 여부가 전혀 심리된 바 없는 재산이 재판확정 후 추가로 발견된 경우 이혼한 날부터 2년 이내라는 제척기간을 준수하여 추가로 재산분할청구 할 수 있음 ○

문 32 유언 ★★

- 자필증서에 의한 유언
  - 증서의 기재 자체에 의하더라도 명백한 오기의 수정인 경우 유언의 효력 有
  - 증인의 서명 또는 기명날인이 그 요건에 해당 ×
  - 인장 대신에 무인에 의한 경우에도 유효함 ○
  - 주소를 자서하지 않았다면 이는 법정된 요건과 방식에 어긋난 유언으로서 효력 없음
- 유언자가 포괄적 유증을 함으로써 실질적으로 상속인의 지정이나 상속분의 변경과 같은 결과 달성 可

문 33 상속포기 ★★★

- 피상속인의 배우자와 자녀 중 자녀 전부가 상속을 포기한 경우
  - 배우자와 피상속인의 손자녀 또는 직계존속이 공동으로 상속인이 됨
  - 피상속인의 손자녀와 직계존속이 존재하지 아니하면 배우자가 단독으로 상속인이 됨

문 34 변제충당 ★★★

- 지정변제충당의 지정권자 원칙적 채무자
- 비용, 이자, 원금의 변제 순서 ⇨ 지정변제충당에 의하여는 배제 불가, but 합의충당에 의하여는 배제 가능
- 변제기 미도래 채무와 변제기 도래의 채무 사이의 변제는 변제기 도래 채무에 우선 충당
- 변제기가 모두 도래한 경우 채무자에게 변제이익이 큰 채무에 우선하여 충당 (변제이익: 고이율＞저이율)

문 35 부당이득반환청구권의 소멸시효 ★★

- 상법 제64조에 따라 5년의 상사시효 적용 ○
  - 가맹점사업자가 가맹본부를 상대로 administration fee라는 항목으로 가맹사업자 등에게 매장 매출액의 일정 비율에 해당하는 금액을 청구하여 지급받은 것이 부당이득에 해당하는 경우
  - 일방적 상행위로 인한 채권, 상행위에 준하는 채권
  - 공공건설임대주택의 임대사업자가 일률적인 산정방식에 따라 정한 분양전환가격으로 분양계약을 체결한 자 등이 납부한 분양대금과 정당한 분양전환가격의 차액 상당의 부당이득
- 상법 제64조에 따라 5년의 상사시효 적용 ×
  - 매도인 법인을 대표하여 위 매매계약을 체결한 대표자의 선임에 관한 이사회결의가 부존재하는 것으로 확정됨에 따라 위 매매계약이 무효로 되었음을 이유로 매매대금 상당액의 반환을 구하는 부당이득반환청구
  - 위법배당에 따른 부당이득반환청구권

핵심포인트 문 36. 부양·친생추정 ★★

- 부양의 의무는 부양을 받을 자가 자기의 자력 또는 근로에 의하여 생활을 유지할 수 없는 경우에 한하여 이행할 책임 有
- 계혈족이 사망하면 생존한 상대방이 재혼하지 않았더라도 민법 제974조 제3호에 의하여 생계를 같이 하는 경우에 한하여 부양의무 인정 ○
- 아내가 혼인 중 남편이 아닌 제3자의 정자를 제공받아 인공수정으로 자녀를 출산한 경우에도 친생추정 규정을 적용하여 인공수정으로 출생한 자녀가 남편의 자녀로 추정 ○
- 부모의 자녀양육의무는 특별한 사정이 없는 한 자녀의 출생과 동시에 발생하는 것이므로 과거의 양육비에 대하여도 상대방이 분담하고 그 비용의 상환 청구 可
- 제2차 부양의무자가 부양받을 자를 부양한 경우 그 소요된 비용을 제1차 부양의무자에 대해 상환청구 可

핵심포인트 문 37. 약속어음 ★★★

- 약속어음에는 본문 중에 그 증권을 작성할 때 사용하는 국어로 약속어음임을 표시하는 글자 기재 要
- 발행지가 적혀 있지 아니한 경우 발행인의 명칭에 부기한 지를 발행지로 봄
- 어음에 특정한 날짜가 적혀 있지 아니한 경우에는 어음을 발행한 날부터 이자 계산 ○
- 만기 후 배서에 대하여 만기 전에 이루어진 일반적인 배서와 동일한 효력을 부여함 ○
- 환어음의 앞면에 단순한 기명날인 또는 서명이 있는 경우 보증을 한 것으로 보고 피보증인 표시가 없는 경우에는 발행인을 위하여 보증한 것으로 봄

핵심포인트 문 38. 상법상 부분적 포괄대리권을 가진 상업사용인 ★★

- 건설현장에서 공사의 시공과 관련된 업무만을 담당하는 건설회사의 현장소장은 부분적 포괄대리권을 가지고 있음
- 전산개발장비 구매와 관련된 실무를 총괄하는 부분적 포괄대리권을 가진 상업사용인 권한에 지급보증행위는 포함 ×
- 부분적 포괄대리권을 가진 상업사용인의 권한남용 행위는 일단 영업주 본인의 행위로서 유효하나 상대방이 상업사용인의 진의를 알았거나 알 수 있었을 때에는 무효임
- 상업사용인은 영업주의 허락없이 제3자의 계산으로 한 것인 때에는 영업주는 사용인에 대하여 이로 인한 이득의 양도를 청구 가능하고 이와 관련하여 손해의 배상 청구 가능
- 부분적 포괄대리권을 가진 사용인의 선임과 종임은 등기사항 아님

| 핵심포인트 | 문 39 | 최근 사업연도 말 자산총액이 3조 원인 상장회사 | ★★ |

- 감사위원회는 3명 이상의 이사로 구성, 사외이사가 위원의 3분의 2 이상 要
- 상장회사가 주주총회의 목적사항으로 제3항에 따른 집중투표 배제에 관한 정관 변경에 관한 의안을 상정하려는 경우에는 그 밖의 사항의 정관 변경에 관한 의안과 별도로 상정하여 의결 要
- 2인 이상의 이사의 선임을 목적으로 하는 총회의 소집이 있는 때에는 의결권없는 주식을 제외한 발행주식총수의 100분의 3 이상에 해당하는 주식을 가진 주주는 정관에서 달리 정하는 경우를 제외하고는 회사에 대하여 집중투표의 방법으로 이사를 선임할 것 청구 可
- 이사의 퇴직금 중간정산을 허용하는 정관 규정이나 주주총회 결의가 없는 경우, 이사회가 퇴직금 중간정산을 인정하는 임원퇴직급여규정을 제정하더라도 이사의 퇴직금 중간정산은 허용 ×

| 핵심포인트 | 문 40 | 상법상 익명조합·합자조합 | ★★ |

- 2인으로 구성된 조합 종료됨으로써 조합재산의 분배라는 청산절차만이 남게 된 경우 조합관계의 종료로 인한 잔여재산 분배 청구 可
- 익명조합원이 자기의 성명을 영업자의 상호 중에 사용하게 하거나 자기의 상호를 영업자의 상호로 사용할 것을 허락한 때 그 사용 전에 발생한 영업자의 채무에 대하여도 영업자와 연대하여 변제할 책임 有
- 합자조합에서 둘 이상의 업무집행조합원이 있는 경우 조합계약에 다른 정함이 없으면 그 각 업무집행조합원의 업무집행에 관한 행위에 대하여 다른 업무집행조합원의 이의가 있는 경우에는 그 행위 중지하고 업무집행조합원 과반수의 결의에 따름
- 당사자의 일방이 상대방의 영업을 위하여 출자를 하는 경우라 할지라도 그 영업에서 이익이 난 여부를 따지지 않고 상대방이 정기적으로 일정한 금액을 지급하기로 약정한 경우 익명조합 아님
- 동업계약에 따라 조합 구성한 후 공동으로 매수함으로써 조합재산이 된 부동산을 조합원의 합유로 등기하지 않고 조합원 중의 1인 명의로 소유권이전등기 한 것은 그 조합원에게 부동산을 명의신탁한 것으로서 무효임

| 핵심포인트 | 문 41 | 회사의 사원 | ★★ |

- 합명회사의 사원은 정관에 정한 퇴사사유가 발생한 경우 당연 퇴사함
- 유한회사의 사원은 그 지분의 전부 또는 일부 양도 可, 정관으로 지분의 양도 제한 可
- 주식의 공유자는 대표자를 통하여 이익배당청구권 행사 가능 ○
- 유한책임회사의 업무집행자는 정관으로 정하되 사원이 아닌 자나 법인을 업무집행자로 정할 수 있음
- 합자회사의 유한책임사원과 유한책임회사의 사원은 신용 또는 노무를 출자의 목적으로 하지 못함

문 42. 주식인수 · 주식회사설립 무효 · 가장납입 · 다중대표소송 ★★

- 회사 성립 후 주식을 인수한 자는 착오를 이유로 하여 그 인수 취소 不可, 발기인은 공동으로 인수책임 有
- 주관적 의사표시 하자는 주식회사설립 무효 사유가 아님
- 일시적인 차입금으로 주금납입의 외형을 갖추고 회사설립이나 증자 후 곧바로 그 납입금을 인출하여 차입금을 변제하는 주금의 가장납입(견금)은 유효임 ○
- 모회사 발행주식총수의 100분의 1 이상에 해당하는 주식을 가진 주주는 자회사에 대하여 자회사 이사의 책임 추궁할 소의 제기 可

문 43. 어음의 배서 ★★

- 최후의 배서가 피배서인을 백지로 한 채 이루어진 경우 배서의 연속을 증명한 어음의 점유자는 적법한 어음소지인으로 추정 ○
- 지급거절증서를 작성하여야 하는 어음의 경우 지급거절 사실이 어음면에 명백하게 나타나 있어 어음취득자가 이를 알 수 있어도 적법한 지급거절증서가 작성되지 않았다면 만기 후 배서임 ○
- 공연한 추심위임배서는 배서금지어음에도 할 수 있음(∵ 공연한 추심위임배서는 어음상의 권리를 이전 ×)
- 종전에 발행인으로부터 인적항변의 대항을 받는 어음소지인은 제3자에게 배서양도한 후 환배서에 의하여 다시 어음을 취득하여도 발행인으로부터 여전히 인적항변의 대항 받음
- 발행인이 어음에 지시금지라는 글자를 기재하면 배서금지어음이 되어 지명채권의 양도 방식으로만, 그 효력으로써만 양도 可

문 44. 주식의 소각 · 병합 · 분할 ★★

- 자기주식 소각하는 경우에는 자본금 감소에 관한 규정에 따라서만 소각하여야 하는 것 아님
- 주식분할의 경우 구주권을 회사에 제출할 수 없는 자가 있는 때에 회사는 그 자의 청구에 의하여 3개월 이상의 기간을 정하고 이해관계인에게 그 주권에 대한 이의가 있으면 그 기간 내에 제출할 뜻을 공고, 그 기간이 경과한 후에 신주권을 청구자에게 교부 가능 ○
- 주식을 병합할 경우에 회사는 1월 이상의 기간을 정하여 그 뜻과 그 기간 내에 주권을 회사에 제출할 것을 공고하고 주주명부에 기재된 주주와 질권자에 대하여는 각별로 그 통지 要
- 주식의 강제소각의 경우 자본금감소절차 및 주권제출기간의 만료 시 소각의 효력 발생, 주식의 임의소각에 있어서는 상법 소정의 자본금감소절차뿐만 아니라 주식실효절차까지 마친 때에 소각의 효력 발생

문 45 생명보험 ★★★

- 인보험에 있어 보험수익자는 고지의무자에 포함 ×
- 보험계약자는 보험자나 보험수익자의 동의를 받지 않고 보험수익자를 변경 可
- 보험계약자가 보험계약을 사망 전에 해지하였다면 보험자는 보험수익자를 위하여 적립한 금액을 보험계약자에게 지급하여야 함
- 둘 이상의 보험수익자 중 일부가 고의로 피보험자를 사망하게 한 경우 보험자는 다른 보험수익자에 대한 보험금 지급 책임 有
- 보험수익자로 지정된 상속인 중 1인이 자신에게 귀속된 보험금청구권을 포기하더라도 그 포기한 부분이 당연히 다른 상속인에게 귀속 ×

문 46 대리 ★★

- 표현대리행위가 성립하는 경우 과실상계의 법리 적용 ×
- 조합대리에 있어서 그 법률행위가 조합에게 상행위가 되는 경우 조합을 위한 것임을 표시하지 않더라도 그 법률행위의 효력은 본인인 조합원 전원에게 미침 ○
- 부부간의 일상의 가사에 관한 대리권 제한은 선의의 제3자에게 대항할 수 없음
- 부분적 포괄대리권을 가진 상업사용인이 위임받은 특정 영업 또는 사항 이외의 거래행위 한 경우 행위의 상대방이 그 상업사용인에게 그 권한이 있다고 믿을 만한 정당한 이유 있으면 책임 有(민법상 표현대리 적용)
- 주주의 대리인이 의결권 행사의 대리권을 증명하는 서면을 주주총회에 제출하더라도 회사는 그 총회의 개최가 방해될 염려가 있는 등의 특별한 사정이 있으면 그 대리행사 거절 可

문 47 비상장주식회사의 신주발행 및 신주인수권 ★★

- 회사가 주주배정방식에 의하여 신주를 발행하려는데 주주가 인수를 포기하여 실권된 신주를 제3자에게 발행하기 위해서 정관에 근거 규정 필요 ×
- 회사 경영권 분쟁이 현실화된 상황에서 경영진의 경영권이나 지배권 방어 목적 달성하기 위하여 제3자에게 신주를 배정하는 것은 상법 제418조 제2항을 위반, 주주의 신주인수권 침해임
- 회사가 정관이나 이사회의 결의로 신주인수권의 양도에 관한 사항을 결정하지 않은 경우 회사가 양도를 승낙한 경우에는 회사에 대하여도 효력 有
- 주인수권증서가 발행되지 아니한 신주인수권 양도의 제3자에 대한 대항요건은 확정일자 있는 증서에 의한 양도통지 또는 회사의 승낙임 ○
- 현물출자자에 대하여 발행하는 신주에 대하여 일반주주의 신주인수권이 미치지 않음

문 48. 상법상 이익배당 ★★

- 주식회사에서 이익배당은 주주총회 결의로 정함, 재무제표의 승인에 대한 특칙에 따라 재무제표를 이사회가 승인하는 경우에는 이사회 결의로 정함
- 주식에 의한 배당은 이익배당총액의 2분의 1에 상당하는 금액을 초과하지 못함
- 익명조합원 출자가 손실로 인하여 감소된 때에 당사자 간에 다른 약정이 없으면 손실을 전보한 후가 아니면 이익배당 청구 不可
- 유한회사에서 이익배당은 정관에 다른 정함이 있는 경우 외에는 각 사원의 출자좌수에 따름
- 합자조합에서 유한책임조합원은 조합계약에서 정한 출자가액에서 이미 이행한 부분을 뺀 가액을 한도로 하여 조합채무를 변제할 책임 有, 합자조합에 이익이 없음에도 불구하고 배당을 받은 금액은 변제책임을 정할 때에 변제책임의 한도액에 더함

문 49. 상법상 주식회사 기관의 권한 ★★

- 주주총회는 본법 또는 정관에 정하는 사항에 한하여 결의할 수 있음
- 회사 정관, 이사회 규정에서 이사회 결의 거치도록 대표이사의 대표권 제한한 경우 상대방 무중실시 유효 ○
- 특정인에 대한 주식매수선택권의 구체적 내용은 일반적으로 회사가 체결하는 계약을 통해서 정해짐 ○
- 주주총회에서 이사, 감사 선임하는 경우 선임결의와 피선임자 승낙만 있으면 이사나 감사의 지위 취득 ○
- 이사회가 일반적·구체적으로 대표이사에게 위임하지 않은 업무로서 일상 업무에 속하지 아니한 중요한 업무는 이사회 결의 거쳐야 함 ○

문 50. 흡수합병 ★★

- 회사는 주주총회의 합병승인결의가 있은 날로부터 2주 내에 채권자에 대하여 합병에 이의가 있으면 1개월 이상의 기간 내에 이를 제출할 것 공고하고 알고 있는 채권자에 대하여는 따로 최고하여야 함 ○
- 주주에게 합병대가의 일부를 신주 대신에 금전으로 제공하는 경우 신주만을 배정 필요 없음
- 합병비율이 현저하게 불공정하다면 이는 합병무효의 사유가 될 수 있음
- 합병무효의 소 판결확정전에 생긴 회사와 사원 및 제3자간의 권리의무에 영향을 미치지 아니 함

문 51. 비상장회사의 주주총회 결의에 관한 정족수 및 의결권수 ★★

- 주식상호소유의 제한
  - 주식취득의 통지의무 : 회사가 다른 회사의 발행주식총수의 10분의 1을 초과 취득한 때 그 다른 회사에 대하여 지체없이 통지 要
  - 주식취득의 통지의무 준수하는 경우 : 회사가 다른 회사의 발행주식의 총수의 10분의 1을 초과하는 주식을 가지고 있는 경우 다른 회사가 가지고 있는 회사 주식은 의결권 있는 주식으로서 발행주식총수에 산입 ○
- 의결권 없는 주식의 수는 발행주식총수에 산입 ✕
- 흡수합병에 의해 소멸회사가 보유하던 존속회사의 주식은 존속회사가 합병에 의해 승계한 자기 주식으로서 의결권 없음
- 이사·감사 선임·해임 의결이 있는 경우
  - 선임·해임 되는 당사자인 주주는 특별이해관계인 ✕
  - 선임·해임 되는 당사자인 주주 소유 주식은 출석한 의결권 수에 불산입 ✕

문 52. 반소 ★★★

- 점유회수의 본소에 대하여 본권자가 소유권에 기한 인도를 구하는 반소를 제기하여 본소청구와 예비적 반소청구가 모두 인용되어 확정된 경우
  - 점유자는 본소 확정판결에 의하여 집행문을 부여받아 강제집행으로 물건의 점유 회복 可
  - 본권자는 위 본소 집행 후 집행문을 부여받아 반소 확정판결에 따른 강제집행으로 물건의 점유 회복 可
- 본소가 부적법하다 하여 각하됨으로써 종료된 경우 피고의 반소 취하는 원고의 동의 있어야 효력 발생 ○
- 가지급물 반환신청의 성질은 본안판결의 취소 또는 변경을 조건으로 하는 예비적 반소임 ○
- 제1심 법원이 예비적 반소를 제기하였는데 소의 이익이 없음을 이유로 원고의 본소와 피고의 예비적 반소를 모두 각하, 원고만이 본소 각하 부분에 대하여 항소한 경우 원고의 본소 청구를 인용하는 이상 피고의 예비적 반소 청구도 심판 대상임 ○
- 원고가 본소의 이혼청구에 병합하여 재산분할청구를 한 후 피고가 반소로 이혼청구를 한 경우 본소의 이혼청구가 받아들여지지 않고 피고의 반소청구에 의하여 이혼이 명하여지는 경우에도 재산을 분할해 달라는 취지의 청구가 포함된 것임 ○

문 53. 근저당권 ★★

- 피담보채무 발생하지 아니한 것을 전제로 한 근저당권설정등기의 말소등기절차이행청구 중에 피담보채무의 변제 조건으로 장래의 이행 청구하는 취지 포함 ✕
- 기망행위로 인해 근저당권설정계약 체결하였다고 주장, 위 근저당권설정계약을 취소하고 그 말소등기 구하는 소 제기한 경우 부당이득반환채무와 근저당권설정등기 말소의무는 동시이행관계 ○

- 집행력 있는 집행권원에 기하여 채권압류 및 전부명령이 적법하게 이루어진 경우 피압류채권은 집행채권의 범위 내에서 집행채권자에게 이전 ○
- 유효하게 양도받아 근저당권이전의 부기등기를 마친 경우 피담보채무가 소멸된 경우 또는 근저당권설정등기가 당초 원인무효인 경우 주등기인 근저당권설정등기의 말소만 구하면 족함 ○

문 54 열람 또는 등사 청구(주주명부, 회계장부와 서류, 이사회의사록)·배당·소수주주의 매수청구권

- 주주와 회사채권자는 영업시간 내에 언제든지 주주명부의 열람 또는 등사 청구 可
- 발행주식의 총수의 100분의 3 이상에 해당하는 주식 가진 주주는 회계의 장부와 서류의 열람·등사 청구 可
- 주주는 영업시간 내에 이사회의사록의 열람 또는 등사 청구 可
- 배당가능한 이익이 없음에도 금전으로 배당한 경우 회사채권자는 배당한 이익을 회사에 반환할 것 청구 可
- 소수주주의 매수청구권 행사 시 매수청구를 받은 지배주주는 매수를 청구한 날을 기준으로 2개월 내에 매수를 청구한 주주로부터 그 주식을 매수하여야 함

문 55 재판의 누락 및 판단 누락

- 원고가 실제로 감축한다고 진술한 것보다 더 많은 부분을 감축한 것으로 보아 판결을 선고한 경우 원고가 감축한 금액을 제외한 나머지 부분에 관한 청구에 관하여 상고는 부적법
- 항소심이 기존의 청구와 항소심에서 추가된 청구를 모두 배척할 경우 항소를 기각한다는 주문 표시만 한 경우 재판의 누락이므로 그 부분에 대한 상고는 부적법함 ○
- 재심사유가 인정되지 않아서 재심청구를 기각하는 경우에는 중간확인의 소를 각하고 이를 판결 주문 기재 않은 것은 재판이 누락으로 그 부분에 대한 상소는 부적법
- 주관적·예비적 공동소송에서 주위적 공동소송인과 예비적 공동소송인 중 어느 한 사람이 상소 제기하면 전부에 이심되어 심판대상이 됨

문 56 보조참가 ★★

- 보조참가인에 대한 재판의 효력(참가적 효력)
  - 보조참가인이 피고를 보조하여 소송을 수행하였으나 피고가 소송에서 패소하여 그 판결이 확정된 경우 참가적 효력 생김 ○
  - 피참가인과 그 소송 상대방 간의 판결의 기판력이 참가인과 피참가인의 상대방과의 사이에까지 발생 ×

- 전소 확정판결 참가적 효력은 전소 확정판결의 결론의 기초가 된 사실상 및 법률상의 판단으로서 보조참가인이 피참가인과 공동이익으로 주장하거나 다툴 수 있었던 사항에 한하여 미침 ○
- 보조참가인이 독립당사자참가를 하였다면 그와 동시에 보조참가는 종료된 것 ○
- 재심의 소에 공동소송적 보조참가인이 참가한 후에는 피참가인이 재심의 소를 취하하더라도 공동소송적 보조참가인의 동의가 없는 한 효력 없음

문 57 소송요건

- 상고심 법원은 매매예약완결권이 제척기간 도과로 인하여 소멸되었다는 주장이 적법한 상고이유서 제출기간 경과 후에 상고인에 의하여 주장 시 판단 要
- 최종 등기명의자에 대하여 등기말소를 구할 수 있는지에 관계없이 중간의 등기명의자에 대하여 등기말소 구할 소의 이익 有
- 채권담보의 목적으로 부동산에 관하여 가등기가 경료, 채권자가 그 가등기의 피담보채무의 액수를 다투는 때에 채무자는 채권자에게 피담보채무의 변제를 조건으로 가등기 말소할 것을 미리 청구할 필요 有
- 근저당권의 피담보채무에 관한 부존재확인의 소는 근저당권이 말소되면 확인의 이익 소멸
- 토지거래계약에 관한 허가 구역 내의 토지에 대하여 매매계약이 체결되고 계약을 체결한 당사자 중 일방이 허가신청절차 협력하지 않는 경우 상대방은 협력의무의 이행을 소로써 구할 이익 有

문 58 유치권

- 원고 소유의 점포를 피고가 점유하고 있는 경우 피고를 상대로 위 점포에 대한 유치권의 부존재확인을 구할 확인의 이익 없음
- 체납처분압류가 되어 있는 부동산에 경매절차가 개시되어 경매개시결정등기가 되기 전에 부동산에 관하여 민사유치권을 취득한 유치권자가 경매절차의 매수인에게 유치권 행사 可
- 경매절차에서 유치권이 주장되지 아니한 경우 채권자인 근저당권자는 치권부존재 확인 구할 법률상 이익 有
- 근저당권자는 유치권 신고자 상대로 경매절차에서 유치권을 내세워 대항할 수 있는 범위 초과하는 유치권의 부존재 확인 구할 법률상 이익 有
- 부동산에 가압류등기가 경료되어 있을 뿐 현실적인 매각절차가 이루어지지 않고 있는 상황에서 부동산에 대한 채무자의 점유 이전 제3자의 유치권 취득은 가압류 채권자에게 대항할 수 없는 처분행위 ×

문 59 기판력 ★★

- 기판력 미침 ○
  - 전소 소유권이전등기말소청구 소송 후소 진정명의회복을 원인으로 한 소유권이전등기청구
- 기판력 미치지 ×
  - 손해배상청구의 소 먼저 제기하는 바람에 과실상계 또는 공평의 원칙에 기한 책임제한 등의 법리에 따라 그 승소액이 제한되었다고 하여 그로써 제한된 금액에 대한 부당이득반환청구권의 행사
  - 소유권이전등기가 원인무효라는 이유로 그 등기의 말소를 구하는 소송을 제기하였다가 청구기각의 판결을 선고받아 확정된 경우 소유권의 확인의 소 제기
  - 전소 가등기에 기한 소유권이전등기절차의 이행을 명한 후 가등기만의 말소를 구하는 후소
- 기판력 있는 전소 판결과 저촉되는 후소 판결이 그대로 확정된 경우에도 재심의 소에 의하여 후소 판결이 취소될 때까지 전소 판결과 후소 판결은 저촉되는 상태 그대로 기판력 가짐 ○

문 60 소멸시효 ★★

- 채무자가 소멸시효 완성 후 다툼이 없이 채무를 일부 변제한 때
  - 채무 전체를 묵시적으로 승인한 것으로 봄
  - 시효완성의 사실을 알고 이익을 포기한 것으로 추정
- 부진정연대채무자 1인에 대한 이행청구 또는 채무자 1인이 행한 소멸시효의 중단사유나 시효이익의 포기는 다른 채무자에게 효력 없음
- 시효중단을 위한 후소로서 이행소송 외에 전소 판결로 확정된 채권의 시효를 중단시키기 위한 재판상의 청구가 있다는 점에 대하여만 확인을 구하는 확인소송 허용 ○
- 채권자가 채무자의 제3채무자에 대한 채권을 압류 또는 가압류한 경우 압류 또는 가압류된 채무자의 제3채무자에 대한 채권에 대하여는 확정적인 시효중단의 효력 생기지 않음
- 원칙적 채권자가 가압류 집행에 의하여 권리행사를 계속하고 있다고 볼 수 있는 가압류등기가 말소된 때 중단사유가 종료되어 그때부터 새로 소멸시효가 진행 ○

문 61 소송대리인 ★★

- 당사자가 사망하였으나 소송대리인이 있는 경우 소송절차 중단 ×, 소송대리인은 상속인들 전원 위하여 소송 수행, 판결은 상속인들 전원에 대하여 효력 有
- 당사자가 소송대리인에게 소송위임을 한 다음 소 제기 전에 사망, 소송대리인이 당사자의 사망 사실을 모르고 그 당사자를 원고로 표시하여 소 제기한 경우 소의 제기는 적법하고 시효 중단 등 소 제기의 효력은 상속인들에게 귀속됨
- 상소 제기의 특별수권을 받지 않은 소송대리인의 소송대리권은 그 심급의 판결을 송달받은 때 소멸함

- 선정당사자가 선정자로부터 별도의 수권 없이 변호사 보수에 관한 약정 한 경우 선정자들이 이를 추인하는 등의 특별한 사정이 없는 한 선정자에 대하여 효력 없음

핵심포인트 문 62 상계항변 ★★★

- 소송상 방어방법으로서의 상계항변은 수동채권의 존재가 확정되는 것을 전제로 하는 일종의 예비적 항변 ○
- 조정 성립됨으로써 수동채권의 존재에 관한 법원의 실질적인 판단이 이루어지지 아니한 경우 소송절차에서 행하여진 소송상 상계항변의 사법상 효과 발생 ✕
- 환송 전 원심 소송절차에서 상계항변을 할 기회가 있었음에도 불구 환송 후 원심 소송절차에서 주장하는 상계항변은 실기한 공격방어방법임 ○
- 소구채권의 존재를 인정하면서도 상계항변을 받아들인 결과 원고의 청구를 기각한 판결에 대한 피고의 상소의 이익 有
- 상계의 항변을 제출할 당시 이미 자동채권과 동일한 채권에 기한 소송을 별도로 제기하여 계속 중인 경우 별소로 계속 중인 채권을 자동채권으로 하는 소송상 상계의 주장 허용 ✕

핵심포인트 문 63 소유권이전등기청구권 가압류 ★★

- 채무자의 제3채무자에 대한 소유권이전등기청구권 압류나 가압류 된 경우
  - 채무자는 제3채무자 상대로 그 이행 구하는 소송 제기 可
  - 가압류의 해제를 조건으로 하지 않는 한 법원은 이를 인용하여서는 안 됨
- 부동산소유권이전등기청구권가 가압류되고 제3채무자로부터 채무자 명의로 소유권이전등기가 마쳐진 경우 부동산 자체를 가압류하거나 압류하면 족하고 가압류 말소 필요 ✕
- 소유권이전등기청구권에 대한 압류나 가압류는 채권자와 채무자 및 제3채무자 사이에만 효력 가지며 제3채무자나 채무자로부터 소유권이전등기를 넘겨받은 제3자에 대하여는 취득한 등기가 원인무효라고 주장하여 말소 청구 不可
- 소유권이전등기청구권이 가압류된 경우 제3채무자가 고의 또는 과실로 백에 의한 판결이 선고되어 확정됨에 따라 채무자에게 소유권이전등기가 경료되고 다시 제3자에게 처분된 결과 채권자가 손해 입을 경우 불법행위 구성 ○

핵심포인트 문 64 서증 ★★

- 원본의 존재 및 원본의 성립의 진정에 관하여 다툼이 있고 사본을 원본의 대용으로 하는 것에 대하여 상대방으로부터 이의가 있는 경우에는 사본으로써 원본을 대신할 수 없음

- 작성명의인의 날인만 되어 있고 그 내용이 백지로 된 문서를 교부받아 후일 그 백지부분을 작성명의자가 아닌 자가 보충한 문서의 경우 진정성립 추정 ×
- 보증서에 날인된 인영이 인장에 의하여 현출된 것이라면 그 문서 전체의 진정성립이 추정되고 그 문서가 의사에 반하여 작성된 것이라는 점은 이를 주장하는 자가 적극적으로 증명해야 함 ○
- 문서에 찍혀진 작성명의인의 인영이 그 인장에 의하여 현출된 인영임이 인정되는 경우
  - 특단의 사정이 없는 한 그 인영의 성립 추정(1단계 추정) ⇨ 그 문서 전체의 진정성립 추정 (2단계 추정)
  - 문서제출자는 그 날인행위가 작성명의인으로부터 위임받은 정당한 권원에 의한 것이라는 사실까지 입증할 책임 有
  - 그 문서가 작성명의인의 자격을 모용하여 작성한 것이라는 점은 그것을 주장하는 자가 적극적으로 입증 要
- 문서에 찍힌 인영의 진정성립에 관한 자백의 취소는 주요사실의 자백취소와 동일하게 처리 ○(∴ 재판상 자백의 취소요건 要)

문 65 상법상 주식회사의 주주대표소송 ★★

- 전 이사들을 상대로 하는 주주대표소송에 회사가 참가하는 경우 상법 제394조 제1항의 적용이 배제되어 회사를 대표하는 자는 대표이사임 ○
- 이사책임추궁 소 제기를 청구하지 아니한 채 주주가 즉시 회사를 위하여 소를 제기한 경우 부적법 각하 ○
- 주주가 파산관재인에 대하여 이사 또는 감사에 대한 책임을 추궁할 것 청구 파산관재인이 이를 거부한 경우 대표소송으로서 이사 또는 감사의 책임을 추궁하는 소 제기 不可
- 주주대표소송의 주주는 집행채권자가 될 수 있음

문 66 재판상 자백 ★★

- 자백의 대상인지 여부
  - 법정변제충당의 순서를 정함에 있어 기준이 되는 이행기나 변제이익에 관한 사항 등은 구체적 사실 ○
  - 법정변제충당의 순서 자체 ×
- 당사자 일방이 한 진술에 잘못된 계산이나 기재 기타 이와 비슷한 표현상의 잘못이 있고 잘못이 분명한 경우 비록 상대방이 원용하였다고 해서 자백이 아님
- 종중이 당사자인 사건에서 그 종중의 대표자에게 적법한 대표권이 있는지 여부는 자백의 대상이 될 수 없음
- 재판상 자백의 성립 후 청구를 교환적으로 변경한 경우 일전에 성립한 자백의 효력은 소멸 ○

핵심포인트 | 문 67 | 법원의 관할 및 소송의 이송 ★★

- 지방법원 합의부가 지방법원 단독판사의 판결에 대한 항소사건을 제2심으로 심판하는 도중에 지방법원 합의부의 관할 속하는 반소가 제기되더라도 이미 정하여진 항소심 관할에는 영향 없음
- 법률상 진술 간주되는 경우 변론관할 성립 ×
- 전속적 합의관할의 경우에도 변론관할 생김 ○
- 전속관할의 규정을 위반하더라도 이송결정이 확정되면 원칙적으로 기속력 인정 ○, 심급관할위반의 이송결정을 한 경우에는 그 기속력이 이송받은 상급심 법원에까지 미치지 ×
- 재심의 소 재심제기의 기간 내에 제1심 법원에 제기되었으나 재심사유 등에 비추어 항소심 판결을 대상으로 한 것이라 인정되어 위 재심의 소를 항소심 법원에 이송한 경우 재심제기의 기간 준수 여부는 제1심 법원에 제기된 때를 기준 ○

핵심포인트 | 문 68 | 약속어음 및 약속어음금청구의 소 ★★★

- 만기는 기재되어 있으나 지급지, 지급을 받을 자 등과 같은 어음요건이 백지인 약속어음의 소지인이 그 백지 부분 보충하지 않은 상태에서 어음금 청구하는 경우 어음상의 청구권에 관한 소멸시효는 중단 ○
- 약속어음의 소지인이 전소의 사실심 변론종결일까지 백지보충권 행사하지 않아 패소판결을 받고 그 판결이 확정된 후에 백지보충권을 행사하여 어음이 완성된 것을 이유로 전소 피고를 상대로 다시 동일한 어음금을 청구하는 경우 허용 ×
- 약속어음은 그 어음에 표시된 지급지가 의무이행지임 ○
- 원인채권의 지급을 확보하기 위한 방법으로 어음이 수수된 경우
  - 원인채권에 기한 청구 시 어음채권의 소멸시효 중단 ×
  - 어음채권에 기한 청구 시 원인채권의 소멸시효 중단 ○

핵심포인트 | 문 69 | 주주총회결의의 효력을 다투는 소송 ★★

- 주주총회결의 취소의 소는 그 결의의 날로부터 2개월 내에 제기해야 함, 여러 개의 안건이 상정되어 각기 결의가 행하여진 경우 위 제소기간의 준수 여부는 각 안건에 대한 결의마다 별도 판단 ○
- 가처분에 의하여 직무집행이 정지된 이사를 선임한 주주총회결의 취소 등의 본안소송에서 가처분 채권자가 승소확정 경우 그 가처분 결정은 본안 승소판결의 확정과 동시에 효력 상실
- 주주총회결의 취소소송의 계속 중 원고가 주주로서의 지위를 상실하면 원고는 상법 제376조에 따라 그 취소 구할 당사자적격 상실 ○
- 이사의 임기만료를 이유로 후임이사를 선임하는 결의라고 할지라도 상법 제386조에 의하여 후임이사 취임시까지 이사의 권리의무를 보유하는 경우 퇴임이사는 후임이사선임 결의의 하자를 주장하여 그 부존재 또는 무효확인을 구할 법률상 이익 有

- 정당한 소집권자에 의하여 소집된 주주총회의 결의라면 이사회 결의 없고 구두 소집통지로서 법정 소집기간 불준수, 부의 주주에 대하여는 소집통지 빠진 경우 주주총회결의 취소사유임 ○

핵심포인트 문 70 상법 제399조에 따른 이사의 회사에 대한 손해배상책임 ★★

- 상근 이사라고 하더라도 A 회사의 이사회에 참석하지도 않고 사후적으로 이사회의 결의를 추인하는 등 실질적으로 이사의 임무를 전혀 수행하지 않았다면 그 자체로서 임무해태임 ○
- 임무해태로 인한 손해배상책임은 위임관계로 인한 10년의 소멸시효기간인 채무불이행책임 ○
- 이사가 이사회에 출석하여 결의에 기권하였다고 의사록에 기재된 경우 상법 제399조 제3항에 따라 이사회 결의에 찬성한 것으로 추정할 수 없음
- 주식회사의 이사가 다른 업무담당이사의 업무집행이 위법하다고 의심할 만한 사유가 있음에도 불구하고 방치한 때 회사가 입은 손해에 대하여 배상책임 有
- 일부청구 시 과실상계인 경우 손해의 전액에서 과실비율에 의한 감액한 후 그 잔액이 청구액을 초과하지 않을 경우 그 잔액을 인용하는 반면, 잔액이 청구액을 초과할 경우 청구의 전액을 인용함이 상당

2021년 변호사시험 민사법 핵심요약

핵심포인트 문 01 채무의 보증 ★★

- 보증인의 서명은 타인이 보증인의 이름을 대신 쓰는 것은 不可, 보증인의 기명날인은 타인이 이를 대행하는 방법으로 하는 것 可
- 보증채무는 주채무와는 별개의 채무이기 때문에 보증채무 자체의 이행지체로 인한 지연손해금은 지급보증의 한도액과는 별도로 부담 ○
- 채권자가 보증인의 승낙 없이 주채무자에 대하여 변제기를 연장하여 준 경우 보증채무에 대하여도 그 효력 미침 ○
- 채무에 대한 소멸시효가 완성되어 보증채무가 소멸된 상태에서 보증인이 보증채무를 이행하거나 승인한 경우 보증인은 여전히 주채무의 시효소멸을 이유로 보증채무 소멸 주장 可
- 채권자와 주채무자 사이의 확정판결에 의하여 주채무가 확정되어 그 소멸시효기간이 10년으로 연장되었어도 그 보증채무까지 당연히 단기소멸시효의 적용이 배제되어 10년 소멸시효기간 적용 ×

핵심포인트 문 02 민법상 조건과 기한 ★★

- 당사자가 불확정한 사실이 발생한 때를 이행기한으로 정한 경우 그 사실이 발생한 때는 물론 그 사실의 발생이 불가능하게 된 때에도 그 이행기한 도래한 것 ○
- 수급인이 공급한 목적물을 도급인이 검사하여 합격하면, 도급인은 수급인에게 그 보수를 지급한다는 내용으로 한 약정은 순수수의조건에 해당 ×
- 조건은 법률행위에서 효과의사와 일체적인 내용을 이루는 의사표시 그 자체로서 조건을 붙이고자 하는 의사는 법률행위의 내용으로 외부에 표시되어야 함 ○
- 당사자는 미리 유치권의 발생을 막는 특약 可, 그 특약에 조건을 붙일 수 있음

핵심포인트 문 03 명의신탁 ★★

- 명의신탁 약정과 그에 의한 등기가 무효로 되면 명의신탁 부동산은 매도인 소유로 복귀하므로 매도인은 명의수탁자에게 무효인 명의수탁자 명의의 등기의 말소 청구 可
- 3자 간 등기명의신탁
  - 명의신탁자는 명의수탁자 상대로 부당이득 원인 소유권이전등기 청구 不可

- 명의수탁자의 임의처분에 의한 제3자 명의로 소유권이전등기가 마쳐진 경우 제3자는 유효한 소유권 취득하고 명의수탁자는 명의신탁자에게 신탁부동산의 처분대금이나 보상금을 취득하는 이익을 부당이득으로 반환할 의무 有
- 계약명의자인 명의수탁자가 아니라 명의신탁자에게 계약에 따른 법률효과를 직접 귀속시킬 의도로 계약을 체결한 사정 인정 시 명의신탁자가 계약당사자로서 3자 간 등기명의신탁임 ○

핵심포인트 문 04 등기청구권의 소멸시효

- 유류분권리자가 유류분반환청구권 행사함으로써 발생하는 목적물의 이전등기청구권에 민법 제1117조에서 정한 유류분반환청구권에 대한 소멸시효 적용 ×
- 3자 간 등기명의신탁에 의한 등기가 부실법에서 정한 유예기간의 경과로 무효로 된 경우 목적 부동산을 인도받아 점유하는 명의신탁자의 매도인에 대한 소유권이전등기청구권 소멸시효 진행 ×
- 부실법 시행에 따라 그 권리를 상실하게 된 같은 법 시행 이전의 명의신탁자가 당해 부동산의 회복을 위해 명의수탁자에 대하여 가지는 소유권이전등기청구권은 부당이득반환청구권으로서 소멸시효기간이 10년임 ○
- 점유취득시효완성으로 인한 소유권이전등기청구권
  - 시효완성자의 점유가 계속되는 한 시효로 소멸 ×
  - 시효완성자가 점유를 상실한 경우 점유자가 점유를 상실한 때로부터 10년의 소멸시효 ○

핵심포인트 문 05 취득시효 등

- 취득시효기간이 경과 전에 등기부상의 소유명의자가 변경된 경우 시효완성자는 새로운 소유명의자에게 시효취득 주장 可
- 부동산에 대한 점유취득시효가 완성된 후 소유권이전등기 전
  - 제3자 명의의 소유권이전등기가 경료된 경우 당초의 점유자가 계속 점유 시 제3자 앞으로의 소유권 변동시를 새로운 점유취득시효 기산점으로 삼아 2차 취득시효의 완성 주장 가능 ○
  - 제3자가 부동산소유권 취득 시 그 명의의 등기가 원인무효의 등기인 경우 취득시효완성으로 인한 소유권이전등기청구권을 가진 자는 소유자를 대위하여 위 제3자 앞으로 경료된 원인무효인 등기 말소 청구 可
- 부동산을 취득시효기간 만료 당시의 점유자로부터 양수하여 점유를 승계한 현 점유자
  - 전 점유자의 소유자에 대한 소유권이전등기청구권을 대위행사 可
  - 전 점유자의 취득시효 완성 효과 주장하여 직접 자기에게 소유권이전등기 청구 不可

핵심포인트 문 06 전세권

- 통정허위표시에 해당하여 무효인 건물 전세권설정계약에 기한 전세권부 채권을 가압류한 경우 그 가압류권자는 허위표시에 기초하여 새로이 법률상 이해관계를 가지게 된 제3자에 해당 ○
- 전세기간 만료 후 전세권을 전세금반환채권과 함께 양도하면서 전세권 이전의 부기등기 마친 권양수인은 전세금반환채권의 압류·전부 채권자에게 대항 不可
- 전세권이 존속기간의 만료로 종료된 경우 최선순위 전세권자의 채권자는 전세권이 설정된 부동산에 대한 경매절차에서 채권자대위권에 기하거나 전세금반환채권에 대하여 압류 및 추심명령을 받은 다음 추심권한에 기하여 자기 이름으로 전세권에 대한 배당요구 可
- 건물소유자가 아닌 사람이 건물을 점유하고 있다면 토지소유자는 자신의 소유권에 기한 방해배제로서 건물점유자에 대하여 건물로부터의 퇴출 청구 可
- 민법 제305조 제1항에 의한 법정지상권을 취득한 상태에서 건물 양수인이 토지 소유자와의 관계에서 전세권자의 동의 없이 법정지상권을 취득할 지위를 소멸시켰다고 하더라도, 그 건물 양수인은 물론 토지 소유자도 그 사유를 들어 전세권자에게 대항 不可

핵심포인트 문 07 저당권

- 공동저당의 목적부동산 중 먼저 경매된 부동산의 후순위저당권자가 다른 부동산에 공동저당 대위등기 하지 아니하고 있는 중에 선순위저당권자에 의해 그 부동산에 관한 저당권등기가 말소된 경우 그 부동산제3취득자에 대하여 후순위저당권자는 민법 제368조 제2항에 따른 대위 주장 不可
- 공동저당권의 목적물인 채무자 소유 부동산과 물상보증인 소유 부동산의 경매대가를 동시에 배당하는 경우 물상보증인이 연대보증인의 지위를 겸하고 있더라도 채무자 소유 부동산의 경매대가에서 공동저당권자에게 우선적으로 배당을 하고 부족분이 있는 경우에 한하여 물상보증인 소유 부동산의 경매대가에서 추가 배당 ○
- 공동저당 목적인 채무자 소유 부동산과 물상보증인 소유 부동산 중 채무자 소유 부동산에 대하여 먼저 경매 시 무자 소유 부동산에 대한 후순위저당권자는 민법 제368조 제2항 후단에 의하여 1번 공동저당권자를 대위하여 물상보증인 소유 부동산에 대해 저당권 행사 不可
- 저당권으로 담보된 채권에 질권을 설정한 경우 질권자와 질권설정자가 피담보채권만을 질권의 목적으로 하고 저당권은 질권의 목적으로 하지 않는 것도 가능 ○
- 저당권부 채권의 양도의 물권적 합의는 저당권의 양도·양수받는 당사자 사이에 있으면 족함 ○

핵심포인트 문 08 통정허위표시 ★★

- 통정허위표시는 무효이나 허위표시의 당사자와 포괄승계인 이외의 자로서 허위표시에 의하여 외형상 형성된 법률관계를 토대로 실질적으로 새로운 법률상 이해관계를 맺은 선의의 제3자에 대하여는 허위표시의 당사자뿐만 아니라 그 누구도 허위표시의 무효로 대항 不可
- 민법 제108조 제2항의 통정허위표시의 제3자에 해당 ○
  - 임대차보증금반환채권 양도계약이 통정허위표시로서 무효인 경우 임대차보증금반환채권이 양도된 후 양수인의 채권자가 임대차보증금반환채권에 대하여 채권압류 및 추심명령을 받은 자
  - 파산채무자가 통정한 허위의 의사표시를 통하여 가장채권을 보유하고 있다가 파산이 선고된 경우에 파산관재인
- 민법 제108조 제2항의 통정한 허위의 의사표시의 무효로 대항할 수 없는 제3자는 선의이면 족하고 무과실은 요건 아님

핵심포인트 문 09 종중 ★★

- 고유 의미의 종중이란 자연발생적인 관습상 종족집단체로서 특별한 조직행위 필요 ✕
- 종중 규약에 정하는 바가 없고 종중총회의 결의에 의하지 않은 종중 대표자에 의한 종중 재산의 처분은 무효임
- 종중 토지 매각대금의 분배는 정관 기타 규약에 달리 정함이 없는 한 종중총회의 결의에 의하여만 할 수 있고 이러한 분배결의가 없으면 종원이 종중에 대하여 직접 분배청구 不可
- 종중총회 개최를 위해 남자 종중원들에게만 소집통지를 하고 여자 종중원들에게 소집통지를 하지 않는 경우 그 종중총회에서의 결의는 무효임
- 종중의 임원은 종중재산의 관리·처분에 관한 사무를 처리함에 있어 종중규약 또는 종중총회의 결의에 따라야 함은 물론 선량한 관리의무 有

핵심포인트 문 10 법률행위의 무효 ★★

- 농지법에 따른 제한을 회피하고자 명의신탁을 한 경우 불법원인급여에 해당 ✕
- 매매계약이 약정된 매매대금의 과다로 말미암아 민법 제104조 불공정한 법률행위에 해당하여 무효인 경우에도 무효행위의 전환에 관한 민법 제138조 적용 可
- 타인의 권리의 무권리자 처분행위는 무효이고 이 경우 민법 제130조의 무권대리에 관한 규정 및 민법 제133조의 추인의 효력에 관한 규정을 유추 적용 可
- 다른 자의 대리인으로서 계약을 맺은 자가 그 대리권을 증명하지 못하고 또 본인의 추인을 받지 못한 경우에 계약의 상대방은 그 대리인에게 계약을 이행할 책임을 물 수 있음 ○

핵심포인트 문 11 후견계약 ★★★

- 후견계약
  - 공정증서로 체결
  - 가정법원이 임의후견감독인을 선임한 때부터 효력이 발생
- 후견감독인의 결격사유 : 민법 제779조에 따른 후견인의 가족은 후견감독인이 될 수 없음
- 후견계약의 종료
  - 임의후견감독인의 선임 전이면 공증인의 인증을 받은 서면으로 후견계약의 의사표시 철회 可
  - 임의후견감독인의 선임 이후에는 정당한 사유가 있는 때에만 가정법원의 허가를 받아 후견계약을 종료

핵심포인트 문 12 착오로 인한 취소 ★★

- 매매계약이 취소된 경우에 당사자 쌍방의 원상회복의무는 동시이행의 관계 ○
- 매매계약 내용의 중요 부분에 착오가 있는 경우 매수인은 매도인 하자담보책임이 성립상관없이 착오 이유로 매매계약 취소 可
- 동기의 착오가 법률행위의 내용의 중요 부분의 착오에 해당함을 이유로 표의자가 법률행위 취소하려면 그 동기를 당해 의사표시의 내용으로 삼을 것을 상대방에게 표시, 의사표시의 해석상 법률행위의 내용으로 되어 있다고 인정되면 충분 ○ (당사자들 사이에 별도로 그 동기를 의사표시의 내용으로 삼기로 하는 합의는 不要)
- 착오가 표의자의 중대한 과실로 인한 때에는 취소 不可

핵심포인트 문 13 소멸시효 ★★

- 3년 단기소멸시효가 적용되는 민법 제163조 제6호 상인이 판매한 상품의 대가란 상품의 매매로 인한 대금 그 자체의 채권만을 말하는 것으로서 상품의 공급 자체와 등가성 있는 청구권에 한함
- 가압류 신청한 때 시효중단의 효력 생김 (민사소송법 규정을 유추적용하여 재판상의 청구와 유사)
- 원인채권의 지급을 확보하기 위한 방법으로 어음이 수수된 경우 원인채권에 기하여 청구한 것만으로는 어음채권의 소멸시효 중단효 없음
- 압류, 가압류 및 가처분에 기한 주채무자에 대한 시효의 중단은 보증인에 대하여 그 효력 有(보증인에게 통지 不要)

문 14 시효의 중단 ★★

- 소장에서 청구의 대상으로 삼은 금전채권 중 일부만을 청구, 소송의 진행경과에 따라 나머지 부분에 대하여 장차 청구금액을 확장할 뜻을 표시하였으나 당해 소송이 종료될 때까지 실제로 청구금액을 확장하지 않은 경우 나머지 부분에 대해 소송이 계속 중인 동안에는 최고에 의한 권리행사가 지속되는 것임 ○
- 점유로 인한 부동산소유권의 시효취득에 있어 취득시효기간의 완성 전에 부동산에 압류 또는 가압류 조치는 취득시효의 중단사유 아님
- 확정판결에 의한 채권의 소멸시효기간인 10년의 경과가 임박한 경우에 그 시효중단 위한 소는 소의 이익 有
- 어느 연대채무자가 채무를 승인함으로써 그에 대한 시효가 중단되어도 다른 연대채무자에게도 시효중단 효력 없음

문 15 공유 ★★

- 공유물의 소수지분권자가 다른 공유자와 협의 없이 공유물의 전부 또는 일부를 독점적으로 점유·사용하고 있는 경우 공유물의 보존행위로서 방해배제 청구 可(공유물의 인도 청구는 不可)
- 소수지분권자는 과반수 지분의 공유자로부터 다시 그 특정 부분의 사용·수익을 허락받은 제3자의 점유로 인한 부당이득 반환 청구 不可
- 공유자 간의 공유물에 대한 사용수익·관리에 관한 특약은 공유자의 특정승계인에 대하여도 당연히 승계됨 ○
- 상속에 의하여 수인의 공유로 된 부동산에 관해 그 공유자 중의 1인이 부정한 방법으로 공유물 전부에 관한 소유권이전등기를 그 단독명의로 경료한 경우 방해 받는 공유자 중의 1인은 공유물의 보존행위로서 그 공유자의 공유지분을 제외한 나머지 공유지분 전부에 관하여 소유권이전등기말소등기 청구 可
- 공유지분의 포기는 등기를 하여야 공유지분 포기에 따른 물권변동의 효력 발생(민법 제186조) ○

문 16 법정지상권 ★★

- 저당권설정 당사자 간의 특약으로 저당목적물인 토지에 대해 법정지상권 배제하는 특약은 무효임
- 법정지상권자는 물권으로서의 효력에 의하여 이를 취득할 당시 대지소유자나 이로부터 소유권을 전득한 제삼자에 대하여도 등기없이 지상권 주장 가능 ○
- 건물소유 위하여 법정지상권 취득한 자로부터 경매에 의하여 그 건물의 소유권 이전받은 경락인은 건물의 경락취득과 함께 위 지상권도 당연히 취득함 ○
- 법정지상권에 관한 지료가 결정되지 않은 경우 법정지상권자가 2년 이상의 지료를 지급하지 아니하였음을 이유로 하는 토지소유자의 지상권소멸청구 不可

문 17 유치권 ★★

- 주택건물의 신축공사를 한 수급인은 그 보수 변제받을 때까지 건물 유치할 권리가 있음
- 점유하면서 유치권을 행사하던 중 제3자가 점유를 침탈하여 점유를 상실하면 유치권은 소멸하며 점유회수의 소를 제기하여 점유를 회복할 수 있다는 사정만으로 유치권 존속 ×
- 소유자의 동의 없이 유치권자로부터 유치권의 목적물을 임차한 자의 점유는 경락인에게 대항할 수 있는 권원에 기한 것 아님
- 간접점유에서 점유매개관계를 이루는 임대차계약 해지 등의 사유로 종료되더라도 직접점유자가 목적물을 반환하기 전까지는 간접점유자의 유치권 소멸 ×
- 유치권자가 유치물의 보존에 필요한 사용한 경우 차임에 상당한 이득 소유자에게 반환할 의무 有

문 18 부양 ★★

- 친부가 사망한 후 계모와 함께 살고 있는 계자녀는 계모를 부양할 의무 有
- 제2차 부양의무자(부모가 성년의 자녀에 대한 부양의무)가 부양받을 자를 부양한 경우 소요된 비용을 제1차 부양의무자(부부간 상호부양의무)에 대하여 상환청구 可
- 부양료청구권의 침해를 이유로 채권자취소권을 행사하는 경우의 제척기간은 민법 제406조 제2항이 정한 취소원인을 안 날 또는 법률행위가 있은 날로부터 진행함 ○
- 처가 정당한 이유 없이 동거를 거부함으로써 자신의 협력의무를 스스로 저버리고 있다면 처는 부에게 부양료의 지급 청구할 수 없음
- 재판상 이혼 시 친권자와 양육자로 지정된 처는 부에게 양육비를 청구할 수 있고 이 경우 가정법원은 자녀의 양육비 중 처가 부담해야 할 양육비를 제외하고 부가 분담해야 할 적정 금액의 양육비만을 결정해야 함 ○

문 19 부당이득반환청구 · 원상회복청구 ★★

- 계약의 한쪽 당사자가 상대방의 지시로 급부과정을 단축하여 제3자에게 직접 급부를 하는 경우 계약의 한쪽 당사자는 제3자를 상대로 당사자 간 법률관계 무효 원인으로 부당이득반환청구 不可
- 제3자를 위한 계약관계에서 기본관계가 무효이거나 해제된 경우 낙약자가 이미 제3자에게 급부한 것이 있더라도 낙약자는 계약해제 등에 기한 원상회복 또는 부당이득을 원인으로 제3자 상대로 반환 청구 不可
- 타인을 위하여 사무를 관리한 자는 사무관리에 의하여 결과적으로 사실상 이익을 얻은 다른 제3자에 대해 직접 부당이득반환 청구 不可
- 계약이 해제된 경우 계약해제 이전에 해제로 인하여 소멸되는 채권을 양수한 자는 채무자로부터 이행받은 급부를 원상회복하여야 할 의무 有

문 20. 대여금채권에 대한 채권양도금지 특약 ★★

- 채권양도금지 특약이 있는 경우
  - 제3자가 악의 또는 중대한 과실이 있는 경우에도 채권양도금지 특약으로써 대항 가능하고 제3자의 악의 내지 중과실은 채권양도금지 특약으로 양수인에게 대항하려는 자가 이를 주장·증명하여야 함 ○
  - 선의의 양수인으로부터 다시 채권을 양수한 전득자는 선·악 불문하고 채권을 유효하게 취득 ○
- 채권양도금지의 특약에 위반해서 채권을 악의 또는 중과실의 채권양수인 양도한 경우 채권 이전의 효과는 없으나 채무자가 그 양도에 대하여 승낙을 한 때에는 양도의 효과는 승낙 시부터 발생 ○
- 양도금지특약부 채권에 대한 전부명령이 유효한 이상 그 전부채권자로부터 다시 그 채권을 양수한 자가 그 특약의 존재를 알았거나 중대한 과실로 알지 못하였다고 하더라도 채무자는 특약을 근거로 삼아 채권양도의 무효 주장 不可

문 21. 근저당권 ★★

- 물상보증인이 근저당권의 피담보채무를 면책적으로 인수하여 근저당권 변경의 부기등기가 경료된 경우 그 근저당권은 그 후 물상보증인이 다른 원인으로 근저당권자에 대하여 부담하게 된 새로운 채무까지 담보 ✕
- 선순위의 근저당권부 채권 양수한 자가 채권양도의 대항요건 없이 근저당권 이전의 부기등기를 마치고 근저당권 실행의 요건을 갖추어 신청한 경매절차에서 매각대금 배당되는 경우 후순위 근저당권자는 채권양도로 대항할 수 없는 제3자에 포함 ✕
- 근저당권자와 채무자 겸 근저당권설정자와의 관계에 있어서는 채권 전액의 변제가 있을 때까지 근저당권의 효력이 채권최고액과는 관계없이 잔존채무에 미침 ○
- 공동근저당권자가 공동담보의 목적 부동산 일부에 대한 환가대금으로부터 피담보채권의 일부 우선변제받은 경우 나머지 목적 부동산에 대한 우선변제권의 범위는 최초의 채권최고액에서 우선변제받은 금액을 공제한 나머지 채권최고액으로 제한 ○, 이러한 법리는 채권최고액을 넘는 피담보채권이 원금이 아니라 이자·지연손해금인 경우에도 마찬가지로 적용 ○

문 22. 변제자대위 ★★

- 채무를 변제할 정당한 이익이 있는 자가 채무를 대위변제한 경우 채무를 변제할 정당한 이익이 있는 자가 채무 대위변제한 경우에 적용 ✕
- 변제할 정당한 이익이 있는 자가 채무자를 위해 근저당권의 피담보채무 일부 대위변제한 경우 채권자는 대위변제자에 대해 우선변제권 가짐 ○
- 채무자로부터 담보부동산을 취득한 제3자는 채무를 변제하거나 담보권의 실행으로 소유권을 잃게 되면 물상보증인에 대하여 채권자 대위할 수 없음

- 물상보증인이 채무를 변제하거나 저당권의 실행으로 저당물의 소유권 잃은 경우 채무자에 대하여 구상권이 없는 경우에는 채권자를 대위하여 채권자의 채권 및 담보에 관한 권리 행사 不可
- 채무자 소유 부동산과 물상보증인 소유 부동산에 공동근저당권을 설정한 채권자가 채무자 소유 부동산에 대한 담보를 상실하게 하거나 감소하게 한 경우 공동근저당권자는 물상보증인 소유 부동산 경매절차에서 물상보증인이 담보 상실 내지 감소로 인한 면책을 주장할 수 있는 한도에서 물상보증인 소유 부동산의 후순위 근저당권자에 우선하여 배당받을 수 없음

핵심포인트 문 23 이행지체 ★★

- 이행지체 이유 계약을 해제할 때 그 전제요건인 이행최고는 미리 일정기간을 명시하여 최고 不要
- 신원보증인의 채무는 신원보증계약에 기하여 발생한 채무로서 이행기의 정함이 없는 채무로서 채권자로부터 이행청구를 받지 않으면 지체의 책임 발생 ×
- 금전채무에 관하여 이행지체에 대비한 지연손해금 비율을 따로 약정은 손해배상액의 예정으로서 법원의 감액 대상이 됨 ○
- 매매계약 무효로 되는 때 매도인은 반환할 매매대금에 대하여 민법이 정한 연 5%의 법정이율은 부당이득 반환의 성질로써 도인의 매매대금반환의무와 매수인의 소유권이전등기 말소등기절차 이행의무가 동시이행의 관계 여부와 상관없음
- 이행기의 정함이 없는 채권을 양수한 채권양수인이 채무자를 상대로 그 이행을 구하는 소를 제기하고 소송계속 중 채무자에 대한 채권양도통지가 이루어진 경우 채무자는 채권양도통지가 도달된 다음 날부터 이행지체의 책임 부담함

핵심포인트 문 24 변제충당 ★★

- 법정변제충당에 있어 우선순위에 있어서 당해 채무에 전액 변제충당되었다고 주장하는 자민법 제477조의 법정변제충당의 순서는 채무자의 변제제공 당시를 기준으로 정함 ○
- 법정변제충당보다 유리한 변제충당의 지정, 당사자 사이의 변제충당의 합의, 법정변제충당에 있어 우선순위에 있어서 당해 채무에 전액 변제충당되었다고 주장하는 자는 그 사실을 주장·증명할 책임 부담함 ○
- 채무자는 물론 채권자라고 할지라도 위 법정 순서와 다르게 일방적으로 충당의 순서를 지정할 수는 없지만 비용, 이자, 원본에 대한 변제충당에서 당사자 사이에 특별한 합의(묵시적 합의 포함)가 있는 경우에는 법정충당의 순서와 달리 충당의 순서를 인정 可
- 담보권 실행을 위한 경매에서 배당된 배당금이 담보권자가 가지는 수개의 피담보채권 전부를 소멸시키기에 부족한 경우 민법 제477조 및 제479조의 규정에 의한 법정변제충당의 방법에 따라 충당하여야 함 ○ (합의에 따른 변제충당도 허용 ×)
- 변제자가 주채무자인 경우 보증인이 있는 채무와 보증인이 없는 채무 및 변제자가 채무자인 경우에도 물상보증인이 제공한 물적 담보가 있는 채무와 그러한 담보가 없는 채무는 변제이익의 점에서 차이 없음

문 25. 채권자 대위 ★★★

- 채권자가 채권자대위권 행사하는 경우 제3채무자
  - 채권의 소멸시효 완성을 원용 불가
  - 채권자의 채무자에 대한 권리가 무효라거나 변제 등으로 소멸하였다는 등의 사실을 주장하여 채권자의 채무자에 대한 권리가 인정되는지 여부를 다투는 것은 可
- 채권자대위권에 기해 청구를 하다가 당해 피대위채권 자체를 양수하여 양수금청구로 소를 변경한 경우 당초의 채권자대위소송으로 인한 시효중단 효력 소멸 ×
- 채권자가 대위권을 행사 당시에 이미 채무자가 그 권리를 재판상 행사하였을 때(비법인사단인 채무자 명의로 제3채무자를 상대로 한 소가 제기되었으나 사원총회의 결의 없이 총유재산에 관한 소가 제기되었다는 이유로 각하판결을 받고 그 판결이 확정된 경우는 해당 ×)에는 채권자는 채무자를 대위하여 채무자의 권리 행사 不可
- 채무자가 채권자대위권행사의 통지를 받은 후에 채무자의 채무불이행을 이유로 제3채무자가 매매계약을 해제한 경우 제3채무자는 계약해제로써 대위권을 행사하는 채권자에게 대항 可

문 26. 사해행위취소 및 원상회복을 구하는 소 ★★★

- 사해행위로 부동산 소유권이 이전된 후 그 부동산에 관하여 제3자가 저당권이나 지상권 등의 권리를 취득한 경우 채권자의 사해행위취소 및 원상회복 방법
  - 수익자를 상대로 원물반환 대신 가액 상당의 배상 청구 可
  - 수익자 명의 등기의 말소 또는 수익자를 상대로 채무자 앞으로 직접 소유권이전등기절차 이행 청구 可
- 원물반환과 가액배상이 모두 가능한 경우 사실심 변론종결 당시 채권자의 선택에 따라 원물반환과 가액배상 중 어느 하나로 확정됨 ○
- 채권자가 일단 사해행위취소 및 원상회복으로서 수익자 명의 등기의 말소 청구, 승소판결 확정되었으나 수익자 명의 등기를 말소하는 것이 불가능하게된 경우 수익자를 상대로 가액배상을 청구하거나 원물반환으로서 채무자 앞으로 직접 소유권이전등기절차 이행할 것을 청구 不可

문 27. 주택임대차보호법 ★★

- 소유자가 아니더라도 적법한 임대권한을 가지고 있는 임대인인 경우
  - 임차인은 주임법에 따라 대항력 취득함 ○
  - 이러한 지위에 있는 매수인으로부터 매매계약이 해제되기 전에 주임법 제3조 제1항에 의한 대항요건을 갖춘 임차인은 민법 제548조 제1항 단서의 규정 제3자에 해당하여 매매계약이 해제되더라도 자신의 임차권을 새로운 소유자에게 대항 可

- 주임법 제3조 제1항에서 규정하고 있는 주민등록이라는 대항요건 인정 ○
  - 배우자나 자녀 등 가족이 주민등록을 한 경우
  - 임대인의 승낙을 받아 적법하게 임차주택을 전대하고 그 전차인이 주택을 인도받아 자신의 주민등록을 마친 경우
- 주임법 제3조 제4항은 주택의 인도와 주민등록의 대항요건을 갖춘 임대차의 목적이 된 임차주택의 양수인은 임대차보증금반환채무를 면책적 인수하고 양도인은 임대차관계에서 탈퇴하여 임차인에 대한 임대차보증금 반환채무를 면함

문 28 매매계약 ★★★

- 계약금 일부만 지급된 경우 수령자가 매매계약 해제 시 해약금의 기준 금원은 약정 계약금임 ○
- 매매목적물 인도 전 매수인이 매매대금 완납한 때 그 이후의 과실수취권은 매수인에게 귀속됨 ○
- 소유권이전등기청구권과 동시이행의 관계있는 부동산 매매대금 채권은 그 지급기일 이후 시효 진행 ○
- 매매계약이 해제된 경우 부동산에 관한 매매계약을 체결한 후 매수인 앞으로 소유권이전등기를 마치기 전에 매매목적부동산에 관해 매수인으로부터 그 부동산을 다시 매수한 제3자의 처분금지가처분등기말소와 매도인의 대금반환의무는 동시이행의 관계 ×
- 매매계약의 이행으로 토지를 인도받은 미등기 매수인에 대하여 매도인은 부당이득반환청구 不可

문 29 불법행위 ★★

- 책임능력 있는 미성년자 스스로 불법행위책임을 지는 경우 손해가 미성년자 감독의무자의 의무위반과 상당인과관계가 있으면 감독의무자는 민법 제750조 일반불법행위자로서 손해배상의무 有
- 유효한 고용관계 없지만 사실상 어떤 사람이 다른 사람을 위하여 그 지휘·감독 아래 그 의사에 따라 사업을 집행하는 관계에 있을 때에 사용자책임 성립하기 위한 사용자와 피용자의 관계 인정 可
- 도급인이 수급인의 일의 진행 및 방법에 관하여 구체적으로 지휘·감독을 하는 경우 수급인이 고용한 제3자의 불법행위로 인한 손해에 대하여도 도급인이 민법 제756조에 의한 사용자책임 부담함
- 제3자의 행위 또는 피해자의 행위와 경합해 피해자에게 손해 발생한 경우, 공작물 설치·보존상 하자가 공동원인의 하나가 되는 이상 그 손해는 공작물 설치·보존상의 하자에 의해 발생한 것임 ○
- 부부가 아직 이혼하지 아니하였지만 이처럼 실질적으로 부부공동생활이 파탄되어 회복할 수 없을 정도의 상태인 경우 제3자의 부부의 일방과 성적인 행위는 불법행위 성립 ×

문 30 이행인수 등 ★★

- 임대차보증금반환채무를 인수하는 한편 그 채무액을 매매대금에서 공제하기로 약정한 경우
  - 그 인수는 원칙적 이행인수이고 면책적 채무인수로 보기 위해서는 임차인의 승낙(명시적, 묵시적 불문)이 있어야 함 ○
  - 채무자인 매도인이나 제3자인 매수인은 임차인에게 임대차보증금 반환채무에 대한 매도인의 면책에 관한 승낙 여부 최고 可, 임차인이 상당한 기간 내에 확답 발송하지 아니한 경우 거절 간주
  - 채권자의 승낙에 의하여 채무인수의 효력이 생기는 경우, 채권자가 승낙을 거절하면 그 이후에는 채권자가 다시 승낙하여도 채무인수로서의 효력이 생기지 않음

문 31 유류분 ★★

- 유류분권리자가 반환의무자를 상대로 유류분반환청구권을 행사하고 이로 인하여 생긴 목적물의 이전등기의무나 인도의무 등의 이행을 소로써 구하는 경우
  - 그 대상과 범위를 특정하여야 하고, 법원은 처분권주의의 원칙상 유류분권리자가 특정한 대상과 범위를 넘어서 청구인용 不可
  - 유류분반환청구권의 행사로 인하여 생기는 원물반환의무 또는 가액반환의무는 이행기한의 정함이 없는 채무이므로 반환의무자는 이행청구를 받은 때에 지체책임을 짐 ○
- 공동상속인 중 피상속인으로부터 재산의 생전 증여에 의해 특별수익을 한 자가 있는 경우 증여가 상속개시 전 10년 내에 이루어진 경우에 한하여 유류분 산정을 위한 기초재산에 산입되는 것 ×
- 유류분의 반환을 구하는 소 제기된 경우 원물반환이 불가능하여 가액반환 명하는 경우에 그 가액은 사실심 변론종결시를 기준으로 산정 ○
- 유류분반환청구권의 행사에 의하여 반환하여야 할 증여 또는 유증의 목적이 된 재산 양수인이 양도 당시 유류분권리자를 해함을 안 때 양수인에 대하여도 그 재산 반환 청구 가능 ○

문 32 건축도급계약 ★★

- 완성된 건물에 중대한 하자가 있고 이로 인하여 건물 등이 무너질 위험성이 있어서 보수가 불가능하고 다시 건축할 수밖에 없는 경우 건물 철거하고 다시 건축하는 데 드는 비용 상당액을 하자로 인한 손해배상으로 청구 可
- 채권자가 채무자의 급부불이행 사정을 들어 계약을 해제하겠다는 통지를 한 때 이행의 최고를 하였다고 볼 수 있고 그로부터 상당한 기간이 경과하도록 불이행하면 채권자는 계약 해제 가능 ○
- 수급인이 공사를 미완성한 채 공사도급계약 해제되는 경우 공사비 정산은 기성부분과 미시공부분에 실제로 소요, 소요될 공사비 기초로 산출한 기성고비율을 약정공사비에 적용해 산정해야 함

- 공사중단으로 인해 약정된 공사기한 내의 공사완공이 불가능하다는 것이 명백하고 수급인이 미리 이행하지 아니할 의사 표시한 때 도급인은 최고 없이 계약 해제 가능 ○
- 도급인은 인도받은 목적물에 하자가 있는 것만을 이유로 하자의 보수나 하자의 보수에 갈음하는 손해배상을 청구하지 아니하고 막바로 보수의 지급 거절 不可

문 33 예약

- 공사도급계약의 도급인이 될 자가 수급인 선정 위한 입찰절차를 거쳐 낙찰자를 결정한 경우 입찰을 실시한 자와 낙찰자 사이에는 도급계약의 본계약 체결의무를 내용으로 하는 예약관계 성립 ○
- 매매의 일방예약이 성립하려면 그 예약에 터 잡아 맺어질 본계약의 요소가 되는 매매목적물, 그 이전방법, 매매가액, 지급방법 등의 내용이 확정되어 있거나 적어도 확정 가능해야 함 ○
- 매매예약의 완결권의행사기간을 약정한 때는 그 기간 내에, 약정이 없는 때에는 예약이 성립한 때부터 10년 내에 이를 행사해야 하고 그 기간이 지난 때는 예약완결권은 제척기간 경과로 소멸함
- 예약완결권을 그 행사의 의사표시를 담은 소장 부본을 상대방에게 송달함으로써 재판상 행사하는 경우 의사표시가 담긴 소장 부본이 제척기간 내에 상대방에게 송달되어야만 예약완결권자가 제척기간 내에 적법하게 예약완결권을 행사한 것임 ○

문 34 상계

- 매도인이나 수급인의 담보책임을 기초로 한 손해배상채권의 제척기간이 지난 경우에도 제척기간이 지나기 전 상대방의 채권과 상계할 수 있었다면 매수인이나 도급인은 위 손해배상채권을 자동채권으로 해서 상대방의 채권과 상계 可(민법 제495조 유추적용)
- 채권양도가 사해행위에 해당하는 경우 불법행위로 인한 손해배상채권의 채무자가 채권양도인에 대한 별도의 채권자 지위에서 채권양수인에게 채권자취소권 행사하여 채권양도의 취소를 구함과 아울러 취소에 따른 원상회복 방법으로 직접 자신 앞으로 가액배상의 지급 구하는 것은 허용 ○
- 주채무자가 사전에 담보제공청구권의 항변권을 포기한 경우에는 보증인은 사전구상권을 자동채권으로 하여 주채무자에 대한 채무와 상계 可
- 가정법원의 심판에 의하여 구체적인 청구권의 내용과 범위가 확정된 후의 양육비채권 중 이미 이행기에 도달한 후의 양육비채권을 자동채권으로 하는 것은 가능 ○
- 가분적인 금전채권의 일부에 대한 전부명령이 확정된 경우 그 채권에 대하여 압류채무자에 대한 반대채권으로 상계하고자 하는 제3채무자는 전부채권자 혹은 압류채무자 중 어느 누구도 상계의 상대방으로 지정하여 상계하거나 상계로 대항 가능 ○

핵심포인트 문 35 상속포기 등 ★★

- 상속의 포기는 사해행위취소의 대상 ×
- 상속개시 전 한정승인자로부터 상속재산에 관하여 저당권 등의 담보권을 취득한 사람과 상속채권자 사이의 우열관계는 민법상의 일반원칙에 따라야 함 ○
- 채무자가 상속포기 하였으나 채권자가 제기한 소송의 사실심 변론종결 시까지 이를 주장하지 아니하는 바람에 책임의 범위에 관하여 아무런 유보 없는 판결이 선고·확정된 경우 채무자가 그 후 위 상속포기 사실을 내세워 청구에 관한 이의의 소 제기 허용 × (vs. 채무자가 한정승인한 경우는 청구에 관한 이의의 소 제기 可)
- 채권자가 채무자의 사망 이후 그 1순위 상속인의 상속포기 사실을 알지 못하고 1순위 상속인을 상대로 소를 제기한 경우 사망자의 상속인으로 피고의 표시정정 가능 ○
- 상속인이 피상속인에 대한 손해배상채권을 추심하여 변제받은 행위는 상속재산의 처분행위에 해당하여 단순승인을 한 것으로 간주되므로 그 이후에 한 상속포기효력은 없음

핵심포인트 문 36 유치권 ★★

- 운송주선인은 운송물에 관하여 받을 보수, 운임, 기타 위탁자를 위한 체당금이나 선대금에 관하여서만 그 운송물을 유치 가능 ○
- 채무자 소유의 부동산에 관해 이미 선행저당권이 설정되어 있는 상태에서 채권자의 상사유치권 성립한 경우 선행저당권자 또는 선행저당권에 기한 임의경매절차에서 부동산을 취득한 매수인에 대한 관계에서는 상사유치권으로 대항 不可
- 유치권 포기로 인한 유치권의 소멸은 유치권 포기의 의사표시의 상대방뿐 아니라 그 이외의 사람도 주장 可
- 유치물의 보존에 필요한 사용행위의 일환인 공사대금채권에 기하여 유치권을 행사하면서 유치물인 주택에 거주라는 자를 상대로 유치권 소멸 청구 不可
- 대리상의 유치권은 유치권의 목적물과 피담보채권의 견련성 및 목적물이 채무자의 소유일 것을 요하지 않음

핵심포인트 문 37 회사의 설립 ★★

- 회사설립 무효는 주주·이사 또는 감사에 한해 회사성립의 날로부터 2년 내에 소만으로 주장 可
- 인적회사인 합명회사·합자회사, 물적회사인 유한회사·유한책임회사의 경우 주관적 하자를 원인으로 하는 설립취소의 소를 인정 vs. 주식회사의 설립무효의 원인은 객관적 하자에만 국한됨
- 설립무효의 판결 또는 설립취소의 판결이 확정된 때에는 해산의 경우에 준하여 청산하여야 함 ○
- 이사와 감사는 취임 후 지체없이 회사의 설립에 관한 모든 사항이 법령 또는 정관의 규정에 위반되지 아니하는지의 여부를 조사하여 발기인에게 보고하여야 함
- 설립 중의 회사는 정관이 작성되고 발기인이 적어도 1주 이상의 주식을 인수하였을 때 성립함 ○

핵심포인트 문 38 영업양도·양수 ★★

- 다른 기업의 사업 부문의 일부 양수하는 계약을 체결하면서 그 물적 시설과 인적 조직을 함께 포괄승계받기로 약정한 경우 원칙적으로 양도인과 근로자 사이의 근로관계는 양수인에게 포괄적으로 승계 ○, 계약체결일 이전에 해당 영업 부문에서 근무하다가 해고되어 해고의 효력을 다투는 근로자와의 근로관계까지 승계 ×
- 양수인이 양도인의 상호를 계속 사용하는 경우 양도인의 영업으로 인한 제3자의 채권(채권은 영업양도 당시 발생 要, 영업양도 당시로 보아 가까운 장래에 발생될 것이 확실한 채권은 포함 ×) 양수인도 변제할 책임 有
- 양수인이 양도인의 상호를 계속 사용하지 아니하는 경우 양도인의 영업으로 인한 채무를 인수할 것을 광고한 때 양수인도 변제할 책임 有
- 영업을 출자하여 주식회사를 설립하고 그 상호를 계속 사용함으로써 상법 제42조 제1항의 규정이 유추적용되는 경우 상법 제45조의 규정도 당연히 유추적용 ○
- 양수인이 양도인의 상호를 계속 사용하는 경우 양도인의 영업으로 인한 채권에 대하여 채무자가 선의이며 중대한 과실 없이 양수인에게 변제한 때 그 효력 有

핵심포인트 문 39 상법상 위탁매매업과 가맹업 ★★

- 가맹업자는 다른 약정이 없으면 가맹상의 영업지역 내에서 동일 또는 유사한 업종의 영업을 하거나 동일 또는 유사한 업종의 가맹계약 체결 不可
- 위탁매매인이 그가 제3자에 대하여 부담하는 채무를 담보하기 위해 그 채권자에게 위탁매매로 취득한 채권을 양도한 경우 그 채권양도는 무권리자의 처분으로 위탁자에 대하여 효력 없음
- 위탁매매인이 거래소의 시세가 있는 물건 또는 유가증권의 매매를 위탁받은 경우 직접 그 매도인이나 매수인이 될 수 있음 ○
- 가맹상은 가맹업자의 동의를 받아 그 영업을 양도 가능하고 가맹업자는 특별한 사유가 없으면 가맹상의 영업양도에 동의하여야 함 ○
- 어떠한 계약이 일반 매매계약인지 위탁매매계약인지는 계약의 명칭 또는 형식적인 문언을 떠나 그 실질을 중시하여 판단해야 함 ○

핵심포인트 문 40 채권·채무관계 ★★

- 민법상 채무자가 수인인 경우 특별한 의사표시가 없으면 각 채무자는 균등한 비율로 의무 부담 ○ / 상법상 수인이 그 1인 또는 전원에게 상행위가 되는 행위로 인하여 채무를 부담한 때에는 연대하여 변제 책임 ○

- 상법상 상행위의 대리인이 본인을 위한 것임을 표시하지 아니하여 상대방이 이를 알지 못한 경우 그 행위는 본인에 대해 효력 有, 이 경우 상대방은 대리인에 대하여도 이행의 청구 可
- 민법상 무상수치인은 구체적 관리의무 부담 / 상법상 무상수치인은 선관주의의무 부담
- 상인 간에서 금전소비대차가 주장하면서 약정이자 지급 구하는 청구에는 약정 이자율 인정되지 않더라도 상법 소정의 법정이자의 지급을 구하는 취지 포함 ○
- 상법 제54조의 상사법정이율은 상행위가 아닌 불법행위로 인한 손해배상채무에는 적용 ×

핵심포인트 문 41 주식의 포괄적 교환 ★★★

- 주식교환의 무효는 각 회사의 주주·이사·감사·감사위원회의 위원 또는 청산인에 한하여 주식교환의 날부터 6월내에 소만으로 주장 可
- 주식이전에 의하여 완전자회사가 되는 회사의 주주가 소유하는 그 회사의 주식은 주식이전에 의하여 설립하는 완전모회사에 이전하고 그 완전자회사가 되는 회사의 주주는 그 완전모회사가 주식이전을 위해 발행하는 주식의 배정을 받음으로써 그 완전모회사의 주주가 됨
- 상법 제360조의24의 지배주주의 매도청구권
  - 지배주주가 매도청구를 할 때에는 미리 주주총회의 승인을 받아야 함 ○
  - 지배주주의 보유주식의 수를 산정할 때에는 모회사와 자회사가 보유한 주식을 합산 ○
  - 지배주주의 매도청구를 받은 소수주주는 매도청구를 받은 날부터 2개월 내에 지배주주에게 그 주식을 매도하여야 함 ○

핵심포인트 문 42 주주의 의결권 ★★

- 주식에 대해 질권이 설정된 경우 질권설정자인 주주는 주주로서의 지위 가지고 의결권 행사 可
- 의결권 대리행사로 말미암아 주주총회의 개최가 부당하게 저해되거나 회사의 이익이 부당하게 침해될 염려가 있는 경우에는 회사는 거절 可
- 주주가 일정 기간 주주권을 포기하고 타인에게 주주로서의 의결권 행사권한을 위임하기로 약정한 사정만으로 그 주주가 주주로서의 의결권을 직접 행사할 수 없게 된 것은 아님
- 회사는 이사회의 결의로 주주가 총회에 출석하지 않고 전자적 방법으로 의결권 행사할 수 있음을 정할 수 있음
- 비상장주식회사의 감사 선임결의에 관한 주주총회에서 의결권 없는 주식을 제외한 발행주식총수의 100분의 3을 초과하는 주식은 출석한 주주의 의결권 수 및 발행주식총수에 산입 ×

문 43. 당사자적격 ★★

- 당사자적격 인정 ✕
  - 회사의 발행주식총수의 100분의 3을 보유한 주주가 회사에 대하여 회계장부의 열람 및 등사청구소송을 제기하였으나 소송계속 중 회사가 신주를 발행하여 주주의 보유주식이 발행주식총수의 100분의 2로 감소한 경우
  - 타인의 승낙 하에 타인 명의로 주식을 인수하여 주주명부에 등재한 후 회사에 대하여 주주명부의 열람 및 등사청구소송을 제기한 경우
  - A회사의 주주가 주주총회결의 취소의 소를 제기하였으나 소송계속 중 A회사가 B주식회사와 주식의 포괄적 교환을 하였고 이에 따라 B회사가 A회사의 완전모회사가 된 경우
- 당사자적격 인정 ○
  - 발행주식의 총수의 100분의 1 이상에 해당하는 주식을 가진 주주가 대표소송을 제기한 주주의 보유주식이 제소 후 발행주식총수의 100분의 1 미만으로 감소한 경우
  - 주주총회에 참석하여 의결권을 행사한 주주가 다른 주주에 대한 소집절차의 하자를 이유로 주주총회결의 취소의 소를 제기한 경우

문 44. 주식회사의 이사회 결의 ★★

- 이사가 이사회에 출석하여 결의에 기권하였다고 의사록에 기재된 경우 이사회 결의에 찬성한 것으로 추정할 수 없음
- 주식회사의 회생절차개시신청은 대표이사의 일상 업무에 속하지 아니한 중요한 업무에 해당하여 이사회 결의 필요함 ○
- 이사와 회사 사이의 거래라고 하더라도 양자 사이 이해충돌의 염려가 없고 회사에 불이익을 초래할 우려가 없는 때에는 이사회의 승인 필요 ✕
- 이사 3분의 2 이상에 의한 이사회의 승인이 있으면 회사의 사업기회를 자기 또는 제3자의 이익을 위하여 이용 可
- 상법 제393조제1항에서 정한 주식회사의 중요한 자산의 처분에 해당하는 경우 이사회규정상 이사회 부의사항으로 정해져 있지 않더라도 이사회의 결의 거쳐야 함 ○

문 45. 주식회사의 전환사채발행 ★★★

- 회사의 주주는 전환사채 발행의 효력이 생기기 전인 전환사채의 납입기일까지 전환사채발행의 유지를 청구하여야 함 ○
- 주식의 전환이 있는 때 이로 인하여 종전의 주주가 받을 금전이나 주식에 대하여도 종전의 주식을 목적으로 한 질권 행사 가능 ○

- 회사가 전환사채를 주주외의 자에게 발행하는 경우 정관에 규정이 없으면 주주총회의 특별결의에 의한 승인이 있어야 함
- 전환사채를 인수하는 과정에서 그 납입을 가장하였더라도 상법상 납입가장죄는 성립 ×
- 법령이나 정관의 중대한 위반 또는 현저한 불공정이 있어 주식회사의 본질이나 회사법의 기본원칙에 반하거나 기존 주주들의 이익과 회사의 경영권 내지 지배권에 중대한 영향 미치는 경우로서 전환사채와 관련된 거래의 안전, 주주 기타 이해관계인의 이익 등을 고려하더라도 도저히 묵과할 수 없는 정도라고 평가되는 경우에 한하여 소송으로 전환사채발행 무효를 주장 可

핵심포인트 문 46 주식회사의 합병 ★★

- 소규모합병의 경우 존속하는 회사는 합병계약서를 작성한 날부터 2주 내에 소멸하는 회사의 상호 및 본점의 소재지, 합병을 할 날, 주주총회의 승인을 얻지 아니하고 합병을 한다는 뜻을 공고하거나 주주에게 통지하여야 함 ○
- 소규모합병의 경우 합병에 반대하는 존속하는 회사의 주주에게는 주식매수청구권 인정 ×
- 이사는 채권자보호절차의 경과, 합병을 한 날, 합병으로 인하여 소멸하는 회사로부터 승계한 재산의 가액과 채무액 기타 합병에 관한 사항을 기재한 서면을 합병을 한 날부터 6월간 본점에 비치하여야 함 ○
- 회사의 합병에 있어서 합병등기에 의하여 합병의 효력이 발생한 후에 합병무효의 소를 제기 可, 합병결의 무효확인청구만을 제기 不可
- 소규모합병의 경우 존속하는 회사의 합병계약서에는 주주총회의 승인을 얻지 아니하고 합병을 한다는 뜻을 기재하여야 함 ○

핵심포인트 문 47 원인채권과 어음채권의 관계 ★★

- 어음이 지급을 위하여 교부된 경우 채권자가 채무자에 대하여 자기의 원인채권을 행사하기 위한 전제로서 지급기일에 어음을 적법히 제시하여 소구권 보전절차 취할 의무 有
- 기존 원인채무의 지급을 담보하기 위해 어음이 발행된 경우
  - 채권자가 그 어음을 유상 또는 무상으로 타인에게 배서양도한 경우 기존 채권 채권자는 채무자에 대해 기존 채무의 지급 청구할 수 없음
  - 채권자가 어음채권의 소멸시효가 완성되기 전에 어음채권을 청구채권으로 하여 채무자의 재산을 압류하면 그 원인채권의 소멸시효 중단효 有
  - 어음채권이 시효로 소멸되어도 발행인 또는 배서인에 대하여 이득상환청구권은 발생 ×
- 채권자가 기존채무의 변제기보다 후의 일자가 만기로 된 어음을 교부받은 때에는 기존채무의 지급을 유예하는 의사가 있었다고 보아야 함 ○

문 48. 집중투표 ★★★

- 집중투표(상법 제382조의2)
  - 의결권없는 주식을 제외한 발행주식총수의 100분의 3 이상에 해당하는 주식 가진 주주는 정관에서 달리 정하는 경우를 제외하고는 회사에 대하여 집중투표의 방법으로 이사 선임할 것을 청구 可
  - 각 주주는 1주마다 선임할 이사의 수와 동일한 수의 의결권을 가짐
  - 투표의 최다수를 얻은 자부터 순차적으로 이사에 선임되는 것으로 함
  - 이사의 선임을 집중투표의 방법으로 하는 경우에도 회사의 정관에 규정한 의사정족수는 충족되어야 함
  - 임시주주총회에 출석하여 실제로 투표를 하지 아니한 채 기권한 주주는 의사정족수 산정 시 주주총회에 출석한 것으로 봄

문 49. 상법상 보험계약 ★★

- 보험자가 보험약관의 교부·설명 의무를 위반한 경우 보험계약자는 보험계약이 성립한 날부터 3개월 이내에 그 계약을 취소 可
- 보험대리상은 보험계약자로부터 보험료를 수령할 수 있는 권한 有
- 보험청약서에 일정한 사항에 관하여 답변을 구하는 취지가 포함되어 있다면 그 사항은 고지의무의 대상이 되는 중요한 사항으로 추정 ○
- 보험대리상이 아니면서 특정한 보험자를 위하여 계속적으로 보험계약의 체결을 중개하는 자는 보험계약자로부터 청약, 고지, 통지, 해지, 취소 등 보험계약에 관한 의사표시수령 권한은 없음
- 보험자가 보험약관의 교부·설명 의무를 위반하여 보험계약을 체결한 경우 보험계약자나 그 대리인이 그 약관에 규정된 고지의무를 위반이유로 보험계약을 해지할 수는 없음

문 50. 종류주식 ★★

- 회사가 의결권이 없는 종류주식이나 의결권이 제한되는 종류주식을 발행하는 경우 그 종류주식의 총수는 발행주식총수의 4분의 1을 초과하지 못함
- 회사가 상환주식을 발행한 경우 정관이나 상환주식인수계약 등에서 특별히 정한 바가 없으면 주주가 상환권을 행사한 이후에도 회사로부터 상환금을 지급받을 때까지는 주주의 지위 ○
- 주식의 전환은 주주가 전환을 청구한 경우에는 그 청구한 때에 효력 발생함 ○
- 회사는 이익의 배당, 잔여재산의 분배, 주주총회에서의 의결권의 행사, 상환 및 전환 등에 관하여 내용이 다른 종류의 주식을 발행하는 경우 정관으로 각 종류주식의 내용과 수를 정하여야 함 ○
- 상환주식을 상환하는 경우 채권자보호절차를 거치지 아니하여도 됨(∵ 회사의 자본금 감소 ×)

핵심포인트 문 51 어음의 위조·변조 ★★

- 환어음에 위조된 기명날인 또는 서명이 있는 경우에도 다른 기명날인 또는 서명을 한 자의 채무는 그 효력에 영향을 받지 아니함
- 피용자가 어음위조로 인한 불법행위에 관여한 경우에 그것이 사용자의 업무집행과 관련한 위법한 행위로 인하여 이루어졌으면 그 사용자는 사용자의 배상책임(민법상 불법행위 책임)에 의한 손해배상책임 有
- 어음에 어음채무자로 기재되어 있는 사람이 자신의 기명날인이 위조된 것이라고 주장하는 경우 어음채무의 이행을 청구하는 어음의 소지인이 그 기명날인이 진정한 것임 증명책임 有
- 무권대행 방식으로 약속어음을 위조한 경우에 피위조자가 이를 묵시적으로 추인으로 인정하려면 추인의 의사가 표시되었다고 볼 만한 사유가 있어야 함
- 제3자가 고의로 인지를 약속어음에 기재된 지시금지 문구위에 첨부한 경우 어음의 기재내용 일부 변조한 것 ○

핵심포인트 문 52 주식회사의 회계 ★★

- 이익준비금 및 자본준비금은 자본금의 결손 보전에 충당하는 경우 외에는 처분 不可
- 회사의 자본금은 액면주식을 무액면주식으로 전환하거나 무액면주식을 액면주식으로 전환함으로써 변경 不可
- 준비금의 자본금 전입을 정관으로 주주총회에서 결정하기로 정한 경우에 주주는 주주총회의 결의가 있은 때로부터 그 자본금 전입에 따른 신주의 주주가 됨 ○
- 주식에 의한 배당은 이익배당총액의 2분의 1에 상당하는 금액을 초과하지 못하고 식으로 배당을 받은 주주는 그 배당결의가 있는 주주총회가 종결한 때부터 신주의 주주가 됨 ○
- 회사는 적립된 자본준비금 및 이익준비금의 총액이 자본금의 1.5배를 초과하는 경우 주주총회의 결의에 따라 그 초과한 금액 범위에서 자본준비금과 이익준비금을 감액 可

핵심포인트 문 53 기판력의 범위 ★★

- 기판력에 저촉 ○
  - 계약해제의 원인은 판결이 확정된 전소의 사실심 변론종결 전 존재하였고 위 원인에 따른 계약해제의 의사표시는 전소의 변론종결 후 이루어진 경우, 후소에서 계약해제 효과 주장하는 것
  - 백지어음의 소지인이 어음청구소송의 사실심 변론종결일까지 그 백지 부분을 보충하지 아니하여 소지인의 패소판결이 확정된 경우, 그 후 소지인이 그 백지 부분을 보충하여 위 소송의 피고를 상대로 다시 동일한 어음금청구의 소를 제기하는 것

- 기판력에 저촉 ✕
  - 건물 소유 목적 하는 토지 임대차에서 임대인이 임차인 상대로 토지인도 및 건물철거의 소 제기, 임차인이 임대인에 대하여 건물매수청구권을 행사할 수 있었음에도 행사치 아니하여 건물철거를 명하는 내용의 판결이 확정된 경우 임차인은 그 확정판결에 의하여 건물철거가 집행되지 않았다 하더라도 임대인에 대하여 건물매수청구권 행사하여 별소로써 건물 매매대금의 지급 청구
- 청구이의 사유에 해당 ◯
  - 채권자가 채무자를 상대로 제기한 소송에서 채무자가 사실심 변론종결 전에 채권자에 대하여 상계적상에 있는 채권을 가지고 있었음에도 상계의 의사표시를 하지 않아 채권자 승소판결이 확정된 경우, 그 후 채무자가 채권자에 대하여 상계의 의사표시를 한 사실
  - 채권자가 상속인을 상대로 제기한 상속채무의 이행을 구하는 소에서 상속인이 위 소의 사실심 변론종결 전에 상속의 한정승인을 하였음에도 이를 주장하지 아니하여 상속인의 책임 범위에 대한 제한이 없는 판결이 선고되어 확정된 경우 상속인이 위 한정승인을 하였다는 사실

문 54 관할·소송대리 ★★★

- 소가 2억 원 이하의 단독사건 중 소가 1억 원을 초과하는 사건(고액단독사건)은 비변호사대리 불가
- 단독판사의 판결에 대한 항소심은 지방법원 항소부임 ◯
- 관할의 표준이 되는 시기는 소 제기 시 ◯
- 피고의 불출석으로 인한 답변서의 진술간주는 변론관할 요건인 본안에 관한 '진술' ✕

문 55 소송상의 대리인 ★★

- 대리권 있는 한정후견인이 소의 취하를 하기 위해서 후견감독인으로부터 특별한 권한받아야 하고 후견감독인이 없는 경우에는 가정법원의 허가받아야 함
- 의사무능력자 위한 특별대리인이 재판상 화해하는 경우 법원은 그 행위가 본인의 이익을 명백히 침해한다고 인정할 때 그 행위가 있는 날부터 14일 이내에 결정으로 허가하지 아니할 수 있음
- 항소심 판결이 상고심에서 파기되고 사건이 항소심 법원으로 환송되면 환송 전 항소심에서의 소송대리인 소송대리권 부활함 ◯
- 당사자에게 여러 소송대리인이 있는 경우 항소기간은 소송대리인 중 1인에게 최초로 판결정본이 송달되었을 때부터 진행 ◯

핵심포인트 문 56 당사자의 변론(준비)기일 불출석 ★★

- 소송대리인이 있는 경우에 변론기일 불출석에 따른 불이익을 당사자에게 귀속시키려면 당사자 본인과 소송대리인 모두가 변론기일에 불출석 + 출석 여부는 변론조서의 기재에 의하여 증명 要
- 변론준비기일에서의 양쪽 당사자 불출석의 효과는 변론기일에 승계 ×
- 민사소송법 제268조 제2항에서의 1월의 기일지정신청기간은 불변기간 ×
- 민사소송법 제268조 제1항 및 제2항에서의 양쪽 당사자가 변론기일에 출석하지 아니한 때의 의미는 쌍방이 적법한 절차에 의한 송달을 받고도 변론기일에 불출석하는 것을 말함 ○

핵심포인트 문 57 처분권주의 ★★

- 처분권주의에 위배 ○
  - 원고가 매매를 원인으로 한 소유권이전등기청구를 하였는데, 법원이 양도담보약정을 원인으로 소유권이전등기를 명하는 판결을 하는 것
  - 법원이 원고가 민법 제840조 각 호 중에 원고가 주장하지 아니한 이혼사유에 의하여 이혼청구를 인용하는 것
- 처분권주의에 위배 ×
  - 1억 원을 초과하는 채무는 존재하지 않는다는 채무부존재확인의 소에서 2억 원을 초과하는 채무는 존재하지 않는다는 판결을 하는 것
  - 자동차사고를 당한 원고가 민법상 불법행위의 사용자책임에 따른 손해배상청구를 하였는데 법원이 자동차손해배상 보장법상 자기를 위하여 자동차를 운행하는 자의 손해배상책임 규정을 적용하여 청구를 인용하는 것
  - 부동산을 단독으로 상속하기로 분할협의하였다는 이유로 부동산 전부가 자기 소유임의 확인을 구하는 청구에 대해 법원이 분에 관하여 승소판결하는 것

핵심포인트 문 58 회사소송 ★★

- 자본금 감소의 무효는 주주·이사·감사·청산인·파산관재인 또는 자본금의 감소를 승인하지 아니한 채권자만이 자본금 감소로 인한 변경등기가 된 날부터 6개월 내에 소만으로 주장 可
- 주주총회에서 여러 개의 안건이 상정되어 각기 결의가 행하여진 경우 위 제소기간의 준수 여부는 각 안건에 대한 결의마다 별도로 판단되어야 함 ○
- 주주총회결의 취소의 소와 동일한 결의에 관해 부존재확인의 소가 위 제소기간 내에 제기되어 있다면 동일한 하자 원인으로 하여 결의의 날로부터 2월이 경과한 후 취소의 소로 변경한 경우에도 제소기간 준수한 것임 ○

- 이사선임 주주총회결의에 대한 취소판결이 확정된 경우 그 결의에 의하여 선임된 이사들로 구성된 이사회에서 선정된 대표이사가 이사선임의 주주총회결의에 대한 취소판결이 확정되기 전에 한 행위는 무효임
- 이사가 그 지위에 기하여 주주총회결의 취소의 소를 제기하였다가 소송계속 중에 사망하였거나 사실심 변론종결 후에 사망 그 소송절차는 이사의 사망으로 종료함 ○

문 59 중복된 소 제기의 금지 ★★

- 중복된 소 제기에 해당 ×
  - 각 채권자가 동일한 사해행위에 관하여 동시 또는 이시에 그 취소 및 원상회복청구의 소를 제기한 경우
  - 채무자가 제3채무자를 상대로 제기한 이행의 소(전소)가 법원에 계속되어 있는 중에 압류채권자가 제3채무자를 상대로 제기한 추심의 소
- 중복된 소 제기에 해당 ○
  - 채권자대위소송이 이미 법원에 계속되어 있을 때 같은 채무자의 다른 채권자가 동일한 소송물에 대하여 채권자대위권에 기한 소를 제기한 경우 채무자가 선행하는 대위소송의 존재를 알았는지 불문하고 나중에 계속된 소송
- 중복된 소 제기 금지의 원칙에 위배되어 제기된 소에 대한 확정판결 또는 그 소송절차에서 성립된 화해는 당연무효 ×
- 중복신청에 해당하는지 여부는 보전처분 신청 경우에는 후행 보전처분 신청의 심리종결 시 / 전명령에 대한 이의신청이 제기된 경우에는 그 이의신청에 대한 심리종결 시를 기준으로 판단함 ○

문 60 필수적 공동소송 ★★

- 고유필수적 공동소송인인 피고들 중 1인이 소송대리인가 있어 소송절차 중단의 효과가 발생하지 아니하였다고 하더라도 그 소송에 관한 판결이 소송대리인인에게 송달되면 상소제기에 관한 특별한 권한이 없는 한 그 송달과 동시에 고유필수적 공동소송인 전원에 대하여 중단 효과 발생 ○
- 법인 아닌 사단이 총유재산에 관한 소를 제기하는 경우 사원총회의 결의를 거쳐 그 이름으로 하거나 그 구성원 전원이 당사자가 되어 필수적 공동소송의 형태로 할 수 있음
- 고유필수적 공동소송인지 여부
  - 공유물분할청구의 소 ○
  - 합유로 소유권이전등기가 된 부동산에 관하여 명의신탁해지를 원인으로 한 소유권이전등기절차의 이행을 구하는 소송 ○
  - 공유토지의 일부에 대하여 취득시효완성을 원인으로 공유자들을 상대로 그 시효취득부분에 대한 소유권이전등기절차의 이행 청구하는 소송 ×

핵심포인트 문 61. 해임을 구하는 소·직무집행 정지 및 직무대행자 선임을 위한 가처분 ★★

- 이사 해임의 소는 위 총회의 결의가 있은 날부터 1월 내에 법원에 제기하여야 함 ○
- 이사 직무집행 정지 및 직무대행자 선임을 위한 가처분 피신청인은 당해 이사임 ○ (회사 ×)
- 가처분명령에 의해 선임된 직무대행자는 그 명령에 다른 정함이 있거나 법원의 허가를 받은 경우 외에는 회사의 상무에 속하지 아니한 행위하지 못함
- 선임된 직무대행자가 법원의 허가 없이 이사회 구성 자체를 변경하는 것을 안건으로 하여 주주총회를 소집하여 결의한 때에는 결의취소사유에 해당 ○
- 대표이사 직무집행정지 및 직무대행자선임의 가처분이 이루어진 경우 그 후 대표이사가 해임, 새로운 대표이사가 선임되었다 하더라도 가처분결정이 취소되지 아니하는 한 새로이 선임된 대표이사는 대표이사로서의 권한 없음

핵심포인트 문 62. 증거

- 당사자신문에서 당사자가 정당한 사유 없이 출석하지 아니하거나 선서 또는 진술을 거부한 때에는 법원은 신문사항에 관한 상대방의 주장을 진실한 것으로 인정 가능 ○
- 증인이나 당사자 본인에 대한 주신문에서는 원칙적으로 유도신문을 하여서는 안 되지만 / 반대신문에서 필요한 때에는 유도신문을 할 수 있음
- 문서의 진정성립을 인정하거나 문서에 찍힌 인영의 진정함을 인정된 경우 당사자는 자유롭게 이를 철회할 수 없음(∵ 문서의 진정성립에 관한 자백의 취소는 주요사실에 관한 자백의 취소와 동일 처리)
- 동일한 사실에 관해 상반되는 수개의 감정결과가 있을 때에 법원이 그 중 하나를 채용하여 사실을 인정하였다면 그것이 경험칙이나 논리법칙에 위배되지 않는 한 적법하고 어느 하나를 채용하고 그 나머지를 배척하는 이유를 구체적으로 명시할 필요 없음
- 민사재판에 있어서 이와 관련된 다른 민·형사사건 등의 확정판결에서 인정된 사실은 특별한 사정이 없는 한 유력한 증거자료가 되지만 당해 민사재판에서 제출된 다른 증거내용에 비추어 관련 민·형사사건의 확정판결에서의 사실판단을 그대로 채용하기 어렵다고 인정될 경우에는 배척 可

핵심포인트 문 63. 판결의 확정

- 구체적인 사건의 소송 계속 중 그 소송 당사자 쌍방이 판결 선고 전에 미리 상소하지 아니하기로 합의하였다면 그 판결은 선고와 동시에 확정 ○
- 청구를 모두 기각한 제1심판결에 대해 원고가 그 중 일부에 대하여만 항소를 제기한 경우 변론종결 시까지 항소취지 확장하지 아니하는 한 나머지 부분에 관하여 항소심의 심판대상이 되지 않음
- 부적법한 상소가 제기된 경우 그 부적법한 상소 각하 재판이 확정되면 상소기간이 지난 때 소급 확정 ○

- 항소기간 경과 후에 항소취하가 있는 경우 항소기간 만료 시로 소급하여 제1심 판결이 확정, 항소기간 경과 전에 항소취하가 있는 경우 항소 취하한 당사자라도 항소기간 내에 다시 항소 가능 ○
- 원고의 주위적 청구를 기각하면서 예비적 청구를 일부 인용한 항소심 판결에 대하여 피고만 상고하고 원고는 상고도 부대상고도 하지 않은 경우 피고의 상고가 이유 있는 때에 상고법원은 위 예비적 청구에 관한 피고 패소 부분만 파기하는 판결 선고, 주위적 청구 부분은 위 상고법원 판결선고와 동시에 확정됨 ○

문 64 사해행위취소소송 ★★

- 사해행위의 수익자 소유의 부동산에 대한 경매절차에서 취소채권자가 수익자에 대한 가액배상판결에 기하여 받은 배당액은 채무자의 책임재산으로 회복 ○
- 수익자가 채무자의 채권자인 경우 수익자가 가액배상 할 때에 수익자 자신도 사해행위취소의 효력받는 채권자 중의 1인이라는 이유로 취소채권자에 대해 총채권액 중 자기의 채권에 대한 안분액 분배 청구 不可
- 가액배상의무는 사해행위의 취소 판결이 확정된 다음날부터 이행지체 책임 부담함 ○
- 사해행위 취소판결에 의해 수익자 또는 전득자가 사해행위의 취소로 인한 원상회복 또는 이에 갈음하는 가액배상을 하여야 할 의무 부담은 채권자에 대한 관계에서 생기는 법률효과임 ○ (채무자에 대한 관계에서 그 취소로 인한 법률관계가 형성되는 것 ×)
- 사해행위인 매매예약에 기하여 수익자 앞으로 가등기를 마친 후 전득자 앞으로 그 가등기 이전의 부기등기를 마치고 그 가등기에 기한 본등기까지 마친 경우라도 채권자는 수익자를 상대로 그 사해행위인 매매예약의 취소를 청구 可

문 65 채권자대위권 ★★

- 채권자대위권의 목적이 될 수 있는지 여부
  - 가처분결정에 대한 본안제소명령 신청권이나 제소기간의 도과에 의한 가처분의 취소신청권 ○
  - 채무자와 제3채무자 사이에 있었던 소송의 재심대상판결에 대하여 재심의 소를 제기하는 것 ×
- 채권자대위소송의 제기로 인한 피대위권리의 소멸시효중단 효과는 채무자에게 발생 ○
- 법원이 채권자대위권 행사하는 채권자에게 직접 말소등기 절차 이행할 것 명하는 것은 위법 ×
- 채권자가 채무자를 상대로 하여 그 보전되는 청구권에 기한 이행청구의 소를 제기하여 승소판결이 확정되면 제3채무자는 그 청구권의 존재 다툴 수 없음

문 66 소송상 상계 ★★

- 제1심 법원이 원고가 청구한 채권의 발생을 인정한 후 피고의 상계항변을 받아들여 원고의 청구를 전부 기각하였는데 원고만 항소한 경우 항소법원이 원고가 청구한 채권의 발생이 인정되지 않는다는 이유로 원고의 청구 기각하는 것은 허용 ×
- 피고가 상계항변을 하면서 2개 이상 반대채권 주장하였는데 법원이 그중 어느 하나의 반대채권의 존재 인정하여 소구채권의 일부와 대등액에서 상계하는 판단을 하고 나머지 반대채권들은 모두 부존재한다고 판단하여 그 부분 상계항변 배척한 경우 반대채권들이 부존재한다는 판단에 대하여 기판력이 발생하는 전체 범위는 위와 같이 상계를 마친 후의 소구채권의 잔액 초과 불가
- 피고의 상계항변을 인용한 제1심 판결에 대하여 피고만 항소한 경우 항소법원이 피고의 상계항변을 판단함에 있어 제1심 법원이 자동채권으로 인정하였던 부분을 인정하지 아니하고 그 부분에 관하여 피고의 상계항변을 배척하는 것은 허용 ×
- 원고의 상계 주장의 대상이 된 수동채권이 피고가 동시이행항변으로 행사한 채권일 경우 그러한 상계 주장에 대한 판단에는 기판력 발생 ×
- 피고가 상계항변을 철회한다고 진술하였는데 법원이 그 상계항변의 자동채권이 성립하지 않는다고 판단하여 그 항변을 배척하면서 원고의 청구를 전부 인용하는 것은 처분권주의에 위배임 ○

문 67 금전채권에 대한 전부명령·추심명령 ★★

- 당사자 사이에 양도금지의 특약이 있는 채권이라도 압류채권자가 선의·악의 불문하고 압류 및 전부명령에 의해 이전 可
- 채권자대위소송이 제기되고 대위채권자가 채무자에게 대위권 행사사실을 통지하거나 채무자가 알게 된 이후 피대위채권에 대한 전부명령은 우선권 있는 채권에 기초한 것이라는 등의 특별한 사정이 없는 한 무효임
- 전부명령이 확정되면 그 명령이 제3채무자에게 송달된 때에 소급하여 압류된 채권이 집행채권의 범위 안에서 당연히 압류채권자에게 이전되고 동시에 집행채권 소멸의 효력 발생 ○
- 금전채권에 대한 압류 및 추심명령이 있는 경우, 채무자는 제3채무자에 대하여 가지는 피압류채권에 기한 동시이행 항변권 상실 ×
- 임대차보증금이 수수된 임대차계약에서 임대인의 차임채권에 관하여 압류 및 추심명령이 있었다 하더라도, 당해 임대차계약이 종료되어 목적물이 반환될 때에는 그때까지 추심되지 아니한 채 잔존하는 차임채권 상당액도 임대차보증금에서 공제됨 ○

문 68 주주권에 관한 확인의 소·명의개서 ★★

- 주권이 발행되어 있는 주식을 양수한 자는 주권을 제시하여 양수사실을 증명함으로써 회사에 대해 단독으로 명의개서 청구 可

- 무효인 주식 매매계약에 따라 매수인에게 명의개서절차가 이행되었더라도 매도인은 단독으로 그 매매계약이 무효임을 증명함으로써 회사에 대해 명의개서를 청구 可
- 주식회사를 상대로 자신이 주주명부상 주식의 소유자인데 위조된 주식매매계약서에 의해 타인 앞으로 명의개서가 되었다며 주주권 확인의 이익 없음(∵ 회사 상대로 직접 자신이 주주임을 증명하여 명의개서절차의 이행 청구 可)
- 주권발행 전 주식의 양도가 회사 성립 후 6월이 경과한 후에 이루어진 때 주식 양수인은 단독으로 자신이 주식 양수한 사실 증명함으로써 회사에 대하여 명의개서 청구 可
- 주권발행 전 주식에 관하여 주주명의를 신탁한 사람이 수탁자에 대하여 명의신탁계약을 해지한 후에 주주명부에 등재된 형식상 주주명의인이 실질적인 주주의 주주권을 다투는 경우 실질적인 주주가 주주명부상 주주명의인을 상대로 주주권 확인 구할 이익 有

문 69 주주대표소송 ★★

- 주주대표소송의 원고인 주주는 그 소송에 관한 승소확정판결의 집행채권자가 될 수 있음 ○
- 전 이사들을 상대로 하는 주주대표소송에 회사가 참가하는 경우 회사를 대표하는 자는 대표이사임 ○(상법 제394조 제1항의 적용이 배제되므로 감사 아님)
- 파산절차가 진행 중인 회사의 주주가 회사의 이사 또는 감사를 상대로 손해배상책임을 구하는 대표소송을 제기한 경우 법원은 당사자적격이 없는 자에 의하여 제기된 것으로 보아 소각하 판결 ○(∵ 파산관재인이 당사자 적격을 가짐)
- 주주의 대표소송과 관련하여 상법 제404조 제1항에서 규정하고 있는 회사의 소송참가는 공동소송참가를 의미하는 것이고 이는 중복된 소 제기 금지의 원칙에 위배 ×
- 대표소송을 제기한 주주 중 일부가 주주의 지위를 상실하면 그가 제기한 부분의 소는 부적법함(이는 함께 대표소송을 제기한 다른 원고들이 주주의 지위 유지하여도 부적법함)

문 70 소송승계 ★★★

- 소송인수가 있은 후 탈퇴한 원고가 소송인수인의 소송목적 승계의 효력이 부정되어 소송인수인에 대한 청구기각 판결이 확정된 날부터 6월 내에 다시 탈퇴 전과 같은 재판상의 청구를 한 때 탈퇴 전에 원고가 제기한 재판상의 청구로 인하여 발생한 시효중단의 효력은 그대로 유지됨 ○
- 부동산소유권이전등기 청구소송계속 중 부동산에 대한 소유권이전등기가 경료된 제3자에 대해 등기말소를 구하기 위한 소송의 인수는 허용 ×
- 제1심 법원이 승계참가인의 참가신청과 피참가인의 소송탈퇴가 적법함을 전제로 승계참가인과 상대방 사이의 소송에 대해서만 판결을 하였는데 항소심에서 승계참가인의 참가신청이 부적법한 경우 항소법원은 탈퇴한 피참가인의 청구에 관해 심리·판단할 수 없음

- 당사자가 사망하였으나 그를 위한 소송대리인이 있어 소송절차가 중단되지 않는 경우 상속인으로 당사자의 표시를 정정하지 아니한 채 망인을 그대로 당사자로 표시하여 판결하더라도 그 판결의 효력은 망인의 소송상 지위를 당연승계한 상속인들 모두에게 미침 ○
- 원고가 제3자인 원고 승계참가인의 승계 여부에 대해 다투지 않으면서도 소송탈퇴, 소 취하 등을 하지 않거나 이에 대하여 피고의 승낙, 동의를 받지 못하여 원고가 소송에 남아 있는 경우 승계로 인해 청구가 중첩된 원고와 승계참가인은 필수적 공동소송인의 관계임 ○

변호사시험 민사법 연도별 5개년 기출문제집(선택형)

2025년 4월 10일 초 판 인쇄
2025년 4월 20일 초 판 발행

저　자 대한법률연구소
발행인 한인환 · 한재성
발행처 도서출판 **기문사**
등　록 1978. 8. 9. NO. 6-0637
주　소 서울시 동대문구 안암로 50-1(용두동) 홍신빌딩 3층
전　화 02) 2265-7214(代)/922-8662~3
팩　스 02) 922-8772

homepage : www.kimoonsa.co.kr
e-mail : book@kimoonsa.co.kr

저자와의
협의하에
인지생략

ISBN : 979-11-94568-07-0　13360

정가 : 39,000원

● 불법복사는 지적재산을 훔치는 범죄행위입니다.
　저작권법 제97조의 5(권리의 침해죄)에 따라 위반자는 5년 이하의 징역 또는
　5천만 원 이하의 벌금에 처합니다.